中国南方电网
CHINA SOUTHERN POWER GRID

广东电网有限责任公司年鉴

（2019）

广东电网有限责任公司　编

华南理工大学出版社
SOUTH CHINA UNIVERSITY OF TECHNOLOGY PRESS
·广州·

图书在版编目（CIP）数据

广东电网有限责任公司年鉴. 2019/广东电网有限责任公司编. —广州：华南理工大学出版社，2022.3

ISBN 978-7-5623-7020-8

Ⅰ. ①广… Ⅱ. ①广… Ⅲ. ①电力工业-工业企业-广东-2019-年鉴 Ⅳ. ①F426.61-54

中国版本图书馆CIP数据核字（2022）第051755号

广东电网有限责任公司年鉴（2019）

广东电网有限责任公司 编

出 版 人：柯 宁

出版发行：华南理工大学出版社

（广州五山华南理工大学17号楼，邮编510640）

http://hg.cb.scut.edu.cn E-mail: scutc13@scut.edu.cn

营销部电话：020-87113487 87111048（传真）

策划编辑：董 平

责任编辑：刘 锋

责任校对：周 秦 詹伟文

印 刷 者：广州市新怡印务股份有限公司

开 本：787mm×1092mm 1/16 **印张：**35.75 **字数：**1260千

版 次：2022年3月第1版 2022年3月第1次印刷

定 价：480.00元

编写说明

一、《广东电网有限责任公司年鉴》是由广东电网有限责任公司（简称“公司”）主办的企业年鉴，是一本融史实和资料为一体，内容丰富、数据详实的综合性年刊。其主要服务对象为公司系统的全体员工及其他从事电力生产、建设、经营管理、科研技术及历史研究的相关人员。

二、《广东电网有限责任公司年鉴》突出表现企业特色、地域特色和时代特征，全面、系统、客观地反映公司逐年在电网建设、电网运行、生产经营、企业管理、改革发展和党的建设等各方面的工作内容，展示公司各直属机构，各分、子公司的年度工作业绩与风采。

三、《广东电网有限责任公司年鉴》于2019年创刊，本书为第1卷，内容起止时间为2018年1月1日至2018年12月31日。根据国内外年鉴出版年号使用惯例，以2019年作为出版年号。

四、《广东电网有限责任公司年鉴》的框架结构由篇目、栏目、条目三个层次组成。采用文章和条目两种题材，以条目体为主，选配了具有一定史料价值的照片，力求做到图文并茂，便于检索和利用。

五、《广东电网有限责任公司年鉴》各条目的内容、数据和照片均由相关撰稿部门、单位提供，在编写过程中得到各部门、各单位的大力支持和协助，谨此致谢。

Section

广东电网有限责任公司年鉴 2019

篇目

2018年2月7日，广东省副省长陈良贤（右三）到潮州500千伏韩江变电站调研电网安全，广东电网公司副总经理陈晔陪同

2018年3月1日，220千伏园区（畲江）输变电工程获国家“水土保持生态文明工程”荣誉称号，是全国220千伏输变电工程中首个获此殊荣的单位。图为该工程线路解口富远变电站鸟瞰图

2018年4月23日，500千伏茅湖变电站扩建第三台主变工程竣工投产

2018年5月31日，500千伏文山变电站竣工投产

2018年6月21日，时任广东电网公司党委书记、董事长刘启宏（后排右二），时任广东电网公司党委副书记、总经理庞骁刚（后排右一）参加深汕合作区移交签约仪式

2018年6月28日，东莞供电局纵江变电站配套500千伏线路二期工程竣工投运。图为纵二线路黄牛埔水库大跨越图景

2018年6月28日，南方电网重点工程——500千伏甲湖湾电厂送出线路投产。图为该工程（河源段）工作人员进行高空作业

2018年6月29日，北部湾首个高压码头岸电改造项目——湛江港岸电改造项目竣工投产

2018年10月31日，广东电网公司副总经理李铭钧（前排右一）与梅州市副市长吴泽桐（前排左一）分别代表广东电网公司与梅州市政府签订了电网发展战略合作框架协议（2018—2022年），公司董事长廖建平（后排左三）和梅州市委书记陈敏（后排右三）参加签订仪式

2018年11月26日，乌东德工程全线首基开工仪式在清远英德召开。图为开工仪式现场

2018年12月6日，珠海供电局对澳输电第三通道电源站——220千伏烟墩变电站竣工投产

2018年12月19日，广东电网公司党委书记、董事长廖建平（左二）到潮州调研

2018年12月25日，世界规模最大的多端交直流混合柔性配网互联工程在珠海唐家湾竣工投运

2018年12月28日，揭阳500千伏岐山输变电工程投产送电

2018年12月31日，广东省输变电工程公司参建世界等级最高的昌吉至古泉±1100千伏特高压直流输电工程竣工投运

2018年2月7日，冷空气袭击韶关，韶关城区供电局工作人员开展抗冰特巡

2018年4月10日，广东电网公司全力做好博鳌论坛保供电工作。图为时任党委副书记、总经理庞骁刚（左四）与时任副总经理马辉（左五）在应急指挥中心坐阵指挥

2018年6月20日，时任广东电网公司党委书记、董事长刘启宏一行到佛山供电局500千伏罗洞变电站开展安全大检查

2018年8月8日，广东省第十五届运动会开幕式在肇庆新区体育中心举行，肇庆供电局开展保供电工作。图为保电人员铺设发电车电缆

2018年9月16日，台风“山竹”在江门台山海宴镇登陆，影响全省用电客户460多万户。图为台风过境后，梅州供电局党员突击队在珠海金湾平沙镇抢修现场

2018年10月1日，时任广东省委常委、常务副省长林少春（左二）到广东电网公司电力调度控制中心检查国庆假期电力供应工作

2018年10月23日，珠海供电局为港珠澳大桥通车仪式进行特级保供电

2018年，广东电网公司大力开展带电作业，减少客户停电时间。图为2018年11月1日，揭阳供电局带电作业班作业现场

2018年2月28日，《中国（广东）自由贸易试验区珠海横琴新区片区供用电规则》正式发布。图为新闻发布会现场

2018年4月1日，客户服务中心率先在南方电网公司范围内实现电费省级集中核算，全面承接广东电网公司省级购电结算工作，累计完成5163亿千瓦时购电结算。图为集中核算工作现场

2018年6月22日，客户服务中心全面启动和推进COPC顾客体验标准认证，成为全国首家启动COPC顾客体验标准6.0版本认证的能源企业

2018年7月6日，南方电网公司党组副书记、董事、总经理曹志安（左二）到佛山供电局调研，了解智能电网建设、客户服务提升等工作情况

2018年8月31日，以广东起步的南方电力现货市场正式启动试运行，左三为国家发展改革委副主任连维良，左四为南方电网公司总经理、党组副书记曹志安

2018年11月16日，第二十三届粤港澳电力服务研讨会在乳源县召开

2018年11月28日，佛山供电局“供电业务融入政府‘一门式一网式’政务服务”案例入选广东省优秀电子政务案例

2018年5月30日，南方电网首个智能运维示范区——中山供电局500千伏文山变电站单项工程竣工投产。图为文山变电站机器人“编队”

2018年6月，汕尾供电局与佛山供电局共同建设“阿拉丁智慧创新实验室”。图为11月20日，广东电网公司党委书记、董事长廖建平（左三）到创新实验室调研

2018年7月26日，国家重点研发计划项目课题"交直流混合的分布式可再生能源技术国家重点专项东莞（工业园区示范点）示范工程"开工建设。图为项目建设中期评审会

2018年10月10日，电力信息通信公司在2018年华为全联接大会上做主题演讲

2018年10月10日，广东电网公司第二届创新创意大赛决赛在广州举行。图为创成公司团队发布创新作品《基于BIM技术的电力工程建设管理系统》

2018年12月25日，世界规模最大的多端交直流混合柔性配网互联工程在珠海唐家湾竣工投运

2018年12月29日，“六氟化硫回收与处理中心”经广东省科技厅认定为广东省六氟化硫工程技术研究中心，成为广东电网首个省级工程中心。图为六氟化硫工程技术工作室

2018年7月11日，广东电网公司与南方电网资本控股公司签订合作协议。图为签约仪式现场

2018年7月26日，广东电网公司与中国农业银行签订银企全面战略合作协议。图为签约仪式现场

2018年10月23日，广东电网公司副总经理贺金生（右三）到清远供电局调研法律工作

2018年12月13日，广东电网公司副总经理莫锦和（左二）到广州白云江村电力物资仓库调研

2018年11月16日，南方电网公司副总经理贺锡强（中）在惠州供电局为五星供电所举行授牌仪式

2018年12月1日，佛山供电局顺利完成大型国家宪法日宣传志愿服务活动

2018年6月14日，广东汇源通集团有限责任公司和汕尾汇能综合能源服务有限公司签订《汕尾竞争性业务战略合作框架协议》

2018年6月29日，河源联禾能源发展有限公司电子采购联合正式启用

2018年8月3日，汕头善能达产业管理有限公司挂牌成立

2018年9月7日，广东南方能源科技孵化器公司正式成立。图为揭牌仪式

2018年11月23日，广东电网首个增量配网“珠海市金湾东部供电有限公司”工商登记注册，是国家发展改革委、国家能源局批准的第一批105个增量配电业务改革试点项目之一。图为该公司揭牌仪式现场

2018年12月19日，广东电网公司正式接管潮州湘桥区意溪供电有限公司，标志着广东省趸售代管单位农电体制改革工作完成。图为产权划转协议签订仪式现场

2018年4月12日，时任广东电网公司党委副书记、总经理庞骁刚（右一）在中宣部社会主义核心价值观宣传教育工作培训班上发言

2018年5月1日，由广东电网公司带电作业团队、机巡作业团队、佛山供电局“佛电空军”团队等共同组成的“新时代电工”团队亮相中央电视台一套“五一”特别节目《相聚中国节·我奋斗我幸福》

2018年5月15日，广东电网公司党委第一巡察组对佛山供电局进行巡察，图为巡察工作动员会议

2018年6月26日至27日，广东电网公司党委委员、纪委书记李欢（右二）一行到阳江供电局开展安全生产大检查、大讨论工作

2018年7月2日，汕尾供电局举行纪念建党97周年表彰大会暨“不忘初心 牢记使命”主题党日活动

2018年8月8日，清远市文明单位创建活动交流会在清远市供电局召开

2018年10月30日，广东电网公司党委书记、董事长廖建平（右二）到惠州西湖村检查扶贫工作成效

2018年12月11日，南方电网公司党组副书记、副总经理史正江（左二）到公司对口帮扶点广东省揭西县大溪镇井美村调研扶贫工作。图为史正江查看村民活动广场

目录

contents

特　载

企业概况

电网发展

电网运营

电力市场

科技信息

经营管理

改革创新

党群工作

直属供电局

直属中心机构

直属公司

大事记

附 录

中国南方电网
CHINA SOUTHERN POWER GRID

特载

工作报告及领导讲话

全面贯彻十九大精神　大力推动高质量发展 勇当创建世界一流企业的排头兵

——在公司第二届职工代表大会第七次会议暨2018年工作会议上的报告（节选）

刘启宏

2018年1月29日

第一部分　2017年各项工作迈上新台阶

2017年是公司转型发展的关键之年，在国情、网情、省情发生深刻变化的形势下，我们紧密团结在以习近平同志为核心的党中央周围，深入学习贯彻党的十九大精神，坚决落实南方电网公司（以下简称“网公司”）和广东省委省政府的决策部署，统筹管制业务与竞争性业务发展，上下同欲，奋发有为，向综合能源服务公司转型迈出坚实步伐。

一是抓谋划、提状态、促落实，推动公司改革发展全面进入快车道。我们立志高远、谋划未来。坚定勇当排头兵的信心，力争率先建成世界一流电网企业，强化了领先意识、凝聚了奋进共识。下大力气制定广东电网有限责任公司（以下简称“公司”）“十三五”行动计划、“抓领先、补短板、强基础”工作方案，以精益管理为载体，有效解决有机统一和协同推进的问题，最大程度实现“干成一件事”，工作推进更加畅顺有力。我们转变作风、提振状态。牢牢抓住“人”这一关键要素做文章，从领导干部开始、从各级机关开始，深入开展“七个反思”，层层查摆作风与能力问题，处处“动真格”，队伍精神状态更加饱满，干事创业氛围更加浓厚，改革发展动力更加强劲。我们真抓严督、推动落实。出台了抓执行促落实、提高工作效率的意见，将转作风、强能力的要求转化为具体工作标准。对配网规划、“12398”投诉整治等重点难点工作提级管控，对有关单位主要负责人点对点下发“督查通知书”，创新开展现场督查，不减力度、不打折扣，在工作实绩上见分晓、论英雄。

二是运用“抓补强”方法、落实从严动真要求，抓出了工作的好成效。我们系统思考、精准施策。准确把握“长板不够长、短板特别短、基础不够实”的发展现状，突出目标导向、问题导向和基层导向，着力打造十大领先标杆、解决七项突出问题、夯实三类发展基础。通过运用“抓补强”的方法，我们做到了全局统筹、分类聚焦、精准发力，使得我们的工作始终围绕勇当排头兵的定位来进行，更有方向性、针对性和可操作性，效果也更加突显。我们从严动真、严爱结合。严抓严管干部队伍，加强对直属单位领导班子和领导人员考核诊断，对确实不在状态、不担当、不作为、群众不认可的干部，进行提醒、批评或岗位调整；对直属单位班子副职抓业务工作的情况进行排名评价，杜绝“老好人”现象。关心关爱干部员工，大力实施“暖心工程”，加快供电所技术业务用房建设，满足一线员工生产生活需要；出台落实关怀异地交流干部、关心青年员工成长的具体举措，有效构建了广大干部员工一心干事业、齐心谋发展、同心促和谐的良好局面。

公司的工作思路得到广泛认可和全面贯彻，推动公司发展迸发出蓬勃活力。网公司党组表扬我们“工作思路清晰，抓住了重点和关键，取得了突出成效”。概括来看，全年工作呈现两个特点：一是成绩斐然，亮点纷呈。我们有效应对了“天鸽”“帕卡”“玛娃”台风三连击，得到了广东省委省政府和社会各界高度肯定，网公司表扬我们“拉得出、冲得上、靠得住、能打硬仗”。我们连续9年获得地方政府公共服务评价第一名，网公司领导同志批示“成绩来之不易，值得表扬”。我们大力实施配网专项提升行动，试点开展“四个统一”，工作成效得到全网广泛关注和高度肯定，网公司领导同志认为我们“以营销创新为龙头，倒逼内部体制机制改革，做得非常好”。我们着力抓实精益管理，五星班站所、精益项目成果评价均全网排名第一，领先优势突出。我们攻坚克难，“6·30”前全面完成职工持股企业非公股权清退及吸纳工作，为公司转型发展奠定坚实基础。公司综合业绩考核位列全网第一，经营绩效连续15年全网第一。二是指标全面完成，普遍优于预期。顺利实现安全生产考核目标，电网连续安全稳定运行超过22年。完成购电量5128亿千瓦时，同比增长6.1%；售电量4932亿千瓦时，增长5.5%。当年电费回收率99.98%。全口径客户平均停电时间21.22小时，下降32.7%。第三方客户满意度84分。营业收入增长1.3%。完成固定资产投资422亿元，投资计划完成率105%。累计有效专利拥有数3740件，超过年度目标590件。

全年重点做好了以下工作：

一、安全生产局面总体平稳。坚持“一二三”安全生产主线，落实安全生产责任制，圆满完成党的十九大等重要保供电任务，四级及以上事件同比下降32%。电网风险得到有效管控。落实“1358”电网风险管控体系，完成防范电网运行8大风险26项重点工作，110千伏及以上保护正确动作率首次达到100%。运维能力持续提升。推动设备专业化运维，建成南网设备主人、B级检修中心、电力线路机巡作业等示范基地。500千伏变电站实现巡检机器人全覆盖，巡检自动化和应急勘灾水平明显提升。可靠性和风险体系建设取得新成效。创新构建以关键指标和客户诉求“双轮驱动”的供电可靠性管理体系，着力打造可靠性管理标杆和高可靠性示范区，珠海、中山、佛山局可靠性排名进入全国前十，入选数量连续3年全国第一。树立风险管理体系推进标杆，佛山、中山、珠海局在全网地市局率先实现“五钻”认证零的突破。

二、供电服务水平持续提升。确保了电力有序供应。全省统调负荷五创新高，最高达10 858万千瓦，同比增长8.5%。统筹安排运行方式，落实有序用电方案，有效应对了5年来首次出现的电力供应缺口。全力消纳西部富余水电，受西电1767亿千瓦时，超年度计划213亿千瓦时，多消纳云南水电268亿千瓦时。打造创新型营销服务品牌。实现“95598”集约运营，试点配网调度服务指挥中心运作模式，推行投诉提级管理、网格化服务、专业联动限时办理等举措，“12398”投诉得到明显遏制。高标准推进“三个一片”，智能电表和低压集抄覆盖率分别大幅提升至95%和90%，8个地市局、120个区县、902个供电所实现全覆盖，营销服务技术支撑水平显著提升。以汕头、佛山局为试点，建立低压集抄自主运维、采维一体工作体系，在全网推广。创新实行业扩项目主人制，中压报装、业扩配套用时分别压缩至73和58个工作日，降幅分别为43%和44%。多表集抄和四网融合取得突破，佛山建成全网首个多表集抄示范小区。

三、各级电网发展更加协调。优化完善保底网架规划和建设标准，为提升对澳供电保障能力打下了良好基础。面向未来积极打造智能电网标杆。制定智能电网规划建设总体工作方案，明确配网技术标准。编制了东莞松山湖、珠海横琴自贸区、佛山金融高新区等七个示范区专项规划，探索不同形态的智能电网发展方向。建成发电智能驾驶系统，全面实现35千伏及以上主网调控一体化，率先实现程序化远方控制，主网调控质量效率与安全水平大幅提升。基本解决配网盲调问题，建成配网运行管理平台，初步建成智能配电网技术支撑体系。加速推进配网自动化建设，配网自动化覆盖率达62.4%，馈线自动化覆盖率达37%。全网率先建立智能电表数据高速采集技术标准，实现低压运行监测智能化，支撑广东智慧城市建设。配网发展水平明显提升。构建“以我为主”规划体系，提级由地市和县区局长总抓，提升了配网规划质量。配网专项督查实现县区局全覆盖，一批业务骨干加快成长，管理基础得到夯实，有力推动目标网架和技术标准刚性执行。35千伏及以上变电站、供电所（营业厅）实现光缆全覆盖。3300个小城镇、中心村电网改造升级如期完成，3945个农村机井全部通电，3项边防部队通电工程提前完工。物资供应和质量管控更加优质高效。在3类设备中试点LCC采购，夯实了资产全生命周期管理基础。优化关键设备目录品类，确定51个关键技术指标，明确107项技术要求，提升了中低压设备质量，公司品控工作得到网公司充分肯定。东莞220千伏沛然站零缺陷投产，实现了入网GIS设备质量管理新突破。48项年度重点建设项目按期完成，2项获中国安装工程优质奖，3项获中国电力优质工程奖。

四、企业发展质量和效益持续向好。打造卓越经营能力品牌。以问题为导向，优化预算资源配置，加强成本管控，有效解决公司发展中的突出问题。做大有效资产，固定资产转固率达81%，资产质量持续提升。加大处僵治困力度，清理3家僵尸企业，通信设备工程公司顺利脱困。电价管控更加到位，强化销售侧电价执行。县级供电企业可持续发展能力得到增强，完成23家县级企业子改分工作，法人户数净减少23户，县级子公司实现100%盈利。精益标杆建设取得丰硕成果。全面深化区域联动，印发进一步深化区域联动工作意见，实施一、三梯队一对一精准帮扶，有力调动联动单位的积极性，实现优势互补、协同共进，提升了公司整体发展水平。公司综合标杆评价保持国内一流水平，19个班站所获评南网五星、5个精益项目获评南网一等奖，均占全网的一半，81个班站所获公司准五星称号，7S管理劳动竞赛获奖数量全网第一。经营风险得到有力管控。开展审计项目212个，提出管理建议2557条；开展审计整改治理专项行动，充分发挥了审计“免疫”作用。选取佛山、中山局作为示范，打造三级法治企业样板。大力推动地方电力立法，《广东省供用电条例》正式出台，《中山市电力设施保护条例》通过实施。已办结法律案件胜诉率96%。完成682宗土地、房屋产权证明补办，超计划完成清理任务。

五、科技和信息驱动作用更加突显。打造技术创新标杆。成功研发世界首台500千伏高温超导限流器，建成世界首个机械式高压直流断路器示范工程，500千伏变压器故障机理研究和预警系统开发取得重大突破。建立科技成果收益分红机制，建成南网首个电力孵化器，11支创业团队进驻孵化。建立职创成果迭代熟化机制，2.8万台（套）成果全省推广。蝉联中国电力科技进步一等奖，首次实现国家、省级、行业和南网高等级奖励的全面突破。信息化对业务发展的支撑能力明显增强。持续优化企业级信息系统，协同实用化考核100分，数据质量和实用化考核连续4年全网第一。建成南网首个省级大数据平台，启动南网云试点建设。信息安全实现“三个零”目标。

六、竞争性业务加速壮大。积极推动多元发展标杆建设，明确竞争性业务的主业地位，把竞争性业务摆到与管制业务同等重要的位置来抓。一手抓谋篇布局、机制优化。制定了多经企业整合发展实施方案，构建以综合能源为核心，若干板块协同联动的产业布局，明确了“三步走”的阶段发展目标。积极研究竞争性企业用工薪酬和绩效激励等市场化运营机制，制定考核方案，建立净利润增减奖惩机制，突出效益导向，完成了竞争性业务发展的谋篇布局。一手抓主动作为、拓展市场，抢滩布点初见成效。竞争性业务经营情况稳中向好，全面完成网公司考核经营指标。成立了综合能源投资公司和能源技术公司，在全网率先出台加快综合能源业务发展指导意见，构建了各级主体优势互补、差异化竞争格局。全年开发综合能源项目57个，投资规模近3亿元。加强与政府、能源产业链企业合作，进军园区市场，广东综合能源价值创新产业园揭牌成立。佛山电力科技智造园项目成功启动。焕发公司在19个地市设立分支机构，协同运作，市场占有率稳步提升，位列全网第一。当选广东电动汽车充电基础设施促进联盟第一届理事长单位，建成全国最大的省级充电智能服务平台“粤易充”，超过90%的大型营运商已经接入。配合政府编制充电基础设施专项规划，争取到港珠澳大桥人工岛，以及佛山、汕尾等电动公交试点城市的充电设施建设权。

七、各项改革积极稳妥推进。统筹抓好了20项改革任务、53项重点举措落地实施。扎实推进供给侧结构性改革，多措并举降低全省客户用电成本301亿元。输配电价改革取得预期成果。积极争取合理的输配电价，国家发改委批复方案符合公司预期，增量配电网定价方法研究成果被国家采纳。配合政府实施煤电联动及风光、生物质电价调整政策，“两取消、两降低”降成本措施有序实施。积极打造国内领先的电力市场体系标杆。推出发电合同电量转让交易、年度合同电量集体交易品种，有效满足各方主体的交易需求；建立统一边际出清、计划与市场解耦、用电侧偏差考核等交易机制，搭建“履约保函”信用管理体系，结算周期大幅缩减73%，有效提升了服务效率。全年累计完成直接交易电量1157亿千瓦时，同比增长163%。南方（以广东起步）电力现货市场建设扎实推进，走在全国前列。主动参与增量配电业务改革。推动政府出台相关技术标准和金湾东试点实施方案，实地踏勘328个园区，战略性开展重点园区规划建设，掌握了市场竞争主动权。全民所有制企业公司制改制按期完成，顺利接收181个小水电自供区和2个趸售镇，超计划完成“三供一业”分离和供电设施移交工作。

八、全面从严治党取得新成效。党的领导作用有效发挥。深入学习宣贯党的十九大精神，切实在学懂弄通做实上下功夫，初步实现“全过程部署、全覆盖学习、全媒体宣传、全方位贯彻”。落实南网党组一号文件，24项任务、241条重点举措全面落地。推动“两学一做”学习教育常态化制度化，在抗击台风等急难险重任务中，坚持“党员走在前”，有力彰显了党的先进性。一季度一主题开好组织生活会，实现“党性体检”常态化。在江门、清远、汕尾局试点党政一肩挑，探索强化党的领导。实施党建精益管理，制定基层支部工作标准清单，佛山桂城供电所党总支和珠海南水供电所党支部入选南网十大标杆党支部，党建绩效评价体系研究课题获国资委一等奖。公司对口帮扶贫困人口已有71%实现脱贫，连续两年获评广东扶贫济困“红棉杯”金杯单位，西湖村获评网公司首批精准扶贫示范村。风清气正的氛围更加浓厚。全面完成中央巡视及国资委督查所发现问题的整改工作，对网公司巡视所发现问题的整改按计划推进，完成率99.5%。率先实现对直属单位巡察全覆盖，发现问题677项，给予党政纪处分23人。建设全面从严治党“两个责任”监督平台，以信息化手段抓好责任落实。深入践行监督执纪“四种形态”，谈心谈话全面覆盖党员干部和关键岗位，204名同志主动向组织报告了问题，放下了思想包袱，更好地为公司贡献力量。不敢腐、不能腐、不想腐体制机制建设取得新成效，初步建立政治生态评估体系，探索开展政治生态评估，信访和案件数量分别大幅下降65%和47%。

九、队伍干事能力进一步增强。选好用好干部。坚持老中青梯次配备，选优配强各级领导干部，年轻干部配备走在全网前列，选人用人工作总体评价满意率为98.96%，新提拔任用干部满意率为98.75%。用好用活各类人才。加强岗位胜任能力建设，大力拓宽岗位发展通道，技术技能专家选聘向下延伸到县区局和供电所，新增各级专家1052人，试点选聘11名公司级管理专家。9人被录取为省会计领军（后备）人才。优化激励机制，推行工分计酬等举措，得到网公司充分肯定。员工基本技能进一步提升。常态化开展“岗位大练兵、技能大比武”，班组人员持证上岗率保持100%。稳妥推进结构性缺员专项治理，组织各类转岗培训1.5万人次，完成年度治理目标。企业文化影响力明显增强。注重价值引领，“一班组一特色”推动《南网总纲》落地生根。新闻宣传战线牢牢把握正确导向，有力唱响主旋律。评选表彰公司首届“十大工匠”，弘扬正能量。建成星级职工之家（小家）512个。惠州、湛江、潮州和韶关曲江局4家单位获评全国文明单位，中山局获评全国企业文化建设典范企业。

第二部分　准确把握新时代的机遇和挑战

党的十九大指出，中国特色社会主义进入了新时代，我国社会主要矛盾已经转化为人民日益增长的美好生活需要和不平衡不充分的发展之间的矛盾。站在新时代的起点上，我们要以十九大精神为指引，牢牢把握历史机遇，妥善应对重大挑战，肩负起时代赋予我们的光荣使命。具体来看，要把握住四大机遇、应对好四大挑战。

四大机遇主要体现在：

第一，党的十九大绘就宏伟蓝图，指引公司阔步迈向世界一流。十九大把习近平新时代中国特色社会主义思想确立为我们党必须长期坚持的指导思想，为我们提供了强大思想武器和科学行动指南。十九大对决胜全面建成小康社会、全面建设社会主义现代化国家作出了战略部署，把基本实现社会主义现代化的目标提前了15年。经济社会的更高质量发展，必将给电网企业带来更好的发展机遇。十九大在解决发展不平衡不充分问题、实施创新驱动、推进绿色低碳发展、深化国有企业改革、培育具有全球竞争力的世界一流企业等方面，作出了系列重大安排，给我们搭建了大有可为的广阔舞台。习近平总书记强调，国有企业是中国特色社会主义的重要物质基础和政治基础、是中国特色社会主义经济的“顶梁柱”，这进一步增强了我们做强做优做大、迈向世界一流的信心和底气。

第二，新时代广东改革发展布局，为电力先行提供了独特优势。党中央对广东省提出“两个走在前列”的要求，在省委十二届二次全会上，李希书记要求聚焦发展不平衡不充分、粤港澳大湾区建设等八个重大课题，谋划新时代广东改革发展，把广东建设成为向世界展示习近平新时代中国特色社会主义思想的重要窗口和示范区。抓住广东新时代改革发展的宝贵窗口期，主动对接粤港澳大湾区建设、产业转移升级和乡村振兴等重大战略部署，我们就能顺势借力，加快解决发展不平衡不充分问题，实现更高层次、更高质量、更高水平发展。

第三，南方电网以高远眼光谋划新时代发展，为公司勇当排头兵注入了强大动力。网公司党组多次强调，要坚持把满足人民追求美好生活的电力需要作为一切工作的出发点和落脚点，这是我们新时代矢志不渝的努力方向。网公司新时代的阶段性战略目标和治企兴企思路，深刻回答了新的历史方位下干什么、怎么干的问题，这是我们新时代奋楫向前的战略地图。网公司对我们寄予厚望，明确要求广东电网2019年达到世界一流水平，这是我们新时代追求卓越的冲锋号角。网公司赋予的光荣使命，与我们勇当排头兵的定位高度契合，我们必须勇于担当、主动作为、走在前列。

第四，能源产业变革不断加快，为公司加速发展升级提供了宝贵契机。当前我们正处在能源产业发展的黄金期、窗口期、机遇期，特别是在配用电侧，电力体制改革和综合能源服务都聚焦于此，未来发展潜力和市场空间巨大，抓住配用电侧，就抓住了公司发展的未来。目前行业格局快速演变，分布式能源、四网融合、多能互补等新业态加速兴起，基于“互联网+”的颠覆性创新不断涌现，电力行业正积极探索与“云大物移智”的融合发展，尚未形成成熟的标准、路线和模式。我们一定要前瞻谋划、系统布局，加快向数字化、智能化转变，抢占战略制高点。

四大挑战主要体现在：

第一，深化改革与能源技术革命倒逼公司加快向综合能源服务公司转型。新一轮电力体制改革深刻改变了电网企业盈利模式，传统业务效益增长空间有限，完成经营目标压力逐年加大。随着“放开两头、管住中间”的深入落实，公司面临的市场竞争日趋激烈，配售电市场主导地位受到冲击，市场份额、营业收入面临下降风险。能源技术革命是大势所趋，未来能源体系构建的方式和能源发展的模式都将发生重大改变，故步自封的企业必然会惨遭淘汰。这一系列变化，直接影响整个企业的生存发展和广大员工切身利益，我们必须认真思考公司发展的明天，优化产业发展布局，在做实做精管制业务的同时，投入更大精力发展竞争性业务，加快向综合能源服务公司转型，拓宽企业成长空间，提升企业发展的质量和效益。

第二，发展不平衡不充分问题制约公司迈向世界一流。一是珠三角和粤东西北单位发展不平衡，表现在硬件基础、管理水平、队伍能力素质和作风状态等各方面。二是主配网、城农网发展不平衡。配网发展水平总体较低，农网网架结构相对薄弱，部分台区电压质量不高、停电时间过长。三是管制业务与竞争性业务发展不平衡，工作推进一手硬、一手软，竞争性业务发展处于起步阶段，体制机制严重滞后，专业人才严重缺乏，业务利润贡献率低，与国内外一流企业相比差距明显。四是服务能力发展不充分。以客为尊、和谐共赢的服务理念尚未贯穿工作全过程，配网自动化智能化等服务基础较为薄弱，移动互联等创新型服务手段还不够丰富，不能充分满足客户需求。五是制度建设不充分。新技术快速发展，新业态不断涌现，新的生产组织形式不断产生，我们的治理体系还不完善，治理能力有待提高，特别是制度建设明显滞后，不利于业务管控和活力释放。

第三，高质量发展要求公司各项业务水平必须再上新台阶。习近平总书记指出，高质量发展就是能够满足人民日益增长的美好生活需要的发展、是体现新发展理念的发展。我们要坚持“人民电业为人民”，全力让人民群众从“用上电”到“用好电”。一是电能产品要好。要强化电网物理基础，提升技术装备水平，解决供电可靠性、电压质量等方面的突出问题，向广大客户供应优质电能。珠三角地市局要努力为高新科技企业提供更加可靠、稳定的电力供应，粤东西北地区地市局要努力解决低电压问题，减少停电时间。积极推动能源结构优化，提高非化石能源利用比重，加快能源替代，构建绿色消费模式，为美丽中国建设注入“绿色动力”。二是服务要好。要充分运用计量自动化和互联网技术支撑手段，精准分析和把握客户不同需求，提供更高层次的定制化、差异化服务。三是管理要好。要全面推进精益管理，消除浪费、创造价值，从体制机制上推动质量变革、效益变革、动力变革，实现内涵式发展。

第四，队伍的作风能力还不能很好适应改革发展的需要。受长期垄断思维影响，一些干部员工对综合能源服务转型的必然性和重要性认识不深刻，使命感和危机感不强，能力和动力不足。有的单位班子合力不强、干事创业的精气神不足，开展工作缺少想法、招数。有的单位班子存在畏难情绪，自甘落后或者安于现状，导致公司决策部署落地效果不佳。以电谋私、劳动纪律执行不严、履职不到位、屡审屡犯等问题仍然存在，违反中央八项规定精神的问题尚未完全杜绝，“四风”反弹回潮的风险仍然存在。这些问题必须高度重视、加快解决。

我们面临的机遇和挑战都是历史性的、战略性的。机遇稍纵即逝，把握不住就会变成挑战；挑战接踵而至，应对有力也能变成机遇。我们必须始终牢记使命、敢于担当，以永不懈怠的精神状态和勇往直前的拼搏姿态，奋力谱写广东电网迈向世界一流的新篇章。

第三部分　系统谋划新时代发展目标

党的十九大到二十大，是“两个一百年”奋斗目标的历史交汇期，收官和开局并举，承前与启后交替。站在新时代的起点上，我们要坚持以习近平新时代中国特色社会主义思想为指导，服从和服务于“两个一百年”大局，承接落实南方电网战略部署，系统谋划公司新时代转型发展，到2019年建成世界一流的综合能源服务公司。阶段性目标安排如下：

——2018年，在改革开放40周年之际，公司加速迈向世界一流，佛山、东莞、中山、珠海、江门、惠州供电局率先达到世界一流水平。创新驱动持续增强，精益管理显著提升，竞争性业务形成规模，综合能源服务体系初步建成，产业发展布局基本成型。全面推进“安全、可靠、绿色、高效”的智能电网建设，各级电网协调发展。主网更加坚强，运行安全稳定，配网智能化水平进一步提升，智能电表、低压集抄实现全覆盖。防灾抗灾能力和对港澳供电保障能力显著提升。提前两年完成国家新一轮农网改造升级任务，保障农网用户可靠用电。营销服务水平显著提升，让人民群众“用好电”。“185611”关键指标目标值：“1小时区域”停电时间低于2.1小时；客户服务第三方满意度不低于85分；非化石能源电量消纳率100%；净资产收益率不低于5.2%；累计有效专利拥有数不低于4500项。

——2019年，在中华人民共和国成立70周年之际，建成“管理精益、服务精细、业绩优秀、品牌优异”世界一流的综合能源服务公司。“185611”关键指标目标值：中心城区客户平均停电时间低于1小时；客户服务第三方满意度不低于86分；非化石能源电量消纳率100%；净资产收益率不低于6.1%；累计有效专利拥有数不低于5200项。

——2020年，在全面建成小康社会之际，公司开启迈向世界领先的新征程，珠三角核心区域供电局进入世界领先梯队。多元化价值创造能力基本形成，产业均衡发展。率先建成以智能电网为核心，开放、多元、互动、高效的能源服务平台，如期实现“185611”发展目标，为广东的社会主义现代化建设提供坚强能源保障。

——2035年，在我国基本实现社会主义现代化之际，成为业绩卓越的综合能源服务公司。公司全面建成“安全、可靠、绿色、高效”的智能电网，城乡电力服务均等化基本实现。推进现代化能源互联互动体系建设，为客户提供全方位的能源解决方案，可再生能源电量占比大幅提升，推动实现能源高效利用、多元供给。全面完成向综合能源服务公司转型，全球影响力显著增强。

——本世纪中叶，在我国建成富强民主文明和谐美丽的社会主义现代化强国之际，成为全球领先的综合能源服务公司。

迎接新时代，践行新使命，实现新目标，必须突出把握好以下八个方面：

一是坚持党的全面领导。必须始终把坚持党的领导、加强党的建设作为企业的“根”和“魂”，切实增强“四个意识”，坚定“四个自信”，始终忠诚核心、拥戴核心、维护核心、紧跟核心，坚决在思想上、政治上、行动上同以习近平同志为核心的党中央保持高度一致。必须全面推进党的政治建设、思想建设、组织建设、作风建设、纪律建设，把制度建设贯穿其中，深入推进反腐败斗争，不断提高党的建设质量。必须充分发挥党组织把方向、谋大局、定政策、促改革的作用，突出以党建促领先、以党建带队伍，打造一支高素质专业化的干部队伍，适应新时代中国特色社会主义发展要求。

二是坚持深入践行《南网总纲》。《南网总纲》是全体南网人共有的价值观体系，必须大力弘扬和深入践行。要牢记“人民电业为人民”的企业宗旨，把人民追求美好生活的电力需要作为工作目标，持续提升服务水平。要全心全意依靠职工办企业，完善以职代会为基本形式的企业民主管理制度，严爱结合为公司改革发展凝聚人心、汇集力量。要进一步传承发扬“勇立潮头唱大风”的改革精神、“凝心聚气干大事”的担当精神、“咬定青山不放松”的实干精神，号召广大员工积极投身到干事创业的生动实践中去。要严守法律底线，严格依法治企，确保工作在法治轨道运行，保障公司改革发展行稳致远。

三是坚持安全发展理念。准确把握新时代安全生产的新要求，始终弘扬生命至上、安全第一的思想，始终把握“电网安全稳定”生命线和“一二三”安全生产主线，一手抓发展、一手保安全，不断提升防灾减灾救灾能力，通过“党建领安、制度治安、科技兴安、文化久安”，打造本质安全型企业，确保公司安全生产局面持续平稳，为公司转型发展提供坚强保障。

四是坚持走高质量发展之路。始终坚持以市场化改革为方向，以供给侧结构性改革为主线，深化电力体制改革、国企改革和内部体制机制改革，持续释放改革红利和发展活力。充分发挥电网企业的带动力、影响力和控制力，推动构建清洁低碳、安全高效的能源体系。紧密围绕电力产业价值链，打造多元化的业务板块，推动管制业务和竞争性业务齐头并进、协同互补，加快向综合能源服务公司转型。深化精益管理和区域联动，着力解决好发展不平衡不充分问题，消除浪费、创造价值，推动公司高质量发展。

五是坚持实施创新驱动。要大力推进科技创新、管理创新和职工创新，营造鼓励探索、支持创新的环境和氛围，以创新引领发展、驱动发展。要超前把握能源产业发展态势、主动融入互联网发展潮流，运用“云大物移智”等前沿技术，推动公司发展向数字化、智能化转变。

六是坚持勇当排头兵定位。准确把握新时代公司所处的历史方位，牢记使命责任，自觉服从服务于南网和广东发展大局，以思想的领先、意识的领先带动发展的领先。加快形成你追我赶、奋勇争先的生动局面，发挥集团冲锋优势，推动从“单项冠军”向“团体冠军”的转变，勇当南网改革发展的排头兵，加快建成世界一流企业。

七是坚持“抓补强”工作方法。以发展的眼光看问题，把握矛盾转化的客观规律，瞄准勇当排头兵定位和新时代发展目标，突出目标导向、问题导向和基层导向，灵活运用“抓补强”的工作方法，确保工作主线不偏离，始终做到全局统筹、分类聚焦、精准发力，在发展质量和效益上不断取得新突破。

八是坚持从严动真工作要求。始终向严上要求、向真处发力。从严动真转作风、强能力，提振队伍精气神，提高队伍战斗力。从严动真谋实事、出实招、求实效，把雷厉风行和久久为功有机结合起来，以钉钉子精神做好各项工作。

第四部分　奋力开创公司改革发展新局面

2018年是贯彻党的十九大精神的开局之年，是改革开放40周年，是决胜全面建成小康社会、实施“十三五”规划承上启下的关键一年，也是公司推动管制业务和竞争性业务协同发展、加快迈向世界一流的关键之年，做好全年各项工作意义重大。

一、工作思路和目标

广东省委十二届三次全会指出，要推动广东经济发展从量的扩张转向质的提高，加快转变发展方式、优化经济结构、转换增长动力，把2018年经济增长的预期目标设定在7.0%左右。我们要深刻认识高质量发展的根本要求，服务好广东经济发展大局。总体上看，2018年全省用电需求将保持稳定增长，但受国内外经济形势波动、落后产能加快淘汰等影响，增速同比略有回落，预计全省全社会用电量6228亿千瓦时，同比增长4.5%；消纳清洁能源电量2684亿千瓦时；统调最高负荷需求1.2亿千瓦，同比增长10.5%。全年电力供应偏紧，度夏高峰期局部地区存在一定电力缺口，必须协调处理好供需矛盾，确保不出现错峰现象。

今年的工作思路是：以习近平新时代中国特色社会主义思想为指导，全面贯彻党的十九大、中央经济工作会议、南方电网公司2018年工作会议精神，深入落实新时代党的建设总要求，认真践行《南网总纲》和新时代南网党组治企兴企思路，坚定勇当排头兵的定位，全面推进精益管理，始终坚持"抓领先、补短板、强基础"的工作方法，始终坚持从严动真的工作要求，大力推动管制业务和竞争性业务齐头并进、高质量发展，加快建成世界一流的综合能源服务公司，为南方电网公司实现战略目标，为广东实现"两个走在前列"作出新贡献。

主要工作目标（全资产口径）：确保电网安全稳定，确保电力有序供应；杜绝人身死亡事故，杜绝一般及以上电力安全和设备事故，杜绝恶性误操作事件；不发生多经企业人身伤亡事故，不发生地区一级及以上停电事件，不发生三级及以上信息安全事件，不发生对公司有较大不良影响的安全事件；减少社会人员触电事件，减少重复配网事件。完成售电量5141亿千瓦时，同比增长4.2%。吸纳西电1829亿千瓦时。全口径客户平均停电时间16.5小时。营业收入增长3.0%。综合线损率4.7%。信息化水平评价A级。全面落实党建和党风廉政建设工作责任制目标。全面完成"185611"有关年度目标。

二、2018年的重点工作

（一）深入学习贯彻习近平新时代中国特色社会主义思想，将其作为公司一切工作的统领

学习贯彻十九大精神，核心是学习贯彻习近平新时代中国特色社会主义思想，这是我们做好一切工作的根本遵循和行动指南。要把抓好学习贯彻作为今后一段时期的首要政治任务。

一是要深刻领会。十九大取得的一个重要理论成果和重大历史贡献，就是将习近平新时代中国特色社会主义思想写入党章，将其确立为党必须长期坚持的指导思想。习近平新时代中国特色社会主义思想是我们党统揽伟大斗争、伟大工程、伟大事业、伟大梦想的实践基础上形成的，开辟了马克思主义新境界、开辟了中国特色社会主义新境界、开辟了我们党治国理政新境界、开辟了管党治党新境界，是全党全国人民为实现中华民族伟大复兴而奋斗的领航灯塔。习近平新时代中国特色社会主义思想不忘本来、吸收外来、面向未来，"八个明确"的基本内容、"十四条坚持"的基本方略，构成了系统完整的科学理论体系，系统回答了新时代坚持和发展什么样的中国特色社会主义、怎样坚持和发展中国特色社会主义这个重大时代课题，对党和国家事业各方面作出了理论分析和政策指导。我们要坚持将习近平新时代中国特色社会主义思想作为公司一切工作的统领，用以武装头脑、指导实践、推动工作。

二是要全面学习。坚持"全过程部署、全覆盖学习、全媒体宣传、全方位贯彻"，把学习贯彻不断引向深入，做坚定信仰者、忠实实践者、有力传播者。党员领导干部要带头，自觉用习近平新时代中国特色社会主义思想改造主观世界，推进"两学一做"学习教育常态化制度化，开展"不忘初心、牢记使命"主题教育，增强"四个意识"。组织广大干部群众读原著、学原文、悟原理，增强政治认同、思想认同、理论认同和感情认同，在学习中统一思想、凝聚力量。要坚持理论联系实际，学思践悟、融会贯通；要带着问题学，联系实际学，学用结合、以知促行，切实提高推动工作、解决实际问题的能力。要自觉弘扬、主动传播，各部门、各单位要树立大宣传理念，进一步增强主动性，形成传播的强大合力，筑就"四个自信"。

三是要弄通做实。要深入领会坚持和发展中国特色社会主义的丰富内涵，深刻认识公司在南网、广东新时代发展中的重大使命，加快建成世界一流企业，彰显责任担当。要深入领会中国特色社会主义进入新时代的主要矛盾，始终坚持人民电业为人民，着力解决好电力发展不平衡不充分问题，全力满足人民追求美好生活的电力需要。要深入领会全面深化改革总目标，将改革进行到底，增强公司活力、控制力、影响力。要深入领会新时代党的建设总要求，把党的领导融入公司发展全过程，充分发挥党委领导作用、基层党支部战斗堡垒作用和党员先锋模范作用，团结带领广大干部员工取得新的更大胜利。

（二）纵深推进全面从严治党，加强党的领导力

坚持党的领导、加强党的建设，是国有企业做强做优做大的独特优势。要全面承接落实南网党组一号文件，把党对一切工作的领导落到实处，推动企业实现高质量发展。

一是把政治建设摆在首位。党的政治建设是党的根本性建设，决定党的建设方向和效果。要旗帜鲜明地讲政治，认真落实习近平总书记三个“一以贯之”要求，增强政治定力，提高政治站位。始终尊崇党章，把党章作为党员干部经常性的学习内容、教育培训的必备课程、日常管理监督的标尺。要严肃党内政治生活，坚持“四个服从”的原则，严格遵守《关于新形势下党内政治生活的若干准则》，增强党内政治生活的政治性、时代性、原则性、战斗性；按照“四必三增强”要求（必戴党徽、必挂党旗、必重温誓词、必向上级报备；增强光荣感、增强使命感、增强仪式感），进一步规范主题党日活动；强化党员干部政治担当，用好“一季度一主题”组织生活会模式，常态化开展“党性体检”。要牢牢抓住“关键少数”，修订班子成员落实全面从严治党责任清单，各级班子成员带头履职尽责，强化示范引领；严守政治纪律和政治规矩，牢记“五个必须”、严防“七个有之”，始终做政治上的明白人。要加强党内政治文化建设，弘扬以忠诚老实、公道正派、实事求是、清正廉洁等为主要内容的共产党人价值观。

二是坚持“四个围绕”夯实组织建设基础。围绕增强领导力，进一步完善党建工作领导体制、优化决策机制、健全执行机制、强化监督机制，坚持公司党建工作领导小组的常态化运作，发挥好党委的领导作用。围绕增强组织力，总结推广党政一肩挑试点经验，进一步坚持和加强党的全面领导，落实“四同步四对接”要求，履行好党章赋予的“五项职责”。围绕增强战斗力，牢固树立党的一切工作到支部的鲜明导向，推广“不规范就是不合格”理念，扩大先进支部增量、提升中间支部水平、整顿后进支部，促进党支部落实好“三个党员、四个群众”的职责（教育党员、管理党员、监督党员，组织群众、宣传群众、凝聚群众、服务群众）。巩固“一局一党委”“一所一支部”成果，符合条件的逐步实现“一部门一支部”“一站所一支部”。围绕增强“两性两力”，提升“三个计划、三个平台”执行质量。开展“我是党员走在前，一区双岗创一流”主题活动，持续抓好“书记项目”，促进党建与业务的深度融合。落实好领导班子成员基层党建联系点制度，推动解决基层党建突出问题，形成“头雁效应”。

三是坚持不懈深化作风建设。落实中央八项规定实施细则，制定公司配套制度，抓好执行、抓出成效。对照形式主义、官僚主义的十个方面具体表现，查摆具体问题，制定整改措施。坚决纠正领导干部和管理人员回避矛盾、庸懒散奢、不作为等问题，坚决纠正表态多调门高、行动少落实差等现象。关注“四风”问题转向地下、隐形变异的新动向，关注春节等重要节点，集中开展明察暗访，严肃查处顶风违纪的行为，及时通报曝光，坚决防止“四风”问题反弹回潮。各级领导干部要以上率下，管好队伍，坚守廉洁底线。各级机关要强化服务基层的意识，提高服务基层、服务群众的办事效率。

四是纵深推进纪律建设和反腐败工作。深化运用监督执纪“四种形态”，重点运用好“第一种形态”，完善政治生态综合评估工作，营造风清气正、奋发有为的干事环境。加强对问题线索的分析研判，提高精准把握执纪标准的能力。继续保持惩治腐败的高压态势，紧盯“三类人”（不收敛、不收手，群众反映强烈、问题线索反映集中，已经进入重要岗位、可能还要提拔使用的领导干部），严肃查处工程建设、物资采购、市场营销等关键领域违规违纪问题。集中三年时间开展“扫雷”行动，严肃查处基层和群众身边的微腐败和不正之风。开展扶贫领域腐败和作风问题专项治理，严肃查处脱贫攻坚任务中落实不到位、弄虚作假等问题。把握全国扫黑除恶专项斗争的良好契机，为工程建设、设备运维和反窃电等工作创造更好的条件。巩固五个专项治理成果，深化中央巡视反馈意见的整改工作。坚定不移深化政治巡察，完成十九届中央任期内新一轮巡察全覆盖任务。针对特定事项和问题，探索开展机动式巡察。持续构建不能腐体制机制，针对执纪审查、审计、巡视巡察中发现的问题，扎牢制度的笼子，严格制度的执行。推广应用“两个责任”监督平台，落实《监督问责实施细则》，实现监督与再监督的良性互动，形成大监督合力。

五是深化公司法治建设实践。落实党政负责人法治建设责任，按照以点带面、示范引领、同步推进的思路，全面开展公司各层级企业法治建设，提高公司治理能力和治理体系现代化水平。加强法治文化建设，开展宪法宣传教育，组织做好“七五”普法中期检查，弘扬社会主义法治精神。严格遵守《保密法》，着力抓好保密和国家安全宣传教育，增强员工保密意识，压实各级责任，确保不发生泄密事件。

（三）以世界一流目标引领，运用“抓补强”方法明确关键任务、带动系统提升

紧盯世界一流目标，修编公司“十三五”发展规划，完善并落实管制业务四大板块及竞争性业务七大板块产业布局，编制13个专业子规划，推动公司向综合能源服务公司转型。开展2018—2020年“抓补强”工作计划修编，制定专项工作方案，强化过程管控，推动工作落地。拓展国际视野，抓好关键指标引领作用，开展供电可靠性、客户满意度和线损率等可比战略指标的对标分析研究。公司层面紧密围绕领先标杆、突出问题和基

础建设，量化具体目标，明确工作任务，落实主体责任。各单位要以综合标杆指标评价体系为指引，运用“抓补强”方法，明确所处位置，分层分类制定发展目标，因地制宜抓好贯彻落实。珠三角核心区域供电局要瞄准世界一流，重点打造智能电网、可靠性管理、综合能源服务等领先标杆；粤东西北地区供电局要找准自身弱项，着力补齐农配网发展滞后、县级供电企业管理能力不足等关键短板。2018年，公司力争达到世界一流，确保9家地市局达到网内一流及以上水平，珠三角地区6家地市局率先达到世界一流。2019年，公司全面达到世界一流，8家地市局达到世界一流。2020年，公司开启迈向世界领先的新征程。

打造“十一个领先标杆”：一是打造国有企业党的建设标杆。全面理解和准确把握新时代党的建设总要求，坚持和加强党的全面领导，把党的政治建设摆在首位，牢固树立“四个意识”，推进党建与业务深度融合，塑造“党员走在前”主题品牌，优化党建考核鲜明导向，提升党的建设质量，助推公司实现世界一流企业目标，形成“精益规范、体系完整，特色鲜明、作用彰显，央企领先、影响广泛”的广东电网党建模式。二是打造智能电网标杆。按照全面推进、示范引领的思路，制定公司智能电网发展规划，加快推进智能电网示范区建设，主动适应未来能源发展模式。三是打造可靠性管理标杆。强化抓供电可靠性的意识，持续完善停电时间和客户诉求“双轮驱动”的可靠性管理体系，确保管理技术措施有效落地，突出抓好“1小时区域”。加快统一运维机制建设，深化综合停电精益管理，不断降低配网故障率，减少频繁停电。推动智能电表低电压数据应用，加强低电压台区治理，综合电压合格率不低于99.98%。四是打造本质安全型企业标杆。完善安全生产问责等制度，构建完整的安全责任链条。积极推广应用智能工器具、特种应急装备等科技手段。以风险管理与业务管理的深化融合为抓手，打造复杂大电网风险管控、风险管理体系、应急管理、安全文化四个管理品牌。五是打造电力市场体系标杆。搭建“中长期+现货”的电力市场运营体系，建成具有广东特色的“计划+市场、省内+西电、供给侧+需求侧”共同参与的市场机制。六是打造资产全生命周期管理标杆。打造“1+3”设备管理品牌。建立设备质量前端管控机制，加强“设备选型、出厂见证、交接验收”的管控，推动零缺陷移交，提升增量设备质量。推进“三大中心”建设，实现设备全链条精益管控，提升智能化运维水平。报废资产净值率下降至10%。七是打造创新型营销服务标杆。以提升客户服务能力为目标，深化营销创新，加快向“互联网+”服务转变，打造行业领先的全媒体客服中心。推广应用统一服务平台，实现远程渠道全业务办理；建立统一服务机制，完善业扩工单主人制，继续减少中低压业扩报装、业扩配套用时，实现服务模式智能升级。八是打造综合能源服务标杆。统筹国有企业和集体企业两类资源，加快推进业务整合，构建覆盖全产业链的综合能源服务平台和体系，培育各板块龙头企业。完善省地两级协同合作机制，充分发挥公司品牌、客户资源等优势，积极参与市场竞争，为公司实现转型提供原动力。九是打造卓越经营能力标杆。始终瞄准世界一流，持续推进瘦身健体提质增效，加大竞争性业务的资源投入和经营指导，确保完成全年经营目标任务，保持网公司经营绩效考核第一名。十是打造电网企业精益管理标杆。在管制业务和竞争性业务持续深化全面标杆管理，大力推进三类精益项目，促进精益理念落地扎根，年内90%的县（区）局达到网内一流及以上水平，三星及以上班站所比例突破30%。十一是打造电力技术创新标杆。进一步加强科技创新力度，打造核心技术能力突出、集成创新能力强的创新型企业。优化升级科技创新链，更好地做强管制业务技术创新，支撑竞争性业务市场拓展。亿元营业收入有效专利拥有数达世界领先水平。

着力解决“七项突出问题”：一是解决配网、农网发展相对滞后的问题。制定“四个统一”工作方案，建立配网规划建设督查常态化工作机制。参照中压配电网技术标准和建设运维模式，探索推广建设35千伏简易站，解决局部边远地区低电压等问题。高标准完成2277个省定贫困村电网改造升级，提前实现国家新一轮农网改造升级目标。进一步优化配网管理体系，参照“四不放过”机制加强配网运行管理。二是解决营销服务水平不高的问题。把解决客户投诉问题作为提升服务水平的重要抓手，继续严抓客户投诉管控，兑现新版的十项服务承诺。进一步完善客户问题协同处理机制，提升服务保障能力，避免同类问题重复出现，12398转办投诉宗数力争退出全国前列，95598投诉宗数同比下降30%。三是解决县级供电企业管理能力不足的问题。优化县级供电企业可持续发展能力提升行动计划，以缓解经营压力、促进人才交流、实施专业管理延伸等方面为重点，大力扶持发展。破除机制障碍，在地市局内部开展县级供电企业班子成员上下左右交流任职。四是解决竞争性业务发展活力不足的问题。打破体制机制障碍，优化管控模式，推动向管资本、强监督、重考核转变。落实市场化运营机制，激发企业活力。建立管制业务与竞争性业务市场化联动机制，创造协同效益。五是解决成本管理较为粗放的问题。完善基于业务的标准成本体系，用好

《南网供电成本词典》《南网工程成本词典》。加强重点成本费用和项目监控，均衡开支，实现成本最优和价值最大化。单项修理项目节约率5%以上，电网基建项目结余率10%以上。六是解决信息化支撑不足的问题。整合公司信息资源，由省信息中心引领技术研发和业务创新，地市级信息中心开展基层数据管理和应用创新，省通信公司快速形成竞争性业务系统研发能力。建设应用级灾备中心。建设引领业务创新的大数据和人工智能实验室。七是解决企业文化影响力不够的问题。统筹抓好文化品牌顶层管理设计，构筑《南网总纲》落地广东的特色文化体系，推动文化融入业务、进入班组、植入人心。注重典型经验提炼，打造文化名片和特色品牌。加强立体联动的传播策划，讲好南网故事。

进一步夯实“三类发展基础”：一是加强基础管理。持续优化“两书”和技术标准，确保各项业务有据可依。加强基础数据的规范管理，落实“数据主人”机制，重点抓数据真实性、准确性，主营业务系统数据准确率达97%。突出抓好配网基础数据治理，全面厘清站线变户关系，为配网规划提供可靠的数据基础；严格配网设备并网管理，实现台账、图模数据、自动化参数和定值准确率100%。加强配网自动化集约化管理力度，积极推行先进生产模式和技术手段。二是推进基层班组达标建设。推行各类班组典型设置，进一步完善班站所标杆评价标准，发挥标杆示范引领作用，有效推动公司管理制度和技术标准在班组落地。三是提升员工基本技能。强化练兵比武，落实配套资源支持，重点抓好班组自主培训和冗员转岗培训，提升员工适应业务转型的必备能力。实行模块化岗评，建立岗评抽考常态化机制，持续提升整体人均素质当量。

（四）着力抓改革、推精益、促联动，增强企业发展活力

第一，持续巩固和扩大深化改革成果。深化电力体制改革。持续抓好输配电价改革，严格执行已批复的输配电价，做好准许成本分析、政策研究和沟通工作，确保公司准许收入到位。深入研究交叉补贴等问题，积极向政府建言献策，推动理顺电价结构、完善电价体系。配合政府出台试点地区增量配电网价格方案。积极拓展增量配电网业务，主动配合政府制定发布增量配电网建设、运营、服务标准，做好增量配电网区域（含潜在区域）专项规划，使其更加符合电力行业的技术特性和市场特点，引导社会资本有序参与。坚持“公平开放、合作共赢、能控则控、能参则参、能运营则运营”的原则，争取试点项目建设运营。丰富电力市场交易品种，增加中长期交易频次，试点开展分布式发电市场化交易。加快推进南方（以广东起步）电力现货市场建设，建立适应市场化的电力调度组织架构，加快现货市场人才队伍建设，完善现货交易规则和技术支持系统，构建现货市场结算体系，确保年底前具备试运行条件。深化国企国资改革。健全公司法人治理结构，进一步完善现代企业制度，重点加强竞争类企业董事会建设。抓好公司国企改革试点任务的实施落地，持续开展公司法人压减工作，抓好独立供电区域接收，做好退股工作“回头看”。开展混合所有制改革研究，探索增量配电网业务混改试点。2019年11月前全部完成“三供一业”移交和接收任务。深化内部体制机制改革。改革激励约束机制，完善劳动用工和薪酬管理，优化调整绩效考核体系。开展分类管控、分类考核，有力激发管制业务和竞争性业务的发展活力，做到活而不乱。探索管制业务与竞争性业务的协同模式，构建共赢共责的合作机制。优化地市和县区组织架构，按照“四个统一”要求完善班组及岗位设置。促进电子商城和电商平台的应用，强化采购在线监督管理。加快推进物资公司的运营发展，协调好集中采购和个性诉求的关系，确保物资和招标管理体制改革落地。

第二，全面深化精益管理。深化全面标杆管理。研究建立世界一流省级电网企业评价体系，紧盯“2019年达到世界一流”目标，明确广东省省地县（区）2018—2020年达标计划，打造一批世界一流、国内一流的综合标杆示范单位。坚持“评建结合、以评促建”，全面推进星级班站所评建工作，建立“一班一库”（问题库和经验库）机制，引导基层更加注重关键问题的分析改进和优秀经验的推广应用，力争打造一批南网五星示范班站所。构建竞争性业务公司同业对标模型，对标行业领先，推动竞争性业务消除浪费、提高效率。深化精益项目管理。有效运用“两册一模”实用指南，在管制业务和竞争性业务重点实施横向协同性高的业务创新项目和管理优化项目，扎实开展现场改善项目，有效提升企业价值创造能力。深化全员自主改善。发挥“精益南网”管理平台作用，运用“微激励、快兑现”机制，持续推进全员自主改善，激发全员参与热情。抓实“人的精益化”。探索建立精益人才发展通道，构建“干中学、学中干”的精益人才培养模式，分层次、分专业、分梯队加大精益管理培训力度，培育公司精益人才队伍。

第三，扎实推进区域联动。着力发挥好深化区域联动的平台作用，有效解决公司区域发展不平衡不充分问题。公司层面做好统筹协调和专业指导，地市局全面落实主体责任，中心机构做好服务支持。加强联动过程管控。落实六项工作机制（对标、责任清单、服务清单、

提案、协调、监控评价），抓好两个清单的季度监控和年度考核，聚焦关键问题、关键任务、关键指标，确保440项里程碑事项如期完成。深入基层开展督查服务。客观评价区域联动阶段成效，及时解决重点难点问题，确保阶段目标全面完成。落实资源倾斜配置，对资源运用效率做好评价，确保资源支撑有力。全面推动区域内县区局结对帮扶。着力提升配网规划、建设、运维管理水平和客户问题解决能力，分享先进经验，互帮互促共赢。扎实开展地市局内部县区局联动工作。聚焦地市局自身发展不平衡不充分的关键问题，找准提升方向，明确目标任务，以我为主，力求突破。夯实供电所管理基础，重点解决中压线路故障率高、居民端电压质量低、客户问题协同处理机制不畅等问题，加速提升供电所星级达标水平。加大干部人才交流力度。加强省市间、区域内的干部人才双向调配和交流，挂实职、干实事、担实责，将挂职期间工作表现纳入绩效考核和工作履历，打造一支能干善干的干部员工队伍，培育好被帮扶单位的内生动力。

（五）强化创新驱动，打造智慧企业

第一，加快向数字化、智能化转变。开展顶层设计，在体制机制上强化信息化对业务创新的驱动作用。推动信息技术与生产经营深度融合，应用“云大物移智”等前沿技术改造升级传统电网，加快向数字化、智能化转变。持续优化“6+1”系统，重点解决系统协同应用存在的问题，完成“四个统一”支撑系统升级改造。落实数据资产行动计划，以战略巡航中心（企业运营监测平台）为抓手，基于省级大数据平台，构建企业级大数据应用生态圈。全面建成电网运行智能驾驶舱，融合实时调度、状态监测以及直升机、无人机巡检等多源数据信息，实现设备运检智能决策、故障远程诊断和电网态势智能感知与预警预控，大幅提升复杂大电网驾驭能力，提高设备运维质量效率。全面发挥营销大数据优势，基于全覆盖计量系统日数据，建立动态线损分析作业体系，试点推行同期线损考核。整合停电、配网裕度、报装时间等动态信息，发布服务热点地图，提高用户办电效率。对市场化交易客户，整合计量动态数据形成客户用电特性画像，便于科学决策交易。深化计量自动化应用，推进末端电网和客户用能状态监测，支撑现货交易、经营分析、电网规划辅助决策等业务延伸，探索电网与客户电能量数据共享模式，输出行业用电分析等数据挖掘产品。着力解决系统深化应用“最后一公里”问题，筛选出基层首创及试点实践中的优秀成果，按照“统一接入平台、统一技术规范”的原则，统筹在生产、营销、基建、物资等业务领域推广移动作业终端。构建云化、服务化的软件生产体系，打造敏捷开发响应机制，为竞争性业务提供快速、低价、高质的解决方案，服务“互联网+”智慧能源发展。

第二，提升科技创新能力。瞄准电力科技前沿，突破一批关键技术，全面推动电网智能化升级。完成2项国家重大创新年度研发任务。推进电网自适应需求响应技术的开发应用，释放峰值负荷潜在价值。积极应对能源生产消费革命，开发基于云计算与人工智能的新一代智慧调度系统，实现“源网荷储”协同控制，全面支撑清洁能源、多元负荷的安全高效接入与智能预测调控，引领能源互联网技术发展。围绕能源新业态发展，研发新一代智能云化配用电技术。部署具有竞争优势的技术创新链，满足公司综合能源转型需求。构建在职创业、股权激励和无形资产投资运营机制，实施5项成果产业化，加大新技术新产品应用力度，全面推动创新成果向竞争性业务转移转化。推动以职创成果推广转化为抓手，供电局为责任主体的职工创新自主发展模式，形成一批重大集成创新成果。

（六）聚焦于做实做精，实现管制业务高质量发展

第一，加快提升供应服务能力。统筹优化广东省内电源组织，推动建立电力与天然气供应风险联动处置机制，提前落实需求侧管理措施，确保不发生错峰限电。全力消纳清洁能源，不发生有责任的弃水弃风弃光。做精做细“三个一片”，上半年完成智能电表和低压集抄全覆盖。深化计量自动化应用，实现电费省级集中自动化核算。推进省级计量中心实体化运作，对计量检定、存储与配送进行集约化管理，打造计量资产全生命周期管理中心。完善计量自主运维体系，推行“线损合格一片、电费发行一片”工作机制。推行网格化客户经理服务，搭建供电服务信息平台。争取政府部门出台电能替代扶持政策，探索不同电能替代项目实施模式，实现年替代电量72亿千瓦时。加快充电设施建设，构建布局合理、设备利用率高的充电网络。抓好珠海、佛山局试点工作，努力争创第四届“中国质量奖”。

第二，牢牢守住安全生产底线。严格管控系统运行风险，落实9大风险36项重点工作。加强保底电网和防风加固工程建设，全力保障对澳供电安全可靠，切实做好纪念改革开放40周年等重大保供电任务。落实设备管理主体责任和监督责任，梳理关键重要设备清单，制定运行风险管控书，确保关键设备可靠运行。发挥示范基地引领作用，落实安全生产五大计划，做好分区域差异化运维和规范化检修。开展设备隐患排查专项治理，重点检查线路“三跨一临近”、社会人员触电等隐患的闭环处理情况，杜绝缺陷管理体外循环。开展提升GIS设备运

行可靠性专项工作，推广应用局放检测等新技术，提高GIS设备入网质量和安装运维水平。研究制定群众护线管理制度，推动政府部门建立电力行政执法队伍，开展树障清理专项工作，形成防外力破坏的长效机制。落实“管业务必须管安全”的要求，构建安全大监督机制。优化风险管理体系日常评价方法。推广应用现场作业风险可视化管控平台，力争可视化覆盖率达到90%。构建一套好用、管用、高效的多经企业安全管理体系。从严动真开展安全生产领域“转作风、强能力”专项行动，重点推进安全生产全覆盖巡查、配网隐患专项治理，以及“两本账、两张皮、体外循环”专项整治等工作，努力打造一支作风优良的队伍。

第三，持续提升电网发展质量。发挥规划龙头作用。抓住机构调整契机，解决规划体系、队伍能力等方面存在问题。各供电局提级管控，一把手牵头抓好技术标准和管理体系落地。进一步优化配网规划体系，以供电可靠性引领，提升投资的精准性。对于沿海、山区、城市、农村等不同区域条件下的电网，实施差异化规划策略，建立目标导向更加明确的技术原则。完善电力需求分析预测体系，结合粤港澳大湾区综合能源规划编制、城市燃煤电厂淘汰搬迁、大规模海上风电接入等重大专题，修编“十三五”电网规划，启动“十四五”规划专题研究，确定广东电网目标网架及相应的项目库，超前规划2035、2050年广东电网目标网架。全面提升主配网可观可测可控水平。深化主网调控一体化，稳步提升刀闸遥控覆盖率，大力推广程序化远方控制、二次设备远方投退和定值修改。完成4700条10千伏线路馈线自动化建设改造，全部通过实用化验收。打好配网调度管理提升攻坚战，全面消除配网盲调，全面建成地区级OCS系统，6月30日前全面实现配调集约化，全面建成智能配电网技术支撑体系。建成、建好电网工程。在建成方面，坚决摒弃“鸵鸟心态”，敢于“啃硬骨头”，坚持问题导向，确立规划项目，强化执行刚性，实现目标网架，全面完成年度电网建设任务。上半年建成纵江二期、甲湖湾送出、海门电厂送出等3项重点工程。按期完成大负荷分析、东坡到丹桂线路等16项解决局部错峰，以及珠海等沿海城市保底电网建设任务。在建好方面，稳步推进统一建设、标准建设，重点抓好中低压配网“四个标准”建设。深化样板工程创建，推广GIS零缺陷移交，打造精品工程。强化关键环节管控，实现项目有序开工、均衡投产。高标准开展公司新能源应用研发技术园区（清远）建设。采购好设备，升级优化物资保障体系。全面开展设备质量提升专项工作，贯彻资产全生命周期管理理念，持续做好品类优化，完善采购策略，加大品控力度。进一步完善招标管理，以运行数据等为基础，建立健全设备质量评价体系，加强专家培养和管理。科学规划大物流体系，推进省级智能仓建设，搭建省地一体化调配平台，加强集中储备的保障能力，提升物资供应配送效率。

第四，推动经营管理向更高质量和效益迈进。持续推进瘦身健体提质增效，坚持问题导向，开展经营绩效持续提升等8个专项行动。通过加大农村电网改造、减少客户停电时间、加快业扩报装、推进电能替代等手段，扩大售电增量。提升资源配置能力，对管制业务预算严进严出，对竞争性业务预算宽进严出。进一步优化资源配置策略，大力推动配网和农网建设，提高供电可靠性，满足“暖心工程”和供电所技术业务用房等需要。以变电站、线路和台区为单元整合投资与预算，支撑“四个统一”实施。开展股权投资项目规划，研究建立股权投资评价体系。加强有效资产管理，完善并落实加快形成有效资产的长效机制，力争固定资产投资增资率达到85%以上。深化“资产墙”与资产使用效率分析应用，构建资产资源投入分配模型，推动资产运营策略优化。加大资金归集力度，争取通过中期票据、超短融等方式寻找低成本资金，满足生产经营和投资建设需要。强化电价管理，对居民阶梯电价实施过程进行回顾和分析，做好煤电联动价格调整分析和预测，全面分析光伏、风电等新能源消纳对公司经营的影响。加强审计管理，推进各级审计机构的组建与运作，建立上下贯通、左右协同的一体化管理制度和工作流程。创新审计方式方法，分类管控管制业务和竞争性业务，实现审计专业化、集约化管理。探索大数据审计，建立问题导向、风险导向审计模型，编制审计词典，实现业审融合。持续推进资产产权证明清理专项行动，推动地方政府全面出台支持政策，建立“一房一地一策”的围剿机制，全面解决应办未办问题，力争新增不动产全部及时办证。深化法律风险管理体系建设，做好重大改革专项法律服务，加强重大法律案件处理。推动各地市政府出台贯彻落实《广东省供用电条例》实施意见。梳理公司制度和业务指导书的依法合规性，确保工作有法可依、有章可循。

（七）聚焦于搞活做强，推动竞争性业务

加快向综合能源服务公司转型是当前及今后一段时期的重点工作，各级单位要牢固树立主业理念，坚持管制业务与竞争性业务“两手抓、两手都要硬”，坚定信心、鼓足干劲，下更多的功夫、投入更多的资源发展竞争性业务，大力转、加快转、高质量转，创造广东电网的鲜活经验。进一步深入谋划竞争性业务发展。今年要做好竞争性业务顶层设计，上半年务必把管控模式确定下来。出台竞争性业务“十三五”改革发展行动计划，制定各板块整合发展方案，做好市场化改革试点工作，引领竞争性业务优化发展。大力发展综合能源业务。研究组建省级综合能源发展平台，所有地市局要力争第一季度成立综合能源服务公司，统筹系统内资源，布局综合能源投融资、规划设计、建设管理、运营维护等多种业务。围绕“源网荷储”能源产业链，发展清洁能源、分布式能源，拓展节能服务、储能业务和电动汽车充电业务。重点推进广东综合能源价值创新产业园、东莞松山湖综合能源示范区等重点示范项目建设。推动“粤易充”智能平台商业化运营。争取稳定的市场化售电用户资源，市场化售电量达100亿千瓦时。大力推动传统业务转型升级。以通信公司为主打造通信信息龙头企业，以输变电公司等施工企业为龙头打造工程建设集团，以创成公司为主推进监理企业整合转型，加快推进公司科技成果产业化。推动多经企业整合发展实施方案落地，持续开展标杆企业打造、法人户数减少、法人层级压缩、亏损企业扭亏减亏等工作。积极拓展前沿新兴业务和海外业务。加快“云大物移智”的深度应用，拓展能源大数据、碳排放交易等新兴业务。扩大多表集抄与四网融合试点范围。打造一支具备海外项目管理和实施能力的专业队伍，充分运用“借船出海”“拼船出海”等模式，加快国际拓展步伐。推动闲置资产盘活增值。盘活公司土地、房产、通信等可商业化利用的闲置资产，研究制定开发方案，实现资产保值增值。完善市场化运营机制。厘清省、地、平台企业管控界面，构建与竞争性企业发展相适应的管控与考核体系，建立完善上下联动机制。试点并逐步推行职业经理人制度。出台竞争性业务投资管理办法。

（八）从严动真带队伍抓管理，为创建世界一流打造坚强队伍保障

抓好工作的关键在人、关键在从严动真。今年要更加广泛地调动全员干事创业的积极性，把从严动真落地为工作准则、固化为行为习惯。

加强干部队伍建设。以习近平新时代中国特色社会主义思想为核心，大力强化理论教育，有针对性开展专业化能力培训，切实增强干部“八种本领”（学习本领、政治领导本领、改革创新本领、科学发展本领、依法执政本领、群众工作本领、狠抓落实本领、驾驭风险本领）。坚持党管干部原则，始终把政治标准放在首位，严把好干部标准和国有企业领导人员“20字”标准，落实“六要”要求（政治上要强、观念上要新、业务上要精、作风上要实、纪律上要严、生活上要廉），执行廉洁把关“双签字”，选好用好干部。坚持老中青梯次搭配，让老同志有热情、中年同志有干劲、年轻同志有盼头，重点加强年轻干部培养锻炼和配置使用，为优秀人才留出“快车道”。坚持全方位、多角度、近距离考察识别干部，重在看一贯表现和全部工作。加大各级干部交流轮岗力度，以交流促进干部状态提升。开展领导岗位胜任力评价，完善能上能下机制，对不敢担当、不愿作为的干部，从严动真地调整职务和职级。持续完善激励约束和容错机制，切实调动干部的积极性。

进一步激发员工干事热情。完善人员的组竞聘和流动配置机制，持续推进区域帮扶人才交流锻炼，有效解决员工队伍结构性、均衡性问题。弘扬劳模精神、工匠精神，通过人才专项培养、名师带徒、拓宽人才发展渠道等方式，大力培养各级各类人才，在财务领域开展人才转型提升试点。重视青年员工发展，深入落实促进青年更好成长更快发展的意见。完善班组工分计酬办法，推行专业技术人员量化考核。加大各层级绩效工资分配自主权，建立员工积分商城，打造员工激励品牌。深入推进“暖心工程”建设，关心员工身心健康、关怀异地交流干部，按期完成324个供电所技术业务用房建设，持续打造“四送”活动品牌，精准帮扶困难职工，增强员工幸福感。

从严动真抓出实效。坚决落实“执行规章制度真严、工作部署真切、工作任务真干、工作结果真实、工作失职真究”的“五真”要求，让从严动真深植内心，成为我们干事创业的行动自觉。深入贯彻抓执行促落实、提高工作效率的意见，不断扩大转作风、强能力的成果。建立健全工作管控机制和考核评价办法，运用提级管控、现场督查、点对点督办等方法，做到有的放矢、突出重点。各部门、各单位，要结合自身实际查找工作管控中的薄弱环节，找准落实从严动真要求的突破口，以点带面带动工作改进提升。

◎ 2018年1月29日，广东电网公司在佛山召开第二届第七次职工代表大会暨2018年工作会议

同志们，使命呼唤担当，使命呼唤作为！让我们更加紧密地团结在以习近平同志为核心的党中央周围，高举习近平新时代中国特色社会主义思想伟大旗帜，奋力创造出无愧于历史、无愧于时代的新业绩，加快向综合能源服务公司转型，为南网实现世界一流，为广东实现“两个走在前列”作出新的更大的贡献！

在公司2018年年中工作会议上的讲话（节选）

庞骁刚

2018年7月

今年以来，在南方电网公司和广东省委省政府的正确领导下，公司全面贯彻党的十九大精神，以习近平新时代中国特色社会主义思想为指导，全面落实网公司年初、年中工作会议及两个“一号文”部署，坚定勇当排头兵决心，加快向综合能源服务公司转型，努力创建世界一流企业，各项工作稳步推进。

一、上半年工作情况

主要指标完成情况良好，普遍优于预期：电网连续安全稳定运行超过8200天。完成售电量2355.1亿千瓦时，增长9.1%。非化石能源电量消纳率100%。低压全口径客户平均停电时间3.83小时，下降53.5%；“1小时区域”停电时间累计0.32小时，下降62.4%。线损率4.89%。完成固定资产投资214.5亿元，同比提升10.8%。累计有效专利拥有数4585项，提前完成年度目标。

（一）各项改革有序推进

全面承接网公司改革“一号文”，制定了2018年全面深化改革实施计划，认真抓好160个里程碑事项，部分改革工作取得阶段性成果。一是电力市场建设走在全国前列。搭建了“中长期+现货”的电力市场运营体系，协助政府完成现货市场交易规则编制，建成国内首套具有自主知识产权的现货市场技术支持系统，基本具备模拟运行条件。电力市场交易更加活跃，新增1001家市场主体，市场化交易电量1322.5亿千瓦时，同比增长40.5%。二是工商业电价降价符合预期。配合广东省发展和改革委员会（简称“省发改委”）完成了第一批、第二批一般工商业电价降价的相关工作，全省（除深圳外）一般工商业降价2.36分/千瓦时，降价幅度符合公司预期，累计降低工商业用户用电成本44.47亿元。开展了一般工商业第三批降价措施的多方案测算分析，提出初步方案。三是增量配电业务稳步推进。第一批珠海金湾东项目取得控股权，第二批肇庆大旺北项目获地方党委政府支持，第三批试点项目完成方案编制。四是国企改革全面推进。完成公司本部机构优化调整，成立法律服务中心等机构，全面开展地市及县区局机构优化调整。稳妥推进县级供电企业子改分工作，减少法人户数2家。完成38个独立供电区域接收。在全网率先完成“三供一业”小区供电设施资产接收协议签订和抄表到户工作。五是“四个统一”加快落地。印发了各领域实施细则及机构优化调整实施指导意见。各地市局陆续成立电网规划中心、项目管理中心，19个地市局成立了配网调度服务指挥中心，佛山、江门、珠海局率先全面铺开“四个统一”，有效减少了重复建设和停电，提高了客户需求响应速度。通过抓“四个统一”，推动了服务理念由“以电力为中心”向“以客户为中心”转变，发展思路由“高速发展”向“高质量发展”转变，切实优化了组织架构和人力资源配置，业务效率、服务水平明显提升。

（二）管制业务稳步开展

一是安全生产局面平稳。严格落实防范电网运行风险的36项重点工作，提级管控314项一级及以上事故事件风险，成功化解主配网风险506项。深入开展调控一体化建设，在国内率先完成500千伏线路程序化操作，实现主网全电压等级程序化操作全覆盖。19个地市局全部实现配调集约化管理。刚性执行差异化运维策略，大力开展规范化检修，完成14.6万台（套）设备特巡特维和预试检修，消除紧急重大缺陷1.7万项。针对涉电公共安全舆情，做到“想在前、做在前”，促成政府发文明确“产权归谁，责任归谁”，厘清了地方政府属地监管、行业主管部门监管和电力设施产权单位主体责任，积极开展供电设施隐患排查，截至目前共查出隐患11万余处，持续抓好整改落实。对10个地市局开展安全生产巡查，发现7800余个问题，举一反三抓好闭环整改。优化风险管理体系日常评价，强化与专业工作相融合，江门局通过“五钻”复审。率先出台省级安全文化“十三五”建设实施意见。成功抵御“艾云尼”及多轮暴雨洪涝灾害，圆满完成全国“两会”、高考等重大保供电任务。二是营商环境更加优化。全力落实提升2018—2020年广东电力供应能力20项措施，充分挖掘发供电能力，吸纳西电761亿千瓦时，最大限度满足广东用电需求。累计消纳省内非化石能源电量约484亿千瓦时，未发生有责任的弃水弃风弃光事件。出台优化营商环境方案，抓好26项举措的落地实施，节省客户成本40.4亿元，中压业扩报装平均用时84天，同比减少46天；远程渠道业务占比63.5%，较2017年底提升了42.2%；累计开展带电作业3.4万次，同比大幅增加106.1%，减少停电时间5.64个小时。推动珠海横琴发布全国首个自贸区供用电规则，对所有工商业用户实行低压供电，接电目标时限由80天压减到11天。助力粤港澳大湾区建设，200千伏安及以下小客户均采用低压供电模式。电力可靠性指标全国前十名上榜城市数量连续9年第一。公司受理“12398”转办投诉同比减少60.6%，全省累计值退出全国前三。三是电网建设更加优质。全力开展广东电网发展关键问题研究，大规模海上风电输电规划等研究取得初步成果。深入实施配网规划建设专项督导，发现问题350项，逐一销号整改。实现了智能电表、低压集抄全覆盖，配网自动化覆盖率达75.2%，较2017年底提升12%；馈线自动化覆盖率达53.6%，提升9%。完成佛山金融高新区智能配电房、智能变电站和光储微网试点建设。建成1条对澳供电的全电缆通道，显著提升对澳供电保障能力。甲湖湾电厂送出线路等重点工程按期投产。深入推进样板工程创建，12项工程获评省部级及以上荣誉。坚持“买好设备”，大力优化采购策略，强化履约品控管理，推进GIS“零缺陷”移交，有效防止设备“带病入网”。

（三）竞争性业务加速推进

一是系统开展谋划设计。印发竞争性业务发展行动计划（2018—2020）及八大业务板块整合发展方案，明确了整合发展思路与举措。修订了加快综合能源业务发展的指导意见，全面完成地市局综合能源服务公司组建。出台《竞争性业务管理界面划分》，厘清了部门及省、地、平台、企业间的职责界面。二是强化了竞争性企业管控。印发公司竞争性业务市场化用工和薪酬管理、财务管理等指导意见，推动建立市场化运营机制。出台公司2018年竞争性业务考核方案，实施关键指标、月度看板监控，开展季度经济活动分析，强化经营过程管控。探索建立股权投资全过程管控机制，初步形成股权投资规划工作指引等6项研究成果。按照分类指导、整体推进的原则，制定竞争性企业党的建设工作指导意见。三是竞争性企业加速发展。落实网公司“四个一批”工作要求，明确直属单位竞争性企业整合发展目标与计划，构建备案等管控机制，已决策整合关停企业63家，完成年度目标60%。储备综合能源项目141个。东莞松山湖综合能源示范区等重点示范项目稳步推进。

（四）企业管理水平持续提升

建立了创一流“1212”工作体系，着力打造“十一个领先标杆”，佛山、东莞、珠海、中山、惠州局达到世界一流水平。一是经营效益不断提高。持续推进瘦身健体提质增效，制定公司“1+8”工作方案，狠抓98项措施落地。开展经营绩效持续提升专项行动，亏损子公司同比减少3家，亏损额降低84.7%。强化有效资产管理，完成账务清理、现金及银行存款清查等专项工作；增资转固率23%，同比提升17%。二是防范化解重大风险更加有力。全面承接制定加强金融风险防范七大方面13条具体举措，完成65家单位金融风险梳理排查，资产负债率超过警戒线70%的子公司较2017年底减少4家。在银行信贷收缩、市场资金持续偏紧的情况下，有力保障资金需求。开展税务自查和重点检查工作，有效降低涉税风险。积极配合国家审计署专项审计，做好再次对审计发现问题等整改治理工作，开展内部审计项目101个，对发现问题立行立改。三是精益管理成效显著。星级班站所建设走在全网前列，五星班站所获评32个，占全网四成。完成四星、三星班站所评价工作，三星及以上比例达30.5%。成立了精益管理学院，举办了全网首个省级电网公司精益管理论坛。扎实推进区域联动，10家单位开展“一对一”结对帮扶，挂职交流548人次。与海南电网公司签署战略合作协议，开展结对共建。佛山、江门、汕头局电费核算省级集中模式上线运行。四是科技创新和信息化步伐加快。率先建成全网首个公司化运营的能源科技孵化器，自主研制的智能巡检机器人等创新成果实现转移转化，首批产品即将批量生产并投入生产运营现场。机巡技术与生产作业深度融合，完成7.2万公里巡视，累计发现3.2万余个缺陷；所有高空线路验收要素首次实现从人工抽检到机巡全验的转变。机巡中心成为网公司示范基地和作业支持中心。专利精益标杆指标达到2.85，迈入世界领先行列。推动“云大物移智”与数字服务、智能电网、智慧运营三类业务的深度融合，完成融合应用顶层设计。着力解决系统深化应用“最后一公里”问题，建成全网首个协同应用运营监控平台。完成网公司企业级信息系统国产化改造试点。5项数字化成果亮相“数字中国”高峰论坛。五是依法治企更加深入。学习宣传宪法修正案，组织开展法纪底线教育。法治企业建设取得阶段性成果，建立了公司法治指数评价体系。佛山局顺熙线财产损害纠纷案等重大法律案件取得重要进展。持续推进资产产权证明清理专项行动，补办735宗，实现阶段性目标。

（五）抓党建带队伍不断强化

一是学习贯彻习近平总书记重要讲话精神更加深入。对习近平总书记重要讲话精神进行了再学习、再宣贯、再部署，举办7期轮训班，覆盖全部处级干部。迅速出台了助力广东实现“四个走在全国前列”行动计划，积极服务广东开创改革开放新局面。二是党的建设持续加强。扎实推进网公司党组“一号文”落地落实，明确创建国有企业党的建设标杆的“1236”党建模式，出台加强基层党的组织建设三年行动计划实施方案。强化党的全面领导，在18个地市局、4个竞争性子公司和77个县区局实现了“党政一肩挑”。组织开展了全面彻底肃清李嘉、万庆良流毒影响专题民主生活会和反“四风”专题组织生活会。扎实做好迎接新一轮中央政治巡视的各项工作，整改发现问题53项。完成对8家县区供电局“机动式”巡察。深化运用监督执纪“四种形态”，谈心谈话3.7万人次。对口脱贫任务完成率达78%，全面完成245个省直中直驻点贫困村农网升级改造，连续三年获省扶贫济困“红棉杯”金杯单位。三是干部员工队伍不断优化。坚持好干部标准，配优配强地县两级班子，升格部分县区局班子正职，共调整处级干部353人次，其中交流191人次。有意识、有针对性地培养选拔年轻干部，新提拔处级干部中“80后”有15名，推荐17人参加网公司优秀年轻干部培训班。拓宽员工职业发展通道，新增各级技能、管理专家201人，在全网率先开展了信息专业技能专家选聘。针对性开展转岗适岗培训201期，累计培训2862人次。深入开展专项调研，举办青年代表座谈会，收集了四大方面14项改进建议并部署落实，促进青年更好成长、更快发展。四是干事创业氛围更加浓厚。深入推进“暖心工程”，320个供电所技术业务用房项目全部落实用地，开工286个，竣工44个。坚持党管意识形态，摸查了公司系统1865个重点对象，以及微博、微信公众号等500多个宣传平台，清理微信群3600多个，未发生影响公司形象的重大负面舆情事件。落实新时期产业工人队伍建设改革要求，累计创建网公司级职创工作室69个，新增12个，总量及增量均列全网之首。

这些成绩的取得，离不开网公司和广东省委省政府的正确领导，离不开公司全体干部员工，特别是在座各位的辛勤付出和努力奋斗。在此，我代表公司向大家表示衷心的感谢！

二、公司发展面临的形势

（一）高站位抓好新时代党建工作要求更加迫切

上月底，习近平总书记在中共中央政治局第六次集体学习时强调，党的政治建设是党的根本性建设，为我们党不断发展壮大、从胜利走向胜利提供重要保证。本月初的全国组织工作会议上，习近平总书记首次提出了新时代党的组织路线，为新时代党的建设和组织工作指明了前进方向，提供了根本遵循。广东省委十二届四次全会专题审议并出台了把各级党组织锻造得更加坚强有力的意见以及基层组织建设三年行动计划。网公司年中工作会议提出，要认真践行新时代党的组织路线，推动全面从严治党向纵深发展，实现党的建设实质性加强。从中央到省委再到网公司，都对党的建设，特别是党的政治建设、组织建设作出了新的部署，提出了更高要求。央企姓党，我们必须全面落实党的建设要求，积极将党的政治优势转化为企业发展优势，为公司创一流提供坚强的政治保证，更好地发挥国企成为党和国家的“六个力量”作用。目前，公司党建工作仍有薄弱环节，竞争性企业的党建工作存在短板；部分干部的格局和思路还不够宽广，学思践悟、学用结合的能力还有待加强；基层党组织的战斗堡垒作用和队伍的作风能力还不能很好适应公司改革发展的需要，等等。我们必须把新时代党的建设要求与公司发展实践紧密联系起来，将政治建设摆在首位，把各级党组织锻造得更加坚强有力，将公司打造成为国有企业党的建设标杆。

（二）高起点服务广东经济社会发展的要求更加迫切

习近平总书记在参加十三届全国人大一次会议广东代表团审议时发表重要讲话，对广东提出“四个走在全国前列”重要要求，对新时代广东改革发展具有重大政治意义和深远历史意义。广东省委坚持以习近平总书记重要讲话精神统揽全局，迅速出台了两个决定：一个是《关于持续深入学习宣传贯彻党的十九大精神推动习近平新时代中国特色社会主义思想在南粤大地落地生根结出丰硕成果的决定》；另一个是《中共广东省委关于深入学习贯彻落实习近平总书记重要讲话精神奋力实现“四个走在全国前列”的决定》，明确以构建“一核一带一区”区域发展新格局为重点，加快推动区域协调发展，并全面部署了粤港澳大湾区建设和落实乡村振兴、扶贫攻坚、污染防治等战略工作，这些都是我们面临的重要政治任务。目前，公司发展不平衡、不充分问题依然突出，13个地市局仍处于网内一流及以下水平，电网基础设施相对薄弱，供电“卡脖子”等问题还没有从根本上解决，一定程度上制约着我们服务广东的“出力”水平。立足广东这片热土，面对党中央的殷切期望和省委的战略部署，我们必须切实增强使命感、责任感、紧迫感，加快创建世界一流企业的步伐，抓好助力广东实现“四个走在全国前列”行动计划的落地实施，为广东新时代发展提供更大力度、更高水平的服务支撑。

（三）高质量推动全面深化改革落地的要求更加迫切

今年以来，我国全面深化改革的步伐不断加快。习近平总书记先后在庆祝海南建省办经济特区30周年大会、中央全面深化改革委员会第三次会议上，就改革工作发表重要讲话，强调全面深化改革进入了新阶段，要继续推进改革，要把更多精力聚焦到重点难点问题上来，集中力量打攻坚战，激发制度活力，激活基层经验，激励干部作为，扎扎实实把全面深化改革推向深入。广东省委出台了关于加快推进新时代全面深化改革的若干意见，许多内容都与电网企业密切相关，比如持续推进基础设施供给侧结构性改革、抓好粤港澳大湾区等重大改革试点、谋划推进优化营商环境综合改革等。从电力行业来看，国家对加快电力体制改革、释放改革红利的期望更加强烈，增量配网改革已提速扩围，电力现货市场建设正全力推进等，迫切需要我们拿出更加具体、有力的举措，落实好各项改革要求。目前，公司改革试点示范成效突出，但在面上的整体效应还不明显，步伐还不够大、速度还不够快，与全面深化改革新阶段的要求不相适应。接下来，我们更加需要坚持以习近平总书记全面深化改革重要思想为引领，把握改革新阶段特征，顺应新要求，抓好任务落实，巩固拓展成果，力争拿出一批突破性、创造性、先导性的改革举措，打造具有全网、全国影响力的改革品牌。

（四）高效益整合发展、完善产业布局的要求更加迫切

随着经济由高速增长阶段转向高质量发展阶段，国家不断深入推进供给侧改革，各领域降成本步伐逐步加快，比如去年电信资费下降四成，今年5月，国家发改委等四部门联合发布今年降成本重点工作，合理降低用能成本位列其中。释放改革红利，支持实体经济发展是大势所趋，一方面今年已经进行了两批工商业电价降价，接下来还要开展第三批降价，公司面临着“降电价与增利润”“降成本与提服务”“降杠杆与抓发展”的两难状况；另一方面，市场化交易电量规模不断扩大，电力商品属性更加突显。大家必须深刻地认识到，加快推动竞争性业务发展，向综合能源服务公司转型，是公司赢得未来发展的关键所在。过去一年多，我们的竞争性业务取得一定成效，但也暴露出企业数量多且分散、同质化程度高、市场竞争力较弱等问题。比如，施工板块企业全省就有185家，分散在19个供电局，产业布局点多面广、处于比较粗放的“游击作战”阶段，未能发挥“集团冲锋”优势。网公司为此加快了步伐，积极统筹布局，在年中工作会上重点宣贯了深化“一主两翼、国际拓展”产业发展布局的“1+3”改革文件，竞争性业务的发展将由顶层设计阶段迅速转入全面实操运营阶段，明确成立产业投资集团，进一步加强竞争性产业整合发展力度，带动竞争性产业转型升级。我们要迅速落实网公司最新部署，加速推进整合发展，积极将竞争性业务打造成为公司新的利润增长极。

（五）高标准保安全、保供应的要求更加迫切

保安全方面，以习近平同志为核心的党中央高度重视人民群众安全工作，强调发展决不能以牺牲人的生命为代价，提出树立安全发展理念，弘扬生命至上、安全第一的思想。这是新时代的安全发展观，是做好安全生产工作的根本遵循和行动指南。网公司加强了对安全生产工作的考核力度，绩效不得评为A级和直接评为C级的红线事项中，安全维度涉及内容多、占比大，反映出网公司对安全生产真抓严管的态度和决心。目前，公司安全生产形势仍然严峻，上半年发生了4起三级及以上事件，位列网公司各分子公司第二位，有责任的事件仍未杜绝。安全生产巡查也发现了不少问题，说明我们安全基础不牢固，还要下大力气抓实抓好。保供应方面，今年全省经济增长的预期目标设定在7.0%左右，用电需求将持续增长。夏季高峰期间，受新机组投产滞后、省内燃气供应紧张等因素影响，预计全省电力供应偏紧。省委省政府高度重视，多次组织召开会议，要求做好电力供应。我们必须主动承担好社会责任，积极主动协调省内外资源，全力以赴应对高峰时段电力供应不足风险，最大限度满足广东用电需求。

三、毫不松懈抓好下半年工作

下半年，公司将认真贯彻新时代网公司党组治企兴企思路，坚决落实网公司工作部署，加快实施助力广东实现“四个走在全国前列”行动计划，确保深化改革各项要求落地落实，确保“创一流”阶段目标务期必成，确保年度指标任务圆满完成。重点抓好以下工作：

（一）加快推进各项改革落地

各部门、各单位要全面承接网公司改革发展要求，结合公司实际，不断优化方案，加强闭环管控，确保各项改革工作落地落实。一是打造电力市场体系标杆。大力推进南方（以广东起步）电力现货市场建设，9月启动全业务流程模拟运行，确保年底前具备试运行条件。建立适应现货市场运行的组织架构，加快培养现货市场人才。二是统筹推进国企改革。积极做好科技成果产业化投资平台等7个试点改革工作，形成可复制可推广的改革经验。完成至少75个独立供电区域接收。9月底前全面完成“三供一业”供电设施资产增资入账。三是积极做好电价改革。密切跟踪政策导向，配合落实降价措施，释放改革红利。加强与价格主管部门沟通汇报，配合寻找降成本资金来源，确保公司合理经营空间，严格执行目录电价。落实国家发改委要求，全面清理转供电环节不合理加价。四是主动参与增量配电业务改革。印发“1份指导意见+4份技术规范文件”，完善增量配电业务全过

程管理体系。推进前三批试点工作，探索建立“电网公司+社会资本”经营模式，加快组建珠海金湾东试点项目公司，确保在肇庆项目中的主导地位，在中山项目中积极作为、有所突破。五是稳步推进内部体制机制改革。9月底前完成地市及县区局组织机构调整。做好中山局新型组织架构模式研究。深入推进公司三项制度改革，将职工收入与业绩、贡献紧密挂钩，推动收入分配向关键岗位、生产一线岗位和紧缺急需的高层次、高技能人才倾斜。六是纵深推进“四个统一”。做好配网四个领域业务指导书和作业标准的修订。印发各地市及县区部门主要职责、班组及岗位规范化设置指导意见，确保人员配置到位。深化配网调度服务指挥中心建设，实现所有地市局配抢业务有效运转。开展2018年“四个统一”项目群年中计划及预算调整工作，做好项目储备和前期准备。完成信息系统优化改造，为“四个统一”提供有力支撑。

（二）确保“创一流”目标务期必成

一是抓好“创一流”落地实施。落实“1212”工作体系，分层分类抓好关键指标和任务的落地执行。要完成年度关键指标和任务，重点关注经营目标，坚决不触碰安全生产红线。珠三角6家供电局要综合指标贡献度，优化“创一流”工作推进策略，专题攻关影响指标目标和任务的重大问题，确保年底如期实现世界一流目标。持续研究优化各项指标的管控目标值，抓实监控、及时纠偏，为2019年全面实现“创一流”目标做好策划和准备。确保运营管控平台上线运行，丰富风险管控和辅助决策分析手段。加强对关键指标的监控分析，全面攻坚短板指标。深化与海南电网公司战略合作，落实5大领域25项工作任务，共创世界一流企业。二是提升精益管理水平。持续开展精益管理，提高效率，消除浪费。推进以评促建，11月底前评选一批准五星、准四星班站所。出台精益人才认证标准和评审办法，开展带级人才在线培训和认证。有序实施精益项目，推进成果推广应用。精心组织7S管理劳动竞赛，营造全员自主改善氛围。三是纵深推进区域联动。深入落实区域联动六项机制，每季度召开区域联动协调会，统筹协调解决重点难点问题。优化“协调发展度”评价模型，做好各区域发展监控。有序推进现场督查服务工作，重点关注各区域“创一流”关键指标变化情况，及时做好指导服务。

（三）牢牢守住安全生产底线

一是确保电网安全稳定运行。抓好系统运行风险管控，全面完成防范电网风险36项重点工作。落实关键厂站特维工作，严防开关、保护、稳控拒动导致系统失稳。完成二次隐患排查专项治理，狠抓保护定值整定管理和二次反措执行。深入推进主网调控一体化建设，全面开展线路刀闸常态化遥控操作，建成省地一体化程序化操作机器人。进一步完善配调系统，实现中压系统的可观、可测、可控，在江门、湛江局的试点区域开展调度系统的低压可视化工作。大力提升负荷精准调控能力，试点开展柔性负荷控制示范工程建设。加快推进配电自动化终端网络安防技改和电力监控系统态势感知平台建设。落实“三同步”机制，加快推进应用级灾备中心建设，确保实现网络安全“三个零”目标。二是加强设备运行管理。严格执行差异化运维和规范化检修策略，抓好五大生产计划闭环管理。做好防范重大电气火灾风险、开关防拒动检查、提升配网运行管理水平等专项工作。建立包括管理体系和技术支撑体系在内的配电中压和低压的运维体系，防止中压同类问题的重复发生，抓紧解决低压管理、技术空白，形成围剿问题机制。积极推动并配合各级政府部门开展电力设施周边环境安全隐患专项整治，推动地方政府建立电力行政执法机制。加快推进生产监控指挥中心、智能作业管理中心、应急及检修管理中心建设，实现B级检修基地检修业务的集中实施、多旋翼无人机高精度“站到站”自主巡航、变电站机器人智能巡检集中管控、作业数据自动分析。加快推进佛山、中山、珠海局智能应用综合试点建设。三是加大安全综合监管力度。按照“管业务必须管安全”的要求，出台公司各级安全生产职责规定，制定竞争性企业安全管理规定，建立完善适应“四个统一”改革下低压配网安全管理体系。加大对典型重复性问题的督查和考核力度。全面推广现场作业风险可视化应用。落实乡镇供电所人身专项治理各项举措。继续做好防范社会人员触电工作，积极协助政府开展公共场所用电设施安全隐患排查整改，推动形成公共场所供用电安全风险的常态化管控机制，坚决杜绝发生涉及公司的涉电公共安全事件。大力开展安全生产巡查，对地市局实现全覆盖，抓好问题整改和严肃问责。做好风险管理体系评级升钻工作，确保实现建设目标。四是提升应急管理水平。进一步打造“135”应急管理品牌，立足于“防大汛、抗强台、抢大险、救大灾”做好防灾减灾准备工作，抓好迎峰度夏及防风防汛措施落地。深入开展各专项检查和秋冬季安全生产大检查，切实做好风险防控和隐患排查整改。完成应急指挥系统和综合应急基地建设，落实省、地市级防灾物资储备。圆满完成改革开放40周年等重大活动保供电任务。

（四）持续优化电力营商环境

对接世界银行“营商环境评价指标”，梳理、对比、分析“获得电力”指数的具体内涵与要求，找准差距，有针对性地解决关键问题。一是全力保障电力供应。加强负荷预测，协调优化广东省内外发电资源，配合网公司落实云南富余水电增送广东市场化交易，力争全年西电东送电量超过1829亿千瓦时。认真做好迎峰度夏及防风防汛期间有序用电安排，优先保障民生用电、优质用户用电，杜绝发生错峰不到位导致的强制拉闸。抓好促进清洁能源消纳24项重点措施落地，确保清洁能源100%消纳，落实珠三角煤炭消费减量和南气北送任务，助力打赢蓝天保卫战。二是持续提升用户办电时效性。对标世界一流，进一步压缩业扩报装用时，配合优化业扩配套工程外部审批流程，年内低压非居民平均办电时间降至11天、中压单电源客户降至80天，确保5年内办电时间压缩三分之二以上。在珠海横琴打造全国自贸区供电服务标杆。助力粤港澳大湾区城市建设，持续落实200千伏安及以下小客户采用低压供电模式。提前掌握客户需求，及早谋划布局，将潜在的业扩纳入常规基建项目，做好低压延伸工作。三是积极提高客户服务能力。广泛开展“客户经理+设备主人”网格化服务，快速响应客户需求。推广互联网统一服务平台，年内实现远程报装办电率达100%，实现客户办理所有业务“一次都不跑”。引入人工智能，提升服务效率和智能化服务水平。应用营销业务移动作业终端，打通客户服务“最后一公里”信息化渠道。做好客户投诉提级管控，限时解决客户问题。开展全量“12398”“95598”投诉调查，严肃考核问责，确保不发生重大客户投诉事件。四是全力打造可靠性管理标杆。完善可靠性管理体系，开展可靠性体系试点应用。提高转供电能力，在能转必转和确保安全的基础上，大力推广带电作业，切实减少停电时间，力争全年完成8万项带电作业，确保减少停电时间约10小时。完成19个地市局、5个示范县局配网自动化实用化评价。持续深化配网综合停电管控，确保全年配网月度计划执行率不低于92%，延时送电率不高于3.5%。开展配网生产运行规范化专项提升工作，实现中压线路故障率降低10%（降至3.6次/百公里年），重复故障线路数量减少20%。完成1500个低电压台区改造。

（五）高效提升电网发展质量

一是高标准规划电网。集中力量完成广东电网发展关键问题研究，构建科学合理的目标电网结构，统筹解决广东电网短路电流超标、多直流馈入等问题，积极促进大规模海上风电、沿海核电等清洁能源的快速发展和充分消纳，高标准、高质量服务粤港澳大湾区能源电力发展。做好19个地市保底电网规划研究报告修编工作。加速智能电网建设，建成珠海“互联网+”智慧能源示范工程。加快研究地下管廊建设与运维问题，充分利用好新的巡视运维技术。二是建成、建好各项电网工程。积极配合做好昆柳龙等网公司重点项目前期工作。加强重点工程管控，确保年内顺利投产70项主网重点项目。加大“长期挂账项目”清理力度，清除全省113项存量项目，遏制增量。开展工程“零缺陷”移交，持续做好GIS“零缺陷”试点工作。在主配网工程推广应用标准件，全面提升工程质量。按照广东省已同意的最新标准，加快推进保底电网改造、防风加固改造和铁塔加固等工作。三是提升物资供应保障水平。持续深化物资及招标管理改革，进一步优化招标采购策略，落实“取消三四级采购、加强授权采购管控”的要求。加强物资合约品控管理，切实保障物资供应和质量。推进省级智能仓库建设，打造物资调配平台。四是加快推动创新发展。主动融入国家创新体系，完成2项国家重点研发计划的年度研发任务。突破智慧调度系统、卫星数据综合应用等关键领域核心技术，筑牢电网安全的科技防线。推动职工技术创新从“微创新”向“集成创新”转变，完成10个项目的研发攻关。持续优化“6+1”系统，着力解决“财务—资产”系统协同应用问题。推动“云+微服务”新型技术架构落地。建设人工智能平台和实验室，构建数据资产目录，建立数字化指数评估标准，加快应用“云大物移智”技术改造升级传统电网。加强新技术在生产经营中的应用，完善科技孵化激励等机制，在人工智能技术、“互联网+”等方面加大研发和应用力度。持续完善智能电表和低压集抄建设，加强运维，确保稳定运行、不断优化。基于两个全覆盖，大力推进计量自动化的数据挖掘和深化应用，重点抓好在同期线损管理、电压及停电管理、需求侧管理和行业电量分析方面的应用。

（六）推动竞争性业务顶层设计落地

坚决贯彻落实网公司深化改革“1+3”文件，以市场和效益为导向，做好行业对标，加大管控模式改革创新力度，推动竞争性业务快速发展壮大。一是落实网公司产业发展部署。承接《南方电网竞争性产业整合发展实施方案》，统筹制订公司工作计划并抓紧实施。8月底前完成公司产业投资公司组建，与产业投资部合署办公。10月底前将公司国有竞争性子公司股权划拨至产业投资公司。按“上市优先、集中管理、充分竞争”三类要求，梳理竞争性企业经营范围，积极开展分类资产重组。二是持续优化竞争性企业管控。抓好公司竞争性业务发展行动计划（2018—2020年）及整合发展方案落地，结合实际完善实施方案、工作计划并严格执行。完善平台企业法人治理结构，年底前出台议事规则，明确治理主体职责。加强竞争性企业的党建管理，按照已印发的《广东电网有限责任公司加强和改进直属单位所属竞争性企业党的建设工作指导意见》，分批、分步骤、分类别抓好党建工作。推进“一平台一党委（党总支）、一公司一支部”建设，着力解决党建工作不规范问题。制定直属竞争性企业审批、备案、禁止管控清单，实施清单式管理。建立直属单位竞争性企业“资金池”管理模式，逐步实现资金集中管理、统一调度。试点推行职业经理人制度。制订竞争性业务领域人才素质提升计划，联合知名高校开展培训，培育竞争性业务人才。进一步研究竞争性业务与管制性业务人员流动问题。三是大力推进竞争性产业整合发展。信息通信板块，推动通信公司参股优质企业，探索利用公司通信通道、杆塔、数据等资产开展对外运营。设计板块，推动发展研究院与电网规划中心分立，打造成为统筹业务、整合资源的省级设计集团，逐步整合省内设计企业，并推动上市。施工板块，以输变电公司等企业为龙头打造工程建设集团，依托网公司国际化拓展平台，积极开拓国际业务。监理板块，以创成公司为龙头整合部分监理企业，拓展工程项目委托管理业务。高端装备制造板块，推动装备制造企业实现错位发展，打造高端智能设备、中低压智能设备等“N”个制造基地。科技板块，推动能源科技孵化器公司实体化运作，构建科技成果产业化配套体制机制，加快科研成果从样品到产品再到商品的转化，年内完成不少于8项科技成果的产品化。电力综合服务板块，搭建闲置土地房产资源盘活发展平台，确保完成30%闲置物业资源利用、10%以上可开发存量土地盘活的目标。四是加快拓展综合能源服务业务。开展综合能源示范项目选育工作，打造覆盖“源网荷储”全产业链的综合能源示范区。完成东莞松山湖综合能源示范区、越秀区综合能源价值创新产业园等重点项目阶段性建设目标。成立电动汽车产业服务公司，整合资源推动公司电动汽车产业发展，9月底前完成14对高速公路充电设施建设，年底前建成城市公共充电桩2400个。积极推进2100个电能替代项目落地，力争实现电能替代电量84亿千瓦时。全年完成市场化售电100亿千瓦时。加快拓展分布式发电、能效服务、储能等领域的综合能源业务，探索提供运营监控、节能咨询、辅助决策等数据增值服务。

（七）不断提高企业经营效益

一是持续推进提质增效。落实瘦身健体提质增效98项措施，推进8个专项行动。强化成本管控，实现电网基建项目单项节约率不低于10%，修理项目单项成本节约率不低于5%。二是不断提升经营管理水平。加大电价执行情况检查与考核力度，确保目录电价执行到位。加强应收款项催收，强化库存物资清理。加快推广票据结算，进一步优化债务结构，提高资金效益。推进融资租赁项目建设。开展经营租赁业务的可行性研究，积极推进试点。抓好财务经营转型方案12方面31项措施落地实施。抓好国家审计署、税务总局检查发现问题的整改，查漏补缺，避免问题重复发生。依托计量自动化系统，常态化开展月度同期线损管理。三是开展法治企业建设。组织做好法治企业建设，形成争创一流的建设成果。妥善处理东莞观音山财产损害赔偿纠纷案、潮州债权纠纷案、汕尾陆丰局和韶关仁化局劳动争议案等重大法律案件。加快资产产权证明清理，确保完成年度补办任务。组织做好“七五”普法中期检查，切实抓好法纪底线教育，提升全员法治意识。

（八）持续推动全面从严治党

一是深入学习贯彻党的十九大精神和习近平总书记重要讲话精神。把学习贯彻习近平新时代中国特色社会主义思想作为头等大事，切实做到学、思、用贯通，知、信、行统一。抓好助力广东实现“四个走在全国前列”行动计划的落地，服务广东社会经济发展。坚持把政治建设摆在首位，坚定“四个自信”，增强“四个意识”，确保做到“两个坚决维护”。以处级以上干部为重点，面向全体党员开展“不忘初心、牢记使命”主题教育。落实意识形态工作责任制实施细则，压实各级领导班子主体责任。完善舆情应对预案，防范意识形态事件和舆论漩涡。二是加强组织建设。认真落实公司加强党的基层组织建设三年行动计划实施方案，确保真正发挥基层党组织的作用。强化党的领导，全面实现“党政一肩挑”。以“1236”党建模式为主线，打造国有企业党的建设标杆。推进党组织规范化建设，把党的基层组织建设成为宣传党的主张、贯彻党的决定、领导基层治理、团结动员群众的坚强战斗堡垒。细化党建工作责任，制定基层党委建设工作标准清单、基层党支部委员全面从严治党责任清单。三是积极服务精准脱贫。做好行业扶贫工作，高质高效完成2277个省定贫困村电网改造。完成国家新一轮农村电网改造升级任务，率先达到指标要求。全面推进乡村振兴战略与脱贫攻坚有机结合，抓好措施落地，推动收益二次分配机制落地，健全脱贫长效机制。深入开展扶贫领域作风问题专项治理，确保脱贫攻坚工作风清气正。四是持续净化政治生态。全力做好迎接中央新一轮巡视第三阶段工作。持续发挥好巡视巡察利剑作用，各单位主要负责人要高度重视，整治管党治党宽松软问题，确保问题整改到位。聚焦减少腐败存量、遏制增量，认真做好监督执纪“四种形态”全覆盖。加大力度惩治群众身边的腐败问题和不正之风，从严动真开展“扫雷”行动。持续落实中央八项规定精神和实施细则，坚持不懈纠正“四风”，要从严从实、落小落细，特别是要做到公私分明。一体推进“三不腐”体制机制建设，努力营造良好政治生态。

（九）大力加强干部人才队伍建设

一是选好干部配强班子。落实中央《关于进一步激励广大干部新时代新担当新作为的意见》精神，探索创建“四好三优”的一流班子，发挥班子带头引领作用。落实公司“五个坚持”的选人用人思路，选优配强竞争性企业班子成员和升格县区局班子正职。落实好鼓励激励、容错纠错、能上能下“三项机制”，探索建立班子能力状态的评估机制。对队伍情况进行定量的分析和定性的判断，关注队伍的作风，想方设法盘活、培养、用好现有的队伍。二是打造高素质专业化干部人才队伍。落实党管干部原则，按照好干部标准和国有企业领导人员“20字”标准，打造一支忠诚干净担当的高素质干部队伍。深化党委联系服务专家工作，完善支持专家干事创业的机制。深入贯彻落实党中央关于大力发现培养选拔优秀年轻干部的意见，加大年轻干部的培养使用，继续在直属单位和县区局班子中配备“80后”年轻干部。加强青年员工职业能力发展规划，促进青年更好成长、更快发展。三是激发员工干事创业热情。持之以恒抓好机关转作风强能力建设，提升政治站位、强化责任担当、增强服务意识。畅通人才发展通道，出台具体实施指导意见，加大公司技术专家选聘力度，完成年度技能专家和管理专家选聘工作。加强弹性福利激励，推进员工积分商城建设，适度扩大高星级员工的评选数量。深化班组“工分计酬”考核激励模式应用，充分调动员工积极性。深入实施“暖心工程”，全面完成320个技术业务用房项目建设，真心实意为员工办实事、办好事。全面推行入职礼、拜师礼、凯旋礼、退休礼活动，增强员工归属感、荣誉感。开展改革开放40周年系列宣传和主题活动，选树先进典型，持续打造“南网劳模、南网工匠、南网创客”三大文化品牌，大力营造良好的干事创业氛围。

◎ 2018年7月30日，广东电网公司在佛山召开2018年年中工作会议

同志们，幸福是奋斗出来的，创一流同样如此。让我们在网公司和省委省政府的正确领导下，振奋精神，锐意进取，真抓实干，高质量完成年度目标任务，为网公司实现世界一流，为广东实现“四个走在全国前列”作出新的更大的贡献，以新的成绩为改革开放40周年献礼！

在公司安全生产委员会2018年第三次（扩大）会议上的讲话（节选）

廖建平

2018年7月

这是我到任以来，第一次大范围地和大家见面。之所以选择以安委会主任、安全生产第一责任人的身份，在安委会扩大会上跟全系统的同志见面，主要是想用这种行动告诉大家，作为电网企业，安全责任是我们首要的、重中之重的责任，具有极端重要性。各级一把手必须把安全责任扛在肩上，记在心上，真正把安全生产重视起来、抓起来。下面讲两个大方面的意见，第一方面是关于安全生产工作，第二是借这次机会，强调一些工作要求。

一、深刻认识做好安全生产工作的极端重要性，坚决把安全生产工作各项决策部署落到实处

习近平总书记强调，发展绝不能以牺牲人的生命为代价，安全生产事关人民安危和发展大局，是没有退路的重大政治任务。网公司孟振平董事长上任后第一次调研选在南网总调、应急指挥中心，指出电网安全稳定是电网企业的生命线，是做好一切工作的重要基础和最基本的前提。8月，曹志安总经理召集网公司安全生产主要部门负责人、各生产经营单位安委会主任研究当前安全生产形势、制定应对措施。网公司两位主要领导对安全生产的高度重视和密切关注，传递出一个重要信号，安全生产是我们所有工作的重中之重，务必将安全生产摆在十分重要的位置。今年是公司加快创建世界一流企业、向综合能源服务公司转型的关键之年，我们要认真贯彻落实中央、省委省政府和网公司要求，以如履薄冰、如临深渊的态度，坚决把各项安全生产工作部署落实到位，坚决守住安全生产底线。大家要从讲政治、讲大局的高度，始终充分认识安全生产工作的长期性、复杂性、艰巨性，时刻保持高度清醒的头脑，牢牢绷紧安

全生产这根弦，想方设法管控风险，杜绝事故，努力建设本质安全型企业。

二、突出“严细实”要求，踏踏实实抓好安全生产各项工作

安全生产要突出强调“严细实”要求，切忌搞花样、造名词、做运动。一是要扎实管控人身安全风险。习近平总书记指出，发展绝不能以牺牲人的生命为代价，对于我们电网公司来说更是这样。我们要坚决与“违章、麻痹、不负责任”三大安全敌人作斗争，要加强思想教育，培育安全文化，变“要我安全”为“我要安全”。要加强督查、检查，强化现场飞行督查，提级督查、提级处理，对违规行为重罚，还要追究该单位安全生产第一责任人的责任。此外要注重运用视频技术、刷脸技术等新科技手段开展现场督查，提高效率，有效遏制违章。

二是要严控电网风险，确保电网安全。确保电网安全稳定，保障电力供应是我们电网公司的基本任务。保障电网安全稳定运行有很多措施，这里特别强调要加强电网建设。事实证明，要保证安全生产，尤其是保证电网安全，电网建设是物质基础。“山竹”台风强度非常大，广东电网受影响比较普遍，但是没有重大影响，这很大程度得益于我们多年来一直加大力度进行电网建设，强化抗风设施。当前，加大电网建设也正处在重要历史机遇期，电网公司更需要加大电网建设，做强、做优、做大电网资产。我们要有对未来负责的历史责任感，去把电网建设工作抓好。今后，我们还要探索自下而上和自上而下相结合的项目立项方式，公司计划部和基建部从做大、做强电网的目的出发，把投资和电网建设任务分配到各单位。大家要把电网建设好作为一个刚性的政治任务、历史担当来抓实、抓好。

三、完善安全生产责任体系，层层压实责任，严肃追责问责，倒逼各级履职尽责

习近平总书记关于安全生产的十大方面重要论述，是我们做好安全生产工作的根本遵循。我们一定要学懂弄通做实。其中第二讲就是讲安全生产责任体系。习近平总书记强调坚持最严格的安全生产制度，就是要落实责任，要把安全生产责任落实到岗位，落实到人头，履职不到位一定要追责问责。要严格按照“党政同责、一岗双责、齐抓共管、失职追责”和“管业务必须管安全”的要求，进一步完善公司安全生产责任体系，明确各级职责，层层压实责任。要着力打造大安全格局。各级单位主要负责人作为安全生产第一责任人，要承担好领导责任，领导班子成员承担好分管范围内安全生产职责，各专业管理部门履行监督管理职责，要承担好本领域安全管理主体责任。安全责任是要刚性执行、追究法律责任的，近期全国性的事故直接就问责安全生产第一责任人的责任，甚至追究法律责任。大家一定要意识到严重性，拿出十二万分的精力去管控好。各级领导人员履行安全责任，不管是从社会的角度、企业的角度，还是从个人的角度来说，都是责无旁贷的最重要责任，希望大家牢记。

四、总结分析抗灾经验，继续抓好防风防汛工作，在关键时期彰显央企的责任担当

上周，公司上下奋力抗击今年以来登陆广东的最强台风“山竹”，做好“灾前防”“灾中守”“灾后抢”三个阶段的工作，仅用3天全面恢复了受台风影响的459.1万户用户供电，期间未发生影响港澳、核电等重要地区及用户的供电事件。本月23日，完成了受损输电线路的修复，全面恢复到灾前电网运行水平，成绩值得肯定。各条战线的干部员工辛苦了，借此机会，我代表公司党委向你们致以崇高的敬意！接下来我们要认真开展灾后总结分析，进一步提升应急处置水平。特别是对本次台风造成的倒塔、重点线路跳闸、变电站水浸等情况，务必深入查找问题根源，举一反三，提出解决措施。

安全生产工作我就讲这些，希望大家高度重视，下面利用这个机会强调一些工作要求。

近期网公司和公司两级主要负责人都进行了调整，部分员工可能顾虑，新领导的到来对既定工作是否有影响。8月30日网公司视频会议上，孟董事长作了到任南网后的第一次工作部署。讲话里有个重要内容，就是要求大家不分心、不走神、不观望、不停步，按照网公司党组年初和年中工作会议部署的各项任务坚定不移全面落实。在这里我也借用孟董事长的“四个不”，对公司全体干部员工作个表态，希望大家同样做到不分心、不走神、不观望、不停步，按照公司党委年初制定的各项工作任务和目标，继续努力，确保完成今年的工作任务，还要力争更好。目标和任务不变，唯一变化就是力争更好。利用这个机会再强调几项具体工作：

第一，要坚持以习近平新时代中国特色社会主义思想为指导，始终把加强党的建设作为企业的“根”和“魂”。坚持党的全面领导，加强党的建设，既是我们央企的最大政治优势，也是我们的基本政治任务，要从这两个角度来认识坚持和加强党建的重要性和责任感。各级领导干部，特别是党委书记、党委委员们，要牢固树立党建主业意识，强化落实“一岗双责”，将党的领

导融入企业治理的各个环节，以打造国有企业党的建设标杆为抓手，努力探索形成“精益规范、体系完整，特色鲜明、作用彰显，央企领先、影响广泛”的广东电网党建模式，为公司做强、做优、做大提供坚强的政治保证和组织保证。

第二，要立足广东实际，履行社会责任，全力服从和服务广东经济社会发展大局。要保持和维护好与地方政府的良好关系，这一点很重要，希望大家要高度重视。我们是涉及国计民生的基础行业，直接服务于地方经济社会的发展；我们的工作离开政府寸步难行；我们的发展目标定位与政府也完全一致。习近平总书记对广东提出了“四个走在全国前列”的重要要求，公司的定位是世界一流、国内领先，这两者是相呼应、相支持的。这里提“两个尽力”的要求：政府要求我们办的事，能办到的要尽力办好，办不到的要尽力解释好。

第三，要瞄准“创一流”目标，坚持问题导向，查找差距短板，坚定不移地完成全年指标任务。要紧紧围绕网公司、公司既定工作安排，抓重点、补短板、强弱项，切实抓好冲刺收官，全力以赴完成公司全年考核指标。要全面梳理网公司各项考核指标和工作要点落实情况。按照“缺什么、补什么”“慢什么、推什么”的要求，认真查漏补缺。一方面要围绕网公司的考核目标，采取措施，利用最后一个季度的时间补齐短板，争取考核成绩继续在全网名列前茅。另一方面，要完成肩负的历史使命，今年珠三角六个供电局达到世界一流，明年公司整体达到世界一流。这里特别强调，各项指标务必唯真唯实，不能弄虚作假。指标是管理手段，能倒逼工作的全面改进，但如果指标失真，相关工作就无法推动。指标弄虚作假会毁掉我们的工作抓手，会败坏我们的队伍风气。大家一定要高度重视，抓好指标的真实性。

第四，坚持求真务实，营造良好的干事创业氛围。求真务实是广东电网的优良传统，希望大家牢记、高高举起，把这个优良传统保持下去。要时刻警惕形式主义和官僚主义。在推动每项工作、活动时都要认真反省和梳理，是不是以官僚主义的作风推动了一件不切合实际、兴师动众、哗众取宠、劳民伤财的形式主义的事；兴师动众推的一些工作，最后的结果是否只是书面工作总结上的几句文字或者几个数字，是否有实际效果。各级领导和各级职能部门都要警醒，一定要求真务实。

第五，用心关爱员工。目前，各项工作全面强力推进，基层干部员工工作压力很大，各级领导要把关爱员工工作为一件大事抓紧、抓好。我们在管理制度、体制和机制上要做到公平、公正、公开，不要让员工产生不平衡感。各级党委、各级领导要把温暖送到员工心头，把暖心工程推进好。各级领导在工作中要落实“精简要”的要求，让员工能够干自己觉得有意义、有用的事，不要让员工劳力又烦心。

第六，加强形势分析研判，深入思考研究，科学谋划明年及今后一段时间的工作思路和方法。要紧紧围绕今年六个地市、明年公司全面创一流这个目标，谋划下一阶段工作。明年除了达到网公司综合评价体系里的世界一流，每个关键指标都要全面接轨世界一流。网公司评价体系是打分制，个别指标达不到，可以靠其他指标平衡。但我认为考核电网物质基础的、生产管理水平的、客户服务的关键指标，例如客户平均停电时间等指标，应该要全面达到世界一流，这样才是名副其实的世界一流企业。要达到这个目标，我们还要做大量艰巨的工作。

在广东电网公司组织宣传思想工作会议上的讲话（节选）

廖建平

2018年10月

今天我们召开会议，主要任务是以习近平新时代中国特色社会主义思想为指导，深入贯彻落实全国组织工作会议、全国宣传思想工作会议和网公司组织宣传思想工作会议精神，研究部署当前和今后一段时间公司组织宣传思想工作，为公司开创改革发展党建工作新局面、建成具有全球竞争力的世界一流企业，提供坚强的政治保证和组织保证。

刚才马辉同志传达了上级有关工作会议精神，大家要认真学习、贯彻落实好。江门局、佛山局、茂名局、电科院、惠州局、中山局6家单位介绍了党建工作方面的经验，我听了很受启发。这6家单位学习领会上级的要求很到位，工作开展得很出色，请大家相互学习借鉴、取长补短、共同发展。下面，我就贯彻落实上级会议精神，做好组织宣传思想工作，讲几点意见：

一、在学懂弄通做实上持续发力，深入推动习近平新时代中国特色社会主义思想落地生根

习近平新时代中国特色社会主义思想是指导公司改革发展的强大思想武器和科学行动指南。网公司孟振平

书记强调，要用习近平新时代中国特色社会主义思想武装公司广大党员、教育职工群众、推动各项工作，巩固我们团结奋斗的共同思想基础。

（一）要强化理论武装，树立强烈的政治意识

十八大以来，公司高质量开展了群众路线教育实践活动、“三严三实”专题教育、“两学一做”学习教育等系列活动，取得了较好的成效，得到了上级的充分肯定。下一步，我们要进一步从深化学习、宣传上下功夫，持续提升理论武装的能力和成效，不断增强党员干部员工的政治责任感，树立强烈的政治意识。一是要坚持以领导干部为重点，抓好党委中心组学习。要发挥党委中心组学习的“头雁效应”，带头讲政治，坚持理论性、突出针对性、讲求实效性。大力弘扬马克思主义学风，坚持读原著、学原文、悟原理，把“全面系统的学”与“干什么学什么、缺什么补什么”结合起来，把重点发言和研讨交流、个人自学和集中研学结合起来，不断提高运用科学理论解决实际问题的能力。各级党委要履行好主体责任，主要负责同志要履行好第一责任，不断推动中心组学习的制度化、规范化。二是要坚持立体式多样化宣教模式，抓好理论宣传。要结合“不忘初心、牢记使命”主题教育，用好“三个计划三个平台”，针对不同的对象进行“靶向式”宣讲，实现对象化、差异化、分众化。要统筹宣讲手段，建好用好实地宣讲、活动宣贯、媒体宣传三个平台，积极探索“微学习”“微党课”“微宣讲”等新的学习教育形式。要在线上线下同向发力，形成全方位、多层次党的创新理论进基层宣讲矩阵，进一步增强理论宣传的即时性、互动性和覆盖面。

（二）切实把统一思想、凝聚力量作为宣传思想工作的中心环节

宣传思想工作的核心和目的，是让全体员工做到“两个坚决维护”，增强“四个意识”，坚定“四个自信”。宣传媒体要坚持唱响主旋律、壮大正能量，将公司十万员工的思想和行动统一起来，将大家的工作热情、创新的激情充分调动起来，画好公司创建世界一流企业“同心圆”。一是要坚持党管宣传、党管意识形态的根本原则。要把握正确的政治方向，站稳政治立场，做到旗帜鲜明坚持真理，立场坚定批驳谬误，敢于举旗亮剑、勇于激浊扬清、善于引领发声。要着力拧紧责任链条、加强协同联动，始终把牢正确的政治方向、舆论导向、价值取向，确保意识形态领域风清气朗。二是要占领阵地，做好“人”的工作。习近平总书记强调，宣传思想工作是做“人”的工作。我们要把握两个重点，一个是青年人，要把培养担当民族复兴大任的时代新人作为重要职责；一个是网络阵地，要使互联网这个最大变量变成事业发展的最大增量。我们要把年轻人作为工作的关键，把网络防控作为重点工作和重点任务，既要不断巩固拓展党的新闻舆论阵地，又要加强传播手段和话语方式创新。当前，对外要围绕“改革开放40周年”、服务“三大攻坚战”、粤港澳大湾区建设等热点，在“一报一社一台”等主流媒体上充分展示公司改革发展的重大成就，讲好企业故事，树立南网形象。对内则要准确把握不同群体思想观念、价值取向日趋多元的新特点，探索差异化的思想政治工作模式，做到有的放矢、对症下药，使主流思想舆论入心入脑，进一步坚定信心、提振士气、激发勇气。三是要精心选树典型，打造示范标杆。广东电网近10万员工，挖掘和培育先进典型的空间巨大，要进一步探索制度化、规范化的典型选树机制，形成“人人学习先进、人人争当先进”的良好氛围。

（三）落实“管业务必须管宣传”，提升宣传思想工作质量

宣传工作必须分工合作、齐抓共管。一是要创新机制。加强宣传思想工作顶层设计，落实好公司进一步加强和改进新闻宣传工作行动计划。各专业部门要加强宣传管理，在安排部署工作的同时部署好宣传工作，不断强化“管业务必须管宣传”的观念，共同构建“大宣传”工作格局。二是要解放思想。把改革创新的精神贯穿于宣传思想工作的各个环节，立足公司改革发展的具体实践，用全新的视野来认识宣传思想工作，用先进的管理工具改进宣传思想工作。三是要锻造队伍。着力打造强大的新闻通讯员、新闻发言人、网络评论员三支队伍，完善选人、培训、培养等机制，构建强大的宣传网络。

二、聚焦党的全面领导和组织体系建设，努力把各级党组织锻造得更加坚强有力

党的十九大报告提出要不断提高党的建设质量，国资委党委把今年确定为“中央企业党建质量提升年”，网公司党组一号文也强调聚焦质量提升。我们要牢固树立质量意识，推动基层党组织全面进步、全面过硬。

（一）要始终坚持和加强党的全面领导

坚持党的领导、加强党的建设，是国有企业的独特优势，是国有企业的“根”和“魂”。我们要以打造“国有企业党的建设标杆”为抓手，结合“1236”党建模式，切实完善党建工作责任体系，落实管党治党责任。要高度重视，进一步规范直属单位党委议事规则，确保党的领导机制在基层单位落实落地。

（二）要始终加强党支部标准化、规范化建设

党支部是党的基层组织，是党的组织体系的基本单元。2018年9月21日召开的中央政治局会议，审议通过了《中国共产党支部工作条例（试行）》，这是新时代抓好党支部建设的基本遵循。我们要进一步树立“党的一切工作到支部”的鲜明导向，按照网公司“支部问题大排查”的要求，找准问题、谋划对策、整改提升。对于基础比较薄弱、问题较多的党支部，上级党委要挂号整改，把“不规范就是不合格”的理念根植基层，更好地教育、管理、监督党员，组织、宣传、凝聚和服务群众，把抓基层、强基础的各项工作做实，把党支部建设成坚强战斗堡垒，切实把全面从严治党落实到每个支部。

（三）要始终加强党组织带头人和党员队伍建设

党组织带头人包括各级党委书记、党总支书记和党支部书记，是各级党建工作的第一责任人。要加强对带头人的专题培训培养，持续推进“书记项目”，加强考核监督，确保各级党组织带头人学习走在前、工作干在前、自身建设抓在前。党员队伍是公司员工队伍的中坚力量，近年来在各种急、难、险、重任务面前很好地发挥了先锋模范作用。接下来要进一步巩固和扩大我们的优势，不断降低无党员班组数量，严格党员教育管理，严肃党内政治生活，按照“四必三增强”要求过好月度主题党日活动，充分发挥党员在创一流工作中的先锋模范作用。

三、树立正确选人用人导向，打造高素质专业化干部队伍

贯彻新时代党的组织路线，关键在哪里、重点是什么？习近平总书记给出了答案：“建设忠诚干净担当的高素质干部队伍是关键，重点是要做好干部培育、选拔、管理、使用工作。”我们要按照习总书记的要求，认真建立素质培养、知事识人、选拔任用、从严管理、正向激励五个体系，抓好干部队伍建设各项工作。

（一）始终突出政治标准和事业为上，选好用好适应新时代的好干部

要把政治要求放在首位。政治标准是硬杠杠，这一条不过关，其他都不过关。我们要始终坚持“好干部标准”和国有企业领导人员“20字”要求，强化对政治担当、政治能力的深入考察。把合适的干部放到合适的岗位上，做到知人善任。

（二）始终突出高素质和专业化，增强干部素质培养的系统性、持续性和针对性

培养干部就是要培养政治上靠得住、工作上有本事的干部。一是政治上要靠得住。要求我们加强对干部的政治历练和思想引领，从干部队伍源头开始培养政治素质，坚持不懈加强党性教育，强化“四个意识”、坚定“四个自信”，做到“两个维护”。政治素质培养要跟随干部成长全过程，不能等到提拔时再来培养。二是工作上要有本事。我们要落实好网公司《2018—2022年干部教育培训规划》，有针对性地加强干部能力素质培训培养，特别是培养专业能力和专业精神。我们的干部不管在哪个岗位工作，都要干一行爱一行，成为该领域的行家里手。要继续坚持全省“一盘棋”，开展多业务、多层次、多区域的干部交流轮岗和挂职锻炼，让干部在实践锻炼中砥砺品质、增长才干。

（三）始终突出严爱结合和重在日常，切实强化对干部的约束和激励

严管就是厚爱，就是对干部真正负责。从严管理重在日常经常，要加强对各级领导干部，特别是一把手和重点部门、关键岗位干部的监督，坚持抓早抓小、防微杜渐。要满怀热情地关心关爱干部，做到政治上激励、工作上支持、心理上关怀、生活上关心。要大力发现和选拔敢于负责、勇于担当、善于作为、实绩突出、清正廉洁的干部，对不作为、慢作为的坚决调整，旗帜鲜明地为敢于担当的干部撑腰鼓劲。要把“暖心工程”做得更细更实，让广大干部拥有更多的获得感和幸福感。特别强调一点，对不作为、慢作为的坚决调整，这是新形势下各级党委的一个重要任务，也是体现各级党委敢不敢担当、能不能担当的一个重要指标。

四、大力发现培养选拔优秀年轻干部，打造创建世界一流企业生力军

习近平总书记指出，实现中华民族伟大复兴，坚持和发展中国特色社会主义，关键在党，关键在人，归根到底在培养造就一代又一代可靠接班人。持续加大年轻干部培养力度，是网公司党组和公司党委始终高度重视的重点工作。各单位要坚决落实网公司对年轻干部“四个转变”（在工作任务上，要由满足近期需要向重视战略发现培养转变；在工作重心上，要由偏重“选”向统筹“选育管用”转变；在工作方法上，要由粗线条运行向精准科学实施转变；在工作定位上，要由关注年轻干部工作本身向更好融入领导班子建设转变）和“拓宽来源、优化结构、改进方式、提高质量”的工作要求，为公司改革转型发展积蓄磅礴力量。

（一）要在选优上下功夫

年轻干部培养是一个长期过程，不是朝夕之功。要突出及早发现，注重在各个领域、在基层一线、在重大

任务和重大事件的实践中发现优秀年轻干部，建立起人才库，同时及时动态更新，及时把不合格的调整出去，始终保持一池活水。要突出质量优良，在选干部、配班子时不能只看年轻干部“有没有”“有多少”，更要看“好不好”“优不优”。要确保选的苗子政治上过硬，强化对年轻干部政德、官德、品德的考察。如何及早选出优秀年轻干部，是考验我们的重大课题，请大家要研究好、抓好这方面的工作。

（二）要在培养上花心思

我认为，坚持台阶式、递进式的培养对年轻干部是有好处的，要坚持“多岗位历练、小步快走”的理念，认真做好培养工作。一是加强培训。把思想引领、政治历练摆在首位，把党性和理想信念教育贯穿培训始终，引导年轻干部不忘初心、牢记使命。同时定期对年轻干部的履职能力进行综合评估，有针对性地进行业务培训。二是加强实践锻炼。近两年各级干部交流轮岗较好地激发了干部队伍的活力，要继续坚持，让年轻干部去到基层一线“墩苗”，帮助他们在干事中长本事、在磨练中变“老练”，尽快成长为复合型干部。三是大胆使用。使用是最好的培养，对于在公司改革发展中脱颖而出的年轻干部，只要政治上靠得住、工作上有本事、作风上过硬，我们就要大胆使用。最近公司组织部正在研究制定年轻干部培养选拔的5年规划，出台后各单位要按照要求抓好贯彻落实。

五、聚焦人才强企战略落地，用好用活各类人才

人才是第一资源，公司各级党组织和组织人事部门要真正做到识才、爱才、用才、容才、聚才。要致力于形成良好的环境、灵活的机制和健全的体制。

（一）要优化人才成长环境

人才成长依赖环境，各单位负责人要强化发现人才、培养人才的紧迫感和责任感，摒弃“落后地区缺乏人才”的想法，树立人人皆可成才的观念，切实营造有利于人才成长的良好环境。一是要形成爱才敬才的企业氛围。在尊重人才、使用人才上出“新招”、出“实招”，确保人才能够各展其能。要充分宣传公司人才工作，充分宣传典型人物，在公司上下形成识才、爱才、敬才、用才之风。二是要为人才成长铺路。坚持事业留人、待遇留人、感情留人，完善人才发挥作用机制，做好联系服务人才工作，政治上充分信任、工作上创造条件、生活上关心照顾，多为人才办实事、做好事、解难事。领导干部要带头联系专家，深化党委联系服务专家工作，加强思想沟通和感情交流，当好“后勤部长”，为他们发挥聪明才智创造良好条件。

（二）要优化人才成长机制

人才工作要特别注重“活”，制度机制要活，工作方式方法要活，各类人才资源要盘活。一是要构建灵活高效的人才培养支持机制。坚持全省人才一盘棋，不断完善技术、技能和管理这三条通道，彻底打通人才流动、使用、发挥作用的体制机制障碍。要继续依托人才工作站统筹公司系统人才资源，建立分专业的人才库，跟踪培养、盘活存量、提升质量。加大技术专家选聘力度，开展技术专家“十百千”工程（到2020年底，公司高级技术专家不少于10人，公司级技术专家不少于100人，地市级和县区级助理级技术专家不少于1000人），搭建科技项目攻关、课题研究平台，推动研究成果转化与应用，在使用中激发人才的创造活力。常态化开展人才区域联动、名师带徒等专项工作，发挥好人才在公司改革工作中的支撑作用。二是要健全以干事创业为导向的人才评价考核机制。改进人才评价考核方式，注重品德、能力和业绩评价，对处于不同成长阶段、不同岗位类别的人才采取差异化的评价标准，提高人才评价的针对性和有效性。开展人才分类评价，丰富人才评价指标，将科技成果转化应用、重大咨询决策作用、人才培养成效等纳入评价维度，突出对公司发展的实际贡献。三是要建立健全全省人才流动机制。要让想干事、能干事的人才有展现自己的平台，要让想用人的单位、组织有更多选拔、考察人才的平台。

希望各级党组织自觉肩负起新时代组织宣传思想工作的使命和任务，扛起主责、抓好主业、当好主角，努力为公司创建具有全球竞争力的世界一流企业，助力广东实现“四个走在全国前列”、当好“两个重要窗口”作出新的更大贡献。

重要文献

广东电网公司“统一规划、统一建设、统一运维、统一服务”工作方案（节选）

公司当前内外部环境发生深刻变化，输配电价改革强化了对电网公司的成本约束，电网资源利用效率亟待提升；增量配网改革逐步扩大，市场竞争日益激烈，客户服务能力亟待增强；公司各地域发展不均衡的现象依然突出，电网区域发展不平衡、不充分问题亟待解决；智能电网技术快速发展，新技术、新设备的不断引入，迫切需要优化生产组织模式。在此背景下，精益管理、精细服务将是企业转型升级的必然选择，是提升企业核心竞争力的主要途径，也是实现提质增效的重要抓手。我们必须不等不靠，坚持“问题导向、积极探索、整合资源、主动改革”，挖潜增效、向管理要效益，加强体制机制创新，引导优化资源配置，以创新提升服务能力和水平，走出一条具有自身特色的“统一规划、统一建设、统一运维、统一服务”（简称“四个统一”）精益之路，最终朝营配一体化方向发展，全力满足人民追求美好生活的电力需要。

一、工作思路与目标

面对新形势、新要求，以问题为导向，以落实精益化管理为要求，围绕“规划、建设、运维、服务”四个领域，优化整合业务，完善制度流程、技术标准、组织架构与人力资源配置、技术支持平台等支撑体系，构建电网“四个统一”管理体系。

统一规划方面：按照资本性投资及成本性投入资源相统筹、一二次专业（一次网架、自动化、计量、通信、继保、安自）相协同的原则，面向变电站、线路、台区为单位，以建立统一的问题库、统一的规划项目库、统一的立项原则为准则，以建立“以我为主”的自主规划体系为基础，构建电网“统一规划”体系。

统一建设方面：按同一变电站、同一线路、同一台区整合工程项目，统筹开展基建、技改、年度计划内修理等项目的建设实施，提升项目实施的协同度与融合度，统筹资源，减少重复建设、重复停电。

统一运维方面：针对10千伏及以下配电网各类设备，明确运行维护责任，消除管理盲区，重点解决专业化管理水平不高、自动化设备运维不到位等问题，构建配网“统一运维”体系，着力提升工作效率和客户满意度。

统一服务方面：地市局实现配网调度与服务调度的“联合办公”，按照7×24小时模式运作，提升主动抢修和客户需求快速响应能力。县区局（分局）及供电所以0.4千伏为融合点，将台区业务进行重新划分，按照“客户经理+设备主人”模式开展网格化服务，负责0.4千伏及以下营销基础及配电运维业务。

二、工作内容

（一）统一规划

1. 优化电网规划、前期工作业务

（1）35千伏及以上电网技改、修理规划：由地市供电局输电管理所、变电管理所、调控中心、供电服务中心以变电站、线路为单元发起技改、修理需求，由地市供电局生产技术、市场营销部门组织地市供电局电网规划中心编制规划，并与35千伏及以上电网基建规划项目库进行对接，经地市供电局计划发展、生产技术、市场营销部门初审，广东电网公司评审后，形成规划项目储备库。

（2）35千伏及以上电网技改、修理项目前期：由地市供电局输电管理所、变电管理所、调控中心、供电服务中心以变电站、线路为单元，根据规划项目储备库及年度投资策略，向地市供电局生产技术、市场营销部门提出技改、修理前期项目建议，进行项目准入决策后，组织外协单位编制可研报告。可研报告编制完成后，由地市供电局生产技术、市场营销部门委托局电网规划中心评审并出具可研评审意见，并将A类、B1类项目可研评审意见报公司生产技术、市场营销部，由生产技术、市场营销部门委托公司电网规划中心复核出具终审意见，按管理权限A类、B1类、B2类项目和专业分类分别由网公司、公司、地市供电局生产技术、市场营销部门批复可研后，形成投资项目储备库。

（3）35千伏及以上电网技改、修理项目立项：由地市供电局输电管理所、变电管理所、调控中心、供电服务中心以变电站、线路为单元，根据投资项目储备库和公司年度投资策略，提出技改、修理年度投资计划建议，由地市供电局生产技术、市场营销部门提出项目准入建议，报网公司、公司生产技术、市场营销部门审核，按权限经地市供电局、公司、网公司决策会进行投资决策后，形成投资计划。同时，按公司预算管理办法的规定形成公司项目预算。

（4）10（20）千伏及以下配电网规划：与电网建设改造直接相关的生产、营销技改及修理不再单独编制规划，纳入配电网规划统一开展。供电所按日常工作开展“一镇一册”收集规划基础数据，作为规划编制的基础。

佛山、东莞、中山、珠海局县区局（分局）及其他地市局城区局生产计划部牵头，会同供电服务中心根据“一镇一册”基础数据，提出配电网各专业建设、改造需求，委托地市局电网规划中心编制规划及项目库，经地市局初审、公司评审后，形成规划项目储备库。

其他县区局生产计划部根据“一镇一册”基础数据，组织相关部门编制规划及项目库，经地市局初审、公司评审后，形成规划项目储备库。

储备库以馈线组、线路、台区为基本单元，涵盖基建、技改（包括电能计量装置（含计量自动化））和可预见的修理项目。

（5）10（20）千伏及以下配电网基建项目前期：区（县）供电局（分局）生产计划部会同专业部门根据规划项目储备库及年度投资策略，提出前期项目建议，经地市供电局计划部会同专业部门准入决策后，区（县）供电局（分局）生产计划部组织外协单位编制项目可研。可研报告编制完成后，报地市供电局计划部评审，局电网规划中心负责评审并出具评审意见，地市供电局计划部会同各专业部门批复各县区供电局可研报告，形成前期项目储备库。

（6）10（20）千伏及以下配电网基建项目立项：由区（县）供电局（分局）生产计划部会同各专业部门，根据前期项目库及年度投资策略，提出立项项目建议。地市供电局计划部会同各专业部门，经准入决策后，下达各县区供电局投资计划，预算由财务部门按规定审批后统筹下达，进入项目实施。

（7）35千伏及以上基建项目、10（20）千伏及以下配电网营销技改、修理项目，前期及立项方式不变。

2. 完成规划领域组织架构及职责界面调整

（1）组织架构调整：

①地市供电局增设电网规划中心，按二级机构管理。

②县区供电局（分局）将配网规划计划职能及人员调整至生产计划部，设立配网规划工作组（按班组建制）。

地市及县区局（分局）电网规划及项目前期业务有关组织机构设置及职责界面调整按照公司人力资源部具体文件执行。

（2）职责界面调整：

①佛山、东莞、中山、珠海局电网规划中心负责编制地市及所辖县（区、镇）配电网统一规划（含一次、自动化、通信、计量、安自、继保等），负责配电网可研评审，按职责分工负责评审相关电源及用户（业扩配套）项目接入系统设计方案，协助落实规划技术原则及相关指标要求。

其他地市局电网规划中心负责编制电网规划及中心城区中低压配电网规划（含一二次、自动化、通信、计量、安自、继保等），负责配电网可研评审，按职责分工负责评审相关电源及用户（业扩配套）项目接入系统设计方案，协助落实规划技术原则及相关指标要求。

电网规划中心受地市供电局计划发展部、生产技术部、市场营销部委托负责35千伏及以上基建、技改、修理规划及项目库编制、可研评审工作，受地市供电局计划发展部委托负责35千伏及以上基建、技改、修理规划项目库统一优化，从项目建设内容、投产时序协同等方面，进行专业内和专业间的项目统筹。

②县区局（分局）生产计划部是本县区电网规划、项目前期、项目投资决策、投资统计的归口部门。负责牵头“统一规划”相关工作，负责县区级统一规划问题库、统一规划项目库建立；负责除电能计量装置（含计量自动化）外的电网项目前期工作；根据地市局分解任务，提出项目投资建议；负责其他规划计划业务。

县区局（分局）生产计划部按班组设置配网规划工作组，具体开展本县区配电网规划编制及可研初审工作。

3. 完善电网规划、前期制度流程、技术标准

（1）35千伏及以上电网，根据网公司反措等技术要求，完善公司统一基建、技改、修理规划技术原则。

（2）10千伏及以下电网，完善公司统一基建、技改、修理规划技术原则，各地市供电局基于公司统一技术原则，结合城镇、乡村、山区、沿海等地区差异，完善本地区配电网规划建设技术细则，推进技术细则刚性执行。

（3）按照不同类型项目审批手续要求及修理项目准入条件，完善统一项目分类及立项原则。

（4）修订《广东电网有限责任公司电网规划工作业务指导书》。

4. 完善统一规划业务技术支持系统

加强公司“6+1”系统投资计划、项目管理、电网基建、财务管理等子系统统一业务支持基础应用。

加快配网规划辅助决策支持信息系统建设，实现配电网规划数据统一归集、统一分析，规划项目库统一信息化管控。

（二）统一建设

1. 优化电网建设工作业务

（1）强化项目统筹实施机制。

统筹同一区域内的基建、非购置类生产及营销技改（应急类除外）、年度计划内修理（非停电类及服务类修理项目除外）等项目的建设。设计、施工、监理招标要统筹各专业项目进行打包招标，做好对设计、施工、监理资源的统筹，主网按变电站及线路划分区域，配网按县区（镇）划分区域，实施框架招标。原则上同一区域由同一个设计、施工、监理单位负责建设，避免多支队伍重复进出场、重复停电、反复改造，实现施工资源优化，减少管理成本，提高管控效率。

（2）全面应用标准建设成果。

全面深化常规基建、配网自动化、计量装置、通信标准设计的应用，大力推行基建标准件，持续开展标准件、预制件的集中采购，强化标准建设考核力度，提升电网工程安全质量及造价控制水平。同时，结合运维的需求，持续优化完善标准设计，确保技术标准与时俱进、适度领先。

（3）充分发挥配网、计量自动化项目建设成效。

项目管理中心和综合业主项目部加强与生产运行、市场营销部门的沟通与衔接，保证项目同时开展验收与移交，同时投入运行，充分发挥工程项目建设成效，切实保障配网自动化、计量自动化、通信等功能得到充分应用，以“红黑图”管控，“同步建设、同步调试、同步接入”，确保配网GIS、配网自动化、计量自动化同步投运。

2. 完成建设领域组织架构及职责界面调整

（1）组织架构调整。

地市供电局设立项目管理中心，按二级机构管理，下设若干管理岗位及业主项目部，具体负责所辖区域内主网项目的建设实施。由地市供电局基建部归口职能管理，在设计、招标、验收等环节接受地市局基建、生技、市场等部门职能管理。

县区供电局（分局）设立综合业主项目部，按大班组建制管理，由县区局（分局）工程建设部归口管理，具体负责所辖区域内配网项目的建设实施。在设计、招标、验收等环节接受县区局（分局）工程、生产、供电服务中心等部门职能管理。

（2）职责界面调整。

①广东电网公司。

广东电网公司基建部负责列入公司基建投资计划的电网工程项目的全过程管理。负责公司技改（应急类、购置类除外）、年度计划内修理（非停电类及服务类修理项目除外）等电网工程项目施工过程的管理。负责制定、执行和完善基建管理制度及流程、技术标准和作业标准。

②地市局。

地市局基建部负责本单位列入公司基建投资计划的电网工程项目的全过程管理。负责公司技改（应急类、购置类除外）、年度计划内修理（非停电类及服务类修理项目除外）等电网工程项目施工过程的管理。执行公司基建项目相关的管理制度及流程、技术标准和作业标准。

地市局项目管理中心作为本单位主网项目的实施主体，具体负责本单位列入公司基建投资计划的主网工程项目以及公司技改（应急类、购置类除外）、年度计划内修理（非停电类及服务类修理项目除外）等主网工程项目全过程的实施。负责执行各类项目相关的制度、流程和标准等。项目管理工作机构下设业主项目部，代表建设单位对项目建设负直接责任。

③县区局（分局）。

县区局（分局）工程建设部负责本单位列入公司基建投资计划的配网工程项目的全过程管理。负责公司技改（应急类、购置类除外）、年度计划内修理（非停电类及服务类修理项目除外）等配网工程项目施工过程的管理。执行公司基建项目相关的管理制度及流程、技术标准和作业标准。

县区局（分局）综合业主项目部作为本单位项目管理工作的实施主体，代表建设单位直接负责本单位列入公司基建投资计划的配网工程项目以及公司技改（应急类、购置类除外）、年度计划内修理（非停电类及服务类修理项目除外）等配网工程项目全过程的实施。

3. 完善电网建设制度流程、技术标准

统筹修订统一建设相关制度、流程、标准，确保统一建设实施有规可依，有章可循。

4. 完善统一建设业务技术支持系统

加强公司“6+1”投资计划、项目管理、电网基建、财务管理等子系统统一业务支持基础应用。

5. 完善岗位安全生产责任规定、做好履职到位评价

根据新的业务流程和业务内容，编制相关岗位的安全生产职责规定和到位标准，明确岗位的安全管理责

任，并定期做好履职到位评价工作，确保安全生产责任落实到位。

（三）统一运维

1. 优化电网运维工作业务

（1）配网中压一次设备、二次设备（含配网自动化、通信设备、继保装置）运维、预试和定检业务。

中压一次设备运维：维持现状，由配电运维班负责。

二次设备运维：考虑到当前各地人力资源配置实际情况和设备运维要求，对配网自动化及通信设备、继保装置进行县区集中运维，设配网综合班，条件具备的逐步过渡到供电所属地化运维，相应的供电所可直接设置配网综合班。配电运维班负责辖区内配网二次设备现场验收、调试、巡视和简单维护等工作，配网综合班负责配网二次设备检修、故障处理，配合配电运维班开展配网二次设备验收、调试工作。考虑工程建设进度和网络实际规模，现阶段由地调通信网络运行班兼管配网通信调度运行、方式策划和资源管理工作，随着业务量增加，研究设置相关专职班组负责配网网络运行相关工作；地调通信设备检修班负责35千伏及以上站点配网通信设备运行维护工作。

预试定检：由配网综合班负责中压一次、二次设备预试定检、电缆振荡波局放测试等业务。县区局（分局）生产计划部不再设置试验班，相应职责调整至配网综合班。

继保定值：县区局（分局）生产计划部负责定值申请归口管理，由配网综合班负责保护定值的提出申请和执行。

（2）配网低压设备运维。

供电所下设客户服务班，负责辖区内低压设备运维工作，县区局（分局）直管营配业务的，可在供电服务中心下设客户服务班负责城区低压设备运维工作。具体如下：

①运维分界点：配变低压侧总开关（刀闸）的进线端，分界点电源侧设备由配电运维班负责运维，分界点负荷侧设备由客户服务班负责运维。

②运维业务范围：设备验收、巡视、维护、消缺、急修（含低压设备故障处理，表后客户资产设备故障的现场咨询），电压和负荷管理、两票管理、低压线路迁改，线行通道清障，防外力破坏和配合属地协调等工作。

（3）配网计量设备运维。

地市局供电服务中心负责315千伏安及以上（有条件的扩大至100千伏安或所有专变用户）中压专变客户计量装置（含负荷管理终端）运维工作，包括安装、拆除、验收、巡视、维护、故障处理、现场检验等。

县区局（分局）供电服务中心下设计量运维班，负责315千伏安以下专变客户计量装置（含负荷管理终端）。县区局（分局）直管营配业务的，负责315千伏安以下专变客户计量装置（含负荷管理终端）及城区范围内配变计量装置（含配变监测终端）、低压客户计量装置、低压集抄装置运维工作，包括安装、拆除、验收、巡视、维护、故障处理、现场检验等。

供电所下设计量运维及用电检查班，负责配变计量装置（含配变监测终端）、低压客户计量装置、低压集抄装置运维工作，包括安装、拆除、验收、运维、故障处理（更换）等。也可根据班组设置情况，将低压客户计量装置运维工作纳入客户服务班网格化服务范围。

（4）配网急修值班模式。

配网急修实行联合值班，值班人员由配电运维班、客户服务班以及其他相关人员组成，负责开展中低压配网设备和计量装置、费控开关现场急修工作。按照设备故障一站式解决的原则，合理配置急修专业技术人员，特别是故障数量较多且直接面对客户的电表、表前接户线、表后线等故障要实行首问负责制，一次性快速解决问题，做好对客户的现场安抚和服务工作。

2. 完成运维领域组织架构及职责界面调整

（1）组织架构调整。

①配网中压一次、二次设备及低压设备运维。

a. 地市局调控中心增设配网调度自动化班组，增设配网调度自动化、配网继电保护、配网通信专业技术岗位。

b. 按“一镇一所，一所多镇”模式设置的供电所，内设配电运维班，负责辖区范围10千伏配网一次设备巡视、维护、检修、急修工作，二次设备巡视和简单维护工作。没有设置供电所的县区局（分局），由生产计划部直接管理配电运维班。

c. 考虑到当前各地人力资源配置实际情况和设备运维要求，对配网二次设备（包括配网自动化、通信、保护装置等）进行县区集中运维，在县区局（分局）生产计划部设置配网综合班，负责辖区范围内配网二次设备检修和故障处理，配网试验、定值管理等工作。县区局（分局）生产计划部不再设置试验班，相应职责调整至配网综合班。

d. 供电所或县区局（分局）供电服务中心下设客户服务班，负责低压设备运维工作，包括巡视、维护、检修、迁改、急修等。

②计量设备运维。

a．地市局供电服务中心负责315千伏安及以上（有条件的扩大至100千伏安或所有专变用户）中压专变客户计量装置（含负荷管理终端）运维工作，包括安装、拆除、验收、巡视、维护、故障处理、现场检验等。

b．县区局（分局）供电服务中心下设计量运维班，负责315千伏安以下专变客户计量装置（含负荷管理终端）。县区局（分局）直管营配业务的，负责315千伏安以下专变客户计量装置（含负荷管理终端）及城区范围内配变计量装置（含配变监测终端）、低压客户计量装置、低压集抄装置运维工作，包括安装、拆除、验收、巡视、维护、故障处理、现场检验等。

c．供电所下设计量运维及用电检查班，负责配变计量装置（含配变监测终端）、低压客户计量装置、低压集抄装置运维工作，包括安装、拆除、验收、运维、故障处理（更换）等。可根据班组设置情况，将低压客户计量装置运维工作纳入客户服务班网格化服务范围。

（2）职责界面调整。

①地市局生产技术部作为配网自动化归口管理部门，负责地市供电局配电自动化终端和配电自动化成套设备的专业管理和运行管理工作；负责组织开展地市供电局配网自动化系统运行分析和运行评价考核；负责配电自动化终端和配电自动化成套设备现场作业标准本地化修编。

②地市局系统运行部（调控中心）作为配网调度和运行归口管理部门，负责配电网并网审核及新设备启动、参与配网项目的规划评审等工作；负责配电自动化主站、配网通信、配网继电保护和安全自动装置的专业管理和运行管理，负责配网保护整定计算工作，通信资源统一管理；负责配电自动化主站、配网通信、继保生产项目全过程管理，参与地市局配电自动化终端、配电自动化成套设备生产项目的实施和验收工作。

③县区局（分局）生产计划部作为县区局（分局）配网自动化、通信、继电保护和安全自动装置的归口管理部门，负责组织开展配网自动化、通信、继电保护和安全自动装置规划和运维工作，依据上级部门发布的定值管理规定开展定值管理工作；考虑到当前各地人力资源配置实际情况和规划工作要求，按照配调集约化管理工作的统一部署，在配调集约化工作完成前，由县区局（分局）调度部门通信专业对规划工作提供专业支持，对配调集约化县区局（分局），规划工作由市局系统运行部通信专业提供专业支持。作为配网中压专业技术和运维业务的归口管理部门，负责组织中压一、二次设备运维、试验等工作。作为低压专业技术管理部门，在技术上指导供电所或县区局（分局）客户服务班开展低压设备运维工作。

④根据模式设置不同，配网自动化运维单位负责组织对配网自动化工作中发现的异常问题跟进处理和分析，负责所辖范围内自动化开关（包括开关本体、电压互感器等）、故障指示器、保护装置、通信设备（包含光缆）等设备的巡视和简单维护工作；负责自动化、继保、通信相关项目工程实施工作；配合开展配网自动化、继保、通信规划与立项工作。

3．完善电网运维制度流程、技术标准

（1）修编完善现有配网一、二次设备、计量设备运维的制度、标准与“两书”，确保配网统一运维实施有规可依，有章可循。

（2）梳理、完善配网一、二次设备、计量设备运行指标，形成统一的配网设备运行指标评价体系。

4．完善统一运维业务技术支持系统

（1）制定统一运维模式信息系统功能完善工作方案，开展相关信息系统功能需求分析工作。根据功能需求分析结果，开展相关信息系统和移动终端App的功能开发、融合、改造以及完善工作。

（2）持续完善信息系统数据质量保障机制，确保GIS图模（设备参数和拓扑）、“站—线—变—户”基础台账及配网运行数据维护准确及时。

5．加强运维管理和班组人员培训

（1）加大配网二次专业技术培训力度，持续开展全省配网自动化、通信、继保专业的规划设计、工程技术以及配网运维人员轮训。

（2）结合领导干部大练兵大比武，开展配网自动化技术培训。

（3）开展检修作业技能、各类生产信息系统轮训，充分利用各单位配网作业培训实操场地开展配网运维人员轮训，重点加强配网急修人员安全作业技能培训。

6．完善岗位安全生产责任规定、做好履职到位评价

根据新的业务流程和业务内容，编制相关岗位的安全生产职责规定和到位标准，明确岗位的安全管理责任，并定期做好履职到位评价工作，确保安全生产责任落实到位。

（四）统一服务

1．优化电网服务工作业务

（1）服务调度与配网调度“联合办公”——成立供电服务指挥中心（配网调度服务指挥中心），由配网调度进行工作协调。

①配网调度班：在原有配置基础上，增加配网抢修指挥人员，负责全部配网抢修业务的工单派发、指挥协

调、监控督办、资源调配等工作。

②服务调度班：除负责故障停电业务的客户沟通及通知之外，在原有职责上，配合配网抢修复电工作。

（2）营配业务前端融合—建立“客户经理+设备主人”网格化服务模式。

以低压台区和邻近社区为单元，参考配电网规划划分网格，采用分片包干的形式，由班组人员担任各个网格的负责人，履行网格内“客户经理+设备主人”职责。网格化服务业务包括网格内营销基础类工作及0.4 千伏（以低压侧总开关的进线端为分界点）配网运维、抢修工作。网格数量设置应综合考虑社区村居分布、服务半径、客户规模等因素，并持续优化“网格”布局，完善营配人员配置。

①将配网运维中0.4千伏配网线路、设备的巡视、维护、故障抢修工作调整至网格化服务，负责网格内“设备主人”的业务。

②根据低压集抄建设“三个一片”的进度安排，逐步取消营销服务中现场抄表工作，原抄核收班保留的部分业务和强化客户关系方面的业务调整至网格化服务，负责网格内“客户经理”的业务。

③根据不同类型供电所班组设置情况。

2. 完成服务领域组织架构及职责界面调整

（1）组织架构调整。

①服务调度与配网调度协同——成立供电服务指挥中心（配网调度服务指挥中心）。

地市局层面：在地市局调控中心增挂供电服务指挥中心（配网调度服务指挥中心）牌子，按照虚拟机构实体化运作，由服务调度班、配网调度班联合办公，开展客户问题解决指挥等业务。服务调度班隶属地市局营销客服实施机构的管理关系不变。

供电服务指挥中心（配网调度服务指挥中心）下设服务调度班、配网调度班。根据工作实际，配网调度班增设配网抢修指挥人员，配网调度班可根据实际设立配网调度组及配网抢修指挥组，各组分别设置值班长、值班员、副值班员，采用7×24小时轮值模式运作。根据业务开展在调控中心设配网抢修指挥专业技术岗位负责配网抢修指挥业务的归口管理。

②营配业务前端融合——建立“客户经理+设备主人”网格化服务模式。

（2）职责界面调整。

①服务调度与配网调度协同——成立供电服务指挥中心（配网调度服务指挥中心）。

②营配业务前端融合——建立“客户经理+设备主人”网格化服务模式。

3. 完善电网服务制度流程、技术标准

（1）修编现有涉及服务调度及配网调度相关制度规范，明确新的业务流程及规范，为供电服务指挥中心（配网调度服务指挥中心）运营提供业务支撑。

（2）编制网格化服务业务管理规范，明确职责、业务规范、制度流程、工作要求、考核标准等内容。

4. 完善统一服务业务技术支持系统

（1）完善配网自动化系统故障检测和智能诊断等功能。

（2）配电网运行管理技术平台新增配网抢修指挥业务基本功能，并与生产系统、营销系统进行数据全交互。

（3）开展网格化服务App建设，实现现场移动作业，依托“6+1”信息系统，打通营销、生产等多个系统接口，支撑网格化服务业务的开展，另外新增客户经理主动服务工单录入、客户走访、诉求工单监控、导航及签到等功能。

5. 完善岗位安全生产责任规定、做好履职到位评价

根据新的业务流程和业务内容，编制相关岗位的安全生产职责规定和到位标准，明确岗位的安全管理责任，并定期做好履职到位评价工作，确保安全生产责任落实到位。

三、保障措施（略）

四、工作要求（略）

广东电网公司关于进一步提升供电服务水平优化电力营商环境实施方案（节选）

为深入贯彻党的十九大和中央经济工作会议精神，落实国务院常务会议有关工作部署，营造良好营商环境，服务经济社会高质量发展，针对世界银行全球营商环境报告指出的问题，根据国家发改委、能源局、网公司《进一步提升供电服务水平优化电力营商环境的行动方案》优化营商环境的有关要求，进一步精简环节、压缩时限、降低成本、提升可靠性，不断提升供电服务能力和水平，特制定本方案。

一、总体要求和工作目标

总体要求：以习近平新时代中国特色社会主义思想为指导，深化供给侧结构性改革，按照国家发改委优化电力营商环境和国家能源局《用户“获得电力”优质

服务情况重点综合监管工作方案》及网公司《进一步提升供电服务水平优化电力营商环境的行动方案》的有关要求，对照世界银行营商环境“获得电力”指标评价方法，针对客户业扩报装和供电服务存在的堵点、难点和痛点，以公司“创世界一流”地市局（佛山、东莞、中山、惠州、江门、珠海，下同）为突破口，加快营销创新，进一步精简环节、压缩时限、降低成本、提升可靠性，不断提升企业和群众办电便利性、满意率和获得感，助力公司加快建成具有全球竞争力的世界一流企业。

工作目标：积极响应国家优化营商环境的要求，对标世界一流，以“满足人民追求美好生活的电力需要”为目标，全力提升供电服务水平，业扩报装精简到2～3个环节，低压非居民接电平均时间压缩到11天内，中压单电源客户压缩到80天内，客户接电成本大幅减少，报装流程透明度和供电可靠性显著提升，大幅减少停电时间，企业用电支出有效降低，实现全公司“获得电力”指标显著提升，其中“创世界一流”地市局2018年“获得电力”指标率先比肩世界排名60名水平，所有地市局2019年比肩世界排名50名水平。

二、主要任务

（一）优化业扩流程，精简办电资料

（1）业扩报装流程精简为2～3个环节。中压业扩报装：合并现场勘查和供电方案答复环节，10千伏（20千伏）及以下客户供电方案免审批；取消设计审查和中间检查等审批环节，合并竣工检验与装表接电环节。优化后中压客户业扩报装流程为“用电申请”“供电方案答复”“竣工检验和装表接电”3个环节，实现报装环节“零审批”。低压业扩报装：具备装表条件的，现场勘查与装表接电一并开展；不具备条件的，现场勘查时预约装表接电时间。优化后低压客户业扩报装流程为“用电申请”“现场勘查和装表接电”2个环节。

（2）提升业扩受电工程典型设计应用率。总结典型设计应用经验和执行中遇到的问题，结合国家、行业相关标准和公司相关企业标准，配合网公司编制完善《10千伏及以下业扩受电工程典型设计》。年内业扩受电工程典型设计应用率达99%以上。

（3）进一步精简客户办电资料。对用电业务申请表、用电容量需求清单等信息在用电申请时，可通过互联网渠道填报，或由营业员协助填报。简化业扩归档资料，建立归档资料清单制，非清单内容均不得以任何形式要求客户提供。简化竣工报验资料，客户只需提供客户竣工报告（含竣工图纸）、交接试验报告（含隐蔽工程）。简化电子化移交资料，仅保留电缆、线路及杆塔、中压开关柜或跌落熔断器、变压器等工程资料。

（二）主动服务客户，缩短办电时间

（1）主动服务客户用电报装。强化客户经理职责，提前掌握客户用电需求或潜在需求，确定用户需求的要及时做好配网规划滚动修编并在客户报装前提前启动电网建设，提前告知客户报装手续，各地市局要加强客户用电提前告知率考核，使客户报装前就准备好相关文件和必要手续。同时，在供电方案答复前引导客户受电工程设计符合典型设计及电网规划发展，做好客户用电需求摸查和传递，做好中压客户用电需求与配电网规划衔接，及时启动业扩配套项目建设，进一步缩短客户接电时间。

（2）加强用电报装沟通服务。进一步明确业扩报装中公司员工与客户交互过程的沟通服务规范，以提升客户满意程度为导向，规范业务人员服务事项、仪容、话术等行为，全公司推行统一业扩报装沟通服务规范，试点开展业扩报装服务人员现场考评。建立沟通服务规范版本动态修订机制，及时满足业务变化需求。各地市局定期开展沟通服务规范培训。

（3）进一步提高业扩配套项目建设效率。加强专业协同，加强执行监督检查和分类指导，实现业扩配套项目工程全流程在线监控。低压非居民、10千伏（20千伏）中压单电源客户业扩配套项目建设分别平均11天、70天内完成。

（4）中压客户接电时间压缩到80天内。实施业扩报装工单“主人制”，推行业扩报装业务网格化、全过程管理，完善营销系统与资产系统的信息互通，实现业扩报装全流程在线监控。强化客户经理职责，协助客户解决业务办理问题。低压非居民、10千伏（20千伏）中压单电源客户，在受电工程具备接火条件的基础上，从用电申请到装表接电分别平均11天、80天内完成。

（5）进一步优化供电合同签订方式。参照低压零散居民供用电合同签订方式，低压非居民采用用电业务申请单背书形式签订供用电合同，简化低压非居民信息系统合同子流程。

（三）优化延伸界面，减少接电成本

（1）进一步提升业扩投资界面延伸比例。深化投资界面延伸，重点做好工业园区、经济开发区等区域的延伸工作，加强专业协同，全口径延伸至客户红线。年内实现中压业扩延伸比例达95%、低压延伸比例98%。

（2）在自贸区试点实行低压供电模式。在广东珠海横琴自贸区实行传统中压工商客户改低压供电，将原来投资界面延伸到客户红线中压侧，进一步向前延伸到低压侧，降低企业接电成本。在此基础上，积极协调地方政府出台提供电力线路管廊、供电设备电房等支持政策，持续探索在其他高新开发区推行低压供电模式的可行性。

（3）大幅提升小微企业接电便利性。在粤港澳大湾区涉及的城市（佛山、东莞、中山、惠州、江门、珠海、肇庆）实行新增的报装容量200千伏安及以下客户低压供电，即业扩流程改为低压非居民报装流程，环节从原来的5个环节减少到2个环节，用电申请到装表接电从平均80天压缩到11天内完成，实现客户接电“零投资”。

（四）加大信息公开，提高办理透明度

（1）全面公示用电报装办理流程。通过营业厅、互联网统一服务平台等渠道公示公司新的业扩办理流程、办理时限和收费依据。同时，梳理、细化客户报装用电需要满足的报装手续，并将报装手续和典型设计在营业厅、互联网统一服务平台等渠道公示。

（2）加大办电进度信息公开。深化业扩报装全流程信息透明化办理应用，优化完善业扩电子回执服务体验，向客户实时推送办电所在环节、时限要求和对应责任人、监督人，实现客户办电过程信息的透明化，发挥客户和社会的监督作用。

（3）深化互联网统一服务平台应用。拓展平台服务渠道，上线全网统一掌上营业厅，进一步优化平台业务功能，开通微信支付及支付宝生活号，实现客户可在线办理全部业务、查询业扩状态。大力推广互联网业务，编制业扩报装网上办理标准，全面推广业扩报装及变更业务远程渠道应用，实现线上报装办电率达100%，让企业和群众办电“一次都不跑”，实现客户报装“零上门”。

（4）探索改善客户自助服务应用。结合客户体验厅建设，在供电营业厅及其他公共场所设置智能自助服务点，按照网公司统一部署，改善人机交互体验、丰富业务办理功能，实现客户自助申办业扩报装及变更等用电业务智能化服务。

（5）推行营销现场移动作业终端。开展基于现场终端作业流程再造，简化作业流程，推广采用供用电合同电子签章，实现数据录入、供用电合同签订由客户经理在现场完成。推行“远程服务+移动终端”作业模式，进一步减轻业务办理人员负担，减少与客户交互环节，提升业扩办理效率。

（五）加强电网建设，提升供电可靠性

（1）女大力推广带电作业。对于10千伏架空线路接入的业扩项目常态化开展接火带电作业，接火非带电作业实行例外审批，原则上“创国际一流”地市局接火带电作业比例要达90%，其他地市局接火带电作业比例要超过80%。优化业扩项目停（送）电计划安排，简化审批手续，保障客户按时接入。

（2）加快落实1小时行动计划。加强配网建设和改造，补齐配网短板，消除设备安全隐患。加强供电可靠性和电能质量管理，落实1小时行动方案和电压质量提升方案。年底配网可转供电率达到85%，珠三角城市中心城区配电自动化覆盖率达到80%，馈线自动化覆盖率达65%，珠三角城市中心城区客户平均停电时间不超过1小时。

（六）严格电价政策，降低用电支出

（1）严格执行国家电价政策。落实省委省政府降低工商企业用电成本的部署要求，切实执行“取消临时接电费、降低西电东送输电价格、临时性降低省级电网输配电价、清理转供电环节加价收费、扩大跨省跨区市场化交易规模、督促自备电厂承担电价交叉补贴、配合减税降费”等降价举措，降低一般工商业电价，完善两部制电价制度。

（2）提高电力市场交易比例和品种。更大发挥市场化作用，进一步提高电力市场交易比例，扩大电力市场化交易规模。丰富交易品种，完善双边协商、发电合同转让等交易，积极推进南方（广东）区域现货试点工作，让客户有更大的选择权，进一步发挥市场的主导作用，还原电力商品的属性。

（3）加大综合能源增值服务。主动为客户提供能源增值服务，包括能效诊断、节能改造、用能监测、分布式能源发电、运行托管等，提供用能效率提升建议，推广合同能源管理，通过市场化手段挖掘节能效益，进一步降低企业用电成本。

（七）强化监督考核，确保落实到位

（1）开展“获得电力”指标考核。建立“获得电力”指标考核体系，对业扩报装办理用时、业扩工程配套项目建设用时、业扩工程投资界面延伸比例、供电可靠性等指标明确考核标准，并纳入各地市局年度绩效考核。具体考核指标见附录。

（2）开展业扩报装专项督办督查。加强业扩中作废工单、超过“计划接电时间”工单、投资界面未延伸工单、配套项目工程超时工单等内容的重点稽查，将上述情况纳入每月各单位的业扩业务常态稽查；同时，上、下半年分别组织公司全覆盖的业扩报装专项督办督查。

（八）主动沟通汇报，争取政策支持

（1）积极配合地方政府出台优化电力营商环境措

施。认真梳理本方案涉及措施需要政府支持的事项，积极反馈相关意见和建议，协调推动地方政府出台优化电力营商环境的支持政策，建立电网工程建设绿色通道，加快电网规划的落地实施。

（2）健全政府证照许可部门沟通机制。主动沟通政府行政许可管理部门，畅通信息传递、人员沟通渠道，形成良好的沟通机制。及时响应政府部门需求，建立业扩配套项目建设的绿色通道，快速传递相关资料，推动政府加快项目建设的许可。

（3）主动向政府沟通汇报。及时向省委省政府、省发改委、能源局南方监管局、省财政厅汇报公司开展优化营商环境提升“获得电力”指标的工作情况和取得的成效，各地市供电局及时向地方政府有关部门汇报公司的举措、各单位推进情况和效果。各部门、各单位要做好政府出台优化营商环境相关政策的工作衔接。

三、组织实施（略）

四、工作要求（略）

广东电网公司加强本部作风建设45条措施

一、规范称呼，少用敬语，倡导简单直接共事方式

（1）党内事务称呼“同志”，内部管理事务称呼职务。书面材料需要称呼职务时，按照“名字+职务”的方式规范称呼。

（2）内部填写办理意见用“请”“建议”等词语，不用“呈”“呈请”“恭”“恭送”等。“呈批表”文头改为“报批表”。内部会议讲话、发言一律不冠“尊敬的”前缀，不称“亲自”“重要讲话”“重要指示”“重要批示”。代表上台发言不必鞠躬。

二、写短文，讲短话，营造求真务实工作氛围

（3）起草内部文稿直奔主题、开门见山，不穿靴戴帽，减少关于重要性和意义的论述，没有实质性内容的话一律不写。

（4）文风要朴实，不过分雕琢，不刻意对仗工整，不造新名词，不夸大其词，不歌功颂德。会议纪要不讲或少讲成绩，重点写议定事项和要求。

（5）公司一类会议，主要领导讲话不超60分钟、作工作报告不超60分钟。公司二类会议，主要发言的公司领导讲话不超30分钟，其他领导讲话不超15分钟，作工作报告不超40分钟。公司党委会、董事会、办公会、专题会等，公司领导的表态性讲话不超5分钟，布置工作讲话不超15分钟，总结性讲话不超45分钟。部门在党委会、董事会上的汇报不超15分钟。

（6）公司的签报、专项工作书面汇报材料不超1000字，可根据需要补充附件。基层单位报送的总结不超4000字，不要求发文报送，不要求单位领导签名确认。

（7）公司专业月度例会、部门周例会的会议材料以表格或者列工作要点的形式准备。

（8）公司各类会议材料原则上使用平板电脑、投影展示。PPT制作风格要简洁，不用复杂模板，不用动画，不大量堆放文字，以展示重要内容的关键文字为主。

（9）可发可不发的文一律不发，提高发文质量，成立公司发文质量评价组，每半年评价通报本部部门发文质量。

三、从严管理会议，做到少开会、开短会、开小会

（10）严格控制本部部门召开见面会的数量，鼓励以视频方式研讨部署工作，有3名及以上基层人员参加的见面会要牵头部门主要负责人审批，审批表报办公室备案，办公室每季度统计通报。

（11）网公司召开延伸到基层单位的视频会，公司原则上不再召开相同内容的会议。确需套开会议的，只提具体贯彻要求，时间不超过20分钟。

（12）公司召开的视频会，只开到地市级单位。确需开到县区局（或同级别机构）及以下单位的，须经办公室审核，公司主要领导批准。

（13）公司会议通知要明确指出参会范围，不得提“以坐满会场为准”“全体员工”等泛指性要求。只能要求在公司主会场参会的部门和单位统计人数，不得要求主会场以外的参会单位统计人数。

（14）公司计划内的会议要提前3个工作日通知，如需参会单位准备上会材料的要提前4个工作日。正式通知来不及印发的，牵头部门须通过电话、邮件等渠道，提前告知参会单位。

（15）除公司一、二类会议外，其他会议不起草主持词、讲话稿。确需主持词的，直接讲议程，不重复讲会议部署安排，不提强调性要求。

（16）除现场交流会以外，公司各类会议不设展板，不专门拍摄视频供会场播放。

（17）公司组织的各类会议、培训讲座，不要求各单位报送学习贯彻情况，不要求参会人员撰写学习体会。

（18）公司党委会、董事会、一类会、办公会上，

不得将手机摆放于桌面，不得随意翻看手机，不得接听电话。

四、厉行务实节俭，从简安排公务活动

（19）公司领导到基层调研，要多听意见、多看现场，不听综合汇报，不作工作指示，可根据需要带1名工作人员。主要领导调研，基层单位两位主要负责人不得同时陪同（包括迎接和陪餐，下同）。分管领导调研，基层单位主要负责人不得陪同（除具体分管业务外，下同）。公司总工程师、部门负责人到基层了解情况，基层单位负责人不得陪同。科室负责人及以下人员到基层了解情况，基层单位部门主要负责人不得陪同。

（20）公司本部人员到基层单位检查工作、召开现场会，要认真制定工作方案，方案必须严格遵循公司贯彻落实中央八项规定精神实施细则的各项要求。基层单位在迎接检查、承办现场会期间，不得超范围、超标准迎来送往和变相陪同。

（21）公司本部人员到基层单位调研、检查，原则上只在基层单位食堂用自助餐或工作餐。如遇基层单位晚上或周末不开设用餐，不得要求专门备餐，如需要在外用餐，要严格执行标准。基层单位不得专门加菜或者提高餐标，不在餐桌摆桌牌，不得安排人员在入住酒店陪同用早餐。

（22）公司本部人员在班站所开展的座谈交流不摆姓名桌牌。

（23）公司本部人员到基层单位调研、检查期间，基层单位不得安排与工作无关或行程之外的活动。

（24）公司领导的日常调研、检查不作新闻报道，确需报道的，须经公司宣传部同意。宣传报道不得突出领导形象。公司领导调研、检查结束后，除有特殊要求外，基层单位不需要上报贯彻执行情况。

（25）公司本部部门要加强对中心机构业务的归口管理，中心机构在公司系统内的指导、调研和检查（除学习交流外），应征得业务归口管理部门主要负责人同意，以部门名义开展。

五、增强责任担当，提高本部工作效率

（26）严格把关上党委会、董事会决策事项，无制度条文明确规定的不得上会，防止事无大小上会决策。

（27）公司本部涉及多个部门的工作，牵头部门要发挥统筹协调功能，确保工作总体进度和质量，配合部门对有关协办工作的进度、质量负责。协办工作出现问题主要追究配合部门责任。

（28）应当由公司本部部门完成的工作不得推给基层单位，制度、细则等应由本部主导编写，不得直接委托基层单位编写。充分考虑供电单位和非供电单位、管制业务和竞争性业务的特点，合理细化制度、细则要求，不能“一刀切”。

（29）公司本部制定的检查、整改方案，一般以表格形式明确相关工作。县区局（或同级别机构）、供电所、班组可以用表格形式承接上级的方案，不需专门制定工作方案。

（30）强化首问责任，凡公司系统、地方党委政府问询公事不属于本人工作范围的，须按内部运转机制，协调、明确对口联系人，并确保双方对接上。

（31）坚持一事一办、随到随办、急事快办。严控“班车制”事项，执行“班车制”事项须经公司党委会审批。

（32）把握工作节奏，公司本部部门发文征求基层单位意见的，至少留足3个工作日；如涉及县区局（或同级别机构），应留足4个工作日。不得在非工作日给基层单位安排工作（除例行工作外）并要求在此期间完成，特殊情况须请示分管领导同意。

（33）所有岗位必须明确工作代理关系。因出差、休假等离岗外出，不能履行工作职责时，须与代理人做好交接，明确授权范围，并在OA系统设置代理。

（34）加快会议纪要拟稿速度，不需要会签的，会议结束后3个工作日内送公司核稿人；需要会签的，3个工作日内送相关部门会签，会签部门须在2个工作日内办毕。

（35）加快公司发文审批速度，文件在同一岗位持续停留超2个工作日的，反馈给部门负责人；超过4个工作日的，反馈给分管领导；超过5个工作日的，办公室在办公会上通报。

（36）把控工作联系单数量，不得片面追求留痕留印。已通过电话、邮件或其他方式进行沟通的工作，不再发送工作联系单。涉及联系两个及以下部门的工作沟通，不发送工作联系单。

（37）不得未履行人资审批手续借用、抽调基层人员，不得超期借用。

六、规范考核检查，切实减轻基层负担

（38）公司每年一季度下发年度考核方案并实行月度考核，月度考核结果纳入年度绩效考核。

（39）严格控制督查、检查、考核的总量和规模，合理统筹时间，本部部门年初将督查、检查、考核的年度计划报办公室审核，公司党委审批。临时督查、检查、考核，报办公室审核，公司主要领导审批。

（40）改进督查检查方法，主要看工作实绩，不能简单以记录、笔记、台账等见证材料评判工作好坏。留痕事项须以法律法规、制度规定和上级文件要求的为主，公司本部部门不得新增留痕事项，不得层层细化。同一项具体工作不需要多项留痕反复证明。

（41）公司组织开展督查检查，原则上不召开启动会，不听取汇报，如需要召开启动会，时间应控制在15分钟以内。

（42）公司统计数据由归口管理部门收集和提供，不让基层单位重复报送。信息系统中已有的数据，不得要求基层单位人工报送。

（43）严控第四季度开展各类大型培训、竞赛和文体活动。合理控制各类比赛数量，不搞重复竞赛，不搞层层选拔，不搞长时间持续集中训练。网公司已经举办的竞赛，公司不再举办。

（44）严格按照上级要求开展纪念、庆祝等活动，不随意延伸到基层，不加码加压，不搞新花样。

（45）严控各类线上测试、投票、调查等活动，不得以分配任务或考核形式要求各单位参加，应清楚界定参与范围，不得提出“全员参与”等泛指性要求。

广东电网公司学习贯彻落实党的十九大精神推进2018年全面深化改革实施计划（节选）

为深入贯彻落实《南方电网公司关于学习贯彻落实党的十九大精神 推进2018年全面深化改革的实施意见》（南方电网办〔2018〕1号，以下简称《实施意见》）和网、省公司工作会议精神，全面深化供给侧结构性改革、电力体制改革、国企改革、内部改革创新、搞活做强竞争类业务，制定本计划。

一、总体目标

深入贯彻党的十九大精神，以习近平新时代中国特色社会主义思想为指导，认真落实网、省公司工作会议和《实施意见》部署，紧扣我国社会主要矛盾变化，以满足人民追求美好生活的电力需要作为出发点，坚定勇当排头兵的定位，全面推进精益管理，始终坚持“抓领先、补短板、强基础”的工作方法，始终坚持从严动真的工作要求，纵深推进改革，统筹全局，精准发力，做精做实管制类业务、搞活做强竞争类业务，加快建成世界一流的综合能源服务公司，为南方电网公司实现战略目标，为广东实现“四个走在全国前列”作出新贡献。

二、实施原则

一是坚持党对改革的全面领导。充分发挥党组织的领导作用，把方向、谋大局、定政策、促改革、保落实，确保党始终总揽全局、协调各方。

二是坚持正确的改革方向。牢固树立以人民为中心的改革价值取向，遵循“四个有利于”标准，以市场化改革为方向，以供给侧结构性改革为主线，服务实体经济发展。

三是坚持以《实施意见》为统领。《实施意见》深刻指出了党的十九大精神对公司全面深化改革的新任务、新要求，明确了公司在新时期深化改革的总要求、具体任务及实施保障措施，是公司推进深化改革工作的重要指引。

四是坚持勇当排头兵定位。准确把握新时代公司所处的历史方位，牢记使命责任，自觉服从服务于南网和广东发展大局。发挥集团冲锋优势，勇当南网改革发展的排头兵，推动公司高质量发展，加快建成世界一流企业。

五是坚持目标和问题导向。围绕公司“创一流”目标，聚焦影响发展的关键问题，坚决破除一切不合时宜的思想观念和体制机制障碍。

六是坚持统筹推进。灵活运用“抓补强”的工作方法，系统部署各项改革举措，做到改革任务重点分明，改革安排远近结合，改革措施有机衔接，在发展质量和效益上不断取得新突破。

三、工作内容

在继续推动去年改革任务落实的基础上，聚焦党的十九大提出的改革新任务、新要求，重点推进以下改革工作。

（一）深化供给侧结构性改革，着力解决发展不平衡、不充分问题

1. 构建电网“四个统一”管理体系

以满足人民追求美好生活的电力需要为出发点，以精益管理为路径，构建具有广东电网特色的电网“统一规划、统一建设、统一运维、统一服务”管理体系，创新体制机制，优化要素配置，调整生产组织模式，推进结构调整，提高供给质量，提升服务能力和水平：

（1）构建电网“统一规划”体系。按照资本性投资及成本性投入资源相统筹、一二次专业相协同的原则，面向变电站、线路、台区为单位，以建立统一的问题库、统一的规划项目库、统一的立项原则为准则，以建立“以我为主”的自主规划体系为基础，构建电网“统

一规划”体系。

（2）构建电网“统一建设”体系。按同一变电站、同一线路、同一台区整合工程项目，统筹开展基建、技改、年度计划内修理等项目的建设实施，提升项目实施的协同度与融合度，统筹资源，减少重复建设、重复停电现象。

（3）构建配网“统一运维”体系。针对10千伏及以下配电网各类设备，明确运行维护责任，消除管理盲区，重点解决专业化管理水平不高、自动化设备运维不到位等问题，着力提升工作效率和客户满意度。

（4）构建电网“统一服务”体系。2018年年底前19个地市局全面成立供电服务指挥中心（配网调度服务指挥中心），实现配网调度和服务调度联合办公，提升配网抢修快速复电效率。推行“客户经理+设备主人”网格化服务模式，提升一站式客户服务能力。

2. 大力推进清洁能源消纳

（1）提升清洁能源消纳能力。积极配合西电东送通道建设，做好乌东德输电工程前期属地化工作。科学开展风光资源富集地区的电网规划建设，研究制定大型海上风电项目接入的技术路线和方案。主动跟进新能源项目进展情况，及时为新能源接入提供方便快捷的并网服务。2018年全网非化石能源电量占比不低于22%。

（2）大力推行清洁能源调度。优化省内发电安排，配合网公司完成消纳云南富余水电任务，全力消纳省内清洁能源，不发生有责任的弃水弃风弃光。

（3）通过市场化手段，完成直接增送云南富余水电130亿千瓦时，配合网公司完成水火置换增送云南水电40亿千瓦时。加强与政府沟通汇报，配合开展广西清洁能源送广东跨省市场化交易。

3. 深化营销改革创新

（1）构建以客户为中心，以市场为导向的营销业务新模式。全面落实兑现新版的十项服务承诺，继续落实12大项、33小项工作措施，闭环解决投诉问题。优化省级营销监控平台。继续从严落实管控措施，以优质服务提升客户获得感，2018年客户满意度达到85分。

（2）做精做细“三个一片”，确保上半年完成智能电表和低压集抄全覆盖。深入研究“多表合一”技术，深化网省两级电能量数据应用。推广开展多表集抄建设，2018年全省计划接入42 351户多表集抄用户。拓展多表集抄应用，提高数据采集指标和相关功能应用水平。

（3）持续深化计量自动化应用和集约化建设。推进客户实时计费、缩短客户收费周期，支持电融通等业务开展。挖掘电能量数据价值，建立交易客户画像标签体系。推进客户用能状态监测。高标准建设国内领先的省级计量检定中心，年底实现试运行。

（4）推行“互联网+”服务模式，打造行业领先的全媒体客服中心。推动实体营业厅向客户体验厅转型，打造智能用电体验中心，全面推广自助服务、智能服务。优化远程渠道功能提升客户体验，深化与知名互联网公司的战略合作，实现对营销服务全面智能升级，2018年“统一服务”平台客户关注数突破1200万，互联网业务办理比例达到60%。推动客户服务从传统电子服务向全媒体、全渠道客户服务转变，按照“五个中心”目标打造客服中心。

（5）推进业扩业务深层次变革。不断提升业扩报装服务水平，压缩业扩配套项目建设时限，提升业扩投资界面延伸客户比例，2018年中压业扩平均办理时限75个工作日，业扩投资界面延伸比例达到95%以上，增加公司有效投资30亿元。全面深化推行业扩报装及变更业务远程受理及自助办理应用。

4. 大力补齐农村电网短板

全面完成新一轮农村电网改造升级任务。全面落实乡村振兴战略和广东省委省政府的工作部署，加快农村配电网现代化进程，完成2277个省定贫困村电网改造升级，按计划推进公司供电区域内“小康用电示范县”、首批中国特色小镇建设，率先实现国家新一轮农村电网改造升级目标。2018年农村电压合格率达到98.6%，供电可靠率达到99.86%，乡村户均配变容量达到2.0。

5. 稳妥推进降杠杆减负债

（1）统筹推进降杠杆减负债工作。在开展经营绩效持续提升专项行动中，统筹开展降杠杆减负债工作，有效衔接准许成本，进一步规范管理性费用，确保完成2018年工作目标及任务。

（2）强化负债管控，加大考核问责力度。跟踪各子公司资产负债率情况，分析资产负债率上升情况，并及时采取相关措施。将降杠杆减负债成效纳入各单位经营考核评价。

（二）深化电力体制改革，着力构建公平开放、竞争有序的电力市场

6. 持续完善输配电价机制

（1）持续巩固和深化输配电价改革成果。通过深入研究交叉补贴等问题，推动理顺电价结构、完善电价体系。做好准许成本分析、政策研究和沟通工作，确保公司准许收入到位。

（2）配合政府推进增量配电网定价工作。根据国家

发改委关于增量配电网配电价格的指导意见，提出符合广东实际的增量配电网配电价格定价建议方案。积极主动与省发改委沟通汇报，配合政府推进增量配电网试点地区配电价格核定。

7. 积极参与增量配电网业务改革

（1）积极参与增量配电网项目试点。推进前三批试点项目，争取项目业主资格，探索可行的项目公司组建、运营模式，做好增量配电网项目股权投资管理，常态化开展增量配电网项目市场化竞争。

（2）做好增量配电网专项规划，开展相关研究。建立全省重点园区信息库，完善园区发展需求响应机制，提前谋划电网建设，保障供电服务，提高客户黏性。重点在增量配电网业务竞争策略、项目管理机制、运营模式、竞标策略、股权投资等方向开展相关支持性课题研究。

（3）持续深入推进独立供电区域接收，常态推进客户资产接收工作。按照“一镇一策”“分类施策”等原则加大改革推进力度，年内接收不少于75个独立供电区域。继续推进重要客户、小区客户供电资产接收工作，全年接收客户供电资产原值22亿元。

8. 稳步推进现货市场试点建设

（1）进一步完善现货市场环境下中长期交易机制，配合政府主管部门完成南方（以广东起步）电力现货市场交易规则编制。

（2）完成南方（以广东起步）电力现货支持系统建设。建立适应市场化的电力调度组织架构。加快现货市场人才队伍和技术支持系统建设。2018年底南方（以广东起步）电力现货市场具备试运行条件。

（3）根据模拟运行情况，进一步完善调频辅助服务市场交易规则与系统功能，南方（以广东起步）调频辅助服务交易具备正式运行条件。

（4）研究现货市场对公司经营的影响。开展电力现货市场实施对公司经营影响的测算分析，研究现行电价政策与现货市场衔接问题，提出经营建议措施。

9. 规范和扩大市场化交易

（1）完善中长期交易组织，加强网省电力交易业务管理规范。做好年度双边协商、年度集中竞争、月度集中竞争、发电合同转让交易工作。2018年全省市场化交易电量达到1600亿千瓦时，同比增长52%。承接网公司有序推进电力市场交易业务管理指导要求，建立交易业务管理机制，主动参与省内电力市场机制建设，做好网省电力交易中心沟通协调。

（2）开展分布式发电市场化交易试点。制定分布式发电市场化交易规则，实现分布式发电项目与市场用户进行电力直接交易。

（3）提升市场化结算服务水平。修编结算规范，缩短结算周期。完善营销系统与交易系统数据交互，实现全业务线上作业。交易结算服务满足市场主体的个性化需求。

（三）深化国有企业改革，着力破除体制机制障碍

10. 深入开展国企改革试点

做好打造送变电公司改革标杆企业、科技成果产业化等国企改革试点工作推进。跟踪并发布试点进展情况。组织准备网公司试点阶段性成果评审，回顾总结试点工作，形成可复制可推广的经验和做法。

11. 稳妥解决历史遗留问题

（1）进一步推进剥离企业办社会职能工作，2018年基本完成“三供一业”分离移交和供电设施接收工作。

安排职工家属区“三供一业”分离移交改造预算费用，实施职工家属区“三供一业”分离移交改造。完成物业管理及供水分离移交。

完成所有中央企业、地方国有企业职工用电小区供电资产接收改造，实现抄表到户、一户一表。

（2）根据网公司工作安排，分类施策，以明晰产权为核心稳妥推进厂办大集体改革。

12. 稳妥开展县级供电企业“子改分”工作

按照“压缩管理层级，减少法人户数”要求和网公司工作部署，稳妥有序开展县级供电企业“子改分”工作。2018年5月25日前完成4家“子改分”任务。积极研究劳动用工、债权债务和担保等问题，提出解决举措。创造条件，年内争取完成资产负债率超过100%、企业经营困难的县级供电企业“子改分”工作，2019年基本完成剩余县级供电企业“子改分”。

13. 稳步推进混合所有制改革

（1）探索竞争类业务混合所有制改革实施路径。试点开展竞争类业务混合所有制改革，完善法人治理结构，建立市场化运营机制，释放企业活力。

（2）在增量配电网项目中积极探索混合所有制。以混合所有制改革作为增量配电业务改革的重要突破口，建立功能匹配的市场化商业竞争模式和供电服务机制，争取增量配电业务改革主动权，力取试点项目业主资格。

14. 探索股权投资管理优化

以资本回报为约束，做好股权项目投入后的运营分析、监控、评价等工作。做好股权投资全过程管理，建立股权投资收益分配、回收、退出标准及规则。开展股权投资全过程管理研究。

（四）深化内部改革创新，增强企业发展活力

15. 全面推进精益管理

（1）抓实综合标杆一流评价管理。研究建立世界一流省级电网企业评价体系，开展公司综合标杆一流评价，调整各级达标计划。

（2）扎实开展班站所标杆建设。评价方面，组建评审专家库，扎实开展班站所标杆星级评价，力争打造一批南网五星示范班站所，2018年公司三星及以上班站所比例突破30%。建设方面，以评价结果为基础，优化完善“一班一库”机制。

（3）抓实精益项目实施和推广。组织开展以流程优化为实施重点的管理优化项目和以模式创新为实施重点的业务创新项目，充分发挥审计监督作用，促进精益项目健康开展。推动班站所，以夯实基础为重点，扎实开展现场改善项目。组织开展精益项目成果推广应用。

16. 加快企业数字化转型

（1）完成信息化顶层设计。整合公司信息资源，完成“云大物移智”融合应用顶层设计，重点从管理和技术支撑两个方面落实信息化顶层设计。

（2）构建云化、服务化的软件生产体系。基于省级云平台，为管制类业务支持系统及创新应用提供资源支撑。开展服务化软件研发平台设计。

（3）健全完善网络安全体系。建立网络安全督察、监测、通报及应急处置机制。开展企业数据安全治理，完成信息机房重大隐患整改，实现“6+1”系统应用级灾备系统上线，确保信息安全“三个零”目标。

（4）落实数据资产行动计划，深入开展信息系统专项治理。以战略巡航中心（企业运营监测平台）为抓手，构建企业级大数据应用生态圈。深化电网生产运行大数据应用， 形成营销大数据体系，提高用户办电效率，输出数据挖掘产品。全面完成“6+1”系统拓展应用升级完善工作，完成协同应用运营监控平台建设，实现协同接口上线率100%，重点解决“财务-资产”系统协同应用12大类问题。

17. 持续深化劳动、人事和收入制度改革

（1）优化各级组织机构。结合落实电网“四个统一”管理体系，优化部分班组和岗位设置，优化地市、县区局组织机构设置，组建成立相应中心机构。划清公司本部职能部门与中心机构的管理界面，明确公司竞争类业务的归口管理和职责分工。

（2）优化人力资源配置。完善人员组竞聘和流动配置机制，结合组织机构优化调整开展组（竞）聘工作，将人员配置到位，进一步解决员工队伍的结构性、均衡性问题。加大力度，积极稳妥推进粤东地区单位规范用工、主网业务专业化，理顺管理关系工作。深入研究适应管制类业务与竞争类业务分类管理的用工与配置策略，为竞争类业务发展提供人力资源支持。

（3）进一步完善激励约束机制。完善工资总额预算管理，修订公司工资总额预算管理实施细则，试点实施管制类业务和竞争类业务工资总额分类管控。修订公司工资支付管理实施细则，优化绩效工资分配模式，加大各层级组织和直线经理的绩效分配自主权，并逐步加大量化考核结果在绩效分配中的比例。完善竞争类业务薪酬激励，试点实施市场化薪酬分配机制。优化完善“激励积分+激励菜单”弹性福利激励模式，探索建立公司员工积分商城，提高员工积分兑换效率，提升非物质激励品牌影响力。

（五）推动竞争类业务高质量发展，加快建成世界一流的综合能源服务公司

18. 加快发展综合能源服务业务

（1）构建综合能源服务体系。加大向综合能源服务公司转型研究力度，制定向综合能源服务公司转型策略。研究编制省级综合能源发展平台组建方案，搭建电动汽车产业发展平台，完成所有地市局综合能源服务公司组建，构建综合能源服务体系和平台，大力拓展综合能源供应及增值服务业务。发展集中式光伏、风电等清洁能源业务，工业节能、能源托管、能效管理等节能业务，重点加强对冷热电三联供、天然气、太阳能等分布式能源开发布局。结合“互联网+”、能源大数据、物联网、电力期货、碳排放交易等，开拓新兴综合能源业务。全力抢占市场化售电市场，积极争取稳定的用户资源，市场化售电量达100亿千瓦时。

（2）推动综合能源重点项目建设。开展公司综合能源示范项目选取建设工作，推进重点示范项目建设，2018年在东莞松山湖综合能源示范区建成投产第一个由电网主导、冷热电多能供应、耦合交直流混合微电网的综合能源站，完成广东综合能源价值创新产业园综合能源展示厅、建筑节能改造试点项目建设，以及综合能源管理智慧云平台开发。

（3）推动“粤易充”智能平台商业化运营。加快充电设施的建设，抢占公交车、专用车等优质市场，构建布局合理、设备利用率高的充电网络。开展“粤易充”平台升级改造，打造省内电动汽车充电互联网入口品牌，推动“粤易充”智能充电服务平台的商业化运作。2018年建成不少于1900个充电桩。

（4）全面推广电能替代。争取省政府出台电能替代扶持政策，探索不同电能替代项目实施模式，重点做好电锅炉、港口岸电、电磁厨房、电动汽车等领域示范项

目建设，实现年替代电量84亿千瓦时。

19. 配合金融业务开展

加深与南网金融企业的对接合作，按照网公司统一部署和要求，推进与资本控股公司融资租赁业务合作，开展融资租赁业务；加深与鼎和保险公司在传统险种以外的新险种上合作；通过财务公司开立商业汇票，实现票据统一集中管理。做好“电融通”平台在东莞、珠海局的试点建设。

20. 积极支持国际业务拓展

落实网公司“推动形成国际业务发展新格局”的工作要求，服务粤港澳大湾区建设，充分利用公司优势资源，积极参与国际业务拓展。

（1）全面对接粤港澳大湾区发展战略。结合政府制定的粤港澳大湾区发展规划，研究提出粤港澳大湾区电力发展规划建议。以电力为中心和载体，以智能电网为支撑，构建世界一流的粤港澳大湾区清洁低碳、安全高效能源体系。合理规划粤港澳大湾区能源构成、布局和智能电网，推动粤港澳大湾区多能互补、分布式综合能源、储能等发展。

（2）深化与南网国际公司、华电集团等国际项目公司合作与交流，建立战略合作关系，强化“借船出海”模式。输变电公司、能源技术公司、创成公司等单位之间强化协同合作，探索总承包模式，实现“拼船出海”。做好对澳第三通道建设工作，开拓越南永新燃煤电厂一期BOT项目基建期设备性能及调试技术监督服务与机组并网安全性评价业务。

21. 加强产业布局和落地实施

（1）加强竞争类业务统筹布局。编制竞争类业务“十三五”改革发展行动计划，组织直属竞争类企业编制改革发展方案，组织编制各业务板块整合发展方案。编制公司直属单位竞争类企业2018年整合发展计划，分解下达亏损企业治理、法人压减等目标任务，研究提出上市公司打造计划，加快培育A类标杆企业。

（2）优化竞争类业务管控模式和绩效考核。落实分类管理、分类考核，组织编制公司直属竞争类企业管控模式优化调整方案，完善输变电公司改革试点方案，着力建立职业经理人、市场化薪酬等市场化运营机制。完成公司直属单位竞争类企业经营管控指导意见，厘清省、地、平台、企业间职责界面。优化竞争类单位考核体系，运用标杆管理，以价值创造为导向，聚焦经营业绩提升，力争行业领先。

四、进一步强化改革实施保障（略）

广东电网公司党委深入贯彻落实习近平总书记重要讲话精神和中共广东省委决定部署助力广东实现“四个走在全国前列”行动计划

2018年3月7日，习近平总书记在参加十三届全国人大一次会议广东代表团审议时发表重要讲话，要求广东进一步解放思想、改革创新，真抓实干、奋发进取，在构建推动经济高质量发展体制机制、建设现代化经济体系、形成全面开放新格局、营造共建共治共享社会治理格局上走在全国前列。习近平总书记的重要讲话精神对新时代广东改革发展具有重大政治意义和深远历史意义，对广东提出“四个走在全国前列”的重要要求，为广东推动新发展、再创新优势指明了前进方向、注入了强大动力、提供了重要遵循。广东省委李希书记强调，要充分认识习近平总书记重要讲话的重大意义，把总书记的重要指示要求一项一项落到实处，奋力推动习近平新时代中国特色社会主义思想在南粤大地落地生根、结出丰硕成果。6月，省委十二届四次全会审议并出台了《中共广东省委关于深入学习贯彻落实习近平总书记重要讲话精神奋力实现“四个走在全国前列”的决定》。南方电网公司党组强调，要切实把思想认识统一到习近平总书记重要讲话精神上来，聚焦落实落地，切实体现电网企业应有的作为。

面对习近平总书记的殷切期望，立足广东这片热土，作为关系国计民生和经济社会发展的国有企业，广东电网公司必须把学习贯彻习近平总书记重要讲话精神作为首要政治任务和长期战略任务，必须把落实广东省委实现“四个走在全国前列”的决策部署作为新时代的新使命、新任务，举全网之力，以更加系统长远的计划、精准有力的措施、务实管用的办法、扎实高效的工作，为广东新时代发展提供世界一流的电力支撑，勇当助力广东实现“四个走在全国前列”的排头兵，建功新时代。经公司党委研究，制定如下行动计划：

一、坚持把习近平总书记重要讲话精神作为公司一切工作的统领

（一）切实提高政治站位，持续把学习宣传贯彻习近平总书记重要讲话精神引向深入

习近平总书记的重要讲话，是习近平新时代中国特色社会主义思想的理论逻辑和实践逻辑在广东的具体化和系统化，是指导公司改革发展的强大思想武器和科学行动指南。公司各单位广大干部员工要提高政治站

位，再学习、再动员、再部署，深入宣贯广东实现“四个走在全国前列”的丰富内涵和深刻思想，切实在学深悟透习近平总书记重要讲话精神上下功夫，推动学习贯彻习近平新时代中国特色社会主义思想往深里走、往实里走、往心里走。要发挥党委中心组学习的“头雁效应”，不断创新学习形式，丰富学习载体，对直属单位党委理论学习中心组进行全覆盖、机动式、现场化督查，形成以上率下的学习传导机制，提升学习质量和成效。要围绕“改革开放40周年”等主题开展宣传，提高主流媒体特别是中央媒体的报道率和关注度，结合广东地域文化特色树立和培育典型，打造具有全国影响力的宣传招牌。持续把学习宣传贯彻工作引向深入，让贯彻落实习近平总书记重要讲话精神成为公司上下的共同意志、共同目标，将落实好省委实现“四个走在全国前列”决策部署作为我们的共同行动。

（二）立足广东发展大局，深刻领会习近平总书记“四个走在全国前列”重要要求的实质内涵

“四个走在全国前列”重要要求是习近平总书记着眼于广东经济社会发展的实际、着眼于广东在全国大局的地位和作用，赋予广东新时代的新使命，要求广东以更宽广的视野、更高的目标要求、更有力的举措推动全面开放，瞄准世界最高最好最优，加快实现从跟跑、并跑到领跑的转变和跨越，塑造更多引领型发展，在高水平国际竞争中提高自身综合实力。公司必须立足广东经济社会发展大局，服从服务好“四个走在全国前列”重要要求，把满足人民追求美好生活的电力需要作为一切工作的出发点和落脚点，努力构建资源高效配置、公平开放、竞争有序的电力市场机制，探索建立支持经济社会安全绿色发展的行业特色机制，大力发展综合能源服务，深化粤港澳电力合作机制，全面优化营商环境，在广东实现“四个走在全国前列”的进程中体现公司担当。

（三）系统谋划未来发展，助力“四个走在全国前列”重要要求在广东落实落地

公司要坚持以习近平总书记重要讲话精神武装头脑、指导实践、推动工作，以供给侧改革为主线，以创建世界一流企业为抓手，坚定不移地推进改革，用世界眼光、国际标准，推动公司高质量发展，更好支撑和服务广东实现“四个走在全国前列”。要围绕广东省“一核一带一区”的协调发展新格局，走好关键三步：第一步，到2018年，在改革开放40周年之际，加快向综合能源服务公司转型，加速创建世界一流企业。珠三角核心区域供电局率先达到世界一流水平，并向世界领先迈进；非化石能源电量消纳率100%；中心城区客户平均停电时间低于2.1小时；客户服务第三方满意度不低于85分，“获得电力”指标比肩世界排名60名水平。第二步，到2019年，在中华人民共和国成立70周年之际，构建完善综合能源服务体系，建成“管理精益、服务精细、业绩优秀、品牌优异”的世界一流企业。非化石能源电量消纳率100%；中心城区客户平均停电时间低于1小时；客户服务第三方满意度不低于86分；“获得电力”指标比肩世界排名50名水平，达到世界一流水平，进一步支撑广东经济强省、制造强省、科技强省地位。第三步，到2020年，在广东高水平全面建成小康社会之际，在全国率先建成以智能电网为核心，开放、多元、互动、高效的能源服务体系。珠三角核心区域供电局进入世界领先梯队，粤东粤西沿海经济带与粤北生态发展区主要城市供电局达到世界一流水平，城乡电力普遍服务全覆盖；非化石能源电量占比不低于45%；中心城区客户平均停电时间低于60分钟；客户服务第三方满意度不低于87分，“获得电力”指标比肩世界排名40名水平，加快向世界领先迈进，以高质量的电力供应支撑广东实现“四个走在全国前列”。

在此基础上，继续按照党中央和省委决策部署，到2035年，在我国基本实现社会主义现代化之际，全面建成安全、可靠、绿色、高效的智能电网，实现能源高效利用、多元供给，完成向综合能源服务公司转型，全球影响力显著增强。

二、助力广东在构建推动经济高质量发展的体制机制上走在全国前列

紧抓改革契机，以供给侧结构性改革为主线，以市场化改革为方向，深化电力体制改革，大力破除阻碍改革发展的各种束缚，助力广东构建推动经济高质量发展的体制机制。

（四）积极参与电力体制改革，努力构建资源高效配置、公平开放、竞争有序的电力市场机制

坚持社会主义市场经济改革方向，全力支持及参与新一轮电力体制改革，释放改革红利，大力支持实体经济发展。

一是抓好输配电价改革。配合政府部门研究价格、成本监管及激励机制，逐步完善输配电成本核算办法，建立健全适应监管的信息归集和披露体系，助推广东输配电价体系建设在2020年走在全国前列，促进市场更公平竞争和资源更合理配置。严格执行已批复的输配电价，主动配合省发改委落实一般工商业电价平均降低10%的目标，在2015—2017年降低客户用电成本626亿元的基础上，更大程度释放改革红利和发展活力。妥善处

理交叉补贴问题，深入研究逐步减少交叉补贴的种类和标准，理顺电价结构。

二是打造电力市场体系标杆。积极落实中央深化电力体制改革的决策部署，对标世界一流，高起点、高标准打造国内电力市场体系标杆，充分发挥市场配置资源的决定性作用。搭建“中长期+现货”的市场体系，实现“批发+零售”统一管理的市场模式。建立完善的电力市场服务体系，提供规范、可靠、高效、优质的交易服务。2018年，积极配合政府制定电力现货交易规则体系、服务体系并完成配套技术支持系统建设，具备电力现货市场试运行条件。2019—2020年，结合广东实际情况，逐步研究完善市场化辅助服务交易机制，建立用电侧二级市场交易机制，开展金融市场交易品种探索研究。

三是无歧视推动增量配网放开。拥护、支持和推进增量配电业务改革，对其他投资主体平等开放电网接入，提供便捷、及时、高效的并网服务。2018年，配合省政府编制增量配电网并网接入原则，制定公司并网接入服务指引，为前三批试点项目业主提供并网接入服务。探索增量配电网混合所有制运营模式，通过资源整合与优势互补，充分释放改革红利。积极配合价格主管部门研究试点地区增量配电网价格机制，启动珠海金湾东改革试点项目公司运营，打造具有全国示范意义的改革样板项目。

（五）勇于承担电网企业责任，探索建立支持经济社会绿色、安全发展的行业特色机制

加快建立推动电网高质量发展机制，打造本质安全型企业，全力保障电网安全稳定运行，满足经济社会发展所需的电力供应，不断提高绿色电能比例，夯实高质量发展基础。

一是坚定抓好电力能源可靠供应。坚持安全发展底线，始终把大电网安全放在首要位置，构建适应新时代发展的电厂、电网、用户多方联动安全风险管控机制。加快城市保底电网建设，持续开展沿海输变电设备防风加固，按照更高标准提升对港澳供电保障能力，不断提高电力防灾减灾救灾水平。准确把握电力供需形势，积极推动电源和电网规划衔接，超前做好电源发展引导和电网规划布局，确保电网安全稳定和电力可靠供应，全力服务好广东经济社会发展大局。2018年，推进陆丰甲湖湾电厂、南雄热电厂、阳江核电、台山核电、昭阳二期等980万千瓦在建机组投产；完成滇西北送广东直流工程，新增西电东送电力500万千瓦。2020年，力促河源电厂二期、汕头丰盛电厂等已核缓建机组在“十三五”末期投产。加快乌东德电站送电广东工程建设进度，在2022年前新增云电送粤500万千瓦。“十四五”期间，积极推动沿海核电、煤电和蓄能等新增电源建设，在东部地区合理布局一批气电，推动前湾电厂二期、能东电厂二期、樟洋电厂二期等电源如期建成，提高电网安全稳定水平。

二是全力促进清洁能源消纳发展。全力以赴消纳风电、水电、核电等清洁能源，提升非化石能源消费比重，助力广东打赢污染防治攻坚战。2018年，在落实消纳云南水电协议送电量985亿千瓦时的基础上，争取再消纳云南直接增送的富余水电130亿千瓦时，以及消纳利用黔电减送或水火置换增送的云南水电80亿千瓦时，实现风电、光伏等可再生能源的基本全额消纳。全力支持广东省海上风电发展战略，按照“2020年开工1200万、2030年建成3000万千瓦海上风电”的工作要求，加快开展海上风电接入电网等重大规划专题研究，做好海上风电配套工程建设，加快绿色风电能源消纳和并网。推进部分城市燃煤电厂退役，配合省政府逐步关停沙角电厂全部机组的进度安排，完成沙角电厂搬迁和相应电网改造工作，助力广东打赢蓝天保卫战。

三是加快新能源充电基础设施建设。积极推动新能源汽车相关规划的落地，以市场导向和示范引领相结合，加快建设高速公路充电网络，加强城市公共充电基础设施建设，积极支持用户居住地充电基础设施配套，逐步建成全省布局合理、互联互通的高效充电网络。优化充电设施报装流程，延伸电网投资界面，降低社会各界投资建设充电基础设施的成本。2018年，完成2310个充电设施建设任务，成立专业化的电动汽车产业服务公司，为用户提供优质高效的充电服务。2020年，实现“粤易充”平台商业化运作，电动汽车产业服务公司依托电力生态圈延伸服务，满足电动汽车新型用能需求，推动形成绿色生产生活方式。

三、助力广东在建设现代化经济体系上走在全国前列

聚焦服务广东面向全球配置创新资源、产业资源，建设世界级综合制造基地和国际科技创新中心需求，在更高层次、更大范围发挥能源科技领域的创新引领作用，为广东建设现代化经济体系提供综合能源保障。

（六）大力发展综合能源服务，助推广东产业转型升级

一是突出市场导向构建综合能源服务体系。紧盯经济发展新业态、新趋势，加强用能市场研究，深入挖掘终端用能需求，建立市场化运作机制。针对各类用能行业和不同企业，满足客户深层次、多样化的综合用能

服务需求，探索创新能源托管、直接交易、主动需求响应等商业模式，构建创新智能型的综合能源服务体系，支持广东培育一批超千亿元制造业骨干企业。积极提供多元化分布式能源服务，在新城镇、新产业园（商务）区、新建大型公共设施区域，推广应用分布式光伏发电、生物质发电及冷热电三联供，满足终端用户多种能源的需求，构建以电为中心的终端一体化多能互补的能源供应体系。到2020年，市场化运营机制健全，综合能源服务体系成熟运作。

二是“多能供应”构建综合能源生态圈。结合能源大数据、物联网、电力期货、碳排放交易等，探索开拓新兴综合能源业务，着力提高电能在终端能源消费中的比重，形成以电为核心的能源消费新模式。壮大节能环保产业，大力发展清洁能源、分布式能源，拓展电能替代、能效服务等业务，加快电动汽车及充电服务业务布局。积极支持广东海上风电产业基地、粤东西两翼新能源汽车产业基地建设，全力做好配套电力供应保障。2018年，实施电能替代行动计划，完成电能替代电量84亿千瓦时；打造东莞松山湖等一批覆盖“源网荷储”的综合能源示范项目，初步实现综合能源产业化布局。2020年，建成一批具有“理念先进、功能完善、效益良好”的示范项目，综合能源业务发展规模化，初步构建综合能源生态圈。

（七）聚焦电力产业链发展，打造战略性新兴支柱产业

一是建立成果产业化转化体系与运营模式。积极吸收欧美国家先进孵化器建设方式，对一些可能影响能源行业未来走向的关键技术进行提前培育，引导孵化，超前布局新兴业务领域。2018年，组建公司化运营的能源科技孵化器，建立科技成果产业化配套体制机制，完成5项出孵成果和首批职创成果向公司竞争性业务转移转化，联动香港科技园实现内外部创新资源与要素的互补。2020年，将组建多层级科技产业基金，完善孵化企业内部治理结构，推动孵化企业多轮股权融资，成功孵化一批先进技术成果及高新技术企业，能源孵化器公司力争成为国家级孵化器与双创示范基地。

二是推动传统业务板块整合发展。大力实施业务和资源整合，积极推动信息通信、工程建设、高端装备制造等传统产业转型升级，打造龙头企业，优化业务布局。2018年，制定信息通信、工程建设、高端装备制造等业务板块的整合发展方案，全面优化业务布局，加快产业升级。2020年，打造通信公司、输变电公司、创成公司等龙头企业，初步完成产业转型升级，形成广东电网品牌。

三是推动装备制造业务向智能化、高端化发展。重点扶持电力科技智造园建设，打造高端设备、中低压智能设备等制造基地。加快智能配网成套设备、电力专业机器人、无人驾驶飞机等产品生产规划和实施，以“产品+服务”的模式，服务综合能源等战略性新兴产业发展。2018年，制定电力科技智造园发展规划和中低压智能设备、线路器材制造基地建设实施方案。2020年，初步完成高端装备、中低压智能设备等制造基地打造。

（八）集中力量突破产业关键核心技术，打造全国电力技术创新标杆

一是加强电力核心技术的研究和应用。持续做好特高压多端混合直流、新能源大规模接入等电网关键核心技术研究与应用，保持复杂大电网安全驾驭能力的领先优势。发挥超导技术力量，提升电力超导基础应用的研发、制造、工程应用的能力。结合广东大规模海上风电建设，开展海上风电重大技术创新及示范。2018年，建成大电网安全稳定分析与控制实验室，实现电网风险、作业风险、设备风险自动化、智能化和可视化管控；完成超导电缆制备技术的基础研究；完成海上风电创新中心、创新产业及创新示范工程规划。2020年，实现复杂大电网无缝建模、基于云计算和大数据的智能控制，具备安全驾驭含世界首个特高压三端混合直流的混联大电网能力；形成新兴产业集群，承担研制的世界首台超导直流限流器投入示范运行，推动颠覆性技术的突破；初步建成具有全球影响力的海上风电重大创新工程。

二是加快“机器换人”步伐。推进人工智能与智能电网创新的深度融合，抢占行业转型升级战略制高点。以电力机器人为主攻方向，推动先进智能制造技术变革和优化升级，2018年，实现变电站智能巡检机器人产业化转化。2020年，形成电力作业机器人系列化产品，建成国内领先的电力机器人研发中心和制造基地；无人机等新技术研究应用达到世界先进水平。

三是深化科技合作和人才培养。充分借助港澳地区独特优势，积极参与粤港澳“湾区人才计划”，依托国际高端学术机构，加强科技合作和人才培养，主动融入全球科技创新网络。2018年，依托重大科研攻关，加大对科技创新人才和创新团队的支持力度，提升公司在国家科技创新体系中的位势。2020年，创新人才评价机制，不断深化国际科技合作交流，大力培养造就一批具有全球视野和国际水平的科技创新战略人才、领军人才和重点领域高水平创新团队。

（九）加快迈向数字化、智能化，助力建设“智慧广东”

发挥公司的技术和数据优势，加快智能电网建设步

伐，推动信息与电网技术融合发展，实现向数字化、智能化转变。

一是深入推进智能电网规划建设。实施“云大物移智”融合应用，促进传统电网与信息化、智能化技术的深度融合，打造国内领先的智能电网标杆。广泛应用智能变电站等技术，实现主网调控一体化，显著增强电网态势感知、协调控制能力。全面升级配电装备技术，推动配网自动化、智能电表、低压集抄、配网通信100%全覆盖。加快移动作业终端等实用化步伐，提升配网智能化运维水平。按照“全面推进、示范引领”的思路，统筹发、输、配、变、用等重点领域建设，打造佛山金融高新区、珠海“互联网+”智慧能源、汕头南澳岛、韶关乳源等一批涵盖城市、海岛、农村等，具有未来配电网发展形态、达到世界一流水平的智能配电网示范区。2025年，广东电网智能化水平整体达到国际先进，关键核心技术国际领先。

二是积极打造多样互动的数字化智能用电平台。深化计量自动化大数据应用，挖掘电能数据价值，开发并实用化实时停电告警功能，辅助研判馈线及分支线停电范围，向客户实时推送停电信息，转变故障停电人工判定、录入、通知方式。开展低电压台区动态监测，为配网调度、运维和规划业务提供数据支持，实时从源头传递用电信息，及时解决用电问题。积极探索建立“多表集抄”数据应用平台，建设智能用电小区，推广智能家居用电，推进“四网融合”，通过联合抄表、联合账单和联合缴费，为客户提供更为开放、互动的智能化便利。

四、助力广东在形成全面开放新格局上走在全国前列

以提升粤港澳电网安全水平为发力点，积极参与“一带一路”建设，构建粤港澳坚强的电力能源保障体系，全面优化营商环境，助力广东建设成为面向世界、服务全国的全面开放门户枢纽。

（十）聚焦“国际一流湾区”定位，构建坚强的粤港澳电力能源保障体系

一是打造粤港澳大湾区坚强电网。积极承接政府规划，开展粤港澳大湾区电力发展规划，构建与国际一流湾区相匹配的能源保障体系。2018年，完成粤港澳大湾区能源发展规划研究报告，提出分阶段的项目建设时序。大力提升粤港澳大湾区电力供应保障能力，以满足沿海地区电网具备抵御15级强台风能力为目标，开展电网抗台风能力提升、对港澳地区供电安全保障等专项研究，计划投资约423.4亿元开展线路改造。到2020年前投资约25.8亿元，完成28项对澳供电新建和改造项目建设，其中2018年形成4个220千伏对澳供电通道结构；在继续维持粤港联网网络现状的基础下，按照高标准对深圳地区500千伏输电线路进行防风改造。2020年形成5个220千伏以及2个110千伏对澳供电通道结构，力争实现50年一遇台风情况下，对澳门供电通道不中断、供电能力不减少的总体目标。

二是加强粤港澳电力合作。深化粤港电力交易，按计划开展2019—2034年核电份额转让协议协商签署工作；延续双方紧急情况下的电力支援举措，协商签署2019—2021年能源输送协议。完善粤港、粤澳联网运行合作机制，定期就联网系统的供电框架协议、规划建设、运行调度、设备运维等进行协商与探讨，滚动修订《粤港联网运行管理细则》《粤澳联网运行细则》等，提升联网系统运行可靠性，为粤港澳建成世界级宜居宜业的城市群提供可靠电力保障。

（十一）进一步提升服务水平，大力优化营商环境

一是缩短办电时间。业扩报装流程精简到2～3个环节，10千伏（20千伏）及以下客户供电方案免审批，取消设计审查和中间检查等审批环节，合并竣工检验与装表接电环节；低压业扩报装具备装表条件的，现场勘查与装表接电一并开展，实现低压非居民接电平均时间压缩到11天内，中压单电源客户压缩到80天内。

二是减少接电成本。深化投资界面延伸，重点做好工业园区、经济开发区等区域的延伸工作，全口径延伸至客户红线。实现中压业扩延伸比例95%、低压延伸比例98%。在珠海横琴自贸区试点实行中压工商客户改低压供电模式；在粤港澳大湾区城市实行新增报装容量200千伏安及以下客户低压供电，大幅提升小微企业接电便利性，实现客户接电“零投资”。

三是提高办理透明度。开展广东电力智能化营业厅试点建设，构建多层级、多维度的动态热点地图，提升智能化服务水平，推广客户自助申办业扩报装、变更等用电业务，力争业扩报装实现全过程线上远程渠道受理，深化业扩报装全流程信息透明化办理应用，向客户实时推送办电所在环节、时限和对应责任人、监督人，让企业和群众少跑腿，信息多跑路，提升客户服务体验。

四是提升供电可靠性。以供电可靠性为抓手，持续完善停电时间和客户诉求“双轮驱动”的可靠性管理体系。深化综合停电精益管理，不断降低配网故障率，减少频繁停电。优化业扩项目停（送）电计划安排，简化审批手续，对10千伏架空线路接入业扩项目常态化开展带电接火作业，珠三角城市中心城区配电自动化覆盖率达到80%，客户平均停电时间不超过1小时。

（十二）积极“走出去”，拓展海外业务

主动参与国家“一带一路”建设，努力提升国际市场承建能力和管理水平。加强外部合作，与国际项目公司建立战略关系，实现“借船出海”。加强内部协同，强化输变电公司、能源技术公司、创成公司等内部单位之间合作，组建产业联盟，探索总承包模式，实现“拼船出海”。2020年，具备国际项目承接能力，广泛承接国际项目，树立广东品牌，提升国际影响力。

五、助力广东在营造共建共治共享社会治理格局上走在全国前列

将人民追求美好生活的电力需要作为一切工作的出发点和落脚点，推动电力普遍服务全覆盖，让广大人民群众共享电力改革发展成果，助力广东建设成为全国最安全稳定、最公平公正、法治环境最好的地区。

（十三）践行“人民电业为人民”企业宗旨，让人民群众实现从“用上电”到“用好电”

一是全力推动电力普遍服务全覆盖。持续做好供电能力提升，着力解决配网发展水平总体较低，农网网架结构相对薄弱，部分台区电压质量不高、停电频繁、停电时间过长的问题，确保人民群众获得可靠的、持续的基本电力服务。

二是提升供电服务水平。坚持以人民为中心，加快供电服务转型升级，提高客户满意度。严抓客户投诉管控，兑现南方电网十项服务承诺，建立客户问题处理长效机制，加快解决客户服务难点问题。发挥省级“95598”话务集中管理优势，高效调配服务资源，实现客户交互信息渠道互通，打造国内领先的客户“问题解决中心”。紧跟客户消费习惯，大力推进“互联网+”服务，推进电力营销服务向电子化、网络化转型。2018—2022年，在地方政府公共服务满意度评价持续保持第一，第三方客户满意度达到世界领先水平。

三是推动“四个统一”工作体系落地。以用电台区、线路为单位开展工作，开展配网“四个统一”（统一规划、统一建设、统一运维、统一服务），避免重复立项招标、施工停电，提升项目建设和抢修效率，快速响应用电需求。2018年，完成配网四个领域制度标准修订和岗位调整，各地市人员配置基本到位。做好“四个统一”项目群预算及资金安排。开展信息系统支撑需求分析、设计及相关的优化改造工作，为“四个统一”全面落地提供信息化支撑。

四是做好重要节假日等涉及民生的保电工作。建立健全各方联动机制，提升重大活动保供电标准化和规范化。加强队伍和装备建设，提前谋划落实各项准备工作，确保春运、高考等重大民生活动保供电万无一失，满足人民追求美好生活的电力需要。

（十四）深入推进平安建设，提升人民群众对电力服务的获得感、满足感、幸福感

一是以零容忍态度严厉整治基层和群众身边的微腐败和不正之风。从2018年开始，启动为期三年的“扫雷”专项行动。以市场营销、基建工程和扶贫等九大领域作为治理重点，对准营业报装“体外循环”“吃拿卡要”“收受好处”等群众深恶痛绝的基层突出问题，坚决整治侵害群众利益的违规违纪行为和不正之风。到2019年，对“扫雷”发现的问题针对性地建章立制，从源头上解决基层微腐败和不正之风，实现标本兼治的最终目标。

二是提升公共用电安全水平。积极开展公共场所供电设施安全隐患排查、治理，持续开展防范社会人员触电事件专项治理，配合政府开展公共场所用电设施检查。促请并配合政府成立电力执法大队，加大执法力度，督促产权单位落实主体责任，保障人民群众人身安全。

三是加强电力基础设施保护。降低因电力设施被盗、外力破坏等引起的停电事件，维护安全用电秩序。深化警企合作，加大对涉电力犯罪突出地区的打击力度，推行“一所一警”网格化安保防控模式，规范开展电网警务室建设运作。加强涉电力外委施工监管，严格落实审核备案制度，严防电力设施外力破坏。

（十五）全面加强法治建设，提升依法治企能力

完善公司治理体系，充分发挥章程在公司治理中的统领作用，进一步健全各治理主体议事规则，依法合规开展重大决策。加强制度建设，构建完善的制度规则，提升制度执行刚性，推动各业务领域依法合规经营管理。培育法治文化，加强法治宣传教育，实施精准普法，提升全员法律底线意识。增强法治能力，健全法律风险管理体系，加强法律案件管理和经济合同管理，提升法律服务保障水平。到2018年，公司基本建成治理完善、经营合规、管理规范、守法诚信的法治企业，法治能力显著增强，基本实现公司治理体系和治理能力现代化。到2020年，公司开启迈向全球领先的法治企业进程，法治能力全面增强，杜绝因违反国家政策、法律法规、公司规章制度，或未落实重大法律风险管控措施，对公司造成严重不良影响或重大经济损失的事件，公司治理体系和治理能力现代化水平进一步提升。

六、助力广东构建“一核一带一区”协调发展新格局

围绕“一核一带一区”协调发展新格局，坚持发挥

好区域联动的平台作用，着力“抓领先、补短板、强基础”，促进全省各区域单位基础管理水平和电力服务能力协调发展。

（十六）主动对接，建设支撑协调发展新格局的现代化电力基础设施

一是完成主网远景目标网架研究。支持以广州、深圳为主引擎推进珠三角核心区深度一体化、世界级沿海经济带、粤北生态特别保护区规划建设等重大专题，支持东西两翼汕头、湛江打造省域副中心城市，修编“十三五”电网规划，启动“十四五”规划专题研究，确定广东电网目标网架及相应的项目库。针对“短路电流超标、交直流交互影响突出、大面积停电风险防控能力不足”广东电网发展三大问题，研究500千伏交流同步、直流异步及1000千伏交流特高压三大类技术路线及构网方案。

二是构建全省坚强保底网架。以目标网架为导向，加快电网工程建设。“十三五”期间，规划1955亿元投资开展电网建设，建成安全、可靠、绿色、高效的坚强电网。其中2018年，计划投资390亿元，建成纵江二期等3项重点工程，按期完成大负荷分析、东坡到丹桂线路等16项解决局部错峰，以及珠海等沿海城市保底电网建设任务；2019、2020年计划分别投资370亿元和453亿元，基本建成各地市防灾保底电网，实现城市应急机构在严重自然灾害情况下不停电，核心基础设施停电时间力争不超2小时。

（十七）落实乡村振兴战略，坚决打赢扶贫攻坚战

将电网发展与乡村振兴战略有机结合，以建设优质农村电网与带动农村脱贫致富为着力点，全面建设美丽乡村。

一是完成国家新一轮农网改造升级要求。全力推动农村地区电网改造升级，打造生态宜居美丽乡村。细化改造任务，加快项目建设，补齐农村电力基础设施短板。2018年计划完成农网改造升级投资100.6亿元（含电网建设、生产技改、营销技改），确保改造后农村电网供电可靠率等指标率先达到国家新一轮农村改造升级要求。按照“安全、整洁、美观”的要求，全面完成2277个省定贫困村电网改造升级建设任务。“十三五”期间，计划完成投资437亿元，全力满足广东全面建成小康社会对农村电力保障需求。

二是助力广东打赢扶贫攻坚战。及时响应贫困村用电报装需求，全面落实扶贫工程配套电网项目建设工作，主动跟踪易地扶贫搬迁、生态移民等工程进展，准确分析用电需求，及时兑现供电服务承诺，提升贫困地区供电服务均等化水平。优先向产业扶贫项目推行业扩工程投资界面延伸至客户产权红线政策，降低贫困村用电投资成本。打造广东省光伏扶贫电站接网服务和电量消纳示范点，将光伏扶贫项目接入系统工程纳入绿色通道，保障项目优先上网、发电量全额收购。推行党建扶志扶智相结合，健全各级支部联建机制，激发贫困群众内生动力。增强扶贫力量，落实乡村振兴战略，确保到2020年实现公司对口帮扶的140个点、6651户的贫困户脱贫奔小康。

（十八）扎实推进区域联动，促进协调发展

以区域联动为抓手，梳理粤东西北与珠三角供电单位在电网发展、供电服务等方面的差距，落实资源倾斜配置。加大区域联动干部人才交流力度，从严动真开展粤东西北地区督查服务与指导，着力提升县级供电子公司的管理水平以及全省配电网规划建设的高质量协调发展水平，推动公司整体提升，助力广东区域协调发展。力争2018年公司所有地市局达到南方电网网内平均及以上水平，2020年达到网内一流及以上水平。

七、始终用好全面深化改革“关键一招”助力广东发展开创新局面

毫不动摇地落实习近平总书记“理直气壮做强做优做大国有企业”的重要指示，坚定不移将全面深化改革进行到底，稳步推进各项改革，争当广东国有企业改革激发活力、提升效益的典型示范。

（十九）始终坚持改革正确方向，进一步激发改革动力

一是深化国企国资改革。坚持党对改革的集中统一领导，发挥党对国企领导的政治优势，蹄疾步稳推进全面深化改革。积极贯彻落实广东国企改革工作精神，推进“科技成果产业化投资平台组建及配套机制建设”等国企改革试点。稳妥推进剥离国有企业办社会职能和解决历史遗留问题，2018年基本完成“三供一业”分离移交和供电设施接收工作。健全公司所属企业法人治理结构，加强竞争性企业董事会建设，不断完善现代企业制度，2019年基本完成县级供电企业“子改分”。探索竞争性企业混合所有制改革实施路径。

二是深化企业内部体制机制改革。加大改革力度，建立现代化企业管理制度，持续深化劳动、人事和分配制度改革，优化各级组织机构，完善选人用人机制，健全激励约束机制。以精益管理为抓手，抓实全面标杆管理，大力推进精益项目，实现降成本、增效益。2018年，全面导入精益思想和理念，减少浪费、价值创造能

力得到加强，精益文化基本形成。2020年，精益管理深度融入企业经营管理，流程体系高效协同，精益文化深入人心。

（二十）聚焦发展关键，抓好一批标志性引领性重大改革

积极拥抱改革、支持改革，自觉把公司的改革发展放到广东经济社会发展大局中来定位和谋划，用改革的方法推动广东电网高质量发展。重点落实省委关于加快推进新时代全面深化改革的若干意见，形成一批精准有效的改革举措。在落实“三去一降一补”重点任务方面，突出抓好电力供给侧改革的突破；在电力体制改革方面，突出抓好电力现货市场体系建设走在全国前列的突破；在优化营商环境方面，突出抓好“获得电力”水平比肩世界五十强的突破；在粤港澳大湾区建设方面，突出抓好国际一流湾区综合能源保障体系建设的突破；在“一核一带一区”协调发展格局方面，突出抓好电力普遍服务全覆盖的突破；在落实乡村振兴战略方面，突出抓好构建电力基础设施现代化建设体系的突破，为打造一批体现广东特色、具有全国推广价值的改革品牌贡献广东电网智慧和力量。

八、为公司助力广东实现“四个走在全国前列”提供坚强政治保障

深入学习贯彻落实新时代党的建设总要求，从严动真抓好党建带好队伍，努力把各级党组织锻造得更加坚强有力，凝聚最广泛的力量，将广大干部员工的思想和行动统一到助力广东实现“四个走在全国前列”上来。

（二十一）坚持党的领导，加强党的建设，打造国有企业党的建设标杆

一是坚持党的全面领导。落实“党对一切工作的领导”要求，提高党在企业把方向、谋大局、定政策、促改革中的作用。将党委研究讨论作为董事会和经理层决策的前置程序，在地市供电局和设党委的县区供电局全面推广“党政一肩挑”，压实管党治党责任。完善顶层设计实现党的领导嵌入制度、融入业务，融入企业治理的各环节。加强竞争性企业党建工作，通过3年时间强化党支部堡垒建设，充分发挥党组织在竞争性企业中的作用。

二是创建电网特色管党治党模式。围绕创建国有企业党的建设标杆目标，加强党组织规范化、党员教育管理和党建信息化“三大基础”建设，构建党建标准化管理体系、项目化实施体系、过程化管控体系、系统化培训体系、科学化考评体系和制度化保障体系“六大体系”，形成“精益规范、体系完整，特色鲜明、作用彰显，央企领先、影响广泛”的广东电网特色管党治党模式，充分发挥党的政治优势，推动实现党的建设质量和企业发展质量双提升。

三是建立政治生态评估体系。搭建政治生态评价模型，2018年全面描绘各个领域政治生态地图，巩固和发展政治生态向善向好局面。到2020年探索出营造良好政治生态的工作规律，为公司服从和服务于广东实现“四个走在全国前列”走出一条具有广东电网特色的反腐倡廉新路子，推动全面从严治党向纵深发展。

（二十二）深入贯彻落实习近平总书记选人用人思想，建设高素质专业化干部人才队伍

一是选出适应新时代的好干部。坚持好干部标准，鲜明树立重实干重实绩的用人导向，落实公司党委“五个坚持”的选人用人思路，选好配强地县两级班子，加强年轻干部培养使用，把各方面的优秀人才凝聚到公司的改革发展中来。健全容错纠错和干部“能上能下”机制，在执纪审查工作中区分工作失误与故意违纪，准确定性量纪，理直气壮为敢于担当的干部撑腰鼓劲。

二是搭建勇当排头兵的好班子。落实中央《关于进一步激励广大干部新时代新担当新作为的意见》精神，创建新时代广东电网“四好三优”（政治素质好、经营业绩好、团结协作好、作风形象好；年龄梯次搭配、专业经历互补、性格气质相容）的一流领导班子，建立领导班子能力状态评估办法，强化能力培训和实践锻炼，重点培养专业能力和专业精神，增强“八种本领”，提高各级班子适应新时代发展要求的能力。坚持业绩导向、体现差异、有效激励，完善干部考核评价机制，加大正向激励力度，充分发挥考核的“指挥棒”作用，激发干部的内生动力。

三是广聚英才而用之。贯彻党管人才原则，落实中共中央《关于深化人才发展体制机制改革的意见》，优化人才发展通道与平台，形成结构合理、与世界一流企业相匹配的干部人才梯队。实施人才发展“六大工程”，深化党委联系服务专家工作，持续推动人才区域联动。加大技术、技能、管理专家的选聘和培养力度，打造高层次的专家队伍。2018年，专家总数达到2000人。2020年，人均素质当量达到0.87，中高级技术人才比例达到50%，高技能人才比例达到81%，专家总数超过3000人，实现专家在各地市和县区供电局生产运行等核心专业的全覆盖。

（二十三）坚持从严动真，营造干事创业的良好氛围

坚决落实“执行规章制度真严、工作部署真切、

工作任务真干、工作结果真实、工作失职真究”的“五真”要求，不断巩固和扩大转作风、强能力的成果，切实把队伍的精气神凝聚到干事创业上，干出从严治党新作为。

一是把政治建设摆在首位。牢固树立“四个意识”，坚定“四个自信”，坚决维护以习近平同志为核心的党中央权威，坚决服从党中央集中统一领导。严格党内政治生活，严格执行新形势下党内政治生活的若干准则，加强党性党风党纪教育。

二是抓好思想建设。开展处级以上领导干部学习贯彻党的十九大精神集中轮训。按照中央部署开展“不忘初心、牢记使命”主题教育。健全党建政研工作体系，努力推出在央企乃至全国范围有典型示范意义的研究成果。深入践行《南网总纲》，发挥文化内聚人心、品牌外树形象作用，持续推进公司价值观体系入眼入脑入心入行，擦亮品牌形象。加强宣传引导，集中宣传打造一批爱岗敬业、勇于担当、履职尽责的先进典型，发挥榜样示范和引领作用，形成主动作为、敢于干事、敢于担责的良好氛围。

三是抓好作风建设。认真贯彻落实中央八项规定精神实施细则，将八项规定精神制度化、流程化，形成具体标准，公司领导班子带头示范，从下基层调研等具体工作抓起，一级带动一级，坚决按标准执行。高度警惕和防止“四风”反弹回潮，聚焦习近平总书记指出的形式主义、官僚主义十个方面具体表现，认真查摆、剖析根源、坚决抓好整改，从严动真纠正一批形式主义、官僚主义问题。

四是深入推进反腐败斗争。保持反腐败高压态势，严肃查处违规违纪问题，加大对群众身边腐败问题的查处力度。强化廉洁风险防控，不断健全权力运行制约和监督机制。深化政治巡视巡察，推动全面从严治党向基层延伸。通过不懈努力全面营造风清气正的干事创业氛围，不敢腐的震慑进一步强化，不能腐的笼子越扎越紧，不想腐的思想自觉日益增强。

助力广东实现“四个走在全国前列”行动计划，是公司当前和今后发展必须牢抓不懈的重大工作部署，充分体现公司党委深入贯彻落实习近平总书记重要讲话精神和省委决定的坚强意志和坚定决心。全体干部员工要高举习近平新时代中国特色社会主义思想伟大旗帜，在省委省政府和网公司党组的坚强领导下，勇于创新、真抓实干，为广东实现“四个走在全国前列”作出新的更大的贡献！

中国（广东）自由贸易试验区珠海横琴新区片区供用电规则

第一章　总则

第一条　【制定目的和依据】

为构筑中国（广东）自由贸易试验区珠海横琴新区片区（下称“横琴新区”）权责明晰、公平有序的新型供用电关系，创建粤港澳深度合作示范区，营造横琴新区国际化、法治化营商环境，根据《中华人民共和国电力法》《电力供应与使用条例》等法律、法规，结合横琴新区实际情况，制定本规则。

第二条　【适用范围】

本规则适用于横琴新区电力供应与使用以及相关监督管理活动。

第三条　【行政管理职责】

横琴新区建设环保局为横琴新区电力行政管理部门，负责电力事业的监督管理，协调处理电力设施建设及供电、用电过程中的有关问题，依法开展供用电行政执法工作。

横琴新区有关行政管理部门在各自的职责范围内负责电力事业的监督管理。

第四条　【电网企业职责】

电网企业应当设立横琴新区“一站式”供电服务机构，负责推动横琴新区智能电网建设，办理客户用电报装，提供计量、抄表、收费等各类供电服务。

第二章　用电申请与账户开立

第五条　【用电账户开立申请】

需要用电的单位和个人（下称“客户”），可以通过现场办理、邮寄申请表单或通过网站、电子邮件、软件终端或电网企业接受的其他方式，根据其实际用电需求，提交用电申请与开户资料，申请开立用电账户（下称“开户”）。

电网企业应当于其营业场所或网站，免费向客户提供用电账户开立申请表等资料。

第六条　【开户证明资料】

申请开户，客户需向电网企业提交的证明资料包括：

（一）客户身份证明资料，如自然人的身份证、企业的营业执照、社会团体的登记证书、政府机关的设立批准文件等；

（二）用电地址证明资料，如用电地址建设项目立项文件、用电地址不动产登记文件、租赁合同或者可以证明客户有权使用用电地址的其他证明材料。

代为办理用电申请的，经办人需提交客户委托书及授权代表身份证明文件。

第七条　【临时用电申请】

申请开立基建工地、市政建设施工临时用电账户，需由建设单位提出申请，并提交其身份证明文件和工程施工或建设批准文件。

临时用电申请期限不得超过三年，临时用电期限届满如确有延期用电需要的，客户应当提前向电网企业提出延期用电申请。

第八条　【用电信息核查与评估】

客户对用电申请及其提供资料的真实性、合法性负责。电网企业应当对客户的用电申请、用电需求等进行核查，评估确定客户的用电容量、电价类别等用电事项。

横琴新区发改、规划、建设、环保、国土、工商等管理部门应当为电网企业核查客户用电需求信息提供支持，与电网企业分享有关政务信息。

第九条　【预存电费、银行保函、预购电装置安装】

客户用电期间，需向电网企业预存相当于其两个月用电量的电费。首次预存电费的金额，按照电网企业核定的客户用电容量计算确定，客户应于申请用电时交存。

客户安装预购电装置或选择提交与前款规定预存电费等额银行保函的，可不向电网企业预存电费。

第十条　【开户与签约】

电网企业收齐客户申请文件及预存电费（或等额银行保函、安装预购电装置确认书）后，应当开户并与客户签订供用电合同。

供用电合同应当对供电电压、用电容量、电力用途、计划送电时间、电价、电费、供电设备安置地提供、客户受电工程建设、预购电装置安装、客户用电安全责任等事项做出约定。

第三章　供电设施建设与供电设备安置

第十一条　【电网规划与建设】

政府组织有关部门与电网企业共同编制横琴新区电网规划，并负责划拨客户用电地址规划红线外的公用变电站用地，无偿在公共用地区域提供户外开关箱用地，变电站及户外开关箱等供电设施由电网企业负责投资建设。

在客户用电地址规划红线外，电力线路管廊由政府或其委托企业按电网规划预先投资建设，管廊建成后，建设单位应将其产权无偿移交电网企业，产权登记至电网企业名下。电网企业自接收之日起，负责投资建设电力设施，并对管廊及电力设施承担维护管理责任。

第十二条　【低压供电方式与供电设施投资原则】

横琴新区客户永久用电和临时用电，原则上采用380/220伏电压供电，客户用电地址规划红线内的供电设施由电网企业投资建设并维护管理。

用电报装容量超过315千瓦的工业用电客户，可与电网企业协商是否采用380/220伏电压供电。

下列客户，一般应当自行投资建设变压器等受电设施：

（一）机场、铁路、地铁等国家已发布供电标准的特定行业的客户。

（二）国家限制、产能过剩的行业客户。

（三）国家对其安全生产有特殊要求的矿山、危化品等行业客户。

（四）其他对供电电压等级、电能质量有特殊要求的客户。

第十三条　【客户用电地址规划红线内供电设备安置】

电网企业在客户用电地址规划红线内建设的供电设备，需要占用的房屋、土地、通道或处所（下称“供电设备安置地”），由客户提供。客户需保障其提供的供电设备安置地能够满足有关建设质量与消防、安保等要求。

第十四条　【供电设备用房的提供】

用电报装容量200千瓦及以上的，客户需向电网企业提供变压器、开关柜等供电设备用房。用电报装容量200千瓦以下且用电地址临近区域无法提供供电电源的，客户应配合电网企业落实供电设备安置地。

政府投资建设的图书馆、体育馆、文化馆、垃圾站等城市综合体，应于建筑设计中设置供电设备用房，并按照本规则新建供电设备安置地的规定设计和建设。

第十五条　【供电设备安置地的设置标准】

电网企业应当制定供电设备安置地的设置标准，对放置变压器、开关柜、用电计量装置等供电设备用房的设置数量、位置、面积、空间、建设标准及线路通道、有关处所等具体要求做出规定，报横琴新区电力管理部门备案后发布实施。

第十六条　【供电设备安置地的建设与提供】

客户新建供电设备安置地的，设计图纸需经电网企业审查合格，报规划管理部门批准后方可实施。

新建供电设备安置地完工后，客户需报电网企业检查，检查合格后交电网企业安装供电设备，检查不合格的，客户需根据电网企业意见整改。

客户提供既有房屋或场所做为供电设备安置地的，需报电网企业检查，检查合格的，电网企业接收使用，经检查不满足电房设置要求的，应当更换或改建，实施改建的，按本条前两款规定执行。

第十七条　【供电设备安置地的维护管理】

电网企业使用供电设备安置地期间，客户负责对安置地的土建部分进行维修、维护，并采取必要措施防止火灾、水淹、干扰或盗窃等影响正常供电的情况发生，如客户不及时维修、维护，电网企业可自行维修、维护，发生的费用由客户承担。

第十八条　【供电设备迁移】

因下列情形需要迁移客户用电地址规划红线内供电设备，需取得电网企业同意，由客户负责提供合格的地方重新安置供电设备，并承担迁移及因此发生的费用：

（一）客户申请迁移供电设备；

（二）因客户原因供电设备安置地发生地陷、漏水等。

第十九条　【客户资产移交与改造】

本规则发布前客户拟建、在建、已建成供电、受电设施及附属设施，电网企业应当与客户协商签订资产移交协议，无偿接收客户资产，并自接收之日起，承担资产改造和运行维护管理责任及费用。

前款规定资产使用的房屋、土地、通道或处所，于资产移交时同时转由电网企业使用。

第二十条　【供电设备安置地的使用】

电网企业使用供电设备安置地，无须向客户支付使用费或其他费用，并且电网企业的使用权不受供电设备安置地产权主体变动或客户终止用电、过户等事项影响。

客户保障电网企业使用供电设备安置地期间，可随时进入安置地实施检查、抄表、供电设备维护等作业，电网企业向第三方接驳供电的，客户不得阻扰并应提供线路接驳通道及其他便利。

第四章　受电装置建设

第二十一条　【供电设施与受电设施的投资、产权与管理界面】

以380/220伏电压供电的客户，供电设施与受电设施的分界点为客户接入低压开关出线端的连接点，分界点电源侧由电网企业投资建设、享有产权并承担维护管理责任，分界点客户侧由客户投资建设、享有产权并承担维护管理责任。

本规则第十二条第二、三款规定情形，供电设施与受电设施的分界点，由电网企业规定，受电设施的建设程序按《供电营业规则》第四章规定实施。

第二十二条　【客户受电工程的建设自主权】

客户对其受电工程建设享有完全的自主权，电网企业不得为客户受电工程指定参建单位或物资供应商，不得非法干扰客户受电工程建设活动。

客户选择的受电工程建设设计、施工、安装、监理、试验单位以及设备、材料供应商等，应当具有相应资质，有关单位应在其各自职责范围内向客户负责。

第二十三条　【受电工程建设技术标准】

电网企业应当于营业厅或网站，公示受电工程典型设计方案、技术标准目录以及有关设备、设施的技术要求，受电工程各参建单位应当严格执行。

第二十四条　【受电工程建设监理】

除本规则规定的零散客户外，受电工程建设实行设计、施工全过程监理。

受客户委托的电力监理单位应当在其资质许可的范围内，负责实施受电工程设计审查，参与并监督隐蔽工程中间检查、受电工程竣工验收工作，并应当出具监理报告，针对下列事项给出明确的监理意见：

（一）设计、施工、试验等单位资质是否满足工程建设要求；

（二）受电工程设计是否合格；

（三）隐蔽工程中间检查、竣工验收是否合规、合格；

（四）受电装置自检或第三方测试是否合规、合格；

（五）受电装置是否可以满足安全接电要求。

第二十五条　【零散客户受电设施实施】

零散客户的受电设施，应当由持有电工进网作业许可证的人员实施，完工后由客户出具工程验收报告，验收合格的，由其向电网企业申请装表接电。工程验收报告内容应包括以下事项：

（一）工程实施人员持有电工进网作业许可证的情况；

（二）客户受电工程验收合格；

（三）受电装置自检或第三方测试合规、合格；

（四）受电装置满足安全接电要求；

（五）工程实施人员与零散客户签章确认。

第二十六条　【用电增容之受电设施建设】

客户申请增加用电容量，需向电网企业提出申请，客户因此需要建设受电设施的，按照本章受电设施建设的规定实施。

客户因增容用电需提供供电设备安置地的，按本规则第三章规定执行。

第二十七条　【受电装置更改】

客户受电装置接驳供电后，未报电网企业同意，不得擅自进行迁移、更换、增设等更改。经电网企业同意更改的，更改后的受电装置，客户需按本规则规定，重新报请电网企业接驳供电。

第二十八条　【受电装置与用电设施的维护管理】

客户受电装置与用电设施，应当由具有相应资质的单位或个人维护管理，并确保处于安全运行状态。

第二十九条　【供电、受电工程质量和安全运行责任】

电网企业与客户按本规则规定的投资、产权与管理界面，分别对其投资建设的供电设施、受电设施工程建设质量负责，对供电设施、受电设施的安全运行承担责任，客户应当采取必要措施防止危害或者冲击电网安全运行的事件发生。

第五章　供电与用电

第三十条　【送电条件】

满足下列条件，客户可以预约电网企业接驳供电，电网企业应当实施：

（一）客户已按本规则规定交纳预存电费、提交银行保函或安装预购电装置；

（二）客户已按本规则规定提供供电设备安置地；

（三）客户按本规则第二十四条、二十五条规定提交的监理报告或工程验收报告，表明受电工程验收合格，受电装置可以安全接电。

第三十一条　【连续供电义务】

除非国家法律法规或本规则另有规定，电网企业应当在发供电系统正常的情况下，以合理方式和技术持续向客户供电。

重要电力用户或对不间断电力供应有特别要求的客户，需自行安装保安电源或备用电源。客户需要电网企业为其提供保供电服务的，应当向电网企业提出申请并由双方协商确定具体的保供电方案。

第三十二条　【电量抄录】

电网企业可以采用现场抄录、电能量遥测或者集抄等方式，按一定周期抄录用户的用电量，并按照国家规定和供用电合同约定计算电费。

第三十三条　【电费交纳】

电费交纳方式和时间等，根据供用电合同约定、电网企业通知或安装预付款装置的有关协议确定。

客户逾期交纳电费的，根据国家规定或供用电合同约定承担违约金，电网企业可以从该客户名下全部用电账户预存电费或银行保函中扣收其所欠费用，扣收后，客户应按电网企业通知补足预存电费或另行提供足额银行保函。

第三十四条　【计量装置准确性异议处理】

除非另有约定，用电计量装置由电网企业提供并安装。

客户对计量装置准确性有异议的，可以提请电网企业或具有相应资质的第三方机构进行检测。经检测误差在正常误差范围内的，客户承担电网企业或第三方机构检测费用；超出正常误差的，电网企业应承担检测费用，并根据客户历史用电记录、技术性证据及有关情况做出更正，与客户退、补电费。

前款规定的正常误差是指国家规程允许的误差，正常误差范围内的电费以计量装置记录计收。

第三十五条　【不计量或计量失准处理】

计量装置故障、被干扰或擅自更动导致不计量或计量失准的，客户实际用电量由电网企业根据客户用电历史记录、用电信息采集终端及监测装置记录等情况，采取科学合理方法计算确定，并相应调整客户应交电费金额。如有必要，电网企业可以委托计量检定机构对计量装置不计量、计量失准原因进行鉴定，并根据有关鉴定意见，计算客户实际用电量，与客户做退、补电费处理。

第三十六条　【违约、违法用电行为调查与处理】

对下列行为，电网企业有权调查，并收集或固定证据，依法做出处理：

（一）客户危害供用电安全、扰乱供用电秩序的；

（二）客户涉嫌窃电的；

（三）客户受电装置可能影响、冲击电网安全的。

第三十七条　【中止供电】

发生下列情形之一，电网企业可以中止供电，但应当至少提前7日通知客户：

（一）电网企业更换或检查用电计量装置的；

（二）电网企业向其他客户接驳供电或恢复供电的；

（三）电网企业检修或投运供电设施的；

（四）客户逾期交纳电费超过15日或在12个月内逾期交费电费累计超过3次、客户逾期交纳违约使用电费或不补交本规则第三十五、三十六条规定调整电费的；

（五）客户拒绝电网企业根据本规则第三十六条规定进行调查的；

（六）客户不按电网企业要求补足预存电费或另行提供银行足额保函的；

（七）客户擅自接驳受电装置用电的；

（八）客户注入电网的谐波电流超过标准，以及冲击负荷、非对称荷等对电能质量产生干扰与妨碍的；

（九）客户不按电网企业要求拆除私增用电设备用电的；

（十）客户违反安全用电、有序用电要求或危害电力设施安全，拒不改正的；

（十一）客户私自向第三方转供电力的。

有下列情形之一，电网企业无须通知客户可即时停电：

（一）因不可抗力和紧急避险需要；

（二）客户窃电。

第三十八条　【因履行行政决定的停电】

行政机关不得要求电网企业对居民生活用电采取停止供电措施强制其履行相关行政决定，不得违反法律、行政法规对非居民用户采取停止供电措施强制其履行有关行政决定。

电网企业在执行行政机关的停电决定过程中，发现停电范围涉及居民生活用电或因技术原因无法避免对居民生活用电停电的，应当立即停止实施停电决定并报告有关行政机关。

第三十九条　【用电账户终止】

客户可以申请终止用电账户，但需提前5日提出申请。

下列情形之一，电网企业可以单方终止客户用电账户：

（一）临时用电客户用电期限届满；

（二）单位客户被宣告破产、注销或被吊销；

（三）执行两部制电价的客户连续超过10个月不用电，也未申请暂停、减容或终止用电账户的。

用电账户终止，客户应当结清其用电账户内所有费用，电网企业与客户的供用电合同解除，电网企业可停止供电。客户不结清所欠费用的，电网企业可于预存电费或银行保函资金中扣收所欠费用，剩余预存电费退回，客户预存电费或银行保函资金不足以抵消所欠费用的，电网企业可以向其追缴。

客户在账户终止后要求用电的，需按新装用电办理报装手续。

第六章　附则

第四十条　【通信联络】

电网企业向客户发出的有关通知或信息（包括电子信息），邮寄或发送至客户用电地址、通信地址、电子邮箱、电话、传真机号码或微信号码等客户预留地址，均为有效送达。

第四十一条　【客户信息保护】

电网企业应当确保因业务便利获取的各类客户信息在合法范围内使用，但应采取必要措施为客户查询用电信息提供便利。

电网企业不得向任何第三方泄露或提供客户信息，法律法规另有规定的除外。

第四十二条　【实施细则的制定】

电网企业可以根据本规则，制定实施细则，报横琴新区电力管理部门备案后公布实施。

第四十三条　【术语与定义】

本规则下列用语的含义：

（一）客户身份证明资料：证明客户民事主体和身份情况的资料。根据下列客户的不同类别，分别包括：

1. 企业客户的营业执照；

2. 社会团体客户的社会团体法人登记证书；

3. 机关、事业单位、其他组织客户的组织机构代码证、设立批准文件或其他证明其成立的文件；

4. 自然人客户的居民身份证、驾驶证、社会保障卡、军人证（现役）、护照、回乡证、台胞证等。

（二）用电地址证明资料：证明客户对用电地址土地、物业等享有所有权或使用权的文件，包括：

1. 用电地址建设项目立项文件；

2. 用电地址物业权属证明文件：如不动产权证、房地产权证、房产证、国有土地使用证、宅基地使用证等权利证书以及不动产登记机关出具的有效证明文件；

3. 已经生效的、含有物业使用权属明确判词的法律文书（包括法院判决书、裁定书、调解书等）；

4. 国有土地出让合同、已办理预告登记的房屋买卖合同等。

5. 物业租赁合同或不动产权人同意客户使用物业的其他许可文件、用电地址不动产产权人同意客户申请用电的书面文件原件等。

（三）户外开关箱：指全部装配完成并封闭在接地的金属外壳内，具备配电系统中电力电缆线路汇集和分接功能的户外电缆分接开关设备。

（四）供电设施、受电设施：指已建或者在建的输变配电设施、电力线路设施、电力通信设施及其有关辅助设施。本规则规定的分界点电源侧为供电设施，负荷侧为受电设施。

（五）供电设备：是指电网企业投资建设的公用变压器、电力线路、开关柜、计量装置等设备及通信、防雷、安保等有关辅助设施。

（六）零散客户：指用电地址为非统建建筑且申请用电容量小于200千瓦的客户。

（七）重要电力用户：指在国家或者一个地区（城市）的社会、政治、经济生活中占有重要地位，如中断供电可能造成人身伤亡、较大环境污染、较大政治影响、较大经济损失、社会公共秩序严重混乱的用电单位或对用电场所供电可靠性有特殊要求的客户。

（八）客户受电工程：指客户为满足自身用电需求而实施的接受与分配电能的电气装置受电工程，是位于产权分界点客户侧的客户侧电力线路和受电变（配）电站等电气设施工程的总称。其中，正常运行时被掩埋或覆盖的电力设施工程称为隐蔽工程。

第四十四条　【发布实施】

本规则自2018年5月1日起实施。

广东电网有限责任公司关于2018年新一轮农村电网改造升级工作的报告（节选）①

为贯彻落实党中央国务院、省委省政府和南方电网公司关于“十三五”新一轮农村电网改造升级工作要求，广东电网公司按照“提高标准、精准投资、精益建设”工作思路，在政企合作、电网规划、落实责任、规范建设、示范宣传等方面开展了一系列工作，顺利完成年度各项计划任务，有力推进了新一轮农网改造升级工程实施。

一、2018年新一轮农村电网改造升级工程完成情况

2018年，广东电网公司新一轮农村电网改造升级工程进展顺利，完成情况良好。年度完成投资124.5亿元，建成110千伏变电站5座、变电容量90万千伏安，110千伏线路226千米；新建、改造35千伏变电站2座、变电容量4万千伏安，建成35千伏线路64千米；新建、改造10千伏配变9477台，容量264万千伏安，10千伏线路6816千米，新建、改造低压线路58 800千米，配电自动化终端8797个，改造智能电表1344万只。完成2277个省定贫困村中我公司相关的电网改造升级、7个小康电示范县以及6个特色小镇电网建设任务。

2018年，广东省农村电网提前两年达到国家新一轮农村电网改造升级目标，市域农村户均配变容量均达到2.0千伏安，综合电压合格率99.9%，供电可靠率99.9%，智能电表、低压集抄实现全覆盖，顺利完成“广东省补齐软硬基础设施短板”目标要求，为全省农村电量7%的增长提供了保障，为广大农村用户提供了更优越的供电服务体验。

二、农电体制改革工作稳步推进

积极配合各级地方政府做好农电体制改革，主动加快农电体制改革进程，优化小水电自供区接收流程，2018年共接收81个独立供电区域，涉及11.8万人、3.6万户。

三、主要工作措施

为推进农网改造升级项目的顺利实施，在各级政府主导下，广东电网公司重点做好六个方面工作。

（一）紧紧依靠政府，深化政企联动。公司严格执行省发改委关于新一轮农村电网改造升级工作要求，主动向省政府和省发改委汇报工作开展情况，定期向省发改委通报工程建设进度。各供电局加强与地方政府汇报沟通，“政府主导、企业实施、多方努力、共同参与”的工作机制进一步完善和巩固。

（二）落实责任主体，加强统筹实施。公司印发了《广东电网公司新一轮农村电网改造升级2018年实施计划》等系列文件，周密部署各项任务，层层落实责任，做到要求到位、责任到人，实行月度通报与协调机制，并开展两轮现场督导，及时协调解决问题。

（三）滚动修编规划，优化项目时序。在《广东省“十三五”新一轮农村电网改造升级规划》基础上，按照“缓急有序、全面推进”原则，做好项目梳理筛选排序，滚动修编项目储备库，保障农网投资精准性。

（四）强化过程管控，确保实施效果。公司将新一轮农网改造升级纳入了年度重点督办任务，加强项目规划建设全过程管控，统筹优化项目实施，确保改造升级效果。

（五）注重精益建设，打造精品工程。农网改造升级项目列入广东电网公司重点工程，从技术、采购、安全、质量、进度、造价等方面进行全方位管理，工程建设优质规范，确保高质全面完成任务。

（六）加强宣传引导，营造良好氛围。公司积极主动与各大媒体沟通，加强新闻宣传，重点围绕省定贫困村等主题，分阶段对新一轮农网改造升级工程开展多层级、多维度宣传，为推动农网改造升级工程实施营造良好氛围。

---

① 此为2019年1月28日向广东省发改委提交的报告内容节选。

四、下一步工作

面对新时代乡村发展新要求、新内涵，作为关系民生和经济社会发展的重要国有企业，广东电网公司将始终把服务广东落实乡村振兴战略作为新时代的重要使命和任务，继续以满足人民追求美好生活的电力需要作为工作的出发点和落脚点，加快现代化农村电网建设，进一步推动城乡供电服务均等化。

一是谋划广东电网支持广东省乡村振兴战略行动计划，从“产业兴旺、生态宜居、生活富裕”等维度，发挥电网支持农村社会经济发展的能源供应平台作用，助力广东解决发展不平衡不充分问题、破除城乡二元结构、推动广东“一核一带一区”区域协调发展。

二是落实南方电网公司加快推进新一轮农村电网改造升级建设攻坚工作方案要求，全力保障农网改造升级投资，完成年度建设任务，确保2019年底广东农村地区各县区的三大供电指标达到国家要求。

三是利用智能电表、配电自动化等智能终端以及电能质量监测、配网运行综合支持平台等信息化系统，进一步加强农网设备工况监测，及时跟踪解决动态出现的电压质量和供电能力不足问题。

四是提速农村电网智能化升级，深入推进配电网自动化和配电网通信建设和分布式储能、分布式电源并网等新技术试点应用，提升农村电网对农光互补、渔光互补、光伏扶贫等新能源发电项目的消纳能力，推动农村能源消费向多元化、清洁化、低碳化转型。

五是继续支持农电体制改革，统筹做好新接管趸售镇和自管区电网改造升级规划建设。

广东电网公司关于2018年度支持乡村振兴战略工作情况的报告（节选）①

为贯彻习近平总书记关于实施乡村振兴战略重要论述精神，落实广东省委省政府和南方电网公司相关决策部署，广东电网公司按照中央“产业兴旺、生态宜居、乡风文明、治理有效、生活富裕”总要求，坚持推动农村电网基础设施持续提档升级，以电网为核心，构建清洁高效、多元互补、城乡协调、统筹发展的现代农村能源体系，为农业农村现代化提供充沛动力。

一、总体完成情况

从20世纪末广东省开始第一次农网改造以来，经过十多年的投入，到“十二五”末，广东农村已经基本完成了“用上电”的目标，农村电网基本改变了以往设备残旧、停电多的旧貌。“十三五”期间，广东农网建设改造着力于实现农村地区“用好电”的目标，重点解决农村电网局部新出现的供电能力不足、网架结构偏弱、供电电压偏低等问题，同时逐步提升装备水平，提高农村电网配电自动化、智能电表和低压远程抄表覆盖率，保障农村地区可靠供电。

从2016年初国家部署“十三五”新一轮农村电网改造升级任务以来，广东电网公司周密部署、统筹谋划，在广东省委省政府和南方电网公司的统一领导下，在各地市、县、乡政府的大力支持下，建立了“政府主导、企业实施、多方努力、共同参与”的工作机制，各方齐心协力，共同推动农网改造升级的顺利实施。

2016—2018年广东电网公司农网改造升级投资378亿元，比“十二五”总投资增加30%，新建改造供电线路18万千米，同比“十二五”前三年增加约80%。新增变电容量800多万千伏安，同比“十二五”前三年增加66%。

其中，2018年完成投资124.52亿元，新建110千伏变电站5座、变电容量90万千伏安，110千伏线路226千米；新建35千伏变电站2座、变电容量4万千伏安，35千伏线路64千米；新建改造10千伏配变9477台、变电容量264万千伏安，10千伏线路6816千米，低压线路58 800千米，配电自动化终端8797个。除未接管电网区域外，完成2277个省定贫困村电网改造升级，7个小康电示范县及6个特色小镇电网建设。

11月底，广东电网提前两年达到国家新一轮农网改造升级目标，市域农村户均配变容量达到2.0千伏安，综合电压合格率和供电可靠率均达到99.9%，智能电表、低压集抄实现全覆盖，顺利完成“广东省补齐软硬基础设施短板”年度目标要求，保障了全省农村电量7%的稳步增长，为广大农村用户提供了更优越的供电服务体验。

南方电网公司荣获国家能源局新一轮农网改造升级“两年攻坚、三大任务”先进单位，广东电网公司汤健等6位员工荣获先进个人。广东电网公司连续三年荣获广东省扶贫办扶贫济困“红棉杯”金奖，获省国资委和扶贫办高度评价，连续十年获广东省地方政府公共服务公众评价调查第一名。

① 此为2019年3月29日向中共广东省委农村工作办公室提交的报告内容节选。

二、工作组织情况

（一）系统谋划部署

公司党委系统谋划服务乡村振兴的“广东电网方案”，修编制定行动计划，成立公司党委书记担任组长的领导小组，加强组织领导；按照“3年取得重大进展、5年见到显著成效、10年实现根本改变”要求，明确各阶段发展目标，制定26项重点举措；建立健全考核机制，将各项举措纳入公司重点工作计划管控。

（二）强化监督引导

印发新一轮农村电网改造升级工作方案、省定贫困村电网改造升级工作方案和年度实施计划等文件共5份，下发技术原则、指导文件共5份。建立农网改造升级月报机制，每月统计投资完成及关键指标情况。针对进展滞后的地区，组织开展农网改造扶贫攻坚专项督导。

三、2018年主要工作成效

（一）加强农网基础设施建设

1．修编农网改造升级规划，强化规划引领。遵循乡村振兴战略规划，修编农网改造升级规划，2019—2022年规划投资不低于320亿元，规划2020年基本完成农村地区“低电压”治理，初步建成安全、可靠、绿色、高效的智能电网。

2．按计划完成投资，加快补齐农网发展短板。2018年持续保持对粤东西北地区投资倾斜，优先保障乡村电力基础设施投资需求，完成投资124.52亿元，占配网年度投资48%。坚持买好设备，优化物资采购，落实精益建设，打造农网优质工程，投产率达103%。

3．提速农网智能化水平。加快配电自动化和智能电表建设，大力推行无人机巡线、在线监测等智能技术。2018年农网自动化覆盖率达85%，智能电表、低压集抄实现全覆盖。

4．落实农网改造升级工程建设责任制。持续巩固完善“政府主导、企业实施、多方努力、共同参与”工作机制，促进地方政府出台支持电网建设绿色通道政策。

（二）推进业扩延伸，优化营商环境

5．持续推进业扩延伸，助力农村产业发展。深化业扩投资界面延伸，满足农业多样化用电需要，促进农业增效、农民增收和农村繁荣，重点做好农业产业园区、经济开发区等区域供电延伸。2018年业扩延伸比例99%，累计节约客户投资91亿元。

6．优化营商环境，提高农村地区“获得电力”水平。推行“网格化”客户经理服务，持续优化客户报装流程，压缩办理时限，中压客户报装平均用时65天，同比下降36%，低压非居民报装平均用时8天。

（三）建设绿色电网，促进农村清洁用能

7．做好农村新能源并网消纳服务。做好扶贫光伏、农光互补等新能源项目并网服务，提前谋划新能源资源富集地区电力消纳、广东省大规模海上风电输送方案，全年新能源发电量同比增加20亿千瓦时，非化石能源电量占比达到21%。

8．打造农村智能电网示范区。选取韶关乳源、云浮新兴等区域，集中开展农村分布式电源消纳利用、台区电压监控等新技术应用，打造安全、可靠、绿色、高效农村智能电网，探索农村未来能源体系新模式。

9．加快农村地区电动汽车配套设施建设。加强农村公共充电基础设施和高速公路充电网络建设，累计投运充电桩5302个，保障农村电动汽车绿色出行。

10．大力推广电能替代。倡导农村能源消费新模式，重点实施家庭电气化、农业电排灌、农产品加工等技术，农业生产替代电量同比增长75%。

（四）建立健全电网长效管护机制，提升农村供电质量

11．提升农网供电可靠性。加强农网故障率指标考核，提升配网综合停电管理水平，推广不停电作业机制，落实综合防雷措施，重点推进山区防覆冰、沿海地区防风加固改造，农网客户平均停电时间减少62%。

12．改善农网电压质量。完善省级电压质量监测系统，加强农村潜在低电压台区监控，解决农网低电压台区2500余个，综合电压合格率提升至99.9%。

13．做好农网设备差异化运维。重点推行山区无人机巡视，配置无人机1745台，快速精确核查险要地形的线路隐患和设备缺陷。

14．打造多样互动的数字化智能用电平台。借助移动互联技术，为广大农村用户提供“足不出户、时刻在线”的缴费及发票服务，节省大量往返营业厅的时间。

15．提升配电网台账数据质量。常态化开展配网GIS系统和生产系统台账整改，核查、整改异常数据11万项，支撑农村数字电网建设。

16．完善配电网运行管理技术支持平台。升级平台功能，实现配电网抢修自动化，故障处理用时下降3分钟。开发防配变烧毁功能，有效杜绝春节期间返乡人员暴增引发的配变烧毁。

（五）促进区域协调发展，推动供电服务均等化

17．持续提升乡村供电服务水平。组建网格化班组1587个，创新打造“客户经理+设备主人”运作模式，强化责任意识，优化管控机制，实现客户诉求快速响应。

18．扎实推进区域联动，促进协调发展。调整区域发展布局，实行珠三角对粤东西北“一对一”结对精准

帮扶，粤东西北供电局管理水平实现整体提升。

19．加快实施独立供电区域接收和电网改造。对涉及贫困地区的独立供电区域实行“两个优先”策略（优先接收、优先改造），累计接收381个独立供电区域，电网改造投资5.1亿元，惠及16万户、45.8万用电人口。

20．稳步实施县级供电企业“子改分”。完成韶关仁化、清远连山、梅州平远、汕尾陆丰4家单位“子改分”，促进县级供电局可持续发展。

（六）助力精准扶贫，激发贫困地区发展动力

21．助力广东打赢扶贫攻坚战。推行各级支部联建帮扶，加强贫困村春节保供电和帮扶点安全节能用电宣传，组织志愿者帮助特需人群检查用电安全隐患。

22．完成省定贫困村电网建设改造。按时高质完成公司供电区域内2277个省定贫困村电网改造升级，年度完成投资11亿元，推动电力普遍服务全覆盖，惠及71万贫困户、176万相对贫困人口。

23．产业扶贫创造致富新途径。2018年参与产业扶贫项目共计376个，投入资金1100万元，其中106个项目已盈利，产业扶贫总收益达4206万元，创造就业岗位357个，带动就业人口1235人。

24．基础建设勾勒美丽乡村。参与140个贫困地区基础设施建设工程441个，2018年总资金投入2423万元，村内道路硬底化超过25公里，水利工程覆盖农田2839亩。乡村人居条件和生产生活基础设施得到充分改善。

25．扶智扶志激发内生动力。投入647万元资金用于扶智扶志工作，“蓝公益”志愿服务品牌在各帮扶点建立贫困助学机制，受惠贫困学生人数830人。赴贫困村开展志愿服务32次，派出志愿者237人次，惠及630人。

26．党建工作稳固扶贫基石。坚持党建引领，促进党建与业务深度融合，抓好“书记项目”，成立党员突击队，攻克重点难点问题。建成“讲习所”30个，党建宣传阵地76个，组织村委开展学习，举办技能培训420人次，助力贫困村建强“桥头堡”。公司172个党支部与140个帮扶村开展支部联建，其中公司直属党委43个党组织，帮扶西湖村56户贫困户，300名党员自发捐赠资金16万元，受到贫困户和当地政府高度评价。

（七）做好平安用电，提升人民群众对电力服务的获得感、满足感、幸福感

27．积极配合开展“三线整治”。严标准开展农村“三线整治”，解决村庄杂乱线网和安全隐患问题，保障人民群众人身安全。全年共处理三线搭挂类问题3298项，大大降低社会人员触电风险。

28．提升涉电公共安全管理水平。针对2018年台风造成内涝现象突出、发生多起涉水触电事件情况，积极配合省政府出台文件，明确标准和原则，组织排查自身产权设备、代维代管用户设备，查出安全隐患139 571项，配合省安委办、经信委等政府部门排查用户产权设备，查出隐患21 465项，并立即落实整改，整改完成率100%。

29．加强电力基础设施保护。创新警企联防联动模式，充分运用电网警务室实体化运作优势，加大打击涉电犯罪力度，实现县（区）级“一所一警”网格化安保模式全覆盖，助力平安乡村建设。

四、下一步工作

面对新时代乡村发展新要求、新内涵，作为关系民生和经济社会发展的重要国有企业，广东电网公司将始终把服务广东落实乡村振兴战略作为新时代的重要使命和任务，加快现代化农网建设，进一步推动城乡供电服务均等化。2019年重点开展以下工作：

一是全力保障农网改造升级投资，完成年度建设任务，确保2019年底广东农村地区各县区三大供电指标达到国家要求。

二是利用智能电表、配电自动化等智能终端及电能质量监测等信息化系统，加强农网设备工况监测，及时跟踪解决动态出现的电压质量和供电能力不足问题。

三是持续开展低电压台区治理，全面完成农网智能电表电压监测数据接入省级平台，加强潜在低电压台区实时监控，为2020年基本解决低电压问题创造条件。

四是实施可靠性提升方案，重点提升农网网架、自动化和综合停电管理水平，逐步实现预安排停电零时户。

五是提速农网智能化升级，深入推进配网自动化和通信建设、分布式储能、新能源并网等新技术试点应用，推动农村能源消费向多元化、清洁化、低碳化转型。

六是持续做优产业扶贫。以产业为根，在产业发展中做好规划，因地制宜发展光伏扶贫、乡村旅游设施农业、农产品加工业、电商扶贫等优势特色扶贫产业。做好“一村一品”“一乡一业”等有特色的产业规划。完善产销对接机制，探索“农民+App+消费者”的产业扶贫新模式，助力脱贫致富。

七是继续做好基建扶贫。加大对农村地区基础设施建设的帮扶，合理投入资金推动城乡基础设施互联互通，持续助力帮扶点开展农村人居环境整治行动，全域推进建设生态宜居美丽乡村。

八是加大扶智扶志力度。持续推进“蓝公益”在扶贫领域的品牌建设，特别是依托“光明学堂”“幸福厨房”“温暖村屋”公益品牌，依托村集体收益二次分配机制，优化完善助学机制。开展扶志教育活动，增强“讲习所”影响范围，帮助农民转变思想观念。

中国南方电网
CHINA SOUTHERN POWER GRID

企业概况

公司简介

组织沿革

广东电网有限责任公司前身是广东省广电集团有限公司。2002年12月29日，国家电力体制实施重大改革，广东省广电集团有限公司划归中国南方电网有限责任公司（简称“南方电网公司”）。根据《国务院关于组建中国南方电网有限责任公司有关问题的批复》（国发〔2002〕5号）和国家发改委批准的《中国南方电网有限责任公司组建方案》规定，并经广东省人民政府同意，2005年3月31日，广东省广电集团有限公司完成工商登记注册，更名为广东电网公司。根据南方电网公司决议，2010年12月31日，广东电网公司与广州供电局有限公司、深圳供电局有限公司分立。2014年6月4日，广东电网公司完成工商登记注册，更名为广东电网有限责任公司（简称“广东电网公司”）。

经营范围

根据广东电网公司章程的规定，广东电网公司是统一管理广东电网（广州市和深圳市的电网及业务除外）的企业法人，经营范围包括：负责广东电网的统一规划、统一建设、统一管理。依法对所辖电网及并网的电厂实施统一调度，负责电网的安全、稳定、经济、优质运行。投资、建设和经营管理广东电网，参与投资、建设和经营相关的跨区域输变电和联网工程，经营相关的输配电业务。从事电力购销业务及相关服务，负责广东全省电网对广东省行政区域外的电力交易，负责广东全省并网电厂的电力交易（广州市和深圳市行政区域内接入电网电压等级在220千伏及以下的电厂除外），负责广东全省的电力销售（广州市和深圳市行政区域内的电力用户除外）。广东电网公司通过产权转让、资产收购、兼并、租赁、股份制改造等方式开展资本经营。经营电力工程的建设，包括工程总承包、设计、施工、调试、物资供应、工程监理及造价咨询等。经营依托电力通信网发展的有关信息产业的业务，以及电力设备和电力物资器材的修造、销售、调试、检测、试验。从事电力科研开发、技术监督、技术贸易、生产调度信息通信、咨询服务、教育和培训等业务和其他第三产业经营。依法开展国家法律和政策没有禁止的其他业务。

至2018年底，广东电网公司直管19个地市供电局，93个县区供电局（分公司）、16个县级供电局（子公司）、33个供电分局，供电面积16.84万平方千米，供电客户3455.53万户。多年来，广东电网公司秉持“人民电业为人民”的企业宗旨，立足“国家队地位、平台型企业、价值链整合者”的企业定位，加快创建具有全球竞争力的世界一流企业，连续10年获得广东省地方政府公共服务评价排名第一。

电网规模

广东电网以珠江三角洲地区500千伏主干环网为中心，向粤东、粤西及粤北延伸，与八个省、自治区、特别行政区网（厂）相连接：通过“八交九直”高压输电线路与中西部省区电网联网；通过2回500千伏交流线路与湖南桥口、鲤鱼江电厂联网；通过2回500千伏海底电缆与海南电网相联；通过4回400千伏线路与香港中华电力系统联网；通过6回220千伏线路和4回110千伏线路向澳门地区供电，是全国最大的西电东送受端电网和港澳地区重要电源。截至2018年底，全省（不含广州、深圳）共有35千伏及以上输电线路7.23万千米，变电站2111座、主变压器4578台、变电容量37 971万千伏安。其中：500千伏线路0.9万千米，变电站43座，主变压器316台，容量9712万千伏安；220千伏线路2.14万千米，变电站300座，主变压器707台，容量13 622万千伏安；110千伏线路3.45万千米，变电站1478座，主变压器3057台，容量14 275万千伏安；35千伏线路0.74万千米，变电站290座，主变压器498台，容量362万千伏安。

组织结构

机构设置

截至2018年底，广东电网公司本部设有办公室（党委办公室、董事会办公室）、组织人事部（直属党委办公室）、宣传文化部（团委）、企业管理部（全面深化改革办公室）、人力资源部、财务部、物资部、计划发展部、基建部、生产技术部、安全监管部（应急指挥中心）、市场营销部（农电管理部）、科技部、信息部、法律部、审计部、监察部（纪委办公室、直属纪委办公室）、工会、产业投资部（产业投资有限公司）、系统运行部（电力调度控制中心）共20个职能部门，以及党委巡察办公室1个党委工作机构，防范窃电与电力设施保护中心1个挂靠机构，下辖佛山、东莞、中山、惠州、江门、韶关、湛江、茂名、清远、珠海、汕头、梅州、阳江、肇庆、揭阳、河源、汕尾、潮州、云浮供电局等19个地市供电局，电力调度控制中心（系统运行部）、电力科学研究院（物资品控技术中心、科技成果转化中心、生产监控指挥中心）、电网规划研究中心、信息中心、培训与评价中心（公司党校）、管理科学研究院（安全生产风险管理体系建设指导中心、精益管理学院）、新闻中心、综合服务中心（离退休服务中心）、应急及检修管理中心（带电作业中心）、机巡作业中心（智能作业管理中心）、客户服务中心、财务共享服务中心、审计中心、计量中心、法律服务中心、社保年金中心等16个直属中心机构，以及广东电网产业投资有限公司（与产业投资部合署办公）、广东省输变电工程有限公司、广东电网发展研究院有限责任公司、广东省电力信息通信有限公司、广东电力交易中心有限责任公司、广东电网物资有限公司、广东电科院能源技术有限责任公司、广东电网综合能源投资有限公司、广东电网电力设备制造有限公司、广东电网汕头新能源有限公司、汕头经济特区万丰热电有限公司、广东省电力通信设备工程有限公司等单位。具体如第62页图所示。

领导班子

2018年，南方电网公司党组就广东电网公司领导班子调整如下：

3月26日，南方电网公司党组决定：庞骁刚任广东电网公司董事、总经理、党委委员、副书记，马辉任广东电网公司董事、副总经理、党委委员，李铭钧任广东电网公司董事、副总经理、党委委员。免去王江广东电网公司董事、副总经理、党委委员、副书记（省公司正职级）职务。免去钟连宏广东电网公司董事、副总经理、党委委员职务。8月2日，南方电网公司党组决定：免去陈山广东电网公司董事、党委委员、副总经理职务，退休。8月27日，南方电网公司党组决定：刘启宏不再兼任广东电网公司董事长、党委书记，廖建平任广东电网公司董事长、党委委员、书记。免去庞骁刚广东电网公司董事、总经理、党委委员、副书记职务。马辉任广东电网公司总经理、党委副书记。免去张良栋广东电网公司党委委员职务，李福来任中共广东电网公司党委委员。

截至2018年底，广东电网公司领导班子成员如下：

党委书记、董事长：廖建平

党委副书记、董事、总经理：马辉

党委委员、董事、副总经理、总会计师：莫锦和

党委委员、纪委书记、董事：李欢

董事、副总经理、总法律顾问：贺金生

董事、副总经理：陈晔

党委委员：李福来

董事、副总经理：李铭钧

◎ 2018年底，广东电网公司领导集体合影

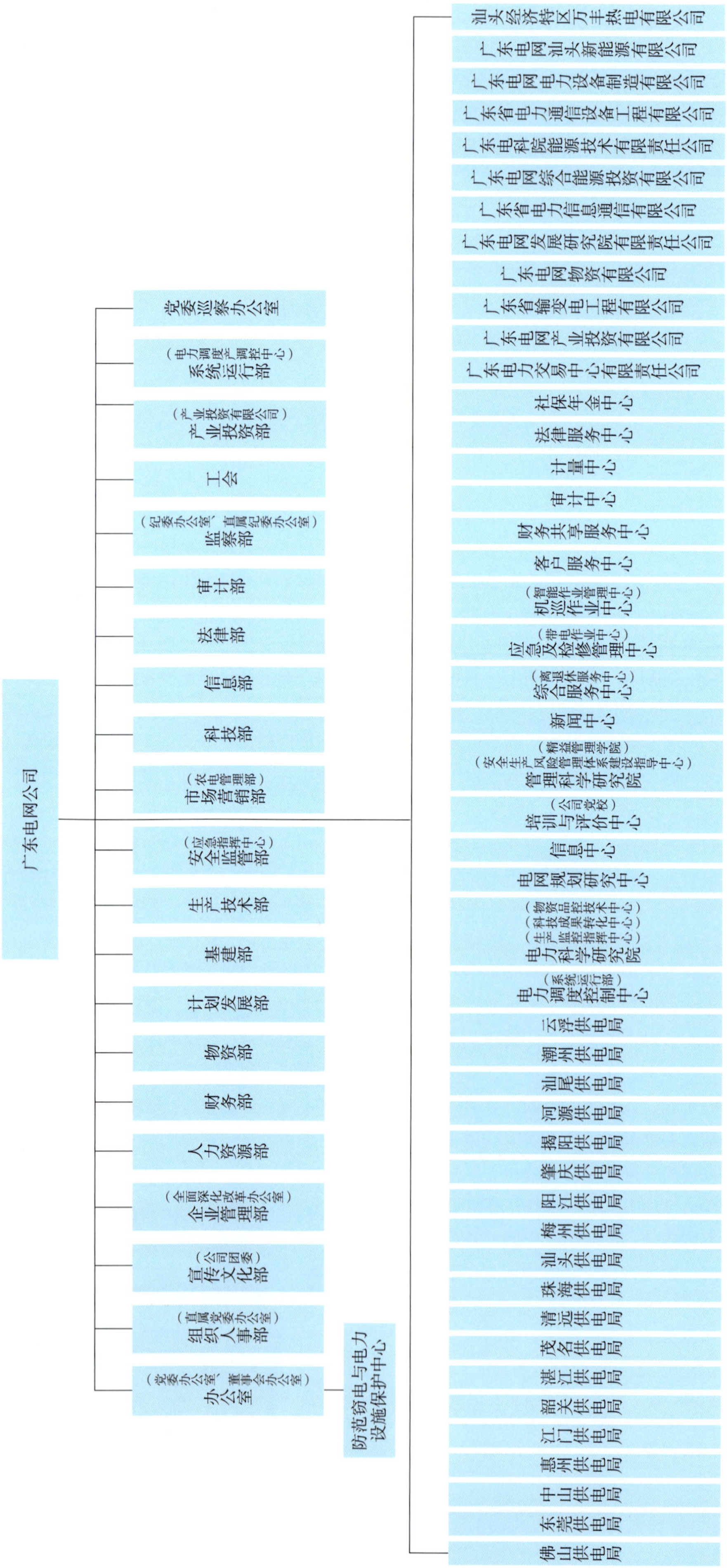

广东电网公司2018年组织机构图

人员状况

2018年末，广东电网公司共有职工98 422人，其中博士202人、硕士3270人、本科生36 216人、专科生24 768人；正高级职称107人，副高级职称5037人，中级职称16 035人，初级职称15 285人；其中高级技师1661人，技师10 976人，高级工40 580人，中级工12 280人，初级工2527人。

中国南方电网
CHINA SOUTHERN POWER GRID

电网发展

电网规划

主配网规划

主网规划工作。滚动修编全省19个地市供电局“十三五”电网规划滚动修编和2018年网架完善措施。在2017年高峰负荷分析的基础上，深入研判2018—2020年电力平衡情况，从网架结构、运行技术、需求侧管理等。组织研究各项规划、运行措施对控制短路电流、提升供电能力的效果，提出综合应对方案。落实南方电网公司防灾抗灾“三篇大文章”[①]要求和《安全可靠城市保底电网规划建设指导意见》，研究19个地市保底电网规划方案，实现保底电网地市全覆盖。研究沿海差异化防风设计标准，并取得广东省人民政府和南方电网公司正式批复同意。按照广东省发改委工作要求，组织完成黑启动电源布局规划专题研究，提出相关政策建议。

开展广东电网发展四个关键问题研究。一是中长期负荷预测及电源发展规划研究。完成中长期负荷预测及电源发展规划报告初稿，并向南方电网公司领导小组专题汇报。二是广东目标网架深化研究。进一步完善广东目标网架深化研究报告初稿，提出了目标网架过渡方案和电网中长期发展思路。三是大规模海上风电输电规划研究。完成大规模海上风电输电规划报告，开展海上风电出力特性、最优消纳率、投资界面、电价影响分析等专题分析，从全社会资源配置最优出发，提出促进广东海上风电发展的科学建议。四是粤港澳大湾区电力发展规划研究。紧紧围绕《粤港澳大湾区发展规划纲要》，完成粤港澳大湾区电力发展规划报告初稿，推动构建大湾区安全可靠、容量充足、结构合理的坚强电网。

智能电网规划。按照南方电网公司的决策部署，11月，制定智能电网发展规划2018—2020年实施行动计划，开展广东智能电网“十三五”规划专题研究，形成“点面结合、示范引领、全面推进”的智能电网发展格局。推进新技术、新设备在电网的研究应用。完成储能在电网应用分析研究，推进在东莞、惠州等地做好分布式储能试点建设工作。开展调相机在广东珠三角电网应用专题研究，提出布点建设建议。

配网督查和规划指导。开展配电网规划建设专项督导工作，覆盖19个地市、119个县区、397个供电所，收集基层提出的管理优化建议33项，研究问题1024项，制定措施1572项，推广地市供电局经验做法50项。在此基础上，于3月份重新修订印发了《配电网规划技术指导原则（修订版）》，制定了《配电网规划方案技术指引（试行）》，颁布了《配电网规划工作标准体系》，使配网规划工作更系统、更精准、更有效、更具可操作性。组织地市供电局开展规划技术指导原则本地化修编，做好差异化配网规划工作，落实不同区域的供电可靠性和电压质量等规划目标。

电网项目可研与前期管理

政企合作。推动电网规划纳入政府“三规”[②]，为电网建设创造良好政策环境，1月，促成东莞市人民政府批复《东莞市电网专项规划》，将电力空间布局规划成果纳入城市总体规划。3月，促成广东省发改委发布《广东省2018年重点建设项目计划》，为重点电网建设项目前期工作开展创造有利条件，推动项目早日开工建设。10月中旬，肇庆市人民政府印发《肇庆市加快电网发展工作方案》。先后与韶关、梅州、阳江、珠海等地市政府正式签订“十三五”电网发展战略合作框架协议。汕头、佛山、韶关、肇庆、梅州、潮州等地市供电局推动本地市委或市政府召开了专题加快电网规划建设工作的会议。

重点项目前期工作。加强重点项目定期协调工作，推动环评工作在可研阶段同步开展，确保重点项目推进计划受控。加强项目环评的全过程管理，明确环评前置的具体要求，落实项目可研与环评的无缝衔接，保障项目环评工作顺利进行。全力推进保障2018—2020年电力

① “三篇大文章”：推进做好安全可靠的城市保底电网建设、更高标准的对港澳供电保障能力建设、差异化标准的沿海电网建设。

② 政府“三规”：国民经济和社会发展规划、城乡规划、土地利用总体规划。

供应以及保底电网项目等63项重点项目前期工作。按时完成南方电网500千伏重点项目前期工作，乌东德送电广东配套500千伏交流线路工程、江门至西江双回线路及江门至顺德双回线路串联电抗器工程等项目取得核准批复，顺广双回线路增容改造、芷寮至回隆线路、芷寮输变电工程取得可研批复。按计划、分批次完成珠海“互联网+”智慧能源示范项目等11个示范项目规划建设，并通过验收。基本完成佛山智能电网示范、东莞松山湖综合能源示范建设，完成韶关乳源、云浮新兴等示范区项目立项和前期工作。第一批7个智能电网示范区专项规划报告通过南方电网公司评审，完成惠州和江门智能电网示范区规划评审，启动湛江和肇庆示范区规划编制。

增量配电网管理

稳步推进增量配电网试点项目。第一批珠海金湾东试点取得51%控股权，完成项目公司组建；第二批肇庆高新区试点已取得项目业主资格，筹备组建项目公司；第三批四个试点项目均由广东电网公司推荐申报，项目公司组建稳步推进。滚动修编增量配电网风险项目库，做好风险管控。共梳理出风险项目207个，针对性开展专项规划立项14个，储备申报项目13个。开展增量配网改革专题研究，建立健全管理机制。立项启动6个专项课题研究，7月，制定了《增量配电网专项规划研究内容深度规定》，编制完成增量配电网并网接入、运营方案和项目经济性分析等指导意见，为增量配电业务改革提供更加清晰明确的工作策略和工作方法。组织开展改革试点专项督查考核。将试点项目分解13个里程碑节点，组织开展现场专项督查，纳入年度绩效考核。协助潮州市政府加快推进饶平县樟溪低碳工业区增量配电业务改革试点工作，积极参与试点项目业主竞争。

节能减排与环保管理

节能减排工作。组织开展城市燃煤电厂淘汰搬迁研究论证。落实《广东省打好污染防治攻坚战三年行动计划（2018—2020年）》，配合广东省人民政府做好城市燃煤电厂退役及替代电源建设工作，完成沙角电厂退役及配套电网改造方案研究，完成沙角电厂机组提前退役对全省电力供应影响、退役机组改造调相机应用方案等专题研究。参加2018年广州国际节能展。其次是做好新能源并网服务。按期完成阳山大东山风电场等17项新能源接入系统的批复，风电新增装机容量为13万千瓦；全年光伏新增装机容量为195.7万千瓦，保障省内风光等清洁能源优先消纳，未发生有责任的弃水弃风弃光事件。

环境保护管理。开展2018年环保、水保验收专项治理工作，其中135个项目为督办项目。统一组织环保、水保验收咨询服务机构统一招标工作，推动验收服务向工程设计、建设阶段前移。12月，制订《输变电工程竣工环境保护、水土保持设施验收管理业务指导书》，进一步规范环保、水保验收工作。完成《环境保护管理实施细则》初稿的编制工作。配合南方电网公司完成了年度环境保护风险防控工作专项检查工作，根据检查结果开展整改，整改完成率100%。组织地市供电局全面梳理辖区内受广东省生态红线划定影响的规划项目，和省、地方发改委和环保部门对接，主动申请规划项目站、线调出。6月，组织2018年广东电网环境污染事件应急演练、节能宣传周活动。

工程建设

2018年，电网基建项目完成投资252.15亿元，同比提高12.11%。小型基建项目完成投资11.31亿元，同比提高35.75%。主网共投运35千伏及以上项目104项，共建成35千伏及以上输电线路（含电缆）0.19万千米，主变压器容量987.6万千伏安。投运20千伏及以下配网工程项目13 372项。新增配电线路0.83万千米，配电变压器容量309.49万千伏安。十三五”规划中本年度计划投资的供电所技术业务用房项目全面开工建设并全部完成。

基建工程管理

建设标准完善。主网方面：4月，修订印发《标准件技术规范书》（2018年版），编制了南方电网主网线路金具标准设计，补齐主网标准设计最后一块拼图。配网方面：从落实精益管理理念出发，结合统一建设工作要求，形成新的“四个标准”[①]建设内容。一是开创性地制定台架变、架空线路、户外箱式设备、电缆线路、配电房、低压台区6大类型在内涉及土建、变电、线路、自动化、通信5大专业领域的完整配网标准设计体系。二是不断优化物资品类，梳理出铁件、台架配电箱进出线套管附件、配电房轴流风机、配电房构件、设备围栏、配电房门窗、电缆通道盖板、电缆管道配件、户外箱式设备配件、混凝土预制基础、复合材料预制基础、安健环设施、农村低压配电房配件、线路配件、快速复电功能接口15大类共113项配网工程标准件。三是修编完善配网自动化、计量自动化、通信工程项目指导书及验评标准，规范标准施工及调试。四是7月印发《配网工程施工作业指导书和质量验收与评定标准（2018年版）》。坚决杜绝“村头立项村尾建”的现象，确保规划刚性执行。

基建领域分包监管。扎实开展分包管理“五个一”[②]工作，全面治理违法转包、违规分包、以包代管、挂靠等行为。加强闭环管理，从严动真落实主体责任和管控责任。6月，开展19个地市供电局分包管理专项治理自查复查工作，排查发现问题438个，有针对性地制定整改措施，并落实到位。10月，召开竞争性企业座谈会，听取和吸收相关单位的意见及建议，以求多维度提升基建领域分包监管水平。

造价管理。一是充分应用造价控制线，严控设计变更。从设计源头把好精益管理关，促进工程单位投资趋于合理。二是推进基建项目投资全过程管控。3月，发布《广东电网基建项目投资管控试点实施方案》，完成东莞、佛山、肇庆、阳江四个试点地市供电局11 138个项目数据清理工作，实现投资从计划阶段到决算结算的全过程管理。三是加强结算管理，及时将投运项目转固。5月，开展历史遗留项目清理和在建项目专项清理工作，确保投运工程及时转成有效资产。督促建设单位及时完成结算，避免新增应结未结项目。及时统计各季度结算数据，开展分析整改，实现造价闭环管理。

技术创新示范基建项目。2月，下发第一批技术创新示范基建项目，其中包含装配式建筑在变电站应用、重要输电通道可视化运维技术、智能变电站间隔纵向集成技术、站用电精益化系统、一体化电网运行智能系统（OS2）、新型节能铝合金芯高导电率铝绞线、碳纤维复合芯输电线及其配套金具、输电线路防鸟害技术、石墨基柔性接地降阻技术、全线路光传感状态监测技术、轻钢屋面防水设计新技术、轮式旋挖钻机基础施工技术、立体卷铁心技术发展与创新、基于南网最新标准的智能化变电站、管廊施工技术、高土壤电阻率地区最佳降阻技术、钢筋桁架楼承板组合结构技术应用、输电线路复合横担、电网防灾安全监控综合解决方案——局部重点部位灾害监控预警、变电站工程EIM建模技术等20项新技术，及110千伏鹅颈（溪头）输变电工程、220千伏叠泉（金海）变电站工程、中山文山（上稔）输变电等27个工程[③]。选取江门220千伏盘允、茂名110千伏新湖参与南方电网首批智能变电站试点研究。在500千伏湛江雷州电厂送出工程中，集中开展复合绝缘横杆、新型节能导线等关键技术应用，其中500千伏同塔双回复合绝缘横杆为国内首次应用。在110千伏新湖变电站等工程中首次试点应用多层装配式建筑，探索模块化绿色施工新方法。在佛山500千伏凤城变电站以及珠海叠泉220千伏电缆隧道等工程试点应用“智慧工地”，综合BIM和“云大物移智”等数字化技术。在珠海110千伏金官变电站等工程试点预制舱式模块化变电站技术，实现工厂安装、接线、调试，现场整体吊装就位。全面上线设计评审新方法，实现了设计评审业务智能化，提升对配电网工程项目的管控力度。

小型基建项目建设。制定统一清单与建设标准，建立每半月一次的定期建设进度通报机制，促进项目统一建设。根据小型基建项目的房建特点，4月，制定加快推进“十三五”规划供电所技术业务用房建设专项工作方

① “四个标准”：标准设计、标准件应用、标准施工和标准验收。

② “五个一”：发布一项管理制度、规范一套标准分包合同范本、制定一份检查表单、开展一次全面检查、组织一批专题培训。

③ 27个工程包括：110千伏鹅颈（溪头）输变电工程、220千伏叠泉（金海）变电站工程、220千伏海门（弼臣）输变电工程、佛山南海胜利（河村）输变电工程、佛山南海站增容改造工程、河源110千伏新河（福新）输变电工程、江门台山220千伏牛山（泡步）输变电工程、茂名110千伏新湖输变电工程、梅州220千伏丰顺东牵引站供电工程、梅州220千伏帅乡（梅江西）输变电工程（一期）、阳江220千伏汇能（儒洞）变电站工程、阳江220千伏汇能（儒洞）输电工程、湛江110千伏雷州雷高风电场接入系统工程、湛江110千伏雷州雷高风电场接入系统工程、中山500千伏文山（上稔）输变电工程等。

案，5月，制订小型基建项目安全质量管理业务指引，进一步加强组织协调、安全质量管控。直属各地市供电局共成立57个小型基建业主项目部（部分项目纳入配网业主项目部管理），发挥了属地化协调沟通作用。目前所有项目基本受控，里程碑进度计划完成率均达100%。清远园区一期A区项目计量中心生产楼、实验楼、应急基地及配套项目全面建成。“十三五”规划供电所技术业务用房项目建设进入高峰期，全年累计建成324个供电所项目。

工程质量管理

样板工程创建与工程创优。从3月起，全面开展“安全、优质、文明”样板工程创建活动，制定并落实《竣工阶段检查流程指引》《检查组行为准则及廉政规定》，强化廉洁风险管控，实现了“主网项目全面创优，配网项目标准建设，小型基建统一建设”的年度目标，工程质量显著提升。500千伏卧龙（云浮）变电站工程，220千伏观桥、道岭变电站工程，荣获2018年度中国电力优质工程奖。220千伏松夏、沙迳、新围（下茆）、道岭、沛然、孟槐、莲头（下海）变电站工程，荣获2018年广东省建设工程优质奖。500千伏卧龙变电站工程、220千伏吉大变电站工程、110千伏昆中（东溪）变电站工程、桂城广东金融高新区I38电房智能化改造及其周边网架完善示范工程等15项工程①，荣获2018年南网基建优质工程奖，获奖数量为历年之最。

工程质量管理。每季度开展工程质量追溯及回访工作，对全公司各电压等级工程中存在的缺陷进行汇总、统计和分析，并督促各有关单位跟踪处理，实现闭环管理。完善质量管理制度，配合南方电网公司开展验评标准等制度的修编工作。参与南网能源院组织的《电力工程质量监督实施程序》等多个质量监督管理制度的评审。严格执行质量管理制度，通过飞行检查等各种检查，督促参建单位严格执行质量管理制度，重点关注WHS标准等制度的落地情况，目前各项指标正常。在南方电网系统内率先开展“GIS零缺陷移交”试点工作，5月，制定《2018年基建工程“零缺陷”移交试点工作方案》《基建工程GIS现场存放及安装环境设置工作指引（2018版）》及其管控表单。11月，制定4个系列型号的《GIS设备安装作业指导书》《110千伏及以上电压等级组合电器监造工作手册（2018版）》。强化落地执行，结合实际对东莞、珠海供电局等6个试点工程项目，编制了6份本地化实施方案，按照“零缺陷”移交标准严格执行，实行全过程管控。2018年GIS设备出厂试验一次通过率为99.0%，同比提升2.5%。GIS设备安装阶段质量问题同比下降26%。试点工程55个间隔GIS设备交接试验一次通过率为98%，同比提高7%。

重点工程建设

大力推进大负荷分析，对大负荷分析、解决局部错峰问题等重点工程加强管控，每周对工程项目进度进行红绿灯监控，每月通报里程碑执行情况，不定期召开物资、停电专题协调会，确保工程进度受控。70项重点投运项目、101项重点建设项目稳步推进。2018年电网项目建设，500千伏甲湖湾电厂送出、纵江站配套二期以及海门电厂送出等3项工程提前建成投运。加快推进澳门供电能力提升2018年电网项目建设，220千伏珠拱第二回线路、加林至珠海线路以及珠凤线电缆化改造等3项工程度夏前建成投运。高度重视解决局部错峰的28项主网项目，投运惠州惠城220千伏鹿江站第三台主变扩建工程、220千伏香山至同益第三通道、110千伏上角输变电工程、110千伏司马输变电工程、110千伏东宝（规则一）输变电工程、110千伏公益站更换主变工程。按期完成沿海城市保底电网2018年电网建设任务。110千伏平岗牵引站供电、110千伏化州牵引站供电、220千伏珠海至凤凰双回线电缆化改造、海陵岛第三回110千伏线路以及阳江回隆（阳西）站配套220千伏线路等5项工程建成投运。加快推进“长期挂账”历史欠账项目建设，220千伏锦绣（外沙）输变电工程、海陵岛第三回110千伏线路工程、110千伏避风、覃巴输变电工程等4项工程建成投运。加快推进清洁能源消纳项目建设，建成投运110千伏南兴风电场接入系统工程。全年重点工程投运情况如下表：

---

① 15项工程包括：500千伏卧龙变电站工程、500千伏回隆变电站工程、220千伏吉大变电站工程、220千伏孟槐变电站工程、110千伏昆中（东溪）变电站工程、桂城广东金融高新区I38电房智能化改造及其周边网架完善示范工程、莆心站F33宏发线与莆心站F24莆龙线环网工程、荷城高明客运站充电桩及其配套设施建设紧急项目、三乡镇玫瑰山庄电房改造工程、通衢供电所新建10千伏岭西线709新径#2公变台区工程、四会新增高狮金宝利2配变解决清塘站仓丰1线高狮乡金宝利配变过载工程、10千伏东一直线南洋5号公用台新建配套低压线路改造工程、宝光供电所下汉新村配电台区改建工程、沥林所新增沥林站10千伏龙西线F19西边龙球场公变满足新增负荷工程、新建箱变解决10千伏达葛线朱村东公用台变变压器重载工程。

2018年重点基建工程投运情况

序号	建设单位	项目名称	投运时间
1	潮州供电局	110千伏宝山（沙溪）输变电工程	1月18日
2	佛山供电局	110千伏宝月变电站扩建3号主变工程	2月2日
3	湛江供电局	110千伏长廊变电站扩建第二台主变工程	2月7日
4	云浮供电局	500千伏卧龙（云浮）输变电工程	2月23日
5	清远供电局	220千伏回澜变电站3号主变扩建工程	2月27日
6	江门供电局	110千伏永康变电站第三台主变扩建工程	3月28日
7	茂名供电局	110千伏山车变电站扩建第二台主变工程	3月30日
8	肇庆供电局	220千伏睦岗变电站第三台主变扩建工程	4月10日
9	汕尾供电局	500千伏茅湖变电站第二台主变扩建工程	4月23日
10	湛江供电局	220千伏茂湛铁路（湛江吴川）牵引站供电工程	4月23日
11	珠海供电局	220千伏珠海变电站至拱北变电站第二回线路工程	5月15日
12	茂名供电局	110千伏黎湛铁路化州牵引站供电工程	5月18日
13	江门供电局	110千伏堡棠变电站第三台主变扩建工程	5月19日
14	湛江供电局	110千伏调风输变电工程	5月23日
15	江门供电局	220千伏桥美变电站2号主变扩建工程	5月24日
16	韶关供电局	35千伏周陂输变电工程	5月25日
17	东莞供电局	110千伏上角输变电工程	5月25日
18	东莞供电局	220千伏双岗输变电工程	5月28日
19	东莞供电局	110千伏富马输变电工程	5月29日
20	云浮供电局	110千伏大湾输变电工程	5月30日
21	东莞供电局	220千伏新和输变电工程	5月30日
22	河源供电局	110千伏双下变电站扩建第三台主变工程	5月30日
23	阳江供电局	110千伏深茂铁路平岗牵引站供电工程	6月4日
24	阳江供电局	110千伏深茂铁路合山牵引站供电工程	6月4日
25	韶关供电局	110千伏南华变电站扩建第二台主变工程	6月7日
26	中山供电局	110千伏五沙（四沙）输变电工程	6月16日
27	珠海供电局	220千伏珠海变电站至凤凰变电站双回线路电缆化改造工程	6月19日
28	惠州供电局	110千伏山陂变电站第二台主变扩建工程	6月20日
29	湛江供电局	220千伏龙门输变电工程	6月21日
30	珠海供电局	220千伏加林变电站至珠海变电站双回线路工程	6月26日
31	汕头供电局	220千伏新溪输变电工程	6月27日
32	汕尾供电局	500千伏宝丽华汕尾甲湖湾电厂一期接入系统工程	6月28日
33	东莞供电局	500千伏纵江变电站配套500千伏线路二期工程	6月28日
34	河源供电局	500千伏宝丽华汕尾甲湖湾电厂一期接入系统工程	6月28日
35	东莞供电局	220千伏道岭输变电工程	6月29日
36	湛江供电局	220千伏闻涛变电站扩建第三台主变工程	6月29日
37	河源供电局	220千伏渡水输变电工程	6月29日

（续上表）

序号	建设单位	项目名称	投运时间
38	河源供电局	220千伏渡水变电站配套110千伏线路工程	6月29日
39	梅州供电局	220千伏富远变电站第二台主变扩建工程	6月30日
40	江门供电局	110千伏东区变电站第三台主变扩建工程	6月30日
41	云浮供电局	220千伏仁安变电站2号主变扩建工程	6月30日
42	中山供电局	220千伏锦绣（外沙）输变电工程	6月30日
43	东莞供电局	220千伏振安（港口）至和美线路工程	6月30日
44	东莞供电局	110千伏中子源输变电工程	6月30日
45	东莞供电局	110千伏新村输变电工程	6月30日
46	汕头供电局	110千伏港美（下方）输变电工程	6月30日
47	汕头供电局	110千伏雷打石垃圾发电厂接入系统工程	6月30日
48	梅州供电局	220千伏梅县电厂至畲江线路解口入富远变电站工程	6月30日
49	揭阳供电局	110千伏三坑（平头岭）输变电工程	6月30日
50	汕头供电局	110千伏东墩变电站改扩容工程	7月6日
51	佛山供电局	220千伏奎福输变电工程	7月12日
52	惠州供电局	110千伏骆塘输变电工程	7月16日
53	东莞供电局	500千伏纵江变电站扩建第四台主变工程	7月23日
54	湛江供电局	110千伏覃巴输变电工程	7月24日
55	湛江供电局	110千伏避风塘输变电工程	7月31日
56	佛山供电局	110千伏谭洲输变电工程	8月8日
57	中山供电局	110千伏广福（河西）输变电工程	8月15日
58	中山供电局	220千伏桂山变电站至翠亨变电站输电线路工程	8月17日
59	惠州供电局	220千伏鹿江站第三台主变扩建工程	8月21日
60	肇庆供电局	220千伏金淘工业园热电联产项目接入系统工程	8月27日
61	清远供电局	110千伏东城变电站扩建第三台主变工程	8月28日
62	汕头供电局	500千伏海门电厂3、4号机组送出输变电工程	8月29日
63	惠州供电局	220千伏惠州LNG电厂热电联产扩建接入系统工程	8月30日
64	中山供电局	110千伏泉眼输变电工程	8月30日
65	中山供电局	110千伏起湾（起湾南）输变电工程	8月30日
66	珠海供电局	220千伏琴韵（横琴）输变电工程	8月31日
67	茂名供电局	110千伏王村输变电工程	8月31日
68	阳江供电局	110千伏书村（沙扒）输变电工程	9月25日
69	阳江供电局	220千伏登高（高新）输变电工程	9月26日
70	阳江供电局	220千伏旗鼓岭（潭水）输变电工程	9月27日
71	河源供电局	35千伏铁场输变电工程	9月28日
72	惠州供电局	110千伏立新（麻溪）输变电工程	9月30日
73	东莞供电局	110千伏司马输变电工程	9月30日
74	阳江供电局	110千伏散头咀风电场接入系统工程	10月24日

（续上表）

序号	建设单位	项目名称	投运时间
75	阳江供电局	海陵岛第三回110千伏线路工程	10月24日
76	肇庆供电局	220千伏怀集站扩建第二台主变工程	10月27日
77	梅州供电局	110千伏五华枫林（大坝）输变电工程	10月30日
78	潮州供电局	110千伏邹鲁（庵埠）输变电工程	10月30日
79	梅州供电局	110千伏南湖（汤南）输变电工程	10月30日
80	珠海供电局	110千伏夏湾变电站扩建第三台主变工程	11月1日
81	湛江供电局	110千伏英利输变电工程	11月2日
82	东莞供电局	110千伏长安金沙牵引站供电工程	11月4日
83	中山供电局	220千伏粤电中山天然气热电冷联供项目接入系统工程	11月10日
84	潮州供电局	110千伏登塘变电站第二台主变扩建工程	11月14日
85	韶关供电局	110千伏石堡变电站扩建第二台主变工程	11月15日
86	江门供电局	220千伏茅坪（南中）输变电工程	11月19日
87	佛山供电局	110千伏新联输变电工程	11月20日
88	阳江供电局	110千伏永安（溪头）输变电工程	11月25日
89	阳江供电局	220千伏蝶岭站至孟槐站（至恩平站）单回线解口入凌霄站线路工程	11月25日
90	佛山供电局	110千伏华电顺德西部生态产业园分布式能源站接入系统工程	11月27日
91	中山供电局	110千伏锦隆变电站扩建第三台主变工程	11月28日
92	惠州供电局	220千伏吉隆（埔仔）输变电工程	11月28日
93	梅州供电局	35千伏大坪变电站第二台主变扩建工程	11月28日
94	肇庆供电局	110千伏白马（白马岗）输变电工程	11月29日
95	肇庆供电局	35千伏坑口输变电工程	11月29日
96	江门供电局	110千伏聚龙（城东）输变电工程	11月30日
97	肇庆供电局	110千伏香山变电站第二台主变扩建工程	11月30日
98	清远供电局	110千伏陂坑变电站扩建第三台主变工程	11月30日
99	清远供电局	35千伏贵黄线沟通工程	11月30日
100	梅州供电局	110千伏埔寨变电站第二台主变扩建工程	11月30日
101	潮州供电局	110千伏广梅汕铁路龙湖南牵引站供电工程	11月30日
102	汕尾供电局	110千伏鹅埠站扩建第三台主变工程	12月1日
103	湛江供电局	110千伏南兴风电场接入系统工程	12月3日
104	珠海供电局	220千伏烟墩输变电工程	12月6日
105	中山供电局	110千伏岚田输变电工程	12月10日
106	韶关供电局	35千伏长溪输变电工程	12月12日
107	佛山供电局	110千伏湖涌变电站接线完善工程	12月13日
108	中山供电局	110千伏博爱变电站扩建第三台主变工程	12月13日
109	汕头供电局	110千伏港口变电站扩建第三台主变工程	12月17日
110	珠海供电局	110千伏高石（石化1）输变电工程	12月19日
111	汕尾供电局	220千伏鲘门输变电工程	12月20日

（续上表）

序号	建设单位	项目名称	投运时间
112	茂名供电局	110千伏石化南输变电工程	12月20日
113	揭阳供电局	110千伏枫口变电站3号主变扩建工程	12月20日
114	中山供电局	500千伏文山（上稔）输变电工程	12月21日
115	东莞供电局	220千伏步田变电站扩建第三台主变工程	12月22日
116	中山供电局	110千伏海湾（翠亨南）输变电工程	12月25日
117	湛江供电局	220千伏北坡输变电工程	12月25日
118	梅州供电局	110千伏空下变电站配套35千伏线路工程	12月27日
119	潮州供电局	110千伏乌洋变电站第三台主变扩建工程	12月27日
120	江门供电局	220千伏粤电新会天然气发电热电联产项目接入系统工程	12月28日
121	云浮供电局	500千伏卧龙（云浮）变电站配套220千伏线路工程	12月28日
122	中山供电局	110千伏西桠变电站扩建第三台主变工程	12月28日
123	汕头供电局	110千伏红万Ⅱ回线路工程	12月28日
124	湛江供电局	110千伏湛附城输变电工程	12月29日
125	河源供电局	110千伏田心变电站扩建第二台主变及配套线路工程	12月29日
126	揭阳供电局	110千伏润秋（莲坛）输变电工程	12月29日
127	潮州供电局	110千伏所城变电站第二台主变扩建工程	12月29日
128	云浮供电局	220千伏都杨输变电工程	12月30日
129	阳江供电局	220千伏回隆（阳西）站配套220千伏线路工程	12月30日
130	梅州供电局	110千伏狮潭变电站配套35千伏线路工程	12月30日
131	肇庆供电局	500千伏砚都变电站3号主变扩建配套220千伏线路工程	12月31日
132	河源供电局	110千伏热水至高塘双回送电线路工程	12月31日

◎ 2018年5月18日，滇西北至广东±800千伏特高压直流输电工程全面投运。图为河源段24标直流线路

中国南方电网
CHINA SOUTHERN POWER GRID

电网运营

生产技术管理

主要生产技术指标

2018年，广东电网公司系统设备运行总体稳定可靠。未发生设备事故，全部项生产指标完成值优于计划。其中，客户平均停电时间5.78小时，同比下降65.2%；综合电压合格率99.989%，同比增长2.6%；资产报废净值5.94%，同比降低2.82%。

资产全生命周期管理

设备质量管理。提高存量设备健康水平，全年整改46支南瓷套管、58个间隔三菱HGIS、305支襄阳避雷器、23个国电四维电缆头，完成301支MICAFIL套管试验以及108支ABB套管FDS测试，解决设备“家族性”缺陷。应用新技术提高设备性能水平，对321台110千伏变压器抗短路能力进行校核，完成8台变压器抗短路能力改造。增量设备质量管理方面，强化标准和技术监督管理，配合南方电网公司完成110千伏及以上变压器、断路器型号审查，严把设备供应商入网关、规范设备型号。6月，制定配电设备运行评价业务指导书，建立11类配网设备的评价标准，建成生产管理系统配网设备运行评价模块，完成配网设备自动评价，首次将运行评价结果应用于设备招标，提升设备入网健康水平。开展110千伏至500千伏主变等21类设备质量分析，7月，制定提升设备健康水平实施方案，持续抓好品类优化、供应商资格预审以及运行质量评价。

摸清资产账卡物家底。7月，制定固定资产账卡物一致清查总体方案，以“完善存量、管好增量”为目标，开展各类资产账卡物一致率核查。完善设备资产统一目录及台账规范，在南方电网范围内发布技术问答指引。研究固化电子化移交环节数据校验规则，从源头管控增量数据。实行“月度抽查+现场检查”相结合，督促各单位高质量完成账卡物一致清理，以月报等形式严格管控各专业核查进度。至年底，主配网资产帐卡物一致率达97.6%。

退役报废管控。制订《电网一次设备退役报废技术导则》等43份设备退役标准，规范设备退役审批流程。紧抓项目立项源头，将报废净值率指标纳入立项准入条件，严控未到折旧年限的设备退役，防止资产损失。规范退役计划管理，完善系统退役流程，设备退役计划与投资计划同步下达，避免计划外退役。公司资产报废净值率达9.42%，连续6年下降，达到国内领先水平。

设备运维检修管理

电网及设备常态运维。按照“四个统一”①建设纲要要求，以实现运维管理精益化为目标，通过管理与技术的集成创新，推动生产管理体系的改革，解决生产运维长期存在的“资源配置分散、管理链条长、执行力逐级衰减、终端专业分工过细、执行单元层级过低、执行能力不足”等问题。对生产人员分层级、全覆盖开展新版检修试验规程和设备运维规程宣贯培训共5000余人次。组织生产领域大练兵大比武，将新规程内容融入试题库。全面承接细化设备运维规程，4月和6月，分别印发《输电线路运维策略及管控机制实施细则（2018版）》《变电设备运维策略实施细则（2018版）》，发布Ⅰ、Ⅱ级设备清单和管控策略。全年完成284 550台/次输变电设备特巡特维，9932台设备预试定检，5522台设备规范化检修，消除紧急、重大缺陷32 715项，消缺率、消缺及时率均达到100%。

中低压运维及服务业务融合。按照“因地制宜、合理集约”的原则，进一步完善制度标准，优化运维模式。2月，编制地市、县区供电局内设部门主要职责。5月，制订配电网统一运维实施细则，重点梳理《配网急修工作规范化管理指导意见》《低压电线电缆技术规范》等78份配网自动化、低压运维管理制度和标准，完成新增及修编《电气操作票管理业务指导书》《配电设备运行评价业务指导书》《电气工作票管理业务指导书》《反事故措施管理业务指导书》4份业务指导书。8

① “四个统一”：统一规划、统一建设、统一运维、统一服务。

月，制订完善配网统一运维相关岗位安全生产责任指导意见。借鉴国内外先进配网管理经验，结合现状，研究并优化了配网“统一运维”三种模式[①]，经过配网生产、市场营销、系统运行、人力资源各专业调研9次，集中研讨12次，组织33名专家在江门供电局进行了实用化推演。组织各地市供电局结合下属单位的资源配置情况，推进优化配网运维模式落地。至年底，佛山、珠海供电局已完成业务调整，其余17个供电局已全部明确统一运维模式。初步实现了中压运维、配网自动化的相对集中管理，专业规范化减少了综合管理环节、缩短了管理链条。

电网运行风险管控。3月，根据年度电网运行风险库及防范电网运行风险重点工作，组织编制设备运行风险管控书。对于线路交叉跨越点和关键厂站，编制一线一册和一站一册。严格落实红外测温、开关防拒动检测等措施，组织专家开展关键重要设备运行风险管控措施落实情况检查，并通报检查结果。通过生产运行月报、微信群日报，加强各项工作过程管控，形成强化运行管理过程管控长效工作机制。针对可能导致二级及以上事件风险，采取一风险一管控方式，组织相关单位加强特巡特维、消缺、现场作业风险管控，有效化解了东莞500千伏纵江变电站220千伏1号母线、2号母线轮停等103起二级及以上事件风险。

◎ 2018年11月29日，机巡中心在江门台山水台线开展带电X光检测作业

生产运行管理

建立广东特色电网技术标准体系。全年完成国家、行业标准14项，企业技术标准30项，设备技术规范书33项，实现了标准体系对电网业务的全面覆盖和支撑，达到“体系完整、业务全面”。全面开展设备全生命周期各环节专业技术监督，对山东泰开GIS生产制造环节、东莞220千伏掌州站安装验收环节进行4项专项技术监督[②]。加强信息系统保障，完善技术监督平台，建立质量问题智能推送规则，实现技术监督需求自动生成，开发OA系统技术标准模块，实现全员技术标准和技术规范书查询下载。加强人才队伍保障，新增国家、行业标准委员12人，全面开展技术标准轮训，培育内训师498人。

创建南方电网生产技术示范基地。以电力科学院作为综合生产技术支持机构，构建“1+N”的技术标准工作模式，全面引领技术标准管理工作。以机巡中心作为智能技术实施单位，实现智能作业领域标准化工作重点突破。广东电网公司生产技术示范基地申请获南方电网公司认可。电力设备智能运检标准化技术委员会筹建工作取得阶段性成果。加大创新联盟和成果转化平台建设，通过广东南方能源科技孵化器有限公司实现了科技成果向现实生产力的转化。

强化信息系统支撑。上线生产管理系统V2.2版本，完善54个二级功能模块，重点优化主网电子化移交、设备运行评价、设备风险管控、维护检修管理、反措管理等功能，实现全部输电线路迁移至GIS系统进行图形化展示，提升用户使用体验，推进设备风险全过程可视化，支撑与电网风险、作业风险的信息融合和双向互动，实现设备风险管控一线贯穿。建成生产域移动应用V2.0，全年新增设备主人、数据巡视、灾害监测等11个移动应用App，实现移动终端对台风、雷电、山火、覆冰等灾害气象的监测。深化业务协同场景应用，打通生产项目分阶段投运、设备价值自动回写等5类业务场景与财务管理系统的接口，解决13类配网电子化移交问题。应用物联网先进技术，全年推广应用8类设备全生命周期信息流转功能，以设备身份证编码为纽带，实现设备参数信息从供应商直接传递至生产管理系统，提升管理效率。完成在线监测省级主站II区建设，完成353台系统Windows主机安全整改和143台主机分区改造，形成分区改造工作套路，严控网络安全风险。提升系统实用化及数据质量。4月，制定生产域实用化及数据质量考核评价方案和18项实用化指标和8张报表考核规则。固化输变配专业8张报表统计规则，确保数据真实准确。生产域数据准确率达99.9%，中压拓扑连通率达99.98%，站线变户一致率达99.57%。

生产班组建设。组建五星班组经验库，并在广东电

① 配网“统一运维”三种模式：推进配调集约化管理、优化配网中低压设备运维模式、优化配网计量设备运维模式。

② 4项专项技术监督：电力设备检修试验规程专项监督、反事故措施专项监督、主设备技术规范书专项监督、全网OS2推广建设专项监督。

网系统内共享。建立星级班组评价标准和设备规范化管理标准映射关系，完善班组规范化管理标准，开展五星班组评审标准宣贯培训。组织生产班组自评、专家组交叉检查，评选出三星班组514个，四星班组139个，五星班组10个，实现输变配电专业班组建设“四个统一”模式全覆盖。3月，在第六届全国电力行业设备管理工作会议上，广东电网公司“四个统一”星级班组获得管理创新成果一等奖。

智能技术和新技术应用

智能技术应用。全力打造智能技术应用标杆。7月，制定建设生产技术领域智能技术综合应用示范省级电网公司行动计划，明确了覆盖输电、变电、配电、综合等领域的90项重点举措，按照“试点先行、总结推广”的路径，建成中山220千伏光明站等8个覆盖输变配专业的智能技术应用示范基地，占南方电网公司总数的2/3。佛山、东莞供电局获南方电网公司调控一体化示范基地称号。智能技术应用示范基地建设工作，成为南网智能技术应用的典范。至年底，公司管辖范围内实现了500千伏变电站机器人巡视全覆盖，无人机规模达4206架，无人机飞手856人，机巡总量超过32.8万千米。持续深化调控一体化建设，建成省地一体化调度操作机器人，实现程序化操作全电压等级覆盖。推进配电“开关遥控、合环转电、故障自愈”三个常态化应用，提升智能化水平。

建设智慧生技体系。应用DMADV方法，系统分析智能电网的建设需求、现状差距、突出矛盾和发展策略，重点从智能技术应用和运营模式转型的角度提出了转型发展路径。创新组织模式，从“智能设备、智慧运行”两个维度，构建了适应“设备状况一目了然、风险管控一线贯穿、生产操作一键可达、决策指挥一体作战”发展的三大中心组织模式。创新管控模式，提出业务全链条管控，推广应用管理计划和班组计划模块，实现了计划编制完整率和过程管控闭环率100%。

组建生产监控指挥中心。7月，广东电网公司在电力科学研究院增挂生产监控指挥中心牌子，建立生产监控指挥系统，实现设备状态监测与自动评价、现场作业风险管控、智能终端远程操作、供电可靠性及停电全过程管控等功能。做强自然灾害监测预警品牌，实现台风、山火、跳闸、覆冰的省地协同闭环管控。提升卫星影像分辨率，实现对乡镇街道配网设备的预警，连续2年春节、清明山火“零跳闸”。

建设检修管理中心。7月，在建立应急抢修中心的基础上，建设检修管理中心。梳理明确检修基地组织机构、业务流程、工艺标准和工作模式，完成惠州、茂名供电局C级检修基地挂牌，初步搭建高标准检修示范基地运营管理体系。完善生产管理系统维护检修模块，实现检修计划制定、实施与闭环管理等功能。开展地市供电局检修计划、检修质量抽查，及时发现25项问题并督促整改，有效提升检修管理水平。

建设智能作业管理中心。7月，在建立机巡作业中心的基础上，建设智能作业管理中心。统筹智能作业发展规划，持续优化“机巡为主、人巡为辅”的协同作业模式。突破机巡技术难题，在佛山、中山、江门等18条线路开展多旋翼无人机高精度“站到站”自主巡航试点建设。升级夜视功能，实现“白天+夜间”无人机全时段自动巡视功能。建成机巡作业数据分析平台，完成样本库建设，自动识别绝缘子等9类部件及绝缘子自爆、驱鸟器损坏等13类典型缺陷，缺陷可自动推送至“6+1”系统，无须人工录入，实现了缺陷闭环管控。全年机巡缺陷消缺37 120项，110千伏及以上输电线路跳闸同比下降1.6%，有效降低输电线路运行风险。

供电可靠性管理

2018年，广东电网公司客户平均停电时间7.89小时，同比减少60.1%。1小时区域客户平均停电时间0.74小时，同比减少66.5%。提前实现中心城区及10城市城区供电可靠性2020年目标。珠海、中山、佛山供电局位列全国供电可靠性排名全国前十，公司供电可靠性排名前十企业数量连续四年全国第一。

降低计划停电时间。以指标管控、管理提升、技术支撑为主线，成立以地市供电局主要负责人为组长的专项小组，开展可靠性数据质量核查，确保指标真实准确。围绕综合停电管理、网架结构、不停电作业、降低故障、快速复电等五个方面的关键业务环节，分解、细化20个过程管控指标，细化综合停电管控措施，提级管控1小时区域停电计划，发布重大停电和1小时区域临时停电管控标准，严控不合理停电需求。8月，开展提升配网运行管理和带电作业水平专项工作，固化“能转必转、能带不停、能保则保”的不停电作业机制。

降低配网故障率和故障停电时间。实施故障线路一线一策，整治雷击、外力破坏、用户故障出门，清除线路故障29 960处，完成开关柜局放54 931次、红外测温144 566次，对新安装电缆附件开展振荡波交接试验2176次，对运行中电缆开展振荡波局放测试538次，及时消除缺陷84宗，建立重复故障线路督办与提级管控机制，重复故障线路减少19%。

低压台区专项治理。提升信息系统的监控支持功能，在满足供电监管要求的基础上，扩大电压监测范围，在农村、城中村等地区增加监测布点，全省监测点总数同比增加36.4%。加强低电压综合治理，整改低电压台区1500个，整改计划完成率100%。加快智能电表电压质量监测功能部署，将电压监测由配变首端向用户末端延伸，3月，编制低压台区智能电表电压监测选点要求，完成13万个台区共190万智能电表电压监测数据接入省级电压监测系统，年度计划完成率134%。加强低电压综合治理，完成2520个低电压台区整改，整改计划完成率157%。

配网智能化建设

按照“需求导向、智能实用、适度超前”的原则，将网架结构、自动化设备选型、安装位置依据不同供电分区进行差异化规划。规范安装调试管理，明确本部各部门职责，确保安装调试工作有序开展。各地市供电局结合实际编制本地配电自动化设备安装调试业务指导书，细化配电自动化设备安装调试业务流程。以配网自动化各项实用化指标为抓手，组织全省配网自动化业务骨干共60人，分赴各地市供电局、各自动化示范县，检查配网自动化建设完成后的应用情况，查找自动化管理存在的问题、薄弱环节及潜在风险。固化配网终端运维评价机制，以终端在线率、正确动作率为关键指标，每月开展统计分析，发布各地市供电局情况，督促关键指标较低的单位组织分析整改。推进终端遥控功能应用，对存量配网自动化开关进行加密改造。对全省具备遥控功能的7828回公用线路开展调度遥控操作，利用自动化开关遥控功能进行预安排停送电，共操作配网故障处理和转供电6878次，有效支撑配电网精益化管理水平的提高。加快配网自动化主站系统建设，在配电网运行管理技术支持平台完善自动化终端并网接入管理、终端台账查询及维护、终端数量统计、在线率统计等系统功能。配网智能运维方面，开展36个试点配电房的智能化改造，通过安装轨道机器人、智能终端、传感器、视频及门禁等装置，采集和上传配电房开关柜保护测控、开关柜局放、电缆头测温等设备状态监测多源数据，实现对配电房状态全感知、状态全管控。加大配网无人机巡视的推广力度，各供电所（分局）通过2000余架无人机，搭载可见光相机，精细化巡视配网架空线路，准确掌握线路本体健康状况。

安全监管

主要安全生产指标

2018年，广东电网公司全面实现了“两个确保，三个杜绝，四个不发生，两个减少”[①]安全生产目标，安全生产局面稳定，持续向好。江门供电局、电力调度控制中心通过南方电网公司“五钻”复审，清远、河源、湛江供电局通过南方电网公司“四钻”复审。截至年底，广东电网公司未发生电力事故，同比减少1起；共发生五级及以上事件152起，同比减少138起；其中二级事件1起，同比减少1起；三级事件11起，同比增加10起；四级事件14起，同比增加4起；五级事件126起，同比减少151起。发生社会人员触电事件9起，同比减少6起。重复配网事件4起，同比减少31起。百万工时工伤意外率指标完成值2.04，优于计划值。

① “两个确保，三个杜绝，四个不发生，两个减少”：确保电网安全稳定，确保电力有序供应；杜绝人身死亡事故，杜绝一般及以上电力安全和设备事故，杜绝恶性误操作事件；不发生多经企业人身伤亡事故，不发生地区一级及以上停电事件，不发生三级及以上信息安全事件，不发生对公司有较大不良影响的安全事件；减少社会人员触电事件，减少重复配网事件。

安全监察管理

本质安全型企业建设。经过多次征求意见和完善，10月，制订推进本质安全型企业建设实施方案，提出未来建设目标和实施路径，部署15个部门9方面363项工作计划和举措，为建设本质安全型企业做好了顶层设计。压实各层级安全责任制，在公司层面，按照“管业务必须管安全”的原则，于10月制定《本部部门安全职责规定（试行）》，落实“党政同责、一岗双责、齐抓共管、失职追责”，推动各部门履行安全管理和监督职责，做到“四同时”[①]。在直属单位层面，制定覆盖全员、全业务、全过程的安全生产责任体系，明确保证体系自我监督、监督体系再监督的职责和要求，组织签订责任书，形成“安监综合监管、部门管理监督、责任主体落实”的“大安全”管理格局，齐抓共管。

安全巡查模式创新和问责机制。借鉴纪委巡视的方式方法，聚焦“业务管理、工作作风、队伍状态、人力资源”巡查重点，创新开展安全生产巡查。依据“四不一鼓励”[②]、从严动真、全覆盖、见事见人、立行立改五项原则完成对19个地市供电局的巡查，发现问题14 270项，涉及责任人员32 047人次，梳理形成10类共性问题，深挖4方面15类问题根源，摸清安全生产现状。在地市供电局构建“安监统筹、专业负责”的问题整改模式，刚性执行“一问题一分析一整改一销号”闭环机制，整改问题8639项，整改率61%。完善问责管理办法，新增对缺陷体外循环、缺陷不处理等失职行为的问责，签订1.4万份安全责任书。组织安监、生技、系统、组织、工会等部门开展专业检查、职工巡视，发现问题整改率达到九成以上，促进了“一岗三责”[③]有效落地。6月，制定安全生产巡查问责管理办法，运用“四种形态”[④]问责人员271人次。

现场作业风险可视化平台建设。按照“试点完善、分步实施、全面推广”的思路，分步推进平台推广实施，设置省、地、县三级风险监控中心，以“四个抓”为重点，即抓计划录入，抓负责人等关键人员履职，抓监管人员到位，抓现场杜绝和严禁类问题，实时监测全省作业风险管控情况。全年开展现场督查11万余次，平台作业录入率、现场勘查率和到位管控率指标均达100%，基本实现作业风险可控在控。提级管控关键时期、关键任务、关键对象、关键环节现场作业风险，充分应用可视化手段开展远程监管，促进新监管行为习惯的养成。全面推广应用现场作业风险可视化管控平台，实现作业风险的可看、可知、可测。推进智能工器具、应急移动电源、职业健康管理信息系统研究，以提升风险管控的效率和质量。全年现场督查22万次，约谈违章单位160个次，有效管控26万项作业。

生产项目外包作业安全管理。每月抽查各单位生产项目施工作业清单和纳入班组计划管理情况，发现中级及以上风险施工作业未报备问题126项、施工作业未纳入班组计划管理问题403项，已全部责成整改。强化业主对生产项目承包商的管理能力，组织533个生产项目承包商41 989人完成安全生产“十个规定动作”[⑤]培训及考试，考试合格率97.13%。考试不合格的外施工单位人员严禁进网作业。狠抓安全管理问题整改及承包商扣分，强化各单位落实问题销号式整改及承包商扣分。全年发现各级生产项目安全问题787项，完成整改787项，整改完成率100%。开具承包商违约通知单787张，累计扣罚227.8分。飞行检查提级管控，以“即抽即检”方式开展生产项目飞行检查，共检查19个地市供电局317个项目作业现场，发现问题3454项，整改3454项，整改完成率100%。

工程施工安全管控。组织开展工程施工安全专项治理行动，对项目安全组织管理、安全教育培训、专项施工方案等8个方面进行重点治理，全面推动安全生产责任制落地。推进基建领域安全风险管理体系建设。5月，组织修编基建专业安风体系日常评价标准和集中审核信息化评价标准，配合南方电网公司修编基建安全规范化达标评级标准。强化施工现场安全管控。建立基建施工日报机制，每日跟踪在建项目数量、施工人员数量、中风险及以上项目数量和控制措施等内容。持续开展“电力建设工程施工安全年”活动。以精益管理为驱动，总结提炼电力建设安全管理重要环节的成功经验和做法，形成50项安全管理创新成果，其中“主题宣讲及安全警示教育”“家‘SPEED’班组建设”“10千伏电杆上施工限位自动报警装置的研发”3项成果荣获国家能源局2017

① “四同时”：在部署、落实、检查和考核业务的同时履行安全管理和监督职责。

② “四不一鼓励”：不处罚、不批评、不排名、不通报、鼓励主动暴露并闭环整改。

③ “一岗三责”：管业务、管安全、管监督。

④ “四种形态”：经常开展批评和自我批评、约谈函询，让“红红脸、出出汗”成为常态；党纪轻处分、组织调整成为违纪处理的大多数；党纪重处分、重大职务调整的成为少数；严重违纪涉嫌违法立案审查的成为极少数。

⑤ 安全生产“十个规定动作”：凭票工作、凭票操作、戴安全帽、穿工作服、系安全带、停电、验电、接地、挂牌装遮拦、现场交底。

年度电力建设领域安全管理成果奖。深入开展“四不两直”[①]飞行检查。截至年底，全省电网建设未发生人身死亡、重伤、轻伤等事故事件，未发生质量事故。

营销安全管理。做好低压配网划转至营销线变化期间安全管控，明晰企业各层级的安全生产职责及到位标准，避免出现责任真空与推诿扯皮，确保实现安全生产平稳过渡。扎实推进客户服务安全管理，解决工作中存在的突出问题，共完成周期性用电检查732 405户次，用电检查计划执行率为100%，检查共发现客户安全隐患32 431个，督促客户整改16 023个，隐患整改率 49.4%。落实重要客户“两率”[②]配置工作，均达到100%。全年未发生客户用电安全“重大责任事故”，全口径范围累计发生客户安全事故出门次数同比下降34.68%。

隐患排查及整改

设备、外力破坏隐患排查整改。设备隐患排查方面，整改严防重大电气火灾，开展GOE套管、变电站消防隐患排查和电气火灾隐患排查，发现隐患4897处，全年计划整改974项，实际整改完成率100%。开展防止电气误操作专项整治和开关防拒动检查，完成144个变电站1220台开关不停电检查，371台开关防拒动停电检查，消除1处开关拒合缺陷。开展主变压器非电量保护防误动作隐患排查，排查35千伏及以上电压等级变电站2083座，主变压器4470余台，发现问题1625项，计划年底前完成1223项整改。外力破坏隐患排查方面，1月起，协调、配合省经信委、各级政府开展电力设施周边安全隐患专项整治行动，共排查发现外部隐患1553项，整改率为95%，整治树障5838处，清理树木24.8万棵。未完成隐患整治的现场，全部采取安全控制措施。9月，开展防外力破坏专项行动，各地市供电局防通过专业特巡、现场值守、视频监控等方式，对施工隐患点进行监控。同时，做好现场安全交底工作，及时掌握施工计划，科学地调整线路运维。

乡供用电设施安全、人身安全隐患专项整治。7月，开展城乡供用电设施安全隐患专项整治工作，编制了工作指引，促成政府明确“产权归谁，责任归谁”原则，配合政府部门排查公共场所用户用电设施安全隐患21 465项，排查公司产权隐患14万项、整改率100%，用户产权隐患2万项、整改率99%。对薄弱环节实施专项整治，防范人身事故的发生。按照“省统筹、地负责、县落实、所执行”的工作模式，系统推进防范乡镇供电所防范人身事故、社会人员触电、配网隐患排查、城乡供用电设施安全隐患专项整治和安规能力提升专项工作，消除可能引发员工和外单位、社会人员人身事故事件的安全隐患。近四年首次未发生人身事故，社会人员触电事件减少43%，牢牢守住人身安全底线。

防范、遏制涉水触电事故工作。落实广东省委省政府、南方电网公司防范、遏制涉水触电事故各项工作部署，明确标准，责任到人，做好公共场所用电设备安全隐患排查整治工作。检查共发现安全隐患84 508项，整改83 582项，整改完成率98.9%。开展汛前客户用电安全、人员密集场所及城中村客户用电安全、防范社会人员触电等各项专项用电检查，发现客户安全隐患6326个，督察客户整改4305个，隐患整改率68.05%。建立城乡内涝供电设施黑点档案，整改涉水隐患7.1万项，整改率100%。对低压裸导线绝缘化改造工作“回头看”，整改存在安全隐患裸导线136回，整改率100%。组织城中村供电安全回头看，发现及整改城中村供电安全隐患1534处。改造A+、A和B类供电区域母线中性点接地装置、改造母线1268条。

应急防灾与保供电管理

打造应急管理品牌。以“两个坚持、三个转变”[③]的防灾减灾新理念为引领，扎实推进“135”[④]应急管理品牌建设，有提升了应急防灾与保供电能力。明确“两个杜绝、三个不发生、一个减少”[⑤]防御目标，落实防风

① “四不两直”：不发通知、不打招呼、不听汇报、不用陪同接待，直奔基层、直插现场的飞行检查。

② 重要客户“两率”：供电电源配置合格率，自备应急电源配置合格率。

③ “两个坚持、三个转变”：坚持以防为主、防抗救相结合，坚持常态减灾和非常态救灾相统一；从注重灾后救助向注重灾前预防转变，从应对单一灾种向综合减灾转变，从减少灾害损失向减轻灾害风险转变。

④ “135”：聚焦“1个宗旨、1种精神、1个目标、1支队伍、1个体系”五个“1”目标，科学、高效管控“灾前防、灾中守、灾后抢”3个阶段，突出应急“台风预警、灾情勘察、现场指挥、队伍执行、装备水平”5种能力建设。

⑤ “两个杜绝、三个不发生、一个减少”：杜绝地级城市全黑，防止县级城市全黑；杜绝发生人身事故事件；确保不发生调度室、变电站及重要生产场所断电、水浸事件；确保不发生输电线路大面积串倒事件；确保沿海城市中心城区和处于Ⅰ、Ⅱ类风区的重要用户可靠供电；最大限度减少线路跳闸和线路杆塔损失。

防汛领导责任和水库大坝“三个人”①责任。按计划实施保底电网建设、提升对澳供电能力和防风加固项目，从注重灾后救助向注重灾前预防转变。统筹机巡作业应急队伍和装备管理，5月，制定智能勘灾工作指引，规范智能勘灾队现场工作流程。6月30日，具有国际一流标准的新的广东电网应急指挥中心建成投入使用，夯实了应急基础保障。强化粤澳地区电网调度的应急管理联动，签署《粤澳联网调度运行应急机制》。12月，建成开放互联、信息汇集的应急指挥管理信息系统V2.1版，实现线路跳闸、变电站停运、负荷损失、客户停电等数据的自动统计和图形化展示；制定应急发电车、UPS、磁飞轮的行业技术标准，以直属竞争性企业和地市供电局为主推进省、地特种抢险队建设。集中采购应急发电车（电源车）等装备，加强特种装备配置。灾害预测系统新接入1300个气象监测站点，实现全省未来72小时逐小时线路风速预测。

提升设备防灾抗灾能力。推进线路防风加固改造，全年完成珠海和中山12回对澳供电线路、江门和阳江核电500千伏送出线路6基杆塔、湛江7回220千伏保底电网线路的防风加固改造。完成惠州核电站500千伏送出线路30基铁塔防风改造和沿海57回保底电网线路防风加固改造的可研报告编制。开展沿海配网防风综合加固，加固后重要10千伏线路满足50年一遇设计风速标准，其他加固过的10千伏线路满足30年一遇设计风速标准。全年累计加固改造配电线路2.35万千米，加固和更换杆塔15.2万座（根），加固电杆基础6.7万个，安装防风拉线15万组，整改8万个长度超标的耐张段和直线档，大幅提升了沿海配网防风能力。完成沿海地区13个地市供电局505座变电站附属设施防风加固改造。在强台风“山竹”来袭期间，10千伏杆塔受损数量比2017年遭强台风“天鸽”时减少45%。配网设备受损数量大幅降低，505座变电站改造后发生附属设施受损仅有8起，输电线路未受损，防风加固改造效果良好。

迎峰度夏工作。严格落实2018年迎峰度夏工作方案，组织完成720个220千伏及以上GIS间隔局放测试、7110面大电流开关柜局放测试和红外测温、15 230基杆塔接地电阻测量等预防性试验，消除9441起紧急重大缺陷，完成505座变电站附属设施、12回输电线路、651项配网防风加固项目，确保迎峰度夏期间设备安全稳定运行。按照“灾前防、灾中守、灾后抢”的应急工作思路，完善了应急值班、工作票快速办理、信息报送、快速勘灾工作方法，有效应对台风和暴雨侵袭。

有效应对台风强降雨灾害。防风防汛工作，明确“两个杜绝、三个不发生、一个减少”和力争在3天内恢复城区供电、5天内恢复乡镇供电、7天内恢复村寨供电的“357天”的工作目标。6月，修订公司防风防汛应急预案，开展不编剧本、不打招呼的双盲演练，根据职能分工设置“7+1”②模式的工作组，建成更加科学有效的的应急指挥组织体系。落实防风防汛应急准备工作，以“公司检查+专业检查+地市自查”方式分层级、分专业开展汛前隐患排查与治理，发现并整改问题658项，消除重要用户安全隐患412项。全年有效应对了“艾云尼”“贝碧嘉”“山竹”“百里嘉”等7个台风和“18·8”特大暴雨洪涝灾害等18轮大范围降雨的影响。特别是应对历史上登陆广东的影响范围最广、持续时间最长、阵风风速最大的强台风“山竹”，于台风登陆后78小时内全面恢复供电，创造了应对同级别台风“设备损失最少；重要用户停电数最少；抢修复电时间最短；首次未造成220千伏及以上变电站停运”等4项历史纪录。

各类保电任务。坚持各方联动机制，注重应急电源精准投入，注重值守场地规范投入，注重保电队伍充分投入，确保策划到位，确保保供电设备检测到位，确保应急指挥信息传递到位，确保各关键节点值守到位，确保应急处置方案到位的“一标准、三投入、五到位”模式③规范保供电具体举措。建立保供电综合监控平台系统，在8月举办的省运会上，首次应用物联网、数据分析、远程监控等新科技、新技术，在配电室加装远程集成监控设备，通过监测、告警和控制三种手段，实现重要配电房智能化管控。全年共完成7各级保供电任务1055次，其中特级2次，一级3次。确保了港珠澳大桥通车仪式、纪念改革开放四十周年、春节春晚珠海分会场、博鳌论坛、高考、省运会、珠海航展等重要活动和场所的用电安全，共计出动人员38万余人次，车辆7.2万余次，发电车550台次，发电机203台次，保供电期间重要用户供电可靠，未发生有影响的社会事件。

---

① “三个人”：设备主人、管理部门负责人、单位负责人。

② “7+1”模式工作组：信息工作组、监测预警组、资源协调组、物资保障组、客户舆情组、新闻舆情组、综合保障组、电网安全组。

③ “一标准、三投入、五到位”模式：坚持各方联动机制；注重应急电源精准投入，注重值守场地规范投入，注重保电队伍充分投入；确保策划到位，确保保供电设备检测到位，确保应急指挥信息传递到位，确保各关键节点值守到位，确保应急处置方案到位。

安全生产风险管理体系建设

“1233”安全生产风险管理体系建设品牌①。5月，制定年度安风体系②建设推进方案，组织13个专业部门，着力推进“1233”体系品牌建设。针对电网、人身、设备、环境与职业健康四大核心风险，提炼总结，广泛应用“1358”电网风险管控③、“1234”人身风险管控④、“135”设备风险管控⑤、“1256”职业健康风险管控⑥等四大风险管控子品牌。重点做好作业标准、执行依从、任务融合等工作，确保安全生产风险管理体系真正融入业务工作、日常工作以及星级班组建设等任务，促进安风体系在基层和各专业领域做成一件事。全年制定发布安风体系相关制度和业务指导书清单共374份。直属各单位承接制定本地化文件4000余份。江门供电局、电力调控中心通过南方电网公司“五钻”复审，其中，电力调度控制中心成为南方电网首家安风体系五钻调度中心；湛江、河源、清远供电局通过“四钻”复审。

利用信息系统开展季度日常评价。将日常评价纳入安风体系绩效分数，占安全生产风险管理体系绩效权重达六成。5月，制定年度安风体系日常评价标准，明确评价指标206个，涵盖新版安风体系13个单元的66个要素。开展信息化评价平台建设，充分利用信息化手段开展日常评价工作，针对评价结果，不断完善评价对象、评价标准、评价系统，直属各单位制定了针对性的整改完善措施，提前防范风险，确保安全生产过程指标可控在控。

加强审核员队伍建设。按照“发展有规划、培训有质量、审核有水平”的思路，启动“百千万”审核员队伍⑦建设。即在未来三年，建成一支拥有百名高级审核员、千名中级审核员、万名初级审核员的高素质队伍，实现每个单位都有高级审核员、每个部门都有中级审核员、每个班组都有初级审核员的目标。开展15期中级审核员培训班，超过800人参加培训。加强审核员实战演练，组织20名审核员参加南方电网公司审核工作，221名审核员参加公司集中审核工作。

① “1233”体系建设品牌：坚持以风险管控主线，构建协同推进和季度会诊机制，实施“全员、全业务、全过程”风险管控思路，推进风险管理体系与业务融合、与日常工作融合、与标准化达标和星级班组建设融合。

② 安全生产风险管理体系，下称“安风体系”。

③ “1358”电网风险管控：一套流程、三类标准、五类风险、八方联动的“1358”电网风险管控。

④ “1234”人身风险管控：一清单，两票，三种人，四到位的“1234”人身风险管控。

⑤ “135”设备风险管控：一主人，三策略，五计划的“135”设备风险管控。

⑥ “1256”职业健康风险管控：一个中心，两套评估方法，“人机料法环”五、六个环节的“1256”职业健康风险管控。

安全文化建设

6月，在南方电网系统率先出台省级安全文化“十三五”实施方案，提出安全文化的建设定位、原则、目标和举措。深入推进“安全生产月”和“安全生产万里行”活动，全覆盖开展了安全生产大讨论3500余次。推进安全文化示范企业评选，12月，东莞供电局被评为国家级安全文化示范企业，电力调度控制中心，佛山、珠海、中山、清远、肇庆、阳江、梅州、揭阳、云浮、汕头供电局，佛山三水、禅城、南海、高明供电局，东莞变电管理一所、输电管理所和城区、松山湖供电局，惠州惠阳、惠东供电局，韶关城区、乐昌、曲江、新丰、翁源、乳源供电局等27家单位被评为省级安全文化示范企业。以“知行合一、暖心同行”的安全文化品牌为抓手，举办广东电网公司首届安全文化节，发布安全文化品牌体系，开展安全文化评价，推动安全文化落地。5月至8月，开展“讲好安全故事”宣传大赛。

⑦ “百千万”审核员队伍：在未来三年，建成一支拥有百名高级审核员、千名中级审核员、万名初级审核员的高素质队伍，实现每个单位都有高级审核员、每个部门都有中级审核员、每个班组都有初级审核员的目标。

电网运行与调度

电网运行指标

截至2018年底，广东电网连续安全稳定运行8415天，各项运行指标均优于目标值：5月18日，广东全省最高统调负荷达1.02亿千瓦，同比增长22.8%，是全国首个负荷破亿的省份；8月9日，广东电网统调最高负荷（含广深）1.09亿千瓦，同比增长0.35%，创历史最高纪录；统调发电装机容量1.19亿千瓦；统调发受电量6178亿千瓦·时，同比增长6.8%，创历史新高；西电最大输送3962万千瓦，同比增长14.6%；全年受西电1923.43亿千瓦·时，同比增长8.82%。未发生调度自动化主站失灵、电力监控系统网络安全事件，生产实时控制业务通信通道平均中断时间0.031分钟，主网频率、中枢点电压合格率、故障快速切除率、清洁能源消纳率保持100%。500千伏电压运行良好，所有站点电压合格率均为100%，电压质量保持较高水平。

发用电及电力供需

2018年，广东省新投运发电机组共17台，总容量927万千瓦，其中，火电机组523.4万千瓦，抽水蓄能机组120万千瓦，核电机组283.6万千瓦；新能源，全省新增风电机组机组容量19.5万千瓦，生物质机组28.65万千瓦，太阳能及其他类型机组84.1万千瓦。广东电网统调机组共退役220千伏及以上7台，容量118.5万千瓦。截至年底，统调装机容量达1.17亿千瓦，同比增长8.29%，其中：火电增长7.07%，风电增长5.73%，太阳能及其他类型增长25.68%。

认真贯彻南方电网公司提升2018—2020年广东电力供应能力20项措施和“保安全、保供应、保消纳”措施，完成庆祝改革开放四十周年等重要保供电任务，未发生影响重要用户、民生用户和居民用电事件。统筹优化省内外发电资源，配合广东省政府制定夏季错峰指标，制定大负荷运行期精准错峰应急预案，确保高峰期电力有序供应。除5月底6月初因备用紧张出现计划错避峰及12月云浮因设备施工原因出现网络受限自觉错峰外，全网整体电力供应稳定。超前辨识2019—2021年电力供应风险，进一步制定重点工程项目计划48项，持续提升电力供应能力。

跨省区电网运行

跨省区电力输送。输入方面：2018年，受西电1923.43亿千瓦·时，同比增长8.82%，其中，天生桥送广东80.71亿千瓦·时，同比下降4.47%；龙滩送广东69.53亿千瓦·时，同比下降17.75%；云南送广东1175.14亿千瓦·时，同比增长12.12%；贵州送广东335.21亿千瓦·时，同比增长3.57%；三峡、湖南鲤鱼江、湖南桥口电厂送广东224.89亿千瓦·时，同比下降0.83%。香港送广东6.02亿千瓦·时，同比下降53.39%，其中，蛇口购香港4.55亿千瓦·时，同比下降50.79%。送出方面：广东送广西37.95亿千瓦·时；广东送海南0.44亿千瓦·时，同比增长9.97%。广东核电输香港126.01亿千瓦·时，同比增长0.2%；广东抽水蓄能电送香港2.99亿千瓦·时，同比增长35.09%。广东送澳门49.11亿千瓦·时，同比增长24.28%。

对澳供电保障。3月，建立粤澳联网调度运行应急机制，台风季来临前促成珠凤甲线、凤吉线、珠拱甲线架空改电缆工程按期投运、望洋电厂完成机组FCB改造。8月至10月，开展粤澳联网无功电压问题整治，制定10项重点工程计划。9月，制定通过全电缆通道带澳门孤网运行技术方案和应急预案。合理谋划加珠甲乙线、珠海站母线改造工程停电安排，有效防控琴莲甲乙线同时故障导致的对澳供电风险。9月，制定珠澳地区孤网运行及黑启动预案。

节能调度与清洁能源消纳

节能发电调度。2018年，通过实施节能发电调度，广东省累计节省标煤317.5万吨，减排二氧化碳844.6万吨，通过脱硫装置减排二氧化硫76.8万吨，脱硫装置平均投运率达100%，平均脱硫效率为97.2%。全省非化石装机容量3733.9万千瓦，占统调装机容量1.17亿千瓦的32%，同比增加8.2%。省内非化石能源电量1095亿千瓦·时，占省内机组上网电量4070亿千瓦·时的27%。省内清洁能源消纳达100%，全年未发生弃水、弃风和弃光。

严控电煤消耗。认真落实大气污染防治攻坚战要求，完成年度电煤消耗控制目标5304万吨。配合珠三角煤炭消费减量控制工作，全年珠三角电煤消耗约5242万吨，通过优化机组安排，8月至年底，安排珠三角煤机最小方式运行，累计停备珠三角煤机142台次，同比减少耗煤92万吨，完成控制目标。

西部清洁能源消纳。2018年累计受西电1923.43亿千瓦·时，比年度计划增送224亿千瓦·时，同比增加8.82%，有效缓解了西部省份的弃水压力。严格落实南方电网公司2018年促进清洁能源消纳24项举措、清洁能源调度工作方案及操作规程，其中，有序安排省内煤机轮停超700台次，增加消纳云南富余水电154亿千瓦·时。

另外，针对湛江新能源送出受限问题，通过调整电网运行方式、加装稳控装置等手段提升送出能力28万千瓦。6月，梳理海上风电并网管理及涉网安全试验流程，初步明确大规模海上风电并网运行关键技术重大专项总体框架。制定电厂侧储能并网技术规范，推进云浮C厂储能装置并网。12月，打造南网内储能参与电厂联合调频首个示范项目——云浮电厂储能系统。

电网调度管理

智慧调度建设。从构建电力生态圈的角度，全力打造以智能电网为操作平台、现货市场为运营平台、电价为驱动力的智慧调度系统，促进源网荷储协调控制。全面推进分布式能源集群控制、柔性负荷控制、智能云化配用电系统建设，开展多场景、多技术通信支撑体系测试。对广东金融高新区、珠海“互联网+”智慧能源、中山供电局、东莞松山湖、韶关乳源、云浮新兴、汕头南澳7个智能电网示范项目建设工作提出了规范化管理意见，6月，启动佛山汇源通大厦柔性负荷工程改造。10月，完成东莞松山湖智能电网示范区项目立项。

调度智能化建设。主网调控一体化方面，35千伏以上开关遥控率达100%。110千伏及以上刀闸覆盖率达到84%，其中，实现GIS刀闸全覆盖，35千伏及以上线路刀闸常态化开展遥控操作。12月，建成省地一体化调度端程序化操作机器人，惠州、佛山、江门、中山、珠海、茂名、潮州等7个地市供电局完成程序化操作试点建设，东莞、佛山程序化操作覆盖率分别达95%、85%。配网智能化方面，全年接入自动化终端2.02万套，馈线自动化覆盖率由44%提升至59%。东莞供电局创新低压可视化实现方式，在南方电网率先实现配网自动化系统直采用户低压数据。1月，完成GIS环网图自动成图试点和全省配变低电压及重过载监视。推进遥控常态化应用，全年遥控1.48万次，比上年691次大幅提升。大力推进配电开关遥控、合环转电、故障自愈最大化应用，配网公用线路遥控覆盖率由5%提升至33%，公用线路自愈覆盖率由4%提升至42%，合环转供电率由60%提升至75%。

提升配网运行管理。开展配网年度方式、高峰负荷及特殊节假日运行分析。加强配网综合停电管理，提级管理“1小时区域”停电，执行综合停电指标情况约谈机制。3月，出台防范配网延时送电工作指引，全年配网停电计划执行率提升至96.14%，延时送电率降至1.72%。3月起，开展为期三年的乡镇供电所防人身事故系统领域专项治理，规范配调业务资格管理、继保定值管理，完成小电流接地选线装置改造。配网管理基础不断夯实。开展数据质量专项治理，完成负荷精细化分析。7月，配电网运行管理技术支持平台配电自动化终端并网接入流程上线试用，全省配电自动化主站实用化验收。深化配网技术支持平台功能建设，11月，管理驾驶舱和移动端上线，实现终端在线率等25项指标的综合展示，全年配网调度指令交互3.99万单、中低压综合故障研判7.88万次。12月，编制发布全省统一的配网调度规程和操作管理细则。

系统运行创新研究。集中开展电网数字化、智能化核心技术攻关，申报南方电网级课题6项。3月，组建了广东电网电力通信技术重点实验室。*Arm overcurrent protection and coordination in MMC-HVDC*（作者：屠卿瑞）、*Short-circuit sequence network model of DFIG with different slips*（作者：屠卿瑞）、*A stochastic response surface method for probabilistic assessment of ATC in wind power integrated system*（作者：罗钢）、*A compensation method based assessment of cyber contingency of cyber-physical power system*（作者：苏卓）4篇论文被IEEE PES顶级年会录取，其中*A stochastic response surface method for probabilistic assessment of ATC in wind power integrated system* 获得最佳论文大奖。全年新增专利申请143项，同比增长7倍；全年新增专利授权38项，累计有效专利达288项。荣获南网科技进步一等奖1项、二等奖2项，中电联中国电力创新奖一等奖1项、中国能源技术创新三等奖1项，

其中“新一代继电保护系统研究与应用”获得南网科技进步一等奖和中电联中国电力创新奖一等奖，研究成果国际领先。电力调度控制中心成为国内首家加入中国质量协会的省级电网调度机构。

电网风险控制

复杂大电网风险管控。初步建成世界一流大电网安全稳定分析与控制平台。12月，建成基于全数字机电-磁混合仿真平台，开展基于云计算的广东电网仿真分析数据管理平台建设。构建了防范调度误操作长效机制，筑牢防误操作调度队伍、安全机制、技术系统等“三道防线”，总结提炼出核对操作任务、核对设备状态、核对操作条件、填写操作票、评估操作风险、监护执行操作、记录操作信息“七个规定动作”。

电网风险管控。深刻吸取台湾“8·15”大停电、巴西“3·21”大停电、“4·7”天山换流站火灾和云南“5·22”同塔多回线路跳闸事故经验和教训，留足留好系统备用，严防单一元件故障导致厂站失压，制定有针对性的运维策略和风险防控预案，不断完善系统运行与现场运维的联动机制。开展防范大面积停电、加强电网风险管控专项行动。开展2018年高峰负荷日分析及2019—2021年中长期运行方式研究，提前制定并落实35项急需项目。持续做好电网风险动态闭环管控，建立问题分级管控标准，提级开展疑难问题管控，促进系统运行问题整改质量提升。提级管控一级及以上事故事件风险，通过可视化手段对二级及以上事故事件风险进行闭环管控，严格管控三级及以上事件电网风险，未经批准不得安排“N-1”导致三级及以上事件的运行方式，化解省地主配网检修风险792项。12月，制定并督促落实防范电网九大风险36项重点工作、397项措施，化解主网三级及以上事件风险902项。优化三道防线配置建设，优化改造佛山罗洞、韶关曲江、广州增城、深圳鹏城、清远贤令山、清远回澜、梅州嘉应、茂名8大区域稳控策略，低频减载计划量从统调负荷的45%提升至56%。

二次风险管控。建立“自查—交叉检查—督查”二次反措精益化检查机制，完成全省41座500千伏变电站和146座220千伏变电站的检查工作，针对发现的991项隐患按轻重缓急开展整改，其中完成2项I级问题整改。全面落实关键厂站保护特维工作，完成I级特维范围内240个220千伏及以上间隔传动及137套保护不停电传动版本升级。严防OS2自动化系统14项运行风险、通信7大类15项运行风险，杜绝自动化及通信系统关键功能失灵。5月至年底，开展防范二次人为责任事件专项行动，完成187座变电站二次精益化检查、24 710份主网保护定值核查。建成OCS系统智能告警体系，实现主配网跳闸自动统计、故障在线诊断分析，提升电网故障处置能力和效率。省地自动化系统调控1700万余次无差错。电力监控系统网络安全主动防御体系不断完善。完成了省地一体化态势感知主站和500千伏厂站态势感知装置部署。配网自动化终端安防改造合规率达70%。全年未发生电力监控系统网络安全事件，光缆受外力破坏事件同比下降42%。

中国南方电网
CHINA SOUTHERN POWER GRID

电力市场

市场营销

主要营销指标

2018年，广东电网公司售电量5311.70亿千瓦·时，同比增长7.69%，其中，消纳西电东送电量1923.43亿千瓦·时，同比增长8.79%，超计划224.03亿千瓦·时，消纳西电东送电量再创历史新高。第三方客户满意度得分85分，同比提升1分，在南方电网7家省级电网公司中并列排名第一（广州、深圳均为85分），连续10年获广东省地方政府40项公共服务评价第一。

电力供应形势

全省用电形势。2018年，广东省全社会用电量6323.35亿千瓦·时，同比增长6.11%。8月9日，全省最高统调负荷达到1.09亿千瓦，同比增长0.35%。最高负荷与用电量继续保持全国第一。电力供需整体平衡，供需矛盾由度夏高峰期持续紧张转变为枯汛交替期阶段性短缺。确保电网安全稳定运行和电力有序供应。其中，5月下旬受负荷超预期增长、省内新机组投运滞后和非计划停运等多重因素叠加影响，共有4天（5月29日至6月1日）出现全省电源性错峰用电，最大错峰负荷约377万千瓦，严格落实省内有序用电，确保无重要用户、民生用户和居民用电受到影响。夏季高峰期受气温偏低影响，负荷需求出现尖峰不尖的情况，全省电力供应满足需求。消纳西电东送电量再创历史新高，认真落实南方电网公司促进云南水电消纳等若干措施，完成了国家清洁能源消纳目标。全年累计完成西电东送1923.43亿千瓦·时，同比增长8.79%，超计划224.03亿千瓦·时，超额完成西电东送任务，其中，消纳云南（含溪洛渡、滇西北）水电1175.14亿千瓦·时，同比增长12.12%。

优化营商环境

制定实施方案，明确任务措施。贯彻落实国家、广东省人民政府及南方电网公司的工作要求，5月，制定《进一步提升供电服务水平优化电力营商环境实施方案》，专项部署“优化业扩流程、精简办电资料，主动服务客户、缩短办电时间，优化延伸界面、减少接电成本，加大信息公开、提高办理透明度，加强电网建设、提升供电可靠性，严格电价政策、降低用电支出，强化监督考核、确保落实到位，主动沟通汇报、争取政策支持”8项任务26项具体措施，全面提升营商环境“获得电力”水平。

优化业扩流程，精简办电资料。对客户报装流程进一步压缩，精简了设计审查、中间检查、竣工检验3个环节，低压客户报装流程简化为用电申请、现场勘查和装表接电2个环节，中压客户报装流程简化为用电申请、供电方案答复、竣工检验和装表接电3个环节。同时，严格执行广东省人民政府关于工程规划许可、施工许可不得作为用电报装前置程序的规定，并将其纳入检查稽查持续跟踪。

主动服务客户，缩短办电时间。响应政府号召，供电服务中心全面进驻地市政务服务中心，为客户提供业务咨询、用电缴费、发票打印等“一站式”服务。加大信息公开力度，推行用电报装全流程透明办理，接受客户及社会监督。将优化营商环境要求固化到信息系统，全面推广远程渠道“一口受理”，更名过户等一般业务远程自助办理，用电信息、收费信息、电子发票自动推送，同时实行上门收资服务，实现“一次都不跑”。增量业务互联网办理比例由年初的30%提升截至年底的99%，办电效率快速提升。

优化延伸界面，减少接电成本。5月起，对横琴新区工商业客户投资界面延伸至变压器低压侧，全面采取“一站式”服务举措。粤港澳大湾区7个地市投资界面继续向小微企业延伸，报装容量100千瓦至200千瓦的小微企业由高压供电改为低压供电，节省了用电一次成本，报装效率也明显提升，实施以来，小微企业低压接入561宗、平均用时6天，为客户节省投资约3167万元。

客户服务

建立“统一服务”[①]机制。5月至6月，制定《广东电网有限责任公司统一服务实施细则》《供电服务指挥（配网调度服务指挥）管理规范》及《网格化服务管理规范》，规范了供电服务指挥与网格化服务管理内容、职责界面和工作流程等。有序推进供电服务指挥中心建设，实现服调、配调与配抢指挥协同处置，提升停电事件快速反应、过程闭环管控和主动抢修服务能力。截至年底，19个地市供电局全部成立了供电服务指挥中心（配网调度服务指挥中心），累计完成抢修指挥90 679次，初步实现配抢指挥业务实效化运转。稳步打造“客户经理+设备主人”的网格化运作模式，以低压台区或馈线为单元划分服务网格，采用分片包干的形式，实现网格内低压配网业务与营销基础类业务的前端融合和客户诉求快速响应，初步实现班组层级的“运维+服务”融合。9月，编制低压配网技术导则及运行管理标准实施细则，修编主要设备技术规范及作业指导书等，初步建立低压运维管理体系。

构建一流投诉管控体系。4月，按照“问题导向，关口前移；限时解决，闭环管理；严格考核，严肃问责”的原则，提出5项共17条强化投诉管控举措。明确了各级客户经理参与客户投诉处置的岗位责任及到位标准，建立了各层级、各专业合力“围剿问题”的闭环管控机制，提升服务风险预判与服务痛点自愈能力。全年“12398”投诉同期对比减少69.78%。“95598”投诉同期减少52.38%，实现全年下降30%的工作目标。第三方满意度85分，排名并列全网第一，连续10年获广东省地方政府40项公共服务评价桂冠。

有效应对投诉，提升客户用电体验。坚持以客户为中心，每周分析停电与电压质量投诉情况，强化整改，重点关注提级投诉工单。持续有效运转安全生产领域减少停电和电压质量投诉“五项机制”[②]。全年“12398”投诉56宗，同比下降42.5%。客户各项投诉整改按时完成。

提升互联网渠道服务能力。继续深化“互联网+服务”，为用户提供网上营业厅、微信服务号、“95598”等各类远程服务渠道。优化升级微信服务号功能，完成了租户电费管理、停电定位报障等24个功能优化。率先在南方电网内建成“南方电网95598”公众号、支付宝服务号，构建了全触点电子渠道运营体系。率先在南方电网内建成客户积分商城、受电工程平台。通过线上线下活动结合，强化省地资源协调，开展拓粉活动等措施，提前超额完成互联网统一服务平台拓粉目标。全年统一服务平台关注客户数1639.5万，互联网业务比例由2017年的23.3%提升至81.2%，增量业务比例达98%。大力推进服务转型升级，对佛山供电局佛山、桂城营业厅，东莞供电局松山湖营业厅，江门供电局雅瑶、礼乐营业厅，珠海供电局红旗营业厅进行智能化改造，推动新时期营业厅服务转型升级。

营销管理与创新

全面实现智能电表与低压集抄。优化全覆盖建设推进策略，以供电所为单位，成片覆盖，形成规模建设效应，落实了管控职责。统一设备技术标准与方案选型，实现设备本地通信互联互通，基表与模块分离，不同厂家模块可互换。按照台区电能表集中度和现场场景，统一五种典型的集抄选型方案。统一两覆盖项目（智能电表与低压集抄全覆盖项目）可研与初设评审要素，并引入第三方可研评审单位，实行项目可研滚动申报，提升了立项前期工作的质量和效率。统一建设标准及指引，1月，组织编制智能电表与低压集抄建设有关的专业指引和设计、施工、验收标准，3月，制订年度智能电表与低压集抄全覆盖建设全面推进工作方案，实现建设标准和工作流程的融合。以营销项目施工管控平台和App为载体，实现施工全过程信息化管控。开展项目省级验收，提级开展省级台区单元工程验收，严把项目验收关，确保投运质量。到6月25日，提前半年实现智能电表与低压集抄全覆盖。

建立自主运维体系，释放人力资源红利。全年颁布自主运维体系建设标准及附件指引5册。8月起，修订印发了《电能计量装置运行管理实施细则（2018修订试行版）》等3份运行管理制度，进一步完善自主运维工作流程和作业规范。开发计量运维App，打通营销、计量系统和App的数据接口，构建计量系统异常智能诊断、任务工单派至营销系统主人、现场处理系统自动验证的全过程移动自主运维作业体系，实现现场作业向“无纸化”“电子化”的转变，提升了运维工作效率，强化了现场作业管控。全面取消外委，建立培训与转岗机

① “统一服务”：地市供电局实现配网调度与服务调度的“联合办公”，按照7×24小时模式运作，提升主动抢修和客户需求快速响应能力。县区供电局（分局）及供电所以0.4千伏为融合点，将台区业务进行重新划分，按照“客户经理+设备主人”模式开展网格化服务，负责0.4千伏及以下营销基础及配电运维业务。

② 电压质量投诉“五项机制”：快速响应机制、预防机制、减少投诉长效机制、处置监督机制和考核奖惩机制。

制，扎实提升人员技能素质，完成全量12 497名抄表员转岗至计量运维、配电运维、客户服务、用电检查等岗位，有效盘活了一线人力资源。截至年底，自动抄表率99.48%，较年初提升2.13个百分点。

构建完善的计量安全防护体系。完成计量自动化系统佛山汇源通机房建设，完成约100万终端公网割接工作，完成系统分布式架构及安全防护体系改造，系统由分布式转变为集中式采集，成为国内率先按照国家电力监控系统安全防护要求，完成超大规模省级集中计量自动化系统安全防护改造的省级电网企业。

进一步加强线损管理。线路线损异常率降至1.04%，台区线损异常率降至1.16%，完成500条线损率超5%高损线路、7000个线损率超10%高损台区的“精准”降损任务。在南方电网率先开展了同期线损统计工作，实现了广东电网公司线损、网损，19个地市供电局（1+1+19）同期线损的准确统计。

推进低压台区电压监测实施。8月，制定低压台区电压监测实施工作方案，明确低压台区电压监测2018—2019年推广实施工作阶段性目标和设备改造升级要求，落实工作责任单位，按计划开展进度管控。截至年底，对11.1万个低压台区、约171万低压用户实现电压监测，超额完成年度任务。构建智能抄核收模式，实现传统业务转型升级。实现了“六个自动化”的智能抄核收业务模式，内容涵盖计量抄表、电费核算、集中发行、分散复核、划账扣款、发票推送六个范围，优化后电费发行周期提前至每月6日，提升了抄核收业务效率。12月起，将低压用户两月一次抄表结算转变为每月抄表每月结算，缩短了资金回笼周期。

全面推广应用营销业务移动终端作业。4月，在总结提炼江门营销业务移动终端作业经验的基础上，承接南方电网公司营销业务移动终端作业“2+2+1”①试点工作。7月，南方电网公司在佛山、江门组织召开现场会集中宣贯并向全网推广试点成果。12月，实现营销业务移动终端作业在全网所有供电所应用覆盖，缩短基层往返现场的时间，提升了业务处理效率。

新能源及需求侧管理

扎实做好光伏业务管理。进一步优化光伏并网流程，推进系统光伏模块上线应用，全年完成3万余户光伏档案拆分，光伏户独立进行抄表结算，电子化结算率实现100%。在东莞、潮州试点光伏结算代开发票，让客户无需再往返开具发票及结算费用，体验“足不出户”获取收益。做细做实两次光伏政策调整事宜，主动提醒、服务客户7000余次，下半年实现光伏业务“12398”零投诉。全年分布式光伏新增并网项目19 634个，累计并网项目38 450个。新增容量80.23万千瓦，累计容量219.06万千瓦。

加快发展电动汽车充电业务。全年新增投运充电桩2856个，累计投运5302个；充电电量4202万千瓦·时，同比增长536.7%。主动服务各地电动公交、出租、私人乘用车的推广，珠海成为国内首个公交充电站全覆盖的城市。牵头与广东省交通集团签订合作协议，完成21.5对高速服务区充电站建设，跨省市充电网络链路的打通取得突破。省级公共平台“粤易充”接入运营商79个，充电桩4.6万个，注册人数7.2万，同比增长695%，作为广东电网找桩、查桩权威入口的认可度持续增强，服务水平不断提升。

全面推动电能替代工作。持续扩大电能替代业务和影响范围，全年开展和推动电能替代项目2451个，累计推动电能替代项目4452个，年实现替代电量104.79亿千瓦·时，相当节约标准煤41.92亿吨，减排二氧化碳104.48亿吨，减排二氧化硫3.14亿吨。

持续开展需求侧管理工作。通过深化优质服务，普及节电知识、推广节电技术，探索合同能源管理服务模式，开展企业节能节电服务示范，推动社会和企业节能降耗，助力资源节约型、环境友好型社会建设。2018年，完成节约电量14.51亿千瓦·时，节约电力31.9万千瓦，超额完成需求侧管理“两个千分之三”②考核指标。

◎ 2018年10月16日，阳江市规模最大的中医院电动汽车充电站正式上线

① “2+2+1”：抄核收、客服服务；GIS、知识库；移动作业监控。

② 需求侧管理“两个千分之三”考核指标：每年实现节约电量不低于经营区域内上年售电量的千分之三，实现的节约电力不低于经营区域内上年最大用电负荷的千分之三。

电力市场建设和运营

2018年，广东电力交易市场总成交电量1572.1亿千瓦·时，交易结果正确率100%。全年共完成年度长协交易电量1094.2亿千瓦·时，同比增长31%。完成月度集中竞争交易电量477.9亿千瓦·时，同比增长50%。发电合同转让交易电量133.7亿千瓦·时，同比增长65%。全国首个电力现货市场——南方（以广东起步）电力现货市场投入试运行，广东电力市场体系基本建成。

电力交易机构运行

交易组织管理。认真做好全过程交易风险管控，实现智能校核全流程覆盖，自动识别约束冲突等异常情况，确保交易结果的实效性、准确性、公平性。优化交易流程，月度发电合同电量转让交易时间缩短至半天。7月，出台广东交易中心安全生产风险管理体系和安全风险库，全面梳理业务风险，制定监督检查机制，举一反三抓好闭环整改，提升风险管控水平。9月，广东省经济和信息化委员会发布《广东电力现货市场机组发电成本测算办法》（征求意见稿），明确了机组成本测算机制，完善广东电力市场体系。丰富交易品种，在“批发+零售”“价差传导+统一出清”“计划+市场”“全电量+偏差考核”“交易校核+安全校核”“省内+省外”这6个机制的基础上，11月，建立了一二级衔接、场内外互补的批发市场品种架构，形成了年度交易为主、月度交易为辅的合理交易格局。

市场交易系统建设。全年交易系统运行平稳，可支持万级用户同时访问，保证了中长期及现货电力交易多品种、全过程的精准交易、精细结算，高效支撑广东电力市场的海量交易业务。持续开展系统全流程模拟测试及系统问题消缺，全年共完成系统缺陷整改143项、改进项219项。全面梳理业务信息风险，加强交易系统权限管理和开放商管理，搭建专门的测试环境，从技术上实现系统开发人员与真实数据隔离。推进交易系统审计功能建设，对系统运行事件实时记录，实现数据有主人、使用有授权、操作有痕迹。

市场交易结算机制。广东电力交易中心从结算档案比对等五个环节，进一步完善结算管控指标数据可视化展示功能，建立结算可视化全过程管控机制，确保结算全流程有迹可循，结算准时率、准确率指标关键环节可控。全年对190台机组、150家售电公司共10万笔电量、电费开展实战化结算公开模拟测试，保障新旧结算规则平稳过渡，实现结算服务提质、升级。8月，借鉴国外电力市场先进经验，建立了中长期合约差价结算与现货市场全电量结算相融合的“日清月结”结算机制，并通过结算算法模型的分解与灵活组合，构建了结算模式柔性兼容与结算算法刚性执行于一体的结算技术支持系统，提升了结算系统兼容性。全年交易结算及时率、准确率均达到100%，结算周期由11天缩短至8天，凭证出具天数5.6天。

市场交易主体服务。按照不以营利为目的、手指平衡、公平合理的原则，广东电力交易中心对参与市场化交易的主体双发收取交易费用。1月23日，正式发布《关于开展电力交易服务收费工作的通知》，明确了年度协商（含年度集中）交易收费标准为1.8万元/亿千瓦·时和月度集中竞争交易、发电合同转让交易收费标准为2.4万元/亿千瓦·时的交易收费标准。以市场主体需求为导向，拓宽服务渠道。8月6日，正式启用电力市场服务热线。各市场主体可以根据市场管理、交易组织、交易结算、交易收费、交易规则、系统问题的业务分类，进行有针对性的业务咨询。市场主体亦可在“广东电力交易中心”微信公众号后台留言。至此，基本建立了涵盖热线电话、网站、App、微信公众号等平台的全渠道服务方式，实现对市场主体需求及问题的快速受理和及时应答，利用微信公众号开通交易学堂模块。提升交易系统用户体验，增强系统自动化智能化水平。通过审核环节实现智能替代，打造精细化服务模式，建立市场精细化党员责任区，更好地服务市场主体。6月，组织成立了市场精细化服务党员服务队，提出“您放心交易，我用心服务”的口号，促进电力市场服务体系建设方案落地，明确服务机构、服务机制及服务措施等关键点。10月，实现了市场用户注册“一次都不用跑”。先后与12家电力用户、17家售电公司、10家发电企业代表进行交流沟通，解决市场主体关注较多的难题，拉近服务距离。

市场关键技术研发。广东电力交易中心自主研发的科技项目《复杂大电网中长期电力市场关键技术研究及规模化应用》成果达国际领先水平，项目荣获中电联科技创新一等奖及南方电网科技进步二等奖。该项目立足广东实际，借鉴国际先进经验，率先实现中长期电力市场关键技术自主创新及规模化应用，成果达国际领先水平。

电力现货市场建设

电力现货市场筹备及配套建设。1月，制定电力现货交易营销工作实施方案。4月，制订《南方（以广东起步）电力现货市场建设工作方案》，制定了重点工作计划34项。开展现场计量装置适应性改造和计量、营销、交易系统现货功能建设，完成存量84个统调电厂、9062个现货交易用户计量装置改造。建立支撑电力现货市场的计量体系，制定现货市场计量技术规范、现货数据拟合规则、计量装置时钟管理等工作要求，建立适应电力现货交易的“双表双终端”[①]数据采集及发布工作体系。组织开展现货计量装置双终端改造，全年完成10 641个交易用户计量点双终端改造及建档。电力现货市场试运行启动后，协调广州、深圳供电局于9月30日完成各自电厂与用户的改造工作。自9月起，广东电力交易中心组织全部市场主体每日参与模拟推演，动态完善市场规则与支撑系统。10月至11月，组织业务骨干赴PJM培训及10余次面向政府部门和市场主体的交易规则及操作培训。

调频市场进入结算运行。8月，南方能监局发布《广东调频辅助服务市场交易规则（试行）》，规定了位于南方电网统一调频控制区（广东中调、广州中调、深圳中调调管的所有机组及南网总调调管的广东省内机组和“点对网”方式向广东送电的机组），且按照国家和行业标准应具备AGC（自动发电控制）功能的省调并网发电单元，均可作为调频服务的提供者。9月，南方（以广东起步）调频辅助服务市场结算试运行，有效提升省内机组调频性能，电网频率质量保持较高水平，联网系统±0.2Hz合格率达到100%。

电力现货市场规则体系制订。南方（以广东起步）电力现货“1+8”规则体系[②]逐步形成。8月30日，南方能监局会同广东省经信委、发改委联合发布《南方（以广东起步）电力市场运营规则体系（征求意见稿）》（含《广东电力市场结算细则（征求意见稿）》），明确了现货交易结算工作规范与技术标准，标志着我国首部电力现货市场交易规则正式问世。9月，南方电网公司印发《广东省内市场化交易结算工作规范》及《广东省内电力现货市场计量技术规范（试行）》，保障试运行工作顺利进行。12月，国家发改委、能源局印发《电力市场运营系统现货交易和结算功能指南》，明确了电力市场运营系统现货交易和现货结算具体功能要求和系统建设方案，现货交易结算工作规范与技术标准。至此，形成了以《广东电力市场运营基本规则》为基础的“1+8”模式的电力现货市场规则体系，搭建“中长期+现货”的电力市场运营体系。

南方（以广东起步）电力现货市场启动试运行。8月31日，在国家发改委、能源局、广东省政府、南方能监局、南方电网公司以及各市场交易主体的共同见证下，电力现货市场启动试运行，电力现货市场建设取得了重大的阶段性成果。9月，建成国内首套具有自主知识产权的现货出清系统，实现交易出清、交易管理、市场营销、计量自动化和财务系统的互联互通，有效支撑现货全业务运转。9月11日，电力现货系统客户端开通模拟运行，通过市场管理、交易组织、交易结算全业务模拟推演，使市场主体广泛参与线上操作和应用，促进市场主体深入学习理解交易规则、熟悉技术支持系统功能。电力现货市场启动后，广州供电局、深圳供电局于9月30日完成各自电厂与用户的改造工作。11月16日，配合国家发改委组织召开全国电力现货市场试点建设工作现场会议，充分宣传和展示现货市场建设运营成果。

---

① “双表双终端”：现货交易用户侧计量电能计量装置改造基本配置原则为“双终端+双通道+双电表配置”。

② 电力现货“1+8”规则体系：“1”指《广东电力市场运营基本规则》，“8”指以基本规则为基础，对中长期交易、现货电能量交易、调频市场交易、市场结算、信息披露、市场准入退出管理和信用管理等8个方面制定的实施细则。

农电管理

农电改革与发展

农电管理体制改革。县级供电企业“子改分”[1]工作方面，梅州平远、韶关仁化、清远连山和汕尾陆丰等4家县级供电企业实施“子改分”，分别于4月11日、4月12日、4月13日、4月17日注册成立分公司。开展专项课题研究，分类、分区域推进独立供电区域改革工作。对涉及省定贫困的独立供电区域，实行“两个优先”方针[2]，主动向各地市、县（区）政府相关部门汇报贫困地区电网改造工作与存在的问题，争取支持。潮州市意溪镇1个趸售镇、梅州市五华县郭田镇布尾村、河东镇黄湖村等2个趸售村和98个小水电自供区改为直供。这项改革工作涉及12个地市、789个自然村，受惠用电客户11.68万户、用电人口36.96万人，年用电量1.50亿千瓦·时。

县级子公司可持续发展。4月，制定并实施提升县级供电企业可持续发展能力年度行动计划，在经营发展、人力资源、电网及基础设施、配电网安全运维、营销服务、供电所管理、农电体制改革、全面从严治党、党风廉政建设9个领域，推出30项工作举措，并全部完成。落实地市县区供电局及中心机构机构设置指导意见，有序开展县区供电局机构调整设置，理顺主网专业化人员管理关系。对经营困难的县级子公司实行倾斜扶持政策，累计完成委托贷款发放11.84亿元，以确保其正常生产经营和电网建设项目开展。加快解决基层供电所技术业务用房建设，按照“统一建设”[3]原则推动营业厅、通信光纤、员工食堂等配套设施同步建设。

① “子改分”：管理体制由“子公司”改为“分公司”。

② “两个优先”方针：优先纳入接收范围、接收后优先实施电网改造。

③ “统一建设”：按同一变电站、同一线路、同一台区整合工程项目，统筹开展基建、技改、年度计划内修理等项目的建设实施，提升项目实施的协同度与融合度，统筹资源，减少重复建设、重复停电。

农网建设与改造

落实国家、广东省人民政府和南方电网公司关于“十三五”新一轮农村电网改造升级的工作部署，于4月制定年度实施计划。建设投资继续向农网建设与改造倾斜，重点投向粤东西北地区，以逐步解决其网架薄弱、设备陈旧等历史欠账问题，满足小城镇、中心村的用电需求，搭建好未来发展的平台。全年农网投资124.52亿元，投资完成率100.21%。建成投运农网项目10 334项，投运率达102.67%。至11月底，广东电网公司率先达到国家“十三五”新一轮农网改造升级目标，管辖范围内市域农村户均配变容量均达到2.0千伏安，综合电压合格率99.9%，供电可靠率99.9%。各地市三大关键指标均满足国家要求，智能电表、低压集抄实现全覆盖，完成“广东省补齐软硬基础设施短板”年度目标要求，农村电量同比增长7%。支持农村地区新能源建设，做好与省能源局的沟通对接，保障农村地区农光互补、渔光互补、光伏扶贫等新能源项目无障碍接入与消纳。结合智能电表低电压监测等手段，持续做好农村供电问题动态跟踪，着力解决农村部分台区电压质量不高、停电频繁、停电时间过长等问题，推动电力普遍服务全覆盖目标的实现。

电力行业扶贫

电力行业扶贫。以2277个省定贫困村扶贫攻坚和打造新农村示范村为着重点，将新一轮农网改造和省定贫困村所涉及电网项目纳入公司重点工作实行督办。6月，加快开展涉及省定贫困村的独立供电区域接收和农网改造工作。245个省直、中直扶贫村电网改造提前于6月30日全面完成，2236个省定贫困村电网改造于11月30日全面完成，实现供电可靠、服务提升、抄表到户。全年完成投资10.97亿元，投资完成率100.75%。有序推进2277个省定贫困村电网改造升级。截至年底，完成省定贫困村电网改造项目1661项，小水电自供区电网改造项目332项，小康电示范县项目829项，特色小镇电网改造项目

210项。

精准扶贫。3月，广东电网公司对口扶贫点西湖村获评广东省第四批学雷锋示范点。4月，承办南方电网公司扶贫工作领导小组2018年第一季度工作现场例会，并举办扶贫干部能力提升班。5月，召开年度扶贫工作会议，制定精准扶贫年度工作要点，为如期高质量实现脱贫目标勾勒清晰路线图。开展专项调研工作，同月，出台《精准扶贫项目产效分析报告》和《扶贫项目二次分配机制工作指引》，为140个帮扶点打造了“带不走的工作队”。广东电网公司直属党委结对帮扶西湖村56户贫困户，全年共计300名党员进村69次，捐赠资金约为16万元，对其住房设施、生活小家电、种养种苗和心理健康等。进行一对一帮扶，受到了贫困户和当地政府的高度评价。公司连续三年获得广东省扶贫济困“红棉杯”金杯单位。

全国电力现货市场建设现场会在广州召开

11月16日，国家发展改革委、国家能源局在广州召开全国电力现货市场建设现场会。会议交流了电力现货试点工作进展情况，督促了试点地区工作，拓展了电力现货市场建设工作思路。

随着电力体制改革总体政策框架基本确定，各地的落实措施和实施规则逐步明确，市场主体的参与能力不断提升，重点改革任务正在提速。《国家发展改革委办公厅 国家能源局综合司关于开展电力现货市场建设试点工作的通知》发布一年来，广东等8个现货市场建设试点取得不同程度进展。

国家能源局表示，加快构建竞争性电力市场体系，着力促进市场决定性作用的有效发挥，对电力行业转变发展方式、优化产业结构、转换增长动力具有不可替代的作用，是电力行业跨越关口、实现高质量发展的必由之路。就电力市场化改革、推进市场建设而言，行业各主体、各单位，要从市场配置资源，推动经济高质量发展的高度来认识，要从企业在竞争环境中谋发展的角度积极主动参与，要从形成科学机制，促进行业科学发展，提高能源经济性来着力。一要在新时代当好电力深化改革的推动者、引领者，顺应潮流大势，树立大局观念，超越既有利益格局。二要研究推动解决阻碍电力市场发展的重大问题，落实好九号文及配套文件精神。三要培育市场主体，主体活跃市场才有活力。

国家能源局法改司在会上指出，要充分认识现货市场建设的紧迫性和重要性，认识到发挥现货市场发现价格的作用，放开竞争性环节价格才能真正落实；发挥现货市场保障系统平衡的作用，发用电计划才能尽快放开；只有启动电力现货市场，才能培育真正的竞争性售电主体、提高市场运营机构独立性、提高电力规划科学性、实现宏观调控有度。要针对电力现货市场界定、市场模式选择、省间市场与省内市场衔接、中长期交易与现货交易衔接等重点问题，抓紧研究促进形成更多共识。要按照平稳起步、由易到难、循序渐进原则，发挥专业精神，坚持多方参与，坚持分步实施，加强统筹协调，做好风险防控，积极推进现货试点工作。

国家发展改革委体改司表示，现货市场建设可以使电力市场鲜活起来；可以使电力系统更加灵活，进而促进清洁能源消纳；可以进一步激活售电市场，有助于优化电力服务。《关于健全完善电力现货市场建设试点工作机制的通知》已明确建立国家发改委、国家能源局8个司局对口联系相关试点省份的工作机制，各单位要加强上下联动、加强协同配合、加快工作节奏、加强预期引导，明确责任分工，形成共同推动现货市场建设的合力，原则上试点地区应于2019年6月底前开展现货试点模拟试运行。

南方电网公司介绍了南网电力体制改革推进情况及南方区域电力现货市场建设工作。8个试点地区通报了现货市场建设进展，有关部门、电力企业围绕制定电力现货市场交易方案和运行规则、统筹跨省区电力市场与电力现货市场、以市场化方式促进清洁能源消纳等重点改革任务进行了交流讨论，加强了协同，增进了共识。业内专家对试点地区现货市场建设提出了意见建议。

国家发改委、国家能源局有关司局，现货试点地区发改委、能源局、经信委，国家能源局各派出机构，部分省电力体制改革牵头部门，国家电网公司、南方电网公司，有关发电企业、电力交易机构有关负责人参加会议。

中国南方电网
CHINA SOUTHERN POWER GRID

科技信息

科技创新

科技项目

2018年，广东电网公司科技研发投入占营业收入比重达1.11%，其中科技项目投入6.08亿元。亿元营业收入专利拥有数3.48，专利指标达到世界领先水平。申请专利6764件、新增授权专利2397件，累计拥有专利6134件。“电力系统接地基础理论、关键技术及工程应用”成果荣获国家科技进步奖二等奖。南方（以广东起步）电力现货市场率先进入试运行阶段，在全国发挥了示范引领作用。

国家重点项目研发。以国家重点研发计划为引领，关键技术取得突破。公司承担的“超导直流限流器关键技术研究”和“交直流混合的分布式可再生能源关键技术、核心装备和工程示范研究”2项国家重点研发计划项目和PM2.5与Hg的联合脱除关键技术及应用、高功率超级电容器器件的服役行为及失效机制研究、储能系统与电力系统的耦合与控制技术、梯次利用动力电池应用场景分析及再利用寿命和经济评估技术研究、4个课题均按计划稳步推进。其中“超导直流限流器的关键技术研究”项目，突破了双面封装超导带材制备技术，实现国产大电流超导带材批量化制备，带材性能指标达到世界领先水平，完成世界首台160千伏超导直流限流器中间样机研制，加快推进高电压等级超导限流器实用化进程。“交直流混合的分布式可再生能源关键技术、核心装备和工程示范研究”项目攻克高频高压双向电力电子变流桥技术难题，研制出南方电网首台多端口电力电子变压器，完成多端口电力电子变压器研制和工业园区示范工程设备安装。

南方电网重点项目研发。广东电网公司承担基于电流电压行波监测的变电设备侵入波危害辨识与诊断技术研究、复杂环境下大型无人机巡检深化应用关键技术研究与示范、输电线路智能化多参数集成传感及监控技术研究、对外通信业务资源管控示范及探索拓展通信业务研究、石墨烯超级电容器的设计与应用研究、基于混合储能技术的海岛微电网运行关键技术研究、南方区域电力现货市场设计研究与示范系统研发（课题5：配合南方区域电力现货市场技术系统建设的广东省级现货系统配套系统研究开发）7项南方电网重点项目，取得突破性进展。“对外通信业务资源管控示范及探索拓展通信业务研究”等3个项目通过南方电网公司验收，其他项目均按计划有序推进。其中“基于电流电压行波监测的变电设备侵入波危害辨识与诊断技术研究”项目建成南方电网首套设备侵入波危险辨识及预警系统，实现变电站工频故障、雷电、操作过电压侵入波自动辨识。攻克微型传感器技术，研制出的温度传感器解决开关柜内敏感点测温难题，研制出的光电技术宽频电压传感器，实现输电线路故障识别与定位。突破能源与信息通信基础设施深度融合的技术瓶颈，建成南方电网首个基于电力通信家庭能源智能综合应用平台，实现“四网融合”“多表集抄”及跨行业用能信息资源共享，取得综合能源智能服务领域的先发优势。

谋划电力机器人发展路径。牵头国家重点研发专项，发挥行业优势，布局电力机器人研发链，4月，完成巡视机器人样机自主研发，形成迭代生产能力，将公司作业机器人研发需求融入国家创新体系，主导提出并牵头竞争国家重点研发专项“电力行业作业机器人”。突破电力机器人整体构型及关键部件等核心技术研发，占领技术制高点。牵头组建南方电网“电力机器人”重大科研团队，为率先建成智能技术综合应用示范省级电网奠定了坚实的基础。

新能源研究与试验基地建设。响应国家清洁能源发展战略，牢牢把握广东海上风电迅猛发展的重大机遇，前瞻应对新能源大规模接入影响电网安全稳定运行的重大挑战，牵头完成了新能源研究与试验基地建设方案制定。围绕“源网荷储”能源产业链，开展新能源研究中心、并网实验室和应用研究基地建设。全面涵盖风、光、储等多种新能源，部署了18项重点研发计划。启动示范工程建设，预期2019年完成阳江第一期建设内容，加快绿色风电能源消纳和并网，初步构建功能和形态完备的产业基地。

布局人工智能技术研究。以人工智能技术作为赢得创新主动权的重要战略抓手，主持编写南方电网人工智能技术研究方案，在语音、视觉、声纹、自然语言、大数据等领域率先系统部署74项重大研发计划，推动企业各领域智能化升级。深度融合业务需求，开展25项前沿技术研发与装备研制，预期将在生产运维、客服服务、智能园区等领域产生一批的创新成果，进一步增强科技创新服务电网的能力。

重大基础研究课题攻坚。掌握创新竞争先机，布局开展智慧调度系统研究与开发，完成“新一代云化配用电系统”整体设计，启动三年攻关计划，预期将构建配用电领域互联网化的产业新生态。推进“自适应需求响应集群调节”关键技术攻关，启动柔性负荷主站系统建设，开展25万千瓦用户侧柔性负荷接入系统改造，以技术创新平台促进需求响应资源的共享和互利。开展“电网作业智能立体安全监察系统”建设，用大数据和人工智能改变公司安全管控模式，解决风险预控手段不足、隐患监控存在盲区的问题，进一步筑牢电网安全科技防线。

基础管理

“创一流”专项支撑行动。立足“创一流”关键指标提升目标，聚焦生产一线实际问题，精准定位各业务领域创新需求，精益提炼186个热点问题，形成96个重点研究方向，进一步充实“十三五”创新驱动行动计划；新建科技项目134项，重点改善和解决电网调控能力不足、设备智能化水平不高等影响公司现实生产力的问题，锻炼和培育了一批科技创新人才和团队。强化考核精准帮扶，优化指标体系，强化评价考核。通过对国网系统优秀企业的实地调研，结合实际，优化指标体系，引导直属各单位加大研发投入，加快科技成果转化。在南方电网范围内率先将专利指标融入地市供电局“创一流”评价体系，强化考核激励，多措并举实施精准帮扶，员工创新创意快速转化为专利申请，充分释放基层创新活力。围绕关键领域探索专利质量提升路径。珠三角和茂名、云浮、清远等9个地市供电局精益标杆专利指标达到世界一流水平。实施24个大项目课题专利布局，提升核心技术保护水平；设计专利地图，构建专利分级评价机制，引导高水平专利创造；持续推进关键技术海外布局，在超导等领域申请8件国际专利。年度专利申请数在全省仅次于华为、格力和欧珀等科技公司，创新活力跻身全省前列。

科研成果共享开放。推进电力超导技术研究实验室建设，在东莞110千伏石碣变电站完成超导材料与新技术、制冷与低温技术、超导电力装置研究等三个子实验室建设并投入运行，面积为6800平方米，具备超导材料电磁与机械性能测试及后处理、超导磁体电磁性能检测、交直流大电流励磁试验能力；承担了国家重点研发计划“超导直流限流器的关键技术研究”等国家级及省部级科技项目研发；牵头制定团体标准“超导带材磁路法临界电流均匀性测试方法”并开展循环比对实验。

推进职工创新。持续为基层创新松绑加力，赋予基层单位职工创新项目经费管理自主权，职工创新管理的经验和做法在全国新时期产业工人队伍建设现场会上进行交流推广。全年开展创新类项目788项，职创项目人均参与率同比提升51%。职创成果推广应用模式常态化运作，新增163项成果在属地推广应用，39项成果在全省范围内推广应用，23项优秀成果直接实现转移转化。27项获得全国电力职工技术创新奖。

科技项目研发合作机制。构建重大项目协同研发机制。强化国家重点研发项目过程管控，构建大项目课题跨单位协同、分层负责的研发攻关机制，建立大项目课题研发和管理组织架构，完善协同研发、风险预控、质量管控等保障措施，细化关键节点和目标任务，形成大项目课题标准化工作规范，实施24个大项目课题，在分布式储能、智能配电网装备、智慧调度、北斗高精度定位等技术领域开展研发攻关，高效的科技协同研发体系初步形成。改革科研合作方式，采购周期大幅缩短。建立符合科研活动规律和特点的科技项目研发采购模式，率先在南方电网范围内将研发合作对象的遴选方式由公开招标改革为竞争性谈判，一次采购成功率由35%提升至93%，采购周期缩短33%以上，科研有效时间和效率大幅提升，采购模式在南方电网系统内进行推广。

高层级科技奖励成果。加大高层级高等级科技奖励的整合策划力度，重点提升科技奖励申报质量，科技奖励成果形式审查一次通过率达82%，同比提升15%，国际领先水平成果占比率达45%。“特大型交直流电网技术创新及其在国家西电东送中的应用”获国家科学技术二等奖。“50兆瓦级生物质直燃发电技术研究及工程示范”“动力用煤降损与环境污染治理关键技术研究及工程应用”获广东省科学技术一等奖。“配用电数据集成、管理及可视化关键技术研究与应用”“大型电力变压器运行可靠性提升关键技术研究及工程应用”等10项成果获中国电力创新一等奖。“大型电力变压器典型突发破坏性故障预防关键技术研究及工程应用”“基于在线管控的继电保护技术支撑体系研究与应用”获南方电网科技进步一等奖。“电力线路连接金具超温警示装”“防止厂站蓄电池脱离母线多维检测高级判别技术研究及装置应用”“新型坐姿登杆器的研制”“厂站远动装置动态延时响应调度主站技术与应用”“变电站交换机一体化运维技术研究与应用”“IT 运维服务质量数据分析决策系统”“多点网格在线流速测量装”等7项成果获全国电力职工技术创新成果一等奖。“继电保护端子智能化防误方案研究与实践”“基于多旋翼无人机开发的补光装置及勘灾应用模块”“配网线路电杆防风拉线快速安装”3项成果获南方电网职创一等奖。

技术支持

解决现场难题。能源技术公司开展“动力用煤降损与环境污染治理关键技术研究及工程应用”项目，研究了动力用煤在储运过程中的阻燃、抑尘和抗雨水冲刷等关键技术并完成工程应用，解决了动力用煤燃料储运过程中的物理和化学损耗等历史难题，取得了集理论研究、数值模拟、试验室评估、工程应用的多项创新技术成果，实现了节能降耗和环境污染治理的目标。项目成果首先在火电厂推广应用，降低由扬尘、雨水冲刷、低温氧化引起的燃煤损耗95%，减少扬尘、含煤污水、SO_2等污染物90%以上，还推广到港口、道路、建设工地等领域，签订相关的治理服务合同数十项，经济效益和社会效益显著，具有良好的推广应用前景。佛山供电局开展“石墨碳纤维复合柔性接地技术研究”项目，该石墨接地材料可替代传统钢材类接地体，有效解决其易腐蚀、土壤结合度差、冲击散流长度短、施工难度大等现场问题。

应对突发故障。电力调度控制中心开展“大电网解列后分区电网稳定分析及控制技术研究”项目，提出考虑直流紧急支援、负荷频率电压交互特性的受端电网紧急控制模型，保证主动解列后受端电网的频率电压稳定，该方法应用于《珠澳地区孤网运行及黑启动应急预案》，成功应对台风“山竹”对珠澳地区的影响。广东电力科学研究院开展“大型交直流SF_6电气设备化学衍生物在线监测与缺陷早期预警技术”项目，攻克了交流设备固体绝缘缺陷诊断难题，突破了直流设备化学诊断技术瓶颈，解决了SF_6复杂衍生物痕量检测难题，研制出全新思路的SF_6无损在线监测装置，该成果已大规模应用于南方电网，成功预警放电和过热重大缺陷15起，大幅降低超/特高压套管突发故障。

指导生产运营。广东电力科学研究院开展“台风灾害监测与防控关键技术研究及应用”项目，建成了面向省级区域电网的台风立体监测网络，精准开展沿海防风加固，提供高密度实时监控预警，研发了主配网不停电加固装置，精准预估灾害范围及规模，提前布局抢修人员及物资。该成果全面服务于广东电网“灾前防、灾中守、灾后抢”的生产应急指挥的全过程，开辟了电网台风监测与灾害防治技术体系，对提升我国沿海地区电网台风灾害的监测与防护水平具有引领性作用。能源技术公司开展“氢燃料电池移动应急电源研发”项目，攻克氢燃料电池输出特性较软、系统集成与控制组态的难题，实现了产品自主设计、集成、组态，9月，通过第三方测试，研制出国内首台100千瓦级氢燃料电池移动应急电源。本产品具有“柴油发电车+UPS电源车”组合功能，并具有无排污、低噪声特点，特别适合重要会议、活动、市区繁华地段保供电场景，提高了保供电水平。能源技术公司开展“燃煤电站硫氮污染物超低排放全流程协同控制技术及工程应用”项目，形成了具有自主知识产权核心技术，解决了燃煤电厂烟气污染物超低排放控制关键难题，科研成果在广东省60余台燃煤机组得到应用，经济社会效益显著，为广东电网公司电网安全、经济、环保运行做出了突出贡献。

提高生产效率。机巡管理中心开展“电网台风灾害监测与防控关键技术研究及应用”项目，首次系统提出无人机自主巡检方法，为输电电路无人机高效自动巡检奠定了基础。研制了用于输电线路长距离巡检的多机种无人机巡检系统成套装备，1月，建成南方电网无人机规模化巡检的空域调度指挥和数据智能化分析平台，重大紧急缺陷发现率是人工的65倍。2016年以来，累计巡检输电线路里程全国第一，完成台风勘灾211架次4084千米，效率较人工提升7倍，开创了电网机巡规模化勘灾先河，被授予“南方电网机巡作业示范基地”，成为南方电网机巡作业标准模式。1月，建成南方电网首个卫星数据接收处理平台，初步构建电力行业卫星数据应用体系。该平台打造气象卫星数据高效利用的能力，为公司安全生产提供重要技术支撑，构建了电力系统天空地一体化大数据防御体系。完成基于北斗高精度位置信息的电网作业风险管控技术前期研究，着手开展基于电网布局的精准定位CORS站建设，为作业人员、工具及杆塔等动态监测提供重要技术手段。

成果转化

科技成果产业化体系。发挥“试验田”作用，率先建立科技成果产业化体系。科技成果产业化体制机制创新取得实质性突破，8月，率先成立了南方电网首个以混合所有制为基础、培育孵化高科技产业为目标的能源科技孵化器公司，佛山、东莞分孵化器投入运行。引领和带动科技创新向质量效益转变，构建了科技成果无形资产向竞争性业务输出转化机制，智能巡检机器人、智能充电桩等76项科技成果转化为竞争性企业进行市场化运作，首批产品已实现量产，有力支撑竞争性业务发展。成果推广应用成效显著，全年累计完成152项科技成果新技术试点应用。制定科技成果新产品首购实施工作方案，实现新产品首购直签模式的突破，扶持竞争性企业快速发展。探索构建离岗创业、股权激励、科技成果新产品采购机制，突破科技成果转化奖励分红机制，向创新主体释放改革红利，激发了研发团队创新动力。

科技竞争型创新链。建立市场导向的创新投入模式，初步形成科技竞争型创新链。以增强竞争性业务市场竞争活力、提升创新质量为目标，构建市场导向的风险共担机制，采取跟投及分步投入相结合的模式予以支持，同时鼓励竞争性企业自主探索创新方向和先行自筹投入。以提升竞争性业务创新效益为核心，建立后评价机制，定期开展竞争性企业创新效益评估，动态调整支持力度。加大对直属全资竞争性企业的扶持，定制科技项目19项，投入6672万元，以科技创新力促竞争性业务板块关键指标提升。

科技成果目录应用。推广应用科技成果目录，全力支撑各业务发展。2月，制定新技术试点应用目录，明确科技成果原理与特点、主要性能和指标、适用条件、试点应用情况、应用类型、投资与运行效益评估等内容，包含输变电、配用电和电力系统、自动化及信息技术领域58项科技成果。安排专项科技资金支持推广应用，5163台/套装置在8个专业领域实现推广，全力支撑电网各专业领域创新发展。

科技交流

11月，承办第十一届电力系统技术国际会议（POWERCON2018），本次会议为世界各国电力专家学者搭建了一个高水平的平台，公司100多名技术骨干与600余名来自全球20多个国家和地区的专家学者参加会议，围绕“能源转型与电力可持续发展”相关主题进行交流互动。会上，公司代表做了关于南方电力现货市场的研究与实践的主旨报告。12月，承办粤港澳大湾区电力创新高峰会暨南方电网国际技术论坛之分论坛五——储能、超导、新能源、人工智能技术交流会，邀请国内外专家宣读优秀论文。

◎ 2018年12月6日，佛山供电局举办IT30周年暨新技术交流活动

信息化建设

“云大物移智”建设

“云大物移智”规划。2018年，广东电网公司根据“信息化排头兵”的定位，持续优化企业管理信息系统，加快“云大物移智”融合应用，持续推动信息技术与生产经营深度融合，并以此驱动电网各业务领域发展，实现了国内领先，为企业从信息化向数字化转型打下了基础。宣贯南方电网公司“十三五”信息化规划修编成果，统一思想和行动。4月，修编“十三五”信息化子规划，构建双模IT的技术架构。组织国际一流互联网企业和高校专家完成了对修编成果的审查，围绕“数字南方电网”一个目标，制定6个发展重点和67项关键举

措。完成“云大物移智”融合应用开展顶层设计。6月，制定“云大物移智”融合应用总体工作方案，明确“云大物移智”融合应用“12345”战略实施路径。9月，制定人工智能技术支撑工作方案，通过建立一套人工智能技术标准，建设一个人工智能创新平台，打造12项人工智能应用示范工程，持续推进“数字企业、智慧企业”建设。至年底，信息化重点工作完成率100%，数据质量水平97.9%，关键应用系统运行率100%，协同场景线上应用率96.7%，未发生重大及以上网络安全事件。全年共获得省部级以上奖励31次，专利78项，软件著作权91项，同比增长24%、300%、197%。

中心、平台和重点项目。完成企业云专项规划，明确企业云能力蓝图、技术架构及实施路径，率先在南方电网建成南网云分中心。通过“云平台+大数据+微服务”技术架构，打通“源网荷储”链条，实现信息化对综合能源业务的全面支撑。开展佛山、东莞、汕头、韶关智能配电网示范区信息化配套项目建设工作。加快开展云平台建设，企业基础设施云平台于7月1日上线试运行，佛山、东莞分中心同步启用，云平台服务器规模达到110台，为直属各单位创新业务提供有力支撑。承担国家能源局首批“互联网+”智慧能源（能源互联网）示范项目试点，持续推进珠海“互联网+”智慧能源示范项目建设，完成信息层与应用层初步设计评审，确定整体及各层技术架构。应用人工智能、大数据、移动互联等先进技术，有效支撑电力市场交易、需求侧管理平台、现场作业等前沿业务创新发展。对接广东数字政府建设，建立营商环境主题服务系统建设工作联系协调机制，与省政务服务数据管理局、数字广东公司对接，落实《广东省“数字政府”建设总体规划（2018—2020年）》实施任务，完成年度“获得电力”主题任务，实现供电服务进驻省政府服务网和“粤省事”微信小程序，向社会提供一站式服务。

网络安全

以合规管控、风险管控、事件问责为抓手，将网络安全事件纳入电力安全生产事件问责范围，完成企业各级单位和人员网络安全责任书签订。建立网络安全信息通报机制，建立网络安全督查机制，共对16个直属单位、25个县区供电局开展了网络安全督查，发现问题172项。制定工作方案，指导竞争性企业提升网络安全管理和技术防护水平。11月底完成企业级应用灾备系统部署，具备企业级系统应用容灾能力。年底前完成自建系统关停工作。完成南方电网IT设备设施国产化改造试点工作，实现企业级人力资源管理系统和资产系统国产中间件平稳切换。制定开发、上线、运维、测试等7个国产化标准，消除紧急高危漏洞27个，提升国产化基础软件整体性能。企业级信息系统国产化改造项目通过竣工验收和科技成果鉴定，标志着公司迈出“自主可控”的关键一步。坚持1000号问题导向，1000号服务工单量同比下降24%。公司网络安全团队在广东省第二届“红帽杯”网络攻防大赛中包揽了政企组冠、亚、季军，在全国网络安全员法制与安全知识竞赛中取得二等奖（全国排名第7）的优异成绩。

信息系统建设

优化“6+1”系统。6月，编制了“四个统一”信息化工作子方案，协同业务部门完成推演，完成8个主要信息系统改造需求分析与设计工作，共计改造68个功能项、165个功能子项、100个集成接口。制订企业级信息系统建设质量指引，从系统安全、性能、协同、数据、移动化、用户界面等六个方面入手，提升系统建设质量。7月，营销管理系统实现电费省级集中自动化核算，系全国电力系统首创。实现电费核算工作由地市分散复核正式向省级集中自动化核算阶段迈进。完成营销域移动应用试点建设，打造营销移动作业与业务监控“2+2+1”功能，初步实现“业务在哪、数据在哪、管控在哪”。升级财务管理系统V2.2大版本。财务管理系统实现350项新业务需求，进一步提升了系统性能。开发并上线运行人资系统社保年金模块、班组绩效模块。完成设备全生命周期信息流转应用的试点建设工作，实现8大类资产级设备的设备身份证编码编制及全生命周期信息流转。整合现货市场相关系统，保障了现货市场建设如期进行。

整合数据管理。制定行动计划，组织力量全面梳理、集成企业管理大区和生产运行大区的数据，共计5.4万个数据表，先后完成主数据管理办法、主数据标准规范、主数据清单、元数据清单、数据资产目录、数据中心采集优化、数据库加密、数据脱敏、安全审计系统部署等9项重要试点工作任务，实现数据可观、可控、可用。整合数据管理能力，接管海量准实时平台，接入GIS图模、机巡视频图像、计量、调度等15个数据源，累计汇聚数据154.8TB，支持全省43个专题落地数据云平台。承担南方电网公司运营管控平台省、地试点工作，确保网、省、地三级架构同构、数据同源、风格统一、业务承接，为数据治企提供全面支撑。完成生产监控指挥系统三批功能开发。完成营销运营管控平台三期建设并实现上线运行，针对“停电敏感”与“投诉倾向”两大业务主题，输出22个画像标签，为开展客户细分和差异化策略制定提供了支撑。完成物资域运营监控平台推广，完成生产监控指挥系统开发及部署，开展人资、基建、科技、信息、农电、审计等领域运营监控系统推广。

协同治理

承担南方电网公司重点治理的59个协同场景的联调验证工作。7月，制定专项工作方案，组建跨业务协同专项治理领导小组及8个专项治理工作组。推进协同应用实用化，制定评价标准，推进协同场景实用化。建成南方电网首个协同应用运营监控平台，实现接口上线情况和活跃情况的实时跟踪分析。持续优化省地协同工作与考核机制，着力解决系统深化应用“最后一千米”的问题。“财务-资产”系统协同应用问题12大类25个问题子项，有22个问题子项得解决，剩余3个问题子项处于开发或业务验证阶段。

电力系统接地基础理论、关键技术及工程应用

2018年1月8日，“电力系统接地基础理论、关键技术及工程应用”项目获国家科学技术进步奖二等奖。该项目由清华大学、国网陕西省电力公司、中国电力科学研究院有限公司、广东电网有限责任公司、电力规划设计总院、海南中海电力工程有限公司、四川桑莱特智能电气设备股份有限公司组成项目攻关团队，经20年研究，突破了电力系统接地分析理论、降阻均压及运维检测技术等方面的关键难题。项目揭示了雷击下土壤放电机理，提出复杂土壤中接地系统参数的计算方法，首创了岩土地区爆破接地降阻技术，发明了接地系统诊断技术。发表SCI论文50篇、出版专著7部，获发明专利28项、软件著作权14项，获国内外个人荣誉奖9项。成果应用于全国1700余个电力工程的接地设计、降阻和检测，以及青藏铁路、奥运场馆、20余国的防雷接地工程中，通过编写21项国际、国家和行业标准被国内外广泛应用，经济和社会效益巨大。

经营管理

人力资源管理

干部队伍建设

干部管理。先后修定了公司《领导人员管理规定》《科级及以下干部管理办法》《各级领导人员日常重要监督信息报告管理办法》《直属单位领导人员因私出国（境）管理实施细则》4项干部管理监督制度，加强制度在基层单位的宣贯。严格执行干部人事档案“凡提必审”、党风廉政意见“凡提必听”、线索具体的信访举报“凡提必查”。落实党委书记、纪委书记在人选廉洁自律结论性意见上“双签字”制度。规范干部人事档案管理，严肃人事档案工作纪律。拓宽选人用人视野，面向南方电网公司总部和公司系统开展处级领导岗位公开竞聘。选优配强地县两级班子，共调整处级干部490人次，其中提拔173人次，交流230人次。新提拔40岁以下处级干部44名，占总数25.43%，其中“80后”有23名。广东电网公司40岁以下的正处级干部数量位居南网各分子公司之首。

干部培训。严把学员条件关，举办第6期中青班和第8期年轻班，培训学员155名。开办处级干部学习贯彻党的十九大精神轮训班共7期，实现处级干部全覆盖。根据地市供电局领导体制调整需要，突出务实管用，开展地市供电局新任党委书记和新任局长培训。依托大连高级经理学院，组织53名竞争性业务干部开展管理能力培训，提升市场意识和创新意识。首次采用“充电站式”的形式，组织本部和中心机构科级干部和专责进行“不忘初心、绿色电网、智慧学堂、管理之道”四站式培训，实现自主选学和走读制培训相结合，缓解工学矛盾。加强基层党支部带头人队伍建设，举办4期党支部书记示范班，同时按照统一管理、统一课程、统一师资、统一内容模式，指导地市供电局开展培训50期，实现公司2600名党支部书记轮训全覆盖。

干部考评。首次按分管专业排名确定地市供电局副职的业绩考核结果，完成39家直属单位领导班子和383名领导人员年度综合考核评价考核工作。首次从团结协作、经营业绩、作风形象、干部人才队伍建设4个方面分析地市供电局班子的优缺点，并提出意见建议。探索建立班子能力状态评估办法，对班子状态进行定期、分级监控。完成年度干部选拔任用“一报告两评议”工作，2017年公司选人用人工作总体评价“好和一般”率为98.76%，新提拔任用干部“认同和基本认同”率为94.7%。

干部监管。5月，开展领导干部配偶、子女及其配偶经商办企业情况专项摸底调查，完成公司管理的处级领导人员和科级县级供电企业领导班子正职共计653名干部的摸底调查。全年开展干部谈心谈话444人次，批评教育1人，对11名处级领导人员进行了提醒、函询、诫勉。加强干部因私出国（境）证件管理，推进证件智能化、信息化管理。

人才管理

坚持“党管人才”原则，用好用活各类人才。3月，编制公司人才工作指导意见。4月，制定《关于加强专家管理的若干意见》，实现对专家的闭环管理，激发专家在重要工作中发挥作用。8月，制定技术专家“十百千工程”①三年规划，加速新形势下人才成长。年度选聘43名广东电网公司级技术专家和323名地市供电局助理级技术专家，盘点南方电网公司级技术专家后备人才，选拔推荐22名专家开展重点培养，进一步加强了专家的梯队建设。全年举办助理级技术专家培训班4期、专家专业交流学习12期。通过专项培养、挂职交流、业务指导、专项培养等方式，实施人才区域联动359人次。开展“名师带徒”，组织6名广东电网公司级技术专家对38名技术骨干进行分组培养。自主开发技术专家选聘信息系统，首次实现技术专家的选聘无纸化。加强博士人才的培养，结合公司重点研究领域，引进4名在职博士进站开展博士后研究工作。加强在站研究生对科技创新和人才选拔的支撑力度，全年引进研究生80名，进站毕业生留用率63%。与清华大学、华中科技大学联合办学，组织技术

① “十百千工程”：广东电网公司到2020年要打造不少于5个国内一流科研团队，引进不少于5名海内外高层次人才，培养不少于10名享受国务院特殊津贴专家，选拔不少于200名优秀年轻人才，选聘不少于1500名技能专家。

专家50名、青年后备人才50名开展集中培训。至年底，各级技能专家991人，同比增长43%；各级管理专家263人，同比增长163%。

劳动组织

组织机构调整。公司层面，1月，调整公司本部职能部门、内设科室设置，完成公司本部“三定”①工作。7月，调整调控中心内设机构，适应市场化电力调度要求，推进电力现货市场建设。8月，按照管办分离的原则，明确了公司本部职能部门与直属中心机构职责界面，厘清了职能归口和业务支撑机构权责划分。先后组建成立财务、审计、法律、计量、社保等省级业务支撑机构，明确了功能定位、主要职责。先后明确管科院增挂精益管理学院、电科院增挂生产监控指挥中心、机巡中心增挂智能作业管理中心、应急中心更名为应急及检修管理中心并增挂带电作业中心牌子，相应调整了内设机构设置。地市供电局层面，2月，制订实施直属供电局部门职责、班组典型设置和岗位规范化设置方案，除中山供电局外，各地市供电局机构年内完成调整。提升部分县区供电局管理规格。8月，实行东莞供电局“片区供电局+镇区供电服务中心”组织模式调整。同月，进一步明确了镇级供电所业务组织模式。竞争性企业方面，8月，组建成立广东电网产业投资有限公司。规范竞争性业务管理界面，明确产业部与相关部门竞争性业务横向管理界面，省、地、平台、竞争性企业纵向管理界面，以及相关部门对竞争性业务发展协同职责。对能源投资公司等单位进行更名、整合，重新明确功能定位。

岗位体系建设。8月，修订直属供电局各级机构班组典型设置方案和岗位规范设置方案，完善地市、县区供电局层面53种班组、231种专业技术类岗位、15种管理类岗位的规范名称、设置模式及主要职责。8月，进一步明确县区供电局内设机构负责人职数配置标准，以及东莞片区供电局、镇级供电服务中心各级负责人职务级别及职数配置。11月，修订广东电网公司岗位说明书，明确岗位职责和任职资格。同时，修订岗位归级表，优化调整岗级区间，强化岗位价值与岗位责任、素质要求、工作难度、劳动强度等的联动。

① “三定”：即定机构职责、定岗位设置、定人员编制。

劳动用工

定编与用工结构调整。定编核定方式。按照南网新配置标准，优化定编核定方式。结合业务重构情况，合理调整各类岗位定编，优化各专业人员结构，促进人力资源均衡配置。核定直属各单位定员，严控地市供电局本部定编。新增用工按用工总量“负增长”及增员总体不超过2017年自然减员70%补充的管控策略。各地市供电局制定年度定编方案，开展人员组（竞）聘。通过严格控总量、调结构、优配置，广东电网公司用工总量同比减少2.6%，结构性缺员情况得到缓解。内部人才流动方面，6月，开展本部专业技术岗位公开招聘工作。7月，出台公司员工组（竞）聘工作指导意见，结合各级机构优化调整，规范实施流程与工作要求。理顺主网集约化人员管理关系，通过竞聘择优上岗的方式，理顺了14家地市供电局所属县级子公司共计1974人的主网专业化人员管理关系，占县级供电企业在主网生产业务岗位总人数的51.15%，解决了主网业务管人与管事不一致的问题。

毕业生招聘与市场化用工。9月，提前到院校开展宣讲及提前批直录工作，录用到位的985、211和目标电力院校毕业生占比上升至51%。创新毕业生暑期实习模式，组织985院校260名毕业生分赴19个地市供电局完成暑期实习，近距离感受公司企业文化和工作氛围。落实毕业生待遇倾斜措施，通过扩大待遇倾斜范围、提升待遇倾斜标准、设置薪酬保护线、调整待遇发放安排等措施，激励员工服务基层。对到县级子公司工作的毕业生和县区分公司工作的本科及以上毕业生，按艰苦边远程度，分类分学历一次性发放生活补贴。市场化用工方面，建立健全竞争性业务市场化用工机制，7月，出台竞争性业务市场化用工和薪酬管理指导意见。8月，信通公司、能源投资公司、能源技术公司、调控中心开展公开招聘工作，其中，能源技术公司和调控中心首次面向南方电网公司系统单位公开招聘。2018年，公司用工计划完成率98.41%。

薪酬绩效

薪酬分配机制。2月，出台地市供电局中层人员薪酬待遇优化措施，破除机制障碍，促进地市与县区供电局干部交流。7月，出台公司竞争性业务市场化用工和薪酬管理指导意见，与企业效益和人员效率紧密挂钩，赋予竞争性企业充分的分配自主权。完善以效益为导向的工资决定机制，12月修定公司工资总额预算管理实施细则，对管制类和竞争性业务实行分类管理。优化绩效工资分配模式，修订公司工资支付管理实施细则，将绩效工资分配自主权下放到基层单位和直线经理，充分发挥绩效工资的激励作用。优化岗位归级标准，更好地适应机构优化调整和“四个统一”工作的推进。

激励机制。加强员工绩效管理，通过深化班组“工分计酬”考核激励模式应用，在一线班组实现全覆盖，优化专业技术人员量化考核模式，逐步解决评分方式粗放、考核结果的区分度不高等问题。优化星级员工评选规则，追溯历史贡献积分，适度扩大高星级员工的评选数量，强化星级员工的示范引领作用，全年评选星级员工人数约0.99万人。12月，在南方电网公司系统率先建成员工积分管理和积分商城信息系统，提高员工积分管理效率，更好地满足员工多样化、个性化的激励需求。拓宽员工职业发展通道，激励员工岗位成才。实现管理专家选聘专业范围全覆盖，新增各级管理专家163人，优化技能专家的选聘与考核，新增各级技能专家235人。通过发放专家津贴，激励专家在传艺带徒、技能攻关、科技创新、评价考核等方面发挥作用。2018年，公司全员业绩考核覆盖率保持100%。

培训评价

提高培训的体系化运作水平。转岗适岗培训方面，5月，制定年转岗适岗培训指导意见，重点针对配网规划、计量运维、调控一体化、机巡作业、机器人巡检等新业务、新技术、新设备的应用。全年完成转岗培训376期1.56万人次、适岗培训62期1140人次，并开展了电力现货市场试运行新业务和产业管理人员能力提升等系列培训。培训经费持续向一线倾斜，占比达到71.6%，开展员工技能培训20.3万人次，其中班组自主培训达16.4万人次。着力抓好新员工培训，统一举办新员工“入职礼”和“拜师礼”，提升其企业归属感和荣誉然。对2千多名新入职员工，沿用集中培训、专业轮岗、跟班见习、评价上岗的标准培养模式，全过程实行准军事化管理。对新上岗员工，按专业分期、分批、分阶段组织开展“回炉”培训，加强规范性作业训练和核心实操技能训练。组织11个地市供电局104名变电、输电岗位的青年员工，到工程建设项目的施工现场开展现场培训。加快培训资源建设，全省供电所有可用实训场覆盖率达到100%。滚动调整后在库内训师达6433人，实现各专业序列和班组全覆盖，并创新开展金牌内训师大讲堂。挖掘班组培训的盲区和难点，发动基层骨干分专业模块化开发教材，共计新开发培训教材158个、拍摄教学视频198个。搭建了多元化的网络学习平台，挂载各类培训教材供员工在线自主学习，员工在线自主学习累计达111万人次279万学时，在线考试21万人次。

岗位胜任能力评价。2月起，开展低压集抄运维转岗人员调考，共调考5999人，合格率为83.6%。开展配电运维等6类班组抽考比武，共抽考917人，合格率为94.7%。在此基础上，于9月举办了配电运维和低压集抄2个项目的新员工擂台赛。将抽考比武合格率与抽考人员比例范围直接挂钩，对合格率偏低的进行扩大范围再抽考，同时将抽考结果与培训计划联动，及时补齐员工技能短板。11月，完成1.45万技能人员首轮岗评资格复评工作，合格率为88.4%。对不合格的组织专项培训并重新评价上岗，提高了持证上岗质量。常态化开展各类考核评价，年内开展岗评13 445人次，通过率48.9%。申报中高级职称6988人，通过率64.8%，新增高级职称1017人、中级职称3513人。申报技师和高级技师11 591人，理论考试通过率63%。开展安规考试73 130人次、系统内外两种人考试20 976人次、其他考试15 052人次。

◎ 2018年7月5日，阳江供电局专家楼及新电教室正式启用

社保年金管理

密切关注国家社保政策动态，用足用好政策并推动实施。落实国家阶段性降低社保缴费比例的部署，组织各单位办理费率减免。规范社保年金档案管理，全面清理1988—2018年度社会保险、企业年金和企业补充医保历史文献、资料和档案。规范补充医保费用管理。10月，制定补充医保特别管理措施（负面清单），明确禁止类和限制类保障项目，合理引导职工保障预期。

财务管理

电价执行与管理

电价执行。贯彻落实国务院《政府工作报告》中关于一般工商业电价降低10%的工作部署，降低一般工商业电价，配合省发改委落实4批10项降价措施，全省（除深圳外）一般工商业降价8.19分/千瓦·时（含税含基金），合计年降低用户用电成本113亿元。配合完成清费和转供电清理工作，加大全方位、立体式宣传力度，配合政府主管部门明确公摊费用分摊模式，做好电费追溯清理及公示等工作，将降价政策红利传导至终端用户。配合工信部、发改委做好降电价、转供电清理的第三方评估前期调研工作，广东电网公司尤其是汕尾供电局清理转供电工作成效得到调研组的充分肯定。清退临时接电费19.5亿元，清理转供电环节不合理加价工作得到国家高度认可，在工信部开展第三方评估中，公司满意度高达97.18%，并作为优秀典型全国推广。

电价改革。总结分析输配电价改革执行情况，全面回顾输配电价首个监管期第一年执行情况，深入研究核价及执行过程中存在的问题。开展输配电成本分电压等级核算试点工作。按照南方电网公司部署，率先开展试点工作，完成各电压等级资产清查核对、各电压等级传输电量统计、系统功能改造测试应用等相关工作。主动参与增量配电网改革，按照国家发改委关于增量配网定价指导意见，比较了不同定价机制的适用性，结合珠海金湾东、肇庆北部工业商贸区增量配网试点项目规划建设等情况，开展了项目定价机制研究，完成项目投资回收价格水平测算，并向政府提出定价有关意见。

预算与资金管理

预算管理。6月，制定年度落实供给侧结构性改革深化瘦身健体提质增效工作方案，从抓安全、拓市场、降成本、推改革、促转型、补短板、强创新、防风险等八大方面，提出39项98条措施，狠抓措施落地。坚持问题导向，坚持保压结合和“四确保”，加大资源筹措力度，将预算资源向电网薄弱环节倾斜，安排配网投资197.99亿元、配网修理费用38.1亿元，占比均超过一半。其中，安排抗风加固专项修理费670项，完成沿海地区I类风区所有变电站、II类风区保底网架变电站附属设施加固或改造。安排智能电表专项材料修理费预算，改造智能电表580万只。6月30日，实现智能电表及低压集抄双百全覆盖。

资金管理。加大资金统筹规划和集中管控力度，抓好现金流精细调度，针对国内资金面偏紧的情况，提前做好资金测算及融资规划，并进行多渠道融资，确保投资需求所需资金。优化债务结构，完成资产负债率管控目标。强化资金收支运营管控。财务、市场营销等部门利用低压集抄全覆盖，加快资金回笼，提高资金回收率。加强资金计划管理，严格资金刚性执行，资金支出计划准确率98.5%，提升资金效益。稳步开展票据结算推广工作，规范票据结算业务流程。进一步优化债务结构，减少财务成本，提高了资金利用效益。

财务基础管理

财务共享服务运作机制。3月，成立财务共享服务中心，全面梳理共享服务业务范围、管理职能，8月，制定财务共享服务管理办法，统一内部运营制度与工作规范。向纳入共享范围的14个会计主体提供规范化、标准化服务，全年先后编制了经营性报账、资本性支出、资金支付控制等专项工作手册，统一规范成员单位差旅费、业务招待费、通信费等日常费用和基建、技改、科技、信息化等工程项目支出的标准，提升业务合规性。

财务智能化和自动化建设。做好对公司“四个统一”、市场化交易等新业务分析，开展系统改造，增强对公司新业务、新需求的信息化支撑。探索应用“云大物移智”前沿技术，先后上线推广移动审批功能、“一键生成”竣工决算报告、移动智能填单、自助报账终端、报账机器助手、报账机器助手、发票池管理等应用，完成一站式智能移动商旅服务平台项目系统功能开发，财务智能化和自动化水平不断提升。

财务管理创新研究。适应改革发展，主动研究公司未来财务经营发展面临的重大战略性和前瞻性问题，完成基建工程标准成本深化、项目投资管理全过程分析模型设计等6个重点课题研究，全面运用新思维、新方法解决发展过程中存在的问题，推动公司财务经营管理水平再上新台阶。完成基于时间价值的资金精益管理、农配网修理材料成本精益管理、电网基建工程成本精益管理、一站式商旅平台等4个精益项目研究，固化改善成果，推动项目有效落地，财务经营精益管理水平全面提升。

经营风险防范与内部控制

防范金融风险。贯彻落实南方电网公司关于加强金融风险防范的20条重点举措，结合广东电网公司业务实际，9月，制定7方面13条具体措施，构建起事前、事中、事后的防控机制。定期排查风险，堵塞管理漏洞，全年未发生财务金融风险事项。落实降杠杆减负债要求。制定并落实2018年降杠杆减负债目标及工作措施，通过整合企业资源，统筹协调发展，截至年底，资产负债率超过100%的子企业户数同比减少6家，资产负债率超过80%（低于100%）的子企业户数同比减少3家，资产负债率超过国资委警戒线70%的子公司相应减少3家。年底前，通过增资、债转股等措施，将资产负债率超过100%的子企业全部压降到70%以内。完成国家部署“两清”[①]任务。按照国家部署，筹集资金，完成民营企业逾期账款清付和到期应付质保金清理任务，化解了资金支付风险，支持了民营经济发展，该项工作得到国资委检查组充分肯定，特发专报表扬。

经营管理和风险管控专项行动。全年统筹推进经营绩效持续提升、清洁能源消纳、有效资产清理、落实国企改革试点、提升设备健康水平、剥离办社会职能和解决历史遗留问题、信息系统实用化和数据清理、资产产权证明清理8个专项行动。完成列入国资委名单“僵尸企业”和特困企业处置治理。账卡物一致率、闲置物业盘活率均超目标完成，三年以上应收账款、预付账款和其他应收款余额同比下降21%。

内控管理体系建设。开展内控体系优化研究，全面梳理公司近年来内控管理体系建设成果，提出未来三年内控管理体系建设规划。组织编制资金全业务链内控评价指引，深化全业务链内控评价。开展年度资金安全、会计基础和内部控制专项检查。组织开展公司系统所有层级单位全覆盖的资金、会计和内控专项自查工作，通过自查、交叉检查、重点抽查等多种方式检查发现存在问题39个，并全部完成整改。

① “两清”任务：民营企业逾期账款清付和到期应付质保金清理任务。

物资管理

物资及招标管理体制改革

招标采购业务“管办分离”。推进物资及招标管理体制改革，4月，制定招标代理机构评价工作指引，建立完善对物资公司招标代理服务的绩效评价体系，规范物资公司的运营管理，提升招标代理服务的运作效率和服务质量。5月，整合物资公司和物流服务中心，组建完成广东电网物资有限公司，实现招标采购业务的“管办分离”。

加大集中采购力度。1月，制定年度货物、工程、服务采购目录及集中采购计划，进一步发挥物资部采购归口管理职能，首次明确省地各层级的采购范围及权限，各专业管理部门对授权采购的项目立项、采购过程、采购结果建立监管机制。2月，制定集中采购物资招标采购管控策略，确保采购全过程标准化、规范化管理，全年物资采购集中度达97.43%。优化招标管理架构及招标采购审批流程。2月，修编完成广东电网公司招标管理细则、非招标采购方式管理细则、采购计划与需求管理细则等3份制度，为物资及招标改革的推进提供制度保障。推进物资和招标管理改革，撤销公司招标管理小组，撤销全省三四级管制类单位的招标领导机构，在公司本部建立招标领导小组加招标业务工作组的管控模式，采购管理界面清晰，流程规范、高效。推进采购“上平台、进基地”。4月，电子商城一级专区在公司本部及直属各单位全面上线应用，零星物资和办公用品采购效率显著提高。12月，完成公司评标基地改造任务，改造完成评标室16间，实现与南方电网公司监控系统连接，配套发布评标基地使用、评标业务操作指引等业务规范，满足全封闭管理和全程在线监督的要求。

需求计划管理

科学把握需求计划。各专业部门完成2018年品类优化，严控品类优化外的物资使用。定期开展物资需求预测与实际采购情况的对比分析，强化对物资需求计划申报规范性、及时性、完整性的审核，实现主网线路材料物资需求预测准确率从20%提升到100%。加强对各单位需求计划申报的指导，降低需求计划迟报、漏报的风险，严控预测外一级框架物资需求的申报和分配。4月开始，对线缆、塔材类物资启用“半月调价”机制，提升物资合同价格与原材料市场价格联动的及时性，避免供应商因原材料上涨而拒绝供货，降低履约风险。2018年，广东电网公司需求计划准确率达60%，物资采购集中度为97.73%，公开采购率为99.49%，招标采购计划完成率为93.54%，库存常规储备物资周转率为525.6%，闲置物资再利用率为98%，7天准时供货率为97.35%，物资合同签订及时率为99.98%，品控计划实施率达100%，项目物资剩余率为6.76%。

采购与供应商管理

4月，完成变电站整站设备招标采购试点，为探讨更为科学、合理的采购模式提供实例，基本达到了预期的目的，优化和减少变电站内的设备品牌，提高产品质量和装备水平。6月，制定方案，系统策划“买好设备”专项工作[①]，从技术标准、运行评价、采购策略、履约品控等13个方面制定了140项具体工作计划，将提升设备质量范围扩展到全部电网物资品类。提高供应商评估、运行评价等客观分数权重，优化分数带入评标计算方式，全年实施运行评价标的数共89个，同比增加66个。首次提出建立“采购项目主人”管控机制，对采购工作实行“项目化管理”，明确采购项目负责人对采购项目的推进实施及过程管控负责。设立“采购问题库”，完善采购工作内控机制，将采购实施过程中遇到的问题及处理方式以问题库形式记录，实现以问题为导向规范采购管理。10月，制定供应商交往行为规范，明确供应商业务拜访、新技术及产品介绍、技术交流、问题约谈等行为的规范要求。加强对不良供应商的处罚力度，处理范围覆盖供货商法人所有物资品类。全年对11家供应商进行市场禁入或不接受投标处罚，对162家次供货商不良行为扣分。11月，推进技术及商务评审标准结构化及标准化，开展“2018—2019年自动化开关柜成套设备框架招标”等3个试点项目，形成不同投标人投标响应情况的结构化对比表，有效减少专家的自由裁量权，提高了评标的质量和效率。

合约与品控管理

创建“12315”[②]品控体系。在南方电网率先建立品控标准库、典型质量缺陷库和省级电网监造规范化管控模式，做实抽检不合格产品闭环处理。对65家次抽检不合格供应商产品进行维修、退换货处理，涉及合同金额2.59亿元。推进长期合同清理工作，完成3825份长期合同的清理工作。全力推进合同统签统付工作，打通地市供电局层面的物资与财务系统的集成问题。实施物资供应预警监控，对重点项目全程提级管控，在投运时间大幅提前、物资生产周期不足等情况下，确保了500千伏甲湖湾电厂一期、500千伏纵江站配套二期、沿海保底电网建设等多项网省公司重点工程的投运。

仓储配送管理

9月，制定工作方案，将业扩配套及配网项目物资纳入储备管理，平均供应时间缩短至7.8天，有效地支撑了优化营商环境工作。12月，制定现代化智能技术在物资

① “买好设备”专项工作：公司2018年提升设备质量专项工作中设备采购专项工作。

② 创建“12315”品控体系：明确1个目标——入网物资“零缺陷”；建立2个管理制度——南方电网公司品控管理办法、广东电网公司品控实施细则；建立3级组织架构——供应链部、中心机构、地市供电局；建立1个省级品控标准库——修编完成品控标准库、专家库、缺陷库；做好五项核心业务——送样检测、设备监造、到货抽检、专项抽检、缺陷处理。

领域融合应用方案，充分考虑省内区域差别，兼顾粤港澳大湾区和粤东西北地区发展情况，开展绿色智能仓库建设，重点推进省级江村仓库、省级计量仓库智能化建设，形成“2+19+N”的仓库建设布局，实现常用应急物资100%通过公司自有储备供应。开展AGV机器人、RFID识别等智能设备试点应用，提升基层班组作业效率。全年共应对7次台风应急物资响应，均能100%及时供应到位。

逆向物流管理

1月，制定年度报废物资集中拍卖工作计划，规范开展全年报废物资处置，明确报废物资处置范围。通过4个计划批次清理库存报废物资，实现国有资产的保值增值。6月，制定逆向物资管理实施细则，进一步明确逆向物资管理流程，退役资产、材料、工程余料、工程结余物资入库前须完成逆向物资鉴定，明确鉴定结果后方可入库，并做好账目核对工作。7月，制定年度逆向物资清理和再利用实施工作方案，加强闲置物资再利用过程管控，在可研、设计阶段充分应用闲置物资，全年共17个地市供电局实现闲置物资清零，闲置物资再利用率达97.1%。

基础管理及创新

承接南方电网公司供应链统一服务平台建设试点工作，为广东电网公司外部拓展业务提供支撑，实现供应链内外部互联互通。完成内外部调研工作和《南方电网供应链互联互通业务集成规范》《南方电网供应链互联互通技术集成规范》的编制。大力推进物资供应链信息化建设开展物资供应链信息流转专项研究，完成基于物资域核心业务编码的信息流转模型的研究，完成基于业务模型的物资系统全过程业务跟踪应用设计。通过项目建设，奠定公司物资域全过程信息流转基础，为开展物资域辅助决策分析以及智能应用打好基础。巩固“三基工程”[①]成果，以7S管理为抓手，推动公司星级仓储配送标杆班组建设。7月，东莞供电局仓储配送班以物资专业南方电网第一的成绩荣获南方电网五星班组称号。9月，完成南方电网物资管理业务线条岗位说明书的修编工作，明确各级物资管理岗位职责与任职资格，为物资供应链发展建立适宜的人才队伍。11月，完成《变电站主设备监造精益化管理创新实践》项目研究，项目将设备监造全过程细化成11个工作节点，明确每个节点的职责界面、工作说明、时间节点等内容，提升了省级监造管理的工作实效，实践成果荣获中国电力企业联合会2018年度电力创新二等奖。

① “三基工程”：三基是指基础管理、基层班组、基本技能。

审计监督

审计项目实施

建立内部审计向董事会或领导班子汇报的工作机制，进一步保障内部审计的独立性和权威性。内部审计方面，全年共204个审计项目，提出审计建议3804条，增收节支7579万元。在管制性业务审计。围绕供应服务能力、安全生产运行、电网质量发展、经营质量和效益、“三大攻坚战”五个方面的中心工作，全年开展营销内控、业扩提速、暖心工程、扶贫资金审计等项目130项。开展“业扩提速”专项审计19项[②]，针对提升业扩办理能力，压减业扩办理时间等问题提出审计建议202条。开展“暖心工程”审计调查19项，针对创建文明办公环境、提供优质用餐服务等方面提出审计建议275条，为提升员工的获得感和幸福感、构筑“幸福南方电网”提供审计

② “业扩提速”专项审计19项：2018年，审计部对公司19个地市供电局开展电力营销业扩领域的审计调查。

保障。开展物资专项审计8项，针对逆向物资管理等方面提出审计建议77条。开展扶贫项目资金管理审计调查17项，针对资金使用精准、脱贫成效精准等方面提出审计建议116条。开展瘦身健体体质增效（有效资产）审计调查19项，针对资产负债率高、“两金清理”、提高低效无效资产价值创造能力等方面提出审计建议175条。开展经济责任审计42项。致力于加强改革风险防控，加强经营管理，全年开展新兴业务利润审计调查7项、新兴业务企业经营管理审计2项。开展竞争性业务利润审计调查7项，摸清竞争性企业利润情况，为年度的利润下达提供有力支撑。开展集体企业经营管理审计2项，关注决策程序和实施过程的合法性、合规性，防范企业改革过程中产生的风险。结合大监督问题线索等，聚焦风险，发挥“小队伍、短平快”的优势，对上级临时交办、时效性强的任务，迅速调度力量，重在效率，先后开展公司系统党费审计、对湛江雷州供电局、培评中心等单位开展机动式审计15项，聚焦风险，精准发力，提高了审计的威慑力。全年开展220千伏及以下基建工程、1亿元以下小型基建工程竣工决算审计15 051项。外部审计方面，做好国家审计署专项审计调查迎审配合工作。配合南方电网公司“大审计”工作开展，抽调审计骨干参加鼎和保险、传媒公司、清理党费专项检查等19个项目，累计派出71人次，总工作量超过5000人·天。

审计改革

审计机构机制改革。按照审计“五统一”①的原则，打造“省级统筹、中心支撑、分级负责”管理模式。1月起，按照一体化管理思路组建审计中心和19个地市供电局审计部。6月，制定《关于进一步加强审计工作的意见》，明确了公司审计部、审计中心、地市供电局审计部的职责分工及管理界面，打造“省级统筹、中心支撑、分级负责”管理模式。统一业务标准。严格执行南方电网公司下发的审计管理制度，并结合实际情况，完善实施细则，推进内部审计“一体化”管理。编制《2018年审计管理制度建设实施方案》，完成内部审计计划管理细则、内部审计项目实施管理细则等6份制度修编。强化专业融合。注重“纪审联动”，固化了审计配合巡察、纪检监察等业务工作流程。5月，编制了公司内部审计业务支持需求表，增强内部审计在推进纪律建设和反腐败工作中的作用，共同构建大监督格局。

派出监事管理。8月，制定派出监事工作规则（试行），完善派出监事日常管理工作机制。推进“大监督”建设，完善审计配合巡察、纪检监察等业务工作流程，完善“大监督”相关业务表单，提供业务支持并移交了有关线索。

审计创新

数字化审计和大数据应用。建设数据审计中心。组织“数字化审计分析与应用”信息化平台的研发建设，全年梳理营销、财务、基建、物资等业务领域共980项业务需求，完成平台中数字化审计、审计风险预警、审计业务监控等10个模块系统功能设计，建立了211个审计数据分析模型，81个完成仿真测试。建成审计监控室，数据审计中心具备数字审计的基础能力。建立审计大数据研究实验室，探索“1+1”②审计数据分析模式，在大数据平台建模33个并完成仿真测试。改造数据审计分中心进行实体环境。开展审计单兵作业装备的研发。制定配置标准，开展装备硬件选型及外观设计，完成实体样机。经测试，装备能够采集视频、语音、图片等文件资料，实现快速取证、智能识别、资源分析处理等实用功能。

审计创新成果应用。在审前调查阶段，深化应用在线审计系统，开展疑点筛查，实现“精准审计”。推进广东电网公司“风险导向审计模式”课题成果在基层单位的应用推广，提升管理创新成果转化力度。主动开展审计“坐诊”服务，参加各业务部门业务咨询会议19次，审核相关制度和方案23份，对公司科技项目成果转化、生产项目分包管理等内控薄弱环节提出审计建议60余条，进一步完善了风险管理体系。

审计整改

审计专项治理。全年共组织开展了3项问题整改工作：一是南方电网公司2018年审计整改再治理行动，涉及审计项目188个、审计发现问题5511个，完成整改5471个、整改完成率高达99.27%，纠正不当做法40项，挽回

① “五统一”：审计资源统一调配、审计计划统一安排、审计重点统一部署、审计质量统一管控、审计整改统一推进。

② “1+1”：数据审计中心+现场项目组（审计数据分析模式）。

经济损失5506.45万元。通过多措并举，重点解决了东洛水库合并报表、污水处理企业电价执行等历史遗留问题。4月，对2010年以来历次国家审计、2012年以来南方电网公司和广东电网公司内部审计及相关检查共188个审计项目、5511个审计发现问题的整改落实情况进行再审核、再巩固、再提高。推进解决历史遗留问题，促进增收节支4876.21万元。二是组织开展南方电网公司2017年监事会检查发现问题整改，8月，制定整改措施50项，促进增收节支1502万元。三是组织落实原国资委监事会检查发现问题整改，11月，重点核查存在问题，挽回经济损失831.98万元。全面完成历年来在生产领域审计发现的1422项问题的再次整改治理，纠正不当做法，挽回了经济损失3820.11万元。

完善审计制度。坚持“审计—整改—规范—提高”这条主线，健全各类规章制度6项，将整改落实与管理提升相结合，运用整改“倒逼”体制机制的健全和完善，以问题整改为契机，提升自我发现、自我纠错能力，构建了“以问题促整改，以整改促发展”的良好格局。强化整改责任，建立整改“台账”，限定整改期限，逐条逐项制定整改措施，建立并施行整改结果披露机制。强化担责尽责，从严落实追责问责。落实原国资委监事会检查发现问题整改中，将相关责任人员移交纪检监察立案调查，开展了诫勉谈话、批评教育、书面检讨、约谈等相关工作，完善相关制度21项。

推进精益审计。承接南方电网公司“审计整改成效提升精益项目”，从整改全业务链角度深入剖析广东电网公司2012—2017年5511条审计问题，11月形成《审计整改措施手册》《审计整改验收指导书》《审计问题整改实施细则》三大成果，为提升审计整改质量与效率打下坚实基础。同时，围绕提高审计现场检查准确性和覆盖度、优化审计信息报告管理标准与流程、创新智慧审计新模式，自主开展三个精益项目，以精益管理为载体，促进审计工作质量持续提升。

法律事务

法治建设

领导干部法治建设责任落实。7月，组织成立公司及地市供电局两级依法治企工作领导小组。结合直属单位领导体制调整优化情况，印发公司《直属单位主要负责人履行推进法治建设第一责任人职责实施细则》。健全公司治理，进一步明确党委会、董事会职责界面，完善相应议事规则和流程，并在决策中特别要听取合法合规性审查意见。以领导干部法治建设“六个一”[①]活动为平台，公司党委会、董事会、总经理办公会、专项会议等12次专题听取公司法治工作情况汇报，部署企业法治建设重点任务、研究推动重大法律案件处理、资产产权证明清理、涉法历史遗留问题处置等重要工作。

法治企业建设。1月，先后制定法治企业建设总体工作方案、标准和评价标准，明确广东电网公司、地市供电局、县区供电局、乡镇供电所4级法治企业建设标准和评价要求，建立企业法治指数评价体系，年底对各单位开展法治指数评价排名。选取佛山、中山供电局创建法治企业示范单位，同步推进其他单位的法治企业建设。7月，组织成立专项工作组，开展对佛山、中山供电局示范单位建设中期检查，并督促其他单位制定专项方案，认真落实建设任务，目前各项建设计划有序推进，初步形成了可复制、可展示、可评价、全覆盖的阶段建设成果。

地方电力立法。指导和组织地市供电局争取地方政府的支持，加快推动地方电力立法出台与实施。4月，《东莞市电力设施管理办法》被纳入东莞市政府2018年规章立法项目计划。同月，潮州市政府出台贯彻落实《广东省供用电条例》的意见，启动电力执法办公室组建工作。潮州供电局协助并参与潮州市人大法工委组织

① “六个一”：开展一次法治宣传教育，组织一次重大决策法律论证，开展一项重大法律风险管理，组织或参与一宗法律纠纷案件处置，年度述职时一并述法，组织开展一次对下属单位法治建设情况的检查。

的《潮州市电力设施建设保护条例（草案）》一系列立法活动，6月，该《条例（草案）》获市人大常委会二审审议通过。为企业依法合规经营提供法律支持。9月，肇庆市政府将《肇庆市电力设施保护条例》列入《肇庆市第十三届人大常委会立法规划（征求意见稿）》。11月，梅州市人民政府常务会议通过《梅州市电力设施管理办法》。清远市政府出台贯彻落实《广东省供用电条例》配套规范性文件，并于11月正式实施。12月，韶关供电局协助市政府完成《韶关市电力供应设施保护条例》的起草。

法治专业队伍建设。进一步健全法治工作组织机构，5月，成立并运作省级法律服务中心，逐步完善相关工作流程机制，为深化企业法治工作提供服务支持。8月，制定法治专业人员“优才培养”计划，择优选取13名优才人员按专业、分领域重点培养锻炼，初步建成法治骨干团队。将法律管理专家纳入公司管理专家通道管理，通过遴选，聘任了一批法律管理专家。11月，首次开展校企法治共建，与广东财经大学签订法治建设合作协议，联合创建校企法治协同创新中心，将其打造成为广东电网公司法律前沿问题研究和法律实务培训的重要平台。

风险管控

法律风险管理体系建设。制定法律风险管理“五进”[①]实施方案，持续推进东莞、肇庆供电局法律风险管理体系示范基地建设，从“五要素”[②]和“三载体”[③]着手，进一步健全法律风险管理体系。针对人身触电、劳动用工等领域存在的重大法律风险，3月，研究制定年度重大法律风险防控方案，明确设备设施设计施工存在缺陷、运行维护管理不当、安全隐患处置不到位、用工管理不规范、业务外包管理不当、解除劳动合同处理不当、合同相对方主体不适格或存在缺陷、合同履约过程管控不到位、未适当行使解除合同权利等9方面、26项法律风险防范措施，妥善管控了重点领域法律风险。保障改革发展依法合规，严格落实重要经营决策、规章制度、经济合同等“三项”法律审核制度机制，全年“三项”法律审核率100%。其中，重点保障4家单位“子改分”工作，服务电科院能源技术公司、产业投资公司、输变电工程公司等多家竞争性企业完善公司治理、实施重大经营投资等业务。

① “五进”：法律风险管理进制度、进流程、进系统、进岗位、进表单。

② “五要素”：管理方针、组织职责、制度机制、沟通报告、激励约束。

③ “三载体”：法律风险岗位防控、法律诊所、信息系统。

合同管理

4月，按照“合同谁签订，风险谁防范”的原则，建立合同法律风险防范长效机制，加大合同法律风险排查处置力度。完成新合同管理系统推广实施试点任务，5月，编制公司试点实施工作方案，明确推广实施工作安排，在6月30日前，实现了在公司本部及佛山、东莞、汕头供电局等试点单位的上线运行。在9月30日前，实现了在全部直属单位的上线运行。7月，修订完善公司合同管理实施细则，调整管理权限，优化审批流程，提升合同管理质量和效率。持续推进合同标准文本建设及应用，完善合同标准文本库，完成41份标准文本修订工作，新增编制标准文本14份。全年公司系统合同标准文本使用率达91%，同比提高6.5个百分点。防范合同法律风险。

案件诉讼

妥善处理多宗重大法律案件。东莞观音山系列案件、潮州供电局重大历史债务案、清远英德双鱼潭合同效力纠纷案、佛山220千伏顺熙线财产损害赔偿纠纷案、珠海汇达丰股权纠纷案均取得良好效果，有力保护了国有资产安全和保值增值。全年共办结法律案件175宗，胜诉率93.1%，挽回或避免经济损失1.8亿元。控制化解法律案件隐患，将法律案件管理向前延伸，主动出击，运用法律手段维护企业合法权益。全年排查发现纠纷隐患122起，通过协商方式化解43起，主动提起诉讼15起，剩下64起正在组织处置中。实施法律案件“双重”问责，既对因为工作过错导致法律案件发生的单位和人员进行问责，也对案件发生后工作不到位、处理不力的单位和人员实施问责。全年向实施案件问责的责任单位（部门）发出问责督办通知书3份，应问责的3宗案件全部启动问责程序，问责单位2个，人员8人。

法治宣教

宪法学习宣传。3月，组织开展公司系统各级党委中心组学习宪法修正案，全年累计组织学习36场，参与人数780人次，切实增强“四个意识”①，做到“两个维护”②，把宪法精神全面贯彻落实到企业各项工作中。12月，以学习宪法为主题，联合广东省司法厅，首次开展送法下基层活动，采取“唱法、释法、诵法”形式，通过“电视+网络+报刊”等多媒体宣传，进一步推动全员尊法学法守法用法。结合公司实际，重点对管理人员加强落实法律风险管控措施培训，对基层员工加强法纪底线教育，全年开展各类宣传教育活动92场，参与人员约1.6万人次，有效提升员工对违法违纪行为的辨识力和抵御力。在总结提炼历年普法工作经验和成果的基础上，打造形成了“法政先锋”“粤律之声”“蒲公英普法志愿队”3个普法品牌。

① “四个意识”：政治意识、大局意识、核心意识、看齐意识。

② “两个维护”：坚决维护习近平总书记党中央的核心、全党的核心地位，坚决维护党中央权威和集中统一领导。

◎ 2018年11月8日，广东电网公司与广东财经大学签订法治建设合作协议。图为签约仪式

行政后勤

督查督办

坚持“重点任务不跟丢，难点任务不手软”，大力开展要点督办、现场督查、通知书督办，确保公司各项决策部署落到实处、抓出实效。围绕年度要点“全面督”。结合广东省委省政府、南方电网公司重大决策部署，3月，编制年度工作要点，对一级任务、二级任务、里程碑事项开展常态化督办。密切跟踪上级的最新部署要求，坚持动态调整，坚持在月度办公会上通报督办完成情况。聚焦重难点“现场督”。围绕重点、难点事项制定现场督查工作计划，由专业部门牵头按期对各单位开展现场督查，将督查督办向基层延伸，确保各项工作部署真正一抓到底、取得实效。以迎巡迎审迎检工作为契机，坚持问题导向编制涵盖21个业务领域的125项督查要点，组织直属单位对照开展自查和交叉检查，落实发现问题整改，开展整改“回头看”，实现整改闭环。三是针对滞后事项“从严动真督”。对关键指标任务长期排名靠后、明显滑坡、进展严重滞后的单位，点对点下发督查通知书，点名督查主要负责人。针对资产产权证明补办、客户平均停电时间等完成滞后事项点对点下发23份督查通知书，专项督查整改。全年对1084项事项开展督办，开展现场督查83次，累计下发督查通知书17份，被督查的各项指标任务取得了明显进展。

保卫消防

全面推行电网警务室建设。6月，联合省公安厅治安管理局制定全国首个电网警务室规范化建设的指导性文件——《广东省电网警务室建设工作指引（试行）》，重点规范警务室硬件配置要求，明确职责任务，为推动各地电网警务室依法依规开展护电工作提供重要依据。9月，肇庆高要电网警务室率先按照指引标准完成规范化建设，成为全省首个标杆电网警务室，佛山、中山、惠州、韶关等地推进电网警务室规范化建设工作。深入推进“一所一警”建设。8月至9月，联合省公安厅治安局发出通知、制定向基层延伸工作方案，全面贯彻落实，年底前实现县（区）级重要电力生产场所“一所一警”网格化安保模式全覆盖。建立健全警企联动长效机制。充分发挥网格化安保管控作用，进一步建立健全警企联动联防工作机制，强化警企联合应对突发事件能力，推动提升安保防范水平。

加强警企协作，防范和打击涉电违法犯罪。依托警企协作平台，在第22号强台风“山竹”等抢修复电工作中，组织警力守护灾区受损电力设备，开通抢修车辆绿色通道，为抢修复电赢得宝贵时间。6月底，潮州220千伏主变故障，急需从中山调运变压器支援，经与省公安厅协调，得到沿途交警支持帮助，全程仅用46小时运抵潮州，确保当地市民生产生活用电。全年累计参与破获电力设施案件438起，涉案金额1673万元。截至目前广东电网公司电力设施发案数114起，直接经济损失额173.4万元，同比分别下降63.2%和31.5%，连续7年实现双降目标。

后勤服务

办公后勤智能化建设。充分利用前沿技术手段，引入国内最先进的华为使能平台，最大程度利用现有办公设备设施进行接入，使普通设备成为智能设备终端，通过信息共享和数据融合打破“信息孤岛”，实现安保消防、会议、办公资产和用餐管理等四个业务模块的智能化管控。加强用餐管理，10月初在公司本部上线人脸及二维码识别就餐、智能订餐功能，无需带卡即可便捷用餐，受到员工广泛好评。加强安保消防工作，计划利用监控摄像、红外对射、智能门禁、消防预警等设备接入和智能化管理，实现集中监控、辅助巡维、自动预警、快速应急响应处置等功能，技防部分替代人防，降低成本，提高安全水平。加强会议管理，计划实现会议计划集中管控、会议线上申请、会议室智能分配、会议录音转文字纪要、会议室智能控制、智能排座位及桌牌显示等功能。加强办公资产管理，计划实现资产全生命周期管理、台账大数据分析、电子标签、辅助盘点运维、辅助申购调配等功能，可与6+1财务管理系统有效对接，有效提高账、卡、物一致率水平。

打造“健康食堂”。完成基层单位食堂新建及改造项目1025个，基本消除无食堂站所，实现供餐全覆盖。制定“健康食堂”建设与管理标准，建立涵盖员工食堂建设管理和星级评价的标准体系，组织开展“健康食堂”星级评价，评选三星级以上食堂25个，以点带面提升食堂建设整体水平。

办公、值班和周转住房环境改善。全年完成休息室、淋浴室改造项目8388个，实现全部5751个班组的休息室和冲凉房配置基本全覆盖，满足了基层班站所员工的生产休息需求。完成“十三五”期间周转房建设计划。充分利用国家政策优势，统筹规划，倒排工期，通过改造、新建、购置或租赁等方式，改善基层单位周转房供应紧缺现象。实施维修改造项目11个，新增周转房196间，保障新员工“1人1间、住满至少3年”。

强化公务用车管理。基于车辆GPS技术及大数据分析，开发建设车辆集中运营监控平台。通过大数据监控实现单车核算，管控跑冒滴漏现象。利用系统统一调度车辆，通过GPS定位实时监控车辆轨迹，消除公车私用、“私车公养”用车风险。该系统年底前部署完成并实现广州地区和部分试点单位接入，2020年完成系统内车辆全面并网接入。保障员工通勤。重点解决异地交流、挂职干部的上下班长途往返交通问题，建立员工通勤用车机制，鼓励有条件单位为员工开通通勤班车，降低员工通勤交通安全隐患。

提升医疗卫生服务水平。与省重点医院合作，开通急、危、重症绿色通道，方便员工快速就诊。协调广州各大医院知名专家教授开展“名医下基层·服务暖人心”现场坐诊活动，累计就诊4000余人次，解决员工及家属挂号难、就医难问题。

“三供一业”剥离移交

进一步做好“三供一业”分离移交工作，要求相关单位成立工作机构，对分离移交项目逐条明确责任人，销号式管理，分级负责，专人跟进。直属各单位认真组织梳理“三供一业”维修改造、有关资产划转工作的完成进度和计划节点，每月按旬上报完成进度。工作过程中，不定期进行督导，对任务重、进度慢的单位，开展重点督查并通报；对于进度滞后、推进不力的单位，约谈分管领导以及办公室主要负责人。至年底，涉及“三供一业”分离移交工作的14个直属单位，包括广东电网公司本部、输变电工程公司和12个地市供电局（含15个县区供电局），共12 926户供水、物业分离移交用户全部签订正式协议。

房地办证

3月起，开展资产产权证明清理专项行动，直属各单位分类制定办证措施，明确需要政府支持的具体事项，加强与地方政府沟通，促成政府召开协调会议，19个地市供电局均推动政府出台支持办证政策。全年累计完成补办证2120宗，完成率101.8%。

加强公司本部作风建设45条措施

为深入贯彻落实中央八项规定精神，持续反对形式主义、官僚主义，按照南方电网公司《加强总部作风建设6项措施》的精神和要求，结合公司从严治党和改进工作作风的实际情况，2018年下半年，公司党委决定制定《加强公司本部作风建设45条措施》（下称“45条”），以全面加强改进机关本部工作作风带动公司系统的作风建设。在“45条”制定过程中，公司办公室广泛征求意见，紧贴实际，在措施制定过程中，累计组织3次集体讨论、5次向各单位书面征求意见、7次向各层级单位代表面对面征求意见，公司主要领导多次听取汇报并提出重要修改意见，收到逾200条意见建议。

2018年12月，经公司党委批准，《加强本部作风建设45条措施》正式印发执行。“45条”对本部工作中的称谓、行文、会议、公务活动、工作效率、考核检查六大方面提出了具体和明确的要求：规范了“同志”“名字+职务”等称呼，倡导直接简单的共事方式。对文稿的内容、文风、用词以及不同类型的文稿字数做了详细的规定，严控发文数量，注重发文质量。明确严肃会议纪律，精减会议议程，会议材料要求突出重点、风格简洁。对公司领导到基层调研，本部部门人员到基层开展工作、检查等公务活动要从简安排。严格把关决策事项，强化首问责任，把握工作节奏，提高工作效率，减轻基层人员的负担。改进督查、检查方法，严控考核、培训、竞赛等活动的总量与规模。

“45条”出台后，公司领导班子成员带头执行各项规定，并通过会议、讲话、党组织学习等形式宣传和贯彻“45条”。公司领导特别强调本部各部门，要切实提高思想认识，以身作则，严于律己，当好表率，不打折扣，从小事做起，点点滴滴解决日常工作中的作风问题。“45条”出台后，在公司系统内引起了强烈反响，受到了广大干部职工的一致好评。本部各部门认真学习和贯彻落实。各地市供电局、非供电机构迅速组织学习，并参照出台了本单位的机关作风建设的相关规定和执行“45条”的具体措施和要求，“45条”在公司的作风建设中起到了提纲挈领、纲举目张的作用。

为保证“45条”落到实处，取得实效，在文件印发后，随即成立了公司本部作风监督评价工作领导小组和工作小组，负责全面领导本部作风监督评价工作。组织基层单位对本部部门“45条”执行情况进行监督评价，评价结果纳入本部部门年度组织绩效考评中。公司专门设立统一的投诉电话和邮箱，认真收集基层单位和广大干部职工关于作风建设和“45条”执行情况的投诉、意见和建议。针对各基层单位反映的问题和情况，按照从严从细要求，持续完善改进作风的措施。注重标本兼治，系统解决制度性安排导致的工作作风问题。

中国南方电网
CHINA SOUTHERN POWER GRID

改革创新

体制改革

全面深化改革

全面深化改革实施工作。根据南方电网公司改革一号文的要求，4月，制定广东电网公司《学习贯彻落实党的十九大精神推进2018年全面深化改革实施计划》，形成供给侧结构性改革、电力体制改革、国企改革、内部改革创新、推动竞争性业务发展等五方面工作任务21项、实施举措53项、里程碑事项160个，明确责任部门、完成时间等关键要素，落实责任和分工。建立深化改革协调推进会议机制，及时学习领会上级精神，听取专题汇报，分析形势，研究问题，落实解决措施。加强改革工作过程监控与交流。定期发布全面深化改革工作简报，监控各项改革任务里程碑事项完成情况，及时跟进国家、地方改革最新政策和动态，加强内部信息交流。5月，举办全面深化改革工作培训班，提升基层单位对此的理解和认识，确保改革工作有效承接。

国企改革专项行动。统筹谋划国企改革工作部署，5月，制定2018年国企改革试点项目、剥离办社会职能和解决历史遗留问题专项行动实施方案，明确改革工作任务，落实职责分工，提出工作要求，建立工作保障机制，推动改革专项行动的稳步实施。支持输变电工程公司开展国企改革“双百行动”[①]综合改革。同月，《中国（广东）自由贸易试验区珠海横琴新区片区供用电规则》正式实施，规则实施后各环节办理时限大幅压缩80%以上。8月，输变电工程公司入选国务院国资委国企改革“双百企业”[②]名单，在完善健全法人治理结构、完善市场化经营机制、健全激励约束机制等方面开展综合性改革。组织做好“珠海供电局改革创新供用电规则，优化珠海横琴自贸区营商环境”等7个国企改革试点项目。9月，率先建成南方电网首个公司化运营的能源科技孵化器，为加速推动科技成果产品化、产业化提供平台支撑。在南方电网系统，率先完成“三供一业”供电设施资产接收协议签订和抄表到户工作，分离移交工作稳步推进；完成韶关仁化等4家县级子公司“子改分”工作，稳步推进“四个统一”供给侧结构性改革，配合省发改委完成三次降价工作，开展清理规范转供电环节加价工作。南方（以广东起步）电力现货市场8月31日正式进入试运行。组建珠海金湾东增量配电网试点公司。

“四个统一”建设

“统一规划”[③]。从规划机构、工作体系、标准体系、配网工作模式、人员培训和信息化建设六个维度践行精益管理要求，推动电网规划领域组织架构及业务流程调整，企业核心资源进一步优化整合。一是优化调整规划机构，全面推行配电网规划“以我为主”的工作思路，地市供电局明确由局长直管规划计划工作，成立电网规划中心，县区供电局规划职能调整至生产计划部。规划职能的调整，保障了配电网规划作为“全局”工作真正得到重视与落实，同时规划队伍的稳定有效提升自主规划的核心能力。二是构建“统一规划”工作体系，从规划的意识、规划方法、规划工具各个方面进行了规范和优化，确立了“质量与落实、系统化、规范化、持续改进”的规划价值观，为配电网规划精益化提供了坚实的体系基础。三是完善配电网规划技术标准体系，对公司《配电网规划技术导则》进行修订，统筹考虑配网一、二次系统、配网自动化、计量智能化、通信等要素，做到整体统一、专业统一。同时，以导则为基础，结合配网规划督导工作经验，3月，编制规划方案技术指引，以图文和案例形式，指导基层的实践和应用。四

① 国企改革“双百行动”：指国务院国有企业改革领导小组办公室选取百余户中央企业子企业和百余户地方国有骨干企业，在2018—2020年间实施的国有企业深化改革。

② “双百企业”：指国企改革“双百行动”中，国务院国有企业改革领导小组办公室选取的百余户中央企业子企业和百余户地方国有骨干企业。

③ “统一规划”：按照资本性投资及成本性投入资源相统筹、一二次专业（一次网架、自动化、计量、通信、继保、安自）相协同的原则，面向变电站、线路、台区为单位，以建立统一的问题库、统一的规划项目库、统一的立项原则为准则，以建立“以我为主”的自主规划体系为基础，构建电网“统一规划”体系。

是改进配电网规划工作模式，实现配网规划“多规合一”。统筹配网一、二次、多专业存在问题和需求，以变电站、馈线、台区为单位建立起统一的问题库及统一的项目库，避免重复改造、反复停电。五是加强人员培训，举办5期面对不同层级人员的专题培训班，全方位提升配电网规划人员工作水平，将“统一规划”的理念逐级宣贯到位。六是推进规划信息化建设，完成配网规划辅助决策系统的“四统一”改造和可研评审平台本地化适应改造工作，具备开展滚动修编功能和开展自主评审功能。

“统一建设”。主网。3月，制定2018年主网“统一建设”示范工程建设推进方案，确定39个项目开展示范建设。各单位按照“一工程一方案”细化示范工程实施方案，从“统一招标”“统一停电”等方面全面推进“统一建设”。佛山500千伏顺广甲乙线、江门110千伏北区站、云浮110千伏良田变电站、阳江110千伏永宁站、揭阳110千伏枫口站以及潮州110千伏乌洋站等6个工程实行统一招标。江门500千伏江门站、韶关110千伏南华站等14个项目实行统一停电施工示范工作。配网。按同一变电站、同一输电线路、同一中压台区统筹区域内的基建、技改、年度计划内修理等项目的建设，通过资源整合、标准建设，提升项目实施的协同度与融合度。各地市供电局组建项目管理中心。

“统一运维”[①]。完善制度标准。5月，制定配电网统一运维实施细则，重点梳理78份配网自动化、低压运维管理制度和标准，全年新增及修编业务指导书、技术标准4份。8月，制定公司《完善配网统一运维相关岗位安全生产责任指导意见》，建立和完成维护公司生产技术标准及管理体系，确保统一运维实施有规可依，有章可循。优化运维模式。经过配网生产、市场营销、系统运行、人力资源各专业的群策群力、分专业调研9次，集中研讨12次，借鉴国内外先进配网管理经验结合现状，共同研究并优化了配网“统一运维”三种模式，同时组织33名专家在江门供电局进行了实用化推演。组织落地实施。组织各地市供电局应结合下属县区供电局、供电所资源配置和实际情况，合理选用模式，并且在推进策略和要求方面建立了安全第一，杜绝真空；做好变化管理，规范工作交接；加强培训，持证上岗等三项工作机制，每月定期统计分析工作推进情况，确保执行不走样。初步实现了中压运维、配网自动化的相对集中管理，专业规范化减少了综合管理环节、缩短了管理链条，中压运维、配网自动化管理水平大幅提升。

“统一服务”。5月至6月，制定公司《统一服务实施细则》《供电服务指挥（配网调度服务指挥）管理规范》及《网格化服务管理规范》，规范了供电服务指挥与网格化服务管理内容、职责界面和工作流程等。有序推进供电服务指挥中心建设，实现服调、配调与配抢指挥协同处置，提升停电事件快速反应、过程闭环管控和主动抢修服务能力。至10月底，19个地市供电局全部成立了供电服务指挥中心（配网调度服务指挥中心），其中佛山等8个地市供电局已开展配抢指挥业务。全年累计完成抢修指挥90 679次，初步实现配抢指挥业务实效化运转。稳步打造“客户经理+设备主人”的网格化运作模式，以低压台区或馈线为单元划分服务网格，采用分片包干的形式，实现网格内低压配网业务与营销基础类业务的前端融合和客户诉求快速响应。全公司共划分网格11 290个，组建网格化班组1565个，初步实现班组层级的“运维+服务”融合。逐步完善低压配网工作执行依从性，编制低压配网技术导则及运行管理标准实施细则，修编主要设备技术规范及作业指导书等，初步建立低压运维管理体系。

“四个统一”综合支持。8月，制定公司“四个统一”建设纲要、各领域实施细则，完成公司省地县各级组织机构优化调整工作。在19个地市供电局设立供电服务指挥中心（配网调度服务指挥中心），实现所有地市供电局配抢业务有效运转。统筹安排“四个统一”项目预算及资金，共下达主网、配电网“四个统一”项目群24 068个，涉及预算311.96亿元。

县级供电公司体制改革

◎ 2018年12月19日，广东电网公司正式接管潮州湘桥区意溪供电有限公司，标志着广东省趸售代管单位农电体制改革工作完成。图为产权划转协议签订仪式

① “统一运维”：针对10千伏及以下配电网各类设备，明确运行维护责任，消除管理盲区，重点解决专业化管理水平不高、自动化设备运维不到位等问题，构建配网“统一运维”体系，着力提升工作效率和客户满意度。

稳妥实施县级供电企业“子改分”工作，打通县级供电子公司发展瓶颈。按照南方电网公司年度“子改分”下达任务，对韶关仁化、清远连山、梅州平远和汕尾陆丰等4家县级供电企业实施“子改分”。至10月12日，4家“子改分”单位完成税务注销和工商注销。着力提升县级子公司可持续发展能力，制定《2018年提升县级供电企业可持续发展能力行动计划表》，从提高经营发展能力、优化人力资源配置、加快电网及基础设施建设、提高配网安全运维能力、提升营销服务水平、夯实供电所管理基础、推进农电体制改革、落实全面从严治党要求、落实党风廉政建设要求等9个领域提出30项工作举措，并全部落实到位。对经营困难的县级子公司发放委托贷款，累计11.84亿元，支持其正常生产经营和电网建设项目开展。有序开展地市、县区供电局及中心机构机构调整设置，全面理顺主网专业化人员管理关系。加快供电所技术业务用房建设，同步推动营业厅、通信光纤、员工食堂等配套设施建设。全面改善基层员工办公条件，增强员工认同感与获得感。

管理创新

“创一流”工作

做好顶层设计。2018年，广东电网公司在企业各项管理上，以“创建世界一流企业”为引领，有效运用“抓领先、补短板、强基础”方法，全面推行精益管理，扎实开展区域联动，着力解决发展不平衡不充分问题，提升基础管理水平，优化组织绩效管理、制度管理等工作，实现高质量发展，加快向世界一流的能源产业价值链整合商转型。4月，公司召开了加快向综合能源服务公司转型、创建世界一流企业全面攻坚推进大会，制定工作方案，将总体目标定为：到2019年，建成“管理精益、服务精细、业绩优秀、品牌优异”世界一流的综合能源服务公司。并提出了“1212”①工作体系，要求直属各单位将各项工作聚焦到“创一流”总体目标上来，统一思想、凝聚共识、汇聚力量，“坚持只干一件事”，勇当南方电网排头兵。同月，分层分类明确了广东电网公司、19个地市供电局、162个县区供电局2018—2019年指标目标和一流水平目标，逐级分解关键任务，形成一级任务10项、二级任务73项，里程碑事件213项，以确保“创一流”目标的如期实现。

指标管控机制。3月，按照“注重目标引领、注重价值提升、注重持续完善”原则，优化“创一流”指标管理体系，完善指标常态报送机制，强化指标管理协同。持续做好“创一流”指标监控，按月发布主要运营指标看板，按季发布指标评估分析和地市供电局指标排名情况，定期发布工作简报，持续跟进各项任务落实情况及指标完成情况，做到可观、可测、可控。开展综合标杆一流评价。公司2017年度综合标杆一流评价97.21分，处于国内一流水平，佛山、东莞、珠海、中山、惠州5家地市供电局达到世界一流水平，162家县（区）局中有155家达到网内一流及以上水平。

建设运营管控平台。深化大数据应用，进一步完善运营风险管控、辅助决策分析手段。5月，制定工作方案，以“建设数字化智慧型电网企业”为目标，围绕“全景可视，全面监测，督办协同，决策分析”定位，按照省地“1+1”②建设模式，推动省地两级运营管控平台建设，并于12月上线试运行。

携手海南电网共“创一流”。在总结前期互帮互助经验的基础上，7月，与海南电网公司签订携手共创世界一流电网企业战略合作框架协议，建立多层级、跨专业的沟通、学习、合作机制，形成专业领域结对共建方案，全面推进规划建设、生产技术、营销服务、基础

① “1212”工作体系：加速实现“创建世界一流企业”1个目标，着力“抓领先、补短板、强基础”2个抓手和区域联动，坚持“全面推行精益管理”1条路径，实施“从严治党和改革创新”2轮驱动。

② 省地“1+1”：广东电网公司和佛山供电局试点建设模式。

管理、党建五大领域25项工作任务落实，组织佛山、珠海、江门供电局赴海南开展供电所标杆共建工作，助力海南电网基础管理水平提升。

精益管理

班站所标杆星级评建。4月，制定星级评价专家库管理办法，分专业组建专家库。5月，优化班站所标杆星级评价实施细则，融入“准五星、准四星评价”和“一班一库”①闭环管控机制，引导基层持续做好班站所标杆建设。同月，修编星级评价标准，建立供电所标杆星级建设指标体系。遵循“严谨慎重、质量第一”原则，按照“基层推荐、集中评审、现场查评”方式，有序开展2018年星级评价工作，评出四星班站所360个，占比达5.1%。根据现场查评情况，8月，形成四星班站所“一班一库”，梳理出存在问题566条，建设经验217条，组织基层制定班站所整改及推广计划，确保存在问题整改到位、优秀经验有效推广。在南方电网公司五星班站所评价中，广东电网公司获评32个，占全网比例40%，全网最多。2018年公司评出四星供电所55家，6家供电所荣获南网五星称号。

精益项目管理。系统谋划精益项目。通过多级评审，从1720个立项申报中遴选出259个，形成重点精益项目库。分批开展现场改善项目实施，入库项目102个。至10月底，公司重点管控的328个项目全部完成实施。二是抓好项目过程管控。有序推进精益项目双周报机制、中期评审，做好项目过程监控，严格把控项目进度，有效确保项目质量。推动成果推广应用。8月，制定工作方案，建立推广应用机制，形成成果推广资源库，制定推广应用计划，确保优秀成果进制度、进流程、进系统。开展创新成果评选推优。组织参加南方电网公司2017年度管理创新成果评审，“电网风险全过程精益化管控体系的研究与实践”“主配网综合停电管理优化精益项目”“基于数据驱动的战略精益管控创新实践”“提高生产项目进度均衡度精益项目”“全面推行区域联动，提升广东电网区域协调发展水平精益项目”等5项成果荣获一等奖，“基于‘设备主人’机制的精益化管理实践”“以智能电表与低压集抄全覆盖建设与应用为抓手，推动营销服务转型升级精益项目”“职工创新精准服务体系构建与实践”“基于提质增效下的修理材料成本精益管理项目”等4项成果荣获二等奖，获奖数量全网第一。在2018年度电力企业管理创新论文大赛中，广东电网公司获奖论文23篇，其中，特等奖1篇，一等奖3篇。培养精益人才队伍培训方面，3月，成立精益管理学院，挂靠管理科学研究院，负责精益管理方法工具的推广培训，推动精益项目的实施与应用。同月，举办南方电网首个省级电网公司精益管理论坛，为学习交流精益思想提供平台。分期开展精益管理典型实践视频分享会，发布优秀精益项目成果，加强项目实施经验交流。8月，制定精益人才认证工作方案，积极打通精益人才发展通道。组织开展精益课件设计大赛，以“精益管理微学院”App为平台，有序开展带级人才在线培训认证工作。

① “一班一库”：一个班组一个问题库和经验库。

组织绩效管理

按照南方电网公司考核框架和要求，坚持生产经营与党建工作有机结合，将对直属各单位的组织绩效考核调整为“两位一体”框架②，采用“经营业绩+党的建设”双等级评定方式，明确规定“一票否决”红线事项。聚焦创建世界一流企业目标，突出重点、聚焦短板，着重抓好供电可靠性等关键指标的分解和目标设置，将推进新兴业务发展纳入考核，推动公司加速迈向世界一流。根据中心机构特点开展分类差异化考核，突出中心机构对主业战略支撑和服务的考核导向，进一步提升考核的针对性、合理性和有效性。

制度标准及全面风险管理

规范制度管理。根据南方电网公司管控事项权限清单，组织做好相关制度标准的制定、修编、整合与废止工作，全年广东电网公司管理制度及业务指导书共793份，新增22份，修订30份。常态开展制度日常管理。根据公司制度管理细则的规定，从严把控公司制度及业务指导书的立项、起草、审核、会签、批准、颁发等环节，确保公司制度及业务指导书的规范性、合法性。

全面风险管理机制。注重重要领域风险管控，强化风险检查评价与文化建设，全面总结2018年公司战略风险、运营风险、财务风险、安全生产风险、市场风险、

② 组织绩效考核“两位一体”框架：“经营业绩+党的建设”双等级评定方式。

法律风险、廉洁风险、公共关系风险等8类主要风险防控管理成效，评估识别2019年度企业重大风险，针对性制定工作重点。

区域联动发展

3月，制定年度深化区域联动现场督查服务工作方案，组织专业部门、中心机构深入二、三梯队地市供电局按季开展督查服务，现场检查里程碑事项完成情况，查找存在问题，明确改进要求，抓实联动过程管控。中心机构开展支持服务工作。推动中心机构与各发展区域积极对接，围绕地市供电局关键指标提升，制定中心机构深化区域联动支持服务工作计划，充分发挥中心机构的人才、技术、管理优势。开展县区供电局联动帮扶。聚焦县区供电局发展不平衡不充分的关键问题，指导推动各区域、各地市出台本区域、本单位的县区供电局联动帮扶工作方案，找准提升方向，明确目标任务，促进整体提升。深入基层开展督查服务。

“一对一”结对帮扶①。人才交流。各区域开展人才交流锻炼359人次，以深化人才融合为抓手，促进各区域管理、技术融合。客户服务。佛山供电局协助汕尾供电局建立投诉考核机制及网格化客户经理机制，汕尾供电局全年受理“12398”投诉10宗，同比减少26宗。可靠供电。2018年，潮州供电局推广珠海供电局配网故障管理经验，实现中压线路故障率1.93次/百千米·年，同比下降49.9%；云浮供电局学习东莞供电局客户停电时间月度管控和带电作业经验，开展带电作业2110次，客户平均停电时间缩短到12.5小时，同比下降42.2%。

① “一对一”结对帮扶：为着力补齐粤东西北地市供电局发展短板，扎实推进公司整体协调发展，根据公司《关于进一步深化区域联动工作的若干意见》要求，开展区域联动“一对一”结对帮扶工作，根据公司区域联动“六星六区三梯队”的区域发展布局，结合第一梯队和第三梯队相关地市供电局的基础条件等因素，确定五组“一对一”结对帮扶单位：发展一区——佛山供电局对汕尾供电局；发展二区——东莞供电局对云浮供电局；发展三区——中山供电局对河源供电局；发展四区——江门供电局对阳江供电局；发展五区——珠海供电局对潮州供电局。

产业发展

竞争性业务管理

业务发展布局。5月，制定公司竞争性业务发展行动计划（2018—2020年）以及信息通信、设计、施工、监理、高端装备制造、科技等业务板块整合发展方案，完成了“1+8”方案的顶层设计，明确发展目标举措，推动竞争性业务搞活做强。

管理机制优化。6月，制定竞争性业务管理界面划分方案，明晰横向管理职责，理顺广东电网公司、地市供电局、平台、企业的管理关系，通过制定管控清单，落实企业职权。7月，制定竞争性业务市场化用工和薪酬管理指导意见，按照“效益决定工资、效率决定用工、业绩决定用人”的原则，明确用工薪酬管控机制，给予激励政策，激发企业活力。同时，加快构建市场化运营机制，研究制定在直属单位竞争性企业经营层中推行职业经理人制度的指导意见，全面规范职业经理人的选聘、考核评价及薪酬奖励。8月，制定直属单位竞争性企业采购管理指导意见，规范所属竞争性企业采购管理实施方案。11月，制定做实平台公司提升运营管控能力的意见，厘清平台公司产权关系，界定主管单位、平台公司出资人、平台公司的管理职权，建立健全平台公司现代企业法人治理结构，推动平台公司化运作和实体化运营。12月，制定规范直属单位竞争性企业工程分包管理的指导意见，针对公司大集体企业存在的分包管理责任主体不清晰、采购过程不规范、安全管理不牢固、分包商管理机制不健全等问题，按照“依法合规、统一管理、过程管控、强化监督”的原则，围绕职责权限、管理流程、过程管控、考核监督等方面制定七项举措，促进直属单位竞争性企业分包管理工作“合法、合规、统一、规范”。

运营监督管理。制定竞争性业务运营监控指标体系，以“一表、一看板、一报告”①为载体，系统开展运营监控及经营分析，加强过程监控与结果预判，及时纠偏，确保完成年度考核目标。完成公司竞争性业务综合管理信息系统一期建设，实现竞争性业务相关数据采集与汇总。

优化业绩考核。完善竞争性企业预算管理，采取“一对一”沟通方式，按照“具有一定的挑战性，跳起来才摸得着”的原则，确定直属竞争性企业年度经营目标，审查下达年度预算。结合经营形势等变化，以经营目标为引领实施预算的动态调整。8月，制定竞争性业务考核方案并组织实施，以体现业绩为导向优化考核指标。实行综合能源业务考核双算机制，调动省地两级积极性，协同拓展综合能源业务。优化超额利润奖励和考核结果兑现机制，充分发挥绩效激励作用。

竞争性业务整合

推动整合发展方案落地实施。落实南方电网公司《2018年职工持股改革后企业整合发展工作计划》要求和部署，明确改革后企业利润总额不低于17.53亿元、法人户数减少不少于82家、亏损企业减少不少于9家、A类标杆企业13家的目标。广东电网公司主要领导多次主持召开分板块工作推进落实会议，及时督促并协调解决过程中的实际困难和问题。举办竞争性业务发展行动计划培训班，对各单位主要负责人、改革后企业主要负责人以及各层级产业管理人员进行宣贯培训。开展各单位竞争性业务整合发展实施计划审查，确保各业务板块整合发展举措落到实处。决策关停改革后企业87家，减少亏损企业9家，培育A类标杆企业13家。11月，按照综合能源、信息通信、装备制造、电力施工及电力综合服务等10个细分业务领域，差异化设置经营指标评选条件，授予24家企业“2017年度广东电网公司业绩优秀企业”称号。

各板块整合发展逐步推进。信息通信版块，信通公司为主体整合信息通信业务版块。设计版块，制定佛山电力设计院股权收购方案，强化全省设计资源共享。开展电网规划中心和发展院管理模式再研究，明确发展院的发展定位和职责范围，促进设计板块的资源整合和规范管理。施工板块，实施输变电工程公司“双百行动”综合改革和威恒输变电公司改革，聚焦企业做强做优。监理板块，制定6家监理企业股权收购方案。选取工程管理力量薄弱地区，试点开展电网工程项目委托管理，以强带弱拓展市场份额。规范创成公司内部管理，稳妥推进原电力第一工程局持有创成公司股权的退股事宜。开拓综合能源全过程咨询业务，在江门威铝光伏项目探索综合能源全过程工程咨询管理模式和管理表单。高端装备制造板块，率先建成公司化运营的专业孵化器——广东南方能源科技孵化器有限公司，自主研发的变电站巡检机器人、激光清障仪等新产品已完成型式试验并投入实际生产应用，成为全网创新转化的示范引领。电力综合服务板块，搭建闲置土地房产资源盘活发展平台，8月，开展存量土地及物业资源盘活利用专项工作，实现公有资产保值增值。

综合能源服务

向综合能源服务整合商转型。进一步完善综合能源服务体系，组建19个地市综合能源服务公司，实行综合能源服务公司与焕发公司分支机构的合署办公。不断拓展综合能源项目，组织开展了2018年竞争性企业综合能源示范项目申报工作，成立专业评审小组，严格评选出9个综合能源项目进入示范项目库，通过示范项目建设，发挥先导效应。建立综合能源项目储备机制，全年储备项目92个。开工建设东莞松山湖综合能源站，完成能源互联网共享平台可研及项目立项。深化与政府、国企、民企等多方合作，先后与广东铁塔公司签署《资源共享合作框架协议》，与东莞凤岗政府，肇庆四会政府和东莞易事特、江门健威地产公司等大型民企建立战略合作关系，与中山市九大产业平台所在镇区签订战略合作框架协议，与比亚迪、新松机器人等企业合作开发24个重点项目，与华电集团、中电投等合作组建合资公司。稳步推进参与零售端市场竞争。积极探讨与电池生产厂商合作，形成《关于公司储能产业发展的调研报告》，加快推动储能业务发展。东莞供电局综合能源服务公司主导的广东电网公司首个用户侧分布式储能商业化项目正式落地。

---

① “一表、一看板、一报告”：月度关键指标监控表、月度经营指标分析看板、季度经济活动分析报告。

党群工作

党的建设

政治建设

党的政治建设。以习近平新时代中国特色社会主义思想为统领，始终把政治建设摆在首位，坚定“四个自信”①，强化“四个意识”，切实做到“两个维护”。认真贯彻习近平总书记视察广东重要讲话精神，扎实有效抓好《南方电网公司党组关于学习贯彻落实党的十九大精神推动全面从严治党向纵深发展的意见》落地，3月，制定工作任务分解表，明确123项任务277条举措，实施督办销号管理，确保各项任务可控在控。印发《全面从严治党工作要点》。7月，制定公司《助力广东实现“四个走在全国前列”②行动计划》，在打好污染防治攻坚战、构建具有广东特色电力现货市场机制、保障粤港澳大湾区电力供应、打好扶贫攻坚战等方面取得积极成效。

领导体制改革。将党的领导融入公司治理结构和改革发展全过程，滚动推进党建工作进章程，进一步明晰公司党委、董事会、经理层等治理主体之间的职责权限，推动公司党委把方向与董事会科学决策有机统一、党组织的组织力与经理层的执行力有机统一。在19个地市供电局、4个设党委的竞争性子公司和113个设党委的县区供电局实现“党政一肩挑”，完成三级单位“党政一肩挑”③领导体制改革的既定目标。8月，在南方电网公系统率先出台加强直属单位竞争性企业领导班子建设指导意见，首次规范直属单位各层级竞争性企业领导班子职数，探索推行职业经理人制度。

严格党内政治生活。固化“一季度一主题”组织生活会模式，每季度开展批评和自我批评，确保红脸出汗落在日常。10月，公司党委组织召开巡视整改暨全面彻底肃清李嘉、万庆良恶劣影响专题民主生活会，指导督促各级党委开好专题民主生活会。调整公司领导党建联系点，建立日常联系、沟通汇报、反映问题“直通车”和“建档立卡”管理4个机制。提出组织生活“四必三增强”④的要求，确保党日活动有“党味”。

国有企业党的建设标杆。以“1236”模式⑤全面加强公司党的建设，创建国有企业党的建设标杆。7月，制定创建国有企业党的建设标杆实施方案，提出国有企业党的建设“1236”模式，制定打造国有企业党的建设标杆的具体措施，重点加强 “三大基础”⑥建设，构建 “六大体系”⑦，让基层党建工作有目标方向、有方式方法、有平台载体。党建“1236”模式相关报道登上人民日报等多家知名媒体。鼓励基层结合实际在载体上进行创新，形成了“政治生活看板”“党支部生命树管理”“党支部标准化建设15个规定动作”⑧等党建实践

---

① “四个自信”：中国特色社会主义道路自信、理论自信、制度自信和文化自信。

② “四个走在全国前列”：在构建推动经济高质量发展体制机制上走在全国前列、在建设现代化经济体系上走在全国前列、在形成全面开放新格局上走在全国前列、在营造共建共治共享社会治理共享社会治理格局上走在全国前列。

③ “党政一肩挑”：在地市供电局、设党委的县区供电局、竞争性子公司推行的党委书记、董事长（执行董事）“一肩挑”管理模式。

④ “四必三增强”：必戴党员徽章、必挂党旗、必重温誓词和必向上级报备；增强光荣感、增强使命感和增强仪式感。

⑤ “1236”模式：深入贯彻党的十九大精神，牢牢把握新时代党的建设总要求，坚定“1个目标”：创建国有企业党的建设标杆；坚持“2个方法”：党建精益管理和“抓领先、补短板、强基础”工作方法；打好“3个基础”：党组织规范化建设基础、党员教育管理基础和党建信息化建设基础；构建“6个体系”：标准化管理体系、过程化管控体系、项目化实施体系、系统化培训体系、科学化考评体系和制度化保障体系，围绕落实党的政治建设、思想建设、组织建设、作风建设、纪律建设、制度建设和反腐败斗争，全面提升党的建设质量，实现公司党建工作“精益规范、体系完整，特色鲜明、作用彰显，央企领先、影响广泛”。

⑥ “三大基础”：党组织规范化、党员教育管理和党建信息化。

⑦ “六大体系”：党建标准化管理体系、项目化实施体系，过程化管控体系，系统化培训体系，科学化考评体系和制度化保障体系。

⑧ “党支部标准化建设15个规定动作”：月度规定动作有：支部党员大会（“四必三增强”主题党日），支委会、党费缴纳、常态化思想政治工作（支部书记谈心谈话）。季度规定动作有：每季度1次党课（支部学习领学人上微党课）、党员先进性测评员工绩效评价和专题组织生活会（一季度一主题）。年度规定动作有：书记项目、党建联系点工作、支部书记上党课和西湖村定点扶贫。定期规定动作有：发展党员、党组织关系转接、党支部换届或补选和机关生活园地承办。

案例。11月，制定公司《党建工作责任制考核评价管理办法》。

组织建设

完善顶层设计。落实南方电网公司党组关于党建工作与改革发展生产经营深度融合指导意见，细化制定250条具体落实举措，把党的领导融入企业治理各环节。7月，制定加强党的基层组织建设三年（2018—2020年）行动计划实施方案，明确48项具体任务，着力解决基层党组织设置不规范、党员教育管理不规范、基层党建标准不规范等突出问题，树立“不规范就是不合格”理念。根据子公司党组织的设置情况，分党委和党（总）支部两种设置方式，确保党建工作的总体要求纳入公司章程。严格落实“四同步四对接”[①]要求，在物资公司、财务共享中心等6个新成立单位同步建立党组织。修订公司防风防汛应急预案等安全生产规定，明确各级党组织和党员发挥作用的具体要求。完成2017年度基层党建述职评议考核，组织14家单位党组织书记现场述职，25家单位书面述职。全面完成对各级党委书记、纪委书记履职情况的主责约谈。建立党建工作季度管控机制，确保上级党组织部署落实到位。

基层党组织规范化、标准化建设。牢固树立“党的一切工作到支部”导向，建立党支部政治生活看板，既提高基层党建过程管控的质量，又切实为支部服务。推行智慧党建，先后建成有党建成果电子化展示、党史教育VR体验、主题党日实时监控、党报党刊电子化推送等功能的“党员之家”。推行“一局一党委、一站（所）一支部、一支部一阵地、一阵地一书屋（书架）”，切实把全面从严治党要求落实到每个支部。在基建领域，推行支部建在项目上，激发干事创业的内生动力。在500千伏甲湖湾电厂一期接入系统工程、500千伏纵江站配套线路二期工程、珠海保底电网、英德贫困村电网升级改造工程等9个重点工程现场成立临时党支部，调动全体参建人员的工作积极性，实现党建工作对项目建设的全覆盖、广促进。创新模式，将支部学习与项目管理融为一体。采取“支部学习+项目研讨”的模式，将党员学习会开在重点工程推进中、开在解决关键问题上，确保政策理论有了实践战场。学干结合，根据项目部承担的任务，分阶段适时开展“我是党员走在前”等特色鲜明的主题党日活动，围绕新一轮农网升级改造工作持续抓好“书记项目”[②]，形成“头雁效应”。组织“工地大课堂”“安全大讲堂”“劳动百日赛”，致力形成“领着干、推着干、比着干”的浓厚氛围。6月底，实现公司系统2700名党支部书记轮训全覆盖。

竞争性企业党的建设。为提升竞争性企业基层党组织的组织力和政治功能，公司对直属单位竞争性企业党组织基本情况进行了摸底调查。6月，制定加强和改进直属单位所属竞争性企业党的建设工作指导意见：按照“分类指导、整体推进”的原则，根据竞争性企业党组织划归直属单位管理时间、发展水平、直属单位对竞争性企业的管控程度等，将竞争性企业党组织分为初管期、成长期、成熟期三类，根据三类组织的发展阶段设定对应目标，通过3年时间（2018—2020年），逐步推进竞争性企业党的组织和党的工作全覆盖，党建工作与企业生产经营深度融合。

党员管理与主题活动。6月，以“一区双岗”[③]为载体，开展“我是党员走在前，一区双岗创一流”主题活动。组织开展“一看就是党员”等主题活动，各基层党组织，通过主题活动的形式，增强党员身份认同感、荣誉感和使命感，引导广大党员立足岗位创先争优，发挥表率作用。12月，制定公司党费收缴、使用和管理工作指导意见，首次对党费使用标准、流程予以明确，解决了党费“不敢花”“不想花”的问题，发挥好党费的政治功能和教育功能。

① “四同步四对接”：四同步是指党的建设和国有企业改革同步谋划、党的组织及工作机构同步设置、党组织负责人及党务工作人员同步配备和党的工作同步开展。四对接是实现体制对接、机制对接、制度对接和工作对接。

② “书记项目”：广东省于2012年提出的党的建设工作新模式。即党组织书记作为第一责任人，直接抓基层党建创新项目。

③ “一区双岗”：创建党员责任区，创建党员安全生产示范岗和党员优质服务示范岗。

纪检监察

政治监督

维护党的政治纪律。公司党委、纪委督促各级党组织真学真懂真信真用习近平新时代中国特色社会主义思想和党的十九大精神，不断增强执行上级决策部署的思想自觉和行动自觉。以坚持和加强党的全面领导为目标，优化年度反腐倡廉工作要点，把政治监督摆在首位，强化主体责任落实情况、执行“三重一大”①民主决策、贯彻落实中央八项规定精神等情况的监督检查，督促各级党组织、党员领导干部坚决做到“两个维护”。以党纪国法为标尺，严肃查处违反党章党规、违背党的政治路线、破坏政治纪律和政治规矩等问题，尤其是对“七个有之”②问题高度警惕，加强对各单位落实“三重一大”决策等制度的监督。强化对公司各级领导干部在选人用人、“四风”③方面的评价，聚焦党的政治建设加强分析研判。深化政治生态评估，创建“同心政治生态模型”，优化简化评价指标，更加科学、客观地开展研判分析，形成“一图一表两报告”成果，为南方电网公司推广政治生态评估工作提供蓝本参考。

全面从严治党“两个责任”④落实。公司党委认真落实党风廉政建设责任制，督促各级党组织和党员领导干部担当起管党治党政治责任，各级党组织逐级开展约谈1894人次。全年累计开展主责约谈3899人，提醒谈话2923人，推动咬耳扯袖、红脸出汗成为常态。组织开展纪委书记对同级领导班子成员的评价工作，强化同级监督，业务领域负责人履行“一岗双责”意识明显增强。对照检查党章和党内政治生活若干准则落实情况，公司党委和各级党组织开好中央巡视整改暨全面彻底肃清李嘉、万庆良恶劣影响专题的民主生活会，督促监督各级党组织用好批评与自我批评武器。以问责倒逼责任落实，对履行全面从严治党主体责任不力的，坚持“一案双查”⑤，全年累计问责20人，形成强烈震慑。修订印发2018年党风廉政建设责任考核制，精准指挥、精细考核，切实提高党建工作的质量成效。

监督执纪

监督执纪“四种形态”规范化常态化。把纪律挺在最前面，抓实抓强纪律监督，紧紧围绕减存量、遏增量目标，推动各级党组织规范开展四个层面谈话，做到周知性要求“全面谈”，重要岗位“重点谈”，线索清晰“精准谈”，敞开心扉“交心谈”，其中全面谈94 951人次、重点谈60 851人次、交心谈5750人次、精准谈230人次。谈心谈话更加精准务实，157人主动报告问题，收缴违纪所得87万余元，巩固“减存量、遏增量”工作成效。加大立案查处的力度，以抓实后三种形态巩固拓展“第一种形态”的实践成效。办案力度保持南方电网系统第一，运用第一种形态处置146人，用后三种形态给予党政纪处分72人。保持高压态势，重点严惩四类重点问题⑥，挽回损失累计3700余万元，严防国有资产流失。精准把握政策，将“三个区分开来”贯穿于监督执纪问责全过程，坚决为改革创新、实干担当者鼓劲撑腰，共为2名干部进行失实澄清，对拟选拔和调整的285名干部出具廉洁意见，营造出风清气正、干事创业氛围。

重点领域监督与日常监督。定期开展季度检查，重点严守国庆中秋等节假日节点，发现公车私用、私车公

---

① “三重一大”：重大问题决策，重要干部任免，重大项目投资决策，大额资金使用。

② “七个有之”问题：无视党的政治纪律和政治规矩，为了自己的所谓仕途，为了自己的所谓影响力，搞任人唯亲、排斥异己的有之，搞团团伙伙、拉帮结派的有之，搞匿名诬告、制造谣言的有之，搞收买人心、拉动选票的有之，搞封官许愿、弹冠相庆的有之，搞自行其是、阳奉阴违的有之，搞尾大不掉、妄议中央的也有之。

③ “四风”：形式主义，官僚主义，享乐主义和奢靡之风。

④ “两个责任”：落实党风廉政建设责任制中党委负主体责任、纪委负监督责任。

⑤ “一案双查”：中央巡视组提出的查办案件要严格执行问责机制，既要追究当事人责任，又要倒查追究相关领导责任，包括党委和纪委的责任。

⑥ 四类重点问题：党的十八大以来不收敛、不收手，问题线索反映集中、群众反映强烈，政治问题和经济问题交织的腐败案件，违反中央八项规定精神的问题。

养、费用报销不规范、作风散漫等方面的问题163个，督促落实整改措施248条对相关责任人做出处理。在招投标投诉举报问题上发力，结合查实情况废除评标结果5项，并首次开展招投标复核工作，及时发现2项物资采购项目在评标过程中存在的重大问题，有效遏制不良影响。日常监督方面，5月，公司全面从严治党“两个责任”监督平台上线运行，印发平台应用指南与使用手册，实现对基层党支部开展抓早抓小的实时监督，平台全年推送责任清单1092份，完成措施5330条，实现责任落实可视化、在线化、过程化、一体化管理，提高纪检监察部门再监督效率。

“三不腐”[①]体制机制建设。巩固拓展专项治理成果，加强“关键少数”的权力监督上积极作为，围绕监察对象管理，建立完善处级领导干部的廉洁活页夹493份，进一步摸清“关键少数”基本情况。3月，制定领导人员和重要岗位工作人员公务回避工作方案，组织1.64万名领导人员和重要岗位人员开展公务回避排查，进一步压缩权力寻租空间。对129人采取回避措施，其中诫勉5名瞒报情况的党员干部，对虚报瞒报拖延整改的坚决立案查处，给予党政纪处分1人，从严扎紧权力的笼子。

纪检监察体制改革。坚持问题导向，加大力度推进派驻监督。夯实派驻监督的基础性工作，协助公司直属纪委加强对本部各部门在业务指导、信息交流、廉洁提醒等方面的服务保障职能，充分延伸纪检监察的监督“触角”。结合监督执纪中心的筹备工作，一体谋划派驻监督的领导体制和工作机制，以片区监督模式探索设立派驻专员，全面完成派驻监督的前期规划。8月，开展党风廉政建设区域联动共建行动，搭建上下对接、左右联动的党廉区域联动平台，将19个地市单位分为9大片区，推行“一片区一试点”，以点带面推动党风廉政建设各项工作全面过硬、全面进步。遵照安全第一、经济实用等原则，在河源、珠海、中山、清远等地市供电局试点打造一批标准化、现代化谈话室，健全并严格落实执纪审查的各项安全保障措施，时刻守住执纪审查安全底线，公司全年未发生执纪安全事故。以畅通纪法衔接、加强执纪审查为落脚点，各级纪委与地方纪委监委签订合作协议39份，所有地市供电局与地方纪委监委建立联席沟通机制，开启政企共建、联合惩防的新局面。

① “三不腐”：“不敢腐、不能腐、不想腐”。

重点领域反腐败

严查不收敛不收手行为。坚决贯彻落实中央八项规定精神，督促各级党组织严格执行公司党委《落实中央八项规定精神管理实施细则》，对违反中央八项规定精神问题一律从严、毫不手软，累计查处和通报曝光8起问题，处理21人次，给予党纪政纪处分9人次，以高压态势巩固拓展中央八项规定精神成果。

实施“扫雷”行动[②]。从6月起，开展为期三年（2018—2020年）的整治基层及群众身边不正之风和腐败问题“扫雷”行动，梳理出基层员工私装电表等154个典型“雷点”清单，在市场营销、工程建设等9个领域同步发力、精准出击，以“业务自查、执纪审查、内外联动、巩固预防”四个维度为抓手，共处置群众身边的不正之风和腐败问题143个，转立案59件，及时查处部分评标专家收受礼品礼金、低压台区私挂变压器窃电等违纪涉法问题。以三四级单位为实施主体，通过“1+9+N”部署[③]统筹推进“扫雷”行动，公司各级业务部门加强日常监督，共移交问题线索8条，转立案6件。例如，在生产领域，紧盯大修技改领域3类23项重点问题开展“扫雷”行动，建立了常态化的监督机制，开展生产项目实施过程现场检查，加强关键环节廉洁风险防控，构建生产领域“不能腐”体制机制。纪检部门主动出击、精准执纪，配合地方“扫黑除恶”专项斗争强化排查，共发现问题线索38条，转立案11件，有效查处班站所员工收受群众好处、私截电费等侵害群众利益问题。做好查处的“后半篇文章”，通报曝光54起典型问题，对问题突出单位发出监察建议书，切实加强业务领域廉洁风险防控，逐步形成治理基层贪腐的长效机制。

中心业务监督执纪问责。把公司改革发展中的廉洁风险集中领域作为监督检查重点，以严肃法纪保障公司深化改革工作顺利推进。坚持把监督执纪力量瞄准主营业务关键环节，针对培评中心在物业费案中管理失责的问题上挽回经济损失；汕尾110千伏红草输变电工程铁塔桩基质量不合格等重大安全隐患问题，对失职人员给予党纪政纪重处分；在“避雷器”案件中，对物资招标履职不力、执行制度不到位的人员一查到底，共立案12起，给予相关人员党政纪处分、组织处理，坚持行贿受贿一起查，对向公司系统人员存在行贿行为的供应商提出市

② “扫雷”行动：2018年6月，公司党委开展2018—2020年整治基层及群众身边不正之风和腐败问题行动。

③ “1+9+N”部署：1个总方案，市场营销、扶贫等9个领域子方案，市县单位若干个行动计划。

场禁入建议，有力保障公司安全生产运行。

“以案治本”工作。通报曝光典型问题229次，发出监察建议书454份，推动基建物资、生产营销等关键领域在改进评标方式、加强配网设备运行评价、健全工程分包管理等方面积极作为，防范重大廉洁风险。围绕物资招投标、工程建设转分包环节的问题形成2份专题调研报告，推动相关部门积极防范重大风险，其中物资部在江门供电局首次试点开展结构化评标工作，减少评标专家主管裁量权。生技部在南方电网范围内率先制定了设备运行评价业务指导书，健全设备运行评价工作的监督和再监督机制。

巡视整改与巡察监督

迎巡整改工作。对照“六个围绕、一个加强”①32项主要内容和标准，组织各部门查摆出71项问题，对137条整改措施实行逐项销号、限期落实。组建3个督导组加强过程监督，全力压实本部各部门巡视整改主体责任。结合十九届中央第一轮巡视反馈精神，重新对2015年中央巡视、2017年南网巡视整改工作进行梳理，开展整改深化工作。截至年底，立行立改的整改任务全部完成，重点查漏补缺2015年中央巡视组移交的信访件，常态化工作持续推进，党员领导的政治意识明显提高，有力推动各级单位贯彻落实南方电网公司“两个一号文件”②提出的各项工作。以迎巡、迎审、迎检为契机，深入开展自查自纠，将历年巡视、审计及企业奢侈浪费问题专项治理中发现的问题，细化为21大业务领域、共125项督查要点，找准各单位自查、公司检查重点。组织各单位开展企业奢侈浪费问题专项治理自查，延伸至县区供电局和下属竞争性企业开展交叉检查，实现纵向、横向全覆盖。对检查发现的问题，举一反三，从近期与长效两方面制定整改措施，密切跟踪整改进展。

巡察监督。完善巡察制度建设。对照中央和南方电网公司党组、纪检组关于巡察工作的要求，结合实际，于6月制定公司党委巡察工作、巡察工作领导小组工作、巡察工作领导小组办公室工作、巡察组工作、被巡党组织配合公司委员会巡察工作等5项实施细则，规范了各机构职能定位、工作内容和程序、方式方法以及纪律要求，为开展政治巡察提供制度依据。健全巡察组织框架。8月，设立公司党委巡察办公室，19个地市供电局党委相继设立巡察办公室。严格按照“好干部”标准，选优配齐各级巡察干部。对公司党委所属党组织开展巡察。按照公司党委的部署，有序推进巡察全覆盖。全年对8家县区供电局和新闻中心、服务中心、发展研究院、管科院、应急中心、机巡中心、能源投资公司、通信公司、电力交易中心、客服中心等10家未设置党委的中心机构开展两轮“机动式”巡察，对梅州、韶关供电局4家地市供电局和调控中心、信息中心2家设党委的非供电单位开展政治巡察，对3家单位开展了巡察整改“回头看”。19个地市供电局党委对47家四级单位开展巡察。建立巡察工作激励约束机制。通过党建党廉考核，先进集体和个人荣誉，优秀薪酬绩效兑现等形式加大对巡察工作的激励力度。同时，对巡察工作消极推诿、配合不力的单位党建党廉考核扣分，并进行通报批评。

作风建设

贯彻落实八项规定精神。从健全完善制度入手，制定了公司党委贯彻落实中央八项规定精神实施细则，先后修编了负责人履职待遇、业务支出、会议（活动）管理、业务接待、因公出国（境）、公务用车等一系列制度。同时将制度学习纳入基层党支部专题组织生活会学习的重要内容，并印发执行标准指引，方便各级党员领导干部参照执行，引领工作作风转变。紧盯元旦春节、国庆中秋等重要节点，各级纪委开展明察暗访2671次，从严查处和通报曝光公车私用、私车公养等违反中央八项规定精神问题。经过不懈努力，贯彻落实八项规定精神取得明显成效。办公用房。严格执行办公用房各项标准，常态化开展现场督查，持续从严管控用房超标和豪华装修现象。会议管理。严格执行会议计划管理，严控会议数量。计划外会议数量显著减少。严控会议费用，大力推行视频会议和无纸化会议，切实做到厉行节约、提升效率。业务接待管理。严格执行有关制度，杜绝大吃大喝、奢侈浪费现象。公文管理。在电力体制改革任

① “六个围绕、一个加强”：围绕党的政治建设，重点检查维护党中央权威和集中统一领导情况；围绕党的思想建设，重点检查学习贯彻习近平新时代中国特色社会主义思想情况；围绕党的组织建设，重点检查选人用人和基层党组织建设情况；围绕党的作风建设，重点检查整治“四风”问题情况；围绕党的纪律建设，重点检查党规党纪执行情况；围绕夺取反腐败斗争压倒性胜利，重点检查领导干部廉洁自律和整治群众身边腐败问题情况；加强对巡视整改情况的监督检查。

② 南方电网公司“两个一号文件”：中共南方电网公司党组《关于学习贯彻落实党的十九大精神推动全面从严治党向纵深发展的意见》（南方电网党〔2018〕1号）和南方电网公司《关于学习贯彻落实党的十九大精神推进2018年全面深化改革的实施意见》（南方电网办〔2018〕1号）。

务较重、组织机构和人事变动较大的情况下，公司发文数量增长幅度受控。公务用车。严格执行车改管理规定，主要负责人配备公务用车，其他车辆实行集中管理及统一调度。车改后减车率45.1%，费用节支率15.2%，进一步降本增效。公司负责人履职待遇、业务支出。严格按照制度标准，从严管控费用预算，合理安排各项开支，实行专项核算和地市、县区供电局逐级报备。2015至2017年业务支出费用符合预算管控要求，不存在个人报销超标的情况。

形式主义、官僚主义问题专项整治。首先是加强思想认识，通过文件学习、案例分享、漫画图说、动漫讲解等方式，营造作风纠正的良好氛围，推动广大员工从自身查起、从细节改起。其次是突出问题导向，对照梳理出的11个方面典型问题，组织各级党组织专题落实自查自纠，从严开展专项监督检查，发现虚假基层调研、敷衍应对整改等各类问题45个。从机关职能抓起，紧紧围绕机关工作作风，通过问卷调查共征集到73个具体问题，为强化靶向“治疗”、提高整改实效提供着力点。第三是加大问责力度，将服务基层、履职担当等方面的形式主义、官僚主义问题作为监督检查、审查调查和内部巡察重点，深挖细查出“看得见、抓得住”的具体问题117个，逐一对照整改，对检查发现整改不到位、不担当不作为、浮于表面照抄照搬、自查自纠流于形式等问题，严肃查处并通报典型案例，给予相关人员党政纪处分、组织处理，通报批评有关责任部门。坚决表明公司从严动真整治问题的决心，推动各级党组织加强问题的整改工作，不严不实的工作作风得到有力扭转。

转变机关作风。对照南方电网公司总部机关作风建设的相关要求，结合实际，以广东电网公司本部机关作风建设为抓手，于12月出台《加强本部作风建设45条措施》，严控办文办会、考核检查等数量、规模、时间，严格规范本部机关工作人员的行为，倡导“精简要”“严细实”作风，推动各项工作落到实处。

纪律教育与廉洁文化建设

正面倡导与反面警示。6月，紧扣员工涉法易发多发的问题，开展强化规矩意识、规范网络行为专题教育活动，以公司近年来违反法律法规典型案例为主要内容，组织学习讲解，强化警示教育。8月，以“加强党的政治建设，把纪律和监督挺在前面，营造良好政治生态”为主题，开展纪律教育学习月活动，组织广大党员学习《监察法》、新修订的《中国共产党纪律处分条例》等党纪法规，强化党性宗旨教育、法律法规教育和廉洁警示教育，把铁的纪律转化为日常习惯和自觉遵循。统筹开展“六个一”①活动，促进干部员工工作作风进一步转变，公司推广实践“四种形态”成效进一步突显。

廉洁文化建设。公司廉洁文化基地在培评中心建成，为2019年深化廉洁教育月活动奠定工作基础。发挥廉洁文化示范点的作用，以片区模式推进文化交流，各片区单位通过现场参观、对标学习等方式开展交流活动6次，全面加强了廉洁文化的共享和传播力度。

① “六个一”：一次党性宗旨教育、一次法律法规知识学习、一次警示教育活动、一次“扫雷”行动大讨论、一次监督清单对照检查、一系列谈话提醒教育。

宣传思想工作与企业文化建设

思想政治工作

把深入宣贯落实习近平新时代中国特色社会主义思想和党的十九大精神作为首要政治任务，在方向性、根本性、全局性问题上统一思想认识，凝聚意志力量。9月，在南方电网公司2018年组织宣传工作会议上作了关于理论武装工作的经验介绍。结合广东“四个走在全国前列”发展定位，邀请广东省委宣讲团成员、省社科院院长王珺到公司宣讲习近平总书记重要讲话精神。10月，举办新一轮广东经济形势报告会，引导广大干部员工正确看待中美贸易摩擦，学习领会中央建设粤港澳大湾区的重大决策。

党委中心组学习。印发年度公司党委中心组学习安排，制定中心组成员年度自学计划。全面加强党委中心组学习日常管理与督查，按照“全覆盖、机动式、现场化”的要求，制定印发各级党组织中心组学习督查工作方案，拟定督查工作清单，成立6个督查组，全年累计开展督导24次，发现问题37条。

思想宣传引导。认真宣传习近平新时代中国特色社会主义思想、党的十九大精神，推动党的创新理论在公司系统落地生根。积极探索运用各类型新载体、新形式宣传党的理论路线方针政策，及时传达南方电网公司党组、广东电网公司党委的各项决策决定和工作部署。4月，在“幸福南网”平台上组织开展党的十九大精神学习测试，公司系统共计3万余名党员参加测试。持续在自办媒体上开展“学习贯彻落实十九大精神”宣传策划，邀请中央、省级主流媒体采访报道，组织开展“大国顶梁柱”“弘扬爱国奋斗精神、建功立业新时代”等系列活动，引导广大干部员工积极弘扬爱国奋斗精神，在新时代建功立业、展现新气象、新担当、新作为。

党建政研工作。作为南方电网公司第四课题组的牵头单位，采用“牵头单位+参与单位”的协作研究方式，稳步推进完成了重点课题项目《国有企业价值观管理整体设计研究》的各阶段研究工作和结题上报评审，开展了广东电网公司层面的8个重点课题研究。5月，中宣部主管的《思想政治工作研究》杂志以《“三四三”创新基层思政工作模式》登载公司的经验做法。10月，在中国电力政研会专题研讨会上作了《坚持把思想政治建设摆在首位，为创建世界一流企业提供坚强保障》主题交流发言。公司2017年研究课题《员工思想动态分析研判机制的研究初探》获中国政研会一等奖，公司荣获全国电力行业思想政治工作先进单位。

意识形态工作

落实意识形态工作责任。坚持党管宣传、党管媒体，落实意识形态工作责任制，广东电网公司各级党委专题研究意识形态工作并向南方电网公司党组报告。7月，开展意识形态工作专项督导，到基层班组了解意识形态工作现状，排查重点对象、重点平台阵地357个。从“重点人群”的基本维度管责任、管思想、管关键，从“重点平台”的基本维度管方向、管舆论、管建设，编制了公司《意识形态重点对象和阵地分析报告》，摸清“关键少数”“重要群体”“特殊人群”和“主要阵地”的底数，针对性解决意识形态工作“空”和“虚”的问题。

员工思想引导。针对兄弟单位发生的相关舆情事件，重视并加强舆情工作，严肃新闻宣传纪律，利用支部学习等载体加强对员工上网、网上行为、涉及新闻宣传纪律等问题进行教育。5月，印发通知，规范公司工作微信群的使用和管理。联合第三方机构，开展员工思想状态分析研究，认真做好评先选优管理，广东电网公司评先选优工作机制及荣誉项目管理方法被南方电网公司宣传部吸收推广，形成南方电网公司荣誉管理制度。

“大宣传”格局建设。公司党委明确各级“管业务必须管新闻宣传”的职责，建立“大宣传”联系工作机制，建立“大家共同动手”的合力宣传模式，厘清宣传部与新闻中心、地市供电局党建人事部（直属单位综合部）的职责界面。8月，印发《进一步加强和改进公司新闻宣传工作的通知》，建立健全科学的分工协作机制、高效的信息沟通机制、新闻应急处置工作机制、全媒体传播机制、新闻发布机制、自媒体运行管理机制和新闻宣传工作保障机制“七个机制”①，制定2018年地市供电局新闻宣传评价方案，全面抓好新闻宣传顶层设计。

提升舆论引导力。以“辉煌四十载　电亮新时代”为主题，全面开展纪念改革开放四十周年专题宣传，提前完成南方电网公司下达的年度新闻宣传任务。强化对内对外宣传，人民日报、新华社、中央广播电视总台刊播公司新闻83篇（条、次），省级以上媒体刊播524篇次，《南方电网报》刊播890篇次，《南方电网公司新闻联播》刊播147条次，公司微信公众号被国务院国资委官方微信@国资小新转发57条次，被南方电网公司50HZ转发及采用素材483篇次，见播见报数量均位居南方电网系统各单位第一。其中，“在习近平新时代中国特色社会主义思想指引下——新时代新担当新作为”等有高度有深度有新意的系列主题报道、直击两会、“四统一”改革以及岭南文化电动行等89个重点新闻宣传策划受到广泛关注，有效提升了影响力。全面强化舆情监测及处置，妥善处理社会人员触电等舆情，全年未发生对公司有重大负面影响的舆情事件。

---

① “七个机制”：科学的分工协作机制、高效的信息沟通机制、新闻应急处置工作机制、全媒体传播机制、新闻发布机制、自媒体运行管理机制和新闻宣传工作保障机制。

企业文化与品牌建设

推进社会主义核心价值观落小落细落实。建成南方电网首个社会主义核心价值观主题教育公园，参评广东省委宣传部社会主义核心价值观示范基地。全面推进道德讲堂进企业、进班组，全年累计开展93场次。开展文明单位创建，推选江门、肇庆、中山供电局和输变电工程公司4个单位参评南方电网2016年至2018年文明单位。开展《国有企业价值观管理整体设计研究》《国有企业价值观管理落地班组模型研究》，提升价值观管理体系科学化水平。公司作为两家央企代表之一，在中宣部主办的社会主义核心价值观宣传教育工作培训班上，作题为《弘扬社会主义核心价值观，实施价值观管理，为加快建设具有全球竞争力的世界一流企业铸魂化人》的主题分享，获得中宣部宣教局高度评价。国资委党委宣传部《宣传工作》第22期全文刊发了公司发言材料，供所有央企单位交流学习。

◎ 2018年4月12日，时任广东电网公司党委副书记、总经理庞骁刚（右一）在中宣部社会主义核心价值观宣传教育工作培训班上发言

宣贯《南网总纲》。7月，制定公司“文化四礼”[①]实施方案，全网率先推进文化入仪式。以示范创建带动企业文化建设，136个单位入围南方电网公司第二批企业文化示范单位、示范点宣传推介。编制完成《广东电网文化地图》，全面梳理展示公司企业文化建设成果。筹建广东电力历史文化展厅、企业文化展厅，同步开展珍贵史料调查和征集，抢救珍贵历史文物，健全企业历史文化教育阵地。围绕庆祝改革开放40周年，8月，举办“职工工艺创新设计大赛”，11月，开展“广东电力四十景”征集评选和“广东电力四十景故事分享会暨主题党日活动”。12月，编辑出版了《广东电网人物访谈录》《广东电网人物图志》等企业文化丛书，拍摄播放了《时光如电》8集专题纪录片。图书及影视质量获广东省委宣传部、中电联、国资委的高度评价。

品牌活动。面向企业内外部首度开展公司品牌建设现状调研，全面了解公司品牌建设工作。承接南方电网公司VI管理手册（2018版）宣贯工作，制作宣贯动画在全南网推广。5月，开展VI规范管理年度专项督查工作。参加全国品牌故事大赛成绩斐然，《“蓝”+品牌传播体系》等5个成果获评“2017年中国企业品牌创新成果”奖，佛山供电局《安全的名义》、珠海供电局《小城故事》分获全国品牌故事微电影一、二等奖；东莞供电局的《一座孤岛的三十年巨变》获全国品牌故事征文比赛二等奖。承办“南方电网公司杯亲子攀岩挑战赛”首站（东莞站）活动。积极开展品牌特色实践，结合“地球熄灯一小时”持续推广“蓝公益”系列活动。3月，联合人民网邀请企业利益相关方参与“岭南文化电动行”体验活动。

社会责任宣传。高质量完成了《公司2017年度社会责任报告》编制与发布，并同期在珠海港珠澳大桥人工岛、横琴长隆、横琴地下管廊等地方开展公司“社会责任活动周”系列主题活动以及社会责任宣传活动，微博大V和社会媒体约50人参加，提升了企业的美誉度。冠名清远马拉松活动、联合腾讯公益开展“点亮童眸”公益行动，展示企业形象。中国工业经济联合会为公司颁发了《社会责任发布证书》予以肯定。

① 四礼：入职礼、退休礼、拜师礼、凯旋礼。

群团工作

工会建设与企业民主管理

严格落实职代会制度。全年共召开各级职代会及职代会联席会议221次，审议通过涉及企业改革改制和职工切身利益的重大事项和规章制度195项，征集职工代表提案276件，立案办理116件，对职工代表提案、来信来访等职工诉求的办理率和答复率达100%。深入推进厂务公开标准化建设。厂务公开内容嵌入各业务制度中，佛山供电局、肇庆供电局等25家直属单位通过上级单位厂务公开复审。10月，佛山南海供电局、珠海金湾供电局、揭阳揭东供电局获“南方电网公司厂务公开民主管理先进单位”称号。切实维护员工合法权益。11月，组织职工代表参与公司安全生产、劳动保护专项巡视活动，采取深入工会干部基层联系点调研、与一线职工座谈、设立工会主席信箱、办理职工信访信件等多种形式，与职工群众建立平等协商、沟通互信的平台。

职工队伍建设

职工思想政治引领。全年各级工会引导广大职工用习近平新时代中国特色社会主义思想武装头脑、指导实践，自觉在工作中体现党的意志和主张。积极利用新媒体、教育培训、职工学堂等载体，把“大学习”的课堂搬到基层一线和班组站所，将党的决策部署宣贯到职工中去，深入践行社会主义核心价值观和《南网总纲》。推进产业工人队伍建设。认真落实南方电网公司《关于贯彻落实中共中央、国务院〈新时期产业工人队伍建设改革方案〉的实施意见》的各项部署，系统、有序推动改革方案落地实施。3月，全国能源化学工会张波主席到佛山、江门供电局调研，对职工创新和职工小家建设工作给予了高度评价。6月，在全国能源化学地质系统落实《新时期产业工人队伍建设改革方案》现场推进会上，公司职创工作经验《搭建职工创新平台、建设创新型职工队伍》进行现场分享，《活机制、促转化、育人才、开创职工创新工作新局面》和《织舞盘腾、精益建家》两个专题材料作书面交流，7个优秀职创成果参加现场展示。弘扬劳模工匠精神。全年获南方电网公司级及以上荣誉63项。其中，国家级荣誉集体8个、个人7名，省部级荣誉集体18个、个人6名，南方电网公司荣誉集体7个、个人17名。推荐申评“中央企业先进集体”2个、“中央企业劳动模范”5名，评选表彰公司级集体荣誉37项、个人荣誉108项。坚持重大节假日走访慰问劳模，6—10月，组织开展了公司劳模先进疗休养活动。

职工创新

职工创新工作。以劳模、先进为引领，累计创建职工创新工作室263个，其中南方电网公司级82个、广东电网公司级147个、地市级34个，全年新增88个。加强工作室动态管理，5月，组织开展了“一年一评”工作，对考核不达标的工作室进行撤并，表彰考核优秀的工作室。公司7个工作室获评“广东省劳模和工匠人才创新工作室”，3个获评“广东省工业系统劳模和工匠人才创新工作室”，58个获评南方电网公司星级工作室。开展职工创新成果评选和交流，5月组织65项成果申报全国电力职工技术成果奖和全国能化系统优秀职工技术创新成果奖，获一等奖7项、二等奖13项、三等奖12项。10月，选送225项成果参加南方电网公司2018年职工创新成果评选，获金奖7项，银奖15项，铜奖28项，最具价值推广奖12项，5名职工被评为第二届“南网创客”。依托南方电网公司变电专业工作室联盟，发挥何满棠工作室示范引领作用，开展创新培训2次，学习交流2次，参与人数超过300人次；持续开展“工人培训工人”活动，基层班组已成为创新的中坚力量。

劳动和技能竞赛。全年组织广东电网公司级劳动和技能竞赛12项，参加全国、广东省、南方电网公司劳动和技能竞赛15项（承办其中5项）。在各级技能竞赛中，获“中央企业技术能手”5人，“广东省技术能手”20人，“南方电网公司技术能手”9人，“南方电网公司青年岗位能手”26人；在“安康杯”系列竞赛中，获全国集体奖3项，广东省集体奖5项、个人奖4项；在南方电网公司变电运行规范化竞赛，“精益杯”7S竞赛，“我要网络安全”主题竞赛，“精益杯”继电保护、财务金融、变电检修、审计、驾驶员、营销技能竞赛和乡镇供电所安全生产技术比武中，获“南方电网公司变电运行示范基地”称号4个，合理化建议金奖9项、现场改善成果金奖9项，团体一等奖1个、二等奖6个、三等奖2个，个人一等奖9个、二等奖11个、三等奖18个，营造了“比学赶帮超”的浓厚氛围。

服务职工工作

职工之家建设。落实建家“标杆管理、评星晋级”做法，广泛发动职工“建家、评家、管家”。以江门鹤山供电局雅瑶供电所为标杆，以点带面，加强“建家”工作交流、经验分享，共同推进“建家”工作。突出精准帮扶，帮助基层工会、偏远地区、一线班站所完善职工之家（小家）硬件设施。全年创建全国模范职工之家1个、职工小家3个，南方电网公司五星级模范职工之家14个、职工小家30个；评选南方电网公司四星级模范职工之家13个、职工小家501个。因地制宜，推动建成并投入使用“爱心妈咪小屋”124个，获广东省总工会“爱心妈咪小屋”示范点8个、南方电网公司“爱心妈咪小屋”示范点16个。

职工慰问帮扶。发挥公司爱心帮扶资金全面帮扶、直属单位助困资金重点帮扶、县区供电局工会自主帮扶的三级立体帮扶机制作用。3月，组织开展“学雷锋”爱心募捐活动，充实资金帮助困难职工解决实际困难，全年共帮扶重大疾病职工968名、困难职工子女252名。做实“四送”①品牌工作，开展重大节日慰问2000余次，慰问职工10万多人次。

员工心理辅导。推进公司员工心理健康辅导工作站建设，首批50名专业心理辅导员参加并完成中国EAP与职业心理健康培训。挂牌成立公司心理健康协会，通过心理咨询热线，面对面辅导等形式发挥作用。

共青团与青年工作

深化从严治团。坚持党建带团建，加强思想引领，制定学习宣传贯彻党的十九大精神行动计划、团十八大精神学习宣传方案，全年共组织了相关主题团日活动192场，参与人数达4826人，其中在结合新员工入职，组织了50场相关宣贯活动。公司9名基层青年员工成为广东省第十四次团代会代表。以“智慧团建”为总牵引，落实团省委“命脉工程”的三年行动计划②，对团内相关数据进行归类核对统计，推进“线下”统计与“线上智慧团建”平台建设同步对接，做到团支部层面数据全覆盖，团员报到率100%。组织系统内519个团支部召开“践行新思想 拥抱新时代”专题民主生活会。

“青马工程”③。全面实施青年马克思主义者培养工程试点工作，开展“青年大学习”主题活动，认真学习贯彻习近平总书记在纪念马克思诞辰200周年大会上的重要讲话精神，举办“纪念马克思诞辰200周年”青马小组学习成果展示暨青年大学习主题团日活动，通过公司内部网络平台进行全程直播，超过7.6万人次同步收看学习，在广大青年中掀起了学习马克思主义理论的热潮。

青年示范岗建功行动。积极组织各团组织结合“山竹”开展了“弘扬抗风精神，砥砺奋斗青春”主题团日活动，系统所属各团组织采用学习座谈、交流讨论、故事讲述、图片展示、重温誓词、道德讲堂等多种形式，共开展活动132场，参与团员青年2300人。结合安全生产月开展“青春南网　岗位建功”主题团日活动，公司团委共组织开展了安全知识竞赛、故事会、实操培训等323场活动，共7897人次参加。在超强台风“山竹”来袭期间，组建青年突击队547支，5886名团员青年参加抢险，同时出动青年志愿服务队155支，志愿者1137名，做好后勤保障及家属慰问帮扶工作。

志愿公益服务。组织开展学雷锋系列主题志愿服务活动，公司“蓝公益”志愿服务项目获评全国“四个100优秀志愿服务项目”，中国企业品牌创新成果称号。2个集体、2名个人分别获评广东省第四批学雷锋活动示范点和岗位学雷锋标兵。依托“幸福厨房”“光明学堂”“温暖村屋”三大服务品牌，全面助力扶贫攻坚，公司对口扶贫点西湖村获评广东省第四批学雷锋示范点。开展节能减排系列活动。举办“第十一届南网杯节

---

① “四送”：夏送清凉、秋送希望、冬送温暖、全年送健康。

② 团省委“命脉工程”的三年行动计划：6月，共青团广东省委开展“整治软弱涣散基层组织、全面加强基层基础建设的一号工程”，为期三年。

③ “青马工程”：即青年马克思主义者培养工程。通过教育培训和实践锻炼等行之有效的方式，不断提高大学生骨干、团干部、青年知识分子等青年群体的思想政治素质、政策理论水平、创新能力、实践能力和组织协调能力，使他们进一步坚定跟党走中国特色社会主义道路的信念，成长为中国特色社会主义事业的合格建设者和可靠接班人。

能减排进校园系列活动”，省内46所本专科院校近万名大学生参加，其中收到节能减排参赛作品310多件。

◎ 2018年4月19日至20日，南方电网公司在广东省梅州市五华县召开2018年扶贫办二季度例会暨扶贫工作现场会，为该村挂牌“扶贫示范村”

搭建青年展示平台。五四青年节前后，先后承办广东省直团工委、协助南方电网公司团委开展“五四”主题团日活动，开展公司“五四”系列活动，以“坚定跟党走，建功创一流”为主题，通过先进典型选树、青年满意度调研、青年代表座谈会、主题演讲比赛等形式，为青年成长搭建平台，受到上级领导和省直相关单位的充分肯定。开展青年满意度调研工作，在调研、问卷基础上形成调研报告，针对收集问题提出4大方面14条后续对策建议，为公司党委决策提供依据。全年新创建公司省级青年文明号3个，累计达111个。

女工工作

女职工劳动保护。落实广东省女职工劳动保护相关规定，完善女职工“四期”保护工作，开展公司工会女职委对标交流。深入推进女职工创新工作，建成女职工创新工作室20个，其中东莞、清远2个工作室被列为首批广东省女职工创新工作室示范点。坚持和完善计划生育目标管理责任制，公司工会与广州区直属各单位签订了2018年计划生育目标管理责任书，落实责任、明确任务。

女职工建功立业。以“巾帼心向党，建功新时代”为主题，以“培育好家风”为活动载体，组织开展“最美家庭”和“书香家庭”评选表彰。深入推进文明家风建设，3月，举办“树新时代家风，筑新征程梦想”先进女职工表彰暨“家”故事分享会，展和睦家风、彰女性风采。组织参加全国第六届“书香三八”读书活动及“书香三八·嘉年华”读书成果展示活动，多个项目获奖，公司荣获优秀组织奖。发挥公司女职工在助力美丽中国、和谐南网中的特殊作用，持续开展“保护环境—女职工在行动”“五个一”①主题系列活动。

职工文体活动

突出公司各级工会组织、文联及各分会、各类文体协会的作用，积极开展贴近基层、贴近一线、贴近群众的职工喜闻乐见文体活动。文化艺术活动。以文联为重要载体，3月，召开公司文学艺术界联合会工作座谈会，审议通过公司文联2018年重点工作。3—4月，组织开展“建功新时代 迈进新征程”职工主题摄影，展示企业良好形象，提振职工精气神。5月，召开公司文学创作交流研讨会，展示开展“践行南网总纲、勇当排头兵”文学作品创作评比活动的成果。12月，茂名供电局诵读作品《万家灯火，南网情深》在广东省职工诵读比赛中荣获金奖。公司各级工会及公司文联下属各分会通过全年开展“送万福、进万家”挥春、亲子游园、欢乐夏令营、文化成果展演等文化活动300余次，参与职工5万多人次。全民健身运动。持续推进全民健身运动，积极开展贴近企业、贴近群众、贴近生活的群众性体育活动，叫响“周周有活动，月月有比赛”品牌。举办“同心杯”职工体育系列比赛7项，承办全国电力行业协会羽毛球赛、南方电网公司羽毛球赛、广东省总工会徒步及乒乓球赛等活动4项，参加南方电网公司“同心杯”职工系列比赛3项，直接参与职工2700多人次，带动6万多人次职工参加全民健身活动。各项比赛取得喜人成绩。推进职工体质检测工作，成立了公司职工体质检测及运动健康指导站，在各地市供电局设立了分站。

① “五个一”：一纸倡议书、一次环保图案设计征集、一个环保购物袋、一次环保亲子活动、一次环保公益。

中国南方电网
CHINA SOUTHERN POWER GRID

直属供电局

佛山供电局

企业概况

一、组织沿革

佛山供电局为广东电网有限责任公司直属特大型供电企业，前身是广东省广电集团有限公司佛山供电分公司，2005年5月更名为广东电网公司佛山供电局，2014年9月更名为广东电网有限责任公司佛山供电局。

二、经营范围

佛山供电局作为统一管理佛山电网的企业法人，主要负责佛山市禅城区、南海区、顺德区、三水区、高明区等5区范围内的电网建设、运行、管理和经营业务，为地方经济社会发展和人民生活提供电力供应和服务。截至2018年底，供电面积3798平方千米，供电人口790.57万人，供电客户340.9万户，营业网点35个。

三、电网规模

截至2018年底，佛山电网有35千伏以上变电站223座，主变压器547台，容量共5744.75万千伏安，输电线路557回，总长4624.69千米。其中，500千伏变电站5座，主变压器54台，容量共1500万千伏安，输电线路26回共503.57千米；220千伏变电站36座，主变压器91台，容量共1989万千伏安，输电线路112回共1516.74千米；110千伏变电站181座，主变压器400台，容量共2254.75万千伏安，输电线路412回共2546.36千米；35千伏变电站1座，主变压器2台，容量共1万千伏安，输电线路7回共58.02千米。

四、组织机构

根据广东电网公司组织机构规范化设置的要求及实际工作需要，2018年，佛山供电局对组织机构进行了调整：4月8日，党建工作部更名为党建人事部（直属党委办公室、团委、新闻中心），并将原人力资源部的干部管理职能、原办公室的新闻对外宣传职能调整至党建人事部；监察审计部（纪委办公室）分设为监察部（纪委办公室、直属纪委办公室）和审计部；生产设备管理部更名为生产技术部；培训与评价中心调整为技术技能实操基地，整合原计量中心、客户服务中心、营销稽查中心、节约用电服务中心。成立电网规划中心、项目管理中心、供电服务中心、综合服务中心（离退休服务中心）。

截至年底，佛山供电局内设14个职能部门、13个二级机构、5个县区供电局。具体如下图所示：

五、领导班子

2018年，根据广东电网公司党委决定，佛山供电局领导班子调整如下：8月27日，李福来任党委书记、执行董事，罗旭恒任党委副书记、局长（总经理）；12月29日，免去张勤华调研员职务，退休。

截至年底，佛山供电局领导班子成员如下：

党委书记、执行董事：李福来；

党委副书记、局长（总经理）：罗旭恒；

党委委员、副局长：郭伟洪；

党委委员、纪委书记：张澜；

党委委员、副局长：张雨；

党委委员、副局长：梁敏杰；

党委委员、副局长：倪伟东；

党委委员、工会主席：华枫。

六、人员状况

截至2018年底，佛山供电局共有职工5973人，其中博士5人，硕士346人，本科生3011人，专科生1650人，中专及以下学历的955人；已取得专业技术资格人员共3045人，其中高级职称714人，中级职称1430人，初级职称901人；已取得技能等级共5143人，其中高级技师301人，技师1472人，高级工3195人，中级工157人，初级工18人。

十件大事

（1）3月，佛山供电局在广东电网率先试点应用低压服务快速响应可视化平台，全面推行低压业扩、急修工单抢单运转，实现业务状态全透明可视、施工管理全过

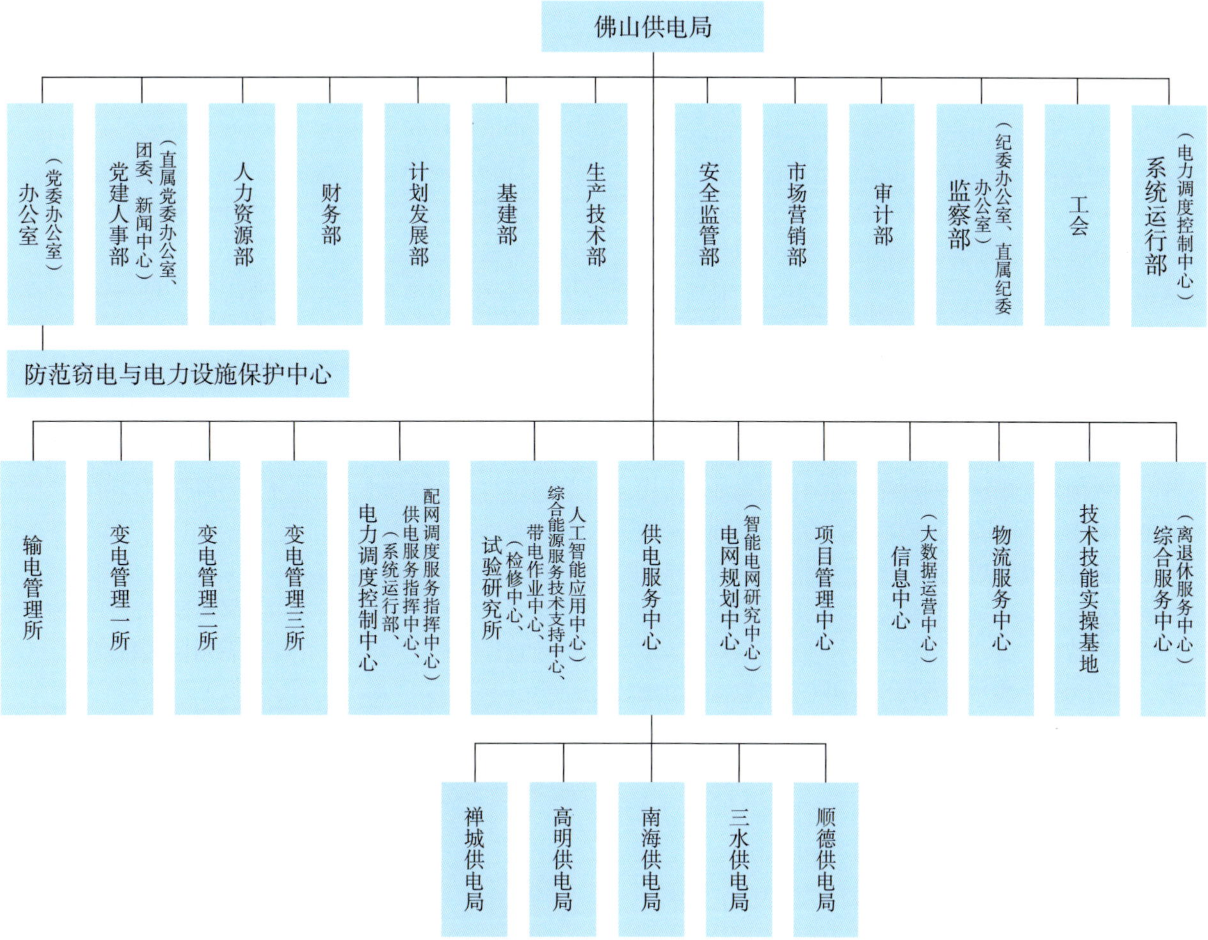

程监督、工程结算全自动生成。

（2）4月19日，全国首个全站变电设备侵入波监测项目在500千伏东坡变电站投运。

（3）5月1日，张纪宾等人与广东电网公司带电作业、机巡作业、电力原创乐队等团队组成“新时代电工”团队，在央视一套“五一”特别节目《相聚中国节·我奋斗我幸福》上登台演出。

（4）5月31日，国家能源局、中国电力企业联合会发布《2017年全国电力可靠性年度报告》，佛山供电局全口径供电可靠率指标（未剔除重大事件）位于全国39个主要城市之首，连续7年位列全国前十。剔除重大事件日，佛山供电局全口径停电时间全国排名第三。

（5）6月，佛山供电局“1+18”应急预案通过国家能源局专家评审，成为广东省第一家向国家能源局南方监管局应急预案备案的供电企业。

（6）7月1日，佛山供电局自主研发的“智能方式机器人”正式上线运行，应用大数据分析技术，实现业务需求数据的自动统计及调度运行方案的自动生成。

（7）7月，佛山供电局完成南方电网适用的营销业务移动终端作业功能试点建设任务，为服务质量和效率监控提供依据。

（8）10月，佛山电力体验馆被中国电机工程学会与中国能源研究会授予“科普教育基地”称号。

（9）11月21日，佛山供电局举行共产党员服务队授旗仪式，30支共产党员服务队正式成立，为客户群众提供营销服务、24小时急修服务和志愿服务等。

（10）12月20日，“2018年广东省地方政府公共服务公众评价”大型民意调研结果公布，佛山供电局供电服务满意度连续10年位居佛山市公共服务满意度第1名。

电网发展

一、电网规划与前期工作

政企合作方面。5月，佛山市政府召开2018年全市电网规划建设联席会议，市政府组织各区签订电网建设责任书，把电网建设纳入政府绩效考核，形成市政府督办、区政府专项协调的电网建设机制。9月，佛山供电局建立电力专项规划工作小组，形成常态化沟通协调机制，启动佛山市电力专项规划修编，提前启动三龙湾电力专项规划。促成佛山市经信局修编《佛山市电网建设绿色通道实施细则》《佛山市电力设施用地补偿方案》。2018年，完成《有源配电网条件下配电网投资规模与效益分析》《广东金融高新技术服务区电力专项规划修编》《佛山顺德西部生态产业区电力专项规划》《佛山顺德北滘智能制造小镇电力专项规划》《佛山三水西南水都工业园电力专项规划》等的研究。

前期工作方面。结合佛山实际情况优化前期工作流程，梳理每个节点任务的详细流程、时间要求和依据文件，建立前期工作法规制度库，进一步提高前期工作的质量和效率。加强前期风险把控，将项目前期部分的管理关口前置。在规划阶段，提前考虑地方政府经济发展、规划、国土、环保、水保等方面的敏感因素，避免可研阶段因站址、线行颠覆性因素，导致电网规划方案变更。启动2018—2025年共122项110千伏及以上规划项目的前期工作，通过提前摸底，降低站址、线行落实风险。强化属地管理模式，将前期工作分解、纳入对县区供电局、供电所的考核，实行过期亮灯制度。加强对县区供电局和设计单位在前期工作过程中的管控力度，通过处罚通知单的形式，加大项目前期攻坚力度，争取尽可能多地获取可研批复和核准批文，并列入项目投资储备库。2018年，开展220千伏港口、乐顺输变电工程和110千伏朗下输变电工程等42个项目的前期工作。启动“十四五”规划中110千伏沙岗、山南（基边）输变电工程等16个项目前期工作。

二、工程建设与管理

2018年，佛山供电局完成固定资产投资40.9亿元，报废资产净值率8.68%，同比下降1.27个百分点。其中，主网建成投运110千伏及以上项目9项，完成投资6.6亿元，同比增长13.61%。新增变电容量30.2万千伏安，新增输电线路长度143.53千米。配网建成投运项目2740项，完成投资26亿元，同比减少13%，新增配变容量57.8万千伏安，新增10千伏线路长度1277千米。小型基建建成投运项目1项，完成投资927万元，同比增长643%。

重点工程建设。2018年，佛山供电局负责的广东电网公司重点投运项目全部建成投运，具体是：2月2日，110千伏宝月变电站扩建3号主变工程竣工投运。4月19日，全国首个全站变电设备侵入波监测项目在500千伏东坡变电站投运。7月12日，220千伏奎福输变电工程竣工投运。8月8日，110千伏谭洲输变电工程竣工投运。10月18日，220千伏松夏变电站配套110千伏输电线路工程竣工投运。10月31日，220千伏松夏输变电工程建成投运。11月20日，110千伏新联输变电工程建成投运，该工程为佛山供电局首个“零缺陷”移交试点基建工程。11月27日，110千伏华电顺德西部生态产业园分布式能源站接入系统工程竣工投运。12月13日，110千伏湖涌变电站接线完善工程竣工投运。12月24日，220千伏东坡变电站配套220千伏线路竣工投运。12月25日，广东电网公司重点督办的投运项目500千伏东坡变电站配套220千伏坡丹甲、乙线工程正式投运，全线30.51千米，新建铁塔53基，有效缓解罗洞片区供电压力，改善佛山中北部220千伏电网结构。在建工程方面，风城、顺广变电站增容等8项重点建设项目均按计划推进。落实三级进度管控机制，按批次里程碑计划制定项目一、二级进度计划，编制全年投运项目进度分解表，保证均衡投运。全面应用配网设计评审系统、自主开发的配网基建工程结算软件、配网基建过程管控平台，对项目开展情况进行有效的跟踪。

◎ 2018年2月7日，佛山供电局首次5回500千伏线路同停升高改造工程竣工

工程创优和质量管理。开展配网质监样板供电所创建活动，按照配网质监率30%的标准开展质量监督工作。2018年共开展主网11次、配网496项工程质监工作。3月，编制统一的配网单项工程资料模板。开展配网基建工程设计和档案资料专项行动，整改检查发现问题。6月，编制配网工程质量监督工作表单，统一配网质监全过程资料模板。基建项目投资全过程管控。4月，制订《配网基建项目勘察设计深度及造价工作指引（2018版）》《配网工程结算资料标准模板（2018版）》，开发应用工程结算辅助软件，实现工程结算标准化、模块化。试点开展南方电网公司基建项目投资全过程管控，纳入投资计划的主网基建项目全部实行基建项目投资全过程管控，配合网省公司开展资产系统改造需求、主网数据清理、系统上线应用试运行等工作。持续开展配网

工程争创“安全、优质、文明”金质样板工程活动，打造顺德均安供电所星槎阜基住宅小区中压业扩配套工程、大良供电所苏岗居委会中压业扩配套工程、110千伏杨梅站10千伏井头线干线61—91号杆段改造工程等3个广东电网公司配网样板工程标杆。

电网运营

一、电力供应

2018年，佛山全社会用电量690.85亿千瓦·时，同比增长2.53%。佛山境内电厂装机容量95.48万千瓦，同比增长92.99%，其中，火电容量36.36万千瓦，同比增长83.56%；水电容量400千瓦，同比减少85.2%；风电、光伏、生物质等新能源容量59.12万千瓦，同比增长101.02%。全年上网电量16.86亿千瓦·时，同比增长17.38%，其中火电上网电量9.56亿千瓦·时，同比增长0.68%；水电上网电量30万千瓦·时，同比减少93.87%；风电、光伏、生物质等新能源上网电量7.3万千瓦·时，同比增长51.19%。全年电力供应形势缓和，放开用电。全年负荷呈现尖峰不尖，最高负荷出现在7月12日，为1162.7万千瓦，同比下降1.67%。全年平均负荷率为81.95%，同比提高0.49个百分点；最大负荷率88.784%，同比降低1.85个百分点；最小负荷率59.67%，同比降低16.18个百分点。丰水期间，实现水电全消纳。清洁能源并网通道容量裕度充足，未发生因网络受限而影响清洁能源消纳的现象。全年未发生有人为责任的“弃水、弃风、弃光”问题。

二、电网运行

电网安全运行。3月，明确防范电网运行风险21项重点工作。全年完成4465条配网线路基准风险评估，对28个重要用户供电电源配置进行危害辨识和风险揭示。化解主配电网基本问题风险74项，实现电网网络“零错峰”目标。安排516项配网方式调整，合理调整约105.9万千瓦负荷分配，有力保障电力可靠供应。9月，修编并印发80份跨专业作业风险管控业务指导书、二次专业施工风险联动管控工作指引，管控超过150项风险。开展继电保护反事故措施精益化检查，落实顺德变电站Ⅰ级特维开关保护传动工作。落实通信网7大类45项管控措施，消除220千伏东坡变电站配套线路工程通信网改造的重大隐患，改造45.6千米ADSS光缆。截至年底，佛山电网连续安全运行突破2557天，系统设备运行总体稳定可靠，未发生大面积停电、电网瓦解和重大设备损坏事故。

调度智能化建设。全年对185座变电站进行程序化功能接入，变电站程序化覆盖率达83%。开展569次程序化操作，成功率达94.55%。自动化开关遥控操作800多台次，加快故障处理速度。220千伏及以上电压等级保护正确动作率100%，故障快速切除率、安自装置正确动作率保持100%，生产实时控制业务通信通道零中断，未发生调度自动化主站系统失灵情况。未发生三级及以上电力监控系统信息安全事件，未发生因电力监控系统信息安全导致的电力事件。研究应用变电站机器人开展辅助识别刀闸分合等试点，7月，完成调度主站及变电站端设备改造。8月，被授予南方电网调控一体化示范基地。主网调度辅助决策驾驶舱保信系统接入，“N-1”风险分析及信息发布功能实用化、监视信息交互平台OCS、App功能开发。试行二次设备智能化运维，探索人工智能实现重复规律性工作的方式。

配网运行管理。推进合环转电最大化应用，实现500千伏罗洞变电站、西江片区的10千伏线路常态化合环转供电。全口径合环转供电率同比提高16.42%，配网月度停电计划执行率同比提高14.45%，影响用户延时送电率同比下降8.89%。5月，成立配网调度服务指挥中心，中压故障停电用户短信平均发送时间降至6分钟。开展配网主站自愈控制策略研究与自愈功能建设，实现对10千伏馈线故障自我感知、诊断、决策、恢复功能。推进配电通信网规划建设，10月，建设配电通信网汇聚层，实现金融高新区光纤网双平面覆盖。

资产全生命周期管理。形成资产管理监督机制，建立协同数据发布平台，以安全生产分析会作为资产管理监督平台，实现资产管理各项业务月度管控。建立资产管理规范化检查机制，每月进行规范化检查，现场检查各资产运维部门资产管理业务开展情况，发现存在问题，提出工作整改建议。探索计划外拆旧固资管控机制，设立清单、台账。建立报废资产净值率源头管控机制，生产项目管理与资产管理专业联动，在可研审核环节实施源头管控。2018年，全口径报废净值率为16.67%，剔除迁改后报废净值率为8.68%，同比下降1.27%。

设备运行管理。开展输电线路管理水平提升、GIS质量提升、电网供电能力提升、反事故技术措施精益化排查、防止电气误操作、两票管理等专项行动。生产设备规范化检修完成率为98.7%。开展主网反事故措施任务63项。整改配网7大类874处问题，整改完成率66.16%。开展125套小电流接地系统中性点改造，改造完成率47.17%。对涉及220千伏变电站的单供线路及近半数涉及110千伏变电站的单供线路开展加装避雷器改造，有效提升了单供变电站防双回同跳能力。深化设备风险管控，加固22回光缆线路的PE护套，检查210回光缆线路的AT护套，消除了光缆掉线、断线隐患。开展19 893项关键线路、重要交叉跨越和重载线路的日常巡视和特巡，累计发现缺陷3250项，及时发现并消除了重大、紧急缺陷。开展防风防汛特巡，发现并消除了滑坡隐患15处，铺设基面混凝土9.5万平方米，清理山火隐患面积7.7万平方米，清理超高树木13.6万棵，未发生因地质灾害、山火、树障引起的设备受损和线路跳闸事件。强化防外破管控，对外函知外破风险及安全交底373次，保证了固定黑点未发生外力破坏事件。在输变配专业全面推广设备主人管理机制，任命输变配电设备主人377人，通过系统反馈发现问题1400余条，问题发现数全省第一。

可靠性管理。推行专事专办，6月，成立城市区域供电可靠性管理1小时办公室。明确1小时的工作目标，落实停电事件时户数的严格审查，做到城市区域事件的“3个100%”①。开展三次可靠性数据自查及交叉互查工作，共抽取可靠性数据967条，发现问题166条，问题比例17.17%，全部完成整改。完成配网网架完善三年行动计划，针对薄弱环节，解决环网点过多、线路分段不合理、母线失压不可转供和线路单辐射问题，通过合理的自动化布点，有效降低故障时的电力安全事件等级，完成五大项共5439项问题整改。提升配网自动化覆盖率，五区配网自动化全覆盖，馈线自动化覆盖率达到89%。推进自动化开关“三遥”投入，按照故障自愈功能实用化目标，加快推进干线分段和联络自动化开关的“三遥”投入工作，实现“三遥”功能开关数量达到3161台，投入比例25%，累计成功遥控操作1000次。实现“自愈”功能试点全覆盖，研发配网自动化主站自愈功能，在金融高新区AB区自愈功能覆盖基础上，对五区主站自愈功能试点覆盖，累计实现25个馈线组，58回线路的故障区段自动隔离，非故障区段自动转供复电。提升配网自动化终端在线率，协调移动运营商解决地下配电站和偏远郊区的信号黑点问题，终端在线率得到进一步提升，自动化开关在线率达到98.58%，有效支撑主站遥控操作和自愈功能实用化。全年开展带电作业10 584次，带电作业化率75.96%，累计节省停电时间约11.73小时。低压全口径客户平均停电时间1.58小时，同比下降28.5%。综合电压合格率达到99.999%，排名全省第一。

① 3个100%：带电作业及发电车保供电现场勘查率达到100%、中压50时户以上和低压5000时户以上停电事件实施地市供电局——县区供电局——供电所三级审核100%；停电时间的系统确认100%。

连续七年进入全国供电可靠性前十名。

三、安全生产

2018年，佛山供电局全面实现了“两个确保，三个杜绝，四个不发生，两个减少”的安全生产目标，全年未发生电力事故，同比持平；共发生五级及以上事件2起，同比减少2起；其中三级事1起，同比增加1起；五级事件1起，同比减少2起。全年未发生社会人员触电事件。百万工时工伤意外率指标完成值0.187。

安全生产责任制。开展周期性安全大检查和专项安全检查，共发现1836项问题，重点问题实行一问题一分析一整改一销号管理，督促责任单位按期落实整改。优化安全第一责任人管理模式。7月，建立总人数为854人的现场管理安全第一责任人库。推广应用现场作业可视化管控平台，加大现场督查力度，结合现场扣分管理和现场可视化管控，建立员工和承包商的诚信档案，杜绝严重违章和重复违章人员进入作业现场。

涉电公共安全管理。开展城乡电力设施安全隐患专项排查整治，排查1113处公共用电设施，发现安全隐患363处，积极督促整改，实现重大缺陷100%整改。受委托修编《南方电网公司用电检查办法》，优化用电检查工作流程。重要客户供电电源、自备应急电源合格率均达到100%。全口径客户安全事故出门次数2次，同比下降85%。组织对28户重要用户开展防风防汛专项用电检查，共发现隐患78项，并全部整改。推进防范配网人身事故专项治理行动，排查城乡电力设施等隐患39 970项，完成局属设备和代维设备隐患整改。制定防范社会人员触电事故事件重点措施28项，全年未发生有责任的社会人员触电事件。联合汇源通公司组建二次施工联合督查队，严把施工人员准入关。推广应用现场作业可视化管控平台，形成施工作业一张清单管理。开展“打非治违”、装置性违章等专项检查，整改问题102项。

应急管理和保供电。6月，佛山供电局“1+18”应急预案通过国家能源局电力应急预案专家评审。组织编制气象灾害应急处置卡，实现气象灾害应急工作表单化。对19支内部应急队伍、24支外部应急队伍及20辆应急电源车、91台应急发电机等装备，开展应急能力建设评估和应急装备专项检查，情况良好。7月27日，联合政府部门开展防风防汛暨大面积停电双盲演练，提高各单位协同处置能力。9月，修编应急队伍管理业务指导书，完善应急支援和被援相关工作内容。有效应对“山竹”等强台风袭击，并积极支援中山、惠州供电局抢修复电，受到各级政府部门、上级单位、人民群众的赞扬和认可。全年共发布应急预警14次，启动响应5次，出动抢修人

◎ 2018年11月10日，佛山顺德供电局人员在金鸡百花电影节走红毯及闭幕式场馆检查用电设备

员11 150人次、抢修及运维车辆4353辆次。完善保供电机制，推进保供电工作标准化、模块化，将其与日常安全生产工作相结合。先后完成第27届中国金鸡百花电影节、世界警察射击比赛等重要保供电任务95项，累计投入保供电人员39 263人次、车辆7377辆次、发电车（机）47台次。

安风体系建设。谋划推动全年安风体系重点工作，与专业管理进一步融合。充分总结体系“五钻”工作成果，从落实变化管控、精益化改善、本质化提升、文化引领等方面，全面持续提升本质安全自我管控能力。组织编制年度安全生产风险分析报告，指导全年安全生产风险管控焦点和风险投入工作。5月，结合组织机构调整，将体系66个要素管理职责融入各部门职责，突出安风体系建设主体责任。根据职责分工，完善各业务领域安风体系策划文件，突出指导、监督作用。11月，组织开展2018年安风体系管理评审工作，对体系运转的适宜性、充分性和有效性进行评价。

安全文化建设。6月，制定“同心同行 精益求精”行为准则识别系统建设方案，创作安全文化手册，申请文化作品著作权4项。《安全的名义》微电影获全国品牌故事大赛一等奖。与政府有关部门构建共建共治共享安全文化建设格局，获评佛山市安全生产月优秀组织单位和佛山市百万职工岗位零事故行动优秀组织单位称号，佛山供电局及四个区供电局获广东省安全文化建设示范企业称号。

市场营销

2018年，佛山供电局购电量647.09亿千瓦·时，同比增长4.1%；售电量630.08亿千瓦·时，同比增长4.82%。

一、优化营商环境与客户服务

优化电力营商环境。积极落实电价调整、市场化交易、业扩投资界面延伸、减税降费、清退临时接电费等政策，减少全市企业用电成本7.73亿元。加强低压业扩管理，1月，制订工作指引，将业扩流程关键环节细分到每个岗位。全年中压业扩平均用时58天，低压业扩平均用时6天，均同比减少50%以上。在南方电网范围内，率先将背书形式签订供用电合同推广至低压非居民用户，实现居民用户更名过户“一证办理”。精简流程，业扩报装精简至二至三个环节。2月，实现报装环节“零审批”。建立预装表机制，实施低压客户表后工程完工前电表预装，客户工程完工后马上接电。大力推进业扩界面延伸，5月28日，完成广东电网首宗200千伏安及以下小微企业低压供电业务。推行客户受电工程典型设计，6月，受托修编《南方电网公司10千伏及以下业扩受电工程典型设计》。中、低压业扩投资界面延伸比例99.99%，为客户节约投资10.65亿元。接收9个小区的供电设施，共计用户2572户。在国家能源局南方监管局用户“获得电力”优质服务评价中，获广东电网公司第一名，在粤港澳大湾区9市中排名第三。

客户服务方面。6月中旬，联合供水、供气单位打造新型综合服务模式，实现在三方营业厅均可一站式办理水电气业务。6月，建立案例分析和风险预警机制，对电量电费、业扩效率、停电及电压质量等客户诉求热点问题，发布客户服务风险预警，督导相关单位及时整改风险隐患。全面推进“客服经理+设备主人”网格化服务，划分126个区域网格、516个基础网格，按照“1+1”的模式，配备642个客户经理和778个设备主人，网格化管理初具规模。落实到位标准，开展“客户经理进万家”活

◎ 2018年6月30日，佛山供电局参与佛山政风行风热线“民生直通车”栏目

动，通过上门、电话、短信三种方式，建立客户个性化问题快速处理机制。以重预防、重分析、强管控，减少投诉、减少重复来电为着力点，建立客服诉求日处置、周通报、月分析机制。以减少客户投诉为导向，从严开展营销稽查和调查问责，协同营销、生产和基建线制定了客户诉求稽查案例，开展高压工单稽查，组织县区供电局、供电所开展问题整改和问责，营销差错整改完成率达到100%。整合营销队伍。2018年，"12398"投诉同比下降36%，"95598"投诉同比下降33%。佛山供电局第三方客户满意度90分，位列全省第一，供电服务连续10年在佛山市政府公共服务满意度中排名第一。

二、营销基础管理

抄核收业务转型升级。扩大"两个一片"试点范围，自主开发应用线损比对监控软件，建立线损监测与电费发行工作联动机制，2018年试点区域线路（台区）线损异常率均低于4%。提升营销技术装备水平，实现专变、配变终端100%全覆盖。推行低压集抄运维工单管理机制，实现业扩新增表计集抄同步建设、同步投运。智能电表覆盖率100%，低压集抄自动抄表率维持在99%以上。配合电费核算省级集中建设工作，7月25日，在广东电网公司范围内率先实现电费省级集中自动化核算单轨运行。单轨运行后，分散复核用户同比减少50%以上。电费发行时间缩短五至六天。

互联网技术全链条应用。融合"双抢"平台，基于GIS和位置服务技术，在南方电网率先实现对外施工作业人员的实时监控，为服务质量和效率监控提供依据。3月，在广东电网率先试点应用低压服务快速响应可视化平台，全面推行低压业扩、急修工单抢单运转，实现业务状态全透明可视、施工管理全过程监督、工程结算全自动生成。7月，升级改造佛山营业厅"智慧用电体验厅"。10月，完成南方电网适用的营销业务移动终端作业功能试点建设。

三、电能替代与市场开拓

综合能源转型。5月，试行充电基础设施运维管理规范。6月，成立广东立胜综合能源服务公司，搭建"1+N"综合能源业务拓展平台①。全年610个充电桩项目立项，大力打造覆盖镇（街道）的电动汽车充电网络，加快公交、物流、环卫和高速公路服务区充电桩建设。推进禅城郊边公交站场充电站项目，投资120个充电桩，为100辆电动公交车服务。

电能替代与清洁能源利用。全年累计实施660个电能替代项目，当年实现电能替代15.4亿千瓦·时。光伏并网项目3870户，累计并网项目8740户，并网容量51.27万千瓦，全年发电量3.19亿千瓦·时。光伏并网容量规模连续三年位列广东电网公司各地市供电局首位。打造了高明空港分布式能源站、三水大塘工业园区天然气分布式能源站等具有全省影响力的综合能源示范项目。

科技信息

一、科技创新

2018年，佛山供电局科技研发投入4242万元，占营业收入比重的0.12%。其中，科技项目52项，科技项目投入3304万元，占比77.89%。累计拥有有效专利数达732件，其中发明专利211项，同比分别增长68.28%、21.97%。每亿元营业收入有效专利拥有数指标为1.87。

职工技术创新及成果应用。策划实施"变电站带电作业成套工器具"集成创新项目，着力提升职创成果的实用化和产品性能。实施18项B类和4项A类推广职创成果推广项目，成果推广应用至全局乃至全省，提升创新效益。举办职创成果交流发布活动，5月2—10日，分输电、变电、计量、继保、配电、营销、信息、通信、系统运行等专业举办10场职创成果发布交流活动。科研成果获得广东电网公司及以上科技奖励120项，高等级奖励数量居广东电网公司地市供电局首位，其中配网线路电杆防风拉线快速安装装置、10千伏配电网架空线路摘挂式地刀获得2018年度第十届全国电力职工技术成果奖、南方电网公司职工技术创新奖、广东电网公司职工技术创新奖一等奖。带闭锁功能的变压器绝缘防护网的研制等获得2018年度第十届全国电力职工技术成果奖。10千伏配网绝缘导线电动剥皮器的研制、低压配电网多维度状态量监测与智能控制集中器的研制与应用获得2018年度南方电网公司职工技术创新奖、广东电网公司职工技术创新奖一等奖。新型双回路便携式电源线盘的研制获2018年度广东电网公司职工技术创新奖一等奖。10月，"佛山电力体验馆"被中国电机工程学会与中国能源研究会授予"科普教育基地"称号。

科技成果推广转化。安全带防登塔坠落保护"平安环"入选南方电网、广东电网公司两级新技术试点目录。500千伏输变电设备带电水冲洗作业技术、10千伏多

① "1+N"综合能源业务拓展平台："1"是指广东立胜综合能源服务公司，"N"是指佛山供电局下属竞争性企业中参与综合能源设计、信息系统应用、工程建设等方面的资源力量。

腔室间隙避雷器、移动座席技术对“95598”服务支撑的研究及应用等4项成果入选南方电网公司新技术试点目录。变压器套管预试末屏接线专用辅助装置、电力蓄电池智能在线维护系统、电气设备六氟化硫循环利用关键技术研究及应用、电网工程BIM技术应用、继电保护及故障信息系统高级应用、智能头盔入选广东电网公司新技术试点目录。全年实施科技成果试点应用项目12项、职创成果AB类推广项目22项，其中，安全带防登塔坠落保护“平安环”、开关柜紧急分闸远控机械手等2项成果纳入广东电网公司职创成果转化计划并实施转化。

二、信息化工作

大数据运营方面。7月19日，与中国移动签订信息化框架合作协议，加强在网络资源、信息化服务、渠道资源、技术创新、人才队伍等方面的深度合作。10月，成立全省首个地市级大数据运营中心，全面统筹数据应用工作，探索数字化转型。作为运营管控平台全网唯一地市供电局试点单位，推动运营管控平台建设，依托的信息化项目被广东电网公司列为年度重点信息化项目。按照产品化的标准组织平台设计开发工作，将数据采集、质量检查、指标计算等通用性功能封装成多种灵活可复用的组件，实现功能可配置、可复用、可移植，支持快速在地市供电局推广应用。初步搭建运营管控平台，实现指标监控功能，营销、生产、供电可靠性等系统指标系统直采生成率达51%。

信息安全方面。实现信息安全“三个零”年度工作目标。组织全员网络安全责任书，将签订率纳入组织绩效考核。4月，制订业务指导书，规范信息系统规划、设计、上线、运行、退运等全生命周期各个阶段的网络安全管理，杜绝系统带病运行的情况。8月，发布全网首份《网络安全风险评估细则》，弥补地市供电局在这个领域的空白，率先建立全网首个地市级网络安全风险评价体系。11月，首次举办全局信息系统应用及安全竞赛。加强网络边界安全防护设备，实行设备全监控。开展信息专业网络安全整改，安全加固计算机终端。信息安全合规性风险按时整改率100%。

经营管理

一、人力资源

干部人才队伍建设。配合组织机构调整和“四个统一”改革，开展4批次干部调整，开展部分副处级干部岗位竞争上岗，全年共调整干部333人，提拔干部67人。组织干部开展多业务、多层级、多区域锻炼，派出12名干部到国家能源局、南方能监局，佛山市政府办、佛山市国土规划局、佛山市经信局以及广东电网公司本部、汕尾、韶关供电局等单位挂职锻炼。加强年轻干部选拔培养，通过素质测评、综合研判等手段，考察青年后备人才。全年提拔“80后”科级干部23人，其中“88后”副科级干部6人，“80后”科级干部比例提升至22.6%。人才工作方面，黄国平被聘为南方电网公司高级技能专家。黄小耘等15人被聘为广东电网公司技术专家，吕南宁被聘为广东电网公司三级管理专家，侯虎伟等9人被聘为助理管理二级专家。2018年，佛山供电局专家队伍共195人。延伸选聘助理四至六级技术技能专家156人，首次聘任管理专家27人。至年底，专家队伍达到333人，占比5.57%，其中广东电网公司级及以上专家达到50人，数量全省第一。

劳动组织与用工。5月，撤销禅城供电局下属供电所，撤销南海、顺德供电局下属供电所的内设部门，共减少机构82个，全局28个供电所实行扁平化管理。推行“客户经理+设备主人”的网格化服务模式，实现业务的深度整合和客户需求的快速反应，共成立营配综合班137个。该类班组员工2330人，占技能人员总数的74%。严控本部定编，引导专业技术人员向一线班组流动，317名原专技人员充实到一线班组。延伸营配综合班班长岗级，打通县区供电局本部专责、供电所业务员和班长之间的岗级通道，促进人力资源的双向流动。薪酬福利方面，强化绩效激励，全面兑现员工业绩积分，及时发放准四星及以上星级班站员工的奖励。

教育培训方面。做精做优“精英领航”系列干部培训，以“3+X”培训模式，将党性教育纳入干部培训必修内容，对领导班子、中层干部、年轻干部实施分层分类培训。组织领导干部“走出去”，参加大连高级经理学院等培训班。推进体验式教育中心、南海基地和红星基地、供电所实训场地建设。实施内训师课程星级分层管理，打造“钻石”课程。组织开展“三英”系列轮训，举办智能电网、综合能源、配网带电作业、AOPA多旋无人机等系列培训班，培养新业态新技术专业人才。全年组织开展培训班99期，共培训10 483人次。

二、财务经营

2018年，佛山供电局供电量647.14亿千瓦·时，同比增长4.1%；售电量630.08亿千瓦·时，同比增长4.82%；营业收入同比增长4.95%。内部利润同比增长26.68%；总资产周转率137%。将预算资源向电网薄弱环节倾斜，安排配网投资26亿元，占总投资63.98%。建立“总-分-总”预算管理模式，强化战略统领和预算总控作用，优化投资安排、持续深化降本增效。加快推进重要客户资产等战略性资产接收工作，小区资产接收141项。组织落实有效资产清理专项工作，有效资产清理专项工作整体进度达70%。编制资产墙分析报告，为电网投资、电网运维策略、退役报废策略、资产信息化管理等提供决策参考。

三、物资供应

2018年，佛山供电局物资供应量同比增长25%，采购集中度达96.7%。物资供应及时率96%，同比增长29%。储备物资供应量同比增长42%。业扩项目物资供应量同比增长33%。

物资采购方面，3月，制订采购管理业务和授权物资采购工作指引。加强授权采购业务指导，编制采购计划，整合打包采购项目数，全年采购项目数减少286%，服务、施工、货物类采购集中度98.41%。物资储备及供应方面。完善物资储备机制，储备品类同比减少32%。依据大数据技术，精准预测，提前签订年度储备合同，动态修编月度计划，实现与生产厂家产能对接，完善“动态补仓”机制，实现储备清单内物资供应“一周通”。创新管理模式，将物资需求按照项目的零散管理改为分批、分区、分级的统筹管理。畅通物资供应脉络，按照项目轻重缓急，分类指导物资供应途径，统筹全年物资有序均衡供应，保障220千伏东坡变电站配套220千伏线路工程和华电顺德西部生态产业园分布式能源站110千伏接入系统等重点工程的顺利推进。处理应急物资需求280宗，及时满足率100%。集成应用“云大物移智”等新技术方面，12月，在南方电网公司率先建成桂城、大良两个无人值守智能仓库，实现自助领料、智能盘点等14项自动化功能。为构建智能化、信息化物资供应管理平台奠定基础。佛山供电局物流服务中心南庄仓储配送班获评南方电网公司物资工作先进班组。

四、审计监督

审计及整改。审计检查方面：开展三水、高明供电局原局长离任经济责任审计等3项，针对管理不规范问题提出管理建议。开展10千伏及以下配网、主网项目竣工决算审计16项，审查项目103项，出具竣工决算审核报告16份。开展高可靠性费用、业扩提速审计，抽查用户1259户。开展工程造价管理、有效资产审计调查，抽查基建、技改修理、科技、信息等项目287项，抽查金额达40%。组织开展投诉机动式审计，对“12398”“95598”等相关渠道的客户投诉问题进行跟踪审计。审计整改治理方面，对2010年以来历次国家审计、2012年以来网省公司审计问题329个进行梳理。组织核实十八大以来历次审计问题整改落实情况，对历年审计发现的1725个问题整改情况进行再核实、整改。

审计创新方面。推进审计数字化，建设审计监控平台。4月，制定审计监控平台建设整体方案。5月，搭建平台系统，梳理形成财务、营销等领域审计业务模型，通过大数据技术，创新审计作业方式，提升审计监督响应度。10月，在南方电网率先设立地市供电局审计监控室。编制和验证营销业务审计策略模型，涵盖业扩、电费、计量、抄核收等环节，实现监控平台固化16个，为实现在线分析和监控预警提供了支撑。搭建审计监控平台，具备了对数据展示、项目跟踪、历史问题分布、风险评分等功能。整合审计资源，对业务数据实时监控和分析，实现对经营风险、经营管理问题的预警，搭建审计风险防控网。编制电力营销、技改修理审计词典。2018年，佛山供电局监察审计部获南方电网公司内部审计工作先进集体、黄玉昆获先进个人。

五、法治工作

组织党委中心组2次专题学法，9名新晋领导干部通过广东省国家工作人员学法考试，领导干部法治建设“六个一”活动完成率100%。组织开展6场宪法专题学习宣贯活动，配合完成省“七五”普法中期迎检任务。落实员工法律底线教育，开展讲座11场次，法律巡回咨询30场次，完善法治宣传教育资源库。落实“谁执法谁普法”责任，联合市司法局、市电视台制作《法治佛山》38期，与市中级人民法院、佛山仲裁委员会开展法治共建活动2次，“法律六进”29场次。合同精益管理方面，承接南方电网公司新合同系统试运行工作。建立重大合同资信调查机制，对项目标的估算采购总金额达到1000万元及以上的物资采购合同开展资信调查，防范

◎ 2018年12月1日，佛山供电局开展大型国家宪法日宣传志愿服务活动

重大合同法律风险。开展专利技术合同履行情况专项检查，共审查专利权申请项目760项、检查技术开发合同145份，发现法律风险46项，提出9项法律防范措施。全年办结案件44宗，胜诉率100%。220千伏熙悦线财产损害赔偿纠纷案等重大、重要案件均获胜诉。

改革创新

“创一流”工作。4月，制定《加快向综合能源服务公司转型、创建世界一流企业实施方案》，聚焦“六个一流”①，制定“抓补强”项目25项，并纳入组织绩效考核。建立“一个体系、一个平台、一个原则”②管控机制，确保2018年高质量率先达到世界一流水平。

精益管理方面。开展精益项目选题立项工作，共立项171个，形成2018年精益项目库。组织专题培训4场，开展“一对一”辅导15批次，形成“创新配电网智能分析管理新模式”等109项精益项目成果，获广东电网公司精益项目成果奖8项。获南方电网公司精益课件奖项6个，居全网地市供电局首位。积极打造精益人才梯队，通过中质协绿带认证人才59名。“精益化打造‘多表集抄’综合能源新业务发展模式”获南方电网公司管理创新成果优秀奖。

产业市场方面。1月，成立竞争性业务管理委员会。重点抓好竞争性企业治理体系建设，12月，制订局属竞争性企业市场化用工和薪酬管理实施意见，佛山瑞德能源投资公司与广东汇源通集团有限公司实行合署办公，厘清竞争性企业管理关系和产权关系，做实平台公司提升运营管控能力。积极拓展海南、汕尾、潮州等外部市场。广东立胜综合能源服务有限公司、广东卓维网络有限公司、佛山市劲能电力工程有限公司被评为南方电网公司2018年度A类标杆企业。佛山市禅城区郊边公交充电停保场建设运维项目、智能运维项目入选广东电网公司首批竞争性企业综合能源示范项目库。截至年底，局属竞争性企业营业收入同比增长21.11%。利润总额同比增长6.88%。减少法人数量12个，减少D类企业3个，如期完成“四个一批”总体目标。佛山供电局连续两年蝉联广东电网公司各地市供电局竞争性业务专项考核第一。

① 六个一流：一流的电网水平、一流的服务能力、一流的经营能力、一流的创新能力、一流的文化品牌、一流的人才队伍。

② 一个体系、一个平台、一个原则：KPI+KBI指标体系，大数据运营平台，落实从严动真要求。

◎ 2018年2月13日，佛山安恒智能科技有限公司及研发中心揭牌成立，图为揭牌仪式

党群工作

一、党的建设

政治建设方面。多次召开党委会认真学习习近平新时代中国特色社会主义思想，学习粤港澳大湾区发展规划纲要，认真贯彻佛山市委市政府、南方电网党组、广东电网公司党委的重大决策部署。坚持民主集中制和“三重一大”重大决策制度，全年共召开党委会38次，发挥党委的政治核心作用，认真研究决策企业重要事项。完善治理结构，实行党政一肩挑改革，设立执行董事。2月，成立党建工作领导小组，建立季度党建工作例会机制。发挥党委理论学习中心组示范带动作用，组织开展党委中心组学习15次，其中集体学习研讨4次。3月，组织召开全面彻底肃清李嘉、万庆良恶劣影响专题民主生活会，指导督促县区供电局党委及二级党委开好专题民主生活会。持续推进“两学一做”学习教育常态化制度化，加强和规范党内政治生活，制定党内政治生活记录模板，规范各支部主题党日活动，进一步增强组织生活的“党味”。深化“不忘初心、牢记使命”主题教育，结合庆祝建党97周年活动，组织开展党内评先表彰、主题党日、“大学习、大讨论”等系列教育活动。

组织建设方面。落实“四个同步、四个对接”要求，5月，调整直属党委和县区供电局党委所属51个党组织设置，撤销佛山瑞德能源投资公司党委、计量中心党总支部，成立供电服务中心等党总支部，新建审计部、项目管理中心、综合服务中心等党支部。截至年底，佛山供电局党委下设13个二级党委、6个党总支部、148个党支部；在职党员3420名，离退休党员541名。2018年新发展党员42名。加强党支部标准化管理，开展标杆党支部评选，南海桂城供电所党支部获评南方电网公司标杆党支部、三水荷城供电所党支部获评广东电网公司标杆党支部。加强党建阵地建设，共建成党建书屋31个、党建书架136个，实现“一支部一阵地、一阵地一书屋（书架）”百分百覆盖。创新党建信息化建设举措，开发“佛山e党建”电子展示平台，运用新传媒开展党员思想教育，展现党建工作成果。加强党建工作经费制度化管理，6月，编制《党组织工作经费使用指引（试行）》《留存党费、团费使用指引（试行）》。

党员先进性建设方面。认真开展“我是党员走在前，一区双岗创一流”主题活动，共启动583个党员责任区、266个党员（安全生产、优质服务）示范岗的创建工作。全面推进共产党员服务队建设工作，11月，制订共产党员服务队建设工作方案，组建30支共产党员服务队，共有队员1292人，为客户提供24小时不间断电力故障急修响应服务。推动党建与业务深度融合，落实“把难题交给支部、把重任交给党员”的要求，抓好书记项目落实落地。

二、思想宣传工作与企业文化建设

加强内外宣传工作的联动融合，在“一报一社一台”等重要媒体刊发稿22篇（次）。其中，大力优化营商环境、构建“1236”党建新模式被人民日报、新华社报道。“佛电空军”青年创客团队登上央视“五一”特别节目《相聚中国节・我奋斗我幸福》。台风“山竹”期间“托举哥”事迹被央视、新华社等媒体报道。抓好典型示范，建立典型人物、团队库，实行梯队化跟踪培育。加强企业文化建设，启动“同心同行 Do Best”示范领域、示范单位、示范点建设。全面实施“一班组一特色”班组文化建设和宣传阵地规范化建设。1月，获评2017年度广东省企业文化建设综合竞争力百强企业。7月，获评改革开放40周年广东企业文化创新发展特别贡献单位。

◎ 2018年5月1日，佛山供电局“佛电空军”团队亮相中央电视台一套“五一”特别节目《相聚中国节・我奋斗我幸福》

三、党风廉政建设

落实“两个责任”方面。7月，制订2018年党风廉政建设和反腐败工作要点，明确6大方面16项工作重点78条具体工作任务。完善党风廉政建设责任制考核标准，明晰量化指标。每季度组织开展党风廉政建设情况监督检查，督促各二级党委、纪委切实落实党风廉政建设责任。应用“两个责任”监管平台，对履责情况进行动态监控和实时预警。

◎ 2018年5月15日，佛山供电局党委召开巡察工作动员会议

监督执纪“四种形态”运用。各级党组织分层分类开展“第一种形态”谈话，共谈841人次。4月，出台建立健全激励机制，鼓励干部担当有为实施意见（“佛电10条”），建立健全容错纠错机制。制定《贯彻落实中央八项规定精神工作指引》《加强机关作风建设要求工作措施表》，狠抓官僚主义、形式主义问题。聚焦“四风”新形式、新动向，紧盯重要时间节点，开展明察暗访505次。

“不能腐”体制机制构建。进一步严明政治纪律和政治规矩，编制《政治纪律、组织纪律负面清单》。探索建设党风廉政风险防控体系，12月，建立党廉风险数据库，运用风险数据分析方法，为党风廉政形势研判和决策提供更科学合理的依据。深入剖析案件背后的管理漏洞，推动市场营销、物资采购、人力资源等关键领域的管理，防范重大廉洁风险。巩固“不想腐”的思想自觉。组织开展廉洁教育月、纪律教育月活动。加强对典型案例的警示教育，实名通报3起案件并组织学习，以案明纪。

巡察和内部监督。5月，广东电网公司党委对佛山供电局党委进行政治巡察。针对巡察反馈的69项问题，制订整改措施245项，建立长效机制37个。8月，成立党委巡察办，制定巡察五年规划，建立健全巡察工作领导体制和工作机制。全年对16个基层党组织开展机动式巡察和常规巡察，对8个基层党组织开展巡察整改“回头看”，有力推动被巡察单位加强党的领导，提升党的建设质量。组织业务领域制定自主监督计划80项，开展专责监督10次。同月，制定《2018—2020年整治基层及群众身边不正之风和腐败问题“扫雷”行动方案》，聚焦腐败问题易发多发的九大关键领域，开展对照自查、交叉检查。

四、工会和共青团工作

职工民主管理与厂务公开。2月，召开第四届第一次职代会，表决通过了局工会第三届委员会五年工作报告等议题。12月，工会组织1875名员工开展厂务公开群众满意度测评，基本满意及以上率为99.8%。2018年，南海、顺德、三水及高明供电局均以高分通过南方电网公司四级单位厂务公开民主管理A级认证。开展春节及中秋节两节慰问，其中，慰问异地挂职干部家属22人次、扶贫干部5人次。全年建成爱心妈咪小屋41个，其中广东省总工会示范点5个、广东电网公司在册41个。2018年，佛山供电局电力调度控制中心调度自动化班所被授予“全国工人先锋号”荣誉称号，禅城供电局配电部试验班被授予广东省“五一”劳动奖状，黄青沙、邱明明评为中央企业技术能手及中央企业青年岗位能手，潘露茵被评为全国优秀工会积极分子，黄小耘被授予广东省“五一”劳动奖章，李正强被评为“南方电网公司2017年度劳动模范”。

劳动竞赛与职工经济技术创新室建设工作。2018年，联合佛山市人社局举办了低压集抄运维职业技能竞赛，杨理茗等5名选手被授予“佛山市技术能手”称号。联合佛山市总工会举办职工输电检修技能竞赛，李福彬被授予“佛山市职工输电检修技能竞赛技术状元”称号。承办广东省职工职业技能大赛高压线路带电检修工（配电专业）总决赛，并获团体一等奖。参加广东省职工职业技能大赛继电保护工总决赛，在常规变电站、智能变电站两个方向竞赛中，均获得团体一等奖，2名选手荣获个人一等奖。2018年，20个工作室被认定为南方电网公司劳模（技术能手）工作室，4个工作室被认定为广东电网公司劳模（技术能手）工作室，2个工作室同时被认定为省级劳模和工匠人才创新工作室，6个同时被认定为市级劳模和工匠人才创新工作室。组织参加网省公司创客、星级工作室和工作室优秀成果评比活动，获南网工作室优秀成果奖18项、星级工作室19个，陈卫民、彭永健、唐琪评为第二届“南网创客”；被评为广东电网公司优秀创新工作室12个，李国伟、彭永健评为“广东电网创客”。

共青团建设及志愿服务。举办团干培训班，组织近50名团干就“团的十八大”“青马”“国学”和网上共青团等专题进行学习。受托编制《南方电网青年思想引导手册》、广东电网团青“手册+清单”。推进“互联网+共青团”工作，完善“智慧团建”“i志愿”等系统建设，加强在组织、团费收缴等方面的应用。组织成立6支应对超强台风“山竹”后方志愿者服务队。全年组织开展志愿服务活动239场，服务时数达4492小时，临时托管近30名职工子女。助力脱贫攻坚，对佛山团市委定点帮扶地四川凉山州开展物资捐赠。

五、扶贫工作

到2018年底，对口帮扶点湛江市坡头区南三镇巴东村有建档立卡贫困户199户，总人数599人，其中170户、509人实现预脱贫。因地制宜、因户施策，精准落实“一户一项目”的帮扶措施，在全部131户有劳动力的家庭中得到落实。循序渐进建设集体产业，扶贫工作组和巴东村委共同建设的巴东勤致综合农场投运。草畜一体化循环黑山羊、走地鸡养殖和鱼虾干加工等项目，为贫困户创造7个固定工作岗位，30个临时工作岗位。将线下销售与线上推广紧密结合，农场经营的利润作为分红，一部分分配给建档立卡贫困户，一部分用于扶贫项目发展。

东莞供电局

企业概况

一、组织沿革

东莞供电局为广东电网有限责任公司直属特大型供电企业，前身是广东省广电集团有限公司东莞供电分公司，2005年5月更名为广东电网公司东莞供电局，2014年9月更名为广东电网有限责任公司东莞供电局。

二、经营范围

东莞供电局作为统一管理东莞电网的企业法人，主要负责东莞市南城街道、东城街道、万江街道、莞城街道、石龙镇、石排镇、茶山镇、企石镇、桥头镇、东坑镇、横沥镇、常平镇、虎门镇、长安镇、沙田镇、厚街镇、寮步镇、大岭山镇、大朗镇、黄江镇、樟木头镇、谢岗镇、塘厦镇、清溪镇、凤岗镇、麻涌镇、中堂镇、高埗镇、石碣镇、望牛墩镇、洪梅镇、道滘镇等4个街道28个镇范围内的电网建设、运行、管理和经营业务，为地方经济社会发展和人民生活提供电力供应和服务。截至2018年底，供电面积2465平方千米，供电人口839.22万，供电客户273.6万户，营业网点34个。

三、电网规模

截至2018年底，东莞电网110千伏以上变电站190座，主变压器572台，容量共6822.9万千伏安，输电线路655回，总长4625.85千米。其中，500千伏变电站5座，主变压器19台，容量共1950万千伏安，输电线路30回共655.13千米；220千伏变电站35座，主变压器113台，容量共2472万千伏安，输电线路108回共1368.11千米；110千伏变电站150座，主变压器440台，容量共2400.9万千伏安，输电线路517回共2602.61千米。

四、组织机构

根据广东电网公司组织机构规范化设置的要求和实际工作需要需要，2018年10月，东莞供电局对组织机构进行了调整：党建工作部更名为党建人事部（直属党委办公室、团委、新闻中心），并将原人力资源部的干部管理职能、原办公室的新闻对外宣传职能调整至党建人事部；监察审计部（纪委办公室）分设为监察部（纪委办公室、直属纪委办公室）、审计部。生产设备管理部更名为生产技术部。撤销法律中心，其业务由企业管理部直接管理；撤销培训与评价中心、节约用电服务中心、主网项目管理中心，其业务调整至相应二级机构；离退休服务中心不再挂靠工会。成立综合服务中心（离退休服务中心），整合员工服务、离退休服务、员工培训支持等业务；成立供电服务中心，整合原计量中心、客户服务中心、营销稽查中心、节约用电服务中心等机构及业务；成立电网规划中心、项目管理中心，进一步强化了业务支撑。

截至年底，东莞供电局内设14个职能部门、13个二级机构、9个片区供电局。具体如下图所示。

五、领导班子

2018年，根据南方电网公司党组、广东电网公司党委决定，东莞供电局领导班子调整如下：2月26日，免去麦志伟的调研员职务，退休；3月26日，谢文景任党委书记、执行董事；陈盛燃任党委副书记、总经理；免去宋新明的党委书记、局长职务。5月21日，吴清华任党委副书记；孙金武、魏志文任党委委员、副局长；免去谢化安、何伟斌的党委委员、副局长职务。

截至年底，东莞供电局领导班子成员如下：

党委书记、执行董事：谢文景；

党委副书记、总经理：陈盛燃；

党委副书记：吴清华；

党委委员、副局长、工会主席：李国；

党委委员、纪委书记：潘海兵；

党委委员、副局长：贺智涛、何建宗、孙金武、魏志文；

调研员：许国强、李春华。

六、人员状况

截至2018年底，东莞供电局共有职工6119人，其中博士9人，硕士241人，本科生3728人，专科生1642人，中专及以下学历的499人；已取得专业技术资格人员共

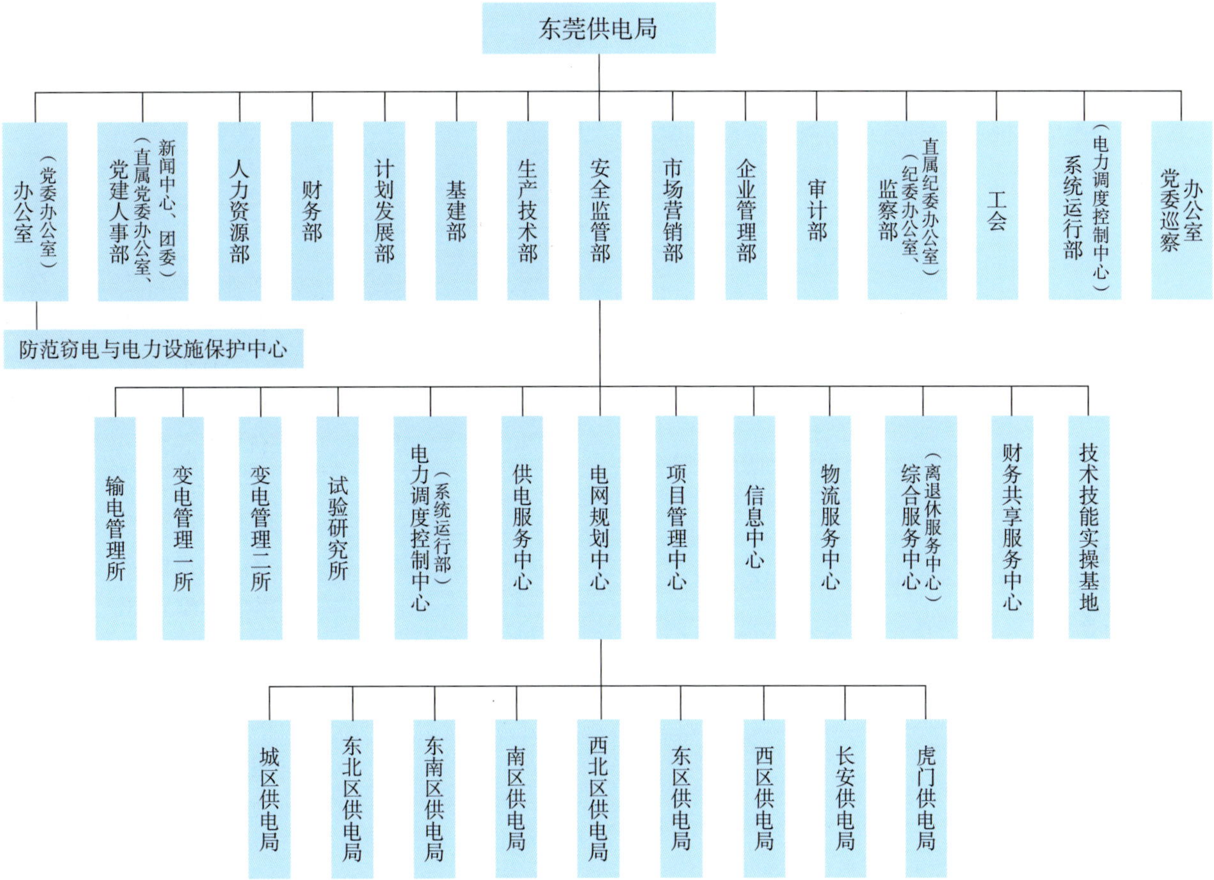

2794人，其中高级职称458人，中级职称1625人；已取得技能等级共5326人，其中高级技师274人，中级技师1261人，高级工3515人，中级工245人，初级工62人。

十件大事

（1）1月26日，东莞市政府批复《东莞市电网专项规划》，将电力空间布局规划成果纳入城市总体规划。这是东莞市政府首次批复的电网专项规划，电网关键站点、输电通道走廊得到有效落实，确立了电网规划的权威性。

（2）2月2日，在110千伏稔子园变电站GIS设备安装过程中，东莞供电局首次自主完成了一次导体及筒体拼装、进出线套管安装、抽真空、充气和检漏、耐压试验等工作。

（3）2月26日，召开中共广东电网有限责任公司东莞供电局第一次党员代表大会，大会选举宋新明、李国、潘海兵、谢化安、贺智涛、何建宗、何伟斌等人为新一届党委委员，其中，宋新明为党委书记。大会选举潘海兵、李海涛、马静勇、叶建新、陈国华等人为新一届纪委委员，其中，潘海兵同为纪委书记、李海涛为副书记。

（4）4月8日，根据东莞市政府的立法工作方案，《东莞市电力设施管理办法》被纳入东莞市政府2018年规章立法项目计划。

（5）6月7日，东莞供电局在全国率先完成500千伏线路程序化操作，系统全程自动校核设备状态，操作时间由1小时下降至6分钟。

（6）6月20日，东莞供电局与东莞市交投集团就落实充电布局签订战略合作框架协议。

（7）7月26日，东莞供电局承担的国家重点研发计划项目课题“交直流混合的分布式可再生能源技术国家重点专项东莞（工业园区示范点）示范工程”开工建设。

（8）8月22日，东莞市万裕三信2兆瓦/5兆瓦时分布式储能项目签约成功，标志着广东电网首个用户侧分布式储能商业化项目正式落地。

（9）10月，东莞供电局同步设置党组织和组织机构，调整9个片区供电局党委、纪委，成立28个供电服务中心党支部、新建党组织15个、改建党组织1个、更名党组织4个、撤销党组织5个。

（10）11月，南方电网公司以“绿色能源，美好生活”为主题的首个国企开放日活动在东莞举行，向社会大众展示了东莞电网运行情况以及新能源发展动态，VR技术、智能变电站运维、“激光大炮”等电网“黑科技”。

电网发展

一、电网规划与前期工作

电网规划管理。将电力规划成果纳入城市总体规划。3月，与东莞市城规院共同完成《东莞电网专项规划》，将105个规划变电站纳入城市总体规划，并获东莞市政府正式批复，确立了电网规划的权威地位，电网关键站点、输电通道走廊获得保障。6月，完成重点片区专项规划。8月，结合东莞“一廊两核”①的创新发展空间布局，完成水乡新城、中子科学城、滨海湾新区等重点片区专项规划。推进电网升级行动。10月，成立电网规划中心及片区供电局配网规划工作组，全面加强电网规划的专业力量和组织。11月，东莞市政府召开加快电网建设动员会议，高规格推动电网建设。促成电网办与各园区（镇街）签订电网升级行动工作任务书，落实各镇（街道）政府电网规划建设任务。

推进规划标准工作体系建设。建立分层次的统一规划项目库，整合项目14 170个，从源头上减少了重复建设和重复停电。按照保底电网设防标准，进一步完善电网规划项目。3月至年底，组织开展六期配电网规划培训及考试。在广东电网公司配网规划督导下，体系运转获得二级评价，地市供电局中并列第一。全年完成1165项配网项目储备，投资达45亿元。开展特征电网差异化规划研究，提升配网规划深度。11月，“一小时特征电网”研究成果获得2018年电力创新奖一等奖。实现规划可研全过程自主评审，配网可研质量评审得分全省排名第一。

电网前期工作。推行技术方案与立项审批分离机制，将立项环节提前，每周常态化开展技术审查，技术方案审批时间压缩至12天内，同步进行立项审批及系统立项流程。中压业扩配套项目建设平均用时由136天减至48.7天。实施电网规划建设“冲刺计划”，500千伏崇焕（沙田）输变电工程上报省能源局核准审批。220千伏冠和变电站、500千伏崇焕变电站配套220千伏线路等15项工程项目上报核准。紧急立项13项主网项目及105项配网项目，解决2018年度夏负荷受限问题。5月，组织制定2018年度夏前解决措施57项，项目当年全部投运。提前谋划未来三年急需项目，根据高峰负荷分析，梳理制定未来三年主网急需项目61项。

① 一廊两核：一廊指广深科技创新走廊，两核指松山湖、滨海湾两大创新核心区。

◎ 2018年10月12日，东莞市组织召开电网规划建设工作会议

二、工程建设与管理

2018年，东莞供电局共完成固定资产投资47.31亿元。其中，主网建成投运110千伏及以上项目11项，完成投资8.39亿元，同比降低0.55%。新增变电容量228.7万千伏安，新增输电线路长度186.7千米。配网建成投运项目2307项，完成投资30.46亿元，同比降低2.41%，配网投资占电网建设投资的78%，全年新增配变容量37.06万千伏安，新增10千伏线路长度1864千米。

重点输变电工程建设。推进电网升级行动专项工作，实现全年基建工程均衡投运。8月，编制主网基建项目全过程进度节点跟踪表，实施紧凑型工期管控模式，各类项目平均比南方电网公司指导工期节省约163天。严格落实属地任务管控，全年下达主网基建建设属地工作任务268项，按时完成244项，按时完成率91%。各重点工程投运情况如下：5月25日，110千伏上角输变电工程建成投运，加上配套的配网怀德变电站、卢边变电站等项目的建成投运，有效解决长安、虎门、寮步及大岭山等镇用电受限问题。5月28日，220千伏双岗输变电工程建成投运。5月29日，110千伏富马输变电工程建成投运。5月30日，220千伏新和输变电工程建成投运。6月29日，220千伏道岭输变电工程建成投运。6月30日，220千伏振安（港口）至和美线路工程建成投运。6月30日，110千伏中子源输变电工程建成投运。6月30日，110千伏新村输变电工程建成投运。7月23日，500千伏纵江站第四台主变扩建工程建成投运。为加快该工程建设进度，3月，成立临时党支部，各参建单位充分发挥战斗堡垒作用，半年内完成一个大跨越、两个重大设计变更、三个森林公园手续办理，保障项目提前投运，解决了横沥、东莞短路电流超标问题。9月30日，110千伏司马输变电工程建成投运。11月4日，110千伏长安金沙牵引站供电工程建成投运。11月8日，110千伏东宝输变电工程建成投运。11月8日，110千伏东宝变电站正式投运，全力保障东莞市步步高、OPPO、vivo等智能手机企业重大项目可靠供电。12月5日，220千伏掌洲输变电工程建成投运。12月9日，110千伏虎门港立沙岛2×200兆瓦级天然气热电冷联产项目接入系统工程建成投运。12月22日，220千伏步田变电站第三台主变扩建工程建成投运。220千伏莞城至振安线路提前投运，项目投运后有效缓解长安镇错峰及步步高集团用电需求。

◎ 2018年11月8日，东莞110千伏东宝变电站投运。

重点配网项目建设。重点推进解决错峰问题的配网项目建设，专人督导错峰项目现场施工，召开专题会议和现场会议40余次，及时解决施工遇到的问题。制定应对方案，缓解受限元件错峰风险。49项重点配网工程按期投运，解决了虎门、寮步、长安、大岭山等7个镇区的变电站主变和配网线路过载引起的错峰问题。推进松山湖综合能源示范区建设。全面推进中压自愈配网建设。全年完成24条线路的智能分布式自动化改造，建成全区中压自愈配网，松山湖平均停电时间30分钟。试点数字化配电房建设，5月，东莞首个基于云平台的松山湖光大翰林湖智能配电房改造项目竣工。7月，完成4.1交直流混合易事特示范点中期演示验证。8月，太鲁阁公园光储充项目、一站式中心光储充项目竣工投运。

工程创优与质量管理。从“优流程、强管控、创机制”三个方面进行改善：将初步设计批复之前的环节前移，将不涉及一级专项物资的施工图设计前移，将变电站征地、临水、临电协调前移。同时，强化设计质量管控，加快设计评审进度。1月，全网首创供应商现场安装GIS设备工作机制，实现5个变电站项目提前投运。8月，建立适应“班车制”的初步设计进度管控机制。建立“1+3+1”管控机制，政企联动高效推进项目属地工作。总结出“一套制度、两种机制、三大保障”的紧凑型工期管控模式。其中，东莞220千伏道岭变电站工程获中国电力优质工程奖和中国安装工程优质奖（中国安装之星）突出贡献者。220千伏沛然变电站工程获广东省建设工程优质奖。

电网运营

一、电力供应

2018年，东莞全社会用电量798.88亿千瓦·时，同比增长5.98%。东莞境内电厂装机容量767.3万千瓦，同比持平，其中火电容量738.5万千瓦，同比持平；风电、光伏、生物质等新能源容量29.8万千瓦，同比持平。全年上网电量364.5亿千瓦·时，同比增长3.9%，其中火电上网电量346.7亿千瓦·时，同比增长3.9%；风电、光伏、生物质等新能源上网电量17.84万千瓦·时，同比增长22.91%。全年电力供应形势总体平稳，统调电力负荷5次创出历史新高，最高负荷出现在8月9日，为1554.53万千瓦，同比增3.91%。全年平均负荷率为78.96%，同比降低0.04个百分点；最大负荷率80.66%，同比降低0.11个百分点；最小负荷率77.74%，同比提高0.7个百分点。丰水期间，实现水电全消纳。清洁能源并网通道容量裕度充足，未发生因网络受限而影响清洁能源消纳的现象。全年未发生有人为责任的“弃水、弃风、弃光”问题。

二、电网运行

电网风险控制。全年组织安全巡查、安风体系审核等检查自查10次，对发现的108个问题实施闭环管控，逐一解决。强化系统运行安全管理，常态化开展调度工作日常评价。健全制度标准体系，全年修编128份业务指导书。严控电网基准风险，全面落实26项防范电网风险重点工作，推动220千伏莞城至振安线路、500千伏纵江变电站扩建第四台主变及二期线路按期投运，通过网架优化，化解一级事件基准风险5个。全年化解三级事件及以上检修风险120项、实时风险14项。建立重大停电方案论证机制，前移管控关口。常态化运用“379”大负荷测试技术措施，提前对跃贝线等3条保电线路实施消缺，部署风险管控可视化平台移动App。实现状态、潮流、规则和五防等校核程序化操作，从源头上减少人为误下令、误判断、误操作的风险。实现了配网调度网络发令单轨运行与全覆盖。2018年，东莞电网220千伏及以上电压等级保护正确动作率100%，故障快速切除率、安自装置正确动作率保持100%。生产实时控制业务通信通道零中断，未发生调度自动化主站系统失灵情况。未发生三级及以上电力监控系统信息安全事件，未发生因电力监控系统信息安全导致的电力事件，系统设备运行总体稳定可靠，未发生大面积停电、电网瓦解和重大设备损坏事故。截至12月31日，东莞电网连续安全运行2557天。

供电可靠性。2018年东莞供电局客户平均停电时间（中压）为1.38小时/户，同比下降49.19%；月度计划停电执行率96.72%，同比上升4.28%，配网延时送电率1.25%，同比下降62.5%。综合电压合格率完成值99.999%，同比提高0.008个百分点。其中，城镇居民端电压合格率100%，农村居民端电压合格率99.991%。

三、安全生产

2018年，东莞供电局全面实现了“两个确保，三个杜绝，四个不发生，两个减少”的安全生产目标。共发生五级及以上事件6起，同比减少2起；其中，三级事1起，同比增加1起；四级事件1起，同比增加1起；五级事件4起，同比减少4起。未发生社会人员触电事件。百万工时工伤意外率指标完成值0.443。

安全管理与监察。坚决贯彻上级部门关于安全生产的相关部署，连续三年第一个工作日印发安全生产“一号文件”，明确全年安全生产工作方向、思路和目标。4月，制定安全生产巡查实施细则，开展三次自巡查，建立“一问题、一分析、一整改、一销号”闭环管控机制，确保巡查发现问题整改到位。创新现场作业督查，形成了东莞特色的“五查”方式：周重点督查、管理性督查、专项检查、配网现场作业专项督查、区域交叉督查。督促党员领导干部深挖违章背后的管理原因，促进源头治理。全年共督查1144次，发现问题474个，同比下降15.8%，习惯性、重复性违章数量得到有效控制。对五级及以上事件成立专项调查组开展调查，从严动真查处责任问题。

安全隐患排查与整治。连续四年开展电力设施保护联合执法，成功整治多处重大隐患黑点。4月起，协同东莞市政府等有关部门推动《东莞市电力设施保护管理办法》的立法工作。联合政府部门开展公共用电设施安全隐患排查整治专项行动，组织实施配网防范人身事故、配网设备隐患、灾害天气防范社会人员触电等专项行动，合计排查并治理了隐患27 365个，整改率99.8%。全年未发生城乡供用电公共设施触电事故。用电检查8.39万户，提请政府部门督促整改2693项重大紧急缺陷隐患。开展雷雨天气客户用电安全专项整治，发现安全隐患413项，整改完成率100%。

应急与保供电。建设备调中心监控功能，并纳入每月备调常态化单轨值班。实施“调、监、控”一体化，并融合应急力量。提高应急保障能力，完善3台应急通信车功能设计。开展大面积停电、通信网事故等省地有针对性的应急培训与演练共13次。5月，举办跨区域、多专业联动的应急演练，采用现场应急指挥部转移、跨片区支援、培训场地实操等演练方式，锻炼应急队伍实战能力。9月，与广深铁路开展应急联合演练，模拟输电线路断线跌落中断广深城际铁路场景，提高应急联动能力。应对强台风“山竹”及其强降雨灾害期间，通过主备调同步值班、配网应急处置调度权下放等措施，提高故障处理效率。对全市131个易涝点及低洼地带安排专职人员蹲点值守，采取主动保护性停电，防止社会人员意外涉水触电，确保“水到电停，水退电送”。仅用了1.5天，全面恢复21万客户正常供电。

安全文化建设。持续开展以“悦分享·臻放心”为主题的安全文化活动，连续三年春节后首日召开安全经验分享会。特色打造“堂堂莞调”安全文化学习阵地，组织开展“一站到底”安全知识竞赛等品牌活动。2018年，东莞供电局荣获“全国安全文化建设示范企业”称号，输电所、变电一所、城区、松山湖供电分局获“广东省安全文化建设示范企业”称号。

◎ 2018年9月16日，中共东莞市委常委、副市长张冠梓（右二）到东莞供电局调研指导应对台风“山竹”的复电工作

市场营销

一、优化营商环境与客户服务

优化电力营商环境。全面落实一般工商业电价降价政策。积极推进市场化交易售电，全年通过价差返还方式，为客户节约用电成本约9.07亿元。推出为光伏用户代开发票新举措，节省用户业务办理时间。简化业扩流程，压缩办理环节，在全省首创“一日答复供电方案”。中压业扩流程减至3个环节，低压业扩流程减至2个环节。中压客户平均办理时间为49.25天，同比减少57.31%；低压居民客户平均办理时间为5.48天，同比减少78.66%；低压非居民客户平均办理时间为9.90天，同比减少69.88%。业扩投资界面延伸项目惠及客户1.87万户，共为客户节省投资约9.62亿元，大幅降低客户办电成本。

客户服务方面。推进网格化“客户经理+设备主人”前端融合，共划分840个网格，配置703名客户经理。开展网格化客户经理App线上辅助工具研发，初步实现客户经理现场诉求处理功能。优化客户诉求管控工作，建立客户诉求管控“四道防线”，形成风险预警评级监控体系。制定“四个大幅降低”工作方案，每月开展优质服务大讨论。8月，组织全局签订防止有责投诉承诺书，强化“守土有责，从我做起”的客户服务意识。全年“95598”客户投诉同比降低58.7%，“12398”投诉同比降低66.67%。整合配网调度、服务调度，12月，供电服务中心正式接管配网抢修指挥业务，实现后端融合。2018年，东莞供电局第三方客户满意度测评得分90分，同比持平。

二、营销管理

2018年，东莞供电局购电量798.88亿千瓦·时，同比增长5.98%；售电量782.56亿千瓦·时，同比增长5.83%。上半年实现智能电表及低压集抄100%全覆盖，实现全市262万用户远程自动化抄表、结算电子化。全面实行电费抄收管理新模式，电子化结算率达99.98%，自动对账率均在99%以上。试点开展电费差错管控工作，通过反查倒追倒逼业务质量提升。年内实现电费核算省级集中。加强营销稽查管理，开展“公司”名称用户执行居民电价专项违约检查，检查210 745户，发现问题62户，整改完成率100%。全年累计查处违约用电625宗，窃电74宗。

三、电能替代与市场开拓

建立各供电分局综合能源工作机构和示范窗口，编制综合能源服务经理知识库及应答手册，组织专项培训。建立项目库管控机制，对园区用能、公交充电、企业屋顶光伏、燃煤电厂能源需求进行摸查，掌握优质项目分布区域。加强政企合作，1月，与大朗、凤岗等重点镇区签订战略协议。加强产学研力度，4月，与湖南大学签订校企战略合作框架协议，成立“湖南大学产学研合作基地”“湖南大学博士研究生科研基地”。6月，与市交通投资集团签订战略合作协议，组建合资公司，建成投运首批公交充电桩。在麻涌、黄江、厚街南等高速公路服务区建设充电桩。全年建成充电桩367个。12月25日，广东电网公司首个用户侧商用分布式储能项目——东莞万裕三信分布式储能项目正式投运，总储能容量高达5000千瓦·时，总投资820万元，每年可为企业节约电费226万元。

◎ 2018年6月20日，东莞供电局与东莞市交投集团签订战略合作协议

科技信息

一、科技创新

科技管理及专利发明。1月，征集98个科技项目立项需求问题，分专业对问题按轻重缓急评审分级。立项需求问题描述模板及评审的做法被广东电网公司吸收采纳。2月，制定全年专利指标并分解下达，从奖励激励、方案策划、挖掘辅导、氛围营造、指标管控等五个方面制定了12项提振举措。年度授权专利703件，申请专利1337件，均居全省首位。掌握技术前沿发展动态，开展项目联合策划和交流。与18所高校、科研院所开展交流。受托编制广东电网公司64项科技项目指南。策划了“储能系统安全研究”等重大重点项目。7月，国家重点研发计划“交直流混合的分布式可再生能源关键技术、

核心装备和工程示范验证”通过中期评估。

科技成果转化推广。建立成果转化推广库，完成近4年342项科技职创项目成果转化可行性评价，其中有16项成果列入广东电网公司转化计划，数量同比增长128%、居全省地市供电局第一。“一指提”升流器列入广东电网公司孵化计划。推广应用局内外优秀成果76项，数量历年最多。省内推广应用东莞供电局成果总投资5573万元，在全省推广应用激光大炮4台、升流器21台。

◎ 2018年7月26日，国家重点研发计划项目“交直流混合的分布式可再生能源技术国家重点专项东莞示范工程”开工建设。图为项目建设中期评审会

二、信息化工作

网络安全管理。在全网率先出台非信息化项目投资建设系统闭环管理业务指导书。层层落实网络安全责任，主动防范安全风险，全覆盖开展网络安全专项督察。开展中高风险和办公类终端高危漏洞的排查及整改。指导、督促竞争性企业网络安全防护建设。完成全年重要时期网络安全保障任务，实现了信息安全“三个零”目标。2018年，东莞供电局郭孝基、梁浩波参加广东电网公司信息安全代表队，先后荣获全国第四届工控系统信息安全攻防竞赛团体季军、全国首届“网鼎杯”网络安全大赛团体三等奖和广东省第二届“红帽杯”网络安全攻防大赛亚军。

系统功能与数据质量提升。大力推广生产域、营销域、基建域、物资域移动应用。其中，生产维护检修类移动应用率达99.58%，故障抢修移动平板应用率达81.37%；营销域移动应用全年使用量在广东电网公司处于领先水平。试点建设电子商务系统合同管理模块。快速响应用户诉求，在物资管理、基建项目管理、营销项目管理等领域自主研发多项成果。实施系统实用化提升与数据质量治理专项行动，完善数据质量闭环工作机制。严把数据入口关，落实协同责任矩阵，全年共提前发布问题数据290次，整改完成率100%。开发配网电子化移交现场数据采集和数据校验工具，实行配网电子化移交业务、接口、数据监控，收集和分析处理存在问题。全年电子化移交考核指标均优于广东电网公司考核目标值。主营业务系统数据准确率达99%，位居广东电网公司前列。建设松山湖综合能源示范区能源互联共享平台，完成首批平台应用功能测试环境搭建。完成长安万裕储能项目数据接入测试环境展示等工作。

经营管理

一、人力资源

干部人才队伍建设。统筹推进组织机构调整期间的干部配备工作。全年调整干部340人次，新提拔干部75人，培养使用了38名优秀“80后”年轻干部。建立发展二区人才交流锻炼模式，以责任清单和服务清单为切入点，选派15名干部人才赴广东电网公司本部、海南电网公司和揭阳、云浮供电局交流挂职，同时安排局内挂职28名干部。制定核心技术技能人才培养工作方案，明确15个核心技术技能团队培养举措。全年新增聘任管理专家14名，技能专家42名，技术专家16名。

劳动组织及用工。配合广东电网公司修订地、县两级机构职责，制订班组及岗位典型设置方案。根据组织机构调整情况，做好供电分局人员转岗；公开选聘51人，满足配网抢修、电网规划等新业务、新机构的人员需求；开展竞争性企业人力资源专项研究工作。下放人员调配、薪酬管理权限，充分发挥直线经理主体作用，减少审批环节，提高工作效率。建立岗评聘任的动态管理机制，推行模块化岗评。

薪酬及绩效管理。加大收入分配向岗位点值低及组织绩效优秀的供电分局倾斜，增设异地任职干部岗位交流奖励。搭建竞争性薪酬体系，明确竞争性业务公司高层管理人员薪酬分配方式。全面推行员工绩效量化考核，班组“工分计酬”和专业技术人员绩效量化考核实现全覆盖，全局317个班组全部兑现。对持高证、持多证和专家人才实施分类激励。各部门、二级机构、供电分局制定自主积分奖励方案，丰富积分激励内容。

教育培训方面。分层分类抓好干部人才培养，选派干部参加网省公司各类干部培训班共计72人次。将党性教育和企业经营管理纳为必修课，举办强能力科级干部轮训班、后备干部培训班，覆盖科级干部和后备干部378人。加大专家队伍选聘培养，举办4期156人次技术技能专家轮训班。持续推进“四个一”练兵比武，全年开展14期576人次补短板培训，4期240人次“转作风、强能力”专责培训。实施“集中+属地”和“K（关键技能）+B（基础技能）”的培训评价模式，加大直线经理参评力度。

二、财务经营

2018年，东莞供电局营业收入同比增长3.96%；供电成本同比增长10.12%；内部利润同比上升5.36%；模拟经济增加值（S-EVA）同比上升3.55%；总资产周转率1.68次。“两金”较上年压降9%。其中营业收入、内部利润总额、S-EVA、总资产周转率等经营考核指标位居广东电网公司第一。预算管理方面，创新编制“四个统一”模式下资产墙分析报告，应用其预测结果促成立项282项，有效服务2018—2022年配网项目规划工作。试点应用基建工程标准成本管理，开展主网基建工程效益评价落地应用，推广使用票据结算方式。开展居民阶梯电价、电力市场化交易等电价测算专题分析，并建立电价测算分析模型，为电价预测提供实用化工具。资产管理方面，深化完善有效资产形成机制，有效资产增加规模继续保持全省最大。由业务部门和实施单位共同审查转资目标与计划，推动工程均衡转增资产。多部门共同推进有效资产清理，全年清理资产账卡一致数据约40万项。搭建有效资产数据模拟测算模型，快速响应输配电改革对经营数据的滚动测算需求。加大用户资产接收力度。资金管理方面，建立基建工程成本数据库，完成了近三年实际工程成本结构和变化的分析。开通首个财务咨询服务热线“1580”，提供专业咨询服务，开通资金支付门户网站自助查询服务。加强内控和财务风险防控，开展财务领域自查、从严动真专项治理、“扫雷”行动等系列检查工作。

三、物资供应

3月，制订招标采购业务改革方案。4月，发布授权采购管控策略，明确采购管控模式、投标人资质条件、评标方法等关键要素设置标准。加强物资需求预测管控，需求计划准确率提高到95%及以上。7天准时供货率为100%，全省排名第一。按照物资品类库（第一版）的规范物资品类，总体优化率达32.75%。修编22份中低压设备监造工作手册，并在配网第一、二批项目中应用，实现主设备“零缺陷”出厂，并在全省品控工作会议中作经验介绍，实现物资品类和供应商出厂验收全覆盖。开展存量报废物资清零工作，共拍卖处置报废物资8705.35吨。编制《退役物资直送一级仓业务指导书》《退役物资直送管理信息平台操作说明书》等两份规范性文件和6份操作指引。开展智能仓储建设，深化移动作业App与资产管理系统和条形系统对接，达到数据互通，实现“一键三通”[①]。全面推广急救包“无人超市”运作模式，急救包紧急领料速度提高75%，减少工作量约30%。

四、审计监督

组建成立审计部。制订审计发现问题整改、审计专家库管理业务指导书，进一步细化明确整改工作要求。建立了30人规模的审计专家库。受广东电网公司委托，对韶关供电局党费使用和管理进行专项审计。推动修编完善业务指引16份，建立审计约谈机制。组织开展6项离任经济责任审计项目，实施高可靠性专项审计、技改修理项目效益审计、瘦身健体提质增效审计调查等5项管制性业务专项审计，两项固定资产投资审计，委托聚润达集团对下属55家竞争性企业的经营管理情况进行审计。审计整改方面，重新梳理2010年以来国家审计和2012年以来网省公司历次检查发现问题的整改落实情况，制订了610条整改举措，实施销号管理，健全完善制度46项。纵深推进从严动真“5+X”专项治理行动，自查自纠，边审边改。

五、法治工作

观音山系列案件取得重大进展，其中，再审案件胜诉、新发案件发回东莞市法院审理。试点开展广东电网公司法律风险管理体系建设，采用人机料法环精益工具，形成了“1811”工作成果[②]。合同管理方面，采取抓典型案例、强化过程管控、提请上级精简流程等方式，合同签订及时率大幅提升。加强与立法机关沟通联动，形成《东莞市电力设施保护管理办法》送审稿，4月，该办法被纳入东莞市政府2018年规章立法项目计划。推进“精准普法”，形成“分对象、分领域”的普法框架，被南方电网公司评为“七五”普法中期检查优秀单位。

改革创新

“创一流”工作与精益管理。“创一流”工作方面，制订创建世界一流企业工作方案，明确了“创一流”的关键任务和具体推进措施，按年、季、月对12项关键评价指标进行监控。对照综合标杆一流评价标准，

① 一键三通：只需一个步骤操作，完成三个系统业务操作。

② “1811”工作成果：1本手册、8个制度机制、1项监督评价标准、1个展示窗口。

继续保持世界一流水平，其中，资产总额、营业收入、总资产周转率、综合电压合格率、第三方客户满意度、综合线损率等6项指标达世界领先水平。同时，原30个供电分局全部达到县区供电局层级最高级别的国内一流水平。精益管理方面，做好精益项目实施与推广应用，13个项目入围省公司复审发布，居全省第一，12个精益项目成果被全省推广。3个项目获得中电联管理类电力创新奖，1个项目获得中质协质量技术奖优秀精益项目，数量居全省第一。落实星级班站所建设三年规划，系统推动全局399个班站所建设。三星及以上班站占比38.84%，全年新增五星班站所5个、四星27个，居全省第二。

竞争性业务。加强竞争性业务管控、监督。修编集体企业管理办法，优化审批备案管控清单，充分授权平台发展，做实平台运营管控。完善平台法人治理结构，建立管理制度库。制订主业支持竞争性业务发展方案，实现“双轮驱动”。开展竞争性业务领域扫雷、管理制度闭环检查等多项督查、整改。妥善处置历史遗留问题7项，清理5家权属不清企业股权。调整竞争性产业布局，出台聚润达公司及各板块企业发展行动计划。推动传统业务整合升级，压减企业法人18家。以“成果转化+智能制造”推动开关厂转型发展，深化产学研基地建设。与镇政府、交投集团、易事特、蔚来汽车合作，加快综合能源业务布点。2018年竞争性业务利润同比增长超20%。开关厂、市输获评广东电网公司业绩优秀A类企业，完成公司专项考核。

党群工作

一、党建工作

政治建设。多次召开党委会，认真学习习近平新时代中国特色社会主义思想、粤港澳大湾区发展规划纲要，贯彻落实网省公司、东莞市委市政府的重要部署。研究制定123项任务，具体落实“南网党组一号文”精神。规范党委中心组学习管理，制定党学习计划，开展学习16次，组织学习习近平总书记视察广东重要讲话精神等专题讲座4场、专题宣讲166场次，实现学习宣贯全覆盖。对各二级党委开展全覆盖学习督导。实行地市、片区供电局党政一肩挑改革、设立执行董事。3月，组织召开全面彻底肃清李嘉、万庆良恶劣影响专题民主生活会，指导督促县区供电局党委及二级党委开好专题民主生活会。

组织建设。2月26日，召开中共广东电网有限责任公司东莞供电局第一次党员代表大会，选举宋新明、李国、潘海兵、谢化安、贺智涛、何建宗、何伟斌等人为新一届党委委员，其中，宋新明为党委书记。大会选举潘海兵、李海涛、马静勇、叶建新、陈国华等人为新一届纪委委员，其中，潘海兵同为纪委书记、李海涛为副书记。做好党组织和组织机构同步设置，全年新建了6个二级党委、1个党总支部、36个党支部；更名3个二级党委、1个党支部；改设1个二级党委；撤销5个党支部；1个二级党委、1个党总支部、49个党支部进行换届改选。发展党员30名，减少无党员班组2个。至年底，全局共有党组织148个，其中，二级党委11个、党总支部6个、党支部131个。共有2298名党员，其中，在职在岗党员2054名，离退休职工党员244名。优化党建工作责任制考核方案，采取分组交叉检查方式，对全局53个党组织开展现场考评。策划“不忘初心跟党走 牢记使命创一流”主题党日活动和专题展览，举办庆祝建党97周年表彰大会，丰富党性教育形式。全面推广应用《基层党支部建设工作标准清单》，创新开展“五型五星”基层党组织建设和“一区六岗创一流”活动。组织评选出首批“五星”党支部16个、“一区六岗”创建先进单位10个，原松山湖供电分局党支部等4个党组织获得南方电网公司和广东电网公司先进基层党组织称号。

二、宣传思想工作与企业文化建设

承办南网“国企开放日”活动，启动南网品牌体验中心建设。《国企品牌建设工作评价体系设计》政研课题，获得中国企业品牌创新成果奖等4项国家级奖项。策划“助力腾飞40年”“赋能美丽东莞”等系列宣传，在中央级媒体刊发稿件38篇（次），在省级媒体刊发稿件100篇（次）。原创小品《师傅何满棠》在央视综艺三套《我爱满堂彩》栏目播出。

◎ 2018年11月2日，南方电网公司首个“国企开放日”在东莞举行，图为社会各界人士参观500千伏水乡变电站

三、党风廉政建设

积极履行“两个责任”，制定各级领导班子“一岗双责”清单，明确履职要求。运用“两个责任”监管平台，强化过程管控和责任落实。把好选人用人政治关、廉洁关，健全完善各级领导干部廉洁“活页夹”。开展廉洁教育月和纪律教育月活动，组织广大党员学习《监察法》、新修订的《中国共产党纪律处分条例》等党纪法规。监督执纪方面，重视运用“四种形态”，抓早抓小，全年共开展分层谈话6579人次。紧盯违纪、挺纪在前，在全局范围内有序开展“全面谈、重点谈、精准谈”共583人次，共排查发现问题17项。在九大领域开展为期三年的“扫雷”行动，自查发现问题45项，制定并落实整改措施89项。坚持做好“扫雷”后半篇文章，下发监察建议书29份，工程建设、营销管理等关键环节的廉洁风险防控得到进一步加强。配合扫黑除恶专项斗争，加强与东莞市纪委监委请示沟通，签订了关于共同开展廉洁风险防控工作意见书，开启政企共建、联合惩防的新局面。

巡视巡察及整改。对2018年机动式巡察和常规巡察发现的164项问题，制定“点对点”整改措施694项，“举一反三”整改措施1684项，整改完成率100%。新建、修订完善制度和业务流程48项。对标“六个围绕、一个加强”，建立点线面结合、五道关口审核、交叉飞行督查等机制，对2015—2017年巡视巡察发现的127项问题，进行再梳理、再督办、再整改，补充制定并落实560项整改措施，巩固整改质量。

四、工会和共青团工作

工会建设。1月，召开东莞供电局二届四次职代会。全年召开5次联席会议，审议通过了补充医疗保险诊疗费用报销、规范年休假管理等事项。结合机构改革和人员调整工作，对原41个工会分会组织架构进行调整，调整后工会下设20个工会分会，其中新增设置9个工会分会，变更3个工会分会，保留原8个工会分会，撤销原30个工会分会。推进基层分工会、偏远地区、一线班站（组）“职工小家”创建工作。2018年创建三星级模范“职工小家”38个。结合改革开放40周年及东莞供电局升级地市局30周年主题，举办了以“唱响新莞电，建功新时代”为主题的“五一”职工文艺汇演等活动。

职创及劳动技能竞赛。至2018年底，共有劳模（技术能手）创新工作室36个，其中，4个工作室被评为广东省四星、五星工作室。充分利用网公司变电专业工作室联盟平台，全年开展9项网省公司级培训和交流活动。9个工作室获省公司“优秀创新工作室”荣誉称号。输电管理所蔡晓峰先后被评为“南网劳模”和“南网创客”“广东电网创客”，变电管理二所吴树平被评为“广东电网创客”。全年举办和参加上级技能竞赛共116项。组队参加网省公司及东莞市技能竞赛18项，共获集体荣誉12项、个人荣誉21项。其中，供电服务中心董伟锋获广东省“五一”劳动奖章，变电一所刘凯被评为“南方电网公司技术能手”，虎门供电分局获东莞市“五一”劳动奖状，虎门供电分局万建民被授予东莞市“五一”劳动奖章和“职工技术标兵”称号。

共青团工作。策划开展“青春奋斗创一流”主题活动，开展专项突击攻坚行动，推动团青工作与生产经营相融合。加强青年人才职业生涯发展全过程管理，实施“振翅计划”，通过“业务培养+关爱引领”工作模式，牵手结对员工622对，解决实际问题417个，多层次服务青年成长成才。局属各级团组织共获得地市级及以上荣誉31项，其中集体荣誉12项，个人荣誉19项。

五、扶贫工作

按照东莞市委市政府的要求，东莞市新一轮市内帮扶对象为全市核定指标体系靠后的8个经济次发达镇街和70个经济次发达村（社区），以及户籍家庭人均月收入低于我市低保标准并纳入低保救助的低保户，帮扶期从2016至2018年。东莞供电局牵头会同东城街道主山社区，以“二帮一”的形式对口共同帮扶横沥镇长巷村，以及纳入结对帮扶有正常劳动能力的低保户。坚持“电力帮扶”和“定点帮扶”两手抓，充分发挥行业优势，始终把基础建设作为改善次发达村生产生活条件的根本途径，重点增强定点帮扶对象“造血”功能，市内帮扶工作取得了较大成效。2018年长巷村村组两级经营性纯收入为420万元（目标287万元），同比增长53.85%，2户结对帮扶有劳动能力低保户顺利脱贫，全面完成本轮市内定点帮扶工作任务。

行业扶贫方面，加快推进次发达地区的电网建设和改造。加大次发达地区配网建设资金投入，重点保障解决业扩报装受限、满足新增负荷供电等增供扩销需要的项目投资需求。2018年，针对全市帮扶对象所在的8个次发达镇街和70个次发达村所在19个镇街，共计安排配网项目272项，项目总投资3.4765亿元，其中，用于解决对象社区电力设施重过载问题、满足新增负荷供电等增供扩销类项目51项，总投资14 014万元，用于提高供电可靠性、满足帮扶对象搬迁脱贫安置区的配套供电项目、光伏扶贫项目等电网改造升级工程类项目221项，总投资20 751万元。9月底，所有投资项目大部分已投运，大大改善了次发达地区配电网基础设施条件，解决用电报装、电压质量、结构不合理等问题。提升次发达地区的供电服务水平。打造“新能源扶贫”新模式，逐步完善光伏报装和并网服务流程，确保新能源项目工程的按期接入，2016—2018年累计为次发达地区的5299户分布式光伏提供并网接入服务。及时掌握次发达地区的业扩报装需求，提前介入大项目的用电规划，安排专人协助大项目的用电报装，开通办电绿色通道，加快办电效率。2016年至2018年10月，共为次发达地区的390户合计约45.29万千伏安的项目安排专人报装服务，其中169户合计约17.5万千伏安的客户实施了业扩投资界面延伸，共计为客户节约投资约8612.31万元。

定点帮扶方面，大力完善对口村电网基础建设。坚持把基础建设作为改善次发达村生产生活条件的根本途径，加大配网网架提升项目投资计划建设落地的支持力度，提前落实配套用电保障，2018年投资约867万元新建“横沥镇长巷中心队5号公变台区工程”“东莞市横沥镇水务工程建设运营中心长巷排站中压业扩配套工程”等项目并按时投产，有效提高供电可靠性和供电质量。着力建设“造血”项目。加强与当地镇政府和村委的沟通协调，整合多方资源共同投资50万元，其中扶贫捐赠资金20万元、东莞市2018年定点帮扶资金30万元，协助横沥镇长巷村神前路33号地块商铺厂房建设工程项目，持续提升帮扶对象“造血”能力。

中山供电局

企业概况

一、组织沿革

中山供电局为广东电网有限责任公司直属大型一类供电企业，前身是广东省广电集团有限公司中山供电分公司，2005年5月更名为广东电网公司中山供电局，2014年9月更名为广东电网有限责任公司中山供电局。

二、经营范围

中山供电局作为统一管理中山电网的企业法人，主要负责中山市火炬高技术开发区、石岐街道、东区街道、西区街道、南区街道、五桂山街道、黄圃镇、南头镇、东凤镇、阜沙镇、小榄镇、东升镇、古镇镇、横栏镇、三角镇、民众镇、南朗镇、港口镇、大涌镇、沙溪镇、三乡镇、板芙镇、神湾镇、坦洲镇等1个高技术开发区开发区、5个街道和18个镇范围内的电网建设、运行、管理和经营业务，为地方经济社会发展和人民生活提供电力供应和服务。截至2018年底，供电范围1784平方千米，供电人口331万人，供电客户143.37万户，供电营业网点24个。

三、电网规模

截至2018年底，中山供电局110千伏及以上变电站111座，主变压器260台，容量共2732.5万千伏安，输电线路303回，总长2404.88千米。其中，500千伏变电站3座，主变压器21台，容量共801.6万千伏安，输电线路18回共382.38千米；220千伏变电站18座，主变压器43台，容量共9300万千伏安，输电线路68回共820.57千米；110千伏变电站90座，主变压器196台，容量共1000.9万千伏安，输电线路217回共1201.94千米。

四、组织机构

截至2018年底，中山供电局内设13个职能部门、10个二级机构、24个县区供电局。具体如下图所示。

五、领导班子

2018年，根据广东电网公司党委决定，中山供电局领导班子调整如下：1月23日，免去邹贵林党委委员、书记职务。5月22日，欧安杰任党委书记、执行董事；潘斌任党委副书记、局长（总经理）；陈琼娜任党委副书记、工会主席；陈旗展任党委委员、副局长；李黔任党委委员、副局长；陈振华任调研员。10月15日，彭云任党委委员、纪委书记。

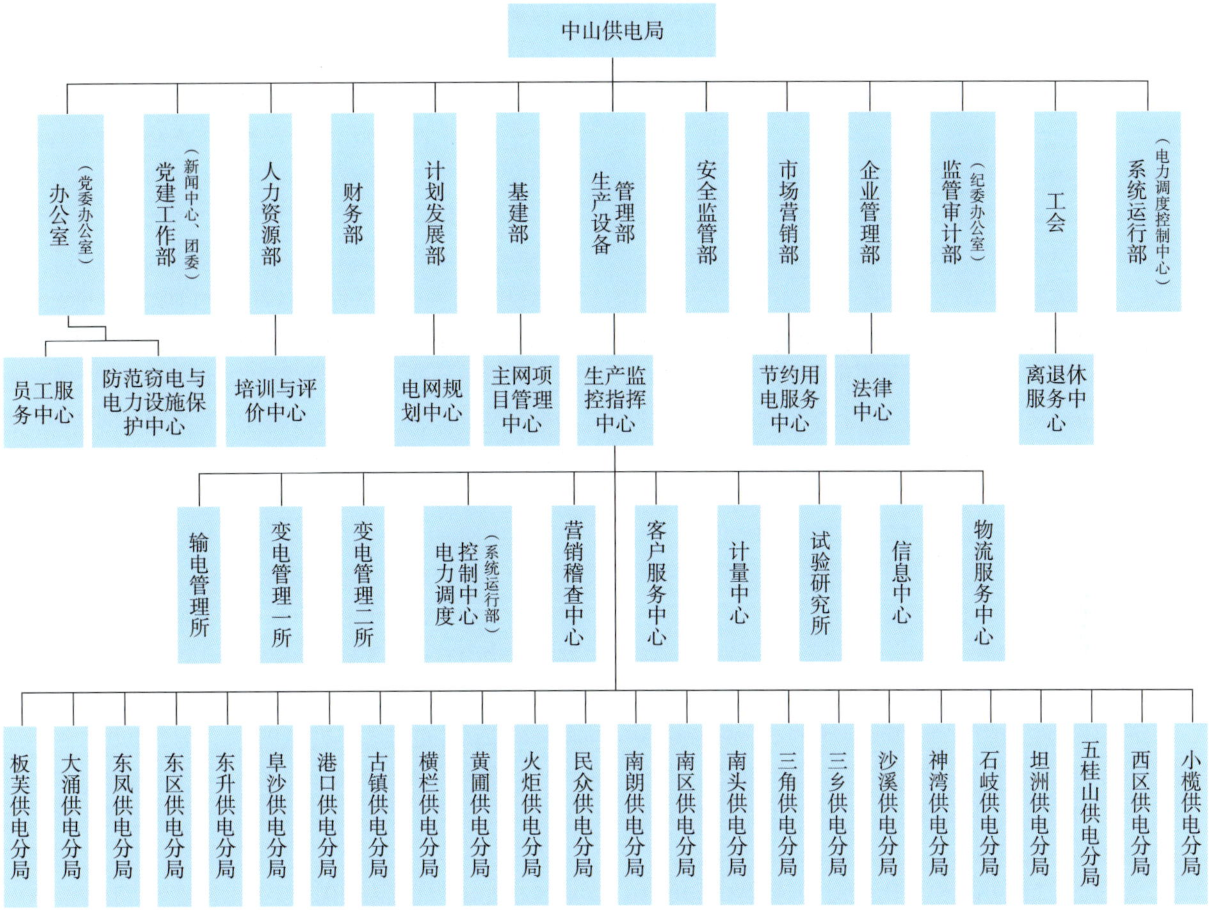

截至年底，中山供电局领导班子组成如下：

党委书记、执行董事：欧安杰

党委副书记、局长（总经理）：潘斌

党委副书记、调研员、工会主席：陈琼娜

党委委员、副局长、总会计师：邓智明

党委委员、副局长：陈旗展

党委委员、副局长：李黔

党委委员、纪委书记：彭云

六、人员状况

截至2018年底，中山供电局共有职工3226人，其中博士1人，硕士130人，本科生1671人，专科生860人，中专及以下学历的564人；已取得专业技术资格人员共1540人，其中高级职称226人，中级职称792人，初级职称522人；已取得技能等级共2626人，其中高级技师126人，技师753人，高级工1491人，中级工258人，初级工6人。

十件大事

（1）3月15日，中山市综合能源服务有限公司正式挂牌成立。该公司由中山供电局全资筹建成立，经营范围涉及建筑业、新能源汽车充电设备安装及运营、经营性互联网信息服务等领域。

（2）4月10日，中山供电局与中山市重点发展先进装备制造等先进制造产业的民众园、重点发展高端精密电子等现代服务业的三角园、重点发展新能源汽车等高端智能制造产业的板芙园等九大产业平台达成综合能源业务战略合作框架协议。

（3）5月30日，500千伏文山变电站竣工投运。该工程是中山电网“十二五”规划“三核六环”目标网架的最后“一核”，极大增强了中山北部主网网架，提高了东北部密集电源送出能力。

（4）8月24日，220千伏桂山变电站至翠亨变电站输电线路工程建成投运。该工程新建220千伏线路2回，全长为51.72千米，塔基76座。整个工程仅耗时6个月，创下中山供电局220千伏线路工程最短工期。

（5）8月底，中山220千伏光明变电站实施了智能巡检机器人、智能温湿度微环境在线监测系统、10千伏开关柜温度在线监测系统、蓄电池并联直流系统等智能运检改造工作。

（6）9月16日，第22号台风“山竹”来袭，中山供电局第一时间开展抢修工作。累计投入抢修人员4726人次，抢修车辆1603辆次，发电车机45台，于17日恢复中山市城区和各镇区中心区全部用电。

（7）11月，编制《粤港澳大湾区中山市2035电网规划》，为粤港澳大湾区发展背景下中山电网的新一轮跨越升级做好了谋划。

（8）12月19日，500千伏广州狮洋变电站至中山桂山变电站输电线路工程建成投运。该线路全长52千米，投资6.13亿元，于2016年11月开工，建设历时25个月。

（9）12月26日，召开中共广东电网有限责任公司中山供电局第一次代表大会，选举产生了中山供电局第一届党委和纪委。欧安杰、潘斌、陈琼娜、邓智明、陈旗展、李黔、彭云当选为党委委员，欧安杰为党委书记，潘斌、陈琼娜为党委副书记；彭云、郑广权、黄文生、崔益国、叶华艺当选纪委委员，彭云任纪委书记。

（10）12月27日，中山供电局第三方客户满意度连续六年位居全南方电网第一，在广东省社情民意调查中连续十年排名全市第一，横向对比连续三年排名广东电网首位。

电网发展

一、电网规划与前期工作

电网规划方面。4月，成立电网规划中心，负责电网规划、配网规划、技改修理、技经造价等工作，助力粤港澳大湾区智能电网规划。同月，成立项目管理中心，负责质量安全、技术经济、项目管理、综合等工作，并设立业主项目部。8月底，广东电网公司配网规划建设督导组对中山供电局配网规划建设工作进行督导，就中山配电网提出了价值观引导客户服务、规划细则内容全面性、规划数据质量等26条建议，督导体系过程得分83分，全省排名第一。根据督导意见，中山供电局组织相关部门共制定了41条整改措施，有针对性地加强配网规划和建设。11月，启动“十四五”电网规划相关研究，提炼了具有中山特色的“前瞻规划，质量落地；精准投资，高效领先；安全可控，灵活可靠；智慧能源，绿色发展”的电网规划价值观，完成了《粤港澳大湾区中山市2035电网规划》《中山市“十四五”电网工程性落地规划》及《2018—2023年电网滚动规划报告》等重要规划，为中山电网新一轮跨越升级做好谋划。12月下旬，中山市委市政府召开电网规划建设专题协调会，将“十三五”电网规划作为子方案，纳入全市城乡基础设施建设配套规划和市政基础设施建设计划。推行配电网规划标准工作体系，将质量与落实、系统化、规范化、持续改进的体系思想融入配电网规划建设各项业务，实现战略发展指导投资价值取向、价值取向指导规划目标、规划目标指导规划成果、业务过程落实规划成果。

全市域智能电网规划建设方面。完成12个智能电网示范项目建设；在建成南网首个全系列双策略10千伏智能型配电自动化系统的基础上，全面推进配电自动化向智能型升级；完成中山供电局大楼光伏项目建设，建成智能电网展厅，做好了中山全市域智能电网建设的示范展示工作。12月，围绕智能电网发展9大重点领域，编制《2018—2020年中山市翠亨新区智能电网示范区规划》，全力打造“互联网+智慧用电”体系平台。规划明确：至2020年底实现新区530平方千米核心区数据全覆盖，核心区供电可靠率达99.999%，综合电压合格率达100%，配网自动化覆盖率达100%；并通过建成一批示范项目，打造翠亨智能电网示范区，为中山智能电网建设提供先进样板。加强政企协作推进电网规划。按照保底电网设防标准，进一步优化完善电网规划项目，实施中山110千伏富豪站扩建第三台主变工程，大大提高了市中心城区及重要用户的供电可靠性。

前期工作方面。全年开展220千伏小榄站改造、观应输变电、旗乐站扩建、沙溪站配套110千伏线路及110千伏同福输变电、泰丰站扩建等6项工程的前期工作，其中，广东省重点项目沙溪站配套110千伏线路项目前期完成了项目招标等工作。全年光伏新增装机容量为5.64万千瓦，无风电项目。2018年，中山供电局李若明获评南方电网公司节能环保先进个人。

二、工程建设与管理

2018年，中山供电局电网项目计划投资23.10亿元，完成投资23.21亿元。其中，主网建成投运110千伏及以上项目13项，完成投资6.7亿元，同比增长15%。新增变电容量250万千伏安，新增输电线路长度234.6千米。配网建成投运项目1894项，完成投资16.25亿元，同比增长29%，新增配变容量50.57万千伏安，新增10千伏线路长度772.14千米，低压线路1111.58千米。小型基建建成投运项目1项，完成投资0.24亿元。固定资产投资26.42亿元。

2018年共新建变电站4座、扩建3座，新建线路20

回，具体如下：5月，中山500千伏文山（上稔）输变电工程、文山配套220千伏浪迪线解口进文山站线路工程建成投运；6月，110千伏五沙输变电工程、110千伏锦绣至神湾线路工程建成投运。8月，110千伏广福输变电工程、220千伏桂山至翠亨线路工程建成投运；11月，110千伏锦隆站扩建第三台主变工程、220千伏粤电天然气热电冷联供项目接入系统工程、220千伏君兰配套香同临线工程建成投运；12月，110千伏博爱站扩建第三台主变工程、110千伏海湾（翠亨南）输变电工程以及110千伏西桠站扩建第三台主变工程建成投运。

◎ 2018年5月30日，南方电网首个智能运维示范区——中山供电局500千伏文山变电站单项工程竣工投运。图为文山变电站机器人“编队”

工程管理方面。一是推动党建与业务融合，开展党员交叉挂点、支部拓展联建等，党员和业务骨干带头精准帮扶工程建设，带思想，传作风，督安全、促进度、守廉洁，以老带新，先进带后进，促进综合能力整体提升。二是主动提前介入项目前期业务，主网在项目前期深度参与可研、初设和施工图管理，同步并行开展相关业务，提前统筹安排招标需求计划，刚性执行招标文件方案和范本，应用电商系统，进行招标流程分层分级审批；配网采用框架招标采购模式，缩短招标次数和环节，加快项目实施。三是发挥政企联动督导作用，借助现场督办会、依法施工、月度督办、市长专题会议等机制破解电网项目塔基占地、征地拆迁等难题，有效推进工程建设进度。四是文化引领与专项治理并进，推进基建项目风险管控模型落地，从严动真开展各类专项治理工作，实现对安全、质量、进度、造价等各专业的全面管控，完善风险管控长效机制。

工程质量提升。一是运用风险体系思想开展质量风险辨识与管控，从项目设计、设备入网、施工过程以及验收管理四个阶段，对工程设计深度、标准应用、设备监造、关键工序及隐蔽工程、工程验收等关键节点进行重点监督把控，落实设计质量门管控、设备分装及总装监造、关键施工专项监督、隐蔽工程影像存档、运行单位提前介入验收等措施，对项目进行全过程质量把控。在项目实施阶段运用7S管理工具，从“人、机、料、法、环”各环节对不合格的因素进行清理，保证施工过程安全质量水平。持续深化开展“安全、优质、文明”样板工程创建，以主网工程项目全覆盖，配网工程项目部全覆盖，小型基建同步推进为目标编制工作方案，施工阶段阶段、竣工阶段组织全面检查评价，同时按照项目进度和质量监督工作要求进行质量监督，提升整体工程质量水平。2018年，多项电网工程获得优质工程称号。1月，110千伏树涌变电站工程获广东电网公司2017年度“安全、优质、文明”样板称号。4月，中山三乡供电分局乡镇玫瑰山庄电房改造工程获“2018年度中国南方电网优质工程奖”。12月16日，500千伏文山（上稔）变电站工程获广东电网公司2018年度“安全、优质、文明”样板创建金质工程称号。12月，中山西区供电分局柏景线柏景台电房改造工程获“2018年广东电网公司金质样板工程奖”。

电网运营

一、电力供应

2018年，中山全社会用电量293.01亿千瓦·时，同比增长4.86%。中山境内电厂装机容量4438万千瓦，同比增长40.5%，其中火电容量4200万千瓦，同比增长40%；水电容量2230千瓦，同比持平；生物质、光伏等新能源容量238万千瓦，同比增长15%。全年上网电量129.56亿千瓦·时，同比下降10.13%，其中火电上网电量125.92亿千瓦·时，同比下降10.14%；水电上网电量100万千瓦·时，同比持平；光伏、生物质等新能源上网电量3.88亿千瓦·时，同比增长14.38%。全年电力供应形势平衡，电力负荷创出历史新高，最高负荷出现在7月12日，为544.5万千瓦，同比减少2.20%。全年平均负荷率为77.53%，同比降低0.07个百分点；最大负荷率85.99%，同比降低4.05个百分点；最小负荷率59.21%，同比降低6.02个百分点。实现全年水电、光伏全消纳。清洁能源并网通道容量裕度充足，未发生因网络受限而影响清洁能源消纳的现象。全年未发生有人为责任的“弃水、弃风、弃光”问题。

二、电网运行

电网风险控制。优化电网运行方式，细化有序用电方案及事故预案，针对主网设备发生过载、故障等情况，通过配网转供电、客户自觉避峰等手段确保电力有序供应。220千伏及以上电压等级保护正确动作率100%，故障快速切除率、安自装置正确动作率保持100%，生产实时控制业务通信通道零中断，未发生调度自动化主站系统失灵情况。无发生三级及以上电力监控系统信息安全事件，无发生因电力监控系统信息安全导致的电力事件。截至年底，中山电网连续安全运行突破2556天，系统设备运行总体稳定可靠，未发生大面积停电、电网瓦解和重大设备损坏事故。

设备全生命周期管理。推进设备全生命周期管理，把好设备入网、验收、检修、运维各个环节。全年深度开展电网账实核查工作，组织开展变电、配电主设备照片上传、铭牌信息核对等账实核查工作并落实整改。针对需停电才能进行账实核查及拍照的设备，要求结合停电检修计划同步开展。严把退役设备报废审核关，深度介入电网基建和技改项目可研管理，严防健康设备提前退役，通过年度固定资产退役报废计划严控报废关口，杜绝计划外设备退役。夯实深度应用配变等主设备闲置再利用平台，促进闲置设备在全网不同地域间合理再利用，提高设备利用率。2018年，资产报废净值率为6.17%，达到世界一流水平。

设备规范化检修。围绕“提质增效”的总体目标，在输电、变电、配电及综合领域加大智能运维建设力度，实现多项智能技术成熟应用。11月6日，创新打造首款激光清障无人机，采用无需水冷的高功率密度激光发生器，可在10秒左右快速清除输电导线上的风筝飘带、塑料薄膜等轻型障碍物，大大提高了工作效率。全年累计完成54台110千伏及以上一次设备预试、521台一次设备规范化检修、46项反措，消除紧急、重大缺陷690项，消缺率、消缺及时率均达到100%。对关键重要变电站的紧急重大缺陷做到一缺陷一分析，牢牢守住安全生产底线，提升设备精益化管理水平。11月20日，完成中山市石岐区大信二期公用开关房智能化改造并投入运行。11月28日，全面建成南方电网首个智能运维示范区，涵盖1个生产监控指挥中心、2个智能运检变电站（500千伏文山站、220千伏光明站）、10条输电线路、2个智能配电房以及200余个台区的示范区域，实现了巡视无人化、操作无人化、监管无人化和维护无人化。12月2日，首个电力电缆隧道“智能化巡检机器人”投运，具备红外测温、有害气体监测、电缆通道积水监测等多项替代功能，实现对电缆运行进行全过程、零死角监控。

可靠性管理。积极推进了用户不停电检修“一线一方案”项目实施，逐条对停电检修计划优化安排，确保了将用户停电影响降到最低。拓展配网带电作业项目，开展了10千伏电缆旁路作业和配网人员自主带电作业，全年累计实施带电作业3483次，同比增加980次，用户平均停电时间减少3.12小时。低压客户平均停电时间为0.62小时，同比减少1.35小时。2018年，综合电压合格率99.999%，城镇居民端电压合格率99.99%，农村居民端电压合格率100%；中心城市（区）用户平均停电时间0.26小时，城镇用户平均停电时间0.42小时，农村用户平均停电时间0.82小时，全口径用户平均停电时间0.64小时；500千伏架空线路可用系数100%，500千伏变压器可用系数100%，500千伏断路器可用系数100%；220千伏架空线路可用系数100%，220千伏变压器可用系数100%，220千伏断路器可用系数100%。

三、安全生产

2018年，全面实现了“两个确保，三个杜绝，四个不发生，两个减少”的安全生产目标，全年未发生电力事故；共发生五级及以上事件1起，同比减少5起；其中，未发生二级事件；三级事1起，同比增加1起；未发生四级事件，同比减少3起；未发生五级事件，同比减少3起。未发生发生社会人员触电事件，同比减少2起。未发生重复配网事件。百万工时工伤意外率指标完成值1.76。

安全管理。严格落实广东电网公司“三巩固、四精益、五提升”安全生产工作要求，着力巩固体系和安全文化建设成效，提升了安全监督和应急保供电精益化水平，制定并落实了安全监管重点工作任务330项。“创一流”安全类唯一指标全省排名第一。

安风体系建设。安风体系总体评分86分，达到考核指标满分值85分。10月19日，命名成立“致安”安风体系研究应用工作室，制定安风体系研究应用工作方向及计划，结合工作实际开展理论研究与实践应用，统筹抓好组织管理、项目管理、档案管理、经费管理。构建安全风险分级管控和隐患排查治理双重预防机制，与企业实际深度融合，打造本质安全型供电企业。

涉电公共安全管理。6月，编制《2018年中山市城市保底电网方案》，并形成急需建设项目清单，进一步提升中山城市核心区域和重要用户供电安全性，提高城市电网防灾应急保障能力。组建了40支共计1500人的应急抢修队伍，成功应对了台风“艾云尼”“山竹”以及多轮暴雨等自然灾害。8月，配合政府部门开展城乡电力设施安全隐患排查整治专项督导检查工作，把公共区域供用电设施作为整改重点，共排查并消除安全隐患932项。

上半年，积极开展“三线交叉”[①]问题整治工作。全年完成全国“两会”、春运春节等各类保供电任务89次。

◎ 2018年10月26日，中山古镇供电分局工作人员保障灯饰博览会供电

安全文化建设。7月4日，承办广东电网公司首届安全文化节，开展安全生产双向承诺、“六个一”、安全文化进家庭等系列安全文化活动，进一步巩固了良好的安全文化氛围。8月30日，修订出台2017—2021年安全文化五年规划，有序开展第二规划期建设。连续五年编印《安全生产经验分享手册》和《安全文化建设画册》，分享安全文化建设和安全生产经验。

市场营销

一、优化营商环境与客户服务

优化营商环境。落实《关于再次降低我省一般工商业电价有关事项的通知》，为客户节约用电成本约3.02亿元。落实《关于取消临时接电费的通知》，取消临时接电费、高可靠性费用下调30%等政策，确保政策红利传导到客户。3月起，实行业扩工单主人制、“三免”服务、低压报装一次办妥模式，简化报装资料及配套项目流程，加强流程实时监控，业扩报装效率位居全省前列。落实重点项目业扩报装专人跟踪机制，跟踪38个重点客户的基建用电和51个重点客户的永久用电，中压业扩报装平均时长同比下降了63.75%。提升业扩投资界面延伸比例，减少接电成本，实现低压业扩投资界面延伸率99.97%，中压业扩投资界面延伸率99.78%，为1.4万客户节约6.7亿元用电成本。推进低压台区电压监测接入以及应用工作，全年累计接入9.6千个台区、9.7万户，台区覆盖率67%，接入效率位居全省前列。

加强客户诉求处置全过程管控，4月，制订客户诉求管控工作细则，及时发布风险管控通知单，落实开展客户投诉问责和月度约谈机制。2018年客户诉求工单处理及时率99.03%，问题解决率99.8%，后续工单解决率99.2%，指标均位居全省前列。打造社区、客户、供电三位一体的供电服务沟通平台，建立以24个供电分局为单位的“大网格”和供电分局内部的174个“小网格”，为客户提供“点对点”个性化服务。

二、营销基础管理

2018年，中山供电局供电量285.13亿千瓦·时，同比增长4.84%；售电量279.28亿千瓦·时，同比增长6.29%。

创新型营销服务标杆建设。自5月起，全力推进智能电表系统接入以及应用工作，全年累计改造智能电表43万个，建设低压集抄38万户，实现了智能电表及低压集抄全覆盖。智能电表系统接入和应用工作全省领先，初步实现了客户端电压持续监测、停电信息辅助统计和客户用电管理服务增值功能。中压业扩投资界面延伸率99.9%，排名全省前列。按照“客户经理+设备主人”模式，开展网格化电管家精细服务。10月初，成立了配网调度服务指挥中心，实现了配网调度、抢修、服务的协同融合。该中心由配网调度班、配网抢修指挥班、客户服务中心服务调度班构成，以电力调度中心为依托，推动服务调度与配网调度在配网抢修业务的协同，除负责接收“95598”服务热线电话、处理故障工单外，在故障综合研判、信息同步集成、应急过程管控、抢修资源调配等方面持续规范业务和提升服务。

线损管理。4月，制订高损线路及台区专项治理、计量同期线损管控及高损治理工作方案，开展线损异常闭环管理。规范电量数据管理，协同做好基建网改工程电子化移交，狠抓线损基础档案管理，规范环网转供电管理，固化线损报表统计时间，全面推行多专业联动分析，强化高损提级督办和问责力度，建立分区对口定点联系机制积极推进计量自动化分区同期线损统计核查工作，完善管理线损异常处理工作指引，强化过程管控，落实线损异常闭环处理措施。全年共下发提级督办工作单82分，共督办线路265条次，督办台区1920台次；截至年底，已恢复正常的线路有261条，台区有1902台，线路销号率为98.49%，台区销号率为99.06%。全年累计综合统计口径线损率2.61%，同比下降了0.79个百分点。率先开展市场营销领域“扫雷打黑”专项行动，联合横栏镇政府开展“维护供用电秩序”共建行动。开展电量异常

① “三线交叉”：网线、电话线、有线电视线。

专项核查，对用电检查专项工作不力单位问责约谈。结合计量自动化系统的线上监测及线下用电安全检查开展窃电排查工作。

三、电能替代与市场开拓

4月10日，与中山市九大产业平台①首批6个镇政府签署发展综合能源业务战略合作框架协议。5月，与火炬开发区签订发展综合能源业务战略合作框架协议。6月，与中国铁塔中山市分公司签署战略合作框架协议，率先将“共享铁塔”模式在中山实现落地。8月，与南头镇签订综合能源业务战略合作框架协议。11月12日，广东信通通信有限公司、广东律诚工程咨询有限公司分别获广东电网公司2017年度竞争性企业业绩优秀企业称号；广东信通通信有限公司获南方电网公司2018年度A类标杆企业称号。

促进新能源发展。制订2018年电能替代行动计划，从争取政府支持、完善管理制度、挖掘潜力项目、打造示范项目等各方面策划推动电能替代工作，举办1场高端客户综合能源技术交流会和11场分镇区综合能源服务和技术交流活动，重点推广电动汽车、电窑炉、电锅炉、电磁厨房等电能替代技术，成功推动广东电网综合能源公司投资的首个冰蓄冷项目——小榄汇丰城蓄冷项目等一批电能替代项目落地。全年共完成电能替代电量6.8亿千瓦·时，新增电能替代项目184个。中山博览中心充电站被中国电动汽车充电基础设施促进联盟评委全国第一批电动汽车示范充电站。2018年，投运60个充电站点共计211个充电桩，累计共建成充电站点100个，充电桩383支，其中直流桩313个，交流桩70个，总装机容量达2.1万千瓦。采取积极措施，保障服务光伏发电上网电量全额消纳。截至年底，中山市分布式光伏发电总装机容量为16.2万千瓦，总发电量1.16亿千瓦·时，总上网电量为3570万千瓦·时。全额消纳了上网电量，提升了综合能源服务水平。

◎ 2018年6月5日，中山供电局在中山市博览中心综合充电站记者体验活动中推广充电桩

① 九大产业平台：民众园、三角园、板芙园等中山市高层次战略发展平台，2017年引入项目68个，投资额达645亿元，着力发展高端装备制造、生物医药、新一代信息技术、新材料等战略性新兴产业。其中，民众园重点发展先进装备制造等先进制造产业，三角园重点发展高端精密电子等现代服务业，板芙园重点发展新能源汽车等高端智能制造产业。

市场化交易方面。每月配合广东电网公司市场部和省交易中心做好我市市场交易用户电量电费抄表、核算和发行工作。2018年，中山市参与电力市场交易客户共423户，同比增长118.04%，交易电量58.64亿千瓦·时，同比增长47.23%，占全市售电量的19.9%，占一般工商业用电量的69.28%，为企业节省成本1.96亿元。

科技信息

一、科技创新

2018年，中山供电局科技投入1669.34万元，其中科技项目投入1394.34万元，职创项目投入275万元。实施科技项目20项、职创项目54项。2018年获广东电网公司及以上科技奖励35项，申请专利达538件，累计授权专利306件。加强科技项目策划及入库管理，积极发动基层班组，以解决现场实际问题的原则出发，征集“创一流”科技创新需求导向性问题，策划组织完成1个南方电网公司级（“源—网”互动的虚拟电厂智慧运行优化管理一体化平台开发及示范应用）和10个广东电网公司级（配网树障多维立体巡检体系及智能识别技术研究与应用、基于“AI+机器人技术”的继电保护及自动装置压板状态自动核对系统研究与应用、一种自适应“母线接线、母线进线开关”方式变化的10千伏分段备自投装置研究及应用、面向作业可视化的变电站远动信息多主站智能仿真技术研究与应用、配网绝缘导线断线及坠地故障检测技术研究、变电站无人机自组多维并发巡检技术研究与应用、大型机械临近电力设施作业智能定位管控装置研究、中山电网现代园区用户电压暂降机理及其智能应用解决方案研究、鸟害主动防御系统及装置研发-课题3：嵌入式鸟类智能识别装置研发、变电设备缺陷智能图像识别算法研究及嵌入式实现）的一般项目通过评审。

职创成果转化。2018年成功申报认定8个广东电网公司级工作室：方丽华创新工作室、张春梅创新工作室、赵文博创新工作室、陈清江创新工作室、汤晓晖创新工作室、李福鹏创新工作室、萧茂强创新工作室、王凯创新工作室。全年纳入全省成果转化项目1项：一种低压线路或者低压用电用户使用的防雷检测保护装置。推动7项职创成果推广：直接接入式电能表带电接线安全辅助器、一种非接触型0.4千伏线路验电器和伸缩杆、发电车应急电源自动投切装置、一种高可靠性户外型配电自动化光纤通信终端箱、基于电压检测的智能光开关装置、电力通信仪表移动电源、整组蓄电池维护装置，将创新成果融入竞争性领域企业合作。组织优秀科技成果申报科技奖励，其中获奖情况如下：科技进步奖：省级二等奖2项、省级三等奖2项；技改贡献奖：省级二等奖1项、省级三等奖1项；专利奖：网级4项，省级6项；职工技术创新奖：全国一等奖1项、全国三等奖2项、南方电网公司二等奖1项、省级一等奖3项、省级二等奖7项、省级三等奖5项；实现了职工创新成果全国奖项零的突破。

◎ 2018年3月28日，中山西区供电分局配电运维班自行研制出转角式10千伏接地线夹

二、信息化工作

2018年7月，以“十三五信息化行动计划”为抓手，加大“云大物智移”融合应用，推动信息技术与生产经营深度融合，严守信息安全底线，信息化水平评价获评广东电网公司A级，评价得分达到90分，连续八年获评广东电网公司信息化水平A级。

网络信息安全。全面提升信息安全日常管理水平，做好信息领域安风建设，构筑信息安全防线。全面落实《网络安全法》，强化日常信息安全督查机制。落实网络安全责任，加强对AD域、网络准入、U盘加密等的管控，严格执行终端安全防护相关考核制度；开展病毒应急演练，加强业务系统的安全防护监视和运行管理；开展违规私建互联网通道和外网应用排查工作；全方位开展信息安全领域风险评估，制定行之有效的风险预控措施，继续开展信息领域安全文化建设，开展“我要网络安全”主题活动，开展网络安全合理化建议评选活动，营造“信息安全、人人有责”的氛围。优化机房管理，组织专员对机房各项设施进行合规性检查，运用自动化巡检技术，使用脚本输入和服务器分析，缩短服务器体检时间。加强竞争性企业的网络安全管理，对竞争性企业网络安全人员开展培训，11月，对竞争性企业网络安全管理及技术防护提出指导意见，开展网络安全督查，将竞争性企业纳入网络安全工作体系，确保管理全覆盖。

系统及数据应用。加强数据资产管理，应用广东电网公司大数据平台，开展营销域数据分析工作。运维可视化。全力推进基于GIS的平台电力走廊空间信息图形化应用系统的深化应用和V2.0建设、推进客户停电信息对外服务移动应用V1.0建设。持续优化“6+1”系统，建设移动应用。开展人资薪酬考勤辅助系统研发、工会女工管理系统研发等职工创新项目，提升用户体验和客户满意度。持续深化数据主人机制，实现数据认责与数据质量治理考核的全面融合。开展信息系统实用化提升与数据质量治理专项工作，应用协同问题数据清理“突击队”工作机制，重点提升账卡物一致性、站线变户一致性指标。全面提高“两级三线”服务体系下平台运维服务能力。规范1000号工单录入范围，针对企业级信息系统的问题定期进行分析，生成问题课件，提供用户查询，提高服务效率。全年事件按时解决率100%，事件一线解决率83.24%，事件响应超时率 0%，事件平均客户满意度 100%，各项IT服务指标排名全省前列。

经营管理

一、人力资源

干部人才队伍建设。坚持正确选人用人导向，严格履行相关程序选拔正科级干部7人，副科级干部6人，交流轮岗干部10名。4月，“技能人员岗位胜任力提升学习实践项目”荣获“中国人才发展菁英奖”。挖掘潜在技术技能专家，选聘省级技术技能专家6人，选聘管理专家17人，专家队伍扩展至148人，专家比例达4.43%，供电分局专家覆盖率实现100%，供电分局专家覆盖率实现100%。优化专家工作室职能，由9名广东电网公司级专家带领90名徒弟，分12个专业组开展科技攻关、“名师带徒”及“名师讲堂”。深化动态考核，跟踪考核139名专家履职情况。促进人才健康成长，选派6名年轻干部参与扶贫驻村和区域联动挂职锻炼，区域联动学习锻炼32人次，举办培训班3次，年度联动计划完成率达

95%。新增中高级技术人员338人，中高级技术人员比例为65.80%。新增高技能人员90人，高技能人才比例为95.6%。

劳动用工和薪酬绩效。2018年招聘新员工51人，成立电网规划中心、生产监控指挥中心，推进智能运维和电网规划集约化；着力解决结构性缺员，开展人力资源配置分析，完成了86名新员工的定岗，选派28名变电、配网等专业的技术骨干到竞争性企业交流学习。优化专业类、技能类岗位员工绩效考核模式，年度绩效考核系数体现业绩导向，增加个人B+、B-等级，技能类实施工分计酬，140个班组员工绩效工资采取工分计酬。12月，工作室带头人吴锦秋、李亮棠被中山市政府授予“中山市工匠新星”称号。

教育培训方面。全年培训45 307人次，建设645平方米营销实训室、420平方米配网自动化实训室，新建成以营销培训为特色的中山东区技能实训点。4月，“技能人员岗位胜任力提升学习实践项目”，荣获“中国人才发展菁英奖”。新增选聘内训师115人，内训师队伍达456人，其中，南方电网公司级9人、广东电网公司级46人、地市供电局级401人。10月，荣获广东电网公司金牌内训师1人。全年共开发标准课件30个。11月，“中山供电局教育培训精益管理”课题荣获“第三届CSTD全国学习设计大赛”银奖。根据不同岗位人群匹配相适应的混合式课程，共同创建经验“共享”学习组织，基于“混合式协作学习”的干部培训管理，获得第二十八届广东省企业管理现代化创新成果三等奖。有5个微课作品荣获“第四届中国企业微课大赛”最佳制作奖，《电力光缆重要性及防破坏宣传》课件荣获“第四届中国企业微课大赛”优秀课件。12月，《客户之声（VOC/VOB）》获广东电网公司2018年精益课件大赛课件设计一等奖；《访谈与调研》获广东电网公司2018年精益课件大赛课件设计二等奖。

二、财务经营

经营效益方面。全年营业收入同比增长3.96%，增长率同比上升1.7个百分点。平均售电净单价同比下降11.86元/千千瓦·时；供电成本同比增长6.53%；内部利润总额同比上升21.83%；模拟经济增加值（S-EVA）同比上升10.03%；固定资产总资产周转率1.22次，同比下降0.07次。“两金”较上年压降16.81%。

财务风险控制与内控。开展资金安全检查工作，组织财务人员认真学习新修订的资金安全规程，提高财务人员资金安全管理意识。按照广东电网公司2018年落实供给侧结构性改革，深化瘦身健体提质增效工作方案部署，制定1个总体方案和6个专项行动方案，持续推进供给侧结构性改革，落实“三去一降一补”重点任务。制订《多经企业整合发展实施计划》《竞争性业务发展实施计划（2018—2020年）》，推进小榄供电所增量配电业务试点工作。编制《中山市小榄镇供电所增量配电业务试点项目推进工作方案》。“缩短配网项目结算周期，加快有效资产形成效率”和“价值创造导向的资源配置模型创新”两个精益项目获得广东电网公司2018年度精益项目管理优化、业务创新三等奖。进一步完善资产产权管理，办理产权证照79宗，累计超额完成7宗。

三、物资供应

加强有效资产管理，重点推进资产账卡物一致性清理、在建工程清理、逆向物资清理、闲置土地房屋资产盘活、资产退役报废管理、长期挂账应收款项清理等六大工作。报废物资鉴定、回收工作成效显著，物资平均入库周期由220天缩短至58天，工程余料及结余物资回收周期缩短25天。5月底，创新推出配网业扩一站妥保供应模式，实现厂家库存和仓库库存的合理统一调配，业扩储备物资供应时效由14个工作日缩减至9个工作日，提高了业扩物资供应时效性和业扩报装效率。2018年，特殊需求采购率、物资合同签订及时率、7天准时供货率、品控计划实施率、闲置物资再利用率、年累计项目物资剩余率，共6项指标排名全省第一。

物资采购管理新模式改革试点。主动适应招标改革要求，刚性落实上级改革措施，率先探索构建“集约、规范、高效、统一”的采购管理新模式。同时，大力推进电子商城采购，不断提高采购效率，严格执行网省公司“上平台、进基地”的工作要求，配合广东电网公司推进南网电子商城在中山供电局的测试和应用。组织业务骨干对系统进行功能测试及优化，及时反馈建议15条，率先完成全省第一单商城采购业务。商城上线运行后采购及审批时间缩短为约5天，对比以往常规采购时间大幅度减少，采购效率明显提升。全年物资采购集中度达99.85%。

智能仓库建设。制订智能仓库建设方案，将1.1万平方米的高平库区作为中山供电局智能化仓储建设试验田，应用“智能化仓储机器人+智慧物流平台”等前沿技术。与广东电网公司计量中心对接，出台了以智能物流为载体的计量物资转运对接技术方案，开展省级计量检定中心仓储配送体系建设，确保集中检定后顺畅高效运作。同时在一级仓库全面推行条形码技术，在仓储及配送中应用实现物资领域与国内领先的率先接轨。在应急抢修，完善应急物资服务保障，组建物资流动补给车队、前置设立临时材料站等措施，为按时实现全面复电提供了坚实的物资保障，2天内完成23个供电分局74单物资紧急配送，其中低压线材47.85千米、金具16 405件，设备（变压器、避雷器、隔离开关等）1347台，导线6.311千米，钢芯铝绞线7.1695吨，水泥电杆666条，物资金额248万，物流服务中心被授予中山供电局“先进抗风集体”。闲置物资再利用率达100%。全年完成2批次报废物资处置，资金回收率达88%。2月，中山供电局物流服务中心被广东电网公司物资部授予物资工作先进集体。6月，通过广东电网公司星级班组验收，仓储配送班获评“四星班组”。

四、审计监督

审计监督。2018年，共迎接南方电网公司、广东电网公司审计项目5个（南方电网公司对广东电网公司原董事长刘启宏离任经济责任延伸审计、职工持股企业非公股权清退及吸纳审计、智能电表和低压集抄“双覆盖”审计、对口帮扶的林洞村扶贫项目资金专项审计调查、党费使用和管理专项审计），广东电网公司委托开展审计项目4个（“业扩提速”审计调查、“暖心工程”审计调查、对韶关供电局扶贫项目资金管理审计调查、对珠海供电局党费使用和管理专项审计），自行开展审计项目3个（财务收支审计、瘦身健体提质增效审计调查、2018年物资需求及采购管理审计），竣工决算审计4项（南方电网公司500千伏狮洋至五邑输电线路工程竣工决算审计、广东电网公司110千伏玉泉输变电工程竣工决算审计、第二批次2016年新建配网工程竣工决算审计、第一批次2017年新建配网工程竣工决算审计）。审计披露问题98个，提出审计建议58条。全年完成专项建设基金项目审计整改、电力营销规范化审计整改工作，2017年多经企业审计、凯能集团原总经理离任经济责任审计发现问题的整改归档工作，加强了大集体企业的内控管理。

五、法治工作

法治企业建设。1月，中山供电局立法工作机构荣获广东电网公司表扬立功三等功。3月，制订法治示范单位建设工作方案，对照治理体系等六个维度，确定132项评价标准。深入开展打造法治示范单位建设新模式精益管理研究，提练主要法治指标收集法治数据，实现法治建设的对标分析和数据简报展示，项目入选广东电网公司精益管理发布评选，管理经验在广东电网公司法治工作会议上作经验介绍。推动企法共建、电力行业执法工作，2月，联合举办“法企共建、情暖民心”员工文化创作成果汇演。3月，开展双向培训交流，组织有关部门和干部员工参加了中级人民法院的反腐案件庭审。创新实现了地市供电局与地方中级人民法院开展法治共建工作的先例。5月，和中山市中级人民法院共同制定《2018年法治共建工作计划》，开展法治联谊、庭审旁听等活动，筹备启动《涉电案件白皮书》编写及拓展区域性二级法治共建平台工作。7月，成为中山市“谁执法，谁普法”现场评议活动首批五个入选单位之一，打造了良好企业法治形象。积极推动《中山市电力设施保护条例》颁布实施后的电力行政执法工作，配合市政府经信局做好电力行政执法机构的组建工作，推动安全隐患整治的主诉维权工作。

法律风险防控与合同管理审查。在确保合法权益的前提下，妥善处置两项较大风险合同。开展案件隐患排查工作，排查隐患15宗，其中重大隐患3宗。按照广东电网公司工作部署，10月，新合同管理系统实现单轨运行。以减少合同审批时间为课题开展QC工作，11月，荣获广东省优秀QC小组成果奖。12月，编制法律风险岗位防控信息卡，结合法律风险库和重大领域法律风险防控方案，修订重要领域关键岗位的法律风险岗位防控信息卡并做好宣贯和应用。全年审核合同2588份，开展合同法律风险排查工作，对纳入较大风险的合同实施履约风险管控，落实风险处置措施，形成合同履约进度监控台账。办结各类法律诉讼案件22宗，其中胜诉20宗，胜诉率达90%以上。

改革创新

管理创新方面。连续十年开展管理创新成果培育，累计获得30余项省部级以上创新成果奖项。1月，在第二届国企管理创新年会上，《供电企业基于客户信用评价的欠费风险管理》项目获全国国企管理创新成果二等奖。10月26日，《供电企业推动地方电力设施保护立法的管理实践》项目获第二十八届广东省企业管理现代化创新成果一等奖。精益项目方面。6月2日，基于区分度的专业技术人员绩效绩分制考核精益提升获管理优化类一等奖。减少配网台账问题数据及提升站线变户协同数据一致性、缩短系统核查异常的电费发行时间、通用型10千伏可插式开关柜带电指示器等3个项目获二等奖。提高客户诉求处理效率、缩短逆向物资回收入库周期、基于风险控制模型的职业健康管理精益化等4个项目获三等奖。质量管理方面。6月29日，大涌恒星QC小组在全国电力行业展示会上以南方电网第一名的优异成绩获最佳发布奖。该QC小组的成果名称为《研发智能电缆标识系统》，实现了电力电缆走廊的智能化管理。11月26日，《提高GIS设备出厂试验一次通过率》课题在广东电网公司2018年度基建QC小组成果发布会上获评一等奖。

创一流建设。4月，制定加快向综合能源服务公司转型、创建世界一流企业工作方案，突出目标导向、问题导向和基层导向，分层分类抓好关键指标和任务的落地执行。2018年，一流指数得分115.59分，同比提升13.92分，全省排名第2位，同比提升2名，一流水平保持世界一流水平；供电分局层面，24个供电分局2018年“创一流”平均分可达119.16分，同比上升1.88分，均保持国内一流水平。小榄、南头、阜沙、民众、大涌、板芙供电分局2018年“创一流”得分排名前列。

开拓产业市场。4月，制订竞争性企业整合发展实施计划。9月，制订《竞争性业务发展实施计划（2018—2020年）》。截至年底，局属竞争性企业共12家，其中电力工程建设（含设计、监理）企业5家、综合能源企业1家、电力综合服务2家，营业收入同比增长17.5%，利润总额同比增长13.7%。减少法人数量2个，减少D类企业1个，如期完成“四个一批”总体目标。

◎ 2018年3月15日，中山市综合能源公司揭牌成立。时任广东电网公司党委书记、董事长刘启宏（左二）出席揭牌仪式

党群工作

一、党建工作

政治建设方面。中山供电局党委多次召开党委会，认真学习习近平新时代中国特色社会主义思想，学习关于粤港澳大湾区发展规划纲要，落实南方电网公司党组、广东电网公司党委等重大决策部署。4月，制定《落实南方电网公司党组关于学习贯彻落实党的“十九大”精神推动全面从严治党向纵深发展的意见工作任务分解表》，共133项工作内容，279条具体措施，确保广东电网公司“1236”党建模式有效落地。深化领导体制改革与班子建设，5月，落实“党政一肩挑”调整，设立执行董事、局长（总经理）等领导岗位，进一步强化党的领导。6月，调整党员领导干部参加组织生活党支部和工作联系点，加强与基层支部的沟通，深入了解基层问题。12月，修订加强和改进所属竞争性企业党的建设工作实施方案，推行“双向进入、交叉任职”领导体制，建立健全领导体制机制，推动党的领导和完善企业治理有机统一。严格党内政治生活，落实党委理论学习中心组学习要求，坚持“1+2+N”的中心组学习模式，全年开展专题学习13次。3月，制订2017年度党员领导干部民主生活会班子整改方案，持续抓好“三个计划、三个平台”，按照“四必三增强”要求抓实主题党日“十个规定动作”，深化“两学一做”常态化制度化要求。3月，组织召开全面彻底肃清李嘉、万庆良恶劣影响专题民主生活会，指导督促县区供电局党委及二级党委开好专题民主生活会；6月，深入学习《中国共产党纪律处分条例》，为推进全面从严治党向纵深发展提供坚强纪律保证；12月，深入学习习近平总书记在庆祝改革开放40周年大会上的讲话，服务中山实现“三个定位”。

组织建设方面。完成了小榄供电分局党总支部等3个党总支部、信息中心党支部的换届改选工作，新发展党员20名。12月26日，召开中共广东电网有限责任公司中山供电局第一次代表大会，选举产生了中山供电局第一届党委和纪委。欧安杰、潘斌、陈琼娜、邓智明、陈旗展、李黔、彭云当选为党委委员，欧安杰为党委书记，潘斌、陈琼娜为党委副书记；彭云、郑广权、黄文生、崔益国、叶华艺当选纪委委员，彭云任纪委书记。至年底，共有党组织84个，其中党委2个、党总支部7个、党支部75个；共有1366名党员，总数同比增长1.5%，其中，在职在岗党员1215名，离退休职工党员151名。落实广东电网公司“1236”党建模式。推进支部“三亮三评三展示”看板式管理。实施“三评四维”党员积分制管理，从政治思想先进、道德品行先进、专业能力先进、岗位业绩先进4个维度，开展对党员参加组织生活、党建知识测试、互动学习交流情况3方面的线上评价。6月起，开展“我是党员走在前，一区双岗创一流”主题活动，设立了363个党员责任区，选树了75个党员示范岗及先锋团队典型。围绕重点难点问题，实施80多个“书记项目”。开展系列学习宣贯活动，举办各类专题学习、讲座、培训班。4月24日，在东区培训中心开展基层党支部书记培训，邀请广东省委党校余甫功副校长进行授课，各基层党（总）支部书记约共70多人参加。加强竞争性企业的党的建设。6月21日，完成竞争性企业凯能集团党委组织关系转接工作，把凯能集团党建工作纳入党建工作整体规划，开展有针对性的党建考核，加强和规范竞争性企业党建工作。

二、思想宣传工作与企业文化建设

意识形态工作。7月8日，制定《意识形态工作责任制实施方案》，明确各级党组织职责，强化对新媒体平台等内部意识形态阵地的监督管控。加强新闻发言人、新闻通讯员、网络宣传员、党建宣传员队伍建设。10月19日，开展意识形态建设自查工作。11月，完成“改革开放40周年”“智能技术示范基地”等重大主题宣传。新投运的500千伏文山变电站亮相央视官方微视频平台“小央视频”获3000多万点击率。积极树立榜样导向，《电力父子兵》《发明避雷“神器”的安全卫士》和《高锋的高考爱心之路》三个新闻策划登上央视财经信息频道《第一时间》栏目。“五一”劳动节期间，微电影“致敬劳动者”被@央企头条等中央级媒体转发。8月中旬，网易北京总部前来采访年轻技术女达人项祎，拍摄专题片“电力花木兰”，在全国范围内传播。

企业文化建设。7月4日，建成启用中山供电局社会主义核心价值观教育基地和供电企业文化园。8月4日，承办中共广东省委宣传部“‘粤传承 粤创新’核心价值观宣传教育探访活动”。9月11日，广东省国资委企业代表在中山供电局召开“寻找粤企传承创新基因”座谈会。11月，中山供电局获评中国企业文化建设峰会组委会颁发的“2018年度企业文化建设典范企业”称号，其中《供电企业培育和践行社会主义核心价值观的研究与实践》课题获“2018年度企业文化建设优秀理论成果”。12月20日，在2018广东企业思想建设与企业文化建设工作年会上，中山供电局获得“广东企业文化名片”称号，是南方电网公司唯一一个获此奖项的单位。

三、党风廉政建设

加强作风建设，纠正“四风”特别是形式主义、官僚主义新表现，建立集调研排查、监督检查、线索收集、通报曝光、警示教育为一体的工作机制。4月8日，制定扶贫领域作风问题专项治理实施方案。深化监督执纪“四种形态”，开展“四个层面”全员谈心谈话，强化责任传导机制，党委书记开展主责约谈共197人次，共约谈中层领导干部128人。截至年底，共组织开展“全面谈”9413人次，“重点谈”2677人次，“交心谈”658人次，“精准谈”5人。全覆盖开展大调研工作，共约谈中层领导干部128人，组织720名领导干部和关键岗位人员开展“公务回避”自查自纠，组织全体员工6106人签订了“公务回避”公开承诺书。12月29日，制订加强本部机关作风建设、创建模范机关行动方案，同时制定行动方案和52条具体措施，大力整治形式主义、官僚主义。

坚持反腐倡廉，启动“扫雷”行动三年计划，将“扫雷”行动与深化廉洁风险防控、推进政治巡察、加强纪律建设等工作有机结合。注重上下内外统筹联动，与地方纪委、公检法开展共建活动。7月，联合市检察院开展预防职务犯罪进工程活动，通过邀请检察官深入工程现场作廉洁辅导、聘任员工担任廉洁监督员等方式，提高工程人员廉洁自律意识。8月20日，启动廉洁宣教全覆盖工作，以“廉洁讲坛”为载体开展宣讲，计划采用培训班、讲座等形式，分层分级开展交叉授课76场次、受众共计3233人，实现廉洁宣教在基层班组全覆盖。9月，大力开展办公、生产、营销等十五个领域廉洁风险库编制工作，对岗位风险分级定义、综合管理，规范权力运用，累计梳理风险点57个，制定管控措施146项。

四、工会和共青团工作

企业民主管理。2月8日，召开中山供电局工会第四次会员代表大会、四届一次职工（工会会员）代表大会暨2018年工作会议，选举产生了中山供电局工会第四届委员会，表决通过了2018年工作报告、第三届工委会工作报告等7项决议。11月，开展了职工代表培训，并以“企业暖心工程落实到位情况”为题开展职工代表巡视活动。修订厂务公开民主管理实施方案。全年职工提出合理化建议97条，采纳建议72条。坚持工委会季度例会制度。

产业工人队伍建设。组织员工参加劳动技能竞赛，重视职工创新工作，加强劳模、专家创新工作室建设和管理。全年新认定广东电网公司级创新工作室8个，新命名成立创新工作室11个，设立课题项目75个，其中29个项目获得了地市级以上奖励，共获专利92项。至2018年底，累计创建创新工作室25个，其中南方电网公司级1个、广东电网公司级10个、地市供电局级14个。全年新增创新工作室11个。2018年，四个基层班站获得南方电网公司“工人先锋号”荣誉。欧安杰被授予广东省“五一”劳动奖章、邓智明被授予南方电网公司“五一”劳动奖章。中山供电局获得2018年全国“安康杯”竞赛优胜企业、南网驾驶员技能竞赛团体二等奖、广东电网劳动竞赛先进集体称号，广东省职工职业技能大赛继电保护工竞赛优秀组织奖。

职工服务方面。工会小组落实劳动保护监督工作，配合落实工余安健环管理，开展丰富多彩的职工文体活动，保障和提升职工健康水平。1月，组织合唱队代表广东电网公司参加南方电网公司职工文化展示活动演出。6月，承办“中国梦·劳动美”广东工人艺术团送文艺进企业之“走进中山供电局”专场文艺演出。实施暖心工程，开展职工家访、“四送”慰问（冬送温暖、夏送清凉、秋送希望、全年送健康）以及专项慰问，对困难职工给予帮扶。至年底，中山供电局建有4间“爱心妈咪小屋”，工会获评南网五星级模范“职工之家”、两个单位获评南方电网五星级“职工小家”、15个单位获评四星级模范“职工小家”表彰。

共青团建设及志愿服务。抓好理想信念教育。组织4个团总支、43个团支部开展“不忘初心跟党走、青春建功创一流”为主题的“五四”系列活动及系列主题团日，深入学习团的十八大精神和习近平总书记“7·2”重要讲话精神。抓好青年岗位建功。开展“青春南网 岗位建功”主题团日，“青创之家”500千伏文山变电站亮相央视官方微视频平台小央视频，获2500多万点击率；青年创新成果“大眼萌”“阿童木”亮相网省公司青年创新论坛。组建48支青年突击队和55支志愿服务队，在抗击超强台风“山竹”抢修复电中发挥生力军和突击队作用。抓好“高锋爱心供电服务队”品牌建设。连续6年开展“青春情暖，牵手同行”志愿服务，3月，“高锋爱心服务队”赴云南省红河州屏边县、怒江傈僳族自治州兰坪县与山区贫困学生“牵手助学”，为怒江州兰坪白族普米族自治县营盘镇松柏小学，红河州屏边苗族自治县新华中心小学、大冲小学、牛巩小学、阿母黑小学等5所边区小学共70多名学生提供了超过5万元的捐赠助学金，以及总重超过160千克的爱心物资。该活动开展情况被“共产党员”“国资小新”“南方电网50Hz”等微信公众号媒体平台宣传报道。连续11年开展“情暖大茅岛”志愿服务，为大茅岛上的孤寡老人送去冬日的温暖。连续3年开展“扶贫助学，青春电亮”活动。1个项目、2个集体、4名个人荣获广东电网志愿服务表彰，高锋获评“2018年度电力行业雷锋式先进个人”。

◎ 2018年3月8日，中山供电局高锋爱心服务队走进云南山区，为云南省红河州屏边县、怒江傈僳族自治州兰坪县与山区贫困学生“牵手助学”

五、扶贫工作

推进凝心、强心、暖心等“三心”工程，做好精准识别、精准施策、精准推进、精准落地，为打赢脱贫攻坚战开展了扎实有力的工作。12月20日，中山供电局对口帮扶肇庆市广宁县南街镇林洞村（省定贫困村），继续选派副主任科员高锋为扶贫工作驻村干部，参加扶贫联合驻村工作队的工作。林洞村贫困户共50户118人，截至年底，共46户110人实现了脱贫，脱贫率达93.2%。全年共捐赠扶贫款项9.5万元。中山供电局扶贫联合工作组积极发展新能源，以光伏发电“照亮”精准扶贫路。发挥牵头单位的行业优势，多次与南方电网能源公司进行沟通协调，联系建设单位，开展了实地调研和可行性分析，投入帮扶资金建设林洞村光伏发电项目。二期项目共投入资金56万元，装机容量70.5千瓦，于9月6日竣工并网发电。中山供电局扶贫联合组共计为林洞村建设100千瓦容量的光伏电站，除去村委会自用，每年预计产生7万元的经济收益，为有劳动能力贫困户每人每年增加约800元收入。

惠州供电局

企业概况

一、组织沿革

惠州供电局为广东电网有限责任公司直属大型一类供电企业，前身是广东省广电集团有限公司惠州供电分公司，2005年5月更名为广东电网公司惠州供电局，2014年9月更名为广东电网有限责任公司惠州供电局。

二、经营范围

惠州供电局作为统一管理惠州电网的企业法人，主要负责惠州市惠城区、惠阳区、大亚湾区、仲恺区、博罗县、惠东县、龙门县等4区3县范围内的电网建设、运行、管理和经营业务，为地方经济社会发展和人民生活提供电力供应和服务。截至2018年底，供电面积11 347平方千米，供电人口483万人，供电客户250万户，营业网点67个。

三、电网规模

截至2018年底，惠州供电局35千伏及以上变电站149座，主变压器333台，容量共3417.38万千伏安，输电线路439回，总长6391.09千米。其中：500千伏变电站5座，主变压器36台，容量共1051.2万千伏安，输电线路34回共1409.9千米；220千伏变电站28座，主变压器60台，容量共1224万千伏安，输电线路99回共2009.08千米；110千伏变电站113座，主变压器232台，容量共1139.1万千伏安，输电线路296回共2867.42千米；35千伏变电站3座，主变压器5台，容量共3.08万千伏安，输电线路10回共104.68千米。

四、组织机构

根据广东电网公司组织机构规范化设置的要求实际工作需要，2018年，惠州供电局对组织机构进行了调整：7月，党建工作部更名为党建人事部（直属机关党委办公室、团委、新闻中心），并将原人力资源部的干部管理职能、原办公室的新闻对外宣传职能调整至党建人事部；监察审计部（纪委办公室、直属机关纪委办公室）分设为监察部（纪委办公室、直属机关纪委办公室）、审计部；生产设备管理部更名为生产技术部。撤销节约用电服务中心、主网项目管理中心、员工服务中心、离退休服务中心，相关业务调整至相应二级机构；成立供电服务中心，整合原计量中心、客户服务中心、营销稽查中心、节约用电服务中心等机构及业务；成立综合服务中心（离退休服务中心），整合员工服务、离退休服务等业务。成立电网规划中心、项目管理中心。培训与评价中心更名为技术技能实操基地。

截至年底，惠州供电局内设14个职能部门、12个二级机构、7个县区供电局。具体如下图所示。

五、领导班子

2018年，根据广东电网公司党委决定，惠州供电局领导班子调整如下：1月27日，陈青恒任副调研员，免去其惠州大亚湾供电局局长、党委副书记职务。4月8日，免去李铭钧党委副书记、局长职务。5月17日，成国雄任执行董事，免去其副局长职务；何伟斌任局长（总经理）、党委副书记；黄卫民任调研员、党委副书记，免去其副局长职务。6月25日，陈建华任副调研员，免去其惠州惠东供电局局长职务、党委副书记职务。

截至年底，惠州供电局领导班子成员如下：

党委书记、执行董事：成国雄

党委副书记、局长（总经理）：何伟斌

党委副书记、调研员、工会主席：黄卫民

党委委员、副局长：袁锦平

党委委员、副局长、总会计师：李庭生

党委委员、副局长：陈先锋

党委委员、纪委书记：李晋

副调研员：陈青恒、陈建华

六、人员状况

截至2018年底，惠州供电局共有职工5697人，其中博士1人，硕士236人，本科生2360人，专科生1290人，中专及以下学历的1810人；已取得专业技术资格人员共2329人，其中高级职称320人，中级职称的1059人，初级职称950人；已取得技能等级共4091人，其中高级技师130人，技师863人，高级工2621人，中级工401人，初级工76人。

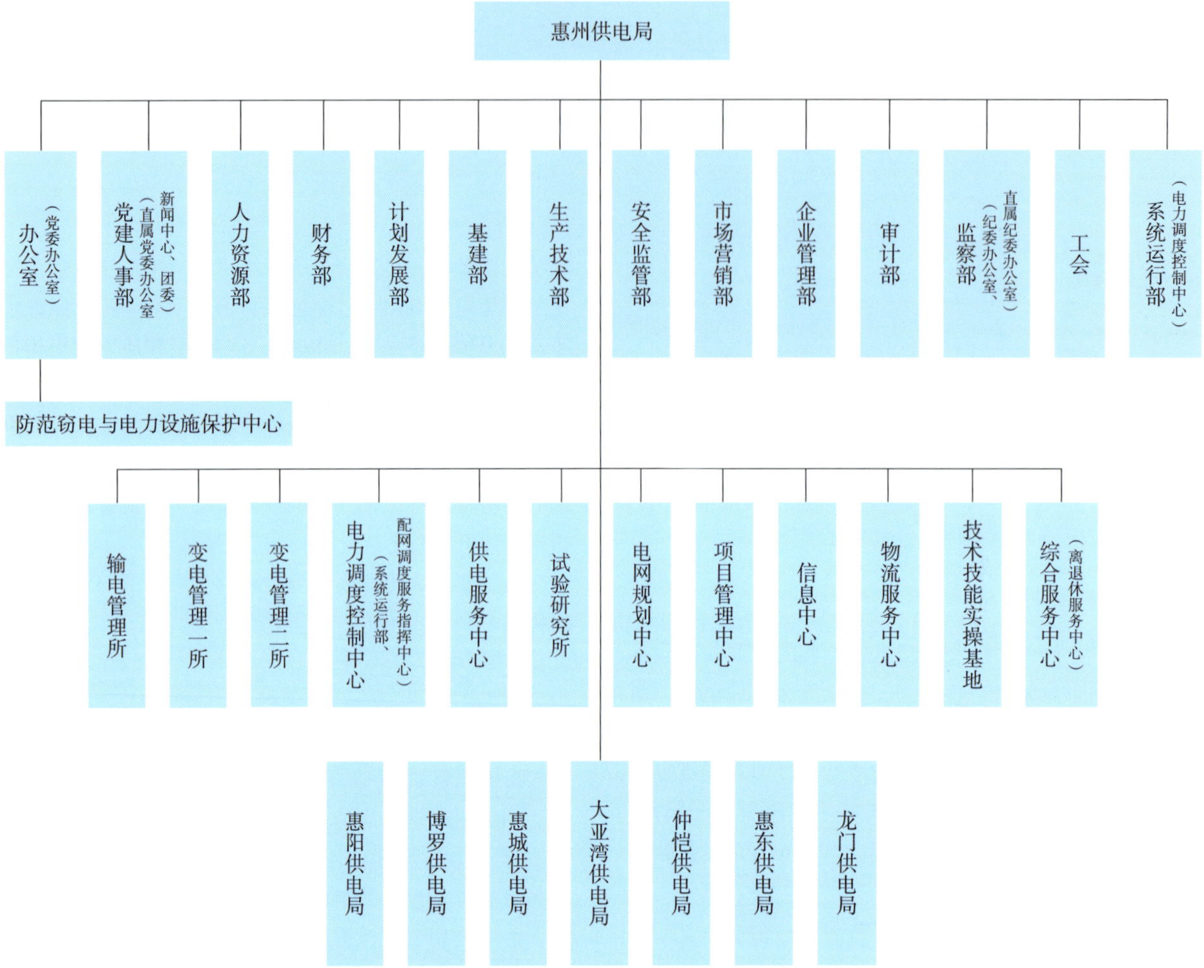

十件大事

（1）1月19日，惠州供电局全面接管所属七个县区供电局配调业务，惠州配网调度实现集约化管理。

（2）1月，惠州全市公共服务行业满意度评价排行榜出炉，惠州供电局连续七年蝉联惠州市公共服务行业满意度评价第一名。

（3）3月，在2018年惠州市精神文明建设工作会议上，惠州供电局获授由中央精神文明建设指导委员会颁发的第五届全国文明单位荣誉牌匾。

（4）4月24日，500千伏祯州变电站扩建第二台主变工程投运，新增供电容量100万千伏安，保障了惠州东南部地区经济发展电力供应需求。

（5）5月1日，惠州供电局Feeder基层员工乐队4名成员作为全国电力单位唯一乐队代表，荣登央视一套《相聚中国节，我奋斗我幸福》节目现场大舞台，演唱其自创成名歌曲《暖灯》，在全国人民面前展现新时代电力人精神风貌。

（6）6月28日，500千伏甲湖湾电厂送出线路工程投运。该工程全长191千米，其中惠州段长24千米，为珠三角东部地区新增200万千瓦电源出力。

（7）7月12日，220千伏埔仔输变电工程投运，新增220千伏线路130千米，新增供电容量36万千伏安，与500千伏祯州变电站、220千伏铁涌变电站连接形成供电环网。

（8）8月2日，惠州市日总供负荷第8次创新高，达到663.3万千瓦，同比增长4.97%。

（9）9月16日，强台风“山竹”强势来袭，惠州供电局紧急启动防风防汛应急一级响应，组织4000多人的抢修队伍迎战台风。9月19日11点，受灾用户基本恢复电力供应。

（10）11月16日，南方电网公司2018年综合标杆暨五星供电所标杆建设经验交流会在惠州供电局召开，来自南方电网公司系统代表共177人出席了本次交流会。

电网发展

一、电网规划与前期工作

推动电网规划与市政规划深度融合。加强与惠州市政府的沟通联系，9月，《惠州市电网专项规划（2017—2035年）》取得政府批复，成为惠州市“多规合一”的重要组成部分，使惠州电网远景规划中的351座110千伏及以上变电站站址坐标与6419千米线行路径得到有力的保障，未来可基本满足2100万千瓦的负荷需求。3月，成立电网规划中心，4至7月，各县区供电局陆续成立了配网规划工作组，全面加强电网规划的专业力量和组织。全年风电无新增装机容量；光伏新增装机容量为9.9万千瓦。

落实保底电网规划。将500千伏演达站及配套线路工程、220千伏诚信输变电工程、湖滨站全站GIS改造工程等3项工程纳入保底电网新建工程，将220千伏崇秋甲乙线防风加固改造等7项工程纳入保底电网技改工程。对沿海强风区新建线路采用差异化建设标准可研设计：沿海强风区新建500千伏重要线路按100年一遇气象重现期确定设计标准，新建500千伏一般线路、220千伏和110千伏所有线路均按50年一遇气象重现期确定设计标准，杆塔基本具备抵御15级上限强台风灾害能力。

提升配网规划管理质量。积极推进《配电网规划工作标准体系》运作，5月10日，制订配电网规划标准工作体系建设实施方案（试行）。8月1日，制订了2018年110千伏及以下配电网规划项目库修编成果。8月3日，本地化修编配电网规划建设技术细则。通过《基于网格化规划的配电网通道控制、开关站布点规划》专题，开展惠城区范围公用开关站、配电房目标站点规划，共确定了2423个目标站点和1353千米电缆通道，并将99个公用开关站点、101千米电缆通道需求纳入控规调整。8月13至22日，广东电网公司配网规划建设督导组对惠州供电局配网规划建设工作进行督导，就中低压配电网提出了规划建设、生产营销、通信自动化等50项共134个问题，制订2018年惠州供电局配电网规划建设专项督导整改工作方案，有针对性地制定了186项整改措施，加强配网规划和建设。12月，完成惠阳、博罗、仲恺、惠东供电局的网格化规划。推进重点产业聚集地战略规划。针对东江高新科技产业园、潼湖生态智慧区等重点产业聚集地高标准、高规格地开展专项规划，与仲恺潼湖生态智慧区管委会达成综合能源供应合作意向。

做好规划调整与项目前期工作。提高规划的前瞻性，1月18日，向广东电网公司申请将220千伏镇隆变电站扩建第三台主变工程作为紧急项目列入2018年投资计划。1月26日，广东电网公司批复同意220千伏镇隆变电站扩建第三台主变工程紧急立项，满足当年快速增长的负荷需求。7月，配合广东电网公司编制“十三五”输电网规划优化报告，报告中大幅增加“十四五”规划项目储备，规划2021—2023年投运220千伏变电站8座，提前大量启动“十四五”规划项目前期工作。项目前期工作领域，6月14日，完成宝丽华汕尾甲湖湾电厂（以下简称“甲湖湾”）一期接入系统，11月14日，完成昆柳龙直流项目配套500千伏交流输变电共2项500千伏工程，完成皓月（陈江）输变电工程等15项220千伏工程、金世界输变电等33项110千伏工程的前期工作手续。

◎ 2018年7月18日，时任惠州市委常委杨鹏飞（左五）到惠州供电局召开全市重点电网建设工作推进会

二、工程建设与管理

持续做好前期项目储备库、投资项目储备库维护，严格执行前期决策及投资决策管理要求，统筹编制前期费投资计划及年度投资计划。编制2018年投资策略投资项目负面清单，促进建立立项、过程管控与项目后评价的闭环管理。落实投资全过程管理。3月6日，印发2018年配网项目投运策略落实情况报告。加快推进基层供电所技术业务用房项目建设，推广供电所典型设计方案，加快设计进度，提升设计深度。建立增量配电网储备库，组织增量配电网工作小组常态化交流，滚动更新增量配电网潜在项目一览表，6月，建立覆盖全市高新工业园区及现代农业园区的储备库。

2018年，完成固定资产投资35.5436亿元。其中，主网建成投运110千伏及以上项目（子项）35项，完成投资9.4839亿元，同比增长17.15%。新增变电容量233.7

万千伏安，新增输电线路376.09千米。配网建成投运项目848项，完成投资20.9025亿元，同比增长44.59%，新增配变容量16万千伏安，新增10千伏线路长度801.45千米。小型基建建成投运项目12项，完成投资0.4904亿元，同比增长487.31%。其中，甲湖湾送出惠州段、LNG送出工程两项南方电网重点工程提前完工。甲湖湾一期送出工程等6项广东电网公司重点督办项目按期投运，确保惠州电网迎峰度夏期间无结构性限电。具体如下：2月，110千伏陈江变电站第三台主变扩建工程建成投运，新增变电容量6.3万千伏安。4月，110千伏西部至观山双回送电线路工程建成投运，新增线路2.21千米。6月，220千伏沙迳（永汉）输变电建成投运，新增变电容量18万千伏安，新增线路27.2千米。500千伏宝丽华汕尾甲湖湾电厂一期接入系统工程建成投运，新增线路47千米。220千伏吉隆（埔仔）输变电建成投运，新增变电容量36万千伏安，新增线路22千米。110千伏西部至上田双回送电线路工程建成投运，新增线路0.28千米。110千伏山陂变电站第二台主变扩建建成投运，新增变电容量6.3万千伏安，新增线路0.3千米。7月，110千伏骆塘输变电工程建成投运，新增变电容量12.6万千伏安，新增线路10.4千米。8月，220千伏镇隆变电站扩建第三台主变工程建成投运，新增变电容量24万千伏安。220千伏鹿江变电站第三台主变扩建工程建成投运，新增变电容量24万千伏安。500千伏博罗变电站扩建第三台主变工程建成投运，新增变电容量75万千伏安。220千伏LNG电厂热电联产扩建接入系统工程建成投运，新增线路24.6千米。9月，110千伏立新（麻溪）输变电工程建成投运，新增变电容量12.6万千伏安，新增线路27.6千米。11月，110千伏白云变电站第三台主变扩建建成投运，新增变电容量6.3万千伏安。110千伏吉隆（埔仔）至平海送电线路工程建成投运，新增线路35千米。110千伏铁涌至黄埠改接入220千伏吉隆（埔仔）变电站送电线路建成投运，新增线路16.4千米。110千伏红旗变电站第三台主变扩建建成投运，新增变电容量6.3万千伏安，新增线路2.1千米。110千伏侨场变电站1号主变增容改造建成投运，新增变电容量6.3万千伏安。12月，220千伏博罗至沙迳线路工程建成投运，新增线路46.1千米。110千伏斧头石风电场接入系统工程建成投运，新增线路13千米。110千伏沙迳至官厅线路工程建成投运，新增线路46千米。

开展“GIS零缺陷移交”试点。在220千伏埔仔变电站、220千伏骆塘变电站和110千伏上杨变电站推行“工厂化”设备安装要求，规范了GIS设备现场存放及安装环境，实现现场安装模式从粗放型向精细规范化的质的转变，试点的42个间隔GIS设备交接试验一次通过率达到95.24%。全面推进工程创优。500千伏甲湖电厂至福园送电线路工程（惠州段）项目、110千伏立新变电站获评广东电网公司2018年度样板工程。

电网运营

一、电力供应

2018年，惠州全社会用电量408.38亿千瓦·时，同比增长10.87%。惠州境内电厂装机容量822.34万千瓦，同比增长14.6%；上网电量222.916亿千瓦·时，同比增长3.9%，其中：水电上网电量30.96亿千瓦·时，占13.9%；火电上网电量190.08亿千瓦·时，占85.3%；风电上网电量0.75亿千瓦·时，占0.3%；光伏上网电量1.12亿千瓦·时，占0.5%。

全年用电需求保持平稳增长，电网最高负荷8次创出历史新高，最高负荷出现在8月2日，为663.3万千瓦，同比增长4.97%；全年平均负荷率为86.85%，同比提高1.02个百分点；最大负荷率94.1%，同比降低0.75个百分点；最小负荷率64.81%，同比降低8.27个百分点。丰水期间，实现水电全消纳。清洁能源并网通道容量裕度充足，未发生因网络受限而影响清洁能源消纳的现象。全年未发生有人为责任的“弃水、弃风、弃光”问题。

二、电网运行

持续推进调控一体化建设，落实调控一体化要求。动态研判负荷趋势，有效化解错峰限电。针对高温天气引起负荷攀升，提前主动协调机组燃料供应、开机顶峰，有效缓解电力供应紧张局面，全年无网络受限错峰事件。惠州电网调管电厂年发电量14.89亿千瓦·时，同比减少0.10%，其中：水电发电量8.68亿千瓦·时，占58.31%；火电发电量4.6亿千瓦·时，占30.91%；风电发电量7500万千瓦·时，占5.03%；光伏发电量9100万千瓦·时，占6.13%。1月19日，接管惠城、惠阳、博罗、惠东、龙门、大亚湾、仲恺等七个县区供电局配网调度业务，6月28日，挂牌成立配网调度服务指挥中心，完善配网调度业务体系，加快配网光纤通信项目建设，推进配网自动化主站功能应用。9月，惠州电力调度控制中心实现“调监控一体”管理模式。至年底，实现了程序化远方操作功能和综合防误功能适应性改造，试点实现了调度端程序化操作机器人远方操作。

推进检修中心建设。5月30日，广东电网公司C级

（惠州）检修中心挂牌成立，初步实现“1+6”功能[①]，建立由生产技术部归口管理，变电管理二所负责日常运维的管理机制；在“6+1”系统设备维护检修管理模块初始化变电一次设备维护检修管理数据30 789条；常态化开展变电设备规范化检修工作，试点开展工厂化轮换检修，累计完成1037台（完成率66.81%），消除超期检修304台，发现并消除103项设备缺陷、隐患。

推进智能运维建设。全面应用输电线路“机巡+人巡”协同巡检模式，输电线路机巡全覆盖，2018年输电线路机巡长度合计16 795千米，其中直升机巡视长度5873千米、固定翼无人机巡视长度7747千米、多旋翼无人机巡视长度3175千米，无人机喷火作业22次。5座500千伏变电站实现智能巡检机器人集控平台系统全覆盖，3座220千伏重要变电站巡检机器人完成安装调试并接入主站。

提升供电可靠性。3月15日，制定可靠性问题闭环管控机制和三年工作目标，全面梳理配网网架及运维管理问题清单，建立供电可靠性短板问题库，指导制定三年规划项目库，切实提升网架水平及转供电能力。提升数据分析与信息化水平，深入挖掘大数据应用能力，每日监控通报系统采集数据关键指标完成进度。强化线路设备故障分析机制，坚持“一故障一分析”“一线一策”有针对性地编制85份线路提升方案，减少线路设备故障和重复跳闸。完善中压线路故障监督考核机制，组织对重复跳闸线路开展监察性巡视，发现问题1876项，建立重复跳闸线路约谈机制和设备主人奖惩机制，通过交叉监察性巡视和领导挂点重复跳闸线路，督促落实线路问题整改，对设备主人履职不到位的情况进行全局通报。试点开展到货抽检，组建试验团队做好配网入网工艺把控，减少因产品质量问题引起的配网线路故障。规范用户故障认定支撑材料，对重复用户故障事件开展专项稽查，引导用户关注自身设备健康。将停电时间指标作为稀缺资源来管控，强化供电可靠性指标引领意识。明确以自愈为目标的配网自动化技术路线，规范做好配网自动化全过程管控，提升配网智能化水平。2018年，惠州供电局全口径客户平均停电时间（低压）6.16小时/户，中心城区客户平均停电时间（低压）0.68小时/户。

加强电压质量治理。推广应用智能电表接入广东电网公司电压系统扩大电压监测范围，组织计量中心和各县区开展智能电表升级改造工作，全年完成广东电网公司要求的6888个台区智能电表接入工作。调整中心城市、城镇、农村电压合格率考核指标，每月发布电压月度指标完成情况，深入剖析问题并制定整改措施，全年更换34台重过载变压器，改造了628个台区，累计整改存量662个潜在低电压台区。2018年，惠州供电局综合电压合格率99.997%，城镇居民端电压合格率99.992%，农村居民端电压合格率99.990%。

三、安全管理

2018年，惠州供电局全面实现了“两个确保，三个杜绝，四个不发生，两个减少”的安全生产目标，全年未发生电力事故；共发生五级及以上事件7起，同比减少8起；其中，未发生二级事件；三级事1起，同比增加1起；四级事件2起，同比增加2起；五级事件4起，同比减少10起。未发生社会人员触电事件。百万工时工伤意外率指标完成值2.295。

全年，各级督查队伍完成12 317次督查。落实承包商人员季度安全教育与培训机制。组织承包商作业人员5081人次进行安全教育培训、学习，取消2人承包商的“两种人”资格一年；取消7人承包商的“两种人”资格6个月，取消4人承包商的“两种人”资格3个月，促使承包商提升安全管理水平和提高人员安全意识。确保现场作业人员符合资质要求，杜绝考试不合格和严重违章人员进入生产现场。6—7月，分层分级组织开展可视化平台培训，推广应用现场作业电网风险可视化管控平台，实现作业风险全过程管控。

持续健全安全生产风险体系。全面推进安全生产责任制落实，逐级共签订5837份安全生产责任书。持续开展风险评估，针对6类30项主要风险，落实118项防范措施，全面化解安全生产风险。以问题为导向，本地化修编业务指导书76份，不断提升安全生产依法依规治理水平。定期开展安风体系班组沟通，沟通班（站）所154次，覆盖557人次，协调解决121项问题。在南方电网复审中以综合得分91分获得安全生产风险体系“四钻四星”。惠阳、惠东供电局获评广东省安全文化示范企业。

加强安全隐患专项治理。1月起，组织开展配网设备隐患专项排查治理、防范社会人员触电等安全隐患排查、供电设施触电安全隐患排查，发现隐患并整改31 691项。深化政企合作的线行清理模式，处理树障隐患1989处，砍伐树竹33万棵。强化生产项目外包作业清单式管理，刚性执行安全许可准入机制，常态开展生产项目安全督查，对检查发现问题开展销号整改。根据承包商违章扣分进行责任追究，落实承包商资信奖惩。全年未发

① “1+6”功能：工厂化检修功能、备品备件储备功能、故障设备解体分析功能、金属检测功能、检修技能培训功能、检修专家工作室功能、检修职创孵化功能。

生二级及以上事故事件，同比减少1起二级事件，五级事件同比减少10起，未发生社会人员触电事件。

强化应急响应能力。通过双盲、桌面推演方式、现场演练等多模式，开展应急演练91项。成功应对突发事件，共启动应急预警2次，启动应急响应7次，其中二级响应1次、三级响应2次、四级响应4次。9月，成功应对强台风“山竹”袭击，3天内全面恢复66万用户供电。成功应对“惠东8.30水灾”、22号台风“山竹”等自然灾害，按要求快速抢修复电。完成全国“两会”、春运春节、国庆、高考（中考）、全国第二届高校科技成果交易会、粤港澳大湾区卫生与健康合作大会、改革开放40周年庆祝活动等保供电71次，其中一级3次、二级11次、三级57次。

打造安全“三观”文化品牌，不断深化安全教育培训与安全文化建设。3月和12月，分别举办2期安全知识竞赛，参与人数达605人，“以赛促培”强化安全知识掌握。推广“三不一鼓励”活动，倡导员工主动暴露未遂事件与不安全行为，积极投身现场施工安全的管理工作，营造“分享与互助”的安全文化氛围。6月，以“安全生产月”为契机开展安全生产大讨论，收集未遂事件59起、不安全行为为242起，对22个典型案例开展评审，将其中5个优秀典型案例进行全局分享。11月，修编安全文化“十三五”建设规划（2016—2020年修订版），多渠道建立安全文化信息传播平台。

◎ 2018年5月15日，惠州供电局调度中心开展大型反事故演练

市场营销

一、优化营商环境与客户服务

积极落实电价调整、市场化交易、业扩投资界面延伸、减税降费清退临时接电费等政策，减少全市企业用电成本10.75亿元，其中：一般工商业电价同比降幅

◎ 2018年3月23日，惠州供电局组织博罗县园洲镇民众走进变电站，消除公众对变电设备的误解

达9.9%，在工信部、国家发改委组织抽样调查中，一般工商业客户降价满意度100%。提升业扩投资界面延伸比例，减少接电成本，实现低压业扩投资界面延伸率99.85%，中压业扩投资界面延伸率98.60%。大力开展资产接收工作。12月，完成“一户一表”小区改造，共接收改造138 733户，提前完成国企家属区“三供一业”接管和维修改造工作。进一步精简报装流程，业扩报装精简到二至三个环节，优化后中压客户业扩报装流程为“用电申请”“供电方案答复”“竣工检验和装表接电”3个环节，实现报装环节“零审批”。推行“三免”服务、“一证受理”，建立业扩“工单主人制”。通过工单监控关口前移，对低压工单超时情况每日通报，中压工单用时情况每周两报，中压业扩报装平均用时从125天下降至63.40天，同比下降49.3%。降低客户用电成本，全面清退业扩临时接电费。低压客户延伸至计量电表、中压客户延伸到用地红线。大幅提升小微企业接电便利性，由原新装容量在100千伏安以下的小微企业采用低压供电，范围扩大至200千伏安及以下，原由企业投资的中压受电设施改为由供电企业投资，以客户自愿为原则可采取低压供电，全年共执行51宗，该类客户用电申请到装表接电平均大平均用时幅压缩到3.71天，并实现客户接电“零投资”。

加强客户投诉管控。5—10月，开展“客户服务月”活动，涵盖“服务能力大讲堂”“百万客户大走访”等10项活动，以此为契机健全全员服务文化，全面提升主动服务意识，深入推进服务文化建设，形成“全员动员、全员行动、全心全意为客户服务”的服务格局。从严动真管控生产类投诉。强化生产领域投诉处理监督及管理工作，明确“投诉到位标准、督查工作要求、说清楚机制、问责机制”。提升施工抢修人员的服务意识，严格按照规定对“因外委施工单位引起的投诉”进行考核。重申明确“首问负责制及内转外不转”的要求规范开展抢修工作。充分收集各地居民的风土人情，避免电网改造工程实施过程与当地风俗习惯产生冲突而引发的客户投诉。积极开展安全用电宣传活动，减少群众对电力改造施工影响健康生活的误解，切实提升施工抢修服务水平。开展客户投诉“日跟踪”“周分析”和“月约谈”，全年“12398”投诉同比减少58.33%。“95598”投诉同比下降43%。2018年，第三方客户满意度测评得分84分，同比提高2分，连续9年在惠州市公共服务行业满意度评价排名第一。

二、营销基础管理

2018年，惠州供电局完成售电量386.03亿千瓦·时，同比增长13.16%。自动抄表及电子化结算率达99.96%。焕发公司惠州分公司全年累计完成交易电量11.81亿千瓦·时。

持续深化建设电力市场预测分析体系，动态关注国内外经济走势和国家方针政策，跟踪分析全市和区域用电情况，每月向惠州市委、市政府和广东电网公司报送电力市场分析预测报告，专题分析用电报装情况趋势变化、重点项目用电情况和接电用户实际负荷电量转化水平，及时掌握区域用电需求增长变化，为电网规划和经营决策提供有力支撑。2月，开展专项能耗产出及综合能源服务情况分析，掌握惠州市能耗产出关系变化趋势，助力企业向综合能源服务转型。6月，建立大用户用电定期监测分析机制，梳理制造业31个细分行业用电量前十的大用户纳入监测分析，动态掌握用电大户电量情况、把握用电形势。9月，为保障省级重点项目惠州市能大太阳能电力有限公司用电投运专线3.7万千伏安，为保障市级重点项目惠州市能大太阳能电力有限公司用电投运专线容量6.3万千伏安；12月，为保障市级重点项目伯恩光学（惠州）有限公司投运用户变电站36万千伏安。开展三次中美贸易摩擦影响大客户电话和走访问卷调查，及时了解企业生产经营状况、行业贸易动态，评估加征关税对相关行业影响，准确掌握行业走势，提升行业电量分析预测准确度。

基于“两个全覆盖”，推行自动化抄核收。2月，建立了以六个自动化[①]为主要特征的抄核收业务模式，大幅提升抄核收作业效率。4月1日起取消人工抄表，建立“先运维后补采”的抄表作业模式，对确实无法自动或补采的开展表码录入提级管控，提高了表码质量，抄核收全流程提速60%，实现每月6日前发行99%以上电费。11月，实现省级集中核算电费，完成双轨测试工作，开展电费差错分析，定位前置业务环节差错，促进业扩、计量、线损业务持续提升，电费差错率低于0.02‰。2—11月，开展居民、农村饮水工程、稻田排灌、基本电费、功率因素考核等电价普查，确保电价执行正确。积极防控违约窃电风险，全年累计查处违约用电110宗、窃电335宗。完成“公司”名称用户执行居民电价专项违约检查，共计核查样本2125户，发现问题213个并全部整改；累计电量5万千瓦·时以下的已排查52 906户，发现问题143个，整改138个。梳理28户重要客户、21户重点关注客户、168户敏感客户名单，修编“一户一册”，录入系统资料。

不断加强线损管理。5月，制订管理线损管理工作方案，按照“一单位一管理降损方案”的原则，组织7个县区67个供电营业所编制74项方案，确保分层级管理目标明确、责任传递到位。同月，制订“线损合格一片、电费发行一片”工作方案，结合计量系统同期线损工作开展，推进分线、分台区线损异常风险管控前移，有效降低线损异常率，提高对窃电行为监控能力，降低经营损失的财务风险。5月，编制双电源线变、落火点错乱等整改工作指引，全年完成4408个无正常落火点连通台区补画及225万低压用户落火点关系重建，解决户变落火点错乱隐患；全年组织开展变户现场核查，解决与现场不一致户变问题95 234个，大幅提高变户关系与现场一致性。2至11月，开展专项故障配变终端整改跟踪，加大停电协同处理力度，整改797套故障配变终端。9月，制订线损异常专项治理行动方案，在市、县两级建立分层级分阶段全专业协同治理机制。7—9月，通过对惠城步行街、惠阳淡水等异常突出所开展现场全专业治理，有效营造经验传帮带氛围。同月，开展《管理线损异常分析操作指引》本地化修编，提高基层人员异常排查能力。全年累计分线异常率1.40%，分台区异常率1.58%。

2018年，惠州供电局全资产口径线损率为2.49%，同比下降1.49%。协助客户侧节约电量1.29亿千瓦·时，节约电力3万千瓦。有序开展光伏、风电等新能源并网服务工作，6月30日，并网接入博罗瑞塘电厂3万千瓦光伏发电，8月30日并网接入惠城渔能电厂一期2万千瓦光伏发电项目，12月28日取得了广东电网公司关于华润惠州龙门龙华风电场项目接入系统的复函。按照“一单位一管理降损方案”原则开展异常线损专项治理，惠州供电局分线异常率0.74%、分台区异常率0.5%。

---

① 六个自动化：计量自动抄表+电费自动核算+正确自动发行+异常自动分发+到点自动扣款+发票自动推送。

三、电能替代与市场开拓

5月，在陈江供电所试点建设综合能源体验展厅。6月，惠州供电综合能源公司成功与“罗浮云”大数据智慧生态产业园、惠南高新科技产业园签订框架合作协议，涵盖分布式光伏、蓄冷改造和储能领域，总投资3140万元。积极服务新能源发展，接入分布式光伏项目9.42万千瓦，12月，碧桂园智慧小镇示范点等10个充电站点221个充电桩立项，完成泰美高速服务区充电站建设。深入推进公交充点电设施，至年底，全市两个公交站点充电设施立项，惠阳公交充电项目进入实质谈判阶段。建立电锅炉、电窑炉、电磁厨房、港口岸电等电能替代潜力项目库，新增项目个数229个，全年累计完成电能替代10.45亿千瓦・时。加大节能指标监控和合同能源管理力度，确保完成国家“两个千分之三”考核指标，全年累计节约电量10 231万千瓦・时，节约电力2.41万千瓦。

新兴业务取得突破，签订综合能源项目22项，1个项目入选广东电网公司首批示范项目库。签订战略合作协议4份，售电市场交易电量13亿千瓦・时。12月，首次以总包方式承接非股东企业光伏发电系统接入工程项目。

科技信息

一、科技创新

2018年，惠州供电局科技研发投入2155.43万元，占营业收入比重的0.0945%。其中，科技项目投入1752.8万元，占比81.32%。强化专利、科技项目申报与布局。4月10日，制订专利提升专项工作方案，全年组织开展14场专利申请一对一辅导培训，每周发布专利周报，已获得专利受理通知书812项，获得授权通知345项，新授权专利440项。惠州供电局累计专利440件，亿元营业收入有效专利拥有数为2件。瞄准广东电网公司“创一流”关键指标提升目标，挖掘各专业生产经营导向性问题134项，运用精益方法，2月，梳理整合问题67项，提炼13个细分专业、7项热点专题，形成“创一流”项目创意，提升项目策划精准度。成功申报电能质量干扰对电网一、二次设备运行影响研究、电能质量干扰对设备影响成套试验系统研制2项科技项目。

深化科技成果推广转化及应用。根据生产实际需求，搭建技术创新平台。成功组织申报广东电网公司技术技能专家工作室22个。5—11月，组织开展光伏储能、应急电源快速组网等技术交流活动5场次。遴选南方电网、广东电网公司新技术成果试点应用目录，积极申报并开展新技术成果试点应用项目16项，其中配电类6项，变电类9项，系统类1项，“干式空心电抗器全包封防护工艺技术”和“便携式电压监测仪智能检测装置”两项新技术成果在惠州供电局实施并通过验收。10月，参加广东电网公司成果转化申报12项、创意大赛优秀成果申报10项，试验室色谱分析标气便捷移动装置成功进入广东电网公司A类职创成果推广目录、10千伏接地线专用夜间提示装置、电力系统设备支柱垂直度快速测量专用工具进入成果转化目录；积极应用广东电网公司A类职创成果24项，其中变电类14项、输电类2项、配电类8项；推广应用B类职创成果13项，实现职创成果价值和效益的最大化；整合广东电网公司历年同类职创项目成果，变电站辅助设施在线远程综合监测控制系统、研制多维度可就地自检的避雷器带电测试仪成功申报并实施集成创新项目。

二、信息化建设

2018年，信息化领域在网络安全、实用化及数据治理、运维服务、技术创新、队伍建设等工作上全面发力、奋力赶超，信息化水平得分91.02分，专业排名首次跃居全广东电网第二，专业水平从国内一流跨越到世界一流。惠州供电局信息中心获得南方电网公司工人先锋号、2018年信息化先进集体称号等网级奖项3个。完成重点时期网络安全保障工作，成功防范勒索病毒等各类新型网络病毒威胁，未发生四级及以上网络安全事件。

定规范，立规矩，强化生产域网络安全管控，将网络安全规划、设计要求提前介入生产项目规划阶段。收敛省地边界外网延伸面，优化上网白名单，落实自助终端安全策略优化改造。加强对新兴业务企业网络安全指导，参照广东电网公司标准严格落实网络安全防护措施，拼接网络安全最后一块短板。7月12日，基于风险管理控制，在广东电网公司信息化领域首次印发《惠州供电局信息设备状态评价与风险评估方法》，有效提高信息设备风险管理水平。发挥牵头引领作用，8—11月，组织实施第五片区（惠州、河源、清远和韶关）网络安全督察，促进片区安全防护水平整体提升。

提高系统实用化与数据质量。6月，明确配网电子化移交核心数据项的采集标准，梳理各方职责，优化考核指标体系，提升电子化移交质量。校验并督促整改各业务领域数据，累计整改营销系统客户信息问题数据97 541条、生产系统7267条、财务系统2048条。聚焦业务域协同和低压户变关系数据治理，7月16日，印发业务协同实用化治理专项工作方案，规范系统数据录入要求，提高系统间数据准确率。全年整改站线变一致性问题数据5286条、配网账卡物一致性问题数据11 483条、主网账卡物一致性问题数据2142条。12月，精准更新惠城、博罗、惠阳变化区域电子地图，提高了惠州配网低压设备管理的精细度。

落实数据资产“内增效、外增值”战略目标，持续推进新技术与业务创新融合。加快基于人工智能客服语音挖掘、基本电费全生命周期监控的设计与流程再造分析、超容量电量用电分析等主题分析的成果转化落地。开发基于实时语音识别的客服知识辅助模块和基于离线语音识别的客服智能分析系统，8月，实现了“95598”客服语音的识别转换以及“95598”客服工单文本大数据的建模分析，发现热点诉求和敏感用户，支撑供电所主动服务工作。

经营管理

一、人力资源管理

加强干部队伍建设。全年共调整科级干部151人次，其中提拔34人，其中提拔县区供电局班子成员11人；交流106人次，其中机关与基层交流8人次，部门间、直属单位间交流98人次。3月，完成2017年度领导班子和领导人员综合考核评价工作。5月，完成综合考核评价结果反馈和2017年度“一报告两评议”结果反馈，同时开展干部谈心谈话，累计谈话84人次。12月，开展县区供电局干部考核评价及“一报告两评议”工作，县区供电局选人用人工作总体满意率达100%。实行因私出国（境）“分级制”审批制度。加强领导人员任职回避和工作回避制度的执行力度，4月，完成各级领导干部共398人的亲属关系信息填报和更新工作。11月，建立领导人员日常重要监督信息的报告机制，健全领导干部监督信息档案。建立青年骨干“123”精益培养模式，4月，开展第三批青年骨干员工选拔和培养工作，选派8名青年骨干到基层供电所任职副所长，为企业持续发展培养和储备优秀基层管理人才。开展区域联动（发展六区）挂职交流工作，共组织11人技术骨干参加交流挂职。全面开展岗位规范设置人员配备工作。

加强专家人才队伍建设。1月，制订人才发展激励方案，完善人才发展激励机制，运用差异化奖励、一次性奖励、素质提升专项奖励等方式改善人才发展不平衡不充分的现状。4月，制订技术、技能、管理专家考核管理实施方案，启用弹性权重考核模式，建立专家能上能下的工作机制。截至年底，惠州供电局共有管理专家12人，技术专家82人，技能专家91人。全年新选聘广东电网公司级专家22人，助理级管理专家5人，助理级技能专家24人。全年新增高级职称84人，中级职称205人，初级职称256人，新增高级技师42人，技师156人。高技能人才比例提升至85.37%，中高级技术人才比例提升至64.64%，人才当量指标提升至0.996，创历史新高。

抓好劳动用工与薪酬绩效。按照广东电网公司组织机构优化调整相关要求，7月，调整惠州供电局组织架构。结合“四个统一”工作要求，优化组织机构调整，规范班组及岗位设置，择优配置适岗人员，10月，调整班组设置；探索配网中压运维新模式，试点开展中压一次设备县区供电局集约管理和中压一次设备跨乡镇集约管理，进一步提升设备专业化管理水平，充分整合人力资源。按“人随业务走”的原则，择优配置适岗人员，积极稳妥、规范有序地开展因机构优化调整后的人员配备平移工作，实现按新机构、岗位、职责规范运作，各级机构和人员的平稳过渡和生产经营无缝衔接。全年录用毕业生158人。建立内部模拟市场化工资分配模型和以岗位管理为基础、以效益、绩效考核为导向的薪酬管理体系。10月，在广东电网公司内率先制定地市供电局层面竞争性业务市场化薪酬管理实施方案，授予竞争性企业充分的分配自主权。12月，将惠州供电局总人数31.87%的原分子公司接收人员纳入一体化薪酬管理体系，全面实现“同岗同工同酬”。基于首创“S型价值工分模型”，全年持续深化计分规则、兑现链条、激励闭环方式及工作实操方法等方面的变革，实现价值工分的全面应用。持续开展具有惠州供电局特色的弹性福利激励模式。升级打造星级员工荣誉品牌，新增晋级星级人员1002人，合计星级员工1779人。

加强教育培训。3月，制订全员能力素质提升工作方案，努力打造“引领、支撑、服务、发展”的四位一体工作格局。全年共开展培训评价156期次、11 419人次。截至年底，在库地市级以上内训师429人，其中南方电网公司级9人、分子公司级33人、地市级387人，实现每个班组至少拥有1名内训师。加快推进“一所一场”建设，7月，编制营销配电简易实训场功能和建设指引，全年建成简易实训场67个，“一所一场”覆盖率100%、优良率25%，建成博罗长宁、龙门平陵、惠阳平潭、大亚湾澳头、惠东平山5个县区供电局级实训场。

二、财务经营

全面深化提质增效。6月，制订提质增效“1+7”工作方案，狠抓落实39项99条具体措施，建立月度红绿灯通报机制，动态调整经营策略。全年营业收入同比增长11.85%。供电成本同比增长11.46%；内部利润总额同比上升34.19%。模拟经济增加值（S-EVA）同比上升90.55%；“两金”余额较上年压降4%。总资产周转率127.22%。报废资产净值率4.79%、同比下降0.15个百分点。账卡物一致率达98.11%；土地房产办证237宗，盘活闲置土地9宗。调查10家企业法律尽职情况，完成注销登报及税务注销资料提交工作。推进财务经营领域“创一流”工作。财务经营综合标杆一流评价指标持续向好，保持世界一流水平，其中营业收入增长率处于世界领先水平。

推进全面预算管理。预算资源重点向电网薄弱环节和安全生产领域倾斜，着重解决安全、可靠问题，保障电网健康发展，提高智能电表和低压集抄覆盖率。

以确保准许收入，主动占领电力市场为核心，持续强化电价管理，确保收入足额回收。1月，对居民阶梯电价实施情况进行回顾分析，形成2012—2017年阶梯电价实施报告。4月，组织开展一般工商业专变用户用电情况调研工作，4—9月，紧跟国家降低一般工商业电价政策动态，严格执行广东省降低一般工商业电价的相关政策，合计降低8.19分/千瓦·时，降低社会用能成本达3.35亿元。不断深入电量、电费管理研究，立足基层，优化预测分析。11月，《基于行业分类的电量预测模型研究》和《基于客户信用评级的差异化电费回收管控研究》两个课题，获得了中电联电力创新奖二等奖。

优化管理体系建设。完善成本精益化管理体系，编制供电成本费用预算使用指引，6月，编制电网基建项目工程财务全过程管控工作指引，有效强化工程项目全过程管理。搭建财务经营管理制度体系，制定竞争性企业财务经营管理指导意见，7月，建立和修编18项财务经营管理制度，规范大集体企业财务经营管理。8月，修编日常费用报销业务指导书，重点对差旅费、职工教育经费报销要求进一步优化，员工获得感大幅增强。强化工程财务管理精益化管控。

夯实财务经营内控基础。开展电费增值税专用发票财务风险专项防范工作。强化营销与财务发票业务对账机制，试点实现增值税专用发票系统与营销系统联动开票，1月，在营销系统上成功开出了一张增值税专用发票。组织开展年度内部控制自评工作。2月，编制2017年度内部控制自评价报告，试点开展资金全业务链条内控评价工作，提升资金内控管理水平。惠州供电局被评为广东电网公司2018年财务经营工作优秀单位。

推进财务信息系统优化完善和应用。攻坚多项财务系统试点应用工作，完成竣工决算及增资自动化、工程财务指标提升集成、集成监控可视化、集成单轨工作、工程多维度查询等5项试点工作任务，总结提炼管理经验，并在全省开展培训及推广应用。加强信息化应用与创新，惠州供电局被广东电网公司评为“2018年度财务信息化优秀单位”。

三、物资管理

严格执行采购计划，全年物资采购集中度达99.18%。加强合约与品控管理。全年履约到货合同3232份，对未按期到货的供应商开具不良行为扣分处罚单以示警，确保重点工程物资按期供应。根据国家税率调整政策，完成税率变更合同2484份，全年共支付合同3570份。加强到货物资抽检，设备监造覆盖所有主、配网建基建项目，全面落实品控工作。加强对监造公司及相关人员管理，签订补充协议、细化考核方案内容，促成500千伏演达变电站、220千伏沙径变电站的主变、GIS设备零缺陷移交。优化仓储配送管理。着力保障配网备品、防风防汛物资储备物资，将业扩及配网项目物资纳入储备供应，库存物资品类从432种优化至98种，仓库库存周转率达626%，客户需求满足率达100%，充分盘活储备物资，发挥储备物资效率及效益。2月，扩大业扩项目储备供应范围，由2017年2类扩大至24类。8月，进一步扩大储备供应品类，由24类扩大至37类。开展业扩定额储备清单修编，优化品类，统一选型。建立提前介入、优化储备、多元化供应、供应商管理、协同沟通、考核跟踪六项运作机制，将业扩配套物资协议储备由2类扩充至27类，实现协议储备物资20天内供应，实物储备物资7天内供应，助力推进业扩配套项目建设进度。推进逆向物流管理，持续开展项目物资平衡利库工作，需求侧开展平衡利库，供给侧开展闲置物资专项配送，闲置物资再利用率达100%。

四、审计工作

全年开展4项迎审工作：5月中旬，潮州供电局对惠州供电局开展“扶贫项目资金管理”交叉审计调查；8月中旬，广东电网公司对惠州供电局开展党费使用和管理专项交叉审计；8月下旬，对惠州供电局原局长李铭钧进行离任经济责任审计以及开展营销内控审计。受广东电网公司委托开展审计项目2项：5至6月，对大亚湾供电局原局长陈青恒进行离任审计；6月对各单位2016年以来“暖心工程”的执行落实及目标实现情况开展审计调查。拓宽审计业务领域，开展审计调查3项：3至4月，对部分多经企业开展审计调查；6至7月，对各县区供电局2016至2017年度“业扩提速”工作开展审计调查；8月，对2015至2017年可纳入计提收益的有效资产和不可计提收益的非有效资产管理情况，开展瘦身健体提质增效有效资产审计调查。强化防错纠弊，开展常规专项审计2项：7至8月，对配网智能化建设管理和项目全要素工程造价管理开展专项审计。10月，惠州供电局原监察审计部分设为监察部和审计部，正式成立审计部。

强化审计整改应用。提高审计整改刚性约束，开展审计整改治理专项行动。在不断总结经验的基础上，建立了审计发现问题“七色整改工作机制”。全年整改南方电网和广东电网公司审计发现问题191个，编制一事一报专题报告25份，整改完成率为100%。完善制度6项。1月，建立审计坐诊服务“窗口”，审计部牵头为各部门提供审计咨询业务，情况复杂的问题由审计联合纪检监察、法律等专家“会诊”，有效增强经营管理风险管控能力和风险意识，实现从治病到防病的有效转变。

五、法律事务

2018年，紧守法律风险防控闸，强化案件、合同过程管理，推进企业文化建设。办结包括惠州供电局诉朱永辉等树障清除排除妨碍案、施义元诉惠州仲恺供电局触电人身损害赔偿纠纷案、惠阳供电局诉民富沃能公司供用电合同纠纷案、惠东供电局诉王全义和德诚公司及人保公司交通事故责任纠纷案、惠州市惠城区三栋镇田心村南老村民小组诉惠州供电局和三栋镇政府电力线路跨越案等13宗案件，胜诉率达100%。答复法律咨询379宗，审核法律文书213份，出具法律意见书131份。合同签订及时率达到93%，位列广东电网公司第4名。合同标准文本使用率达到93%，位列广东电网公司第2名；荣获广东电网公司2018年度法治工作先进集体；荣获南方电网公司“七五”普法中期法治宣传教育先进集体。制定法治企业建设标准。强化法律风险防控，6月，制订重大法律风险防控方案，修编法律风险信息库。在人力资源、市场营销、计划发展、基建、安全生产5个重要领域关键岗位开展法律风险防控，编制法律风险岗位防控信息卡20张，为业务领域提示重大重要法律风险事项80项。11月，制订法治企业建设方案，建立了“一个目标、四个标准、六个维度、三可一全”的建设工作体系①。依据法治企业建设标准，开展法治企业建设自评自查，形成自评自查报告。12月，建立合同履约监管机制和签订时限实时监控机制，按季度发布合同管理情况、合同签订情况通报。超额完成资产产权专项清理年度任务，产权补办237宗。

改革创新

围绕短板指标推进精益管理。3月，组织开展“一所一班一精益项目”，班站所申报率达100%，《提高惠州电网A类电压合格率》及《提升GIS工程全过程管控质量》两个精益项目获得广东电网公司2018年度精益项目成果奖，有效提升基层管理水平。4—9月，开展7期精益带级培训班（黄带4期，绿带3期），培训各层级精益项目核心骨干约600人，通过黄带及绿带认证考试78人次，实现黑带零突破。

按照2018—2020年市、县（区）两级“创一流”目标，5月，建立“1212”工作体系，明确10个领域59项关键任务和128项里程碑节点。构建包含82项指标的市、县（区）、班所三级支撑指标体系，建立常态化指标监控机制。2018年，惠州供电局一流评价指数为111.69分，总体达世界一流水平，同比提升10.09分。

系统谋划星级标杆班站所建设规划。4月，组织编制2018—2019年星级标杆班站所建设规划方案，建立供电所关键指标“月监控平台”，推广运用“一班一库”，7月，编制星级标杆供电所建设管理手册，让基层读得懂、学得快、做得到，切实提高供电所基础管理水平。2018年，500千伏博罗变电站、电力调度控制中心通信网络运行班、试验研究所高压试验二班、陈江供电所取得五星突破，准四星及以上班站所占比14.17%，三星及以上班站所占比38.33%。

有序开展新兴业务整合发展工作。加强内部规范化建设，提升经营指标，专项考核结果为A级。截至年底，惠州供电局共有大集体企业21家②，资产总额同比增长21.57%，营业收入同比增长15.78%，利润总额同比增长35.7%。初步建立新兴业务企业治理体系。3月，设立惠州供电综合能源公司，稳步推动综合能源业务发展。7月，建立“主业—授权管理机—新兴业务企业”三层管控体系，优化各层级管理权限，明确地市供电局、平台、新兴业务企业之间的管理界面。开展新兴业务企业制度建设，9月，出台竞争性业务发展实施计划（2018—

① “一个目标、四个标准、六个维度、三可一全”的建设工作体系：一个目标：依法治企；四个标准：治理完善、经营合规、管理规范、守法诚信；六个维度：完善治理主体管理、完善制度管理、加强业务领域依法经营管理、加强法治文化建设、提升法律服务保障水平、加强对依法治企的组织领导；三可一全：可复制、可展示、可评价、全覆盖。

② 惠州供电局大集体企业包括了综合能源板块企业3家、工程建设板块（含设计、监理）企业8家、信息通信板块企业1家、科技与高端装备制造板块企业1家、电力综合服务板块企业8家。

2020年），明确新兴业务未来三年发展目标、整合及发展举措。同月，出台市场化薪酬实施方案，推进市场化薪酬激励机制落地实施，激发新兴业务企业发展活力。12月，制订做实新兴业务平台公司实施方案，推动平台公司实体化运作，提升运营管控能力。同月，压减10家企业法人，培育2家广东电网公司业绩优秀企业，其中1家为网公司A类标杆，如期完成“四个一批”总体目标。12月，建立班前班后会、管理人员到位标准、可视化平台“三位一体”安全管理模式，强化施工现场安全管理。同月，建设“资金池”，实现资金集中管理、统一调配，规范财务管理。同月，出台采购管理办法，明确新兴业务采购管理主体及组织设置，厘清采购分级授权权限，实现有平台公司统一采购。市场占有率不断提升。传统业务持续提升，截至年底，基建工程占有率增长15%，带电作业完成9663宗，业扩工程设计业务占有率15.8%，施工业务占有率7.5%。

◎ 2018年3月21日，惠州供电局综合能源公司揭牌成立。广东电网公司副总经理李铭钧（左三）参加揭牌仪式

党群工作

一、党的建设

政治建设。惠州供电局党委多次召开党委会、党委理论学习中心组集体学习，深入学习贯彻习近平新时代中国特色社会主义思想和中央关于加强党的建设要求，认真落实南方电网党组一号文件、广东电网公司工作部署，以第一梯队的新高度，牢牢把握“强基础、促提升、铸领先”的实干路径。制定《惠州市电网专项规划》获得惠州市政府认可批复，成功与潼湖生态智慧区管委会签订战略合作协议，实现电网规划与市政规划紧密衔接，开展保底电网规划建设，对沿海强风区新建线路采用差异化建设标准，编制惠州智能电网规划报告，持续推进分布式储能规划建设，为企业加快转型发展、创世界一流，助力惠州城市发展和粤港澳大湾区建设提供坚强的政治保证。组织召开了4次党委民主生活会。2月12日，召开惠州供电局2017年度党员领导干部民主生活会。3月29日，召开全面彻底肃清李嘉、万庆良流毒影响专题民主生活会。5月29日，召开惠州供电局落实“机动式”巡察反馈意见整改工作专题民主生活会。8月24日，召开中央巡视整改暨全面彻底肃清李嘉、万庆良恶劣影响专题民主生活会，班子成员深入开展批评与自我批评，带头增强“四个意识”，坚决做好“两个维护”。进一步规范明确惠州供电局议事规则，严格执行“三重一大”制度，党委把方向、管大局、保落实作用有效发挥。持续推进“两学一做”学习教育常态化制度化，依托“三计划三平台”“1+N”党日活动等，突出政治学习和教育。

组织建设。完成了仲恺供电局党委、供电服务中心党总支部、离退党总支部和惠州市鸿业电力有限公司党总支部3个党总支部，惠州供电局办公室党支部、人力资源党支部、党建工作党支部等42个党支部的换届选举工作。持续优化党的组织架构，结合机构调整推进“一部门一支部”建设，惠州供电局党委组织下辖各基层党组织全覆盖落实“一部门一支部”设置工作，撤销了惠州供电局人监审党支部、市场企管党支部等26个党支部，新设立了供电服务中心党总支部、综合服务中心党总支部、惠阳供电局综合服务中心党总支部等3个党总支部和惠州供电局党建人事党支部、人力资源党支部等66个党支部。开展发展党员综合考察工作，新发展党员33名。至年底，惠州供电局共有党组织193个，其中党委9个、党总支部8个、党支部176个；共有3190名党员，总数同比增长1.05%，其中，在职在岗党员2568名，离退休职工党员622名。主动探索重点工程党组织的动态管理新思路，4月4日，成立甲湖湾工程（惠州段）临时党支部。11月27日，成立500千伏演达变电站、能演线和福博线临时党支部，将支部党建与项目管理融为一体，党建工作向重点建设工程一线延伸。推进党支部标准化、规范化建设，树立“不规范就是不合格”理念。强化党建考核政治引领作用，将创一流重点难点工作融入“两个评价”，实践成果《“目标+问题”导向型基层党组织和党员先进性评价体系建设》案例入选南方电网公司首批优秀基层党建创新典型案例。积极创建党员先锋团队，深化推进“我是党员走在前，一区双岗创一流”活动，激发党员在创一流工作中发挥作用。4月，完成137名基层党支部书记轮训工作，把基层党的建设工作聚集到企业“转型发展，争创一流”工作上来。创新党员理想教育的新模式，6月，在广东电网公司系统内率先启动全体党员轮训工作，创新设计“形势与任务”课程，全年共开办党员轮训班52期，实现2443名在职党员轮训全覆盖，有效强化党员的身份意识和引领意识。

二、党风廉政建设

落实全面从严治党“两个责任”。5月，印发全年党风廉政建设和反腐败工作要点，明确工作目标和任务。优化党风廉政建设责任制考核评分标准，以内部机构评分排名、定期汇报机制为抓手，加强过程管控。加强“关键少数”的监督和管理。从严领导干部因私出国（境）审批，滚动修编领导干部廉洁情况“活页夹”。组织领导人员和重要岗位工作人员进行公务回避排查。全年共收到纪检监察线索6件，同比降低53.85%。在党风廉政建设责任制考核中，在广东电网公司19个地市供电局中排名第一。在广东电网公司开展的政治生态体系评估工作中，连续两年获得全省第一。

实践监督执纪“四种形态”。坚持抓早抓小抓日常，在精准实施“四种形态”上发力，着力加强“第一种形态”应用。全年累计对4500多人次开展谈心谈话，主责约谈283人次，提醒谈话465人次。9月，落实“四个层面”谈话，共开展全面谈2190人次，重点谈577人次。坚持动辄则咎，探索“第一、第二种形态”的转化。准确把握运用“第二种形态”给予党政纪轻处分1人，诫勉谈话7人次。

落实迎接上级政治巡视。对上级转来中央巡视组移交11件次线索进行了全面梳理，结合“五个专项治理”和“四项专项自查”落实风险防控。3月7日至16日，广东电网公司对惠州供电局开展“机动式”巡察。7月，全面完成广东电网公司党委对惠州供电局党委“机动式”巡察反馈63个问题的整改，并以此为契机，组织各县区供电局开展自查自纠，共发现问题155个，运用监督执纪“第一种形态”，对苗头性、倾向性及存在管理问题的相关人员开展提醒谈话96人次，诫勉谈话1人次，全部完成整改。8月，建立健全巡察工作机构，成立党委巡察办公室，选优配齐巡察办主任和专职人员，开展巡察业务专题辅导培训。

廉洁文化建设。努力打造惠州供电局“清水”廉洁文化体系，构建“截污、清淤、引清、自净”的廉洁生态维护系统，深入推进“清水”廉洁文化建设。11月，惠州供电局廉洁文化建设成果获得中电联电力创新一等奖，并受邀在全国电力行业党建与企业文化工作研讨会上专题交流。依托惠州供电局良好的政治生态和文化建设实践经验，重点思考如何“分”不同职责、“择”不同措施，着力在凝聚“三不腐”合力上创新，达到效果上的“合”，探索尝试将“不敢腐、不能腐、不想腐”作为一个有机整体，开展一体推进“三不腐”体制机制建设。

三、思想宣传工作与企业文化建设

思想政治工作。持续深入开展习近平新时代中国特色社会主义思想和党的十九大精神学习，1月，各级领导班子到基层党建联系点开展宣讲活动，基层党支部书记讲十九大专题党课，累计宣讲94场，参加人数2204人。同月，组织职工参加全国道德模范与身边好人（广东·惠州）现场交流活动。3月，惠州供电局荣获“全国文明单位”称号。12月，组织开展意识形态专项调研，为做好员工思想教育和心理疏导提供了科学依据。举办“两优一先”“标杆党支部”“党员示范岗”“惠电工匠”“杰出青年”“服务之星”等评选表彰，选树各领域先进典型，树立劳动光荣、奉献可贵、尊重人才的导向。

意识形态工作与企业文化。坚持党管宣传、党管媒体，不断加强互联网建设运用和管理，9月，在台风“山竹”期间，积极引导舆论，策划《把你的手给我》等主题新闻，被央视采用。10月，持续开展公众沟通品牌活动，通过“电网开放日”“光明学堂”等载体，全方位展现企业，树立品牌形象。编制企业文化地图，加强“一班组一特色”文化创建，成功创建惠州供电局调度中心通信网络运行班、500千伏博罗变电站、试验研究所高压二班、惠阳供电局沙田供电所营配综合班等4个南网五星标杆班站所。加强互联网建设运用和管理，规范各级微信公众号等平台的使用。新闻策划和宣传常态化开展，重点打造“6.30度夏战役”、抗击台风“山竹”等

◎ 2018年3月24日，惠州供电局开展地球一小时活动，宣传健康低碳生活理念

专题宣传。坚持把精神文明建设工作放在重要议事日程上，努力营造文明的工作环境，形成以“党建铸魂”为品牌的特色企业文化。2018年，荣获广东省企业文化研究会颁发的“改革开放40周年广东企业文化工作创新成就奖”“广东省企业文化建设先进单位”称号。《“清水”廉洁文化体系建设》获中国电力企业联合会颁发的全国电力创新奖一等奖。惠阳良井供电所“井”文化建设案例，被评为“广东省企业文化建设优秀案例”。

四、工会与共青团工作

工会建设。2月5日，召开惠州供电局三届六次职工代表大会暨2018年工作会议。12月19日，召开四届一次职工代表大会暨工会会员代表大会，审议通过了惠州供电局工作报告，选举产生了惠州供电局第四届工会委员会，办理提案转为合理化建议8项，分别为建议县区供电局同步设置专门管理离退休人员的机构；建议增加每年招聘的毕业生分配人数；建议提高退休人员离退休补贴；建议配网青赔仿效主网青赔的做法，与政府签订承包合同，取得政府的支持，委托政府进行协调；为弥补心理落差，提高员工幸福感和积极性，可适当提高工龄费；建议居住异地的退休员工自行选择医院体检；建议加大调度生产大楼多层楼层的卫生间通风能力；建议保障职工的带薪年休假期。惠州供电局被评为2017年度全国厂务公开民主管理工作先进单位，受惠州市总工会邀请在全市介绍厂务公开工作经验。着力改善基层一线职工工作生活条件，打造星级“职工之家”，创建第三批共25个“职工小家”，持续推进第四批29个“职工小家”建设。2018年，惠州供电局本部“职工之家”获南方电网公司五星级“职工之家”称号，惠州供电局输电管理所、计量中心、试验研究所等33个“职工小家”获南方电网公司四星级“职工小家”称号。另有32个“职工小家”获南方电网公司三星级“职工小家”称号。全年帮扶患重症、因病或子女教育致困职工49人。对172个单位开展抗灾抢险、应急工作和重点项目慰问，慰问达7264人次。慰问帮扶精准到位。常态化组织职工体检，提供优化套餐选择；完善职工补充医疗保险制度。做好职工和困难群体的帮扶工作。组织新春长跑、“六一”亲子科普活动，乒乓球选拔赛、趣味嘉年华、红花湖徒步、网球等职工喜闻乐见的职工体育活动，总参加人数达3000人。4月28日，举办首届“惠电工匠”表彰大会文艺展演。5月，惠州供电局基层员工Feeder乐队原创作品《暖灯》受邀作为全国电力单位唯一乐队代表登上中央电视台。

青年及女工工作。惠州供电局团委通过成立青年创客空间、发动青年参加职工创新项目和QC项目等，鼓励青年大胆创新创效，先后获得广东省“五四”劳动奖章、广东省技术能手等荣誉称号。惠阳供电局青年服务队和仲恺供电局潼湖供电所获评广东省青年文明号，博罗供电局团委、惠阳供电局“青锋”青年突击队等2个集体获评惠州市青年文明号。5月，开展惠州供电局第一届“十大杰出青年”评选表彰工作，发挥了优秀青年的榜样示范作用。变电管理二所谢旭琛获评全国青年岗位能手。惠州供电局女职委获评广东电网公司“三八”红旗集体和“先进基层女职工组织”，惠州供电局财务部等4个单位获得市级以上“巾帼文明岗”荣誉。

◎ 2018年3月6日至10日，惠州供电局在龙门路滩村开展“蓝公益”活动，为当地希望小学带来丰富多彩的活动

五、扶贫工作

坚持行业扶贫与定点扶贫相结合，推进惠州148个省市级贫困地区的农网改造升级工作。抓好广东电网公司新一轮农网升级改造“十三五”规划实施，年初，制订2018年新一轮农网改造升级实施计划。惠州市农网全年完成投资12.24亿元，其中基建投资10.96亿元，贫困村投资1054万元，完成22个贫困村的改造。惠州市共46个省定贫困村2.33万户，配变容量5.68万千伏安，电压合格率为99.92%，供电可靠率为0.9986，配网自动化覆盖率、配网通信覆盖率、智能电表覆盖率、低压集抄覆盖率均达100%。户均配变容量达到2.27千伏安/户。惠州市龙门路滩村、龙门芒派村、博罗邹光村、惠东稔山新村、惠阳麻溪村共5个帮扶村共4370户，配变容量1.75万千伏安，电压合格率为99.99%，供电可靠率为0.9986，配网自动化覆盖率、配网通信覆盖率、智能电表覆盖率、低压集抄覆盖率均达100%。户均配变容量达到2.43千伏安/户。全年累计对1.41万户五保户低保户减免电费150.24万元。

推进惠州148个省市级贫困地区的农网改造升级工作，共计实施项目116项，总投资5939.76万元。重点推进定点扶贫工作，全年共投入66.2万元（含各县区供电局扶贫点），在产业扶贫上完善“念党恩”碾米加工厂建设，全面拓展“念党恩”农家米销售渠道。在扶智扶志上，建设光明书屋和学习主题公园，资助困难学生完成学业，继续打造“光明学堂”“情暖村屋”“快乐农田”等青年“惠电侠”志愿者助力精准扶贫公益品牌活动；在基础设施帮扶上，建设抗旱平台、防洪河堤坝、民心桥、村多功能活动室等。

江门供电局

企业概况

一、组织沿革

江门供电局为广东电网有限责任公司直属大型一类供电企业，前身是广东省广电集团有限公司江门供电分公司，2005年5月更名为广东电网公司江门供电局，2014年9月更名为广东电网有限责任公司江门供电局。

二、经营范围

江门供电局作为统一管理江门电网的企业法人，主要负责江门市蓬江区、江海区、新会区、开平市、台山市、恩平市、鹤山市等3区4市范围内的电网建设、运行、管理和经营业务，为地方经济社会发展和人民生活提供电力供应和服务。截至2018年底，供电区域9505平方千米，供电人口459.82万人，供电客户250.1万户，营业网点68个。

三、电网规模

截至2018年底，江门供电局35千伏以上变电站162座，主变压器346台，容量共2565.7万千伏安，输电线路397回，总长5698.21千米。其中，500千伏变电站4座，主变压器18台，容量共500.4万千伏安，输电线路31回共1474.14千米；220千伏变电站27座，主变压器57台，容量共939万千伏安，输电线路71回共1461.82千米；110千伏变电站131座，主变压器271台，容量共1126.3万千伏安，输电线路295回共2762.25千米。

四、组织机构

根据广东电网公司组织机构规范化设置的要求和实际工作需要，2018年，江门供电局对组织机构进行了调整：8月16日，党建工作部更名为党建人事部直属党总支、团委、新闻中心，并将原人力资源部的干部管理职能、原办公室的新闻宣传职能调整至党建人事部；监察审计部纪委办公室分设为监察部纪委办公室、审计部。生产设备管理部更名为生产技术部。撤销培训与评价中心，其业务由人力资源部直接管理；撤销法律中心，其业务由企业管理部直接管理；撤销员工服务中心、电网规划技术研究中心、建设管理中心、小型基建办公室、节约用电服务中心，其业务调整至相应二级机构；离退休服务中心不再挂靠工会。成立综合服务中心离退休服务中心，整合员工服务、离退休服务等业务；成立供电服务中心，整合原计量中心、客户服务中心、营销稽查中心、节约用电服务中心等机构及业务；成立电网规划中心、项目管理中心。截至年底，江门供电局内设14个职能部门、12个二级机构、7个县区供电局。具体如下图所示。

五、领导班子

2018年，根据广东电网公司党委决定，江门供电局领导班子调整如下：1月27日，吕斌任党委委员、纪委书记；免去徐金和的党委委员、纪委书记职务。5月21日，陈立斌任党委委员、副书记、工会主席，免去其副局长职务；邢益岭任党委委员、副局长、总会计师，免去其工会主席职务；武建平、林志军任党委委员、副局长；张立群任调研员；免去孙金武的党委委员、副局长职务。7月1日，彭勤建任副调研员兼副总工程师。

截至年底，江门供电局领导班子成员如下：

党委书记、执行董事：马超然

党委委员、副书记、局长（总经理）：徐忠伟

党委委员、副书记、工会主席：陈立斌

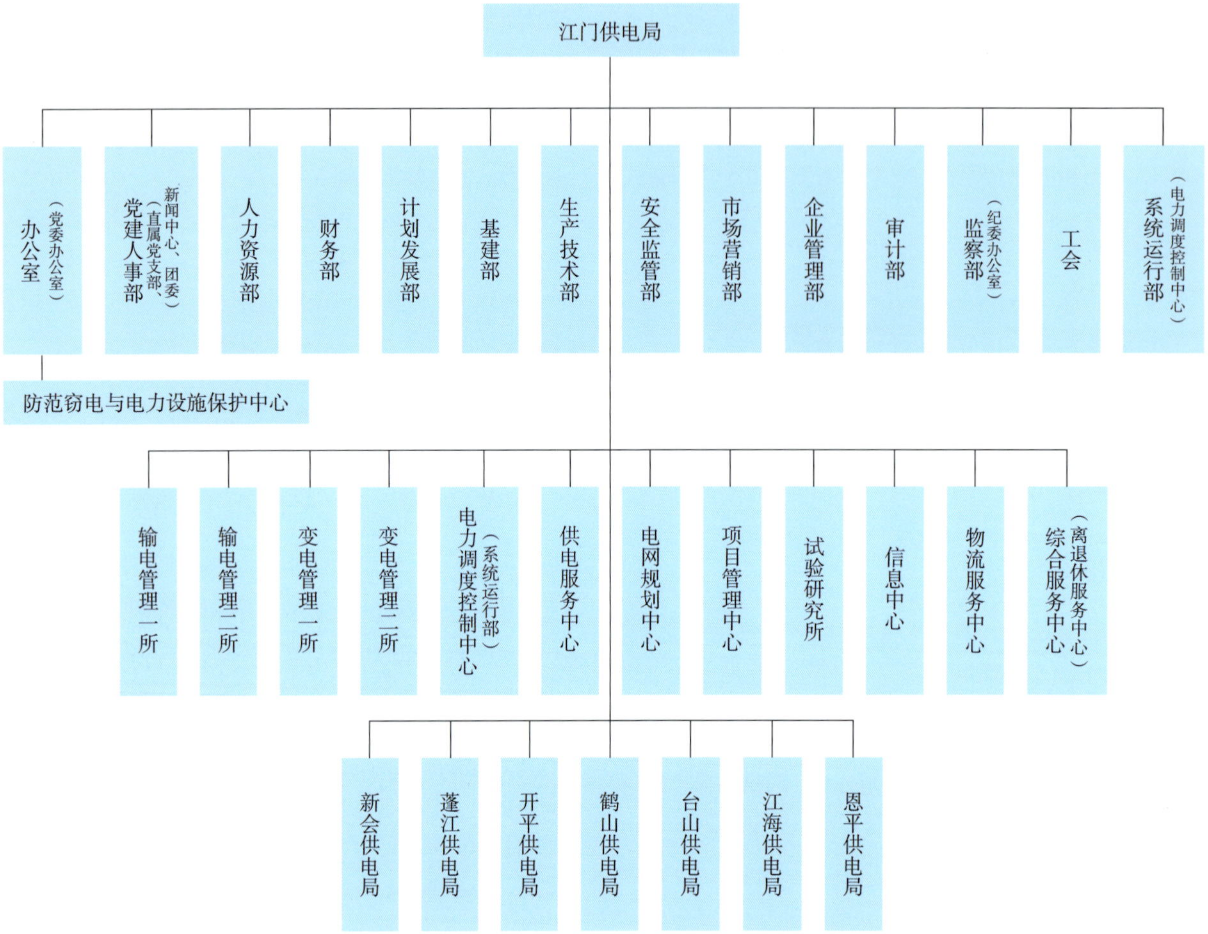

党委委员、副局长、总会计师：邢益岭

党委委员、纪委书记：吕斌

党委委员、副局长：武建平

党委委员、副局长：林志军

调研员：张立群

副调研员兼副总工程师：彭勤建

六、人员状况

截至2018年底，江门供电局共有职工5095人，其中博士1人，硕士140人，本科生2797人，专科生1447人，中专及以下学历的710人；已取得专业技术资格人员共2925人，其中高级职称479人，中级职称1473人，初级职称973人；已取得技能等级共4459人，其中高级技师141人，技师1356人，高级工2789人，中级工173人。

十件大事

（1）1月23日，江门供电局在新会试点建成首个县区级15分钟缴费圈，客户平均缴费时间由42.6分钟缩短为13.4分钟。

（2）3月26日，中国电力建设企业协会公布2018年度电力建设优秀质量管理QC成果奖评审结果，江门供电局《研制10千伏电缆中间头保护装置》《一种快拆装的导线紧固装置的研制》从全国1094项课题中脱颖而出，分获一等奖。

（3）5月11日，江门供电局先后与在建的大型商业综合体健威广场签订战略合作协议，启动建设江门市首个停车场与充电设施一体化项目。江门开平供电局与开平市公共汽车总公司签署江门市首个县级公交系统《电动汽车充电及配套业务建设运营合作框架协议》。

（4）5月24日，广东省首个“统一建设”示范项目——500千伏江门变电站设备综合改造及相关配套工程二期建成。江门供电局这种“统筹招标、统筹施工、统一停电”的实施模式被广东电网公司采纳并全省推广。

（5）9月16日17时，台风“山竹”在台山海晏镇登陆。江门供电局迅速行动，抗风救灾，累计投入4028人、抢修车辆1178辆、应急发电车22辆、应急发电机103

台。9月17日22时，台山全面复电。

（6）9月27日，江门供电局大集体企业江门市江腾电力投资有限责任公司揭牌，标志着江门电力发展之路迈入了新的历史阶段。

（7）10月18日，江门供电局首个装配式钢结构智能化配电房——群星丹配电房投运。该项目采用了屋面光伏发电、发电车快速接入、充电桩和智能设备等技术，属于综合技术应用领先的配电网络。

（8）11月15日，业内最新型多旋翼激光雷达无人机对江门台山10千伏配网线路进行线行通道和红外测温巡视，实现该型无人机在配网线路的国内首飞。

（9）11月29日，广东电网公司机巡作业中心联合江门供电局在江门台山开展国内首次输电线路直升机带电X光无损检测作业，对220千伏水台线的直线接续管、耐张线夹等构件进行扫描检测，提高输电线路巡检质量和效率。

（10）12月28日，广东电网首个钢结构220千伏装配式变电站——江门220千伏石名变电站投运。该站投运优化了江门电网网架结构，大幅增强崖门电厂电力送出能力。

电网发展

一、电网规划与前期工作

重视综合计划与投资计划管理。4月，江门供电局组建规划数据信息工作团队，自主研发了电网规划信息收集和辅助决策系统，搭建问题库、规划项目库、可研项目储备库、业扩配套项目库的过程管理和统计分析功能，落实“统一规划”主要业务的常态化运转，提升规划工作效率。11月，编制2019年综合计划报告，加强统计分析管理工作，为企业决策提供参考。按照保底电网设防标准，进一步对照梳理规划项目库，调增了220千伏双水电厂至礼乐单回线路解口入银湖变电站、220千伏盘允（东甲）变电站等两项输变电工程，提早完成立项前期工作并纳入当年投资计划。

主网方面。建成投运江门变电站220千伏设备改造、江桥Ⅱ回、茅坪、石名、湾琴等一批主网工程，目标网架日趋完善，进一步降低电网运行风险。配网，开展低电压专项治理，全年共投资1261万元解决Ⅰ、Ⅱ类低电压问题161宗。全年改造、更换了142台变压器。加快配网自动化建设，全年共安排建设131个提升配网自动化装备水平的项目，馈线自动化覆盖率提升至68%。针对台山、新会、恩平等沿海城镇，采取优化网架、提升绝缘化率及装备水平、加装发电机快速接入装置等差异化建设策略进行“一镇一缆”建设，全面实现Ⅰ类风区“一镇一缆”覆盖率70%的目标。10千伏配网环网率、可转供电率分别提升至87.8%和80.5%，C类以上供电区为84%，典型接线比例提升至83.3%。

电网规划与项目前期工作。1月，促成江门市电网建设协调小组召开全市电网建设工作会议，将电网立项前期、建设拆迁青赔等属地协调事项以“市政府交办任务书”形式下达至各市区政府，采取月度督办通报、限时办结考核等有力措施进行管控，全面加快江门电网的建设进程，会议还对“涉电联合执法”“林业/电力相互支持”等合作机制进行了深入的研讨，推动“政企合作”高质量发展。6月，修编配电网规划建设技术细则，明确了“安全可靠、经济高效、适度超前、绿色开放”的电网规划价值观。修订了配电网规划工作等7份业务指导书，建立“问题统一归集、项目常态储备、项目过程监控”三项工作机制。9月，修编年度配电网规划项目库，共收集中低压配网一次、二次、营销等专业问题5733个，形成统一问题库。制定了涵盖基建、技改和修理的规划项目2124个，并进一步整合形成项目群851个，建立2018—2020年规划项目库，同时将146个项目纳入投资项目储备库。围绕优化结构强主网、控制电网运行风险为中心，于11月提前完成江门至西江双回线路及江门至顺德双回线路串联电抗器工程等8项工程的全部前期工作，并纳入2019年投资计划草案。

二、工程建设与管理

2018年，江门供电局共完成固定资产投资21.96亿元。其中，主网建成投运110千伏及以上项目9项，完成投资5.1亿元，同比增长15.66%。新增变电容量139.5万千伏安，新增输电线路长度311.77千米。配网建成投运项目1600项，完成投资11.86亿元，同比增长-24.03%，新增配变容量22.16万千伏安，新增10千伏线路长度652.55千米。小型基建建成投运项目6项，完成投资2729万元，同比增长486.88%。

重点工程建设。2018年，新、改、扩建变电站9座，线路23回，新增变电容量139.5万千伏安，新增线路共299.37千米。具体如下：3月，110千伏永康变电站第三台主变扩建工程建成投运，新增变电容量6.3万千伏安。5月，220千伏桥美变电站第二台主变扩建工程建成投运，新增线路9.3千米；110千伏堡棠变电站第三台主变扩建工程建成投运，新增变电容量6.3万千伏安。6月，110千伏东区变电站第三台主变扩建工程建成投运，新增变电容量6.3万千伏安，新增线路1.84千米。11月，220千伏茅坪变电站建成投运，新增变电容量36万千伏安，新增线路107.4千米。11月，110千伏聚龙变电站建成投运，新增变电容量12.6万千伏安，新增线路9.75千米。12月，首个装配式变电站220千伏石名变电站建成投运，新增变电容量36万千伏安，新增线路14.48千米；220千伏湾琴变电站建成投运，新增变电容量36万千伏安，新增线路29千米；220千伏粤电新会天然气发电热电联产项目接入系统工程建成投运，新增线路127.6千米。其中，220千伏茅坪、湾琴、司前和110千伏公益、新会热电联产项目接入等5项广东电网公司重点输变电工程，全部按期完成。此外，500千伏江西甲乙线及顺江甲乙线加装串抗工程、500千伏亦马鹤山变电站配套220千伏线路工程等7项广东电网公司重点工程均按进度有序推进。农网改造升级、特色小镇及小康电示范县三大配网政治工程共626小项，均在11月30日前提前完成。

工程管理。5月24日，广东省首个“统一建设”示范项目——500千伏江门变电站设备综合改造及相关配套工程二期建成。这种“统筹招标、统筹施工、统一停电”的实施模式，大大提升了项目管理集约度，成效显著。此后，江门供电成立项目管理中心，承接并完成广东电网公司关于“统一建设”职责界面的梳理、岗位说明书的编写及相关项目作业指导书的修编的任务，被广东电网公司采纳并全省推广。推广应用装配式建筑、全绝缘配变台架、智能配电房、输电线路实景三维建模、变电站及配电房台架BIM建模技术及一体化弯头、紧线器、配电箱快速接入等一批自主研制的新技术、新材料，建成全省首个真正意义的装配式变电站——220千伏石名变电站，建成了一批配网智能配电房。2月，编制了“争先创优五年规划”工程清单，在可研、初步设计阶段即着手谋划创优方案，促使工程创优连获佳绩：220千伏孟槐变电站和110千伏昆中变电站，荣获南方电网公司2018年优质工程奖。220千伏粤电LNG接入系统工程、台山冲篓供电所南洲业扩配套工程等4项工程荣获广东电网公司2018年样板工程，其中蓬江供电局群星丹井业扩配套工程获得配电房类第一名。

◎ 2018年12月28日，广东电网公司首个钢结构220千伏装配式变电站——江门220千伏石名变电站投运

电网运营

一、电力供应

2018年江门全社会用电量278.64亿千瓦·时，同比增长5.53%。江门境内电厂装机容量100.18万千瓦，同比增长46.88%，其中火电容量22.8万千瓦，占22.76%；水电容量15.15万千瓦，占15.12%；风电容量25.1万千瓦，占25.05%；光伏电容量31.31万千瓦，占31.25%。全年上网电量11.36亿千瓦·时，同比增长22.59%，其中火电上网电量1.8亿千瓦·时，占15.83%；水电上网电量3.36亿千瓦·时，占29.56%；风电上网电量4.98亿千瓦·时，占43.83%；光伏上网电量1.15亿千瓦·时，占10.12%。

全年电力供应形势平衡，最高负荷出现在7月12日，为452.8万千瓦，同比降低2.27%。全年平均负荷率为83.83%，同比降低1.06个百分点；最大负荷率90.72%，同比降低0.51个百分点；最小负荷率76.94%，同比降低1.61个百分点。丰水期间，实现水电全消纳。清洁能源并网通道容量裕度充足，未发生因网络受限而影响清洁能源消纳的现象。全年未发生有人为责任的“弃水、弃风、弃光”问题。

二、电网运行

至2018年底，江门电网统调电源总装机为794.4万千瓦，其中，省中调电源为765万千瓦，地调电源29.4万千瓦；火电厂容量534.3万千瓦，水电容量13.6万千瓦，光伏20.31万千瓦。继电保护装置共套，投入运行含试运行的安自装置共26套，稳定控制及综合装置10套，频率电压控制装置6套，备自投装置157套，10千伏分段备投162套。全年用电需求保持平稳增长，电网最高负荷未创出历史新高，最高负荷出现在7月12日，为452.8万千瓦，同比减少2.32%；统调发受电量为273.59亿千瓦·时，同比增长5.95%。电力供应形势缓和，全年放开用电。系统设备运行总体稳定可靠，未发生设备事故。

稳步推进调控一体化、自动化。全年完成刀闸遥控调试451把，110千伏及以上刀闸调度可遥控率达83.3%。完成7个变电站重合闸远方投退功能改造，覆盖率提升至51.9%，累计远方投退重合闸8705次。常态化实施调度端刀闸遥控，利用主站端程序化操作提高刀闸遥控操作效率。实施热备用与冷备用间转换的程序化操作，平均耗时7.3分钟，较常规操作平均耗时大幅减少44%。全年累计实施刀闸远方操作912次，每月实施率保持90%以上，有效节省线路停送电操作时间。推广应用配网调度网络发令系统，实施网络发令18 606次，网络发令占比80.15%。推动配网自动化终端接入，配网自动化三遥终端接入2067台，涉及可遥控开关2953台并移交调度操作，实现调度员对配网设备运行状态的有效监视和控制。2018年实施配网开关遥控1043次，遥控覆盖率58.7%、遥控成功率92%。9月16日，超强台风“山竹”正面吹袭江门，江门供电局3天实现快速复电，全过程零事故。江门电网经受住严峻考验。

资产全生命周期管理。试点开展账卡物核查，协助网省公司编制工作指引5份，规范了电子化移交、资产转固等工作；牵头做好江门供电局账卡物一致性核查，账卡物一致率排名全省第一。全年开展电网账实核查工作，开展账实清查工作和现场设备拍照、保存、上传工作，并对账实不一致和照片缺失等问题进行整改。做好退役审批，把好审批管控，把退役审批提前到可研阶段，同时提高报废资产净值率在生产项目立项中的权重，严防健康设备提前退役。提高信息化支撑，2月，开展资产管理系统和财务管理系统设备退役处置功能完善改造，打通设备退役报废流程各环节，实现设备退役报废全过程管控。持续推进生产项目均衡实施，制定了专项工作方案，明确了规范管理及均衡实施管控要求，前三季度投资完成率达86%、资金完成率达74%，解决了生产项目第四季度扎堆实施的问题。2018年江门供电局资产报废净值率为7.54%，达到世界一流水平。

低压配网管理。1月，编制低压配电运行管理工作、低压现场作业风险管控指引。明确职责界面，调整人员配置，完善市、县、所、班组四级低压配电运行工作职责，中低压运维界面供电所职责不变。全年共培训地市、县区级供电局配网技术人员8人，供电所级配网业务员68人，低压运维人员1804人，理论培训436人次，实操培训677人次。梳理设备台账，包括线路台区图档32 199.2千米，台区14 572个，接线图12 159份，地理沿布图7774份。完善低压安全体系，抓低压作业计划实施，覆盖1038项2609个作业点。抓现场安全督查，覆盖27个供电所42个作业现场，共完成31项问题整改。配齐工器具，满足安全工器具需求22类，其中防电弧安全帽192顶、生产工器具需求5大类120项。

生产运行管理。通过改造变电站小电阻接地方式、更换刀闸、检查“三未”开关柜检查性操作等，做好设备运维工作。全年未发生10千伏及以上断路器拒动事件；全面消除超期未检主变等四大类设备，建立了检修设备常态化管控机制，共完成规范化检修设备1648台；全年落实设备运维计划17.8万条、预试定检9727台次，通过技改修理、规范化检修、消缺等方式，严重设备由26台下降到4台、异常设备由472台下降到276台，切实提高了设备健康水平；通过保供电线路特巡特维、隐患治理、缺陷处理等措施，完成全国“两会”、高考等保供电任务，实现保供电“零事故、零差错、零投诉”。建立主配联动、政企联动机制，联合开展电力设施周边安全隐患专项整治行动；修编完善《防施工外力破坏工作指引》，建立“一图、一表、一方案”防外力破坏管控模式；通过清单形式落实“一黑点一分析一管控”，外力破坏跳闸同比下降39%。全面落实“灾前防、灾中守、灾后抢”工作部署，完成7回500千伏涉核线路、28座变电站、103千米10千伏线路、75千米0.4千伏线路加固改造，持续推进班组精益化管理。深化“四个一”星级班组建设模式，让班组只做一件事。新增五星班组1个、四星班组15个，数量全省排名前列。通过精益项目活动持续改善生产设备管理的薄弱环节，共推荐45项优秀成果参加广东电网公司评选。在南方电网公司生产技术精益管理成果评比中，获得金奖1项、银奖1项，数量全省前列。以输配电无人机应用、变电站机器人巡视为重点，推进智能技术综合运用，逐步实现设备运维智能化，“机巡+人巡”模式广泛应用于输配电线路巡视，输电线路机巡覆盖率100%，10千伏线路机巡覆盖率超过30%，累计发现设备重大缺陷、隐患950项，同比增加160%。利用无人机开展快速勘灾工作，在台风“山竹”期间，出动无人机258架次，累计巡视输配电线路2300余千米，台风登陆后次日就全面掌握了灾情，为救灾决策提供了有效支撑，为抢修复电赢得了时间。

综合停电管理。11月，制定配网线路不停电转供电管理工作方案，固化不停电转供电流程，实现能转必转。全年共实现合环转供电操作次数3477次，停电转供电操作次数360次，不停电转供率为90.62%。2018年，在检修、基建、技改及市政迁改工作量激增检修计划同比增加6.5%。新建、改建主变容量同比增加137%。110千伏及以上线路迁改长度同比增加23%的背景下，科学安排设备停电，年度设备特维、定检预试均按期完成，3个220千伏变电站按期投运，完成上级考核的基建和大修技改工程。主配协同减少停电用户数，全年共协调大型停电优化结合18次、推进规划立项改善网架13次。网架结构不断完善，利用主变联切功能，提升7个220千伏变电站供电能力合计63.2万千瓦，有效避免用户错峰。在10千伏母线检修大幅增加的情况下，客户平均停电时间完成值为4.08小时。

◎ 2018年5月1日，为做好迎峰度夏的准备，江门供电局组织人员加快变电站改造工作的进度。图为110千伏堡棠变电站工作人员检查站内设备

三、安全生产

2018年，江门供电局全面实现了“两个确保，三个杜绝，四个不发生，两个减少”的安全生产目标，安全生产局面稳定，持续向好。全年未发生电力事故；共发生五级及以上事件3起，同比减少3起；其中二级事件1起，同比增加1起；四级事件1起，同比增加1起；五级事件1起，同比减少5起。未发生社会人员触电事件。百万工时工伤意外率指标完成值0.46人次/百万工时。

抓安全管理。着力防范乡镇级供电单位人身事故，4月，制定“1+6”专项实施方案，从六个专业领域构建全方位防控体系，并制定《配网作业六类人身安全风险管控技术措施》，纳入施工作业文件执行。11月，制定14个职能部门安全职责规定，明确了三类部门的安全职责，初步形成大安全管理格局。组织开展综合性安全生产大检查，严格落实“一问题一分析一整改”，并组织开展“回头看”。开展问题原因分析，组织职能部门制定安全生产管理提升任务138项，实现治本。在机构和新兴业务双重改革形势下，加强基建、营销、交通、消防等领域的安全管理，确保了稳定局面。基建项目管理方面。开展“电力建设工程施工安全年”活动，从严落实风险管控，在确保安全的前提下完成年度项目。低压运维方面。12月，制订《低压配电运行管理工作指引》《低压现场作业风险管控指引》，明确业务调整交接后的管理要求，实现了平稳过渡。交通消防方面。公车违章数量同比下降19%。打造新标准微型消防站，争创全省标杆。通过坚持抓计划、抓到位、抓监督、抓违章、抓信息化，创新组建专项小组和“三个三”工作机制，建立“联合会诊”的新型约谈方式，探索开展“党建治违”，第四季度施工作业高峰期安全风险得到有效管控。全年运用现场作业风险可视化平台管控现场作业3.22万项，可视化管控覆盖率98.35%，督促各类人员到点到位3.43万人次。

加强安全隐患专项治理。1月起，组织开展配网设备隐患专项排查治理、乡镇供电所防范人身事故隐患排查、防范社会人员触电隐患排查、城乡供用电安全隐患专项排查治理，发现隐患5630项，完成整改4870项，完成率86.5%。强化生产项目外包作业清单式管理，刚性执行安全许可准入机制，常态开展生产项目安全督查，对检查发现问题开展销号整改。根据承包商违章扣分进行责任追究，落实承包商资信奖惩。全年未发生人身事故事件，未发生社会人员触电事件。深入开展城乡供用电隐患排查，全年未发生人身事故事件，守牢了安全底线。整改用电设施安全隐患。开展计量装置隐患整改，高风险4875个整改完成率100%。低压配网隐患整改，人身风险隐患1254个整改率98%。整治涉电公共电力设施安全隐患，发现隐患1284项整改率98.9%。包括公交车广告牌、交通灯、台风易浸泡用户电房等。用电秩序较差地区的用电安全检查，派发通知书97张，整改率100%，包括农贸市场表后线、鱼塘客户漏电开关等。

抓应急保供电。组织修编总体预案和防风防汛、设备事故等13份专项应急预案，组建全局主、配网内外部38支1467人的应急队伍，提升应急保障能力。建立“灾前防、灾中守、灾后抢”的“三方联动”抗风机制，完成7回500千伏涉核线路、28座变电站、178千米配网线路加固改造，成功应对了“山竹”“艾云尼”“贝碧嘉”等台风。强台风“山竹”与“天鸽”相比，输电线路跳闸下降30%，变电站停运减少79%，10千伏线路跳闸减少60%。仅用3天全面恢复供电，获得江门市政府授旗表彰。开展防风防汛应急后评估，制定43项管理提升措施，为应急管理找准着力点。编制了重要用户及政府机构、医院、水厂、通信等关键用户的保供电快速接口规划230项，为用户快速复电打好基础。完成全国“两会”、高考、第六届江门市农博会等57项保供电任务。高考保供电期间，累计投入保供电人员1125人次，出动保供电车辆236辆次，应急发电车10台次，应急发电机11台次，确保无保供电线路跳闸、无保供电场所受电力供应影响，受到上级好评。

抓安风体系与安全文化建设。围绕体系“五钻”目标，落实一份建设方案，运转两套机制，融入三个载体，提升四类人员能力，完成六大类86项推进任务，推动体系高效运转。持续开展班组沟通，对162个生产类班组1501人次进行了沟通，有效解决了147项问题。组织做好迎接南方电网公司“五钻”审核相关工作，经审核得分95.15分，完成体系“五钻”目标。8月，制定安全文化“十三五”建设实施计划，从安全文化评价六大维度制定77项工作计划，确保建设工作有序推进。开展安全承诺、安全月活动、安风体系及安规知识竞赛，营造良好安全文化氛围。首创可感领导行为指引，从七大方面制定44条行为体现标准，成为推动安全文化建设的新引擎。安全文化达到团队互助中级阶段水平。11月，荣获全国“安康杯”竞赛安全文化宣传先进单位称号。

市场营销

一、优化营商环境与客户服务

优化电力营商环境，提高客户服务水平。落实8项举措，25项工作任务。核心落实了“加减法”，“加法”为提高供电可靠性，提升办理透明度；“减法”为简化办电资料、缩短办电时间、减少办电成本、降低用电支出。积极落实电价调整、市场化交易、业扩投资界面延伸、减税降费清退临时接电费等政策，积极服务企业降成本。规范转供电加价行为，推送短信28万条，开展对外新闻公示、宣贯11次，走访大型转供电客户11家，重点规范万达、汇悦城、中环广场、新会美吉特等商业综合体。一般工商业电价同比降幅达10%，减少全市企业用电成本2.8亿元。在工信部、国家发改委组织抽样调查中，一般工商业客户降价满意度100%。提升业扩投资界面延伸比例，减少接电成本，实现低压业扩投资界面延伸率99%，中压业扩投资界面延伸率95%，为用户节省投资超6.6亿元。7月，制订进一步提升供电服务水平优化电力营商环境执行方案，明确25条措施。精减业务办理环节和资料，全力提升办电效率，中、低压客户业扩报装流程缩减至三到二个环节，提升“获得电力”指标，压缩办电流程，中压3个环节，低压2个环节。压减办理时限，平均时限53.4天同比下降50%。降低用户成本，小微企业34户低压接入，实现全年实增容量137.54万千伏安，同比增长11.54%。统一服务平台推广，关注数91.81万绑定数75.52万。实现互联网统一服务平台关注数91.81万人，互联网业务办理比例99%。

推进统一服务建设。制定《统一服务工作推进方案》《低压集抄自主运维工作指引》，明确了计量中心、县区供电局、供电所的职责分工，规定了自主运维工作流程，并对各单位集抄维护工作做出要求。各县区供电局根据实施方案，按照“一局一方案、一所一册”的要求，在各供电所和班组推进网格化班组设置工作，对班组职责分工、业务管理和绩效考核标准等进行检查指导。强化客户投诉管控。通过规范各级管控、细化考核要求、建立客户诉求风险体系评价标准，实现事前防。开展县区供电局局长督办、建立诉求台账、应用客户服务清单，进行事中控。通过建立“监控、分析、通报”机制，1月，成立客户投诉专项调查小组、网格经理修复客户关系、编制客户抱怨专题分析报告，有效减少了客户投诉，开展事后补。线下活动234场增粉24.6万户。线上活动23次增粉8.2万户。基层人员积极推广，499人次获奖励。网格经理及时解决客户需求，配置网格经理696人，客户经理“微”服务，融入微信群680个，专项走访沟通4.66万户，解决客户服务清单问题2159个。第三方客户满意度89分，同比提高1分。

◎ 2018年2月16日，江门新会供电局为第十五届“圭峰之春”文化庙会保供电

二、营销基础管理

2018年，江门供电局购电量273亿千瓦·时，同比增长5.95%；售电量267亿千瓦·时，同比增长5.95%。

10千伏线路、0.4千伏台区异常率分别由2.16%降至1.12%，5.78%降至0.99%。基础档案管理方面。规范电子化移交工作，不断提升营配数据的一致性。营配数据同源率线变一致性、户变一致性保持98%及以上。完成年度高损线路、高损台区整改工作，年度12月高损情况降损率达100%；推进“线损合格一片、电费发行一片”在江海供电局试点工作。建立线损监测与电费发行工作联动机制，分阶段逐步推进月、周、日线损异常闭环管控，反向促进计量自动化自主运维和营销稽查、电量管理。

2018年，江门全面实现智能电表全覆盖，创新物资管理新模式，自主研发电能表周转箱绑定装置及可视化智能仓储系统，电表配送零压力，轮换智能电表242万户，彻底解决了人工抄表的各种现场隐患和人力消耗；形成一套完善详细的项目过程管控标准，制订低压集抄运维工作指引，进一步加强低压集抄施工现场风险管控，参与编写广东电网公司低压集抄建设专业指引、广东电网公司低压集抄与智能电表改造建设专业指引（2018

版）；按照南方电网公司《关于召开低压集抄培训教材评审会议的通知》要求，负责编制验收规范培训课件。

2018年，江门供电局严把集抄建设质量和验收关，使该项目按照计划任务书要求最终全部成功通过验收，台区单元验收通过率为99.87%，完成低压集抄建设242万户，智能电表和低压集抄覆盖率分别由2015年底的21.95%和8.54%均提升至100%，实现低压集抄全覆盖。

三、电能替代与市场开拓

结合江门市产业特点，制定了《江门供电局2019年电能替代工作计划》，在电子、家电、造纸、玻璃、交通运输等行业积极开展电能替代推广，推动实施电能替代项目143个，全年增加售电量4.23亿千瓦·时。全年建设450个充电桩，建成健威广场公共充电站、台城镇高铁站公共充电站等重点项目。2018年江门市光伏发电装机容量31.3万千瓦，同比增长37.28%，上网电量1.15亿千瓦·时，同比增长69.63%。江门市没有纳入国家扶贫可再生能源补贴目录的项目。积极推动电力市场化建设，2018年根据《南方（以广东起步）电力现货市场试运行工作方案》的部署，稳步有序开展电力现货市场建设，配合广东电网公司开展了模拟推演、模拟运行（不结算）、结算试运行三个阶段的工作。截至年底，江门共有市场化用户304户，涉及计量点565个。年度市场化电量74.82亿千瓦·时，通过交易为客户减少用电成本4.96亿元。

◎ 2018年5月11日，江门供电局与大型商业综合体健威广场合作，签署江门健威广场电动汽车充电站示范项目合作协议，启动建设全市规模最大的电动汽车充电站

科技信息

一、科技创新

2018年，江门供电局科技研发投入4035.4万元，占营业收入比重的0.26%。其中，科技项目投入3449.67万元，占比85.48%。大力推进科技创新研究，已获得专利受理通知书437项，获得授权通知196项，新授权专利196项。历年累计拥有有效专利数达350件，其中发明专利32项，同比分别增长127%、28%。亿元营业收入有效专利拥有数为2.27件，提前达到国际领先。抓好网省公司重点科技项目，跟进智能传感器、移动变电站、变电智能机器人等重大课题成果的试运行情况，确保项目通过验收，做好成果推广转化工作，年度科技项目达标率和一次验收通过率100%。深化开展创新成果孵化及推广应用，重点围绕智能制造和成果应用转化效益开展了项目策划，组织科技成果试点应用项目申报和创新成果推广，加快了创新成果向竞争性业务转移转化。

◎ 2018年11月，“500千伏变电站投切35千伏无功补偿装置专用断路器的研制”科技项目成果在江门供电局500千伏圭峰变电站试点应用

科技成果孵化与应用。12月，《一种输电线路黑点模拟预警平台及监控系统》获南方电网公司专利三等奖。开展“带照明及验电功能的多功能绝缘操作棒的研制”“配网接地线导线端紧固装置的改进及优化”“多路电能计量接线盒”“基于发热丝的无人机带电拆除飘挂物装置的研制”“通用型数码窥视装置”“备自投装置定检试验平台”6项职创A类成果推广，其中，“多路电能计量接线盒”进入广东电网公司成果转化中心孵化推广。开展16项职创B类成果推广，其中，“GW4型隔离开关触指拆装工具的推广”“沿海地区铁塔防锈蚀新技术的研究”2项成果纳入南方电网公司成果推广目录，7项成果纳入广东电网公司新技术推广目录。通过创新创意大赛，“粤易充——打造‘互联网+电动汽车’智能服务平台”“绿色南网线上综合服务平台”“Power Box-自给电集装箱式环保健身仓”等3个创新项目进入广东电网公司孵化中心。“GW4型隔离开关触指拆装工具”入选首届广东电网公司自主研发电力设备推介展销会重点发布产品。积极申报广东电网公司级B级检修技术及工器具

研究实验室、电能计量智能化技术研究及数据应用研究实验室等2个专业实验室。全年新增新技术推广应用项目14项，申报各级科技奖励67项，获广东电网公司及以上奖励55项，其中科技奖励19项，职创奖励36项。

二、信息化工作

2018年，信息化领域在技术创新、实用化及数据治理、网络安全、运维服务、队伍建设等工作上稳步发展，信息化水平得分90.45分，专业排名全广东电网第6，专业水平保持世界一流。完成网络安全工作，成功防范勒索病毒等各类新型网络病毒威胁，未发生四级及以上网络安全事件。陆庭辉信息化创新工作室晋升为广东电网公司劳模（技术能手）工作室。

大力推进“云大物移智”应用。7月，完成输变电无人机巡视数据分析应用建设，有效支撑无人机巡视数据的无线传输、自动智能分类、隐患标识管理、线路三维建模及GIS可视化展示。10月，上线“顾家行动”及“智慧党建”移动应用，帮助党工团组织快速解决员工需求，打造党建工作信息发布、信息获取、学习反馈、互动交流、分析跟踪的平台，实现线上线下工会、党建工作的一体化、信息化及精准化。11月，建设企业数据沙盘，实现关键战略指标的监控，为企业战略数据推演分析决策提供技术支撑。12月，完成物联网技术在IT资产管理中的应用研究、智能设备数据接入研究，为后续物联网技术与业务的融合应用奠定理论基础；探索物联网应用场景，推进“智能仓库现场辅助控制专业应用”物联网项目建设，完成智能检修管控平台的初期开发。

加强数据资产管理和系统实用化工作。7—11月，开展电子化移交质量检查，电子化移交闭环率、数据填报正确性得到了较大的提升，配网电子化移交闭环率连续多月取得满分。8月3日，制订2018年数据资产管理及业务协同治理行动工作方案，有效提升数据质量及实用化水平，促进数据协同和融合，增强数据供给能力，实现数据资产的内增效和外增值。

多维度加强网络安全防护能力。6月7日，制订2018年网络安全督察工作实施方案，促进落实网络安全责任制。10月，成立网络安全分析室，搭建跨专业、跨部门的网络安全管理平台，建立网络安全督察、监测、通报及应急处置队伍，落实信息系统安全管控机制。11月，加强对竞争性企业网络安全管控，明确了多经企业网络安全管理的具体要求，组织完成网络安全定岗定责、信息系统等级保护梳理备案等工作。7月至年底，开展江门供电局内交叉现场督察任务11次，发现问题102项，全部完成整改。开展合规性检查和等级保护检查及专项检查，共检查识别风险919项，其中高风险103项，中风险777项，全部完成整改，风险整改率、风险整改及时率为100%。

经营管理

一、人力资源

干部人才队伍建设。优化领导干部配置，开展科级岗位公开竞聘，2018年提拔及调整科级干部103人，新提拔“80后”科级干部18名，“80后”科级干部比例提升到19%。通过“焦点解决”技能培训和心理资本提升计划，提升党组织带头人履职能力。通过科级干部项目式培养，举办3期强作风转能力科级干部培训班，1期“争先进　创一流”科级干部培训班，提高干部管理协调能力和担当意识。开展发展四区人才交流，累计选派和接收三批次68名干部人才，组织10次座谈会。并印发发展四区区域联动挂职交流人员管理方案，建立“三同”机制，实现区域内同管理、同激励、同保障。截至年底，共有管理专家14人，技术专家74人，技能专家120人。全年新选聘助理级管理专家1人，助理级技能专家2人。全年新增高级职称88人，中级职称223人，初级职称164，新增高级技师26人，技师141人。高技能人才比例提升至84.13%，中高级技术人才比例提升至38.31%，人才当量指标提升至1.06，各项人才指标在全省保持排名前列。

劳动用工和薪酬绩效。8月，调整组织机构，按“人随业务走”的原则，择优配置适岗人员，积极稳妥、规范有序地开展因机构优化调整后的人员配备平移工作，通过组竞聘选拔新上岗的技术技能人才121人，实现按新机构、岗位、职责规范运作，完成各级机构和人员的平稳过渡和生产经营无缝衔接。优化员工绩效考核和激励措施。制订专业技术岗位员工绩效量化考核实施方案，建立岗位职责内基础工作打包评分制、职责内关键任务分项评分制等考核模型。完善班组“工分计酬”绩效考核模型，发布班组工分计酬考核指标库，全面推广使用班组绩效考核系统；完善“激励积分+激励菜单”模式。优化完善“激励积分+激励菜单”弹性福利激励模式，提高基层自主权，由基层单位自行设立激励项目，通过奖励积分形式及时肯定和激励员工，累计自主分配积分10 116分，参与新增积分兑现4695人，兑换率达到96%，提高员工获得感。

教育培训。加强管理和专业技术人才培养，组织新上岗专业技术人员开展转作风、强能力专项培训，加强与竞争性行业的送培对标力度，组织7期竞争性售电、综合能源业务培训，落实“综合能源百人计划”。推进专家人才培养工程，加大专家和后备专家的培养力度，开展8期系列专家座谈会和对标交流学习，促进专家人才的快速成长。印发班组自主培训“5+4”工作方案，构建基于岗位胜任能力的班组自主培训模式，落实班组图书角建设工作，完成县区供电局级及以上培训970余项4.1万余人次。四是夯实员工培训工作基础，按比例倾斜教育经费到一线班站所，全面推进班组图书角建设。利用VR培训强化场景化实训，完善“1+7+N”培训基地，初步建设“开锋培训”文化环境，启动建设8个供电所简易实训场，跟进68个供电所简易实训场老旧设备的更新，促进培训资源平台建设更加多样化。

二、财务经营

“创一流”工作。3月，制订财务经营领域达到世界一流水平工作方案，从增供扩销、降本增效、精准投资、资产提质4个方面制定各业务领域工作事项31项。制定“四意、四转、四提升”四意：着力增强危机、市场、大局、创新意识；四转：着力推进思想、思路、方法、作为四个转变；四提升：着力实现水平、能力、管理、服务四方面提升工作方案，从12个方面27条措施谋划财务经营转型工作。2018年，江门供电局营业收入同比增长4%。净售电平均价同比下降14.96元/千千瓦·时。供电成本同比增长5%。实现内部利润同比增长34%。“瘦身健体提质增效”方面。6月，结合“创一流”工作安排，运用“抓补强”工作方法，制订瘦身健体提质增效工作方案，包括1个总体方案和经营绩效持续提升、清洁能源消纳、有效资产清理、提升设备健康水平、剥离企业办社会职能和解决历史遗留问题、信息系统实用化提升与数据治理、资产产权证明清理7个专项行动方案，共29条关键措施，推动江门供电局高质量发展。

预算管理。以“十三五”财务经营行动计划为基础，持续优化未来三至五年资源主要投向及具体投入需求，滚动修编中长期预算。落实从严从紧要求，严控五项费用零增长。做好成本“1+8”节点管控计划，年初制定《月度节点管控计划》，供电成本均衡性同比提升0.6个百分点。常态化开展工程项目月度分析，单项修理项目成本节约率达5.71%。

工程资产管理。试点开展“四个统一”财务领域工作要点编写及信息化改造，按“站、线、台区”优化517个项目群的工程财务管理。完成实物“资产墙”分析，5月，编制实物“资产墙”分析管理报告，分析设备集中退役的变动趋势，提出设备投资、运维及退役策略建议6条。开展基建工程成本分析，8月，编制2017年基建工程成本分析报告。加强有效资产管理，首次开展全类别资产清理。同月，出台2018年设备资产账卡物一致清理专项工作方案，计量设备账卡物一致率100%，一次设备账卡物一致率99.9%，全省排名第一。《生产设备账卡物一致清理工作技术问答》在全网推广。出台《暂估卡片转正式入账及拆分资产卡片指引》等4项管理规范，在全省范围推广应用。2018年，江门供电局总资产周转率为91%。固定资产报废资产净值率7.54%、同比下降0.07个百分点；产权证明办理完成率177%，补办总量全省第一。

资金管理。持续做好网络结算“四专”（专人专时专房专机）管理。保证不相容职责相分离，严控网络结算风险。积极应用财企直联，财企直联比例达到98%，充分利用财务公司平台，实现审批、支付一体化，提高结算效率，资金计划准确率达98.73%。

财务风险控制与内控。扎实开展资金安全、内部控制和会计基础专项检查。完成自查自纠和交叉检查工作，实现两个100%全覆盖，发现问题100%整改。

三、物资供应

采购管理。深化需求管控，推进招标改革。积极应对物资招标采购权限的变化，编制2018年授权采购计划，通过整合采购需求，压缩采购项目数量，选择恰当采购方式，集中编制采购方案和采购文件，同类型项目统一专家抽取类别和数量等手段，提高采购质量和效率，优化采购服务资源，解决过渡期协同问题，实现招标体制改革平稳过渡。全年签订物资合同2291份，采购集中度达98.27%。加强合约与品控管理。全年履约到货合同2129份。

供货商管理。以供应商失信处罚、履约评价、廉洁预警等手段震慑供应商，加强供应商的诚信和合规管理；采取多交流，常提示、前管控，实现与项目建设进度的无缝衔接。加大物资品控管理的力度，成立监造工作小组，明确见证关键点环节，利用省品控中心技术支撑，助力解决监造过程中发现的问题并确保彻底消缺，全年完成14个主网项目监造工作，保障江门新会司前输变电等重点工程的顺利推进；到货抽检44批次，同比增加18.9%，品控计划实施率达100%，物资实现设备零缺陷移交。

仓储管理。紧靠“云大物智移”思路，在江门供电局一级仓库推动智能化仓库建设，开展以条型码与智能货架技术相结合，落地实施《应用及推广智能定位式货架，强化库存物资自动化管理》精益项目。初步完成设备选型工作，实现物资供应的信息流与实物流匹配，促进仓储发展向两精两优目标迈进。

逆向物流管理。闲置物资再利用率达100%。全年完成3批次报废物资处置，资金回收率达100%。

应急物资供应。根据防风防汛要求，在台风登陆前，全面梳理全区库存物资，有针对性的对受影响较大的地区、离岛实施提前预测需求及调拨配送，确保灾后抢修复电的物资供应。

四、审计监督

深化审计体制改革，开展项目审计，以项目为抓手，履行审计监督职能。7月，广东电网公司党委对江门供电局党委开展机动式巡察。6—7月，广东电网公司对江门供电局进行原局长李铭均离任经济责任审计。强化风险意识，提升审计服务职能。积极探索审计业务“三个新尝试”。一是审计监督关口前移新尝试，审计人员列席重要采购项目的定标会议、组织县区供电局开展审计风险排查等，共同加强经营风险防范力度。二是自主开展离任审计新尝试。江海供电局原局长梁沃涛离任审计是江门供电局审计队伍成立以来首次自主负责的项目。三是审计业务培训形式新尝试。邀请局领导、业务专家以“微课堂”的方式讲授审计管理要点，分享工作经验，提高审计人员的大局意识、职业素养、业务能力。

机构设置。9月，组建成立审计部，管理人员共6人，其中：主任1人、副主任1人、专责2人、借调2人。县区供电局办公室设置兼职审计人员7人。有效整合内部审计资源，完成内审组织架构调整，加快内审工作转型、服务企业战略发展目标，提高内审计管控的独立性和权威性，强化审计监督、评价、服务职能，助力企业提高依法依规经营水平。

审计管理。审计部成立以来始终坚持以从严治党引领审计工作、以风险为导向开展审计监督。严格执行“十不准”审计工作纪律，提升审计队伍的政治素质和纪律意识。运用监督执纪“第一种形态”、签署《廉洁承诺书》等形式，规范审计行为，防范廉洁风险。切实履行审计监督职能，统筹调配审计资源，科学安排审计计划，扎实开展审计项目，充分发挥了审计“免疫系统”的作用。

审计项目及整改。全年开展9个审计项目，分别为江门供电局2018年“暖心工程”审计、电费差错管理审计、扶贫项目资金管理审计、技改修理项目效益审计、瘦身健体提质增效有效资产审计、物资需求及采购管理审计、“业扩提速”审计、江门供电局原局长李铭钧离任经济责任审计和江门江海供电局原局长梁沃涛离任经济责任审计。共抽查工程项目1907项；抽查大用户4077户、其他用户18 770户、居民用电户35 729户；审计发现问题119个，提出审计建议119条。完成了网省公司对江门供电局开展的9批次11个基建工程竣工决算审计的迎审配合工作，加快了基建工程转固，提增有效资产。完成2017年审计发现问题共65项的整改。对国家审计署、网省公司及江门供电局近年审计问题进行全面梳理，完成审计专项治理问题整改179项，完善制度执行17项。

审计成果应用。2018年，江门供电局实现重点领域、重点项目、重大资金的审计监督实行全覆盖，有效揭示和防范风险，建立整改长效机制，推进难点问题整改，助力企业价值提升。共提出审计建议119条。一是围绕从严治党开展了党费专项审计，进一步规范党费使用和管理，提出管理建议3条；二是围绕供应服务能力开展了“业扩提速”审计、电费差错专项审计，促进企业切实提升供电服务能力和客户满意度，提出管理建议37条；三是围绕安全生产运行开展了技改修理项目效益审计，提高供电可靠率，确保安全生产局面稳定，提出管理建议22条；四是围绕电网质量发展开展了物资需求及采购管理审计，关注重大投资建设项目管理情况，促进广东电网公司打造安全、可靠、绿色、高效的智能电网，提出管理建议16条；五是围绕经营质量和效益开展领导干部离任经济责任审计、“暖心工程”审计、瘦身健体提质增效有效资产审计，促进领导干部廉洁用权、干净干事；关注会计信息质量和压控目标的完成，促进广东电网公司经营质量和效益的提升，提出管理建议33条；六是围绕三大攻坚战开展了扶贫项目资金管理审计，促进扶贫资金精准有效使用，确保国家重大政策落地，提出管理建议8条。

五、法治工作

全年在办睦州虾苗场协助停电案、蓬江轮换电表死鱼案、台山低压触电人身损害赔偿案、江海房屋损害赔偿案、新会青苗补偿案等诉讼案件33宗，通过组织庭前讨论、现场分析，优化诉讼策略，全年实现胜诉率93.75%。主动维权11宗。法律诊所接受法律咨询294宗，出具法律意见书25份，审核授权委托书191份。审核合同1370份，提出修改意见426条，审核采购文件336份。为竞争性业务的整合发展、规范管控、法人治理提供全过程专业支持。超额完成资产产权证明清理专项行动年度任务，数量全省第一。法治文化建设。3月，荣获广东省司法厅颁布的2018年度省法治文化建设示范企业称号。11月，助力江门市政府通过省司法厅“七五”普法中期检查。12月，获江门市“谁执法谁普法”评议优秀称号。

11月，制订法治企业建设工作方案，全面承接上级建设要求，按“可复制、可展示、可评价、全覆盖”原则，成立相应组织机构，明确3工作阶段9个重要节点，深入开展企业治理、作业标准、业务经营、法治文化、法律保障、组织领导6个维度的建设，制定27项工作措施，形成职能部门、县区供电局、供电所3个层面的法治企业评价标准，并对建设任务进行分解，按期推进法治企业建设。

5月，制订2018年度重大法律风险防控方案，送法到一线，与班组共同讨论、完善制订配合政府停电、树障清理等高风险领域防范措施。全年办结15宗，实现胜诉率93.75%，主动维权11宗。全年签订经济类合同1243份，审核采购文件332份，提出法律意见 272条。法治文化建设。2月，获评“广东省法治文化建设示范企业”；11月，代表江门市迎接省司法厅“七五”普法中期检查，助力江门市通过考评；12月，参加江门市首次国家机关“谁执法、谁普法”履职评议并获得“优秀”等级评价。年内，运用精益工具开展精准普法课题，构建起对象精准、内容精准、形式精准的普法体系，组织开展员工、社会精准普法活动共12次，参加人员6000余人次，12月1日组织的“宪法日”普法活动吸引1000余民众参与；6月至9月，创新普法形式，运用制作《桉声与安生》普法动画、《新时代 新宪法》普法AB剧，开展法治主题演讲等新普法形式开展普法宣传，其中江门供电局选手获得广东电网公司法治主题演讲比赛二等奖。

改革创新

2018年，江门供电局“创一流”评价得分107.23分，达到世界一流水平，7家县区供电局自评得分达到国内一流水平。新增五星班站所2个，分别为雅瑶供电所和变电一所检修四班，四星班站所45个，新增数量居全省第二，三星及以上班站所覆盖率达到59.7%。精益管理。4月，编制年度精益项目库，实施精益项目173项。7月，组织举办了发展四区第一次精益管理论坛。11月，举行精益项目年度发布会，表彰了29项优秀项目成果。12月，56人通过2018年中质协精益带级绿带考试，焦宇峰通过黑带考试。全员自主改善与管理创新成果。11月，基于供电企业“12345”廉政管控模式建设研究及实践获2018年中电联电力创新奖管理类一等奖。同月，QC项目3项获国家级奖项。7S劳动竞赛全年共申报合理化建议及现场改善成果2784项，人均1.4项。

规范竞争性业务管理，积极开拓新兴业务市场。9月，制订竞争性业务整合发展行动计划（2018—2020年）及相关板块整合发展实施方案，统筹推进竞争性业务发展。开展竞争性业务管控体系设计，划分管理界面，持续规范竞争性业务管理。截至2018年底，所属大集体企业共32家不含已决策注销的13家，其中电力工程建设含设计、监理企业19家、综合能源企业1家、电力综合服务企业10家，信息通信企业1家、装备制造企业1家；总体营业收入同比增长11.13%；利润总额同比增长0.14%；根据“一地市一设计一物业”的总体布局，施工板块建立“1+5”的主配网协同运营模式，设计和物业板块建立“总公司—分公司”模式，整合业务、调整管理机构，决策注销法人数量7个；顺畅、输变电、明鹤电力、四维电力4家公司获广东电网公司年度业绩优秀企业称号。

◎ 2018年9月27日，江门市江腾电力投资有限责任公司揭牌成立

党群工作

一、党建工作

政治建设。江门供电局党委把政治建设摆在党建工作的首位，将深入学习贯彻习近平新时代中国特色社会主义思想作为各项工作的重中之重。认真贯彻落实南方电网公司党组一号文件精神和广东电网公司党委的工作部署，按照新时代党的建设总要求，树立“党建引领业务”思维，用“抓领先、补短板、强基础”的方法，有效发挥好“三个党员，四个群众”的职责，工作成效明显，荣获南方电网公司2017—2018年度先进基层党组织称号。江门供电局党委充分发挥党委“把方向、管大局、保落实”作用，贯彻落实中央、省市及网省公司关

于转型发展、精准扶贫、服务粤港澳大湾区发展等重大战略决策部署，从农网改造升级、消纳清洁能源、产业精准扶贫等方面助力打赢“三大攻坚战”，以优化电力营商环境，服务江门融入粤港澳大湾区、打造落实“四个走在全国前列”示范城市，连续10年获评江门市政府公共服务满意度第一，同时有序推进组织机构改革和大集体企业整合发展，主动支持和参与电力体制改革和能源科技革命，确保了企业发展局面平稳、步伐稳健。全年先后召开党委中心组学习共计34场次，4次专题学习研讨。2月，召开“2017年度党员领导干部民主生活会”。组织党员领导干部收听收看马克思诞辰200周年纪念大会，22名处级干部参加广东电网公司7期处级干部轮训班，并邀请广东省委党校教授以及国务院国资委专家为党支部书记讲解党章及十九大精神。全年组织163场党支部层面宣讲会，由各级党委班子成员成立宣讲团深入到党建联系点宣讲党的十九大精神，实现了党的十九大精神对基层党组织和基层员工的全覆盖。领导体制改革与班子建设。江门供电局党委以“1236”党建模式为抓手，全面推行“党政一肩挑”模式，设立执行董事长。在竞争性企业，成立江门市江腾电力投资有限责任公司党委。6月29日，根据领导班子成员调整情况，调整江门供电局领导基层党建联系点，同时建立基层党建联系点日常联系、沟通汇报、反映问题“直通车”和“建档立卡”管理四个机制。严格党内政治生活，3月16日和8月24日，江门供电局党委分别组织召开全面彻底肃清李嘉、万庆良流毒影响专题民主生活会和江门供电局巡视整改暨全面彻底肃清李嘉、万庆良恶劣影响专题民主生活会，并指导督促县区供电局党委开好专题民主生活会。

组织建设。各级党组织进一步健全完善，完成了多经企业党总支部等4个党总支部及审计部党支部等60个党支部的换届改选工作，撤销了直属党总支部下辖的离退休党支部，新设立了江门市江腾电力投资有限责任公司党委，江腾公司党委机关党支部等15个党支部，新发展党员58名。至年底，江门供电局共有党组织200个，其中党委8个、党总支部9个、党支部183个；共有2692名党员，总数同比增长1.85%，其中，在职在岗党员2210名，离退休职工党员486名。持续推进党建基础管理评价。2016—2018年，除退休党支部外，共165个党支部通过基础管理评价，通过评价率100%。实施“督查挂旗”组织生活法，加大对党建工作考核的密度。加强党员管理，统筹建设“智慧党建”App，通过调查评价、统计通报、身边党员和制度查询等12个模块，实现党建工作精益化管理，是广东电网公司首个实现党建基础管理工作与大数据相结合的单位。制定入党积极分子“343”评价机制，对入党积极分子的意愿、素质、能力进行更为全面的评价。坚持党建引领业务。开展“我是党员走在前，一区双岗创一流”活动，由江门供电局机关或县区供电局机关、基层单位管理人员和班组三个层级党员构成党员责任区团队，对班组的指标升降负责，引领业务发展，抓牢抓实党员作用的发挥。在急难险重任务中锤炼党性，在创文攻坚战中组织开展“清癣亮城”专项行动，累计出动志愿者2159人次，清除电力设备“牛皮癣”3378处。抗击超强台风“山竹”时，成立抗风抢险党员突击队129支、47支青年突击队、56支顾家服务分队，组织1361名党员、420名团员和326名志愿者抗灾抢险。

二、思想宣传与企业文化建设

思想政治工作。江门供电局党委坚持以学贯彻落实习近平新时代中国特色社会主义思想为加强思想政治工作、宣传新闻与意识形态工作的主体主线，始终在学懂弄通上下功夫。党委理论学习中心组学习着重围绕习近平总书记系列重要讲话精神、党的政治建设、党风廉政和反腐倡廉、意识形态领域建设、国家法律法规等重点，全年开展中心组学习8次，其中4次季度集体学习研讨。全年组织163场党支部层面宣讲会，以“弘扬爱国奋斗精神、建功立业新时代”活动、编制“党的理论知识三字经”、举办党的理论知识竞赛等多种形式，促使干部员工树牢“四个意识”、坚定“四个自信”、坚决做到“两个维护”。

意识形态工作。落实意识形态工作责任制，中心组每半年研讨一次，并形成自查报告。在新闻应急与舆情处置方面举办2次演练，逐步规范平台管理。6月，成立心理健康协会，一直保持每月至少一次线下课堂，一次沙盘咨询的频率。新闻宣传。全年在中央媒体、省级媒体、地方主流媒体、重要的社会媒体上发稿86篇（次）。其中，《无人机清除飘挂物》在2018年9月登上央视10套《我爱发明》的舞台。通过道德讲堂、新员工培训、支部轮训、主题党日等方式和活动开展宣贯《南方电网企业文化理念（2016版）》，集中宣贯超过800人次。

企业文化与品牌建设。根据南方电网企业文化建设内容与要求，结合江门侨乡文化，提炼出百年江电“侨”文化体系，形成“感恩奉献、实干担当、开放包容、创新争先”的侨文化核心精神，搭建“1+4+8+N”文化体系。专业文化方面。深化“乐”安全文化、法治“联”文化建设。各级单位企业文化建设方面。根据

“侨”企业文化建设品牌及其核心精神，结合本地特色形成本单位的文化品牌，打造出包括江门新会供电局“心汇”文化、江门蓬江供电局“和”文化、江门鹤山供电局“精匠”文化、江门开平供电局“灯楼”文化、江门台山供电局“宁”文化、江门江海供电局“顾家”文化、江门恩平供电局“恩”文化以及江腾公司的“腾”文化。班组文化方面。从安全、服务、团队、暖心、传承、责任、创新、精益8个维度开展班组文化建设，至2018年底共形成较成熟的班组文化65个，打造出承接和体现南方电网企业文化理念的内容，具有本地和专业工作特色的鹤山雅瑶所“火龙”文化、江门变电站“一”文化、下川供电所“海”文化等一批优秀班组文化。有序开展“文化四礼”活动，先后组织江门供电局首届“入职礼”和“退休礼”，持续结合文化开展道德讲堂。自2005年获得首批全国文明单位后，由于间隔太长，2017年江门供电局被取消了复核资格，需要重新申报，跟江门市文明办沟通后直接认定为江门市文明单位。11月，被广东电网公司推荐申报南方电网2016—2018年度文明单位，并于12月到南方电网公司进行发布。持续通过“美丽绽放”“江电人的一天”等文化主题活动，组织江门供电局首届“江电工匠”和首届“十大杰出青年”评比活动，挖掘人物典型。输电二所莫钜槐当选为江门市2018年第四季度“江门好人”；新会供电局大鳌供电所陈求胜入选第七届“爱在江门”十佳道德模范最终决赛大名单。先后承办广东电网公司“岭南电动文化行”活动和“辉煌四十载，电亮新时代”活动。开展了什么品牌活动部分的品牌主题宣传放在这里，VI按照2018年规范要求进行全面梳理。《梅建威的48小时》《信念》等多部微电影分获“中电传媒杯”“中国电力新闻奖影视”各级奖项。

◎ 2018年11月23日，广东电网公司举行的“辉煌40载 电亮新时代”活动在江门500千伏变电站启动。图为江门供电局输电管理二所员工现场演示喷火无人机清障

三、党风廉政建设

全力推动全面从严治党责任落实落地，落实维护政治纪律与政治监督。把维护政治纪律，确保“两个务必”放在突出位置。5月，印发年度工作要点，细化落地措施95项，层层分解责任。以“两个责任”平台为抓手，督促各部门制定自我监督计划503条，滚动修编廉洁风险库，明确了24个领域114条风险，完善风险防控措施307项，促进内部监督与业务工作的有效融合。9月，分设监察、审计部，组建竞争性企业纪委、监察审计部，选优配齐纪检监察人员，提拔、调整县区供电局纪委书记2人。10月，下达“一岗双责”履职清单，发布党廉考核任务，以信息化手段推动“一岗双责”落实落细。纪检监察体制改革。运用监督执纪“四种形态”。分层级、分领域制定谈话提纲17份，常态化深入实践“四种形态”。推动各级党组织规范开展谈心谈话共开展谈心谈话6929人次，其中全面谈5154人次、重点谈2525人次。通过精准谈主动交代问题8人，巩固“减存量、遏增量”工作成效。梳理分析谈话记录970份，形成分析报告，强化谈话效果运用。加大立案查处的力度，全年给予第一种形态处理占比99.96%，第三种形态处理占比0.04%。对208名科级干部建立廉洁“活页夹”，参与重要人事初始酝酿5次，回复重用和交流人选党风廉政意见100人次，开展任前廉洁谈话7批次。

以案治本和监督问责。坚持把监督执纪力量瞄准主营业务关键环节，将市场营销、干部廉洁从业、“三重一大”执行情况等改革发展中的廉洁风险集中领域作为监督检查重点，开展集抄更换电表专项检查，针对4个县区供电局存在多抄或少抄客户电量问题，对差错集中的供电所所长进行诫勉谈话，对营业部主任进行提醒谈话，并发出监察建议书4份。开展公务回避排查，重点排查了各级领导人员（含供电所负责人）以及负责工程项目、物资招标、市场营销、组织人事等重要岗位工作人员共709人，4人进行了报备，对1名需公务回避的干部进行岗位调整。印发“扫雷”行动工作方案，梳理出九大领域共计182个常见问题。分别约谈12名职能部门主任，共发现问题30个，发出监察建议书21份，通报曝光17次。开展主责约谈2605人次、提醒谈话37人次、谈话函询3人次、诫勉谈话4人次。

作风建设。巩固落实中央八项规定精神成果，对公务接待、办公采购等六大方面开展检查，围绕2011年至2017年期间发生的所有业务开展检查，共发现7个问题，向办公室发出监察建议书。紧盯元旦、春节、“五一”等关键时间节点，节前发送廉洁提醒短信，节中开展监督检查，共发出廉洁提醒短信10 988条次，开展明查暗访75次，发现问题10个，发出通报8期。开展形式主义和官僚主义问题专项整治工作，组织160个党支部召开专题组织生活会，围绕11个。查摆突出问题18个。

四、工会与共青团工作

职工民主管理与队伍建设。2月7日，召开第三届四次职代会，表决通过了《2017年江门供电局企业负责人履职待遇、业务支出情况及江门供电局业务接待费使用情况的报告》。在3月和7月，分别召开了工会委员会扩大会议，表决通过了《江门供电局2017年工会经费审查报告》《2018年工会经费预算说明及江门供电局爱心互助金收支情况报告》和《江门供电局工会费用报销管理指引（2018版）》等。精心开展“江电工匠”等推优树模活动，3个集体、16名职工获省级以上表彰，营造了尊重劳动、学习先进、崇尚劳模的浓厚氛围。鹤山供电局鹤城供电所获得广东省“五一”劳动奖状，开平供电局赤水供电所配电运维班班长陈伟念获得南方电网公司“五一”劳动奖章。

劳动技能竞赛与职工创新。组织开展了江门市“技行五邑”电力系统继电保护工、电能计量装置检修工、10千伏配电线路带电作业等3个工种技能竞赛，参赛人数达212人，7个单位、25名选手分获市级团体、个人表彰。组织职能部门、二级部门及县区供电局共3820人，参加“南方电网公司第二届7S管理劳动竞赛”，获得南方电网公司级别奖项成果10个、广东电网公司级别奖项成果21个，总成绩全省排名前三，获广东电网公司7S管理劳动竞赛集体一等奖及“广东电网公司劳动竞赛先进集体”称号。组队参加广东省职工职业技能大赛继电保护工竞赛，获常规变电站比赛团体二等奖，陈嘉俊、张艳静、张俊杰获得比赛个人二、三等奖。在2018年全国“安康杯”竞赛中，江门供电局工会获全国“安康杯”竞赛安全文化宣传先进单位，张家耀、何海平获全国“安康杯”竞赛安全文化宣传先进个人。至2018年底，累计创建职工创新工作室17个，其中南方电网公司级4个、广东电网公司级13个，全年新增7个。以工作室为平台精心抓好服务积极推动职工技术创新工作，通过固化职工创新工作室管理制度、规范职工创新工作室管控措施、加强工作室培训和交流互鉴等一系列措施，培养创新人才，孕育创新成果，着力推动基层员工由技能型向技术创新型转变，深化与兄弟单位的工作室开展跨区域的协同创新、技能传承和成果共享，大幅提升了职工技术创新成果的数量及质量，推动提升职工创新管理水平。

服务职工与女工工作。全年各级工会干部共深入基层站所开展“职工小家”建设调研20次，研究制定解决问题的措施10条，为一线职工协调解决新建停车棚、供电所值班生活用品配置等问题8个。改善基层站所职工工作生活及文化体育活动条件，着力从环境优化、文化营造、人才提档、家风传承等维度打造升级版“四美”之家，共建成南网五星级模范“职工之家（小家）”2个、四星级模范“职工之家（小家）”51个、三星级模范“职工小家”56个，四、五星模范“职工之家（小家）”覆盖率全省最高。10月，江门供电局作为广东电网唯一代表在南网“幸福南网—职工之家”建设现场交流会上作经验汇报。履行工会劳动保护监督检查职责，指导基层做好相关劳动保护措施，降低职业危害风险，维护职工在生产过程中的安全健康。做细做实“五送”关爱工程，全年帮扶困难职工77人次，帮扶金额46万。重大节日对全体会员及交流任职干部、跨区工作职工及其家属进行慰问。全年走访慰问困难职工、患病职工、一线生产、重点工程、高考保供电、抗击台风抢修人员及家属等15 000多人次。

共青团建设及志愿服务。严格执行团内组织生活制度，指导并督促基层团组织开展好“三会两制一课”。全年累计开展用电服务、扶贫济困、支教助学等志愿服务活动382次。设立青马小组17个，组织开展学习86次。2018年，荣获广东省青年文明号集体2个；荣获江门市“五四”红旗团委和“五四”红旗团支部2个、江门市“共青团员先锋岗队”1个、江门市“青年文明号”集体4个；荣获了南方电网公司“五四”红旗团支部1个；广东电网公司“五四”红旗团委和“五四”红旗团支部2个、优秀志愿服务团队2个、优秀志愿服务项目1个。

五、扶贫工作

2018年，共有协助帮扶项目7个，其中江门市下达协助帮扶项目2个，县级市下达协助帮扶项目5个，各镇街是扶贫开发工作的责任主体，其党政主要领导是第一责任人，江门供电局及下属县区供电局均为协助落实单位，没有省定扶贫村和省定扶贫干部。具体为：江门供电局协助帮扶项目2个：江门市蓬江区白沙街道东成社区、开平市长沙街道。县区供电局协助帮扶项目5个：鹤山市宅梧镇漱云村、鹤山市宅梧镇靖村、台山市海宴镇洞安村和沙栏村、恩平市大田镇北合村委会、开平市沙塘镇芙冈村委会。7个协助帮扶项目合计协助帮扶扶贫资金13.6万元，共建档立卡数贫困户数142户472人，因精准扶贫动态管理，其中9户35人不纳入脱贫范围，至年底，即脱贫户数及人数共133户437人，脱贫比例达到100%。

韶关供电局

企业概况

一、组织沿革

韶关供电局为广东电网有限责任公司直属大型二类供电企业，前身是广东省广电集团有限公司韶关供电分公司，2005年5月更名为广东电网公司韶关供电局，2014年9月更名为广东电网有限责任公司韶关供电局。

二、经营范围

韶关供电局作为统一管理韶关电网的企业法人，主要负责韶关市武江区、浈江区、曲江区、乐昌市、南雄市、乳源县、仁化县、始兴县、翁源县、新丰县等3区7县范围内的电网建设、运行、管理和经营业务，为地方经济社会发展和人民生活提供电力供应和服务。截至2018年底，供电范围18 218平方千米，供电人口299.76万人，供电客户133.8万户，营业网点91个。

三、电网规模

截至2018年底，韶关供电局35千伏以上变电站130座，主变压器243台，容量共1163.77万千伏安，输电线路401回，总长6334千米。其中，500千伏变电站1座，主变压器6台，容量共150万千伏安，输电线路6回共862千米；220千伏变电站14座，主变压器32台，容量共615万千伏安，输电线路46回共1225千米；110千伏变电站72座，主变压器134台，容量共496.55万千伏安，输电线路183回共2576千米；35千伏变电站44座，主变压器77台，容量共52.22万千伏安，输电线路166回共1671千米。

四、组织机构

根据广东电网公司组织机构规范化设置的要求和实际工作需要需要，2018年，韶关供电局对组织机构进行了调整：6月22日，党建工作部更名为党建人事部（团委、新闻中心），并将原人力资源部的干部管理职能、原办公室的新闻对外宣传职能调整至党建人事部。监察审计部（纪委办公室）分设为监察部（纪委办公室）、审计部。挂靠机构设置调整：防范窃电与电力设施保护中心继续保留，并挂靠办公室；撤销培训与评价中心，其业务由人力资源部直接管理；撤销节约用电服务中心、主网项目管理中心，其业务调整至相应二级机构；离退休服务中心不再挂靠工会。成立综合服务中心（离退休服务中心），整合员工服务、离退休服务等业务。成立电网规划中心，负责电网规划、项目前期及设计评审等业务。成立项目管理中心，负责主网基建、非购置类生产及营销技改（应急类除外）、年度计划内修理等项目的建设实施。成立供电服务中心，整合原计量中心、客户服务中心、营销稽查中心、节约用电服务中心等机构及业务。

截至年底，韶关供电局内设14个职能部门、10个二级机构、9个县区供电局。具体如下图所示。

五、领导班子

2018年，根据广东电网公司党委决定，韶关供电局领导班子调整如下：1月27日，免去李勇的副局长、工会主席职务；免去何胜的党委委员、纪委书记职务；朱穗宁任党委委员、纪委书记；5月18日，吴亦竹任党委书记、执行董事，免去其党委副书记、局长职务；免去韩招文党委书记、王汉华副局长的职务；黄松波任党委副书记、局长（总经理）；曾智任党委委员、副局长。6月25日，钟卫良任党副书记、工会主席。

截至年底，韶关供电局领导班子成员如下：

党委书记、执行董事：吴亦竹

党委副书记、局长（总经理）：黄松波

党委副书记、工会主席：钟卫良

党委委员、纪委书记：朱穗宁

党委委员、副局长：秦平

党委委员、副局长：彭子平

党委委员、副局长：曾智

副调研员：张美娟

六、人员状况

截至2018年底，韶关供电局共有职工4332人，其中博士2人，硕士92人，本科生1559人，专科生1249人，中专及以下学历的1430人；已取得专业技术资格人员共

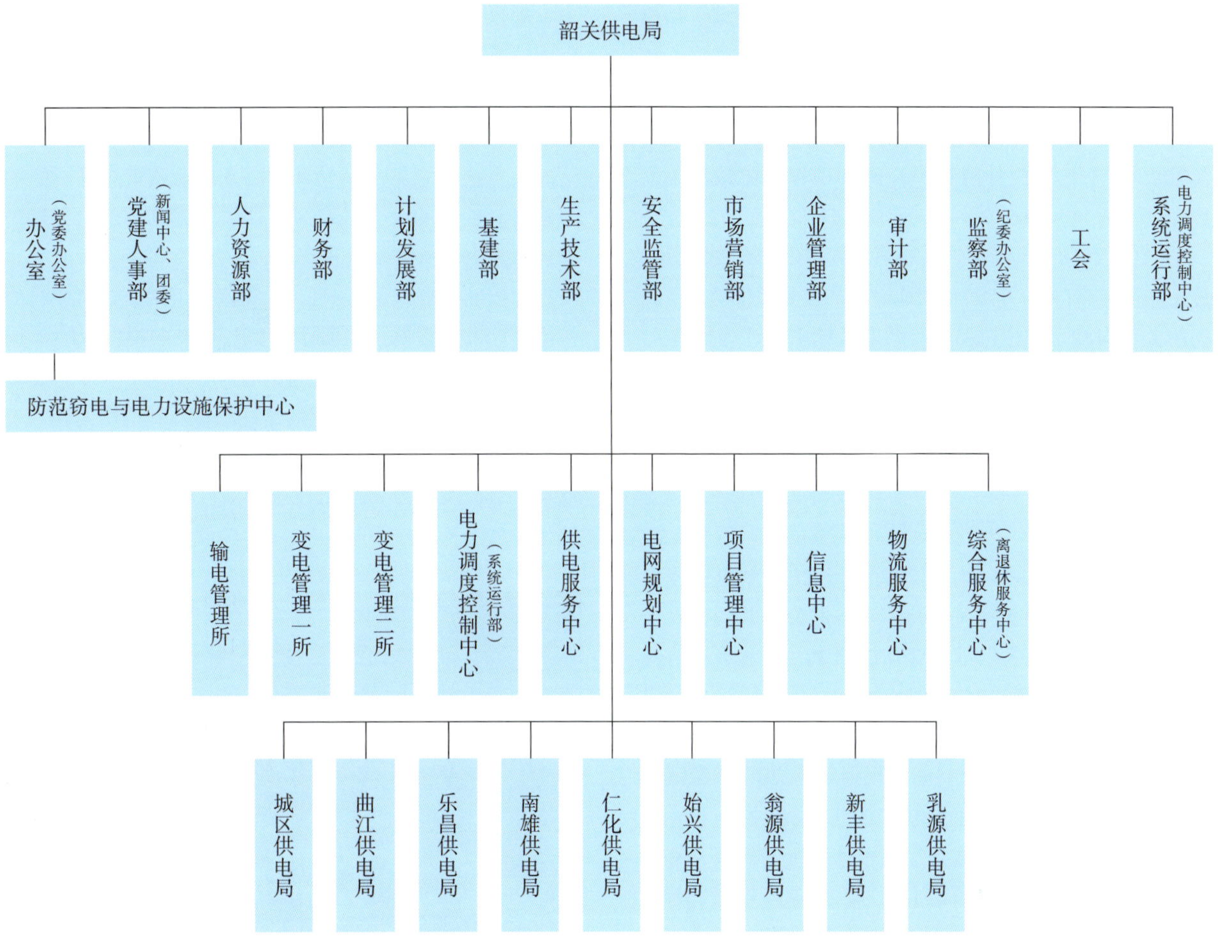

1620人，其中高级职称110人，中级职称650人，初级职称870人；已取得技能等级共3376人，其中高级技师37人，技师323人，高级工1520人，中级工1127人，初级工369人。

十件大事

（1）4月23日，韶关供电局制定发布《“云梯计划”人才培养方案》，以打造科级干部、后备干部、百名俊才、墩苗人才的人才梯队。

（2）5月16日，韶关市政府召开全市2018年度电网建设工作推进会，与广东电网公司签订了“十三五”战略合作框架协议。同时，韶关供电局与县（市、区）政府代表签订了《2018年度加快推进电网建设工作协议书》。

（3）5月18日，韶关供电局召开干部大会，宣布广东电网公司对韶关供电局领导班子调整的决定，设立执行董事、局长（总经理）等领导岗位，实行“党政一肩挑”领导体制。

（4）9月4日，韶关220千伏雄董线启动送电。至此，220千伏华电南雄“上大压小”热电联产项目接入系统工程一期整体投运，完成投资8407万元，为华电南雄雄州电厂送出提供有力支撑。

（5）11月15日，韶关乳源两条10千伏配网线路率先投入自动转电功能，标志着广东电网首个山区智能电网示范区——乳源山区配电网实现了配网故障后的智能自动转供。

（6）11月16日，由广东电网公司主办的第二十三届粤港澳电力服务研讨会在韶关市乳源瑶族自治县举办。本届研讨会主题为“绿色智创·融聚发展”，来自粤港澳三地的专家学者就智能电网、优化营商环境等发布了8个论文演讲，并参观了乳源智能配电网展厅、雕子塘智慧电网示范台区。

（7）12月15日，韶关供电局计量自动化系统低压监测实现台区全覆盖，覆盖率为100%，共监测台区10 741个，监测用户219 223个，用户覆盖率为16.45%，成为全省第一个实现低压监测台区全覆盖的地市供电局。

（8）2018年，韶关供电局累计完成276项土地、房屋产权证明补办手续，其中，土地证24宗，房屋252宗。总体完成率在广东电网系统内排名第一。

（9）2018年，韶关电网统调负荷九创新高，最高负荷209.8万千瓦（12月31日），比2017年历史最高负荷181.6万千瓦增长15.53%。

（10）2018年，韶关供电局第三方客户满意度得分83分，同比提高1分，连续7年获地方公共服务评价第一，并在韶关市对82个单位机关进行绩效考核中被评为优秀。

电网发展

一、电网规划与前期工作

电网规划。5月，韶关市政府召开2018年电网建设推进工作会议，韶关市政府与广东电网公司共同签订了《韶关电网“十三五”战略合作协议》，各县区政府均与韶关供电局签订了加快推进电网建设工作协议书。以500千伏丹霞输变电工程为契机，完善220千伏以上主网网架。优化输电网规划项目库，规划新建220千伏游溪变电站、韶冶变电站、新庄变电站等11项输电网项目，满足空港产业园、曲江新城等片区中远期用电需求，解决电网运行风险。滚动修编“十三五”配电网规划，新、扩建主变2698台，新增容量177.3万千伏安，新增线路长度4721千米。规划跨县域互联网架完善项目，提高偏远区域供电点可靠性，到2020年D类地区联络率提高至71.52%。按照保底电网设防标准，进一步优化完善电网规划项目，将500千伏犁市输变电工程、犁市变电站配套220千伏线路工程和乌石片网架优化工程调入保底电网重点工程项目清单。7月24—25日，广东电网公司配电网规划建设现场会议在韶关（乳源）召开。滚动修编乳源智能电网专项规划，完成2个批次共11个试点项目可行性研究，完成上桂村光储微网、必背镇大村支线水电微网、刁子塘智慧台区、云门寺智慧用电等4项工程建设。11月，参加海南博鳌论坛，介绍了乳源智能电网示范项目建设的经验。全年风电新增装机容量为12万千瓦；光伏新增装机容量为20.14万千瓦。同月，广东电网公司配网规划建设督导组对韶关供电局配网规划建设工作进行督导，就韶关配电网提出了补充规划中心人员、细化“十四五”规划逐年的目标与指标、细化问题库和规划项目库编制标准并向县区供电局传递到位等42条建议。根据督导意见，编制并印发规划计划管理体系文件，制订规划督导发现问题管控清单，有针对性地加强配网规划和建设。

项目前期工作。按时完成主网前期工作12个节点，完成情况全省并列第一。其中，500千伏丹霞输变电工程通过国家电规总院的审查，并在1月取得南方电网公司的可行性研究报告批复意见，5月，分别取得了省自然资源厅的项目选址意见书及站址和塔基用地预审意见、韶关市政府对项目的社会稳定风险评估意见以及市水务局对项目的水土保持方案批复意见，6月，取得了省发改委对项目的核准批复意见，8月，取得南方电网公司对项目的初步设计批复意见。该项目进度比正常工期提前了1年以上，获得网、广东电网公司的赞扬。此外，3月完成核准220千伏尖峰输变电工程的站址调整及其他相关调整工作，确定了110千伏赤水和数谷输变电工程的站址。全年批复五个批次1329 项中低压配网项目可研，投资约12.27亿元。

◎ 2018年5月16日，韶关市政府召开全市2018年度电网建设工作推进会，时任广东电网公司党委副书记、总经理庞骁刚（右三）、副总经理李铭钧（右二）参加会议。图为会议现场

二、工程建设与管理

2018年，韶关供电局共完成固定资产投资14.44亿元，其中，主网建成投运110千伏及以上项目4项，完成投资2.9亿元，同比增长12.72%。新增主变4台容量10万千伏安，新增输电线路4条74.7千米。配网建成投运项目1341项，完成投资7.6亿元，同比减少25.38%，新增配变容量23.56万千伏安，新增10千伏线路1362千米。小型基建建成投运项目38项，完成投资1.03亿元，同比增长90.93%。

主配网工程建设情况。5月11日，110千伏南华变电站2号主变投运，新增变压器容量4万千伏安。5月18日，35千伏周陂变电站投运，新增主变容量1万千伏安。5月30日，35千伏松山变电站投运，新增主变容量0.8万千伏安（客户资产）。6月29日，110千伏乐高光伏电厂1号主变投运，新增主变容量6.3万千伏安（客户资产）。7月1日，220千伏雄州电厂投运，新增主变容量86万千伏安

（客户资产），配套接入系统工程一期投运。9月19日，110千伏石堡变电站投运，新增主变容量4万千伏安。12月12日，35千伏长溪变电站投运，新增主变容量1万千伏安。12月22日，110千伏金煦电厂1号主变投运，新增主变容量10万千伏安（客户资产）。6月1日和7月15日，主变扩建项目马市变电站、大塘变电站扩建主变投运，新增容量0.23万千伏安和1.2万千伏安。此外，韶关第二座500千伏变电站（丹霞站）建设正在推进，计划2021年投运。大力推进供电所基本建设，38个供电所项目于11月30日前全面封顶，12月30日前全面主体竣工。农网投资计划7.35亿元，完成投资7.35亿元，其中，涉及贫困村电网投资3761万元，6月30日前全面完成40个省直中直驻点贫困村电网改造。积极助力精准扶贫、乡村振兴和美丽乡村建设，按时投运1341个配网项目100%，其中包含：省定贫困村项目119个，自供区改造项目72个，小康电示范县项目159个。

在建设过程中，红车变电站的设计采用35千伏简易变电站形式布置，具有投资省、占地省、建设快、审批快等优势。承接网省公司各项工作任务，将标准建设、安优文创建、精益管理、“四新”应用、统一建设等内容融入智能配电房建设。乳源智能电网示范工程应用了配电房智能综合管理系统，可通过云端运维监控中心可以查看配电房的实时动态，如配电房温湿度、主要设备的温度等；通过手机App可以实现配电房远程在线实时监控；可远程实现配电房内设备如照明、空调、轴流式风机的启动与关停机。工程还应用了三相不平衡治理系统，该系统由智能控制器和换相开关组成，智能控制器通过换相开关将后端负荷自动切换到其他相，实现三相负荷不平衡的实时调节，并可在手机App上查看。

运用新技术、新应用、新材料等多种方式，提升配电网装备水平。采用智能防雷、宽幅有载调压变压器、线路SVR调压变压器等新设备，在可靠物联的10千伏新会线智能防雷改造项目，安装线路型智能在线监测避雷器141只；安装台区型智能在线监测避雷器27只；安装LORA网关3台。通过对新会线及公用配变台区进行改造，实现高可靠的线路防雷和配变台区防雷，提高区域供电可靠性和安全性，提升智能配电网的运维效率。积极创建“安全、优质、文明”样板工程，乳城供电所粤电南水发电有限责任公司业扩配套工程、韶关220千伏华电南雄“上大压小”热电联产项目接入系统工程（一期）获得了样板创建金质工程。翁城供电所新增定南欧屋2号公变工程、仁化供电局丹霞供电所技术业务用房工程获得了样板工程，获奖率100%，获奖项目数量和金质工程数量均为历年之最。

电网运营

一、电力供应

2018年，韶关全社会用电量133.36亿千瓦·时，居全省第14位，同比增长11.62%，增速居全省第3位。其中工业用电量89.56亿千瓦·时，全省第14位，占比67.15%，同比增长12.51%，增速居全省第2位。韶关境内电厂装机容量665.5万千瓦，同比增长16.71%，其中火电容量404.5万千瓦，同比增长20.93%；水电容量209.7万千瓦，同比持平；风电、光伏、生物质等新能源容量51.3万千瓦，同比增长97.31%。全年上网电量187.05 亿千瓦·时，同比增长15.35%，其中火电上网电量113.8 亿千瓦·时，同比增长32.53 %；水电上网电量46.08 亿千瓦·时，同比下降17.2%；风电、光伏、生物质等新能源上网电量13.99亿千瓦·时，同比增长38.24%。自备电厂13.18 亿千瓦·时，增长22.04%，外来上网64.99亿千瓦·时，本地消纳133.36亿千瓦·时，外送郴州830万千瓦·时，南送省主网118.3亿千瓦·时。

全年电力供应形势平稳有序，统调电力负荷9次创出历史新高，最高负荷出现在12月31日，达到209.8万千瓦，同比增长了15.53%；全年平均负荷率为83.02%，同比降低0.62个百分点；最大月均负荷率86.91%，同比降低2.45个百分点；最小月均负荷率77.21%，同比降低0.76个百分点。丰水期间，实现水电全消纳。清洁能源并网通道容量裕度充足，未发生因网络受限而影响清洁能源消纳的现象。全年未发生有人为责任的“弃水、弃风、弃光”问题。

二、电网运行

全面完成安全生产考核目标。深入分析韶关电网年度四大类风险，完成防范系统运行风险21项重点工作，按照“一风险一预案”要求，对韶关电网139项三级事件及以上风险均制定针对性事故预案，并进行了电网黑启动、防风防汛应急等各项演练。合理安排电网运行方式，全年完成基于问题的电网风险管控31项，其中，Ⅴ级13项，Ⅳ级18项，全部管控到位。6个县区供电局获评“广东省安全文化建设示范企业”。主配网共清理树障1.18万亩，修剪超高树木超过67万棵，处理树障重大缺陷4085处。3月，编制《事故限电序位表》《三级快速限电序位表》《超计划限电序位表》以及《大用户紧急避峰负荷表》并报市经信局备案。及时向中调反映网电指标情况，争取足够的电力供应，全年未出现因主网原因的错峰事件，保证了电力有序供应。优化检修方式安排，保障丰水期的电力送出，充分利用地区有库容电厂的调节能力，优先保证风电和光伏电厂优先上网，确保新能源100%消纳。6月起，开展城乡涉电设施安全专项整治，发现并处理隐患1.37万项。首次利用无人机抛挂牵引绳在不停电情况下消除线路缺陷，通过“机巡+人巡”协同巡检，实现对110千伏及以上线路机巡全覆盖。9月，韶关第一台变电站巡视机器人在500千伏曲江变电站投运，变电巡视向智能化发展。落实输变电状态监测中心建设，搭建平台。截至年底，韶关电网连续安全运行7088天。

资产全生命周期管理。全年开展电网账实核查工作，开展账实清查工作和现场设备拍照、保存、上传工作，并对账实不一致和照片缺失等问题进行整改。针对需停电才能进行账实核查及拍照的设备，要求结合停电检修计划同步开展。做好退役审批，把好审批管控，把退役审批提前到可研阶段，同时提高报废资产净值率在生产项目立项中的权重，严防健康设备提前退役。提高信息化支撑，建立设备再利用机制。11月，完善资产在法人内部调拨和跨法人单位交易管理规定及操作指引，促进闲置设备在全网不同地域间合理再利用，提高设备利用率。2018年韶关供电局资产报废净值率为6.12%，达到国际一流水平。

生产运行管理。4月，印发生产技术管理重点工作，落实电网风险管控，根据电网风险动态调整设备管控等级，做好设备特巡特维管理。加强设备日常运维管理，以发现、消除隐患和缺陷为重点，以恢复设备性能和延长设备使用寿命为目标，坚持“应试必试、试必试全，应修必修、修必修好”的原则，做好局属电气设备的修试工作。全年累计完成1756台110千伏及以上一次设备预试、868台一次设备规范化检修、430项反措，消除紧急、重大缺陷6783项，消缺率、消缺及时率均达到100%。对关键重要变电站的紧急重大缺陷做到一缺陷一分析，牢牢守住安全生产底线，提升设备精益化管理水平。强化生产线条的精益管理，开展班站所星级班组建设，2018年产生3个四星级班组及29个三星级班组。开展7S管理，开展合理化建议、现场改善项目，生产线条人均条数大于1.5。

停电管理。精益管理停电计划和停电次数，固化“能带不停”作业模式，全年带电作业5067次，增长261%，组建快速复电应急协调平台，开展低压保电950次，同比提升30%。2018年度配网、馈线自动化覆盖率分别达88.2%、85.2%，同比分别提升13.1、27.3个百分点。配网自动化实用化水平在广东电网公司实用化查评中排名全省第三，多项核心关键实用化指标均处于领先位置。年度用户故障时间3.19小时，同比下降42.63%。高损线路、台区降损完成率为100%；两个线损异常率分别为2.36%、1.92%，在全省分别排名第7、第8。全年更（轮）换重过载变压器125台，改造低压台区266个。用户平均停电时间7.77小时，同比降低55.01%。综合电压合格率99.974%，同比增长5.7%。指标均优于满分值。全口径客户平均停电时间7.77小时，下降55.01%。平均预安排停电时间、故障平均停电时间下降均超过50%。1小时区域客户平均停电时间0.58小时，同比下降84.2%。

三、安全生产

2018年，韶关供电局全面实现了“两个确保，三个杜绝，四个不发生，两个减少”的安全生产目标。全年共发生五级及以上事件23起，同比增加5起；其中，三级事件2起，同比增加2起；四级事件1起，同比持平；五级事件20起，同比增加3起。发生社会人员触电事件2起，同比增加1起。百万工时工伤意外率指标完成值1.06。

安全监管。1月，组织开展春节前安全生产大检查暨2017年安全生产大检查“回头看”。5月，开展春季暨迎峰度夏安全生产大检查。成立了以安全生产第一责任人为组长的领导小组、7个专业检查组和局领导带队的复查工作组，深入检查安全生产各项业务运转有效性，促进各级安全生产责任落实到位，进一步强化安全生产监管力度。开展施工作业风险管控专项核查及治理，针对违章发现率不足8%的3个县区供电局，开展了为期1周的专项核查及治理行动，发现违章现象及管理不到位的问题共计211项，从业务管理、工作作风和队伍状态等三个方面对问题进行了深入分析，督促责任单位实施整改。9月，开展秋季暨国庆节前安全生产大检查工作。同时，将多经企业纳入安全管理，监督指导多经企业建立安全管理机构和制度标准。方夏公司、小岛公司和擎投公司成立安全监管部门，搭建了安全管理制度框架，组织签订安全生产责任书，共计2807份；组织开展多经企业安全生产现状调查和检查，发现问题共计155项，均已制定整改计划，明确了责任人和整改完成时间。

安风体系建设。2月5日，制订安全生产风险管理体系推进工作方案，明确了年度体系建设目标和体系推进重点工作计划38项，成立了体系运作组织机构。3月，制订安全生产风险管理体系班组沟通机制实施方案，明确了班组沟通内容、要求和沟通人员，定期收集班组沟通及问题整改情况。全年共收集班组沟通问题142条，已全部完成整改。7月，组织开展安全生产风险管理体系信息化应用集中审核，通过对已实现系统功能的体系要素进行审核，对信息系统应用存在的问题及原因进行了分析。

安全隐患专项治理。1月起，组织开展配网设备隐患专项排查治理、乡镇供电所防范人身事故安全隐患排查、防范社会人员触电等安全隐患排查、供电设施触电安全隐患排查，发现隐患13 973项，完成整改13 973项，完成率100%。组织开展用户设施触电安全隐患排查，发现隐患1247项，完成整改206项，完成率16.52%。深化政企合作的线行清理模式，清理树障5044亩。强化生产项目外包作业清单式管理，刚性执行安全许可准入机制，常态开展生产项目安全督查，对检查发现问题开展销号整改。根据承包商违章扣分进行责任追究，落实承包商资信奖惩。

应急与保供电。在防风防汛工作。全年共发布1次防风防汛蓝色预警，1次防风防汛Ⅲ级响应，3次防风防汛Ⅳ级响应，累计出动应急抢修人员560人次，应急车辆170台次，有效应对了台风和强降雨天气对电网的影响；同时派出195人、51台车辆，完成了支援阳江、湛江、肇庆台风“山竹”抢险复电任务；派出6台应急发电车共计22人，完成支援阳江阳春市抗台风“山竹”保供电任务。10月，按广东电网公司防冰抗冰设备管理21项工作计划，清理冰区线路树障790处，高杆植物19.7万棵。完成关通线等4回220千伏线路地线绝缘化改造、新装16台覆冰在线监测装置。在防冰抗冰工作。年初共发布2次蓝色应急预警，1次黄色应急预警及2次IV级应急响应，累计出动1449人、66台应急发电装备、1辆移动融冰车、6部卫星电话、1台应急餐车开展防冰抗冰，对3条主网线路、1条配网线路进行融冰，成功应对两轮低温雨雪冰冻灾害，得到省、市领导的肯定和表扬，被评为抗冰工作先进单位。完成韶关市兰博会、高考、国庆等143项保供电任务。

◎ 2018年6月6日，广东电网公司全力做好高考保供电工作。图为韶关供电局南郊供电所保电人员在韶关中考现场检查发电车情况

安全文化推广。组织各单位每季度报送安全文化优秀案例和班组安全故事，成立委员会对安全文化案例和安全故事视频进行评选，并报送安全文化案例一等奖作品以及将一等奖安全故事作品改编成舞台剧在广东电网公司安全文化节展出，2个安全故事视频作品分获广东电网公司二、三等奖，分别是曲江供电局安全故事视频《10千伏》获广东电网公司“讲好安全故事”宣传大赛二等奖，城区供电局安全故事视频《我的一天》获广东电网公司“讲好安全故事”宣传大赛三等奖。2018年，城区、乐昌、曲江、新丰、翁源、乳源供电局等被评为广东省安全文化建设示范企业。乐昌供电局被评为南方电网公司县级供电企业安全生产先进集体，韶关供电局系统运行部主任邹挺被评为南方电网公司安全生产先进个人。

市场营销

一、优化营商环境与客户服务

积极落实电价调整、市场化交易、业扩投资界面延伸、减税降费清退临时接电费等政策，按照《广东省发展改革委关于降低我省一般工商业电价有关事项的通知》要求，一般工商业用电自2018年4月1日起，每千瓦·时降低1.78分；按照《广东省发展改革委关于降低我省一般工商业电价的通知》要求，一般工商业用电自2018年5月1日起，每千瓦·时降低0.58分；按照《广东省发展改革委关于再次降低我省一般工商业电价有关事项的通知》要求，一般工商业用电自2018年7月1日起，每千瓦·时降低5.7分，国家重大水利基金征收标准统一降低25%（国家重大水利基金每千瓦·时降低0.13分）。一般工商业电价比2017年底下降8.19分/千瓦·时，降幅达11.11%，业扩延伸至用户红线，延伸比例达99.9%，为客户节约投资4.5亿元，加上落实降电价、市场化交易等，共为用户节约成本9.84亿元。按期完成国企家属区“三供一业”接管和维修改造工作。全年接收“三供一业”供电业务3.8万户并抄表到户。6月，制订进一步提升供电服务水平优化电力营商环境实施方案，确定重点工作任务9项32条具体措施。从用电业扩报装、业扩配套项目（外线工程）、客户受电工程三个方面查找用电审批效率不足之处，精减业务办理环节和资料，全力提升办电效率，中、低压客户业扩报装流程缩减至2～3个环节，中压业扩报装平均用时缩至60.74天，同比下降30.6%。实现互联网统一服务平台关注数64.23万人，互联网业务办理比例73%，线上报装办电率达73%。进一步优化服务，解决了包括韶关金宝铸造有限公司等14所“倍增计划”企业的电力需求，在职责范围内尽最大努力帮助企业排忧解难。5月17—18日，国家能源局南方监管局局长陈建长一行到韶关供电局调研，充分肯定了广东电网公司在提高营销服务水平、降低“12398”投诉量、优化地区营商环境等方面取得的成绩。全力满足项目和企业需求，由各级党委班子成员带头联系148项市重点项目，挂点联系东阳光、韶钢、韶能等重点企业，党员服务队对接产业园区用电需求。2018年，“12398”“95598”客户投诉同比下降75%、31%，连续7年获地方公共服务评价第一。落实销号式管理，着力解决营业厅服务、停电、业扩、抄核收、低电压五大服务短板，发挥好全方位服务委员会的功能作用，提升部门协同配合力度，提升客户问题解决效率，改善客户服务体验，持续提升客户满意度。2018年，第三方客户满意度测评得分83分，韶关供电局第三方客户满意度同比提升1分，在政府公共服务公众满意度评价中连续7年排名第一。

二、营销基础管理

线损管理。5月，制订管理线损降损工作方案；10月，加快推进分区同期线损统计工作，统一规范了全局异动管理事项、异常闭环要点，持续开展对连续3个月及以上线损异常的线路、台区进行重点整治，将存量异常纳入销号式管理，有效确保“两个异常率”有序下降。按照“线损合格一片、电费发行一片”要求，开展线损动态监测，以线损精益管理为驱动，依托计量自动化系统支撑，建立线损动态监测机制，全面核查完善系统网供及购、售电线损模型档案的准确、可靠，进一步夯实计量自主运维基础，提高同期线损统计分析的时效性和准确性，协助提升线损四分的精细化管理。受地方电倒送省网8个亿的影响，截至2018年12月，累计综合线损率3.89%同比提升0.17%，10千伏及以下有损线损率3.52%，同比下降0.56%；线损线路异常率9.05%，同比下降17.83%；台区异常率4.65%，同比下降16.37%。2018年共查处违窃电277宗，其中查处窃电213宗，查处违约用电64宗。

系统应用。12月，在全省率先实现计量自动化系统台区电压监测全覆盖，低压监测用户达23万户，提供海量用户电压实时的电压监测数据，为进一步解决居民端电压合格率提供数据保障，将有利于解决韶关电压质量短板。低压集抄及计量自动化系统应用位居全省第一，电子化结算率连续12个月在全省排名第一，至年底，成为全省第一个真正实现全量用户100%自动抄表的地市供电局。开展数据创新，深化数据价值挖掘。严控增量台区低压监测覆盖工作，助力低电压台区治理，该工作被南方电网公司列入计量自动化系统数据深化应用优秀实践案例推广60例。坚持有效经验和做法，全面推进智能运维工单扭转和智能运维App应用，建设运维“平台”。依托计量自动化系统数据回流，创新开展大数据分析，挖掘数据潜在价值，利用大数据处理技术，通过对用户的窃电行为特征数据分析，建立反窃电诊断预警指标体系，从多维度分析、精确识别疑似窃电行为；应用地市数据回流的各项数据，结合实际制定相关判定阈值及事分析模型，继而创新构建系统档案多维度核查智能工具。

三、电能替代与市场开拓

确立了以电能替代燃煤、燃油为重点，持续开拓电能替代市场，实现增供扩销，促进清洁能源消纳的工作思路，制定了本年度实现电能替代电量2.48亿千瓦·时，项目数量70个的工作目标，重点开展港口船舶岸电、工业电窑炉、热泵、机场APU替代四大领域的推广工作。全年完成电能替代电量5.67亿千瓦·时，节约电量3952.32万千瓦·时，节约电力8700千瓦。49个电动汽车充电设施建设项目立项，充电桩在线率98.03%，故障率0.12%。11月16日，新型抽屉式大功率立体充电站在韶关乳源投运，该站拥有12个车位，每个车位可独立配置60千瓦直、交流充电桩。按照《广东省经济和信息化委关于2018年电力市场交易安排的通知》的要求，认真落实市场化交易相关政策，服务好我市大用户参与电力市场交易，建立了与市场交易用户沟通的渠道，为用户做好交易结算，全年参与市场交易客户共624户，同比增长77.27%；交易电量67.43亿千瓦·时，同比增长27.62%，占全市售电量的58.35%，占一般工商业用电量的73.2%；为企业节省成本4.14亿元，同比增长44.85%，平均每千瓦·时节约6.143分。

2018年，实现区域全量光伏项目上网全额消纳，没有产生弃风、弃光电量，采用全额收购按时结算方式，按月足额结算上网电费及国家补贴。加快对光伏新能源项目接入的工作部署，优化了并网接入、并网调度、购电结算等业务受理流程，有效加速推进光伏新能源项目接网工程建设，同时通过方式、继保、自动化等专业会审机制全力拓宽一般光伏项目，特别是扶贫村光伏发电项目的调度运行、并网管理消纳通道，确保配套电网工程与项目同时投入运行，项目及时并网，上网电量全额消纳。截至年底，韶关地区在运行光伏集中电站、分布式光伏项目等1089个，总装机容量39.12万千瓦（其中省扶贫光伏项目2个，装机21万千瓦，其他扶贫光伏项目

1.82万千瓦），累计收购清洁能源项目上网电量2.60亿千瓦·时（其中扶贫光伏项目1.31亿千瓦·时），支付上网电费及全量发电补贴超过1.69亿元（其中扶贫光伏项目0.92亿元）。

四、农电改革

全面推进县级供电企业可持续发展，实施县级供电企业“子改分”工作。5月，完成仁化供电局“子改分”，12月，完成仁化、曲江、乳源、南雄、始兴、新丰、翁源供电局等7个县区供电局改制。理顺了历史遗留下来的13个乡镇供电区域与行政区域划分不一致的问题，武江龙归、乐昌坪石等13个供电所实现属地化管理。继续推进农电管理体制改革，协调各相关单位落实“变优惠电价暗补为资源使用费明补”原则，推进独立供电区接收，全年接收18个独立自供区，18个自供区分布在曲江区、南雄市、仁化县、新丰县等4个县市区，供电面积约17.32平方千米，涉及自然村34个，供电人口约0.8万人。投资约1286.86万元对区域电网进行改造，新建10千伏线路约20.76千米，新建低压线路约67.33千米，新增配电变压器24台，新增容量3245千伏安。

科技信息

一、科技创新

2018年，韶关供电局科技研发投入670万元，占营业收入比重的0.135%。其中，科技项目投入553万元，占比82.53%。年度申请专利85件，指标完成率500%。年度新增专利51件，累计拥有有效专利数达82件，其中发明专利3项，同比分别增长164.51%、50%。亿元营业收入有效专利拥有数1.57，提前迈入国内一流水平。为激发员工创新意识，提升专利申报质量，开展了专利挖掘专项工作，编制科技创新提升工作方案。《基于多维信息交互的电网保护与控制关键技术研究与示范》作为参与单位获中国能源研究会能源创新奖二等奖；《分布式电源接入的配电网机网协调技术研究》获得广东电网公司科技进步三等奖；《基于无线遥测预警技术的输电铁塔基础安全监测系统研究》《一种基于北斗通信技术的山区小水电自动抄表系统》获得技改贡献三等奖。在职创方面也取得了好成绩，《配电变压器全自动注油设备》和《一种多功能高空作业软梯》获得广东省职工技术创新二等奖；《装表接线放线器的研发》及《绝缘隔板辅助操作套件》获得广东省职工技术创新三等奖。

◎ 2018年4月18日，韶关供电局500千伏曲江变电站技术人员利用智能巡检机器人开展巡视工作

二、信息化工作

定规范，立规矩，强化生产域网络安全管控，抓实信息系统网络安全“三同步”管理，将网络安全规划、设计要求提前介入到生产项目规划阶段。收敛省地边界外网延伸面，优化网络分区分域，对各类需要通过综合数据网传输数据的业务设备或系统，在城域网上建立多个虚拟专用网络实施虚拟网络隔离。严控上网白名单权限，落实自助终端安全策略优化改造。加强对新兴业务企业网络安全指导，按照广东电网公司标准严格落实网络安全防护措施，拼接网络安全最后一块短板。组建地市级网络安全攻防团队，由韶关供电局信息中心、韶关始兴供电局、仁化供电局各一人组成代表队参加广东省第二届“红帽杯”网络安全大赛，在512支初赛队伍中进入决赛，最终在决赛60支队伍中脱颖而出，位列总分第6名、政企组第4名。

2018年，韶关供电局信息化领域在数据应用、项目管理、网络安全、运行与服务、综合等工作上全面发力、奋力赶超，信息化水平得分90.35分，居全省第7名。深入推进信息领域精益管理。韶关供电局信息中心获得韶关市网络安全等级保护工作先进单位、信息化先进集体称号奖项2个。完成重点时段网络安全保障工作，全年未发生五级及以上网络安全事件。

提高系统实用化与数据质量。依据省侧数据质量平台，分解问题数据，编制考核指标及整改指引，协同业务部门进行问题分析，协助业务部门进行数据整改。校验并督促整改各业务领域数据，累计整改营销系统客户信息问题数据32 511条、生产系统实用化问题9778条、财务系统3143条。全年整改站线变一致性问题数据12 126条、配网账卡物一致性问题数据12 318条、主网账卡物一致性问题数据3436条。对各部门数据质量及实用化情况进行分析，年内编写并发布信息化通报13期。

持续推进新技术与业务创新融合。开展数据分析与应用创新、参与省地共建项目，支撑业务数字化转型。建设客户全方位决策支持应用客户用电异常及经营风险分析V1.0项目并试运行，运用信息化手段为营销工作人员判断电量、电费异常提供技术支撑手段。组织开展乳源智能电网监测分析与辅助决策系统前期可研编制，研究技术方案，通过广东电网公司项目评审并立项。利用大数据平台技术，协同营销部门开展售电量精准预测；开展生产域移动应用及数据分析需求收集，并依据急用先上原则申报基于企信的生产移动审批办公建设项目，经省侧审批后，决定由广东电网公司信息中心统一建设该项目；开展大数据管理平台应用培训，组织业务部门、系统管理员通过大数据平台进行数据分析应用的实践学习，提升数据分析和应用能力。

经营管理

一、人力资源管理

加强干部人才队伍建设。进一步优化干部队伍结构，全年调整科级干部45人，其中韶关供电局本部职能部门负责人调整8人，县区供电局领导班子调整12人；提拔科级干部31人，其中10人提拔为韶关供电局本部职能部门负责人，6人提拔为县区供电局领导班子成员；新提拔“80后”干部8人，“80后”干部总数23人，占比18.4%，有“80后”领导班子成员的县区供电局比例达到44.45%。4月，制订“云梯计划”人才培养方案，打造“云梯计划”品牌，形成了科级干部、后备干部、百名俊才、墩苗人才梯队，共329人。按照优进拙退原则，动态调整后备干部库，选拔后备干部52名。开展多层级、多区域、多岗位挂职学习锻炼，选派29名年轻干部、人才到地方政府、县区供电局、基层供电所进行挂职学习锻炼，加速人才成长成才。组织两期云梯人才能力提升培训班，在全省率先尝试进驻名校办班的模式，涵盖全体科级干部和后备干部，进驻浙江大学、中国人民大学，共计培训69人。截至年底，韶关供电局共有管理专家3人，技术专家41人，技能专家53人。全年新选聘广东电网公司级专家1人，助理级管理专家3人，助理级技能专家38人。全年新增高级职称27人，中级职称177人，初级职称245人，新增高级技师10人，技师77人。高技能人才比例提升至55.6%，中高级技术人才比例提升至35.1%，人才当量指标提升至0.88，创历史新高。12月，韶关供电局对8个县区供电局开展“一报告、两评议”工作，8个县区供电局选人用人工作总体评价“好与一般”的平均比率为98.86%，对新选拔任用干部总体评价“满意与基本满意”的平均比率为97.82%。

组织编制与劳动用工。根据广东电网公司机构优化调整实施指导意见，韶关供电局于2018年7月，调整各级组织机构设置。本部设24个部门，其中职能部门14个，二级机构10个；各县区供电局机构设置统一采用“6+1+供电所”的模式，设置职能部门6个，二级机构1个，乡镇供电所结合实际设置。9月，结合县区供电局员工组竞聘工作，制订了各级岗位清单及组竞聘方案，同步完成各级岗位规范设置。优化人力资源配置。地市供电局层面，根据组织机构优化调整需要，韶关供电局本部累计调整岗位345人，其中专业技术类岗位190人，技能类岗位155人，整合二级机构内设班组6个，各级组织机构班组、岗位均严格按照广东电网公司典型设置方案进行设置。县区供电局层面，全面推行岗位胜任能力评价组（竞）聘上岗，结合机构调整和“四个统一”累计调整员工2609人，优化人员结构，提升县区供电局各级组织机构的运作效率。招聘新员工105人，落实广东电网公司关于“毕业生招聘入职后，必须到一线班组工作”的规定以及结构性缺员专项治理的相关要求，将新员工重点补充到缺员的生产一线岗位。全面推行岗位胜任能力评价组（竞）聘上岗，盘活人力资源，鼓励员工从超员机构向缺员机构流动；严控各级机构本部定编，结合组（竞）聘上岗，分流整改本部超编人员共计175人，整改比例高达33.8%，有效缓解结构性缺员和冗员问题。

薪酬绩效方面。建立地市供电局科级干部薪酬待遇优化调整机制，促进县区供电局班子成员交流任职。4月，制订精益管理激励实施方案，对获得星级班站所、精益项目奖、全员自主改善成果奖的团体和个人给予物质奖励，激发干部员工干事创业的积极性和主动性，其中奖励三星级班站所88个，精益奖励项目30项，奖励206人/次。11月，修订员工绩效管理实施方案，进一步细分员工绩效考核等级并调整相应考核系数，加大员工绩效工资差异化，从而激励员工通过提高绩效来提高收入。同月，规范班组绩效工资倾斜系数，加大工资分配向一线班组倾斜的力度，提高基层一线班组的获得感。

加强教育培训。全年培训3.86万人次，进一步充实内训师队伍，各层级内训师达341人，其中广东电网公司内训师14人，地市供电局内训师327人。丰富内部课程课件，通过开展微课征集活动，评审合格课件54个。加快韶关培训基地配电实操场地和营销实训场建设立项工作，推进供电所“一所一场”建设，加装韶关乐昌供电局乐城供电所等8个供电所培训点配网专业实训场设备。组织两期云梯人才能力提升培训班，在全省率先尝试进驻名校办班的模式，涵盖全体科级干部和后备干部，进驻浙江大学、中国人民大学，共计培训69人。搭建两个讲堂，针对管理人员开办“芙蓉讲堂”，邀请行业领军专家、名校教授进行授课；针对技能人员开办“工匠论坛”，邀请网公司、广东电网公司顶级技能专家授课，注重为员工“强技能”。抽考比武进步显著。抽考方面通过率98%，全省排名第八名，同比增长20个百分点，排名提升10位；比武方面全省排名第三名，同比提升11位。评价鉴定服务到位。技能鉴定项目共鉴定932人，同比增长140%。岗位胜任能力评价，全年评价1642人次同比增长51.7%。

二、财务经营

2018年，韶关供电局完成9项财务经营绩效考核指标、与财务经营相关的4项“创一流”指标。落实国家降电价政策，累计三次降低一般工商业电价8.19分/千瓦·时，降低用户重大水利基金附加0.13分/千瓦·时，全年减少用户电费支出8194万元；做好电价政策宣传、电价执行、临时接电费清退等相关工作，做好转供电用户调查摸底，配合市发改局清理规范电网和转供电环节收费，把降价红利传导给广大中小微企业用户；持续扩大市场化交易规模，全年市场化交易电量67.62亿千瓦·时、增长32.47%，减少用户电费支出3.57亿元、增长45.92%。积极响应国家支持民营经济发展，清理建设工程到期应退未还质量保证金，制定清理拖欠民营企业账款及退还质量保证金专项工作计划，以签订的合同及收到的发票为主线，全面排查应付民营企业逾期款项情况，对排查中发现的2018年内的无争议逾期欠款于12月31日前全部清零。持续开展民营企业逾期账款清付和工程质保金清理工作，建立往来款项清理长效工作机制，确保不新增逾期款项。

7月，制定实施落实供给侧结构性改革深化瘦身健体提质增效工作方案，统筹推进“1+8”系列工作，认真落实“安全生产、增供扩销、优化资源配置、防范经营风险”等8个方面、39大项、112小项措施。全面完成资产清查、长期应收款项清理、在建工程清理、资产账卡物一致清理等资产清理专项工作；完成韶关仁化供电局“子改分”工作；吸纳地方清洁能源。深化月度预算管理和公布机制，通过《成本均衡引导表》推动业务部门加强对成本的进度管控，全年供电成本预算完成率100%；根据韶关供电局情况梳理成本项目，细分均衡性可控因素，重点推进修理项目的均衡性和办公室归口管理成本的均衡性，促进成本精益管理。深化资金计划管理，确保资金安全运营无事故，全年资金计划准确率99.87%，统一支付率100%，县级子公司集团账户资金集中率100%；精准安排县级子公司融资额度，保持合理的资金存量，降低融资成本。推动管理机制创新，搭建新兴企业“资金池”，稳步推进平台公司对下属分、子公司的资金归集和限额支付管理，保障资金安全，促进资金融通。抓好新增有效资产管控，进一步拓展供电区域；加强工程竣工决算“工期制”管理，动态监控投运项目决算过程，提高转资效率，共完成基建项目竣工决算14项。完成资产评估事项13项。强化保险保障功能，细化和完善基层的保险理赔工作指引，共出险案件250宗。紧密联系政府，借助各方力量，推进产权证明办理。2016年6月后新投运7个变电站，在2018年底前已全部取得土地不动产权证明。全年共完成276宗产权补办（其中房屋252宗，土地24宗），占应办必办总数的388.73%。

◎ 2018年10月9日，韶关市召开清理规范转供电环节电价政策宣讲会。图为商户对相关政策进行提问

三、物资供应

2018年，韶关供电局签订物资合同2630份。加强需求计划管理，规范物资采购流程，持续推广应用电商化采购工作。强化需求制单人责任意识，形成“提前介入、过程管控、层层把关”的管理机制，杜绝“四不报”[①]现象，提前与需求部门沟通，物资先行完成需求预测申报。全年受理需求7.22万条，南网电子商城下单2786笔，采购集中度达98.4%。采购工作全面应用电子商务系统，实现采购过程透明规范，共完成220个项目。加强合约与品控管理，均衡有序供应物资，严把产品质量关。先后派出56人次前往45家（次）供货商开展排产计划、催货工作，全年履约到货合同2994份，通过电话、

① “四不报”：迟报、漏报、多报、跨报。

约谈、提请广东电网公司协助等，协调县区供电局163个到货问题，满足基建、生产和营销等项目投运供应需求。对315家（次）物资供应商进行履约评价。开展抽检、监造、见证三位一体的品控工作，实现韶关市区220千伏尖峰输变电工程、韶关曲江110千伏石堡变电站扩建第二台主变工程和110千伏特钢输变电工程、35千伏梅坑输变电工程和35千伏长溪输变电工程主变、隔离开关等主设备零缺陷移交。抽检46宗物资，全年抽检合格率为95.65%。

仓储配送管理。按照“一、二级仓+急救包”模式运作，动态修编储备方案，优化设备品类（原定额品类410条，优化后179条）。优化储备物资供应模式，坚持“定额存储，动态补仓”的原则，集中储备，统一调配，采用“大合同+分批到货”方式合理控制库存，以“供应商直送+仓库供应”相结合保障物资供应。2018年，韶关供电局一级仓库出入库严格按照《广东电网公司物资域移动应用2.0（智能急救包与定额、应急物资供应）推广实施工作方案》应用要求，全面使用PDA终端作业，改造和应用3个智能急救包。为解决领用线材及退库线材时测量长度难度大的问题，物流服务中心仓储配送班利用技术创新项目，研发并应用“线缆类绕线装置”，该装置已申请国家实用型专利并取得了授权。韶关供电局、乳源供电局仓储配送班被评定为三星班组。闲置物资再利用率达100%。全年完成4批次报废物资处置，资金回收率达100%。2018年通过优化储备物资供应方式，动态提高库存物资数量，“7100”应急平台快速响应，完成抗击台风“山竹”抢修复电应急物资供应。全年供应应急物资需求32次。

四、审计监督

8月，设置审计部，在地市供电局层面统一组织开展审计项目及组织审计整改。2018年，机构改革后各县区供电局不再设置审计部及专职审计人员，只在各县区供电局办公室设置了兼职审计人员，各县区供电局主要负责迎审及审计整改工作。统筹安排审计项目和审计工作，合理调配审计人员开展审计工作。全年韶关供电局审计项目共完成13项，其中工程领域5项、营销领域2项、财务领域2项、竞争性企业3项、其他领域1项。共提出审计建议361条。政府部门对韶关供电局审计1项，韶关市审计局开展十项实体经济落实情况专项审计检查，韶关市审计局出具了正式审计报告，报告中没有涉及韶关供电局的问题。南方电网公司审计项目2项：南方电网公司技改修理专项审计、南方电网公司对广东电网公司原董事长刘启宏离任经济责任审计的迎审配合工作。

常态化开展审计信息化工作。按照广东电网公司要求开展审计综合信息服务网信息发布，审计部积极登陆审计综合信息网站。在开展审计项目时审计部及时将审计通知、审计方案、审计日志、审计取证表等相关信息录入审计管理信息系统。审计计划、审计项目、审计信息和报表报送等工作均利用审计信息系统同步开展。贯彻落实广东电网公司“大审计”工作要求，抽调4名审计人员，参加了南方电网公司及广东电网公司的专项工作及审计项目，以审促培。多措并举抓好审计整改管理。开展审计整改专项检查，对2017年度审计项目的整改情况进行现场核查，检查每个问题是否落实整改，对专项检查情况及时通报。组织韶关供电局各业务部门、各县区供电局对近三年问题清单进行复核，落实“两级签名”签字背书，共完成签字背书表65份，全部问题整改到位。编制《审计整改工作指引》，明确了审计整改的工作流程、内容和注意事项，规范审计整改工作。

五、法治工作

与林业局充分沟通，明确砍树后依法办理手续责任主体，明确了紧急情况下线行清理5项具体情形。全年办结案件11宗，李春华劳动争议案、韶关仁化供电局梁恩来等19人外委工劳动争议案、杨长坚线树矛盾青赔案均胜诉，胜诉率100%；出具法律意见书24份，法律尽职调查15份，法律咨询服务208次，案件隐患处理15宗。重点跟进基层单位历史遗留问题1项。为业务部门提供法律支持，出具3份律师函协助业务部门处理3处线树矛盾清楚工作，出具1份法律意见书协助韶关城区供电局查处3宗窃电，参与调解2宗退休职工发放福利纠纷。4月，制订法治企业建设方案，共37条措施。制订重大法律风险防控方案，建立了法律风险信息库，梳理重点领域关键岗位法律风险并制定防控信息卡，针对岗位法律风险行为提出防控措施。全年共签订经济合同4473份，经济合同法律审查率100%，合同标准文本使用率（不含物资系统合同）92.7%，所有经济合同运转总体良好，无合同纠纷发生。9月30日，在韶关供电局本部和8个县区供电局开始使用新的合同管理系统。12月，起草《韶关市电力供应设施保护条例》，提交市法制局审核，配合市经信局完成53个单位意见征询等立法工作。

3月，开展《宪法修正案》宣传活动，发动三区八县供电企业的普法志愿者，通过制作海报、上街、入户普法等方式开展《宪法修正案》普法活动。7月，参加首届韶关市国家机关“谁执法·谁普法”履职评议报告活动，制作评议材料，设立法治阵地，迎接市司法局、普法办的检查团开展实地考察。8月，组织参加“善美之城·法治韶关”普法演讲比赛，韶关供电局及下属4个县区供电局共斩获二等奖一名，优秀奖4名，优秀组织奖5名。12月，参加“12·4”普法活动，在百年东街文化广场上设立摊位展板，为社会各界人士派发传单、册子，宣传了包括《宪法修正案》《广东省供用电条例》在内的多部法律。

改革创新

组织参加南方电网公司和广东电网公司精益课件比赛，《详细流程图》《基本数据图表》《甘特图》《六顶思考帽法》《控制计划》等五项课程设计荣获广东电网公司二等奖，其中《控制计划》获得南方电网公司三等奖，韶关供电局被广东电网公司授予精益课件大赛组织二等奖。6月，以《提升电子化结算率，全面实现远程抄表》《提高台区低电压监测频度，助推低电压精准治理》为题的精益项目，参加了第七次全国精益管理项目发表与研修活动，均获得专业级技术成果奖。积极推进全员自主改善，《提高配电自动化终端在线率》《降低老旧居民楼客户表后线故障率》《装配式预制电缆沟的研制》《降低“6+1”系统信息运维工单数量》等四个项目获得省电力行业协会优秀成果奖，被评为广东省质量管理小组活动优秀企业。韶关供电局创一流评价指数测算得分 94.68；九个县区供电局均达到国内一流。全年新增三星班站所88个，四星班站所14个，五星班站所1个。至年底，三星及以上班站所共有110个，占比31.34%。

产业市场。2018年，推动韶关供电局产业平台公司——广东大舜投资管理有限公司（以下简称“大舜公司”）实体化运营。制定了《大舜公司所属县区企业党组织设置方案》《竞争性业务发展实施计划（2018—2020年）》等战略管理方案，坚持“四个同步”“四个对接”，把党的建设始终贯穿于企业改革发展全过程，规范大舜公司法人治理结构，建立健全“三重一大”集体决策制度，统筹谋划产业发展布局，奋力推进业务整合发展。编制韶关供电局《竞争性企业“资金池”建设实施方案》、韶关供电局《竞争性企业资金收支管理办法》，开展实施“资金池”搭建工作，完成44家下属企业的资金归集，完善资金收支两条线相关管理制度和“资金池”运作流程，强化财务体系建设，推动大舜公司实体化运营。制定了综合部、人力资源部、财务部、监察审计部、投资发展部等部门的部门职责和相应岗位的岗位说明书，编制39项制度，完善平台公司管理体系，推进大舜公司有序运作。签署了立体充电站韶关地区和南方五省区的总代理，建成23届粤港澳电力研讨会乳源立体充电站参观点；与具有独家专利的短路防控及节能产品厂商签订代理合同；与配网架空线在线监测终端的厂家签署代理合同；接管运营水电站37座；拓展韶关地区三区七县的物业业务；建设电力行业的特种作业人员培训点等，大舜公司在新能源、水电、工程建设、电力综合服务等业务方面持续健康发展。截至2018年底，韶关供电局所属竞争性企业共51家，其中电力工程建设（含设计、监理）企业14家、综合能源企业26家、电力综合服务11家，营业收入同比增长14.59%；净减少法人数量13个，减少D类企业2个，如期完成“四个一批”总体目标。

党群工作

一、党建工作

韶关供电局党委认真学习习近平新时代中国特色社会主义思想、“十九大”精神以及南方电网公司两个一号文精神，组织中心组集中学习12次，其中5次为集体研讨学习。成立4个督导组，对下属10个党委中心组学习督查全覆盖。将政治学习纳入支部主题党日活动中，建立菜单式学习，形成必学书目和选学内容清单。制定《大舜公司所属县区企业党组织设置方案》，进一步理顺县区供电局竞争性企业党组织和党员关系。及时调整领导干部基层联系点，开展“局领导接待日”，党员干部带头开展家访，一级访一级，以“一人四问”做法深入了解员工思想和家庭状况。4月，召开全面彻底肃清李嘉、万庆良流毒影响专题民主生活会。8月，召开中央巡视整改暨全面彻底肃清李嘉、万庆良恶劣影响专题民主生活会，指导督促县区供电局党委及二级党委开好专题民主生活会。严格落实“三会一课”制度、一季度一主题组织生活会要求，严肃认真开展“党性体检”。开展“强作风、促精益、创一流”教育活动，组织机关党员干部职工“两天一夜”下基层。

各级党组织进一步健全完善，完成党建人事部、董塘供电所等40个党支部换届改选工作，新设立输电管理所、变电管理所、电力调度控制中心、供电服务中心等4个党总支部和审计部、芙蓉巡维中心、主网调度班等132个党支部，新发展党员45名。推进党支部标准化建设实现“一部门一支部”“一巡维中心一支部”100%覆盖，“一所一支部”比例提升至97.5%。至2018年底，韶关供电局共有党组织240个，其中党委11个、党总支部5个、党支部224个；共有2435名党员，总数同比增长3.2%，其中在职在岗党员1819名，离退休职工党员616名。深入开展“一区双岗”创建活动。8月，制定《“一区双岗”创建流程》，韶关供电局共设置安全生产、营销服务、机关服务类党员责任区459个，通过活动开展教育引导广大党员以党建为引领，在改革发展、安全生产、经营服务、急难险重等四个方面创先争优。成立110千伏特钢输变电工程临时党支部，全年党员突击队累计出动2.23万人次、车辆6040台次，完成春运春节、兰博会等100余项保供电任务。

二、党风廉政建设

把维护政治纪律，确保“两个务必”放在突出位置，压实全面从严治党责任，完成全年党风廉政建设和反腐败工作83项要点工作。各级党委落实主体责任约谈178人次；各级纪委落实监督责任约谈26人次；听取县区供电局党委汇报履行主体责任情况18次，协调解决问题20余个。应用监督检查成果，组织修编、发布廉洁风险库。9月，以“加强党的政治建设，把纪律和监督挺在前面，营造良好政治生态”为主题开展纪律教育学习月，多途径开展“六个一”活动。活动期间，460位党员领导干部对照监督清单自查自纠，6名党员领导干部对查摆出的轻微问题，制定并落实整改措施9条。

常态化、规范化开展监督执纪“四种形态”，开展“一对一”谈心谈话1886人次，其中全面谈989人次、重点谈211人次、交心谈21人次。主动交代问题49个，开展提醒谈话47人次。紧盯元旦、春节、国庆、中秋等重要节点，组织明察暗访，发现问题86个，发出通报2次，提出管理意见43条。

在竞争性企业试点性地开展派驻纪检组工作，探索性地开展对驻在单位的巡回督查，指导、协助大舜公司开展制度体系建设和纪检队伍建设工作，对派驻纪检组监督检查发现问题通报9份、下发监督建议书17份、纪律检查建议书3份。开展纪检监察区域联动工作，与清远供电局、梅州供电局开展工作交流，合作互助。

坚持把监督执纪力量瞄准主营业务关键环节，通报典型问题35项，提出工作建议25条，发出监察建议书8份。按时完成各类函询或初核等情况报告17份，诫勉谈话1人、提醒谈话5人。开展“以案治本”，形成案件分析材料3份，发出通报1份。

8月，成立韶关供电局党委巡察办公室。9月，接受广东电网公司党组织常规巡察，制定732条整改措施并着手整改。10—11月，对2个县区供电局党委、1个局属党总支开展了常规巡察监督，发现问题132个，移交线索1条。

10月，制订行政办公领域“扫雷”行动工作方案和年度职能监督计划，对各单位公务用车、办公用房配置、业务接待等涉及中央八项精神的业务活动开展监督检查，督促各单位严格落实中央八项规定精神。制订落实官僚主义、形式主义专项整改改进工作作风实施方案，认真做好形式主义、官僚主义问题专项整治，全年发文减少12%，会议减少20%，接待减少18.85%。

◎ 2018年9月12日，韶关供电局开展党员干部警示教育活动

三、思想宣传工作与企业文化建设

韶关供电局党委坚持以学习贯彻落实习近平新时代中国特色社会主义思想为加强思想政治工作、宣传新闻与意识形态工作的主体主线，始终在学懂弄通上下功夫。认真学习习近平新时代中国特色社会主义思想、党的十九大精神以及南方电网公司两个一号文精神，组织中心组集中学习12次，其中，5次为集体研讨学习。开展党建政研21个课题，《“青年沙龙”的探索与实践》《浅议县级供电企业如何把握好意识形态的领导权》《在电网企业应急管理工作中发挥党组织和党员作用的实践与探索》获韶关供电局一等奖。针对广东电网公司安全巡查发现韶关供电局员工队伍状态存在的不思进取、责任心不强、凝聚力不足这三个问题，10月，制订员工队伍状态专项提升方案。以基层党支部为单位，结合“走、传、谈”活动，认真开展了“五必谈”“五必访”活动，全年202个基层党支部全部完成访谈员工4681人次。针对安全巡查发现问题，各基层党支部结合第三季度专题组织生活会（扩大到全体员工），认真组织全体党员及员工学习了习近平总书记关于安全生产的十方面论述，39名党员员工针对违章违规等情况，认真开展了批评与自我批评，并制定了整改措施。

修编新闻突发事件应急方案，开展2018年新闻突发事件应急演练。做好新闻宣传工作，全年在中央媒体上发稿16篇（次），省级媒体发稿67篇（次）、地方主流媒体发稿96篇（次）。其中，1月8—10日，韶关供电局抗击寒潮保障供电相关新闻在中央电视台新闻频道连续四天播出。

建设文化展厅，深化“一县局一亮点”“一班组一特色”企业文化品牌。韶关曲江供电局廉洁文化、仁化供电局服务文化等7个示范点完成向广东电网公司的申报工作。打造推广乳城供电所“服务+”班组文化，乳源瑶乡被评选为广东电力四十景之一。打造“灯火”志愿服务文化品牌。组织韶关供电局党员员工开展业扩延伸、抢修救灾、扶弱助困、奉献爱心等志愿活动。2018年共开展志愿服务380余次，参与5300余人次，服务时长约1.7万小时。其中“光明学堂”“温暖村屋”等志愿服务活动覆盖韶关市三区七县（市），得到了团市委和市文明办的表扬。加快精神文明建设，进一步推广韶关曲江供电局全国文明单位、乳城所班组文化示范点的经验。建立了支部挂点贫困户、支部书记为第一责任人的“点对点”帮扶机制。推广固化入职礼、退休礼、凯旋礼、拜师礼等“文化四礼”活动。

四、工会与共青团工作

全年共开展志愿服务380余次，参与5300余人次，服务时长约1.7万小时。其中“光明学堂”“温暖村屋”等志愿服务活动覆盖韶关市三区七县（市），得到了团市委和市文明办的表扬。结合“建局60周年”中秋节亲子活动、职工篮球赛、重阳敬老活动、重走长征路等开展系列感恩活动宣传。推进青年马克思主义工程建设。新成立两个青年马克思学习兴趣小组，着重学习习近平总书记“7.2”讲话精神和团的十八大精神宣贯，以团干上团课、团员集体讨论的形式开展。以韶关城区供电局、曲江供电局2个单位为试点，以“青年创客”工作为抓手促进青年创新。推进“国家二级、三级心理咨询师”培训认证，3名青年取得国家三级心理咨询师资格证书，3名青年取得国际认证EAP专员证书。关心青年成长成才。在“树才”上，开展韶关供电局第一届“十大杰出青年”、五四“两红两优”评选工作，选树出一大批优秀的青年典型。开展“青年员工面对面”活动，通过青年典型分享成长经历和心得体会，帮助青年成长成才。在“育才”上，积极打造青年成长平台，帮助青年立足本职岗位提升技能水平，如韶关曲江供电局团委“青年沙龙”、韶关始兴供电局团委“师带徒”，都成功培养了一支素质高、业务精、能力强的青年队伍。在生活关怀上，面向新员工开展“南网欢迎你”迎新活动，制作迎接新员工H5，新老员工结对开展“一对一”服务。面向单身青年，开展“善美缘聚 情定韶城”等大型联谊活动。

◎ 2018年10月16日，韶关新丰供电局灯火志愿者帮助敬老院检修用电线路

五、扶贫工作

2018年实现306名贫困人口脱贫，2016—2018年，实现14个定点帮扶村1183名贫困人口脱贫。电网建设方面，电网投资3761万元，6月30日前全面完成40个省直中直驻点贫困村电网改造，9月底提前完成全市278个省定贫困村电网升级改造。完成进度全省排名第三，累计新增10千伏线路36千米，新增配变324台、容量8.32万千瓦。经过新一轮农改，韶关农村户均容量从2017年的2.38千伏安提升至2018年的2.51千伏安，户均容量增加0.13千伏安；农村户均停电时间由21.14小时降至5.28小时，下降75%；电压合格率由99.935%提升至99.982%（目标值97%），提高0.05个百分点；配电自动化覆盖率87.9%（目标值不低于60%）；实现了智能电表和低压集抄“两个全覆盖”。光伏扶贫，2018年，韶关地区在运光伏扶贫电站共1090个，总装机容量22.127万千瓦（其中省扶贫项目2个，装机21万千瓦；市扶贫项目1088个，装机1.13万千瓦），累计收购光伏扶贫电量超过1.3亿千瓦·时，支付上网电费及补贴近1.12亿元。完成了精准扶贫年度任务。

湛江供电局

企业概况

一、组织沿革

湛江供电局为广东电网有限责任公司直属大型一类供电企业，前身是广东省广电集团有限公司湛江供电分公司，2005年5月更名为广东电网公司湛江供电局，2014年9月更名为广东电网有限责任公司湛江供电局。

二、经营范围

湛江供电局是统一管理湛江电网的企业法人，主要负责湛江市遂溪县、徐闻县、吴川市、雷州市、廉江市、坡头区、赤坎区、霞山区、麻章区、湛江经济技术开发区共5区3市2县的电网建设、运行、管理和经营业务，为地方经济社会发展和人民生活提供电力供应和服务。截至2018年底，供电范围13 225平方千米，供电人口839万人，供电客户共233万户，营业网点106个。

三、电网规模

截至2018年底，湛江供电局35千伏及以上变电站104座，主变压器180台，容量共计1271.71万千伏安，输电线路227回共4092.05千米。其中，500千伏变电站2座，主变压器12台，容量共300万千伏安，输电线路6回共224.7千米；220千伏变电站14座，主变压器27台，容量共477万千伏安，输电线路44回共1282.88千米；110千伏变电站76座，主变压器118台，容量共477.4万千伏安，输电线路164回共2395.78千米；35千伏变电站12座，主变压器23台，容量共17.31万千伏安，输电线路13回共188.66千米。

四、组织机构

根据广东电网公司组织机构规范化设置规范和自身实际需要，2018年5月23日湛江供电局进行了组织机构调整：

党建工作部更名为党建人事部（直属党总支、团委、新闻中心），并将原人力资源部的干部管理职能、原办公室的新闻宣传职能调整至党建人事部；监察审计部（纪委办公室）分设为监察部（纪委办公室）、审计部；生产设备管理部更名为生产技术部；撤销培训与评价中心，其业务由人力资源部直接管理；撤销法律中心，其业务由企业管理部直接管理；撤销员工服务中心、电网规划技术研究中心、建设管理中心、小型基建办公室、节约用电服务中心，其业务调整至相应二级机构；离退休服务中心不再挂靠工会，成立综合服务中心（离退休服务中心），整合员工服务、离退休服务等业务；成立供电服务中心，整合原计量中心、客户服务中心、营销稽查中心、节约用电服务中心等机构及业务；成立电网规划中心、项目管理中心。

截至2018年底，湛江供电局内设14个职能部门、11个二级机构、10个县区供电局。具体如下图所示。

五、领导班子

2018年10月15日，广东电网公司党委研究决定，免去周佳广湛江供电局党委委员、纪委书记职务；任命姚小艳为湛江供电局党委委员、纪委书记。

截至年底，湛江供电局领导班子成员如下：

党委书记、执行董事：张志强

党委副书记、局长（总经理）：郑世明

党委副书记、工会主席：莫新

党委委员、副局长：徐达艺

党委委员、副局长：蔡延华

党委委员、副局长：王晓明

党委委员、纪委书记：姚小艳

六、人员状况

截至2018年底，湛江供电局共有员工6310人，其中硕士100人、本科生2032人、专科生1742人、中专及以下学历的2436人；已取得专业技术资格人员共2128人，其中高级职称123人、中级职称1094人、初级职称911人；已取得技能等级共5301人，其中高级技师63人、技师763人、高级工3647人、中级工567人、初级工261人。

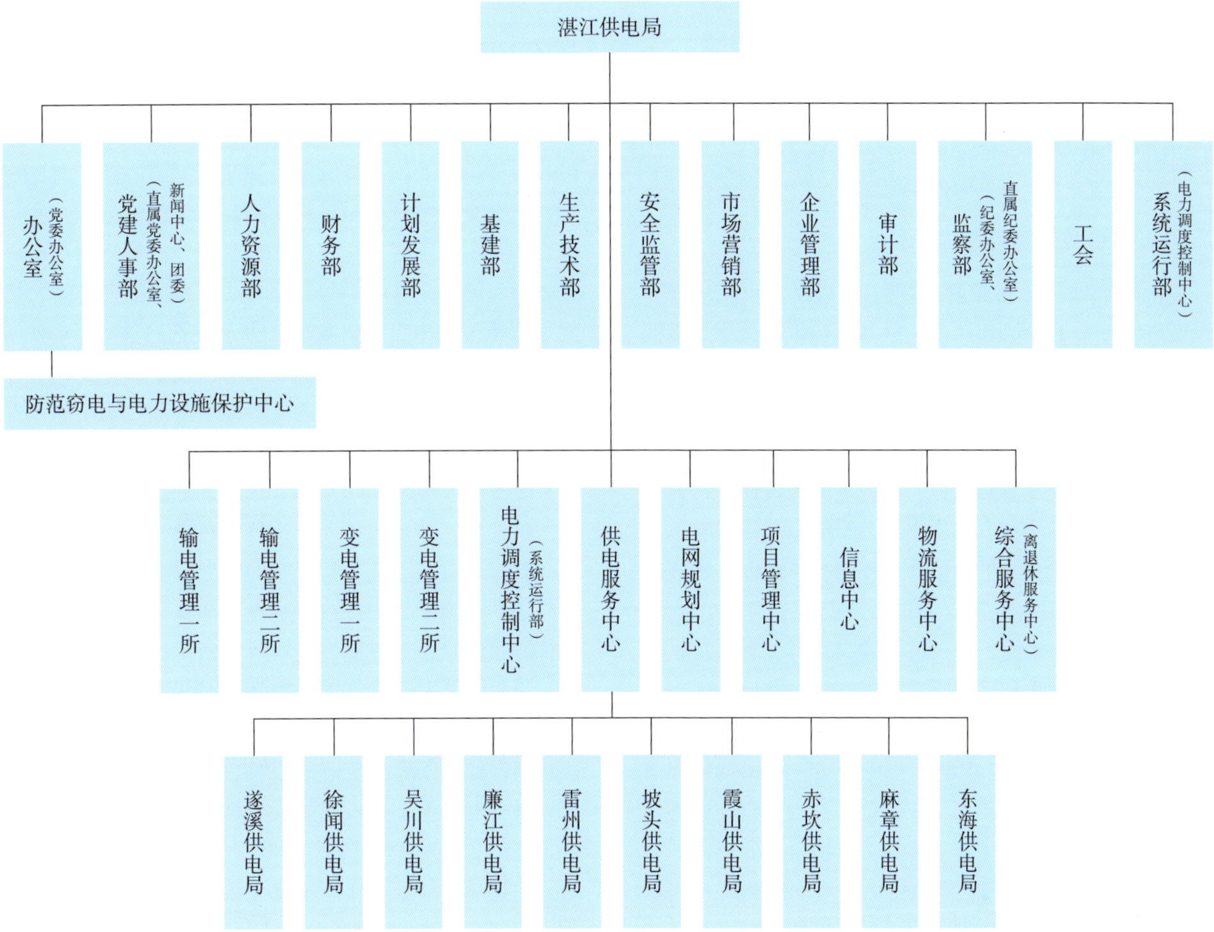

十件大事

（1）1月9日，湛江供电局在徐闻县城区、和安镇、下桥镇共3个镇区投资建设的汽车充电桩正式投入使用，实现了新能源电动汽车充电桩在湛江市10个县区的全覆盖。

（2）1月11日，湛江供电局积极推进农村机井通电工程建设，实现3945个农村机井全部通电，可灌溉农田59.3万余亩，总负荷达6000千瓦，解决了农田灌溉难题，有力助推湛江乡村振兴发展。

（3）2月14日，湛江供电局500千伏港城变电站被授予南方电网公司2017年度五星级模范“职工小家”称号。

（4）3月28日，湛江供电局投资建设的220千伏茂湛铁路塘口牵引站双回路供电工程、220千伏茂湛铁路吴川牵引站双回路供电工程、110千伏东海岛铁路东山牵引站双回路供电工程、110千伏黎湛铁路河唇牵引站双回路供电工程共四项铁路配套线路工程全部竣工投运。

（5）5月23日，湛江供电局解决新能源消纳问题的110千伏伏波变电站至调风变电站线路工程成功投运。至此，110千伏调风输变电工程实现整体投运。

（6）5月31日，湛江供电局实现智能电表和低压集抄100%覆盖。经过近两年的努力，湛江供电局投资92 528万元，轮换安装智能电表210万只，建设低压集抄228万户。

（7）6月13日，湛江供电局110千伏雷高巡维中心副站长吴翔获2018年第一季度“广东好人”，成为继陈康贵后湛江供电局第二个获得“广东好人”荣誉的员工。

（8）6月29日，湛江供电局建成投运北部湾首个高压码头岸电改造项目，安装1套总容量为3000千伏安的船舶岸电装置，可同时容纳2艘船舶供电，每年新增供电量228.6万千瓦时。

（9）8月9日，湛江供电局与湛江市公交集团签订战略合作框架协议签约，双方将从充电基础设施、新能源发电项目、节能项目改造等方面开展深入合作。

（10）11月23日，湛江220千伏观桥变电站工程成功通过2018年中国安装优质工程奖（安装之星）评审，成为湛江供电局第二个国家级优质电力工程荣誉奖项。

电网发展

一、电网规划与前期工作

主网规划与规划管理。4月，促成湛江市政府召开全市电网建设会议，市国土、规建、物价、交通、林业等有关职能部门认领支持湛江电网建设任务，协力推进220千伏醒狮输变电工程等12个重点项目实施建设。8月，促成湛江市政府召开湛江市电网建设推进会议，积极协调电网建设青赔工作，确保电网建设任务按时间节点落实。瞄准湛江电网“十三五”规划目标网架，立足湛江电网仍然存在的问题，以及结合湛江电厂搬迁、巴斯夫等重点项目进度、高铁及道路的交通建设、城区发展以及新能源送出受限等问题，11月，对湛江电网“十三五”规划进行了适应性风险评估，并形成《湛江电网规划适应性分析报告》。深入推动城市保底电网项目建设，6月，配合广东电网公司滚动修编2018年保底电网规划，梳理重要用户、应急指挥机构和核心基础设施供电现状，建议新增17个规划项目纳入保底电网项目库。220千伏湛江电厂至霞山变电站双回线路解口入港城变电站工程项目获核准批复，配合湛江西城区城市强芯提质发展需要积极推进220千伏港城-椹北电缆线路项目前期工作。扎实推进“四个统一”工作，制订《湛江电网规划价值观》，实施《“四个统一”工作方案（试行）》《“四个统一”总体推进方案》《“四个统一”实施细则（试行）》，先行先试推进“四个统一”落地落实。

配网规划与农网升级改造。强化技术引领，5月，本地化修编2018年配网规划导则，明确本地差异化规划要求。坚持“以我为主”，按照“站—线—变—户”的思路，分析导致低电压原因，对应制定近、中、远期改造措施。围绕以提高供电可靠性，针对目前现存的单线、单变变电站，按照“一镇一站”的思路，完善中压目标网架规划，提出变电站布点需求，解决电网风险以及存量运行问题、着实提高高中压配网典型接线率和中压可转供电率。规划调增220千伏乐康输变电工程等11个220千伏项目；滚动修编“十三五”高压配网规划，共新增69个项目（47个方案）。7月，广东电网公司配网规划建设督导组对湛江供电局配网规划建设工作进行督导，就湛江配电网提出了规范业扩投资界面，合理使用业扩资金，加大存量低电压和过载问题的解决力度和进度，系统梳理网架规划，充分利用现有网架及供电能力资源，以及确保电网规模与负荷发展匹配等9条建议。湛江供电局根据督导意见出台了《湛江供电局“四个统一”总体推进工作方案》《湛江供电局配电网统一规划实施细则（试行）》等管理文件，有针对性地加强配网规划和建设。持续推进农网升级改造。切实开展“一镇一册”规划，优化月度考核机制，强化项目可研的规划依从性。以自主评审为主常态化开展2018年基建配网项目可研报告编制和评审，项目评审率达100%。2018年完成17.73亿元中低压配网项目可研批复，分解下达11.3亿元中低压配网项目投资计划，确保优先安排增供扩销、明显提升供电可靠性等运行指标、着实提高服务质量水平等重点项目的投资。全年投资4.83亿元，完成贫困村通动力电等升级改造工作。

湛江地区新能源接入。统筹审核湛江地区光伏、风电等新能源接入系统，结合主网规划提前谋划，积极引导新能源建设业主进行项目建设。截至年底，签订廉江营仔光伏等12份新能源发电项目并网协议，麻章王村50兆瓦渔光互补光伏发电项目等9个新能源项目接入系统评审。为满足新能源上送的要求，降低湛江南部电网220千伏环网运行的风险，将500千伏安澜（湛南）变电站纳入规划并开展前期工作。紧急立项外罗海上风电接入系统送出线路，列入投资计划，11月，完成其前期工作。

重点项目前期工作。按时完成12项重点项目前期工作，取得湛江500千伏芷寮（湛北）输变电工程、500千伏芷寮至回隆线路工程（湛江段）、湛江220千伏苏村输变电工程的可研批复及项目核准。12月，220千伏雷州南输变电工程获评广东电网公司2018年度电网基建工程优秀可研报告。主动和湛江市发改局和各县（市、区）发改局沟通，充分利用电网建设协调机制，10月，促成政府修编《电网建设绿色通道实施细则》。11月，联合市住建局和规划局，出台《关于提供湛江城市变电站、配电房等防洪防涝规划建设标准》，为降低城市配电网防洪防涝风险，提前做了政策上的预控。

二、工程建设与管理

2018年湛江供电局完成固定资产投资31.53亿元。其中完成主网投资5.65亿元，投运110千伏及以上项目9项，新增变电容量28万千伏安，新增输电线路长度299.44千米；完成配网投资20.09亿元，同比增长48.02%。小型基建建成投运项目13项，完成投资0.56亿元。

重点工程项目。2月7日，110千伏长廊变电站扩建第二台主变工程竣工投运。4月23日，220千伏茂湛铁路（湛江吴川）牵引站供电工程竣工投运。5月23日，110千伏调风输变电工程竣工投运。6月21日，220千伏龙门输变电工程竣工投运。6月29日，220千伏闻涛变电站扩建第三台主变工程竣工投运。7月24日，110千伏覃巴输变电工程竣工投运。7月31日，110千伏避风塘输变电工程竣工投运。11月2日，110千伏湛江雷州英利输变电工程竣工投运。12月3日，110千伏南兴风电场接入系统工程竣工投运。12月25日，220千伏北坡输变电工程竣工投运。12月29日，110千伏湛江雷州附城输变电工程竣工投运。12项“十三五”供电所业务技术用房竣工投运。基建领域1673个项目现场、3684个施工人员，未发生人身伤亡事故事件，实现基建安全“零事故”目标。结算按时完成率、造价控制指标均为满分。主网项目投运均衡性25%，配网项目投运均衡性4.8%，分别满足低于35%、30%的考核目标。环评水保完成率100%。

工程质量管理。编写湛江供电局样板工程创建工作方案，确定创优目标，定期召开会议谋划创优工作。组织项目管理中心、各县区供电局、各参建单位开展基建项目创优培训，提升人员创优意识与策划水平。项目建设过程采用项目负责人和专业工程师相结合的管理方式，按照“统一领导、精心组织、协调各方、质量第一、安全第一”的原则，对建设工期、工艺质量、施工安全等多方面进行全过程管控。同时以高起点、高标准抓设计和建设，220千伏及110千伏均采用户内GIS设备，大幅度提高了供电可靠性，节约站内用地，并大大减少运行维护工作量。针对湛江台风多发的特点，采取了门窗抗风计算、窗底内侧加设挡水板、风机防雨罩改用90度弯头、线路全线按保底电网设计等防台风设计。4月，220千伏观桥变电站工程荣获中国“安装之星”荣誉称号。12月，110千伏避风塘变电站工程、青平所三甲塘新村台区业扩配套工程、志满供电所技术业务用房、东简供电所新建北岭村2号公变业扩配套工程等4项参评工程均夺得广东电网公司“样板创建金质工程”称号，其中前3项分别是同类别项目第一名。

◎ 2018年7月31日，南方电网公司首座法式建筑风格变电站——110千伏避风塘变电站投运

电网运营

一、电力供应

2018年湛江全社会用电量196.43亿千瓦·时，同比增长8.26%。湛江境内电厂装机容量437.55万千瓦，增长9.19%，其中火电容量274.6万千瓦，占62.76%；水电容量2.1万千瓦，占0.48%；风电容量88.75万千瓦，占20.28%；光伏发电容量72.1万千瓦，占16.48%。全年上网电量133.13亿千瓦·时，其中火电上网电量110.34亿千瓦·时，占82.88%；水电上网电量0.45亿千瓦·时，占0.34%；风电上网电量15.55亿千瓦·时，占11.68%；光伏上网电量6.79亿千瓦·时，占5.1%。

全年电力供需平衡，电力负荷三创历史新高，最高负荷达245.7万千瓦（6月21日），同比增长10.98%。全年平均负荷率82.56%，同比降低0.22个百分点；最大负荷率96.9%，同比降低0.13个百分点；最小负荷率51.88%，同比降低0.15个百分点。丰水期间，实现水电全消纳。全年未发生有人为责任的“弃水、弃风、弃光”问题。

二、电网运行

电网安全稳定运行。220千伏及以上电压等级保护正确动作率100%，故障快速切除率、安自装置正确动作率保持100%，生产实时控制业务通信通道零中断，未发生调度自动化主站系统失灵情况。无发生三级及以上电力监控系统信息安全事件，无发生因电力监控系统信息安全导致的电力事件。电网平稳度夏，电力供应有序。6月30日，220千伏廉江变电站稳控装置投运，提高了220千伏港遂甲乙线+坡廉线断面的供电能力，解决了该断面的过载问题。建立每日重过载信息披露机制，披露重过载设备情况并及时跟踪解决措施的落实情况。在用电负荷紧张的第二季度，建立了每日错峰预警披露机制，充分挖掘大用户的紧急避峰能力，建立了应急避峰容量池，并优化了紧急避峰方案。2018年未发生有责任的错峰限电事件。

新能源消纳。3至5月，与广东电网公司电力调度控制中心共同研究制定了湛江新能源送出受限问题解决方案，充分利用安全稳定控制技术提高了新能源发电的消纳能力。12月，通过联调、试运行220千伏雷州、闻涛、伏波、醒狮等变电站稳控装置，投运闻涛变电站号主变、220千伏港醒甲乙线等项目，解决了220千伏港雷线+雷霞线断面输送能力不足的问题，最大程度保证了对新能源的消纳。

资产全生命周期管理。开展账实清查工作，做好资产级设备外观、标牌、铭牌等图片的上传和系统录入参数的比对核查整改工作。针对需停电才能进行账实核查及拍照的设备，结合停电检修计划同步开展。做好退役审批，严格按设备退役报废技术鉴定原则开展退役鉴定工作，将退役报废计划纳入项目可研必备内容，对未到龄设备退役的，优先考虑设备的再利用，确须报废的提级审批。提高信息化支撑，开展资产管理系统和财务管理系统设备退役处置功能完善改造，打通设备退役报废流程各环节，实现设备退役报废全过程管控。建立设备再利用机制，建立闲置物资台账，定期发布闲置物资清单，督促各部门各单位根据项目需求进行再利用，定期整理短期内难以消化利用的闲置物资清单，协调全省调拨使用。2018年湛江供电局资产报废净值率为9.7%。

生产运行管理。4月，制订生产设备管理重点工作和生产技术指标计划，落实电网风险管控，根据电网风险动态调整设备管控等级，做好设备特巡特维管理。严把设备投运验收关，认真开展规范化检修，发现并及时消除重大紧急缺陷3148项，消缺率、消缺及时率均达到100%。有序推进各项反事故措施实施，全年共完成反措145项，完成率100%。认真落实防电气火灾反事故措施，成功处置了220千伏闻涛变电站2号主变起火事件；及时发现并消除220千伏霞迈甲线耐张压接管处钢芯严重断股和220千伏湛泥线耐张压接管锚管开裂2个紧急缺陷，获得广东电网公司通报表扬；整改3836项城乡电力设施安全隐患和726项涉电安全回头看隐患，未发生负有责任的社会人员触电事件。优化运维模式，通过调整变电巡维“大白班”值班模式、采取设备差异化运维策略、应用“人巡+机巡”巡视模式、大力推广在线监测技术、自主开展变电设备B修、开展输电线路通道群众护线试点等手段，有效提高了运维检修工作效率。强化生产线条的精益管理，开展班站所星级班组建设，2018年产生4个四星级班组及19个三星级班组。开展7S管理，全年共收集320余项合理化建议、现场改善项目。

供电可靠性管理和电压质量提升。2018年连续三次提高可靠性目标值，想方设法减少计划停电时间，降低故障停电次数，同时对重大停电事件提级会审，最终实现停电时间控制在20小时内。全年集中审核影响客户的主网停电方案44单，湛江供电局预安排停电时间同比下降70.4%。推广配网带电作业，引入电缆线路旁路作业、直线杆改耐张杆等新型带电作业项目，完成带电作业9234次，同比增长149%，减少客户平均停电12.69时/户。严格执行“发电机能保则保”原则，启用发电车保电1387个台区，减少客户平均停电1.03时/户。9月，获得2018年广东省带电作业职业技能大赛高压线路带电检修工（配电专业）团体三等奖和个人一、三等奖。2018年湛江供电局全口径（低压）用户平均停电时间19.47小时/户，同比下降57.2%；综合电压合格率99.974%，同比上升0.085个百分点；中压线路故障率3.52次/（百千米·年），较广东电网公司下达指标减少0.68次/（百千米·年）。多措并举改善电压质量。优化了48个变电站的AVC定值，及时消除AVC功能闭锁，提升A类电压质量。全年整改813个低电压台区。通过局部巷线换大及负荷割接，缓解了275个台区的低电压问题。更换轮换重过载配变306台，调整136台配变抽头和446个台区三相负荷不平衡问题。重过载配变从1月的815台到降为12月的98台；电压越限配变从1月的3258台（包括停电影响）到降为12月的813台（包括停电影响）；2018年电压质量类投诉同比下降67%。

◎ 2018年10月5日，500千伏港城变电站运行人员对GIS设备进行外表清洁

三、安全生产

2018年湛江供电局全面实现“两个确保，三个杜绝，四个不发生，两个减少”的安全生产目标，全年未发生电力事故；共发生五级及以上事件7起，同比减少9起；三级事1起，同比增加1起；五级事件6起，同比减少9起。发生社会人员触电事件2起，同比减少1起。重复配网事件1起，同比减少1起。百万工时工伤意外率指标完成值2.23。

安全监察。全面推广应用现场风险可视化管控平台管控计划性工作，自主研发“钉钉”可视化管控平台，补充用于临时性工作监管，实现可视化覆盖率100%。全年通过滚动发布并提级处理28条“一月一整治”问题，其中工作班成员、安全交底、安全带管理等23条重复性违章同比减少90%以上。组织各级4586人次开展云南“8·8”人身事故专题学习，对照自查发现问题132项并制定落实整改措施。有效推进安全巡查问题分析整改。对广东电网公司安全巡查发现的813项问题，确定了“分层分类、追根溯源、标本兼治、固化提升”的整改工作思路，从“队伍状态、工作作风、业务管理”等方面去剖析问题根源，明确了各阶段的时间节点和工作要求。组织开展“聚焦安全巡查”主题安全大讨论活动，26个部门（单位）和185个班组共7540人次参加了讨论。同步开展举一反三排查，共发现问题1044项，严格落实三级整改验收、逐级签字背书的整改销号机制，总体整改完成率为95%，针对55项杜绝类和严禁类问题，完成现场抽查验收。

安全隐患排查治理。全年共开展岁末年初、春季暨防风防汛、秋季暨中秋国庆、今冬明春等安全大检查工作四次，对各单位的组织情况及发现问题进行了汇总分析，制定并落实提升措施。3月，组织地县两级制订了乡镇供电所防范人身“1+6”三年实施方案和行动计划，按照责任人划分共计十大项77小项工作计划，全年完成34项。5月，制订防范社会人员触电事故事件专项工作方案，分别从管理措施、技术措施、宣传措施等7个方面提出26项工作任务，实施时间跨度为2年，至年底，各项工作均按期推进中。深入开展电力设施安全隐患专项排查整治及“回头看”工作，加强政企联动，成立隐患排查工作小组，主动汇报责任落实情况，联合深入现场，全年共计排查并整改隐患6839项。

安风体系建设。5月，制订本质安全型企业建设方案，打造“守矩、守责、守诺，共建、共治、共享”的安全文化品牌，开展安全文化培育，建成安全文化展区。8月，获得广东电网公司2018年安全文化节暨“讲好安全故事”宣传大赛二等奖、三等奖、最佳人气奖、最佳组织奖4项大奖，获奖数量居全省第一。全面推进安风体系深化应用，加强骨干队伍建设，组织开展审核员能力提高培训班，在广东电网公司备案中级审核员24名，初级审核员73名，自主培养助理级审核员261人，体系运转成效突出，通过了南网安风体系四钻复审，风险体系评级达到四钻。2018年变电管理所主任黄观荣带领全所员工全面贯彻落实网省公司及湛江供电局工作部署，深入践行《南网总纲》，以精益管理为抓手，以风险管理为主线，严抓安全生产，确保了人身、电网、设备安全，各项工作取得良好成效，获评南方电网公司安全生产工作先进个人。

市场营销

一、优化营商环境与客户服务

营商环境。积极落实电价调整、市场化交易、业扩投资界面延伸、减税降费清退临时接电费等政策，减少全市企业用电成本8.82亿元，其中一般工商业电价降幅达9.5%。提升业扩投资界面延伸比例，减少接电成本，实现低压业扩投资界面延伸率100%，中压业扩投资界面延伸率100%，节省用户投资超5.15亿元。12月，完成“一户一表”小区改造，共接收改造22 064户，提前完成国企家属区“三供一业”接管和维修改造工作。落实《优化电力营商环境执行方案》的28条举措，建立“周通报、月考核、季约谈”机制，通过“指标考核”倒逼提升全员服务意识。精简业扩报装流程环节，中、低压报装从5个环节分别减至2～3个环节，实现报装“零审批”。落实业扩工单“主人制”，紧抓简易类、增容类业务。统一服务平台累计关注数79万户，互联网业务办理比例77%。持续推广低压业扩“一站式”服务，确定“专职服务队”和“供电所+施工单位”联合现场勘查两种模式。2018年累计中、低压业扩报装平均用时分别为53.4天、5.1天，分别同比缩短了50.09%、53.9%。累计完成“一站式”报装接电838宗，平均用时为1.93天，比低压平均用时缩短3.17天。

客户服务。快速响应客户诉求，2018年，“95598”客户投诉同比下降47%；“12398”投诉同比下降5%。主要从四个方面持续提升客户满意度：一是加强客户诉求管控力度。意见及投诉类工单按三、四级进行管控，完善了考核和问责办法；成立客户诉求督导小组，开展现场督导65次；建立客户诉求快速响应通报机制，切实做到“问题导向、关口前移、限时处理、闭环管控”；做好客户诉求台账，并定期抽查台账质量。二是开展客户投诉约谈及问责。对“12398”和“95598”投诉多发区域的主要负责人开展分级约谈。三是开展客户走访专项工作。全年组织开展客户专项走访3.6万户次，收集解决诉求5839个。制定客户服务改进行动计划，举办客户满意度提升专题辅导班1次。四是开展营销宣传策划。通过整体策划，分级实施，举办了“安全用电迎新春”和“践行绿色低碳出行，开启我的60+蓝生活”两次大型活动，制作了15个微信宣传软文，解答了客户关心的热点问题。2018年第三方客户满意度81分，提升幅度全省第一，湛江地区政府公共服务公众评价中供电服务连续八年排名第一。

二、营销基础管理

2018年完成购电量128.87亿千瓦·时，同比增长7.95%；售电量122.22亿千瓦·时，同比增长8.07%。

“双覆盖”工作。4月，编制“一图读懂计量工作”，以计量装置全生命周期管理为主线，以指标为目标，以风险辨识评估、工作内容与标准、计量应知应会等为主要关注点，着重提升计量管理人员的技能及管理水平。6月，实现智能电表和低压集抄全覆盖，湛江供电局在运智能电表232.26万只，覆盖率100%；低压集抄用户230.52万户，覆盖率100%。雷州、廉江等10个县区供电局及遂城、黄略等100个供电所，实现智能电表及低压集抄全覆盖，开展低压集抄省级台区单元工程验收并100%通过。完成抄表人员全面转岗，组织转岗人员开展管理规定宣贯、运维工单与App应用等培训，建成低压集抄实训场地68个。截至年底，湛江供电局专变、配变、集抄异常处理率分别为93.05%、74.66%、74.85%，专变异常处理率全省排名第二。

营销管理信息化。试点推广应用移动业务终端提升现场作业效率。1月12日，营销业务移动终端App通过南方电网公司验收。业扩、计量、用检应用模块集成了业务环节流程，在手持终端或移动手机上现场接收工单，开展现场作业，记录作业过程信息后可直接进行工单传递，有效缩短了业务流程的流转用时。在各县区供电局加速推广应用，营销业务移动终端作业应用执行率达79.02%。计量运维App专变、配变、集抄运维工单处理率分别为93.05%、74.66%、74.85%，其中，专变运维工单处理率全省排名第二。全面提升自动抄表及电子化结算率。3月，发布实施《计量管理提升与考核实施方案》，从计量数据质量、档案一致性、计量常态化巡视运维、计量工单处理及时率与表单应用情况、计量装置全生命周期管理等方面提升计量管理水平。累计完成档案清理维护5.6万条，处理表地址不一致问题1.62万条。自动抄表及电子化结算率由原来95.56%上升至99.86%，提升了4.3个百分点。2018年，低压、中压业扩工单平均用时同比分别下降51.2%、36.6%。用电检查计划按时完成率100%。

◎ 2018年5月31日，湛江供电局提前完成智能电表全覆盖轮换工作，实现智能电表和低压集抄100%覆盖。图为湛江供电局工作人员在居民家更换智能电表

线损管理与反窃电。狠抓高损线路（台区）降损治理工作，4月，制订2018年高损台区专项整治方案和2018年降损攻坚实施方案，建立降损治理协同机制，加快线损异常处理进程。每月发布管理线损完成情况，针对连续三月线路台区异常、负荷切割档案处理不及时出现负线损台区、营配系统档案不一致等重大问题进行跟踪，督促整改。2018年线路异常率降到0.68%，台区异常率降到1.13%。完成27条高损线路和824个高损台区“精准”降损任务。组织对外开展偷漏电治理工作，共查处窃电行为437次。组织开展常态稽查，轻微差错239个，一般差错52个，均已完成整改。

三、电能替代与市场开拓

电能替代与新能源应用。大力实施电能替代。持续提升综合能源项目服务水平，建立电能替代项目储备库，累计实施电能替代项目182个，新增替代电量3.51亿千瓦·时；推动湛江港岸电项目建成投运，实现了北部湾地区高低压岸电示范项目全覆盖，为湛江建设绿色示范港口，推动低碳生态绿色发展模式迈出坚实一步。与铁塔公司签署框架合作协议，探索电力铁塔共享试点业务。积极开展电动汽车充电桩建设。积极“抢滩布点”，促成《市政府关于研究支持湛江供电局在市公共区域用地建设电动汽车充电基础设施的会议纪要》，主动接触公交公司、环卫部门、物流企业，积极争取专用车充电设施建设权，大力拓展专用车充电客户。建成40个充电站点共177个充电桩，已在市区公园、国道边、热门景点、党政机关等优质地段布点建设，构建布局合理、设备利用率更高的充电网络。与湛江公交集团、湛汽集团、中国石化、中国烟草等签订战略合作协议，迈出开拓公交车、专用车充电市场的第一步。全年电动汽车业务充电次数1.45万次，总电量20.93万千瓦·时。持续优化分布式光伏项目并网服务。共完成812户、总容量2.20万千瓦的分布式光伏发电项目的接入，其中扶贫用户787户，容量2.16万千瓦。以湛江吴川供电局为试点，成功应用营销管理信息系统新光伏模块，并推广至全局，有效提升分布式光伏项目建档效率。自主编写低压非居民分布式光伏项目典型设计，优化业务办理流程，进一步缩短低压非居民光伏发电项目报装时长。

配合电力市场化交易。全年完成市场化交易电量29.50亿千瓦·时。支持所属大集体企业拓展售电业务，提前走访2019年可能具备进入市场交易的客户和2018年合约到期用户共93户，已签93户，签约电量10.05亿千瓦·时，逐步稳定客户资源，保持市场份额有增无减。贯彻落实《湛江供电局承接南方（以广东起步）电力现

◎ 2018年7月10日，湛江供电局与湛江市公共交通集团签约

货市场试运行工作子方案》的工作任务，明确责任主体及工作内容，积极推动人员业务培训、设备升级改造、运维流程革新，探索适应新业务开展的工作体系。

科技信息

一、科技创新

2018年湛江供电局投入科技研发资金588.25万元，占营业收入的0.83%。其中科技项目投入531.37万元，占比90.33%。2018年累计获授权实用新型专利109件、外观专利2件，共计111件，亿元营业收入专利拥有数为1.58件，均超额完成年度指标。成功申报《自脱离灭弧防雷装置在35千伏线路的应用研究》《配网精准规划智慧分析研究及应用》等3个科技项目，首次承担大课题科技项目《配网精准规划智慧分析研究及应用》；承接广东电网公司《配网自动化终端智能“机顶盒”（智能管控装置）》《电力变压器自动检测系统等》等7个成果推广科技项目，《融入低压智能电表数据的配电网故障分析定位关键技术的研究》《海底电缆水文环境监测、预测技术及应用系统开发》开题，《变电站一体化控制保护智能开关设备研制》《湛江地区保底电网输电线路抗风能力评估及加固措施设计研究》等4个续建项目结题验收。完成《通用刀闸二次回路故障培训模型》《低压网接地监测系统》等14个职创项目。《10千伏铠装式开关柜CT更换小车推广》《移动式无人机起降坪》获得2018年广东电网公司职工技术创新二等奖，《智能整合故障指示器、智能开关、利用计量配变停复电推断开关、线路电流突变》《便携式电缆沟开盖工具》《敞开式断路器回路电阻辅助测量夹具》获2018年广东电网公司职工技术创新三等奖。

二、信息化建设

2018年湛江供电局在网络安全、实用化及数据治理、运维服务、技术创新、队伍建设等工作上全面发力、不断提升。完成重点时段的信息安全保障工作，防风防汛安全应急资源保障信息专业相关工作。成功防范勒索病毒等各类新型网络病毒威胁，未发生四级及以上网络安全事件。根据广东电网公司2018年网络安全督察工作方案，编制并印发了湛江供电局网络安全督察方案，并开展竞争性企业、四级单位以及班（站、所）督察及自查自纠工作，9月，完成了粤西片区层面督察迎检及整改工作。推进班组精益化建设，信息中心信息运维班组被评定为三星级班组。开展IT资产监督工作，推送IT资产管理系统客户端软件到各个联网的办公终端，开展现场台账实物核查工作，完成办公区域的IT资产清查工作，根据检查结果更新台账和设备标签信息，确保年度账卡物一致率90%以上，IT资产数据质量合格率达99%以上。7月，“宋元明技术能手创新工作室”获广东电网公司认定。开展探索移动应用、人工智能新技术与生产实体深度融合。根据市场域业务需求，利用大数据平台，实现低、中压业扩报装关键环节平均用时监控，投资界面延伸数据汇总；利用回流数据，对站线变一致性进行前台展示，使得业务人员更实时地查询指标和获取问题数据。自主自主研发的应用11项，涉及竞争性企业、生产、营销等。开展信息系统实用化提升和数据质量治理专项工作。抓实基础数据管理，落实数据主人机制，开展数据惟真惟实整改。根据《生产系统与GIS系统配网异常数据清单》，整改配网馈线台账，整改率为100%。印发了《湛江供电局2018年信息系统实用化提升和数据质量治理专项工作实施方案》，修编《湛江供电局“6+1”系统数据质量及实用化专项指标考核指标及奖惩标准》，将数据质量工作纳入各部门、各单位的组织绩效进行考核。

经营管理

一、人力资源

干部人才队伍建设。2018年结合机构优化调整和县区供电局升格工作，积极协助广东电网公司选拔9名副处级干部，提拔任用科级干部29人，平级调整科级干部55人。截至年底，副科级及以上干部共133人，由广东电网公司直接管理的副处级及以上干部8人；由广东电网公司委托管理的副处级干部9人；管理科级干部116人（含非领导职务6人），其中“80后”年轻干部48人，占科级干部41%，该项指标全省第一；取得硕士学位38人，占科级干部33%；10个县区供电局调整“党政一肩挑”班子模式，干部队伍实现“老中青”混搭，结构梯次更科学更坚韧。在人才评价。截至2018年底共有管理专家11人、技术专家44人、技能专家55人。全年新选聘广东电网公司级专家1人、助理级管理专家7人、助理级技能专家25人。5月，制订高技能人才培养方案，全年新增高级职称44人、中级职称371人、初级职称367人，新增高级技师16人、技师228人。高技能人才比例提升至81.25%。

劳动用工和薪酬福利管理。9月30日，调整各级机构，地市供电局职能部门层面由原13个职能部门、2个挂靠机构，调整为14个职能部门、1个挂靠机构；地市供电局直属机构层面，由原8个直属机构调整为11个直属机构；县区供电局层面，搭建“6+1”内设机构及四统一班组，调整后县区供电局统一设置办公室、党建人事部、生产计划部、工程建设部、安全监管部、供电服务中心6个内设部门以及综合服务中心和乡镇供电所。乡镇供电所层面，对调整后的87个供电所进行重新划型，分别为17、26、44个大、中、小型供电所。2018年招聘新员工137人。制订岗位组竞聘工作方案，明确机构改革后各类岗位上岗规则和薪酬管理规则，组织开展全口径范围组聘上岗工作，严控定员定编缓解结构性、均衡性问题，应用岗位胜任能力评价结果促进人岗匹配。建立内部模拟市场化工资分配模型和以岗位管理为基础、以“业绩和效益”为导向的薪酬管理体系，强化工资分配的绩效导向。制订专业技术人员绩效量化考核实施方案，试行专业技术人员绩效量化考核模式，强化绩效考核的差异化激励。制订竞争性业务市场化用工和薪酬管理实施方案，出台主业支援多经人员薪酬管理指导意见，授予竞争性企业灵活的用工政策和充分的薪酬分配自主权，规范主业支援多经人员的薪酬管理，促进竞争性业务规模和盈利能力的快速提升。完善绩效激励机制，“工分计酬”提取比例由30%提高至40%。结合组织绩效考核结果，优化年度绩效工资发放方式，由次年兑现转变为当年预兑现。完善非物质激励机制，持续开展积分兑换工作，全年申请兑换4560人次，员工获得感不断增强；星级员工品牌效应持续放大，新晋星级员工992人。

职工教育培训。2018年人力资源部归口管理的全网员工培训1133期，培训9.79万人次。员工培训率93.69%，培训考试合格率97.5%；为使转岗员工更快适应新岗位，2018年投入大量人力物力对计量运维、调控一体、机巡作业、机器人巡检、配网规划及网格化服务经理进行转岗专项培训，共计培训68期，培训人员2482名。截至2018年底，湛江供电局共有专兼职培训管理人员38人、内部兼职培训师913人，有培训基地1个，基地内建有实训室6个、“一所一场”建设营销类实训场（装置）87个、配电类实训场42个，完成规划总数129个的100%。

二、财务经营

2018年湛江供电局营业收入同比增长8.89%。总资产周转率58%。完成固定资产投资31.53亿元。报废资产净值率9.7%、同比上升0.14个百分点。

编制落实供给侧结构性改革深化瘦身健体提质增效工作方案，细化了39类117项明细主要工作措施，狠抓措施落实，有效开展各项工作，8个专项行动工作均达到广东电网公司年度目标考核要求。面对可再生能源政策补贴、高可靠性收入调整等政策原因变化，加大经营力度，加强业扩报装时限管理，加大电能替代。资源配置着重满足配网和农网建设，着力向中低压配网倾斜，大力解决低压电网薄弱的问题，提高供电可靠性，满足“暖心工程”和供电所技术业务用房等需要。在配网自动化、智能电表和低压集抄方面投入2.39亿元，主要用于改造智能电表65万只（业扩新增17万只，轮换48万只），实现2018年智能电表及低压集抄双百全覆盖的目标。向改善职工的工作环境、就餐条件、医疗条件倾斜，深入推进“暖心工程”建设。分解下达2018年11.3亿中低压配网项目投资计划，确保优先安排增供扩销、明显提升供电可靠性等运行指标、着实提高服务质量水平等重点项目的投资。其中重点落实精准扶贫，将贫困村电力升级改造工作纳入督办任务，助力全面建成小康社会，全年投资4.83亿元完成贫困村通动力电等升级改造。有序推进客户资产接收及“三供一业”接收改造。倒排工期，督促和协调各部门单位做好资产清查工作。全年完成了主配网卡片拆分31 625张，IT资产匹对了16 287张卡片，计量资产匹对了85 086张卡片，主配网账卡一致率为97.96%，IT资产账卡一致率为99.96%，计量资产账卡一致率为99.7%，超额完成了2018年有效资产清理任务设备匹对率全省第一。

三、物资供应

坚持“买好设备”，全年共计开展51项物资采购，采购集中度达97.46%。全力做好项目物资供应，克服资金紧张、机构改革变动等挑战，保障了大唐国际雷州电厂（一期）接入系统工程、220千伏北坡输变电等重点工程物资供应。

物资采购管理。通过整合同类需求的方式对物资需求申报和采购方案进行管控，细化采购方案及技术规范书，持续规范采购管理。供货商管理方面。全力保障项目物资供应。提前介入，项目下达后即用班车制管控，督促需求部门及时申报需求，明确供应商后立马组织人员催货，保质保量完成抗风加固、国家扶贫村项目物资供应。下半年的资金紧张、机构改革等情况，给物资供应尤其是重点项目带来了巨大挑战，通过做好有限资金的合理分配，积极争取供应商的理解和支持，保障大唐电厂一期、北坡输变电等重点工程物资供应。全面落实国家税率调整政策，克服人手缺、环节多、工作复杂、量大等困难，完成1811份合同冲红及变更。加强物资质量管控。2018年完成50个批次物资抽检，涉及13个品类，覆盖25家供应商，督促3起不合格供应商完成整改，其中北京合纵公司产品全部退回并全面排查。完成雷州附城GIS、徐闻和安主变等7项主设备监造，实现设备零缺陷移交。坚持把监督和纪律挺在前，开展关键岗位员工谈心谈话，对照“扫雷”行动计划表严肃查摆“微腐败和不正之风”和“违反廉洁纪律”问题，营造风清气正业务生态。

仓储与逆向物流管理。优化储备物资结构，提升储备通用性、互换性、针对性。通过融合“储备方案动态修编”“闲置物资信息分享”“跨区平衡利库”等手段，全面提高物资周转率和利用效率。2018年湛江供电局物资品类周转率大于55%的数量占比89.55%，居全省第一。推进逆向物流管理，持续开展项目物资平衡利库工作，闲置物资再利用率达100%。紧跟广东电网公司物资报废“班车制”，全年共报废物资4批，回收资金同比增长98.7%。应急期间的物资供应情况。结合业务实际本地化修编应急物资响应工作手册并组织开展应急物资调配演练，解决完善应急响应人员分工、工作衔接等方面问题，提升应急期间物资需求响应效率。构建多站点台风应急体系，新村一级仓实行“1+3”——1个一级仓、3个应急物资临时材料站联动的方式，雷州、吴川、徐闻仓形成“1+2”——1个二级仓、2个临时材料站应急抢修供货的方式，确保台风期间物资及时供应。

四、审计监督

落实上级审计体制改革工作要求，理顺职责界面，5月，湛江供电局设立审计部，建立专职审计队伍。同月，广东电网公司审计中心对湛江供电局开展“暖心工程”审计调查。6月，湛江供电局原监察审计部分设为监察部和审计部，正式成立审计部。并开展湛江供电局2018年“业扩提速”审计调查。7月，阳江供电局对湛江供电局开展党费使用和管理专项交叉审计。同时开展2018年度物资需求及采购管理审计、电费差错管理审计。8月，开展2018年瘦身健体提质增效（有效资产）审计调查。9月下旬，对湛江东海供电局原局长夏菁、谢灿波开展离任经济责任审计。10月，对湛江坡头供电局原局长李杰贤、霞山供电局原局长陈汉开展离任经济责任审计。针对“重审计、轻整改”难题，印发了《关于进一步加强审计整改工作的意见》的通知，对审计发现问题整改工作提出了三点要求，一是严格落实“三不放过”原则。二是加强审计发现问题的原因分析，认真研究制定整改措施及计划。三是切实开展整改工作，确保整改到位，取得实效。重新梳理的问题共298个，涉及项目11个。自查成果如下：开展整改检查97项，完善制度10项。

五、法治工作

依法治企与风险防控。全年完成重要经营决策法律审核22项，重要经营决策法律审核率达到100%；办结案件9宗，胜诉率100%。3月，编制印发资产产权证明专项清理实施方案，建立过程管控机制；成立协调领导小组和办公室，通过季度联席会议协调推进工作。推动湛江市政府召开两次协调会，5月，促成湛江市国土局印发《不动产登记工作指引》。全年累计办理产权证明154宗，总体完成率达162.11%，完成考核任务。6月，编制印发《法治企业建设方案》和《法治企业建设标准》，明确市、县、所三个层级的法治企业建设标准和任务要求，进一步完善法治企业建设体系，有序推进法治工作的开展。合同管理延伸至合同前期及履行管理，排查较大履行风险合同，提出法律风险提示，督促责任部门落实整改。全年合同标准文本使用率为94%，超出广东电网公司考核指标85%。10月，开始采用电商合同管理模块。切实加强法律风险防控。继续在人力资源、市场营销、计划发展、基建、生产设备等5个重要领域的关键岗位开展法律风险岗位防控，识别岗位固有风险并提炼剩余风险131条，编制19个法律风险岗位防控信息卡，推动风险岗位防控落实到岗、落实到人。

法治文化建设。注重内外联动。5月，首次与市司法局、湛江广播电视台联合开展“以案说法”节目，提高公众保护电力设施以及安全用电的法律意识。10月，联合市司法局在湛江市法治公园建成市首个宪法小观园，为广大市民学习宪法营造良好的氛围。创新普法形式。5月，首次组织开展法律沙龙活动，就安全生产、赌博、醉驾等法律底线问题开展讨论与交流，加强了普法人员与员工之间的互动和沟通，取得良好普法成效。打造普法品牌。首次建立快板普法志愿者队伍，组织员工自创普法作品，“快板普法”被广东电网公司重点吸收打造为“粤律之声”品牌，并获南方电网公司“十佳普法品牌”称号。2018年湛江供电局荣获“广东省法治文化建设示范企业”，并作为湛江市首届“谁执法谁普法”三个参评者之一，且获评“优秀”等次。

◎ 2018年11月14日，湛江遂溪供电局开展“送法下基层”活动

改革创新

“创一流”与精益管理。以“一抓二保三突破”[①]的工作思路，分层分类抓好关键指标和任务的落地执行。综合考虑指标贡献度，以“客户平均停电时间”“第三方客户满意度”和“综合线损率”为高敏感指标，优化“创一流”工作推进策略，专题攻关影响指标目标和任务的重要问题，确保年底如期实现“网内一流”的目标。有序推进精益项目实施。统筹各专业线对湛江供电局范围内221个立项课题进行评审验收，择优跟进辅导。《推动精准普法 加强依法治企》《促进清洁能源消纳，降低清洁能源弃电率》《优化变电站闲置物资管理》《减少低压非居民光伏发电项目报装时长》《提高智能巡检机器人作业可靠性》和《提高生产项目进度均衡度精益项目》等6个精益项目分别荣获广东电网公司2018年一、二、三等奖及推广应用优秀奖，实现管理优化类项目获奖零的突破。同时，《利用低压负载箱提高首检完成率》和《自主研发调查问卷移动应用新模式，减少人工成本》2项现场改善成果分别荣获南方电网公司7S劳动赛现场铜奖和广东电网公司一、三等奖。积极推进星级班站所建设。获评三星及以上班站所167个，其中准五星班站所2个计量运维一班和服务调度班；四星级班站所29个，准四星班站所1个配网业主项目部，三星班站所135个；有2个班组樟铺供电所客户服务班、黄坡供电所配电运维一班参加南方电网公司五星评选，实现了五星班站所参评零的突破。

产业市场拓展与多经企业管理。1月5日，制订多经企业安全生产管理工作方案，加强竞争性业务安全风险管控。9月14日，制订竞争性业务发展实施计划（2018—2020年），谋划湛江供电局竞争性企业中长期发展方向。规范竞争性业务采购管理，督促平台企业建立采购管理制度体系。10月1日，制订2018年竞争性企业组织绩效考核方案，常态化开展绩效监控分析。10月31日，制订竞争性业务市场化用工和薪酬管理实施方案，出台主业支援多经人员薪酬管理指导意见，推动竞争性企业用工薪酬规范化管理。督促竞争性企业编制财务管理制度群，建立“资金池”和搭建统一财务信息系统，优化竞争性业务财务管理。推动竞争性企业纳入主业党建党廉考核范围，逐步推进竞争性企业党建工作。健全平台企业法人治理结构，完善董事会、总经理会议、领导班子会议等议事规则。截至年底，局属竞争性企业共23家，其中电力工程建设（含设计、监理）企业10家、综合能源企业1家、装备制造企业2家、信息通信企业2家、电力综合服务8家，营业收入同比增长19.61%；利润总额同比增长11.9%；减少法人数量8个，减少D类企业3个，如期完成“四个一批”整体目标。7月3日，湛江天汇设计有限公司增加综合能源业务，并更名为湛江天汇综合能源服务有限公司，作为湛江供电局综合能源业务开展的平台。10月15日，吴川市电业工贸发展有限公司完成工商注销。11月12日，广东雷能电力集团有限公司和湛江天汇综合能源服务有限公司被评为2017年省级业绩优秀企业。11月20日，湛江电力开关设备有限公司完成工商注销。11月26日，吴川物业电力服务有限公司完成工商注销。

党群工作

一、党建工作

政治建设。多次召开党委会，认真学习习近平新时代中国特色社会主义思想，学习习近平总书记视察广东重要讲话，认真贯彻湛江市委市政府乡村振兴战略，落实“南方电网党组一号文”等上级的重大决策部署，先后制定了专门的方案、行动计划，落实党的十九大精神和上级的决策部署，明确了加快电网建设支持湛江市省域副中心城市战略建设，进一步加强配网建设。5月24日，调整湛江供电局“党政一肩挑”领导班子成员分工，同步推进了县区供电局“党政一肩挑”改革。8月

---

① 一抓二保三突破：抓住1个关键——从严动真抓作风带队伍；保住2条底线——安风体系评级达四钻，2018年达网内一流水平；找准3个突破口——紧盯“客户平均停电时间”“第三方客户满意度”“综合线损率”高敏感指标，用好“抓补强”、区域联动和精益管理等方法，借力从严治党和改革创新。

31日，召开中共湛江众恒投资有限公司第一次党员代表大会，并按要求完成选举，严格实行党委书记和董事长由一人担任，落实“党政一肩挑”；在大集体企业实行“湛江供电局党委—众恒公司党委—直属各单位党支部”的党建管理模式。湛江供电局党委领导班子成员严格落实双重组织生活。全年先后召开湛江供电局贯彻落实2018年广东电网公司机动巡察反馈意见专题民主生活会、湛江供电局党委巡视整改暨全面彻底肃清李嘉、万庆良恶劣影响专题民主生活会以及2018年度党员领导干部民主生活会。8月，组织召开的湛江供电局党委巡视整改暨全面彻底肃清李嘉、万庆良恶劣影响专题民主生活会中，广泛征求意见建议50条，查摆存在突出问题60项，并抓好问题整改，同时指导督促各县区供电局党委开好专题民主生活会。党委领导班子成员以普通党员身份参加所在支部政治生活，参与支部牵手联建工作，讲授专题党课；建立了基层党建联系点日常联系、沟通汇报、反映问题“直通车”和“建档立卡”管理四个机制，全年解决基层党建突出问题25项。

组织建设。各级党组织进一步健全完善，完成了湛江遂溪供电局、徐闻供电局、吴川供电局、雷州供电局、廉江供电局等5个党委，湛江供电局市场营销部等8个党支部换届改选工作。新设立了湛江供电局众恒投资有限公司党委，湛江供电局安监部等39个党支部，新发展党员77名。至2018年底，全局共有党组织215个，其中党委12个、党总支部4个、党支部199个；共有3296名党员，总数同比增长5.8%，其中，在职在岗党员2314名，离退休职工党员982名。研究制定了湛江供电局《加强党的基层组织建设三年行动计划》，全面承接落实广东电网公司党的标杆建设1236模式；党组织按期换届率达100%，重点落实好“三会一课”制度，按照“四必三增强”要求，规范开展主题党日活动；持续开展党支部“达标准，创标杆”工作，全力打造首批22个标杆党支部，铺开支部政治生活看板管理和发展党员全过程看板管控，党支部标准化达标率100%。抓实党员教育管理监督。严把发展党员入口关，组织开展了在途党员发展专项检查，形成问题清单，组织召开专题组织生活会，并抓好落实整改；印发《进一步严格发展党员工作程序和纪律的工作方案》，加大对发展党员工作问责力度，首次开展新入职员工党员测试，严把新员工党员质量关；加大发展党员工作向一线班组和青年群体倾斜力度，2018年发展党员中一线班组占比63.64%，35岁以下占比59.74%。注重发挥党员先锋模范作用，组织开展了“强党性、提作风、无违章、抓落实”主题党日活动，签订“党员身边无违章”承诺书，推动党建保安；成立了220千伏茂湛铁路吴川牵引站供电工程党员突击队，吴川牵引站提前通电，保障深湛高铁如期投运；全年持续开展“我是党员走在前，一区双岗创一流”活动，通过党员责任区、党员示范岗及党员服务队等载体建设，持续发挥党员作用。

不断探索党建工作特色做法。修编并印发党建领域业务指导书36份，建立了湛江供电局直属党支部党建工作月度考核机制，通过“红绿灯”进行有效管控。结合湛江供电局实际，聚焦党务人员能力素质提升，探索推行了党务人员能力达标考试机制，将考评成效与个人绩效相挂钩，倒逼专兼职党务人员自我提升；加强“书记项目”过程管控，以“书记沙龙”为平台，举办专职书记项目年中项目开展情况汇报和年终成果展示，共同破解党建工作难题。编制《广东电网文化地图之湛江篇》，全景展现湛江供电局企业文化成果；积极发动各单位开展示范单位示范点创建工作，结合星级班站所建设，推进“一班组一特色”在100个供电所全覆盖，开展“一局一品牌”文化品牌塑造，湛江供电局本部建成“党建企业文化展厅”，利用展厅、文化长廊、门户网站、微信公众号、宣传展板等多种手段、多个传播渠道进行广泛宣传，营造学习氛围。

二、思想宣传工作

思想政治工作。坚持以习近平新时代中国特色社会主义思想为加强思想政治工作、宣传新闻与意识形态工作的主线，始终在学懂弄通做实上下功夫。全年开展党委中心组学习22次，学习中国共产党第十九届中央委员会第二次全体会议公报、习近平总书记在庆祝改革开放40周年大会上的讲话、《习近平新时代中国特色社会主义思想三十讲》12篇。湛江供电局参与的《建“5C1P”三维驱动模型 打造国有企业基层党组织组织力提升实践体系》项目获评广东电网公司2018年度党建思想政治工作优秀研究成果一等奖。《供电企业转型关键时期的员工队伍思想精准教育探索与实践》获评广东电网公司2018年度党建思想政治工作优秀研究成果二等奖。中心组成员坚持带头学、及时学、跟进学，坚持读原著、学原文、悟原理。湛江供电局党委充分发挥“头雁效应”，以上率下，迅速在全局兴起学习宣传贯彻热潮。

意识形态工作。建立意识形态责任制，落实属地管理、分级负责和谁主管谁负责要求。把意识形态工作纳入党建工作考核，纳入领导班子民主生活会和述职报告的重要内容。年初党委会专题研究，制定《湛江供电局党委2018年落实网省公司意识形态工作部署计划》，做到与中心工作同研究、同部署、同落实、同考核。举办“倾听全国人大代表吴翔履职故事”道德讲堂等系列活动，邀请全国人大代表吴翔到系统内10多个宣讲点传达两会精神；邀请中央党校、省委党校、市委讲师团教授、专家们到单位进行宣讲，针对全局中层干部、各党支部书记、年轻后备干部等举办16期培训班，加强员工思想引领。在市区的变电站围墙、公用电房、配变箱、环网柜等电力设施上张贴社会主义核心价值观等公益宣传海报；利用湛江供电局100个供电所、营业厅电子滚屏落实社会主义核心价值观标语宣传；在各办公场所制作社会主义核心价值观宣传栏，营造浓厚的文明氛围。通过集中讲授、分散学习，打造宣讲团队巡回宣讲，举办书法、硬笔字比赛等活动共计32场，深入宣贯《南网总纲》。新闻宣传工作。全年在中央级媒体、省级媒体、地方主流媒体、重要的社会媒体上发稿多168篇（次）。其中，6月5日，湛江供电局应对台风，重点对涉及高考的变电站和线路进行特巡的视频片段登上中央电视台。开展先进典型的发掘、评选、推广工作，成功评选出湛江供电局首届“十大工匠”，全国人大代表吴翔获评2018年第一季度“广东好人”、第七届“湛江好人”。

三、党风廉政建设

“不敢腐”机制建设。强化与地方监委联建，9月，与湛江市纪委监委商定《共同开展廉洁风险防控意见书》，在情况互通、警示教育等方面寻求共识。盯紧重点领域，强化问责职能。全年下发监察建议书17份，规范抽取专家、评标过程管理、差旅费用报销等工作。

“不能腐”机制建设。发挥党委全面监督作用，出台《巡察五年工作规划》，制定重点关注“问题库”和巡察“人才库”。8月，对竞争性企业进行专项摸查工作，梳理发现问题107条。10月，对电力调度控制中心党委开展巡察工作，巡察发现问题31条。广东电网公司机动巡察反馈的27个问题完成整改。开展历年巡视巡察发现问题整改情况“回头看”，梳理出问题224条，逐条明确整改到位标准，确保整改落实到位。发挥纪委专责监督作用。按季度组织纪检干部“走基层、转作风、谈廉洁”，延伸纪委监督触角。全年组织纪委书记开展“公开接访”60次，畅通问题反映渠道，强化对员工干部的监督警示。发挥业务部门自我监督作用。积极推广“两个责任”监管平台，覆盖到职能部门、二级机构和供电所。从严落实业务线条自我监督计划1204条，按季度抽取业务部门向监督管理委员会汇报完成情况。

“不想腐”机制建设。制作廉洁警示教育短片《说说那些不能碰的红线2》《纪“Sir”说纪2》《作风建设永远在路上》等教育片和《“画”说职业禁区2》系列漫画。加强廉洁文化建设，倡导“环环入心，廉洁奉公”的“五环”廉洁文化。以完善机制为抓手，提升谈话质量。积极完善谈话工作机制，确保监督执纪“四种形态”工作取得实效。完善了“领导带头谈，层层逐级谈，支部常态谈，重点提级谈”机制。2018年共开展谈话7556人次，谈话成效更加突出。以解决“四风”为抓手，提升作风建设。全年发送提醒短信1.27万条，开展监督376批次，检查发现各类问题183项。严肃查办2起违反中央八项规定精神违规违纪案件，对顶风违纪行为点名道姓通报曝光。全面落实形式主义、官僚主义专项整治，通报曝光一起“两面人”典型案例。

◎ 2018年8月27日，湛江供电局举办纪律教育学习月活动动员大会

四、工会和共青团工作

职工民主管理与产业工人队伍建设。2月6日，召开第三届四次职工代表大会，审议通过局长工作报告，全年召开7次职代会联席会议，审议通过《湛江供电局2018年岗位组竞聘工作方案》《湛江供电局专业技术人员绩效量化考核实施方案》《湛江供电局奖励管理实施方案》等涉及员工切身利益的重要议题。开展职工代表劳动保护专项巡视活动1次，发挥工会对职工职业健康及安全卫生的监督作用。收集职代会提案9件，全部转为合理化建议提交相关部门进行了研究和答复，提案落实率100%。广泛开展和参与各级推优树模工作，黄平获评南方电网公司“五一”劳动奖章，湛江供电局电力调度控制中心配网调度班获评广东电网公司“工人先锋号”、湛江供电局财务部获评南方电网公司“巾帼文明岗”荣誉。

劳动技能竞赛与职工创新。举办了主网调度专业等7项地市供电局级竞赛，承办了湛江市电力行业继电保护工技能竞赛。参加2018年广东省职工职业技能大赛高压线路带电检修工（配电专业）竞赛，获团体二等奖；李天豪、莫国军分别获该项目个人一等奖、二等奖，李天豪同时获评“广东省技术能手”。参加2018年广东电网公司用电客户受理员竞赛，获团体三等奖，刘永承、柯仕舟分别获该项目个人二等奖、三等奖。至2018年底，累计创建职工创新工作室10个，其中南方电网公司级5个、广东电网公司级5个、全年新增2个。通过一对一指导、现场考核等多种方式促进工作室建设的提质升级，完成职创项目15项，“10千伏铠装式开关柜CT更换小车推广”等5项成果获广东电网公司职工技术创新奖。

服务职工与女工工作。湛江遂溪供电局工会获得南方电网公司四星级“职工之家”称号，湛江廉江供电局工会等4个单位获得南方电网公司三星级“职工之家”称号；500千伏港城变电站获得南方电网公司五星级“职工小家”称号，湛江廉江城西工会小组等4个“职工小家”获得南方电网公司四星级“职工小家”称号，29个“职工小家”获得南方电网公司三星级“职工小家”称号。开展“新春送温暖”“夏日送清凉”“中高考送祝福”等系列活动，走访慰问基层班站所、重点工程现场51次，慰问职工2400余人次。组织了足球、篮球、羽毛球、气排球、徒步等5项职工喜闻乐见的职工体育活动，总参加人数达3200人次；开展“巾帼心向党 建功新时代”系列活动，展示女职工在家庭、家风建设中独特作用和突出成绩，激发女职工创新创优活力。

共青团建设及志愿服务。全面从严治团，规范落实“三会两制一课”制度，坚持每月度召开团的支委会议，每季度召开支部团员大会；全年共计开展微团课60余次；推荐优秀团员青年作为党的积极分子和发展对象共计17人；组织开展“团干部的自我革命教育”专题培训；全年组织召开青年员工座谈会共计18次。持续擦亮“湛供绽美”志愿服务品牌，全年共计开展清明祭英烈、安全用电及环保宣传、扶贫慰问、重阳敬老、创文志愿服务等61次，参与志愿服务305人次，服务对象约1900余人。14个团组织均已成立青马及国学小组，并编制培养方案，每月度开展学习交流活动。持续打造“青年创客”成长服务平台，成立了4个“青年创客”空间，各青年创客团队共计开展项目40个。全面推进青年文明号建设，现有7个省级及10个市级青年文明号。输电管理所团支部被评为广东省“五四”红旗团支部，湛江坡头供电局团支部被评为南方电网“五四”红旗团支部。

五、扶贫工作

定点扶贫。湛江供电局负责帮扶的贫困户共588户1649人，全年投资258万元扶贫捐赠资金，用于11个驻点帮扶村的扶贫工作。截至年底，实现脱贫545户1498人，脱贫人口比例达到90.84%。由湛江供电局本部帮扶的省定贫困村仕寮村，以及吴川、雷州、廉江、徐闻、坡头等县区供电局帮扶点，贫困户人均可支配年收入均超过1万元，高于广东省2018年有劳动力贫困户预脱贫标准7598元。

行业扶贫。充分发挥行业优势，全力支撑湛江打赢脱贫攻坚战，服务乡村振兴战略实施，完成新一轮农网改造升级投资9.27亿元，全面完成218个省定贫困村农网升级改造，全市农网三大指标扎实达到国家要求。雷州流沙村农网改造工作获国家审计署广州特派办充分肯定。推进剩余省定贫困村的建设工作，重点落实精准扶贫，投资4.83亿元解决贫困村通动力电等升级改造工作。将贫困村电力升级改造工作纳入湛江供电局督办任务，按时完成229个贫困村（其中218个为省定贫困村，11个县级帮扶点）的建设任务，着力解决农村电网供电可靠性低、电压稳定性差、低压配电网安全及在农村经济发展较快地区的用电瓶颈问题，助力全面建成小康社会。

茂名供电局

企业概况

一、组织沿革

茂名供电局为广东电网有限责任公司直属大型二类供电企业，前身是广东省广电集团有限公司茂名供电分公司，2005年5月更名为广东电网公司茂名供电局，2014年9月更名为广东电网有限责任公司茂名供电局。

二、经营范围

茂名供电局作为统一管理茂名电网的企业法人，主要负责茂名市茂南区、茂港区、电白区、高州市、化州市、信宜市等3区3市范围内的电网建设、运行、管理和经营业务，为地方经济社会发展和人民生活提供电力供应和服务。截至2018年底，供电面积11 458万平方千米，供电人口631.32万人，供电客户214.2万户，营业网点106个。

三、电网规模

截至2018年底，茂名供电局35千伏以上变电站94座，主变压器153台，容量共886.1万千伏安，输电线路215回，总长3666.6千米。其中，500千伏变电站1座，主变压器2台，容量共150万千伏安，输电线路4回共231.9千米；220千伏变电站10座，主变压器19台，容量共321万千伏安，输电线路34回共1086.4千米；110千伏变电站64座，主变压器101台，容量共396万千伏安，输电线路132回共1885.4千米；35千伏变电站19座，主变压器27台，容量共19.2万千伏安，输电线路46回共463千米。

四、组织机构

根据广东电网公司组织机构规范化设置的要求和实际工作需要需要，2018年，茂名供电局对组织机构进行了调整：7月，党建工作部更名为党建人事部（团委、新闻中心），将原人力资源部的干部管理职能、原办公室的新闻对外宣传职能调整至党建人事部；监察审计部（纪委办公室）分设为监察部（纪委办公室）、审计部；生产设备管理部更名为生产技术部。保留防范窃电与电力设施保护中心，并挂靠办公室；撤销培训与评价中心，其业务由人力资源部直接管理；撤销节约用电服务中心、主网项目管理中心，其业务调整至相应二级机构；离退休服务中心不再挂靠工会。成立供电服务中心，整合原计量中心、客户服务中心、营销稽查中心、节约用电服务中心等机构及业务；成立综合服务中心（离退休服务中心），整合员工服务、离退休服务等业务；成立电网规划中心，负责电网规划、项目前期及设计评审等业务；成立项目管理中心，负责主网基建、非购置类生产及营销技改（应急类除外）、年度计划内修理等项目的建设实施。

截至年底，茂名供电局内设14个职能部门、9个二级机构、6个县区供电局。具体如下图所示。

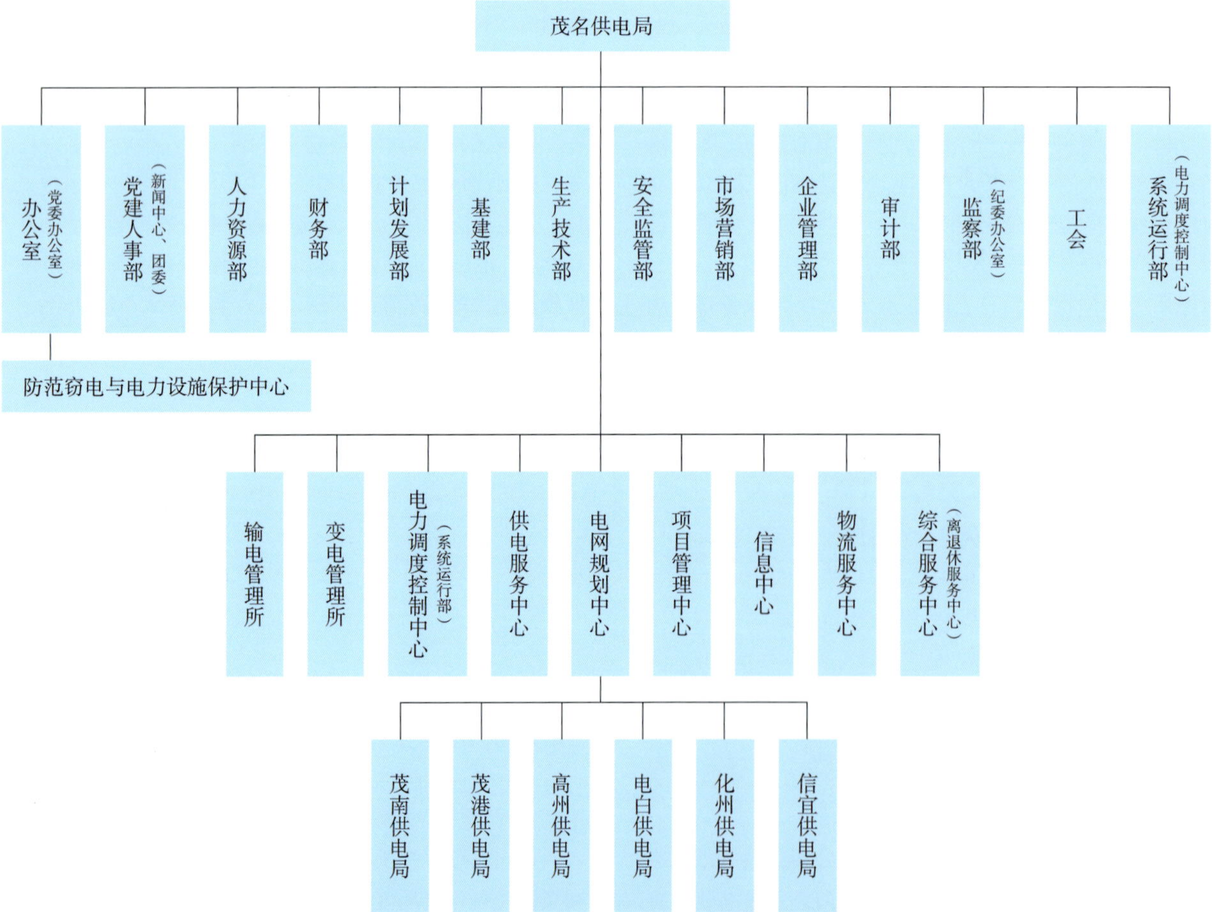

五、领导班子

2018年，根据广东电网公司党委决定，茂名供电局领导班子调整如下：5月21日，免去朱灼新党委副书记、局长职务，改任党委书记、执行董事；免去陈祖勋党委书记、副局长职务；免去李克勤副局长、工会主席职务，改任党委副书记、局长（总经理）；陈云瑞任党委委员、副局长；陈作尚任党委委员、纪委书记。7月9日，免去杨玉昆副局长职务，改任党委副书记、调研员、工会主席。10月15日，张博任党委委员。

截至年底，茂名供电局领导班子成员如下：

党委书记、执行董事：朱灼新

党委副书记、局长（总经理）：李克勤

党委副书记、调研员、工会主席：杨玉昆

党委委员、副局长：陈云瑞

党委委员、副局长：刘文山

党委委员、副局长：朱广名

党委委员、纪委书记：陈作尚

党委委员兼茂名电白供电局党委书记、执行董事：张博

六、人员状况

截至2018年底，茂名供电局共有职工5097人，其中硕士72人，本科生1559人，专科生1264人，中专及以下学历的2202人；已取得专业技术资格人员共2784人，其中高级职称194人，中级职称680人，初级职称1910人；已取得技能等级共3780人，其中高级技师85人，技师423人，高级工2218人，中级工913人，初级工141人。

十件大事

（1）3月，茂名高州下汉村配电台区工程获南方电网公司优质工程奖。

（2）4月9日，广东众源投资有限公司与中国铁塔股份有限公司茂名市分公司签订战略合作框架协议，双方围绕电网杆塔租赁、供电服务保障等方面展开合作，并积极拓展物联网、新能源、智能电网等新兴业务。

（3）4月24日，信宜供电局钱排供电所荣获“全国工人先锋号”，化州供电局荣获广东省“五一”劳动奖状。

（4）5月18日，中国安全生产协会向茂名供电局颁发了“全国安全文化建设示范企业”牌匾及荣誉证书。

（5）5月30日，茂名供电局率先建成广东电网公司首个安全文化专业展厅。

（6）5月，率先建成广东电网公司首个安全文化专业展厅，通过“局展厅—部门文化长廊—班组安全角”三级安全文化宣传阵地传递“安全是员工的最大福利”核心思想，全年安全文化展厅共接待政府、兄弟单位、公益机构等不同群体超60余次，累计参观超2500人次。

（7）8月，南方电网公司鉴定茂名供电局科技研究项目《基于信息共享的区域电网全景平台技术研究与应用》。经鉴定，该项目成果总体处于国际先进水平，其中，区域电网故障感知分析和监控视频联动技术达到国际领先水平。

（8）11月1日，茂名市政府市长专题会上明确建立了“一项目一方案”电网建设政企联动机制，每项电网建设难题制定专项方案攻克，并纳入茂名市政府重点督办事项推进。

（9）11月2日，茂名供电局建成粤西首座光储充一体化综合性充电站。该充电站由光伏、储能、智能充电岛、配电系统四大部分组成，与“粤易充”App平台实现了互联互通、为用户提供一条龙的“一键”服务。

（10）11月23日，茂名110千伏石化南变电站竣工投运。该变电站位于茂名市高新区乙烯产业园里，第一期投入容量4万千伏安，一端连接220千伏泥乔变电站，另一侧与110千伏鳌头变电站相连，形成环网供电。

电网发展

一、电网规划与前期工作

3月，滚动修编“十三五”规划项目库，以“站、线、变”为基本单元，建立了统一规划项目库。5月，修编配电网规划技术指导细则，推动配电网“统一规划”。同月，制订单线单变问题整改三年工作计划，全面开启单线单变整改，全年新增杨梅变电站、旦场变电站扩建主变等2项工程纳入投资计划，并完成35千伏深镇变电站扩建主变等6项工程可研评审，有效提升站间、馈线的可转供电能力和自动化水平，大大提高了茂名电网供电可靠性。5月和9月，分别组建“周末工程师”规划团队以及配电网规划专家团队，打造了“规划中心—规划小组—周末工程师”三级规划人才梯队，充分发挥规划专家引领作用，有效畅通了规划设计人才“能上能下、能进能出”的通道。8月，针对28个镇域电网无变电站布点问题，结合“十三五”电网滚动规划和远景目标网架规划，采取目标规划方案（新增35千伏及以上变电

站布点）和过渡规划方案（如35千伏简易变电站、10千伏开关站+无功补偿、10千伏中压网架完善工程）相结合的差异化规划措施，逐步解决镇域电网无变电站布点问题，提升镇域电网电能质量和供电可靠性。同月，成立专项小组，驻点指导信宜东北五镇电网改造升级规划工作，拟通过两年时间全面提升其抵御山洪等自然灾害能力。投运信宜思贺与罗定聂垌10千伏联络工程，建成茂名与云浮电网中压外联通道，有效加强东北五镇电网供电可靠性。9月，发布茂名供电局电网规划价值观，建立“三优先、三提高”的电网发展价值导向，为茂名电网规划和建设明确了目标和方向。

多次促成茂名市政府主要领导召开电网建设前期项目推进专题协调会。11月1日，市长专题会上明确建立了“一项目一方案”电网建设政企联动机制，每项电网建设难题制定专项方案攻克，并纳入茂名市政府重点督办事项推进，500千伏博贺电厂送出工程、500千伏芷寮至回隆线路工程等重点项目前期工作取得重大突破。按照保底电网设防标准，进一步优化完善电网规划项目，提前完成了茂名220千伏茂南变电站至110千伏双山变电站Ⅱ回线路工程可行性研究审批工作。全年开展500千伏芷寮至回隆线路工程、电白220千伏晏镜（茂港）输变电工程、电白220千伏楼阁堂（陈村）输变电工程等23项工程的前期工作。其中，南方电网重点项目500千伏芷寮至回隆线路工程项目前期完成了核准工作。

二、工程建设与管理

共完成固定资产投资16.4667亿元。其中，主网完成投资2.29亿元，同比增长34%，建成投运110千伏及以上项目6项。新增变电容量8万千伏安，新增输电线路长度75千米。配网完成投资10.6145亿元，同比增长15.7%，建成投运项目2096项，新增配变容量40.171万千伏安，新增10千伏线路长度676.17千米。小型基建完成投资0.6146亿元，同比增长464%，建成投运项目15项。完成电网建设投资10.91亿元。

主网方面。110千伏深茂铁路（茂名段）马踏牵引站和电白牵引站工程分别于3月29日、3月30日投运使用。110千伏山车变电站扩建第二台主变工程、110千伏黎湛铁路化州牵引站、110千伏石化南变电站等三项项重点工程，分别于3月30日、5月18日、8月31日、12月20日竣工投运。全年新建变电站1座，新增主变1台，新建线路2回，扩建主变1台，扩建线路6回，新增变电容量8万千伏安，新增线路里程共75千米。配网。全年完成农网改造升级项目1223个、小水电自供区改造项目32个。12月，基本完成茂南区“1小时区域”电网改造。以化州为试点打造智能配电网示范区，以点带面推进各县区供电局配网自动化建设，配网自动化覆盖率达88%。全年整改低电压台区419个。6月召开全市电网建设协调会议和涉电重点项目推进会议，许志晖市长、孙波副市长参会。通过“一项目一方案”等形式，积极推动主网工程建设落地。110千伏黎湛铁路化州牵引站、山车变电站扩建第二台主变工程两项主网项目于5月建成投运。

打造配网片区化管理模式，1月，制订配网工程统一建设方案，将全地区划分成立了25个片区，并成立项目管理小组，进一步夯实了配网项目管理基础。同时，根据“站、线、变”分布，对跨专业项目进行整合，将7180个单项工程整合为690个项目群，充分发挥发挥基建管理体系化、规范化优势，实现同质化管理。为进一步固化项目群管理模式以及片区化业主管理模式，出台项目群建设策划作业指导书，明确了“统一施工停电窗口”和“配网联合施工”概念，并制定了全年的项目群停电施工计划，为统一建设实施提供了具体的操作方式，初步实现了配网项目施工过程“只停一次电”。

打造“工厂化预制、装配式施工”配网建设模式。1月，提出“把工地搬进工厂”的构想，将预制装配技术引入配网工程建设，系统构建“三大基础，三大环节”的“工厂化预制、装配式施工”建设模式。开发低压配电板、预制装配式农村低压配电房等一系列装配施工标准套件，其中“10千伏台架引下线”“智能低压预制装配式电房”两项标准件纳入广东电网公司标准件目录。2月，配套研发了标准套件配送的专用组合式货架，实现了物资的“标准配料，一次性领料”。

规范配网联合施工作业。5月，为进一步规范配网联合施工流程，解决配网联合施工制定人员密集、点多面广、风险管控难度大等问题。制定了《茂名供电局配网工程联合施工作业指导书（试行）》。最大限度发挥配网联合施工优势，将配网联合施工流程划分为策划准备与停电实施两个阶段，固化为40多个步骤、13张标准表单，通过规范工作流程，促进专业协同、控制施工规模，使复杂的工程策划有章可循，现场实施有条不紊，为配网工程联合施工提供了有效的指引。全年共实施配网联合施工212次，预安排停电时间同比下降75.7%。

持续开展优质样板工程创建。3月，高州市下汉村配电台区工程获南方电网公司优质工程奖。12月，110千伏深茂铁路（茂名段）马踏牵引站供电工程、新垌供电所长流更口配电台区改建工程获样板创建金质工程奖；沙院供电所金凤村委会贫困村改造工程、茂名茂南供电局高山供电所技术业务用房工程获广东电网公司样板工程奖。选取220千伏袂花（茂南）输变电工程、110千伏石化南输变电工程推行"零缺陷移交"试点，从设计、监造、出厂验收和安装调试等全过程各个环节对基建工程质量实施全阶段管控，完成"零缺陷"移交。茂名110千伏莲头（下海）变电站工程获评广东省建设工程优质奖。

电网运营

一、电力供应

2018年，茂名全社会用电量115.31亿千瓦·时，同比增长7.83%。茂名境内地方电厂装机容量102.18万千瓦，同比增长14.17%。其中火电容量1.69万千瓦，同比增长0%；水电容量42.76万千瓦，同比增长0%；风电、光伏、生物质等新能源容量55.9万千瓦，同比增长29.9%。全年上网电量18.94亿千瓦·时，同比减少5.25%，其中火电上网电量0.69亿千瓦·时，同比减少10.88%；水电上网电量10.19亿千瓦·时，同比减少8.53%；风电、光伏、生物质等新能源上网电量8.05万千瓦·时，同比减少0.12%。

全年电力供应形势稳中有升，统调电力负荷5次创新高，最高负荷出现在7月18日，为185.9万千瓦，同比增长11.58%。日电量累计6次创新高，最大电量出现在7月19日，为3852万千瓦·时，同比增长13.73%。全年平均负荷率为79.47%，同比提高3.53个百分点；最大负荷率91.93%，同比降低3.91个百分点；最小负荷率64.19%，同比提高2.6个百分点。丰水期间，实现水电全消纳。清洁能源并网通道容量裕度充足，未发生因网络受限而影响清洁能源消纳的现象。全年未发生有人为责任的"弃水、弃风、弃光"问题。

二、电网运行

2018年，茂名电网系统设备运行总体稳定可靠，220千伏及以上电压等级保护正确动作率100%，故障快速切除率、安自装置正确动作率保持100%，生产实时控制业务通信通道零中断，未发生调度自动化主站系统失灵情况。未发生四级及以上电力监控系统信息安全事件，未发生因电力监控系统信息安全导致的电力事件。截至年底，实现连续安全运行2557天，未发生大面积停电、电网瓦解和重大设备损坏事故。

电网风险管控。深入推进"统一运维"，全地区的供电所划分为396个网格化小组，明确运维责任田，实行"网格化+设备主人"的配网运维方式。成立配网运营专项督导工作小组，实行驻点督导，以"树障""两票"以及"绩效激励"等突出问题为切入点，以提高运维质量和员工自主运维意识为重点，查找欠运维的根源，建立了茂名供电局配网"两票"典型票库和隐患直观数据库，编制配网运行清障知识要点等指引性文件，有效推动供电所运维业务流程化、规范化。加快调控一体化建设。6月13日，首次成功进行刀闸遥控操作试验，与传统操作模式相比，有效降低了现场操作和等待时间，减少人员误操作风险和人身安全风险，实现时间和人力资源效率双提升。110千伏及以上刀闸遥控功能覆盖率达82.53%，超额完成广东电网公司下达指标。7月，制订配网大型施工停电管控工作方案，全年开展配网大型施工停电管控答辩审查会14次，完成51项大型施工停电审查，确保了大型施工停电的各项准备工作齐全、管控措施有效。11月，完成防范电网运行风险19项重点工作，全年成功化解电网风险272项。11月和12月，分别妥善处置了220千伏利六（那六）甲乙线同停等重大电网风险管控。建成茂名供电局C级检修中心，开展关键设备检修，有效提升设备检修效率以及人员开展自主检修的技能水平。

提升供电可靠性。坚持"先算后停，能转必转，逢停必修，保电工作必须"的原则，加强综合停电管控，客户平均停电时间8.70小时/户，同比减少20.93小时/户。推动配网管理向主网看齐，强化故障分析及监察巡视，实行"日统计、周分析、月总结"，做到"一故障一分析"，并对重复故障线路进行监察性巡视，有效降低线路故障率。建立配网重点反措跟踪发布机制。2018年，茂名供电局中压故障率全省排名第6，降幅高达61%，远高于全省降幅27%的平均水平。

配网自动化建设。加快配网自动化建设，实现故障准确定位、隔离。规范自动化开关定值管理，完成定值整改1252项。实现"一动作一分析"，全年完成1284份配网自动化动作分析报告；实行"一开关一操作票"，完善配网自动化开关操作流程。规范配网自动化设备调试、投运作业，完成248套"未调试未投入自动化功能即投运"的配网自动化设备的整改。

资产全生命周期管理。全年在规划计划、工程建设、运维检修和退役报废、物资采购和供应等生命周期活动中，管理资产在生命周期内风险、效能和成本实现最优。开展电网账实核查，对账实不一致和照片缺失等问题进行整改。做好资产退役管理，把退役审批提前到可研阶段，同时提高报废资产净值率在生产项目立项中的权重，严防健康设备提前退役。建立设备再利用机制，优化资产退役业务指导书，促进闲置设备在全网不同地域间合理再利用，提高设备利用率。2018年全局资产报废净值率为8.63%，达到世界一流水平。

生产运行管理。4月，制订生产技术管理重点工作和指标计划，落实电网风险管控，根据电网风险动态调整设备管控等级，做好设备特巡特维管理。以发现、消除隐患和缺陷为重点，以恢复设备性能和延长设备使用寿命为目标，坚持“停前必巡，逢停必修”的原则，做好局属电气设备的修试工作。全年累计消缺紧急缺陷350处、重大缺陷5389处、一般缺陷39 443处；共完成831台设备规范化检修，完成率181%；共落实广东电网公司反措9项、年度完成整改率达100%。对关键重要变电站的紧急重大缺陷做到“一缺陷一分析”，设备精益化管理水平有效提升。

三、安全生产

茂名供电局全面实现了“两个确保，三个杜绝，四个不发生，两个减少”的安全生产目标，安全生产局面稳定，持续向好。全年未发生电力事故；未发生四级及以上事件；五级事件7起。未发生社会人员触电事件。百万工时工伤意外率指标完成值0.6。

基层一线安全风险管控。强化改革后企业安全管理，开展多经企业（电力施工类）安全生产巡查、施工现场违章行为专项督查整治、职工持股改革后企业安全生产管理专项行动，指导改革后企业理顺了安全管理职责，明确众源公司督查队工作权限。强化作业现场安全监管，从1月起，在全区域全面推行“六不入计划、六不能开工、六不能投运、六必到位、六必督查、六必提级”①的现场风险管控机制，全年违章率同比下降18%，实现风险管控重心前移，坚决杜绝了事故事件的发生。7月，编制机动督查大队工作指引，统筹优化了全地区的安全监督力量，有效实现安全生产全过程督查覆盖。

人身安全隐患排查整治。积极配合茂名市政府开展城乡电力设施安全隐患专项排查整治活动，4月和6月，分别制订乡镇级供电单位（配网）防范人身事故专项治理行动实施方案和防范社会人员触电事故事件专项工作方案，落实“产权归谁，责任归谁”的要求，全面开展公共设施涉电安全隐患排查整治，全年未发生有责任的社会人员触电事件。8月，开展为期17天的城乡供用电安全隐患排查专项活动，共排查隐患89万项，整改危险性较高隐患48 304项。促成政府于11月发文明确“三线搭挂”隐患权责归属和运营商区域责任，有效解决隐患整改进度缓慢问题。开展驾驶员培训及交通安全整治，降低交通安全风险。

◎ 2018年12月7日，茂名供电局沙琅供电所在茂名市沙琅镇小学宣传安全用电知识

应急与保供电。全年成功应对“贝碧嘉”“山竹”台风连续袭击，最短仅用48小时即全面恢复灾区供电，得到茂名市委市政府和社会各界充分肯定。完成全国两会、博鳌亚洲论坛等30次重大政治活动和重要民生活动保供电任务。完善网络技防措施并且建立病毒预警通报和联动处理机制，全年未发生泄密事件。开展消防培训及应急逃生演练，提高消防应急处置能力。

安全文化建设。3月，开展“平安是福、举报有奖”专项活动，建立具有茂名特色的安全激励及容错纠错机制，全年累计奖励优秀工作负责人299人，实现了“要我安全”到“我要安全、我会安全”的思想跨越。5月，率先建成广东电网公司首个安全文化专业展厅，通过“局展厅—部门文化长廊—班组安全角”三级安全文化宣传阵地传递“安全是员工的最大福利”核心思想，全年安全文化展厅共接待政府、兄弟单位、公益机构等不同群体超60余次，累计参观超2500人次。11月，开展“茂小福一分钟说安全”教育视频推广专项活动，制作系列安全警示教育视频。相关工作获茂名市李多民副市长充分肯定，认为“值得向全市其他单位推广”。安风体系建设。建立日常评价管控机制，并成立管控专家团队，举

---

① 六不入计划：未现场查勘、未编制施工方案、未风险评审、未施工前培训、未施工协调、未施工审批。六不能开工：无施工计划、无现场交底、无业主监管、无执行施工方案、III级及以上风险未降级、发现恶性违章。六不能投运：生产设备安健环不完善、电子化移交未完善、试验不合格、重大及以上缺陷未消除、无质量监督部门并网通知书、启运方案未批准。六必到位：项目负责人落实项目安全管控到位、现场管理安全第一责任人落实现场安全风险管控到位、工作负责人落实现场安全措施到位、班组长落实作业风险评估到位、各级监督人员落实按作业风险等级管控到位、监理人员落实项目安全、质量监督到位。六必督查：超50人施工现场、超100人施工现场、设备风险预警、地区电网IV级以上风险、变电站大型操作、违章率较高施工队。六必提级：自然灾害应急抢修期间、风险出现较大变化时、特级保供电期间、人身风险警示期、大型节假日前后一周、非计划性工作。

办初级审核员培训认证班，培养出20名中级审核员、71名初级审核员。

市场营销

一、优化营商环境与客户服务

营商环境。通过降价、清理转供电环节加价收费及电力市场化交易等多项措施，为用户减少用电成本3.2亿元。全面实行业扩投资界面延伸至客户用地红线，延伸比例达100%，用电成本持续下降。全年完成27个“三供一业”小区供电设施分离移交，超额完成22个小水电自供区接收，完成考核目标的275%，惠及自然村61个、用电人口9880人。2月起，大力推广同城办理、营销移动App，推动客服业务从线下办理向“线上受理+上门服务”转型，全年互联网业务办理比例达78.6%。3月，按照“问题导向，关口前移；限时解决，闭环管理”的原则，开展业扩超时专项整治，全年中压业扩平均用时58.03天，同比下降43%。8月，制订进一步提升供电服务水平优化电力营商环境执行方案，推出27条措施。简化办电流程及办电资料，将中压用电报装环节由5个减至3个，办电资料由40项减至6项；低压用电报装环节由5个减至2个，办电资料由28项减至2项，并且实现报装环节“零审批”。2018年广东省营商环境评价中“用电报装”得分位居茂名市第一。

客户服务。服务后端推行“一集中四融合”，实现配网调度、服务调度、配抢中心“合署办公”；前端推行“客户经理+设备主人”网格化管理，划分396个网格小组，形成服务运维互促共进的良好局面。服务质量更上台阶。3月，建立客户诉求协同联动处理和调查约束机制、生产服务协同联动机制，全力为用户提供更好更优质的服务。“95598”客户投诉率全省最低。“12398”投诉同比降少91.30%，为全省第二低。茂名供电局第三方客户满意度测评得分83分，同比提升1分，在政府公共服务公众满意度评价中连续7年排名第一。

二、营销基础管理

2018年，茂名供电局完成供电量115.31亿千瓦·时，同比增长7.83%；售电量91.75亿千瓦·时，同比增长11.73%。

“两个全覆盖”建设。全面落实智能电表和低压集抄“建成一片、投运一片、转岗一片”全覆盖建设要求，5月，提前实现智能电表和低压集抄“两个全覆盖”，完成智能电表改造48.8万只、建设低压集抄49.1万户。组织应用推广集抄运维掌机、计量运维移动作业App，全面组建低压集抄自主运维队伍，集抄全量用户自动抄表率达99%。6月，建立抄核收自动化流水作业体系，电费核算工作信息化程度大大提高，电费发行及时率达到99.5%，电费差错率从0.1%降到0.001%，户电费发行周期从15天缩短至9天。

线损管理。4月起，建全降损治理协同机制，开展高损降损专项整改，全年共完成27条高损线路和261个高损台区“精准”降损任务。开展线损基础档案集中整改，规范业扩、基建电子化移交流程，营配数据同源率线变一致性、户变一致性由年初的98.38%、98.23%分别整改为12月的99.18%、99.73%。组织开展变户现场核查，解决与现场不一致户变问题216 470个。开展线损规范化管理，狠抓异常数据问题处理，10千伏线路、台区线损异常率完成2.59%、2.55%。开展专项老旧故障配变终端整改，全年完成2025套配变终端更换。加强对高损线路台区的违窃查处力度，组织开展“公司”名称用户执行居民电价专项违约检查工作、高损线路台区反窃电现场排查，全年累计查处违约用电79宗、窃电61宗。

三、电能替代与市场开拓

9月，开展电能替代行动，积极联系政府相关部门，推动建立“三位一体”政策支持体系，结合茂名本地产业结构，着重推进茂石化自备电厂改网电、电磁厨房、电动汽车等替代技术，“十三五”规划以来累计推动147个电能替代项目落地，其中2018年新增73个项目，全年实现替代电量4.66亿千瓦·时。全年建成63个充电桩，包括高州市委充电站、高州市交通局充电站等11个政府单位内部充电站。协助发改部门梳理符合电力市场准入用户清单，配合做好用户的用电信息核查工作，加大电力市场化交易力度，全年累计电量28.36亿千瓦·时。

科技信息

一、科技创新

茂名供电局科技研发投入699.15万元，占营业收入比重的0.13%。其中，科技项目投入571.81万元，占比0.11%。全年新增授权专利26件，增长17.8%。累计拥有有权专利拥有数146件，其中发明专利41项，同比分别增长21.66%、7.89%，全省排名第8。有效专利拥有数2.86件/亿元，全省排名第4，达国际领先水平。全面推广配网单线图图模动态管理工具，单线图电子化移交平均时间从10天缩短为5天，为支撑全面解决配网盲调迈出关键性的一步。8月，该项成果纳入《南方电网公司新技术应用指南》，被作为南方电网公司新版本电子化移交基础图模软件模块，计划逐步推广至全网应用。开展区域智能电网多维度全景全息平台及自感知控制块技术研究。同月，完成《基于信息共享的区域电网全景平台技术研究与应用》科技成果的鉴定工作，经南方电网公司科技部组织鉴定，成果总体处于国际先进水平，其中区域电网故障感知分析和监控视频联动技术达到国际领先水平。开发预制装配式农村智能低压配电房，实现配电一二次成套设备一体化以及配电设备的集成组合，成为首届广东电网公司自主研发电力设备推介展销会16个重点发布产品之一。举办6期电力行业前沿知识讲座，邀请行业专家进行授课，通过加强校企合作，聚焦前沿技术，实现创意对接。全年共获得南方电网公司专利三等奖2项，广东电网公司科技进步奖2项、技术改进贡献奖4项、职工技术创新奖4项。

二、信息化工作

茂名供电局信息化水平得分89.94分，排名全省第10，取得历史最好成绩。累计获得省部级以上荣誉5项，包括中央企业网络安全技术大赛团体二等奖、首届电力行业网络安全技能竞赛团体三等奖、广东省第二届“红帽杯”网络安全攻防大赛团体亚军和季军、全国网络信息安全员知识竞赛团体二等奖。开展班站长信息应用培训班系列活动，提升班站长的电脑应用能力。组建120名信息员队伍，壮大信息人员队伍力量，负责所在班站所计算机应用培训和信息业务管理、网络安全管理和网络文明宣传。

网络信息安全。紧扣安全目标，加强网络安全管控。2018年网络与信息系统运行情况良好，未发生四级及以上信息安全事件，完成网络安全“三个零”的目标。关键应用系统运行率100%，信息网络运行率100%，PKI数字证书、AD域、防病毒、桌面管理、网络准入覆盖率均保持99.9%以上。10月，协办“茂名市第五届国家网络安全宣传周图片展”活动，组织“我要网络安全”活动，派发读本800册，粘贴海报150张，摆放展架96个，提交合理化建议70项。3项合理化建议、1项解决成果获评广东电网公司优秀奖，并推荐参加南方电网公司评选。完善网络应急机制，提升应急保障能力。编制并形成网络应急处置作业指导书。通过灾前特巡特维、现场调试视频会议和移动办公办票，灾中加强监控，灾后现场值守等方式，为应急指挥提供信息支撑和通信保障。经过信宜“8.11”水灾和台风“山竹”两次应急实战，提升了信息队伍的应急保障能力。

系统及数据应用。通过强化轻量级应用研发，提升信息支撑业务的能力。开发“创一流”及综合标杆评价指标管理系统，实现对企业生产运营指标监测；实现配变负载及电压质量实时监控，设备主人实时收到配变重过载及低电压提醒；建设工作计划App，累计录入工作计划17 538项，支撑工作闭环管理；开发基于互联网+的职业健康保健在线预约系统，累计预约265人次；开发员工积分管理信息系统，为员工积分管理提供技术支持。

经营管理

一、人力资源

干部人才队伍建设。坚持“老中青”梯次搭配，优化干部队伍结构，全年提拔调整科级干部84人次，选好用好优秀年轻干部，“80后”科级干部占比36.89%，实现县区供电局班子成员“80后”干部全覆盖。开展科级干部、供电所长能力提升培训班，范围覆盖全地区所有科级干部及供电所长。加强对茂名供电局本部选人用人工作的自查及对县区局选人用人工作的监督检查，选人用人工作总体评价测评的“满意与基本满意”率均为99%以上。至2018年底，茂名供电局科级干部队伍共103人，其中正科级36人、副科级67人，平均年龄43.33岁；本科及以上学历95人，占比92.23%；中级及以上职称97人，占比94.17%。在南方电网公司第四期优秀年轻干部培训班中，推选出去的3名年轻干部全部入围。从“选苗、育苗、壮苗、成苗”四阶段着力，构建了“九人谈心”、“周末工程师”、“后备人才库”、“1+N”专家、“专责就是专家”、“专业领军人物”等系列人才培养机制。深化区域联动，选派45名优秀青年骨干到江门、珠海等单位交流挂职。持续拓宽职业发展通道，年内新增各类专家66人，共有各类管理技能技术专家114人，其中，管理专家8人，技术专家16人，技能专家90人，实现各县区供电局全覆盖，使专家更好为基层服务。2月，实现广东电网公司级技术专家“零”突破。4月起，实行专家量化考核管理，规范专家的日常管理和考核，明确专家工作职责要求。按照“强化主干，培养新芽”的思路，以“1+N”专家人才培养模式，开展专家带徒活动，通过在聘专家培育后备专家，不断壮大专家队伍。7月，成立首批共33个专家工作室。

组织编制与劳动用工。7月，调整茂名供电局本部组织架构，9月，调整县区供电局组织架构。规范设置各级组织机构、班组和岗位，按“人随业务走”的原则，择优配置适岗人员，确保各级机构、人员调整的平稳过渡和生产经营的无缝衔接。输电、变电管理所根据茂名地貌多样情况，分区域管理，有效减小管辖半径，加强对主网设备管理。同月，结合主网设备接收和配网调度集约化工作，对各县区供电局主网业务人员情况进行摸底，研判风险，通过竞聘上岗考试，择优选录296名主网业务人员，有效解决主网专业化管理后管人与管事不一致的问题。根据智能电表轮换和低压集抄建设进度，调整一线抄核收人员290人，主要转岗至客户服务或配电运维业务，为基层一线班组，特别是供电所一线班组补充人力资源。全年录用应届毕业生124人。

薪酬福利与激励约束机制。5月，进一步规范奖励管理，充分利用董事长奖励金完善激励约束机制，设立供电所指标持续进步、低压集抄“三个一片”工作推广、星级班站所建设、精益管理、竞争性业务发展、大众创新、比武竞赛等专项奖励金，有效推动重点工作落地，激发干部员工工作积极性。10月，优化专业技术岗位员工绩效考核管理模式，引入加扣分类考核，通过综合评分、逐项评分等方式进一步优化、细化绩效考核模式，并合理划分员工绩效等级兑现系数区间，提高绩效区分度，体现差异化激励。12月，加强毕业生薪酬激励工作，结合各县区供电局员工工资水平、当地社平工资等因素，扩大毕业生待遇倾斜覆盖范围，细化激励标准，进一步提升毕业生收入水平。持续推进“积分激励+激励菜单”激励模式，通过“钉钉”App实现积分管理信息化，扩大星级员工影响力，提高员工获得感和荣誉感。

培训评价。3月，启动全员能力素质提升工程。着力打造“培训年”“培训月”活动品牌，以正向的物质激励引导员工“持多证、持高证”，提升队伍整体素质。成立专项工作组，打造“培训是员工的最好福利”培训文化品牌，充分发挥各类专家、内训师、业务骨干作用，营造了争先进位的浓厚氛围。共举办培训班1233期，全年累计培训32 350人次。加强培训资源建设。2018年新增广东电网公司级内训师9人，同比增长75%。新选聘地市级内训师270人，同比增长166%。针对性地扩充了配电、营销技能类内训师培养与选聘，现有内训师共计454人（南方电网公司级1人、广东电网公司级21人、地市级432人），基本实现班组内训师覆盖，为班组自主培训等各类培训的开展夯实基础。9月，建成全地区87个供电所营销实训场，并按“一拖三”的原则，建成34个配电实训场。11月，建成综合型宿车培训基地。充分利用内训师及专家资源，建立评价前培训机制。取得中高级职称232人，高级工387人、技师132人、高级技师27人，均呈较大幅度增长。高技能人才比例提升至57.2%，中高级技术人才比例提升至18.5%，人才当量指标提升至0.88，创历史新高。

二、财务经营

6月，落实供给侧结构性改革，深化瘦身健体，制订提质增效工作方案，包括1个总体方案、7个专项行动方案，重点抓好“三去一降一补”任务，推动企业高质量发展。在输配电价改革实施背景下，全年营业收入同比增长10.21%。利润总额同比增长12.79%；资产总额同比增长8.68%；总资产周转率61.24%。完成固定资产投资14.36亿元；报废资产净值率4.90%、同比下降1.92个百分点。全年主要经营绩效指标稳中有进，完成广东电网公司下达的各项考核目标任务。编制《2018—2020年财务领域四项指标争先进位子方案》，定期分析电量增长、电价下降、增资等因素对“创一流”指标的影响，及时纠偏确保目标实现。

固定资产投资。突出价值引领与资源精准配置。固定资产投资投入14.36亿元，建成投运35千伏及以上变电站1座，新增35千伏及以上输电线路8.59千米，变电容量8万千伏安。推进新一轮农网改造升级，投入8.31亿元，大力提升农配网发展水平，乡村户均配变容量实现2.14千伏安。实现103.45%增资目标。全年安装49万块单相智能电表和5000台集中器，提前半年实现智能电表和低压集抄全覆盖。

资金管理。推进融资租赁业务模式，签订3批融资租赁项目合同。保障资金落实到位，资金收支月计划准确率达到98.39%。加快营销财务对账，确保电费缴交渠道通畅，充分应对抄表、缴费周期变更的情况。

资产管理。精细化资产管理，盘活闲置土地房产资源。清理长期挂账在建工程，完成110千伏王村输变电工程退出投资计划的相关批复流程，已完成4批报废物资拍卖处置。推进资产接收工作。2018年完成了五个批次共66个小区的用户资产接收评估工作，强化投入产出分析，编制主网基建工程项目经济性评价操作手册，深化主网经济性评价体系的应用，主网基建工程开展经济性评价的项目22个，占总体项目80%，重大投资决策和方案财务部门参与率达100%。

三、物资供应

积极开展物资和招标管理改革，所有采购项目均通过电子商务系统开展、统一平台操作管理，有效规范物资采购。率先在省内启用南网电子商城，提高通用物资的采购质量和效率。全年采购集中度达97.08%。加强合约与品控管理。坚持物资品控工作“质量优先、严格准入、闭环管理”的原则，对合同履约供应商实行量化评价，客观评价物资供应商在履约、产品运行和服务等方面的综合表现，为“买好设备”提供有力参考；落实茂名供电局强配网基础的战略实施，严控设备入门关，样品检测合格率98.5%，3台主变及110千伏、220千伏 GIS共32个间隔的设备实现零缺陷移交。保障茂名供电局配网“四统一”项目群建设物资需求，设立茂名四大片区临时施工仓库，最大限度发挥储备物资的“蓄水池”功能，从“需求申购”转变为“需求申报”，采用“大合同+分批到货”的模式进行库存及履约管控，按“供应商直供+仓库供应”的模式最大限度保障物资供应。全年完成三批次报废物资处置。闲置物资再利用率达100%。

四、审计监督

9月，茂名供电局审计职能从监察审计部分离，成立审计部，配备审计人员6人，由审计、生产、经济、营销等方面专业人员组成，配置投资审计岗位、经营审计岗位、风险与内控监督管理岗位。从9月起，各县区供电局由办公室归口管理审计业务，设置审计岗位，日常主要配合上级开展内（外）部审计工作，同时牵头完成对审计发现问题的整改工作。

2018年，茂名供电局开展审计监督共16项（含工程竣工决算审计）。其中受广东电网公司委托开展审计项目4项：7至8月，对茂名供电局（含所辖茂南、茂港、高州、电白、化州、信宜6个县区供电局）自2016年“暖心工程”开展以来的落实情况及工作成效开展了综合审计；对茂名供电局2016—2017年“业扩提速”工作开展审计调查工作。8—9月，对茂名供电局2015—2017年可纳入计提收益的有效资产和补计提收益的非有效资产管理进行审计调查。10—11月，对茂名电白供电局原局长陈伟强开展离任经济责任审计。拓宽审计业务领域，开展审计调查1项：9月中旬，开展对广东众源投资有限公司2018年经营管理情况进行审计调查。工程项目竣工决算审计9项。迎审配合审计3项：5月中旬，湛江供电局对茂名供电局开展“扶贫项目资金管理”交叉审计调查。5—6月，广东电网公司对茂名供电局原局长刘四聪任职期间经济责任履行情况进行了审计，发现问题36个，采取整改措施75条，均在规定期限内完成整改。8月中旬，广东电网公司对茂名供电局开展党费使用和管理专项交叉审计。

审计整改。坚持“制度未完善不放过、资金未追回不放过、责任未落实不放过”的原则，深入开展审计发现问题整改。本年完成整改审计发现问题180项，整改完成率100%。完成广东电网公司2017年物资管理专项审计和2017年科技项目审计共83个问题整改。完成2017年自行开展的专项建设基金项目审计、茂名信宜供电局离任经济责任审计和电力营销审计3个项目共62个问题整改。完成2018年“业扩提速”和“暖心工程”审计调查35个问题整改。完成再次对审计等发现问题进行整改治理专项工作286个问题的梳理清理、复核和检查，其中285个问题已按要求整改。

五、法治工作

全年共处理案件20宗，其中办结案件14宗，胜诉率为100%。针对办结案件，坚持“一案一分析”，形成案件分析总结报告，归纳案件争议焦点及经营管理启示，最大限度发挥案件价值。积极推动茂名市政府出台了《茂名市市辖区既有住宅增设电梯操作指引》《关于研究协调“三供一业”供电资产剥离工作会议纪要》等具有法律效力文件，有力推动了企业相关业务工作的合法合规开展。通过全面开展法律案件隐患排查全面了解掌握案件隐患数量、分布领域及影响程度。全年共排查案件隐患130例，进行现场访谈81次，发出案件隐患处置通知书15份。严格执行“一决策一法律意见”模式，全年共出具法律意见书22份，为企业科学决策提供了法律支撑。超额完成资产产权专项清理年度任务，补办产权91宗，应办必办完成率为113%。2018年度共签订经济合同1621份，提出法律审核意见1420条。建立合同履约监管机制和签订时限实时监控机制，按季度发布全局合同管理情况、合同签订情况通报。4月，提炼法治文化在基层落地的典型案例，打造了茂名茂港供电局小良供电所建设标杆班站所。8月，完成广东电网公司“七五”普法中期检查。12月，制订法治企业建设方案。完成市司法局首届“谁执法谁普法履职报告评议活动”的迎检工作。全年开展专项法律培训9场，制作系列普法微动画5期，举办了“弘扬宪法精神，建设法治茂供”法律知识竞赛。

改革创新

精益管理。获评四星班站所14个，三星及以上班站所占比达30.67%。精益课件设计获奖4个，分别为：《八种浪费》《5W2H》《帕累托图》《DCDOC方法概述》等课件。获奖数量广东电网公司系统排名第六，位居发展四区（江门供电局、茂名供电局、阳江供电局为发展四区）第一，实现南方电网公司级获奖项目零的突破。新增六西格玛精益带级人才认证35人，精益人才队伍有效壮大。供电所持续进步效果明显，1月，制订推进供电所持续进步工作实施方案，以指标为导向，建立供电所对标竞争机制，营造比学赶帮超的氛围，并成立星级班站所督导工作组，不定期对排名靠后的供电所进行飞行检查，全年85个供电所9大指标综合得分有所提升，其中20个供电所综合得分提升10分以上。

“创一流”指数达到国内一流水平。制定指标三年争先进位目标规划及提升措施，构建“指标主人”管控机制，设立专门的指标主人对指标一管到底，指导基层开展指标内部分析。对“创一流”关键指标分市、县、所三个层级开展“月监控、季分析”，制定指标分析模板，提高各层级分析深度。制定“创一流”指标管控行动计划，针对12个关键指标及红灯指标的现状、目标和预测值，制定了79项行动任务，并实施进度监控，强化指标提升和业务管控的关联作用，充分发挥指标对业务的“指挥棒”效应。茂名供电局2018年综合标杆一流得分达94.70分，相对2017年的得分77.97分，提升了16.73分，一流指数得分由网内一流提升为国内一流水平。县区供电局2018年“创一流”总得分同比提升，6家县区供电局综合标杆一流评价平均得分达114.10分，综合标杆一流水平均达到国内一流水平。各项关键指标完成情况良好，营业收入增长率、报废资产净值率指标达到国际领先水平，营业收入、资产总额、百万工时工伤意外率、综合线损率指标达国际一流水平，客户平均停电时间、综合电压合格率、第三方客户满意度、信息化水平指标达国内一流水平。

截至2018年底，茂名供电局所属竞争性企业共41家，其中电力工程建设（含设计、监理）企业13家、综合能源企业11家、电力综合服务17家，营业收入同比增长14.25%；减少法人数量18个，如期完成“四个一批”总体目标。3月，完成了集团化运作，结合广东电网公司业务板块整合思路，全面摸清整合企业的资质、经营及用工等现状，深度设计整合后的部门及岗位，开展试点业务整合工作，其中电力施工、设计类、物业类企业分别以启明、广能、朗达公司为试点完成整合，实现“一地一物业、一地一设计”，人员到位，资源整合，业务逐步统筹开展，在广东电网公司2018年度竞争性业务专项考核中获得组织绩效A级。1月9日，成立广东众源综合能源服务公司。5月17日，成立广东众源投资有限公司带电技术分公司。

党群工作

一、党建工作

政治建设。把学习贯彻落实习近平新时代中国特色社会主义思想作为党委会第一议题、培训班第一堂党课、宣传栏第一板块来抓，每日在宣传栏刊出“一日一习语”，全年开展的党委中心组学习16次，深入学习研讨习近平总书记讲话精神和网省公司文件，提高党员干部政治站位，增强推动工作、解决问题的能力。加强对基层党委中心组的学习督导，每季度对所属下级党委中心组学习情况进行督导，确保学习质量。茂名供电局党委多次召开党委会认真学习习近平新时代中国特色社会主义思想，认真贯彻茂名市委市政府茂名振兴发展战略，落实南方电网党组一号文件等上级的重大决策部署，认真贯彻省委省政府关于防范社会人员触电伤亡，确保群众用电安全。4月，调整党员领导干部基层党建工作联系点，进一步强化基层党组织建设，抓好党建工作责任制落实，共计解决基层问题23条。创新开展党建“生命树”管理，有效实现了党建任务清单“可视化”，7月，入围南方电网公司首届基层党建创新典型案例评选。10月，开展党建“党旗领航·三年登高”行动，以“四同步”深度融合为抓手，推动广东电网党建“1236”模式落实落地，为推动“创一流”目标如期实现提供坚强的政治保障。全面推进领导班子政治建设、思想建设、组织建设、能力建设、作风建设，把领导班子建成善于领导企业经营发展、市场竞争意识强的“四好三优”领导班子，领导班子搭配更加优化，年龄、经历、专业、性格、气质等结构更加合理，贯彻落实民主集中制更加到位，团结和谐氛围浓厚，整体功能发挥明显。加强多经企业党的建设，监理公司共有党员7人，设有党支部，董事长兼任党支部书记；众源公司共有党员318名，已成立党委，设党委委员7名，董事长兼任党委书记，实现“党政一肩挑”；二级企业中，根据党员人数及管理实际，设置党总支或党支部，其中众源公司本部设立直属党支部，粤能公司、信能公司设置党总支，启明公司、安达公司、吉电公司、设计公司、物业公司设立党支部。同时，众源公司下设党群工作部，负责落实本单位党建工作责任制、党风廉政建设责任制、党组织和党员队伍建设等党建工作。

组织建设。2018年，茂名供电局共计完成了76个党支部的换届改选工作。9月，撤销调整7个党支部，新设立机关党总支、供电服务党总支、输电党总支、变电党总支、电力调度党总支等5个党总支，“一所一支部”实现了全覆盖。深化“双培养一输送”，本年新发展党员59人。截至年底，茂名供电局共有党组织181个，其中党委8个（含茂名供电局党委）、党总支部7个、党支部166个；共有2377名党员，其中，在职在岗党员1779人（非广电工77人），离退休职工党员598名。10月，制订党支部基础管理评价实施方案，以“评价标准”为主要手段，以“达标支部数量”作为检验基层党委（总支）党建工作成效的基本标准，由点到面，推动全面从严治党向基层延伸并落实到每个支部、每名党员。以“更加有利于企业高质量发展，更加有利于队伍的稳定，更加有利于电网安全稳定，更加有利于服务群众用好电，更加有利于队伍风清气正”为评判标准，推进党建与业务深度融合。对党委和党支部两个层面党建工作成效开展评价，评价结果由党组织单位的“党建管理、生产经营业绩、安全底线”三个系数关联相乘而得，用企业改革发展的最终效果来检验党建工作成效。突出抓好党组织书记队伍、党务干部队伍和党员队伍“三支队伍”建设，从综合笔试、述职面试、党支部基础管理评价、个人年度绩效等4个维度，对党支部书记履职能力进行评价，有效改变过去“重选轻评”的情况。开展党建“红色指导员”工作，向基层选派“红色指导员”26名，建立了一支专业化的党务干部队伍。推动党建与业务深度融合，落实“把难题交给支部、把重任交给党员”的要求，抓好书记项目落实落地，将党建工作优势转化为企业发展优势。以“一看就是党员”为目标，深入开展“我是党员走在前 一区双岗创一流”活动，共启动1779个党员责任区、68个党员（安全生产、优质服务）示范岗的创建工作，选树了以全国劳模杨芒生等为代表的党员先进典型78个，增强党员身份意识和担当意识，教育引导党员以先进典型为标杆，在安全生产和客户服务中积极发挥示范带动作用。

二、党风廉政建设

制订党风廉政建设和反腐败工作要点，梳理关键工作任务78项。严格落实党建责任制，逐级签订181份责任书。严把选人用人政治关、廉洁关，参与党委人事动议的酝酿和提名考察74次，回复党风廉政意见142次。以广东电网公司对茂名化州供电局开展“机动式”巡察反馈问题整改为契机，对2015年以来历次巡视巡察整改工作进行全面对照检查，市县两级单位共落实整改措施307项，持续深化整改措施364项。印发巡察工作五年规划，扎实推进巡察工作。对电白供电局党委、茂港供电局党委开展政治巡察工作，发现问题68个，以整改有力督促各单位加强全面从严治党。

初步建立“五位一体”廉洁风险防控体系。2月，规范开展自我监督和再监督工作，运用监督执纪“第一种形态”谈心谈话3779人次。4月，制定领导班子“攻坚克难”清单，由领导牵头啃“硬骨头”，攻坚重点工程、重点任务。6月起，开展“三同四参与”活动，要求中层干部挂点供电所同吃、同住、同劳动，参与直接服务客户、参与班组谈心交流、参与党支部组织生活、参与解决基层难题，共收集基层员工意见建议149项，解决基层问题109项。组织梳理20个业务领域突出风险，形成6份《违反中央八项规定精神突出风险清单》，强化预防提醒。8月，开展为期三年的整治基层及群众身边不正之风和腐败问题“扫雷”行动，进行拉网式“扫雷”，“廉洁交底”进班组常态化，通报典型案例26次。加强重大节假日期间的监督力度，全年开展专项检查6次，明察暗访42次，发出通报6份。

◎ 2018年5月16日，中央、省驻茂单位到茂名供电局召开党风廉政建设工作经验观摩交流会

三、思想宣传工作与企业文化建设

思想政治工作。组织十九大精神宣讲班，深入到茂南、茂港、电白、高州、化州、信宜6个县区供电局进行宣讲。发挥“一支部一安全员”作用，将意识形态安全责任落实到个人。加强宣传平台管控，清理微信群124个。挖亮点树典型，积极弘扬正能量，在各级媒体刊发报道1470篇（次），全年未发生重大负面舆情事件。发挥好政研会平台作用，积极探索新形势下党建思想政治方向。课题成果“员工职业生涯文化仪式的探索与研究”获得广东电网公司政研课题三等奖，并作为先进单位代表，在广东电网公司政研专题培训班介绍经验。积极推进课题成果转化，将“文化仪式”的方式方法和流程步骤固化，常态化开展入职礼、拜师礼、凯旋礼、退休礼“文化四礼”，传导企业价值理念，强化员工对企

业的认同感。2018年，茂名供电局荣获“广东电网公司党建思想政治工作研究先进单位”。

企业文化工作。年初，正式发布了“和·聚·变治企要旨”2.0版本，以“四个最、三导向、三着力”[①]，重新诠释其内涵要义。同时提炼形成贯彻《南方电网企业文化理念》十鉴，传导企业价值理念，强化员工对企业的认同感。多维度发力，构建了“心·灯”服务文化、“8996”法治文化，“廉德薰风”廉洁文化和“安全是员工的最大福利”安全文化。持续推进“一班组一特色”班组文化建设。南方电网公司首批班组文化建设示范点——茂港七迳供电所“4I”文化进一步深化，茂南新坡供电所“新JIA坡”文化、茂港沙院供电所“微沙”文化、化州长岐供电所“五长”文化、信宜洪冠供电所“冠+”文化逐步形成。加强典型选树，重点打造“最美一线员工”“青年拜托了”“一看就是党员”三大先进典型品牌。挖掘59名“最美一线员工”的先进事迹汇编成册，举办“平凡的岗位 不平凡的坚守”主题故事讲述会。每季度开展“一看就是党员”擂主评选活动，多平台多形式宣传展示，引导党员立足岗位发挥先锋模范作用。策划青年对话栏目《青年拜托了》，引导青年员工向身边的榜样看齐。

四、工会与共青团工作

企业民主管理与工会建设。发挥工会组织和职代会职能，加强企业民主管理，增强职工“主人翁”意识。2月，组织召开了茂名供电局三届六次职代会，收集职工合理化建议3件并处理答复；全年召开职代会联席会议共5次，讨论审议了茂名供电局2018年福利费使用计划、职工体检方案、安全生产违章问责业务指导书等与企业发展或职工切身利益相关的议题；结合企业机构改革后的实际情况，重新调整了分会的设置，保证各基层分会委员选举工作的顺利开展；组织茂名供电局第四届职工代表大会暨工会会员代表大会的筹备工作。开展职工代表劳动保护巡视工作，与输变电管理所、6个县区供电局及9个供电所的80多名基层职工座谈，收集到的意见建议47条，对意见建议进行分类处理形成报告并答复。茂名供电局通过南方电网公司厂务公开民主管理贯标认证复审，茂名化州供电局通过南方电网公司厂务公开民主管理贯标A级认证。茂名信宜供电局钱排供电所荣获全国工人先锋号，茂名化州供电局荣获广东省“五一”劳动奖状；茂名茂南供电局新坡供电所荣获广东电网公司工人先锋号称号。

职工技能竞赛。2018年组织智能电表改造、安规知识、继电保护、信息、基建、计量低压运维、无人机、规划计划、六西格玛知识、厨艺、法律、用电客户受理员、变电一次、防误操作和全能赛等技术技能竞赛15项，培养市级技术能手9名。组队参加上级各项劳动技能竞赛共9项，先后荣获南方电网公司团体三等奖2项，个人三等奖1项，广东电网公司团体一等奖1项，团体三等奖2项，个人一等奖1项，个人二等奖3项，个人三等奖5项。培养了广东电网公司级技术能手2名。至2018年底，累计创建职工创新工作室9个，其中南方电网公司级1个、广东电网公司级1个、茂名市级2个、地市供电局级5个。茂名供电局围绕网广东电网公司创新驱动发展工作要求，充分发挥劳动模范、先进工作者、专家、技术能手的带头作用，坚持优中选优、务求实效的思路，科学做好职工创新工作室的创建和管理工作。

服务职工。扎实推进“暖心工程”，建成15个供电所技术业务用房，改造周转房125间，升级供电所电磁厨房53个，创建三星食堂1个，建成三星级以上“职工之家”4个、“职工小家”85个。建成3个四星模范“职工之家”，1个五星模范“职工小家”，8个四星模范“职工小家”，77个三星模范“职工小家”，三星级以上“职工小家”占90.53%。持续推进送温暖常态化，以“进万家门、访万家情、结万家亲”系列活动为载体，继续打造“四送”活动品牌。关注职工健康，常态化开展职工体检、新入职职工体检、特殊工种体检，全面监控职工健康状况，并有针对性地组织举办健康讲座。开展关心关怀职工和暖心e家行动，编制了困难职工帮扶金申请业务指导书和员工福利保障项目清单。茂名供电局工会代表市总工会参加了广东省总工会举办的“学习习近平新时代中国特色社会主义思想诵读会”获金奖和最佳编导奖。

共青团工作与志愿服务。调整完善团组织机构设置，组建众源公司团委，选优配强各级团组织班子，组织建设更加完善。严格落实“三会两制一课”制度，有力开展“一学一做”教育实践，让团员组织生活常态化、规范化。围绕新员工、扶贫攻坚、创文创卫、植树活动等工作。开展了18场志愿服务活动。组织各级团组织深入学习贯彻习近平总书记“五四”青年节寄语精神，举办了以“绽放战疫青春 坚定制度自信”系列主题活动，各级团委、团支部抽取35岁以下的青年人员组

---

① 四个最：安全是员工的最大福利，培训是员工的最好福利，责任心是最强的执行力，队伍是最根本的生产力。三导向：目标导向（紧盯指标，争先进位），问题导向（走动管理，有限解决），纪律导向（两个安全，守住底线）。三着力：着力优服务（好心点亮万家灯），着力强电网（优主强配固保底），着力促转型（向综合能源服务商转型）。

建青年突击队，参与到各大重点工程、困难工作里，发挥生力军的作用。其中获得广东省“两红两优”的“五四”红旗团支部1个、优秀团员（含防疫重点领域）3名；获得南方电网公司“两红两优”的“五四”红旗团支部1个；获得茂名市“两红两优”的“五四”红旗团委1个、“五四”红旗团支部3个、优秀团干3名、优秀团员10名。

五、扶贫工作

2018年，帮助4347名贫困人口脱贫，累计脱贫率达91.8%。在行业扶贫工作中，完成省定贫困村农网改造升级投资1.91亿元，完成157个省定贫困村农网改造，全市180个省定相对贫困村农网改造升级累计完成率实现100%，经改造后省定贫困村户均配变容量为2.08千伏安/户，电压合格率为99.54%，供电可靠率为99.92%，智能电表覆盖率为100%，低压集抄覆盖率为100%，配网自动化覆盖率为100%，配网通信覆盖率为100%，提前实现国家新一轮农网改造升级目标要求。连续3年获评广东省扶贫济困“红棉杯”金杯单位称号。

清远供电局

企业概况

一、组织沿革

清远供电局为广东电网有限责任公司直属大型二类供电企业，前身是广东省广电集团有限公司清远供电分公司，2005年5月更名为广东电网公司清远供电局，2014年9月更名为广东电网有限责任公司清远供电局。

二、经营范围

清远供电局作为统一管理清远电网的企业法人，主要负责清远市清城区、清新区、英德市、连州市、佛冈县、阳山县、连南县、连山县等2区2市4县范围内的电网建设、运行、管理和经营业务，为地方经济社会发展和人民生活提供电力供应和服务。截至2018年底，供电范围19 015万平方千米，供电人口387.4万人，供电客户184.0万户，营业网点72个。

三、电网规模

截至2018年底，清远供电局35千伏及以上变电站125座，主变压器258台，容量共1786.2万千伏安，输电线路320回，总长6716.01千米。其中，500千伏变电站2座，主变压器12台，容量共350.4万千伏安，输电线路12回共755.44千米；220千伏变电站34座，主变压器33台，容量共606万千伏安，输电线路56回共2340.49千米；110千伏变电站73座，主变压器149台，容量共699.2万千伏安，输电线路158回共2405.97千米；35千伏变电站61座，主变压器64台，容量共42.76万千伏安，输电线路94回共1099.29千米。

四、组织机构

根据广东电网公司组织机构规范化设置的要求和实际工作需要，2018年，清远供电局对组织机构进行了调整：8月8日，党建工作部更名为党建人事部（直属党总支、团委、新闻中心），并将原人力资源部的干部管理职能、原办公室的新闻宣传职能调整至党建人事部；监察审计部（纪委办公室）分设为监察部（纪委办公室）、审计部。生产设备管理部更名为生产技术部。撤销培训与评价中心，其业务由人力资源部直接管理；撤销法律中心，其业务由企业管理部直接管理；撤销员工服务中心、电网规划技术研究中心、建设管理中心、小型基建办公室、节约用电服务中心，其业务调整至相应二级机构；离退休服务中心不再挂靠工会。成立综合服务中心（离退休服务中心），整合员工服务、离退休服务等业务；成立供电服务中心，整合原计量中心、客户服务中心、营销稽查中心、节约用电服务中心等机构及业务；成立电网规划中心；成立项目管理中心。

截至年底，清远供电局内设14个职能部门、11个二级机构、8个县区供电局。具体如下图所示。

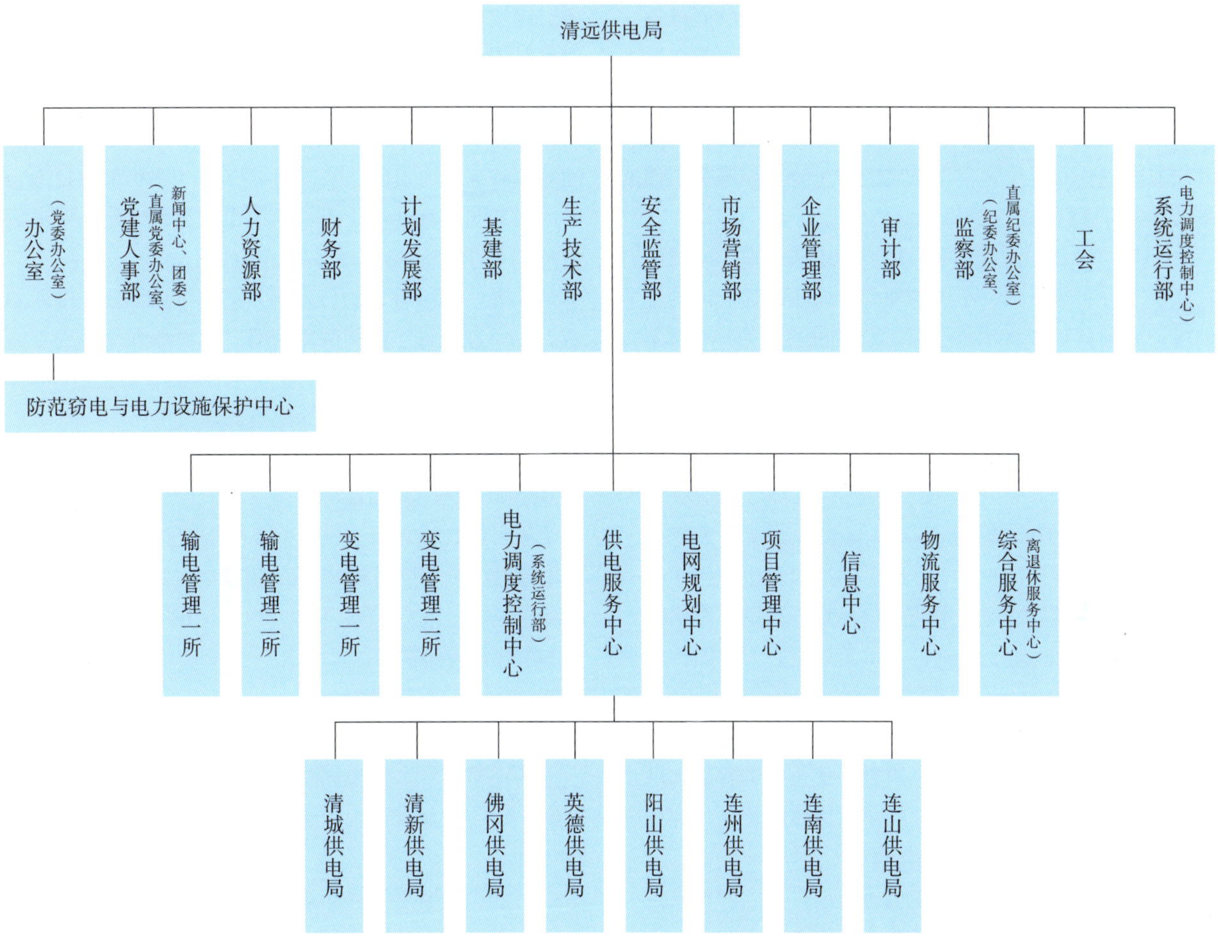

五、领导班子

2018年，根据广东电网公司党委决定，清远供电局领导班子调整如下：5月24日，郭立增任党委副书记、调研员、工会主席，免去其纪委书记职务；张志剑任党委委员、纪委书记；叶万余任党委委员、副局长；免去林根亮的党委委员、工会主席职务。

截至年底，清远供电局领导班子成员如下：

党委书记、执行董事：杨亮明

党委副书记、局长（总经理）：陈松波

党委副书记、调研员、工会主席：郭立增

党委委员、纪委书记：张志剑

党委委员、副局长：邝振星

党委委员、副局长：叶万余

党委委员、副局长：周　杰

六、人员状况

截至2018年底，清远供电局共有职工5237人，其中博士2人，硕士55人，本科生1960人，专科生1433人，中专及以下学历的1787人；已取得专业技术资格人员共2325人，其中高级职称的185人，中级职称的876人，初级职称1264人；已取得技能等级共3942人，其中高级技师27人，技师381人，高级工2201人，中级工1023人，初级工310人。

十件大事

（1）2月7日，中共中央政治局委员、广东省委书记李希到清远就实施乡村振兴战略进行调研，期间走访了清远供电局扶贫点英德寨背村、连南瑶理坪村，对两个贫困村的扶贫工作成效表示充分肯定。

（2）2月11日，清远市委副书记、市长郭锋一行到清远供电局调研慰问，听取了清远供电局电网负荷、电网规划、农网改造等相关情况，郭锋对清远供电局过去一年工作表示充分肯定，并指出，希望供电部门再接再厉，为清远经济社会发展做好电力保障，同时做好春节期间值班和应急抢修工作，确保电力稳定供应。

（3）4月26日，清远供电局联合清远连南县公安局揭牌成立清远少数民族地区首支辅警电力中队，共同推进少数民族地区电力设施保护和反窃电工作，将有效保障辖区供用电秩序。

（4）7月26日，清远供电局联合清远市纪委监委成立广东电网公司首个地市供电局廉洁风险防控联合工作室，并签订《共同开展廉洁风险防控工作意见书》。

（5）8月9日，清远供电局建成集中式光伏、冷热电三联供、分布式光伏、小水电等分布式能源为一体的诚创生产基地屋顶光伏示范项目，总装机容量为159.18千瓦，年均发电量约14万千瓦·时。

（6）10月26日，经过专家评审，清远供电局通过南方电网公司安风体系“四钻”复审，成为安风体系“四钻”单位。

（7）11月8日，清远供电局党委协助清远市委宣传部，组织召开清远市党委（党组）理论学习中心组学习工作推进会。举办“习近平总书记视察广东重要讲话精神”专题学习研讨会，清远市各机关单位、人民团体、驻清单位党组织100余人到场观摩。

（8）11月20日，清远供电局联合连州市属地公安机关成立了首个广东电网标杆电网警务室，标志着清远供电局在防范涉电违法犯罪、电网建设保障以及电力应急执法等方面步入法制化、规范化轨道。

（9）11月26日，乌东德水电站送电广东广西特高压多端直流示范工程首基塔开工典礼在英德市举行，标志着世界上容量最大的特高压多端直流输电工程正式开始动工建设。

（10）12月10日，清远市政府发布公共服务满意度评价结果，清远供电局连续十年获地方政府公共服务满意度评价第一。

电网发展

一、电网规划与前期工作

电网规划。按照“1+5”规划研究体系[①]，统筹推进智能电网规划、输电网一次、配电网（农网）、电网二次、生产技改、营销技改，按照投资策略分类分级提出建设规模和方案。6月，制定规划期内清远电网、电源建设方案，剖析电网发展需解决的核心问题，规划各个电压层级变电站、线路方案布点，构建适应于清远的目标网架结构及分阶段电网建设实施方案，保障用户用电及新能源送出消纳。优化完善保底电网规划，按照保底电网设防标准，按照“统一规划”工作要求，建立统一的问题库和规划项目库，共规划总投资15.79亿的项目库，入库问题明确5696个，重点解决电网运行风险、用电负荷增长需求等问题。落实广东电网公司“四个统一”工作部署，6月6日，制订工作方案和重点任务推进计划表。8月8日，成立电网规划中心，全面加强电网规划的专业力量和组织。

项目前期工作。全年完成清城输变电工程、贤令山扩建第三台主变工程、库湾变电站扩建第三台主变工程等3项500千伏工程的前期任务；完成白庙输变电工程等13个项目的环评评价、选址意见书等工作。完成乌东德水电站送电广东广西800千伏直流输电线路工程40项属地任务，编制上报220千伏堤岸变电站扩建第三台主变工程等20个项目可研报告。

二、工程建设与前期工作

2018年，清远供电局坚持以“主网工程全面创优，配网工程标准建设，小型基建协同建设”为目标，聚焦清远加快“入珠融湾”、实施乡村振兴战略等投资需求，以解决残旧和故障高发等突出矛盾和问题为导向，按轻重缓急安排电网项目，建成建好清远电网。全年共完成固定资产投资17.92亿元。其中，电网基建完成投资12.79亿元，小型基建建成投运项目42项，完成投资1.08亿元。

主网建设方面。建成投运110千伏及以上项目6项，新增变电容量55.8万千伏安，新增输电线路38.73千米。2月27日，220千伏回澜变电站3号主变扩建竣工投运；9月13日，110千伏井塘输变电工程竣工投运；5月20日，110千伏沙坑输变电工程竣工投运；8月28日，110千伏东城变电站第三台主变扩建工程竣工投运；11月30日，110千伏陂坑变电站第三台主变扩建工程、110千伏贵黄线工程竣工投运，共新增变电容量55.8万千伏安，110千伏线路38.244千米，35千伏线路0.494千米。积极联动各级政府相关部门，6月，成立专项推进领导小组和工作小组，率先启动800千伏乌东德工程青赔工作。11月26日，乌东德工程全线首基开工仪式在清远英德举行，超高压输电公司广州局向清远供电局发来感谢信。

配网建设方面。配网方面围绕“四个标准”特别是标准件应用，提升英德、阳山、连州、连南、连山等较薄弱地区的管理水平，全市均衡发展。全年基建配网工程共1203个（含业扩配套及应急项目），按里程碑计划

① “1+5”规划研究体系：以地市供电局“十四五”智能电网规划为基础，加“十四五”输电网一次规划研究、“十四五”配电网（农网）规划研究、电网二次规划研究（35千伏及以上）、生产技改规划研究、营销技改规划研究。

投运项目967个，截至年底，共投运项目1006个，里程碑投运计划完成率104.03%，超额完成投运任务。开展新一轮农网改造升级。6月30日，在全省率先完成261个省定贫困村农网改造升级任务，11月30日前，全面完成769个农网改造升级项目建设，供电可靠性、电压合格率、户均容量均达到或超过国家标准：农网户均配变容量提高至2.6千伏安；客户年均停电时间减少到8.56小时，综合电压合格率提高到99.986%。共并网光伏发电项目340个，容量4.33万千瓦；结算上网电量1.35亿千瓦·时。其中寨背村一期分布式光伏扶贫电站发电量突破34万千万时。

工程质量管理。加强现场安全文明施工管控，基建部创新实践“党建+基建”模式，以点带面推进党建与核心业务深度融合。在英德贫困村电网改造工程等重点项目中成立工程临时党支部，通过分片责任区、每日通报、驻点督查等措施，科学统筹项目的实施，用好临时党支部平台及时协调解决项目建设过程中的问题。促进装修质量提升，建设飞鹅岭台区、罗塝台区改造等一批有代表性的工程。其中，连州九陂供电所10千伏九陂线飞鹅岭台区改造工程获得“广东电网公司2018年安全、优质、文明样板创建金质工程”称号；110千伏枫华变电站工程、清远阳山供电局太平供电所10千伏黄沙线罗塝台区改造工程获得“广东电网公司2018年安全、优质、文明样板工程”称号。

◎ 2018年10月12日，清远佛冈供电局10千伏黄四线扩建工程投运，补齐了该地区低电压“短板”

电网运营

一、电力供应

2018年，清远全社会用电量198.72亿千瓦·时，同比增长12.77%。清远境内电厂装机容量195.6万千瓦，同比增长3.8%；其中，水电容量158.1万千瓦，同比增长1.3%；风电、光伏、生物质等新能源容量37.5万千瓦，同比增长15.7%。全年上网电量9.53亿千瓦·时，同比增长2.3%；水电上网电量4.67亿千瓦·时，同比减少4.1%；风电、光伏、生物质等新能源上网电量4.86万千瓦·时，同比增长9.2%。全年电力供应形势平稳有序，统调电力负荷创出历史新高，最高负荷出现在5月24日，为304.9万千瓦，同比增长9.75%；全年平均负荷率为85.05%，同比降低5.5%；最大负荷率94.13%，同比降低12.63%；最小负荷率43.13%，同比降低35.43%。丰水期间，实现水电全消纳。清洁能源并网通道容量裕度充足，未发生因网络受限而影响清洁能源消纳的现象。全年未发生有人为责任的“弃水、弃风、弃光”问题。

二、电网运行

电网运行风险控制。梳理清远电网133项基准风险，承接中调制定的24项防范电网运行风险重点工作，同步更新电网风险揭示可视化看板，抓好检修条件下电网风险控制，全年成功化解15个基于问题电网风险，风险降级28次。编制《清远电网2018年供电能力分析报告》，提出缓解中心城区供电压力14项改进措施，完成洲心变电站、凤城变电站、小市变电站主变更换及110千伏清七线、110千伏清洲线同停等高风险检修项目，增加主配网输送能力约100兆瓦（120兆伏安），确保正常运行方式下用电需求。优化方式安排，利用负荷转移或调整电源出力等手段，迎峰度夏期间避免了清城、清新最大错峰约6万千瓦，丰水期为三连一阳增加了8万千瓦电源送出；全年统筹安排主变高效运行，有效降低线变损约200万千瓦·时。2018年，清远电网系统设备运行总体稳定可靠，220千伏及以上电压等级保护正确动作率100%，故障快速切除率、安自装置正确动作率保持100%，生产实时控制业务通信通道零中断，未发生调度自动化主站系统失灵情况。无发生三级及以上电力监控系统信息安全事件，无发生因电力监控系统信息安全导致的电力事件。

可靠性管理。围绕“基础管理、规划建设、运行管理、技术进步”四大领域，细化分解12个要素、29项任务。以预安排“零时户”为目标，全力提升带电作业水平。9月，编制带电作业业务指导书、提升带电作业水平工作方案，成立“能做会管”的主业带电作业班，引入竞争性企业内部激励机制，稳步提升带电作业“受控受管”水平。积极拓展旁路带电作业和带电更换配变等新技能，全年带电作业4419次，同比增加78%，节约停电时间33.92小时，提高供电可靠率0.39个百分点，预安排停电4.0小时，同比下降75%。按照“站—线—变—户”全面制定低电压管控措施，及时调整配变档位、增加无功补偿容量、安装低压调压器，城镇居民端电压合格率达99.993%，农村居民端电压合格率达99.997%。每月梳理并发布低电压台区等问题清单，纳入配电网一体项目库，2018年完成127个低压台区立项改造，低电压投诉同比下降88%。2018年清远供电局综合电压合格率99.987%，城镇居民端电压合格率99.993%，农村居民端电压合格率99.997%；中心城市（区）用户平均停电时间0.55小时，农村用户平均停电时间9.73小时，全口径用户平均停电时间8.56小时。

资产全生命周期管理。全年开展电网账实核查工作，开展账实清查工作和现场设备拍照、保存、上传工作，并对账实不一致和照片缺失等问题进行整改。发挥运维“问题导向”作用，本地化修编工程项目设计审查作业指导书以及物资技术规范申报指引，从源头把好设备选型关口。深入介入工程项目管理各个环节，抓好物资品控、投运验收等关键环节，确保了110千伏陂坑变电站主变扩建等基建工程“零缺陷”投运。全年检修、试验、反措及特巡特维6500余台/次，交叉跨越隐患整改220处，及时消除紧急重大缺陷135项，有效防范电网风险17项。把好审批环节关口，认真落实设备退役报废计划，促进闲置设备在全网不同地域间合理再利用，提高设备利用率，所有退役报废资产做到先算后退。固定资产报废净值率7.64%。

生产运行管理。做好调度与运行联动，对35千伏及以上线路、主变和开关间隔实施设备限流防控。政企联动制定线路防外力破坏专项方案，全年合计清障面积2.1万亩，消除紧急重大树障隐患3252项。防风方面。开展10千伏线路防风拉线专项整改，处理145条拉线缺陷，成功应对超强台风“山竹”，同时组织615人支援阳江、肇庆，完成支援抢修任务。防雷方面。治理27回故障高发线路，新增或更换避雷器461组、绝缘子4983组，雷击故障同比下降19.1%。防冰方面。成功应对2008年冰灾后最严重的低温冰冻天气，保障了主网线路零跳闸，设备零受损，成功化解因覆冰引起的电网风险5起，完成220千伏山安甲乙线等3回输电线路地线绝缘化改造及220千伏安峰变电站等融冰装置升级改造。完成110千伏凤城变电站、小市变电站等7台110千伏主变升容改造，完成110千伏慧光变电站主变扩建改造，完成110千伏清七、清洲、回飞线耐热导线更换，提升中心城区电力供应能力25%，成功化解迎峰度夏期间设备重过载运行风险。

三、安全生产

2018年，清远供电局全面实现了“两个确保，三个杜绝，四个不发生，两个减少”的安全生产目标，安全生产局面稳定，持续向好。全年未发生电力事故；共发生五级及以上事件17起；其中，未发生二、三、四级事故，同比持平。未发生社会人员触电事件、未发生重复配网事件，同比持平。百万工时工伤意外率指标完成值0.7305。

安全监管。大力推行现场作业风险可视化管控平台应用，计划录入率、引用勘查率均达100%，实施现场和“可视化”平台同步“双督查”，全年累计督查1.5万余次，查处问题986宗，发现违章860起，扣分827人次，取消“两种人”资格12人。全年持续开展乡镇供电单位防范人身事故专项治理行动，部署三年专项治理行动任务90项，完成57项。刚性执行“1234”管控机制，落实外包工程施工安全责任传递，连续八年开展第四季度人身风险联合驻点督导。全年开展安全大检查3次，累计发现整治问题1588个。采用“一隐患一通知一档案”、挂牌督办、会议通报和“销号”监督机制，排查局属资产安全隐患5700项，非局属资产安全隐患903项，并全部完成整改。完成南方电网公司第八检查现场安全检查，有效整改发现问题35项，整改率88%。开展广东电网公司安全生产巡查，大力推进687项发现问题的整改率达99.7%。

安风体系建设。严格落实“三抓一促”工作思路，应用“计划+表单+绩效”管理模式，打造基于“业务列表+工作计划”的全覆盖安全生产责任制。在抓队伍。提炼体系建设成效，形成“1+3”体系运作机制，获得南方电网公司认可。开展8期98人次的“送培到基层”+“实战审核”等复合培训，内部建立145人准审核员队伍，并培养高素质审核员102人（中级30人，初级72人）。在抓常态。应用“计划+表单+绩效”的管理模式，基于业务框架，建立全覆盖的岗位管理体系和责任体系，应用风险评估结果制定各层级工作计划并形成工作历。承接细化体系要素、上级制度及业务指导书的管理要求，本地化修编业务指导书212份，修编典型作业指导书733份，实现专业领域全覆盖。在抓审核。完成8个县区供电局初审工作。举一反三，完成2017年初、复审以及2018年集中审核全部问题整改。开展以“畏则清，预致远”为主题的安全文化建设，有效促进员工意识和能力共同提升。10月26日，经过专家评审，清远供电局通过南方电网公司安风体系“四钻”复审。

加强安全隐患专项治理。3月起，组织开展配网设备隐患专项排查治理、乡镇供电所防范人身事故安全隐患排查、防范社会人员触电等安全隐患排查、供电设施触电安全隐患排查，发现隐患6603项，整改6603项，完成率100%。深化政企合作的线行清理模式，清理树障21 000亩。强化生产项目外包作业清单式管理，刚性执行安全许可准入机制，常态开展生产项目安全督查，对检查发现问题开展销号整改。根据承包商违章扣分进行责任追究，落实承包商资信奖惩。全年未发生有责任的五级及以上事故事件，未发生社会人员触电事件。

应急管理与保供电。全年完成春节、两会、高考、习近平总书记视察清远等78项保供电任务，累计投入15 742人次，出动4956车次、调动应急发电车（机）82辆次。成功抵御低温冰冻天气侵袭，开展2次防雨雪冰冻灾害演练，完成220千伏山安乙线等3条线路易覆冰区段架空地线绝缘化改造，完成220千伏山安甲线等27回冰区线路防冰运维准备工作，修编27回线路融冰现场处置方案，完成3套覆冰在线监测终端加装、2套分布式覆冰在线监测系统实用、5套覆冰监测终端消缺维护工作。完成抗击台风“山竹”工作，组织657人抢修队伍支援阳江、肇庆等地开展抗风复电工作，获当地政府和人民群众肯定与认可。

安全文化建设。开展安全大轮训、岗位大练兵工作，开展10项年度安全教育培训计划，共培训3148人次，让安全文化深入人心。开展《安规》抽考4305人次。坚持每月开展领导参加基层安全日活动，每月评价督导活动质量，致力于安全生产“三基工程”建设。全方位开展各级领导上讲台等9项丰富多样的“安全月”活动，持续开展“安全标兵”“安全先进”评选工作，建成天湖培训基地安全体感区项目，多项举措促进安全文化的沉淀与升华，提炼出“畏则清，预致远”的清远特色安全文化主题，并形成“1234”安全文化建设品牌。12月，获得“广东省安全文化建设示范企业”称号。

◎ 2018年8月17日，清远市政府在清远供电局召开2018年城乡电力设施安全隐患专项排查整治专题工作会议

市场营销

2018年，清远供电局完成购电量198.72亿千瓦·时，同比增长12.77%；售电量191.88亿千瓦·时，同比增长11.94%。

一、优化营商环境与客户服务

完成年度供用电营销目标。全年完成供电量198.72亿千瓦·时，同比增长12.6%，在19个地市供电局排第七。完成售电量191.88亿千瓦·时，同比增长11.94%。积极响应三次电价政策性调整，一般工商业用户电价每千瓦·时降低8.19分，全年为企业减负1.13亿元。深化业扩报装服务，实事求是分析“获得电力”相关数据，全年通过优化报装流程、精简报装材料、执行“三免”服务、推广典型设计应用，中压业扩报装平均用时同比下降30.24%，精减业务办理环节和资料，全力提升办电效率，中压业扩报装平均用时压缩至64天，同比下降30.2天，低压增量业扩工单超时率为0。实现互联网统一服务平台关注数66万人，互联网业务办理比例69%，线上报装办电率达80%。“获得电力”指标全部超出预期目标。大力推进临时接电费退费，严格执行业扩投资界面延伸规定，全年累计为客户节约成本超2亿元。大力推进客户资产接收工作，全年累计申报评估216个住宅小区，惠及8200余户。完成“三供一业”供电设施分离移交。

提升客户服务质量。3月，制订2018年客户投诉考核方案（试行），合力解决客户诉求。全年，“12398”客户投诉同比下降78.6%。推动供电服务方式由线下向线上转变，组织线上线下宣传活动1000余场，互联网统一服务平台关注数由24万增长至66万，同比增长175%。电子渠道业务办理比例由38%提升至69%。4月，制定30条满意度提升措施。制定网格化服务班组设置方案，成立网格化班组95个，划分网格469个，设置客户经理700名，

◎ 2018年5月17日，清远清城供电局源潭供电所工作人员向群众普及电力设施保护知识

设备主人794名。主动服务腾讯华南云计算基地、江南水厂、清远四桥等3个重点项目，确保项目建设用电。8月，成立配网调度指挥中心，初步实现服务调度、配网调度与配网抢修指挥业务合署办公，累计开展配抢指挥2455次。

二、营销基础管理

智能电表、低压集抄双覆盖。1月，完成智能电表、低压集抄“100%双覆盖”。推广“自主运维、抄维合一”计量运维体系，提升计量自动化水平。通过统筹谋划，3月，实现了“三个一片”示范和全量交易用户双终端及负荷曲线建设。建立“集中监控+专业运维”模式，2018年集抄自动抄表成功率、公变自动抄表成功率、专变自动抄表成功率、终端数据完整率分别为99.46%、99.31%、98.51%、99.56%，均高出目标值。

线损管理。常态化开展线损异常周（日）监测，扎实管控线损异常处置工作，线损异常处置完成率为100%。完善计量自动化系统与营销系统的档案数据，提高线损统计分析的时效性和准确性。利用计量自动化系统，对配网线路、台区线损异常信息及时统计发布，督促并跟踪各县区供电局线损异常原因的分析及问题处理，强化线损管理工作。深化“四分管理”，按照“下算一级”的原则进行本单位同期分区线损、网损、分压线损、直属县区供电局及供电所的同期分区分压线损统计，编制同期线损统计分析报告，并督促县区供电局做好线损异常闭环处理，跟踪异常处理结果，充分利用同期线损辅助分析窃电及违约用电行为，对异常用户及时进行用电检查。全年治理高损线路23条、高损台区661个，年度固化高损治理完成率达100%，全局线路线损异常率2.63%，台区线损异常率3.78%，综合线损率3.44%。

营销信息化。重点开展数据质量治理、系统实用化、报表准确性、基础数据一致性、站线变户一致性、项目信息一致性等工作，挖掘分数“背后”的数据质量问题。征集各专业在日常工作中对营销系统档案实用性有要求的字段，系统实用化水平不断提升，营销基础更加扎实。全年营领域信息化综合评价得分99.98分，全省排第六。推进营销作业移动终端应用，网级营销移动终端覆盖率、使用率均达到100%。电费发行及时率、非现金缴费率、自动对账率、电子化结算率率分别达到99.31%、99.88%、99.87%、99.72%，创近三年新高。严格营销风险管控。开展营销领域“微腐败”整治，7月，开展市场营销领域“扫雷”工作，构建反腐倡廉长效惩防体系，加强营销风险管控和稽查力度。

8月，成立配网调度指挥中心，初步实现服务调度、配网调度与配网抢修指挥业务合署办公，累计开展配抢指挥2455次；制定了网格化服务班组设置方案，成立网格化班组95个，划分网格469个，设置客户经理700名，设备主人794名。全面推广“集中监控+专业运维”模式，大幅提升计量自主运维效率，自动抄表成功率达99.25%，同比提升8.41个百分点。开展低压集抄系统费控功能应用，以连南大坪、香坪试点为基础，实现连南费控全覆盖，为全市推广积累了可复制经验。创新无序用电整治工作思路，联合地方政府成功解决连州西岸清水村20年历史遗留问题，为彻底解决当地无序用电问题实践新路径。以营销星级标杆班组建设为契机，推进班组规范化建设，完成36个营销三星班组考核评价。2018年新增营销四星班组6个，准四星及以上营销班组总数达9个，占比5.8%，清新太和供电所成为粤东西北地区首个五星供电所。

三、电能替代与市场开拓

绿色节能。11月，制订《2018年电力需求侧管理考核工作实施细则》，明确各部门及县区供电局工作职责，全年完成节约电量9699.88万千瓦·时，完成广东电网公司考核指标的161.68%。以提高电能占终端能源消费比重为目标，大力推广电窑炉、热泵、电蓄冷、家庭电气化等电能替代技术，2018年完成电能替代电量6.96亿千瓦·时，本年度新增电能替代项目199个，开展小型节能宣传活动50多场，中型节能宣传活动2场，“地球一小时”节能活动8次。加快电动汽车充电基础设施建设。聚焦高速公路服务区、城市公共领域和供电营业厅三大领域，全力打造车桩相随、布局合理、智能高效的充电基础设施网络，在全市共建设充电站38个，充电桩142台，

◎ 2018年8月9日，清远供电局建成集中式光伏、冷热电三联供、分布式光伏、小水电等分布式能源为一体的诚创生产基地屋顶光伏示范项目，总装机容量为159.18千瓦，年均发电量约14万千瓦·时

覆盖各县（市、区）及辖区内的京港澳高速公路，总投资额3000多万元。8月，建成集中式光伏、冷热电三联供、分布式光伏、小水电等分布式能源为一体的科普教育示范基地和智慧园区——诚创生产基地屋顶光伏示范项目。深入推进光伏产业扶贫，共并网光伏发电项目340个，容量4.33万千瓦；结算上网电量1.35亿千瓦·时。严格执行市场化交易客户当月用电量参与交易结算要求，落实市场化交易用户双方核实确认机制，实现电力市场化交易结算零差错。清远全年参与市场交易用户达649户，交割电量86.8亿千瓦·时。诚创公司签订广西过境水电业务38家电站购售合同，签约容量达13.28万千伏安；签订湖南送连南过境水电业务购售合同，签约机容量达6.5万千伏安。

科技信息

一、科技创新

科技项目实施与重大技术研发。科技管理规范、精益，绩效得分保持稳定增长，2018年年度绩效排名全省第四。2018年成功立项科技项目38项，年度投资2657万元，位于粤东、西、北地区第一，全省排名第五，职创项目77项，总投资810万元，全省排名第二。2016至2018年期间清远供电局科技投资增长超过11倍，项目数量增长566%。牵头组织策划的“架空输电线路智能运维平台关键技术研究与应用”“新型高压开关柜关键技术研究与应用”等3项科技大项目，获得南方电网公司审查通过，实现了重大科技项目历史性突破，其中“架空输电线路智能运维平台关键技术研究与应用”通过中期检查，阶段性成果获得专家认可。

知识产权与成果转化。2018年专利数申请数529项，同比增长319.8%，在粤东、西、北地区排名第一；累计有效专利授权数253项，其中有效专利授权数达到200项，亿元主营业务收入有效专利拥有数达到世界领先水平。全年获科技奖励27项，其中全国奖2项（《BLVV导线终端回头扎线方法改进》与《新型长航时无人机》），南方电网奖励5项，广东电网奖励20项，是历年奖励等级最高，获奖数量最多的一年。其中“BLVV导线终端回头扎线方法改进”项目获得全国电力职工技术成果二等奖，输电管理一所“带测距功能的新型长航时多旋翼无人机”项目获得全国电力职工技术成果三等奖。

二、信息化工作

2月，制订数据治理工作方案，主要采用绩效考核落地、通报保机制保障及专项协同会议机制确保该项工作有序开展。6月，制订网络安全督察工作方案，完善网络安全督察、监测、通报机制，建立应急处置队伍，对各县区供电局及诚创公司进行年度网络安全督察，完善网络安全信息通报与网络安全风险闭环管控机制，年度实现网络安全“三个零”目标。

加强IT资产管理，开展IT资产账卡物一致性专项行动，组织清远供电局本部及各县区供电局全面清查IT资产设备共计18 000多台，针对无标签、无台账、新增的设备进行更新维护。12月，开展信息运维类标杆班组建设，规范信息运维，确保每项运维工作做到有计划、有发布、有手续、有反馈。

2018年，清远供电局信息中心承接信息化项目18个，其中续建项目4个，新建项目14个。年度投资1912.81万元。信息基础设施建设与升级方面投资1772.25万元，信息安全体系建设与升级方面投资120.4万元，信息系统开发推广与升级方面投资20.16万元，所有项目均已完成。结合“云大物移智”研究与应用，清远供电局申报了三个开发建设类信息化项目：网络安全现场督察移动应用、IT资产管理移动应用、输电通道环境图像识别智能应用。主要利用大数据、移动应用、人工智能的研究应用成果，解决当前清远供电局在信息管理与数据分析上遇到的问题，提高信息化管理水平与效率。建设安全督查指纹系统，开展用户培训，截至2018年底，局本部及8县区供电局已试运行该系统，并于12月底录入所有现场施工人员指纹。在8个县区供电局成立信息运维班，制订信息运维类标杆班组建设工作方案，4月，清远供电局信息中心信息运维班被评为“三星级”班组。

经营管理

一、人力资源

干部人才队伍建设。健全完善干部选拔由“党政主要领导、人事分管领导和纪委书记”集体酝酿动议机制。全年调整干部83人次，提拔74人。截至年底，共有科级干部176人，平均年龄43.81岁，其中，“80后”年轻干部占32.39%，有“80后”领导班子成员的县区供电局比例达到75%，并实现“90后”科级干部零的突破。2月，制订县区供电所助理级技能专家选聘方案，4月，组织开展2018年县区供电局技术专家选聘工作，选聘17名县区供电局助理技术专家，实现县区供电局技术专家零的突破，打通技术、技能专家互认通道，聘任了清远供电局首名技术技能互认专家，实现广东电网公司级技能专家“零”的突破，有2人被聘为广东电网公司三级技能专家。

劳动用工与薪酬绩效。3月，出台2018年度“关爱员工十三条”，推行激励积分+激励菜单工作，表彰了一批思想好、能力强、业绩优的优秀员工，其中一星员工655名，二星员工196名，三星员工160名，四星员工5名，五星员工4名。6月，制订绩效激励优化工作指导意见、局本部工作负责人激励优化方案（试行）、中高级技术技能等级人员奖励方案，加大各层级组织和直线经理的绩效分配自主权，充分发挥绩效激励作用。深化“工分计酬”模式应用，全年兑现比例从30%提高到50%，逐步提高量化考核结果在绩效工资中的兑现比例，进一步发挥绩效激励作用。8月，制订局本部2018年岗位选聘工作实施方案，共完成人员配置4323人，全面覆盖“四个统一”业务岗位。通过择优录取，共接收248名主网专业化人员，进一步理顺了主网专业化管理后人员管理关系，解决管人与管事不一致的问题。奖励2018年度星级班站所，其中三星班站所93个，四星班站所18个、五星班站所1个，鼓励广大基层班站所继续加强星级达标建设。11月，制订员工破格激励实施方案（2018版），破格提拔7名优秀员工，为优秀人才提供晋升的快车道，起到了“唯才是用”的示范作用。

“四个统一”工作。严格按照广东电网公司工作部署以及“四个统一”工作要求，制订机构设置优化调整实施方案和各级组织机构班组设置方案，完成各级组织机构设置，明确职责界面划分。清远供电局本部规范设置办公室、党建人事部、人力资源部、财务部等14个职能部门和电网规划中心、项目管理中心等11个二级机构。其中，因地制宜成立输电管理二所和变电管理二所，进一步提升主网专业化管理水平。县区供电局统一规范设置办公室、党建人事部、工程建设部等6个职能部门和“综合服务中心+供电所”二级机构，原县级子公司由十二部制调整为六部制。清远供电局本部输电管理一所增设带电作业班和机巡作业班；电力调度控制中心合并了监控班和主网调度班，增设配网调度自动化班；供电服务中心整合了原客户服务中心、计量中心、稽查中心的业务，增设了服务调度班配网调度抢修组。县区供电局生产计划部增设配网规划工作组和配网综合班；供电服务中心下设营业、客服、用检和计量班组。供电所本部设立配电运维班、营业班、客户服务班；偏远地区营业点设立服务调度班，集中开展营业、客服和低压运维工作。完成供电所扁平化设置。撤销供电所内设部门，有效节约人力成本，减少因管理层级多而造成的“滤波”效应，提高基层班组运维和服务的响应效率。2018年，共完成62个职能部门、91个二级机构（其中72个供电所）、278个班组和2210个岗位的规范设置。2018年，共完成人员配置4323人，全面覆盖“四个统一”各业务模块。其中，“统一规划”人员配置率为100%，“统一建设”人员配置率为100%，“统一运维”人员配置率为100.49%，“统一服务”人员配置率为100.49%。

薪酬绩效。扩大星级员工评选。制定清远供电局《绩效激励优化工作指导意见》，深化“工分计酬”模式应用，逐步提高量化考核结果在绩效工资中的兑现比例。2018年量化考核结果兑现比例从30%提高到50%，同时计划2019年兑现比例从50%提高到70%、2020年兑现比例达到100%。

二、财务经营

认真贯彻落实“瘦身健体”提质增效、有效资产清理等各项工作部署，大力推动财务经营转型，各项经营指标总体保持稳定，完成了各项目标任务。全年售电量191.88亿千瓦·时，同比增长11.9%；营业收入同比增长10.67%。内部利润同比增长47.17%。重点清理长期挂账应收款项，三年以上应收款项较2017年下降10%。其次是转变方法，优化资源配置。不断创新和完善预算审查制度，4月，修编清远供电局成本费用报账指引。加快资本性投资形成有效资产，全年增资完成率为101%。加快用户资产接收工作，全年评估小区资产209个。全年完成补办不动产权证资产252宗，应办必办项目完成率110.53%，高出广东电网公司年度考核任务10.53个百分点。完成固定资产投资17.92亿元；报废资产净值率7.64%、同比上升1.93个百分点。2018年总资产周转率0.76%。促进管制与竞争性业务齐头并进，从预算、资金、税务、信息化建设、经营分析等方面对竞争性企业进行指导，形成财务管理制度16份。6月，首次组织召开清远供电局范围的预算审查会议；将预算资源向电网薄弱环节倾斜，全年安排配网资金占年度总资金预算的49.46%；安排配网修理费用占修理费预算的45%。完善成本管理机制，10月，组织完成“资金池”建设。11月，与中国农业银行清远支行签订全面战略合作协议。就“双月抄表结算调整为每月抄表结算”事项重新与清远农商行签订代收电费手续费协议，降低单笔扣费手续费约50%。

三、物资供应

承办珠三角片区物资工作交流会，为珠三角片区各物资单位搭建了沟通交流平台，促进各单位优势互补，推动全省物资管理工作进一步升级。职创项目“开发基于云技术的学习型设备监造辅助软件”专利申请，获国家知识产权局受理。物流中心“开耕者”QC小组被评为2018年广东省优秀质量管理小组，活动成果《缩短急救包补仓需求处理时间》被评为广东省电力行业优秀QC成果。物资计划采购管理。2018年开展对主网设备的监造同比增加了近1.6倍。完成了11台220千伏及110千伏电力变压器和26组110千伏组合开关电器的设备监造任务，同时对26批次电力物资进行了质量抽检。通过加强履约品控管理，有效防止了带病设备进入电网系统运行，为防范发生电网和设备事故提供了坚实的保障。物资品类优化工作。制订物资品类优化工作方案，以“抓项目设计为源头”，“设计、采购、仓储、施工”一条龙的管理策略，推进物资品类优化速见成效。抓好逆向物资管理，确保国有资产保值增值。加强各类工程废旧物资回收处理全过程管控工作，负责做好物资回收入库存放管理，参与废旧物资技术鉴定，协助广东电网物资总公司组织开展废旧物资拍卖处理工作。加强物资储备管理，落实“两金”清理工作，加快储备物资调拨，提高仓储物资周转率，闲置物资利用率实现100%。加强应急物资管理，建立完善应急物资台账，建立应急物资急救包22个。做好应急储备物资的管理，在“山竹”台风等灾害时期供应导线、电缆、配电变压器等应急物资2批次。

四、审计监督

8月，完成机构改革，设立清远供电局审计部。全年共开展内部审计项目11项，审计发现问题305个。实现8个县区供电局及竞争性企业审计全覆盖。计项目在审计整改。清远供电局2018年应整改审计项目13项，应整改问题241个，至年底，整改完成率100%。5—6月，广东电网公司开展对清远供电局原局长马超然进行离任经济责任审计。在广东电网公司统筹下，5月、8月，韶关供电局先后对清远供电局进行2018年扶贫、党费使用和管理专项审计。全年相继针对“暖心工程”“业扩提速”、高可靠费用、项目全要素—工程造价管理、配网智能化建设管理、瘦身健体提质增效（有效资产）、集体企业经营管理、智能电表和低压集抄“双覆盖”等开展了专项审计调查。以审计整改治理专项行动为契机，构建整改联动机制，实行清单化销号管理，并以“三本台账”为抓手，结合运用“四种形态”约谈为助力，将审计监督与纪律检查、追责问责相结合，强化整改刚性约束，形成审计闭环管理。对2012—2018年各级审计发现问题进行全面梳理，严格实行审计问题信息化“销号管理”，整改审计问题466个，对历史遗留问题、管理难点问题按“一事一报”形成专项报告。提升审计风险识别与防范功能，1月，实行审计发现问题公告机制，对6个领域29个主要问题进行廉洁教育及典型问题通报。

五、法治工作

推进领导体制调整试点工作，实现重要决策审核法律率100%，确保督办任务落实率100%。强化制度建设，全年共修编业务指导书217份，合法合规性审查率达到100%。梳理依法经营现状，6月，制订法律风险管理“五进”方案，更新完善安全生产法律法规库，开展重大项目法律尽职调查，有效解决规范劳动用工问题。贯彻落实“七五普法”要求，法治宣传计划完成率100%。推动政府出台《清远市供用电管理规定》，为供电经营提供保障。解决各部门单位法律风险问题74宗，出具法律意见书29份。办结太和供电所追缴欠费、电力设施保护等案件25宗，胜诉率100%。合同范本使用率为88.37%。全年完成252宗产权证明办理，比年度计划228宗多办理24宗，完成率为110.53%。

以“治理完善、经营合规、管理规范、守法诚信”为标准，从六个维度推进法治企业建设。2018年，清远供电局及清远连州供电局、阳山供电局分别荣获广东省“法治文化建设示范企业”。太和所“和美”法治文化得到上级领导充分肯定。完善学法制度，多层级开展法律底线教育及法律法规学习。2018年，清远供电局荣获全国“我与宪法”优秀微视频作品征集展播活动“优秀奖”；蒲公英普法志愿者活动获得南方电网公司普法品牌最佳网络人气奖。全年完成252宗证明办理，比年度计划228宗多办理24宗，完成率为110.53%。开展案件隐患排查，提高主动维权意识，全年办结13宗主诉案件。推动政府将《清远市供用电管理规定》纳入市政府规范性文件制定，为供电经营提供保障。六是加强法治队伍建设。打造适应局发展的法治队伍，实现法治人员持证率达到80%，1名法治人员纳入广东电网公司法治专业队伍优才计划。

改革创新

深化落实广东电网公司综合标杆一流建设要求和目标，围绕“创一流”指标目标打造跨业务、跨部门、跨层级、横向、纵向协同性高的全流程黑带级精益项目，7月，编制清远供电局“创一流”58项关键任务，77项里程碑事项。2018年，清远供电局综合标杆一流评价提前一年达到“国内一流”水平，2项精益项目获广东电网公司年度精益项目成果奖，清远清新供电局太和供电所获评粤东西北地区首个五星供电所，四星及以上班站所数量在全省排名第七，山区排名第一。

农电发展与改革。2018年，投入农网改造资金6.3亿元，有效提高了农村电压质量，提升农网运行水平，其中共投入资金2.83亿元，完成全市261个省定贫困村农网改造工作，新建或改造10千米线路约94千米、台区636个，惠及群众16万人。签订12个小水电自供区的改革协议，投入资金962万元，完成14个独立供电区域电网改造工作。8月，完成阳山、连州、连山、连南县级供电企业“子改分”。

组织编制《清远供电局争当山区供电企业改革发展排头兵，加速建成国内一流企业工作方案》，明确“创一流1212专业+”工作思路，形成“创一流”58项关键任务，77项里程碑事项，编制清远供电局2017年度综合标杆一流评价报告，全方位分析清远供电局与县区供电局“创一流”评价指标完成情况，系统谋划“创一流”2018—2020年工作目标；构建“创一流”指标管控体系，梳理KPI与KBI指标共计260余项，全面覆盖市、县、所三个层面，建立“创一流”指标库，进一步规范指标管理与数据报送工作机制，明确各归口管理部门工作职责，确保责任落实到岗；完善指标绩效过程监控，建立常态化“创一流”指标监控机制，按月在局长办公会上分析关键指标完成情况，设计管理指标分析看板，对广东电网公司月度公布的60余项指标进行全省、山区、梯队的排位分析，持续跟踪12项、县区供电局14项、年度绩效51项支撑指标完成情况，对短板指标进行问题诊断。2018年度创一流指标评价得93.36分及以上，提前一年实现国内一流企业目标。

按照单位内审、规范审查、专家初审、集中评审、发文审定5级评审程序，表彰2017年度优秀成果42项，其中一等奖4项，二等奖6项、三等奖8项。按照《清远供电局精益管理考核激励方案》及时开展项目激励，持续营造良好精益管理氛围。围绕“185611”“创一流”指标目标打造跨业务、跨部门、跨层级、横向、纵向协同性高的全流程黑带级精益项目共89项。通过提高变电站10千伏母线接地方式改造实施效率为降低用户停电时户数贡献42.3%。清远供电局获评清远市2015—2017年质量管理先进单位，清远清城供电局《缩短10千伏电缆预防性试验时间》获中国水电质协QC成果二等奖，实现清远供电局国家级QC成果奖项新突破，1项成果获“南粤之星”发布会银奖，6个QC小组获广东省优秀质量管理小组称号。组织开展3次精益管理培训工作，推荐精益骨干参加广东电网公司精益培训班五期，全年参培超过300人次；广泛动员利用精益南方电网App参加精益带级线上培训及认证，清远供电局线上认证人数超过2000人，在全省首个超30%认证人数年度考核目标。积极参加南方电网公司精益课件大赛，清远清城供电局《项目风险管理》获南方电网公司课件设计奖三等奖，3项课件获广东电网公司课件设计奖二等奖。

推动成立竞争性企业监督管理委员会，编制清远供电局竞争性业务管控方案和议事规则，形成“主业管方向，平台控资本，企业创效益”的良好发展格局。2018年利润总额同比增长13%，营业收入同比增长15%。组建诚创公司董事会，修编竞争性企业薪酬管理、安全管理和采购管理等各类制度，提升竞争性企业综合管理水平。深入开展竞争性企业摸底调查，积极谋划竞争性业务整合发展。分批次对改革后企业现场调研，编制竞争性企业基本情况调研分析报告。编制竞争性业务发展计划，确定企业整合发展方向和“十三五”规划目标，提出“三步走”的发展策略；全面拓展综合能源业务，加快向综合能源服务公司转型。研究制定清远供电局综合能源2018—2020年经营目标，储备综合能源项目9个，投资规模2490万元。中国最大的碲化镉电站清新区光伏发电扶贫项目并网投运。建成清远诚创基地、北江开关厂屋顶光伏项目，通过单晶硅、多晶硅及薄膜三种材料进行可靠性和经济性对比，形成光伏投资分析报告，为清远地区的光伏项目推广提供数据支撑。

◎ 2018年12月12日，北江开关厂公司在广西平南县成立项目部

党群工作

一、党建工作

政治建设。清远供电局党委多次召开党委会认真学习习近平新时代中国特色社会主义思想，落实南方电网

党组一号文件重大决策部署，认真贯彻落实清远市委市政府工作部署，认真贯彻省委省政府关于防范社会人员触电伤亡，确保群众用电安全的工作要求。3月，修订领导班子成员全面从严治党责任清单，全年召开4次党建工作领导小组会议专题研究党建工作，督促各级领导人员抓好分管领域的党建工作。认真执行党委议事规则制度，年内共召开党委会23次，集体研究重大事项181项，严格执行“一把手”末位表态制度。6月，召开落实广东电网公司党委机动式巡察反馈意见整改专题民主生活会。8月，召开中央巡视整改暨全面彻底肃清李嘉、万庆良恶劣影响专题民主生活会。领导班子成员发挥示范作用，分别到基层党建工作联系点开展宣讲、督导和调研工作。开展中心组学习12次。11月8日，清远市机关单位、人民团体，中央、省驻清单位等1百多人，现场观摩清远供电局党委理论学习中心组进行“习近平总书记视察广东重要讲话精神”专题学习研讨。围绕党建“1236”模式，扎实推进领导体制调整试点工作，“党政一肩挑”管理模式向8个县区供电局和诚创公司延伸。

组织建设。2月，建立“党建不优秀，绩效不拿‘A’”的党建考核模式，明确党的建设考核得分排名前50%的单位才能参与年度组织绩效A级评选。3月，在全省率先搭建竞争性企业党组织架构，成立中共清远诚创资产管理有限公司委员会，并按照“一企业一支部”的原则，对诚创公司党委管辖的企业设立16个直属党支部。开展“我是党员走在前，一区双岗创一流”主题活动，推动党建与业务工作深度融合。进一步健全完善各级党组织，继续推进“一部门（班站所）一支部”建设，撤销了监审部、输电管理所、变电管理所党总支部，新设立了监督部、审计部、输电管理一所、输电管理二所、变电管理一所、变电管理二所、供电服务中心、电网规划中心、项目管理中心、综合服务中心党支部。落实“四关四维”要求，全年共发展党员41名。至年底，清远供电局共有党组织174个，其中党委9个、党总支部1个、党支部164个；共有2584名党员，其中，在职在岗党员2244名，离退休职工党员340名。清远供电局党委被评为南方电网公司2017—2018年度先进基层党组织。组织7期处级干部学习贯彻党的“十九大”精神轮训，送培处级领导干部18人次。

◎ 2018年11月8日，清远供电局协助中共清远市委宣传部，组织召开清远市党委（党组）理论学习中心组学习工作推进会

二、思想宣传与企业文化建设

思想宣传。牢牢掌握意识形态的领导权和主动权，积极主动宣传中央路线、方针、政策和上级党组织的决策部署，在企业内外宣传党建引领和推动中心工作的成效。8月，研究设立“一日一习语”学习栏目，在员工主要通道进行传播展示。规划建设清远供电局“一廊三区”内部宣传阵地，提升整体策划和传播能力。抓好先进典型选树宣传，讲述企业故事，形成“1234”典型选树模式，11月，建设全市时代新人与道德模范故事长廊，形成示范效应。清远供电局党委坚持以学贯彻落实习近平新时代中国特色社会主义思想为加强思想政治工作、宣传新闻与意识形态工作的主体主线，始终在学懂弄通上下功夫。建立南方电网首个新时代文明实践中心，以“6+X”①的形式开展党性教育。举办“习近平总书记视察广东重要讲话精神”专题学习研讨会，清远市各机关单位、人民团体、驻清单位等100余人到场观摩。组织7期处级干部学习贯彻党的十九大精神轮训。在企业内外宣传党建引领和推动中心工作的成效，累计在央级媒体发表稿件276篇（次），在广东电网公司媒体发表稿件415篇（次）。领导班子成员发挥思想引领示范作用，分别到基层党建工作联系点开展“十九大”和“习近平总书记视察广东重要讲话”精神宣讲。从严从实抓好党员教育，各级党支部将每月第三周周五定为主题党日时间，开展了“不忘初心、牢记使命”等形式多样的学习实践活动。

企业文化建设。7月，举办“图说30年”图片展暨清远供电局企业文化长廊揭幕仪式，以“不忘初心、牢记使命”和企业理念的“诚信”“服务”“和谐”“创新”五个词作为图片展的主题词，通过图片来反映清远供电局在履行企业使命和践行企业理念时所作出的努力。8月，建成全南方电网首个新时代文明实践中心。创建文明单位成效获得清远市委宣传部肯定，形成一套经验分享资料，并在8月举办了清远市创建文明单位现场交流会，清远市常委、宣传部部长崔建军等领导、全

① 6+X：6个固定动作：一堂党课、一段经典诵读、一首歌、一段视频、一个故事、一番感言；X个自选动作。

市各县区、市直单位负责人共120多人参加会议，通过听取清远供电局创建文明单位经验分享、实地参观等形式全面了解清远供电局创文工作。构建“新时代文明实践中心”三级管理体系，重点在班站所层面开展系列主题活动。对宣传阵地进行整合升级，构建“新时代《南方电网总纲》”宣教基地。强化党对意识形态工作的领导，通过设立“一日一习语”学习栏目、打造“一廊三区”内部宣传阵地等措施形成大党建宣传格局。“一局一品牌”工作取得进展，提炼“洲心智慧、清电传承”企业文化，并同步构建安全、廉洁、服务、法治四大专业文化横向支撑、八个县区供电局文化纵向落地的文化体系。推进“一班组一特色”班组文化建设，完成输变电管理所18个班组文化主题、文化模块、文化活动的提炼。

◎ 2018年8月8日，清远供电局协办清远市精神文明委员会办公室召开2018年清远市文明单位创建活动交流会

三、党风廉政建设

监督执纪。总结2016年来清远供电局实践监督执纪“四种形态”的有效经验，提炼出“一个主体、两个坚持、三个关键、四个结合”的深化措施，全年结合廉洁教育月和纪律教育月活动，组织干部员工全面开展“四种形态”谈心谈话，年内共运用“四种形态”集体谈4115人，重点谈、交心谈3100多人次。开展好形式主义、官僚主义问题专项整治工作，在广东电网公司11项整治重点的基础上，结合清远供电局中心业务增加至12项，检查共发现问题35个，制定整改措施59项。至年底，完成问题整改30个，落实措施51项，持续整改问题5个。落实春节、五一、国庆中秋等关键节假日的节前提醒，加强明察暗访，严防各类违规违纪行为发生，维护好企业形象。办案力度保持南方电网系统第一，全年运用“四种形态”集体谈4115人，重点谈、交心谈3100多人次。坚持横向到边、纵向到底的整改要求，约谈了相关县区供电局、竞争性企业主要负责人13人次，给予提醒谈话3人，诫勉谈话7人，有效压实了被巡察党组织管党治党主体责任。保持高压态势，重点严惩党的十八大以来不收敛、不收手，问题线索反映集中、群众反映强烈，政治问题和经济问题交织的腐败案件，违反中央八项规定精神四类重点问题，严防国有资产流失。精准把握政策，将“三个区分开来”贯穿于监督执纪问责全过程，坚决为改革创新、实干担当者鼓劲撑腰。对拟选拔和调整的26名干部出具廉洁意见。

巡察巡视及整改。上半年对所属9个基层党委开展政治巡察。8月，成立清远供电局党委巡察办公室，完善巡察机制和队伍建设，初步建立本级单位巡察人才库，其中20人入选广东电网公司巡察人才库，有3人入选南方电网公司巡察人才库。5至6月，组织对8个县区供电局党委、诚创公司（竞争性企业）党委开展首轮政治巡察，共发现311个问题。6至7月，广东电网公司党委对清远佛冈供电局开展机动式巡察。9至10月对清远清城供电局党委、佛冈供电局党委开展巡察“回头看”，从严动真督促巡察问题整改落实到位。10月下旬至11月中旬组织第二轮巡察，主要巡察清远清城、佛冈供电局2个基层党委的情况，巡察共发现问题38个。根据广东电网公司“机动式”巡察组对清远供电局党委提出的工作要求，清远供电局领导班子迅速做出响应，认真制定整改措施，督促相关单位和部门对照巡察发现的问题，从严动真狠抓整改，巡察反馈的24个问题（其中党的领导弱化问题3个，党的建设缺失问题5个，全面从严治党不力问题4个，其他问题12个），全部完成整改。清远供电局党委及各级基层党委在整改过程中敢于碰硬，强化广东电网公司对清远佛冈“机动式”巡察成果运用，督促竞争性企业平台公司建章立制、落实责任、完善制度79项，组织各级纪委对相关责任人开展提醒谈话。两轮巡察共发现问题349个，其中党的领导弱化问题33个，党的建设缺失问题110个，全面从严治党不力问题67个，其他问题139个。全年通过发现问题完善制度79项，对科级以下党员（竞争性企业人员）开展诫勉谈话7人。

纪企共建。紧跟国家监察体制改革，在“检企共建”的品牌基础上开创“纪企联建”模式。7月，主动联合清远市纪委监委成立了广东电网公司首个地市供电局廉洁风险防控联合工作室，签订《共同开展廉洁风险防控工作意见书》。同时，推动8个县区供电局相继与当地纪委监委建立共建机制，至11月5日，实现了全覆盖。11月，联合市纪委监委开展廉洁风险防控进基层系列活动，到竞争性企业、各基层班所交流、指导基层反腐倡廉建设和廉洁风险防控方面的认识和做法，筑牢各基层单位人员的拒腐防线。

四、工会与共青团工作

加强工会与民主管理工作。清远供电局二届四次职工代表大会收集提案13项，采纳提案8项，答复、办理相关建议，采纳合理建议5项，并完成相关答复及办理工作，处置率100%。进行职工代表巡视，规范完成“四个规定动作”，形成自查报告及整改报告1份。持续擦亮“冬送温暖、夏送清凉、秋送希望、全年送健康”的关爱员工品牌。健全工会联系和服务职工群众的机制，扎实推进帮扶助困“职工小家”及慰问工作，全年共开展各类共276次慰问9639人次。成立“广东电网公司职工体质检测与运动健康指导站清远供电局分站”，对335名职工进行全年跟踪三期体质测定。2018年新建设供电所26家。新建、修理或改造健康食堂32个，休息室58间，沐浴室56间，职工活动室31间，进一步完善了82个“职工之家（小家）”的建设。在清远供电局本部建设健身室、乒乓球室、瑜伽室、书画室及“妈咪小屋”等9个活动场地，开放式书屋获得2018年“全国工会职工书屋示范点”，并增加藏书总量超过2000册。2018年开展超过10项主题读书系列活动，参与参加活动女职工1426人次。开展3项职业道德培训活动，着力提升女工素质，参培女工累计超过200人次。开展女职工维权行动月活动，组织新计生条例及女工权益保护规章制度学习，邀请专业律师事务所资深律师走进各供电所，讲解法律上的问题，参与活动女职工484人次。组织开展劳动（技能）竞赛23项，参与人员超过4380人次。努力推动形成青年员工积极挑战自我、人人都能成才、个个皆可出彩的良好氛围。持续加强创新工作室“六有”规范化建设，建有南方电网级工作室3个，广东电网公司12个。其中，王伟技术能手创新工作室被评为广东电网公司优秀创新工作室。2018年，获共得专利191项，同比增长160%，技术革新70项，同比增长55%，小革新、小发明、小创造、小设计及小建议的“五小”活动有20多项。积极鼓励职工在本职岗位上建功立业，2018年，清远供电局共获广东省“五一”劳动奖章1个，南方电网公司劳动奖章1个，南方电网公司二等功1个、三等功4个。其中，清远连州供电局职工成龙华荣获全国好人榜5月份“中国好人”称号；清远清城供电局女职工刘惠玲获广东省“五一”劳动奖章和“南粤建功立业女能手”称号，并立南方电网公司三等功；清远清新供电局太和供电所营业班获省“巾帼文明岗”；清远英德供电局反窃电工作组被南方电网公司授予集体三等功，刘来仙立南方电网公司授予个人三等功，陈继东立南方电网公司个人三等功；清远连南供电局获2018年广东省“五一”劳动奖章，三江所客户服务班获南方电网公司巾帼文明岗，女职工谢巧霞立南方电网公司二等功。2018年清远供电局获得南方电网公司退休管理工作先进集体称号，林根亮被评为南方电网公司工会工作先进个人。

重视发挥团青作用。落实《关于促进青年更好成长、更快发展的若干意见》，突出青年思想引领，强化青年成长服务，畅通青年成才通道。组织各类主题（党）团日活动18场，开展“引领一八（2018）”打造“创智清、行至远”创新领域文化品牌，创建幸福厨房“星星合唱团”品牌，针对幸福厨房学校里的26个留守孩子每季度组织合唱活动。清远供电局团委被评为南方电网公司2017年度“五四”红旗团委。落实《关于促进青年更好成长、更快发展的若干意见》，突出青年思想引领，强化青年成长服务，畅通青年成才通道。打造“创智清、行至远”创新领域文化品牌，举办5期青年创新沙龙，营造浓厚创新氛围。组织各类主题（党）团日活动18场，开展“引领一八（2018）”等关爱青年系列活动，为广大青年员工搭建展示才华的舞台。创建幸福厨房“星星合唱团”品牌，并荣获南方电网“十佳普法品牌”现场评选第二名。清远供电局系统共有4个集体，16个个人获得市级以上团内表彰，8个集体荣获市级青年文明号称号。

五、扶贫工作

扎实做好清新区留良洞村、佛冈县迳头镇仓前村、英德市九龙镇寨背村、英德市大湾镇古道村、英德市九龙镇太平村、英德市大洞镇麻蕉村、阳山县黎埠镇大龙村、连州市奎池村、连山县永和镇等9个扶贫点的扶贫干部轮换和脱贫工作。提前半年完成清远市261个省定贫困村农网改造升级任务。实施扶贫项目22个、基础设施项目26个、救济帮扶项目39个，实现贫困人口脱贫1116名，占比61.9%。英德九龙寨背村作为牵头帮扶点，成绩尤为突出：一期分布式光伏扶贫电站发电量突破34万千瓦·时，二期项目进场施工；一期粉蕉种植产业扶贫项目产量超出预期，取得丰收。省委书记李希到英德寨背村、连南横坑村调研，对扶贫工作给予高度认可。广东省国资委到清远英德市进行扶贫检查，扶贫脱贫工作得到考核组高度认可。6月30日，清远供电局在全省率先完成261个省定贫困村农网改造升级任务。英德九龙镇寨背村被评为“广东电网公司首批精准扶贫示范村”；郑正威被评为“南方电网公司2016—2017年度脱贫攻坚先进个人”，张迎辉被评为“广东电网公司2016—2017年度脱贫攻坚先进个人”。

珠海供电局

企业概况

一、组织沿革

珠海供电局为广东电网有限责任公司直属大型二类供电企业，前身是广东省广电集团有限公司珠海供电分公司，2005年5月更名为广东电网公司珠海供电局，2014年9月更名为广东电网有限责任公司珠海供电局。

二、经营范围

珠海供电局作为统一管理珠海电网的企业法人，主要负责珠海市香洲区、斗门区、金湾区等3个区范围内的电网建设、运行、管理和经营业务，为地方经济社会发展和人民生活提供电力供应和服务。截至2018年底，供电范围1736平方千米，供电人口189.11万人，供电客户91.3万户，营业网点55个。

三、电网规模

截至2018年底，珠海电网110千伏以上变电站71座，主变压器156台，容量共1634.9万千伏安，输电线路213回，总长1937.8千米。其中，500千伏变电站2座，主变压器4台，容量共400.8万千伏安，输电线路8回共204.6千米；220千伏变电站17座，主变压器41台，容量共730万千伏安，输电线路64回共792千米；110千伏变电站52座，主变压器111台，容量共504.1万千伏安，输电线路141回共941.2千米。

四、组织机构

根据广东电网公司组织机构规范化设置的要求和实际工作需要，2018年，珠海供电局对组织机构进行了调整：6月4日，党建工作部更名为党建人事部（直属党总支、团委、新闻中心），原人力资源部的干部管理职能、原办公室的新闻宣传职能调整至党建人事部；监察审计部（纪委办公室）分设为监察部（纪委办公室）、审计部。生产设备管理部更名为生产技术部。撤销节约用电服务中心、主网项目管理中心、员工服务中心、离退休服务中心，其业务调整至相应二级机构；成立供电服务中心，整合原计量中心、客户服务中心、营销稽查中心、节约用电服务中心等机构及业务；成立综合服务中心（离退休服务中心），整合员工服务、离退休服务等业务。成立电网规划中心、项目管理中心。

截至2018年底，珠海供电局内设14个职能部门、10个二级机构、3个县区供电局。具体如下图所示。

五、领导班子

2018年，根据广东电网公司党委决定，珠海供电局领导班子调整如下：5月17日，阮绵晖任党委委员、书记、执行董事；李瑞锋任党委委员、副书记、局长（总经理）；马成明任党委委员、副书记、工会主席；曹安瑛任党委委员、副局长；罗志勇任党委委员、纪委书记；谭蔚波任调研员，免去其党委委员、副局长职务；免去姜海龙的党委委员、工会主席、副局长职务。

至2018年底，珠海供电局领导班子成员如下：

党委书记、执行董事：阮绵晖

党委副书记、局长（总经理）：李瑞锋

党委委员、副书记、工会主席：马成明

党委委员、副局长：黄强飞

党委委员、副局长：曹安瑛

党委委员、副局长：谭喆

党委委员、纪委书记：罗志勇

调研员：谭蔚波

副调研员：赵冰锋

副调研员：陈建福

六、人员状况

截至2018年底，珠海供电局共有职工1921人，其中博士3人，硕士123人，本科生1169人，专科生506人，中专及以下学历的120人；已取得专业技术资格人员共1158人，其中高级职称245人，中级职称543人，初级职称370人；已取得技能等级共1652人，其中高级技师117人，技师608人，高级工784人，中级工123人，初级工20人。

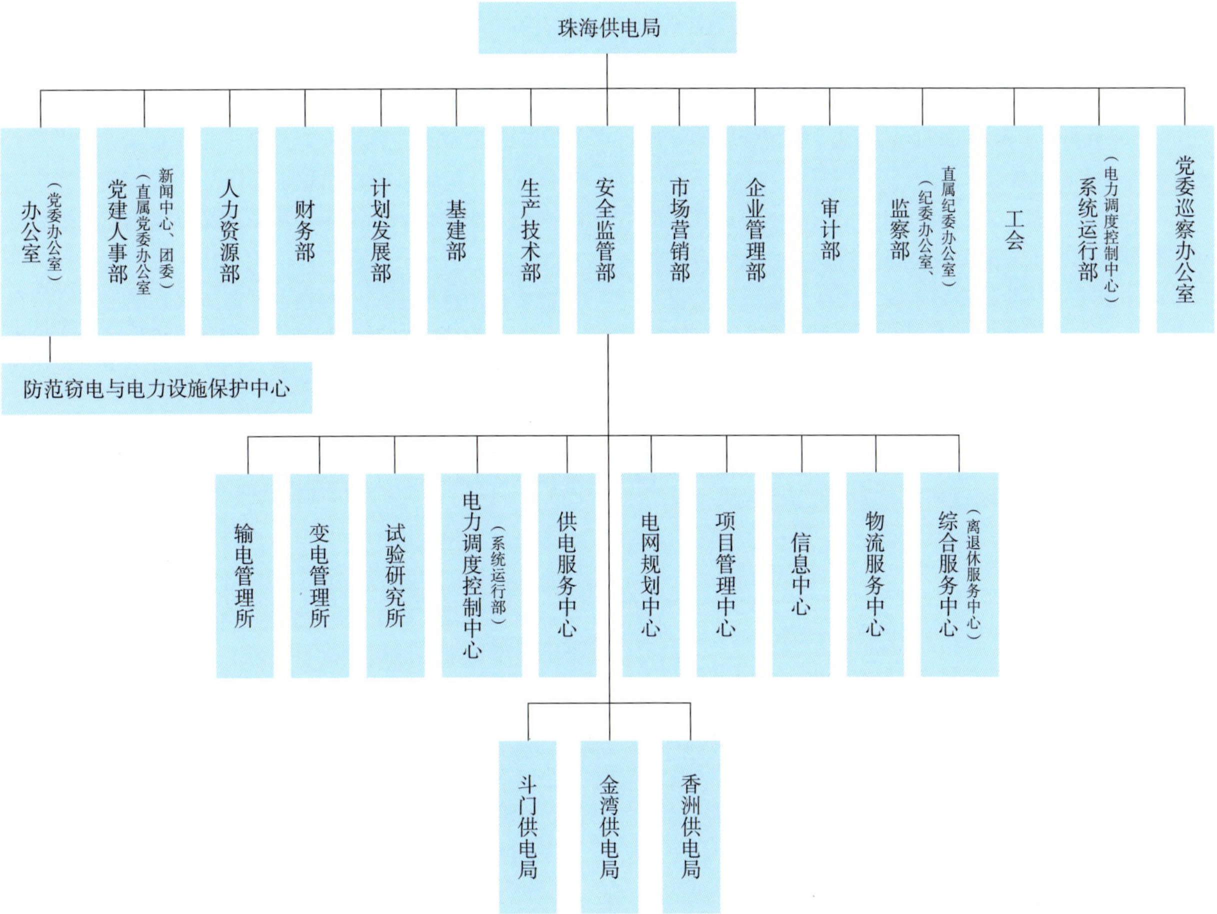

十件大事

（1）2月28日，《中国（广东）自由贸易试验区珠海横琴新区片区供用电规则》正式发布。该《规则》为全国自贸区首创，提出了推行低压供电模式、实施受电工程强制监理、取消受电工程现场验收、全面推行预购用电、采取一站式服务等改革举措。

（2）5月31日，珠海供电局代表南方电网公司在2018年全国电力可靠性指标发布会作《提高供电可靠性 优化营商环境 全力服务粤港澳大湾区建设》的专题发言，赢得国家层面以及社会各界的广泛认可。主要内容为：以智能电网为根本、以精益管理为抓手、以技术创新为支撑构建“可靠供电+优质服务”双轮驱动供电可靠性管理体系，持续改善营商环境。通过网架智能化、管理精益化、前沿技术实用化以及在横琴自贸区探索优化营商环境管理等，实现从“用上电”到“用好电”，为服务粤港澳大湾区建设作出更大贡献。

（3）6月30日，对澳供电保底电网的3项重点工程：220千伏珠海至凤凰双回线路电缆化改造工程、220千伏加林至珠海双回线路工程和珠海至拱北第二回线路工程全部建成投运，显著提升了电网防风抗灾能力和对澳供电保障能力。

（4）9月16日，强台风“山竹”袭击珠海，珠海供电局全力组出抗风抢修，累计投入抢修车辆437台，出动应急发电车（机）29车（台）次，出动无人机450架次，巡航530千米。9月18日20时，全面恢复供电。

（5）10月23日，世界最长跨海大桥港珠澳大桥通车仪式在珠海举行。习近平主席出席仪式并宣布大桥正式开通。珠海供电局累计出动应急发电车8台，UPS电源5台，保电人员591人次，圆满完成此次特级保供电任务。

（6）11月22日，珠海供电局召开第一次党员代表大会，选举产生新一届党委和纪委。阮绵晖、李瑞锋、马成明、黄强飞、谭喆、曹安瑛、罗志勇当选为党委委员，其中阮绵晖任党委书记，李瑞锋、马成明任党委副书记；罗志勇、马月珍、李桂槟、胡璨、练思好当选为纪委委员，其中罗志勇任纪委书记。

（7）11月23日，“珠海市金湾东部供电有限公司”完成工商登记注册。该公司的设立，是国家发改委、国家能源局批准的第一批105个增量配电业务改革试点项目之一，是广东电网首个增量配网项目。

（8）12月6日，对澳输电第三通道电源变电站——220千伏烟墩变电工程竣工投运，完成了对澳输电第三通道工程的阶段性目标。

（9）12月21日，珠海市政府与广东电网公司在珠海制定并签署《“十三五”战略合作协议》。双方合作共同推动珠海市电网建设和粤港澳大湾区建设，全力保障珠海电力供应，支持珠海市“二次创业”和社会经济高质量发展。

（10）12月25日，世界规模最大多端交直流混合柔性配网互联工程——支撑能源消费革命的城市—园区双级“互联网+”智慧能源示范项目在珠海唐家湾建成投运。

电网发展

一、电网规划与前期工作

6月，珠海供电局完成广东电网公司第一批“四个统一”试点工作。成立珠海供电局电网规划中心（县区供电局未成立规划小组），开展自主规划，全面加强电网规划的专业力量和组织。7月，首次整合基建、技改、修理等专业，制定统一的规划项目库，从源头上减少了重复建设和重复停电。8月，编制《珠海电网规划价值观（2018年）》，强化规划顶层设计，形成珠海特色的规划价值观。畅通政企沟通渠道，针对横琴新区与保税区、洪湾、湾仔区域一体化发展、西部中心城区建设、珠海市城市防灾标准等积极反馈意见，协调电网规划与市政规划发展。12月，珠海市政府和广东电网公司签署《“十三五”战略合作协议》，助力珠海经济高质量发展。

保底电网和对澳供电规划。按照南方电网公司“三篇大文章”要求，完成珠海城市保底电网优化完善报告，提出优化完善规划项目库，共安排28项工程，总投资27.28亿元。力争在发生50年一遇的台风时，对澳门供电通道不中断、供电能力不减少，珠海市中心城区不全黑，处于强风区的斗门、金湾等区中心和重要用户能够快速复电。6月30日前，建成220千伏珠海至凤凰双回线路电缆化改造工程、220千伏加林至珠海双回线路工程和珠海至拱北第二回线路工程等3项对澳供电重点工程，实现了在2018年台风季来临前，珠海境内形成1条完整的对澳门供电220千伏全电缆线路通道的阶段性目标，最大供电能力达32万千瓦，显著提升了电网防风抗灾能力和对澳供电保障能力。可在对澳架空通道全部中断的情况下，保障澳门基本用电需求。

配电网规划。配电网规划标准工作体系应用落地，5月，按照广东电网公司《配电网规划标准工作体系试点应用工作方案》，认真抓好标准工作体系试点应用重点工作任务、组织机构、职能职责分工等内容。8月，广东电网公司配网规划建设督导组对珠海供电局配网规划建设工作进行督导，就珠海配电网提出了生产运行数据动态更新机制有待加强、营销部门介入规划的深度有待提升等43条建议。根据督导意见，制定60项整改措施，有针对性地加强配网规划和建设。

增量配网与前期工作。率先在全省开展增量配网改革试点工作，注册成立“珠海市金湾东部供电有限公司”。11月，完成项目公司组建、注册及挂牌工作。珠海金湾东增量配电网试点项目是国家正式批复的第一批增量配电网试点项目，也是广东电网公司范围内第一批试点项目。开展500千伏浪白输变电工程、500千伏金鼎输变电工程等14项输变电工程的前期工作，完成了61个前期节点任务，浪白、金鼎变电站站址和线路方案获政府审批意见。

二、工程建设与管理

2018年，珠海供电局共完成固定资产投资20.94亿元，投资计划完成率131.6%。其中，主网建成投运110千伏及以上项目7项，完成投资5.95亿元，同比增长72.7%。新增变电容量52.6万千伏安，新增输电线路62.44千米。配网建成投运项目531项，完成投资14.99亿元，同比增长44.6%，新增配变容量13.24万千伏安，新增10千伏线路长度120千米。小型基建建成投运项目2项，完成投资87万元，同比增长88.3%。

南方电网、广东电网重点工程建设。加快粤澳联网工程建设步伐，5月15日，220千伏珠海至拱北第二回线路工程竣工投运；6月19日，220千伏珠海至凤凰双回线路电缆化改造工程竣工投运；6月26日，220千伏加林至珠海双回线路竣工投运，新增线路里程40.81千米，在珠海市范围内形成一条对澳供电全电缆线路通道，显著提升对澳供电保障能力。同时积极强固主网结构，8月31日，220千伏琴韵（横琴）输变电工程竣工投运；11月1日，110千伏夏湾变电站扩建第三台主变工程竣工投运；12月6日，220千伏烟墩输变电工程竣工投运；12月19日，高石（石化1）输变电工程竣工投运，新增变电容量36万千伏安、输电线路17.8千米。加强工程实体质量管控，1月，500千伏加林变电站、110千伏人工岛变电站、110千伏吉大至人工岛公用变电站单回电缆线路工程、支持能源消费革命的城市——园区双级“互联网+”智慧能源示范工程项目（物理层——柔性交直流配网）4项工程项目获得南方电网公司2018年度基建工程优秀设计获奖。4月，220千伏吉大变电站工程获南方电网公司优质工程奖。12月，井岸供电所新建龙西天地人村合昌2号配电台区工程获广东电网公司“安全、优质、文明”样板创建金质工程。

“互联网+”智慧能源示范项目。12月，按期建成投运城市—园区双级“互联网+”智慧能源示范项目。12月25日，珠海“互联网+”智慧能源示范工程应用层与信息层项目通过功能验收，实现上线试运行。该项目为国家能源局首批“互联网+”智慧能源（能源互联网）示范工程重要组成部分，应用了一系列国内外先进的信息技术与业务理念，填补了多项国内与网内空白。在无经验可循的情况下编制完成直流断路器、换流器、直流变压器、联络变、电缆、光伏、储能、充电桩等特种物资设备技术规范书。

海岛电网建设与横琴配网建设。4月，全面实现东澳岛、大万山岛与大陆联网，海岛供电能力和供电可靠性大幅提升。全面开展海岛电网规划建设，组织制定荷包岛等海岛新能源微电网规划方案，稳步推进大万山岛、担杆岛居民区域电网建设，全力满足海岛经济发展用电需求。制定横琴20千伏双链环配网网架改造方案，继续推进横琴分层、分区、自治、自愈的高可靠性配电网建设。

工程创优与质量管理。进一步加强基建工程施工现场管理，在220千伏叠泉输变电工程、110千伏高石输变电工程建立远程实时视频监控，管理人员在监控中心、手机可实时监控掌握现场作业情况，告警信息推送至相关人员手机App，形成基建工程安全行为视频监控分析系统、珠海智慧工地建设等两项基建安全管理创新成果。户内变电站噪声治理技术研究及工程实践等4个项目分别获得珠海供电局2018年度技术改进贡献奖及职工技术创新二等奖。不断总结工程管理亮点，积极提出带有推广价值的合理化建议和现场改善项目，形成合理化建议32项、现场改善成果16项。向广东电网公司推荐具有推广价值的合理化建议6项和现场改善成果4项。11月28日，承办南方电网公司2018年基建工程质量安全管理交流会，在220千伏叠泉输变电工程施工现场，代表广东电网公司向全网基建领域的相关人员展示了现场质量、安全的管理水平和相关成果。

◎ 12月25日，世界规模最大多端交直流混合柔性配网互联工程，城市—园区双级“互联网+”智慧能源示范项目在珠海投运

电网运营

一、电力供应

2018年，珠海全社会用电量175.99亿千瓦·时，同比增长8.19%。珠海境内电厂装机容量501.31万千瓦，同比增长3.16%，其中火电容量470.1万千瓦，占93.77%；水电容量300千瓦，占0.01%；风电容量16.95亿千瓦·时，占3.38%；光伏电容量8.63万千瓦，占1.72%。全年上网电量192.18亿千瓦·时，同比增长4.50%，其中火电上网电量190.25亿千瓦·时，占98.99%；水电上网电量30万千瓦·时，占0.001%；风电上网电量1.26亿千瓦·时，占0.66%；光伏上网电量1400万千瓦·时，占0.07%。全年电力供应形势平稳有序，电力负荷创出历史新高，最高负荷（含澳门）出现在5月30日，为382.7万千瓦，同比增长1.65%；珠海本地最高负荷290.9万千瓦，同比降低2.61%，对澳门供电最高负荷92.4万千瓦，同比增长6.13%。全年平均负荷率为64.56%，同比提高8个百分点；最大负荷率81.8%，同比降低0.8个百分点；最小负荷率67.04%，同比降低1个百分点。丰水期间，实现水电全消纳。清洁能源并网通道容量裕度充足，未发生因网络受限而影响清洁能源消纳的现象。全年未发生有人为责任的“弃水、弃风、弃光”问题。

二、电网运行

系统运行风险防范。对珠海电网117项三级事件及以上风险均制定针对性事故预案，并进行了电网黑启动、防风防汛应急等各项演练。合理安排电网运行方式，全年完成基于问题的电网风险管控27项，系统设备运行总体稳定可靠，220千伏及以上电压等级保护正确动作率100%，故障快速切除率、安自装置正确动作率保持100%，生产实时控制业务通信通道零中断，未发生调度自动化主站系统失灵情况。无发生三级及以上电力监控系统信息安全事件，无发生因电力监控系统信息安全导致的电力事件。截至12月31日，珠海电网连续安全运行1711天，未发生大面积停电、电网瓦解和重大设备损坏事故。配网运行持续优化，全年共完成3225次转电操作，合环转供电率98.42%。投入自愈功能的馈线自动化组共81组，公用开关变电站可遥控率达70.8%。

对澳门供电及粤澳电网运行。3月，完成了2018年春节调压任务，有效控制了春节期间珠澳电网电压偏高问题，确保了电网安全运行。深化粤澳两地电力企业合作交流，协调解决联网运行中的各类管理和技术问题，签发《粤澳联网调度运行应急机制》，明确粤澳联合应急组织体系职责划分和运作机制。4月，基于现有网架制定《珠海市保底电网方案》。7月，根据粤澳联网网架结构变更情况，制订《珠澳地区孤网运行及黑启动应急预案》，为粤澳联网运行应急处置提供运行指导。

资产生命周期管理。将设备质量管控关口前移，通过积极参与新建、扩建、大修技改项目可研、初设、施工图评审及加强新设备监造出厂试验监造、到货验收、安装过程关键步骤旁站、竣工验收等各项工作把好设备选型和入网关，杜绝存隐患、缺陷设备投入电网运行。积极应用变压器油色谱，GIS气体组份、局放，开关柜在线测温等成熟有效在线监测系统和应用声、光、电、热、振动等多种新型带电检测技术手段对设备运行状态及异常发展趋势开展跟踪和分析，及时发现和消除隐患，将设备事故事件消除在萌芽。贯彻落实“应修必修、应试必试”原则，严格按《电力设备检修试验规程》要求开展设备规范化检修工作，持续提升设备健康度。四是发挥技术专家、技能专家及各级技术人员优势，强化技术监督工作，通过加强设备基础资料管理，落实设备运维策略，深入开展设备缺陷统计与分析，严格执行专业技术标准和反事故措施设备，筑牢资产管理基础。

生产运行管理。按计划开展预试定检，及时发现隐患或缺陷，健全检修维护体系，提前招标落实年度检修单位，提前预定设备及制定停电计划，结合电网风险及天气等情况，滚动修编停电施工计划，确保各项工作有序开展。严格执行既定的运维策略及各项保供电措施，确保电网运行风险可控在控。依托标准化、数字化和互联网技术，探索应用无人机、机器人、生产监控指挥平台、工厂化检修等技术手段和管理模式，提升设备运维效率和精益管理质量。

供电可靠性管理。持续优化计划停电管理，加大带电作业、发电车接入及旁路作业等措施应用，实现全区域范围内计划停电合环转电。全年带电作业次数4579次，增幅31.77%。3月，制订《发电车（机）快速接入标准》。大力深化故障停电管理，5月，制定《2018年降低中压线路故障率及减少故障停电时间工作方案》，减少配网故障率和重复故障次数，中压线路故障率全省最低。在各地市供电局中率先提出自愈自动化目标，全年建成166回10千伏自愈线路，实现主干线故障自动转供电，配网可转供电率等指标排名全省第一。全市全区域内实现全口径客户平均停电时间（低压）0.63小时，剔除重大日客户平均停电时间（低压）0.42小时；全口径客户平均停电时间（中压）0.98小时，均排名全省第一，位居全国前列。5月31日，珠海供电局局长李瑞峰代表南方电网公司在2018年全国电力可靠性指标发布会作《提高供电可靠性 优化营商环境 全力服务粤港澳大湾区建设》的专题发言，赢得国家层面以及社会各界的广泛认可。

◎ 2018年7月10日，珠海供电局工作人员对220千伏斗门变电站10千伏东兴乙线进行带电作业

三、安全生产

2018年，珠海供电局全面实现了“三确保、三杜绝、三不发生、三减少”的安全生产目标。全年未发生电力事故，未发生四级及以上人身、电力安全、设备事故或事件；发生五级事件12起，同比减少5起。未发生社会人员触电事件，同比持平。未发生重复配网事件，同比持平。百万工时工伤意外率指标完成值0.83。

本质安全型企业建设。强化安全精益化管理，有效提升监察效力。全年开展各类安全大检查发现问题247项，年内整改205项。发布工作计划10 133项，开展现场督查8234次，发现问题969项，督查覆盖率81.25%。开展安全生产自巡查，共发现问题1993项，全部完成整改。约谈261人次，发现问题544项，已全部完成整改。持续开展风险联动，有效降低各类风险等级，全年有效管控Ⅲ级风险2次，Ⅳ级风险2次，Ⅴ级风险25次。开展乡镇供电所防范人身事故专项治理。4月起，开展供电所防范人身事故专项治理，351项工作计划全部完成，杜绝乡镇供电所人身事故。6月起，开展涉电设施安全隐患专项排查整治，消除本单位所属设备隐患共902项，完成率100%；配合政府部门治理的用户隐患541项，完成整改532项，完成率98.34%。全年未发生有责任的社会人员触电事件。开展新兴业务企业安全管理提升活动，完成全部施工及维修企业安全管理巡查，共发现问题238项，完成整改198项。

应急处置与保供电。全年共完成人身事故事件、大面积停电事件、防风防汛等7项专项预案、190项现场处置预案的演练。台风“山竹”期间，珠海电网受损程度、受影响客户数量大幅下降，对澳门供电未受影响。迅速启动“灾前防、灾中守、灾后抢”的防灾应急机制，投入抢修人员1700余人，抢修车辆343台，出动应急发电车（机）82车（台）次，累计发电2276小时，出动无人机204架次，累计巡航里程350千米。仅用两天时间，全面恢复公共电网供电能力，获得珠海市委、市政府的高度肯定。全力做好国家和地方重大事项的电力供应保障，完成2018年春晚珠海分会场、“两会”、港珠澳大桥通车、珠海航展等保供电任务，获得珠海市委、市政府、广东电网公司的高度肯定。

体系建设与安全文化。1月，南方电网公司公布了2017年度安全生产风险管理体系审核新增的钻级单位，珠海供电局荣获“五钻”单位。进一步巩固安风体系“五钻”成果，深化安风体系应用，坚持以风险管控为核心，5月，制订体系深化应用工作方案，分专业明确46项体系重点工作，各项措施均全部落实。制定珠海供电局2018年度安全文化建设工作方案，组织召开2017年安全经验分享发布大会，整理汇编评比优秀案例，每季度收集安全文化优秀案例和安全故事，组织小品《党建领安，护航春晚》、歌舞表演《MAPS》参与广东电网公司安全文化节演出；持续开展“4.24”特殊安全日，组织珠海供电局各层级开展“严守安全底线”安全讨论；推广互助式安全交代，通过改变安全交代形式，提升员工对危险的感知、提高对作业关注度。

市场营销

一、优化营商环境与客户服务

优化营商环境。积极落实电价调整、市场化交易、业扩投资界面延伸、减税降费清退临时接电费等政策，减少全市企业用电成本1.86亿元，其中：一般工商业电价同比降幅达9%。7月，出台进一步提升供电服务水平优化电力营商环境措施25条。2018年中压业扩报装平均用时56天，低压业扩报装平均用时2.05天，实现中压业扩延伸比例99.18%、低压延伸比例100%，客户接电时间和成本大幅减少。大力推广互联网统一服务平台，关注数达46万，超额完成指标任务。积极引导客户通过互联网渠道办理业务，办理比例92%。实现互联网统一服务平台关注数48万人，互联网业务办理比例92%，线上报装办电率达92%。完成“一户一表”小区改造，共接收改造64 852户，提前完成国企家属区“三供一业”接管和维修改造工作。

“统一服务”建设与客户投诉响应机制建设。建立“客户经理+设备主人”网格化服务机制，以0.4千伏为融合点，重新划分台区业务，完成组建珠海供电局17个网格化服务班组。快速响应客户诉求，全年共办结“95598”客户抱怨同比下降32%。11月，在全省率先成立配调服务指挥中心，实现配网调度与服务调度的“联合办公”。坚持以客户为中心，持续提升客户满意度。2018年，第三方客户满意度测评得分90分，同比持平，连续三年广东电网排名第一，在政府公共服务公众满意度评价中连续十年排名第一。

制定和颁布全国首个自贸区供用电规则。2月28日，全国首个自贸区供用电规则——《中国（广东）自由贸易试验区珠海横琴新区片区供用电规则》正式发布，并于5月1日正式实施，在横琴全面推行低压供电模式，全面为客户提供“不出岛一站式”用电服务。全年共受理项目17项，投运11项，平均送电时间仅54.9天，户均节省投资116万元。

二、营销基础管理

2018年，珠海供电局完成购电量220.13亿千瓦·时，同比增长11.61%；售电量216.19亿千瓦·时，同比增长12.41%。

服务渠道转型升级。开展集控式营业厅现场应用，在各县区供电局17个营业厅共配置33台终端设备，日均业务量超过300宗，实现供电服务资源优化配置。通客户服务信息化渠道。积极推广网级电力营销业务移动作业终端应用，覆盖全局20个供电所（班组），通过作业App全视图查询5897次。专项整改存量站线变户问题档案。每月发布GIS与营销系统站线变户存量不一致明细，督促相关单位加快数据整改。2018年度珠海供电局线路异常率1.08%，台区异常率0.87%。100%完成广东电网公司督办的13条高损线路，62个高损台区的降损工作任务。

反窃电与营销稽查。利用计量自动化系统及营销系统开展“四分”线损异常分析。对高损、异常线路、台区，在排除基础档案、抄核收、负荷切割、业务变更、计量故障等原因的基础上，确定疑似存在窃电的线路、台区。利用营销系统及计量自动化系统相关模块，筛选出存在电量电费异常波动、计量装置电流、电压异常（失压、失流）等情况的用户清单，重点关注其中的临时用电专变客户。针对群众举报、以及城中村、施工临时用电、水产养殖、低压三相工业用户等窃电风险偏高的用电群体，开展专项用电检查，通过现场检查排查是否存在疑似窃电用户，总计查处违窃85单，追回电量49.19万千瓦·时。全年落实营销差错问责38宗，其中较大营销差错1宗，一般营销差错37宗，对相关责任人落实问责94人次。制定电压监测点建设方案，有序推动低压台区电压监测点布点工作，组织进行集中器远程或现场软件升级及更换。计划完成656个低压台区电压监测点布点，实际完成2206个台区，完成率为336.28%。

三、电能替代与市场开拓

加快向综合能源服务商转型。做好电动汽车充电基础设施建设的战略部署，提前规划布点，积极服务电动汽车产业发展，在城市公共服务领域、城际快速充电网络、广东电网公司系统内部充电基础设施等三大领域进行投资建设。积极支持市政府“打赢蓝天保卫战”，争取到珠海所有公交充电设施项目建设权，共建成529个充电桩，助力市政府实现2018年公交全部电动化。充电设施全年充电量2604万千瓦·时，占广东电网（不含广州、深圳）充电总量的56%。有序推进电能替代业务，深度挖掘神华岸电、龙丰钢管、汤臣倍健、珠海高新发展有限公司空压机等节能改造重点项目，全年累计实施项目358个，完成替代电量4.19亿千瓦·时。珠海神华粤电码头高压岸电、海虹路公交巴士充电站项目被广东电网公司收录为电能替代典型案例，在全省范围内推广应用。珠海市场化交易户564户，其中大工业用户473户，一般工商业用户91户，市场交易户电量68.66亿，占全市售电量41.22%。焕发珠海分公司签约客户65家，实现交易电量5.70亿千瓦·时，同比增长248%，占全市市场份额8.30%。2018年代理合同电量完成6.79亿千瓦·时。

◎ 2018年2月28日，《中国（广东）自由贸易试验区珠海横琴新区片区供用电规则》正式发布

科技信息

一、科技创新

2018年，珠海供电局科技项目投入3072万元，占营业收入比重的0.24%。其中，科技项目投入2505万元，占比0.2%。开展科技项目37项、职工创新项目40项，累计有效专利拥有数247项，其中发明专利29项，同比分别增长107%、32%，亿元主营业务有效专利拥有数为1.96，完成“世界一流”目标中的专利指标。

科技项目管理。全年入库科技项目4项。2月，《电缆故障定位培训技术研究与示范应用》项目进入省级决策项目库。4月，提炼各专业“创一流”科技创新需求导向性问题47项，形成“创一流”项目创意，提升项目策划精准度。11月，《复合绝缘子材质外绝缘设备激光带电清洗技术及装备研究》项目进入省级决策项目库。12月，珠海供电局牵头申报的《配电电缆线路综合检测关键技术研究及应用》大项目课题进入网级决策项目库，珠海供电局实施其中《配电电缆线路现场测试技术关键问题研究》和《配电电缆线路综合检测装置的研制》共2个子项目。全年科技研发任务如期完成，共实施科技项目37项，其中创新类23项，推广类14项，4个项目完成验收。4月，《隧道电缆用硅橡胶接头合闸击穿的机理研究》项目通过验收。6月，《基于图像识别的变电站关键设备状态智能判断技术研究与应用》项目通过验收。10月，《高压电缆附件故障机理及安全运行技术研究——课题6 高压电缆附件运行及检修策略技术优化研究》项目通过验收。12月，《支撑能源消费革命的城市——园区双级“互联网+”智慧能源示范应用层关键技术研究》项目通过验收。全年职工技术创新活动有序推进。5月，整合广东电网公司历年同类职创项目成果，成功申报并实施集成创新项目2项，分别是：六氟化硫气体全生命周期管理集成装置、便携式双端接地机械特性测试仪。全年共完成职工创新项目41项，其中创新类32项，集成类2项，推广类7项。新入库职工创新项目43项。

专利研发全年共申请专利300项，其中：发明专利88项，实用新型专利127项，外观专利85项。12月，共获广东电网公司及以上级别科技奖励52项，其中中国电力创新奖2项，全国电力职工技术成果奖3项，南方电网公司科技奖励8项，广东电网公司科技奖励39项。珠海供电局作为成果第一完成单位并获广东电网公司级以上的一等奖项目共6项，分别是："高可靠性城市供电网规划与建设关键技术研究及工程应用"项目获中国电力创新奖一等奖；"基于移动互联网技术的电网风险沙盘应用平台研究及建设"项目获广东电网公司技术改进贡献奖一等奖；"全自动直流电阻测试仪的研制""SF_6气体充排智能集成装置""高处设备绝缘油全密封取样装置的优化设计与应用"项目获广东电网公司职工技术创新奖一等奖；"防止厂站蓄电池脱离母线多维检测高级判别技术研究及装置应用"项目获全国电力职工技术成果奖一等奖。

◎ 2018年7月3日，珠海供电局对500千伏加林变电站的智能巡视机器人进行验收工作

科技成果转化及推广应用。1月，"变电站PTN线在线监测装置与系统集成技术""GIS电缆头连接导体回阻测试专用线夹""变压器套管预试末屏接线专用辅助装置""SF_6气瓶楼道搬运装置"等4项职工技术创新成果纳入2018年第一批职创成果转化计划。2月，"高可靠性城市供电网规划与建设关键技术""新型一体化配电自动化终端及远程维护系统的开发及应用"2项科技成果纳入广东电网2018年版新技术试点应用目录。7月，"电缆沟盖板撬运辅助工具""低压开关专用接地线""电缆头终端环流测试专用装置""壁挂式自助服务终端4G通信模块"等4项成果进入广东电网公司2018年职工创新A类推广项目。8月，"电缆沟盖板撬运辅助工具"纳入2018年第二批职创成果转化计划。积极申报并开展新技术成果试点应用项目8项，其中变电类3项、配电类3项、输电类1项、自动化类1项，提升优秀科技成果的价值和效益。

二、信息化工作

紧紧围绕"互联网+"智慧能源示范项目建设、保障信息网络安全、提升IT服务水平、推动数据资产运营、夯实运维管理基础、加强班组建设六个方面开展信息化工作，同时在信息网络安全防护、抗击台风等重要时期保供电的信息化支撑、"互联网+"智慧能源示范项目建设等多个方面取得了较好的成效。网络信息安全。督导大集体企业开展网络安全改造工作，在年内实现大集体企业1300台终端统一网络、统一出口、统一防护，填补珠海供电局在竞争性企业网络安全防护方面的空白。根据历次网络安全检查结果和要求，全面开展网络安全风险整改。全年共开展珠海供电局范围的网络安全迎检及自查共计6次，发现了安全补丁更新不及时、未卸载非授权软件等风险共计697项，高中风险整改率、整改及时率、复测通过率均为100%。常态化开展全员网络安全宣传工作，以"我要网络安全"为主题，在全局范围内通过线上竞赛、合理化建议、新闻屏保、宣传册等形式持续开展网络安全宣传工作，确保网络安全意识深入人心。数据资产管理，组织制订信息系统实用化与基础数据清理专项行动工作方案。落实"谁产生、谁负责"的数据管理机制，调整优化数据治理工作机构，从严动真寻找"数据主人"，并与班站所组织绩效相挂钩，从源头上减少问题数据，提升数据整改成效。以信息化创新工作室为依托，以"地市供电局数据质量及实用化考核工具研究及开发"为题的职工创新研究成果，荣获南方电网公司2018年工作室优秀成果铜奖。"互联网+"智慧能源新模式研究，以国家级"互联网+"智慧能源示范项目为依托，积极开展面向能源消费革命具有广泛示范意义的"互联网+"智慧能源新模式研究，引领"业务驱动"转向"数据驱动"。开展需求响应、新能源运营管理等Web、App共92个功能项的设计开发，实现了互联网与能源系统及能源市场的深度融合。

经营管理

一、人力资源

干部人才队伍建设。全年共调整科级干部88人次，其中提拔4人。交流59人次，有序推进干部跨专业、跨层级、跨县区供电局及党务、经营双向交流，其中，机关与基层交流25人次，部门间、直属单位间交流34人次。2月，完成2017年度县区供电局领导班子及珠海供电局中层干部综合考核评价工作，结合2017年度综合考核评价结果，同步开展干部谈心谈话，谈心谈话覆盖率达到100%。12月，完成员工亲属在本单位在岗情况自查工作，进一步加强领导人员任职回避和工作回避制度的执行力度。建立领导人员日常重要监督信息的报告机制，健全领导干部监督信息档案。加强年轻干部选拔培养，提拔“80后”干部2人，年轻干部比例提升至20.19%。开展区域联动人才交流42人次，进一步培养一批骨干人才。加强专家人才队伍建设。9月，制定人才队伍建设纲要，完善人才发展激励机制，明确各类人才的上岗要求，调整各类人才指标到2020年的目标值，为企业加速迈向世界一流提供强有力的人才支持。至2018年底，珠海供电局共有管理专家14人，技术专家64人，技能专家55人。全年新选聘广东电网公司级专家8人，晋升二级技能专家1人，助理级管理专家14人，助理级技术专家18人。全年新增高级职称78人，中级职称22人，初级职称66人，新增高级技师7人，技师90人。高技能人才比例提升至84.26%，中高级技术人才比例提升至86.59%，人均素质当量指标提升至1.139，创历史新高。全员劳动生产率连续5年排名广东电网第一。

组织编制与劳动用工。6月，首批率先完成珠海供电局机构设置优化调整工作。减少三区供电局专业相近技能类班组12个，实现业务深度整合。9月，规范设置各级部门及直属机构、班组、岗位主要职责，制定岗位定级标准，清晰职责界面，实现管理职能上下承接。招聘新员工51人，选录毕业生优良率89%。加强员工调配等用工管理工作，规范借用借调管理。开展专业技术及技能岗位员工组聘工作，共有1631名员工参与组聘。11月，完成组（竞）聘工作，轮岗交流率为20.91%，优化人员配置，盘活人力资源队伍。

薪酬绩效。1月，优化专业技术岗位员工绩效考核模式，将4档兑现细化到7档兑现模式。4月，全面修编班组工分考核标准，夯实班组绩效管理基础。6月，提前半年完成班组绩效系统全面应用，覆盖率100%。11月，建立13项员工自主选择激励菜单，加强弹性福利激励。新增晋级星级人员260人，合计星级员工915人，严格执行星级员工津贴待遇，提升星级员工成就感、获得感。12月，明确工资总额使用刚性和柔性项目，做好各单位二次分配方案的审核和程督。通过划小分配项目、加大一线经理分配自主权、个人与组织绩效考核结果联动等方式，将员工工资分配与企业发展目标直接挂钩。

教育培训。开展岗位胜任能力资格复评和常态化抽考比武工作，全年度完成练兵逾700人，集训逾200人，广东电网公司抽考比武合格率100%，复评合格率100%。全年共完成培训评价2411期次、45 500人次，培评计划完成率100%。截至2018年底，在库地市级以上内训师209人，其中南方电网公司级3人、广东电网公司级16人、地市级190人。10月，编制青年员工职业生涯发展规划和员工手册，开展新员工“回炉”培训，为员工搭建直观立体的职业发展通道。推进供电所简易实训场建设，累计完成实训场项目建设12个并投入使用，实现“一所一场”全覆盖。

◎ 2018年1月19日，广东电网公司发展五区2018年“一对一”结对帮扶工作部署兼协议签署仪式在珠海供电局举行

二、财务经营

2018年，珠海供电局实现营业收入同比增长9.80%。提质增效各项措施有效落地，内部利润同比上升16.14%；模拟经济增加值（S-EVA）同比上升18.84%。报废资产净值率9.24%、同比下降2.39%。2018年，财务经营领域“创一流”得分26.89分，达到世界领先水平。

7月，制订提质增效工作方案，持续推进供给侧结构性改革，落实“三去一降一补”重点任务。突出价值引领与资源精准配置。开展未来三至五年资源投入的预测、分配及效果分析，重点保障打造“供电可靠性、智能电网、海岛供电”三大品牌的资源投入，加大电网建设投入，完成电网基建资金投入15.41亿元，其中配网建设资金投入10.37亿元，占全年资本性总投入的51.78%。优化预算执行全过程精益管控，实施成本项目库精益管理，加强业财协调联动和预算执行分析与考核，预算执行均衡性显著提升，供电成本均衡性指标0.0097，超额完成年度目标。积极研究电价政策，提升电价管理水平，推动地方政府出台《关于组织做好珠海市2016—2018年度新能源汽车充电设施财政补贴工作的通知》，整理珠海供电局属775台（条）充电站（桩）信息录入政府智慧平台。促进会计业务智能化，9月，上线发票智能管理系统，实现对发票的智能辩伪、验重，打通税局发票认证平台的接口，实现发票在线认证功能，该项目获得2018年度电力企业管理创新论文大赛一等奖。积极参与增量配电网、横琴自贸区规则试点、海岛电网电价研究、充电桩等业务，先后编制完成《横琴自贸区供用电规则实施财务分析报告》《关于海岛资产接收测算的报告》《珠海市金湾东增量配电网试点项目经济性研究分析报告》以及充电桩建设的经济效益评价，主动参与增量配电网公司章程和合作合同的审议，为开展新兴业务提供了财务方案。全年完成补办不动产权证93套。

三、物资供应

物资采购。积极适应物资和招标管理体制机制改革，做好改采购业务的衔接，处理好集中采购和个性采购的关系，明确个性化需求的审批流程，及时解决改革推进过程出现的问题。全年签订物资合同632份，采购集中度达98.36%。加强合约与品控管理。全年履约到货合同1712份，共约谈厂家27家次，赴厂追货16家。密切关注项目施工进度，提前梳理、制定履约计划，通过定期沟通机制、微信群管控等手段，提高物资供应匹配度，调整储备、及时供货，做好物流与项目整体流动。严格按照物资品控工作计划开展到货抽检、专项抽检工作，到货抽检计划完成率100%，加强设备监造管理，严格执行物资验收、抽检要求，确保到货验收准确。做好物资抽检工作，明确验收要点，严把物资质量关，提高验收质量。大力开展重点工程物资保障工作，确保网公司保底电网重点工程顺利投运。

仓储管理。优化2018年度C类储备方案，储备物资品类从395种优化至96种，确保了库存物资周转率在合理范围内运作。对电缆附件等有使用年限的物资进行梳理，合理调整储备数量、存放地点，建立台账，提高使用周转效率。闲置物资再利用率达100%。全年完成2批次报废物资处置，资金回收率达100%。汛前对仓库进行特巡，重点清理了排水系统，对户外存放物资进行加固，对特种设备、工器具等进行检查维护。梳理本地库存，同时获取全省各地库存物资情况，与框架供应商进行沟通，掌握供应商库存，明确与广东电网公司紧急申购的流程，确保物资随时可调。在应急响应启动前一天，将部分预需求物资运送到各县区供电局的抢修材料临时存放点，包括水泥电杆、钢芯铝绞线等29类物资。应急响应期间，安排应急人员在岗值班，7100电话应急服务热线24小时值班；落实了第三方运输单位人员及运输车辆值班待命；成立物资需求工作组，负责收集、上报需求并安排专人负责跟踪物资到货情况，对现场的物资需求作出迅速响应。

四、审计监督

以加快审计职能定位向“监督、评价、建议”转型为目标，强化党建引领、业审融合、管理创新、队伍建设，组织开展审计工作课题研究、创新实践和信息化建设。6月，珠海供电局原监察审计部分设为监督部、审计部，县区供电局审计职能由综合部对口承接，综合部设兼职审计人员负责联络审计相关工作。全年共开展审计项目13项，其中：配合上级审计3项（经济责任审计、物资需求及采购专项审计、扶贫专项审计等）；受广东电网公司委托或自行开展审计10项（暖心工程、业扩提速、技改修理、瘦身健体、党费管理、主配网基建竣工决算审计等）。通过审计发现问题103个，完成审计整改111项。组织开展审计整改专项治理检查，全面梳理2012年以来历次各级审计发现问题989条，开展落实整改，重点深挖问题根源，完善长效机制。对2017年“天鸽”台风期间57个抢修项目组织开展重点检查，发现问题116个，查找项目管理薄弱环节和潜在风险，强化审计监督的时效性，促进提升技改修理项目管理精益化。

五、法治工作

法治企业建设方面，制订法治企业建设总体工作方案。从“企业治理、作业标准、业务规范、法治文化、法律保障、组织领导”六个方面，编制法治企业建设清单，有计划、分步骤开展法治企业建设工作。案件纠纷处理，全年新发案件27起，其中主诉案件25起，占案件总数的78.12%，已办结胜诉率达100%。做好重大案件的全过程管理。合同管理，完成电商系统合同模块的升级应用，并扩大了合同法律审核范围，将竞争性企业合同纳入监管范围，合同标准文本使用率80.96%，开展了10%实体合同抽查。法律风险防控方面，全年出具法律审查意见书77份，法律意见书18份，确保重大决策合法合规。针对《中国（广东）自由贸易试验区珠海横琴新区片区供用电规则》进行专项法律风险排查，为规则实施扫除障碍。对金湾东增量配电网项目、恒源公司和同晋达公司工会持股事宜、斗门电建公司土地建筑物处置、公园道火灾事故等重大事项开展专项法律服务工作。为22个关键岗位制定岗位风险卡及195项防控措施，将法律风险岗位防控评价标准植入员工绩效合约。法治文化建设方面，打造“引法入心·润之行”的法治文化品牌。创新普法宣传工作模式，联合珠海市公安局和美团外卖三方联动，共建警企电力设施保护宣传渠道，零距离向市民传递电力设施保护知识。积极参加政府组织的各项普法宣传活动，荣获市“谁执法、谁普法”优秀单位，获评2018年度“广东省法治文化建设示范企业”。

改革创新

创新企业管理。4月，制订珠海供电局创建世界一流企业工作方案，针对综合标杆评价指标，对照一流目标，深入查找差距，制定改进计划目标值。6月，修编抓领先、补短板、强基础总体工作计划，提出树立一批在国内、网内领先的综合标杆与星级班站所的工作目标。8月，编制2017年精益管理综合标杆一流评价分析报告，从经营实力、财务绩效、运营管理和发展支持四个维度，全面梳理总结“创一流”工作开展情况。截至2018年底，珠海供电局综合标杆“创一流”评价测算一流指数为119.17分，连续4年排名南方电网公司66家地市供电局前3名，珠海香洲、金湾、斗门供电局继续保持国内一流水平，一流覆盖率达到100%。区域联动发展方面，1月，深入推进发展五区联动工作，全年共开展人才交流58人次。通过区域联动，帮扶潮州供电局实现全口径客户平均停电时间（低压）同比下降61.41%，综合线损率下降0.13个百分点，全员劳动生产率增长23.47%。

班站所建设。5月，制订供电所结对共建工作方案，提出在2018年率先在全网实现准四星以上供电所全覆盖，在网内继续保持整体领先优势。以星级班组评价标准和班站所综合业绩评价为抓手，持续加强基层班组建设。至2018年底，三星级及以上班站所占比52%，其中五星班组6个。有4个班站所获得“广东省质量信得过班组”荣誉称号，南水供电所获得中国质量协会“全国质量信得过班组”称号和中电联“最美供电所”称号。

质量管理提升。2月，制订精益管理激励方案。组织近百人参加中国质量协会精益六西格玛培训，21人通过绿带认证考试。在各领域组织开展精益项目研究，共有32个精益项目顺利结题，其中《对澳供电设备智能管控模式精益化管理》项目荣获南方电网公司生技部精益论坛金奖。7个项目获中国质量协会评奖，其中示范级技术成果1项，专业级技术成果4项，改进级技术成果2项。持续开展质量管理小组活动，连续21年组织QC小组比赛，2个小组获中国质量协会二等奖，7个小组分获珠海市质量协会一、二、三等奖，2个小组获得广东电网公司基建部三等奖。

开拓产业市场。通过统筹竞争性业务与管制性业务协同，助力产业高质量发展。5月，建立竞争性企业管控体系，做实运营平台，实现对竞争性企业统一管控。9月，制订2018至2020年竞争性业务发展实施计划，进一步加速竞争性企业整合、业务转型和服务升级。10月，厘清各部门、分局、平台、企业的管理界面和协同职责。12月，确定珠海奥粤能源有限公司作为局属竞争性企业运营平台及管理主体，统一管理全局竞争性企业。至2018年底，局属竞争性企业共32家，其中电力工程建设板块（含设计、监理）企业10家、综合能源板块企业2家、科技信息板块企业2家、高端装备制造板块企业3家、电力综合服务板块企业15家。2018年，局属竞争性企业合并口径营业收入同比增长14%；利润同比增长59%；减少法人数量6个，减少D类企业2个，如期完成“四个一批”总体目标。

◎ 11月23日，珠海市金湾东部供电有限公司揭牌仪式

党群工作

一、党建工作

政治建设。召开党委会，认真学习习近平新时代中国特色社会主义思想、习近平总书记视察广东重要讲话精神、粤港澳大湾区发展规划纲要。落实南方电网公司“两个一号文件”的重大决策部署。出台《关于学习贯彻落实党的十九大精神推动全面从严治党向纵深发展的意见》，结合企业实际，确定“123”①工作思路，促进中央及各级决策部署落地落实。各级党委班子成员均设立党建联系点，通过日常联系、沟通汇报、反映问题、建档立卡等方式方法，开展联系点工作，为基层解决实

① “123”工作思路，即明确“一个标准”——“以企业改革发展的成果检验党组织的工作和战斗力”。强调“两个关键”——坚持“抓领先、补短板、强基础”的工作方法和“从严动真”的工作要求。树立“三个理念”——针对各级领导干部，树立“抓不好党建就是不称职”的理念；针对基层党支部建设，树立“不规范就是不合格”的理念；针对党建精益管理，树立“党建与业务工作两张皮就是党建工作最大浪费”的理念，持续提升珠海供电局党的建设质量，为企业改革发展、实现领跑排头兵提供坚强保障。

际困难。严格党内政治生活，把维护政治纪律，确保“两个务必”放在突出位置，2月8日，召开2017年度民主生活会。3月29日，召开全面彻底肃清李嘉、万庆良恶劣影响专题民主生活会。8月17日，召开巡视整改暨全面彻底肃清李嘉、万庆良恶劣影响专题民主生活会。督促各级党组织召开专题民主生活会、组织生活会，彻底肃清李嘉、万庆良流毒影响，坚决反对“七个有之”问题，确保各级党组织把政治建设放在首位，不折不扣贯彻执行党的路线方针政策和上级决策部署。2018年，在广东电网公司政治生态评估及诊断得分94.91分，同级排名第3名，各项指标均达到优良标准以上。持续推进“两学一做”学习教育常态化制度化，制定党内政治生活记录模板，按照“四必三增强”的要求规范各支部主题党日活动。积极发挥各级党组织和党员的先进性作用，妥善应对强台风“天鸽”“山竹”等灾害的侵袭，圆满完成党的十九大、春晚珠海分会场、“两会”、港珠澳大桥通车、航展等重大保供电任务，获得珠海市委、市政府的高度肯定。

组织建设。规范党组织设置，6月，成立珠海电力实业公司党委，进一步将全面从严治党向新兴业务企业延伸。11月22日，召开中共广东电网有限责任公司珠海供电局第一次代表大会，选举产生新一届党委和纪委。阮绵晖、李瑞锋、马成明、黄强飞、谭喆、曹安瑛、罗志勇当选为党委委员，其中阮绵晖任党委书记，李瑞锋、马成明任党委副书记；罗志勇、马月珍、李桂槟、胡璨、练思好当选为纪委委员，其中罗志勇任纪委书记。12月，全面实现“一站所一支部”，切实发挥支部作用。各级党组织进一步健全完善，11月，完成了直属党总支部换届工作。12月，完成直属党总支部辖属23个党支部、香洲供电局党委辖属7个党支部、金湾供电局党委辖属11个党支部和实业公司辖属的德勤公司党支部、恒源公司党支部换届工作；成立本部第一党支部、第二党支部；完成变电党总支部新设立的12个党支部选举工作；成立供电服务中心党总支部、供电服务中心第一、第二、第三党支部、第四党支部，并完成选举。至2018年底，珠海供电局共有二级党组织7个，其中党委4个、党总支部3个、党支部86个，共有党员774人（不含竞争性企业和退休党员），其中，在职在岗党员765名，离退休职工党员9名。加强党建管理，以工作成效作为检验党建工作重要标准，落实年度组织绩效“双A得A”制考核，对落后党组织进行一对一检查结果反馈，推动党建与业务融合。党委班子成员明确党内分工，每月开展党建党廉“三个一”，即党委每月研究一次党建党廉工作、党委委员每月向党委汇报一次党建党廉工作、党委委员每月到基层指导一次党建党廉工作。制作党建党廉工作历、换届工作模板等党建实用工具。全面实施新兴业务企业党建一体化、规范化、标准化管理。持续通过供电所党建党廉月度考核评价、党支部红绿灯月度管控和各级党组织月度党建工作督查，形成“标准清单+工作（月）历+示范样本”的标准体系和“综合标杆评价+红绿灯管控+飞行督查”的管控体系。11月，为每个党支部配备“党支部百宝箱”，囊括支部学习工作中必需的“七个一”[①]。

◎ 2018年11月22日，珠海供电局召开第一次党员代表大会，选举产生新一届党委和纪委

二、思想宣传与企业文化建设

思想政治工作。认真学习贯彻落实习近平新时代中国特色社会主义思想，制订关于党的十九大学习及宣传工作方案，从理论学习、理论宣传、新闻宣传、活动宣传四个维度，提出33项具体举措，进一步加强思想政治工作、意识形态与宣传新闻工作。通过中心组学习、主题党日等形式，深入学习宣贯全国“两会”精神，特别是对习近平总书记在参加十三届全国人大一次会议广东代表团审议时的重要讲话精神，抓好贯彻落实。全年，党委共开展13次中心组学习，基层党支部主题党日活动5600人次。建立意识形态工作报告制度。深入开展党建思想政治研究工作，全年共立项9个课题，其中，《互联网+宣传工作的探索与实践》获得南方电网公司二等奖，《青年马克思主义者培养工程探索与实践》获得广东电网公司二等奖。珠海供电局被评为广东电网公司2017年度党建思想政治工作研究先进单位。

---

① “七个一”，即一面党旗、一批党章、一批党员徽章和共产党员胸章、一张党支部建设工作标准清单、一张党员发展流程一卡通、一批党建工具书、一个党支部档案资料专用存盘。

新闻宣传。根据社情民意及客户反映，策划开展了“遇上计划停电，你家一定会停电吗”“社会供用电安全背后的权与责”“电力设施保护常识，你知多少”等主题宣传。全年在中央级媒体、省级媒体、地方主流媒体、重要的社会媒体上发稿158篇，其中，保障港珠澳大桥主体工程用电、2018央视春晚保供电、对澳供电防台风保底电网投入使用、台风“山竹”期间抢修复电、港珠澳大桥通车供电保障、第十二届珠海航展保供电工作登上中央电视台。“巨龙飞渡伶仃洋，南方电网供电坚如磐”新闻策划获得南方电网光影40年特等奖。

企业文化与品牌建设。积极开展企业文化品牌建设和价值观管理，承办“广东电力十景”评选活动，在局机关建设企业文化展区，作为员工教育和企业品牌展示的主要阵地。结合五星班站所评选，深入推进“一班组一品牌”班组文化建设。积极参加第六届全国品牌故事大赛，获得总决赛演讲比赛二等奖、微电影二等奖。

三、党风廉政建设

深化监督执纪。常态化、规范化运用监督执纪“四种形态”，编制谈话工作指引，规范其适用范围区分、条件和程序，实现党员和重要岗位人员谈心谈话全覆盖。各级党组织开展主责约谈81人次，提醒谈话595人次，谈话函询1人，诫勉谈话1人，一般谈心谈话2586人次。其中，深入运用“第一种形态”排查违纪违规情况，有1人主动向组织交待收受供应商购物卡问题。10月，与珠海市纪委监委签订共建协议，充分运用共建机制，坚决整治群众身边腐败和作风问题。全面开展“扫雷”行动，在广东电网公司明确的九大关键领域之外，延伸至培训、新闻、后勤三大领域，聚焦基层违规违纪问题。各级党组织开展“扫雷”行动大讨论，全年共发现问题48项，制定针对性措施100项，业务领域移交突出问题11条。针对班组餐费补贴发放、报废物资拍卖、车辆用油和维修管理、招标过程管控等苗头性、规范性问题，发出监察建议书2份，廉情通知书13份。全年受理问题线索5件。对开具虚假证明、不如实报告个人有关事项等问题予以立案4件，给予党政纪处分4人，诫勉谈话1人。对外积极配合扫黑除恶专项斗争。

廉洁风险防控体系建设。落实党风廉政建设责任制，细化年度党风廉政建设和反腐败工作要点，共10个方面66项具体任务。进一步健全“主体监督—纪委再监督—整改及问责”的大监督工作格局。通过优化监督方式，应用“两个责任”平台，督促各业务线落实职能监督计划103条，纪检监察部门落实专责监督计划14条。总结“廉洁门”风险防控机制的实践经验，形成34种廉洁风险防控表单，有效将“廉洁门”机制融入业务监督体系。全面实行“公务回避”，规范领导人员亲属经商办企业行为，共排查542人，其中14人报备有关情况。加强承包商廉洁管理，梳理与珠海供电局存在业务往来的281家主要承包商信息。深化纪律教育月活动，以“加强党的政治建设，把纪律和监督挺在前面，营造良好政治生态”为主题，组织广大党员学习《监察法》、新修订的《中国共产党纪律处分条例》等党纪法规。

巡察及整改。8—10月，相继设立了中共珠海供电局党委巡察办公室、巡察工作领导小组、专业检查小组和整改行动小组。形成珠海供电局巡察人才库，制订巡察五年规划。10—11月，对斗门供电局党委开展常规巡察，共发现问题41个。12月，对康泰明及明源公司党支部开展机动式巡察，共发现问题24个。针对历年巡视巡察反馈问题进行再梳理、再对照、再深化，从纠正错误、问责追究、建立长效机制等层次，共梳理了544条整改措施，完成了共361个问题整改巩固深化，形成了问题整改情况巩固深化清单等5份，实现了台账式管理。

作风建设。深入学习广东电网公司贯彻落实中央八项规定精神管理实施细则和加强本部作风建设45条措施，强化制度执行。5月和8月，开展行政办公领域迎接新一轮中央政治巡视及企业奢侈浪费问题专项治理工作，发现问题23个并全部落实整改。精简会议数量，积极推行视频会议、无纸化会议，会议数量减少近20%，发文减少近25%。

四、工会与共青团工作

职工民主管理。2月9日，召开珠海供电局三届六次职工代表大会暨2018年工作会议。全年共召开11次工会委员会联席会议，审议通过了涉及企业改革发展和职工切身利益的重要事项和相关制度26项。收集、整理、审查职工代表提案36项，开展职工代表劳动保护专项巡视，提案和巡视发现问题及时移交相关部门办理答复。修订企业厂务公开民主管理贯标认证体系文本，完成县区供电局厂务公开贯标认证工作，全年公开事项共540余条次。珠海金湾供电局2018年荣获南方电网公司厂务公开民主管理先进单位。持续开展“进班组门、访部门情、结员工亲”活动，组织各级工会干部共30多人次到一线班站所、职工家庭，为基层班组解决实际问题185条。

劳动竞赛与职工创新。积极开展先进集体创建，发挥工人阶级主人翁精神，开展“十大工匠”评比活动，全年被授予南方电网公司劳动模范1名、“五一”劳动奖章1名、广东电网公司工人先锋号4个。开展劳动技能竞赛20项。组织参加广东电网公司继电保护工、变电运行规范化管理等技能竞赛，荣获个人三等奖1项、优秀奖1项。参加珠海市配电运维检修技能竞赛，包揽个人前三名。举办驾驶员、低压集抄运维等技能竞赛。积极组织班站所参加7S管理劳动竞赛，共收集合理化建议1396条、现场改善成果640项。至2018年底，累计创建职工创新工作室24个，其中南方电网公司级7个、广东电网公司级12个、地市供电局级5个，全年新增4个。搭建劳模、工匠、创客三大人才库，通过名师带徒、技术专题培训、工作室结对帮扶等措施大力培育创新人才，获得广东电网公司级优秀创新工作室5个，广东电网创客1人。

服务职工与女工工作。制定2018年度工会工作考评标准和星级“职工小家”硬件设施配置标准（2018版），三星级及以上职工小家实现一线班站所全覆盖。全年累计爱心帮扶、互助困难职工53人次，慰问伤病困、离退休、一线职工、退转军人、劳模先进共7300多次。承办广东电网公司“同心杯”网球比赛。开展“巾帼心向党，建功新时代”主题系列活动。全年，获评广东省巾帼文明岗1个、珠海市巾帼文明岗2个、南方电网公司巾帼建功标兵1人、广东电网公司巾帼建功标兵1人。

共青团建设及志愿服务。结合扶贫助困、保供电、节能减排等工作，组织各类青年志愿服务十余次，服务时长超过400小时。共开展青马课程学习24次、系列活动10余次。承办广东电网公司团委纪念马克思诞辰200周年青马小组学习成果展示暨青年大学习主题团日活动。组建多支青年突击队，在抗击台风“山竹”抢修复电、港珠澳大桥开通仪式保供电、航展保供电等重难点任务和日常急难险重工作中发挥生力军作用。2018年，珠海供电局团委荣获“广东省五四红旗团委”；金湾平沙供电所荣获“南方电网五四红旗团支部”；斗门供电局团委荣获“广东电网五四红旗团委”；金湾供电局团委荣获“珠海市五四红旗团委”；香洲供电局配电团支部荣获“广东电网五四红旗团支部”；电力建设工程有限公司团支部荣获“珠海市五四红旗团支部”；钟颖等11位个人荣获“广东省优秀共青团员”等地市级以上个人荣誉。

五、扶贫工作

珠海供电局积极帮扶茂名高州市东方村，大力发展百香果种植及特色农产品加工2个产业基地，吸纳100%的在家有劳动力贫困户家庭成员参与务工。特色农产品加工产业基地经营主体高州市江记水果专业合作社，为29户贫困户94人分红合计29.14万元，人均增收约3100元。向经济条件相对较差以及有在校学生的贫困户家庭分配2.36万元。实施“一户一策”，采用以奖代补的方式，鼓励在家的有劳动力贫困户种植经济作物合计约38亩，发放奖补资金约10.62万元。通过劳务协作对外输出、产业发展就近吸纳、鼓励发展自主产业等途径，协助贫困户中有劳力的家庭成员实现转移就业。55位有劳动力贫困户家庭成员中，有52位实现就业转移，其中42位有劳动力贫困户稳定就业，就业稳定率为80.77%。协调当地供电部门，对东方村7户五保贫困户、14户低保贫困户实施免费电政策。2018年，东方村贫困户人均年可支配收入提高至1.6万元，脱贫率达96.6%，该村被评为广东电网公司11个示范村之一。

汕头供电局

企业概况

一、组织沿革

汕头供电局为广东电网有限责任公司直属大型一类供电企业，前身是广东省广电集团有限公司汕头供电分公司，2005年5月更名为广东电网公司汕头供电局，2014年9月更名为广东电网有限责任公司汕头供电局。

二、经营范围

汕头供电局作为统一管理汕头电网的企业法人，主要负责汕头市金平区、龙湖区、濠江区、澄海区、潮阳区、潮南区、南澳县等6区1县范围内的电网建设、运行、管理和经营业务，为地方经济社会发展和人民生活提供电力供应和服务。截至2018年底，供电面积2198平方千米，供电人口563.85万人，供电客户237.9万户，供电营业厅49个。

三、电网规模

截至2018年底，汕头电网有110千伏及以上变电站85座，主变压器199台，容量共1589万千伏安，输电线路191回，总长1973千米。其中，500千伏变电站2座，主变压器12台，容量共350.4万千伏安，输电线路10回共385.282千米；220千伏变电站13座，主变压器33台，容量共570万千伏安，输电线路39回共549.08千米；110千伏变电站67座，主变压器154台，容量共668.6万千伏安，输电线路138回共1001.532千米；±160千伏直流换流站3座，主变压器3台，容量共42.3万千伏安，输电线路3回共36.947千米。

四、组织机构

根据广东电网公司组织机构规范化设置的要求和实际工作需要，2018年，汕头供电局对组织机构进行了调整：10月19日，党建工作部更名为党建人事部（团委、新闻中心），原人力资源部的干部管理职能、原办公室的新闻宣传职能调整至党建人事部；生产设备管理部更名为生产技术部；监察审计部分设为监察部（纪委办公室）、审计部，撤销原审计部筹备组；撤销培训与评价中心（挂靠人力资源部），业务由人力资源部直接管理；撤销法律中心（挂靠企业管理部），其业务由企业管理部直接管理；撤销节约用电服务中心（挂靠市场营销部），业务功能调整至供电服务中心；撤销主网项目管理中心（挂靠基建部），业务功能调整至项目管理中心；离退休服务中心不再挂靠工会，管理职能调整至党建人事部（团委、新闻中心），业务功能调整至综合服务中心。

截至2018年底，汕头供电局内设14个职能部门、9个二级机构、7个县区供电局。具体如下图所示。

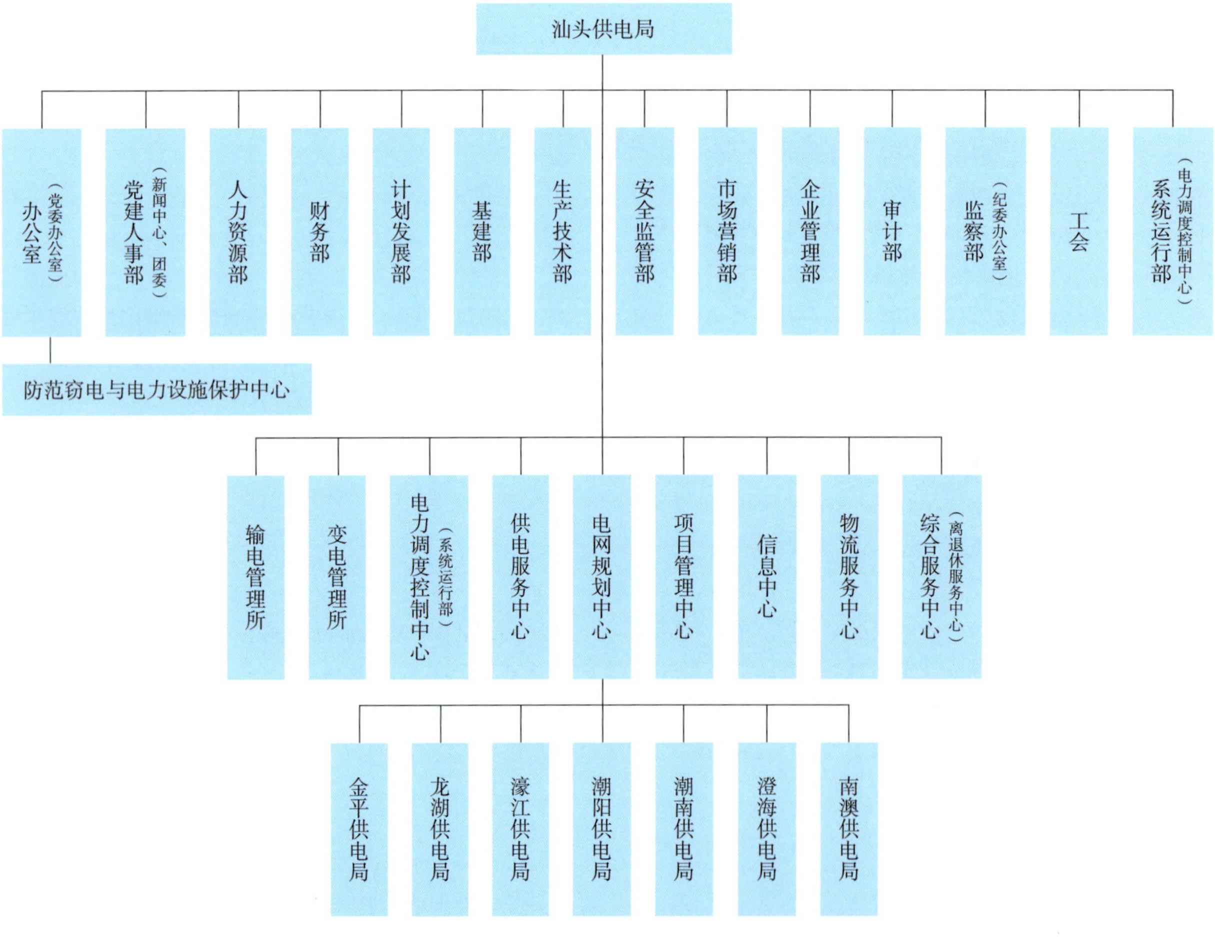

五、领导班子

2018年，根据广东电网公司党委决定，汕头供电局领导班子调整如下：5月21日，童亮任党委书记、执行董事，免去其党委副书记、局长职务；陈卫中任党委副书记、局长，免去其党委书记、副局长职务。

至2018年底，汕头供电局领导班子成员如下：

党委书记、执行董事：童亮
党委副书记、局长（总经理）：陈卫中
党委委员、纪委书记：何胜伟
党委委员、副局长：林志坚
党委委员、副局长：邱卓伟
党委委员、副局长：涂六一
党委委员、工会主席、总会计师：丁卫

六、人员状况

截至2018年底，汕头供电局共有职工5802人。其中硕士180人，本科生1956人，专科生2156人，中专及以下学历的1510人；已取得专业技术资格人员共1462人，其中高级职称145人，中级职称520人，初级职称797人；已取得技能等级共4690人，其中高级技师64人，技师374人，高级工3106人，中级工1020人，初级工126人。

十件大事

（1）3月5日，汕头市政府召开电网建设推进会，市政府与华侨试验区、各县区现场签订了《2018年电网建设重点工作责任书》，推进属地电网建设项目的征地、拆迁和青苗赔偿包干等工作促进电网规划与建设。

（2）3月13日，汕头供电局与广东电网电力科学研究院、广东电科院能源技术公司创新联动合作框架协议签订仪式在汕头举行。此次签订的创新联动框架协议涵盖智能电网建设、综合能源服务、科技创新、安全生产、人才培养等。三方共建柔性直流实验室，并在旅游区（海岛）光储充一体化建设、南澳岛多能互补示范、大用户工业节能、广澳港码头岸电、绿色变电站改造、工业产业园区多表集抄试点等领域开展深度合作。

（3）5月26日，汕头供电局完成“一串五站”（东洋、仙马、南湖、陈店、新联变电站）第二阶段改造工程。改造后，相关线路输送能力提高了70%，缓解了潮阳、潮南片区供电受限问题。

（4）8月3日，汕头善能达产业管理公司成立，履行汕头供电局产业投资监管职能，实现汕头供电局竞争性业务整合优化、多元发展。

（5）8月29日，南方电网公司重点工程海门电厂3、4号机组送出输变电项目——500千伏海胪丙线工程建成投运。重点工程500千伏海门电厂3、4号机组送出线路工程克服了受阻多年的难题，满足了电源送出需要，12月6日，汕头供电局受到了广东电网公司嘉奖。

（6）8月30日，汕头市各区遭受连续24小时暴雨到大暴雨的袭击，8月29日、30日全市平均雨量163毫米，引发内涝灾害，潮阳区、潮南区受灾人口累计超80万人。汕头供电局出动电力抢修人员4132人次，抢修车辆1002辆次，应急发电机25台次，因灾停电的28.5万用户除潮南区、潮阳区外在1天内恢复供电。

（7）8月，汕头供电局作为全省电费集中核算试点单位，率先在全省实现电费集中核算单轨运行。

（8）9月16日，台风“山竹”来袭，汕头供电局积极抗风抢修，1天内全市受影响客户全部恢复供电。同时，出动抢修队伍支援珠海抢修工作，到9月18日晚上6时，支援珠海灾区抢修复电工作全部完成。

（9）12月21日，汕头供电局调控中心主网调度、监控值班切换进入“调监控合一”值班模式，主网调控班正式运作。新模式标志着汕头调控一体化建设步上新的台阶。

（10）12月23日，“2018中国交建汕头国际马拉松”比赛在汕头市隆重举行，汕头供电局主动承担社会责任，全力做好比赛期间各电力需求点的电力供应，为赛事用电保驾护航。

电网发展

一、电网规划和前期工作

电网规划管理。3月5日，汕头市召开电网建设推进会，市政府与华侨试验区、各县区现场签订了《2018年电网建设重点工作责任书》，推进属地电网建设项目的征地、拆迁和青苗赔偿包干等工作促进电网规划与建设。6月，完成“十三五”配电网规划修编，启动试点应用《配电网规划标准工作体系》，系统化、规范化开展“统一规划”工作，完成2018年配电网项目库修编，建立了统一问题库和统一规划项目库。9月，成立电网规划中心，县区供电局成立配网规划工作组，全面加强电网规划的专业力量和组织。11月，提出了内容为“安全可靠，建设汕头智能电网；绿色高效，服务特区美好生活”的电网规划价值观。

主配网规划。主网规划方面，7月，明确提出“奋斗三年再造半个汕头输电网”目标。围绕汕头建设“省域副中心城市”的目标，计划到2021年，新建500千伏变电站1座，新、扩建220千伏变电站8座、110千伏变电站18座，新增110千伏及以上变电容量606万千伏安，提升容量40%。配网规划方面，落实配网规划专项督查整改。6月，针对广东电网公司配电网规划建设专项督导发现的21类共54项问题，制定整改工作方案及相关解决措施，形成整改清单。定期跟踪推进97项整改措施落实情况，截至12月底，完成38项整改措施。有序安排项目建设，重点加快中压配电网目标网架建设与改造，着力提升线路联络率和可转供电率，推进中压线路自动化建设，全面提高供电可靠性，配网可转供电率提升至72.88%。开展南澳岛屿智能电网建设，提升电网供电可靠性。关注线路、台区重过载问题，进一步推进增供扩销。

主配网项目前期工作。500千伏澄海输变电工程取得南方电网公司可研、用地预审（含塔基预审）、选址选线、稳评批复，并取得市发改局上报核准的批复。220千伏汕头电厂至广兴变电站、220千伏正阳变电站至广兴变电站第二回线路工程完成可研、选线意见及环评批复，并取得项目核准。按照前期费投资计划进行分解下达，并完成全部中低压配电网基建项目可研批复，形成投资项目储备库约10.4亿元。

智能电网与保底电网规划建设。开展智能电网规划建设专项工作，至2018年底，完成建设10回10千伏变电站新出线路工程、金牛变电站10千伏金东线网架完善工程、金牛变电站10千伏金南线后段网架完善工程2个网架完善项目，变电站“N–1”通过率、10千伏线路可转供电率、配电自动化率、光纤通信覆盖率、智能电表、低压集抄覆盖率均达到100%。基本完成南澳岛屿智能电网示范区物理层建设。修编汕头城市保底电网规划，优化完善电网规划核心基础设施11个项目，保底电网覆盖城市指挥（应急）机构8个。规划至2020年220千伏保底电网站点10座，占比约50%；线路20回，占比约29%，保底电网站点16座，占比约20%；线路34回，占比约17.5%。规划至2020年建设保底电网110千伏及以上基建项目9项，包括500千伏澄海输变电工程、220千伏四千亩（素善）输变电工程及110千伏红万Ⅱ回线路工程等。大力推进保底电网基建项目前期及建设，完成220千伏汕头电厂至广兴变电站至正阳变电站Ⅱ回线路工程前期工作，加快220千伏四千亩（素善）、弼臣（海门）输变电工程、110千伏红万Ⅱ回线路工程建设。全年光伏新增并网2.21万千瓦。

二、工程建设和管理

2018年，汕头供电局共完成电网建设投资13.76亿元，投资计划完成率101.2%。其中，主网建成投运110千伏及以上项目8项，新增变电容量39万千伏安，新增输电线路95.68千米。配网建成投运项目1134项。完成小型基建投资1.22亿元，投资计划完成率100%，小型基建建成投运项目12项。

重点工程建设。6月27日，220千伏新溪输变电工程建成投运，新增变电容量10万千伏安，新增线路里程14.4千米。6月30日，潮南110千伏港美（下方）输变电工程建成投运，新增线路里程4.9千米；雷打石垃圾发电厂110千伏接入系统工程建成投运，新增线路里程26.8千米。7月6日，汕头市区110千伏东墩变电站改扩容工程建成投运，新增变电容量15万千伏安，新增线路里程400米。8月29日，500千伏海门电厂3、4号机组送出输变电工程竣工投运，新增线路里程38.5千米。12月17日，汕头110千伏港口变电站扩建第三台主变工程竣工投运，新增变电容量4万千伏安。12月28日，110千伏红万Ⅱ回送电线路工程建成投运，新增线路里程4.9千米。

◎ 2018年6月30日，雷打石垃圾发电厂110千伏接入系统工程竣工。图为该工程部分线路

工程质量管理及小型基建。以“主网工程全面创优，配网工程标准建设，小型基建协同建设”为基建工作目标，持续开展“安全、优质、文明”样板工程创建活动，以点带面，进一步提升了基建工程的质量。12月6日，重点工程500千伏海门电厂3、4号机组送出线路工程克服了受阻多年的难题，满足了电源送出需要，受到了广东电网公司嘉奖。12月6日，500千伏海门电厂扩建3、4号机组送出线路工程和220千伏新溪变电站工程、新增配变满足河陂村西片区新建住宅区负荷需求工程、木坑新建1号箱变解决金农X5078供电半径过长工程、澄海隆都供电所综合楼共4项工程，分别获得广东电网公司“安全、优质、文明”样板创建金质工程、样板工程称号。4月12日，新建箱变解决10千伏达葛线葛朱村东公用台变重载工程，荣获南方电网公司“安全、优质、文明”样板工程。主配网架结构进一步完善，全年解决重过载388台，新建及改造780台变压器、1010个低压台区。全面推进工程标准建设，开展造价精细化管理。加强小型基建的安全质量管理，抓好农网及供电所技术用房建设。全年计划建成供电所项目12个，截至12月底，澄海隆都、广益供电所和南澳云澳供电所等3个项目已竣工，并已搬

迁；潮阳海门、潮南峡山、潮南司马浦、潮南雷岭、澄海东里、南澳深澳、南澳后宅等7个供电所新建项目主体完成；潮阳谷饶、西胪供电所等2个购置项目基本完成装修。

电网运营

一、电力供应

2018年，汕头全社会用电量209.36亿千瓦·时，同比增长4.56%。汕头境内电厂装机容量577.69万千瓦，同比增长1.37%，其中火电容量530万千瓦，同比下降0.69%（汕特燃机电厂3.68万机组于2018年5月退役）；水电容量2.09万千瓦，同比增长73%；风电、光伏、生物质等新能源容量45.60万千瓦，同比增25.97%。全年上网电量8.37亿千瓦·时，同比下降7.14%，其中水电上网电量2000万千瓦·时，同比下降52.40%；风电、光伏、生物质等新能源上网电量8.17万千瓦·时，同比增长7.24%。全年电力供应形势平稳有序，统调电力负荷2次创出历史新高，最高负荷出现在7月31日，为372.68万千瓦，同比增长5.15%；全年平均负荷率为80.38%，同比提高0.34个百分点；最大负荷率84.25%，同比提高0.24个百分点；最小负荷率75.83%，同比提高1.547个百分点。丰水期间，实现水电全消纳。清洁能源并网通道容量裕度充足，未发生因网络受限而影响清洁能源消纳的现象。全年未发生有人为责任的“弃水、弃风、弃光”问题。

二、电网运行

电网运行风险防控。压实风险预控责任，做好系统运行风险揭示和预控。2月，完成编制设备运行风险管控书，落实一级及以上事件风险设备的运维管控措施7项，杜绝有人为责任的重要线路、设备故障跳闸事件。3月，建立一次设备状态评价及电网运行风险联动机制，实现设备健康度、重要度与电网风险的信息互通，实现设备、电网运行风险的动态管控。截至12月底，汕头电网累计发布电网运行安全风险预警通知书46份，Ⅳ级风险16份，Ⅴ级风险30份。加强变化管理，确保长周期停电期间电网的安全稳定运行。5月4日—5月26日，在“一串五站”第二阶段改造过程中，密切跟进设备变化及电网运行情况，对长达23天的电网风险完成有效管控。7月，完成110千伏两新双回及新陈双回线路耐热改造，提高线路输送能力70%，有效解决潮阳、潮南片区错峰限电问题。系统设备运行总体稳定可靠，220千伏及以上电压等级保护正确动作率100%，故障快速切除率、安自装置正确动作率保持100%，生产实时控制业务通信通道零中断，未发生调度自动化主站系统失灵情况。无发生三级及以上电力监控系统信息安全事件，无发生因电力监控系统信息安全导致的电力事件。至12月31日，汕头电网连续安全运行9468天，未发生大面积停电、电网瓦解和重大设备损坏事故。

调控一体化建设。深入推进配调集约化工作和主网调控一体化建设，5月，完成澄海、潮阳、潮南、南澳配调调度业务接收，配网调度服务指挥中心挂牌运作。12月，制订调控一体化建设推进方案，修编相关业务指导书6份，稳步推进主网调度班、监控班人员职责及调监控业务融合。截至12月31日，汕头地调主站110千伏及以上刀闸遥控功能覆盖率达到90.76%，110千伏至500千伏变电站实现集中监控覆盖率100%，实现110千伏及以上线路开关（包括500千伏线路）的常态化远方操作。

生产运行管理。管控关键、重要设备风险，编制设备运行风险管控书，落实500千伏胪祯甲、乙线等7项一级及以上事件风险设备的运维管控措施，确保不发生有人为责任的重要线路、设备故障跳闸事件。建立一次设备状态评价及电网运行风险联动机制，实现设备健康度、重要度与电网风险的信息互通。加强设备日常运维管理，以发现、消除隐患和缺陷为重点，以恢复设备性能和延长设备使用寿命为目标，坚持“应试必试、试必试全，应修必修、修必修好”的原则，做好汕头供电局属电气设备的修试工作。全年停电预试设备1109台、定检设备2183台，一次设备规范化检修、190项反措，消除主网紧急、重大缺陷723项，消缺率、消缺及时率均达到100%。对关键重要变电站的紧急重大缺陷，做到“一缺陷一分析”，提升设备精益化管理水平。狠抓定值整定管理和二次反措执行。修编并颁布继保专业相关的业务指导书11份。加快推进地调整定平台应用，应用南方电网110千伏及以上继电保护标准软件版本，2018年底实现装置级模块的全面应用。自5月1日起，使用装置级整定计算出单20份，220千伏及以上保护故障快速切除率保持100%、110千伏继电保护正确动作率98.60%，安全自动装置正确率保持100%，220千伏生产实时控制业务平均中断时间0分钟。

资产全生命周期管理。成立领导小组及专项工作组，对电网一、二次设备类、用电计量类、营销类、信息类、房屋和建筑物、土地、车辆和办公设备类等资产进行了账卡物一致性核查。完成账实一致核查的输电设备7993台（套），账卡一致核查率99.33%；变电一次设备24 137台（套），账卡一致核查率99.9%；配电设备57 073台（套），账卡一致核查率98.71%；保护、安自、电力通信、自动化等设备11 440台（套），账卡一致核查率99.58%。完成用电计量类设备46 164台（套），账卡一致率99.5%；清理信息类固定资产20 808条，账卡物一致率100%。2018年资产报废净值率为6.55%。

可靠性管理。2018年，汕头供电局全口径客户平均停电时间10.22小时，同比降低55.60%；“1小时”区域客户平均停电时间1.30小时，同比降低37.50%；综合电压合格率99.996%，同比提高0.025%。城镇居民端电压合格率99.999%，农村居民端电压合格率99.997%；中心城市（区）用户平均停电时间1.30小时，城镇用户平均停电时间4.37小时，农村用户平均停电时间13.99小时，全口径用户平均停电时间10.57小时；500千伏架空线路、变压器、断路器的可用系数均为100%；220千伏架空线路可用系数99.809%，220千伏变压器、断路器可用系数均为100%。

三、安全生产

2018年，汕头供电局全面实现了“两个确保，三个杜绝，四个不发生，两个减少”的安全生产目标，全年未发生电力事故，同比持平；共发生五级及以上事件4起，同比增加2起；其中，三级、四级事件各1起，同比均增加1起；五级事件2起，同比持平。未发生社会人员触电事件。重复配网事件46起。百万工时工伤意外率指标完成值1.804。

安全监管与隐患排查整治。贯彻“管业务必须管安全、管生产经营必须管安全”要求，初步形成大安全管理格局。落实责任传递机制，强化安全过程管理。2月起，发布主网年度、季度、月度监督重点计划，全年完成18项重点工作监督、24项中级及以上作业风险的方案的审核及现场监督、34项专项管理性督查整改。对广东电网公司安全生产监管巡查反馈的526项问题，实行信息系统三级验证、销号管理和红绿灯管控管理机制。截至12月底，完成整改525项，销号502项。全力抓好重要设备隐患整治，1月起，开展配网设备隐患专项排查治理，全年完成隐患点排查整改855个。重点监控电网关键、重要设备运行状态，完成输变电设备特巡特维3936次，消除主网设备缺陷3061项。5月，开展乡镇供电所防范人身事故专项治理。6月，妥善应对涉水触电舆情，促请汕头市政府明确“产权归谁，责任归谁”原则、出台公共设施防漏电工作方案及应急预案，厘清了行业、属地监管责任。协助汕头市政府制订《汕头市公共设施防漏电专项检查整治工作方案》《汕头市公共设施防漏电工作应急预案》，明确政府、供电企业和产权单位在公共场所电力设施安全方面的责任，明确公共设施漏电应急处置分工，提出隐患整改责任、措施、资金、时限、预案“五落实”。同时，配合政府开展公共场所供用电设施安全专项检查，优先整治涉及公共安全和涉水安全隐患和“三线跨越缠绕”的问题，强化人流密集场所电力设施的安全运行水平。进一步规范客户用电安全管理工作，结合迎峰度夏安全大检查，开展公共场所供用电设施安全隐患排查治理，排查计量装置隐患7716项，电动汽车充电基础设施隐患2宗，其他公共场所供用电设施隐患431项，均完成整改。

应急与保供电。健全防灾减灾救灾统筹机制，推动“135”应急管理品牌①落地。3月，开展防风防汛准备工作安全检查，对发现的185项问题进行整改，在6月30日前全部完成。完成182基水泥杆、拉线杆防风拉线检查、紧固工作。完成67座Ⅰ、Ⅱ类风区保底变电站的门窗、户外箱体门、户外标志牌等设施的加固工作。实施配网防风加固项目52项。8月30日，快速高效完成汕头暴雨洪涝灾害的抢修复电。9月17—19日，组织力量支援珠海供电局、惠州供电局抗击强台风“山竹”，抢修复电。12月，完成汕头国际马拉松重大保供电任务。

体系建设与安全文化。强化管理策划，开展风险管控及体系审核发现问题整改工作。针对75个核心的业务进行风险管控脉络梳理，完善相关规范性文件共771项，并抓实整改督查常态化闭环管控机制，形成有汕头特色的核心业务品质提升脉络指引手册。全年梳理体系相关制度文件484份，本地化223份，本地化率约46%。截至2018年底，内审共发现问题69项，全部完成整改。安全文化建设方面，将南方电网公司安全文化理念与汕头地域文化结合，着力打造“汕电善安”安全文化品牌，其包括六个维度：安全使命、安全愿景、安全价值观、安全理念、安全方针、安全主题（品牌）。6月，开展以“汕电善安、暖心同行”为主题的安全生产活动月，11月，制订安全文化“十三五”建设实施方案，以“一二三”②为主线，以提升企业安全文化组织要素和个人要素为建设核心，促进安全生产管理和安全文化建设紧密融合。

① “135”应急管理品牌：即聚焦“1个应急管理体系”；科学管控“灾前防、灾中守、灾后抢”3个阶段；突显“制度保障、应急准备、装备保障、灾情勘察、抢修复电”应急5种能力。

② “一二三”：一个体系，两书应用，三基工程。

市场营销

一、优化营商环境与客户服务

优化营商环境。有效提升营商环境“获得电力”各项指标，积极落实电价调整、市场化交易、业扩投资界面延伸、减税降费清退临时接电费等政策，减少全市企业用电成本4.69亿元，其中：一般工商业电价同比降幅达10%。提升业扩投资界面延伸比例，减少接电成本，实现业扩投资界面延伸率99%，为用户节省投资超7800万元。12月，出台优化营商环境提升“获得电力”指标10条举措，精减业务办理环节和资料，全力提升办电效率，中、低压客户业扩报装流程缩减至3至2个环节，中压业扩报装平均用时压缩至54天、同比分别下降27天，低压非居民业扩报装平均用时3天。实现互联网统一服务平台关注数75.23万人，互联网业务办理比例74.4%。大力开展资产接收工作，11月，完成“一户一表”小区改造，共接收改造1365户，提前完成国企家属区“三供一业”接管和维修改造工作。

客户服务。加强客户诉求管控，开展客户问题围剿。执行工单提级督办机制，狠抓“95598”投诉，实现“12398”投诉管控关口前移，坚持做到“及时响应、妥善解决、事后回访”。全年“95598”和“12398”的投诉量同比降低30%。配合厦深铁路联络线建设等电力线路迁改，在时间紧、任务重、涉及面广（最大缺额占比22.5%）的情况下，科学制订有序用电应急方案，积极主动向政府沟通汇报，全方位多渠道做好宣传。应用计量自动化系统监控负荷变化，提高有序用电监督水平，对工业客户实施连续五天（开五停四）的有序用电措施，做到“不拉一条线路，不影响一户居民”，实现错峰用电零投诉。在广东省情调查政府机构满意度评比中，取得83.60分的好成绩，比上一年提高2.75分。在“广东省地方政府公共服务公众评价”中连续7年获得汕头市第一。

二、营销基础管理

2018年，汕头供电局完成供电量197.83亿千瓦·时，同比增长3.83%；售电量186.93亿千瓦·时，同比增长4.89%。非现金缴费率99.25%，同比增长4.34个百分点。深化计量自动化系统应用，8月，作为全省电费集中核算试点单位，实现电费集中核算单轨运行。全局全口径线损率（供售不同步）完成5.51%，同比降低0.95个百分点；分析线损全口径完成5.38%，同比降低0.56个百分点。中心市区金平、龙湖、濠江等3个县区供电局线损率为3.84%，同比降低0.25个百分点；澄海、潮阳、潮南、南澳等4个县级子公司线损率为5.11%，同比降低0.59个百分点。

线损管理与反窃电。制订管理线损降损工作方案，通过组织对全局自动抄表率、异常率指标落后的供电所开展现场帮扶工作，提高自动抄表率，规范线损基础数据管理，为降损提供强有力技术条件。狠抓线损异常、高损整治，持续开展高损异常数据线损精准分析及反偷查漏工作，重点解决30条线损率超5%的高损线路和1115个线损率超10%的高损台区，年内全部整改完毕。联合公安机关打击反窃电行为，震慑窃电分子。召开整治供用电秩序工作会议，与街道、居委会建立反窃电沟通协调机制，加强反窃电宣传，编发反窃电小册子、反窃电提醒短信，播放反窃电通告，营造规范用电秩序的氛围。全年查处窃电追回电量95.32万千瓦·时。开展稽查业务量145万宗，发现问题样本11 049个，差错率0.76%，整改完成率100%。未发生一般及以上营销营销。

电费集中核算试点。完成存量计费档案清理和整改、业务及功能培训、岗位权限设置等工作，重点对生产环境和双轨环境200多万业务及客户数据比对验证，于7月25日投入单轨运行。结合低压集抄建设及运维、同期线损统计工作的推进，利用反窃电平台对计量系统采集到电能量数据开展大数据异常分析，及时发现计量故障、电表窃电问题，指导基层提高日常计量运维和反窃电工作质量和效率。在南澳供电局试点构建基于LoRa广域网络低压集抄技术改造，首创LoRa搭配窄带载波双通道数据采集解决方案。提前完成南澳供电局168个公变台区和215个专变台区的LoRa集中抄表改造。超计划完成实施低电压监测接入台区908个，已覆盖台区电压质量问题得以全面掌握，对低电压情况做到提前预控、精准治理。开展智能表箱锁创新实践，针对“两个全覆盖”后业务模式的转变可能存在表箱现场管理缺位的风险，探索应用表箱智能锁进行表箱信息化管理，建立可记录、可监控、可追溯的常态巡查机制。实现表箱日常巡检、计量运维、抢修等工作的到位验证，同时收集完善计量表箱的地理信息数据、表计关联数据和安全巡查记录，有效提升计量现场作业的规范化管理水平。电表箱智能管理系统获得国家发明专利授权。

三、电能替代与市场开拓

电能替代。编制电能替代行动计划，开展立体化宣传活动，全面开拓电能替代市场，实现增供扩销，不断提高电能占终端能源消费比重。确定电动汽车、电磁厨房等重点项目共23个，全年电能替代电量约4.7亿千瓦·时。全年完成1个充电站的建设任务，加大“城市公共、内部机构、居民区停车位电气化、停车场充电一体化领域”四大领域充电桩建设力度，启动万达广场停车场充电站、金津桥下公交充电站建设项目。按照简化并网流程、提高服务效率、促进高效利用的基本原则，为分布式光伏发电项目设立绿色通道，全年服务光伏扶贫项目接入17个。市场交易方面。配合政府部门核实电力用户的用电信息，支持符合条件客户参与电力市场化交易。2018年，全市签约402户，累计交易电量26.22亿千瓦·时，同比增长107.68%。入市交易用户9家，同比增加6家，入市交易总电量1.43亿千瓦·时，同比增加489%。

科技信息

一、科技创新

2018年，汕头供电局科技资金投入773.45万元，占营业收入比重的0.07%。全年累计拥有有效专利数92件，其中发明专利14项，同比分别增长70.65%、75%。每亿元营业收入有效专利拥有数指标值同比提升了58.2%。

科技与职创项目。首先是提升科技项目及职创项目数量及质量。全年实施科技项目16项，其中新技术推广应用类项目4项，示范工程2项，研发类项目10项，研发类项目数量是2017年的1.33倍。实施职工技术创新项目45项，其中研发类项目36项，A、B类推广项目分别为3项、6项，研发类项目数量是2017年的6倍。每季度组织开展职创项目入库内部评审，加强专家辅导，力促职创项目数量、质量再上新台阶。4月，开展智能表箱锁创新实践，实现表箱日常巡检、计量运维、抢修等工作的到位验证，电表箱智能管理系统获得国家发明专利授权。12月，在广东电网公司科技奖励评审中，汕头供电局推荐项目《220千伏谷两甲乙线#71–#72临近儒亿加油站隐患改造方法》《汕头二次系统运维与管理系统改造》获技术改进贡献奖三等奖，《电力计量采集系统的入库操作方法及装置》获专利奖三等奖。《回转线夹式导线间隔棒秒拆快装工具》《客户服务调度快速响应辅助工具包》获职工技术创新奖二等奖，《简易变电站用直流母线绝缘监测装置》《〈架空输电线路隐患、缺陷及故障表象辨识图册〉的编写》获职工技术创新奖三等奖。实施科技创新奖励激励，开展科技创新专项奖励。根据年度科技创新领域任务指标完成情况，对专利申请达标单位、职创实施达标单位、职创推广达标单位进行集体奖励，对授权专利发明人进行个人奖励。其次是推动专利发明与创新。针对“创一流”指标亿元营业收入有效专利拥有数（件/亿元）及人均职工技术创新项目承担数偏低的情况，下达2018及2019年科技创新领域任务指标，将专利指标及职工技术创新实施指标细化分解到各个部门，做到指标分解合理、可执行。鼓励大众创新，加大对专利申请的扶持，与电科院及能源技术公司共同开展智能电网、科技创新方面的合作，提升汕头供电局科技水平，并带动高质量专利的产出。做好科技创新服务。成立以党员、高学历的变电运行技术人员为主要班底的科技创新服务队，利用业余时间，帮助部分有好的创新思路，但文字表述及图形绘制能力欠缺的班组一线人员撰写专利技术交底书。

二、信息化工作

网络安全。组建网络安全攻防团队，参与广东电网公司网络系统渗透测试。5月，选员加入广东电网公司代表队，在第二届“红帽杯”网络安全攻防大赛，获得季军。参加南方电网公司“我要网络安全”主题活动，获优秀解决成果一等奖1项、优秀合理化建议一等奖2项。11月，完成广东电网公司网络安全合规性检查工作，整改远程渗透测试中高危风险4项，网络拓扑中高危风险29项，基线和漏洞中高危风险363项。完成互联网通道排查整改工作，营业厅对外服务Wi–Fi和竞争性企业互联网通道采取实名认证、上网行为审计、高危端口封堵的措施，关停3条互联网通道，确保网络安全。加强网络安全新技术应用研究。引进威胁回溯机制，完成广东电网公司威胁取证系统试点项目，加强对风险较高的计算机终端、服务器进行威胁预警监测，提升对系统事件、网络攻击等行为的剖析和操作溯源能力，强化对操作人员网络安全管理。12月，完成《重大活动保供电信息安全保障管理业务指导书》等4个业务指导书本地化修编。

“云大物移智”技术应用。深入调研智能技术融合业务应用情况，先后开展高新技术交流26场。8月，完成南澳岛屿智能电网可视化平台技术方案的编制，运用“云计算+微服务”方式实现智能电网多维数据的集成、分析及展现。9月，编制《引入“云大物移智”技术，支持业务创新专题调研报告》。10月，参与省级人工智能基础支撑平台、智能语音语义处理集成专业应用、智能图像处理集成专业应用研究工作。11月，完成基于LoRa无线物联网技术的变电站环境监控技术可靠性验证，搭建了手机端和Web端应用，实现变电站环境状况自动监测以及空调和排风机远程控制的场景应用。12月，完成基于胶囊神经网络算法的机巡图像识别技术可行性验证，在输电工程验收环节中应用图像识别发现微小部件制作工艺缺陷。研究边缘计算运用于电力行业应用场景，推进“端边雾云”技术框架在实际业务中的落地。

业务应用自主开发与协同应用。依托广东电网公司大数据平台，自主开发“在线稽查综合查询”“业扩报装监控快报”“行业分类用电量预测”等12项应用。依托广东电网公司移动应用平台，自主开发“安全巡查问题整改App”“后勤应急资源管理App”等应用。自主开发实现“输电线路机巡照片自动分类与命名工具”“员工业绩积分自动计算工具”“生产设备隐患填报工具”等小程序，快速实现本地化数据应用需求，提升业务工作效率。信息中心自主开发的“客户服务调度快速响应辅助工具包”数据应用获得2018年度职工技术创新二等奖。支持省级系统业务协同应用治理，6—9月，组建3人攻坚团队参与为期4个月的广东电网公司协同实用化专项治理集中工作，共提交方案及分析报告4份。运用协同应用运营监控平台，完成230个业务协同场景的服务验证工作，发现及上报接口问题的场景20个，反馈无本地业务或功能的场景30个，协助广东电网公司完成协同场景考核任务。

系统实用化与数据质量。6月，开展信息系统实用化与基础数据清理专项行动，明确各业务域信息系统实用化与基础数据清理治理目标、里程碑计划，细化实用化提升和数据质量治理的要求和措施。7月，建立配网电子化移交进度监控看板，“T+1”更新各县区供电局、各供电所电子化移交问题情况，完成率和应用率居于全省前列。8月，开展“账卡物”数据一致性专项治理工作，重点对各县区供电局及输电、变电、调度现场核对成果数据进行规范处理，建立“账卡物”增量协同数据质量监控机制，提升数据整改效率和增量数据录入质量。全年累计整改营销系统客户信息问题数据67 164条、生产系统问题数据2297条、财务系统问题数据1048条，整改站线变一致性问题数据312 297条、配网账卡物一致性问题数据22 567条、主网账卡物一致性问题数据2378条。

经营管理

一、人力资源管理

干部人才队伍建设。坚持“德才兼备、以德为先”，加大交流轮岗力度，选优配强各级领导干部。全年调整科级干部92人次，涉及40个部门（单位），其中，干部提拔27人，岗位交流38人次，兼任免职19人次，退休5人。选优配强竞争性企业领导班子成员12人，输送县区供电局中层管理人员10人，选配各级行政助理40人。优化县区供电局班子30人，调整率达52%。严格落实干部回避制度，认真做好领导人员日常监督工作。完成领导干部配偶、子女及其配偶经商办企业情况摸底调查，完成地市供电局、县区供电局领导人员358人日常重要监督信息集中填报。进一步规范各级领导人员因私出国（境）管理，实现各级领导人员因私出国境在属地公安机关报备全覆盖。2018年，汕头供电局选人用人工作总体评价“好与一般”率为100%，指标高于2017年度评议情况。新提拔干部民主评议的平均“满意与基本满意”比率为98.58%，认可度较高。开展“行知计划”和“行健计划”，加强干部梯队建设和年轻干部培养。加大年轻员工交流锻炼工作力度，畅通员工晋升通道。全年开展多业务、多层次、多区域人才交流36人次。至2018年底，汕头供电局共有管理专家9人，技术专家38人，技能专家44人。全年新选聘广东电网公司级专家2人，助理级管理专家9人，助理级技能专家18人，专家队伍实现“层级和主要专业两个全覆盖”。全年新增高级职称30人，中级职称194人，初级职称133人，新增高级技师5人，技师35人。高技能人才比例提升至71.28%，中高级技术人才比例提升至54.98%，人才当量指标提升至0.86。

劳动用工、薪酬绩效与教育培训。6月29日，实施机构设置优化调整，9月30日前，汕头供电局及各县区供电局完成调整工作，共减少、合并部门16个。10月，完成主网专业化竞聘上岗工作，择优选聘91人，进一步理顺主网人员管理关系。有力推进减员增效。优化调整班组设置，持续性消除无党员班组，均衡性配置年轻员工与临退休员工，优化班组人员结构。全年招聘新员工83人，实现用工总量负增长，净减员192人。本部人员平均年龄下降约3岁。实施“划小分配单元”，优化绩效薪酬管理工作，合理拉开差距，提高员工绩效管理实效。实行供电所季度指标排名，按贡献程度进行奖惩分配，全年涉及奖惩的管理类人员39人，其他人员755人。落实毕业生薪酬激励，共发放91位毕业生安家费，40位毕业生生活补贴。建立培训绩效与工作绩效的对接机制，落实评价不合格人员工资兑现、绩效评定等相关工作。加强教育培训，打造“练兵、比武、抽调考”岗位技能提升常态化模式。全年共完成培训评价425期、18 625人次。加快东湖基地建设，完成配电及配网自动化实训场（室）建设及营销实训室改造，通过优化整合将东湖基地住宿、场地容纳能力由100人提升至300人。加强基层基础管理，5月底，完成41个供电所简易实训场“一所一场”全覆盖，满足基层一线员工就近培训需求。至2018年底，在库地市级以上内训师440人，其中南方电网公司级5人、广东电网公司级28人、地市级407人。

二、财务管理

5月，制订实现世界一流财务经营工作方案。制订3至5年资源投入需求预算。深化月度预算管理，推进成本及项目均衡化实施进度。推进“四个统一”财务经营管理，分解、下达2018年“四个统一”项目群预算。加强财务风险管控，6月，开展经营绩效持续提升专项行动。开展账务清理工作，妥善处理长期挂账应收款项。动态监控项目投运竣工决算过程，实行竣工决算“工期制”管理。7月，制订提质增效工作方案。推进亏损企业治理，降低资产负债率。解决县级子公司融资难、融资成本高的问题，做好子公司的经营监测，按月跟踪预测各单位利润完成情况。2018年实现子公司零亏损、资产负债率全部降至100%以下。大力开展清理拖欠民营企业账款、质保金。支持竞争性业务发展。完善竞争性业务管控体系，优化资源配置，加强资源共享；积极拓展综合能源、工程建设、电力综合服务、市场化售电及智能电网增值服务等业务。开展有效资产清理，全年实现营业收入同比增长2.9%。供电成本同比增长1.01%，完成全年预算的100.56%；利润同比上升30.3%。模拟经济增加值（S-EVA）同比上升21.2%；“两金”余额同比压降0.8%。报废资产净值率6.55%、同比下降1.87个百分点，财务经营类“创一流”指标完成情况良好。

三、物资供应

物资采购。加强招标与非招标采购评审业务的全程管控，规范评审专家的行为、提升自我监督能力。在全省率先出台《招标与非招标业务评审行为规范》，并将相关制度、纪律的循环展播。整合现有评标场地，建设评委临时休息区、监控室、标书（样品）存放室、样品展示区、采购资料（整理）存放室，完善了唱标室、设立廉洁教育宣传栏等，从多方面、多角度对评标场所进行合理规划。创造性地建立了评委与供应商签（报）到双分流通道及立体导航指向标识系统，满足评标场所“封闭性”要求。全年签订物资合同2518份，采购集中度达97.32%。加强合约与品控管理，全年履约到货合同2780份，共约谈厂家8次，赴厂追货8家，对未按期到货的供应商开具不良行为扣分处罚单以示警，确保重点工程物资按期供应。全年共支付合同2234份。加强到货物资抽检，设备监造覆盖所有主、配网建基建项目，全面落实品控工作。加强对监造公司及相关人员管理，签订补充协议、细化考核方案内容，助力500千伏海门电厂扩建3、4号机组送出线路工程顺利投运，促成220千伏东墩变电站的主变、GIS设备零缺陷移交。

仓储管理与物资调配。龙湖仓库仓储配送班开展《提高仓库物资单据归档及时率》精益化项目、提出《更换龙湖中心仓库安防系统》等合理化建议及《领料窗口办公区域文件柜整理》等现场改善项目，提升班组管理水平，并获得“准四星班组”称号。优化仓储配送管理，着力保障储备物资及防风防汛物资，将业扩及配网项目物资纳入储备管理，仓库库存周转率达424%，充分发挥储备物资效率及效益。持续推进逆向物资管理，闲置物资再利用率达100%。规范管理报废物资出入库及在库保管工作，全年完成8批次报废物资处置，实现报废物资周期性清零，资金回收率达384.96%。开展应急物资调配演练，提高物资专业人员应急响应技能。加强7100平台统筹协调能力，确保24小时畅通，在应急响应期间，调配隔离开关等物资救援潮南、潮阳供电局，在台风“山竹”期间，及时调配220千伏电压互感器、控制电缆等救灾物资共两车次运往珠海、中山，充分发挥应急物资保供应能力。

四、审计监督

8月，汕头供电局原监察审计部分设为监察部和审计部，正式成立审计部，审计人员由审计师、技术专家、参与过网省公司“大审计”项目骨干人员组成。县级子公司设置审计管理岗位，配合审计及整改工作。全年组织迎审配合3项：5月，广东电网公司对汕头供电局原局长蔡明进行离任经济责任审计，对汕头供电局开展“扶贫项目资金管理”交叉审计调查；8月，广东电网公司对汕头供电局开展党费使用和管理专项交叉审计。受广东电网公司委托开展审计项目3项：8月，对各单位2016年以来“暖心工程”的执行落实及目标实现情况开展审计调查；11月至12月，对汕头金平供电局原局长陈为东进行离任经济审计，开展500千伏胪岗变电站第二台主变扩建工程等主网工程竣工决算审计。强化防错纠弊，自行组织开展专项审计及审计调查5项：对汕头修配厂原厂长进行离任经济审计、对龙湖供电局原局长进行离任经济审计、瘦身健体提质增效（有效资产）审计，业扩提速审计调查、配网智能化审计调查。全年审计发现问题128个，提出审计建议128个。2018年，对2017年审计发现129个问题的整改情况进行整理核对，对2010至2016年期间审计发现的289个问题整改情况进行复查复核，整改完成率达到100%。督促各业务部门、各县区供电局举一反三，对照审计发现的问题，组织在本业务领域、本单位开展类似问题自查自纠，及时完善内控制度和业务流程，发挥“查处一个，规范一片”的效能，健全审计整改长效机制。

五、法治工作

10月，制订法治企业建设工作49项推进措施，开展法治企业示范点建设。落实重大决策法律审核制度，形成“决策先问法、违法不决策”的法治氛围。2018年，为重大决策出具法律意见书4份，办结案件6宗，胜诉率为100%。12月，在汕头市首届国家机关“谁执法谁普法”履职评议报告活动中，汕头供电局作为唯一的企业代表，获评“优秀”等级。全年共办理房屋产权证29宗，土地产权证7宗，应办必办资产总完成率为103%，超额完成年度任务。作为南方电网公司第一批新合同系统的试点单位，全局标准合同文本使用率（不含物资系统合同）为94.85%，位列全省前列。

改革创新

“创一流”工作与班组建设。编制《加快向综合能源服务公司转型、创建世界一流企业工作方案》，制定“创一流”关键指标提升目标，围绕综合标杆一流评价指标提升，逐级分解任务。“创一流”指标最终得分99.85分，整体达到网内一流水平。其中资产总额、营业收入、总资产周转率、百万工时工伤意外率达到世界一流水平，营业收入增长率、客户平均停电时间达到国内一流水平。开展星级班组建设，2018年获南方电网公司五星班站所2个、广东电网公司四星班站所17个、三星班站所102个。

精益管理。加强精益项目管理，强化项目过程管控，做好项目的全过程辅导、进度通报和阶段评审。2018年共申报精益项目62个，5个项目参加广东电网公司现场发布会，同比增长50%，其中《构建三级防控模式，提高主网二次设备可靠运行水平》项目荣获广东电网公司2018年生产技术领域中期评审一等奖。加强精益人才培养，组织员工参加精益管理学院黄、绿带认证学习考试，截至12月31日，汕头供电局共有2627人完成黄、绿带网络学习，2568人通过黄、绿带网络考试认证，分别占全局员工总数44%、43%。

开拓产业市场。6月，汕头善能达产业管理有限公司（平台公司）注册成立，8月，正式揭牌运作。至2018年底，局属竞争性企业共17家，其中电力工程建设（含设计、监理）企业4家、综合能源企业1家、电力综合服务2家，另有空转企业10家。营业收入同比增长24.92%；利润总额同比增长26.34%；减少法人数量5个（注销），减少D类企业1个，如期完成“四个一批”总体目标。

党群工作

一、党建工作

政治建设。全面贯彻党的十九大、全国组织工作会议、全国宣传思想工作会议精神，落实新时代党的建设总要求，按南方电网党组、广东电网公司党委部署，充分运用精益化管理工具及“抓领先、补短板、强基础”的工作方法，着力抓好六大建设，把促进党组织与党员发挥“两个作用”作为突破口，推动党的建设与改革发展、生产经营深度融合。抓好南网党组一号文精神落地，11月制订落实工作任务分解表。重点抓好班子建设，2月，召开2017年度民主生活会。3月，召开全面彻底肃清李嘉、万庆良流毒影响专题民主生活会。6月，召开落实广东电网公司党委“机动式”巡察反馈意见整改工作专题民主生活会。8月，召开巡视整改暨全面彻底肃清李嘉、万庆良恶劣影响专题民主生活会。在批评与自我批评中交换意见、统一思想，加强对县区供电局的督导。认真落实民主集中制，防止“一言堂”。认真落实双重组织生活制度，自觉接受党组织和群众监督。打造学习型领导班子，全年开展中心组学习17次，个人自学形成常态化。

组织建设。结合机构改革工作，按照“一部门一支部、一所一支部”的要求，调整基层党组织设置。规范县区供电局党委下属党组织设置及选举。规范竞争性企业党组织管理，成立平台公司党总支，指导其开展好换届选举工作。至2018年底，汕头供电局设二级党委7个，党总支7个，党支部150个，党员总数2927人，在职党员2230人，离退休党员697人。重点抓好支部带头人建设，选优配强支部书记及各级领导干部，加大干部交流轮岗的力度，并对支部书记队伍进行轮训，提高能力水平。充分发挥党支部战斗堡垒和党员先锋模范作用。7月，开展“我是党员走在前，一区双岗创一流”活动，激励各级党组织、党员明责任、勇争先，围绕企业生产经营重点难点问题发挥作用。开展庆祝建党97周年系列活动和“不忘初心、牢记使命”主题党日活动。根据不同的责任区域特征提出不同的创建目标，制订责任区设立和评比指引。在电网建设和抗风救灾中，先后组建了汕头500千伏海门电厂3、4号机组送出工程、220千伏渡美（司马浦）输变电工程、110千伏红万II回线路工程、支援珠海抢修复电等临时党支部。在“8·30暴雨内涝灾害”抢险救灾中，出动46支党团员服务队、突击队，党团员参与抢险救灾共计2894人次。

二、思想宣传工作与企业文化建设

思想政治工作。坚持以学贯彻落实习近平新时代中国特色社会主义思想为加强思想政治工作、意识形态与宣传新闻工作的主体主线，始终在学懂弄通上下功夫。打造学习型领导班子，规范开展中心组学习，制订党委理论学习中心组年度学习计划，探索地市供电局和县区供电局两级党委中心组“研讨+实践”学习方法，共开展中心组学习11次。抓实党员日常学习，个人自学形成常态化。完善“党建之窗”学习微平台，使平台实现学习时长统计和轨迹管理的功能，使“两学一做”的“学”进一步落到实处。坚持党管意识形态、党管宣传。牢牢掌握意识形态工作领导权管理权主动权。加强宣传思想阵地建设，在中央级媒体宣传32次，省级媒体28次，地市级媒体47次，累计对外报道超过100条。

企业文化工作。调整企业文化建设机构，各分管线条领导抓文化建设，为系统推进企业文化、专业文化和班组文化建设做好保障。10月，成立汕头供电局职工文化艺术团，设“四团四室”①，针对文化建设“资源分散 合力不够”问题，系统、全面、深入推进企业文化建设。组织开展南方电网公司第三批企业文化示范单位、示范点建设申报工作，共有7个单位参与专业文化、企业文化和班组文化的申报，形成多点开花的局面。加大对汕头供电局首批7个班组文化示范点和9个班组文化建设单位，及申报四星、五星班组的文化建设的督导和指导力度，助力星级班组评选工作。

◎ 2018年9月14日，汕头电视台到汕头供电局进行新闻宣传工作交流

三、党风廉政建设

“两个维护”与党风廉政建设责任制。明确“两个确保”“两个遏制”“两不反弹”的工作目标，细化84个工作任务。8月，下达《党风廉政建设责任通知书》。10月，修编党风廉政建设责任制考核标准，强化各级党组织的“四个意识”和责任担当。推广运用“两个责任”监督平台。常态化实践并推广运用“四种形态”。依据“惩前毖后、治病救人”的原则，组织被谈话函询、诫勉谈话和纪律处分的人员在民主生活会或组织生活会上作说明；发挥党内批评和自我批评作用，各级党组织通过发挥堡垒作用，对苗头性、倾向性问题及时开展日常提醒，加强党内监督管理，主动化解干群矛盾。在开展廉洁教育月和纪律教育月期间，各级党组织开展“一对一”廉洁谈话，开展“四种形态”谈话222人次。

监督执纪与“扫雷”行动。定期召开线索分析会，加强问题线索处置。在关键领域线条会上通报典型案例，落实行贿供应商“黑名单”制度，及时上报不良供应商行贿行为信息，巩固“以案治本”成果。保持监督关口前移，3—6月，开展“公务回避”自查报备及抽查核实，未发现涉嫌违反规定的情形。12月3日，修编完善廉洁风险库，建立领导干部廉洁情况“活页夹”。“扫雷行动”方面，从8月起，金平、龙湖、濠江、潮阳、潮南、南澳等6个县区供电局与地方同步联动，共同构筑“扫黑除恶”监督网。下半年，全面开展“扫雷”行动，组织九大业务领域开展“扫雷大讨论”，共扫描“雷点”24个，制定“防雷”措施35条。对“扫雷”发现问题严肃追责问责。

巡视巡察及整改。5—12月，完成两个阶段的自查整改工作，成立4个督导组对各责任部门、各县区供电局落实整改情况进行检查，抓实自查不到位、整改深度不够、未形成闭环等方面的问题，将整改成效纳入年度考核，倒逼整改责任落地。全年共完成整改36项，持续整改7项，移交问题线索1条。

作风建设。把违反中央八项规定精神行为、“四风”问题列入监督检查的重点，固化监督检查工作机制。开展监督检查、明察暗访，及时上报检查情况，严格落实“十五个禁止”“一个自觉”，防止“四风”问题反弹回潮。汕头供电局127个党支部对照检查，发现形式主义官僚主义问题11个。对自查发现问题落实整改措施445条。开展扶贫领域作风问题监督检查，落实加强作风建设的“45条措施”及再监督，通过组织学习文件、分发漫画册、开展调查问卷、制作宣传展板等方式，营造浓厚的作风建设氛围。

四、工会与共青团工作

工会工作。6月，召开一届七次职代会，大会根据相关规定和程序选举产生了汕头供电局第二届工会委员会

① 四团四室：声乐团、舞蹈团、器乐团和曲艺团，影像创作室、文学创作室、书画创作室和漫画工作室。

◎ 2018年1月9日，汕头市人大常委会副主任、市总工会主席陈向光（左一）为成新苗劳模创新工作室揭牌

主席、副主席和委员；女职工委员会和工会经费审查委员会主任、委员。全年召开职代会联席会议4次，落实民主管理有关事项。全年收到合理化建议6300多条。深入推进暖心工程，改造完善宿舍环境，新建培训楼单身宿舍，全年新建健康食堂21间、休息室81间、淋浴室4间、活动室6间，改善员工工作生活条件。此外，还建有28个职工之（小）家。柔直集控中心获得南方电网公司工人先锋号荣誉称号、成新苗获得广东省“五一”劳动奖章、张奕杰获得汕头市“五一”劳动奖章、王梓韩获得南网巾帼建功标兵荣誉称号。8月，组织举办“2018年汕头市电力行业技能大赛配电线路工和装表接电工技能竞赛”。参加广东电网公司比赛，信息专业自主开发竞赛获得团体三等奖，配电线路带电作业竞赛获得团体二等奖，继电保护工竞赛项目获得个人三等奖。洪子宁被评为“中央企业技术能手”，黄钢被评为“南方电网公司青年岗位能手”。至2018年底，累计创建南方电网公司级职工创新工作室3个。

共青团建设及志愿服务。成立3个青马小组和4个国学小组，以理想信念教育为核心，定期举办理论学习课堂，建立常态化学习讨论和交流机制，号召广大青年向历史学习、向楷模学习，提升青年员工理论素养和辨析能力。积极开展“号手岗队”建设，引导青年立足岗位，建功立业。2018年，变电管理所柔直集控中心获评2016—2017年度广东电网青年文明号，信息中心运维班、变电管理所继保自动化四班、变电管理所潮南巡维中心获评2017年度汕头市青年文明号。

五、扶贫工作

基本完成潮南区两英镇仙斗村、潮阳区金灶镇波头村等2个省级贫困村，以及潮南区两英镇高美村、潮阳区金灶镇金溪居委会、澄海区莲华镇后浦村、南澳县深澳镇圆山村等4个县级贫困村的对口脱贫帮扶任务。已投运的分布式光伏发电扶贫项目共72个，其中涉及省定贫困村的项目有20个，其中，潮阳、潮南各9个（含2017年汕头供电局向潮南两英镇仙斗村捐赠的45.09kWp光伏发电项目）、澄海、南澳各1个，装机容量共1331.47千瓦。落实广东省委、省政府及广东电网公司要求，制定全市37个省定贫困村电网改造升级方案。

梅州供电局

企业概况

一、组织沿革

梅州供电局为广东电网有限责任公司直属大型二类供电企业，前身是广东省广电集团有限公司梅州供电分公司，2005年5月更名为广东电网公司梅州供电局，2014年9月更名为广东电网有限责任公司梅州供电局。

二、经营范围

梅州供电局作为统一管理梅州电网的企业法人，主要负责梅州市梅江区、梅县区、兴宁市、平远县、蕉岭县、丰顺县、大埔县、五华县等2区1市5县范围内的电网建设、运行、管理和经营业务，为地方经济社会发展和人民生活提供电力供应和服务。截至2018年底，供电面积15 865万平方千米，供电人口437.88万人，供电客户187.4万户，营业网点128个。

三、电网规模

截至2018年底，梅州电网有35千伏以上变电站130座，主变压器235台，容量共1124.37万千伏安，输电线路342回，总长5107.73千米。其中，500千伏变电站1座，主变压器2台，容量共200万千伏安，输电线路6回共408.28千米；220千伏变电站12座，主变压器23台，容量共393万千伏安，输电线路38回共1187.51千米；110千伏变电站71座，主变压器122台，容量共474.45万千伏安，输电线路156回共2113.68千米；35千伏变电站46座，主变压器88台，容量共56.915万千伏安，输电线路142回共1398.26千米。

四、组织机构

根据广东电网公司组织机构规范化设置的要求和实际工作需要需要，2018年梅州供电局对组织机构进行了调整：6月28日，党建工作部更名为党建人事部（直属党委办公室、团委、新闻中心），原人力资源部的干部管理职能、原办公室的新闻对外宣传职能调整至党建人事部；监察审计部（纪委办公室）分设为监察部（纪委办公室、直属纪委办公室）、审计部。生产设备管理部更名为生产技术部。撤销法律中心，其业务由企业管理部直接管理；撤销培训与评价中心、节约用电服务中心、主网项目管理中心，其业务调整至相应二级机构；离退休服务中心不再挂靠工会。成立综合服务中心（离退休服务中心），整合员工服务、离退休服务、员工培训支持等业务；成立供电服务中心，整合原计量中心、客户服务中心、营销稽查中心、节约用电服务中心等机构及业务；成立电网规划中心、项目管理中心，进一步强化了业务支撑。

至2018年底，梅州供电局内设14个职能部门、9个二级机构、8个县区供电局。具体如下图所示。

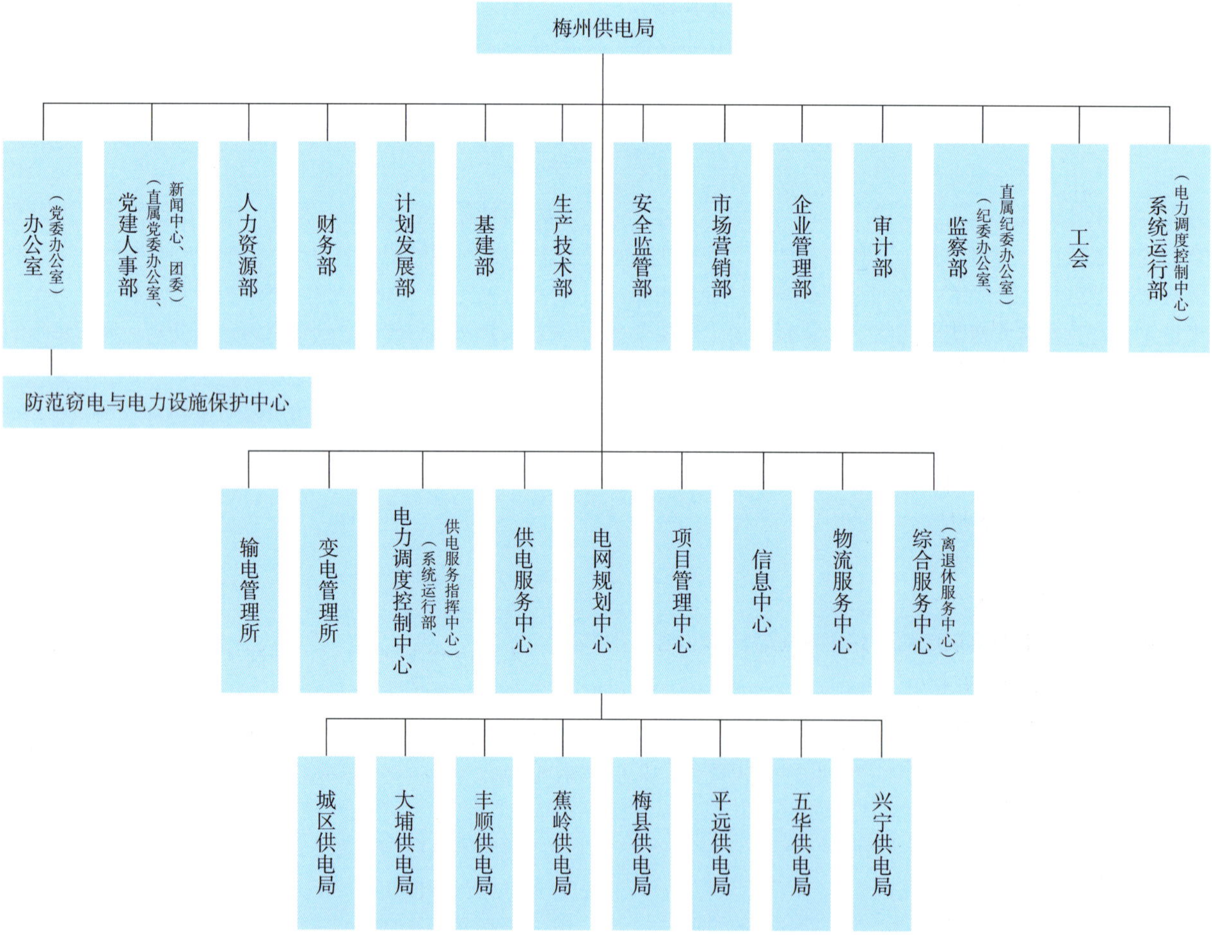

五、领导班子

2018年，根据广东电网公司党委决定，梅州供电局领导班子调整如下：4月27日，郑宇任党委书记、执行董事；廖毅强任党委副书记、局长（总经理）；邓惠华任党委委员、副局长；免去黄书俊的党委委员、副局长职务。5月21日，曾庆栗任党委委员、副局长；免去游林辉的党委委员、副局长职务。

至2018年底，梅州供电局领导班子成员如下：

党委书记、执行董事：郑　宇

党委副书记、局长（总经理）：廖毅强

党委委员、副局长、工会主席：郭伟强

党委委员、副局长：朱力方

党委委员、副局长：邓惠华

党委委员、副局长：曾庆粟

党委委员、纪委书记：郑冬冬

副调研员、工会副主席：张巧华

六、人员状况

截至2018年底，梅州供电局共有职工5317人，其中博士1人，硕士37人，本科生1811人，专科生1443人，中专及以下学历的2025人；已取得专业技术资格人员共1865人，其中高级职称140人，中级职称780人，初级职称945人；已取得技能等级共4073人，其中高级技师21人，技师294人，高级工2430人，中级工1059人，初级工269人。

十件大事

（1）3月1日，梅州220千伏园区（畲江）输变电工程被国家水利部评为2017年度生产建设项目国家水土保持生态文明工程。此为广东省和南方电网公司，也是全国220千伏输变电工程中首次获此殊荣的项目。

（2）5月7日，梅州供电局团委被共青团中央授予2017年度“全国五四红旗团委”荣誉称号。

（3）5月30日，梅州供电局联合地方政府组织开展2018年梅州市大面积停电事件应急联合演练。

（4）7月5日，梅州供电局与中国铁塔梅州分公司举行资源共享合作框架协议签约仪式，标志着“电力塔”和“通信塔”开放共享在梅州落地。

（5）7月24日，梅州供电局首次220千伏变电设备带电作业在220千伏丰顺变电站试点完成。本次作业成功带电断接母线刀闸引线。

（6）9—11月，广东电网公司党委对梅州供电局党委开展常规巡察。

（7）10月25日，梅州供电局与梅州市纪委监委联合成立该市首个“廉洁共建工作室”。2018年实现各县区供电局“纪企监企共建”全覆盖。

（8）10月31日，梅州市召开全市电网建设推进会，广东电网公司与梅州市政府签订了《梅州电网发展战略合作框架协议（2018—2022年）》。

（9）11月5日，梅州市首个电力地方政府规章——《梅州市电力设施管理办法》正式颁布，于2019年1月1日起施行。

（10）11月7—9日，梅州供电局完成35千伏兴路线7处缺陷的带电消缺工作，本次作业是全省首例35千伏线路带电作业。

电网发展

一、电网规划与前期工作

电网规划管理。贯彻配电网规划标准工作体系，5月，修编配电网规划建设技术细则，建立“服务客都、自主规划、精益投资、可靠高效”的规划价值观。6月，成立电网规划中心。深入推进“统一规划”，通过开展电网规划巡审专项工作，逐步建立“以我为主”的自主规划工作模式，推动“一镇一册”工作成果切实发挥规划引领作用，成立了配电网规划巡审专项工作组，完成了两轮共108个供电所（配电班）实地巡审，巡审发现五大类共741个问题，并开展整改，于6月组织回头看工作。7月，编制年度配电网规划巡审报告。10月，梅州市召开全市电网建设大会，广东电网公司与梅州市政府签订《电网发展战略合作框架协议（2018—2022年）》，500千伏五华输变电工程项目正式纳入政府“十三五”输电网规划。同月，组建综合计划工作团队，明确工作机制，按季度开展问题库和项目库的滚动修编及评审工作，完成2019年综合计划报告编制工作。加强统计分析管理工作，11月，编制《梅州市经济运行与电力需求预测分析报告》，为企业决策提供参考。12月，各县区供电局成立配网规划工作组，全面加强电网规划的专业力量和组织。

专项电网规划。6月，编制梅州城市保底电网专项规划，进一步优化完善电网规划项目，持续强化防灾减灾能力建设，110千伏江南至中环单回线路工程纳入保底电网规划。全年光伏新增装机容量为3.384万千瓦。10月底，配网规划辅助决策系统、配网可研评审系统上线运行。12月，编制《梅州城区中压网架梳理工作报告》，形成配网网架规划“划、调、解、建”工作方法，优先节约投资5.2亿元。加快贫困村电网升级改造，按照“能力充足、指标良好、整洁美观”的要求，6月，完成了梅州地区259个贫困村的电网改造立项工作。11月，完成梅州供电局负责的343个省定贫困村的电网改造任务。

配网规划。6月，广东电网公司配网规划建设督导组对梅州供电局进行督导，督导组对梅州市区中低压配电网提出了合理安排投资方向、调整区域网架、优化项目统筹、加强可研深度等10条建议。落实配网督导和“一镇一册”自主巡审整改措施，梳理优化配网网架，建立566个项目的投资项目储备库，优化规划投资5600万元左右。开展主网网架梳理工作，8月，完成2018年高压配电网规划滚动修编，新增规划项目33个。12月，修编规划项目库，梳理优化中心城区—副中心—县城和中心镇“1+1+25”停电“1+2+3”小时目标网架，梳理全市1400多家小水电局部发供分离方案，优化规划投资5.26亿元，提升城区可转供电率至99.08%。

项目前期工作。推进梅州500千伏五华输变电工程项目规划和前期工作，该项目正式纳入南方电网“十三五”输电网规划调整报告。全年完成110千伏丰南片区电网结构完善工程、梅州平远项山甑风电场接入系统工程、五华35千伏双华输变电工程、35千伏梅林变电站至华阳变电站线路工程等重点项目的前期工作。

◎ 2018年10月23日，梅州供电局与中国邮政梅州分公司签订战略合作框架协议

二、工程建设和管理

2018年，梅州供电局共完成固定资产投资15.97亿元，投资计划完成率112.79%。其中，主网建成投运110千伏及以上项目5项，完成投资3.02亿元，同比增长32.49%。新增35千伏及以上主变容量29.9万千伏安，输电线路93.1千米。配网建成投运项目1573项，完成投资9.30亿元，同比增长19.73%，新增10千伏配变容量18.95万千伏安，配电线路676千米。小型基建建成投运项目29项，完成投资7900万元，同比增长193%。

重点工程建设。2018年，梅州供电局建成投运的8项广东电网公司重点工程具体是：6月30日，220千伏梅县电厂至畲江线路解口入富远变电站工程、平远220千伏富远变电站第二台主变扩建工程竣工投运；10月30日，五华110千伏枫林（大坝）输变电工程、丰顺110千伏南湖（汤南）输变电工程竣工投运；11月28日，兴宁35千伏大坪变电站第二台主变扩建工程竣工投运；11月30日，丰顺110千伏埔寨变电站第二台主变扩建工程竣工投运；12月27日，110千伏空下变电站配套35千伏线路工程竣工投运；12月30日，110千伏狮潭变电站配套35千伏线路工程竣工投运。同时，全力推进梅州220千伏帅乡（梅江西）输变电工程（一期）、梅州西牵引站供电工程、丰顺东牵引站供电工程等3项涉高铁工程建设进度，确保梅汕高铁调试用电需求。落实“暖心工程”工作部署，全面完成29项暖心工程小型基建的建设。

农网建设。全年累计完成农村电网改造升级工程投资9.51亿元，完成率121.65%。完成了343个贫困村（剩余6个贫困村在未接管的自供区范围内）电网建设改造任务。各项指标达到或超过国家新一轮农网改造升级目标要求。围绕美丽乡村建设，在平远八尺黄沙村、蕉岭长潭浒竹村、五华横陂西湖村试点“四网融合”业务。

工程质量管理。组织开展了220千伏富远变电站扩建第二台主变工程、梅江东输变电工程环评验收，220千伏梅江东输变电工程、叶塘输变电工程和110千伏宁新变电站扩建第二台主变工程、径南输变电工程水保验收工作，并取得了省、市行政主管部门的验收备案。连续9年开展“安全、优质、文明”样板工程创建活动，围绕“四个标准”特别是标准件应用，强化配网项目标准建设，做到标准设计、标准施工、标准验收。样板工程实现主网、配网和小型基建项目全覆盖，逐步消除区域差异。扶大供电所技术业务用房以排名第二的成绩被评为广东电网“安全、优质、文明”金质工程。220千伏梅县电厂至畲江线路解口入富远变电站工程、10千伏八新线P30稔田公变台区改造工程、10千伏龙竹线P12益昌虎山支线益昌虎山2号公变台区工程，获评广东电网公司“安全、优质、文明”样板工程。

电网运营

一、电力供应

2018年，梅州全社会用电量93亿千瓦·时，同比增长11.65%。梅州境内电厂装机容量428.4万千瓦，同比增长1.16%，其中火电容量273万千瓦，同比持平；水电容量130.6万千瓦，同比增长0.62%；风电、光伏、生物质等新能源容量18.5万千瓦，同比增长12.13%。全年上网电量19.49亿千瓦·时，同比降低35.15%，其中水电上网电量17.65亿千瓦·时，同比降低40.15%；风电、光伏、生物质等新能源上网电量1.84万千瓦·时，同比增长235.57%。全年电力供应形势平稳有序，统调电力负荷6次创出历史新高，最高负荷出现在7月31日，为161.7万千瓦，同比增长13%；全年平均负荷率为74.33%，同比降低1.39个百分点；最大负荷率99.06%，同比提高2.67个百分点；最小负荷率64.85%，同比提高2.63个百分点。丰水期间，实现水电全消纳。清洁能源并网通道容量裕度充足，未发生因网络受限而影响清洁能源消纳的现象。全年未发生有人为责任的“弃水、弃风、弃光”问题。

二、电网运行

电网风险管控。加强一次风险管控，全年落实防范电网运行风险34项重点工作，持续跟进13项电网急需项目工程进度，消除5项基准风险，提级管控96项三级及以上事故事件风险，化解主配网基于问题的66项风险。加强二次风险管控，全年完成1308套二次设备状态评价及风险评估，正常率为94.4%。建立二次作业风险管控机制，继电保护装置共动作10 648次，正确动作率100%。220千伏及以上系统继电保护装置共动作250次，正确动作率100%，故障快速切除率100%，安自装置正确动作率100%，地区调度自动化主站系统可用率均为100%，220千伏及以上生产实时控制业务通信通道中断时间为0分钟。系统设备运行总体稳定可靠，未发生设备事故。推进主网调控一体化，实施刀闸远方操作，110千伏及以上刀闸遥控覆盖率从18%提升至95%。常态化开展重合闸远方投退，35千伏及以下线路重合闸软压板覆盖率提高至63%。推广调度网络发令，推动“电话调度”向“智能调度”转变。开展调度智能化系统建设。新自动化机房已投入使用，新OCS系统已完成功能调试并上线试运行。促进配网调度管理提升，完成配调集约化管理。全年重新签订调度协议1455份，组织完成105个供电所受令资格考试，县调系统资产清理等。6月，配网调度服务指挥中心正式挂牌，承担配网设备调度、监视、控制，配网故障研判、抢修过程管控，以及停电监控、客户诉求传递等职责。完善配网自动化主站功能，逐步实现GIS单线图自动导入、配变重过载监视、变电站外开关故障倒推等功能。提高配网线路合环转供电、故障自愈能力及自动化水平，326条源荷混供线路重合闸全部投入，规范配网自动化终端并网接入调试和保护定值整定管理，开展配网通信网络建设，完成16台汇聚层、1台核心层设备的组网工作。

可靠性管理。2018年，梅州供电局客户平均停电时间（低压）为9.91小时/户，同比下降60.61%，其中，中心城市（区）0.74小时/户，同比下降81.77%；月度停电计划执行率为96.14%，延时送电率为1.37%，均达到考核满分值。电压合格率完成值99.986%，同比提高0.122个百分点。

◎ 2018年6月22日，梅州供电局配网调度服务指挥中心揭牌成立

三、安全生产

2018年，梅州供电局全面实现了“两个确保，三个杜绝，四个不发生，两个减少”的安全生产目标，全年未发生电力事故；共发生五级及以上事件7起，同比减少16起；其中，三级事件1起，同比增加1起；四级事件3起，同比增加3起；五级事件3起，同比减少20起。未发生社会人员触电事件，同比减少3起。百万工时工伤意外率指标完成值2.229，优于计划值。

科技兴安。创新方法解决生产难点痛点问题，机巡技术与生产作业深度融合，全年完成11 748千米架空线路巡视，累计发现5147个缺陷，提升输配电线路巡视效率。实施机器人涂覆绝缘材料作业，对中压裸导线离房屋安全距离不足的隐患进行绝缘化改造，消除设备安全隐患。引进双端检测法中压电缆振荡波检测技术，提高中压电缆绝缘检测的有效性和故障点查找的准确性。全省首例35千伏线路带电作业在35千伏兴路线实施，进一步拓宽了输电线路带电作业实施范围。采用220千伏变电设备带电拆引线作业，开展刀闸修理及缺陷处理，解决停电检修难问题；开展10千伏电缆线路旁路作业，真正实现设备改造“停电不停用户”。

安全生产巡查。常态化开展安全隐患排查治理工作，深入开展配网安全隐患排查、城乡电力设施安全隐患检查、防社会人员触电工作和乡镇级供电单位（配网）防范人身事故治理等专项工作，全年累计排查发现隐患7239项，配合政府部门排查共发现隐患871项，并全部按计划完成整改，杜绝了人身事故和社会人员触电事件的发生。以风险为导向开展现场监督工作，年内查出违章542项，其中A类18项，发出整改通知单45张，约谈

82人次。3—11月，开展对8个县区供电局及多经企业的安全生产自巡查工作，组织各部门进行专业分析，自巡查共发现2517项问题，并全部完成整改。5月，针对广东电网公司在梅州供电局安全生产巡查发现的1079项问题开展整改，年内整改率99.72%。7月，开展参建承包商施工器械及安全工器具专项检查，共检查在建承包商38个、施工器械 269 台、安全工器具129 批，发现不合格施工器械14台、安全工器具19批。

应急管理与保供电。5月，政企合作举办2018年梅州市大面积停电事件应急联合演练，提升电力企业与政府部门突发事件信息的共享和应急协调处置能力。适时启动各类应急响应7次，预警2次，累计出动1.2万人次，车辆4千辆次，对有洪涝灾害风险的变电站、重要线路和梅州市的重要用户进行全面排查并落实防御措施，成功抵御7次台风及强降雨的灾害。在台风“山竹”期间，派出卫星电话10部、抢修人员234人、发电车4部支援珠海。按计划完成15项应急演练。完成全国“两会”、庆祝首届“中国农民丰收节”活动等保供电任务76项。

体系建设与安全文化。6月，成立体系深化应用工作机构，制订方案和行动计划表，建立体系周例会工作机制，按照“全过程、全业务、全员参与”的思路，促进体系建设各项任务顺利推进，全年完成工作任务134项。开展“两书”本地化修编工作，共修编业务指导书282项，本地化率92%，修编典型作业指导书607项，本地化率87.01%。完善体系人才队伍建设，组织开展中高层体系知识班及体系审核员培训班11期，培养了100名审核员，其中中级审核员26名。11月，通过南方电网公司体系复审并取得“四钻二星”体系认证。积极塑造优秀安全文化，2月，开展安全生产双向承诺。3月，开展“三不一鼓励”优秀案例评选活动。5月和8月，分别组织梅州供电局范围的安全生产大讨论，逐步形成了分享、互助的安全的文化氛围。10月，提炼出“知安而行，行稳致远”的安全文化理念，并以多种形式对安全文化理念和安全生产方针进行广泛宣传。11月，印发了安全文化宣传手册。12月，梅州供电局被授予“广东省安全文化建设示范企业”称号。

市场营销

一、优化营商环境与客户服务

持续优化营商环境，降低企业用电成本，三次降电价为全市一般工商业减少用电成本9106万元。业扩配套项目累计投资立项2.23亿，大幅减少了客户办电成本。配合清理规范转供电环节加价工作，核查全市转供电主体31家，涉及租户5595户，已规范27家转供电主体加价行为，每月减少租户用电成本180多万元。优化服务渠道，全年统一服务平台注册数达64.74万，互联网业务比例达到72.5%。缩减用电办理时间，低压非居民、中压单电源客户接电时间分别降至6.4天和73天，其中，中压业扩剔除统建小区工单后达到59天。强化客户投诉管控，全年12398投诉量同比下降50%。2018年，第三方客户满意度测评得分82分，在政府公共服务公众满意度评价中连续6年排名第一。

二、营销管理基础

2018年，梅州市全社会用电量累计完成99.91亿千瓦·时，同比上升10.99%；全口径购电量93亿千瓦·时，同比增长11.64%；完成售电量88.21亿千瓦·时，同比增长12.73%。落实抄核收业务新模式，进一步强化核算管理，统筹开展电费差错专项治理，全市电费差错率降至万分之0.3。12月，建成约1400户多表集抄系统，实现电、水“多表集抄”业务零的突破，开启公用事业智能化服务新模式。推广高损治理统一模式，化小高损治理单元，线路、台区异常率分别为4.03%和2.92%；落实同期线损建设重点工作，实现计量自动化系统自动统计同期线损率5.41%，趋近5.44%的理论线损值。查处违约窃电650户，追回电量121万千瓦时。购售电电子化结算比例达100%。

◎ 2018年11月18日，梅州供电局工作人员正在进行多表集抄试点改造工作

三、电能替代与市场开拓

拓展综合能源服务市场。全年累计实施电能替代项目201个，新增投运项目91个，新增替代电量2.66亿千瓦·时。大力推进充电基础设施建设，完成1个公交充电站建设，建成投运充电桩60台。与粤运公司计划合作建

设公交充电站点26个，公交站点充电桩260个，双方合作的第一个充电站——五洲城公交充电站建成投运。全年完成节约电量3580万千瓦·时，节约电力约8000千瓦。全年接入光伏发电项目1274户，装机总容量3.66万千瓦，累计发电量166.33万千瓦·时。

科技信息

一、科技创新

2018年，梅州供电局科技项目投入285万元，占营业收入比重的9%。授权专利33项，累计拥有有效专利数达47件，其中发明专利1项，同比分别增长235%、20%。形成了一批优秀的职工技术创新成果，其中，“生产设备地图展示及导航应用软件”“监控信息辅助处理系统”“基于载波通信方式的简易低压线路监测器”“一种输电线路新型智能安全工器具室”等4个研制开发项目获得广东电网公司职工技术创新奖。全年共实施研究开发类项目2项，分别是“配电通信网公网无线接入安全技术方案研究”“输电电缆敷设及附件安装质量检测研究与应用”。科技成果推广与新技术引进类项目6项，分别是：“网络拓扑排查工具”“干式空心电抗器全包封防潮工艺技术推广应用”“继电保护及故障信息系统高级应用”“低压配网电压无功统一调节器”“10千伏新型智能开关柜试点应用”“GIS局部放电在线监测系统”，以及职创项目20项。专项技术改造解决常规变电站征地难、投资大、建设周期长的难题。建设新型35千伏配电化变电站——35千伏锡坑台区变电站，实现了35千伏电源快速布点，可有效解决农村偏远山区低电压问题。

二、信息化工作

2018年，梅州供电局信息化领域在网络安全、实用化及数据治理、运维服务、技术创新、队伍建设等工作上奋力赶超，信息化水平得分85.62分，达到国内一流水平。信息中心党支部获得广东电网公司先进基层党组织荣誉称号。推进信息领域精益管理，职创项目获广东电网公司科技创新二等奖。提交信息化类专利申请25个。完成全国两会和台风“山竹”等特殊时期网络安全保障工作，成功防范“勒索病毒”等各类新型网络病毒威胁，未发生四级及以上网络安全事件。

网络信息安全。收敛省地边界外网延伸面，优化上网白名单，完成文档办公软件国产化替代。4—9月，组织开展网络安全督察活动。组建网络安全督查队伍，对各县区供电局本部以及30%以上班站所进行督查，重点督查违规私建互联网通道和Wi-Fi热点、计算机终端落实PKI登陆、防病毒、准入控制等安全措施情况、IT资产情况等内容，并督促整改落实。5月，开展多经企业网络安全整改，加强对新兴业务企业网络安全指导，严格落实网络安全防护措施。

数据质量管理。常态化开展数据质量及实用化评价工作，开展月评价和日通报。推动“数据主人制”工作落地，问题数据定位到岗、到人，整改存量问题数据10万余条，规范电子化移交流程，严控增量问题数据产生。开展信息系统数据与现场实物信息一致性的核查工作，重点稽查电子化移交准确性，全年完成8个县区供电局108个班所1487个设备共13 621个关键参数项的稽查工作，发出稽查通知书108份，推动图实、账实一致。推广生产设备地图展示及应用，完成变电站、主配网线路、变压器、营业厅等生产设备导航数据开发及培训工作，实现基层班所全覆盖，为数据质量的整改提升提供工具支持。

“云大物移智”技术探索。建成企业私有云平台，实现对培训终端，无纸化会议、营销拓展应用和全局共享等场景的全面支持，提供对竞争性业务信息系统（OA、财务等）的后端支撑。组建数据分析团队，应用广东电网公司大数据平台，开展生产域、营销域等大数据分析。完成输电杆塔分析、台区户均容量分析等9个主题分析，发布20余次分析结果，挖掘数据资产价值。全省试点开发生产域移动应用（现场作业人员资质管控系统）、人资域移动应用（便捷面试系统）。生产域、营销域、财务域、物资域等移动应用全面上线，为基层减负。完成智能化会议室前期工勘与可研设计。利用软件机器人实现营销系统工单预警及资产系统权限配置。

经营管理

一、人力资源

干部人才队伍建设。全年共调整科级干部65人次，其中，提拔17人（包括县区供电局班子成员4人）；交流48人次（机关与基层交流8人次，部门间、县区供电局之间交流40人次）。2月，对2017年度领导班子和领导人员进行综合考核评价，5月反馈考核结果和2017年度“一报告两评议”结果，同时开展干部谈心谈话，累计谈话121人次。12月，开展县区供电局干部考核评价及“一报告两评议”工作，县区供电局选人用人工作总体满意率达99.70%。年轻干部选拔培养方面，提拔“80后”年轻科级干部13人。坚持从重点难点工作中选拔和培养年轻干部、后备人才和有潜力的骨干，设置局长助理、主任助理、所长助理等岗位，“80后”及“90后”逐步走向重要及关键岗位，全局上下营造了“有为者有位，有位者更有为”的干事创业氛围。2018年共有“80后”科级干部37人，占比25%。加强干部教育培训，实施“墩苗计划”，选派16名干部到基层单位（含县区供电局）任职，注重在基层一线或者矛盾、困难突显的岗位历练干部；分层分类开展干部能力培训，20人次采取“上挂”“下派”“外训”等方式进行了培训及挂职，年轻干部的阅历、经历，处理事件的判断力、决策力明显提升。明确了党建、业务、队伍一起抓的工作思路，党务与行政、生产与经营、基层与机关干部轮岗力度不断加大，干部队伍整体向好，积极向上、求真务实的干事创业氛围更加浓厚。人才队伍建设方面，打通县区供电局技能专家选聘通道。至2018年底，梅州供电局共有管理专家9人，技术专家12人，技能专家6人。全年新选聘广东电网公司级专家1人，助理级管理专家9人，助理级技术专家5人。全年新增高级职称52人，中级职称173人，新增高级技师4人，技师102人。高技能人才比例提升至63.32%，中高级技术人才比例提升至41.55%，人才当量指标提升至0.81，创历史新高。

机构与岗位调整。推进组织机构改革调整，7月，撤销县区供电局的输变电管理所和电力调度控制中心，实现主网业务梅州供电局统一管理。推行配网调度集约化，8—10月，统一了供电所班组设置，采用营配一体化，全面融合中低压营配，以“客户经理+设备主人”网格化模式，提高客户服务水平。8—9月，县区供电局内设机构统一为“6+1+供电所”模式[1]。调整部分供电所管理规格，5月，城区城北、大埔湖寮、平远大柘、五华水寨等4个供电所的管理规模由中型升格为大型；城区西阳、大埔茶阳、兴宁叶塘、五华绵阳和梅县丙村、雁洋、畲江等7个供电所的管理规模由小型升格为中型。9—12月，梅县区范围内的程江镇、畲江高新技术产业园、新城街道办事处的供电业务以及丙村供电所调整至梅县供电局管理；梅江区范围内的长沙、西阳供电所调整至城区供电局管理。

劳动用工与薪酬福利。稳妥推进“精干高效、结构合理”的人力资源配置。严控本部定编，9月，制定了县区供电局本部2018年减编计划，目标是用3至5年时间实现减编到位，加强劳动用工管理。同月，编制用工配置业务指导书，全年结合组竞聘调整了2846位人员的岗位，主网专业化竞争上岗158名县区供电局主网骨干。吸引高素质人才到梅州供电局就业，招聘新员工126人。加快推进规范用工工作，6月，完成主网专业化、智能电表轮换和低压集抄建设工作，通过开展冗员转岗培训，将富余人员转岗补充到城区配电和边远供电所一线班组。8月，制定了主营业务岗位劳务派遣员工转岗工作方案。健全完善激励约束机制。扩大星级员工评选范围，多渠道加大星级宣传力度，增强星级员工的获得感、荣誉感和归属感，评选、表彰年度星级员工共1452人。充分发挥星级员工的示范引领作用，奖励星级班站所143个，激发广大干部员工干事创业的积极性和主动性。8月，制定中层人员薪酬待遇优化调整实施方案，统一县区供电局领导班子工资的核算和发放，为干部交流提供前置保障。12月，制定主网专业化人员岗薪级晋升方案、租房补贴方案等，盘活稳岗补贴资金，保障了主网专业化竞争上岗人员的福利待遇及晋升渠道。制定毕业生薪酬激励实施方案，对原985、211等院校或在艰苦偏远地区工作的新入职毕业生发放安家费及生活补贴，不断提高吸引和保留优秀人才的能力。建立以绩效为导向的工资分配体系，绩效工资重点向为企业“创一流”工作贡献突出的县区供电局、镇供电所员工倾斜，实现有奖有罚；鼓励减员增效，将定员定编和工资额度分解至各责任主体，采用缺员增量工资的方式，将绩效工资向缺员的班组倾斜。全面推广班组“工分计酬”考核激励模式应用，实现全市60%以上的技能班组工分制考核由班组绩效管理系统记录，降低考核成本，提高考核效率。

教育培训。全年组织开展培训330期，参培3.5万人次。其中，开展以现场练兵为主的技能人员培训202期次、1.13万人次。安全教育类培训141期次、2.27万人次。统筹建设丙村教育培训基地及供电所简易实训场，完成基地配电线路运检专业和营业用电专业实训场

◎ 2018年7月19日，梅州供电局召开2018年新员工见面会

① “6+1+供电所”模式：办公室、党建人事部、生产计划部、供电服务中心、安全监管部、工程建设部等6个职能部门和1个综合服务中心，再下设镇级供电所。

阶段性改造，实训工位从48个增长至100个。改造完成供电所简易实训场3个，全市供电所简易实训场增长至46个。坚持内训师发掘与培养，新聘广东电网公司级内训师7名，新聘地市级内训师162名，在库内训师增长至332名，同比增长44.98%，其中，在库广东电网公司级培训师15名，在库地市级培训师317名。完成内训师通用能力轮训191人次。

二、财务经营

2018年完成购电量93.01亿千瓦·时，同比增长11.65%；售电量88.21亿千瓦·时，增长12.73%。全年实现营业收入同比增长11.04%。资产总额增长8.7%；总资产周转率54.32%。固定资产报废净值率完成4.81%。“三供一业”资产接收工作顺利推进，全年改造接收7家单位15个家属区。

落实国家降低一般工商业电价政策，严格执行电价政策，全年减轻工商业用户电费负担1.1亿元。配合广东电网公司做好第二轮成本监审及输配电价测算核定相关准备工作，做好核价范围内资产、业务量的梳理及确认，统筹解决好第一监管周期遗留问题。集中管理资金，加大融资管控力度，确保资金链的安全稳定，支持生产经营。完善资金基础管理，7月，开展资金安全、会计基础和内部控制专项检查工作，强化资金安全管理和内控财务领域风险管控。着力减轻县级供电企业经营负担，推进产权清理，综合采用股权转让、财务核销、法律诉讼的方式，积极协调有关利益主体，重点清理产权存在争议、长期停业无法清算的低效无效投资。扎紧制度笼子，紧盯资金支付等关键环节，健全财务内控风险防范机制。全面完成民营企业逾期账款清付、到期应付质保金清理、合同税率变更等工作。推进“瘦身健体”专项工作，6月，制订工作方案，通过提质增效、压缩管理层级等方式提升资产质量和运营效率，统筹平衡减负债与稳投资、降电价的关系，有效降低资产负债率，连续三年保持子公司全部盈利。统筹调配预算资源，坚持“成本管控，效益否决”，既严格预算刚性执行，也坚持成本规范管理。推广应用新版《供电成本词典》《工程成本词典》和《供电成本使用手册》，成本均衡性同比提升7%以上。从7月起，推广商业汇票结算方式。做好工会等特殊资金管理工作。规范经营管理，全年累计补办产权证明200宗，完成率183.49%，列全省第三。组织开展资产清查工作，全面摸查梅州地区专线专变的供电量和资产情况，研究制定专线专变等重要资产接收策略和计划。

三、物资供应

2018年，物资采购集中度达98.51%。抓好合同税率变更、融资租赁和票据结算业务，大力清理长期物资合同，开展供应商履约评价工作。全年履约到货合同4635份。对主变、GIS设备开展履约提级管控，按照“质量优先、严格准入、量化评价、闭环管理”的原则，开展设备及原材料抽检、设备监造、到货验收和设备运行跟踪管理等工作，全年完成到货抽检35项物资、设备监造3项，完成率100%、合格率85%，对不合格设备差异化处理。规范供应商管理，刚性执行合同，加大供应商违约行为处罚，按合同约定和供应商管理办法追究供应商违约责任，对存在违约行为的3家供应商开展供应商违约行为处罚。通过大数据分析，开展储备物资品类优化，储备物资品类由年初的504种优化至402种，品类优化率达20.24%。对上半年业扩配套项目物资纳入储备情况进行深入分析，下半年调整业扩配套项目纳入储备物资策略。一级仓全面推广条形码移动技术运用，物资条目从5.8万条优化至2万条，提升现场作业效率。全年闲置物资再利用率达到91%。处置报废物资4批次，资金回收率达到70.46%，实现报废物资周期清理及零纠纷。2018年，建立省、地、县三级仓库应急储备网络，全力保障电网安全生产运行。

四、审计监督

2018年6月，梅州供电局原监察审计部分设为审计部和监察部，正式成立审计部。年内各县区供电局全部撤销监察审计部，在办公室设置审计岗。2018年，梅州供电局组织开展迎审配合1项、审计项目9项。5月，交叉开展扶贫项目资金管理审计调查。6月，开展梅州蕉岭供电局原局长刘森泰、广东先达电业股份有限公司原董事长吴向东离任经济责任审计、2018年技改修理项目效益审计和配网智能化建设管理审计。7月，开展2018年电费差错管理审计、“业扩提速”审计调查和“暖心工程”审计调查。8月，交叉开展党费使用和管理专项审计，接受广东电网公司瘦身健体提质增效（有效资产）审计调查。2018年审计抽查项目364项；抽查大用户191户、其他用户2.35万户、居民用电户4400户；审计发现问题173个，整改问题158个，整改完成率100%。

五、法治工作

积极推动电力立法，11月5日，梅州市政府常务会议通过《梅州市电力设施管理办法》，并于2019年1月1日起施行。11月，制订法治企业建设工作实施方案，从公司治理、制度建设、业务领域合法经营、法治文化建设、法律服务保障、组织领导等6个维度明确31项建设内容和50项建设标准，任务分解至市、县区、所三个层级。强化依法决策，全年开展涉法重要经营决策法律审查18项，提供兴宁黄槐电力体制改革等专项法律服务13次，融入18条风险防控措施，为企业经营管理提供全过程法律支持。加强领导干部法治教育。组织举办梅州供电局领导班子成员开展重大决策法律论证等“六个一”法治建设活动，着力提升领导干部法治意识和法治能力。于10月1日按期上线运行新合同系统，促进合同管理扁平化，全年共审查合同1976份。稳步推进案件管理，全年在办案件22宗（含往年在办），办结9宗，其中重大案件全面胜诉。挖掘市场营销、安全生产等典型案例，12月，编制了《法律案件评析及经营管理启示录》，查补管理漏洞。开展形式多样的法治宣传教育活动。编制《法律案件评析及经营管理启示录》《“七五”普法工作提升计划》，利用多种方式，广泛宣传《广东省供用电条例》《梅州市电力设施保护管理办法》。2018年，梅州供电局获得“广东省法治文化建设示范企业”荣誉称号，并在梅州市国家机关“谁执法谁普法”履职评议中以总分第一获评“优秀”等级。

改革创新

“创一流”与精益管理。9月，制订《加快创建国内一流山区电网企业工作方案》，突出目标导向、问题导向和基层导向，分层分类抓好关键指标和任务的落地执行。2018年一流指数得分90.35分，同比提升16.31分，全省排名第16位，比去年前进2位次，达到国内一流水平，比去年提升两档，全省排名第11位。县区供电局层面，城区、蕉岭、丰顺、大埔、平远、梅县、兴宁供电局达到国内一流水平，五华供电局达到网内一流水平，一流覆盖率达到100%。规范业务管理，8月，编制本地化作业标准管理业务指导书，建立全局制度管理库和法律法规库，共梳理网、省、市三级制度及业务指导书1850份，协助各部门新增、修编业务指导书295份。加强精益管理，5月，制订精益管理考核激励方案，将星级班站所、精益项目、全员自主改善优秀成果等列入奖励范围，有效提高员工干事创业的积极性和主动性。全局新增四星班站所11个、三星班站所120个。9—12月，编制部门管理手册、供电所工作手册、部门业务手册，将精益管理贯穿于业务全过程。

农电体制改革。全年，接管独立供电区域13个，其中，11个小水电自供区、2个趸售村。积极推进兴宁黄槐镇农电体制改革，提出“政府实施关停并转，供电资产和相关债权债务无偿移交”的接管方式。4月，完成了平远供电局“子改分”工作。

产业市场开拓。优化完善竞争性企业管理管控。制订《多经企业管控机制》及权限清单，明确“主业—平台—企业”的定位，建立“分层分级、有效协同”的管控体系。划分竞争性业务纵向管理界面，明确业务部门协同职责。推进竞争性企业制度建设，编制制度清单，出台物资采购管理等制度。调整竞争性企业组织机构，健全薪酬绩效体系，8月，以广东先达电业股份有限公司为试点实施。9月，设立梅州市裕信综合能源服务科技有限公司。稳妥推进平台公司实体化运作。成立平台公司实体化运作筹备组，组织开展摸底调查，全面摸清企业素质情况、治理结构、主营业务、财务状况等情况，完成各公司三年发展规划。制订平台公司实体化运营实施方案，明确关键任务、里程碑事项及完成时间，有序稳妥推动平台公司化运作和实体化运营。至2018年底，梅州供电局所属竞争性企业共16家，其中电力工程建设（含设计、监理）企业9家、综合能源企业2家、电力综合服务5家，营业收入同比增长31.95%；利润总额同比增长18.28%；减少法人数量4个，减少D类企业1个，如期完成“四个一批”总体目标。

党群工作

一、党建工作

政治建设。2018年，梅州供电局党委多次召开党委会认真学习习近平新时代中国特色社会主义思想和党的十九大精神，落实南网党组“一号文”、广东电网“1236”党建工作模式及各项决策部署要求。4月，制订落实南网党组“一号文”工作任务分解表，谋划推动各项工作落实落地。党委中心组重点围绕习近平新时代中国特色社会主义思想、习近平总书记在参加十三届全国人大一次会议广东代表团审议时的重要讲话精神、习近平总书记视察广东重要讲话精神、全国组织工作、宣传思想工作会议以及全面彻底肃清李嘉、万庆良流毒影响、以及中央第十二巡视组向广东省的反馈意见、省委第九巡视组向梅州市反馈意见、意识形态等内容组织开展学习，全年共开展集中学习6次，学习研讨4次，学法3次，撰写学习体会11篇，调研报告11篇。领导班子严格执行党课、基层联系点、双重组织生活会等制度，参与及完成率达100%。党建、业务、队伍一起抓的工作思路进一步明确，市、县区两级党委实现党政“一肩挑”。坚持服务生产经营不偏离，以“书记项目”“支部行动计划”“临时党支部”等为抓手，扎实推动党的建设与生产经营、改革发展深度融合。12月，建立了党建与业务相融合的考核体系，首次将“创一流”工作完成值、党组织“优秀值”、党员绩效“达标率”融入党的建设考核，推动党建与业务工作相融合、相促进。严格党内政治生活，8月，梅州供电局党委组织召开全面彻底肃清李嘉、万庆良恶劣影响专题民主生活会，指导督促县区供电局党委及开好专题民主生活会。基层党支部按“一季一评”工作要求常态化开展组织生活会和党员先进性测评。

组织建设。理顺党组织设置，全面实现“一局一党委”“一部门一支部”“一站所一支部”，撤销了梅州供电局本部第一党支部等44个党支部，新设立了系统运行部党总支部、办公室党支部等101个党（总）支部，完成了203个党（总）支部换届改选工作，进一步明晰了党组织隶属关系和管理界面，全年发展党员16人，无党员班组同比减少34%。至2018年底，全局共有党组织238个，其中党委10个、党总支部7个、党支部221个；共有2916名党员，同比增长1.4%，其中，在职在岗党员2141名，离退休职工党员775名。常态化开展党员组织关系排查，理顺了党员隶属关系，明确了党员身份意识。注重从生产经营骨干、一线岗位能手和热爱党务工作的党员中选拔配备党支部书记。11月，组织开展新任支部书记培训，努力打造懂生产、善经营、会管理的支部书记队伍。全面实施“党建领安”，积极倡导“党员身边无事故、无违章、无隐患”，“我要安全”逐渐成为员工的思想共识和内在自觉。12月，制订梅州供电局2018年党建工作责任制考核方案，建立了党建与业务相融合的考核体系。2018年，共有8个基层党组织和17个个人获上级党组织表彰。

◎ 2018年11月13日，广东电网公司副总经理贺金生到梅州供电局讲授党课

二、思想宣传与企业文化建设

意识形态工作。坚持党管宣传、党管意识形态，贯彻落实意识形态工作责任制，7月，出台《规范工作微信群管理指导意见》。9月，编制《突发事件舆情应对指引》，进一步规范党员干部和职工网络行为。注重思想动员，持续深入推进“两学一做”，启动“集中+自主”系统学、“线上+线下”重点学、“研讨+党课”互动学等“N+学习模式”，进一步增强了党员的学习力和执行力。注重正面引导，围绕“创一流”工作、改革开放40周年等专题传播正能量，全年在中央级媒体、省级媒体、地方主流媒体、重要的社会媒体上发稿180篇次。《“点亮幸福每一度”文化品牌的建设与实践》《文化落地基层班组的实践与探索》政研课题分别获得广东电网公司2018年度党建思想政治工作优秀研究成果一等奖、二等奖。梅州供电局被评为“广东电网公司2017年度党建思想政治先进单位”。

企业文化建设。推动文化建设与中心工作双融合双促进，构建起“点亮幸福每一度”为主题，党建“红梅变电站”品牌为底色，安全、服务、廉洁、法治等专业文化为支撑，班组文化为落脚的企业文化建设体系。班组文化建设覆盖105个供电所。2月，举办了“电亮南网梦 再踏新征程”职工文艺汇演。推动《南网总纲》落地基层，5月起，开展“道德讲堂”活动，做到“一个单位一个主题，一个月一个讲堂”，全年共举办9期活动。8月起，采取集中面授和专题辅导等形式，聚焦班组文化创建方法思路和员工压力舒缓等内容，举办了4期企业文化建设及员工心理辅导培训班。

三、党风廉政建设

纪检监督机制建设。把监督挺在最前面，巩固和完善以季度为周期的监督机制，督促市、县两级各业务领域常态化开展自监督310次、再监督19次，发现并整改问题513个。践行“管业务必须管廉洁”理念，5月，编制《党员处分期满后评价考核业务指导书》。6月，建立廉洁风险分析预控会议制度，10个业务领域组建自监督专家库、滚动修编廉洁风险库及修订“不能腐”行动方案。着力加强对“四风”问题特别是形式主义、官僚主义问题的专项整治和监督检查，全年从严查处和通报曝光10起形式主义、官僚主义问题，给予党纪政纪处分7人、诫勉谈话6人。扎实开展“扫雷”行动，发现问题61个，立案4件，给予党纪政纪处分3人、诫勉谈话3人，初步形成“纪检监察主动出击挖线索、业务领域自主监督移线索”的工作格局。监督执纪“四种形态”运用。

深化“以案治本”工作，所有自办案件均实行“一案一剖析、一案一通报、一案一建议”，按月汇编《以案释纪》学习专辑，供干部员工开展对照反思学习。各级党组织分层分类开展“四种谈话”，累计开展主责约谈208人、提醒谈话108人、谈话函询5人、诫勉谈话11人。9月7日，首次举办梅州供电局谈心谈话技能培训班，在廉洁教育月和纪律教育学习月期间重点开展“第一种形态”谈心谈话，累计全面谈4074人、重点谈3964人、交心谈108人、精准谈5人，共有29人主动报告问题，给予组织调整1人。全年运用“第一种形态”处理124人次、同比增长182%，运用“第二种形态”处理10人次、同比增长67%。

巡察监督及整改。7月，设立梅州供电局党委巡察办公室，组建308人的巡察和监督执纪工作人才库，制订巡察工作五年规划。聚焦“六个围绕、一个加强”，年内实现县区供电局党委政治巡察和供电所党支部常规巡察“两个全覆盖”，发现问题1739项、移交问题线索3件，给予行政记过5人、诫勉谈话2人、提醒谈话2人。9—11月，配合做好广东电网公司党委对梅州供电局党委的常规巡察工作。对近年来巡视巡察发现问题整改情况开展“回头看”，深化整改措施12项、督促整改问题306个、建立长效机制1项。

廉洁文化与作风建设。10月，制定供电所员工遵纪守法“十严禁”，并全面推行“廉洁交底进供电所”等举措，全方位营造廉洁文化氛围。同月，成立首个“廉洁共建工作室”，此为梅州市首例“纪企监企共建”合作。年内各县区供电局同步实现“纪企监企共建”全覆盖。打造“纪律讲坛”品牌，全年累计举办讲坛活动66期，接受现场教育6957人次。组织干部员工学习党纪法规和典型案例、集中观看警示教育专题片704场次，组织40名党员干部到广东省反腐倡廉教育基地开展体验式警示教育。通过举办廉洁从业宣誓承诺活动、全员签订杜绝酒驾醉驾和拒收拒送“红包”承诺书，促使广大员工受警醒、明底线、知敬畏。

四、工会与共青团工作

工会工作。2月6日，组织召开了梅州供电局三届三次职工代表大会暨工会会员代表大会，审议通过了梅州供电局2018年工作报告。全年组织召开了3次工会委员扩大会和1次职代联席会，先后讨论审议通过了《安全生产问责管理业务指导书（修订）》以及主配网调度、输电主网、变电主网专业化接管方案等11项事关职工利益议题。7月和11月，分别开展了2次职工代表巡视活动。全年收集采纳12条合理化建议。2018年，梅州供电局供电服务中心计量电网运维班获评2018年广东电网公司工人先锋号，生产技术部杨志强和城区供电局李灵勇分别获评为2018年广东电网公司先进工作者和技术能手。组织参加广东省职工职业技能大赛继电保护工、高压线路带电检修工（配电专业）和广东电网公司2018年变电检修、输电检修作业、汽车驾驶员等5项省级技能竞赛。梅州供电局获得精益杯变电检修技能竞赛团体三等奖。组织开展多旋翼无人机、继电保护工、变电检修作业、通信检修作业、高压线路带电作业等5个专业技能竞赛。至2018年底，累计创建广东电网公司级职工创新工作室6个，全年新增4个。积极改善工作室条件，新成立了邹练辉、靳英、李子龙工作室，充分发挥技能人才传帮带作用。职工书屋启用“无人值守、员工自助”模式，建成局本部、变电管理所2个“爱心妈咪小屋”。着力改善基层一线职工工作生活条件，2018年建成南网五星级模范职工小家1个（嘉应巡维中心）、四星级模范职工之家4个、四星级模范职工小家12个、三星级模范职工小家68个。持续推进女职工素质提升工程工作，陈文娟、陈淑娴分别获评南方电网公司、广东电网公司“巾帼文明标兵”。

共青团建设及志愿服务。开展“学党的十九大精神 做新时代合格青年”主题教育、“学习总书记讲话 做合格共青团员”教育实践。开展“万家灯火·青春点亮”等志愿服务活动191场，设立2个青马小组，共组织12次学习活动。引导基层团组织聚焦主责主业，发挥团员青年在配网自动化建设、迎峰度夏、防风防汛以及无人机技术运用等重要工作中的生力军作用，积极参与“两会”“中高考”等重大会议活动的保供电任务和抗击“天鸽”“玛娃”等超强台风灾后抢修复电工作。2018年，梅州供电局团委被授予“全国五四红旗团委”“广东省五四红旗团委”荣誉称号，梅州平远供电局团总支部被授予南方电网公司“五四红旗团支部”

◎ 2018年9月11日，梅州供电局举办“改革开放四十载 青春建功创一流”主题团日活动，团梅州市委副书记古孟青（左三）为梅州供电局团委授“全国五四红旗团委”牌匾

荣誉称号，梅州供电局电力调度控制中心团支部被授予“梅州市五四红旗团支部”荣誉称号；廖金威获评省直单位“最美志愿服务人物”荣誉称号；李嘉君获评梅州市优秀团干、李慧华获评梅州市优秀团员。

五、扶贫工作

助力做好五华县横陂镇西湖村（广东电网公司定点帮扶的贫困村）扶贫工作。积极主动完成梅州供电局和7个县区供电局的脱贫攻坚任务，定点帮扶11个贫困村，其中1个为梅州供电局参与帮扶且承担帮扶主要责任（派驻第一书记）的帮扶点省定贫困村兴宁市罗浮镇勤光村；其余10个是梅州供电局参与帮扶的扶贫点，分别为梅县区松口镇涧田村，蕉岭县南礤镇多宝村，丰顺县黄金镇芹寨洋村，茶阳镇浒田村、大觉村、乌石村，兴宁市石马镇石岌村，平远县热柘镇上山村，五华县河东镇油田村、平西村。重点做好定点扶贫和党建扶贫工作，全年共投入174.9万元（含各县区供电局扶贫点），充分发挥党建引领行业优势引进光伏项目，统筹种养殖业，大力发展集体经济，坚决落实乡村振兴战略开展新农村建设，探索建立帮扶村扶贫项目二次分配机制和发展产业造血脱贫，打造带不走的工作队，稳步实现“两不愁、三保障、一相当”，2018年西湖村脱贫率为96%，勤光村预脱贫率为100%。

阳江供电局

企业概况

一、组织沿革

阳江供电局为广东电网有限责任公司直属中型一类供电企业，前身是广东省广电集团有限公司阳江供电分公司，2005年5月更名为广东电网公司阳江供电局，2014年9月更名为广东电网有限责任公司阳江供电局。

二、经营范围

阳江供电局作为统一管理阳江电网的企业法人，主要负责阳江市下辖城区、阳东、阳春、阳西、海陵岛供电局等5个县（区）供电局范围内的电网建设、运行、管理和经营业务，为地方经济社会发展和人民生活提供电力供应和服务。截至2018年底，供电面积7956万平方千米，供电人口255.56万人，供电客户106.96万户，营业网点48个。

三、电网规模

截至2018年底，阳江电网有35千伏及以上变电站67座，主变压器129台，容量共1055万千伏安，输电线路174回，总长3172.401千米。其中，500千伏变电站2座，主变压器15台，容量共450万千伏安，输电线路15回共512.291千米；220千伏变电站8座，主变压器16台，容量共282万千伏安，输电线路26回共891.556千米；110千伏变电站45座，主变压器77台，容量共307万千伏安，输电线路102回共1412.573千米；35千伏变电站12座，主变压器21台，容量共16万千伏安，输电线路31回共355.981千米。

四、组织机构

根据广东电网公司组织机构规范化设置的要求实际工作需要，2018年，阳江供电局对组织机构进行了调整：6月25日，党建工作部更名为党建人事部（直属党委办公室、团委、新闻中心），原人力资源部的干部管理职能、原办公室的新闻对外宣传职能调整至党建人事部；监察审计部（纪委办公室）分设为监察部（纪委办公室、直属纪委办公室）、审计部。生产设备管理部更名为生产技术部。撤销法律中心，其业务由企业管理部直接管理；撤销培训与评价中心、节约用电服务中心、主网项目管理中心，其业务调整至相应二级机构；离退休服务中心不再挂靠工会。成立综合服务中心（离退休服务中心），整合员工服务、离退休服务、员工培训支持等业务；成立供电服务中心，整合原计量中心、客户服务中心、营销稽查中心、节约用电服务中心等机构及业务；成立电网规划中心、项目管理中心。

至2018年底，阳江供电局内设14个职能部门、9个二级机构、5个县（区）供电局。具体如下图所示。

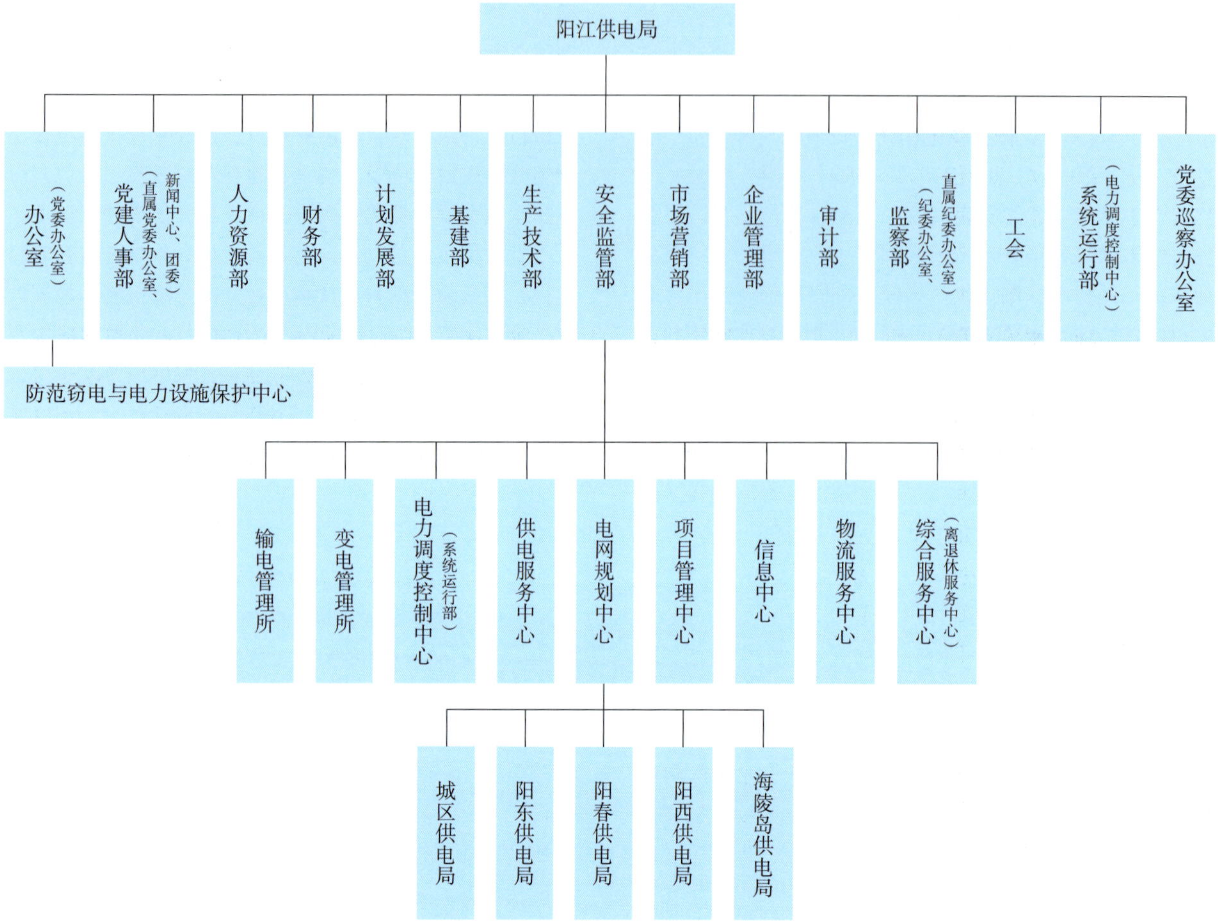

五、领导班子

2018年，根据广东电网公司党委决定，阳江供电局领导班子调整如下：5月22日，陈剑锋任党委书记、执行董事（广东电网公司副总师级），免去其党委副书记、局长（广东电网公司副总师级）职务；褚法玉任党委副书记、局长（总经理）；杨炼条任调研员，免去其党委书记职务；刘祥任党委副书记、工会主席，免去其副局长职务。

至2018年底，阳江供电局领导班子成员如下：

党委书记、执行董事（广东电网公司副总师级）：陈剑锋

党委副书记、局长（总经理）：褚法玉

党委副书记、工会主席：刘祥

党委委员、纪委书记：梁奇峰

党委委员、副局长：王清玲

党委委员、副局长：罗涛

党委委员、副局长：刘成峰

六、人员状况

截至2018年底，阳江供电局共有职工2248人，其中博士1人，硕士76人，本科生998人，专科生695人，中专及以下学历的488人；已取得专业技术资格人员共1068人，其中高级职称78人，中级职称450人，初级职称540人；已取得技能等级共1886人，其中高级技师32人，技师288人，高级工1277人，中级工217人，初级工72人。

十件大事

（1）1月1日，据统计数据，阳江供电局2017年供电量达100.66亿千瓦·时，同比增长7.25%，首次跻身年供电量百亿俱乐部。

（2）3月29日，阳江供电局被广东省司法厅评为2017年“广东省法治文化建设示范企业”称号，为阳江市唯一一家获此殊荣的单位。

（3）4月12日，阳江500千伏回隆变电站工程荣获“2018年度中国南方电网优质工程奖”，此为阳江供电局

在工程建设领域，首次获得南方电网公司级别的奖项。

（4）4月26日，阳江供电局西平营业厅经改造升级后正式对外开业，是全市首个实现全自助功能的智能营业厅。

（5）5月31日，阳江供电局智能电表轮换和低压集抄建设工作全部完成。此项工作历时近3年，共计安装84万智能电表，实现智能电表在4区1县的全覆盖，开启了智慧用电新时代。

（6）6月7日，阳江供电局与南方电网综合能源有限公司签订了综合能源服务合作框架协议。双方利用各自的资源优势，共同开发综合能源服务项目。

（7）9月15—19日，受台风“山竹”影响，阳江地区遭遇30年一遇的突发洪水，共造成全市105条10千伏线路停运，46.11万户用户停电，阳江供电局启动防风防汛I级应急响应，累计出动5468人次、1510台抢修车辆、18台应急发电车、30台应急发电机开展抢修复电。

（8）11月29日，阳江供电局在全省首推移动端“7100”应急物资服务平台，通过应用仓储移动作业实现了物资供应效率提升。

（9）12月5日，阳江市召开2018年全市电力工作会议，广东电网公司与阳江市政府签订了《加快电网规划建设、发展绿色能源基地战略合作框架协议（2018—2022年）》。根据协议，2018—2022年广东电网公司将在阳江进行电网建设及改造，新建、扩建110千伏及以上变电站22座。

（10）12月12日，阳江供电局完成海陵岛保利小区2433户用户多表集抄改造，标志着阳江市首个多表集抄项目正式竣工，助力阳江市智慧城市建设。

电网发展

一、电网规划与前期工作

主配网规划。1月，组织修编“十三五”电网规划项目储备库，整合基建、技改、修理等工程项目，形成1961个项目群并统筹推进建设。以配网规划督查结果为导向，推进“四个专项”清理，实现中压线路典型接线比例94.86%，配网可转供电率77.65%。2月，成立市、县两级规划攻坚组，开展“四个专项清理”工作[①]，清理重过载问题189项、低电压71项、首端联络1项、同站母线环网3项。整改配网规划建设专项督查问题47项，规范配网规划建设运营。7月，制订配电网规划建设技术细则，促进配网规划标准化、流程化。8月，成立电网规划中心，全面加强电网规划的专业力量和组织。落实电网规划工作体系要求，11月，确立“以客为本、问题导向、高瞻布局、差异规划、落地有效、精准投资”的阳江供电局电网规划价值观。12月，建立新“一镇一册”工作机制，落实项目日常储备，进一步提升规划的科学性。同月，促成阳江市政府与广东电网公司签订《战略合作框架协议（2018—2022年）》，奠定未来五年规划建设、应急保护、综合能源等方面合作基础。明确地块预留变电房面积计算方法和布置要求，采用地上配电房，加强配电房防洪防涝能力，提升网架设备水平。按照保底电网设防标准，进一步优化完善电网规划项目，调整500千伏阳江核电接入系统二期工程、阳江110千伏石湾至金郊线路工程纳入了保底电网规划。

海上风电接入规划。2018年是阳江海上风电全面提速的一年，海上风电一期项目共130万千瓦，拟规划分别接入220千伏平地变电站及220千伏汇能变电站。全年核准的风电新增装机容量为1000万千瓦。全年开展500千伏芷寮至回隆线路工程（阳江段）、220千伏阳江南鹏岛（中广核和中节能）海上风电一期接入系统工程、220千伏阳江沙扒（粤电和三峡）海上风电一期接入系统工程等28项工程的前期工作。其中，广东省重点项目220千伏阳江南鹏岛（中广核和中节能）海上风电一期接入系统工程、220千伏阳江沙扒（粤电和三峡）海上风电一期接入系统工程、广东粤电阳西织篢农场21队光伏农业综合利用示范项目接入系统工程、110千伏军田（七星）输变电工程项目前期完成了可研、核准等工作。

前期工作。推动前期工作分级管理，发挥电网建设联席会议机制效用，推动完成回隆变电站配套220千伏线路工程回坝线、海陵岛第三回110千伏线路工程等5项“老大难”项目建设任务，促成市、县（区）、镇三级政府与供电联动电网建设格局。

◎ 2018年12月5日，广东电网公司与阳江市政府签订战略合作框架协议

① “四个专项清理”工作：是指对重过载、低电压、首端联络、同母线环网四个方面进行清理。

二、工程建设与管理

2018年，阳江供电局共完成固定资产投资11.69亿元，投资计划完成率101.26%。其中，主网建成投运110千伏及以上项目11项，完成投资1.67亿元，同比减少10.27%。新增变电容量4万千伏安，新增输电线路长度240.47千米。配网建成投运项目614项，完成投资6.7亿元，同比减少18.02%，新增配变容量20.68万千伏安，新增10千伏线路长度654千米。小型基建建成投运项目10项，完成投资5600万元，同比增长245.9%。

主配网工程建设。主网重点工程完成情况：6月4日，110千伏深茂铁路平岗牵引站供电工程、110千伏深茂铁路合山牵引站供电工程竣工投运；9月25日，110千伏书村（沙扒）输变电工程竣工投运；9月26日，220千伏登高（高新）输变电工程竣工投运；9月27日，220千伏旗鼓岭（潭水）输变电工程竣工投运；10月24日，散头咀风电场接入系统工程、海陵岛第三回110千伏线路工程竣工投运；11月25日，110千伏永安（溪头）输变电工程、220千伏蝶岭变电站至孟槐变电站（至恩平变电站）单回线解口入凌霄变电站线路工程竣工投运；12月30日，220千伏回隆（阳西）变电站配套220千伏线路工程竣工投运。配网建设，全年投运配网项目585项，其中农网改造升级项目526项、省定贫困村项目46项、小水电自供区改造项目11项，服务乡村振兴战略，12月完成88个省定贫困村电网升级改造，“三大指标”提前达到国家要求，改善农村电网薄弱局面。落实“暖心工程”，大力推进河朗、田畔、上洋、合山、松柏、三甲、陂面、城郊、春成、石望等10个供电所技术业务用房项目建设。

工程质量管理。严格落实主网“统一建设”实施方案，广东电网公司示范项目110千伏永宁变电站第二台主变扩建工程较原定计划提前一个月完工。实施“安优文3610”创建活动①，其中，500千伏回隆变电站达网优工程标准，220千伏蝶孟乙线工程、110千伏银河（白沙二）变电站达广东电网公司样板工程标准。4月，500千伏回隆变电站工程获评“南方电网公司优质工程”；12月，城区供电局中医院充电桩工程获评“广东电网公司金质样板工程”；阳江阳春供电局河朗供电所技术业务用房等3项工程获评“广东电网公司样板工程”。

① “安优文3610”创建活动：3个主网项目达相应创优标准，每个县区供电局各6个项目达到广东电网公司样板工程标准，10个小型基建项目达到广东电网公司样板工程标准。

电网运营

一、电力供应

2018年，阳江全社会用电量119.94亿千瓦·时，同比增长6.85%。阳江境内电厂装机容量941.534万千瓦，同比增长17.83%，其中火电容量252万千瓦；核电容量543万千瓦，同比增长25%；水电容量32.016万千瓦，同比下降1.34%；风电、光伏、生物质等新能源容量114.518万千瓦，同比增长42.81%。全年上网电量509.29亿千瓦·时，同比增长15.86%，其中火电上网电量121.90亿千瓦·时，同比增长12.29%；核电上网电量367.80亿千瓦，同比增长17.41%；水电上网电量8.66亿千瓦·时，同比增长10.36%；风电、光伏、生物质等新能源上网电量10.93亿千瓦·时，同比增长10.31%。全年电力供应形势平稳有序，统调电力负荷1次创出历史新高，最高负荷出现在5月28日，为177.5万千瓦，同比增长0.97%；全年平均负荷率为71.9%，同比提高6.88个百分点；最大负荷率90.88%，同比降低4.15个百分点；最小负荷率59.26%，同比提高4.5个百分点。丰水期间，实现水电全消纳。清洁能源并网通道容量裕度充足，未发生因网络受限而影响清洁能源消纳的现象。全年未发生有人为责任的“弃水、弃风、弃光”问题。

二、电网运行

系统运行风险防范。3月，制订2018年系统运行风险控制措施任务分解明细表。开展35千伏及以上刀闸远方操作，实施率61.3%，成功率99.5%。开展42座变电站的远方投退重合闸功能改造，完成率66.67%。12月，正式实施“调监控合一”值班模式，有效提高停复电效率。推行配网技术支持平台网络发令，缩短调度发令时间。打通配网调度自动化系统、技术支持平台和“6+1”系统，实现配网故障信息在配调、配抢和客服之间的融合应用与自动流转，提升配网故障处理效率，缩短故障停电时间。9月，完成应急指挥中心升级改造，与属地政府、机巡中心建立联合应急机制，有效应对台风“山竹”和罕见洪水灾害，72小时内完成全面复电，没有发生重要用户停电。

生产运行与设备管理。实施35千伏设备健康度提升行动，实现了台风期间35千伏及以上变电站零失压。率先完成GN30大电流开关柜改造，提高了10千伏设备的供电可靠性。7月，与市住建局联合出台配电房建设技术规范，从源头杜绝新建配电房水淹风险。执行“每个停电都有人盯”全过程联动管控机制，提级审核重大影响停电计划59项，推行带电作业、发电车保电，预安排停电时间同比减少62%。开展树障清理和线路重复跳闸问责，安装投运自动化开关596台，减少用户挂灯笼现象103处，故障停电时间同比减少48%。8月，成立配网无人机巡视小组，组织无人机集中培训，新增持证飞手55名。9月，与机巡中心建立应急联动机制，利用无人机开展灾前特巡和灾后勘查，提高抢修复电效率。

可靠性管理。推动“四个统一”落地，8月，建立施工停电指标源头管控机制，整合基建、技改、修理项目建设停电需求，解决工程数量多导致停电难统筹的问题，有效减少预安排停电时间。2018年阳江供电局综合电压合格率100%，城镇居民端电压合格率99.999%，农村居民端电压合格率99.999%；中心城市（区）用户平均停电时间1.772小时，城镇用户平均停电时间6.945小时，农村用户平均停电时间15.338小时，全口径用户平均停电时间10.552小时；110千伏及以上架空线路可用系数99.912%，110千伏及以上变压器可用系数100%，110千伏及以上断路器可用系数100%。客户平均停电时间10.23小时，同比减少57%；1小时区域客户平均停电时间1.59小时，同比减少68%。中压线路故障跳闸率2.94次/百千米，同比降低55%。

三、安全生产

2018年，阳江供电局全面实现了“两个确保，三个杜绝，四个不发生，一个减少”的安全生产目标，全年未发生电力事故，同比持平；共发生五级及以上事件8起，同比减少4起；其中未发生二级事件，同比持平；三级事1起，同比增加1起；四级事件1起，同比增加1起；五级事件6起，同比减少6起。未发生社会人员触电事件，同比持平。未发生重复配网事件。百万工时工伤意外率1.57人次/百万工时，优于计划值。

安全监管。4月，制订2018年安全监管重点工作计划，充分发挥市县两级督查力量，全面加强安全督查工作。全年完成安全督查6690次，违章发现率5.34%，358起问题全部完成整改。坚持以“三个关键”为抓手，应用配网抢修、配网跳闸、停电管理、应急协调、可视化监督5大微信群，引导督促各级人员到点到位，大力推广应用现场作业风险可视化平台，从9月起，系统应用关键指标（作业计划录入率、勘察关联率、人员到位率）未被通报连续两周排名最后。运用“一天一违章实例”“一月一整改”通报机制，督促问题整改到位，提升现场作业人员的安全意识。

风险隐患排查。7月，开展汛期涉电安全隐患专项整治工作，促成市政府明确公共用电设施“产权归谁，责任归谁”原则，厘清了行业、属地监管责任，整改安全隐患783项，完成率100%。加强安全隐患专项治理。从1月起，组织开展配网设备隐患专项排查治理、乡镇供电所防范人身事故安全隐患排查、防范社会人员触电等安全隐患排查、供电设施触电安全隐患排查，发现隐患945项，完成整改945项，完成率100%。深化政企合作的线行清理模式，完成清理树障683亩。强化生产项目外包作业清单式管理，刚性执行安全许可准入机制，常态开展生产项目安全督查，对检查发现问题开展销号整改。根据承包商违章扣分进行责任追究，落实承包商资信奖惩。全年未发生轻微伤级及以上事故事件，五级事件同比减少6起，未发生社会人员触电事件。

体系建设与安全文化。稳步推进安风体系建设，全年完成766份体系相关制度、业务指导书和作业指导书的梳理与修编，以岗位职责、制度要求、业务指标、绩效考核四联动压实各层级体系建设责任，强化落实体系内、外审问题整改，整改完成率100%，有效提升体系运转机制与专业工作质量。建立“阳光”安全文化品牌，以落实企业安全生产责任制为主线，重点从理念引领（阳光之亮）、制度保障（阳光之暖）、行为规范（阳光之洁）、氛围营造（阳光之彩）四大方面提炼和不断丰富“阳光”①安全文化。对安全理念、安全制度、安全环境、安全行为、安全教育、应急管理、激励制度、全员参与和持续改进9大要素进行良性有效干预，全面提升员工安全意识和安全能力。2018年阳江供电局荣获广东省安全文化建设示范企业荣誉称号。深化“暖心工程”、开展环境与职业健康风险普查及检测，改善员工衣食住行条件，为员工创建安全、文明、舒适的工作生活环境。

◎ 2018年5月17日，阳江供电局在阳江市名扬广场开展电力设施保护宣传活动

① 在粤语、阳江方言中，“阳光”与“阳江”谐音。

市场营销

一、优化营商环境与客户服务

优化营商环境。积极落实电价调整、市场化交易、减税降费清退临时接电费等政策，其中一般工商业电价同比降幅达11.82%，减少全市企业电度电费7500万元（含税，下同），清退临时接电费3800万元，累计减轻企业电费负担5.33亿元，有力支持企业客户的发展。12月，完成“一户一表”小区改造，共接收改造44 882户，提前完成国企家属区“三供一业”接管和维修改造工作。8月，制订提升供电服务水平优化电力营商环境执行方案，制定措施8条，凝聚市场、计划、基建、物资四方合力，有效破解业扩配套项目审批环节多、物资供应效率低、建设耗时长三大问题，中、低压业扩报装平均用时分别缩短至62天、7.9天，同比分别大幅减少45%、40%。大力推广互联网统一服务平台，平台关注客户数突破43.5万人，非现金缴费率99.46%。推行“互联网+”业务办理和业扩工单“主人制”，互联网业务比例由30%提升至74.01%，实现客户办理常规业务“一次都不用跑”，非常规业务“最多跑一次”。

客户服务。制定有责投诉问责标准，落实诉求提级、风险防控、重复诉求管控机制，有效传递投诉管控压力。利用电视台、微信群等大力宣传抄表“双改单”，落实电费投诉风险措施，提前完成2018年度电费回收指标挑战值。发挥全方位服务管理委员会的作用，形成营销、基建、生产联动的客户管控机制，重点解决抢修慢、停电多等投诉热点问题，有效提升全专业服务意识。4月，建成首个全自助智能化营业厅（西平营业厅），实现业务办理智能化。5月，实行服务调度与配网调度合署办公，快速响应客户诉求，提升故障处理效率。完成全市552户市场化交易用户双终端改造工作，受到广东电网公司表扬。推进营业厅向客户体验厅转型，全年“12398”投诉量同比持平，全省排名并列第4。“95598”客户投诉量同比下降40.7%，降幅排名全省第7。第三方客户满意度得分86分，排名全省第7，连续十年被评为地方政府机构公众满意度第一名，连续三年达国内一流水平。

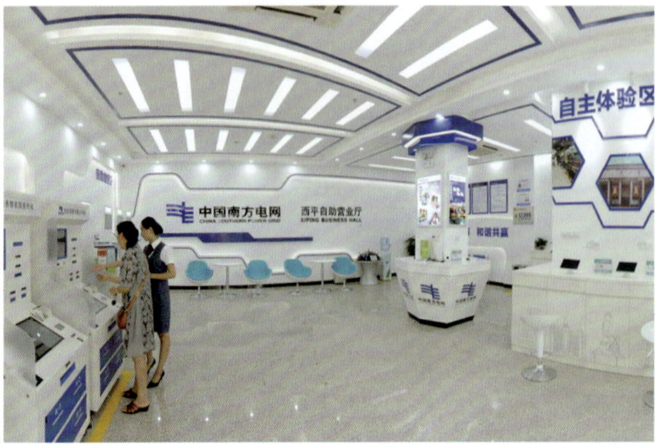

◎ 2018年4月26日，阳江供电局西平营业厅改造升级后对外营业。这是阳江市首个实现全自助功能的智能营业厅

二、营销基础管理

2018年，阳江供电局完成供电量108.99亿千瓦·时，同比增长8.91%；售电量106.32亿千瓦·时，同比增长8.4%。

“两个全覆盖”与“两集中”工作。严格执行“三个一片”标准，至5月底，全面完成智能电表轮换和低压集抄项目建设，累计轮换智能电表约84万只，建设低压集抄约100万户，推进营销业务模式转型升级。通过采用电力载波、无线微功率等低压采集技术方案，全面实现了低压电表日表码自动采集，同时利用采集终端（集中器）和智能电表的功能，实现了宽带台区低压电表每小时电压采集。7月，实现全面取消人工抄表模式，建立了“省客服中心+供电所”两级集中核算体系，实现电费抄核收自动化流水线作业。采用北斗卫星通信技术、电力载波信号转换技术，全面解决边远地区、地下室无三大运营商公网信号导致自动抄表失败问题562个。全年抄表成功率和电子化结算率保持在99%以上。

线损管理与反窃电。2018年，阳江供电局10千伏及以下线损率为3.74%，同比下降1.98%。建立了围剿高损线路、高损台区工作机制，通过基础档案整改、线损用检工作联动、降损工作检查考核等措施的落实，完成广东电网公司监控的16条高损线路、324台高损台区降损工作，整改完成率100%。全量高损线路占比为7.63%，同比下降3.5个百分点，全量高损台区占比为15.39%，同比下降25.81个百分点。全覆盖的开展在线稽查，对年初在线规则筛选出的35万个样本进行全覆盖核查，稽查发现问题并完成整改样本23万个，整改完成率100%。从严动真开展营销问责，共发现营销差错73宗，其中较大营销差错3宗，一般营销差错70宗，未发现吃拿卡要等违纪行为，共问责处理112人。利用计量自动化系统、营销系统大数据，结合高损线路、台区进行分析，针对性开展窃电、超容查处；重点开展了对名称含有“公司”字样执行居民电价客户的专项整治。2018年完成违窃用电查处142宗，维护了正常的供用电秩序。

科技信息

一、科技创新

2018年，阳江供电局科技投入771.74万元，占营业收入比重的1.35%。其中，研发类项目投入554.56万元，占科技投入71.86%。全年新增专利申请58项，新增授权专利42项，累计拥有有效专利数达53件，同比提升382%。其中发明专利1项，实现授权发明专利“零”突破，每亿元营业收入有效专利拥有数指标为0.92。获广东电网技术改进贡献奖2项、职工技术创新奖7项。

专利、科技项目申报与布局。2月，编制专利提升专项工作方案。立足实际生产工作，定期开展职工创新“金点子”征集评比活动。瞄准广东电网公司“创一流”关键指标提升目标，挖掘各专业生产经营导向性问题，提升项目策划精准度，共形成“创一流”精益项目137项。续建研发类科技项目4项，成功申报“电缆局放检测培训技术研究与示范应用”“区域分布式储能系统提高配网新能源发电并网性能技术研究”“考虑运行不确定性的电力电子化源—网—荷—储仿真建模与误差分析研究”“计及交通网的阳江地区电动汽车充电站选址定容研究”4项研发类科技项目。

创新与科技成果应用。建立党委联系服务专家机制，鼓励职工创新创效，获得省级及以上科技奖励36项、省部级QC奖励9项、授权专利53项。深化科技成果推广转化及应用，申报广东电网公司劳模创新工作室1个。职工创新成果“变电设备鸟巢带电清除工具”成功进入广东电网公司A类职创成果推广目录。遴选南方电网、广东电网公司新技术成果试点应用目录，开展新技术成果试点应用项目8项，其中配电类4项，输电类1项、变电类2项，系统类1项。推广应用阳江供电局B类职创成果5项，完成科技成果和知识产权的价值转化。

二、信息化建设

2018年，阳江供电局信息化整体水平快速提升。17个重点业务领域信息支持系统建设取得突破性进展，营销、生产等主营业务支持度达到100%；建成1000号IT服务中心，打造统一的信息运维服务体系。完成营配一体化平台和企业驾驶舱的建设，深化了信息化建设和管理水平，为推动阳江供电局管理方式的转变，促进业务管理水平的提高提供了信息技术支持。

网络信息安全。2018年，在信息安全领域着重提升全员信息安全意识，采取电子海报、宣传易拉宝、安全警示画册等形式分别对阳江供电局各层面员工实现不同层面的精准培训；常态化开展了信息安全双盲应急演练检验、实测信息运维人员的应急处置能力，为应急事件处置实战提供实践依据；全面落实了违规互联网通道排查、紧急高危漏洞处置、系统风险整改等工作任务。管控上网行为，杜绝敏感信息泄露事件的发生。完善各单位网络安全评价机制，通过绩效工具和评价机制提高全员树立信息安全意识，做到提前预警信息安全事件。完成“信息安全零事件、信息系统运行零故障、敏感信息在公司计算机网络中的零泄漏”三个零总体工作目标。

系统应用和数据实用化。全面推进“6+1”企业管理信息系统深化应用，重点开展大数据平台及数据质量治理，信息安全技术、IT资产管理等信息技术的培训。以考核为抓手持续提升系统数据质量及实用化水平。开展数据质量提升考核及整改工作，全过程做好数据“全生命周期”的管控工作。追根溯源寻找“数据主人”，将数据质量管理责任切实落实到部门和个人的绩效考核上。开展协同场景治理。组织生计、市场、财务、人资、计划、基建、物流等业务部门针对财务系统、资产系统（生产、物资、基建、项目、投资计划）、营销系统、人资系统、数据资源管理平台、4A、培训与评价系统七个业务系统的230个协同场景开展治理，实现协同场景活跃率95%的满分目标。

提升IT服务质量。以IT服务指标为抓手，紧抓1000号在服务方面存在短板，制定指标提升方案，持续落实指标提升工作，加强指标监控，提升1000号服务水平。尤其是“6+1系统工单处理及时率”指标，并保持在100%，同比提升5.25%；一线解决率75.73%，同比提升14.43%；呼损率0.14%，同比降低升1.03%，其他各项指标也有显著提升。运维服务深入基层。通过IT资产盘点、信息安全检查、IT现场服务等方式，常态化开展对基层IT服务。

经营管理

一、人力资源

干部人才队伍建设。坚持党管干部原则，完成人员最多、幅度最广、力度最大的干部集中调整，共提拔科级干部17人、股级干部33人，调整交流干部93人次，切实做到“人尽其才，才尽其用”。全力打造年轻化干部队伍，2018年，共提拔10名“80后”科级年轻干部，选派5名科级年轻干部到基层任职。“80后”科级干部共28人，占比高达32.95%，每个县区供电局领导班子中都配置了“80后”年轻干部。推进区域联动计划，输送5名年轻科级干部以及6名年轻人才到江门供电局进行挂职锻炼，促年轻人才发展。始终坚持凭德才凭实绩选人用人，激发队伍活力。全年组聘工作7次，竞聘工作8次，层级晋升91人，层级下降27人，实现“能者上、平者让、庸者下”，人员能上能下成为常态。高技能人才比例首次突破80%，抽考合格率96.65%，同比提高7.09%；岗评一次通过率70%，高于全省平均水平50%左右。首次通过区域联动与粤西四区合作培养，实现广东电网公司级技术、技能专家“零突破”，助理级技术技能专家县区供电局全覆盖，其中，技术专家14人（其中广东电网公司级1人），增幅达2倍，管理专家4人，技能专家41人（其中广东电网公司级1人），专家队伍进一步壮大。全年新选聘广东电网公司级专家1人，助理级管理专家1人，助理级技能专家35人。全年新增高级职称18人，中级职称103人，初级职称52人，新增高级技师8人，技师62人。高技能人才比例提升至80.7%，中高级技术人才比例提升至40.6%，人才当量指标提升至0.94，创历史新高。

劳动组织与薪酬绩效。7月，优化调整各级机构，完善各级机构功能定位及岗位、班组设置，理清职责界面，共新增1个职能部门，3个二级机构，新增33个班组，提升专业化管理水平。结合管理实际需要，坚持精干高效，规范设置各县区供电局的组织架构，对29个供电所组织规模重新划型。4月，稳妥推进主网专业化管理人力资源优化工作。结合主网设备接收及管理要求，通过竞争上岗方式，择优选用74人到主网工作，进一步理顺主网专业化管理后人员管理关系。常态化开展组竞聘，实现人员能上能下。完善激励机制，践行“三个不一样”的绩效理念应用员工绩效考核新模式，深化班组绩效系统和“工分计酬”模式的应用。1月，积极探索和推广专业技术人员量化考核新模式，细化A和B等级划分，增加绩效考核维度，推进差异化激励。强化竞争性业务工作指导与监督，建立健全竞争性业务市场化用工及薪酬分配机制，围绕“效益决定工资、效率决定用工、业绩决定用人”的思路，9月，赋予竞争性企业在市场化用工及薪酬管理方面更大的自主权。12月，规范技能类岗位聘任管理，首次将个人绩效考核纳入岗位晋升管理。建立多元化激励约束机制，出台并落实精益管理考核激励、偏远供电所员工薪酬倾斜、优秀毕业生生活补贴、专家津贴、星级员工津贴等各种激励措施。完善员工认可的非物质激励菜单，全员参与率95.93%，同比增长47.42%。

教育培训。始终坚持以问题为导向，针对员工短板，精准推进转岗适岗培训，常态化开展岗评抽考，加快各级培训资源建设，高技能人才比例、抽考合格率、岗评一次通过率“三低”得到较好扭转。全年组织培训367期，共10 376人次，助推员工适应岗位新要求。分层级组织各类专项培训，针对性提升员工短板。全年开展“转作风，强能力”专责轮训8期，基层党支部书记轮训3期，精益管理培训2期，营销班组长培训1期等，针对性提升员工业务水平和适岗能力。开展多专业、多批次的岗位胜任能力技能维度考试22次；开展集抄运维转岗人员“模块化”岗评，解决员工差异化评价需求；采取岗位履职考核的方式“精准化”开展技能人员复评，完成率及合格率均为100%。抽考比武合格率96.55%，同比提高7.09%，全省排名第七。注重培训软硬件建设。7月，建成专家楼以及新电教室，优化科研和教学环境，以“匠心、传承、创新”为主题打造具有阳江供电局特色的专家品牌课程，发挥专家“传帮带”的作用。推进实训场建设，“一所一场”建设覆盖率达100%，初步形成5个中心实训场和26个供电所简易实训场的实训场布局，为基层员工提供更为便捷的培训资源。加强内训师队伍建设，在库内训师达126人，较2017年新增54人，实现各专业序列和班组全覆盖。提升内训师整体素质，中高级职称人数从33人增加到58人，技师及以上技能等级44人增加到65人。

二、财务经营

全年营业收入同比增长6.79%。供电成本同比增长12.13%；“两金”余额同比压降4.58%。报废资产净值率9.88%、同比下降1.67个百分点。全面承接推动瘦身健体提质增效工作。2月，制定并推广应用《预算编制、调整及使用申请业务指导书》，优化预算业务计划，供电成本预算完成率100%。增强资金支付时序管理，推广票据结算业务，资金计划准确率98.76%，比目标值高0.76%；深度推广远程缴费方式，非现金缴费率达99.46%，同比提升2.18%；严格落实降低一般工商业电价政策，降低用户用电成本8100万元；6月，制定“1+6”工作方案，细化92项工作举措，坚持价值引领，完成各项指标和工作目标，按期完成阳春怡电电子制品有限公司股权清理。统筹安排预算资源，引导资源解决最迫切的问题，电网基建项目总投入8.26亿元，完成主网工程项目8项，投运配网工程项目共585项，全面完成88条省定贫困村等农网改造升级任务，配网可转供电率提升至77.65%，营销技改投入5300万元，完成智能电表和低压集抄“两个全覆盖”，抄表成功率保持在99%以上；全面完成民营企业逾期账款清付、到期应付质保金清理任务。提高有效资产管理水平，全面开展主网基建工程项目经济性评价工作。解决了一大批办证遗留问题，补办产权手续135宗。

三、物资供应

物资采购。严格执行采购计划，规范组织采购工作，提升采购效率和效益，采购集中度达97.89%。进一步整合采购项目，加强对需求计划审核与业务培训，使采购项目数量同比降至180个，提高了采购效率，节约了采购成本。稳步推进合约及品控管理，确保物资供应效率与质量。推行履约主动管控，每月在公告板发布物资合同履约情况，对物资供应进行供应前、供应中和履约问题进行管控，保障了电网建设项目物资的及时供应，特别是确保了阳江220千伏登高二变电站输变电工程等主网项目的顺利开展。通过开展物资设备监造，实现110千伏永宁变电站第二台主变扩建35千伏断路器、110千伏断路器、110千伏变压器，银河（白沙二）输变电工程110千伏断路器、110千伏变压器，110千伏闸坡变电站综合改造110千伏变压器3个主网项目6项关键设备的零缺陷移交。通过到货抽检、专项抽检，实现10千伏配电变压器、10千伏电缆、10千伏隔离开关、角钢塔、配网自动化站所终端等配网物资169个样品的零缺陷移交。

仓储配送。优化业扩配套项目储备物资的管理，修编业扩储备物资方案，实行“常规物资库存储备、大型设备合同协议储备、非标金具转乙供”的储备策略，优化物资申购、调拨流程，实现了业扩配套项目储备物资14个工作日内供货到位。推广条形码技术在各级仓库的应用工作，年初实现了一二级仓库所有库区内运用条形码技术进行仓储业务的移动作业，提高了仓库现场作业效率。6月，实行一二级仓库项目物资“班车制”预约领料机制，完善了各级仓库与物资使用部门、施工单位的沟通平台，提高电网建设物资出库领用的计划性和效率。11月，在全省首推移动端“7100”应急物资服务平台，实现手机移动端申报应急物资需求，提升了应急物资供应效率。依法依规开展逆向物流管理，闲置物资再利用率达99.8%，全年完成5批次报废物资处置。

四、审计监督

9月，阳江供电局原监察审计部分设为监察部和审计部。全年开展专项审计及调查共10项，其中自主开展了暖心工程审计、技改修理审计、有效资产审计、业扩提速及电费差错审计等7项审计；根据广东电网公司委托安排开展阳春供电局原局长离任经济责任审计、扶贫资金审计、党费审计等3项审计。共发现问题174个，提出审计建议184条。关注管理风险防控，针对管理风险约谈相关责任人2人，从源头堵塞管理漏洞。加强工程竣工决算监督。对110千伏金郊（上东）变电站工程等3个主网项目、河口供电所综合楼工程等2个小型基建项目、对6月30日、9月30日建成投产的新建配网工程开展竣工决算审计。共发现工程成本和造价管理、投资有效性管理等11个问题。积极配合广东电网公司对阳江供电局开展的智能化建设管理审计，按时完成资料收集及沟通解释工作，及时对25张审计取证表进行核实及回复。应大监督建设要求，积极配合纪检监察人员开展明查暗访、信访初核等工作，累计派出5人次，充分发挥了审计和纪检监察监督合力。坚持“整改从严、漏洞必纠、责任必究”和“三不放过”原则，从严从实的作风狠抓整改，促进责任单位正视问题、整改问题。建立健全问题台账，重点抓好广东电网公司审计发现问题整改，实行“销号式”管理，整改一个销号一个。2017年科技项目审计发现问题9个，2017年资金安全审计发现问题14个，均已整改完毕。认真梳理核查了2012年以来网省公司对阳江供电局审计发现问题的整改情况，并组织各业务部门报广东电网公司对应业务部门审核。本次整改治理，共涉及审计项目6个，审计问题141个，经核查，审计发现问题已全部完成整改。积极配合广东电网公司再次对审计等发现问题进行整改治理专项工作。

五、法治工作

法治企业建设与法律风险防控。提高依法治企水平，9月，制订法治企业建设7项措施，成立相应工作机构。常态化法律风险排查，建立了常态化法律案件隐患排查及处置工作机制，完成风险处置2宗，并形成了《案件隐患处置情况专项报告》。法律风险防控方面，5月，制订20个重大领域法律风险防控方案，从岗位职责、业务流程出发，识别、分析各岗位的法律风险和影响因素，编制法律风险岗位防控信息卡，制定法律风险岗位防控评价标准并植入员工绩效合约，落实法律风险岗位防控责任。覆盖了人力资源、市场营销、计划发展、基建、生产设备等重要业务领域的关键岗位19个。对集体企业改革的重大法律事项进行管控，编制竞争性企业法律事务业务指导书，涵盖“三重一大”法律审核、合同审查等指引。积极协调、多方努力，全年办结案件16宗。集中力量处置重大案件，妥善解决牛肚朗110千伏东崆线消除妨害纠纷案件。完成阳春怡电公司的清理工作，8月，完成怡电公司的注销，至此，历时8年的破产清理工作宣告终结。合同管理与审查。从10月1日起，全面应用电商合同管理模块，阳江供电局所有经济合同均在该合同系统流转。开展有针对性的分类培训，面向领导干部解析《中央企业违规经营投资责任追究实施办法（试行）》，围绕“电力设备防外力破坏法律风险防控”，面向基层员工开展培训。深化与司法机关的法治共建机制，牵手举办“12·4”活动，组织开展“法治彩色跑”活动，结合重大节日开展“普法进万家”活动，开展普法进社区、进乡村、进学校等各类型社会普法活动34场次，惠及用电客户近2万人。围绕“汇聚法律智慧守护阳电平安”主题，7月，打造完成阳江供电局首个法治园地，共分为法律宣传区、法律服务区、法律知识学习区和荣誉区四大区。以“四个一”①为主线，10月，建设了东城北惯所基层法治文化示范点。2018年，阳江供电局获广东省法治文化建设示范企业。普法AB剧（第二季）获南方电网公司十佳普法品牌和广东省2017—2018年度“谁执法谁普法”创新创先项目。

改革创新

“创一流”工作。3月，编制完成“创一流”工作目标及推进计划，突出“创一流”指标引领作用，全面梳理管控指标数量及质量，建立市局、县区局、供电所三级指标红绿灯监控、短板指标分析、问题指标督办三个机制。阳江供电局2018年综合标杆一流得分96.92分，同比提升13.4分，实现了一流指数得分的档次跃升，由网内一流提升为国内一流水平。县区供电局总得分同比提升，5家县区供电局综合标杆一流评价平均得分109分，均达到国内一流水平。各项关键指标完成情况良好。营业收入增长率、综合线损率指标达到国际领先水平，资产总额、百万工时工伤意外率、第三方客户满意度指标达国际一流水平，营业收入、客户平均停电时间、综合电压合格率、报废资产净值率指标达国内一流水平。

精益管理与班站所建设。全覆盖实施各业务领域精益项目，5月，建立精益管理激励机制，积极参与中国质量协会、南方电网公司精益人才认证，7人通过中质协六西格玛绿带考核，1人通过黑带考核。南方电网公司精益黄、绿带线上认证，完成线上认证员工998人次，5项QC项目成果被评为“广东省电力行业优秀QC成果”，其中两项获中国水利电力质量管理协会QC成果电力行业二、三等奖。以区域联动为平台，推动班站所开展对标交流、结对帮扶。全年完成联动里程碑事项61项，各联动业务领域均获得提升。建立“一个班组一个问题库和经验库”的闭环管控机制，引导基层更加注重问题改进和经验推广，有序推进班站所星级达标建设，全年44个班站所获评3星、8个班站所获评4星称号，打造了平冈埠场中心供电所、东城北惯中心供电所两处星级标杆示范点。

新兴业务发展。3月，优化平台公司组织架构，增强公司安全管理职能。9月，编制新兴业务发展实施三年计划以及各板块的整合发展实施计划。整合物业类企业，通过企业间的吸收合并，实现“一地市一物业”的目标。精简企业法人数量，完成阳春市供电安装工程公司、阳春市电力开发有限公司和阳春市春华物业服务有限公司三家企业的法人数量压减目标。完善大集体企业管控体系，11月，划分新兴业务管理界面，明确主业、平台、大集体企业间的职责分工。建立“执行董事+监事+经理层”的法人治理结构。完善平台公司规章制度建设，先后修编完善了平台公司的财务管理、人资管理、采购管理等制度文件。强化对大集体企业的监督管理和考核，通过月度经营看板、月度工作简报、季度经济活动分析报告等方式强化新兴业务运营监控，形成常态化监控机制。

党群工作

一、党建工作

政治建设。始终把政治建设摆在首位，自觉用习近平新时代中国特色社会主义思想武装头脑、指导实践、推动工作。发挥党委的政治核心作用，认真研究决策企业重要事项。3月，制定落实南方电网公司党组“一号文”措施125条，把党的领导融入企业治理各个环节，进一步把干部员工思想和行动统一到“创一流”各项决策部署上来。党建工作领导小组定期研究党建工作，每季度召开书记座谈会，确保各项措施落实到位。6月，修编党委会议议事实施细则，明确党委会是“三重一大”事项的唯一决策机构，全年决策事项207项，有效提升决策水平，防范决策风险。推广“党政一肩挑”制度体系和管理模式，切实做到管人与管党建相统一。落实党委民主生活会、支部“一季度一专题”组织生活会，各级党员干部自觉做到讲实话、真话、明白话，营造风清气正的政治生态。8月，组织召开全面彻底肃清李嘉、万庆良恶劣影响专题民主生活会，指导督促下级党委开好专题民主生活会。发挥党委理论学习中心组学习示范带动作用，全年组织开展24个专题的党委中心组学习，含5次专题研讨，共学习内容41个，重点学习习近平总书记在参加十三届全国人大一次会议广东代表团审议时的重要讲话精神、习近平总书记关于坚持党对一切工作的领导

① “四个一”：建好一个阵地、建立一个宣传栏、讲好一个学法用法故事、提出一份法律风险提示单。

的重要思想等内容。中心组成员年度参学率达到95%。带动各级领导干部学深悟透做实党的十九大精神，分期分批到基层宣讲，引导推动各级党组织和广大党员干部职工筑牢增强“四个意识”，坚定“四个自信”，做到“两个维护”。

组织建设。党组织设置与调整方面，6月，完成全局组织机构调整。组织建设与机构改革同步谋划，实现“一局一党委、一部门一支部”。12月，阳江海陵岛供电局党总支升格为党委。结合支部换届，选优配强党支部委员，建成一支政治素质、业务水平和综合能力过硬的党务工作者队伍，实现党建工作与业务管理工作双促进。开展基层支部规范化达标建设，全面推广党建工作指标看板。3月，平冈埠场中心供电所党支部获得广东电网公司标杆党支部称号。5月，建立跳闸、停电、抢修、作业、投诉5大专项工作小组，充分发挥各党支部战斗堡垒作用，形成党政同心强大合力，解决具体问题的效率大大提高。深入开展“我是党员走在前、一区双岗创一流”活动，设立责任区党员代表201名，创建党员示范岗556个，发挥党员先锋模范作用，守好生产、营业、办公等区域的党员责任区，有效保障企业安全稳定发展。创新发展党员方式，首次引入竞争性选拔机制，严把推优关、培养关、考察关、审批关，有效确保党员发展质量。

二、思想宣传工作与企业文化建设

坚持学习贯彻落实习近平新时代中国特色社会主义思想，始终在学懂弄通上下功夫，并以此作为加强思想政治、意识形态与宣传新闻工作的主线。推进广东电网公司重点政研课题研究，与中山、汕头供电局和培评中心共同完成《国有企业价值观管理落地班组的模式与实践研究》。精心策划自选课题，完成《打造基层供电企业纪检监察标杆的探索与实践》课题研究，并荣获广东电网公司2018年度党建思想政治工作优秀研究成果三等奖。

意识形态工作。将意识形态工作列入年度党建工作要点，纳入党建工作责任制，与中心工作紧密结合，扎实推进。深入开展社会主义核心价值观教育，举办“国学精义”专题讲座和道德讲堂，正确引导员工思想动向。密切关注员工思想动态，全面推广“走传谈”活动，局领导带队走访基层班站所，成立调研小组，开展班组员工思想状态调研工作。进一步加强新闻宣传工作，抓实抓牢舆论引导，严肃新闻宣传纪律，建立了实体阵地和网络信息的审核机制，开展意识形态和网络舆论安全教育，强化全体员工新闻宣传意识。全年中央级媒体报道11次、省级媒体87次，其中，中央电视台先后10次报道抗击台风“山竹”和强暴雨灾害抢修复电工作。10月9日，《人民日报》刊发阳江供电局党员突击队抗击台风“山竹”的专题图片。

企业文化与品牌建设。制作“蝶·变”文化专题宣传片，增强企业文化建设活力。2018年获得改革开放40周年广东企业文化创新发展特别贡献单位。积极参与广东电网公司安全文化节暨“讲好安全故事”宣传大赛，拍摄《安全阳都》《安全在岗30年》等影视作品。“海陵岛风车发电”入选“广东电力四十景”。

三、党风廉政建设

政治监督。制定班子成员落实“两个责任”考核清单，跟进落实134条专项措施。党委组织召开专题会议听取班子成员“两个责任”落实情况报告，定期召开书记例会听取下级党委履行主体责任情况，推进党的建设责任制与经营业绩考核“双A制”，逐级压实责任传递的行动自觉。开展“三重一大”、党委中心组学习、政策落实情况监督检查，落实监督重点。多维度对同级领导班子成员进行廉洁评价，编制阳江供电局党委管理领导干部廉洁情况“活页夹”，组织签订廉洁从业承诺书、开展领导干部日常活动监督清单对照自查，落细监督对象。派遣纪检监察工作人员监督下级党委民主生活会，严肃党内政治生活。以贯彻落实党的十九大精神为主线，深入开展廉洁教育月活动。3月，举办领导干部廉洁从业培训班。分层次组织到阳江市各廉洁教育基地开展“四个一”活动，对照警示教育资料、明察暗访通报的典型案例，结合主题党日活动组织开展大学习、大讨论。

监督执纪。5月，出台政治安全监督实施意见、全面构建四级监督网络的实施方案，构建横向到边、纵向到底的大监督格局。开展专项监督，制定工作方案，对照30项纪检监察监督内容的要求开展监督，发现问题67项。全年运用“第一种形态”开展谈心谈话2505人次，“咬耳扯袖、红脸出汗”成为常态。强化自我监督，开展纪检监察干部监督执纪负面清单对照自查，严防“灯下黑”。深化区域共建，与江门供电局纪委制定落实16条党风廉政建设共建措施。

反腐败工作。开展员工涉法风险巡回宣贯，加大对突出问题的监督、检查力度，全年未发生员工违法行为。对谈话函询的问题线索进行抽查核实，精准执纪审查。8月，制订“扫雷”行动总体方案和各领域自查整改计划。加大纪委主动出击力度，深挖公务回避自查中发现的涉嫌违纪问题线索，对相关责任人员进行问责，清退小水电股权。制订配合地方“扫黑除恶”落实措施12条，与地方纪监委签订《共同开展廉洁风险防控意见书》。

巡察监督及整改。聚焦“六个围绕、一个加强”，组建巡察组对阳东供电局党委开展政治巡察，倒推基层“两个责任”落实。8月，制订巡察工作五年规划，明确各阶段巡察对象和工作重点，实现“察”有方向。10月，成立党委巡察工作领导小组，巡察办作为党委工作部门单设。针对广东电网公司明察暗访以及安全生产巡查发现的典型问题，对直接责任人员和管理人员开展提醒谈话72人次。针对纪委掌握的问题线索，开展精准谈话93人次。部署历次巡视巡察问题整改“回头看”，自查并整改问题56项。

作风建设。落实中央八项规定精神，紧盯重要时间节点，发送廉洁短信12 500余条，开展监督检查42次，针对广东电网公司明察暗访发现的问题进行深入查摆、梳理，完成整改措施30条，对公车私用行为一律处分并通报。6月，制订形式主义和官僚主义问题专项整治实施方案，集中召开组织生活会，组织对照查摆问题174项，制定整改措施213条，有序进行整改。针对广东电网公司安全生产巡查发现的弄虚作假、工作飘浮、工作懈怠、工作纪律散漫等599项问题进行统计梳理分析，发出监察建议书14份。

四、工会与共青团工作

工会工作。发挥职工民主监督作用，建立工会干部挂点联系工作制度、工会主席接访日制度，畅通职工诉求反映渠道。开展职工代表专项巡视检查活动。10月，成立心理健康协会阳江供电局分会，为员工提供到点到位的心理健康服务。广泛宣传“爱岗敬业、争创一流”的先进人物和事迹，开展系列“阳电工匠”“点赞身边的劳动者”等身边人、身边事宣传报道。2018年，获得全国“三八”红旗集体1个，广东省“五一”劳动奖章5人，广东省劳动模范1人，阳江市“巾帼文明岗”集体1个。多人获得南方电网公司劳动模范、“巾帼建功标兵”，以及广东电网公司“三八”红旗手、“工人先锋号”等荣誉称号。大力推进职工创新工作室建设，建成南方电网公司级工作室1个（朱名权技术能手工作室）、广东电网公司级技术能手工作室3个（敖健永技术能手工作室、梁伟放技术能手工作室、朱信德创新工作室），充分发挥高技术、高技能人才在技能攻关、传承技艺中的积极带头作用。深入推进“幸福南网—职工之家”建设，建成平冈埠场中心供电所等27个示范“职工小家”。2018年，获评南方电网公司模范职工小家五星级1个、四星级4个、三星级22个。台风期间，成立应急互助小组，为一线职工抢修复电提供安心服务。深化女职工保护关爱行动，建成“妈咪爱心小屋”母婴室。

共青团建设及志愿服务。加强从严治团，规范“智慧团建”系统管理，完成局属25个团支部、79名团干、473名团员的注册工作。以“青马小组”为抓手，贯彻“党管青年”原则，引领青年思想进步，设立11个青马小组，组织开展青马学习10次、开展团青活动36场。5月，建立青年“创客”团队，打造“青年之家”活动阵地，为青年搭建学习交流、展示自我的平台。成立95支青年突击队，在高考保供电、迎战台风“艾云尼”“贝碧佳”“山竹”等急难险重任务中迎难而上。500千伏蝶岭变电站被评为全国青年文明号，系统运行部主网调度班被评为阳江市青年文明号，8个省市级青年文明号集体通过复核。组织各级团组织开展“学雷锋”月和“青春情暖”系列之“光明课堂”“温暖村屋”“我的梦想主题班会”等志愿服务活动共120期，参与志愿者570人，服务时数达2272小时，帮扶人数近4900人。“五四”期间，7个团组织荣获“广东省五四红旗团支部”“南方电网公司五四红旗团支部”等荣誉称号，13人获“南方电网公司优秀共青团员”“广东电网公司优秀共青团干部”等荣誉称号。

◎ 2018年4月28日，阳江供电局党委委员、副局长、工会主席刘祥荣获广东省“五一”劳动奖章

五、扶贫工作

精准扶贫。扎实推进精准扶贫工作，探索出“4+3”精准扶贫工作模式，即“4项精准扶贫举措”和“3个长效扶贫机制”，全力打好脱贫攻坚战。2018年，共投入扶贫资金221.8万元，支持8个帮扶点脱贫。为瓦北村建设“温暖村屋”项目，为21户贫困户添置所需家具、家用电器及床上用品。为对岸村建设容量为150.7千瓦的光伏发电项目。为沙坪村沙坪小学建设“光明学堂”教学

设施。同时，还为扶贫点修建小型公益性生产设施、村委会宣传栏等。至12月底，619户贫困户实现脱贫，脱贫率达96.71%；贫困人口1426人实现脱贫，脱贫率达到94.94%。一般贫困户和有劳力低保人均年收入7598元以上，无劳力低保人均年收入4500元以上，“五保户”享受“五保”政策兜底待遇。瓦北村、沙坪村分别荣获广东电网公司第二批精准扶贫示范村。

行业扶贫。完成阳江88个省定贫困村电网升级改造，其中电压合格率为99.986%，供电可靠率为99.885%，户均配变容量达到1.85千伏安/户，配网自动化覆盖率、配网通信覆盖率、智能电表覆盖率、低压集抄覆盖率均达100%，大大改善农村电网薄弱局面。积极主动做好与各级能源部门的沟通对接，主动服务、提前谋划，保障农村地区光伏扶贫等新能源项目无障碍接入与消纳，广东省扶贫办认定的4个光伏扶贫电站：联合光伏阳春市马水镇7.5万千瓦农业光伏电站、招新能源阳春市陂面镇7.5万千瓦农业光伏电站、阳春市春城街道办黑石岗硫铁矿5万千瓦光伏扶贫电站、阳春市陂面镇南河村1万千瓦农业光伏扶贫电站，全部在6月30日前顺利并网。

肇庆供电局

企业概况

一、组织沿革

肇庆供电局为广东电网有限责任公司直属大型二类供电企业，前身是广东省广电集团有限公司肇庆供电分公司，2005年5月更名为广东电网公司肇庆供电局，2014年9月更名为广东电网有限责任公司肇庆供电局。

二、经营范围

肇庆供电局作为统一管理肇庆电网的企业法人，主要负责肇庆市端州区、鼎湖区、高要区、四会市、大旺高新区、广宁县、德庆县、怀集县、封开县等4区5县范围内的电网建设、运行、管理和经营业务，为地方经济社会发展和人民生活提供电力供应和服务。截至2018年底，供电面积1.49万平方千米，供电人口450.15万人，供电客户198.6万户，营业网点99个。

三、电网规模

截至2018年底，肇庆电网有35千伏及以上变电站119座，主变压器231台，容量共1682万千伏安，输电线路269回，总长3742千米。其中，500千伏变电站2座，主变压器15台，容量共451万千伏安，输电线路10回共108千米；220千伏变电站13座，主变压器30台，容量共579万千伏安，输电线路53回共1057千米；110千伏变电站70座，主变压器133台，容量共619.6万千伏安，输电线路138回共1824千米；35千伏变电站34座，主变压器53台，容量共32.95万千伏安，输电线路68回共753千米。

四、组织机构

根据广东电网公司组织机构规范化设置的要求和实际工作需要，2018年，肇庆供电局对组织机构进行了调整：8月20日，党建工作部更名为党建人事部（直属党总支、团委、新闻中心），原人力资源部的干部管理职能、原办公室的新闻宣传职能调整至党建人事部；监察审计部（纪委办公室）分设为监察部（纪委办公室）、审计部。生产设备管理部更名为生产技术部。撤销培训与评价中心，其业务由人力资源部直接管理；撤销法律中心，其业务由企业管理部直接管理；撤销员工服务中心、电网规划技术研究中心、建设管理中心、小型基建办公室、节约用电服务中心，其业务调整至相应二级机构；离退休服务中心不再挂靠工会。成立综合服务中心（离退休服务中心），整合员工服务、离退休服务等业务；成立供电服务中心，整合原计量中心、客户服务中心、营销稽查中心、节约用电服务中心等机构及业务；成立电网规划中心、项目管理中心。

至2018年底，肇庆供电局内设14个职能部门、10个二级机构、9个县区供电局。具体如下图所示。

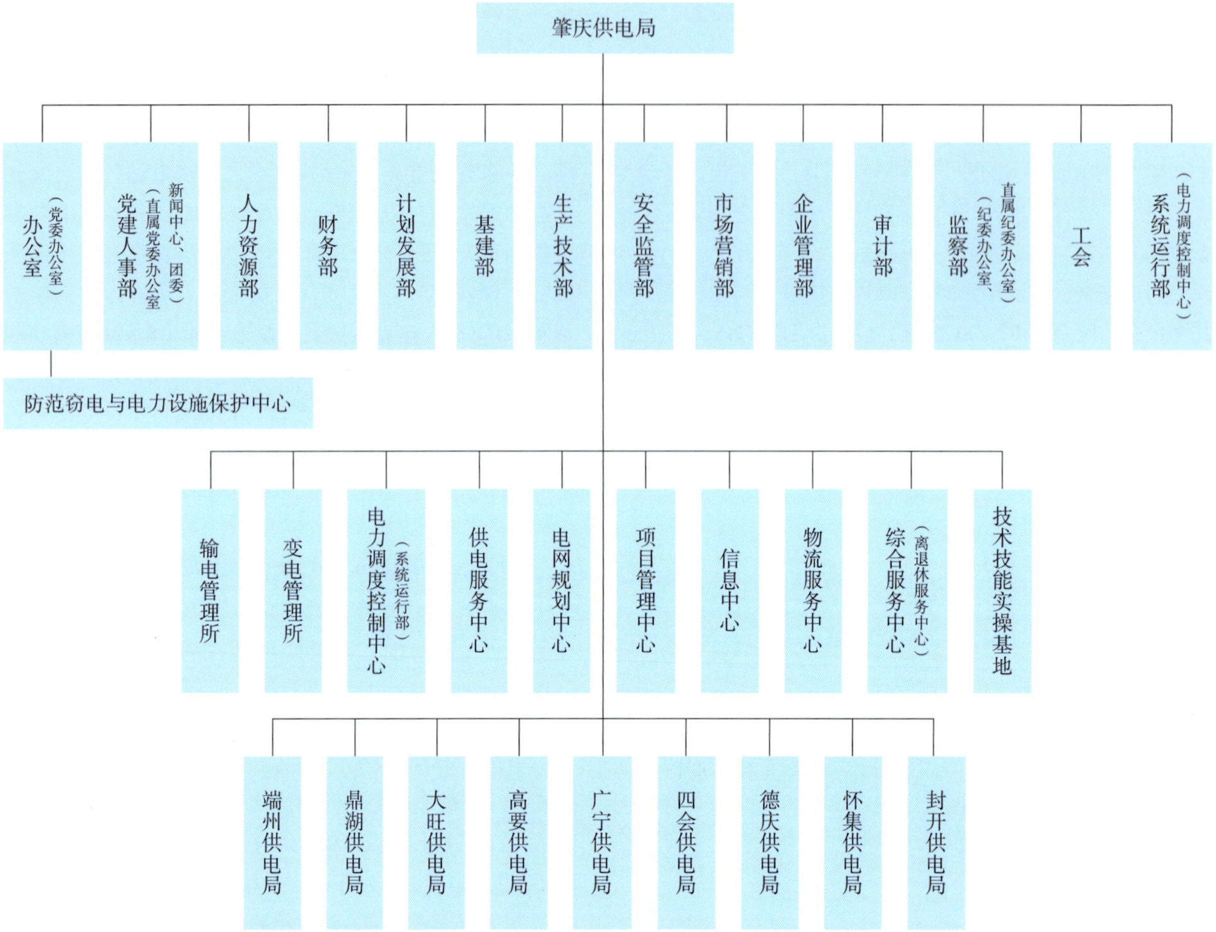

五、领导班子

2018年，根据广东电网公司党委决定，肇庆供电局领导班子调整如下：5月21日，李林发任党委书记、执行董事；游林辉任党委委员、副书记、局长（总经理）。

至2018年底，肇庆供电局领导班子成员如下：

党委书记、执行董事：李林发

党委副书记、局长（总经理）：游林辉

党委委员、副局长：关飞

党委委员、副局长：梁伟坚

党委委员、副局长：肖勇

党委委员、纪委书记：洪锐辛

六、人员状况

截至2018年底，肇庆供电局共有职工4824人，其中博士1人，硕士62人，本科生1740人，专科生1036人，中专及以下学历的1985人；已取得专业技术资格人员共1718人，其中高级职称204人，中级职称682人，初级职称832人；已取得技能等级共3273人，其中高级技师71人，技师401人，高级工2018人，中级工720人，初级工63人。

十件大事

（1）4月28日，肇庆供电局完成新区地下综合管廊输电线路迁改入廊工作，共迁改入廊线路5回21.43千米，共释放电力线路走廊用地1703亩。

（2）5月，肇庆供电局成为南方电网公司唯一入选中电联无人机标委会的单位，实现无人机应用从行业技术引领者到行业标准引领者的飞跃。

（3）6月22日，肇庆供电局实现智能电表、低压集抄“两个全覆盖”，9个县（市、区）全面实现远程自动抄表。累计轮换智能电表81万只、实施集抄改造194万户、转岗抄核收人员914名。

（4）6月27日，广东省重点工程——肇庆金淘热电联产项目接入系统工程投运，打通了禄村电厂84万千瓦机组容量送出通道，对满足肇庆、云浮地区电力需求发挥重要作用。

（5）7月4日，广东省第十五届运动会16个配套电网项目全面建成投运。肇庆供电局共投资6791万元，对比赛场馆用电设施进行改造升级，新增配变容量2.86万千伏安，新建10千伏线路64.76千米，为省运会提供可靠电力保障。

（6）8月20日，肇庆供电局完成广东省第十五届运动会保供电任务。在保供电工作期间，该局共对36个变电站、37个场馆、38个酒店出动值守人员8075人次，车辆2106台次，应急发电车202台次，应急发电机94台次。

（7）9月中旬，肇庆供电局全力做好抗击强台风“山竹”的抢修复电工作，迅速恢复了受台风影响停电的4669个台区、36.52万户的电力供应。

（8）9月29日，肇庆供电局全面完成111个省定贫困村、195项电网改造工程，有效补齐贫困村电网发展短板，惠及用户8.47万户，提前达到国家新一轮农网改造升级目标要求。

（9）9月30日，肇庆供电局制定出台《“融湾145”提质发展行动计划（2018—2020）》，以“同一湾区，同一水平；肇庆发展，电力先行”为目标定位，明确企业未来三年发展方向和路径，加快建成具有“湾区水平”的世界一流电网企业。

（10）11月19日，肇庆市城乡规划局与肇庆供电局联合印发《肇庆市电力系统专项规划（2015—2035）》，标志着电力系统规划正式纳入肇庆市城乡规划体系，实现电力规划与城市规划深度融合。

电网发展

一、电网规划与前期工作

电力规划和城市规划融合。1月15日，肇庆电网“三核九环”帆船型目标网架规划[①]首次写入市政府工作报告，为肇庆电网规划落地奠定坚实基础。9月25日，肇庆市政府办公室正式印发《肇庆市加快电网发展工作方案》，进一步规范电网建设、电力供应服务及电力运行工作，为电网基础设施加快建设提供政策支持。10月18日，肇庆市政府召开2018年加快电网建设专题会议，重点协调解决制约电网建设的9项征地、青赔、林地手续、用地指标问题和33项历史遗留的产权办证问题。11月19日，肇庆市政府印发《肇庆市电力系统专项规划（2015—2035）》，并作为城市规划管理的基础文件纳入城市总体规划，提前预留站址用地及电力线路走廊，实现电力规划与城市规划、产业规划“多规合一”。11月，肇庆供电局成立电网规划中心。12月，各县区供电局成立配网规划工作组，全面加强电网规划专业力量配备。

配网与专项电网规划。1月，完成配电网规划精益管理试点工作，共调整优化中压线路规划642条，较“十三五”规划减少投资11.29亿元、减少项目1783个。9月，提出内容为“立足湾区、差异规划、可靠智能、发展共赢”的电网规划价值观。同月，广东电网公司配网规划建设督导组到肇庆开展配网规划建设工作督导，对中低压配电网提出36类共86条建议。根据督导意见，制定98项具体整改措施，并完成全部问题整改。12月，启动电网“融湾”专项行动，加快建设与大湾区城市定位相匹配的一流现代电网，重点治理变电站布点偏少、中压网架联络点过多、环网线路不可转供等问题，运用“调、换、增、智、保、核”[②]方法，完成546个馈线组网架组网方案规划的编制。按照保底电网设防标准，完成220千伏新围至怀集线路工程、220千伏新围输变电配套110千伏工程、110千伏桥东变电站扩建第二台主变工程及配套110千伏线路共3个保底电网项目规划。

增量配网改革。积极推动大旺北增量配电业务改革试点项目落地，4月16日，肇庆市政府组织召开增量配电业务试点协调会，成立由肇庆市委常委、市政府党组成员李尧坤任组长的试点工作领导小组，推进试点项目。11月16日，与肇庆市高新区投资公司签署备忘录，共同筹备组建项目公司。12月，由广东电网公司、肇庆市高新区建设投资开发公司共同成立的肇庆市创能配售电有限公司，先后完成工商注册、取得肇庆市发改局批复。12月28日，肇庆市创能配售电有限公司挂牌成立，正式组建高新区北部工业商贸区增量配电业务试点项目公司。

前期工作。全年开展220千伏江滨输变电工程、110千伏永平输变电工程等26项工程的前期工作。至2018年底，完成110千伏红庄输变电工程、螺岗风电场接入系统工程、河西变电站扩建第二台主变工程3项工程，以及35千伏莫村变电站扩建第二台主变工程、播植变电站扩建第二台主变工程、高良变电站扩建第二台主变工程、德回变电站扩建第二台主变及配套线路工程4项工程的前期

① 三核：砚都、玉城、德庆变电站；九环：围绕三核形成的九个环路，其中围绕德庆变电站形成两个大环，围绕砚都变电站形成三个环，围绕玉城变电站形成四个环，每个环路均与其他环路存在联络。

② “调、换、增、智、保、核”：调整负荷、合理更换设备、有序新增设备、智能化升级、施工保供电、校核实施效果。

工作手续。政企合作破解变电站征地难题，12月21日，完成南岸龙湾村的土地收储工作，解决历时7年的110千伏象山变电站征地问题。

◎ 2018年7月19日，肇庆供电局与中国铁塔肇庆市分公司签订合作协议。图为签约仪式

二、工程建设与管理

2018年，肇庆供电局共完成固定资产投资19.63亿元，投资计划完成率100.01%。其中，主网建成投运35千伏及以上项目10项，完成投资3.79亿元，新增变电容量76.6万千伏安，新增输电线路204.12千米。配网建成投运项目1832项，完成投资10.7亿元，新增配变容量15.63万千伏安，新增10千伏线路长度728.93千米。小型基建建成投运项目18项，完成投资7800万元，新增生活办公面积2.1万平方米。

重点工程建设。4月10日，220千伏睦岗变电站第三台主变扩建工程竣工投运。8月27日，220千伏金淘工业园热电联产项目接入系统工程竣工投运。10月27日，220千伏怀集变电站扩建第二台主变工程竣工投运。11月29日，110千伏白马输变电工程、35千伏坑口输变电工程竣工投运。11月30日，110千伏香山变电站第二台主变扩建工程竣工投运。12月31日，500千伏砚都变电站3号主变扩建配套220千伏线路工程竣工投运。220千伏怀集变电站、睦岗变电站扩建工程等重点项目投运，有效提升肇庆电网供电能力。其中，220千伏金淘工业园热电联产项目接入系统工程打通禄村电厂84万千瓦机组容量送出通道，缓解珠三角电力负荷缺口，有效保障粤港澳大湾区经济社会发展用电需求。

农配网建设。每月召开协调会议，解决电网受阻问题。7月，约谈承包商和供货商，加快配网项目施工进度及供货速度。9月，明确基建配网工程设计及物资选取相关要求，提高配网施工图设计质量。至2018年底，16项省运会配套电网项目、94项省定扶贫村电网改造项目、122项小水电自供区电网改造项目全部完成。

工程创优与“统一建设”工作。稳步推进“零缺陷”移交工作，选取220千伏怀集变电站扩建第二台主变工程、110千伏龟山输变电工程开展“零缺陷”移交试点建设，从设计、物资、施工三方面加强技术审查、出厂验收和过程质量控制。怀集变电站扩建工程验收阶段发现缺陷数量同比减少70%。4月，10千伏四会金宝利配网工程获得2018年度南方电网优质工程奖。6月，220千伏新围变电站工程获得广东省建设工程优质奖。“统一建设”工作，以“变电站—馈线—台区”为统一建设管理单元，形成项目群890个、共2043个项目。4月，以220千伏睦岗变电站第三台主变扩建工程为试点，对修理、技改项目进行统一施工、停电安排，有效减少母线停电时间和降低操作风险，停电时间缩短148小时，减少停电操作2次。5月，开展“110千伏青莲变电站扩建GIS设备接入系统避免母线全停”的研究与应用，通过新增备用出线间隔、110千伏母线分段刀闸改造为断路器分段间隔等方法，避免该变电站全停4天对中心城区7.16万客户造成的影响，荣获2018年广东电网公司技术改进贡献三等奖。

电网运营

一、电力供应

2018年，肇庆市全社会用电量171.81亿千瓦·时，同比增长1.79%。肇庆境内电厂装机容量814万千瓦，同比增长20%，其中，水电容量622万千瓦，同比持平；风电、光伏、生物质等新能源容量192万千瓦，同比增长284%。全年上网电量21.3亿千瓦·时，同比增长14.5%，其中，水电上网电量10.7亿千瓦·时，同比减少39.37%；风电、光伏、生物质等新能源上网电量10.67亿千瓦·时，同比增长872%。全年电力供应形势平稳有序，电力负荷5次创出历史新高，最高负荷出现在7月11日，为287.3万千瓦，同比增长6.37%；全年平均负荷率为79.61%，同比提高0.5个百分点；最大负荷率85.30%，同比降低2.05个百分点；最小负荷率67.23%，同比降低7.3个百分点。丰水期间，实现水电全消纳。清洁能源并网通道容量裕度充足，未发生因网络受限而影响清洁能源消纳的现象。全年未发生有人为责任的“弃水、弃风、弃光”问题。

二、电网运行

系统设备运行。2018年，系统设备运行总体稳定可靠，220千伏及以上电压等级保护正确动作率100%，故障快速切除率、安自装置正确动作率保持100%，生产实时控制业务通信通道零中断，未发生调度自动化主站系统失灵情况。未发生三级及以上电力监控系统信息安全事件，未发生因电力监控系统信息安全导致的电力事件。至12月31日，肇庆电网连续安全运行2556天，未发生大面积停电、电网瓦解和重大设备损坏事故。

综合停电管理。制定“842”客户平均停电三年目标，即：2018年8小时以内，2019年4小时以内，2020年2小时以内，提出“停电不停客户、中心城区零时户”目标。通过带电作业、发电设备保供电等手段，低压客户平均停电时间6.43小时，同比减少71.64%，降幅在广东电网最大。全年开展带电作业4598次，同比增长127%。使用发电设备保供电4681台次，减少客户平均停电时间2.3小时。实施配网自动化建设和降低配网故障率专项行动，配网自动化覆盖率、馈线自动化覆盖率分别提高29.7和49.24个百分点，馈线自动化覆盖率全省第三，中压线路故障率同比下降60.87%。2018年，肇庆供电局综合电压合格率为99.991%，城镇居民端为99.997%，农村居民端为99.998%。中心城市（区）用户平均停电时间为0.47小时，城镇用户为2.36小时，农村用户为8.69小时，全口径用户为6.43小时。500千伏架空线路、变压器、断路器可用系数分别为100%、99.647%、99.994%。220千伏架空线路、变压器、断路器可用系数分别为99.498%、99.709%、99.900%。

生产运行与设备管理。大力推进山区“自愈”配网建设，1月，首个馈线自动化自愈模式试点项目投运，非故障区域复电时间较传统模式缩短98%。4月，自主研发五防解锁钥匙箱箱门控制系统，实现远方控制五防解锁钥匙箱门开关，解锁工作等待时间从2小时缩短到3分钟。推行配网调度“地区大集中”管理模式，5月，全面完成配网调度集约化建设，配网调度业务由地市供电局调度机构统一管理，县区供电局不再设置调度机构。8月，自主开发全省首个电网运行基准风险可视化模块，解决离线查看方式操作繁琐、自动化程度低、效率低、缺乏实时数据支撑等问题。10月，建成南网首例基于中压窄带载波通信方式的架空线智能分布式馈线自动化线路，5条配电线路自愈功能投入使用，实现故障快速准确隔离和自动转供电。

◎ 2018年1月12日，110千伏沙田变电站1号主变更换作业现场

三、安全生产

2018年，肇庆供电局全面实现“四个确保、三个杜绝、六个不发生、一个减少”的安全生产目标，全年发生五级及以上事件9起，同比减少5起，其中，四级事件2起，五级事件7起，未发生其他各类事故事件。百万工时工伤意外率指标完成值0.63，优于计划值。

安全生产责任落实。4月，制订2018年安全监管重点工作计划，发挥三级安全网督查力量，全面加强安全督查工作，全年现场督查10 076次，有效管控11 024项作业，其中，中高级风险作业12项。以安全生产巡查为抓手，全力围剿共性问题，广东电网公司巡查发现问题、自巡查发现问题整改完成率均超99%。5月，对全市9个县区供电局及2个二级生产单位开展为期一个月的安全生产自巡查，发现整改问题1501项，并对6个供电所、2个业主项目部、21名责任人进行问责。12月，开展为期50天的“遵规章、知敬畏、守底线”节前安全管控行动，印发安全督查信息19份、通报问题86项。按照“内部审核、专业审核、个别抽审、基层推演”四个环节，完成本地化修编业务指导书262份，完成率88%。实行“管办分离”机制，在全省首推设备工程师管理模式，剥离检修人员的设备管理责任，明确设备管理责任主体为设备工程师，由专人对设备资产全生命周期管理的重要节点进行管控、监督，设备巡视效率提高80%以上。全年化解主配网风险44项，五级及以上电力事件总数同比减少40%。

应急管理与保供电。全年累计投入抢修复电人员23 687人次、车辆5214台次，有力抗击超强台风“山竹”、强台风“艾云尼”和多轮强降雨影响，恢复5948个台区、45.95万户群众的供电。5—8月，开展广东省第十五届省运会保供电，为700多场赛事保驾护航。推进保供电智能化建设，打造广东电网首个保供电综合监控平台系统，通过在12个省运会场馆共19个配电房加装视频和集成监控设备，实现保供电现场的可视、可测、可控。实现了“涉保设备零故障、涉保场馆零停电、涉保用户零投诉”的“三零”目标，被授予广东省第十五届运动会暨第八届残运会积极贡献单位。全年共完成保供电任务211项，有效保障全国“两会”、高考、改革开放40周年庆典等重大活动的电力供应。

隐患排查和整改。4月，促成市安委办印发《肇庆市2018年安全生产行政执法监察联合行动方案》，提高外部安全隐患排查整治效力。8月，促成市政府印发《肇庆市公共区域电力设施安全管理工作方案》，明确以“产权归谁、责任归谁”为原则，落实地方政府属地监管责任、行业主管部门管理责任、电力设施产权单位主体责任。同月，完成涉电公共安全隐患整改“双百工程”，共排查肇庆供电局属资产设备隐患11 038项、配合政府排查设备隐患1873项，局属产权、用户产权设备隐患整改完成率均达100%。发布户外广告牌等大型悬挂物专项安全自查整改报告，针对自有户外广告牌、大型VI标识牌、门楣、告示牌、灯箱、遮雨棚等开展专项安全检查。全年未发生社会人员触电事件。

安风体系与安全文化建设。安风体系建设方面，全年完成262份相关制度、业务指导书和作业指导书的梳理与修编。4月，制订2018年安全文化建设方案，紧紧围绕“一二三”①这一主线，将安全生产管理和安全文化建设紧密融合。大力弘扬“星火安全，暖心同行”安全文化主题，形成“星火”安全文化品牌。6月，开展以“生命至上、安全发展”为主题的安全生产活动月活动。9月，开展以“牢记安全使命，严防事故风险”为主题的道德讲堂。9月3—7日，广东电网公司对肇庆供电局开展“四钻”初审工作，初审过程管理得分率为84%。加大安风体系审核员培养力度，10月，制订审核员及安全区代表的考评及激励方案，对审核员实施“纪律考勤+课堂表现+考试成绩”的全过程评价。安全文化建设方面，12月，被授予“广东省安全文化建设示范企业”称号。

市场营销

一、优化营商环境与客户服务

优化营商环境。落实电价调整、市场化交易、业扩投资界面延伸、减税降费等政策，全年累计降低用户用电成本10.95亿元。攻坚“获得电力”指标，6月，制订进一步提升供电服务水平优化电力营商环境实施方案。10月，联合肇庆市政府办出台《改进电力接入优化营商环境实施方案》，成为广东电网首个将业扩报装业务进驻到政务服务网的地市供电局。2018年中压业扩报装时长50.01天，同比减少48.84%。新投专变用户1081户，新增容量205.6万千伏安。推行小微企业零审批、零投资、零上门的“三零”服务，实现200千伏安及以下新增报装低压接入工程，接电时间由平均80天压缩到2.98天，大幅减少96.27%。通过线上、线下活动推广电子渠道，互联网业务办理比例86.1%，在广东电网公司排名第四。第三方客户满意度测评得分88分，广东电网排名第六。地方政府公共服务满意度评价连续6年位居全市公共服务行业首位。工商业用户“获得电力”满意度调查得分，排名粤港澳大湾区第二梯队城市第一。

服务重点项目用电。落实园区建设年、招商引资年、项目落地年“三个年”工作部署，为42个特大客户、2796个大客户配置客户经理，建立“首席客户经理—区域客户经理—驻点客户经理”层层跟踪落实机制，确保项目快用电、用上电、用好电。7—12月，在业扩配套资金高度紧张的情况下，主动牵头协调、合理安排1.57亿元共177个急需立项的业扩配套项目。对工业园区、经济开发区等的用户，100%实施业扩投资界面延伸工程，为客户节省电力设施投资3.43亿元。12月，与政府部门建立电力供需侧信息沟通工作机制，及时掌握城市扩容提质、产业升级对电力的需求，主动做好供电服务，全年共收集总投资为5173亿元的重点项目用电需求，掌握控规修编信息26个，配合政府完成迁改项目79个，制定供电接入系统方案和规划项目573个。

提高客户服务能力。1月，建立“日监控、周通报、月分析”客户投诉风险分析预警机制。9月，出台广东电网首份安全生产领域投诉核查及问责指导意见，明确核查启动标准、核查内容，以及投诉问责层级、考核处分标准等要求，促进责任逐级传递和有效落实。全年“12398”“95598”投诉量同比分别下降55.56%、36.30%。完成“统一服务”的建章立制工作，6—9月，编制《网格化服务工作指引》《配网调度服务指挥中心设立方案》《供电服务指挥中心工作指引》《低压运维业务移交工作指引》，指导低压运维业务交接。11月，在广东电网率先完成低压运维的实质性接管，674人通过培训和岗评，166人具备配电类“三种人”资格，实现低压运维与服务的前端融合。推广建设“易电通”便民服务站，截至2018年底，累计在全市交通不便地区设立便民服务站点571个，办理业务1.23万宗，惠及32.33万人。

二、营销基础管理

2018年，肇庆供电局完成供电量171.63亿千瓦·时，同比增长4.06%；售电量166.27亿千瓦·时，同比增长5.97%。

---

① “一二三”：一个体系，两书应用，三基工程。

“两个全覆盖”工作。6月，完成低压集抄“三个一片”建设，实现智能电表、低压集抄“两个全覆盖”和抄表员100%转岗。自主研发基于北斗的一体化采集装置，解决山区小水电用户的自动抄表问题，2018年自动化抄表与电子化结算率达100%，在广东电网排名第一。

线损管理和反窃电。开展高损线路、台区精准降损工作，3月，制订2018年管理线损管理工作方案和“线损合格一片、电费发行一片”工作方案，对全市34回高损线路、242个高损台区开展精准降损专项治理工作。对线损率超5%高损线路、线损率超10%高损台区，建立“原因分析—时间表—进度监控”工作流程，运用计量自动化系统线损模型，准确判断高损台区的实际线损情况，以月线损率、日线损率相结合形式，监控高损台区整改效果。2018年底，线路、台区线损异常率分别为1.46%、1.32%，同比分别下降7.46、7.74个百分点。高损台区、高损线路占比分别为2.58%、2.04%，同比分别下降8.69、4.71个百分点。累计综合线损率3.12%，同比下降1.75个百分点。加大反窃电、反违约用电工作力度。10月，建成广东电网首个反窃电仿真实操培训室并投入使用，全年查处窃电、违约用电104宗。从严动真开展各项稽查，实现在线稽查规则核查率100%，稽查样本217.8万个，稽查抽查率15.68%，发现问题10 951个。

三、电能替代与市场开拓

电能替代。全年新增电能替代项目124个，替代电量5.21亿千瓦·时，同比增长93%。2月，以“绿色省运、肇电同行”为主题，编制2018年绿色出行工作方案，全年投运充电站点68个、建成充电桩313条，数量全省第三。5月，与肇庆粤运汽车运输有限公司签订合作框架协议，合作建设和运营车站大型集中式充电站。9月，推动四会鼎泰五金铸造、金家乐五金制品、晶宝玻璃及高要永恒机械铸造厂4个电锅炉改造项目投运，年替代电量1976万千瓦·时。10月，与肇庆市港航管理局联合制订推进港口岸电设施建设方案，年内与封开华润水泥、高要珠江物流、四会港务公司3个港口码头达成岸电项目合作意向，建成低压岸电装置18套，总容量200千伏安。深入推进节能减排，完成国家“两个千分之三”考核指标，全年累计节约电量7339万千瓦·时，节约电力1.7万千瓦。

新兴业务。推动构建以电为中心的清洁低碳、安全高效的能源消费市场。1月，促成广东电网综合能源公司与四会市政府签署冷热电三联供分布式能源站合作协议，以冷热电三联供系统和可再生能源利用为基础，共同探索新能源项目开发新模式。7月，与肇庆铁塔公司签订协议，开启“共享铁塔”合作。8月，与肇庆粤运汽车运输有限公司合作建设运营的，全市首个“光充一体”的综合能源项目在端州城东客运站投运。全年风电新增装机容量为11.46万千瓦，光伏新增装机容量为16.56万千瓦，共消纳风电、光伏、生物质发电等清洁能源电量2.17亿千瓦·时，同比增长81%，清洁能源电量实现100%消纳。

◎ 2018年9月28日，广昆高速高要蚬岗服务区充电站投入使用

科技信息

一、科技创新

2018年，肇庆供电局科技研发投入482.86万元，占营业收入比重的0.056%。其中，科技项目投入254.92万元，占比0.03%。累计拥有有效专利数达120件，其中发明专利16项，同比分别增长135%、33%。每亿元营业收入有效专利拥有数为1.35件，同比增长117.7%。

“创智肇电”工作。加快向创新型、智慧型企业转型，打通“产学研用”链条，探索智能技术应用背景下的输、变、配电生产组织模式变革。3月，与华南理工大学广州学院联合挂牌成立全省首个无人机校企合作基地，合作培养无人机专业人才。同月，应用全省首例无人机导线自动跟踪巡视技术，成功找到110千伏布桂线上的外力破坏放电点。5月，肇庆供电局成为南方电网公司唯一入选中电联标委会的单位，实现无人机应用从行业技术引领者到行业标准引领者的飞跃。6月，与中国联通合作研发广东电网首台“4G+微波+卫星”三合一的应急通信指挥车，解决恶劣环境下通信困难、现场无法快速指挥问题。8月，与大疆公司共同研发的无人机仿真培训系统投入使用，建立全国首个“VR”飞行体验模式，实现百分百现场还原。9月，与中国科学院成立电网智能技术应用联合实验室，共同推动中国人工智能技术在电网应用领域的发展。11月起，组建机巡作业班、检修作业班、综合科技班，至2018年底，日常巡视人员占比由80%减至30%，巡视效率提高2倍以上，有效缓解山区输电专业结构性缺员难题。

专利与成果转化。2018年专利申请数316项，同比增长1170.37%，全省排名第四。亿元主营业务收入有效专利拥有数达到国内领先水平。3月，编写专利提升专项工作方案，确保创新规划与业务需求紧密衔接。做好年度专利申请和授权指标分解，全年共下达42个职创项目、7个科技项目，全面涵盖输配电专业。4月，开展专利提炼培训班，通过集中培训、视频课件、一张图解读等方式，加强发明专利和实用新型专利挖掘和申请，全年提交技术交底书137份。全年获科技奖励7项，其中，参与“大型电力变压器典型突发破坏性故障预防关键技术研究及工程应用项目”，获南方电网公司科技进步奖一等奖；“配电线路临时接地线便携式智能检测装置的改进与推广应用项目”，获广东电网科技进步奖三等奖；“变压器防过热保护装置及控制方法项目”，获广东电网专利奖三等奖；“输电线路防外破群众护线的微信应用”，获广东电网职工技术创新奖二等奖；“新型电线杆专用驱动运输设备的研发”，获广东电网职工技术创新奖三等奖。鼓励一线员工开展基于问题和业务驱动的创新研究，11月，“研制二次电缆一体化专用工具”入选广东电网2018年新技术试点应用项目目录。

二、信息化工作

2018年，肇庆供电局信息化水平得分90.7分，专业排名跃居广东电网公司第五，专业水平从国内一流跨越到世界一流。在广东电网公司2018年信息专业自主开发竞赛中获团体三等奖，在广东省第二届“红帽杯”网络攻防大赛中获政企组季军。信息中心被授予广东电网公司工人先锋号和信息化先进集体称号。

网络安全体系建设。7月，加强网络安全意识教育，逐级宣贯网络安全事件分类及等级，压实网络安全责任。8月，完成第十五届广东省运动会等重大活动和应急期间的网络安全保障工作，成功防范“勒索病毒”等各类新型网络病毒威胁，实现网络安全“三个零”目标。加强人才队伍建设，培养广东电网公司级信息技术专家1名、地市级信息技能专家1名，实现信息技能专家“零”的突破，信息中心和封开、德庆供电局信息运维班被评为三星班组。

数据共享与创新应用。深挖大数据价值，8月，四会供电局试点构建广东电网首个客户缴费大数据信用等级评价体系，累计定位客户信息1632万条，覆盖客户25.5万户，被中国电力发展促进会评为2018年电力行业大数据优秀应用创新成果三等奖。同月，上线“主网关键设备状态发布”移动应用，实时汇总和分类主网线路开关的电流越限、跳闸数据，掌握第一手关键设备的状态信息，提升电网风险管控能力。10月，推广企业全面从严治党监管移动应用，巩固党廉领域信息化研发上的领先地位，打造管党治党信息化标杆。11月，投入运行培训基地管理移动应用，提升北岭培训基地管理效率。

信息系统深化应用。1月，在基层供电所全面上线运行广东电网首个探针式“6+1”系统应用监控平台，实时监测、主动预判“6+1”系统应用故障情况，缩短故障排查时间67%。深度参与广东电网公司“四个统一”企业级信息系统功能完善专项工作，涉及配网规划、投资计划、财务、基建管理、安全生产、项目管理、数字档案、GIS平台、营销管理、配电网运行支持管理平台等10个系统，共301个功能子项、99个接口。作为粤西片区众测工作牵头单位，共组织8次、62个功能点的测试工作并完成众测管理平台推广应用。6月，牵头解决资产财务12大类集成问题中供应商一致、虚拟组织等2个问题。7月，协同江门供电局解决基建付款结果反馈、物资合同签订等6个全网协同接口难点问题。

经营管理

一、人力资源

干部队伍建设。全年共调整干部199人，其中，提拔干部46人，“80后”干部比例达到21%。1月，完成2017年度领导班子和领导人员综合考核评价工作。3月，完成综合考核评价结果反馈和2017年度“一报告两评议”结果反馈，同时开展干部谈心谈话，累计谈话110人次，县区供电局选人用人总体评价“满意与基本满意”比率为100%。落实因私出国（境）“分级制”审批、领导人员任职回避和工作回避制度，完成各级领导干部亲属关系信息填报和更新工作。6月，首次采取送培方式，与上海电力学院等高校合作办班，开展四期管理干部学习培训班。1—6月，针对干部、专责作风能力短板开展全员轮训，全年举办科级及以下干部轮训班3期，轮训干部123人次。

人才选拔培养。按期签订专家任期考核责任书，明确专家任期及年度工作任务，将签约带徒作为专家的必备职责，实施分层考核管理。至2018年底，全局共有管理专家9人，技术专家60人，技能专家46人，各县区供电局专家人数均实现零的突破。全年新聘省公司级专家5人，助理级管理专家11人，助理级技能专家4人，助理级技术专家7人。全年新增高级职称44人，中级职称186人，初级职称214人，新增高级技师6人、技师103人。高技能人才比例、中高级技术人才比例分别提升至51.62%、4.77%，人才当量指标提升至0.88。

劳动组织、用工与薪酬绩效。调整组织机构与岗位设置，6月，成立电网规划中心、项目管理中心，并同步调整县区供电局、供电所班组的设置，全面完成“四个统一”机构优化调整工作。11月，明确岗位规范和班组典型设置，调整各级岗位及班组设置，并通过内部、公开和直接组聘方式，完成超过3700人的岗位组聘。逐步加大量化考核结果在绩效分配中的比例，将40%绩效工资分配自主权下放到基层单位和直线经理，提高员工绩效水平。深化工分制考核及“工分计酬”应用，探索提高量化考核结果在绩效工资中的兑现比例。1月，全面推广优化专业技术人员考核模式，完善专业技术类岗位考核标准库，细化A、B等级划分，体现差异化激励。4月，制订精益管理激励方案，完成三星及以上班站所奖金与业绩积分奖励的兑现工作。10月，完成员工2003—2017年度历史贡献积分统计工作，开展2017年度自主奖励积分需求征集，同步将星级员工评选范围扩展到专业技术类员工，完成星级员工奖励兑现。

员工教育培训。全年完成294期次、9674人次的培训。4月，鼎湖变电、贞山输电实训场投入使用，填补了粤西片区主网技能实训场的空白，“1+2+40”①培训基地网架基本成型。充实和改善师资结构，新吸纳一批专家和技术能手等骨干人才加入内训师队伍，建立结构合理、素质优良、规模适当的内训师队伍。至2018年底，在聘内训师211人，其中技能类占58.3%，专业技术类占35%、管理类占比6.6%。内训师队伍中专家人才99人，占比为47%，具备中高级职称的97人，占比46%。

二、财务经营

7月，制订提质增效工作方案，明确责任目标、传导经营压力，打好瘦身健体提质增效攻坚战。强化资产办证过程管控，建立“一周一协调、一月一通报、一季一督查、半年一汇报”工作机制。在输配电价改革实施背景下，全年营业收入同比增长4.02%，内部利润同比下降11.55%，“两金”余额同比压降7%。

贯彻落实国家降低一般工商业电价的要求，三次电价调整合计降低一般工商业电度电价每千瓦·时8.06分（含税），减少用户用电成本1.31亿元。积极落实增供扩销举措，全年完成售电量166.27亿千瓦·时，同比增长5.97%。9月，在广东电网率先完成第一批13家新兴业务企业财务集中核算工作，并纳入“一市一池”资金池管理，有效防范经营风险、提升资金效益。加强现金流管控，开展现金流滚动预测，提升资金预测准确性，全年各月资金收入计划准确率、资金支出计划准确率分别达97.97%、99.63%。1月起，开展预收电费和临时接电费的清退，减轻企业负担。防范化解重大风险，全面完成民营企业逾期账款清付、到期应付质保金清理任务。

◎ 2018年11月23日，肇庆供电局与农业银行肇庆分行签订银企全面战略合作协议。图为签约仪式

三、物资供应

采购管理。全年采购集中度达99.62%。加强合约与品控管理，全年履约到货合同634份，共约谈厂家26家次。加强供货商管理，解决到货协调共计96单，2018年计划投运11项主网工程627份合同物资全部按时到货。全年对6家违约供应商进行扣分处罚，保障工程物资准时到货。4—7月，重点跟踪省运会相关工程项目物资，确保23个省运会配套项目的128台箱变、1千米电缆及17套配电箱等物资供应。监造12项工程项目的主设备，出厂验收15次，验收主变8台、GIS12个间隔，一次通过率100%。全年协调缺陷处理22宗，保障入网设备质量。

仓储管理。修编2018年储备物资品类及数量。8月，修订2018年配电类、营销类物资储备方案，增加91条物资品类。定额储备，动态补仓，满足生产单位日常运维、抢修和业扩需求。2—10月，开展精益项目“提高配网抢修物资供应的时效性”，利用DMAIC工具制定改进措施，配网抢修物资供应时效性（郊区）指标为2.85小时，同比减少1.35小时。6—8月，积极配合台风“艾云尼”“山竹”抢修及省运会保供电工作，应急配送17次，物资供应49项，全年共出动配送人员1262人次，配送应急物资526次，配送及时率、客户满意率均达100%。加强逆向物流管理，全年完成2批次报废物资处

① “1+2+40”培训基地网架：1个管理类培训基地、2个主网实训场、40个简易实训场。

置，闲置物资再利用率、资金回收率均达100%。

四、审计监督

8月，肇庆供电局原监察审计部分设为监察部和审计部。全年组织迎审配合3项：5月，配合做好江门供电局对肇庆供电局开展的“扶贫项目资金管理”交叉审计调查。9—10月，配合做好广东电网公司对肇庆供电局开展的职工持股企业非公股权清退与吸纳专项审计。12月，配合做好南方电网公司对肇庆供电局开展的500千伏玉城输变电工程竣工决算审计。受广东电网公司委托开展审计项目6项：6月，开展“暖心工程”审计调查。7—8月，开展“业扩提速”以及高可靠性供电费用审计调查。7月，开展项目全要素工程造价审计调查。8月，开展瘦身健体提质增效（有效资产）审计调查。8—9月，对3家多经企业开展审计调查。开展离任经济责任审计3项：8—9月，对德庆供电局原局长王海燕、广宁供电局原局长肖勇开展离任经济责任审计。10月，对端州供电局原局长姚勇光开展离任经济责任审计。强化审计整改应用，对2010年以来内、外部审计发现的167个问题进行整改，整改完成率100%。对2017、2018年审计发现的273个问题进行整改，整改完成率99.27%。改进完善内部管理制度或流程20项，处理相关责任人13人次。组建审计专家队伍，将业务条线业务骨干35人纳入第一批审计专家库。

五、法治工作

地方立法和联合执法方面，5月，会同肇庆市经信部门赴广州、云浮开展电力行政执法现状调研，形成《关于加强我市电力供用电管理及行政执法工作的请示》。9月，推动政府将《肇庆市加快电网发展工作方案》列入政府规范性文件修编计划，将《肇庆市电力设施保护条例》列入《肇庆市第十三届人大常委会立法规划（征求意见稿）》。法治企业建设方面，8月，成立依法治企暨“七五”普法工作机构，落实领导人员法治建设责任。12月，制订法治企业建设工作方案，深入开展公司治理、制度建设、业务规范、法治文化、法律保障、组织领导六个维度建设。加强法律风险防控，全年重大经营决策法律审核100%。组建法律服务团队，全程参与增量配电业务改革试点项目磋商、谈判、文件起草并开展法律风险尽职调查，确保电力改革依法依规开展。法律风险防控方面，6月，制订法律风险管理体系示范基地建设方案、法律风险落地实施标准和法律风险管理体系运作业务规范，明确建设总体方向及具体举措。案件与合同管理方面，年内处置涉法纠纷17宗，出具法律建议17条、专项法律意见书3份。全年在办案件19宗，其中办结胜诉案件4宗，案件胜诉率连续七年100%。年内提起主诉案件4宗，其中，针对一宗阻挠施工事件成功立案；通过发送律师函妥善解决3宗电力设施受外力破坏事件。每季度开展合同履约风险专项排查，制定风险防控措施并跟踪落实。法治文化建设方面，积极参加地方法治创建活动，1月，在肇庆市国家机关“谁执法谁普法”履职报告评议会上，以98.29分的高分获得第一名，被评定为“优秀”等级。3月，肇庆供电局、怀集供电局被授予2017年广东省“法治文化建设示范企业”称号。12月，与市普法办、端州区法院联合举办“法治视野中的电力安全治理”法治沙龙活动。结合肇庆市创建全国文明城市工作要求，全年到挂点村（居）开展法治宣传11次，宣传受众1300多人次。

改革创新

“创一流”工作。9月，出台《“融湾”提质发展三年行动计划》，建立“创一流”指标每月通报表扬、通报预警、整改督办机制，并通过区域联动方式，与佛山、江门、惠州供电局开展月度对标，找差距、定举措。2018年综合标杆一流评价指数得分103.78分，达到国内一流水平。关键指标完成情况良好，百万工时工伤意外率、固定报废资产净值率指标达到世界领先水平，资产总额、营业收入、营业收入增长率、第三方客户满意度、综合线损率指标达世界一流水平，客户平均停电时间、综合电压合格率指标达国内一流水平。打造警企合作标杆，联合公安部门在各县（市、区）成立电网警务室，6月，在全省率先实现电网警务室县级全覆盖，9月，在高要供电局揭牌成立广东电网公司首个标杆电网警务室。

班站所建设。7月，四会东城中心供电所配电运维一班荣获南网“五星班组”，实现五星班组“零”的突破，全年新增四星及以上班站所16个，占比在第二梯队排名第一。扎实开展精益项目、全员自主改善活动，全年完成精益项目104项，15人通过中质协绿带考试，1700人次通过广东电网公司内部线上带级认证。11月，《有效沟通概述》荣获2018年南方电网公司精益课件大赛课件设计一等奖，成为广东电网公司唯一获得一等奖的地市供电局。

体制改革与新兴业务发展。5月，制订多经企业整合发展实施计划。12月，制订汇能公司提升运营管控能力方案，理顺企业产权和管理关系，明确各县区供电局不再管理新兴业务企业。9月，注销四会市会兴机电工程有限公司，如期完成“四个一批”总体目标。至2018年底，局属新兴业务企业共21家，其中电力工程建设（含设计、监理）企业10家、综合能源企业1家、电力综合服务9家，装备制造1家，营业收入同比增长16.77%；利润同比增长12.44%；减少法人数量1个。积极参与电力体制改革，通过市场化交易，全年累计为用户降低成本4.63亿元。推进“三供一业”供电资产接收，9月，全面完成6家国企、2家央企共4083户“三供一业”供电设施接收和物业分离移交，接收完成率、抄表到户率均达100%。大力推进小水电自供区接收，2018年，全接管小水电库区11个、部分接管5个。

党群工作

一、党的建设

政治建设。坚持加强党的领导和完善企业治理相统一，5月，完成“党政一肩挑”模式调整工作，设立执行董事、局长（总经理）等领导岗位，进一步强化党的领导。坚持民主集中制，全年共召开党委会217次，研究决策企业重要事项，推动上级党组织的各项部署落实落地。多次召开党委会，学习研究粤港澳大湾区建设纲要，聚焦企业高质量发展，实现精准施策、协同攻坚。2月，组织召开2017年度党员领导干部民主生活会，8月，召开中央巡视整改暨全面彻底肃清李嘉、万庆良恶劣影响专题民主生活会，净化政治生态。

组织建设。推进“一平台一党委（党总支）、一公司一支部”建设，11月，完成大旺供电局党委、汇能公司党委的组建工作，强化党组织在管制业务、新兴业务发展中的“把方向、管大局、保落实”作用。加强支部建设和党建阵地建设，5月，分两期举办党支部书记轮训，145名党组织书记和党务专责参加，采取讲授式、演练式、读书自学等方式提升基层党务人员的履职能力。6月，实现“一阵地一书屋（书架）”全覆盖。12月，制订“新时代党建+融湾创一流”总体工作方案，在市场核心业务领域试点实施党建引领模式，创新开展的“四能四化”[①]全能型网格建设。肇庆供电局党委被授予肇庆市“西江党旗红”先进基层党组织荣誉称号，四会东城供电所党支部被授予广东电网公司标杆党支部荣誉称号。

① “四能四化”：“能创优摘星、能满意满分、能争分夺秒、能颗粒归仓”、“党建工作区域化、岗位工作全能化、指标控制精细化、服务质量实效化”。

运用阅江楼、广宁粤桂湘边纵队博物馆等爱国主义教育共建基地资源，常态化组织党员开展党性锤炼。8月，结合“我是党员走在前，一区双岗创一流”活动，在省运会保供电队伍中成立临时党支部、成立省直中直贫困村配网工程项目党员突击队，发挥党员先进性作用。推行具有肇庆供电局特色的“四制四关”[②]发展党员模式，全年举办发展党员考试6场，发展党员48名。培育党员先进典型，何勇荣获广东省“五一”劳动奖章，并被评为广东电网公司“十大工匠”，张青被评为南方电网公司优秀共产党员。

二、思想宣传工作与企业文化建设

坚持以学习贯彻落实习近平新时代中国特色社会主义思想为加强思想政治工作、意识形态与宣传新闻工作的主题主线，始终在学懂弄通上下功夫。全年共组织开展党委中心组学习14期，其中集体学习研讨4次，成立4个专项督导组，每季度对所属二级党委中心组学习情况进行督导。11月，在肇庆市党委（党组）理论学习中心组总结会上，肇庆供电局党委作为全市唯一国有企业党组织进行经验分享。坚持党管宣传，组织开展意识形态专项调研，为做好员工思想教育和心理疏导提供科学依据。

新闻宣传工作。全年在上级、社会媒体刊登报道431篇次，同比增长16%。其中，在中央级媒体发稿15篇次，在省级媒体发稿17篇次，连续6年被授予广东电网公司新闻宣传工作先进单位。6月，抗击“艾云尼”台风复电工作的新闻报道，在中央电视台、经济日报、南方日报等媒体刊发。3—8月，省运会主题系列报道在新华网、中国新闻网等网站刊发，相关长篇纪实报道在中国电力报刊发。10月，围绕纪念改革开放40周年主题打造人物典型，抄表工朱家扬在央视“十九大”专题栏目中亮相。制作用电安全提醒、保护电力设施宣传短片，在多媒体点、公交车线路、公交车车载多媒体上发布。6月，在本地媒体、微信公众号提前发布雨水季节安全用电、防止触电等提醒，预防发生涉电安全事件。

企业文化与品牌建设。2月起，开展“和谐星光 肇亮幸福”星文化体系落实落地行动，形成“1+4+9+N”[③]企业文化格局。5月，联合广东电网公司、公安部门，

② “四制四关”：落实“准入制”，严把“思想关”；落实“进阶制”，严把“提升关”；落实“答辩制”，严把“入口关”；落实“积分制”，严把“综合关”。

③ “1+4+9+N”企业文化格局：1个“星”文化理念、4个专业文化“星领域”、9个县区供电局“星品牌”、N个“星光·班组”、N个“明星·先锋榜样”。

开展“电网安好、生活美好”电力设施保护主题宣传活动。6月，承办广东电网公司“智慧城市智能用电”主题活动。2018年，肇庆供电局被授予改革开放40周年广东企业文化创新发展特别贡献单位、广东省企业文化建设综合竞争力百强企业、肇庆市2017—2018年度最具社会责任感企业等荣誉称号。

三、党风廉政建设

政治纪律与政治监督。把维护政治纪律，确保“两个务必”放在突出位置。7—10月，制订2018—2020年整治基层及群众身边不正之风和腐败问题“扫雷”行动总体工作计划，修订纪委议事工作指引，以文件形式对全面从严治党工作进行明确。推广应用全面从严治党“两个责任”监管平台，对各级党组织及党员干部履行全面从严治党责任进行信息化监管，累计下达责任清单90份、任务445条，督促制定措施计划1328条。加强对重要人事任免的纪检监督，全年共17次为115名拟调整或提拔干部出具廉洁意见，其中，提出暂缓提拔意见1次，防止带病提拔。廉洁教育月期间，组织736名领导人员及重要岗位人员开展公务回避，强化对领导人员和重要岗位人员亲属及特定关系人违规经商办企业情况的监督。8—11月，肇庆供电局及各县区供电局与地方纪委监委签署《廉洁共建意见书》，并揭牌成立廉洁共建工作室，建立共同开展廉洁教育、共享廉洁建设经验、共抓廉洁风险防控等机制。

以案治本和监督执纪问责。瞄准主营业务关键环节，将选人用人、物资采购、多经企业管理、营销管理等廉洁风险集中领域作为监督检查重点，开展精准再监督12次，其中监督检查发现问题转立案3起。深入开展“扫雷”行动，通过巡察、监督检查、明查暗访等方式，发现问题线索20条，配合地方开展扫黑除恶专项斗争33次，通报曝光典型问题8次，发出监察建议书48份。全年立案6起，给予2人党纪处分、6人政纪处分，给予党纪处分外，根据信访核查、日常监督等发现问题开展诫勉谈话9人、提醒谈话117人次。规范化、常态化开展“第一种形态”谈心谈话，全年共开展谈心谈话3205人次，其中全面谈2413人次、重点谈769人次、交心谈13人次、精准谈10人次，3人主动报告问题，巩固“减存量、遏增量”工作成效。

廉洁纪律教育。8至10月，以“把纪律和监督挺在前面”为主题，开展纪律教育学习月活动，组织学习《中国共产党纪律处分条例》《中国共产党廉洁自律准则》。9月，组织新提拔科级干部及供电所长到肇庆监狱开展现场警示教育，举办“明辩促廉·正风防雷”主题辩论赛。11月，肇庆供电局及下属的7个县区供电局被授予首批“廉洁肇庆”创建示范单位“廉洁企业”称号，占全市18个“廉洁企业”中近一半。

巡视巡察及整改。1月，对高要、端州供电局党委开展业扩管理专项巡察，发现问题20项，通过“一反馈双移交”督促落实整改，移交问题线索4条、立案1起。4月，对全市9个县区供电局党委开展巡察“回头看”，督促和检查巡察问题整改落实情况，共计发现未完成整改问题31个、新问题46个。7月，制订2018—2022年巡察工作总体规划和重点工作计划。8月14日，成立党委巡察办公室。7—11月，试点开展竞争性企业政治巡察，发现问题146个、移交线索3条，首次实现对竞争性企业的政治体检。

作风建设。7月起，在重大节日前开展明察暗访，对各部门、各单位贯彻落实中央八项规定精神、企业奢侈浪费问题治理情况进行监督，自查整改问题67项。探索车辆管控新模式，试点安装公务用车智能管理系统27套，对车辆运行状况进行全面监控，减少车轮上的浪费。严控“三公”经费，全年会议费、业务接待费等五大费用同比下降12.77%。重点整治“文山会海”等形式主义、官僚主义问题，月均召开会议次数减少30%，全年发文数量减少5.27%。

四、工会与共青团工作

职工民主管理与产业工人队伍建设。2月6日，召开肇庆供电局四届五次“双代会”暨2018年工作会议，审议通过工作报告、工委会工作报告、福利费预算草案，受理办结8条职工提案，涉及职工岗位岗级设定、福利补贴、能力提升、网络建设、丰富活动形式等内容。在职代会闭会期间，召开7次联席会议，审议通过省公司先进、省地两级“五一”劳动奖章和先进集体的推荐、职工疗养等8项议题。5月，封开供电局荣获广东省“五一”劳动奖状，何勇获广东省“五一”劳动奖章，张杰明获肇庆市“五一”劳动奖章。6月，鼎湖供电局通过省总工会和广东电网公司的双贯标A级认证。劳动技能竞赛与职工创新方面，全年开展各类技能竞赛5项。12月，在南方电网公司第七届“万家灯火 南网情深”服务之星大赛暨“精益杯”营销专业技能竞赛中，获得团体二等奖和个人三等奖。至2018年底，累计创建职工创新工作室7个，其中南方电网公司级3个、广东电网公司级4个。

职工服务与女工工作。打造星级“职工之家”（小家），2月，肇庆供电局本部被南方电网公司评为五星级“职工之家”，广宁南街供电所被评为全国模范职工小

◎ 2018年11月13日，高要金利供电所党员服务队走访某五金厂，了解用户设备用电情况

家，高要、四会等5个县区供电局被评为四星级“职工之家”，东城供电所、500千伏玉城巡维中心等13个站所被评为四星级“职工小家”。全年各类文体文娱活动，参加人数达3000人。8月，肇庆电力醒狮团受邀参加第十五届省运会开闭幕式演出，9月，代表肇庆市参加中央电视台《魅力中国城》展演。常态化开展走访慰问活动，走进困难女职工家庭、走近一线女职工。举办有益女工身心健康的讲座。3月，在广东电网公司“树新生代家风，筑新征程梦想”先进女职工表彰暨“家”故事分享会中，肇庆供电局作为先进代表作经验分享。肇庆供电局财务部获得广东电网公司“三八”红旗集体、谭文英获得广东电网公司“巾帼建功标兵”。

共青团建设及志愿服务。肇庆供电局团委通过开展青年思想调研、“十九大”精神主题团日、青年大学习、清明祭英烈等系列主题活动，做好青年思想引领工作。5月，开展五四青年主题演讲比赛。10月，举办首届“十大杰出青年”评选，促进青年成长成才。连续10年组织参与肇庆志愿服务品牌春运“暖流行动”，开展“学雷锋”主题活动，全年开展关爱老人、环境清洁、植树造林等志愿服务活动228次，参与志愿者1196人，服务人数约1.2万人。

五、扶贫工作

至2018年底，累计帮助307户贫困户、796名贫困人口实现预脱贫，预脱贫达92%，年人均可支配收入增长48.55%。肇庆供电局获得广东扶贫济困“红棉杯”铜杯。服务好新农村示范村建设，9月29日，全面完成111个省定贫困村、195项电网改造工程，提前两年达到国家新一轮农网改造升级目标要求，贫困村客户年平均停电时间缩短至1.41小时，电压合格率、供电可靠率提升至99.98%，智能电表覆盖率、低压集抄覆盖率、配网自动化覆盖率、配网通信覆盖率均达100%，惠及群众8.47万户。12月18日，完成5个省定贫困村独立供电区域接收工作，共架设中低压线路121千米，新建配变台区21个，惠及贫困自然村21个、贫困户1770户、贫困人口8500人。至2018年底，累计完成93个小水电自供区接收工作，解决440个自然村、2.9万户、15.21万人的用电难问题。简化光伏扶贫项目申报、并网手续，提前完成封开县长岗镇农业光伏电站、广东粤电肇庆德庆光伏扶贫项目2个光伏扶贫电站的并网服务。

揭阳供电局

企业概况

一、组织沿革

揭阳供电局为广东电网有限责任公司直属中型一类供电企业，前身是广东省广电集团有限公司揭阳供电分公司，2005年5月更名为广东电网公司揭阳供电局，2014年9月更名为广东电网有限责任公司揭阳供电局。

二、经营范围

揭阳供电局作为统一管理揭阳电网的企业法人，主要负责揭阳市榕城区、揭东区、普宁市、揭西县、惠来县等2区1市2县范围内的电网建设、运行、管理和经营业务，为地方经济社会发展和人民生活提供电力供应和服务。截至2018年底，供电面积5240平方千米，供电人口608.94万人，供电客户222.2万户，营业网点85个。

三、电网规模

截至2018年底，揭阳电网有35千伏以上变电站79座，主变压器164台，容量共1387.73万千伏安，输电线路203回，总长2657.911千米。其中，500千伏变电站2座，主变压器6台，容量共350万千伏安，输电线路6回共290.35千米；220千伏变电站14座，主变压器9台，容量共516万千伏安，输电线路51回共973.83千米；110千伏变电站61座，主变压器117台，容量共520.3万千伏安，输电线路139回共1321.66千米；35千伏变电站2座，主变压器2台，容量共1.43万千伏安，输电线路7回共72.08千米。

四、组织机构

根据广东电网公司组织机构规范化设置的要求和实际工作需要，2018年，揭阳供电局对组织机构进行了调整：9月12日，党建工作部更名为党建人事部（直属党总支、团委、新闻中心），原人力资源部的干部管理职能、原办公室的新闻宣传职能调整至党建人事部；监察审计部（纪委办公室）分设为监察部（纪委办公室）、审计部。生产设备管理部更名为生产技术部。撤销培训与评价中心，其业务由人力资源部直接管理；撤销法律中心，其业务由企业管理部直接管理；撤销员工服务中心、电网规划技术研究中心、建设管理中心、小型基建办公室、节约用电服务中心，其业务调整至相应二级机构；离退休服务中心不再挂靠工会。成立综合服务中心（离退休服务中心），整合员工服务、离退休服务等业务；成立供电服务中心，整合原计量中心、客户服务中心、营销稽查中心、节约用电服务中心等机构及业务；成立电网规划中心；成立项目管理中心。

至2018年底，揭阳供电局内设14个职能部门、9个二级机构、5个县市区供电局。具体如下图所示。

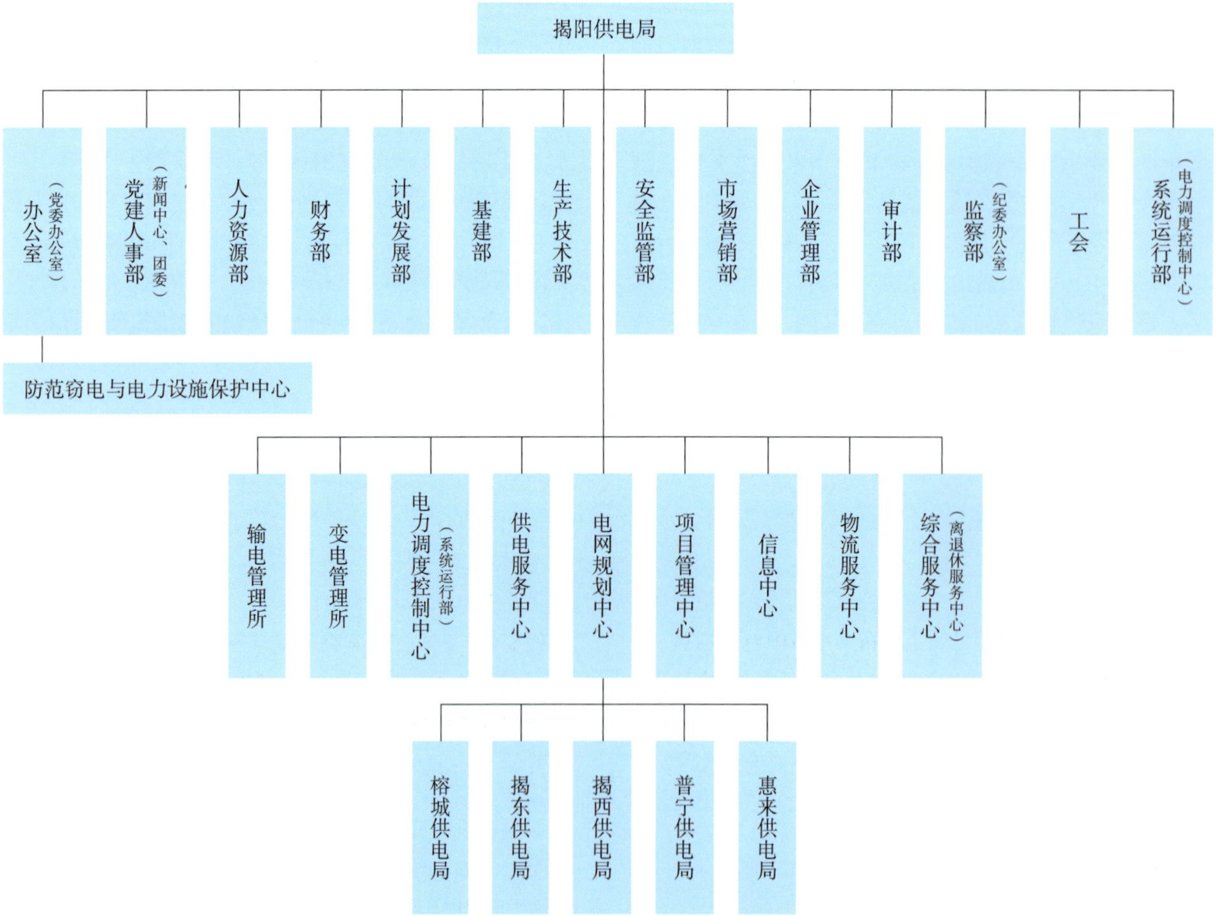

五、领导班子

2018年，根据广东电网公司党委决定，揭阳供电局领导班子调整如下：5月18日，黎高程任党委书记、执行董事；陈贤彬任党委副书记、局长（总经理）；免去丘浪文党委书记、副局长职务；免去陈庆鸿党委副书记、局长职务。

至2018年底，揭阳供电局领导班子成员如下：

党委书记、执行董事：黎高程

党委副书记、局长（总经理）：陈贤彬

党委委员、副局长、工会主席：黄勇东

党委委员、副局长：李凯曼

党委委员、副局长：黄亮标

党委委员、纪委书记：刘群英

六、人员状况

截至2018年底，揭阳供电局共有职工4981人，其中硕士28人，本科1769人，专科生1483人，中专及以下学历的1701人；已取得专业技术资格人员共1513人，其中高级职称103人，中级职称572人，初级职称838人；已取得技能等级共3472人，其中高级技师16人，技师172人，高级工2124人，中级工929人，初级工231人。

十件大事

（1）2月5日，揭阳供电局完成首次10千伏配网线路不停电合环转供电操作，实现10千伏配网合环转供电“零”的突破，切实提高供电可靠性。

（2）3月28日，中共广东电网有限责任公司揭阳供电局第一次党员代表大会召开。丘浪文、陈庆鸿、黄勇东、李凯曼、黄亮标、刘群英、陈贤彬等7人当选党委委员，其中丘浪文当选书记，陈庆鸿当选副书记；刘群英、李建华、林锐锋、林俊标、王喜东等5人当选纪委委员，其中刘群英当选书记，李建华当选副书记。

（3）4月，揭东五房增量配电网试点项目获得国家试点批复。完成项目前期研究工作和股权投资决策，促成以广东电网公司和广东火电公司组成的联合体在12月取得项目业主资格，是广东电网公司第一次作为乙方通过参与公开招投标取得项目业主资格的增量配电网项目。

（4）5月30日，揭阳市约200万户低压居民用户全部完成集抄改造，至此，全市专变用户、公变台区、低压居民用户实现智能电能表及低压集抄“两个全覆盖”。

（5）8月30日，揭阳供电局与中国铁塔揭阳分公司签署战略合作协议。双方在电力与通信基础设施共建共享、应急抢修支撑保障、电力电信设施保护等业务领域进行合作与发展。

（6）9月16日，揭阳供电局全力组织抗击第22号台风“山竹”的抢修复电工作，累计出动抢修人员151人次，车辆53车次；修复10千伏电杆6基、线路1.48千米，低压电杆14基、线路255米，9月17日全部恢复公用电网电力供应。

（7）9月30日，10千伏三横线广美广德城综合配电房业扩配套工程整体建成投运，此为广东省首个预制式双层综合配电房。该工程荣获广东电网公司样板工程金质奖。

（8）10月12日，揭阳供电局黑带级精益管理项目《缩短生产实施控制业务通道中断时长》在全国六西格玛项目发表与研修活动中获得全国质量管理协会专业级技术成果奖项，该项目获得的奖项是本次全国六西格玛项目发表与研修活动中评选出的最高奖项。

（9）12月15日，“2018年广东省地方政府公共服务公众评价”民意调研结果公布，揭阳供电服务在揭阳市公共服务满意度中排名第一，实现满意度十连冠。

（10）12月28日，揭阳500千伏岐山变电站投运。该变电站的投运，有力改善了粤东地区总体电网构架，提高供电的安全可靠性。

电网发展

一、电网规划与前期工作

主网规划。1月，成立电网规划中心。开展揭阳目标网架规划优化研究，6月，确定揭阳主网远期“三区三核六环”的目标网架：三区为北部供电区、中部供电区、南部供电区；三核为500千伏岐山、榕江、盘龙变电站；六环为以三核为中心形成的6个环网供电的220千伏网架。9月，提出“以全客户为中心，体系规划；以差异化为导向，精准投资；以可靠性为抓手，综合施策；以智能化为目标，持续推进”的电网规划价值观。同月，完成揭阳市保底电网规划研究，推动揭阳电网防灾抗灾向“主动防御”转变，500千伏揭东输变电工程、500千伏盘龙输变电工程及其配套220千伏线路工程、220千伏滨海输变电工程等工程被列入重点保底电网项目。

配网规划。加快推进配网体系工作，4月，修订配电网规划建设技术细则，落实差异化规划思路。5月，滚动修编“十三五”规划项目库，全面优化配电网一次网架等多专业相互衔接的“十三五”配电网规划，建立统一配电网一、二次规划项目库。6月，制定《配电网规划标准体系应用工作方案》，有序推进配电网规划标准工作体系应用和运转，7月，县区供电局成立配网规划工作组，全面加强电网规划的专业力量和组织。12月，组织开展配电网规划体系运转内审及回顾。落实配网督导整改工作，7月，广东电网公司配网规划建设督导组对揭阳供电局配网规划建设工作进行督导，提出了规划、生产运行管理进等24条建议。根据督导意见，出台了督导问题和重过载配变整改、提升电压质量等工作方案和管控清单，制订92项举措。推进增量配电网改革，4月，揭东五房增量配电网试点项目获得国家试点批复。完成项目前期研究工作和股权投资决策，促成以广东电网公司和广东火电公司组成的联合体在12月取得项目业主资格，这是广东电网公司第一次作为乙方，通过参与公开招投标取得项目业主资格的增量配电网项目。

电网前期工作。协调揭阳市规划局、住建局于12月联合印发《揭阳市变电站、配电房选址设计实施细则》，对全市变电站、配电房选址和设计要求进行明确和细化。2018年列入前期计划工作管理项目共23项，全年开展220千伏竹林、飞凤输变电工程、110千伏揭阳市绿源垃圾综合处理与资源利用厂项目接入系统工程等23项电网基建工程的前期工作。开展广东省重点项目揭阳靖海海上风电场15万千瓦项目、揭阳神泉海上风电场75万千瓦项目、揭阳市中德生态生物质热电联产1万千瓦项目接入系统方案。全年风电新增装机容量为26万千瓦。

二、工程建设与管理

2018年，揭阳供电局共完成固定资产投资13.38亿元，同比增长10.47%。其中，主网建成投运110千伏及以上项目5项，完成投资3.18亿元，同比下降12.55%。新增变电容量226万千伏安，新增输电线路200.98千米。配网建成投运项目681项，完成投资7.16亿元，同比增长16.28%，新增配变容量36.39万千伏安，新增10千伏线路4.91千米。小型基建建成投运项目18项，完成投资6241万元，同比增长208.05%。

重点工程建设。6月30日，110千伏三坑（平头岭）输变电工程竣工投运，新增变电容量8万千伏安、线路1.83千米；12月20日，110千伏枫口变电站3号主变扩建工程竣工投运，新增变电容量4万千伏安；12月29日，110千伏润秋（莲坛）输变电工程竣工投运，新增变电容量10万千伏安、线路18.3千米。着重开展长期挂账项目清理工作，220千伏锦霖、陂美变电站和500千伏岐山变电站等三个重点建设项目分别于3月30日、9月28日、12月28日竣工投运，合计新增变电容量204万千伏安、220千伏线路141.89千米、配套110千伏线路38.95千米。12月28日，揭阳市第二座500千伏变电站——500千伏岐山变电站投运，有效改善揭阳电网及粤东电网构架。

工程创优与质量管理。3月，制定年度基建综合管理提升工作方案，形成“1+N”的一揽子行动指南。9月，10千伏三横线广美广德城综合配电房业扩配套工程整体建成投运，配套光伏发电系统、发电车快速接入系统及公用电动汽车充电桩等设施。12月，制定年度基建综合评价工作方案，加强基建监督考核职能，对各县区供电局开展基建综合评价。推动工程“零缺陷”移交，采取规范GIS现场存放及安装环境，建立“供应商+施工单位+运行单位”设备安装验收工作机制，选取了110千伏三坑、润秋变电站开展GIS设备零缺陷移交试点工作。12月，10千伏三横线广美广德城综合配电房业扩配套工程、河达线杏花村2台新建配变及配套低压线路改造工程，荣获广东电网公司样板工程金质奖。2018年小型基建完成投资6241万元，惠来、普宁、揭西供电局加强与政府沟通，努力创建绿色通道，完成18个供电所技术业务用房的建设任务。

◎ 2018年9月30日，图为位于揭阳榕城的广东省首个双层预制式综合配电房——10千伏三横线广美广德城综合配电房

电网运营

一、电力供应

2018年，揭阳全社会用电量147.10亿千瓦·时，同比增长6.53%。揭阳境内电厂装机容量48.9万千瓦，同比减少2.98%（南告水电厂1号F发电机组12月6日终止并网），其中水电容量22.7万千瓦，同比减少6.2%；风电、光伏、生物质等新能源容量26万千瓦，同比持平。全年上网电量7.77亿千瓦·时，同比减少18.7%，其中，水电上网电量3.35亿千瓦·时，同比减少33.9%；风电、光伏、生物质等新能源上网电量4.18万千瓦·时，同比减少7.01%。全年电力供应形势平稳有序，电力负荷2次创历史新高，最高负荷出现在5月29日，为272.1万千瓦，同比增长2.72%；全年平均负荷率为76.75%，同比提高1.02%；最大负荷率84%，同比增加4%；最小负荷率69%，同比降低2.68%。丰水期间，实现水电全消纳。清洁能源并网通道容量裕度充足，未发生因网络受限而影

响清洁能源消纳的现象。全年未发生有人为责任的“弃水、弃风、弃光”问题。

二、电网运行

电网风险管控。精准辨识分析电网重大基准风险，全年及时消除紧急重大缺陷2138条。以最大负荷日作代表日，全面分析揭阳电网负载运行情况，开展供电裕度分析，梳理单线单变风险，5月29日形成地区电网2018年高峰负荷分析报告。全年共发布电网风险预警25 次，均得到有效管控，成功防范二级及以上事故风险21次。全年没有出现强制错峰情况。系统设备运行总体稳定可靠，未发生三级及以上电力监控系统信息安全事件，未发生因电力监控系统信息安全导致的安全事件。截至12月31日，揭阳电网连续安全运行2557天，未发生大面积停电、电网瓦解和重大设备损坏事故。全年未发生四级及以上电力安全事故。

调度精益化管理。6月，接管揭东、揭西、普宁、惠来四个县区供电局的调度业务，全面实现了配调集约化。11月，正式实施“调、监、控合一”值班模式。用电需求侧管理持续加强，在配网大力开展不停电合环转供电，至2018年底，合环转供电率由0增至83.2%。加强配电自动化运维管理，有效提升故障排查效率、快速隔离故障并恢复非故障区域供电。配电自动化覆盖率由年初1.8%提升至84%，馈线自动化覆盖率由不足1%提升至57%，普宁和惠来实现配网自动化全覆盖。

可靠性管理。全年共解决重过载配变2130台，更换、改造低压台区8个。6月，制订供电可靠性和“1小时”区域供电可靠性提升工作方案。强化转供电操作管理和执行，推动配网不停电转供。1月30日，开展揭阳配电网第一次不停电转供。全年转电532次，合环转供电率47.7%，基本实现全市不停电转供常态化开展。全力推进不停电作业工作，5月，制订2018年配网带电作业推广方案，确定年度工作目标并分解落实，全年累计带电作业2768次，累计减少用户停电时间16.265小时/户。全口径客户平均停电时间为11.16小时，同比减少61.2%。“1小时”区域全口径客户平均停电时间为0.9小时，同比减少69.7%，达到国内一流水平。

资产全生命周期管理。全年开展电网账实核查工作，对账实不一致和照片缺失等问题进行整改。严把审批管控关，把退役审批提前到可研阶段，同时提高报废资产净值率在生产项目立项中的权重，严防健康设备提前退役。提高信息化支撑，2月，改造完善资产管理系统和财务管理系统设备退役处置功能，实现设备退役报废各环节全过程管控。建立设备再利用机制，促进闲置设备在全网不同地域间合理再利用，提高设备利用率。2018年，揭阳供电局资产报废净值率为5.6%，达到世界一流水平。

生产运行管理。4月，明确2018年生产技术管理重点工作，制订生产技术指标计划，落实25项动态电网风险管控措施，调整设备管控等级，做好设备特巡特维管理。加强设备日常运维管理，以发现、消除隐患和缺陷为重点，以恢复设备性能和延长设备使用寿命为目标，做好电气设备的修试工作。全年预试35千伏及以上一次设备2614台、规范化检修一次设备1525台，消除紧急、重大缺陷2045项，消缺率、消缺及时率均达100%。对关键重要变电站的紧急重大缺陷，做到一缺陷一分析。

◎ 2018年11月1日，揭阳供电局带电作业班作业现场

三、安全生产

2018年，揭阳供电局全面实现了“两个确保，三个杜绝，四个不发生，两个减少”的安全生产目标，全年没有发生四级及以上人身、设备和电力安全事故事件或社会人员触电事件，发生五级事件6起，百万工时意外率指标0.92人次，达到世界一流水平。

安全管理。以网络形式组织各级人员签订安全生产目标责任书4862份。每月编制发布安全生产监督重点工作计划，实行违章“一月一整改”，将A类违章查处纳入年度考核。2月起，推广应用现场作业风险管控可视化平台，开展远程监管，全年精准督查11 090次，整改率100%。实行综合性和专业性安全生产检查相结合，通过季节例行检查、重点工作适时专项检查、体系周期审核，全年共发现问题530项，整改完成率100%。

安全隐患排查。从1月起，组织开展配网设备隐患、乡镇供电所防范人身事故安全隐患、防范社会人员触电等安全隐患、供电设施触电安全隐患排查整治专项行动，隐患问题整改完成率100%。按照“产权归谁，责任

◎ 2018年8月19日，惠来供电局员工在神泉镇“开渔节”保供电现场

归谁”的原则，配合政府开展城乡涉电设施安全隐患排查整治专项行动，全年没有发生有责任的社会人员触电事件。强化生产项目外包作业清单式管理与安全许可准入执行机制，常态开展生产项目安全督查，对检查发现问题开展销号整改。落实承包商资信奖惩，对违章者扣分、追责。

应急与保供电。及早做好台风等自然灾害的防御工作，全年开展各类应急演练4次，实现主备调无缝切换。9月16日，强台风“山竹”过后，第一时间开展抢修，累计出动人员151人次，车辆53车次投入抢险救灾工作，受影响的1765个台区、165 595户用户，于9月17日全部恢复电力供应。同时，派出279人的应急队伍支援惠州供电局，36个小时内完成了惠东县平海镇15回10千伏线路的抢修复电工作。此外，还完成春节、全国“两会”、高考、开渔节等各项重要保供电任务。

安风体系和安全文化建设。全年完成145份相关制度、业务指导书和作业指导书的梳理与修编，以岗位职责、制度要求、业务指标、绩效考核四联动，压实各层级安风体系建设责任，强化落实体系内、外审问题整改，整改完成率100%。1月，组织安风体系骨干人员赴东莞供电局交流学习。通过“体系运作，互助分享，全员参与”，营造安全文化氛围，荣获“2018年广东省安全文化示范企业”称号。

市场营销

一、优化营商环境与客户服务

优化营商环境。积极落实电价调整、市场化交易、业扩投资界面延伸、减税降费、清退临时接电费等政策，减少全市企业用电成本7.89亿元。8月，制定25条进一步提升供电服务水平优化电力营商环境的措施。精简业扩报装流程，对业扩报装工单实施分级跟踪，做好客户用电需求与配电网规划衔接，及时启动业扩配套项目建设，年中压报装平均用时52.5天，同比下降22.22%。提升业扩投资界面延伸比例，实现低压业扩投资界面延伸率100%，中压业扩投资界面延伸率98.89%，为用户节省投资超2.47亿元。做好临时接电费清退工作，全年共清退客户总数1727户。配合清理转供电，将降价利好传导给终端用电户。

客户服务。建立客户投诉全过程管控体系，精细化管控投诉指标，利用通报机制、供电所指标看板、投诉专报等方式，每日、每周、每月进行过程管控。从严动真抓问责，5月，建立营销类“95598”投诉稽查问责机制，共落实稽查77宗，问责35宗。8月，建立领导负责制和客户投诉奖惩机制。全年“95598”客户投诉同比下降25.5%。构建“统一服务”管理体系，推动“互联网+”服务转变，实现业务协同运行、服务一次到位。互联网统一服务平台关注数77.6万户，全年约6.6万宗业务通过互联网渠道办理，占业务办理总量的77.6%，非现金缴费率99.33%。2018年，揭阳供电局第三方客户满意度测评得分81分，同比提升1分，连续10年在政府公共服务公众满意度评价中排名第一。

◎ 2018年9月20日，揭阳供电局市场部走访大客户，加深与各大客户的沟通交流

二、营销基础管理

2018年，揭阳供电局完成购电量147.10亿千瓦·时，同比增长6.53%；售电量137.51亿千瓦·时，同比增长7.9%。

“两个全覆盖”工作。5月，完成25万只智能电表轮换和71万户低压集抄改造工作，提前实现智能电表和低压集抄覆盖率两个100%。低压集抄全覆盖区域取消人工抄表，完善自主运维工作体系，全年购、售电侧电子化结算率分别为100%、99.97%。12月，实行电费集中核算，实现抄表、核算到电费发行全过程自动处理，抄表到发行电费的时间从平均10天减至6天，电费平均发行时间提前了2至3天。

线损管理工作。5月，开展管理线损专项整改，以线损“两个比对”为切入点，狠抓线损异常整治。明确职能部门分工，各相关部门按职责对站用电、母线不平衡率、网损情况，加强日常网损监控和治理。大力清理站、线、变、户拓扑关系基础档案差错问题，确保分线、分台区统计准确，实现线变关系一致性达99%以上，低压户变关系一致性98%以上。6月，基于计量远程抄表全覆盖建设成果，试点推广集抄台区反窃电监测终端。9月，召开管理线损分析会议，初步建立起计量同期分区、分线、分台区线损率统计应用工作体系，实现实时线损管控。10月，编制《管理线损异常分析工作指引（试行）》，全面归纳总结分析及治理方法。2018年线路、台区线损异常率分别为1.87%、0.53%，线路、台区高损占比率分别为0.62%、0.63%，全面完成23条高损线路和323个高损台区“精准”降损任务。全年查获违约窃电案件419宗，追补电量190.35万千瓦·时。

营销稽查。2018年产生业务数量共5096.63万宗，稽查样本共120.94万个，稽查样本实查率100%；通过稽查共发现问题14 604个，稽查整改完成率100%。通过管理线损在线监测等技术手段。开展抄核收及业扩管理等4个专项稽查工作。开展了9次营销业务规范化现场稽查工作，覆盖全局65个供电营业点，共查找问题和提出管理建议784条。从严动真对相关人员开展营销差错问责，共问责营销服务事故（差错）事件78宗。

三、电能替代与新能源业务

大力推广电能替代，建立以供电局为中心，与节能服务公司共同发展的节能服务平台。重点在电锅炉、电窑炉、电磁厨房、电动汽车等主要技术领域大力推广具备潜力的电能替代项目。2018年新增电能替代项目95个，累计实施电能替代项目179个、电量3.51亿千瓦·时。推进充电基础设施建设，下放项目管理权限，简化项目发起流程，提高立项和实施效率。3月起，组织各县区供电局推进城市公共充电站和公共分散充电桩的建设，推动多经企业与社会新能源公司合作共建充电设施，全年共建成电动充电桩44台。提升分布式光伏并网服务效率，全年共受理并网项目253个，并网容量1143万千瓦。揭阳市第一个10千伏余电上网分布式光伏项目——揭阳市库伟实业有限公司2500千瓦分布式光伏发电项目，在5月30日前并网。

科技信息

一、科技创新

2018年，揭阳供电局科技研发投入152.45万元。其中，科技项目投入89.3万元，占比63%。累计拥有有效专利数达85件，其中发明专利5项，同比分别增长431%、67%。每亿元营业收入有效专利拥有数指标为1.09。加大职创项目申报的宣传和培训力度，鼓励员工通过职创项目解决工作实际问题。全年共实施职创项目18项，形成了一批优秀的职工技术创新成果。全年共申请专利192项。积极参加网省公司组织的科技奖励评审，全年共获得南网职工技术创新奖一等奖1项，专利奖三等奖1项；广东电网公司科技进步奖1项，技改贡献奖三等奖1项，职工技术创新奖一等奖1项、二等奖1项、三等奖3项。有效推进基于现有二次量的CVT异常在线监测系统的研发工作，分析异常工况下CVT的谐波特征，并在此基础上进行了CVT接地综合监测创新研究。有效推进母线综合后备保护研究与应用的关键性技术研发工作。

二、信息化工作

2018年，揭阳供电局信息化水平得分80.77分。网络安全体系建设方面，7月，加强网络安全意识教育，逐级宣贯网络安全事件分类及等级，压实网络安全责任。8月，完成广东省第十五届运动会等重大活动和应急期间的网络安全保障工作，成功防范“勒索病毒”等各类新型网络病毒威胁，实现网络安全“三个零”目标。信息系统与数据质量工作方面，9月，制订2018年业务协同实用化治理专项工作方案，规范系统数据录入，提高系统间数据一致率。全年整改站线变户一致性问题数据15 841条、账卡物一致性问题数据2483条、基础档案一致性问题数据1242条。“云大物移智”融合业务发展方面，推进新技术与业务创新融合，先后完成“综合数据网敏感数据防护深化研究”等3个职创项目，申请专利8项。加强人才队伍建设，打造具备自行开发日常轻量级App能力的人才的信息团队，培养广东电网公司级信息技术专家1名、地市级信息技能专家1名。

经营管理

一、人力资源

干部人才队伍建设。全年调整科级干部8批次、33人，其中提拔11人，含“80后”年轻干部2人，共选派7

名青年员工到东莞供电局挂职锻炼。3月，完成揭阳供电局管理的领导班子和领导人员综合考核评价工作。5月，完成综合考核评价结果反馈和“一报告两评议”结果反馈，同步开展干部谈心谈话，累计谈话113人次。11月，完成干部员工共124人的亲属关系信息填报和更新工作，加强领导人员任职回避和工作回避制度的执行力度。实行因私出国（境）“班车制”审批制度，建立领导人员日常重要监督信息档案及常态化报告机制。12月，开展县区供电局干部考核评价及“一报告两评议”工作，县区供电局选人用人工作总体满意率达98.98%。同月，出台青年后备人才选拔和培养“朝阳行动”工作方案，固化形成青年后备人才选拔和培养机制。新增高级职称9人，中级职称84人，初级职称156人，新增高级技师2人，技师32人。高技能人才比例提升至51.14%，中高级技术人才比例提升至57.51%，人才当量指标提升至0.8，创历史新高。至2018年底，揭阳供电局共有管理专家3人，技术专家29人，技能专家33人。全年新选聘助理级管理专家3人，助理级技能专家17人，助理级技术专家21人。

劳动用工与薪酬绩效管理。调整组织机构及用工结构方面，7—9月，调整全局组织机构，实施岗位规范化设置，各县区供电局设置6个内设部门，以及综合服务中心、乡镇供电所等二级机构。全年录用毕业生97人，其中985、211大学及目标电力院校毕业生的录用比例达42%。5月，开展主网专业化管理人力资源优化工作，共录用县区供电局人员74人，充实主配网调度专业队伍，实现业务集约化管理。7月，制定“四个统一”人力资源管理工作实施方案，各项业务配备人数共3073人。12月，根据智能电表轮换和低压集抄建设进度，当年调整一线抄核收人员137人，释放出来的富余人员补充到相对缺员班组。薪酬绩效改革方面，3月，开展专业技术岗位员工绩效考核管理模式优化，通过搭建“指标+任务+共抢工分+加扣分”量化考核模式，增强781名专业技术人员绩效考核差异性。持续实施“激励积分+激励菜单”弹性福利激励模式，评选星级员工1124名。12月，制订毕业生薪酬激励方案，通过发放一次性生活补贴、上浮执行岗薪级和缩短“爬岗”时间等方式，对在艰苦边远地区单位工作的毕业生给予待遇倾斜。

教育培训工作。推进“人力资源部门+直线经理”的管理模式，系统编制培训计划1246项。统筹优化配电、营销实训场功能配置，新建磐东营销培训场及渔湖实训场配网自动化仿真培训系统。5月起，开展兼职内训师考核及选聘工作，新选聘地市级内训师38名。9月，制订员工能力提升“三年”行动计划及激励方案，鼓励基层员工持多证、持高证，强化考评结果应用。在广东电网公司组织的全省技能人员岗位胜任能力抽考比武中，揭阳供电局抽考比武合格率达100%。开展转岗人员培训936人次，开展1042名技能人员模块化岗评，通过率89.44%。

◎ 2018年12月20日，普宁供电局举办新员工拜师礼

二、财务经营

全年营业收入同比增长5.76%。供电成本同比增加13.63%；利润总额同比增加9.06%，创历史最好成绩。“两金”同比压降2.72%。报废资产净值率5.6%、同比下降8%。按月监控各县级子公司利润，本年度所有县级子公司均实现盈利。6月，制定提质增效工作方案，落实“三去一降一补”重点任务，动态监控物资库存及往来账款，防增量、减存量，实现“两金”余额比年度目标压降574万。开展资本性项目形成有效资产及在建工程余额清理专项行动，责任落实到人，加快长期挂账项目现场推进进度和工程竣工决算进度，确保已投运的在建工程及时结转固定资产。降杠杆减负债，合理优化惠来供电局化关口结算电价和资产结构。开展清理拖欠民营企业账款专项工作，按照“依法合规、分层推进、谁承办谁负责、应付尽付”的原则，实行逾期欠款类别分类施策清理，市县两级对所有项目建设、采购实施主体进行全面清查。开展资产产权证明清理专项行动，全年完成补办产权证明94宗。

三、物资供应

物资采购。7月，建立“协调—确认—调剂—登记”的管理模式，对需求物资预测全过程监控，以解决需求预测与工程实际的矛盾。规范采购管理，结合物资品类特点，完善授权物资采购管控策略。对非招标采购项目实行专家交叉委派机制，加强评标现场的管控、监察力度，物资采购项目实现零投诉。8月，制定新版授权采购物资供应商常态化评价标准，首次将履约评价结果应用在年度框架招投标中，督促供应商刚性履约。全年合同签订3569份，物资采购集中度99.17%。加强合约与品控管理，全年履约到货合同4011份，共约谈厂家20家次，赴厂追货5家10人次，全年准时供货率100%。加强品控管理，完成29个品类物资186个样品的到货抽检，实现设备“零缺陷”入网。500千伏岐山变电站主变压器65天完成生产制造，创造了国内业界首例。

仓储配送。优化仓库库区规划及配套设施建设，2月，制订仓储配送班建设实施方案，推进仓储配送班星级班组建设。7月，组织开展应急物资响应演练，提升应急物资响应业务技能。11月，制定急救包仓库智能化改造计划，实现物资域移动应用2.0智能急救包上线运行。优化业扩物资集中储备管理，积极与佛山、东莞供电局交流，扩大业扩物资纳入储备额度，完成646项业扩项目物资供应。规范逆向物流管理，闲置物资再利用率达100%，完成四批次报废物资处置。

四、审计监督

深化审计体制改革。9月，设立审计部，所属五个县区供电局机构改革后各保留1个专职审计岗位。审计监督方面，全年开展9个专项审计项目，其中，配合广东电网公司开展1项，自行开展8项。5月，对河源供电局开展“扶贫项目资金管理”交叉审计调查。8月，对潮州供电局开展党费管理专项交叉审计，对各县区供电局2016—2017年度“业扩提速”工作开展审计调查，对2016—2017年市场营销业务电费收取及差错管理开展电费差错审计，对2015—2017年可纳入计提收益的有效资产和不可计提收益的非有效资产管理情况开展瘦身健体提质增效（有效资产）审计调查；9月，对各单位2016年以来“暖心工程”的执行落实及目标实现情况开展审计调查；10月，对配网智能化建设管理开展专项审计。共抽查工程项目824项，披露问题105个，提出审计建议113条，组织审计发现问题整改，形成管理闭环。积极探索审计管理创新，在“业扩提速”、扶贫资金管理等审计项目实施过程中，利用大数据筛选风险事项，形成审前专项调查数据分析报告，实现审计精准导向。审计成果应用方面，督促落实2017年5个专项审计项目104个问题的整改。落实管理建议109条。审计整改完成率100%。落实审计问责，将迎审配合工作和问题整改情况纳入年度绩效考核方案内容。建立完善审计发现问题库，多角度分析评价管理薄弱环节。配合监察机关开展巡察、督查、案件办理，并提出审计意见。

五、法治工作

推动依法治企工作体系落地实施。10月，制定法治企业建设工作方案、建设和评价标准，明确地市供电局、县区供电局、供电所三级的建设任务、主体责任、关键节点时间要求和里程碑事项，建立制度化、规范化的企业法治工作建设体系。与揭阳市经信局共同制定《揭阳市关于贯彻落实〈广东省供用电条例〉有关问题的实施意见》。加强对重大决策事项法律风险审查，全年共出具12份法律意见书，需要法律审核的重大事项的法律审核率为100%，法律审核意见采纳率100%。在人力资源、市场营销等五个领域的关键岗位开展法律风险防控，识别岗位固有和剩余的法律风险，编制岗位防控信息卡。常态化开展领导干部“六个一”法治建设活动，落实党委中心组学法机制，重点学习《宪法》和广东电网公司直属各单位负责人履行推进法治建设职责实施办法。通过楼宇电视宣传和党支部学习的形式，开展员工法律底线教育。全年新发案件、往年在办案件、办结案件各2宗。6月，惠来火电厂担保案取得进展，签订和解协议。全年共审核经济合同1460份，共提出法律审查意见895条次。8月，规范合同起草审查审批办理用时，禁止无故倒签合同。10月，电商系统合同模块上线运行，实现合同业务平稳过渡。揭阳供电局被授予“2017年度广东省法治文化建设示范企业”称号。

改革创新

“创一流”工作。8月，制订创建一流企业工作方案，明确达到国内一流水平的工作思路。制订“抓领先、补短板、强基础”工作计划，重点提升六个领域管理水平，解决发展不平衡不充分的九项突出问题。9月，全面分析2017年度综合标杆一流创建情况，总结企业管理亮点，解析管理短板并提出提升举措。完善关键指标常态化监控机制，每月加强“创一流”指标、绩效考核指标监控，强化指标分析和职能管控，对问题指标及时通报，辅助管理决策。

精益管理。4月，《2018年精益项目库》《优化自动化系统AVC策略》等7个项目被纳入广东电网公司管控精益项目库。10月，编制精益人才培育计划，组织830多人参加精益黄带、绿带网上认证。《亲和图》等3个课件获得南方电网公司精益课件大赛二等奖和三等奖。加强供电所基础管理，积极推进星级班站所建设。11月，编制供电所综合考评方案，围绕星级供电所建设、供电所配网运维和营销服务等方面设置考核指标，对全市85个供电所进行排名监控，促进供电所指标管理水平提升。

市场化改革与新兴产业发展。全年共完成市场化交易电量24.49亿千瓦·时，客户合计减少电费1.43亿。2018年焕发揭阳分公司签约入市交易用户共20户、电量共3.8亿千瓦·时。3月19日，成立广东明利综合能源服务有限公司，作为平台公司发挥管理职能，理顺竞争性业务管控界面。按照权限清单完善竞争性企业管理办法、配套制度，制定了安全生产管理专项行动计划、业务管理界面划分、财务经营管理等方案，确保竞争性企业的规范管理。截至2018年底，局属竞争性企业共9家，其中电力工程建设（含设计、监理）企业5家、综合能源企业2家、电力综合服务企业2家，营业收入同比增长21.79%，利润同比增长25.61%；净资产收益率同比提升3.9%。减少法人2个，如期完成“四个一批”总体目标。

小水电自供区接管。5月，接管了揭东三洲水利管理处自供区。10月，接管了揭西良田乡小水电自供区。推进私人承包管电区域接管，全年完成普宁市占陇镇四德村的东山、下洋、东山中、汉邻（公用）4个代管台区的接管。

党群工作

一、党建工作

政治建设。6月，制定落实“南网党组一号文”精神的工作任务分解表。组织实施思想政治教育“铸魂工程”、基层党组织“达标工程”、党员队伍“先锋工程”，确保“1236”党建模式在揭阳落实落地。8月，组织召开全面彻底肃清李嘉、万庆良恶劣影响专题民主生活会，指导督促县区供电局党委开好专题民主生活会。11月，调整党建工作领导小组，健全组织领导机构。

组织建设。3月28日，召开中共广东电网有限责任公司揭阳供电局第一次党员代表大会。丘浪文、陈庆鸿、黄勇东、李凯曼、黄亮标、刘群英、陈贤彬等7人当选党委委员，其中丘浪文为书记，陈庆鸿为副书记；刘群英、李建华、林锐锋、林俊标、王喜东等5人当选纪委委员，其中刘群英为书记，李建华为副书记。全年完成了榕城、揭东、普宁供电局等单位的二级党委，办公室、企业管理部、财务部等51个党支部的换届改选工作，新设立了广东明利综合能源服务有限公司党委。发展党员35名。至2018年底，全局共有党组织165个，其中党委7个、党总支部1个、党支部157个，党员2715名，其中，在职在岗党员2058名，离退休职工党员657名。着力提升党建质量。6月，组织174名党务干部分层分级参加党支部书记培训示范班，采用“理论解读+知识宣贯+现场实操”的形式轮训党务干部，实现了党务干部轮训全覆盖。8—12月，开展“党员走在前”系列活动，组织广大党员在降低客户投诉率、降低线损、抗风救灾、安全生产等工作中发挥先锋模范作用。

◎ 2018年11月，揭东供电局荣获南方电网公司厂务公开民主管理先进单位

二、思想宣传与企业文化建设

2018年，按照“两学一做”学习教育常态化制度化要求，把学习贯彻习近平新时代中国特色社会主义思想和党的十九大精神、习近平总书记在参加十三届全国人大一次会议广东代表团审议时的重要讲话精神，纳入党委理论学习中心组学习重点内容，采取集体学习与个人自学相结合的中心组学习模式，进一步完善学习计划、学习研讨、学习考核、学习档案等“四项机制”，组织开展集体学习7次，其中专题学习研讨4次，参学率为91.84%。

将意识形态工作作为民主生活会、述职报告和主责约谈的重要内容，纳入党建责任制考核，全年专题研究意识形态工作两次。7月，组织对基层单位意识形态专题督查工作，并在年终进行考核。深入宣贯《南网总纲》，以“中国梦”和社会主义核心价值观为引领，组织书写《南网总纲》、说唱《南网总纲》等主题活动7场次，充分利用网站、微信、楼宇电视等媒体平台，全方位宣贯社会主义核心价值观，不断提高广大干部员工的价值认同。

创新推进“图志对话录”品牌建设，以“寻找身边的榜样”活动为载体，探索形成“发现、筛选、培育、宣传”的典型选树做法，挖掘和选树了132个典型人物。2月，成立广东电网公司首个以职工命名的文化工作室——陈奕辉文化工作室。全年举办“道德讲堂”5场，规范并推广“文化四礼”。积极推进安全、服务、廉洁、法治专业文化建设和“一班组一特色”的班组文化建设，着力打造榕东供电所等3个班组文化示范点，形成“莲”“明”“融”文化等一批文化品牌。2018年在社会媒体刊发新闻报道240多篇（次），其中，中央级媒体2篇次，省级媒体122篇（次），地市媒体120篇（次）。《打造精准扶贫的“南网样板”》《粤东首个双层预制式综合配电房建成》等在南方网、中国电力新闻网等媒体见报。4月16日，举办“中国梦、劳动美，坚定跟党走，建功新时代”庆“五一”职工演讲比赛。

三、党风廉政建设

政治纪律与政治监督。把维护政治纪律，确保“两个务必”放在突出位置。5月，印发2018年党风廉政建设和反腐败工作要点，抓好各项工作任务分解。11月，编制年度党风廉政建设责任制考核评分标准，明确任务，压实“两个责任”，确保落到实处。

监督执纪。3月，制订监督执纪“四种形态”工作指引，推动各级党组织规范开展谈心谈话工作，全年开展主责约谈151人次，个别谈心谈话4277人次，集体约谈5263人次。巩固“减存量、遏增量”工作成效。加大立案查处的力度，抓实后“三种形态”，巩固拓展“第一种形态”的成效。对拟选拔和调整的14名干部出具廉洁意见。9月起，开展为期三年的整治基层及群众身边不正之风和腐败问题“扫雷”行动。针对县区供电局生产项目和在建基建工程等薄弱环节，开展“扫雷”监督检查工作，发现问题25个，并全部完成整改。

监督检查与巡察。瞄准主营业务关键环节，将市场营销、生产项目、基建工程等廉洁风险集中领域作为监督检查重点。建立监督检查常态化工作机制，压实各业务部门的自身主体监督责任、强化纪检监察部门的专责监督，3月起，组织开展季度专项监督检查17场次，发现整改问题351个，以问题整改促规范建设。9月，成立党委巡察工作领导小组、巡察办公室和巡察组，开展党的十九大后首轮常规巡察，通过巡察变电管理所党支部和明利电力设计有限公司党支部，发现问题78个，并全部完成整改。

作风建设。11月，组织各业务领域深入开展廉洁风险排查，重新修编梳理风险主要事项160个，制定风险管控措施188条，编制各业务领域廉洁风险控制库，完善廉洁风险防控体系，提升廉洁风险控制水平。向全体员工发送廉洁过节倡议书，在传统节日前发送廉洁提醒短信，组织开展明察暗访21场次，对检查发现问题予以通报。8月，开发揭阳供电“微微清风”廉洁微信平台，创建智慧监督宣传新阵地。开展形式主义、官僚主义专项整治行动，以责任担当、服务群众、服务基层、项目建设、办文办会、机关作风、工作考核、问题整改等方面为整治重点，自查发现整改问题31个。

四、工会与共青团工作

工会建设。2月6日，召开三届五次职工代表大会暨2018年度工作会议，有效地发挥了职工民主管理、民主决策和民主监督的作用。职代会闭会期间召开6次联席会议，表决通过了《专业技术岗位员工绩效考核管理模式优化工作方案》《客户投诉管控工作方案》。坚持厂务公开常态化管理，将厂务公开机制融入各项业务工作中。8月，榕城、揭西局通过南方电网公司厂务公开A级贯标认证。2018年获评“广东省十大书香企业”“全国总工会职工书屋示范点”。5月，揭东供电局徐城锐荣被授予2018年全国“五一”劳动奖章。全年组织开展广东电网公司变电运行规范化管理、财务等19个专业技能竞赛。11月，揭东登岗供电所配电运维班班长林锦涛被授予广东省“岗位学雷锋标兵”和全国“电力行业雷锋式先进个人”荣誉称号。8月，组织开展2018年继电保护专业劳动技能竞赛。至2018年底，累计创建职工创新工作室2个，其中南方电网公司级1个、广东电网公司级1个、全年新增1个。揭阳供电局连续10年荣获“全国安康杯优胜单位”称号。

职工服务与女工工作。积极服务职工需求，建立工会干部联系基层单位、工会主席信箱两条通道，畅通职工诉求反映渠道。结合“暖心工程”、创建星级班组建设，积极推进星级模范“职工小家”建设，建设供电所“职工小家”示范点，至2018年底，四星级“职工之家”4个，共建设了五星级、四星级、三星级“职工小家”各1个、20个、68个。建立完善困难职工档案，开展各类职工慰问活动，慰问关怀1.5万多人次。持续推进女职工“建功立业、素质提升、爱心帮扶”建设，在妇女节期间组织“巾帼心向党，建功新时代”主题系列活动，举办女职工“新时代、新作为”大家谈、“家”故事朗诵分享会等读书沙龙活动。揭阳供电局“爱心妈妈小屋”被命名为广东省优秀示范点，工会女工委员会被授予揭阳市“三八”红旗集体荣誉称号。

共青团与志愿服务。严格落实共青团建设“三会两制一课”制度，规范了团费收缴标准、收缴周期，建立团费专用账户，严格推进团组织换届选举工作。3个先进集体和9个先进个人受到了网省公司及揭阳市的表彰。林锦涛等一批扎根基层奉献的优秀青年被评为广东省岗位学雷锋标兵。建立“志愿服务+精益化管理”新模式，各级共青团组织累计开展志愿服务活动87场次，参与人数600多人次，服务人数4000多人次。

五、扶贫工作

行业扶贫。落实扶贫攻坚政治责任，继续实施新一轮农村电网改造升级。2018年，投资7.29亿元，超额完成新一轮农村电网改造升级投资任务，全市农村户均配变容量、综合电压合格率、供电可靠率三大关键指标提前达到国家2020年目标要求。6月底，完成全部30个省直、中直帮扶贫困村的电网升级改造任务；11月，全面完成152个贫困村电网升级改造任务。全年投入行业扶贫资金3517万元，大力推进剩下49个省级贫困村智能电表与低压集抄全覆盖等农网升级改造项目。

精准扶贫。投入定点扶贫村资金94.90万元，帮助贫困村开展党建宣传、教育奖补、环境整治、水产养殖、光伏发电等11个项目。聚焦“两不愁三保障”，坚持产业发展为重点，从企业自身优势、地方养殖特色出发，出资88.67万元，优选光伏发电、水产养殖、种植养殖三大产业，选拔培养一批懂技术、爱农村的地方贫困户，融入扶贫产业发展。以教育扶贫为根本，出资138.6万完善图书阅览室、科学实验室等配套功能场地，设立专项教、奖、助学金和慰问补助金，有效解决40个贫困户子女读书经费问题。以民生发展为基础，出资92万元，修建村道与田地干渠，雇佣贫困户成立环卫队，有效解决村民“出行难”、农村“卫生差”等问题。多方争取资源，向广东省慈善总会争取扶贫资金195万元，在对口扶贫点惠来县溪西镇清平村重新修建3条主要村道，架设55杆路灯。积极促成政府出资252万元入股惠来汇恒丝花工艺厂，实现年人均收益700余元。截至2018年底，对口帮扶省定贫困村集体经济收入增收至20.34万元，52户有劳动能力贫困户，人均年可支配收入提高至1.01万元。5个帮扶点基本医疗、农村社会养老保险、贫困家庭适龄学生接受义务教育、住房安全保障率达98%。2018年，对口扶贫点驻村干部获“揭阳市扶贫模范”称号。

河源供电局

企业概况

一、组织沿革

河源供电局为广东电网有限责任公司直属中型一类供电企业，前身是广东省广电集团有限公司河源供电分公司，2005年6月更名为广东电网公司河源供电局，2014年9月更名为广东电网有限责任公司河源供电局。

二、经营范围

河源供电局作为统一管理河源电网的企业法人，主要负责河源市源城区、东源县、龙川县、紫金县、连平县、和平县等1区5县范围内的电网建设、运行、管理和经营业务，为地方经济社会发展和人民生活提供电力供应和服务。截至2018年底，供电面积15 642万平方千米，供电人口309.39万人，供电客户130万户，营业网点108个。

三、电网规模

截至2018年底，河源电网有35千伏以上变电站100座，主变压器177台，容量共1087.2万千伏安，输电线路226回，总长4025千米。其中，500千伏变电站1座，主变压器2台，容量共200万千伏安，输电线路6回共度375.6千米；220千伏变电站10座，主变压器21台，容量共375万千伏安，输电线路34回共879.4千米；110千伏变电站57座，主变压器104台，容量共449.9万千伏安，输电线路127回共2003.6千米；35千伏变电站25座，主变压器41台，容量共34.35万千伏安，输电线路42回共635.6千米。

四、组织机构

根据广东电网公司组织机构规范化设置的要求和实际工作需要，2018年，河源供电局对组织机构进行了调整：6月25日，党建工作部更名为党建人事部（直属党总支、团委、新闻中心），原人力资源部的干部管理职能、原办公室的新闻宣传职能调整至党建人事部；监察审计部（纪委办公室）分设为监察部（纪委办公室）、审计部。生产设备管理部更名为生产技术部。撤销培训与评价中心，其业务由人力资源部直接管理；撤销法律中心，其业务由企业管理部直接管理；撤销员工服务中心、电网规划技术研究中心、建设管理中心、小型基建办公室、节约用电服务中心，其业务调整至相应二级机构；离退休服务中心不再挂靠工会。成立综合服务中心（离退休服务中心），整合员工服务、离退休服务等业务；成立供电服务中心，整合原计量中心、客户服务中心、营销稽查中心、节约用电服务中心等机构及业务；成立电网规划中心、项目管理中心。

至2018年底，河源供电局内设14个职能部门、9个二级机构、6个县区供电局。具体如下图所示。

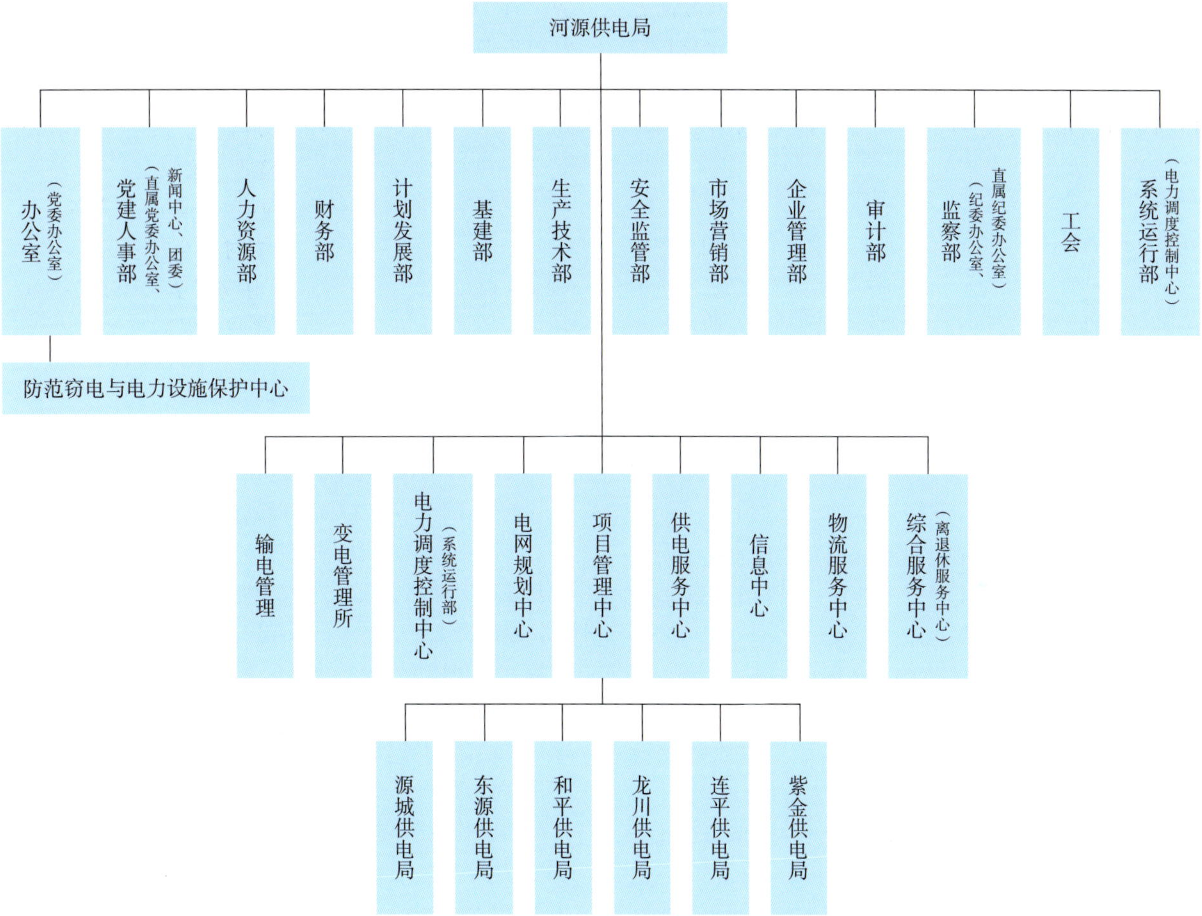

五、领导班子

2018年，根据广东电网公司党委决定，河源供电局领导班子调整如下：5月21日，黄建灵任党委书记、执行董事，免去其党委副书记、局长职务；谭昌友任党委委员、副书记、局长（总经理）职务；罗家华党委副书记、调研员、工会主席，免去其副局长职务；免去吴清华党委书记、副局长职务；免去陈建生工会主席职务。10月15日，陶飞达任党委委员。

截至2018年底，河源供电局领导班子成员如下：

党委书记、执行董事：黄建灵

党委副书记、局长（总经理）：谭昌友

党委副书记、调研员、工会主席：罗家华

党委委员、副局长：陈建生

党委委员、副局长：刘兆辉

党委委员、副局长：陈世勇

党委委员、纪委书记：朱志刚

党委委员：陶飞达

六、人员状况

截至2018年底，河源供电局共有职工3799人，其中硕士64人，本科生1363人，专科生713人，中专及以下学历的1659人；已取得专业技术资格人员共1472人，其中高级职称94人，中级职称366人，初级职称751人；已取得技能等级共3037人，其中高级技师22人，技师347人，高级工1715人，中级工938人，初级工15人。

十件大事

（1）1月10日，河源供电局配网调度大厅正式揭牌启用；3月1日，接管龙川、紫金、连平、和平4个县的配网调度业务。6月11日，配网调度服务指挥中心正式揭牌成立，正式实施配网调度集约化管理。

（2）1月18日，中共广东电网有限责任公司河源供电局第一次代表大会召开。会议选举黄建灵、吴清华、罗家华、陈建生、刘兆辉、陈世勇、朱志刚7人为新一届党委委员，其中，黄建灵当选党委书记，谭昌友、罗家华当选副书记；选举朱志刚、赖光源、黄文杰、张金淦、农为踊5人当选为新一届纪律检查委员，其中，朱志刚为纪委书记。

（3）5月30日，新港供电所举行五星级模范“职工小家”挂牌仪式，这是首批被南方电网公司评为65个五星级模范职工小家之一。

（4）6月25日，河源联禾能源发展有限责任公司成立。该公司作为河源供电局平台企业，统筹管理8家竞争性企业。

（5）6月28日，南方电网公司2017年重点工程——500千伏宝丽华汕尾甲湖湾电厂一期工程（河源段）竣工投运。工程（河源段）动态投资4.05亿元，新建500千伏甲福甲乙线，线路长80.4千米，新建铁塔159基。该工程荣获中国电力优质工程奖、南方电网公司优秀设计奖、广东电网公司样板创建金质工程奖。

（6）10月10日，河源市纪委监委与河源供电局签署廉洁共建工作意见书，并为“纪律及监督联建工作室”揭牌。

（7）11月30日，河源供电局新建的47个供电所技术用房全面竣工投运（含2017年建成6个），提前完成“十三五”技术业务用房规划项目任务。

（8）12月18日，河源市政府与广东电网公司签订《电网发展战略合作框架协议（2018—2022年）》。

（9）12月29日，河源电网统调负荷创历史新高，达到为178.89万千瓦，同比增长23.62%。

（10）12月，河源供电局供电服务满意度连续七年在地方政府公共服务评价中名列全市各行业第一。

电网发展

一、电网规划与前期工作

2018年，完成固定资产投资20.02亿元。加大对配网建设改造投资力度，投资比重占电网总投资比重56%，配网升级改造工程全面推进。

主配网规划。确立了“安全可靠、科学规范、知行合一、人本至上”的规划价值观。3月，广东电网公司配网规划建设督导组对河源供电局进行督导，并提出了涉及规划及可研、工程建设、运维等领域的34条建议。为此，河源供电局制定了98项整改措施，全面落实整改，并编写规划建设专项督导整改工作总结，有针对性地加强配网规划和建设。6月15日，制订“统一规划、统一建设、统一运维、统一服务”四个统一方案和各领域的实施细则。以目标网架为导向，以“安全服务均等化”为理念，开展电网规划修编等工作，计划“十三五”规划初至“十四五”规划末每年投运一个220千伏变电站。全年集中式光伏新增装机容量为6万千瓦。8月，成立电网规划中心。11月，县区供电局成立配网规划工作组，全面加强电网规划的专业力量和组织。

前期工作。4月23日，促成河源市政府出台《关于进一步加快电网建设的意见》，明确河源市“十三五”规划期间电网建设工作目标，提出支持电网建设有关措施，设立市、县（区）两级电网建设配套专项资金。市政府下达2018年度电网建设任务到各县（区）政府，明确年度的建设目标，并将电网建设工作纳入对县（区）政府综合政绩考核内容，为电网建设营造良好的外部环境。12月18日，促成河源市政府与广东电网公司签订《战略合作框架协议（2018—2022 年）》。全年开展500千伏源和电厂二期接入系统和220千伏万绿湖、越王山等26项输变电工程的前期工作。积极谋划河源第二座500千伏变电站，力争列入2019前期工作计划。稳妥推进梅蓄接入系统工程前期工作，于9月取得紫金县人民政府同意选址及配套线路路径的书面同意意见。12月前，配合超高压公司完成牛从直流接地极工程河源段前期工作。2018年共取得5个项目的核准。1月5日，紧急立项建设220千伏江东、110千伏桂林输变电工程，解决阿里巴巴、中国联通数据中心大用户用电问题。

二、工程建设与管理

2018年，河源供电局主网建成投运35千伏及以上项目7项，完成投资6.49亿元，同比增长28.66%。新增变电容量52.3万千伏安，新增输电线路273.55千米。配网建成投运项目1305项，完成投资8.96亿元，同比增长8.82%，新增配变容量21.82万千伏安，新增10千伏线路长度646.96千米。小型基建建成投运项目43项，完成投资1.31亿元，同比增长51.91%。

重点工程建设。5月30日，110千伏双下变电站扩建第三台主变工程竣工投运；6月28日，500千伏宝丽华汕尾甲湖湾电厂一期接入系统工程竣工投运；6月29日，220千伏渡水输变电工程、220千伏渡水变电站配套110千伏线路工程竣工投运；9月28日，35千伏铁场输变电工程竣工投运；12月29日，110千伏田心变电站扩建第二台主变及配套线路工程竣工投运；12月31日，110千伏热水至高塘双回送电线路工程竣工投运。至2018年底，河源电网形成以500千伏上寨变电站为枢纽，10座220千伏变电站为中心的环网结构。全年完成小型基建投资1.31亿元，年度投资完成率117.85%。抓好电力精准扶贫，投入1.3亿元，完成255个省级贫困村电网升级改造，农网三个关键指标率先达到国家新一轮农村电网改造升级目标要求。47个供电所全部如期建成投入使用（含2017年建成6个）。紫金供电局小型基建业主项目部，被评为全省小型基建类别唯一的四星级班站所。

工程创优与质量管理。河源供电局在广东电网公司2018年度“安全、优质、文明”样板工程检查评价中，位列全省第5名。220千伏渡水变电站工程、500千伏宝丽华汕尾甲湖湾电厂一期接入系统工程、10千伏礼士甲线705暗桥公变台区改造工程、10千伏桐岗线710立新墩头公变台区工程、和平优胜供电所技术业务用房获广东电网公司“样板工程”称号。其中，500千伏宝丽华汕尾甲湖湾电厂一期接入系统工程获“中国电力优质工程奖”、南方电网公司“优秀设计奖”、广东电网公司“样板金质工程奖”。220千伏渡水变电站工程获广东电网公司“样板金质工程奖”。推进基建领域新技术、新工艺、新机具、新材料应用。500千伏宝丽华汕尾甲湖湾电厂一期接入系统工程应用“国家重点节能低碳技术项目”5项，涉及绿色施工的“建筑业十项新技术”6项，推广应用“电力建设五新技术”14项。通过无人机辅助技术加快项目竣工验收速度。通过X光检测技术对重大跨越进行质量检查，防范工程质量重大安全隐患。

电网运营

一、电力供应

2018年，河源全社会用电量86.8亿千瓦·时，同比增长13.17%。河源境内电厂装机容量281.58万千瓦，同比增长5.86%，其中火电120万千瓦，无新增装机；水电128.42万千瓦，同比增长6.41%；风电、光伏等新能源33.16万千瓦，同比增长30.96%。全年上网电量16.34亿千瓦·时，同比下降20.26%，其中水电13.16亿千瓦·时，同比下降30.13%；风电1.50亿千瓦·时，同比增长35.23%；光伏1.68亿千瓦·时，同比增长205.41%。全年电力供应形势平稳有序，统调电力负荷7次创历史新高，最高负荷出现在12月29日，为178.89万千瓦，同比增长23.62%；全年平均负荷率为70.2%，同比下降7.63个百分点；最大负荷率90.2%，同比下降0.89个百分点；最小负荷率61.05%，同比下降1.53个百分点。丰水期间，实现水电全消纳。清洁能源并网通道容量裕度充足，未发生因网络受限而影响清洁能源消纳的现象。全年未发生有人为责任的“弃水、弃风、弃光”问题。

二、电网运行

电网运行风险防控。不断健全风险联动、闭环管控机制，风险防范关口前移，从源头上对电网风险予以揭示、降级、消除。系统设备运行总体稳定可靠，220千伏及以上电压等级保护正确动作率、故障快速切除率、安自装置正确动作率均为100%，生产实时控制业务通信通道“零中断”，未发生调度自动化主站系统失灵情况。未发生三级及以上电力监控系统信息安全事件，未发生因电力监控系统信息安全导致的电力事件。截至12月31日，河源电网连续安全运行1588天，未发生大面积停电、电网瓦解和重大设备损坏事故。全年三级及以上事件总数由28项下降至23项，实现了基准风险连续三年有效下降。深化“1358”电网运行风险管控，分解管控责任，完成滇西北直流偏磁测试、5个220千伏变电站主变轮停接入隔直装置、220千伏上塔甲乙线解口入奎阁变电站、河源变电站220千伏2号母线等重大检修停电方式安排和风险管控。成功化解电网风险71次，其中Ⅳ级风险59次，Ⅴ级风险12次，有效确保了河源电网安全稳定运行。

可靠性管理。3月1日，正式接管龙川、紫金、连平、和平4个县的配网调度业务。6月，配网调度服务指挥中心正式揭牌成立，正式实施配网调度集约化管理，在配网调度、抢修指挥、服务调度业务融合方面迈开重要一步。为提高供电可靠性，加大对配网建设改造投资力度，投资比重占电网总投资比重56%；全年带电作业次数6454次，带电作业化率达60.6%；开展降低中压线路故障率专项活动，中压线路故障率同比下降15.7%。全年供电可靠率为99.905%，客户平均停电时间8.31小时，同比减少8.41小时；中心城区停电时间0.74小时，同比减少0.48小时。综合电压合格率99.992%。

◎ 2018年10月23日，河源市副市长朱蔚蔚（右三）到河源供电局了解电网运行情况

三、安全生产

2018年，河源供电局全面实现了“两个确保，三个杜绝，四个不发生，两个减少，两个提高”的安全生产目标，全年未发生三级及以上电力安全事故事件。四级事件1起，同比增加1起；五级事件2起，同比减少8起。未发生社会人员触电事件。百万工时工伤意外率指标完成值0.473，优于计划值。

安全责任制落实。6月11日，审议通过“安全第一、风险预控、知行合一、人本至上”的安全生产方针，认真贯彻落实“管业务必须管安全、管生产经营必须管安全”要求，进一步健全安全生产责任体系，全年新增、修订指导书199份，为安全习惯提供行动指南。建立健全安全督查机制，编制2018年安全风险督查“1+6+N”工作方案，检查本单位的安全生产状况，及时排查生产安全事故隐患，提出改进安全生产管理的建议。

安全隐患排查与专项治理。从3月起，组织开展配网设备、乡镇供电所防范人身事故、防范社会人员触电、供电设施触电等安全隐患排查，发现隐患6138项，整改完成率100%。深化政企合作的线行清理模式，清理树障面积184.71亩。强化生产项目外包作业清单式管理，刚性执行安全许可准入机制，常态开展生产项目安全督查，对检查发现问题开展销号整改。根据承包商违章扣分进行责任追究，落实承包商资信奖惩。

应急管理与保供电。组织开展防风防汛安全检查，6月，制订年度防风防汛工作方案，全年汛前检查累计出动1023多人次，共发现存在问题8项，并开展整改。加强应急体系建设和应急能力提升。7月，编制应急机构与队伍管理业务指导书等3份安全监管领域业务指导书，防风防汛、地震、人身事故事件应急预案3份应急预案，整合变电、输电、配电、通信、信息等专业应急队伍11支，共计414人，应急发电车14辆，应急发电机128台。成功应对1月的低温雨雪冰冻和台风“艾云尼”“玛莉亚”“贝碧嘉”“山竹”及其带来的强降雨，共派出抢修人员2612人次、车辆985辆次抢修复电。9月16日，派出172人的应急抢修队伍，发电车3台、应急通信装备6套，支援江门恩平抗击台风“山竹”、抢修复电。全年完成春节、“两会”、高考、国庆节等42项保供电工作任务，共投入14 728人次、车辆4820辆次。

安风体系与安全文化建设。通过不断完善安全生产管理文件体系，从源头管控风险，将风险管控制度化、规范化，推动风险管控与业务的融合。2018年河源供电局安风体系建设获得网省公司一致认可，安风体系得分83.19分，通过南方电网公司“四钻二星”最终评审，并荣获南方电网公司“2018年安全生产先进集体”称号。9月30日，发布《安全文化理念手册》，手册包含核心安全理念、安全使命、安全愿景、安全品牌、安全八大观等内容。

市场营销

一、优化营商环境与客户服务

优化营商环境。积极落实电价调整、市场化交易、业扩投资界面延伸、减税降费清退临时接电费等政策，减少全市企业用电成本1.3亿元，其中：一般工商业电价同比降幅达10%，在工信部、国家发改委组织抽样调查中，一般工商业客户降价满意度100%。8月，制订进一步提升供电服务水平优化电力营商环境措施88条。创新建立业扩项目主人制，在全省率先试点低压业扩配套项目按“乙供材料”方式管理。精简业扩报装资料和流程，除有关规定外全口径延伸至客户红线。全年走访客户119万户，中压业扩报装平均用时、业扩配套建设用时分别压缩至55.29个和56个工作日，降幅为44%和56%。加快资产接收，接收客户资产小区51个，专线客户2户。互联网统一服务平台关注人数达58.5万户，互联网业务办理比例77.42%，线上报装办电率72.33%。

提升客户服务。制订2018年片区经理工作方案，制定针对“12398”转办投诉奖惩措施。通过多渠道开展客户经理宣传推广，在全市用电客户表箱上张贴标签，公布客户经理、供电所负责人、“95598”供电服务热线以及“12345”市政服务热线，并将客户经理信息固化至南方电网“95598”微信，分流引导客户通过客户经理反映解决问题诉求。走访全市120万客户，更新客户联络信息10 298个，新增微信公众号关注数12万户，持续巩固夯实供电服务基础。全年共办结“95598”客户投诉同比下降18%；共办结“12398”投诉同比降少60%。2018年第三方客户满意度83分，全省排名第十，连续7年在地方政府公共服务评价中排名第一。

◎ 2018年7月27日，河源供电局召开2018年客户服务改进暨客户走访工作启动视频会议

二、营销基础管理

2018年，河源供电局完成购电量76.82亿千瓦·时，同比下降1.5%；售电量72.88亿千瓦·时，同比下降3%。

“两个全覆盖”工作。推进业务集约化和专业化管理延伸，2家县级供电企业完成“子改分”工作任务；累计接收33个独立供电区域。在全局营销班组中开展营销移动终端作业系统试点应用。依托“两个全覆盖”，开展智能电表低压台区电压检测，通过远程集抄设备，升级7913台集中器功能，将6047个台区电压纳入监测，实现主动发现问题，及时消缺。持续提升自动抄表成功率，开展自动抄表失败用户分析及整改工作。至年底，售、购电电子化结算率分别为99.75%、100%。10月5日，完成“一户一表”小区改造，共接收改造1155户，提前完成国企家属区“三供一业”接管和维修改造工作。

降损增效及反窃电。制订降损专项方案，试点“线损合格一片电费发行一片”，开展线损“两个比对”工作，持续提升线损管理精益化水平。截至12月31日，台区线损异常率1.26%，线路线损异常率0.84%。整改高损线路25条、台区602个，完成率100%。扎实推进同期线损“四分管理”工作，12月31日，地市级同期线损值达到与理论线损值偏差在2%以内，县区供电局分区同期线损合格率达100%，供电所层级分区同期线损异常率为40%，达到广东电网公司要求。开展反窃电专项行动，运用线损、电量异常大数据分析手段对窃电行为进行“精确打击”，组织全体职工签订依法用电承诺书，杜绝内外勾结窃电行为。开展“企警联合”共建行动，打击窃电。全年共查办违约、窃电案件463宗，追回电量45.09万千瓦·时。

三、电能替代与市场开拓

推动新能源发展，全年新增光伏并网项目1726个，新增装机容量9.83万千瓦。3月1日，山门前风力发电站投运，装机容量4.95万千瓦；累计并网发电量3.26亿千瓦·时，同比增长95.75%。全年建成124座充电桩，初步搭建了覆盖市区中心区域的充电设施网络。实施电能替代项目86个，电量2.12亿千瓦·时。加快推进市场化交易进展，对电力现货市场的交易主体申报、节点电价结果出清等支持系统进行升级完善。按照现货交易要求，对计量自动化、企业级营销系统做适应性改造。完成异常电量电费的分散复核、用户业务变更、计量运维等工作，确保电费结算参数正确。配合用户办理注册市场化交易资格手续。

科技信息

一、科技创新

2018年，河源供电局全年下达科技及职创项目44项，验收35项，通过率100%。科技研发投入467.73万元，占营业收入比重的0.09%。其中，科技项目投入726.13万元，占比64.41%。获得专利授权46件，其中“无功电压调节装置的配置方法和无功电压调节装置”发明专利被推荐至南方电网公司科技奖励评审。累计拥有有效专利数达58件，其中发明专利4件，同比分别增长383.33%、100%。亿元营业收入有效专利拥有数指标为42。2018年，获广东电网公司科技奖励4项，其中，“广东电网系统可靠性评估方法研究及其系统开发”获广东电网公司科技进步奖二等奖；“35千伏开关柜受潮综合治理及规模化应用”“大型电力变压器现场空负载试验装置研制与应用”获广东电网公司技术改进贡献奖二等奖；“继电保护装置出口压板电压检测仪”获广东电网公司职工技术创新奖三等奖。

二、信息化工作

全年信息化总投资2114万元。IT基础设施实现更新换代，新投放终端设备近2000台。10月15日，完成IDC机房升级改造，完成47个供电所局域网升级改造。11月19日，建成河源供电局首个无线局域网。全年网络及信息系统安全稳定运行，中高风险整改率100%，未发生四级及以上信息安全事件，实现信息安全“三个零”年度目标，年度信息化水平评价85.01分。

网络信息安全。巩固网络安全保障基础，建立自建系统入网审查机制。深化安风体系在信息领域的应用，推广信息领域的安全生产风险评估方法，本地化修编作业指导书和业务指导书。定期现场检查多经企业管控情况，及时处理违规终端，完成自建网络的安全防护建设。完成重要时段网络安全保障工作。防范“勒索病毒”等各类新型网络病毒威胁。全年未发生四级及以上网络安全事件。

系统实用化和数据质量。优化电子化移交流程管控，探索低压户变数据治理方法。试点开展低压户变数据专项治理，从源头解决供电所低压数据档案不一致问题。服务“四统一”建设，及时调整各系统账号权限设置。完成信息系统数据迁移，全面梳理供电所运维设备台账和用电客户台账，完成中心供电所的系统数据迁移和校验，保障系统功能正常运行。持续跟进系统功能改造。加强省地协作，梳理企业信息系统功能问题和流程变更清单。开展新功能模块和流程测试，完成系统改造。通过每日发布服务工单统计报表，设立多级催单机制，提升1000号信息服务效率。

自主创新与成果应用。培养出河源供电局首个信息类技术专家，7月11日，成立首个信息专业创新工作室。完成业务指导书管理系统等多个自主创新实践成果。加快推进“云大物移智”融合创新应用，全年共完成“局域网智能巡检系统”“信息管理智能化应用”“考勤辅助系统”“会务管理系统”“服务平台辅助系统”“重点工作管理系统”“业务指导书系统”“内部导航系统”等8个自主创新项目，“一种计算机智能散热装置”“机房新型蓄电池”“一种安全围栏”“一种电力用方便散热性机柜”“一种异构虚拟化资源管理系统”“一种计算机硬盘”等6项申请专利，“基于指纹识别的终端安全认证管理系统v1.0”“河源供电局考勤辅助系统v1.0”“河源供电局会务管理系统v1.0”等3项获软件著作权，发表《试析大数据安全和隐私保护技术架构》《电网大数据的分布式实时数据库管理系统分析》等12篇论文。4月11日，信息中心信息运维班、连平供电局信息运维班建成三星级班组，实现信息类星级班组零突破。

经营管理

一、人力资源

干部人才队伍建设。按照“20字好干部标准”，从严选人用人，推动人才强企战略。调整干部124人次，其中，提拔62人，交流37人次，转非5人。提拔人员中，提拔人员中年龄在31—35岁的有31人，研究生学历有10人，副高级职称有17人。总共14名地市供电局人员提拔或调整至县区供电局单位任职。科级及以上干部平均年龄从43.7岁降至38.6岁，干部学历、技术、技能等级显著提升。完成近两年新提拔干部进行个人事项集中汇报。严格执行干部任职回避和工作回避制度，全面实行干部因私出国（境）申请线上审批。开展组织人事领域的“扫雷”行动，集中力量整治组织人事领域的不正之风和腐败问题。年度选人用人工作“一报告两评议”结果显示，2018年度选人用人工作民主评议各项指标均好于全省平均值。对新提拔干部的总体评价，平均“满意与基本满意”的比例为100%，好于全省平均值。举办三期基层党支部书记轮训班，共170名专兼职党支部书记及党务干部参加培训，选派6名主任助理前往中山供电局挂职锻炼。10月17日，制定助理级技术专家选聘工作方案，选聘15名助理级技术专家，并实现县区供电局全覆盖。完成广东电网公司技术专家、管理专家选聘工作，选聘技术专家10名，管理专家3名。完成2017年中高级专业技术资格评定工作。高级专业技术资格申报60人，通过20人，同比增长100%，中级专业技术资格申报241人，通过116人。全年新增高级职称20人，中级职称89人，新增高级技师5人，技师95人，高级工102人。高技能人才比例提升至55.02%，中高级技术人才比例提升至45.05%。

组织、劳动用工与薪酬绩效。调整组织机构，局本部14个职能部门、9个二级机构；县区供电局内设机构调整为6个职能部门，1个二级机构，99个供电所整合为63个，设置中心供电所28个。各级领导班子主要负责人行政岗位调整为执行董事、局长（总经理），各级组织实行“党政一肩挑”。根据工作实际优选模式，进行市县班组规范设置。制定人员岗位组聘工作方案，推出优先条件，严格职能部门专业技术人员、供电所所长选拔条件，开展人员优化调整，促进人员在局本部、二级生产单位、县区供电局和供电所之间合理流动。择优竞聘接管272名县区供电局人员，实现主网专业化、配网集约化管理，职工队伍保持稳定。建立健全非物质激励体系。实施“激励积分+激励菜单”模式，建立可供员工自主选择的激励菜单，突显荣誉、贡献的价值。强化薪酬绩效管理，全面推广“工分计酬”绩效优化工作，按照不低于月度绩效工资30%的比例计提“奖金池”，体现“多劳多得，按绩取酬”。优化供电所薪酬绩效管理模式，调整绩效分配比例，加大对艰苦边远地区倾斜力度，直接纳入配电运维班班员、客户经理、收费员、业扩报装员绩效合约。

教育培训。健全基于岗位胜任能力的员工培训体系，大力开展全员培训，全年共举办485期集中或现场培训班、597期班组自主培训，参培人数共计完成超过39 490人次，同比增长约13%。从严动真开展培训工作考核评价，重点加强员工安全技能、配网、营销专业的全员培训考核，全面开展转岗适岗培训，重点开展一线员工技能培训。加强内部培训师资队伍建设，至2018年底，共有广东电网公司级内训师11人、地市供电局内训师212人；加强推进供电所“一所一场”建设，现有简易实训培训基地4个、23个供电所建有简易实训场或简易实训装置，年底前实现供电所有就近可用实训场全覆盖，有效满足一线员工开展岗位练兵和技能实训的需要。

二、财务经营

全年营业收入同比增长8.92%。供电成本同比增长4.33%；内部利润同比上升6.76%。“两金”余额同比压降1.93%。报废资产净值率4.11%、同比下降0.37个百分点。财务风险控制与内控工作。5月，开展资金安全、会计基础和内控专项检查，落实金融风险防范13条措施，定期排查金融风险。同月，制订提质增效工作方案，落实“过紧日子”要求，持之以恒推进提质增效。并按月开展督导监控，确保完成全年瘦身健体提质增效各项任务目标。26项营运费用预算完成率为99.70%，完成预算目标。全年资金支出计划准确率99.19%。资金管理方面，大力推进票据结算业务，实现资金增效。开展“两清”工作，完成逾期未付民营企业账款支付。协助平台建立资金池，9家竞争性企业的银行“基本账户”纳入平台公司资金池内管理。资产管理。推进资本性项目及时形成有效资产。落实有效资产清理专项行动方案，闲置物资再利用率为100%，报废净值率为4.11%。加快用户资产接收，扩大供电区域。4月起，开展资产产权证明清理专项行动，主动沟通协调，促请河源市政府出台专题会议纪要，为历史遗留土地房产办证提供高效便捷的通道，全年完成80宗，超额完成年度任务。

三、物资供应

全年签订物资合同2039份，采购集中度达98.87%。加强合约与品控管理，共履行物资合同1732份。到货抽检35件次，品控计划实施率100%；全年库存常规储备物资周转率达918.47%，全省排名第一。需求计划准确率77.23%，全省排名第3。全年完成物资采购项目28个，同比减少38%，物资采购集中度98.87%，全省排名第8。通过JIT管控模块在管控110千伏及以上项目物资需求的基础上，增加10千伏项目的物资需求全供应过程管控，紧密跟踪重点项目关键物资到货情况，顺利完成500千伏甲湖湾电厂一期接入系统工程（河源段）、220千伏奎阁（渡水）输变电工程等重点工程及其他主网工程物资供应工作。

采购、供货商管理方面，5月，制定授权采购物资招标采购管控策略，授权采购业务全部“上平台、进基地”，在线监督管控，提高采购质量和效率，将履约评价结果应用在年度框架招投标中，实现对供应商的优胜劣汰，实现闭环管理。9月，开展采购领域“扫雷”行动，加强招标采购过程管控，防范廉洁风险。开展评标场所的建设和改造，全封闭管理、远程异地评标和全程音视频在线监控并投入使用。仓储管理方面，完成精益项目“智能仓储平台”建设，实现物资出入库的电子化管理，实现了物资信息与存储位置的实时查询，提高账实一致性与盘点准确率，确保仓储作业及物资出入库高效开展。创建“电子登记，实时查询”的物资仓储管理模式，解决纸质卡片不便于保存、系统数据与实物数据反复核实、物资查找时间长、传统作业方式效率不高等问题，实现仓储现场作业的智能化与移动化管理。储备物资管理方面，2月，制订业扩配套及配网项目物资纳入储备管理工作方案，通过实施大合同分批送货、急救包“1月两送”和“仓库+供应商”双配送等模式，做好“四统一”的物资保障工作。加强项目物资退库管理，跟踪项目结余物资，严格按照项目甲供材料清册、设计变更方案与现场实际用量进行对比，完善项目退库审批流程，统筹组织项目剩余物资的再利用。2018年，项目物资退库金额，同比下降19.9%；项目物资剩余率为6.65%，同比下降4.51%。

四、审计监督

7月设立审计部。全年共开展审计项目10项，共抽查项目类660项，发现问题247个，提出审计建议247条。全年开展配网智能化建设管理审计、技改修理项目工程量结算审计（机动式审计）、业扩提速审计调查、物资需求及采购管理审计、开展“暖心工程”及瘦身健体提质增效（有效资产）等6项重点业务审计，涵盖6个单位，实现了审计全覆盖。审计抽查工程项目660项，披露问题96个；提出管理建议98条。常态化开展竞争性企业审计，以经营管理和经济责任相辅助的形式，开展审计项目2项，覆盖5家竞争性企业，发现问题132个。承接广东电网公司审计，开展扶贫项目资金管理和党费使用审计2项，披露问题17个。全面完成2017年审计发现的198项问题的整改工作。建立典型案例通报机制。梳理分析2017年审计发现问题典型案例并在相关专业会议上通报，提示经营风险，推进审计信息报告制度落实。推进审计管理信息系统、现场作业和综合服务网的实用化建设。

五、法治工作

围绕主营业务，在市县所三级单位全面推进法治企业建设。11月9日，制订法治企业建设工作方案，从治理、制度建设、业务规范、法治文化、组织领导等七个维度制定了51条建设标准，成立创建法治示范企业工作领导小组，成立普法宣传志愿者宣传队伍，在基层组织普法，建立法治教育培训制度，积极营建市县所三级法治示范企业单位。法律风险防控方面，10月，制订年度重大法律风险防控方案，开展计划、基建等5大领域法律风险岗位防控工作，明确108个风险防控措施，将23个关键岗位的法律风险一比一匹配纳入员工岗位绩效合约。司法案件诉讼方面，开展法律案件隐患排查工作，排查出隐患13宗，并制定相关应对措施。4月，完成2017年12宗办结案件一案一分析，组织案例交流分享，重点围绕市场营销、安全生产、人力资源等关键领域，分析案发原因，诊断管理风险，整改专项法律隐患，围绕供用电合同签订、触电事故发生证据收集等方面提出管理建议9条。强化案件全过程管控，全年共处理法律案件11宗，办结案件胜诉率100%。组织开展合同管理系统检查工作，加强对合同前期管理、标准合同文本使用率、合同承办人备案管理及合同“倒签”等的管理，从源头防范合同法律风险。合同履行情况良好，未发生合同争议纠纷。法治文化建设方面，全方位多形式开展普法。联合公安局开展电力设施保护和《广东省供用电条例》专题宣传，开展员工法律底线教育7场。普法进校园、进社区活动2场，参与人数达1200多人次，增强客户的安全用电意识。

◎ 2018年7月26日，和平供电局2018年组织开展法律知识培训班

改革创新

“创一流”建设。7月19日，制订创建“国内一流”企业工作方案，将“创一流”指标目标分地市供电局、县区供电局二级管理，制定安全风险管理、供电可靠、客户服务、降低线损、提升经营实力及信息化水平共6项专项提升方案。2018年综合标杆一流评价得分90.77分，并顺利达成安全风险管理体系“四钻”目标，初步达到国内一流水平。推进班站所星级达标建设，利用区域联动中山供电局与河源供电局“一对一”结对帮扶机制，开展班站所星级达标建设帮扶，中山供电局班站所建设专家到河源集中授课、驻点交流、走访供电所等方式，分享星级班站所建设先进经验。共101个班站所被评为“三星”班站所，14个被评为广东电网公司“四星”班站所。持续推行精益管理，发布2018年精益项目库63项。其中“建设智能仓储平台，提升仓储作业效率”获得广东电网公司现场改善类精益项目成果二等奖。开展精益课件设计，《A3管理方式》成果获得广东电网公司精益课件大赛课件设计奖一等奖、获南方电网公司设计奖二等奖。

拓展产业市场。基本理顺大集体企业管理关系，6月，调整多经企业组织架构、管理层级、领导体制。河源电生电力服务公司更名为河源联禾能源发展有限公司，授权其作为平台公司，统一管理局属其他大集体企业。成立河源绿达综合能源有限责任公司。原由所属河源连平供电局管理的连平县电力工程公司、龙川供电局电力工程安装公司、紫金县电力工程公司等3家多经企业，作为河源供电局直属多经企业，由平台企业直接管辖。河源输变电工程公司、河源电力建筑安装公司、河源电力规划设计院、河源市电力线路器材厂等4家多经企业管理规格保持不变。平台公司成立后，陆续出台《三重一大决策事项管理规定》《全面预算管理办法》等48项管控制度，初步建立内部管理制度体系，运营管控能力稳步提升。初步构建集约化的财务管理体系，在平台公司层面实现了统一财务制度、统一财务管理、统一集中办公、统一办理流程等4个“统一”，建立“资金池”，实现9家竞争性企业资金100%归集，促进资源高效利用。至2018年底，河源供电局所属竞争性企业共9家，其中电力工程建设（含设计、监理）企业5家、综合能源企业1家、电力综合服务1家，营业收入同比增长10.69%；利润同比增长1.35%，如期完成“四个一批”总体目标。

◎ 2018年6月29日，河源联禾能源发展有限公司电子采购联台正式启用

党群工作

一、党建工作

政治建设。始终把坚持党的领导、加强党的建设放在企业发展的首要地位，深入学习贯彻习近平新时代中国特色社会主义思想，树牢“四个意识”，坚定“四个自信”，做到“两个维护”。严格落实“南方电网党组一号文”，制定工作任务分解表，确保各项决策部署的落实落地。严肃党内政治生活，2月和8月，局党委先后组织召开了全面彻底肃清李嘉、万庆良流毒影响专题民主生活会，巡视整改暨全面彻底肃清李嘉、万庆良恶劣影响专题民主生活会，7月，召开了落实“机动式”巡察反馈意见整改工作专题民主生活会。组建督导组指导督促各县区供电局党委开好专题民主生活会。落实“1236”党建模式，严格落实“四同步四对接”要求，全面完成“四个一”标准，实现党组织、活动阵地全覆盖。以“两学一做”、主题党日、“一区双岗”“第一种形态”谈心谈话等为主要载体，着重落实管党治党责任，充分发挥党组织战斗堡垒作用、党员先锋模范作用，解决党建工作难点和生产经营突出问题。

组织建设。1月18日，中共广东电网有限责任公司河源供电局第一次代表大会召开。会议选举黄建灵、吴清华、罗家华、陈建生、刘兆辉、陈世勇、朱志刚7人为新一届党委委员，其中，黄建灵当选党委书记；选举朱志刚、赖光源、黄文杰、张金淦、农为踊5人当选为新一届纪律检查委员，其中，朱志刚为纪委书记。全年撤销了76个党支部，新设立了4个党总支部、79个党支部，37个党支部完成换届改选。至2018年底，全局共有党组织165个，其中党委7个、党总支部4个、党支部154个。2018年新发展党员16名，至年底，共有2054名党员，其中，在职在岗党员1564名，离退休职工党员490名。推动党建与业务工作深度融合，推行“1+1+1”支部联建，各党支部结合精益管理、减少停电时间、推进电网建设、客户服务提升等重点工作开展内外联建。坚持一切工作到支部、做强支部，在甲湖湾、奎阁变电站等重点工程基层党支部战斗堡垒作用发挥充分。在500千伏宝丽华汕尾甲湖湾电厂一期接入系统工程中，成立甲湖湾工程临时党支部，在推进工程进度、把控工程质量和安全上创先争优，确保甲湖湾线路按时顺利投运，该临时党支部优秀做法被《人民日报》报道。在抗击台风“山竹”中，12支党员突击队、4支党员服务队，共163名党员冲锋在保供电一线。开展“一区双岗创一流”活动。通过亮身份、作表率，强化执行力，在各项工作和活动中体现“党员走在前”。共创建党员责任区367个，评选党员安全生产示范岗51个、党员优质服务示范岗34个，创建了“党员示范台区”“党员样板线路”。

二、思想宣传工作与企业文化建设

思想政治与意识形态工作。全年开展的党委中心组学习12次，并通过党委会、中心组、三会一课、专题辅导等形式深入学习贯彻习近平新时代中国特色社会主义思想和党的十九大精神，认真学习习近平总书记视察广东重要讲话精神。强化党员思想教育，推动“两学一做”学习教育常态化制度化，每月编制政治学习计划，每季度编制主题党日计划，每年初编制党员自学计划，运用专题研讨、三会一课、辅导讲座、宣讲会、主题党日活动等形式强化学习效果。8月22日，人民日报刊登《支部解难题 党员担重任》，报道甲湖湾临时党支部攻坚克难案例。在新华网、南方+、广州日报等省级及以上媒体发布新闻24条。在河源日报、河源广播电视台、河源晚报等本地主流媒体刊发专题报道10次。

企业文化建设。推进新时代《南网总纲》宣贯落实落地。构建“知行”文化体系，弘扬河源地域的客家人文精神及优秀传统文化，塑造新时代河源供电精神，提炼“知行合一 人本至上”的知行文化核心理念。统筹推进“知行”文化在党的建设、安全生产、客户服务、电网建设等方面的价值引领作用，提升干部员工的大局意识、主动服务意识和执行能力，营造知行合一的企业文化氛围。围绕“健康生活、快乐工作”，倡导“家”文化，举办学习讨论、辅导讲座、文艺创作、“文化四礼”等形式活动。开展“一局一品牌、一班组一主题”的文化建设，创建班组文化示范点。9月，组织开展珍贵历史史料调查摸底排查工作，收集20条珍贵史料资源。

三、党风廉政建设

全面从严治党。落实维护政治纪律与政治监督。把维护政治纪律，确保“两个务必”放在突出位置。常态化应用全面从严治党“两个责任”监督平台，以信息化手段推动责任落实。6月起，开展竞争性企业党风廉政建设提升年活动，明确党委责任10项、党委委员责任6项、纪委责任10项、纪委委员责任4项、有关部门责任2项、竞争性企业责任18项，逐级压实责任。严格落实党风廉政建设“两个责任”，持续推进“三不腐”体制机制建设。10月10日，与河源市纪委监委正式建立廉洁共建合作机制，举行廉洁共建启动仪式，签署《廉洁共建工作意见书》，明确“八大共建机制”，成立7个“纪律及监督联建工作室”，这是河源市首例“纪企、监企共建”，同时指导所属6个县区供电局逐一完成了“纪企、监企共建”工作。

监督执纪。深化运用监督执纪“四种形态”，加大监督执纪和问责处置力度。3月，规范化常态化运用监督执纪“四种形态”，建立定期报送机制。各级党组织规范开展四个层面谈话，运用“第一种”形态全覆盖，全年分层分类开展四种谈话92人次，其中主责约谈26人、提醒谈话59人。深化运用“四种形态”，其中第一种形态处置占比同比上年增加51.87个百分点。开展扫雷行动，编制行动方案及九大业务领域子方案共9份，明确工作思路、原则、目标和要求。建立“四谈四清单”工作机制，形成扫雷排雷成果28项。坚持把监督执纪力量瞄准主营业务关键环节，将规划项目、物资招投标等改革发展中的廉洁风险集中领域作为监督检查重点，发布2018年度职能部门监督计划55项，实施监察部门专责监督5项，发现并纠正问题11项。开展明察暗访7批次326处，发现并处置工作不规范问题34个。3月22日，制定领导人员和重要岗位工作人员公务回避工作方案，明确需要开展公务回避的人员范围并组织相关人员进行报备。建立本单位领导干部廉洁情况“活页夹”138份，对拟提拔调整的112名干部进行“廉洁画像”，开展任前廉规测试，把好干部提拔调整的廉洁关口。完成了河源联禾能源发展有限公司阳光电子采购平台的建设，形成“制度+流程+科技”的管控模式，有效加强招投标等重点领域的风险管控能力。

◎ 2018年10月10日，河源供电局“纪律及监督联建工作室”揭牌成立

◎ 2018年10月10日，河源市纪委监委与河源供电局举行廉洁共建启动仪式

巡察及巡视整改工作。8月6日，制定了巡察工作五年规划，推动落实管党治党政治责任全覆盖。将广东电网公司党委第一轮“机动式”巡察反馈的问题，细化为49项整改任务，制定了103项整改措施，并建立问题台账。配合广东电网公司监察部检查组对2015年中央巡视反馈15条线索合规性检查工作，共发现问题27项，完成整改措施39项。

廉洁文化建设与作风建设。8—10月，以“加强党的政治建设，把纪律和监督挺在前面，营造良好政治生态”为主题，开展纪律教育学习月活动，重点组织学习了《中国共产党章程》《关于新形势下党内政治生活的若干准则》《中国共产党廉洁自律准则》等党内法规。组织175名干部员工前往阮啸仙故居和阮啸仙纪念馆，实地开展“不忘初心、牢记使命”主题教育活动。积极推进家风建设，举办“家庭助廉”游园活动，发放“清廉相伴 幸福同行”倡议书。作风建设上，开展形式主义、官僚主义整治工作，组织开展两轮对照自查，共发现124个突出问题。截至2018年底，完成整改101个。

四、工会和共青团工作

职工民主管理与产业工人队伍建设。2月5日，召开二届八次职工代表大会，大会表决通过了2018年工作会议工作报告的决议。11月9日，召开了2018年工会委员会（扩大）会议。12月12日，召开了二届职代会第4次联席会议，会议审议并原则上通过了《河源供电局新员工薪酬激励实施方案》。10月，承办河源市职工职业技能大赛供电系统技能竞赛。配网调度班获得广东电网公司工人先锋号等荣誉。输电管理所陈俊辉、龙川供电局陈立勋、东源供电局李浪宏获得河源市“金牌工人”荣誉称号。变电管理所李文庆获得广东电网公司技术能手荣誉称号。至2018年底，累计创建职工创新工作室4个，其中广东电网公司级4个。

服务职工与女工工作。大力推进职工小家基础设施建设，在新建成的41个供电所用房，均按南方电网公司“五有、四具备”的建家标准进行规划，达到供电所小家建设标准。5月，承办了广东电网公司2018年“同心杯”职工羽毛球（河源区）比赛。对34名生活有困难的职工进行补助。2018年，河源供电局客户服务中心服务调度班荣获广东电网公司“巾帼文明岗”。工会余海芳荣获广东电网公司“三八”红旗手、“优秀女职工工作者”称号。

共青团工作及志愿服务。开展青年员工技能练兵比武，以“幸福大蓬车”为载体，推进“走传谈”专项工作。持续加强团员青年思想建设，深入学习宣传贯彻党的十九大精神，组织10个团（总）支部共400余名团员青年分别通过网络直播、专题学习会、讨论会、青马小组等方式组织开展学习，通过线上微信推送宣传、发表学习团的十八大精神的小感悟，开展了“不忘初心、牢记使命”专题研讨与分享。组织“弘扬长征精神，拼搏永不停息”“学习十八大 青春耀团旗”“弘扬抗风精神 砥砺奋斗青春”“精益管理+青年担当”精益项目活动、“学习十九大 增强先进性”等主题团日活动。常态化开展志愿者服务，推进“i志愿”互联网服务平台应用，组织450名青年志愿者实名注册并开展了“低碳生活·节约每一度电”、高考保供电、安全用电宣传、法律宣传等志愿服务活动。谢志辉等7人分别荣获团省委和网省公司先进个人荣誉。

五、扶贫工作

积极开展行业扶贫工作，对扶贫村进行农网改造升级、小水电自供自管区改造、电压质量提升等工作。落实政治责任，高度重视贫困村电网改造升级，积极推进255个省定贫困村电网规划建设工作，全市88个贫困村项目全部按期改造完成，农网三个关键指标率先达到国家新一轮农村电网改造升级目标要求。现有建档立卡贫困户192户588人，其中河源供电局帮扶36户103人、东源供电局帮扶31户117人、连平供电局帮扶46户134人、和平供电局帮扶27户82人、龙川供电局帮扶38户101人、紫金供电局帮扶14户51人。着重在产业帮扶、改善民生，大力支持贫困户发展养鸡、养牛、种植果树等种养项目，并对埔前村和岑告村给予光伏发电和产业扶贫支持。截至2018年底，对口帮扶的167户贫困户中，共有484人实现脱贫。

汕尾供电局

企业概况

一、组织沿革

汕尾供电局为广东电网有限责任公司直属地市供电企业，前身是广东省广电集团有限公司汕尾供电分公司，2005年5月更名为广东电网公司汕尾供电局，2014年9月更名为广东电网有限责任公司汕尾供电局。

二、经营范围

汕尾供电局作为统一管理汕尾电网的企业法人，主要负责汕尾市城区、陆丰市、海丰县、陆河县等1区1市2县范围内的电网建设、运行、管理和经营业务，为地方经济社会发展和人民生活提供电力供应和服务。截至2018年底，供电面积4865平方千米，供电人口299.36多万人，供电客户99.12万户，营业网点60个。

三、电网规模

截至2018年底，汕尾电网有35千伏及以上变电站34座，主变压器78台，容量共562.5万千伏安，输电线路117回，总长2361.27千米。其中，500千伏变电站1座，主变压器9台，容量共2250万千伏安，输电线路13回共666.2

千米；220千伏变电站6座，主变压器12台，容量共2010万千伏安，输电线路23回共629.96千米；110千伏变电站21座，主变压器42台，容量共1766万千伏安，输电线路69回共963千米；35千伏变电站7座，主变压器15台，容量共123.6万千伏安，输电线路12回共129.74千米。

四、组织机构

根据广东电网公司组织机构规范化设置的要求和实际工作需要需要，2018年，汕尾供电局对组织机构进行了调整：9月19日，党建工作部更名为党建人事部（直属党总支、团委、新闻中心），原人力资源部的干部管理职能、原办公室的新闻宣传职能调整至党建人事部；监察审计部（纪委办公室）分设为监察部（纪委办公室）、审计部。生产设备管理部更名为生产技术部。撤销培训与评价中心，其业务由人力资源部直接管理；撤销法律中心，其业务由企业管理部直接管理；撤销员工服务中心、电网规划技术研究中心、建设管理中心、小型基建办公室、节约用电服务中心，其业务调整至相应二级机构；离退休服务中心不再挂靠工会。成立综合服务中心（离退休服务中心），整合员工服务、离退休服务等业务；成立供电服务中心，整合原计量中心、客户服务中心、营销稽查中心、节约用电服务中心等机构及业务；成立电网规划中心；成立项目管理中心。

至2018年底，汕尾供电局内设14个职能部门、9个二级机构、5个县区供电局。具体如下图所示。

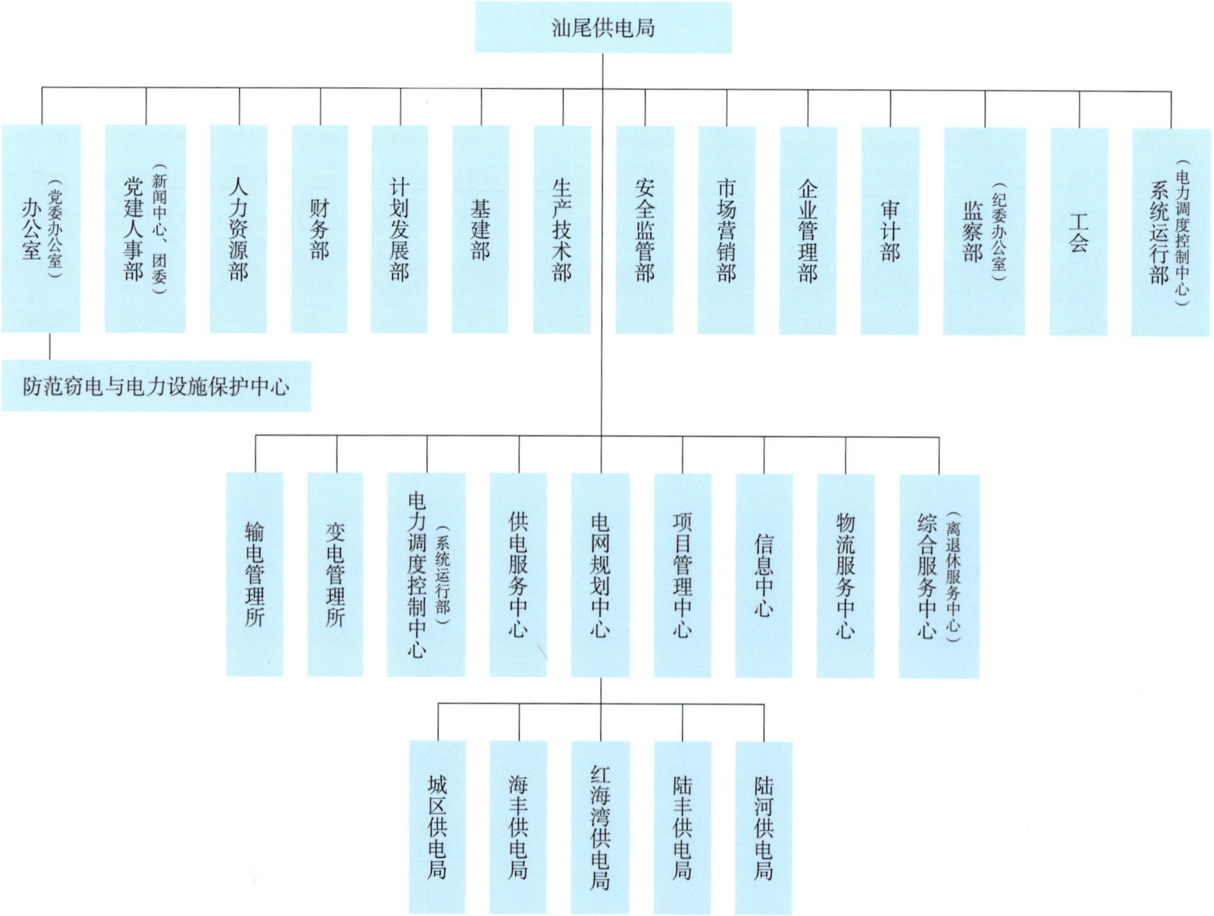

五、领导班子

2018年，根据广东电网公司党委决定，汕尾供电局领导班子调整如下：5月17日，沈新平任党委书记、执行董事；郭克任党委副书记、局长（总经理）；李铁国任党委副书记、工会主席；蔡楚辉任纪委书记；李如雄任党委委员、副局长；免去钟海航党委书记、执行董事职务；免去曾庆栗党委委员、副局长职务。

至2018年底，汕尾供电局领导班子成员如下：

党委书记、执行董事：沈新平

党委副书记、局长（总经理）：郭克

党委副书记、工会主席：李铁国

党委委员、副局长：罗俊义

党委委员、副局长：江涛斌

党委委员、纪委书记：蔡楚辉

党委委员、副局长：李如雄

六、人员状况

截至2018年底，汕尾供电局共有职工2526人，其中硕士29人，本科生926人，专科生663人，中专及以下学历的908人；已取得专业技术资格人员共1091人，其中高级职称75人，中级职称438人，初级职称578人；已取得技能等级共1794人，其中高级技师14人，技师179人，高级工1057人，中级工524人，初级工20人。

十件大事

（1）6月28日，500千伏汕尾甲湖湾电厂一期接入系统工程（汕尾段）竣工投运。该工程重点解决了跨越牵引站线路、海丰片网不错锋和深汕合作区停电最小化三大技术难题。

（2）6月，汕尾供电局与佛山供电局合作创建了“阿拉丁智慧创新实验室”。该实验室研发的《软件机器人在客户场景的创新应用》《软件机器人创新应用，改善客服诉求响应》，分别获得广东电网公司职工技术创新奖二等奖和管理优化精益项目三等奖。参与研发的《基于“数据主人”的跨业务横向协同技术优化与提升》，获得广东电网公司成果转化一等奖。

（3）7月13日，汕尾供电局召开第一次党员代表大会，选举产生了新一届局党委和纪委。其中，沈新平、郭克、李铁国、罗俊义、江涛斌、蔡楚辉、李如雄当选新一届党委委员，沈新平为党委书记，郭克、李铁国为党委副书记；蔡楚辉、黎献腾、刘集、吕昱霖、王冲当选新一届纪委委员，蔡楚辉为纪委书记，黎献腾为纪委副书记。

（4）7月14日，汕尾供电局举办建局30周年座谈会和“电业为民，牢记使命”职工文艺晚会，广大干部员工一起回顾30年来汕尾电网发展与改革的光辉历程，展望未来，继续前进。

（5）8月，汕尾供电局创新应用RPA（robotic process automation）技术，建立南方电网第一例RPA软件机器人客服应用场景，通过指令设置软件机器人“盯盯”全过程实时跟踪客服故障抢修工单，解决了原来人工24小时“值守”和管控难的问题，降低客服的人力负担。

（6）10月17日，汕尾供电局荣获“全国模范职工之家”称号。

（7）10月，汕尾供电局在清理转供电环节收费的各项工作中建立的“1142”工作模式[①]，被国家工信部作为典型经验在全国推广。

（8）12月10日，在广东政府公共服务调查中，汕尾供电局供电服务满意度首次超过80分，达到了80.62分，同比提升3.34分。

（9）2018年，汕尾供电局积极落实电价调整、市场化交易、业扩投资界面延伸、减税降费清退临时接电费等政策，减少全市企业用电成本1300万元，在工信部、国家发改委组织抽样调查中，一般工商业客户降价满意度100%。

（10）2018年，汕尾供电局综合线损率降至6.98%，创历史新低，在南方电网公司地市供电局排名中位列第56位，同比前进了8位，结束长期排名末位的历史。

电网发展

一、电网规划与前期工作

主网规划。开展输电网网架讨论研究，发挥输电网作为主骨架结构的作用，从源头上提高地区电网网架。1月，县区供电局成立配网规划工作组，全面加强电网规划的专业力量和组织。7月，成立电网规划中心。8月，出台电网规划建设《实现“三个一”规划目标三年行动计划》，提出“一个县区至少拥有一座220千伏变电站、一个镇至少拥有一座35千伏或以上变电站、一个自然村至少拥有一个台区”的目标，并明确完成时间。重新梳理保底电网项目，提高抗灾容灾能力，涉及的电网项目共24个，总投资约24.3亿元。按照保底电网设防标准，进一步优化完善电网规划项目，220千伏琉璃输变电工程等10个项目列入保底电网规划项目。全年光伏新增装机容量为3万千瓦。

配网规划。构建配网规划体系，抓好配电网规划标准工作体系建设。提出“保证可靠供电，满足客户需求，支撑经济发展，实现优质服务”的配电网规划价值观。以电网风险多、重过载、低电压等问题为导向，完善电网网架，提高供电可靠性，推进智能电网建设。建立增量配电网潜在风险项目库，制定工业园区电力专项

① “1142”工作模式：即政企联动形成1个合力、创新1个告知方法、树立整改工作“4个到位”标准，取得让“终端用户”和“国家调研组”2个主体满意的效果。

规划。修编配电网规划项目库，调整配电网网架结构。7月，广东电网公司配网规划建设督导组对汕尾供电局进行督导，就汕尾配电网提出了如重过载线路及配变问题较多、电子化移交工作不扎实和配网运维管理基础薄弱等35条问题及建议。根据督导意见，出台了配电网网架优化专项方案，解决线路及配变重过载问题。举办信息系统（电子化移交）应用技能竞赛，持续开展电子化移交管控。

项目前期工作。加快推进“三个一”电网规划建设目标，邀请规划、国土等行政主管部门提前协助介入，梳理9个前期项目和提前开展8个规划项目的选址选线工作，取得了15项站址及线路路径协议、5项环评、3项水保、5项用地预审等支持性文件。主动协调陆丰甲湖湾、中广核海上风电接入项目，加快500千伏陆丰变电站、220千伏西湖变电站、110千伏桥冲变电站配套工程前期进度，助力电源快速落地。9月，完成南告水电厂等电源项目接入系统方案的审查及相关并网工作。

二、工程建设与管理

2018年，汕尾供电局共完成固定资产投资14.03亿元。其中，主网建成投运35千伏及以上项目5项，完成投资5亿元，同比增长52.99%。新增变电容量85.3万千伏安，新增输电线路长度265.76千米。配网建成投运项目699项，完成投资6.46亿元，同比减少4.66%，新增配变容量12.78万千伏安，新增10千伏线路长度434千米。小型基建建成投运项目15项，完成投资6100万元，同比增长110.6%。

重点工程建设。4月23日，500千伏茅湖变电站第二台主变扩建工程、110千伏马田变电站扩建第二台主变工程、110千伏尖山岭变电站第三台主变扩建工分别于4月23日、6月30日、9月26日竣工投运，为负荷高峰期供电提供可靠保障。6月28日，500千伏宝丽华汕尾甲湖湾电厂一期接入系统工程竣工投运，为粤东地区减少了200万千瓦负荷缺口。12月1日，110千伏鹅埠变电站扩建第三台主变工程竣工投运。12月20日，220千伏鲘门输变电工程竣工投运，通过架设临时线路、启动退运间隔、调整安稳策略等3项技术措施，在用电高峰期，实现海丰县用电客户“零”错峰、高铁专线“零”停电。

农村电网建设。做好农网升级改造工作，助力扶贫攻坚战。投资6.46亿元，完成新一轮农网改造升级、142个省定贫困村建设以及489个自然村电网改造任务，补齐贫困村电力基础设施短板。农网市域户均配变容量均达到2.30千伏安，环网率71.25%，可转供电率53.75%，各县区供电局均有提高。完成142个省定贫困村建设任务以及489个自然村电网改造任务，补齐贫困村电力基础设施短板。

工程创优及质量管理。持续深入开展“安全、优质、文明”样板工程创建活动，组织开展创优策划及建设过程管控。在重点主网项目成立党员先锋队、青年创客室，通过开展安风模型研究等职工管理创新，重点解决项目施工过程安全、质量等管控难点。配网工程全面应用标准件清单，积极推进“四新”技术应用。结合防社会人员触电专项方案，试点10千伏全绝缘台架应用，推广变电站10千伏电缆沟预制件应用。12月上旬，500千伏宝丽华汕尾甲湖湾电厂一期接入系统工程、陆丰110千伏沙埔变电站乌坎东线新建乌坎西2号台区工程等2项工程，获广东电网公司“安全、优质、文明”样板创建金质工程称号。汕尾供电局获得广东电网公司“基建重点工程突出贡献单位”通报嘉奖。

◎ 2018年11月20日，广东电网公司党委书记、董事长廖建平赴鲘门跨越施工现场调研

电网运营

一、电力供应

2018年，汕尾全社会用电量58.56亿千瓦·时，同比增长11.84%。汕尾境内电厂装机容量61.28万千瓦，同比增长15.02%，其中火电容量4.5万千瓦，同比增长200%；水电容量3.65万千瓦，同比持平；风电、光伏、生物质等新能源容量53.13万千瓦，同比增长25%。全年上网电量48.94亿千瓦·时，同比增长13.71%，其中火电上网电量13.3亿千瓦·时，同比增长25.24%；水电上网电量2.75亿千瓦·时，同比减少15.12%；风电、光伏、生物质等新能源上网电量37.20亿千瓦·时，同比减少22.9%。全年电力供应形势平稳有序，正常情况下开放用电。统调电力负荷创出历史新高，最高负荷出现在5月29

日，为111万千瓦，同比增长1.00%；全年平均负荷率为73.35%，同比提高5.49个百分点；最大负荷率83.75%，同比提高8.04个百分点；最小负荷率64.89%，同比提高5.09个百分点。丰水期间，实现水电全消纳。清洁能源并网通道容量裕度充足，未发生因网络受限而影响清洁能源消纳的现象。全年未发生有人为责任的“弃水、弃风、弃光”问题。

二、电网运行

电网风险管控。以“四不安排”①为抓手，化解46项电网风险。10千伏及以上电压等级保护正确动作率100%，故障快速切除率、安自装置正确动作率保持100%，未发生调度自动化主站系统失灵情况。未发生三级及以上电力监控系统信息安全事件，未发生因电力监控系统信息安全导致的电力事件。加快配网自动化的建设和实用化。3月30日，提前三个月完成汕尾地区配网调度集约化工作，发挥配网自动化平台功能作用，提升配网调度管理水平。系统设备运行总体稳定可靠，220千伏及以上电压等级保护正确动作率100%，故障快速切除率、安自装置正确动作率保持100%，生产实时控制业务通信通道零中断，未发生调度自动化主站系统失灵情况。未发生三级及以上电力监控系统信息安全事件，未发生因电力监控系统信息安全导致的电力事件。

设备运维检修。3月10日，制定10千伏线路馈线自动化改造计划。馈线自动化覆盖10千伏线路从年初155回提升至251回，覆盖率从年初的47.25%提升到77.71%。7月16日，制定配电专业“设备主人制”推进工作方案，重新发布配电专业设备主人档案清单，整改各类发现的问题。开展重过载配变轮换及重过载线路整改工作。全年共计完成配变轮换526台，重过载线路改造40回。全年累计开展直升机精细化巡视里程3000千米，自主开展输电配电专业无人机巡视1869架次，累计飞行12 469基杆塔，发现缺陷7000余项。在项目验收方面，利用有人直升机、无人机、人工协同等方式开展500千伏甲湖甲乙线、220千伏桂鲘线、鲘海甲乙线、配网20余回线路的精细化验收，杆塔1332基，发现缺陷千余条。有针对性地加强配网规划和建设，制订配电专业“设备主人制”推进工作方案，明确和建立了设备主人的防外力破坏职责以及每周外力破坏风险监督计划发布机制等具体整改措施66项。

◎ 9月2日，汕尾市因强暴雨导致山体滑坡、电力线路受损，汕尾供电局开展应急抢修工作。图为线路抢修现场

供电可靠性与电能质量管理。采用“六抓一联动”的措施，大幅减少客户平均停电时间：一抓综合停电管理，减少重复停；二抓故障停电，降低中压线路故障率，全年中压线路故障率为4.22次/百千米年，同比降低了46%；三抓不停电作业，大力推广转供电和带电作业，全年累计带电作业2744次，同比增加254%，减少客户平均停电时间约22.96小时；四抓延时停送电，优化停电施工方案，减少施工停电时间；五抓重要线路和重大停电事件的管理，最大程度减少用户数较多的停电事件对可靠性的影响；六抓发电车保供电，为提高供电可靠性增设一道保障。同时，建立主网与配网、生产与营销联动、生产与基建联动工作机制。通过管控，客户平均停电时间大幅度减少，供电可靠性进一步提升。可靠性指标纳入全局供电所绩效考核，提高基层班组指标管控责任意识。组建供电可靠性三级管控网络，促进供电可靠性提升工作落地。4月和8月，分两期开展基层班组带电作业现场勘查能力培训工作，发挥“能做会管”的主业人员在现场安全监督的作用。每月召开停电方案审核会议和综合停电协调会议。从状态检修、工程停电定额管理、转供电管理、合并停电事件管理、带电作业管理、重大停电事件管理等六方面着手，降低错峰停电对用户的影响。成功将220千伏鲘门输变电工程需错峰限电12万千瓦、持续时间60天以上的难题化解为“0”天“0”错峰。客户平均停电时间（低压）创一流指标为17.12 小时，同比减少 58.90%。以提升居民端电压质量为重点，围绕基础管理、电网规划、电网建设、运行管理、供电服务、技术进步六大领域，完善配网网架结构，抓好低电压台区专项整治工作；利用计量自动化系统、电压监测系统数据实时掌握和分析预测10千伏线路和台区电压质量，通过配变调挡、三相不平衡线路改

---

① “四不安排”：不安排单一故障导致电网稳定破坏、不安排导致一般及以上电力安全事故、不安排导致重大不良影响的用户停电事件和不安排超过设计能力和运行规定的电网检修。

造、负荷切割，立项整改低电压问题，全年处理低电压台区169台，规范电能质量管理，提升客户满意度。2018年综合电压合格率为99.964，同比上升0.037百分点。

三、安全生产

2018年，汕尾供电局全面实现了“两个确保，三个杜绝，四个不发生，两个减少”的安全生产目标，全年未发生电力事故，同比减少1起；共发生五级及以上事件15起，同比减少25起；其中，未发生二级、三级、四级事件，四级事件同比减少2起；五级事件15起，同比减少2起。重复配网事件1起，同比持平。未发生社会人员触电事件。百万工时工伤意外率指标完成值1.16。

安全责任落实。制定职能部门安全生产职责规定，明确三类部门安全生产职责，修编各级人员安全生产责任到位标准，组织签订安全生产责任书。强化项目实施部门安全管理职责，任命部门主要责任人为安全生产第一责任人，任命项目负责人及现场安全第一责任人以及制定人员到位标准，统筹安排项目现场监督、协调、配合工作，纳入班组计划统一管理。强化作业信息报送、两票和现场作业过程监督检查，全年共开展督查3224次，发现违章158起，违章整改完成率100%。针对广东电网公司安全巡查发现的821项问题，开展“两票”专项治理，对两票违章问责127人次。6月21日，试行“电力安全工作规程”抽考奖惩办法，每季度开展抽考。

安全监察与管理。落实监督职责，全年对直属各部门、各单位工作开展情况督查10次，对重大隐患、重大缺陷整改情况开展督30次，对电网风险管控措施落实情况开展督查138次。强化生产项目外包作业清单式管理，常态开展生产项目安全督查，对检查发现问题开展销号整改。根据承包商违章扣分进行责任追究，落实承包商资信奖惩。全年未发生四级及以上事故事件，同比减少1起一般事故和2起四级事件，五级事件同比减少23起，未发生社会人员触电事件。加强乡镇供电所防范人身专项整治工作的监督检查，建立健全安全督查机制。

安全隐患排查与专项治理。强化输配电电线路防洪防涝隐患治理，对护坡隐患黑点做到及时发现、彻底消除。推进重要交叉跨越点X光检测工作，检验设备健康水平。深化政企合作的线行清理模式，完成清理树障3299亩。3月开始，在开展镇级供电单位（配网）防范人身事故专项治理、城中村供电安全隐患排查、供电设施触电安全隐患排查及整改、配网供用电隐患排查等工作，共计发现问题300余项，整改率100%。强化设备缺陷隐患整改，共计发现配网缺陷3585项，及时消缺98.91%。开展城乡电力设施安全隐患专项排查，发现设备隐患5657项和用户资产设备隐患455项，全部完成整改，完成率100%。组织开展配网设备隐患专项排查治理，发现隐患6871项，完成整改6866项，完成率99.9%。

应急抗灾与保供电。重新梳理出主网在运线路保底通道10项，加装避雷器390台，同时与电科院联动开展四回线路防雷能力研究，提升线路耐雷水平。完成24个Ⅰ类风区及保底变电站的防风加固工作。加强与政府部门联动，初步建立供电所应急清障机制。组建应急队伍20支，共997人，其中内部队伍11支共468人，外部队伍9支共529人。9月，编发了《汕尾供电局防山火应急预案》，明确工作要求及职责。12月，建立防山火政企联动工作机制，全年未发生山火跳闸事件。完成年度配网防风加固工作，科学管控“灾前、灾中、灾后”三个阶段，有效应对2次台风及两轮强降雨考验。台风“山竹”来袭，汕尾供电局在29小时内完成抢修复电自救工作，派出281人的队伍支援惠州供电局抢修。全年保供电任务累计出动人员1.63万人次，车辆2672车次，完成春节春运、高（中）考、国庆等7次二级以上保供电任务，配合政府完成38次三级及用户保供电任务。2018年重要客户供电电源、自备应急电源合格率均达100%。

安风风险体系和安全文化建设。4—5月，先后制定安风体系复钻工作方案和安全生产风险管理体系绩效考核办法，梳理66个要素与制度、业务指导书的对应关系，按计划推进并完成体系建设100项重点工作。9月起，建立安全管控周例会机制，督查大队加大检查力度，全年开展督查3224次，发现违章158起，问责157人次，违章整改完成率100%。结合星级班组建设开展体系帮扶，组织班组沟能、帮扶53人次。推行安全区代表激励考核机制，由党员担任安全区代表，提高安全区代表履职的效力，发现问题1622项，同比增加1136项，纳入纠正与预防系统问题852项，同比增加562项。通过各级考评认定中级审核员10名和初级审核员45名。发挥党、工、团宣传引导作用，提炼形成“辨析、规范、闭环、提升”安全文化价值导向。全年共101人次参与安全生产“挑刺”“灭刺”活动，发现问题147个，完成整改率100%，“刺客”品牌初步建立。

市场营销

一、优化营商环境与客户服务

优化营商环境。2018年完成购电量58.33亿千瓦·时，增长6.13%；售电量54.26亿千瓦·时，同比增长8.93%；当年全口径电费回收率累计完成99.97%。积极落实电价调整、市场化交易、业扩投资界面延伸、减税降费清退临时接电费等政策，减少全市企业用电成本1300万元，在工信部、国家发改委组织抽样调查中，一般工商业客户降价满意度100%。建立业务办理“客户零上门”服务模式，8月，在海丰联安等四个镇开展试点工作，效率同比提升20%。梳理业扩储备物资，储备定额从500万元增加到1300万元，业扩储备品类优化至86项。精减业务办理环节和资料，全力提升办电效率，中、低压客户业扩报装流程缩减至2至3个环节，中压业扩报装平均用时、低压居民业扩报装用时分别压缩至60.24天和1.5天，同比分别下降32.26天和3天。

提升客户服务水平。3月，制定客户服务改进行动工作计划，出台25大项63小项工作措施，建立各层级、各专业合力“围剿问题”的闭环管控机制，合力解决客户诉求。“12398”投诉总量呈大幅下降趋势，全年共受理10宗，同比下降26宗，其中6个月实现“零投诉”。推行网格化服务模式，为属地客户提供响应快速、优质高效的专属供电服务。推广南方电网“统一服务”平台，推行互联网业务报装模式，粉丝数达到43.4万，2018年约2700万宗业务通过互联网渠道办理。2018年汕尾供电局第三方客户满意度首次突破80分，公共服务满意度连续8年获地方政府40项公共服务评价第一名。

二、营销基础管理

2018年，汕尾供电局完成购电量58.33亿千瓦·时，同比增长6.13%；售电量54.26亿千瓦·时，同比增长8.93%。

“两个全覆盖”与营销创新。6月25日，以供电所为单位，完成智能电表与低压集抄“两个全覆盖”工作，安装13.28万只智能电表和15.85万户低压集抄，让人工抄表在汕尾地区成为历史。全省第一个完成市场化交易用户双终端建设首阶段工作，917名抄表人员转岗。打造自主运维体系，强化营销、计量档案数据同源，完成档案整改。4月，开始电子化结算率维持在99.5%以上。12月，购电、专变实现100%电子化结算。营销创新工作持续推进。创新系统应用，自主创新“软件机器人——盯盯”应用于客户服务场景，创造了客户诉求秒级响应的“汕尾模式”；依托“黎海生工作室”，深挖大数据应用，提高营销技术创新能力，全年共获得专利13项，软件著作权1项，其中“基于智能电网的精准打击窃电技术”获广东电网公司技术改进贡献奖二等奖。

降损增效与反窃电工作。线损精准管控成效显著，以低压集抄全覆盖为基础，依托计量自动化系统技术支撑，健全“采维一体”计量运维工作体系，建立线损两个异常率每日监控机制，实行线路、台区整改销号管理。分析线损居高原因，3月，制定降损工作方案，从五大方面制定18项具体的降损任务，降损目标纳入组织绩效合约考核，强化组织绩效考核的导向作用；规划建设新增配变布点不低于低压台区改造总数的50%；高理论线损55个台区和19回线路纳入2018年规划库。有效开展线变户核查工作，全年线变关系一致性99.48%，户变关系一致性99.48%；持续提升电子化移交业务，闭环率为97.76%，确保了档案的准确性，健全了同期线损应采尽采、下算一级的统计工作体系，实现了同期线损的精准监控。建立降损治理协同机制，完成53条高损线路和281个高损台区“精准”降损任务。2018年线路异常率从1月的33.17%下降至12月的1.90%；台区异常率从1月的26.76%下降至12月的1.98%，高损线路和高损台区100%完成整改。加强偷窃电的侦查立案，应用精准打击窃电技术，打击威慑偷窃电犯罪活动，进一步巩固降损成效，全年累计查处违约用电及窃电案件547宗，追回电量158万千瓦·时。加大窃电查处力度。2018年稽查样本53 296个，发现问题样本3010个，处理一般营销差错25宗，轻微营销差错2985宗，问责74人。查获违约窃电共547宗，追补电量158.21万千瓦·时。推广应用“盯盯机器人”，实现高损线路台区、终端在线率、台区低电压、三相不平衡等自动监控，自动触发提级管控，实现了管理线损工作中的“智能管理”，通过完善“电猫一、二号”实现异常用户的精准定位，大大缩短了用检人员的排查时间，为打击窃电工作提供了有效的数据支持。2018年综合线损率6.98%，创历史新低，在全南网排名前进8位达到第56名，结束长期在南网排名末位的历史。

三、电能替代与市场开拓

编制2018年汕尾供电局需求侧管理工作考核方案，加强电网改造和节能技术应用，汕尾供电局电网基建项目投资10.86亿元，主网新增变电容量85.3兆伏安。10千伏配网投资6.3亿元，完成全市142个贫困村农网改造项目，可转供电率从2017年的43%提升至53%。大力推动绿色能效宣传，在全市营造节能氛围。积极走访大客户企业级重点项目工程，从清洁能源的替代形势、技术领域、替代项目服务体系、产生的直接效益等多方面向用户进行详细讲解。以节能降损为主题，推进办公场所节约能源，提高能源利用效率，营造节能减排工作的良好氛围，把节能减排工作贯穿于日常的工作、生活之中。开展推广LED节能灯使用工作，汕尾供电局办公楼宇全部使用节能LED灯具，平均节电率达42%。5月，通过国家发改委关于电力需求侧目标责任考核，全年节约电量

1.0179亿千瓦·时。优化光伏并网服务流程，实施远程服务“一口受理”，全年新增光伏并网项目48个，新增装机容量3.13万千瓦。新增电能替代项目64个，主要是制造业的电锅炉、电窑炉项目，公共事业单位的电磁厨房项目，年累计替代电量2.87亿千瓦·时。3月，取得与汕尾粤运公司合作开展电动公交试点城市等优质资源充电设施建设权，完成65个充电桩的建设任务，包括海丰、陆丰、陆河三个粤运汽车总站公交充电站项目。

科技信息

一、科技创新

2018年，汕尾供电局承接科技项目7项，职工技术创新项目11项；科技研发投入244万元，占营业收入比重的0.07%。申请专利44件，其中发明专利9件，实用新型专利24件，外观专利11件。新增授权专利13件，累计有效专利数21件。其中发明专利1项，是汕尾供电局首次获得发明专利授权。每亿元营业收入有效专利拥有数指标为0.62。职创成果推广应用模式常态化运作，积极申报广东电网公司级通信自动化、配网自动化、配电一次专业实验室4个，成功组织申报广东电网公司技术技能专家工作室何超勋创新工作室、何泽燊技术能手创新工作室、彭群斌创新工作室及吴金械创新工作室共4个。自主研发成果获广东电网公司职创一等奖1项，参与研发成果获广东电网公司成果转化应用一等奖1项。其中，创新应用RPA技术，建立全网第一例RPA软件机器人客服应用场景，解决了原来人工24小时“值守”和管控难的问题，降低客服的人力负担。稳步推进科技创新工作室建设，6月，借助区域联动帮扶的有利契机，与佛山供电局合作成立了“阿拉丁智慧创新实验室”。该实验室由两个团队构建组成，一个是由佛汕双方管理和技术人员组成的团队，一个是由机器人组成的阿拉丁虚拟班组团队。实验室以管理精益、服务精细为导向，在全网率先开发使用RPA虚拟机器人，并成立以品牌“盯盯”机器人为班长的虚拟化阿拉丁基层班组，创新性地推进了人工智能与基层实际业务的深度融合，在客户服务、降损、电费回收、停电时间和智能报表等领域取得了显著成效。实验室研发成果《软件机器人在客户场景的创新应用》《软件机器人创新应用，改善客服诉求响应》分别获得广东电网公司职工技术创新奖二等奖和管理优化精益项目三等奖，被列入广东电网公司《2019年度管理创新成果重点推广目录》十三个重点推广项目计划，参与实施《基于“数据主人”的跨业务横向协同技术优化与提升》获得广东电网公司成果转化一等奖。8月，成立何超勋工作室，产出实用“一种停电用户数据统计的系统及方法”新型专利1件，并取得广东电网公司职工技术创新二等奖1项。至2018年底，累计拥有南方电网公司级工作室1个，广东电网公司级工作室5个。

◎ 2018年6月，图为广东电网公司党委书记、董事长廖建平到汕尾供电局与佛山供电局共同建设“阿拉丁智慧创新实验室”调研

二、信息化建设

2018年，汕尾供电局信息化领域在人工智能落地应用、实用化及数据质量治理、电子化移交网络安全管理、运维服务提升等。结合佛山供电局“一对一”结对帮扶实施落地，加快信息化和科技创新能力，扎扎实实做好强基础、补短板工作，信息化水平得分75分，在广东电网的排名由2017年的第18名跨越式上升到第15名，完成“脱末退三”目标，达到国内一流水平，获得2018年度广东电网信息化工作先进集体。

网络信息安全。确保网络安全“三个零”工作目标，开展汕尾供电局自查整改工作，共完成服务器升级加固58台。完成网络安全督查及安全生产大检查迎检工作，对发现的13个问题全部完成整改。充分利用红海湾网络安全攻防实验室作为靶场完成全省网络安全攻防演练工作，提升信息安全运维人员的安全意识和操作技能。完成重要时期网络安全保障工作，确保了网络信息系统安全稳定运行。成功防范“勒索病毒”等各类新型网络病毒威胁，未发生四级及以上网络安全事件。

数据治理工作。利用佛山供电局帮扶平台完善数据治理机制、分享数据治理经验，按照“推进整改主体落实、预警工作从细从早、申诉跟踪深度参与、考核机制压紧压实、完善通报发布机制”推进实用化工作。汕尾供电局总分99.8，全省排名第3名，创历史最好成绩。持续开展电子化移交管控工作，举办信息系统（电子化移交）应用技能竞赛，持续推进供电所图实一致性图实核查整改工作，共抽查了53个供电所，总体达标率为94.34%，馈线达标率为96.27%。监控各供电所的配网电子化移交运转工作，汕尾供电局移交及时率由4月初的15.69%提升至96.92%，闭环率从79.01%提升至99.28%，使用率也提升至100%，成效明显。

数字化创新与应用。创建“阿拉丁智慧创新实验室”，以“软件机器人创新应用，改善客服诉求响应”为总体思路，推进“云大物移智”的在基层班组的落地应用，建立全网第一例RPA软件机器人客服应用场景。创新应用RPA技术解决客户服务工单跟踪工作容易出现超时、疏漏、差错及人员24小时“值守”问题。工单的跟踪与平均到达现场时间缩短了46.03%，查询、处理速度同比提升了95%，大力降低客服的人力负担。《软件机器人在客户场景的创新应用》获得广东电网公司职工技术创新奖二等奖和管理优化精益项目三等奖，同时获得汕尾供电局精益项目一等奖、职工技术创新奖一等奖以及职工技术创新入库奖，并且入选广东电网公司《管理创新成果重点推广目录》和汕尾供电局2018年度十件大事。完成ISO 20000IT运维服务体系认证。

经营管理

一、人力资源

干部人才队伍建设。2018年，调整科级干部79人次，其中提拔36人。注重“老中青”搭配，加大优秀年轻人才的选拔任用力度，在3个县区供电局班子中配备了“80后”干部，“80后”干部比例达到21.35%。6—11月间，举办“骏马计划”青年人才培训班，优中择优40名青年骨干进行培养，加快青年员工高速成长，打造后备人才队伍，在首期“骏马计划”青年人才培养项目的40人中提拔2名副科级干部、5名副股级干部。强化干部考核监督，结合干部选拔、考核结果反馈、试用期考核等工作，组织干部谈心谈话87人次。4月，组织开展系统内各级领导干部执行任职回避和工作回避制度情况自查工作；从严落实领导干部因私出国（境）等方面的日常监督工作，全年向公安机关办理领导人员因私出国（境）报备15人次。广东电网公司组织汕尾供电局开展2018年度干部选拔任用“一报告两评议”工作，本单位选人用人工作总体评价“好与一般”的比例为100%，比全省平均值99.19%高出0.81个百分点。选派4名年轻干部到佛山供电局挂职、选派4名技术技能人才到调控中心、电科院等区域联动单位交流锻炼，佛山供电局选派6名干部到汕尾供电局挂职。创新人才培育机制，提升人才素质能力。开展联系服务专家工作，提高党委团结、引领、服务专家工作精细化、规范化水平。7月，启动“能匠计划”拓宽技术人才职业发展通道，加强技术专家人才队伍建设，开展助理三级、助理六级技术专家选拔，新聘任技术专家17名。截至2018年底，汕尾供电局共有管理专家5人，技术专家24人，技能专家22人。全年新选聘广东电网公司级专家1人，助理级管理专家5人，助理级技能专家19人。全年新增高级职称14人，中级职称94人，初级职称141人，新增高级技师1人，技师33人。高技能人才比例提升至69.37%，中高级技术人才比例提升至31.59%，人才当量指标提升至0.76。

劳动组织、用工与薪酬绩效。完成汕尾供电局及各县区供电局组织机构、职责界面调整工作。统一县区供电局组织机构设置和管理模式。调整红海湾东涌、捷胜供电所至汕尾城区供电局管理，理顺东涌、捷胜供电所业务归属管理与行政辖区不对应问题。开展人力资源配置需求的预测，编制岗位定编方案，组聘309人、竞聘27人。大力推进一线班组结构性缺员治理，共招聘新员工59人，优先补充到班组缺员率高的输电、变电、配电等专业。3月，根据智能电表轮换和低压集抄建设进度，调整一线抄核收34人调整到营销计量，调整营业班抄核收人员70人到营配综合班、配电业务员岗位，配电专业缺员现状有所缓解。9月，开展主网专业化管理人力资源优化配置工作，建立地市供电局与县区供电局人员流动的工作机制，择优竞聘22人，缓解了主网专业化管理后结构性缺员问题。制定新入职毕业生薪酬激励实施方案，通过发放生活补贴、安家费，提高毕业生见习适应期的薪酬待遇；加大绩效考核结果应用力度，将绩效考核结果作为青年干部培养、专家选聘、各类资格（质）评审的关键影响因素，为优秀员工的进一步发展创造优先机会和条件。

教育培训。开展高层级技术技能及管理专家专业、通用技能等专项培训13期次，培训296人次。开展供电所所长信息系统应用培训6期次，培训114人次，评价109人次，实现全市供电所所长全覆盖；加大练兵比武工作力度，开展建汕尾供电局30周年配电运维班技能大比武、输电线路班等6类抽考比武班组考前集中培训、区域联动交流培训共26期次，其中500千伏变电站等5类班组比武抽考通过率达100%；加大技能等级考前培训力度，开展高级工、技师考前培训6期次，培训136人次，提高技能等级考核通过率；开展内训师通用能力轮训，举办3期通用能力提升班，邀请广东电网公司内17名技能专业师资，培训内训师94人次，手把手教授课程讲授方法。

实施中高级技术技能人才专项培养工作，开展人才专项培训15期次，制定激励及考核规则，通过培训与机制的有效结合，实现中高级技术技能人才比例稳步提升，2018年工程师、高级专业技术资格评审通过人数分别为94人、14人，同比分别增长74.07%、250%；扎实开展新员工培养，实施新员工“三个一”培训活动，注重实操技能培养，开展新员工阶段性考核3次、回炉技能培训7期，力促新员工取得初级作业员上岗资格；推进营配转岗培训工作，开展营配转岗培训12期，培训208人次，实现营配转岗299人次。建设简易实训场地，实现52个供电所有就近可用简易实训场（所）全覆盖。截至2018年底，汕尾供电局共有内训师160人，其中，地市供电局级158人，广东电网公司级2人。

二、财务经营

全年营业收入同比增长6.14%。供电成本同比增长6.46%；内部利润总额同比上升11.34%。模拟经济增加值（S-EVA）同比上升36.2%；“两金”余额同比压降6.91%。报废资产净值率11.48%、同比下降4.32个百分点。6月起，开展经营绩效持续提升专项行动，制订提质增效工作方案。推进资产产权专项清理工作。促请市政府召开“供电系统国有资产产权办证协调专题工作会”，加快产权补办工作进度。动态监控投运项目竣工决算情况，开展资产清查、推进资产账卡物一致清理、在建工程清理、逆向物资清理和再利用、盘活闲置土地及房屋资产、资产退役报废管理、长期挂账应收款项等清理工作。全年完成房产、土地办证36宗。2018年，把推广实施《南方电网公司内部控制管理手册》22个业务领域的控制活动作为内控管理工作重点，根据内部控制缺陷的认定标准，发现存在6个内部控制一般缺陷。及时支付民企合同款项，未有新增逾期欠款。

三、物资供应

招标和采购管理。招标采购管理规范提升，调整架构、明确职责、优化流程，招标“上平台、进基地”。全年共组织完成采购项目231个（含工程、服务、物资），项目公开采购率为98.73%。全年物资采购集中度达98.22%。加强合约与品控管理。全年完成履约到货合同（含2017年结转）共2577份。全年共完成抽检物资样品137个，其中涉及25个供应商，14个物资类别，经检测有2个样品不合格，同步对不合格产品供应商进行了相应的处罚，有效管控入网产品质量。

仓储配送。推广仓库条形码应用，仓库的日常作业，包括物资出入库、调拨、盘点、巡查等，在PDA移动端操作完成。应用项目物资JIT管理方法，管理节点前移，服务到现场。充分与工程管理部门、施工单位及生产厂商进行沟通，保持与施工现场进度的密切管控。在南方电网公司重点工程500千伏宝丽华汕尾甲湖湾电厂一期接入系统工程、鲘门输变电工程建设过程中，全程掌握物资需求、供应的各个环节，高效协调供应商做好现场安装调试服务工作，及时供应所需的物资，确保工程顺利按期投运。7100应急平台运作有序全年共受理147次呼叫，办结业务147次。按“灾前防、灾中守、灾后抢”的防风防汛工作任务，做好应对台风“山竹”防御工作，为台风“山竹”应急抢修提供物资保障。支援惠州惠东供电局稔山供电所抢修工作，派出4名物资管理人员参加支援惠东稔山供电所抢修物资管理工作。在2天抢修时间共领、发料30余车次，物资供应高效有序，顺利完成87个台区的抢修复电物资保障工作，为12 308户用户送上了光明。逆向物流管理有序开展，全年共处置报废物资2个批次，有效盘活退运资产。

四、审计监督

9月，组建审计部，在县区供电局办公室设置审计岗位人员1人。全年完成网省公司瘦身健体提质增效管理审计等12项专项审计项目，发现问题整改248个，对有关整改责任人进行提醒谈话37人次，组织开展现场整改咨询45人次，落实整改措施54项，完善长效机制7项，推动久拖不决的5个历史问题得以彻底整改。全年提出审计建议127条。进一步建立健全审计整改“五机制”，积极创新、运用审计整改方式，实施审计整改精细化管理。建立整改责任落实机制，实现审计部门、业务部门、被审单位“三方联动”，将审计发现问题层层细分到岗位责任人，并与年度绩效考核挂钩。实行签字背书机制，将签字背书工作融入各部门（单位）的日常整改工作中推广应用。对审计过程中发现的重大问题逐个进行填报说明并履行签字背书手续，落实到专人负责整改。健全整改责任追究机制，对问题性质较为严重的事项，及时约谈该责任部门负责人。同时密切跟踪审计整改动态情况，对整改进度慢、成效不显著的单位负责人和整改责任人进行审计辅导，了解审计整改推进不力的具体原因，对整改不力的责任人启动审计约谈，整改主体部门向审计部门说清楚，或提交有分管领导签名的情况说明书，实现审计发现问题“终身制”管理。推行大监督模式，建立多部门协调联动机制。将审计发现问题整改落实情况纳入政治巡察的工作内容，并根据需要联合业务主管部门组成多部门的联合检查，借助纪委及专业管理部门的权威性及专业指导，强力推进审计发现问题的深度整改，解决被审计单位整改不力和屡审屡犯的老问题。实行审计结果公告机制。在各业务线条年度工作会议上点名道姓通报该领域近年来审计发现的主要问题，督促业务部门和基层单位举一反三抓好全面整改。进一步完善内部审计重要信息专报机制，将审计过程中发现的一些重大问题第一时间呈报领导班子成员，为领导决策提供可靠依据，积极推动“边审边改、审改结合”工作，促使审计整改阶段前移。

五、法律事务

法治企业建设方面，11月，制订法治企业建设实施方案和建设评价标准。深化法律风险管理，保障业务经营依法合规。推进法律风险防控进业务，本地化修编《法律风险及防控措施》，按工作清单分部推进防控措施。加强法律风险防控进岗位的工作，编制了28个重要岗位的法律风险防控信息卡，将法律风险岗位防控评价标准植入岗位责任书。抓好重大案件处置，突出责任落实，全力推进东陆酒店案等重要、重大案件的应诉工作。加大主诉维权工作力度，对陈欠电费催收、线行清理、电力设施防外力破坏等重点领域开展主动诉讼维权活动，以切实维护合法权益。全年处理诉讼案件，包括往年在办的案件9宗，胜诉率100%，其中主诉维权7宗，案件主诉维权率达77.78%。推进合同全过程管控，10月实现新合同管理系统全面上线应用。建立合同承办效率监督与合同倒签管控机制，开展合同法律风险专项排查，落实合同履行风险防范措施。全年经济合同审核率100%，标准文本使用率达89%。加强法治文化建设。开展领导干部法治建设“六个一”活动，提升领导干部学法用法能力。组织开展普法宣传进社区——“严厉打击偷电违法犯罪行为，护航助力经济社会发展”专题活动。承担“谁执行谁普法”的普法责任制，在评议中获得优秀。编制员工法纪底线教育手册，通过以案说法，以案释法等形式，组织员工开展法纪底线教育活动，提升员工遵纪守法意识。

改革创新

“创一流”工作和基层班站所建设。通过借助“佛山—汕尾”区域联动平台，提升高敏感度的关键指标，搭建“123”价值考核体系，以创建“网内一流”供电企业为工作目标，重点抓好“1个奋斗目标、2个管理抓手、3个支撑平台”建设，全面完成了6大项、32小项重点工作，有力支撑年度工作目标的实现。制定《汕尾供电局”创一流”综合标杆指标提升方案》，明确地、县（区）指标目标和一流水平目标，形成里程碑42项。全面推进精益管理，组织抓好精益项目全过程管控，加大精益人才培养力度；全年入广东电网公司2018年精益项目库7项，年度评选11项精益项目成果（1项获广东电网公司三等奖），组织200余人次参加精益人才培训，组织1200余人参加7S劳动竞赛。深入推动区域联动，落实“责任清单”和“服务清单”的实施，深入开展专业对口帮扶和县区供电局结对帮扶，启动人才双向挂职交流；全年开展专业领域交流107次，互派业务骨干交流420人次，全面完成责任清单13项一级任务、110项里程碑事项。进一步推动供电所考核，夯实供电所管理基础，制订供电所绩效考核方案，共考核25项指标、13个专项任务、12个扣分项，经过四个季度的考核，平均分共提升7.35分。有序开展年度星级评价工作，通过对照执行《供电所标杆评价标准》，全年新培育准四星班站所20个，新创建38个三星班站所。在安风体系、配网规划、市场营销、带电作业、星级班组建设、新兴业务管理等方面快速提升，加快向创建网内一流企业迈进。2018年，汕尾供电局创一流综合标杆得分80.33分，同比提升33.65分。

县级供电体制改革。完成汕尾海丰供电局、陆丰供电局、陆河供电局3家县级供电企业“子改分”。加快小区资产接收，完成6个小水电自供区改革协议签订，涉及28个自然村、2280用电客户、478用电人口受惠。

开拓产业市场。全面理顺产权关系，明确“汕尾供电局（主管单位）—红海湾农电管理所（平台公司出资人）—汕尾汇能公司（平台公司）—下属企业”的管控层级，做到“产权清晰、主业控制”；健全平台公司法人治理结构，按照“执行董事+监事+总经理、副总经理”模式，配齐配强领导班子，明确执行董事担任党组织负责人，实行“党政一肩挑”；完善平台公司管理体系，制定新兴业务管理委员会议事规则，依法依规科学决策；按照“功能清晰、效率为先”的定位，以定员、定编、定岗、定职责为原则，完善平台公司组织机构；制定新兴业务发展三年规划，明确汇能公司“服务主业、创造价值”的定位，重点推动工程建设和综合服务两大板块业务升级，大力发展带电作业和电力设计业务。规范平台公司管理，组织主业职能管理部门开展平台公司用工薪酬、财务经营、采购管理、审计监督、安全生产、党的建设、重大事项报告等七个领域的实施方案制定。2018年，实现了新兴业务规模和盈利水平的快速提升。全年实现新兴业务收入同比增长61%；利润总额同比增长321%；非关联业务同比增长14个百分点；全年累计开展带电作业2678次，同比增加246%，累计减少客户平均停电时间24.54小时。新增投运充电桩56个，与粤运公司合作的充电运维服务网络日趋完善。

◎ 2018年6月14日，广东汇源通集团有限责任公司和汕尾汇能综合能源服务有限公司签订《汕尾竞争性业务战略合作框架协议》

党群工作

一、党的建设

政治建设。把深入学习贯彻习近平新时代中国特色社会主义思想和党的十九大精神作为首要政治任务。党委理论学习中心组集中学习15次（含专题学习7次），发挥“关键少数”的头雁效应。4月，印发落实“南方电网公司党组一号文”工作任务分解表，从九个方面制定118条工作任务。严肃党内政治生活，2月，汕尾供电局党委组织召开2017年度党员领导干部民主生活会。3月，组织召开全面彻底肃清李嘉、万庆良流毒影响专题民主生活会。8月，组织召开巡视整改暨全面彻底肃清李嘉、万庆良恶劣影响专题民主生活会；督促指导县区供电局党委开好专题民主生活会。严格执行民主集中制，落实“三重一大”决策程序，2018年召开党委会共51次，研究部署党建党廉等重大问题216项。通过党委会、党委理论学习中心组学习会等深入学习贯彻习近平新时代中国特色社会主义思想和党的十九大精神，认真学习关于粤港澳大湾区建设纲要，贯彻落实汕尾市委市政府争当全面融入粤港澳大湾区先行市和广东电网公司创建“全国最好、世界一流”省网企业等重大决策部署。完善企业治理结构，县区供电局实施“党政一肩挑”改革，设立党委书记、执行董事。1月和7月，先后调整党政领导班子成员党建工作联系点，每季度至少1次到基层党建联系点开展调研服务工作，解决基层单位员工队伍建设、客户投诉率、电网建设等问题。

组织建设。7月13日，汕尾供电局召开第一次党员代表大会，选举产生了新一届局党委和纪委。其中，沈新平、郭克、李铁国、罗俊义、江涛斌、蔡楚辉、李如雄当选新一届党委委员，沈新平为党委书记，郭克、李铁国为党委副书记；蔡楚辉、黎献腾、刘集、吕昱霖、王冲当选新一届纪委委员，蔡楚辉为纪委书记，黎献腾为纪委副书记。全年完成了1个党委，14个党支部换届选举工作。落实“一局一党委”建设，9月14日，撤销汕尾城区供电局和红海湾供电局党总支部，成立汕尾城区供电局党委和红海湾供电局党委。全年共吸收预备党员13名。至2018年底，汕尾供电局共有党组织101个，其中党委6个、党总支部1个、党支部94个；共有1210名党员，其中，在职党员901名，离退休党员309名。5月，举办两期基层党支部书记、党建业务骨干培训班，实现98个基层党支部书记轮训全覆盖，并扩大至支部组织委员等支部委员。6月，制订竞争性业务工作方案、竞争性企业党的建设考核方案，加强竞争性企业党的建设工作。7月，开展“我是党员走在前，一区双岗创一流”主题活动。把党支部建在一线，以党建促基建，在220千伏鲘门输变电工程、500千伏甲湖湾等重大工程中，攻克技术难题，圆满完成任务，形成“支部解难题，党员担重任”的攻坚模式。组建党员突击队，在抗击“山竹”等台风中，各级党组织和党员干部奋战最前线。

二、思想宣传工作和企业文化建设

思想政治工作。坚持落实党委中心组学习机制，营造深厚氛围，先后印发了汕尾供电局党委理论学习中心组2018年学习安排的意见，开展2018年下半年党委理论学习中心组学习专项督查，抓好考勤、请假、笔记、考核等环节的有效落实。选取《习近平新时代中国特色社会主义思想三十讲》《铸魂》等一批书籍，共组织集中学习15次（含专题7次），平均参学率93.95%。各级党员领导干部、党组织书记累计开展“十九大”精神专题宣讲115场次，依托红色资源开展红色故事会等理想信念教育活动50余次，得到汕尾市委宣传部的肯定。8月16日，举办“聚焦网络舆情与危机公关”党委理论学习中心组学习（扩大）会议，加强对员工网络行为的教育、引导和管理。全年全单位共完成政研课题2个，其中《提升国有企业党的建设质量研究》（为联合惠州供电局、揭阳供电局、电科院撰写的课题）获广东电网公司一等奖；《提升基层班组文化建设的实践与思考》为自主课题，获广东电网公司三等奖。落实意识形态工作责任，坚持提升思想引领力。结合“不忘初心、牢记使命”主题教育和“两学一做”常态化制度化，以专题组织生活会、党支部主题党日、观看教育片、线上线下知识测评等形式，用新时代中国特色社会主义思想武装广大党员干部员工的头脑。通过“互联网+”，在“幸福南网”平台组织参加“党的十九大精神和习近平总书记重要讲话精神学习测试”“南方电网公司2018年工作会议精神学习测试”等，增强教育实效性。做好内外部宣传。抓好外宣，在主流媒体的新闻报道得到进一步增强，初步建立电视、报纸和新媒体手机台共同发力的机制，“陆河抗击暴雨保供电”上了央视。内宣：积极发挥专题短片的宣传作用，同比增长超过一倍，通过“身边人身边事”打造共识，选树形象。全年累计媒体发布新闻稿件274篇，同比增长42%。

企业文化与品牌建设。全面铺开“一班组一特色”创建工作，25个班组完成文化建设方案、14个班组完成文化内容上墙工作。梳理《汕尾供电局文化地图》，展示企业文化建设成果。推荐5个单位参与南方电网公司第三批企业文化示范单位、示范点建设申报。变电管理所继保自动化二班吴陆敏获“2018年度电力行业雷锋式先进个人”称号。7月14日，举办汕尾供电局成立30周年座谈会和“电业为民 牢记使命”职工文艺晚会，回顾汕尾电网30年发展与改革的光辉历程，传承和发扬汕电人艰苦奋斗的精神力量。

◎ 2018年12月3日，汕尾供电局承办全市“学习贯彻习近平总书记视察广东重要讲话精神进企业”系列活动启动仪式暨红色故事宣讲首场报告会

三、党风廉政建设

完善纪检监督体制机制。11月1日，制定纪委议事规则，确保纪委正确履行监督、执纪、问责职责。建设标准化执纪审查谈话室，加强执纪审查安全工作管理，坚守“零事故”底线。推进践行监督执纪“四种形态”工作，坚持目标与问题导向，分层分类开展“第一种形态”四种谈话3636人次。建立并实施监督执纪“学习反思”教育工作机制，开展“学习反思”教育23人，签写承诺书23份，进一步抓早抓小、防微杜渐，惩前毖后、治病救人。严肃执纪问责。针对信访案件的问题线索，组织开展纪律审查谈话57人次，立案4件，纪律处分8人，追究领导责任2人，下发监察建议书16份。同时对违规违纪问题进行剖析并实名通报曝光，达到教育大多数的目的。

构建“三不腐”机制。督促各职能部门滚动修编本业务领域廉洁风险库，梳理廉洁风险事项110个，制定管控措施210条；利用全面从严治党“两个责任”监督平台，督促各职能部门开展自我监督180批次，切实落实自我监督责任。落实行贿供应商“黑名单”制度，将行贿行为信息纳入供应商管理，对行贿单位（个人）实施市场禁入。发挥纪委对选人用人把关作用，2018年回复组织人事部门提拔重用人选党风廉政意见35条，建立完善本单位领导干部廉洁情况“活页夹”94份，完善“不能腐”的体制机制。组织员工观看警示教育片，开展《中国共产党纪律处分条例》知识测试学习，强化“不想腐”的思想意识。

巡察及巡视整改。8月3日，制订巡察五年规划和配套工作要点。成立汕尾供电局党委巡察办公室，建立百名局巡察人才库，组织完成第一轮常规巡察。对照上级巡视巡察反馈意见，自查问题22个，注重从源头上治理，列出“问题整改责任清单”，落实整改措施56项。

加强作风建设。6月14日，制订整治形式主义和官僚主义专项方案和工作推进表，组织各级党组织围绕11个方面整治重点开展自查自纠，发现问题178个，制定整改措施344条，建立健全体制机制16项，并针对典型问题予以通报问责，深化形式主义官僚主义问题整治工作。紧盯重要节假日，开展八项规定精神执行情况监督检查35批次，下发监察建议书2份，巩固拓展落实八项规定精神成果。全面开展“扫雷”行动工作方案，通过召开动员大会、播放宣传片、开展大讨论、张贴海报等方式，营造氛围。在“扫雷”行动期间，业务部门移交问题线索3个，立案查处1宗。主动与地方纪委监委沟通协调，各级纪委向地方纪委监委专题汇报25次，形成联建工作机制。

四、工会和共青团工作

民主管理与工人队伍建设。2月7日，召开汕尾供电局一届五次职代会，审议通过汕尾供电局《集体合同》《女职工权益保护专项集体合同》。职代会闭幕期间组织召开7次联席会议，分别审议通过汕尾供电局《安全生产问责管理业务指导书》《2018年客户投诉处理考核方案（试行）》《安全区代表激励考核方案（试行）》

《深汕特别合作区供电人员划转方案》《本部职能部门和二级机构人员组聘上岗实施方案》等5个草案。3月15日，召开汕尾供电局工会一届五次全委扩大会议，审议工委会2018年工作要点，听取汕尾供电局工会2017年度经费收支决算情况，并审议2018年工会经费预算，部署汕尾供电局第五届职工运动会以及庆祝建局30周年晚会等主要工作安排。7月17日，汕尾供电局获三级单位南方电网公司厂务公开民主管理A级贯标认证，海丰、陆丰、陆河供电局获四级单位南方电网公司厂务公开民主管理A级贯标认证，完成率100%。鼓励职工积极参与合理化建议工作，共收集合理化建议12条，采纳7条，处理率100%。开展推优树模活动，积极开展“五一”专项评比及网省公司先进评选工作。500千伏茅湖变电站荣获广东省“五一”劳动奖状，黎海生获汕尾市推荐为南粤工匠。

劳动技能竞赛与职创工作。组织人员参加网省公司继电保护等专业技能竞赛9项；开展南方电网继电保护工普考竞赛、联合信息中心举办了汕尾供电系统信息系统（电子化移交）应用技能竞赛、联合变电管理所举办汕尾供电系统继电保护工职业技能竞赛竞赛。运用“互联网+”思维，完善职工创新服务体系，提升职工创新管理水平，建设学习型、创新型的职工队伍。加大创新工作室等创新平台的建设力度，在“六有”管理、微小改善、员工众创等方面发挥示范引领作用。在原有2个网省公司工作室的基础上，组织开展汕尾供电局创新工作室申报工作，并完成创建广东电网公司4个创新工作室。

职工服务与女工工作。重点推进基层工会、一线班站组职工小家创建工作，落实专项资金支持小家建设，三星级“职工小家”达到100%全覆盖。因地制宜改善基层基础设施，建设职工文化阵地，增强职工的归属感和获得感。10月17日，汕尾供电局荣获“全国模范职工之家”称号。在关爱职工健康、劳动保护方面的举措、文件、成效。开展助困帮扶、慰问，务实开展生产一线和重点工程现场慰问。慰问职工68人次，开展学雷锋爱心捐款活动。开展庆“三八”妇女节职工文化系列活动，组织女职工参加市总工会开展的庆“三八”植树活动以及职工子女“金话筒”朗诵亲子活动。

共青团工作。11月9日，召开汕尾供电局第一次团员代表大会，选举产生新一届团委。5月，何丽明、曾庆安荣获2017—2018年度广东省“优秀共青团干部”称号；其中何丽明作为全市16名代表之一，出席团省委第十四次代表大会。变电管理所继保自动化二班班员吴陆敏获2018年度全国电力行业“雷锋式先进个人”称号。

◎ 2018年4月27日，汕尾市举行庆祝“五一”国际劳动节暨劳模表彰大会，汕尾500千伏茅湖变电站被广东省总工会授予广东省“五·一”劳动奖状

五、扶贫工作

对口扶贫。投入扶贫资金171.5万元，重点用于发展产业扶贫项目。解决帮扶点大化村海丰县大化村配变重载问题，更换2台变压器，新建及改造中低压导线14.8千米，满足大化村的负荷增长需求，解决了原有线路残旧及线路杂乱等安全隐患。推动“一村一品”水稻产业，指导贫困户种植袁隆平杂交高产稻，开发约500亩的种植基地，拓宽村民“稳粮增收”渠道。打造“公司+集体+农户”产业新模式，引进农业科技公司，通过建设腐竹产业基地、带动农户黄豆种植和黑猪养殖、打造农特产品配送中心等举措建立解决贫困户脱贫增收的长效机制。

◎ 2018年5月31日，汕尾供电局青年志愿者到对口扶贫村大化村的大化小学开展“光明学堂”进校园活动

潮州供电局

企业概况

一、组织沿革

潮州供电局为广东电网有限责任公司直属中型一类供电企业，前身是广东省广电集团有限公司潮州供电分公司，2005年5月更名为广东电网公司潮州供电局，2014年9月更名为广东电网有限责任公司潮州供电局。

二、经营范围

潮州供电局作为统一管理潮州电网的企业法人，主要负责潮州市湘桥区、潮安区、枫溪区和饶平县等3区1县范围内的电网建设、运行、管理和经营业务，为地方经济社会发展和人民生活提供电力供应和服务。截至2018年底，供电面积3679平方千米，供电人口265.66万人，供电客户106.4万户，营业网点53个。

三、电网规模

截至2018年底，潮州电网有35千伏以上变电站52座，主变压器103台，容量共7886.6万千伏安，输电线路37回，总长1767.14千米。其中，500千伏变电站1座，主变压器2台，容量共2000万千伏安，输电线路4回共250.28千米；220千伏变电站7座，主变压器17台，容量共2970万千伏安，输电线路30回共533.92千米；110千伏变电站33座，主变压器64台，容量共2789万千伏安，输电线路81回共698.89千米；35千伏变电站11座，主变压器20台，容量共127.6万千伏安，输电线路35回共284.06千米。

四、组织机构

根据广东电网公司组织机构规范化设置的要求和实际工作需要，2018年，潮州供电局对组织机构进行了调整：9月25日，党建工作部更名为党建人事部（直属党总支、团委、新闻中心），原人力资源部的干部管理职能、原办公室的新闻宣传职能调整至党建人事部；监察审计部（纪委办公室）分设为监察部（纪委办公室）、审计部。生产设备管理部更名为生产技术部。撤销培训与评价中心，其业务由人力资源部直接管理；撤销法律中心，其业务由企业管理部直接管理；撤销员工服务中心、电网规划技术研究中心、建设管理中心、小型基建办公室、节约用电服务中心，其业务调整至相应二级机构；离退休服务中心不再挂靠工会。成立综合服务中心（离退休服务中心），整合员工服务、离退休服务等业务；成立供电服务中心，整合原计量中心、客户服务中心、营销稽查中心、节约用电服务中心等机构及业务；成立电网规划中心；成立项目管理中心。

截至2018年底，潮州供电局内设14个职能部门、9个二级机构、4个县区供电局。具体如下图所示。

五、领导班子

2018年，根据广东电网公司党委决定，潮州供电局领导班子调整如下：5月21日，苏瑞雄任党委书记，执行董事；丘浪文任党委副书记、局长（总经理）；免去黎高程党委书记、副局长职务。

截至2018年底，潮州供电局领导班子成员如下：

党委书记、执行董事：苏瑞雄

党委副书记、局长（总经理）：丘浪文

党委委员、纪委书记：吴监盛

党委委员、副局长、工会主席：陈陆野

党委委员、副局长：曾培亮

党委委员、副局长：廖曙生

党委委员、副局长：杨超杰

六、人员状况

截至2018年底，潮州供电局共有职工3388人，其中硕士34人，本科生1207人，专科生1206人，中专及以下学历的2147人；已取得专业技已取得专业技术资格人员共791人，其中高级职称85人，中级职称471人，初级职称235人；已取得技能等级共1908人，其中高级技师18人，技师247人，高级工1643人。

十件大事

（1）2月7日，广东省副省长陈良贤到潮州500千伏韩江变电站开展岁末年初安全保障工作督导，并代表广东省委、省政府慰问坚守一线的干部员工。

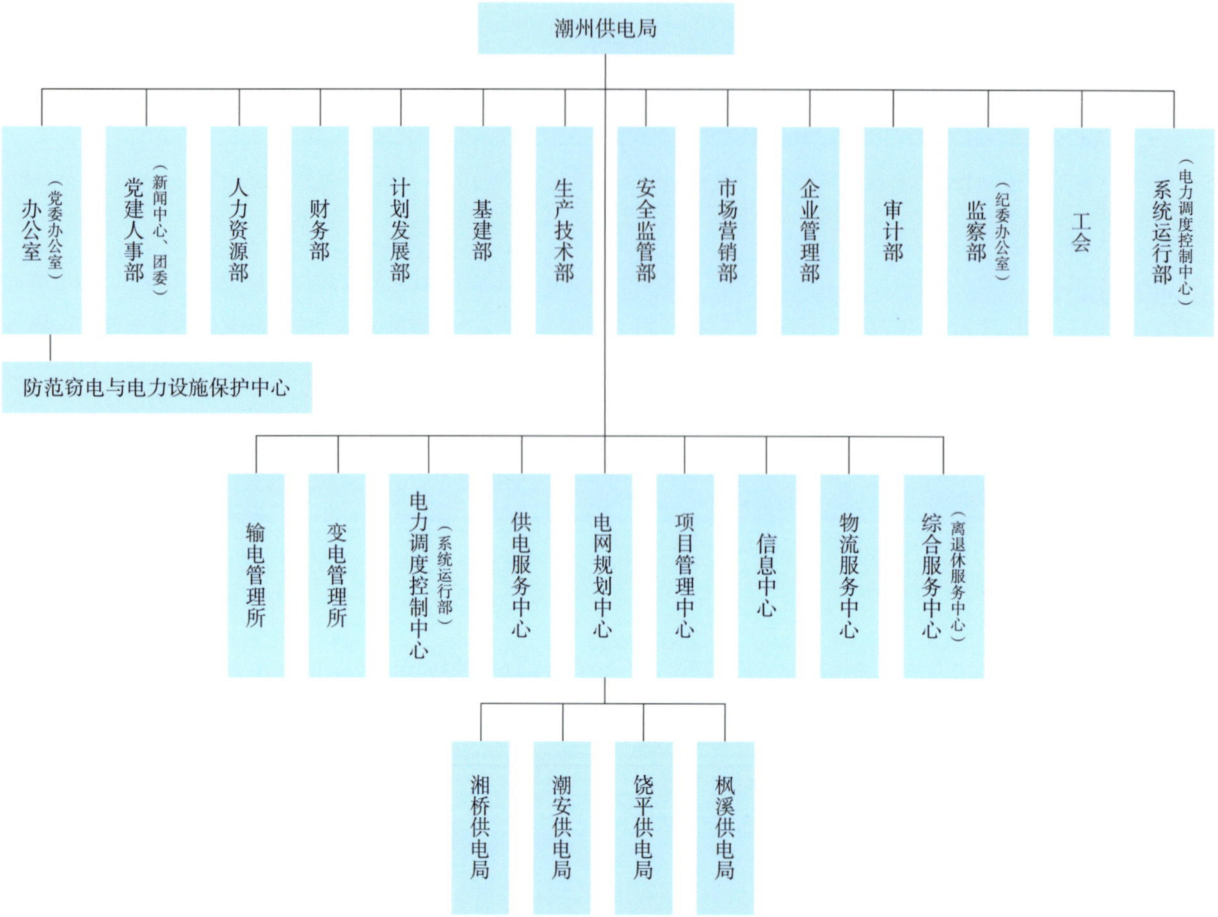

（2）3月22日，潮州供电局被中央文明委授予“全国文明单位”荣誉称号。

（3）4月起，潮州市电力设施建设与保护条例进入地方立法程序。4月3日，潮州市政府2018年第6次常务会议通过《潮州市电力设施建设与保护条例（草案）》，并提请潮州市人大常委会进行审议。4月16日，潮州市人大常委会第十三次会议对草案进行第一次审议。4月19日，公开征求社会意见。6月29日，潮州市人大常委会第十四次会议进行第二次审议，会后向有关方面征求意见。10月16日，召开了草案表决前评估会。

（4）6月24日，潮州供电局实现智能电表、低压集抄“两个全覆盖”。潮州供电局总共轮换智能电表103万只、实施低压集抄建设102万户、转岗抄核收人员707名，3个县区全面实现远程自动抄表。

（5）8月22日，潮州市召开全市普法暨法治创建工作会议，为6家省级“法治文化建设示范企业”授牌。潮州供电局成为首批荣获广东省“法治文化建设示范企业”称号的单位之一。

（6）10月，潮州供电局节能展厅被授予中国电机工程学会电力科普教育基地、中国能源研究会能源科普教育基地。

（7）11月30日，潮州市委市政府召开全市电力工作推进会。会议听取潮州市电力规划建设情况汇报，共讨论研究了19项电力项目需协调解决事项，并制订解决措施，加快推进电网建设。

（8）12月19日，广东电网公司与潮州市湘桥区政府签订意溪供电有限公司产权划转协议。至此，广东省趸售代管单位农电体制改革工作全部完成。

（9）2018年，潮州供电局在广东省社情民意满意度调查中连续9年排名第一。

（10）2018年，潮州狮峰村等45个省定贫困村农网改造工程全面完成，其配网自动化覆盖率提升至79.2%，馈线自动化覆盖率提升至50%，配网可转供电率提升至57.38%。

电网发展

一、电网规划与前期工作

4月起，开展“加大投资年”专项工作。同月制订“四个统一”工作计划。12月，潮州潮安供电局成立配网规划工作组，全面加强电网规划的专业力量和组织。

配网规划方面。全年完成10千伏及以下配电网建设投资5.77亿元。6月，修编2018—2023年配电网规划项目库，进一步整合压减项目1400个，节约投资2.56亿元。7月，完成配网规划导则本地化修编，推行统一规划，落实精准投资，利用“循环转荷”和差异化规划方法。7月17—23日，广东电网公司配网规划建设督导组对潮州供电局配网规划建设工作进行督导，就10千伏及以下配电网提出了：结合线路长度、电压状况和用户分布分析优化变电站布点需求和规划建设时序，加快变电站立项建设，快速解决部分镇区负荷接入、供电线路长和偏远地区电压质量问题，提升供电可靠性；配电网规划中应注重中压变电站间联络率提升，加快推进变电站间中压线路联络建设，加强中压配电网对高压配电网的支持力度；对匹配不上的自动化终端台账分析根本原因，进行彻底整改；在终端调试阶段严格按照不同的终端类型选用对应的调试表单模板，并严格按照调试表单完成调试及审核，保证调试记录完整不缺漏等共11条建议。根据督导意见，潮州供电局对应形成整改措施71项，整治城农网发展不平衡、管理基础薄弱、硬件水平相对落后、故障多可靠性差等电网发展过程中存在的弊端。大力推进“四个统一”工作，完成关键节点任务18项，工作体系初步形成，确立总体按片区打包实施基建、技改、修理项目，具体按同个停电窗口实施各线条项目的模式。积极从全盘统筹、细节改进、提高深度、业务融合等。提升电网发展质量，谋划建好潮州电网。协助潮州市政府加快推进饶平县樟溪低碳工业区增量配电业务改革试点工作，积极参与试点项目业主竞争。

项目前期工作。11月30日，潮州市委、市政府召开全市电力工作推进会，现场办公推进电网建设，讨论研究了需协调解决的电网项目。积极谋划潮州电网发展，不断充实投资项目储备，结合潮州市一中心三片区，打造各大发展服务平台的部署，围绕网架优化、新增电源布点、单主变变电站扩容等方面开展500千伏澄海输变电工程（潮州段），220千伏乐桥、龙湾输变电工程，110千伏新联、海山、宏安输变电工程，华能大北山风电场接入系统工程、深能2×100万千瓦级燃气热电联产项目接入系统工程、洋东、意溪、荔林、赤内变电站扩建第二台主变工程等9个110千伏项目，35千伏九村变电站至上善变电站线路和坪峰变电站至樟溪变电站线路工程等的前期工作。

◎ 2018年11月30日，时任潮州市委书记刘小涛主持召开全市电力工作推进会

二、工程建设与管理

2018年，潮州供电局共完成固定资产投资10.03亿元，同比下降15%。其中，主网建成投运35千伏及以上项目6项，完成投资2.04亿元，同比下降40%。新增变电容量16万千伏安，新增输电线路长度12.95千米。配网建成投运项目项，完成投资5.77亿元，同比下降5.72%，新增配变容量13.5万千伏安，新增10千伏线路长度427.43千米。小型基建建成投运项目12项，完成投资6200万元，同比增长968%。

重点工程建设。落实“电网建设年”的部署，全年完成固定资产投资10.03亿元。“十三五”前三年，电网建设资金超过“十二五”的总和。建设资金进一步向网架薄弱、历史欠账较多的地区倾斜，饶平地区的投资增至2.5亿元，同比增长32%。6项主网重点工程全部建成投运，具体是：1月18日，110千伏宝山（沙溪）输变电工程竣工投运；10月30日，110千伏邹鲁（庵埠）输变电工程竣工投运；11月14日，110千伏登塘变电站第二台主变扩建工程竣工投运；11月30日，110千伏广梅汕铁路龙湖南牵引站供电工程竣工投运；12月27日，110千伏乌洋变电站第三台主变扩建工程竣工投运；12月29日，110千伏所城变电站第二台主变扩建工程竣工投运。解决220千伏卧岭输变电工程，110千伏文里、鹳巢、古巷、黄冈变电站改扩建工程、荔林输变电工程历史遗留环评水保项目验收。

配网工程建设。加快推进配网项目建设进度，累计投运项目615个，完成投资5.77亿元，解决重过载线路9回，解决重过载台区255个，完成自动化改造项目39个，提升了配网网架结构及自动化水平。加快实施新农网升级改造，共586项改造项目全部完成投运，累计完成投资4.99亿元，完成率102.39%，其中包括45个省定贫困村电网建设，红地潭小水电自供区、合溪小水电自供区、九社潭小水电自供区、坪溪水库双溪电站自供区4个小水电自供区电网改造项目，打造狮峰村等一批电力扶贫亮点工程。加快凤泉湖高新区等电力配套建设，全力满足重要工业园区用电需求。6月，制订专项工作方案，加快推进“十三五”规划供电所技术业务用房建设。全年完成7个供电所技术业务用房建设，改善供电所一线员工生产、生活环境。

工程创优。积极打造样板工程，开展“三考核一评价”[①]工作。4月，制订年度“安全、优质、文明”样板工程创建活动工作方案及推进计划。2018年，220千伏邹鲁（庵埠）变电站工程主网、潮州潮安官塘供电所新建宫头叶处台公变台区工程和潮州饶平浮山供电所浮山新建镇区9号配电台区改造工程获得样板工程奖。推行项目精益管理，全面完成均衡投运计划按广东电网公司均衡化施工要求，科学安排施工工期，加强对重点项目从项目开工、投运、竣工验收等关键节点的管控和协调，实现全年均衡投运。

电网运营

一、电力供应

全年电力供应形势平稳有序，电力负荷创出历史新高，最高负荷出现在5月29日，为170万千瓦，同比增长4.81%；丰水期间，实现水电全消纳。清洁能源并网通道容量裕度充足，未发生因网络受限而影响清洁能源消纳的现象。全年未发生有人为责任的“弃水、弃风、弃光”问题。

二、电网运行

电网风险管控。落实防范电网风险各项重点工作，成功化解220千伏来金线停电和饶平变电站主变母线轮停6个一级事件风险，发布地区电网运行风险通知单31份，化解其中省网IV级风险2个，V级风险2个，地区IV级风险14个，V级风险17个，电网运行风险均得到有效管控；完成主网检修项目960项、配网检修项目1428项，顺利完成28项主网、109项配网设备启动投运任务。系统设备运行总体稳定可靠，220千伏及以上电压等级保护正确动作率100%，故障快速切除率、安自装置正确动作率保持100%，生产实时控制业务通信通道零中断，未发生调度自动化主站系统失灵情况。无发生三级及以上电力监控系统信息安全事件，无发生因电力监控系统信息安全导致的电力事件。至12月31日，潮州电网连续安全运行2618天，未发生大面积停电、电网瓦解和重大设备损坏事故。

电网运行调度。科学调度，确保了电网安全稳定运行和电力可靠供应，实现了对用户有序、可靠的供电。配网调度管理水平上新台阶。6月，接管潮州潮安供电局和潮州饶平供电局的调度业务。同时，完成配调集约化工作并开启配网调度服务指挥中心挂牌试运行，全年完成配网线路377条定值1007套整定工作。3月，潮州地调首次实现调度端远方程序化操作试验成功，9月起实施调度端刀闸遥控常态化操作，12月中旬起正式实施“调监控合一”值班模式。

资产全生命周期管理。全年开展电网账实核查工作，开展账实清查工作和现场设备拍照、保存、上传工作，并对账实不一致和照片缺失等问题进行整改。针对需停电才能进行账实核查及拍照的设备，要求结合停电检修计划同步开展。做好退役审批，把好审批管控，把退役审批提前到可研阶段，同时提高报废资产净值率在生产项目立项中的权重，严防健康设备提前退役。提高信息化支撑，2月，开展资产管理系统和财务管理系统设备退役处置功能完善改造，打通设备退役报废流程各环节，实现设备退役报废全过程管控。建立设备再利用机制，11月，完善资产在法人内部调拨和跨法人单位交易管理规定及操作指引，促进闲置设备在全网不同地域间合理再利用，提高设备利用率。2018年潮州供电局资产报废净值率为4.86%，达到世界一流水平。

生产运行管理。4月，制订生产技术管理重点工作和指标计划，落实电网风险管控，根据电网风险动态调整设备管控等级，做好设备特巡特维管理。加强设备日常运维管理，以发现、消除隐患和缺陷为重点，以恢复设备性能和延长设备使用寿命为目标，坚持“应试必试、试必试全，应修必修、修必修好”的原则，做好局属电气设备的修试工作。全年累计完成291台110千伏及以上

◎ 2018年11月27日，潮州供电局开展220千伏饶平变电站主网设备检修工作

① 三考核一评价：将电网投资建设项目完成情况纳入县区供电局分管领导绩效考核，每月对进度滞后的县区供电局进行约谈，县区供电局对进度滞后的供电所、外施单位进行约谈。每月开展外施单位综合评价工作，并把评价纳入招标管理。

一次设备预试、474台一次设备规范化检修、58项反措，消除紧急、重大缺陷1264项，消缺率、消缺及时率均达到100%。对关键重要变电站的紧急重大缺陷做到一缺陷一分析，牢牢守住安全生产底线，提升设备精益化管理水平。强化生产线条的精益管理，开展班站所星级班组建设，产生4个四星级班组、19个三星级班组。开展7S管理，开展合理化建议、现场改善项目，生产线条人均条数大于1.5。

可靠性管理。3月，分解2018年可靠性目标。4月，开展提升供电可靠性暨“185611”停电时间1小时行动。全面推广主配网不停电作业，丰富可靠性管理手段。推行带电作业优先的作业模式，提高带电作业项目，逐步减少设备停电维护对电网供电可靠性的影响。2018年，潮州供电局综合电压合格率99.995%，城镇居民端电压合格率99.999%，农村居民端电压合格率99.999%；中心城市（区）用户平均停电时间1.62小时，城镇用户平均停电时间5.85小时，农村用户平均停电时间14.24小时，全口径用户平均停电时间11.68小时；500千伏架空线路可用系数100%，500千伏变压器可用系数100%，500千伏断路器可用系数100%；220千伏架空线路可用系数100%，220千伏变压器可用系数100%，220千伏断路器可用系数100%。

三、安全生产

安全监管。2018年，全面实现了“两个确保，三个杜绝，四个不发生，两个减少”的安全生产目标，全年五级事件7起，三级事件1起，没有发生其他各类事故事件，至12月31日，累计安全生产天数1377天。4月，制订安全监管重点工作计划，强调发挥三级安全网督查力量，全面加强安全督查工作。全年完成安全督查5108次，违章发现率11.26%，全面完成575起问题整改。2月，制定方案推广现场作业风险可视化平台应用，全年平台作业信息录入率达100%，勘察关联率100%，人员到位率97.16%。重点聚焦配电领域，从严动真开展安全生产巡查工作，落实巡查反馈问题整改811项，完成率95.3%。开展城乡供用电设施安全隐患排查整治专项工作，4月起，开展乡镇级供电单位（配网）防范人身事故专项治理，重点排查整治设施绝缘破损、接地不良、设备处于低洼地段等容易引起人身触电伤害的问题，7578项局属资产和1366项他属资产隐患整改完成率均达100%。稳步推进安风体系建设，全年完成987份体系相关制度、业务指导书和作业指导书的梳理与修编，以岗位职责、制度要求、业务指标、绩效考核四联动压实各层级体系建设责任，强化落实体系内、外审问题整改，整改完成率100%，有效提升体系运转机制与专业工作质量。

应急管理与保供电。组织开展防风防汛安全检查，6月，制订2018年度防风防汛工作方案，全年累计出动人员500多人次，共发现存在问题103项，对发现问题进行有效整改。加强应急体系建设和应急能力提升。11月，制订应急队伍业务指导书等3份安全监管领域业务指导书和电网防地震、突发事件总体应急预案，整合梳理变电、输电、配电、通信、信息等24支应急队伍，共计589人应急队伍，应急发电车4辆，应急发电机108台，成功应对“山竹”和“玉兔”等台风连击。

安风体系与安全文化建设。稳步推进安风体系建设，全年完成987份体系相关制度、业务指导书和作业指导书的梳理与修编，以岗位职责、制度要求、业务指标、绩效考核四联动压实各层级体系建设责任，强化落实体系内、外审问题整改，整改完成率100%，有效提升体系运转机制与专业工作质量。5月，制订安全文化建设方案。11月，提出以“打造本质型安全企业”为建设目标，以提升企业安全文化组织要素和个人要素为建设核心，紧紧围绕“一二三”（一个体系，两书应用，三基工程）这一主线，制订工作方案，将安全生产管理和安全文化建设紧密融合。围绕“生命至上、安全发展”的主题，6月，开展安全生产活动月，加强安全生产宣传教育工作。收集安全故事素材，讲好安全故事，发掘员工身边的人和事，提炼可借鉴的方式方法，分享安全生产经验。

◎ 2018年1月，潮州供电局对2018春节戏曲晚会录制现场实行保供电

市场营销

一、优化营商环境与客户服务

4月，编制客户服务改进行动工作方案，推行“台区客户经理电话+24小时值班电话+所长热线”。坚持“日

监控、周分析、月通报”工作模式，找出服务症结，欠费复电延时投诉数量得到有效控制。4月，全面推行远程业扩报装。进一步拓宽用电服务渠道，提高用电信息透明度，统一服务平台关注用户达58.08万户，互联网业务办理比例77.7%。电力营商环境进一步优化，客户办电效率持续提升。强化客户投诉提级管控机制快速响应客户诉求，全年“95598”客户投诉同比减少20.20%，“12398”投诉同比降低66.67%，“95598”和“12398”投诉数量均列全省第二少。7月，制订进一步提升供电服务水平优化电力营商环境执行方案，推行业扩报装“三免”服务，办电环节精简至2～3个，中压业扩报装平均用时减少至48.7天，同比下降40.46%。9月7日召开提升工业客户满意度专项动员会议，9至11月，共走访工业客户71 938户，走访率100%。加强客户满意度调查宣传和引导，持续提升客户满意度。2018年，第三方客户满意度测评得分81分，潮州供电局第三方客户满意度同比提升1分，在政府公共服务公众满意度评价中连续九年排名第一。

二、营销基础管理

扎实推进“三个一片”，5月底，建成低压集抄和智能电表“两个全覆盖”，6月底，县区供电局全面实现远程自动抄表，完成707名抄核收人员转岗，电子化结算率99.96%。稳步推进“客户经理+设备主人”网格化服务模式，实现营配业务包干和客户诉求快速响应。创新推出可交互3D光伏并网报装新模式，提升智慧报装客户体验。应用营销业务移动作业终端，打通客户服务“最后一公里”信息化渠道。以“两高”整治为抓手，全面开展线损整治工作。4月起，开展全力围剿线损“两高”，做精做细线损管理工作，制订了线损精细化管理的“十五项举措”。纵向管控，加强对基层供电所线损管理过程管控，地市供电局层面建立基于精细化管理

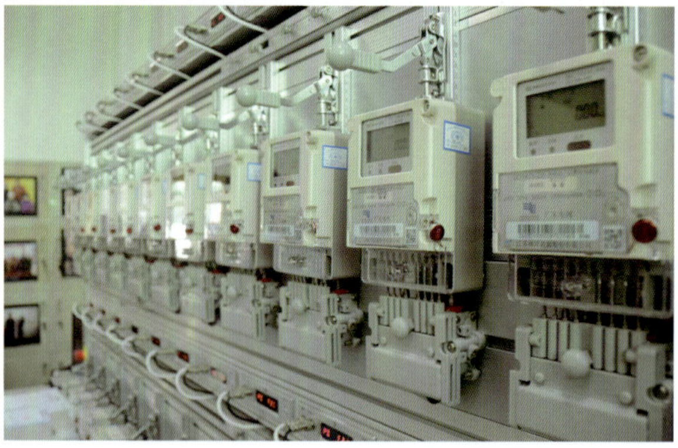

◎ 2018年6月24日，潮州供电局全面完成低压集抄智能改造任务，结束手工抄表历史

的“亮红灯”机制。6月和9月，分别开展反窃电“百日行动”，持续保持反偷查漏高压态势。4月，市场、监察共同制订2018年降损工作效能监督巡察方案，划分线损管理党员责任区、实现线损管理与党建工作有效融合。细化同期线损管控任务清单，建立微信群，每月、每周定期在群内反馈工作进展情况，对进度偏慢的单位督促整改。按照“下算一级”的原则，对县区供电局、供电所层面的同期线损情况进行通报，每月编制分析报告，落实整改措施。

三、电能替代与市场开拓

开展电力需求侧管理工作，顺利通过广东电网公司关于电力需求侧目标责任考核。推动完成节能改造项目107个，节约电量3200万千瓦·时。优化光伏并网服务流程，全面实施远程服务“一口受理”。根据潮州市产业特点，大力挖掘制茶、陶瓷等特色支柱产业的电能替代潜力，7月，制订电能替代行动计划。全年累计推动电能替代项目82个，年度替代电量2.29亿千瓦·时。至2018年底，建成电动汽车充电站点60个，投运充电桩269个。

科技信息

一、科技创新

2018年，科技研发经费投入347万元、同比提升305%，投入其他科技费用4247万元。4月，明确2018年科技创新重点工作计划及“创一流”指标支撑任务考核目标值，充分运用“请进来、走出去”理念，对标学习珠海供电局、电科院并接受其帮扶指导，加快推进“十三五”创新驱动行动计划落地。全年推广科技成果25项。参与广东电网电科院主导的科技项目研究3项，全年完成科技及职创项目总计30项。亿元营业收入有效专利拥有数由网内较低水平连升三档，提高至国内一流水平，提前实现2019年“创一流”指标。全年累计有效专利76件，超过年度目标181.5%，新增专利申请171件、完成率1140%，指标完成率全省排名第五。输电管理所的《驱鸟剂及其制备方法》获得南方电网公司专利三等奖。变电管理所的《基于三维成像技术的GIS室内变电站SF6泄漏检测技术及安全运行规程研究》广东电网公司科技进步三等奖1项。湘桥供电局张聪的《基于混沌振子的注入法小电流接地系统故障选线获2018年（第五届）中国电力科技管理论坛优秀论文二等奖。潮安供电局的《预制化终端快速密封装置》参加中央企业熠星创

新创意大赛复赛并晋级。潮安供电局的《电力工程施工现场人员持票状态智能核查系统的研究》进入中电联电力创新奖复赛，潮州变电管理所的《研制变压器铁芯及夹件接地电流在线监测装置》获得广东省电力行业优秀成果奖。10月，潮州供电局科学用电、节约用电展厅获中国能源研究会能源科普教育基地命名及授牌（全国16个）、同时被评为中国电机工程学会电力科普教育基地（全国29个）。组织参展2018亚洲电力电工暨智能电网展览会、广州国际电线电缆及附件展览会，共推荐电力工程施工现场人员持票状态智能核查系统、预制化终端快速密封装置、低成本负荷开关遥测装置等3项成果参加展览。

◎ 2018年10月10日，潮州供电局节能展厅被中国能源研究会命名为“能源科普教育基地”

二、信息化工作

网络安全。5月，推进“大运维，大服务”体系落地，保障系统运用大后方。通过统一组织，统一标准，分层实施，交叉督察等形式，组织开展网络安全督察，以问题为导向，突出重点，聚焦网络安全管理和技术防护薄弱环节，确保网络安全主体责任落实到位。强化信息安全风险管控。7月，开展信息安全巡检工作，推进软件国产化工作。全年开展9次专项安全检查消除隐患，实现年度无发生信息安全事件目标。加强信息安全宣传，9月，举办“我要网络安全”主题活动。强化生产域网络安全管控，将网络安全规划、设计要求提前介入到生产项目规划阶段。收敛省地边界外网延伸面，优化上网白名单，落实自助终端安全策略优化改造。加强对新兴业务企业网络安全指导，参照广东电网公司标准严格落实网络安全防护措施，拼接网络安全最后一块短板。圆满完成重要时期网络安全保障工作，成功防范“勒索病毒”等各类新型网络病毒威胁，未发生四级及以上网络安全。

系统实用化与数据质量。6月，明确配网电子化移交核心数据项的采集标准，梳理各方职责，优化考核指标体系，提升电子化移交质量。校验并督促整改各业务领域数据。聚焦业务域协同和低压户变关系数据治理，7月起，开展业务协同实用化治理专项工作，规范系统数据录入要求，提高系统间数据准确率。整改站线变一致性问题数据。12月，精准更新湘桥、潮安、饶平变化区域电子地图，提高了潮州配网低压设备管理的精细度。从9月起，开展IT资产存量数据清理工作，重点优化完善企业级应用，增强系统间业务协同和数据共享能力，开展信息系统实用化与基础数据清理专项行动。推广数据治理工具，提升数据整改效率与效果。应用数据主人全视图和问题数据定责视图，系统化实现数据主人机制，为数据找到主人，重点解决系统数据协同问题，提升数据质量与系统实用化水平。11月，完成职创项目“基于微信的电力调度数据应用系统开发”，实现移动端台风数据、电网实时运行数据、应急值班信息查询。

经营管理

一、人力资源

干部人才队伍建设。全年共选优提拔科级干部13名、助理级干部12名，“80后”科级干部比例同比提升3.1个百分点。加大市县干部交流力度，实现干部交流任职14人次，2月，首次实现干部“县县”“县区”交流。全年实现7名干部、32名人才的交流挂职。加大干部履职监督力度，1月，明确各部门（单位）分工报备程序，全面推进各级领导人员分工责任的落实，强化对干部履职情况的跟踪。完善领导人员岗位胜任能力评价体系，全面提炼能力素质测评、专业知识测评、民主测评和心理测评四种评价方式。鼓励和引导符合条件的员工申报专家，全年新聘广东电网公司级技能专家2名，实现广东电网公司级专家零的突破。8月，建立专家跟踪考核机制，签订专家目标责任书。组织干部人才跨单位交流32人次。4月，选拔首批13名优秀青年员工赴中调、省输脱产学习。全力做好高质量人才培养工作，全年技师通过人数73人，同比增长180.77%。中级职称通过人数117人，同比增长95%。岗位胜任能力抽考合格率连续第三年达100%，名列全省前茅。

劳动组织管理。6月，配合广东电网公司完成饶平、湘桥供电局的升格工作。5月，结合电网“四个统一”工作部署，完成了组织机构调整和人员竞组聘工作。同月，完成变电运维劳动组织形式优化。全力解决主网专业化历史遗留问题，6月，完成县区供电局主网接管，接收人员64人，同时成立荔林运检大队，全面建成“大变电、大输电、大调度”的管理格局。结合饶平县范围内35千伏变电站远离中心城区的实际，打破市县两级人员编制壁垒，探索变电运检合一的劳动组织形式，6月，成立变电饶平运检大队，负责饶平县范围内2个110千伏变电站和7个35千伏变电站设备的日常运行维护和检修工作，加速培养多岗位技能员工，有效提升了设备运行检修效率。树立“业绩升、工资升，效率高、工资高”的理念，强化业绩导向作用。在县区层面，通过进行年度重点任务及关键指标考核，拉大工资增量及全年工资总额差距，形成良好的竞争态势。在部门层面，通过赋予各级直线经理薪酬分配自主权，提取一定额度的绩效工资下达至各级责任主体，由各级直线经理根据员工业绩表现进行分配，拉开收入分配差距。

教育培训。推进供电所简易实训场建设，建成输、变、配、营多专业综合性培训基地，“一所一场”覆盖率增至100%。打造潮电培训评价特色品牌，开展“四个一”[①]建设，整合各类培训资源，常态化开展练兵比武工作，切实提升员工技术技能水平。全年共完成培训评价550期，参加17 684人次，抽考比武合格率100%，岗位胜任能力评价合格率82.68%，两项指标均位列全省第一。

◎ 2018年3月30日，潮州供电局选拔首批13名优秀青年员工赴广东电网电力调度控制中心、广东省输变电工程公司脱产学习

二、财务经营

6月，制订提质增效工作方案，持续推进供给侧结构性改革，落实“三去一降一补”重点任务，着力巩固和扩大瘦身健体提质增效成果。在输配电价改革实施背景下，全年实现营业收入同比增长8.98%。供电成本同比增长7.08%；“两金”余额同比压降6.91%。加强经营监测，通过调整内部结算价、拓展外部市场和加强内部管理，保持子公司100%盈利。持续推进资产产权证明补办工作，完成资产产权办证共计86宗。深化全面预算管理。推进供电成本预算均衡性管理。4月，制订推进成本费用预算执行均衡工作方案，设定供电成本进度目标并纳入各部门（单位）组织绩效，以考核倒逼成本加快实施进度。突出价值引领与资源精准配置。12月下旬，组织开展工程建设保证金及拖欠民营企业账款清付专项工作。报废资产净值率4.86%、同比下降1.72个百分点。做大无形资产，加大科技及信息投入，加强技术创新、推动技术应用。夯实财务内控管理。立足实际情况，结合历次审计检查、巡视巡察发现问题及新形势下的改革要求，7月起执行重新修订的日常报销工作指引，进一步提升日常财务审核、会计核算规范化和标准化水平。

三、物资供应

采购管理。加强评标专家日常履职管理，对评标专家出勤情况进行考核。完善专家个人信息，定期对评标专家履职情况进行通报和约谈，并将专家履职通报情况纳入绩效考核，阶段性发布专家履职相关提醒，提高专家履职意识。加强合约与品控管理。全年履约到货合同2003份，工程物资都能按期到货。全年物资采购集中度达97.69%。供货商管理。运用DMAIC五步法（定量、测量、分析、改进、控制），将“提高物资准时供货率”作为精益化管理工作的研究课题，分析影响物资准时供货率低的因素，建立JIT（七天准时供货率）管控和设立专人管控沟通机制，通过处罚与评价等措施，实现JIT达到100%。设备零缺陷移交。通过自主监造与委托监造相结合的方式，实现110千伏登塘、所城变电站第二台主变及乌洋变电站第三台主变扩建工程设备顺利通过出厂试验，零缺陷交付工程投运。仓储管理方面，着力研发职工技术创新项目。应用专业级高精度北斗、GPS双模卫星定位模块及定位算法，研发了一种简单、方便、多功能的“物流仓库外场物资手持式定位设备”，能快速引导仓管人员到达物资存放地点，实现一分钟快速查找物资。5月25日，“物流仓库外场物资手持式定位设备”申请外观设计专利和实用新型专利。逆向物流管理方面，持续开展项目物资平衡利库工作，闲置物资再利用率达100%。制定年度报废物资处置计划，全年共完成4批次报废物资的处置，资金回收率达100%。应急期间的物资供应情况。通过应急物资响应演练，明确了演练过程中的管理架构、职责分工、工作内容及要求，规范及优

① 四个一：一要求、一保障、一机制、一平台。

化需求申报、紧急采购、调拨配送、接收发放、回收退库、信息发布及临时材料站等管理。

四、审计监督

9月，设立审计部。全年组织迎审配合专项审计共12项：5月，汕头供电局对潮州供电局开展扶贫项目资金管理交叉审计调查。6月，广东电网公司对潮州供电局开展“业扩提速”审计调查。8月，揭阳供电局对潮州供电局开展党费使用和管理专项交叉审计；同月，开展集体企业经营管理审计和“暖心工程”审计调查共2项。7—8月，开展物资需求及采购管理审计以及智能电表和低压集抄“两个全覆盖”专项审计共4项。9—10月，开展对潮安供电局原局长刘天云开展离任经济责任审计。同期，开展配网智能化建设管理审计和瘦身健体提质增效（有效资产）审计。12月，开展饶平供电局原局长吴序强离任经济责任审计。全年审计项目共计抽查工程645项，审计发现问题136个，提出审计建议136条。强化审计整改应用。为巩固2017年审计整改治理专项行动的整改成效，4—10月，开展审计问题再整改再治理工作，潮州供电局涉及11个审计项目406个问题，已完成整改问题405个，约谈23人次。对于历史原因造成尚未完成整改的1个问题，及时召开协调推进会议，商讨整改措施及推进计划，尽快完成问题的销号工作，确保审计成果得到有效运用。加强审计档案质量管理。3月，组织对潮安、饶平供电局2016—2017年审计档案的质量情况进行全面检查，促进审计档案规范化管理和审计档案质量提高。潮州供电局审计案例宣讲团进基层开展“靠前服务”活动。通过以案释法，以案明纪，提高基层员工依法履职自觉性。

五、法治工作

全力推动地方电力立法、执法工作。4月，推动潮州市政府出台贯彻落实《广东省供用电条例》的意见，启动电力执法办公室组建工作。潮州供电局作为起草责任单位之一，积极协助并参与潮州市人大法工委组织的《潮州市电力设施建设保护条例（草案）》系列立法活动，对草案进行多轮修改完善，6月，该《条例（草案）》获市人大常委会二审审议通过。8月，成立潮州供电局依法治企工作机构，先后编制“十三五”改革发展依法治企领域实施方案、贯彻落实法治宣传教育第七个五年规划实施意见、主要负责人履行推进法治建设第一责任人职责清单、法治企业建设工作方案、法治工作要点及普法工作计划、法治文化建设方案等文件，明确法治建设领导职责，增强企业主要负责人法治意识。完善法律风险信息，8月，编制《法律风险岗位防控信息卡》，并将评价标准植入岗位月（季度）绩效合约。就重大决策事项出具法律审查意见书5份，确保重大决策事项法律审核率100%。做好法律纠纷案件处置。当年办结案件5宗，其中胜诉4宗。处置原潮州市电力工业公司债券纠纷案件，案件于8月取得胜诉，成为广东电网公司再审胜诉第一案。10月，完成广东省司法厅、广东电网公司“七五”普法中期检查任务，被授予广东省2017年度法治文化建设示范企业。12月，荣获首届国家机关“谁执法 谁普法”优秀单位。为企业依法合规经营提供法律支持。

改革创新

“创一流”与班站所建设。3月，制订2018年精益项目管理推进计划。4月开展“精益管理年”专项工作，全面推进精益管理工作。通过开展培训、重点项目辅导和评审、精益成果“每周一分享”等多种形式，提高项目组成员开展精益项目的深度、项目成果的数量和质量。通过组织员工参与精益课件开发、电力创新奖、QC小组活动、质量信得过班组等多项活动，提高全员参与精益的主动性。2018年，综合标杆指标一流评价得分94.66分，同比提升13.9分，一流水平上升1个档级，指标指数达到国内一流水平。形成精益项目成果27个。10月，《缩短业扩物资供应周期》《研制变电器铁芯及夹件接地电流在线监测装置》2项QC成果获得中国水利电力质量管理协会二等奖，其中，《缩短业扩物资供应周期》成果再获得广东省“南粤之星”金奖。组织27名学员参加中质协六西格玛绿带培训和考试，6名学员通过中质协绿带考试。11月，潮州供电局获得“2018年广东省质量管理小组活动优秀企业。官塘供电所运维班等58个班站所被潮州供电局评为三星班站所，三星级以上班站所累计覆盖比例达到31%，庵埠供电所等7个班站所被广东电网公司评为四星班站所，四星班站所累计覆盖比例达到6%。

产业拓展。9月，制定竞争性业务发展实施三年计划、成立竞争性业务管理委员会。主动与系统内优秀竞争性企业建立战略合作关系。3月，潮州电力设计室与广东立胜综合能源有限公司签订竞争性业务战略合作备忘录。11月，潮州供电局与广东省输变电工程有限公司签订战略合作协议。2018年，潮州供电局竞争性企业营业收入同比增长53.4%，利润总额同比增长374%，净资产收益率同比增长300%。

小水电自供区改革。11月15日，签订意溪草岚武小水电自供区的接收协议。开展意溪趸售镇改革，11月底，完成了湘桥区意溪供电营业所资产性质变更及公司制改制。12月，完成意溪供电有限公司改革涉及的资产清查、人员接收和法律调查等相关工作。12月19日，与湘桥区政府签订意溪供电有限公司产权划转协议。

党群工作

一、党建工作

政治建设。推进全面从严治党责任落实。1月，建立党建工作领导小组常态化运作机制，每季度召开一次例会，推动各级班子成员带头履职尽责。完善党的建设考核模式，首次施行党的建设与经营业绩“双A制”评价。2018年，潮州供电局被评为“潮州市党建示范点”。7月，梳理制定党委、党委书记和党委委员三个责任清单，以“清单制”推动责任落地。首创党建“稽查+”模式，8月，制订打造党建“稽查+”模式提升基层党支部规范化建设水平实施方案，运用“1+1+2”模式①，抓准薄弱环节，指导整改提升，为基层党支部提质减负，电力调度控制中心党支部获评广东电网公司标杆党支部。

组织建设。进一步加强组织建设，撤销了党建部、监审部党支部等27个党支部，新设立了潮州湘桥供电局党委，党建人事部（团委、新闻中心）党支部、监察部（纪委办公室）党支部等31个党支部。推进发展党员“双培养”②工程，采用“四关四维”③发展党员模式，从严把好发展党员质量，全年发展党员16名。至2018年底，共有党组织85个，其中党委4个、党支部81个；共有1761名党员，同比增长3%，其中，在职在岗党员1343名，离退休职工党员418名。抓好党员干部的教育管理，4月，举办基层党支部书记培训班，采用“理论解读+知识宣贯+现场实操”的形式实现党支部书记培训全覆盖。5月起，实施“党员走在前，党建引领创一流”专项工作，巩固“党员先锋工作站”创建成效，开展“党员走在前，一区双岗创一流”活动，划分党员责任区99个，通过强载体、定任务、明责任、划底线、严考评，引导广大党员在各业务领域发挥先锋模范作用。在抗击强台风“山竹”中，组建61支党员突击队，40支党员服务队，投入1117名党员。以“书记项目”为主要抓手，攻坚克难解决基层最迫切的重难点问题，全年开展书记项目92个。如潮州枫溪供电局党总支部以书记项目推动“党建+降损”，2018年线损降低2.3个百分点，两年降低5.36个百分点；凤塘供电所支部书记项目落实精准投资，开展“负荷平衡”差异化规划，试点经验在全省推广，树立了降损攻坚和配网差异化规划的工作典范。11月，全面完成党员信息采集、党员档案完善和失联党员处置等工作。

① “1+1+2”模式：一个看板：党支部政治生活看板；一张清单：党建“稽查+”任务清单；“双查”模式：月度“360度自查”和季度“党建稽查+”。

② “双培养”：把业务骨干培养成党员，把党员培养成业务骨干。

③ “四关四维”：推荐关、培养关、程序关、审核关四关和支部评价维度、民意测评维度、综合笔试维度、面谈考察维度四个维度。

二、思想宣传工作与企业文化建设

思想宣传。党委理论学习中心组按照“1+2+N”模式，构建“专题学+上台讲+常自学+深调研”学习机制，全年开展集中学习40场次，其中专题学习研讨16场次。2月，细化“两清单两标准”④，推动党管意识形态主体责任落地落实。建立工作领导、督促检查、定期报告、摸底建档、考核评价五项工作机制，将意识形态抓在日常。探索构建“报告+调查+预警”的思想动态掌握分析研判模式，落实二级党委、党（总）支部每季度向上一级党组织报告本单位员工思想动态掌握分析报告机制。提高新闻应急响应和舆论引导水平，有效化解了各种谣言和舆论危机。开展舆情风险分析和突发新闻事件应急，制订新媒体使用管理规范，加强新闻宣传纪律，规范全局内部宣传平台管理，进一步规范员工网络行为。围绕庆祝改革开放40年，策划《电力，让潮州更美丽！》《干字当头，敢于领先》等专题宣传。创新媒企合作，与潮州主流媒体联合举办“电力杯”中小学生绘画比赛，防范社会人员触电系列宣传，《新潮州新面貌》文化宣传片等。《海边小镇里的大师兄》《父亲节》《大美潮电》系列微视频刊播在多个影视媒体，发挥了潮电“活名片”的作用。

企业文化建设。积极宣贯《南网总纲》，将《南网总纲》列为全体员工的必修课，通过党委书记讲文化专题课、新入企员工培训，宣贯人数达3000多人次，更新文化长廊、展板23处。按照“1+N”⑤的工作思路推进“一班组一特色”班组文化建设，形成“先”文化、

④ 两清单两标准：党建工作领导小组办公室和各级党组织落实意识形态工作责任清单；党委书记和党委委员履行意识形态职责到位标准。

⑤ “1+N”工作思路：1是企业文化的主体系，N是打造班组个性化文化建设。

“向上”文化、“上善若水”文化、“敢为潮先”文化等班组主题文化，推动南方电网企业文化理念落地基层。8月，出台《班组文化阵地建设（展板）基础规范》，在所有班站所进行推广使用，逐步打造“一班组一阵地”。

企业文化建设。开展品牌创新活动，举办庆祝改革开放40周年系列活动，通过“扬帆新时代 开卷心悦读”读书分享会暨道德讲堂、“百年老电力 改革新辉煌”文献图片集、“水墨丹青绘新图”书画笔会、潮州供电局庆祝改革开放40年职工主题书法、绘画、摄影比赛、“新电力 新工匠 新工艺”职工工艺作品图片展等活动。全面梳理局文化品牌九大方面内容。与潮州日报社联合举办第一届“电力杯”中小学生绘画比赛。加强VI规范管理，实现至供电所、班组级的规范管理。

三、党风廉政建设

全面从严治党责任建设。推广应用全面从严治党“两个责任”监督平台，3月分类细化修订党风廉政建设责任制考核标准，逐级签订党的建设责任书，开展主责约谈28人次，层层压实全面从严治党责任。实践监督执纪“四种形态”取得突破。以廉洁教育月和纪律教育月活动为载体，抓实“全面谈”“重点谈”“精准谈”“交心谈”四个层面的谈话，完成集体谈话77场次、“一对一”谈话1478人次，及时纠正营销服务管理不规范、计量装置管理不规范、财务管理不严格、工作纪律松懈等问题，及时遏制违反社会管理法律法规苗头性问题，有力促进各级加强管理、改进工作作风。

执纪审查。查处了3起违反工作纪律、醉驾以及在营销管理上严重失职、涉嫌刑事犯罪等案件。针对案件暴露的问题下发监察建议书，认真做好案件查处的“后半篇文章”，推动后勤综合管理、营销管理、配电运维管理等业务部门开展自查自纠、完善机制，进一步提高对制度执行的刚性。强化执纪安全要求，按要求建立执纪安全员队伍，落实安全保障措施，全年未发生执纪安全事故，不断巩固“以案治本”成果。

“三不腐”体制机制建设。3月，编制大监督工作及降损工作效能监督巡察方案，落实业务监督，严格执行“每月一报”。全年开展专项再监督检查25场次，落实问题整改47处，针对降损效能监察下发黄色预警通知书3份，约谈下一级党委、纪委负责人16人次，有效督促整改到位。聚焦“扫雷”行动，与地方纪委监委建立联席沟通机制，并在联合行动过程中充分发挥政企联建联合惩防优势，有效清扫“雷点”19个。将“不能腐”体制机制建设与“扫雷”行动紧密结合，7月，组织修编廉洁风险控制库，针对发现“雷点”采取防控措施10条。加强物资采购风险防控，严格落实行贿供应商市场“禁入”制度，举办评标专家廉洁讲座及培训2场次。

巡察及巡视巡察整改工作。重新梳理2015年以来各级巡视巡察反馈问题整改情况，完善整改台账，实行销号管理，强化过程督导。建立健全巡察领导机制和工作机制。7月，制订巡察五年规划，建立巡察人才库，加强巡察人才培养，修编巡察业务指导书，12月底组织完成对1家县区供电局党委和1个直属党支部的第一轮常规巡察，累计发现问题64项，移交问题线索3条，有力推动被巡察单位加强党的领导，规范业务开展，提升党的建设质量。

作风建设持续改进。全年开展落实“八项规定”精神专项检查2次，未发生公车私用等违反八项规定精神的现象。系统梳理提炼相关人员及单位负责人执行的十个方面标准，编制落实八项规定精神执行标准指引小册子，共计200册。制订负责人履职待遇、业务支出预算总体方案，领导人员职务消费同比下降10%。严控会议数量，全年共召开会议67场，同比下降38.5%。定期发布文件监控报告。紧盯重要节假日，注重加强廉洁提醒和教育。全年共组织监督检查44场次，及时纠正苗头性问题28个、其中2个转化为线索进行核查，下发监察建议书3份，监督通报2份。有效推进形式主义、官僚主义问题专项整治，深挖细查问题39个，及时跟进58条措施的后续整改动态。加强对《加强本部作风建设45条措施》的学习宣贯。

四、工会和共青团工作

工会建设。2月5日，召开潮州供电局一届二次职工代表大会暨2018年工作会议。审议通过了潮州供电局工作报告。改善基层一线职工工作生活条件，打造星级“职工之家”（小家），完成创建第三批共17个职工小家，持续推进第四批19个“职工小家”建设工作。2018年，潮州500千伏韩江变电站职工小家获“南方电网公司五星级‘职工小家’”称号，潮州潮安供电局庵埠供电所、潮州饶平供电局新丰供电所等6个职工小家获“南方电网公司四星级‘职工小家’”称号。10个职工小家获“南方电网公司三星级‘职工小家’”称号。全年帮扶患重症、因病或子女教育致困职工140多人次；开展基层班组、生产一线及施工现场慰问1500多人次；开展重大节日慰问，慰问基层一线、重点工程慰问活动，慰问职工600多人次；开展慰问防风防汛一线员工。常态化组织职工体检，提供优化套餐选择；完善职工补充医疗保险制度。做好职工和困难群体的帮扶工作。组织职工喜闻乐见的职工体育活动10余项，总参加人数达2000多人次。4月27日，举办首次粤东（潮汕揭三市）“弘扬工匠精神、争当时代先锋”职工文艺汇演，集中展示新时代劳动者的精神风貌，提振员工精气神。潮州供电局被授予2018年度广东省“五一”劳动奖状。

共青团建设及志愿服务。按照广东省共青团“命脉工程”三年行动要求，落实全面从严治团，推进“智慧团建”系统的有效落地，实现团组织关系转接、团费收缴等主要业务“线上走”。优化团组织架构设置，新成立机关团支部和供电服务中心团支部。组织开展电力设施保护宣传、电学堂、便民集市等志愿服活动16场，出动青年志愿者178人次，服务时长410小时。设立3个青马小组，建立“一月一学习、一季一交流、一年一课题”学习机制，组织开展学习活动10场次。各级团组织和团员在春节、中高考及抗击台风等保供电任务中勇当先锋，成立青年突击队24支；积极投身客户服务、精准扶贫和文明诚信建设示范行动中。湘桥供电局配电运维班被授予“广东省青年文明号”荣誉称号，潮州供电局第一团支部被评为南网电网公司“五四”红旗团支部，潮安供电局团委被评为广东电网公司“五四”红旗团委，饶平供电局黄冈供电所团支部被评为广东电网公司“五四”红旗团支部，潮安供电局古巷、凤塘供电所团支部被评为潮州市“五四”红旗团支部，潮州供电局青年志愿者服务队、供电服务中心志愿者服务队评为2017—2018年度广东电网公司“优秀志愿服务团队”。苏晓燕被评为南方电网公司“优秀共青团员”，马师洁、谢嘉嘉被评为广东电网公司“优秀共青团干部”，洪欢、蔡思超、吕潮珊被评为广东电网公司“优秀共青团员”，黄德辉被评为广东电网公司“青年岗位能手”，江玉泓被评为潮州市“优秀共青团干部”，陈仕烁评为潮州市“优秀共青团员”，佘桂娜评为潮州市“最美志愿者”，李树滨、陈平洋、陈剑胜、李楚璇被评为2017—2018年度广东电网公司“优秀志愿者”。

五、扶贫工作

2018年共落实扶贫资金72万元，为推进帮扶项目的落地和实施提供有力保障。出资40万元支持黄正村新村排洪沟二期建设，解决村排洪问题；出资12万帮助黄正村建成村文化馆，丰富村民文化生活；出资20万支持乌洋村兴建村文化活动中心篮球场。经常性开展党团员帮扶慰问活动，在春节、七一等重大节日期间主动上门开展“青春情暖”走进贫困村志愿服务活动，为贫困户送去棉被、食油、大米等生活用品。2018年潮州供电局及下属单位累计为贫困户送去慰问物资约1.6万元。组织开展鲜果认购爱心帮扶活动，联合潮州邮政速递公司将黄正村龙眼上线“极速鲜”网上销售平台，共认购荔枝1745斤、售出龙眼4602斤。

◎ 2018年8月20日，潮州市扶贫办联合潮州供电局开展爱心助农行动，助力黄正村草铺龙眼开启电商销售

云浮供电局

企业概况

一、组织沿革

云浮供电局为广东电网有限责任公司直属中型一类供电企业，前身是广东省广电集团有限公司云浮供电分公司，2005年5月更名为广东电网公司云浮供电局，2014年9月更名为广东电网有限责任公司云浮供电局。

二、经营范围

云浮供电局作为统一管理云浮电网的企业法人，主要负责云浮市云城区、云安区、罗定市、新兴县、郁南县等2区1市2县范围内的电网建设、运行、管理和经营业务，为地方经济社会发展和人民生活提供电力供应和服务。截至2018年底，供电面积7787平方千米，供电人口252.69万人，供电客户100.7万户，营业网点61个。

三、电网规模

截至2018年底，云浮电网有35千伏以上变电站70座，主变压器116台，容量共673.65万千伏安，输电线路156回，总长2415.55千米。其中，500千伏变电站1座，主变压器6台，容量共200.4万千伏安，输电线路2回共56.47千米；220千伏变电站6座，主变压器11台，容量共195万千伏安，输电线路25回共609.68千米；110千伏变电站45座，主变压器68台，容量共258.15万千伏安，输电线路86回共1214千米；35千伏变电站18座，主变压器31台，容量共25.1万千伏安，输电线路43回共535.4千米。

四、组织机构

根据广东电网公司组织机构规范化设置的要求和实际工作需要，2018年，云浮供电局对组织机构进行了调整：6月4日，成立供电服务中心、综合服务中心、电网规划中心及项目管理中心。撤销培训与评价中心、节约用电服务中心、主网项目管理中心。党建工作部更名为党建人事部（团委、新闻中心），原人力资源部的干部管理职能、原办公室的新闻对外宣传职能调整至党建人事部。监察审计部（纪委办公室）分设为监察部（纪委办公室）、审计部。生产设备管理部更名为生产技术部。离退休服务中心不再挂靠工会，其业务相应调整至综合服务中心。

截至2018年底，云浮供电局内设14个职能部门、9个二级机构、5个县区供电局。具体如下图所示。

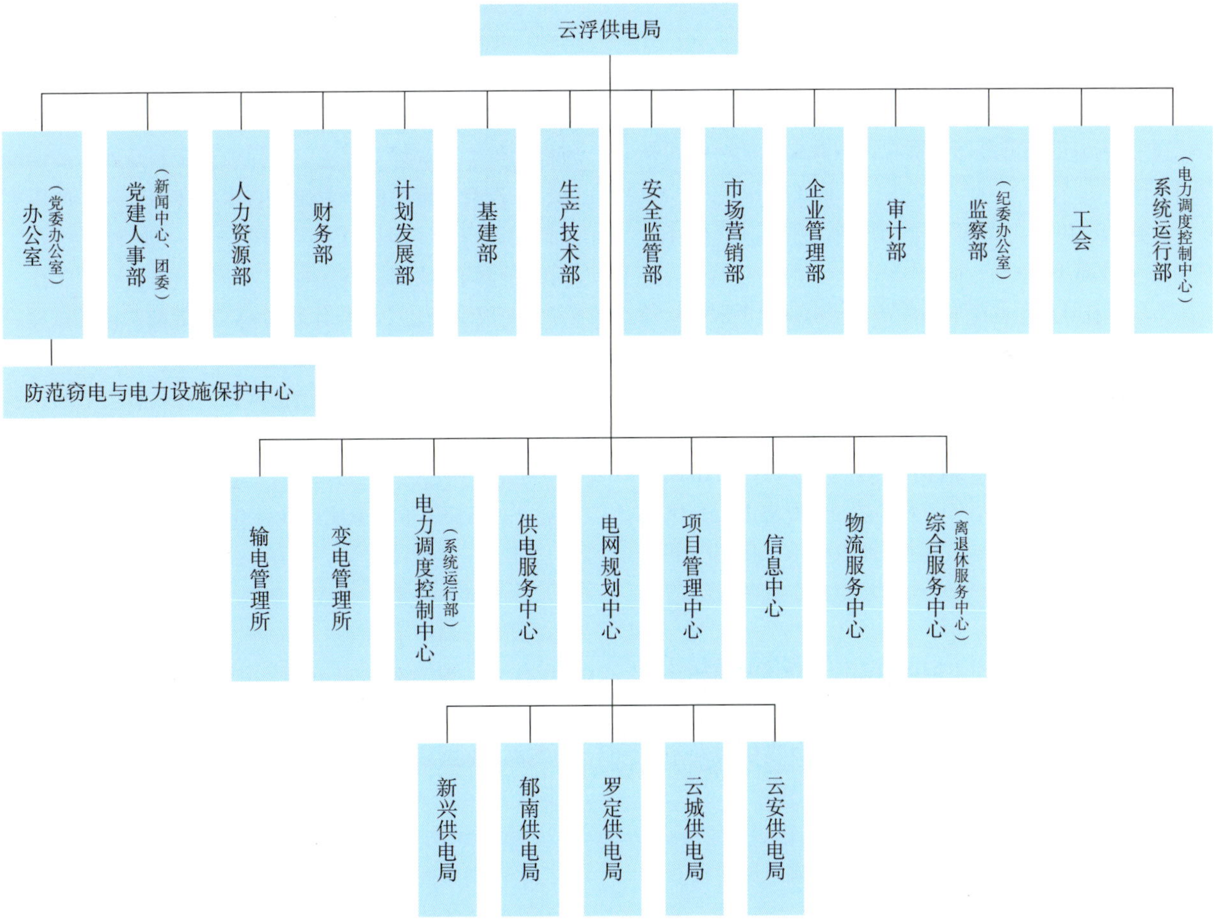

五、领导班子

2018年，广东电网公司党委对云浮供电局领导班子作如下调整：4月12日，蔡日任工会主席；区力任副调研员。5月11日，免去张少雄党委书记、副局长职务。5月18日，叶军任党委书记，执行董事；免去其党委副书记、局长职务；庞鹏任党委副书记、局长（总经理）。

至2018年底，云浮供电局领导班子成员如下：

党委书记、执行董事：叶军

党委副书记、局长（总经理）：庞鹏
党委委员、副局长：严汉刚
党委委员、副局长：梁玉泉
党委委员、纪委书记：曹健雄
党委委员、副局长、工会主席：蔡日
副调研员：区力

六、人员状况

截至2018年底，云浮供电局共有职工2226人，其中硕士28人，本科生779人，专科生650人，中专及以下学历的1419人；已取得专业技术资格人员共933人，其中高级职称60人，中级职称378人，初级职称495人；已取得技能等级共1856人，其中高级技师11人，技师199人，高级工961人，中级工610人，初级工83人。

十件大事

（1）5月18—30日，云浮供电局接管罗定、新兴、郁南三个县区供电局的配网调度化，实现全市配网调度业务集约化。

（2）5月26日，云浮500千伏卧龙变电站工程被评为中国电力优质工程。

（3）5月31日，云浮市召开2018年电力工作会议，会上广东电网公司与云浮市政府签订《加快电网规划建设发展综合智慧能源战略合作框架协议》。

（4）自7月28日起，云浮供电局正式实施配网调度运行操作电话、网络发令双轨模式。

（5）8月27日，云浮市政府印发《云浮电力行政执法工作办法（试行）》及《云浮市经济和信息化部门电力行政执法规范性文书》，进一步规范市、县两级经信部门的电力行政执法行为。

（6）9月17日，广东电网电科院能源技术公司和云浮供电局共同研发的全国首辆大功率氢燃料电池移动应急电源车交付使用。同日，在2018年海内外高层次人才地市行（云浮专场）活动现场执行保供电工作。

（7）9月21日，云浮市政府出台《关于加快云浮电网资产产权证补办工作的通知》，为云浮供电局产权办证开辟绿色通道。

（8）11月28日，广东电网公司在云浮500千伏卧龙变电站举办“辉煌四十载 电亮新时代”庆祝改革开放40周年现场活动，国务院国资委、广东广播电视台等十余家单位进行了报道。

（9）12月4日，云浮供电局在云浮市2018年“12·4”国家宪法日宣传活动暨首届国家机关“谁执法谁普法”履职报告评议会上，作了“谁执法谁普法”责任制履职报告，被评为优秀等次。

（10）12月28日，由云浮市公安局云城分局与云浮云城供电局共同创办的云浮地区首个“电网警务室”正式揭牌成立。

电网发展

一、电网规划与前期工作

规划管理。3月，开展纵向分级控制、横向分类管理模式的固定资产投资管理工作。以需求为基础，以效益为导向，按照适度超前的原则做好2019年固定资产投资计划的编制。5月，云浮市政府召开电网建设工作会议，部署加快全市电网工程建设工作，会上，云浮市政府与广东电网公司签订了《加快电网规划建设 推进综合智慧能源战略合作框架协议》，协调市、县两级政府签订《云浮市2018年电网建设目标责任书》，为加快电网发展提供了良好外部环境，确保项目顺利开展，按期投运，以及有效解决电网建设项目未办理相关权证的历史遗留问题提供了有效支持。6月，成立电网规划中心。7月，编制了电网规划中心组建方案，并开展组建工作。8月，完成了规划中心与计划部的工作界面和流程梳理。10月，实际到岗5人并开始运转。

主网规划。加快电网结构调整，有效解决电网发展不平衡问题，明确了“一核三环六组团”的主网结构，即：云浮电网远景（2040年）以500千伏卧龙变电站为核心，220千伏主网形成卧龙—仁安—黎少—泷洲—卧龙、卧龙—建云—广云—都杨—都杨2—天马—卧龙、卧龙—硫都—兴瑶—东成—新兴（良洞）—卧龙等3个环网结构，确保主网坚强、清晰、灵活可控，基于分区供电模式，结合供电区分类、负荷密度、建设条件等因素，以220千伏变电站为中心差异化的构建110千伏电网网架，重点打造仁安—陀埇组团、黎少—泷州组团、新兴（良洞）—兴瑶—东成组团、天马—硫都组团、都杨2—都杨组团、建云—广云组团等6个110千伏电网组团，确保高压配网结构协调、适应、经济。按照保底电网设防标准，进一步优化完善电网规划项目，2月，编制局部网络受限错峰情况分析报告（2018—2020年）。6月，完成保底电网规划修编，220千伏广云输变电工程等4项工程纳入保底网架项目。

配网规划。积极推动配电网规划标准工作体系运转，5月，制订配电网规划标准工作体系推进工作方

◎ 2018年5月31日，广东电网公司与云浮市政府签订战略合作框架协议。时任公司党委副书记、总经理庞骁刚，公司副总经理李铭钧出席签订仪式

案》，成立工作体系推进领导小组和工作小组，明确配网规划标准工作体系推进工作的工作思路、目标、具体工作任务、时间节点及相关人员的责任。新兴智能电网示范区建设有序推进，5月，编制《云浮新兴智能电网示范区建设策划方案》《云浮新兴智能电网示范区建设推进工作方案》等相关配套方案，通过智能电网新技术的广泛应用，积极打造新兴全可视化的中低配电网，实现电网快速感知，提升电网运维效能。

前期工作。依法合规推进主网前期工作。全年完成220千伏广云输变电工程接入系统方案并通过了广东电网公司审查批复；完成220千伏都杨变电站扩建第二台主变工程、110千伏石基变电站、丰收变电站、腰古变电站、星岩变电站扩建第二台主变工程、兴瑶至硫都（安塘）第二回线路工程等6项工程的可研内审及上报，完成110千伏凤凰二变电站输变电工程、环保输变电工程项目选址选线工作。开展500千伏博贺电厂接入系统工程路径报批、广东华润西江电厂首期项目配套送出工程环评报批。7月底完成524个项目可研编制审查批复工作。破解电网建设难题，完成53个攻坚克难任务项目可研编制。强化业扩配套项目管理，大幅缩短业扩配套项目用时，平均用时由120.9天降至73.4天，降低幅度约40%。全年光伏新增装机容量为2.45万千瓦。

二、工程建设与管理

2018年，云浮供电局共完成固定资产投资9.7亿元，同比减少27.01%。其中，主网建成投运35千伏及以上项目6项，完成投资8896万元，同比增长0.67%。新增变电容量2.3万千伏安，新增输电线路141.64千米。配网建成投运项目439项，完成投资6.37亿元，同比下降29.15%，新增配变容量15.685万千伏安，新增10千伏线路长度607千米。小型基建建成投运项目13项，完成投资4581万元，同比增长242.8%。

重点工程建设。2月23日，解决了500千伏卧龙变电站配套220千伏仁建线解口工程、都杨110千伏都思线工程因国有林场使用手续办理问题停工近2年难题，解决220千伏硫都（安塘）变电站征地受阻2年多难题。5月30日，郁南110千伏大湾输变电工程竣工投运，新增110千伏线路2回，全长4.8千米。6月30日，郁南220千伏仁安变电站2号主变扩建工程竣工投运，新增主变容量18万千伏安。11月30日，新兴110千伏良田变电站扩建第三台主变工程竣工投运，新增主变容量5万千伏安。12月28日，500千伏卧龙变电站配套220千伏线路工程竣工投运，新增220千伏线路86千米，化解了云浮电厂A退运导致云浮地区用电缺额30万千伏安风险，保障了地区用电。12月30日，市区220千伏都杨输变电工程竣工投运，新增110千伏线路50.84千米。同时抓好配网建设，全年配网基建项目投运439个，其中，新一轮农村电网改造升级投资4.41亿元。建成省、市两级定贫困村电网改造项目129个、水电自供区电网改造项目15个、小康示范县电网改造项目96项，提前完成农网升级改造三大指标要求。“十三五”规划中的15个供电所技术业务用房项目全面竣工投运。

工程创优与质量管理。全面落实安全生产责任制，加强基建作业信息管理，利用微信平台落实作业信息日报，根据作业信息针对性开展安全监督检查。强化现场安全管控，严格执行安全“四步法”、施工机具“八步骤”，施工现场“7S”管理。加强与安全监管部门的横向沟通协同，充分发挥安全督查效能，重点督查高风险作业及违章率较高的施工单位。全面开展电力建设工程施工安全专项治理行动，确保基建工程安全在控可控。积极开展零缺陷移交试点工作。6月，试点基建工程“零缺陷”移交，结合区域联动在仁安变电站2号主变扩建项目实施“零缺陷”移交试点。在220千伏黎少输变电工程

◎ 5月26日，500千伏卧龙变电站工程被中国电力建设企业协会评为中国电力优质工程。图为变电站全貌

继续试点开展工程零缺陷移交试点工作。5月26日，500千伏卧龙变电站工程被评为中国电力优质工程，并于12月2日通过2018—2019年度国家优质工程公示。建城供电所冲口台区迁移至负荷中心改造工程和腰古镇云朵村变台区满足新增负荷工程，被广东电网公司评为2018年“安全、优质、文明”样板工程创建金质工程，素龙所罗定市丰业水产养殖有限公司业扩配套工程，被广东电网公司评为2018年“安全、优质、文明”样板工程。

电网运营

一、电力供应

2018年，云浮全社会用电量68.13亿千瓦·时，同比增长7.35%。云浮境内电厂装机容量151万千瓦，同比增长1.64%，其中火电容量114万千瓦，与上年持平；水电容量22.3万千瓦与上年持平；风电、光伏、生物质等新能源容量14.72万千瓦，同比增长19.97%。全年上网电量8.07亿千瓦·时，同比下降22.89%[①]。水电上网电量6.43亿千瓦·时，同比增长28.02%；风电、光伏、生物质等新能源上网电量1.63万千瓦·时，同比增长7.31%。全年电力供应形势平稳有序，统调电力负荷3次创出历史新高，最高负荷出现在7月12日，为116.9万千瓦，同比增长4.1%；全年平均负荷率为82.77%，同比降低0.44个百分点；最大负荷率89.81%，同比降低1.477个百分点；最小负荷率69.74%，同比提高0.119个百分点。丰水期间，实现水电全消纳。清洁能源并网通道容量裕度充足，未发生因网络受限而影响清洁能源消纳的现象。全年未发生有人为责任的“弃水、弃风、弃光”问题。

二、电网运行

2018年，云浮电网总体运行情况良好，主网各供电片区没有发生因电网结构限电的情况，电网供应满足需求，各潮流断面、线路、主变均未出现超稳定极限运行情况。根据2018年高峰负荷日情况分析，全网潮流正常，无过载设备，各供电片区的220千伏电压水平在合格范围内。220千伏及以上电压等级保护正确动作率100%，故障快速切除率、安自装置正确动作率保持100%，生产实时控制业务通信通道零中断，未发生调度自动化主站系统失灵情况。无发生三级及以上电力监控系统信息安全事件，无发生因电力监控系统信息安全导致的电力事件。至12月31日，云浮电网连续安全运行2557天，未发生大面积停电、电网瓦解和重大设备损坏事故。全市统调电量达67.18亿千瓦·时，同比增长6.6%，总体来说统调供电负荷增长稳定、供电量同比增长放缓。期间，随着500千伏卧龙变电站220千伏配套线路工程全部投运，云浮电网增加了与省网联系的通道，电网结构进一步加强。220千伏天马变电站、建云变电站、泷州变电站、仁安变电站分别挂卧龙变电站的220千伏母线运行，电网结构相对可靠，220千伏线路N-1故障下不存在发生电网较大负荷损失的风险。全年发布36项基于问题电网风险，有效化解61起二级事件、71起三级事件。针对系统风险点完成电网规划方案滚动修编，推动电网建设减少系统运行风险。建立“4V1”[②]大型作业安全风险联动研判机制，确保仁安变电站2号主变扩建等9项重点工程安全顺利完成。完成设备规范化检修326台，完成率232.86%。主网刀闸遥控操作实现零的突破。2018年没有发生四级及以上电力生产安全事故事件，没有发生四级及以上信息安全事件，没有发生对云浮供电局造成较大不良影响的安全事件以及有责任的社会人员触电事件，全面完成年度安全生产目标。

资产全生命周期管理。5月，成立技术监督领导小组和工作小组，强化资产全生命周期管理，将技术监督、安全检查、安风审核、设备主人履职、星级班组评审等工作结合起来，深化日常技术监督。全年制定技术监督工作计划32项，重点开展电力设备检修试验规程专项监督、反事故措施专项监督、主设备技术规范书应用专项监督、全网OS2推广建设专项监督等多项专项监督。强化固定资产报废净值率指标管控，按照年度报废计划分层分级严格管控，按项目类型落实退役审批的责任主体，并在项目可研阶段严格把关，年度指标得到有效管控，固定资产报废净值率9.38%，达到满分值要求。

配网故障清理。6月，与电科院合作《基于人工引雷试验的强雷区配电线路差异化防雷技术研究及应用》项目，在云安、罗定片区雷击跳闸多的线路试点落地。全年完成493个雷击故障率较高的台区加装避雷器，对88个台区不合格地网进行改造。加装避雷器的雷击跳闸线路共计27条，加装的线路避雷器数量共计1186组；加装过电压保护器的雷击跳闸线路共计17条，加装的过电压保护器数量共计3062个。8月，开展中压线路重复故障专项整治及降低配网重复故障率专项行动，由地、县两级供电局各层级领导挂点巡视督办重复故障线路，编制“一

① 此处上网电量=水电+风电+光伏+生物质等新能源上网电量，不包含火电上网电量。

② 4V1：系统、生技、市场、安监4个部门联合对每1个工程作业实施单位约谈。

线一策”，重点针对雷击、树障及用户故障出门等原因开展跳闸分析及隐患治理。

可靠性与电压质量管理。进一步强化综合停电管理，推广配网带电作业。在新兴110千伏大江变电站全站停电时采取临时搭建“35千伏电压等级临时台区”方法，大幅减少客户停电；加强发电车对计划停电的保供电应用，并创新开展低压发电车倒供10千伏线路保供电模式减少停电用户数。全年开展中低压发电车对计划停电的保供电310次，大约减少640 813低压停电时户数。大力开展带电作业推广，拓宽带电作业种类，首次在新兴配网自动化开关建设中采取旁路带电作业方式。全年开展带电作业2159次，同比增加128%，带电作业化率61.77%。2018年全口径用户平均停电时间13.49小时/户，同比降低37.46%；中心城区客户平均停电时间2.06小时/户，同比降低57.96%；综合电压合格率99.983%，同比提升0.036个百分点；中压线路故障率4.10百千米・年，同比下降36.8%。持续做好综合电压合格率指标异常管控。有针对性采取完善电压监测手段、扩大监测范围等管理措施，综合电压合格率上升至99.983%。完成了6499个低压台区智能电表电压监测接入，实现对129 970户电压数据定时采集，为公变台区低电压治理提供更有效的决策依据。

◎ 2018年4月9日，罗定罗镜供电所带电作业班对辖区10千伏罗镜I线新街支线3号杆新街台区范围内树障黑点进行了隐患集中清理工作

三、安全生产

安全监管。完善责任体系和监督体系，12月，制定了各部门岗位的安全职责和到位标准，建立“安全综合监管+部门管理监督+责任主体落实”的大安全管理格局。开展全覆盖安全生产巡查，以问题为导向，建立安全生产巡查问题“四分”管控机制，细化梳理广东电网公司安全生产巡查发现的698项问题，制定1724项整改措施计划，截至12月销号完成率99%。运用“四种形态”对关键少数问责，倒逼各级人员严格落实安全生产责任制。深入开展月月评，切实管控人身、电网、设备三大安全风险。全面应用现场作业可视化管控平台开展现场作业风险管控，对10 383项作业任务全覆盖安全管控，查处921项违章，问责695人次，作业违章率7%，同比下降4%。实现“两个确保、三个杜绝、五个不发生、一个减少”的年度安全生产目标，连续安全运行2557天。

隐患排查与整改。1月，开展配网设备全面隐患排查，发现隐患17 690项，整改17 430项，整改率99%。6月，开展城乡公用电安全隐患专项排查治理工作，发现隐患4231项，9月，全部完成整改。积极发挥电力执法办公室作用和加强与政府的沟通，推动4280项公共设施（配合政府）隐患整改。深入学习昭通供电局“8・8”事故教训，排查“中低压共杆、出线过高”类似隐患配变共969个台区，落实相应整改措施；开展配网作业触电风险标识化工作，排查配网电力线路交叉跨越等四类风险，完成187条线路的标识工作，提升现场作业人身风险防控水平。

应急与保供电。全面完成各项保供电任务，有效应对多轮强台风和强对流天气影响。仅用72小时全面恢复强台风“山竹”影响的43.6万用户供电有效应对台风和强对流天气影响。最强台风“山竹”期间快速复电实现48小时 91%、72小时全面恢复43.6万用户供电，在全省受灾地市中率先完成全面复电。从“灾前防、灾中守、灾后抢”三个环节制定电网运行、设备、资源管理等六个方面16项提升计划。推广应用移动指挥平台，完成防风防汛暨人身事故事件、大面积停电等58项应急演练。组建完善主、配网、通信等22支应急队伍共671人，完成保供电任务183项。

安风体系与安全文化建设。安风体系建设方面，1月，制定东莞、云浮“一对一结对帮扶”行动计划书和“电科院、云浮”服务清单。5月，以“一个理念、三个抓手、五个机制、六个提升”工作思路，制定体系建设23个工作任务173项具体措施，将星级班组建设、设备管理规范化达标建设、一班一精益建设做成“一件事”。调整补充评价内容32项，扎实开展体系日常评价。大力培养审核员，借助区域联动平台邀请东莞供电局6名专家帮扶指导初审和培训，组织58名专业骨干开展县区供电局交叉审核。12人获得中级审核员资格，同比增加10人。借鉴先进管理经验完善业务规范，安全生产领域完成本地化修编192份业务指导书，8794份作业指导书，促进管理提升。安全文化建设方面，5月，首次举办安全文化节，开展安规应用达人赛暨班组安全文化展示竞赛、安全文化LOGO创意设计大赛、优秀安全文化案例评选等活动。7月，制定全员安全教育培训计划，实施了16个安全教育培训项目，包括安全工作规程、应急及保供电、安全生产风险管理体系、现场安全管理、交通消防、特种作业及救护员持证等项目，培训3270人次。8月，建立“风险预控·安全有我”安全文化理念体系，推进安全文化及警示教育基地和“5+11”①安全文化示范点建设，建设云浮首个电力安全应急展厅。12月，云浮供电局荣获“广东省安全文化建设示范企业”称号。云浮供电局生产设备管理部主任助理揭毅获评南方电网公司安全生产先进个人。

市场营销

一、优化营商环境与客户服务

优化营商环境。积极落实电价调整、市场化交易、业扩投资界面延伸、减税降费清退临时接电费等政策，减少全市企业用电成本4.33亿元，其中：一般工商业电价同比降幅达13.39%，在工信部、国家发改委组织抽样调查中，一般工商业客户降价满意度100%。8月，制定优化电力营商环境措施25条。积极与政府部门沟通，落实重要用户保供电措施，确保电网安全、稳定。12月，促成市政府出台支持政策，业扩配套工程项目行政并联审批时限压缩至15天。业扩报装流程精简为3至2个环节，线上报装办电率达100%，中压业扩报100%。实现互联网统一服务平台关注数49.09万人，互联网业务办理比例76.7%，力争客户“一次都不跑”。

客户服务。快速响应客户诉求，2018年，“95598”客户抱怨同比下降13.27%，“12398”投诉同比降少71.43%，“95598”投诉列全省第4少，“12398”投诉列全省第6少。强化客户问题闭环管控，创立指标“抱怨工单首次解决率”，提升问题解决效率。对未解决客户诉求明确处置责任人，压实责任，落实“销号式”闭环管理，抱怨工单解决率97.03%。加快客户诉求响应效率，刚性客户诉求执行一小时沟通机制。大力推广网格经理机制，引导客户养成“有事找客户经理”的习惯。大力发挥服务调度职能，加大服务督导力度，提升诉求传递效率。对停电频域、低电压区域开展专项客户走访，修补客户关系，增强客户关怀。深化互联网统一服务平台应用和推广，改善客户办电体验。2018年，第三方客户满意度测评得分81分，云浮供电局第三方客户满意度同比提升1分，在政府公共服务公众满意度评价中连续十年排名第一。

◎ 12月4日，云浮罗定供电局在生江镇岗腰村为用户更换电表

二、营销基础管理

2018年，购电量68.13亿千瓦·时，同比增长7.34%；售电量65.37亿千瓦·时，同比增长7.95%。开展线损基础档案集中整改，规范业扩、基建电子化移交流程，营配数据同源率线变一致性、户变一致性由年初的98%、91%分别整改为12月的99%和98%。开展线损规范化管理，狠抓异常数据问题处理，对未按要求启动异常处理流程、异常工单未实际处理和未及时归档的情况进行通报考核，全年10千伏线路、台区线损异常率完成2.64%、1.51%。加强营销风险管控，对高耗能、高污染、产能过剩等514家企业客户实施划小周期抄表结算、预付电费、银行保函等分类管控策略。规范计量现场作业，加强计量装置运维管理，采取相应的风险防控措施执行现场监护，加强装表接电、现场验收、试验检验等现场作业安全管理，规范人员现场作业。严格执行按相应的作业表单及工作票工作，明确关键工序，提前做好危险点分析及制定预控措施。积极开展营销创新，基于AI稽查工单自动化筛查，在线完成155万条样本筛查，稽查精准率从40%提高至92%。大力推动智能科技与服务业务的深度融合，不断提高营销班组现场作业能力，简化作业流程，减轻基层工作负担。2018年，云浮供电局已实现计量运维App、网级营销业务移动终端作业App应用在供电所层级全覆盖。

三、电能替代与市场开拓

全力消纳风、光、水等清洁能源电量，小水电无停

① 5+11：5个县区供电局+11个班组。

电弃水。优化光伏并网服务，做好分布式光伏并网服务和上网电费结算、补贴转付等工作。至2018年底，受理分布式光伏发电项目1382个，报装容量4.97万千瓦，并网运行1363户，并网容量4.71万千瓦，完成1363户上网电量电费结算确认工作，上网电量1863.80万千瓦·时，对提交发票的发电户及时完成支付工作。提供优质市场化售电服务。配合做好市场化交易用户准入资格审批工作，建立基础信息核查工作机制，每月对新增市场化交易用户、业务变更存量用户、涉及电源点工程竣工的存量用户进行核查、备案。加强市场化交易用户抄表、计量、电费符合管理，缩短结算周期，确保市场化结算零差错。全年累计参与市场化售电客户844户，交割电量35.41亿千瓦·时。加快充电基础设施建设，5月23日，制订电动汽车充电基础设施建设工作要点，重点加快“城市公共、内部机构、企事业单位内部停车场”等领域充电桩建设力度，布局公交、环卫、物流专用充电站。新建投运公共充电站共有21个，充电桩共有62个，累计建成投运的公共充电站共有49个，充电桩共有182个。积极推广电能替代，走访发改、经信、交通等政府部门，了解政府推动实施电能替代计划，做好电能替代调研收资工作。主动与本地节能服务商、产品供应商沟通，建立合作机制，收集潜力客户清单。对已实施或正在实施的电能替代的客户做好项目情况登记，对具备潜力的客户主动推介电能替代，完善潜力项目跟踪服务累计。截止12月底，完成99个电能替代项目推广，替代电量2.02亿千瓦·时。

科技信息

一、科技创新

2018年，科技研发投入 640万元，占营业收入比重的0.018%。其中，科技项目投入1159万元，占比0.034%。重点对新能源、智能电网、大用户负荷接入、防雷、电网卡脖子等领域进行科技规划，开展一批基于云浮电网实际的科技项目，实施科技项目11项；针对提升安全水平、提高工作效率等方面入手，开展基层员工乐于创新的氛围，全年实施职工技术创新项目38项，新技术试点应用项目9项，出孵成果示范应用项目1项。为实现精益标杆专利指标世界领先，制定云浮供电局专利提升目标及方案，开展专利申请和挖掘技术交流培训活动，实现专利质量提升，精益标杆专利指标达1.71；优化升级科技创新链，启动氢能综合能源示范园区工作，成立移动应急电源研发及利用组，围绕综合能源服务产品及技术、5G无线通信、电网建设先进装备等，完成第一台试点用车；实施科技项目提质创优行动，落实科技项目课题过程管理工作规范，实现科技项目督导全覆盖，科技项目目标达标率和一次验收通过率达100%。截止12月31日，新增专利申请数64项，新增授权专利为27项，累计拥有有效授权专利数量为60件，其中发明专利2项，同比分别增长300%、100%。亿元营业收入有效专利拥有数达到1.80件，同比增加0.95件。科技项目方面，《变电站钢筋混凝土构架可靠性评估与加固关键技术研究及应用》《配网低电压高效治理技术体系研究与实践》获得2018年广东电网公司科技进步二等奖。《GIS耐压击穿定位装置研发及工程应用》《10千伏全绝缘管母低成本高可靠改造》分获2018年广东电网公司技改贡献二、三等奖。获得2018年广东电网公司职工技术创新二等奖、三等奖项目各2个。“配电房自动终端性能的改进”作为广东电网公司30项优秀成果之一推荐参加全国电力职工技术成果奖评选。

二、信息化建设

2018年，8月起，开展信息系统实用化与基础数据清理专项行动，开展数据认责，建立数据主人机制，成立8个工作小组，对各项指标进行定责，实现扁平化管理。组织人员到广东电网公司信息中心参加专项培训与交流，对17项生产系统实用化指标逐项进行分析演示与回顾。全年持续开展预警与问题数据分析。开展230个业务协同场景治理，重点治理无使用及成功率低于60%的场景应用，业务协同场景线上应用率100%。信息系统数据质量及实用化得分98.52分，全省排名第9名。完成重要期间网络安全保障工作任务。开展合规性检查，共发现整改719项问题。完成网络安全督察、巡查工作任务，共发现问题5项并完成整改。完成数据防泄漏试点建设工作，确保敏感信息零泄漏。率先完成竞争性平台企业互联网统一出口管理工作。以提高全员网络安全意识为目的，开展“我要网络安全”宣传主题的宣传活动。实现“1000”集约化管理，扩展自助服务渠道（企信、信息服务平台）。升级关键用户计算机内存、硬盘及操作系统，优化终端安全管控策略，有效提升运行速度，提升用户体验。开展排查敏感数据使用记录，积极协助处理系统及数据问题，提升响应速度，降低处理时长。“1000”信息服务平台语音呼入数量22 478个，来电呼损率0.05%，“6+1”系统工单处理及时率99.88%，按时解决率100%，IT用户满意度100分。事件响应超时率0%，按时解决率100%，一线解决率67.47%。

经营管理

一、人力资源

干部人才队伍建设。抓好各级领导班子建设，6月至8月，在五个县区供电局全面推广实施“党政一肩挑”模式。开展年度领导班子、领导人员考核结果反馈，督促各县区供电局开展班子诊断，制定改进措施或整改方案。全年完成14个职能部门、8个二级机构的部门领导优化配置。加大竞争性选拔干部力度，组织开展升格县区供电局班子副职岗位选聘。持续完善干部培训体系。围绕转作风强能力主题，统筹开展三期专责轮训，实现局本部专责首次全覆盖轮训。深化区域联动人才交流锻炼工作的深度和宽度，共选派18名干部员工赴东莞供电局挂职交流、55人跟班学习，整体人才交流锻炼规模是历年来最大力度。9—10月，组织开展县区供电局年轻后备人才人选推荐入库工作，将县区供电局30名“80后”优秀后备人才、106名“85后”优秀人才纳入县区供电局百人人才库进行跟踪培养。不断加大技术专家选拔力度。完成8名助理技术专家选聘，完成2名助理技术专家的续聘，持续拓宽员工成长通道。实现云浮供电局省级专家和管理专家“零”突破，伍东生、陈国辉由助理技能专家成功选聘为广东电网公司三级技能专家，黄祖迪由助理二级技能专家晋升为助理一级技能专家。12月，成立了云浮供电局首个职工创新工作室。

劳动组织、用工及薪酬。稳妥开展人员调整配备工作，4月，制定人员调配工作方案，“四个统一”相关专业人员配置到位率达到95%以上。加强主配网专业化管理，理顺人员管理关系，稳妥推进主网专业化管理后主网人员的择优上岗工作。10月，完成配调集约化技能岗位以及输变电专业岗位的择优竞聘考试工作以及130余名人员的选录工作，为完成新兴、罗定、郁南等县区供电局的主网专业化管理工作。结合劳动组织形式变化以及新技术应用，如配网规划、网格化服务、机巡作业、调控一体化等在本单位实际应用，开展人力资源优化配置以及转岗工作。加强劳动用工监督检查，督促各部门、各单位自查自纠，编制规范自查报告，各县区供电局党政一把手签字确认。薪酬绩效管理。优化绩效工资分配模式，调动员工积极性。持续深化“划小分配单元”，把100%的绩效工资和专项奖励分配自主权下放到基层单位和直线经理，指导直线经理合理有效的分配绩效工资，充分发挥业绩考核的指挥棒作用。10月，制定《员工菜单式激励积分应用方案（试行）》，丰富员工积分在非物质激励方面的应用，菜单式激励积分兑换覆盖率达100%。建立星级员工常态化评选机制，完成2017年度星级员工评选工作，云浮供电局现有星级员工596名。

教育培训。全年培训2364人，新选聘137名内训师，现有284名内训师涵盖了管理、专业技术和技能类，每个技能班组至少配备了1名技能类内训师，广东电网公司级、地市级内训师分别有15名和269名。组织开展转岗适岗培训和抽考比武，完成296名转岗人员培训评价和26名员工的适岗培训，促进员工适应岗位新要求。完成937名技能人员的岗评复评工作，强化岗评动态管理，持续提升员工岗位胜任能力。按照广东电网公司“一所一场”建设工作要求，完成62个供电所“一所一场”建设工作，“一所一场”覆盖率达100%。

◎ 2018年6月5日，罗定供电局2018年第一期新员工配电技能提升培训班在配电简易实训基地开班

二、财务经营

2018年，营业收入同比增长4.38%。供电成本同比下降1.33%；内部利润同比上升16.71%。模拟经济增加值（S-EVA）同比上升36.98%；“两金”余额同比压降1.24%。报废资产净值率9.38%、同比下降1.51个百分点。

资产管理。根据专项方案，联合各归口管理部门，9月，制定账卡物一致数据清理方案，开展账卡物一致性清理工作，清理问题数据，账卡物一致率当年全部达标。严格按照权责发生制核算工程项目进度，逐月按时根据工程项目进度确认在建工程成本，真实反映工程项目进度。多管齐下，严格管控，在建工程余额，超额完成压降任务。加大“两金”清理力度，年末“两金”余额压降19.15%。加强“资产墙”分析成果的应用，加强资产报废计划管理，严格审核计划外、超净值率的报废资产，推动资产报废计划管控，全年资产报废净值率为9.38%，优于目标值。2018年完成房屋、土地办证业务35宗。

经营风险防控。8月，扎实开展财务领域“扫雷”行动，整改问题12项，对相关问题进行通报批评；梳理内控风险点660个，完成36个内控缺陷整改工作；开展税务自查整改工作，化解2015—2017年度涉税风险10项。落实“两清”工作要求，优先满足应付民营企业账款及到期质保金的资金需求，有效防范了农民工讨薪风险和审计风险。财务风险控制与内控。10月，组织开展云浮供电局内控评价，建立了内部控制管理委员会、内部控制管理办公室等职能部门，组织开展内控建设、评价工作。选取物资管理、营销与服务、投资计划管理等3个领域作为重点进行评价。共梳理内控风险点652个，发现22个内控缺陷，组织开展整改落实。形成了一套以各业务部门为核心的，包括生产、采购、营销、人事、财务、安全管理、投资计划、工程建设等体系的完整内控制度，实现了基于全流程的风险全过程管理，有效防范和控制经营风险，保障企业健康、可持续的发展。

“瘦身健体提质增效”工作。深化提质增效工作“1+8”工作，坚持增供扩销拓市场、内部挖潜降成本。持续优化营商环境，积极落实电价调整、市场化交易、业扩投资界面延伸、减税降费清退临时接电费等政策，减少全市企业用电成本4.33亿元，其中：一般工商业电价同比降幅达13.39%，主动配合发改局清理转供电主体加价问题，在工信部、国家发改委组织抽样调查中，一般工商业客户降价满意度100%。全力消纳清洁能源，小水电无停电弃水。接收腰古区域供电资产，投资1.5亿元升级改造新接管的区域电网。积极推广电能替代，累计完成99个电能替代项目推广，替代电量1.75亿千瓦·时；累计建设充电站点49个、充电桩182支。

三、物资供应

做好采购需求预测及整合，需求计划准确率82.94%，同比提升13.49个百分点，指标排名全省第一。推进物资和招标管理体制改革工作，加强采购职能管理，执行新版招投标制度，建立一类项目采购结果会前审核机制，发布授权采购物资采购管控策略，优化整合采购项目。2018年物资采购集中度达98.67%。6月，正式启用商城采购，做好电子商城需求及申购指引，当年完成商城采购217单。按照合同税率变更、“融资租赁”新模式、合同质保金大清理等工作要求，以合同为基础，全面梳理物资供应情况，按轻重缓急划分等级，拟定应对方案，履行变更手续，规范合同管理与JIT供应。加强供应商履约评价及扣分处罚，对供货异常厂家采取发函、警告、催交、约谈、违约处罚等进行管控，全年累计上报履约问题6宗，扣分处罚3家供应商，违约金处罚1家供应商。有序开展各项检测业务，累计抽检样品105件。做好设备监造规范化，组织三期专家技术培训，完成110千伏思劳变电站2号主变扩建工程、良田变电站扩建第三台主变工程等项目的设备监造，促成基建工程设备“零缺陷”移交。2018年优化业扩专项储备物资管理，7月，修编中压业扩配套项目物资管理工作指引，第四次修编业扩专项储备方案，启用“大合同+分批到货”模式，缩短补货周期及供应周期，补货周期平均周期由60天缩短为20天。业扩储备物资做到100%供应，平均供应周期8.09天，比上一年度缩短8天。库存常规储备物资周转率563.41%，较上一年度提高29.41个百分点。开展项目物资退库专项治理，规范退库再利用工作，项目物资剩余率8.7%，优于全省平均水平。继续巩固闲置物资管理成果，闲置再利用率100%。报废物资实行“班车制”鉴定、回收、拍卖。精益项目“提高配网运维抢修物资需求满足率”获广东电网公司2018年度精益项目三等奖。

四、审计监督

6月，监察审计部（纪委办公室）分设为监察部（纪委办公室）、审计部。各县区供电局审计职能调整由办公室承接。2018年自行开展审计项目6项，分别是：云浮供电局2018年项目全要素—工程造价审计、“暖心工程”审计调查、高可靠性供电费用审计、集体企业管理审计、业扩提速审计和云浮新兴供电局原局长余国鸿离任经济责任审计，项目计划完成率100%。配合上级开展审计项目4项，分别是：5月，茂名供电局对云浮供电局开展“扶贫项目资金管理”交叉审计调查；8月，肇庆供电局对云浮供电局进行党费使用和管理专项交叉审计；9月，广东电网公司对云浮供电局进行瘦身健体提质增效（有效资产）专项审计；11月，南方电网公司对云浮供电局进行500千伏卧龙（云浮）输变电工程竣工决算审计。审计整改及审计结果运用。2至5月，分别完成广东电网公司组织开展的2个审计项目：云浮供电局2017年固定资产投资审计、多经企业审计调查，发现问题整改57个；云浮供电局自行开展的4个审计项目：云浮供电局2017年专项建设基金审计项目和云浮罗定供电局原局长谭武英、云浮郁南供电局原局长麦鉴明、云浮云城供电局原局长谭贤柱的离任经济责任审计项目，发现问题整改88个。6月，配合广东电网公司开展“2018年再次审计整改治理”专项检查，重新梳理对涉及云浮供电局的2010年以来历次审计、监事会发现问题全部175个问题，核查并补充整改材料，补充完善制度4项。

五、法治工作

重大决策法律审核率达100%。合同标准文本使用率为88.82%。年度办结案件7宗，法律案件胜诉率100%。9月，促成云浮市政府出台《关于加快云浮电网资产产权证补办工作的通知》，为后续产权证件补办工作提供政策支持，全年完成产权证件补办60宗，完成率109.09%，超额完成广东电网公司年度任务要求。9月，促成云浮市经信局发布《云浮市电力行政执法暂行工作办法》，协助主管部门进行电力执法。试点成立律师专项法律服务工作室，获云浮市、广东省“法治文化建设示范企业”称号。11月，制订法治企业建设总体工作方案，按照“业务谁主管、法治谁负责”的要求，将法治企业的建设和评价标准进行细化到各部门、直属各单位、各供电所三级，共47条。开展了跨年度的隐患排查专项工作，共排查出6宗法律案件隐患。全年共签订商务合同（含物资类合同）2717份，合同标准文本使用率为88.82%。合同法律审查向前延伸，加强采购流程阶段对采购文件合同条款的法律审查。加强日常审核管理，经济合同审核提出法律意见及建议数520条。从10月1日起，统一应用南方电网公司新合同管理模块，并对合同履行情况进行监控。法治文化建设方面，5月，开展“电力设施保护日宣传活动”。

改革创新

“创一流”工作。至2018年末，“创一流”指数达到国内一流水平。3月，编制完成“创一流”工作目标及推进计划，突出“创一流”指标引领作用，全面梳理指标管控指标数量及质量，建立地市供电局、县区供电局、镇级供电所三级指标红绿灯监控，并以短板指标分析、问题指标督办三机制相结合，云浮供电局2018年综合标杆一流得分达88.58分，相对2017年的得分76.91分，提升了11.67分，实现了一流指数得分的档次跃升，一流指数得分由网内平均提升为网内一流水平。县区供电局“创一流”总得分同比提升，5家县区供电局综合标杆一流评价平均得分达98.66分，新兴供电局综合标杆一流水平达到国内一流水平。各项关键指标完成情况良好。营业收入增长率指标达到国际领先水平，百万工时工伤意外率指标达世界一流水平，资产总额、营业收入、客户平均停电时间、综合电压合格率、第三方客户满意度、综合线损率、报废资产净值率、信息化水平等8个指标达国内一流水平。精益管理方面，完成“两精”①项目成果100余个、7S竞赛“两小”改善成果②3529个（条），评选出49个优秀精益项目成果、97个优秀“两小”成果。推动班站所标杆达标建设，43个班站所获评三星级，4个班站所获评准四星级，7个班站所获评四星级。

农电体制改革。4月签署资产移交补充协议，实现腰古镇农电体制改革工作的完成，全年对腰古电网投资建设100个项目，项目总投资约1.2亿元，对接收区域实施农网改造升级，全面提高供电能力、供电质量和服务水平。以不接收资产方式完成云安区庆丰小水电站自供区和新兴县西渠专线电站自供区、翔发小水电站自供区3个独立供电区域接收。

大集体企业改革与新兴业务发展。8月，成立云浮供电局竞争性业务管理委员会，加强对局属大集体企业的监督指导。9月，编制新兴业务发展实施三年计划及各板块整合发展实施计划。10月，精简企业法人数量，整合物业类企业，通过吸收合并方式，完成决策由云浮市佳信物业服务有限公司吸收合并云浮市云安区大地实业有限公司。截至2018年底，云浮供电局所属竞争性企业共8家，其中电力工程建设（含设计、监理）企业2家、综合能源企业1家、电力综合服务5家，营业收入同比增长27.96%；利润同比增长52.99%；减少法人数量1个，减少D类企业1个，如期完成“四个一批”总体目标。通过逐步完善大集体企业监督管理体系，强化对大集体企业的监督管理，推动大集体企业持续健康发展。

党群工作

一、党建工作

政治建设。认真贯彻落实党的十九大精神、习近平新时代中国特色社会主义思想，树牢“四个意识”，坚定“四个自信”，坚决做到“两个维护”。承接南方电网公司党组一号文及广东电网公司党委工作要求，5月，制定学习贯彻落实党的十九大精神推动全面从严治党向纵深发展的意见工作行动计划，把全年工作分解为9个一级任务、227项具体举措，并逐一落实。加强党委领导班子政治建设，全年按要求开展党委中心组学习10次，严格按照“1+2+N”模式开展了4次集中学习研讨。分别于2月、3月和8月，召开了2017年度党员领导干部民主生

① 两精：管理优化、现场改善项目。

② “两小”改善成果：管理微小改善、技术微小改进、合理化建议。

活会；全面彻底肃清李嘉、万庆良流毒影响专题民主生活会；巡视整改暨全面彻底肃清李嘉、万庆良恶劣影响专题民主生活会。6月，根据云浮供电局党委班子成员的分工调整，同步对党委领导班子成员基层联系点进行了调整。同月，制订2018年领导班子成员全面从严治党“一岗双责”责任清单，促进党委班子成员对照责任清单履职尽责，落实全面从严治党要求，履行管党治党责任。党委班子成员全年不少于2次到基层党建工作联系点开展调查研究，以问题为导向，为各基层单位解决了云浮云城供电局基建配网个别项目进度滞后等17个问题，落实具体措施63项。党委班子成员认真参加双重组织生活，带头在其分管领域、组织关系所在支部讲党课，参加支部专题组织生活会，带动各级党组织、广大党员干部旗帜鲜明讲政治、自觉提高政治站位、落实“两个维护”。

党建工作责任制落实。持续开展各级党组织“书记项目”，5月，组织各级党组织开展“书记项目”立项工作，要求各级党组织把企业发展过程中的难题纳入项目，加强过程管控，将“书记项目”作为破解改革发展难题的重要手段。组织党员亮身份、做表率，7月，开展“我是党员走在前，一区双岗创一流”活动。支部划分“党员责任区”，对党员提出“三无三不三带头”“三无三不三走进”的要求，以坚强的组织保障助力云浮乡村振兴走在全省前列行动，服务园区建设工作，腰古镇农电体制改革工作，农网改造升级以及“三清三拆三整治”等方面重点工作有序推进。8月至年底，开展“一支部一月解决一问题”。在抗击超强台风“艾云尼”及“山竹”抢险复电、服务园区建设工作、增供扩销、腰古镇农电体制改革工作、农网改造升级以及“三清三拆三整治”等重点工作中组建党员突击队、党员服务队，涌现出一批优秀的共产党员，突显了党支部战斗堡垒作用和党员先锋模范作用。9月，制订云浮供电局党建责任制考核方案，把直属各党（总）支部及各县区供电局党委的工作分解为可量化评价的考核标准，于年底对各级党组织党建工作情况、发挥作用情况进行了考核评价。郁南供电局党委评价结果为A，罗定供电局党委评价结果为B+。监察审计部党支部、新兴河头供电所党支部等4个党支部获得广东电网公司2017—2018年先进基层党组织荣誉称号。陈绍勇获得了南方电网公司优秀共产党员荣誉称号。梁桂新、黎剑飞、廖海深、李君兰等10人获得广东电网公司优秀共产党员、优秀党务工作者荣誉称号。云浮供电局党委表彰了云浮供电局2017—2018年度先进基层党组织10个、优秀共产党员21名、优秀党务工作者15名。

组织建设。6月，机关党总支部完成了换届选举工作。10月，指导输电管理所党总支部、变电管理所党总支部顺利开展了换届选举工作。制定加强和改进竞争性企业党的建设工作方案，新建了竞争性企业党总支部。在竞争性企业党总支部设立了云浮市天润新能源有限公司党支部、云浮市恒泰丰实业有限公司党支部、新兴县新力劳动物业有限公司党支部、新兴县明珠电力发展有限公司党支部等4个党支部，至此，实现了竞争性企业“一公司一支部”。根据组织机构调整，同步撤销了机关党总支部辖下生产设备部、监察审计部、党建工作部党支部等7个党支部。10月，新成立竞争性企业党总支部、党建人事部、供电服务中心、生产技术部、企业管理部、办公室、安全监管部党支部等21个基层党组织。新吸收9名预备党员。至2018年底，共有基层党组织109个，其中，1个地市供电局党委、5个县区供电局党委、4个党总支部，以及99个党支部；党员902人，其中，在职党员735人，退休党员167人，党员人数同比增长1.12%。

二、党风廉政建设

监督执纪。对直属单位党委书记、纪委书记“主责约谈”24人次。5月，修订“三重一大”决策实施细则内容3项，对各级党委执行“三重一大”制度开展监督检查。运用“两个责任”监管平台，完成广东电网公司下发责任清单6份、措施191条。10月，完善党风廉政建设责任制考核，将履行主体责任和监督责任不到位的失职渎职问题纳入党风廉政建设责任制绩效扣减范围。严把选人用人关口，纪委书记参与人事动议酝酿和提名考察70人次，回复党建人事部门纪委意见43人次，对调整任用干部开展任前廉洁谈话64人次。善用“四种形态”，保持反腐倡廉高压态势。各级纪检监察机构受理信访举报1件、处置问题线索3条，运用监督执纪“四种形态”处理6人次。其中，运用第一种形态给予提醒谈话、通报批评4人次；运用第二种形态给予党纪政纪处分2人。开展“扫雷”行动，着力整治群众身边不正之风。结合地方“扫黑除恶”专项斗争工作，开展“扫雷”专项行动，7月，出台贯彻“扫雷”行动实施意见，9月，制订“扫雷”行动工作计划表和各领域重点整治问题查防清单，发现问题32个。对119个历次巡视巡察发现问题整改情况进行三级“回头看”。开展扶贫领域腐败和作风问题专项检查，发现问题两项，对2017年检查发现问题整改情况进行“回头看”。全面加强作风建设，巩固落实中央八项规定精神成果。全年开展明察暗访61批次，发出监察建议书8份，对相关管理不规范问题提醒谈话、通报批评等32人次。落实广东电网公司明察暗访发现问题整改工作，给予相关责任人员提醒谈话、通报批评等15人次。

三、思想宣传工作与企业文化建设

思想政治工作。坚持以习近平新时代中国特色社会主义思想为引领，持续宣贯社会主义核心价值观与南方电网公司企业文化。组织策划了贯彻落实党的十九大精神、抗击台风抢修复电、氢燃料移动应急电源车保电、先进人物选树等多个专题系列宣传，取得了显著成效。其中抗风复电典型宣传人物新兴背带哥陈丽强，受到媒体和社会公众广泛关注。人民日报、央视新闻等30多个媒体平台上刊登、转载“劈路”电工哥感人事迹，累计总阅读量超过2000万。“七一”期间，开展了庆祝建党97周年系列活动，表彰了一批优秀党员和优秀党务工作者。

意识形态工作。将抓意识形态情况作为向上级党组织述职的重要内容。进一步加强对干部员工网络行为的教育、引导和管理，营造健康向上、风清气正的网络环境。加强各类宣传平台管控，规范微信工作群管理，共清理微信工作群90个。加强和规范党员自身舆论阵地建设，全面净化微信“朋友圈”、微博“社交圈”。充分利用现有媒体，宣传南方电网公司企业文化理念，弘扬社会主义核心价值观，大力弘扬民族精神、时代精神和南网精神，坚持用中华优秀传统文化、红色革命文化、社会主义先进文化开展教育塑造和导向引领。加强新媒体手段在云浮供电局宣传工作中的应用。构建“互联网+宣传”格局，形成融合网站、微信、微博等“一体多翼”的多媒体、现代化宣传阵地，于5月起推出“精益扶贫”专题报道；8月，推出“电力背带哥”等系列专题报道。推进“幸福南网”微信企业号平台的推广应用，定期推送企业党建文化信息。新媒体的应用在云浮供电局宣传工作中发挥了积极作用，并被授予南方电网公司2017年度“幸福南网”微平台运营先进单位。

企业文化建设。5月，制订“一局一品牌”企业文化及“一班组一特色”班组文化建设工作方案。全面推广文化“四礼”，7月，为新入企员工举办了入职礼，拜师礼，于历次抗风抢险工作结束后为凯旋的突击队队员举办凯旋礼，每月以支部牵头，为本部门（单位）退休人员举办简单而隆重的退休礼。6月，组织更新了生产调度大楼大堂展示区域、公共会议室、走廊区域党建文化展示阵地，同月，组织党员参加市直工委庆祝中国共产党成立97周年红歌比赛，获得一等奖表彰。9月，组织开展庆祝改革开放40年职工工艺创新设计大赛作品征集活动，共征集电力元素工艺作品17件，云浮供电局员工作品《电力人的一盏明灯》获广东电网公司入围奖和最佳人气奖。同月，组织开展广东电网公司珍贵历史史料调查工作，对电力历史珍贵史料进行抢救发掘，并向广东电网公司报送了15件具有历史价值的珍贵资料。

四、工会共青团工作

职工民主管理与产业工人队伍建设。先后四次召开工会委员第一次联席会议，审议通过云浮供电局2018年工会重点工作计划、《云浮供电局文体比赛、劳动（技能）竞赛奖励标准》《2018年云浮供电局“职工小家”建设经费分配方案》《云浮供电局安全生产违章管理业务指导书（2018修订版）》《云浮供电局毕业生薪酬激励方案》，选举云浮供电局新一届工会主席。罗定、新兴、郁南供电局开展厂务公开民主管理贯标认证工作。职工代表组成检查组，通过与基层一线职工面对面座谈、现场巡视等方式开展工作，征集到了47条职工的意见和建议。组织开展劳动（技能）竞赛共29项，新增职工创新工作室1个。深入开展“安康杯”竞赛活动，连续第十年荣获全国“安康杯”竞赛优胜单位荣誉称号。全年获南方电网公司四星模范职工之家称号1个，南方电网公司四星模范职工小家7个，南方电网公司三星模范职工小家8个。其中，云安都杨供电所荣获“云浮市工人先锋号”、500千伏卧龙变电站荣获广东电网公司“2017年度工人先锋号”称号和广东省“五一”劳动奖状、变电管理所工会分会等7个班组荣获广东电网公司“2017年度四星级模范职工小家”荣誉称号、新兴供电局工会委员会荣获“广东电网公司2017年度先进职工之家”称号、云浮供电局工会委员会荣获“2017年度四星级模范职工之家”称号。吴雪云荣获“2017年度优秀工会（女职工）工作者”和“全国优秀工会工作者”荣誉称号，洪云荣获“2017年度优秀工会工作者”荣誉称号，生产技术部王丽莹荣获“巾帼建功标兵”荣誉称号。

◎ 2018年2月7日，云浮供电局青年志愿服务队进驻云浮地区服务返乡群众驿变电站，为春运返乡群众提供暖心服务

共青团及志愿服务工作。各级团组织召开“践行新思想，拥抱新时代”专题组织生活会，学习贯彻党的十九大、团的十八大精神。结合扶贫工作和中心工作，全年共开展志愿服务活动30余次，参加活动的志愿者超过320人，服务群众超过8000人次，获得云浮市优秀志愿服务团队荣誉称号。开展了青年员工需求调研，落实具体措施34项，各项活动获青年好评，满意度达94.7%。形成了2018年青年需求调查报告和需求解决方案，制定了26条措施加以推进落实。云浮供电局团委获得广东电网公司2017—2018年度“五四红旗团委”、云浮市“五四红旗团委”、云浮市优秀优秀志愿服务团队荣誉称号，罗定、郁南、新兴供电局团总支分别被广东省、南方电网公司、广东电网公司授予“五四红旗团支部”荣誉称号，500千伏卧龙变电站获评“云浮市青年文明号”，陈志伟获广东省“优秀共青团干部”荣誉称号。

五、扶贫工作

坚持精准扶贫，构建云浮供电局特色扶贫模式。2018年初制定了年度扶贫工作计划，做好提前谋划。全年共投入扶贫捐赠资金150万元用于支持发展罗定市加益镇石头村、排阜村等8个帮扶对象脱贫攻坚工作，所投入的扶贫捐赠资金全部用于发展光伏发电项目、房屋维修、危房改造、救济帮扶、发展种养、基础设施建设等用途。

中国南方电网
CHINA SOUTHERN POWER GRID

直属中心机构

电力调度控制中心

单位概况

一、主要职能

广东电网有限责任公司电力调度控制中心（以下简称“调控中心”）是以分公司模式管理并实行独立核算的直属二级机构，是广东电网调度运行的组织、指挥、指导和协调机构，同时加挂“广东省电力调度中心”牌子。调控中心按照“统一调度、分级管理”原则，负责组织广东电网发、输、配、用各环节的调度运行，确保稳定运行和电力有序供应。调控中心核心业务包括调度运行指挥、系统运行控制、电力市场运行、二次技术支撑及二次设备资产全生命周期管理。

二、组织机构

调控中心前身是广东省广电集团有限公司电力调度中心，2005年3月31更名为广东电网公司电力调度中心，2014年6月4日更改为现名。至2018年底，调控中心内设18个部门，具体如下图所示。

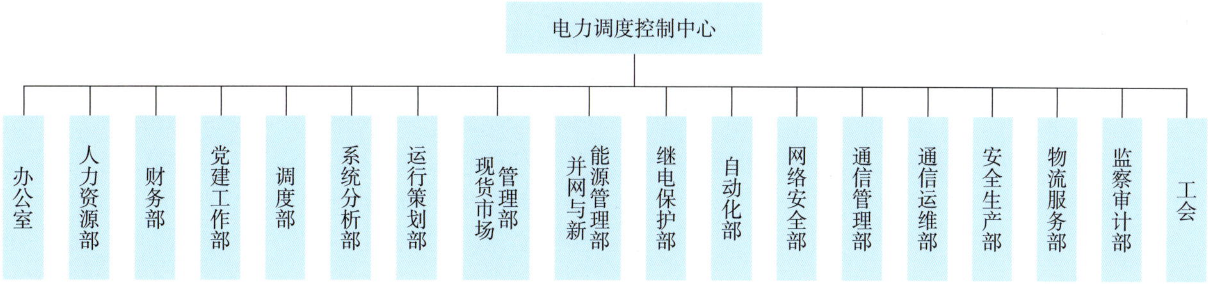

三、领导班子

2018年，调控中心领导班子未进行过调整。截至2018年底，领导班子成员如下：

广东电网公司副巡视员，调控中心党委书记、副主任：李剑辉

党委副书记、主任：刘文涛

党委委员、副主任、工会主席：黄明辉

党委委员、副主任：李力

党委委员、副主任：林少华

党委委员、副主任、总工程师：卢建刚

党委委员、纪委书记：刘豫涛

四、人员状况

截至2018年底，调控中心共有职工338人，其中博士35人，硕士134人，本科生127人，专科生32人，中专及以下学历的10人；已取得专业技术资格人员共238人，其中高级职称115人，中级职称141人；高级技师14人，技师25人，高级工18人。

年度大事

（1）6月28日，调控中心完成南方电网公司首次省级主站主、备调全业务切换，省级主站抗灾能力国内领先。

（2）6月29日，广东电网公司直属19地市供电局全面实现配调集约化管理。通过配调集约化管理，各地市供电局取消了县级调度，实现了地市供电局配调机构对地区配网统一调管，初步建成了配调职能化体系。

（3）6月30日，调控中心负责建设的广东电网新应急指挥中心建成投入运行。新应急指挥中心是南方电网公司系统最先进的应急指挥智能综合会场，代表了行业领先水平。

（4）8月31日，南方（以广东起步）电力现货市场启动试运行。这是深化电力体制改革的重要进展，解决了

计划与市场、现货交易与中长期交易、不同成本机组同台竞争等困扰电力市场化改革的实质性问题。

（5）9月7日，重组运行方式部和发电调度部业务，设置系统分析部、运行策划部、现货市场管理部和并网与新能源管理部。

（6）9月16日，第22号强台风“山竹”在江门台山海晏镇登陆，是广东有记录以来影响范围最广、影响用户最多的台风。调控中心高效开展应急处置工作，仅用78小时全面复电，创造同等级台风的抢修复电时间最快的记录。

（7）11月30日，广东电网公司直属19个地市供电局完成OCS建设，在南方电网公司系统率先全面建成地区级OCS。

（8）12月10日，广东电网公司继电保护类现场作业过程可视化监督机制获得南方电网总调认可，并将之推广至南方五省（区）省级电网企业。

（9）12月13日，禚岛核电首台175万千瓦机组正式商运。调控中心建立联合专家攻关团队，精心调控，确保了这台全球最大容量机组的顺利安全并网。

（10）12月26日，云浮电厂侧储能进入调频市场运行。这是南方电网首个电厂侧储能试点，为电厂侧储能安全、有序接入电网奠定基础，为引领储能产业向规范化、标准化发展做出广东贡献。

业务发展

一、电网安全调度

截至12月31日，广东电网连续安全稳定运行8415天，未发生电力安全事故和有责任的电力安全事件，各项运行指标良好，频率、电压合格率保持100%。全年省地两级调度实现安全操作57万余次，执行调度操作票12.9万张，快速正确处置电网故障4000余次，实现调度指令“零差错”。成功应对“山竹”“艾云尼”等强台风的侵袭，确保了广东电网及港澳、核电的安全稳定运行。安全高效处置异常事故事件150余次。圆满完成港珠澳大桥通车仪式、博鳌论坛等重大保供电任务，实现省内清洁能源的基本全额消纳，牢牢守住电网安全底线。6月，编制《调度操作七个规定动作[①]》手册，运作实时运行风险管控机制，精准辨识防范实时运行风险。同月，首次完成电力调度控制中心全业务的同城及异地主备调切换演练，各地市供电局建立备调定期单轨值班机制。7月，实现全省主网调度的地刀操作权下放，深入推进主网调控一体化建设。11月，完成省地一体调度端程序化操作机器人开发。提升配网运行管理水平，首次发布全省配网调规、操规，实现全省配调业务统一标准运作，以“255”[②]为工作主线，实现全省19个供电局配调集约化管理和配网调度服务指挥中心挂牌。中、低压故障复电时间同比分别减少15%、36%。配网公线遥控覆盖率达38%，同比提升33%。公线故障自愈覆盖率达46%，同比提升42%。合环转供电率达73%，同比提升13%。12月，实现调频辅助服务市场结算试运行。系统频率指标持续向好，实现了不同调度归属机组的权责对等运行，机组调节性能稳步提升。市场激励作用显现，多家电厂正积极开展调频储能技术改造，通过市场化机制有效支撑新业态的发展和提升系统调节能力，有力支持了广东电网公司竞争性业务的发展。

坚持问题围剿机制，以督导促提升，以检查促整改。严格落实专业管理、大监督管理要求，建立系统运行安全监督闭环机制，全年开展36次各类型检查，全面围剿安全问题。严格落实公司领导“边查边改”的指示，梳理共性问题34项并制定针对性措施。坚持“严细实、精简要”，构建“大安全”管理格局，打造“同心同德、未雨绸缪、运筹帷幄”安全文化品牌。12月，电力调度控制中心获评省安全文化示范企业，成为南方电网首家安风体系五钻调度。

二、电网风险管控

全面完成广东电网防范电网9大风险36项重点工作397项防控措施、防范大面积停电加强电网风险管控专项行动19项重点工作。开展了2018年高峰负荷日分析及2019—2021年中长期运行方式研究，制定并落实35项急需项目。6月，建立粤澳联网调度运行应急机制，台风季来临前促成珠凤甲线、凤吉线、珠拱甲线架空改电缆工程按期投运、望洋电厂完成机组FCB改造。9月，制定通过全电缆通道带澳门孤网运行技术方案和应急预案。开展粤澳联网无功电压问题整治，制定10项重点工程计划。12月，初步建成世界一流大电网安全稳定分析与控制平台，完成基于全数字机电——电磁混合仿真平台建设，开展基于云计算的广东电网仿真分析数据管理平台建设工作。

① “七个规定动作”：操作任务、核对设备状态、核对操作条件、填写操作票、评估操作风险、监护执行操作、记录操作信息。

② “255”：两项组织优化、五项管理提升、五个基础夯实。

三、电网运行策划

积极承接落实广东电网公司“保安全、保供应、保消纳”、电力现货市场建设的工作部署，多措并举保障电网安全和全省电力有序供应。通过科学安排电网运行方式，基于问题风险可控在控。坚持“四个不安排”原则，提级管控一级及以上事故事件风险333项，成功化解了省地主配电网风险1229项。全年成功确保了11项网省重点工程按期投运。成功抗击超强台风“山竹”等极端自然灾害5起，全年未发生影响主网安全稳定事件和涉港涉澳的安全事故事件。通过超前辨识电力供需形势变化，全力落实南方电网公司保安全保供应保消纳措施，全年电力供应有序，圆满完成庆祝改革开放40年等重要保供电任务，未发生影响重要用户、民生用户和居民用电事件。全力消纳清洁能源，助力打赢蓝天保卫战。西电消纳创历史新高，全年累计消纳西电1922亿千瓦·时，省内清洁能源消纳率达100%，全年未发生弃水弃风弃光，并且配合政府完成珠三角煤炭消费减量控制目标。积极开展电力现货市场建设，深度参与市场规则编制，扎实推动日前市场出清功能落地运转。

四、电力现货市场建设

按照国家、广东省及南方电网公司、广东电网公司的工作部署，统筹各方力量、多措并举、协同推进南方（以广东起步）电力现货市场建设。4月，制定建设工作方案和34项重点工作计划。8月，建成国内首套具有自主知识产权的现货市场交易出清系统，牵头完成适应现货市场运营的中心组织架构调整和人员配置，开展现货市场人才培养等工作。8月31日，启动南方（以广东起步）电力现货市场试运行，较原计划提前了4个月。该市场的试运行，标志着现货市场建设取得了阶段性成果。11月，制定电力现货市场试运行工作方案和52项重点工作计划，明确各项工作的目标、负责部门以及推进计划。并配合政府完成了现货市场实施方案及规则体系（征求意见稿）的编制。

五、并网与新能源管理

12月13日，襟岛核电首台175万千瓦机组正式商运，实现EPR三代核电技术首堆工程安全并网。为此，调控中心建立联合专家攻关团队，解决长轴轴系扭振、励磁电压波动、APA与RCP跳泵机组维持稳定等世界难题，做好“高中低”三级试验风险管控，保障了全球最大容量机组顺利安全并网，具有全球示范效应。成功试点电源侧储能并网。应对电源侧储能蓬勃发展新业态，以云浮电厂项目为试点，11—12月，组织开展了国内首例依据国标开展的电厂侧储能调频系统性能测试，创新性提出了“8小时连续调频测试+72小时计划曲线连续运行测试+30天连续试运行”试运行模式。12月，制定《广东电力系统电厂侧储能辅助调频系统并网管理规范》。12月26日，云浮电厂侧储能进入调频市场试运行，为电厂侧储能安全、有序接入电网奠定基础，为引领储能产业向规范化、标准化发展做出广东贡献。

六、继电保护业务

4月起，将二次隐患精益化检查工作延伸至全部二次专业和直调电厂，建立自查、交叉检查、督查的有效机制，制定精益化检查激励与考核标准，全年完成41座500千伏变电站、146座220千伏变电站和49家220千伏及以上直调电厂的检查工作。5月起，在全网首创继电保护类现场作业过程可视化监督机制，实现了基于过程的高风险保护作业动态管控，并推广至南方电网系统内实施。全年共监督作业29 987项·天，累计开展飞行检查868次，发现并整改隐患91项。组织全省整定计算骨干力量，首次开展供电局主网定值全覆盖交叉核查，共计完成24 710份定值单检查，并完成全部17项严重问题整改。在南方电网公司继电保护技能竞赛中，广东电网公司队获得智能变电站组团体第一名，常规变电站组团体第二名，包揽智能变电站组个人前三名、常规变电站个人前两名。韶关供电局彭春燕等四位选手获得个人一等奖，创历届参赛最佳成绩。创新成果丰硕，全年调控中心和各地调继保专业共获得广东电网公司及以上级别科技进步奖7项①，技改贡献奖3项，专利奖6项②，职工创新奖12项③，并在IEEE PES General Meeting等高级别国际会议上发表或宣读高水平论文3篇④，提升了专业的国际影响力。

---

① 7项中含南方电网公司科技进步奖1项，为“基于在线管控的继电保护技术支撑体系研究与应用”项目，电力行业科技进步奖2项。

② 6项中含含南方电网公司专利奖4项。

③ 12项目中含南方电网公司职工创新奖3项、国家电力职工创新奖1项，为惠州供电局“继电保护回路完好性测试仪开发”项目。

④ *Arm Overcurrent Protection and Coordination in MMC-HVDC*, *Short-circuit Sequence Network Model of DFIG with Different Slips*和*Fault Waveform Analysis from Different CTs for Fault Location*.

◎ 2018年8月24日，广东电网电力调度控制中心继电保护团队在南方电网继电保护技能竞赛中斩获佳绩

七、自动化业务

2018年，全省各级调度自动化系统各项主要运行指标保持在较高水平，未发生主站系统失灵事件。深入推进主网调控一体化技术功能建设，开关遥控覆盖率达100%。积极稳妥推进程序化控制功能建设，功能覆盖率达100%，在国内率先完成500千伏线路程序化控制。OS2推广成效显著。11月，19个地市供电局完成OCS建设。12月，12个地市供电局完成POC建设，领先全网。全面推进全省配网主站实用化水平，配网可观可控水平持续提升。同月，建成配网技术管理支持平台，全面支撑配调集约化。完成现货系统建设，南方（以广东起步）电力现货市场率先启动试运行。6月，完成调频辅助服务技术系统全功能建设，自动生成调频市场结算账单，于9月1日起调频市场正式结算运行。开展智慧调度顶层设计和系统建设，8月，制定系统运行领域智能技术融合应用方案，明确了新一代智慧调度系统的建设路径，助力广东电网公司向综合能源价值链整合商转型。

八、电力监控系统网络安全业务

全省全年未发生电力监控系统遭受攻击的网络安全事件，未发生因网络安全问题被国家主管单位通报造成不良影响的事件。主动防御体系建设。在南方电网率先完成省地两级态势感知主站系统核心功能建设，2018年底，全部500千伏变电站和18个500千伏电厂态势感知装置部署完成，并接入省级主站。合规性改造。组织对全省存量配电终端开展安防改造，超额完成2018年任务目标。4月，编制发布“十不准”网络安全负面问题清单，规范员工日常网络行为。对调控中心、电科院和19个地市供电局电力监控系统开展等保测评和网络安全渗透测试，完成系统定级备案168套，测评330套，发现问题共计25 315个，并组织各专业进行整改。网络安全三同步原则落实。6月，编制发布电力监控系统网络安全典型设计方案，规范电力监控系统建设。累计完成213套系统的网络安全实施方案审核，11套主站新建系统网络安全并网测评。对全省主站系统开展常态化渗透测试，组织完成漏洞主机整改。

九、电力通信业务

严控电力通信专业7大类45项重大运行风险，年度光缆受外力破坏次数同比降低42%，安全生产指标迈向国际领先。统筹完成OTN、ASON网络的立项工作，全面开展调度数据网二平面建设，为实现通信永不中断目标打下坚实基础。配电网通信实现“从无到有”快速发展，建成配电通信网络汇聚层，完成1492千米配电网光缆建设。公网通信管理体制取得突破，实现公网资费管办分离，实施短信资费精益化管理，每年可为企业节省费用1000万元以上。组织整治公网信号黑点，解决了15万户用电信息采集难题。通信服务能力全面提高，明确了通信为广东电网生产运营全业务提供综合通信解决方案的专业定位，全力支持客服中心、计量中心两大业务集约化工作，解决县区供电局到供电所网络会议的覆盖。通信网智能管控技术全面提升，12月，初步建成配网通信运行管控系统、无线通信综合管理系统等五个技术支持系统，实现配网通信设备电子化移交及公网无线资源的可观、可测、可控。

十、本质安全管理

深化安全生产管理、监督管理、问题围剿三个问题发现机制以及两个安措任务闭环管控机制，并与调控中心生产业务融合，营造安全文化氛围，成为省政府安全文化示范企业。优化“2+4+19”预案体系，6月，建立系统运行应急措施报送机制，成功抵御了强台风“山竹”的袭击。建成南方电网首家“五钻”调度。坚持体系建

◎ 2018年9月16日，广东电网电力调度控制中心调度室应对台风“山竹”调度处置

设与专业管理高度融合、与日常工作紧密结合，围绕责任制落实、制度优化、问题围剿、文化建设等。回顾落实重点工作140项。组织分级培训24场，员工培训覆盖率100%。8月，在南方电网率先完成全业务文件体系，业务管理、方针目标、风险责任等三大安全管理脉络成果，获得南方电网公司审核组高度认可。3项成为南方电网公司级优秀案例。持续深化系统运行领域安全管理。6月，梳理出系统运行专业安全监督检查标准261项，开展安全巡查、调度工作现场查评等各项检查36次。9月，完成调控中心及19个地调安全检查和隐患排查，发现并整改隐患386项，确保了迎峰度夏及防风防汛相关工作落实到位。针对上半年发生的多起二次事件情况，协助召开系统运行二次专业安全生产紧急会议，编制专项整治工作方案，并落实到位。

党群工作

一、党的建设

政治建设。8月，制定党支部委员落实全面从严治党“两个责任”清单，真正把落实管党治党政治责任作为最根本的政治担当，把主体责任一贯到底。发挥党委理论学习中心组学习的示范引领作用。9月，修订党委会实施细则，将“三重一大”决策全面前置。11月，提出加强党委会管理要求，把健全完善党全面领导的制度机制作为重中之重，确保党的领导坚强有力。抓住“关键少数”，建立中心组学习要求动态管控机制，创新“线上共享学习、线下集中研讨”学习模式，开展集体学习11次，专题研讨8次。安排党委委员作重点发言41人次，发挥“头雁效应”，引领各层级学风持续向好。不断促进各部门党建与业务发展深度融合，实现在生产区域和办公区域同步建立党员责任区，实现生产责任区党员代表与部门安全员、办公责任区党员代表与7S管理员同为一人。“党建领安”格局初步形成，通过发挥党员先进性助力中心打造本质安全型企业。

党风廉政建设。聚焦打赢“三大战役”这个重点，调控中心召开党委会或党委扩大会5次、重点推进会2次，集中研究、部署和检查巡视巡察问题整改、扫雷行动、整治形式主义官僚主义、纪律教育月活动工作，开展党委集体主责约谈3次。完成广东电网公司党委常规政治巡察结合巡察组现场反馈14项问题，291项整改项全部明确责任和实施计划。9月，全面铺开“扫雷”行动，开展“扫雷”专题大讨论和一系列谈话提醒，将“扫雷”行动开展情况作为重点内容，纳入部门年度党廉考核，制定专项督查工作方案，组织开展专项监督检查。全面承接落实广东电网公司专项整治“五个一”活动安排，党委班子成员带头检视党性、带头自我批评、带头整改问题。10月，开展形式主义官僚主义再整治专项工作，梳理明确了19个整治内容，并逐一落实到位。持续开展“咬耳扯袖”常态化谈话工作机制。开展“六个一”法治活动，纪委书记带头学习宣贯《监察法》、分析监察法违法案例和重大审计风险案例3次。8月，制定支部纪检委员主要职责和到位标准，出台纪检监察兼职人员轮岗交流工作方案。9月，制定党风廉政建设责任制考核标准，推行业务部门和职能部门“表现挂钩”，创新加入8个加分项，引导责任主体抓实党廉工作。建立三方联动机制，实现党廉考核、调度工作评价和系统运行领域组织绩效考核联动。理顺业务部门自我监督、职能部门职能监督以及纪检监察部门再监督关系，初步形成联动发力、层次分明的“大监督”格局。充分用好“两个责任”监督平台，动态更新廉洁“活页夹”、廉洁问题历史数据库，充分积累廉洁大数据。以“共享一个基地、融合两个库、促进三不腐”的支部联建平台，7月携手东莞供电局打造系统运行领域廉洁文化建设标杆，初步构建了以“五个一”工程、省级调度廉洁示范基地为核心的调度特色廉洁文化体系，带动系统运行领域廉洁文化持续健康向好。

二、宣传思想工作及企业文化建设

抓关键渠道，调控中心党委专题研究部署意识形态工作，7月，开展网络行为违纪违法大学习。抓关键风险点，坚持关口前置，有效防范相关舆情在调度系统蔓延。开展调控中心庆祝改革开放40年宣传活动，讲述调控中心改革开放40年发展征程。全年完成现货市场、抗击台风、40年40人等多个专项宣传，得到了中新社、央广网、南方都市报、南方电网报等多家媒体的关注、报道与推送。发挥榜样引领作用，深化“五个标杆”自主荣誉项目，采取“分类评审+现场展示”，用身边人讲身边事，挖掘和培育党员群众身边的先进典型，树立起学标杆、学先进的氛围。

三、工会和共青团工作

2月6日，组织召开了调控中心四届二次职代会。持续开展星级模范“职工小家”建设。2月，调控中心工会被南方电网公司评为五星级模范职工之家。3月，汪莹荣获南方电网公司2016—2017年度“巾帼建功标兵”称号。职工创新活动收获硕果。8月，广东电网代表队继电保护专业获2018年度南方电网公司继电保护专业技能竞赛（智能变电站）团体第一名，队员获常规变电站和智能变电站个人第一名。始终坚持党对青年工作的领导，带好青年员工这支关键队伍。擦亮志愿服务品牌，继续开展与西湖村贫困户结对帮扶；连续10年与广州市盲校开展“送光明献爱心”捐资助学活动，共资助失明儿童超过30人，其中4名考上大学、3名考上高中、2名步入社会参加工作。持续开展“全国青年文明号”和“全国青年安全生产示范岗”创建活动，围绕防范电网9大风险和“630”等重点工作，努力营造“安全生产、青年当先”的良好氛围。伍国豪荣获广东省优秀共青团干部，娄媛媛、赵雯分别荣获南方电网公司优秀共青团员和优秀共青团干部，获广东电网公司荣誉6项。

电力科学研究院

单位概况

一、主要职能

广东电网有限责任公司电力科学研究院（以下简称“电科院”）作为广东电网公司生产运行与科技创新技术支持与服务的实施主体和执行机构，按直属实施机构管理，接受广东电网公司生产技术部、科技部等相关部门的专业管理和业务指导，根据广东电网公司授权和委托，主要负责协助建立完善广东电网公司技术标准体系和技术监督制度，为广东电网公司生产技术、系统运行、科技创新、物资品控等领域提供全方位、全过程的技术支持与服务，承担南方电网公司山火监测预警中心相关专项工作，开展广东电网公司相关业务领域的工作检查、监督与考核。

二、组织机构

电科院前身是广东省广电集团有限公司电力试验研究所，2005年3月31日更名为广东电网公司电力试验研究所，2009年6月2日更名为广东电网公司电力科学研究院，2014年6月4日更改为现名。截至2018年底，电科院内设12个职能部门、15个专业所，具体如下页图所示。

三、领导班子

2018年，根据广东电网公司党委决定，电科院领导班子调整如下：5月18日，免去黄松波电力科学研究院副院长、公司科技成果转化中心主任职务。10月15日，聘任饶章权为电力科学研究院副院长，兼任公司生产监控指挥中心主任。

至2018年底，电科院领导班子成员如下：

广东电网公司副总工程师，电科院院长、党委副书记：肖祥

党委书记、副院长：何国强

党委委员、副院长：何宏明

党委委员、副院长、工会主席：郑晓光

党委委员、纪委书记：白玉

党委委员、副院长：饶章权

四、人员状况

截至2018年底，电科院共有在职员工378人。其中，博士65人，硕士217人，本科生74人，专科生14人，中专及以下学历的8人；已取得专业技术职称的共277人，其中高级职称200人，中级职称65人，初级职称12人；已取得技能等级的共7人，其中技师3人，高级工3人。

年度大事

（1）2月7日，佛山对口帮扶云浮指挥部与电科院、云浮供电局、电科院能源技术公司在云浮签订了合作协议，共同打造以氢能为特色的综合能源示范园区。

（2）4月4日，整合电科院试验检测资源，成立实验室管理中心，加大各项检测资源的投入，为广东电网公司“买好设备”提供强有力技术保障。

（3）4月，建成南方电网首个气象卫星地面接收实验平台和卫星数据超算处理平台，提升台风、山火、雷电预警的准确性和及时性。

（4）5月8日，通过自主研发，掌握了变电站巡检机器人核心技术，形成产品样机，通过国家“机器人检测与评价中心”组织的型式试验。

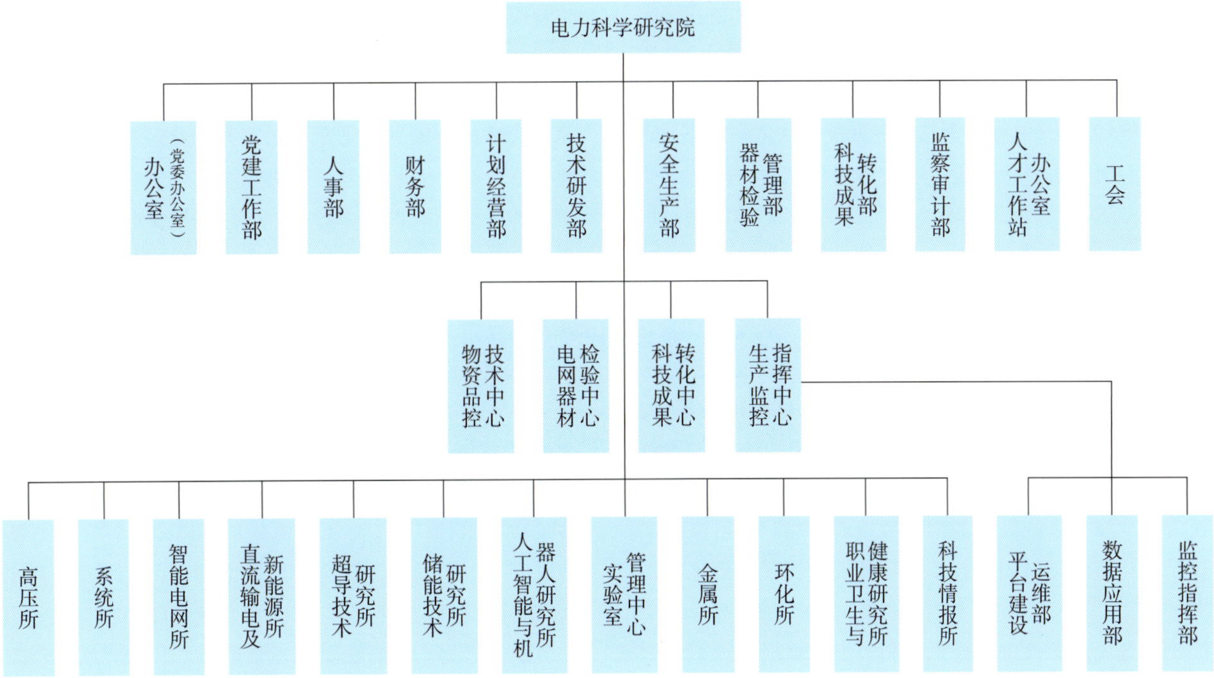

（5）6月5日，电科院及能源技术公司成立海上风电联合攻关团队，开展海上风电并网关键技术、海上风电材料及装备技术、智能运维、远程监测诊断技术等相关技术研究，加快海上风电领域技术研发和业务布局。

（6）7月4日，广东电网公司生产监控指挥中心完成组建，挂靠电科院，实现业务化运作。

（7）9月7日，南网首个混合所有制的孵化器公司——南方电网能源科技孵化器公司揭牌成立。

（8）12月29日，“六氟化硫回收与处理中心”经广东省科技厅认定为广东省六氟化硫工程技术研究中心，成为广东电网首个省级工程中心。

（9）12月，电科院主持承担的国家重点研发计划项目——分布式可再生能源项目以及超导直流限流器项目完成关键设备研制。

业务发展

一、安全生产

按照“管业务必须管安全、管生产经营必须管安全”的要求，进一步健全安全生产责任体系，强化安全风险管控，完成了2018年度安全生产目标。持续强化安全监督检查，深挖问题80项，并逐一整改落实。开展安全生产月和安全生产大讨论活动，促进广大员工深入理解本质安全的理念，牢固树立安全生产红线意识和底线思维。2018年获评南方电网公司安全生产先进集体。7月4日，完成组建广东电网公司生产监控指挥中心，整合各部（所）资源，优化调整内设机构，实现业务化运作。开展电网设备状态感知、综合评价、生产指挥等业务，可对广东电网公司重要生产管理业务进行多级展示，实时监控关键场景，实时评估设备运行风险，督促地市供电局及时消除设备隐患。7月，实现了省地两级“监测—告警—排查—反馈”的设备管理闭环管控，有效保障系统和输变电设备安全稳定运行。有效督促、跟踪各地市供电局运维管控计划实施，全省运维计划完成率同比增长7.2%。加强反措、预试、缺陷分析处理等工作管控，5—7月，开展全省107座重要变电站反措和预试完成情况专项督查，确保反措及预试要求的严格执行。发布故障及缺陷工作周报36份，促进设备故障、缺陷的分析处理，有效闭环。着力消除设备隐患，全年完成输变电设备故障分析59起、重大缺陷分析52起，配网重复性故障分析12起。开展500千伏套管隐患排查89只，及时消除韶关曲江500千伏主变套管重大缺陷。6—8月，开展防范重大电气火灾风险及提升站用电源质量水平等专题研究，提出针对性整改及优化措施17项，确保设备安全。完善技术标准体系。构建具有广东电网特色的“1+N”技术标准工作模式，建立“体系完整、业务全面”技术标准体系，收录标准及指导意见等8658项，实现了标准体系对广东电网公司业务的全面覆盖和支撑，并通过南方电网生产技术示范基地申报认可。强化设备质量管控。整合电科院试验检测资源，成立了实验室管理中心，加大各项检测资源的投入，到货抽检自主检测量同比4月增长117%。建立品控标准库以及典型质量缺陷库，发布品控标准194份，二级物资品控标准覆盖度达到90%。完成376台/间隔主设备监造，主设备出厂试验一次通过率97.87%（达到历年最高水平）。全过程参与广东电网公司重点工程GIS设备监造工作，生产制造阶段累计发现缺陷55项，并已全部处理，确保设备零缺陷出厂。

二、科技创新

2018年，电科院主持承担国家重点研发计划项目2项，参与国家重点研发计划项目6项，承担南网重点科技项目6项。其中，电科院主持承担的国家重点研发计划项目“超导直流限流器的关键技术研究”项目突破了双面封装超导带材制备技术，超导带材实现批量化制备水平，完成示范工程并网方案初设，完成世界首台160千伏超导直流限流器中间样机研制；主持承担的国家重点研发计划项目“交直流混合的分布式可再生能源关键技术、核心装备和工程示范研究”项目突破以交直流混合配用电网为核心的综合能源灵活组网关键技术，研制出四端口的兆瓦级电力电子变压器和基于耦合负压回路的10千伏混合式故障电流控制器，这也是南网首台多端口电力电子变压器。参与的动力电池梯次利用、PM2.5及汞联合脱除等6项国家重点研发计划课题顺利完成年度里程碑任务。承担的侵入波危害辨识以及大型无人机巡检深化应用等2项南网重点科技项目顺利完成验收，石墨烯超级电容器等4项南网重点科技项目完成年度计划任务。

推进“科技兴安”。围绕电网生产实际，以解决生产难点、痛点为核心，在主配网安全、防灾减灾、智能配电网、职业健康等专业领域开展重点研发。4月，建成南网首个卫星地面接收站和卫星数据超算处理平台，提升台风、山火、雷电预警的准确性和及时性。全年发布影响110千伏及以上线路山火热点54处，准确率达90.7%。正式面向南网开展山火监测，成功预警广西及云南山火3起。全年监测220千伏及以上线路跳闸173条次，成功定位156例，成功率90%，开展同跳、重复跳闸及重合闸不成功故障分析25条次，提高了管理精益化水平。自主研发的智能管控装置、配电房智能网关在珠海、江门、云浮等智能电网示范区示范应用。11月，完成智能安全围栏、防漏拆接地线、步骤锁等智能安全防护装置样机研发并具备产业化条件，研制了100千瓦磷酸铁锂电池模块化储能应急电源样机并完成系统联调。建设作业风险管控平台，11月，研制了基于北斗高精度定位的智能终端。完善电网职业健康管理体系，实现职业健康风险管控。

科技成果产业化。建立科技成果孵化转化业务配套制度，推动建立南网首个能源科技孵化器公司，全年完成70项科技成果转化至新兴业务企业。变电站智能巡检机器人、智能充电桩、变电站（配电房）噪声治理、10千伏多腔室避雷器等转化产品已具备量产条件，首批产品已投入生产应用。在系统内率先完成科技成果转化收益分红激励兑现，激发了创新创业动力。着力建设有特色的高水平技术创新平台，六氟化硫实验室秉承“创新、协调、绿色、开放、共享”的发展理念，从电力行业安全生产和环境保护的实际要求出发，以南方电网“打造安全、可靠、绿色、高效的智能电网”的企业愿景为目标，致力于六氟化硫在电力行业安全环保应用的技术研究工作。6月，“六氟化硫实验室”被认定为南方电网重点实验室。11月，广东电网公司电力超导技术研究实验室投入运行。12月，“六氟化硫回收与处理中心”被认定为广东省工程技术研究中心；12月底，广东省电力设备可靠性企业重点实验室通过省科技厅验收。

◎ 2018年12月29日，“六氟化硫回收与处理中心”经广东省科技厅认定为广东省六氟化硫工程技术研究中心，成为广东电网首个省级工程中心。图为六氟化硫工程技术工作室

党群工作

一、党的建设

政治建设。坚持把政治建设作为根本性建设，严守政治纪律和政治规矩。党委认真学习习近平新时代中国特色社会主义思想和上级党组织决策部署，学习贯彻全国国有企业党的建设工作会议和中央企业党的建设工作座谈会精神，落实南网党组一号文，分解116项重点工作和198条举措，推动各项党建重点任务落地落实。3月，电科院党委召开“彻底肃清李嘉、万庆良流毒影响”民主生活会。全体党员干部“四个意识”和“两个维护”

的自觉性更强，全年未发现违反政治纪律和政治规矩的情况。

组织建设。9月，完成生产监控指挥系统党员责任区试点工作，破解党建和业务“两张皮”问题。按照“一个目标”定方向，“高低两线”定责任，“三个到位”树标杆，“四步推进”促落地①的思路，以党员责任区为抓手，实现党建与业务的深层次融合。10月，在广东电网公司中心机构率先实现“一支部一阵地、一阵地一书屋”。建立以“责任落实动态管理清单、季度督查、定期汇报”为主体的过程化管控体系，采取“党建领导小组会、半年总结、年度总结”等方式，定期不定期评估党支部各项工作情况。全年发展党员2名，确定4名入党积极分子。

思想建设与企业文化建设。围绕主线强化理论武装，开展中心组学习、党务干部培训、特色主题党日、视频会等形式多样的学习教育活动，电科院党委班子成员、支部书记、支委登上讲坛讲授专题党课，深入学习教育和宣传阐释习近平新时代中国特色社会主义思想和党的十九大精神。7月，召开七一表彰大会，邀请麦晓明等先进典型开展主题演讲。加强意识形态工作领导机制建设，电科院党委、党建工作领导小组定期研判员工思想动态，专题部署研究意识形态工作。建立完善员工思想动态测评的指标体系，并将其纳入支部考核内容，以季度为周期收集并分析员工思想状况；多形式、多角度收集员工意见，掌握员工思想动态。8月，以改革开放40周年、电科院建院六十周年为契机，访谈张福堂、余建明等五位老前辈，重温院史，引导员工牢固树立和自觉践行“四个意识”，坚定“四个自信”。以“科技创新驱动经济发展”为主线，制作完成40年40人的改革开放系列报道。9月，组织开展演讲比赛和建院60周年文艺汇演。11月，在中央电视台科教频道《走进科学》栏目上，播出了反映电科院“动力用煤降损与环境污染治理关键技术研究及工程应用”项目科研成果的专题宣传片：《电煤护卫队》。

二、纪检监察工作

认真落实上级党风廉政建设工作要求，协调各监督责任部门主动开展自我监督、专责监督、协同监督共105次，发现问题35个，制定管控措施52项，通过监督平台压实了“两个责任”。建立主体责任落实季度滚动回查监督机制，围绕竞争性业务、招投标管理等领域开展针对性季度滚动回查和回查监督，有效遏制问题增量。深入实践“四种形态”，结合两个教育月活动，完成全覆盖谈心谈话869人次，编制“第一种形态”谈心谈话指引，有效提升了谈话质量，实现了“抓早抓小”的目的。扎实推进“扫雷”，按照“五个结合”要求组织5个业务领域认真落实“扫雷”计划，发出监察建议书15份，将摸排“扫雷”提升为杜绝“种雷”。强化“六大纪律”监督，协助电科院党委开好民主生活会，做好党支部组织生活会督导，持续增强政治生活严肃性。做好重大节假日廉洁提醒，开展“四风”专项检查、明察暗访，实现监督常态化。持续开展“不能腐”主体责任落实情况监督检查，滚动修编廉洁风险控制库，杜绝了“种雷”行为，使内部监控和内部管控相互促进，形成了竞争性业务“不能腐”体制机制建设的良性循环。全年开展“五个一”专项整治，梳理突出问题31项，完善制度细则22项，既纠正了“扫雷”行动中的形式主义、弄虚作假现象，又防范了因形式主义官僚主义问题产生的“种雷”行为。开展《竞争性业务“不能腐”体制机制》课题研究，相关经验文章在《广东党风》发表。

三、工会与共青团工作

2月，召开二届四次职代会，审议并通过电科院年度工作报告。5月，高压所、直流输电及新能源所和能源技术公司节能事业部获得“南方电网公司四星级模范职工小家”称号。建立帮扶慰问机制，全年探访生病和困难职工120人次，全年慰问新婚生育员工70人次。9月26日，以建院六十周年为契机，举办“实干兴网承使命，砥砺科研葆初心”文艺汇演。12月，电科院获评南方电网公司2018年安全生产先进集体和南方电网公司节能环保先进集体荣誉。人工智能与机器人研究所获广东电网公司“工人先锋号”荣誉称号，职业卫生与健康研究所李华亮、人工智能与机器人研究所谭金获“广东电网公司创客”荣誉称号。至2018年底，累计创建职工创新工作室7个，其中南方电网公司级3个、广东电网公司级4个。共获得南方电网职工创新奖3项（三等及以上），广东电网职工创新奖5项（三等及以上）。共青团建设及志愿服务。坚持“党建带团建”，贯彻落实党中央、团中央、网省公司和电科院青年工作要求，3月，前往梅花街社区工疗站开展“学雷锋”志愿活动，参与广东电网公司“国际志愿者日”和“烈士纪念日”活动。全年建设省级青年文明号“雷电定位系统中心站”、省直青年文

---

① “一个目标”：促落地打造一支业务技能和思想水平兼优的精英模范队伍。“高低两线”：划分为高线责任和低线责任两个层次，保证党员严格落实基本责任，同时提出“跳起来够得着”的更高目标。“三个到位”：党员意识、实际行动、纪律要求到位。“四步推进”：调研摸底、责任划分、量化考评、反馈提升。

明号“电力设备远程监测诊断中心”“广东省智能电网新技术企业重点实验室”及广东电网公司“青年安全生产示范岗”智能电网所智能变电室等6支优秀青年团队。电科院团委获广东电网公司2018年度“五四”红旗团委称号，智能远程系统团支部获广东电网公司“五四”红旗团支部。

电网规划研究中心

单位概况

一、主要职能

广东电网有限责任公司电网规划研究中心（以下简称“规划中心”）作为广东电网公司电网规划研究工作的实施主体和执行机构，接受广东电网公司计划发展部的业务指导，负责参与制定广东电网公司电网规划有关管理制度和标准，执行广东电网公司下达的电网规划工作任务；履行对广东电网公司电网规划的专业指导；负责协助编制广东电网公司综合能源规划、电网发展规划、区外联网规划及各种配套专项规划；负责开展项目技术经济评价、规划后评价相关的专题研究和分析工作；负责开展电网建设项目的准入评审工作，协助审查地市级配电网规划及规划库项目方案，编制全省配电网规划报告及农村电网规划等专项规划；负责开展广东电网系统运行技术研究、智能电网技术研究、低碳技术研究、节能与新能源项目的规划研究与开发应用工作；负责对广东电网公司系统各单位电网规划工作的指导、协调、监督、检查。

二、组织机构

规划中心前身是2011年成立的广东电网公司电网规划研究中心，2014年6月4日更改为现名。截至2018年底，规划中心内设6个部门，具体如下图所示。

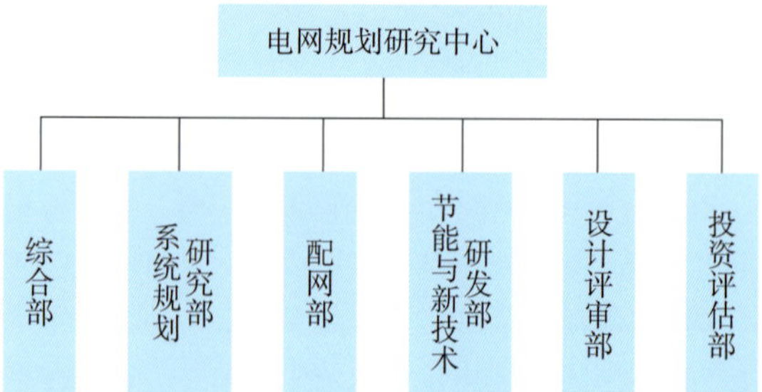

三、领导班子

2018年，根据广东电网公司党委决定，规划中心领导班子调整如下：11月1日，因梁锦照调到南方电网公司工作，免去其电网规划研究中心党总支委员、副主任职务。

至2018年底，规划中心领导班子成员如下：

主任、党总支副书记：黄伟杰

党总支书记、副主任：刘伟辉

党总支委员、副主任：陈辉祥

调研员：金波

副调研员：李峰

四、人员状况

截至2018年底，规划中心共有职工111人（含劳务派遣职工6人），其中，博士9人，硕士74人，本科生24人，专科生2人，中专及以下2人；已取得高级职称61人，中级职称18人。

年度大事

（1）1月26日，规划中心举办第一期技术论坛。

（2）1月，规划中心承接广东省电力质量监督站工作，建立质监站首次专职管理机制，组建了质监专职专业管理架构，优化了对应的管理和业务体系。

（3）4月4日，规划中心科技项目《配电网多元协调规划技术研究及应用》中的《基于先进数据挖掘方法的多维度用户负荷特性研究》《适应分布式新能源背景的配电网短路电流计算方法及限制措施优化研究》和《高可靠性配电网一二次协调规划技术研究》3个子课题通过开题评审。

（4）6月19—27日，广东电网公司党委第三巡察组第二小组对规划中心开展了“机动式”巡察。

◎ 2018年9月28日，电网规划研究中心参加粤港澳大湾区电力发展专题座谈会

（5）7月24日，规划中心党总支党员代表赴梅州五华县横陂镇西湖村开展走访慰问送温暖活动，看望结对帮扶贫困家庭。

（6）8月23—24日，规划中心八项科技项目成果通过中国电力规划设计协会鉴定，其中《输变电工程主网设计评审平台》获得高度评价，认为其达到国内及行业领先水平。

（7）9月28日，规划中心参加粤港澳大湾区电力发展专题座谈会并作电力发展专项规划汇报。

（8）10月24日，规划中心参加中国电机工程学会电力工程经济专业委员会2018年年会，并在会上宣读交流获奖优秀论文。

（9）12月5—6日，规划中心参加2018年粤港澳大湾区电力创新高峰会暨第十五届中国南方电网国际技术论坛，荣获科技进步奖、技改贡献奖等六个奖项。

（10）12月，规划中心出台《广东省大规模海上风电发展规划研究成果》。

业务发展

一、规划研究

主配网规划。主要承接开展了四项规划研究：第一项是广东中长期负荷预测及电源发展规划研究，于6月完成；第二项是大规模海上风电输电规划研究，于12月完成；第三项广东电网目标网架深化研究和第四项粤港澳大湾区电力发展规划研究，至2018年底已获得阶段性成果。上述研究的成果得到了南方电网公司的肯定。同时，全面完成保底电网规划任务，进一步深化了南方五省区2035年及2050远景年电网规划研究。深度参与南方电网公司和广东电网公司配电网规划标准制定。3月，完成广东电网规划技术原则修编；9月，完成广东电网公司年度配电网规划项目库修编；10月，完成南方电网公司“十三五”配电网规划修编工作。12月，完成对19个地市供电局配电网规划建设专项督导和帮扶外省督导工作。进一步深化区域联动工作，为汕尾、揭阳等11个地市供电局提供技术支持服务，累计开展6次现场指导，接收2人前来学习锻炼，开通全省配网规划技术咨询热线实时答疑解惑。积极开拓增量配电网规划专项研究工作，5月，完成国家级增量配电网园区《肇庆大旺高新区增量配电网专项规划》，6月，制定《增量配网专项规划研究内容深度规定》等技术标准和专项报告。

智能电网规划研究。3月，采用拼图方式，搭建“三个一”智能电网规划建设研究总体框架，即：一个智能电网全景研究框架体系、一幅智能电网研究战略地图和一套支持保障体系。先后组建了12个研究团队，组织开展湾区能源发展与电源规划、绿色电网目标网架规划、清洁能源应用仿真、电力负荷人工智能预测分析、储能应用规划、友好高效配电网规划、智能配用电技术、综合能源技术应用、设计优化、变电站智能化、技经决策应用、规划建设大数据智能应用等方面研究工作，并取得阶段性成果。

科研基础储备。常态化开展“班车制”研究项目储备库入库评审工作，完成了31个项目入库评审。全面谋划创新中心实验室，开展了规划仿真、工程造价、设计评审实验室的建设及申报。8月23—24日，中国电力规划设计协会对规划中心申报的《输变电工程主网设计评审平台》《广东中低压配电网规划技术指标研究》《南方区域抽水蓄能电站效用评估及运行定位研究》《广东电网用户负荷特性典型应用研究》《广东省电动汽车充电基础设施专项规划（2016—2020年）》《广东“十三五”配网深化研究》《基于电力信息模型的输配网设计平台》《先进电力技术示范区（横琴新区）智能

◎ 2018年12月5-6日，电网规划研究中心参加2018年粤港澳大湾区电力创新高峰会暨第十五届中国南方电网国际技术论坛，获科技进步奖、技改贡献奖等六个奖项。图为颁奖典礼

配网建设方案及新技术应用研究》等八项科技项目成果进行鉴定，其中《输变电工程主网设计评审平台》被给予了达到国内及行业领先水平的评价。做好专利挖掘和布局，2018年完成专利申请41项，超额完成任务26项。科技创新成果逐步增加，获得中国电力科技进步奖及广东电网公司科技进步奖19项，科技奖励获奖数创历史新高。

二、设计评审与造价咨询

设计评审。全面承接了广东电网公司35千伏至220千伏电网基建工程的各个建设阶段设计评审工作。全年完成主网工程设计评审518项，收口项目408项。其中可研评审205项，初步设计评审155项，施工图设计评审130项，重大设计变更评审28项。评审项目数创历史新高。规划中心作为南方电网系统首家承接500千伏输变电项目的评审单位，服务范围扩展至云南电网、贵州电网和南方电网超高压公司等，夯实了规划中心在南方电网评审咨询领域的领先地位。造价咨询。8月，首次承担完成南方电网公司基建部《2017年度35千伏及以上电网工程造价水平分析报告》重点任务，工作质量获得专家的一致好评。贯彻高质量投资的理念，12月，完成《广东电网增量配电网项目运营方案内容深度规定》等。

三、“两站”工作

1月，建立了质监站首次专职管理机制，组建了质监专职专业管理架构，优化了对应的管理和业务体系。受国家能源局质监中心委托，作为南方电网区域唯一一家省级质监中心站，开展健全完善质量监督管理试点工作并于12月完成。全年受理并完成了407项工程阶段质量监督申报和检查，其中，电网工程251项，电源工程156项，提出整改意见2877条，实现零质量事故和零问题投诉。其次是承接做好定额站工作，确保各阶段造价文件执行的准确性，首次承担定额修编，持续做好全省造价持证人员继续教育工作。

党群工作

一、党的建设

政治建设。坚定自觉地将党中央重大决策部署、网省公司加快转型发展及建设具有全球竞争力的世界一流企业目标落实到各项业务工作中。严格落实党建责任制，11月，完成党建工作要求“进章程”，贯彻落实民主集中制，完善议事规则，重大决策事项实施党组织前置讨论，全年共召开23次党总支会、18次院长办公会。推进全面从严治党责任压实压紧。常态化每周党总支会议集体学习，提高班子成员管党治党的履职能力。压实各支部委员责任，3月，签订责任书，并将履责情况纳入监督计划。组织建设。深入宣贯《中国共产党支部工作条例》，9月3日，党总支书记面向全体党员作主题为“准确把握新时代党建总要求 努力把基层党组织锻造得更加坚强有力”的党课。10月18日，开展支部培训。深化组织生活过程管控，推进政治生活“看板式”管理，11月，细化印制十五个规定动作并上墙展示，形成支部建设“清单管理+每月提醒+季度督查”机制。加强思想建设。5月18日，制定任务分解表，确保党的十九大精神落实落地。落实“三计划三平台”，深入推进“两学一做”学习教育常态化制度化。加强意识形态工作，8月30日，召开青年代表座谈会。9月25日，开展“抵制网络谣言 净化网络环境”舆论安全宣讲活动。10月19日，召开群众座谈会，开展意识形态摸查工作。12月，改造建立3间党员活动室，打造党建宣传文化墙。

党风廉政建设。牢固干部员工的纪律和规矩意识。围绕“两学一做”要求，坚持“学、讲、看”联动，3月，组织党员、入党积极分子开展廉洁教育月活动，以“学习动员—反面典型教育—第一种形态谈心谈话—现场参观—手写心得”模式，引导全体党员深入理解“守纪律 讲规矩”的时代内涵及现实意义，加深对党的理想信念的认识，让政治规矩与政治意识内化于心，外化于行。抓好“机动式”巡察问题的整改。6月19—27日，广东电网公司党委第三巡察组对规划中心开展了“机动式”巡察。8月21日，巡察组向电网规划中心反馈了巡察意见。9月3日，规划中心成立巡察整改工作小组，并制定推进方案，针对第三巡察组反馈的发现的40个存在问题，分总体部署、整改实施、督查跟进、总结上报四个阶段实施整改。9月10日，进一步研究细化“机动式”巡察反馈意见整改任务清单。9月30日，召开党总支领导班子专题组织生活会，建立巡察整改例会制度，召开了6次党总支专题部署会。10月，上报巡察办整改情况的报告，至12月底，全部完成的整改任务。

客户服务中心

单位概况

一、主要职能

广东电网有限责任公司客户服务中心（以下简称“客服中心”）作为广东电网公司客户服务工作的实施主体和执行机构，接受广东电网公司市场营销部的业务指导，负责参与制定广东电网公司客户服务有关管理制度和标准，执行广东电网公司下达的客户服务工作任务；履行对广东电网公司客户服务的专业指导；具体负责广东电网公司“95598”服务热线和远程渠道的业务受理、渠道运营推广、电费核算和结算服务、客户关系维系、服务在线监控、停电监控；负责开展营销服务大数据应用和服务数据统计、汇总及分析等工作；负责对广东电网公司系统各单位客户服务工作的指导、协调、监督、检查，并提供专业支持。

二、组织机构

客服中心成立于2017年1月。截至2018年底，客服中心内设8个部门，具体如下图所示。

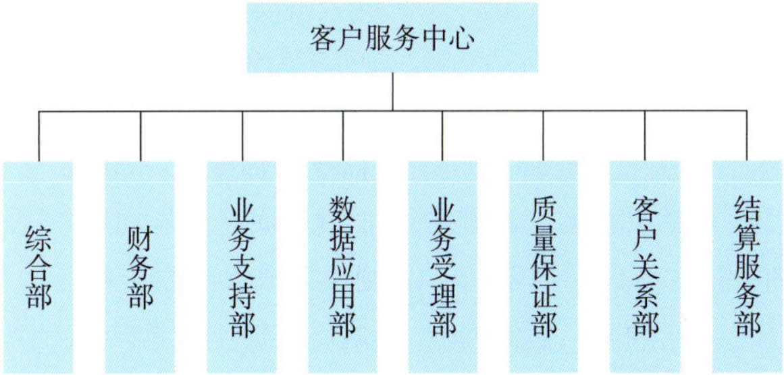

三、领导班子

2018年，根据广东电网公司党委决定，客服中心领导班子调整如下：1月27日，叶慧萍任客服中心副主任。

至2018年底，客服中心领导班子成员如下：

主任、党支部书记：王国瑞

党支部委员、副主任、工会主席：覃浩

党支部委员、副主任：叶慧萍

四、人员状况

截至2018年底，客服中心共有职工29人，其中硕士生13人，本科生16人。已取得专业技术职称的共28人，其中高级职称10人，中级职称13人，初级职称5人。

年度大事

（1）3月16日，客服中心召开第一次党员代表大会，成立客服中心党支部，选举产生了第一届支委委员：王国瑞、覃浩、叶慧萍为支部委员会委员，王国瑞为书记。

（2）5月7日，客服中心成立电费核算工作组。10月26日，在南方电网系统率先实现电费省级集中核算。

（3）6月22日，客服中心全面启动和推进COPC顾客体验标准认证，成为全国首家启动COPC顾客体验标准6.0版本认证的能源企业。

（4）6月27日，客服中心的《优化广东营商环境，AI助力电力服务升级》项目，入围国家工信部“2018人工智能与实体经济深度融合创新项目”。

（5）7月6日，南方电网公司总经理、党组副书记曹志安到客服中心调研。曹志安听取了省级服务调度运作情况、人工智能应用以及互联网多媒体服务工作开展情况，深入班组实地了解员工培养和职业发展通道。

（6）7月20日，客服中心正式成立南方电网首个“人工智能班”，“人工智能+大数据”应用工作被纳入南方电网智能电网总体规划。

（7）9月6—7日，客服中心成功承办2018年（第一届）公共服务客户联络中心发展高峰论坛。

（8）9月16日，在第22号强台风“山竹”登陆当日，广东电网公司“95598”服务热线呼入总量21.4万宗，创历史新高。

（9）12月5日，客服中心的《南方电网“95598”省级集约试点建设及应用》项目，获评“南方电网公司技改贡献一等奖”。

（10）2018年，客服中心先后荣获2018年中国客户联络中心行业最幸福团队、最佳服务案例、最佳学习型组织、客户口碑最佳客户联络中心、最具特色多媒体客户联络中心等五项行业大奖。

业务发展

一、客户服务管理体系

打造行业客户服务标杆。根据广东电网公司“勇当排头兵”的要求，客服中心以“打造行业领先的全媒体客服中心、创建国际一流服务标杆”为目标，按照“2017年南网领先、行业一流”“2018年行业领先、央企一流”“2019年国内领先、国际一流”的三年实施路径，着力推进问题解决、增值服务、渠道运营、辅助决策、创造价值“五大中心”建设。5月，客服中心荣获2018年中国客户联络中心行业最幸福团队、最佳服务案例、最佳学习型组织等三项国家级大奖；在2018年市场营销（农电）领域“大练兵、大比武”上，客服中心代表队获得团体第一名。全面启动和推进COPC顾客体验标准认证，6月，成为全国首家启动COPC顾客体验标准6.0版本认证的能源企业。至2018年底，有18名员工取得COPC认证实施协调员资格。9月6—7日，成功承办2018年（第一届）公共服务客户联络中心发展高峰论坛。论坛主题为“公共事业服务新理念开拓新局面”，共有“12301”国家智慧旅游服务热线、佛山政府“12345”服务热线、相关地市广电网络、燃气、水务等51家单位参加。客服中心现场展示电力服务智能化成果。11月，客服中心《南方电网“95598”省级集约试点建设及应用》项目，获评“南方电网公司技改贡献一等奖”。9月16日，在第22号强台风“山竹”登陆当日，“95598”服务热线呼入总量21.4万宗，创历史新高。抗风复电期间，客服人员人均日工作时长延长45%。10月，建成广东电网公司供电服务展示厅，成为公司品牌形象传播平台和业务交流展示窗口；建成公司首个客户服务实训室，搭建新员工岗前有效培、真实考、客观评的培训平台。11月，客服中心获得“客户口碑最佳客户联络中心”和“最具特色多媒体客户联络中心”两项行业内大奖。12月，国家能源局南方监管局稽查处调研客服中心，对公司“12398”投诉管控举措与成效高度肯定，认为客服中心工作体系完善、人员素质优秀。

◎ 2018年11月23日，广东电网公司客户服务中心承办全国首届公共服务客户联络中心发展高峰论坛，荣获国家工信部电子商务协会2018年度“客户口碑最佳客户联络中心”和“最具特色多媒体客户联络中心”奖项

◎ 2018年12月24日，国家能源局南方监管局稽查处副处长彭希韵调研客户服务中心，对广东电网公司2018年12398投诉管控举措与成效高度肯定

建立报表体系。以客观、全面、及时的通报和督办为有力抓手，建立十大报表服务体系，实现了从发现问题、传递问题向关口前移防范和解决问题的转变。从客户体验和客户视角出发，重点关注和持续通报反映供电能力和服务能力的业扩报装存量工单超时率和销号率、停电时间录入系统完整率、百万客户来话量、问题处理时长和问题解决率、互联网业务比例、回访满意率等指标，把握了基层班所在工作执行过程中的“七寸”问题，解决和销号了大量业务办理问题和工单，取得了积极效果。2018年，客服中心9项考核指标均达到满分值，其中：“95598”平均通话时长179.08秒，“95598”一次问题解决率92.22%，“一口受理”下单超时率为0。

粤琼、粤黔联建。4月，客服中心与海南电网客服中心开展客户服务及营销星级班组专项结对帮扶工作，双方签署了《客户服务及星级班组建设协议书》。11月，与贵州电网客服中心签订结对联建协议，时间从2018—2020年，为期3年。

二、客户诉求管理

建立“问题解决中心”的科学测度。6月，建成“互联网+”客户关系管理平台，开展客户数据的归集管理与挖掘应用，实现全渠道、全业务诉求统一接入、统一受理。明确客户投诉界定“五有原则”①，客观全面暴露服务问题和短板，开展对问题精准定位和协同解决。坚持“问题导向，关口前移，限时解决，闭环管理”的原则，省地服务协同有效运作，全面落实服务调度“六全”管理职能②，实现客户诉求有效管控，客服中心问题解决能力量化提升，建立了客户问题全过程预警、管控和闭环工作机制，有效实现“95598”投诉下降53%，“12398”投诉大幅下降近7成。提升硬件和智能化支撑水平。优化“95598”语音平台部署架构，8月，完成从虚拟环境向物理环境迁移，完成营销系统客服模块分包，增拓200路“95598”应急电话，进一步提升平台可靠性。全年信息系统安全稳定运行，圆满完成全国“两会”、重要节日保供电任务，成功应对台风“山竹”期间21.4万宗/日的历史话务高峰。强化知识体系建设，建成智能知识库，月均更新知识量达15万字。建成三大自助查询办理业务场景及1500条FAQ，支撑智能在线客服和智能IVR顺利上线，实现服务智能化升级。1月起，加强实施《“95598”坐席人员“十个规定动作”》和《“95598”坐席人员“十个禁止行为”》，形成对客户诉求的全方位管控，实现人工接通率、一次问题解决率和客户投诉、热线话务量的“两升两降”。4月起，建立1小时联系客户工作机制，实现对客户诉求的第一时间响应，成为“12398”和“95598”客户投诉持续下降的有效手段。加强客户服务人员自身建设，10月，建成广东电网公司首个客户服务实训室，实现新员工岗前有效培、真实考、客观评。

三、客户服务转型升级

3月，推出22项“一次都不跑”线上办理服务，广东电网公司互联网业务比例从年初的23%提升到81%。构建全触点电子渠道运营体系，以“互联网+”为客户服务赋能，积极运营互联网统一服务平台，客户注册数突破1600万户，占南方电网注册总数5成以上。客户积分商城累计吸引756万人次参加活动，成为增值服务的重要载体。在抗击强台风“山竹”期间，开通“微信互动直播”，广东电网公司抢修复电动态获60余万人次关注阅读和超3万人次点赞。12月，组织开展“童趣电时光”活动，吸引超过200万人参加，强化了客户对“万家灯火、南网情深”品牌形象的感知。通过在互联网平台为客户关注的热点问题提供文字和视频专业解答，全年合计提供专业应答服务1.4万次、阅读量达839万人次；制作科普视频、图文知识152条，在主流热点视频网站浏览量达560万人次，助力优化营商环境。借助AI提升服务水平。6月，客服中心《优化广东营商环境，AI助力电力服务升级》项目，成功入围国家工信部“2018人工智能与实体经济深度融合创新项目”，成为电力服务行业人工智能应用的引领者。7月，成立全南方电网首个“人工智能班”，客服中心人工智能+大数据应用工作得到南方电网公司高度肯定，被纳入南方电网公司智能电网总体规划。

四、电费省级集中核算

按照南方电网公司提出电量自动抄表、电费自动核算、账单自动推送、电费自动划扣的“四个自动”要求，5月，客服中心成立电费核算工作组。通过加强过程管控、优化核算规则、创新业务模式。10月，实现电费省级集中核算，电费发行效率提升19.25%，异常率和差错数分别降低57.53%和23%，广东电网公司成为全国首家建立电费核算“省客服+供电所”扁平化作业体系的省级电网公司。通过核算业务重构、前置管控业务工单以及对原规则库进行优化，电费异常下降40%、电费差错率下降了万分之0.36，实现了人员大幅减少和电费结算服务水平的大幅提升，发挥了客服中心机构在广东电网公司集约化、专业化管理和业务模式创新上的积极作用。从4月1日起，全面承接省级购电结算工作，累计完成5163亿千瓦·时购电结算。及时、准确、零差错完成结算服务，并提前4个月实现购电电子化结算率达到100%。全年完成36项营销系统功能改造，向各市场主体提供高效、优质的市场化交易结算服务，完成实用电量1556亿千瓦·时，实现结算服务“零差错”。积极支持改革、参与改革，按期完成支撑系统建设，参与编制相关工作规范，助力全国第一个电力现货市场投入试运行。

党群工作

一、党的建设

党建工作。落实广东电网公司党建“1236”模式，全面打好党组织规范化建设基础。3月，成立客服中心党支部，选举产生了第一届支委委员。实现阵地建设规

① 五有原则：话中有投诉、情绪有不满、来电有重复、意向有升级、时限有超期。

② “六全”管理职能：停电事件全过程管理、客户诉求全流程闭环、营销业务全过程管控、服务舆情全天候监控、应急事件全天候响应、客户问题全流程穿越。

范化，落实“一支部一阵地”“一阵地一书屋”的要求。按照“三会一课”制度要求开展组织生活，做到15个规定动作严落实、自选动作有特色。认真制定全年支部活动计划，实现全员上讲台、人人讲党课，全年合计开展主题党日12次、微党课50期。一季度一主题开展组织生活会，实现“党性体检”常态化，形成个人批评与自我批评意见清册，全过程跟踪、闭环整改。结合“中央企业党建提升年”要求，以“书记项目”的形式，积极开展“党建互联”活动，从四个方面着手，促进了党建与业务工作融合发展。一是开展“和谐·互联”，4—11月，先后与审计中心和海南、贵州电网公司客服中心以及广东联通公司开展支部联建，互相学习借鉴，提升客户服务水平。二是开展“精准·互联”，积极参与扶贫工作，通过专项招聘为广东电网公司定点扶贫单位3名西湖村人提供工作平台，通过积分商城为南方电网公司定点扶贫单位开展农产品宣传推介。三是“能量·互联”，开展“我是党员走在前，一区双岗创一流”主题活动，在抗击台风等急难险重任务中，坚持“我是党员走在前”充分发挥了党员先锋模范作用。四是“价值·互联”，组织党员先锋队开展上下联动、横向互动，深入基层、深入群众，瞄准困难和矛盾集中的客户服务痛点，围剿问题、提升指标，发挥“客户代言人”作用，实现工作减负、服务提升。6月，客服中心党支部被广东电网公司评为2017—2018年度“先进基层党组织”。

党风廉政建设。切实落实“两个责任”，不断推动党风廉政建设向纵深发展。强化纪律教育，坚持常态运用“第一种形态”和“以案宣纪”，多形式开展廉洁教育学习。9月，通过“幸福南网”平台，开展了纪律教育月学习测试答题活动，党员参与率达100%，确保宣传入眼、教育入脑、廉洁入行。全面完成党委巡察办机动式巡察发现问题的整改落实，并建立长效机制。同时加强风险管控，制定了客服中心廉洁风险库，整理各业务线条廉洁风险93条，实现内容全覆盖，做到廉洁风险可识别、有预控，逐步由“不敢腐”“不能腐”向“不想腐”转变。深入践行监督执纪“四种形态”，建立支部书记谈心谈话常态机制，广开言路，畅通党员诉求通道，以包容开放、认真严谨的态度，营造风清气正的政治生态和干事创业的良好氛围。

信息中心

单位概况

一、主要职能

广东电网有限责任公司信息中心（以下简称“信息中心”）作为广东电网公司信息化工作的实施主体和执行机构，接受广东电网公司信息部的业务指导，负责参与制定广东电网公司信息化工作有关管理制度和标准，执行广东电网公司下达的信息化工作任务；履行对广东电网公司信息化工作的专业指导；具体负责广东电网公司省级、本部及中心机构信息系统的建设、运行维护、客户服务及网络安全防护；负责广东电网公司信息客户服务的监管工作；负责省级信息运行调度的日常运营；负责广东电网公司管理信息系统入网安评、等级保护测评、风险评估工作；负责广东电网公司网络信息安全运行监视、安全漏洞闭环管理等工作；负责广东电网公司网络安全通报中心的日常运营；负责协助开展广东电网公司网络安全评价考核与问责的查证工作，协助广东电网公司网络安全督查实施；负责协助开展数据资产的治理与运营，负责广东电网公司数据应用功能的开发和运行管理；负责对广东电网公司系统各单位信息化工作的指导、协调、监督、检查。

二、组织机构

信息中心前身是2009年6月成立的广东电网公司信息中心，2014年6月4日更改为现名。至2018年底，信息中心内设9个部门，具体如下图所示。

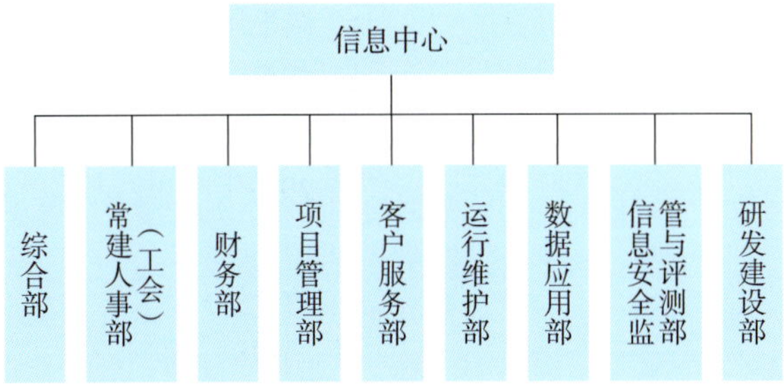

三、领导班子

2018年，根据广东电网公司党委决定，信息中心领导班子调整如下：1月27日，蔡雄任信息中心党委委员、纪委书记。10月8日，免去徐晖信息中心副主任职务。

至2018年底，信息中心领导班子成员如下：

主任、党委副书记：温柏坚

党委书记、副主任：阮文锋

党委委员、副主任、工会主席：黄巨涛

党委委员、纪委书记：蔡雄

副调研员：刘日荣

四、人员状况

截至2018年底，信息中心共有职工137人，其中博士9人，硕士61人，本科生66人，专科生1人；已取得专业技术资格人员共66人，其中高级职称22人，中级职称26人，初级职称18人。已取得技能等级共1人，其中高级技师1人。

年度大事

（1）1月3日，信息中心IT运维调度班荣获南方电网公司2017年“精益杯”7S劳动竞赛一等奖，获得南方电网公司“五一”劳动奖状称号。

（2）1月26日，信息中心信息安全监管与评测部、客户服务部分别被广东电网公司授予“2016—2017年集体三等功”。

（3）2月6日，信息中心“一种信息安全攻防平台的数据层系统”获得国家发明专利授权。

（4）4月9日，信息中心召开党员大会，选举产生了信息中心第一届党委会及纪委。阮文锋、徐晖、温柏坚、蔡雄、黄巨涛当选第一届党委委员，阮文锋任党委书记，温柏坚任副书记。蔡雄、黄剑文、邓卫华、邓昌平、廖丹当选第一届纪委委员，蔡雄任纪委书记。

（5）4月23日，信息中心召开第一届第一次工会全体会员大会，选举产生信息中心工会第一届工会委员会、经费审查委员会及女职工委员会。黄巨涛、邓卫华、肖建毅、张亮、冯歆尧当选第一届工会委员，黄巨涛任工会委员会主席。

（6）5月26日，广东电网公司派出4支队伍参加由广东省计算机信息网络安全协会、南方报业传媒集团联合主办，华南理工大学承办的第二届“红帽杯”网络安全攻防大赛决赛，包揽政企组前4名，信息中心员工所在队伍获得冠军。

（7）5月27日，信息中心荣获由中国国家标准化管理委员会、工信部电子技术标准化研究院颁发的“中国数据标准化及治理实践奖”。

（8）7月12日，信息中心完成企业级信息系统国产化改造项目，通过南方电网公司的竣工验收。

（9）9月6日，信息中心与电科院、东莞供电局、江门供电局共同组建的广东电网公司“万家灯火队”，参加全国首届“网鼎杯”网络安全大赛，荣获三等奖。

（10）9月30日，信息中心成立郑杰生先锋工作室、龙震岳先锋工作室、信息安全监管与评测先锋班站、IT运维调度先锋班站、信息中心1000号党员服务队、大数据党员服务队6个中心先锋团队。

业务发展

一、主要指标完成情况

2018年，信息系统运行率100%，核心网络运行率100%，省侧1000号为全省提供服务61 375次，其中对地市用户支持34 143次；来电呼损率、客户满意度、一线解决率、事件按时解决率等服务指标均大幅优于SLA协议要求，企业级系统工单处理及时率达到97.84%；信息服务水平值达99.58%，信息化项目投资完成率、可控供电成本节约率、成本费用总额均达满分值。

二、网络信息安全

按照“基于风险、系统化、规范性、持续改进”的体系建设核心思想，建立信息专业安全生产风险体系。一是制定信息中心安全责任制，健全安全责任传递机制。均未发生信息安全事件和信息运行事件。二是组建及常态化运作省级网络安全攻防团队，提升“以我为主”技术水平，团队荣获首届“网鼎杯”全国三等奖，是能源行业中唯一一支获奖的队伍。在第二届“红帽杯”包揽政府国企事业单位组前四名。三是加强风险识别与管控，实现了“实时发现、主动防御”，扩大安全风险的识别范围。以风险管控为抓手，明确信息安全底线，加强作业风险管理。开展系统运行分析，及时掌控系统运行风险。四是实施24小时调度值班，持续开展应用系统预设场景优化，提升应急处置能力。五是加强检查与纠正预防，形成“月月有检查、重点工作专项检查”的安全监督检查模式，认真开展“一问题一分析一整改”，做好问题闭环管理。制定《广东电网网络安全工作执行标准》。六是推进技术体系建设，形成由安全防御、安全检测、安全响应、安全分析、平台支撑、人员能力以及创新研究共七大模块构成的技术框架体系，完成省级灾备系统建设，全面支撑广东电网公司信息安全技术进一步发展。

三、系统建设研发

支持主营业务创新。支撑营销创新，完成营销系统、交易系统、财务系统改造工作，为南方（以广东起步）电力现货市场投入试运行提供了技术支持。完成营销系统集中核算功能全省单轨上线，助力广东电网公司在南方电网率先实现电费核算工作由地市分散复核正式迈进省级集中自动化核算。支撑安全生产精益提升，实现现场作业风险管控全过程信息化管理、优化综合停电管理功能，配合系统运行部建设配网抢修指挥功能、实现“营配调”信息互联，提升配网运行管理水平。抓好“四个统一”信息化建设，协同推进配网规划、投资计划、基建管理、项目管理、营销、GIS、生产、配电网平台、财务等9个主营业务系统改造，支撑公司集约化管理。

推进协同应用。主动承担南方电网公司59个协同场景问题和资产财务十二大问题的解决工作，持续推进230个场景的实用化，优化SOA协同技术管控，完成设备全生命周期信息流转及物资统签统付专项协同试点任务等，全力推进业务协同，打通跨业务信息壁垒。五是加快国产化改造。完成了企业级资产系统、人资系统国产中间件、数据库的迁移改造工作，完成网级国产化应用技术规范的编写。人工智能研究与应用。基于自然语言处理技术，开展语音转文本、语义理解等方面的研究。研究智能音像识别与微服务架构技术，在安全生产移动作业中投入应用。组建人工智能技术研发团队，组建广东电网人工智能与大数据实验室。移动应用平台建设。优化提升移动应用平台及企信平台，加快“系统最后一千米覆盖”建设速度，实现了全省65个移动应用基于移动应用平台统一接入和统一运营。系统质量管控能力全面提升。自主可控地研究自动化、智能化测试技术，建设自动化测试平台，在南方电网范围内首次实现大规模端到端自动化测试。

四、大数据应用

夯实数据运维基础，为数据运营提供支撑。打造数据云服务模式，对用户开放赋能。优化大数据平台，增强数据管控能力。强化数据治理管控，加速数据共享融合。建立数据资产管理机制，开展数据资产巡查。全面梳理数据资产台账。加速内外数据汇聚，扩展丰富数据池。开展数据常态治理，夯实数据应用基础。提供数据精准服务，实现数据价值增效。探索数据自助服务。开展区域联动，部分帮扶单位数据质量排名从排名靠后提升至前五名。完成运营监控平台建设，实现广东电网公司业务指标全管控。融合云大物移智，以国家重大专项珠海智慧能源项目为示范点，助力智慧能源建设。

五、系统运维

严格值班管理，开展系统运行监管。实施网络安全监测与通报中心运作，顺利完成两会保供电、博鳌亚洲论坛保供电、庆祝改革开放40周年保供电和多次台风防风防汛保供电工作。自动化运维成效显著。组织完成深化应用系统自动化巡检工具，覆盖自动化发布、自动化巡检、异常自重启、集群弹性伸缩等。有效缩短服务终端时间，提升效率。开展了云计算平台建设和IDC机房规划优化调整，大大提升IT资源调度能力和管控水平。信息安全管控平稳有序开展。实现互联网可疑行为自动化封堵，广东电网公司互联网出口攻击数量下降86%，非工作时间自动封堵占41%。推进SOC链条式的整体判断与分析，提高攻击事件分析的精度。实现7×24小时的自动化主动安全防护和多设备信息联动分析、处置。

六、IT客户服务

推进全省企业级系统IT服务集约化。优化调整企业管理信息系统IT服务模式和服务流程，实现全省“1000”号大集中。导入精益理念，开展IT服务精益实践。建立了以“精受理—益处置—强反馈—严监管”四大环节为全生命周期IT服务精益实践框架。通过开展精益改善，工单处理及时率提升至94%，大幅提升了IT服务问题解决效率，促进了企业级管理信息系统的“好用、易用”和实用化水平提高。基于服务能力成熟度（CC-CMM）模型，升级IT服务台服务体系。开展“1000”号服务台管理体系标准化建设，荣膺2018年“金耳唛杯”最佳质量管控奖和中国最佳客户中心团体奖项。首创数据驱动IT服务监管机制，更高标准交付IT服务。围绕IT服务全生命周期，构建南方电网公司首创基于工单数据IT服务监管机制，通过在途工单预警、专项工单分析、历史工单回顾手段，融合数据分析应用，对工单进行全生命周期监管。应用“云大物移智”技术，提高IT服务效率。应用“云大物移智”技术，建设应用智能客服、一体化工作台、移动运维系统，IT服务数据分析平台等，提高客户服务效率。

七、重点实验室建设

持续加强实验室建设，在已有4家联合实验室基础上，新增与中国电子技术标准化研究院赛西实验室、南瑞集团公司信息系统基础架构实验室两家国家重点实验室建立联合实验室。信息中心评测实验室成果“动态耦合时间序列智能预测理论及其在电网控制决策中的应用”获得了2018年第八届吴文俊人工智能科技进步二等奖（中国智能科学技术最高奖），行业领先。实验室拥有两项中国实验室国家认可委员会（CNAS）认可资质，交流合作持续扩大。成功举办了全国客户世界广州论坛和全省电力企业网络安全技术研讨会。

八、科技创新

科技创新成果逐年加速增长，2018年荣获广东电网公司科技进步奖共计20项，同比上升82%；申请专利25项，其中公司科技进步一等奖两项。深入推进全员自主改善和精益化项目实施，提炼了28项优秀精益成果。在全员自主改善方面，累计入库合理化建议235条，现场改善成果217项。在精益人才方面，信息中心积极组织开展精益培训，4人取得精益管理绿带认证，12人取得黄带认证。

党群工作

一、党的建设

坚持和加强党的领导作用，把方向、管大局、保落实。信息中心党委多次召开党委会认真学习习近平新时代中国特色社会主义思想，全面承接执行南方电网公司党组一号文，认真落实广东电网公司助力广东实现“四个走在全国前列”行动计划，重部署、严推进，研究制定了183项具体举措，明确责任到人，有效推动各项党建重点任务落地落实。准确把握新时代党的建设总要求，用新时代思想武装头脑。年初，信息中心党委研究制定七个专题学习计划并力求做到学深悟透；按月推行支部政治学习必学清单，推进十九大精神专题学习制度化、常态化，结合每月主题党日政治学习，组织各党支部开展十九大精神知识测试、支部书记带头讲十九大党课等专题活动，不断提升信息中心党建思想教育质量。大力推动党组织全面规范、质量过硬。全面实现“一部门一支部”“一支部一阵地”“一阵地一书架”的目标，并从严落实党建工作“不规范就是不合格”的要求，整合南方电网公司和广东电网公司标准，制定《信息中心党支部建设工作标准清单》，实现支部任务一表化，通过编写《标杆党支部建设工作问题解答》，指导支部更好地理解、落实支部建设工作。10月，信息中心开展党建工作自查工作，全体支部自评得分都能达90分以上，满足标准化建设要求。坚持党管干部原则，有效提振干部人才队伍精气神。始终落实“好干部”标准和国有企业领导人员“20字”要求，强调德才兼备选干部，充分发挥党委领导和把关作用。加强意识形态阵地管理，夯实理想信念宗旨根基。强化对信息中心内部宣传阵地管理的监督管控，对公共、办公区域阵地统一规划、明确责任到位。通过制定《信息中心内部微信群管理要求》，规范微信群组网络行为和信息发布，营造良好的互联网交流环境。通过支部六必谈、员工思想状况调研、职工座谈会等方式，了解青年员工思想动态，针对青年员工提出一系列“育、管、用”措施，促进青年更好、更快发展。持续加强企业文化建设，切实增强“兴文化”的责任感和使命感。持续推进班组基础文化建设，充分发挥星级班组的示范作用，指导各部门班组建立初步文化体系。组织开展廉洁短信创作、安全视频拍摄等活动，创新手段推进信息中心廉洁文化、安全文化建设。

二、纪检监察工作

落实“两个责任”，加强党风廉政建设。将“小金库”治理、岗位廉洁风险管控、项目负面清单的落实情况纳入“第一种形态”谈心谈话内容，共开展谈心谈话111人次，提醒谈话1人次。持续推进形式主义、官僚主义专项整治。落实持续推进中央巡视整改“五个专项治理”及网省公司巡视巡察整改情况，切实把问题整改及举一反三对照检查工作推进深处，做到问题即知即改、立行立改。扎实开展廉洁教育月活动，增强“不想腐”的思想自觉。

三、工会和共青团工作

进一步加强群团工作。4月，成立信息中心工会，进一步完善基层组织架构。组织成立第一批五个黄锋涛、肖建毅、郑杰生、艾解清、杨秋勇中心级职工创新工作室，搭建创新人才培养、创新成果培育平台。开展各类青年联谊、文体活动，丰富员工文化载体。完善工会职工慰问、文体协会管理、厂务公开等规章制度，切实提高服务群众能力。

培训与评价中心（公司党校）

单位概况

一、主要职能

广东电网有限责任公司培训与评价中心（公司党校）（以下简称“培评中心”）作为广东电网公司干部、员工培训与评价工作的实施主体和执行机构，接受广东电网公司组织人事部和人力资源部的业务指导，主要负责参与制定广东电网公司干部、员工培训与评价有关管理制度和标准，执行广东电网公司下达的干部、员工培训与评价工作任务；履行对广东电网公司干部、员工培训与评价工作的专业指导；负责协助建立和完善广东电网公司干部、员工培训评价体系，协助制定广东电网公司年度培训评价工作计划，根据广东电网公司下达的年度培训评价工作计划，编制实施方案并组织实施；负责组织开展党员领导干部、党务干部和党员的党性修养、党的思想理论及综合素质培训工作；负责开展干部培训研究工作，协助广东电网公司开展领导干部管理能力提升等方面的课题研究工作；负责广东电网公司干部、员工培训实施工作，组织实施广东电网公司层面的领导人员岗位胜任力评价和练兵比武，广东电网公司员工在岗技术技能培训、转岗适岗培训、新员工入职培训等项目；负责协助广东电网公司教育培训经费预算管理工作，组织实施广东电网公司培训基地、课程、师资及网络等资源建设项目，完善课程和师资库，统筹广东电网公司培训资源使用；负责广东电网公司人才评价实施工作，组织实施技术技能人员岗位练兵、抽考比武，以及岗位胜任能力评价、专业技术资格评定、职业技能鉴定、职业资格认证和持证上岗等项目，组织实施技能、管理专家选聘的考评工作；负责对广东电网公司系统各单位的干部、员工培训与评价工作进行业务指导、协调、监督、检查，并提供专业支持。

二、组织机构

2008年7月，广东电网公司发文成立广东电网公司教育培训中心。2010年8月，公司发文将广东电网公司教育培训中心拆分成广东电网公司教育培训中心和广东省电力工业职业技术学校，实行分设运营与管理。2011年1月，根据公司发文，广东电网公司教育培训中心更名为广东电网公司培训与评价中心。2011年9月，公司发文将广东电网公司教育培训中心和广东省电力工业职业技术学校进行合并，更名为广东电网公司教育培训评价中心，保留广东省电力工业职业技术学校的牌子。2012年5月，广东电网公司党校挂牌成立。

2014年6月4日更名为广东电网有限责任公司教育培训评价中心，2018年12月更改为现名。截至2018年底，培评中心内设16个部门，具体如下图所示。

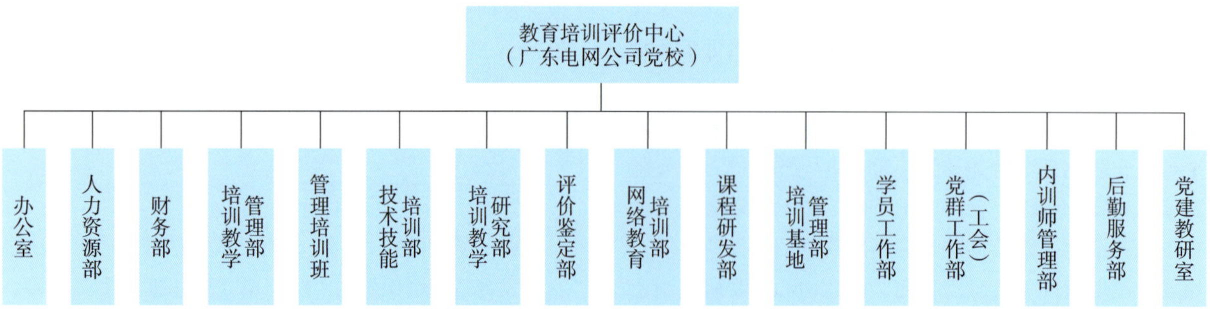

三、领导班子

2018年，根据广东电网公司党委决定，培评中心领导班子调整如下：10月15日，免去乔海涛党委委员、纪委书记职务；江楠任党委委员、纪委书记。

至2018年底，培评中心领导班子成员如下：

培评中心主任（省电校校长）、党委副书记、公司

党校常务副校长：苏琇贞

党委书记、培评中心副主任（省电校副校长）、公司党校副校长：陈淡龙

党委委员、培评中心副主任（省电校副校长）、公司党校副校长：陈永波

党委委员、培评中心副主任（省电校副校长）、公司党校副校长、工会主席：李智明

党委委员、培评中心副主任（省电校副校长）、公司党校副校长：杨险峰

党委委员、纪委书记：江楠

四、人员状况

截至2018年底，培评中心共有员工268人，其中博士3人，硕士76人，本科生169人，专科生11人，中专及以下学历的9人；已取得专业技术职称的共238人，其中高级及以上职称96人，中级职称116人，初级职称26人；已取得技能等级的共96人，其中高级技师15人，技师39人，高级工28人，中级工4人，初级工10人。

年度大事

（1）4月21日，培评中心创新成果“基于虚拟现实和增强现实的电力培训应用”参加首届数字中国建设成果展，该展由国家网信办、国家发改委、工信部、福建省政府联合举办。

（2）6月，培评中心以江门开锋培训基地为试点单位，以配电运行维护班第25期岗位胜任能力评价作为首批试点班组，应用“易评价”平台实现全程无纸化考评，大大提高评价效率。

（3）7月1日，广东省电力学校暂停招生。

（4）7月17日，培评中心创新成果“基于虚拟现实技术的无人机巡视仿真培训系统”参加中国电力无人机智能运维技术高峰论坛成果展示。

（5）9月15—19日，培评中心“VR无人机巡线体验”“VR高空走线”等创新成果参加首届“电力之光”中国电力科普日活动。

（6）9月29日，由培评中心研发的公司体系化培训金牌课程录制项目，荣获2018年博奥奖最佳教学设计奖。

（7）11月20日，培评中心VR三维沉浸式仿真培训系统在全省首次投入使用。

（8）11月，广东电网VR/AR电力科普基地被中国电机工程学会授予2019—2023年“电力科普教育基地”称号。

（9）11月，培评中心与潮州供电局合作开发的作品《主变冷却系统故障排查》，在2018年度第四届中国企业微课大赛评比中，荣获广州赛区“最佳制作奖”。

（10）12月29日，广东电网公司教育培训评价中心更名为广东电网公司培训与评价中心。

业务发展

一、党校工作

落实“党校姓党”。推动习近平新时代中国特色社会主义思想和党的十九大精神在广东电网公司的落地生根。公司处级干部学习贯彻党的十九大精神轮训实现全覆盖，培训内容紧扣十九大精神，并将公司关于党的建设和改革发展中的突出问题作为研讨主题，形成一批可复制、可借鉴、可转化的研讨成果，理论联系实际，切实提高学员推动发展、解决问题的能力，通过学而思，学而信，学而行，为发挥领导干部带头作用注入强劲动力。紧密结合党建业务，提炼优化培训模式，加强广东电网公司党建干部队伍专业化建设。以“先进思想+基础理论+实战技能”为思路，运用“示范班+推广班+兜底班”的种子培训模式，完成2761名党支部书记、党建部主任的轮训全覆盖，培养195名种子内训师，为基层党建干部队伍专业化建设提供可复制模式。充分发挥干部教育培训的主渠道作用。全年举办广东电网公司年轻干部培训、机关科级干部及专责充电站式培训等各种形式培训班次，培训1.2万人次，有效提升公司管理人员的履职能力，为业务工作提供智力支持。完成6个业务线条的公司领导干部大练兵大比武，提升领导干部业务知识及管理能力。

◎ 2018年3月，广东电网公司处级干部学习贯彻党的十九大精神轮训开班动员大会在汇源通基地举行，时任公司党委书记、董事长刘启宏出席会议

党校科研建设。开展公司政研课题《国有企业价值观管理落地班组的模式与实践探索》研究，总结提炼价值观管理落地班组模式与经验。完成“不忘初心，牢记使命”理想信念教育体验式培训（广东教学线路）项目二期开发。10—12月，修编公司党组织生活优秀案例84篇，推动党的建设与业务工作深度融合，为新时代提升党组织的凝聚力和战斗力提供现实指导。

二、员工培训工作

业务能力培训。加强员工适应业务转型必备能力培训。重点针对配网规划、计量运维、调控一体化、机巡作业、机器人巡检等新业务、新技术、新设备应用，统筹组织完成转岗培训405期，共1.7万人次。服务公司竞争性业务，先后举办综合能源专题培训、竞争性业务改革发展行动专题培训、产业管理人员能力提升培训等项目。并增设企业竞争策略、商业模式创新等市场前沿课程，加深公司系统员工对竞争性业务的认识与理解，提升专业化管理水平与业务拓展能力。

新技术、新业务培训。组建机巡作业技术人员队伍。在广州、清远、肇庆建设无人机培训基地，建立无人机取证体系，培养多旋翼教练员10名，无人机驾驶员及机长279人。开展主配网带电作业培训，研究配网带电作业培训体系建设，统筹组织开展主、配网带电作业考证；完成配网规划、配网自动化能力提升培训，为各地市供电局培养配网自动化专业骨干技术技能人员。组织开展广东电网公司级示范培训班，完成低压运维业务、网格化客户服务示范培训。

新员工培训。按照“培训一体化、管理军事化”的统一要求，完成新员工培训。通过南网企业文化、安全生产意识、实操技能等培训课程，增强新员工的文化认同感和专业素养；8月2日，广东电网公司统一举行新员工入职礼仪式，增强员工忠诚企业、爱岗敬业、干事创业的热情。7月25日至8月14日，组织985院校学生暑假实习，打造广东电网公司最佳雇主品牌形象。

以赛促培、促学。积极组织劳动技能竞赛，以赛促培，以赛促学。共开展广东省职工职业技能竞赛继电保护工竞赛、南方电网公司客户服务专业技能竞赛等项目24个，组织广东电网公司代表队开展集训，并在南方电网公司级技能竞赛中获得佳绩。

指导各单位技能培训。加强帮扶力度，服务公司区域联动。结合广东电网公司2018年区域联动人才交流锻炼工作方案，5—7月派出技术专家队伍，指导二、三梯队地市供电局及县级子公司的基层班组技能教练队伍和高技能人才队伍建设，共培养技能教练90名，提升技能教练的教学水平、班组员工的技能水平和现场作业安全管控能力。持续深化厂企联动，全年培养高技能人才260余人，提升配电、输电、变电一线员工的设备运维能力，推动新业务、新技能、新技术的应用推广。

三、人才评价工作

响应广东电网公司新增业务和“四个统一”组织机构优化调整要求，深化PLD方法论研究，利用培评中心自主自有的核心技术，11月，修编完成评价标准及对应的试题库。建立抽考比武常态化机制，全面检查近年来各单位开展岗评工作的质量和效果，持续优化岗评方式方法。完善考评员动态管理机制，12月，研发完成“考评员一键式智能抽取”系统，考评员调用工作效率大幅提升。根据国家关于职业资格变化的新形势、新要求，组织协调各鉴定站做好技能等级考评各项工作。持续稳步开展岗位资格评价工作，完成安规考试、“两种人”考试、用电检查员、营销稽查员和计量检定员等专项资格证培训评价，保障一线员工持证上岗需求。大幅度提升岗评工作质量和效率。继续常态化推进岗位胜任能力评价工作，夯实“应知应会”基础。2018年累计完成12 242人次的技能维度岗评工作，和9744人的知识维度评价工作。全面梳理2015—2017年岗位胜任能力评价结果数据和抽考比武结果数据，4月，编制2017年技能人员岗位胜任能力评价分析报告，发布到全省各地市供电局，首次在培训计划策划中应用评价报告，为促进培评联动奠定基础。

四、电校工作

以提升学生实操水平为目标，科学编制并组织实施教学工作安排，全年共完成9776课时的教学任务。加强教学督导，严格落实各项教学管理制度，持续提升全日制教学质量。加强青年学生意识形态教育，推进优良校风学风建设。为学生提供就业指导，广开就业门路，组织举办专场招聘会，2018届毕业生初次就业率达92%，并为广东电网公司系统输送了一批优秀毕业生。根据培评中心东西区功能调整，10月，按计划完成全日制学生东西区整体搬迁，保证全日制教学工作正常开展。

五、教育培训资源建设

培评业务管理。持续优化“大计划、大策划”管理体系，加强对地市培评业务的统筹管理指导。10月，组织开展广东电网公司培训需求分析和计划编制审查，提升培训评价需求与计划的针对性和有效性；启用培训评价需求与计划合议机制，发挥培训组织的专业优势，做好广东电网公司培训项目的承接落实。5月，开展培训经费自查，从预算控制、预算内容、预算标准等方面明确教育培训经费管控要求。

内训师队伍建设。进一步加强内训师队伍建设，加强广东电网公司系统内部内训师区域联动帮扶，10月，开设公司技能专业金牌内训师大讲堂，8月，举办公司级内训师通用能力培训班，开展班组内训师专业能力（技能实操）培训，指导地市级单位内训师通用能力轮训，充分发挥内训师“传帮带”作用。9—11月，组织资格水平考试和专家评审，选聘2018年广东电网公司管理专家163人。

课程资源建设。紧跟业务发展，持续开展培训课程资源建设。持续完善技能人员岗位培训规范与学习地图，1月，开发了广东电网公司精益化管理系列精品课程，4月，开发了理想信念教育体验式培训项目配套课程，7月，开发了生产项目管理不规范典型案例、新版安全生产风险管理体系培训课程等转岗适岗相关课程。结合基地实际情况，2017年9月至2018年6月，开发了体系化培训金牌课程31门。共开发培训教材722个，试题库1套。在南网培评系统、党员主题教育网，以及乐学南网App、慕课学堂等网络平台挂载课件，线上线下结合，加大课程课件资源推广使用力度。

“数字培评”管理建设。开展“数字培评”管理建设，夯实信息化建设基础。根据南方电网公司“数字南网，智慧南网”战略，结合广东电网公司云大物移智融合应用方案要求，9月，启动“数字培评”建设，持续推广网络培训平台的使用，开展员工微课资源精准推送，有效支持员工碎片化学习需求，降低培训成本。11月，完成搭建虚拟现实和增强现实应用平台开发，探索直播培训与电网教育培训领域的融合应用。

培训基地建设。加大龙洞基地建设力度，提升基地资源使用效能。9月，完成龙洞基地产权的确认转移工作，西区建设工程基本完成并已投入使用；12月，编制《龙洞基地技能实训场所建设规划》。6月，完成110千伏变电站户外设备实训场10千伏高压室实训设备加装、体感中心有限空间实训场建设。10月，完成了智能化教室设备加装、110千伏变电站实训场二次回路实训设备加装、110千伏及10千伏户外实训场钢结构顶棚加装。建设广东电力历史展馆、广东电网公司反腐倡廉基地、员工心理健康工作室。持续开展“一所一场”建设，总结推广移动式培训模板、借用村土地建设简易实训场等模式，有效解决建设资源不足问题，组织完成基地考核任务。

党群工作

一、党的建设

坚持“党校姓党”。把学习党的十九大精神作为公司党校必修课。制定培评中心党委落实南方电网公司党组一号文工作任务分解表和培评中心党建综合领域2018年“抓补强”工作任务分解表，对党建党廉工作进行总体谋划部署并抓落实。修订党建工作领导小组例会机制方案，开好党建工作领导小组会。召开全面彻底肃清李嘉万庆良恶劣影响专题、巡视整改暨全面彻底肃清李嘉万庆良恶劣影响专题民主生活会。以“创新方式，激发内部活力，切实提升基层党支部组织力”为主题开展2018年“党委书记项目”工作。宣贯落实广东电网公司党建“1236”模式和《基层党支部建设工作标准清单》，完成“一区双岗创一流”等主题活动。严把党员“入口关”，全年发展党员10名。举办培评中心党务干部培训班。做好党内评先评优和典型选树。规范主题党日活动，从严落实好“三会一课”。常态化组织开展党支部牵手联建、体验式教育暨对标学习、党员读书等活动。坚持以贯彻落实习近平新时代中国特色社会主义思想为加强思想政治工作、宣传新闻与意识形态工作的主体主线，始终在学懂弄通上下功夫。组织开展11次党委理论学习中心组集体学习，采取“专题学习+重点发言”模式，将习近平新时代中国特色社会主义思想、党的十九大报告、中央企业2018年党风廉政建设、反腐败工作会议精神等纳入学习重点内容。定期研究分析意识形态工作和队伍思想状况并落实相关措施。密切关注关键群体思想动态，规范党支部思想建设情况季度工作汇报流程，加强工作微信群监督管理。制定宣传文化工作行动计划表，制作学习宣传贯彻党的十九大精神工作方案，开展班组文化创建工作。有序推进广东电力历史文化展厅建设。参与课题“国有企业价值观管理落地的模式与实践”获广东电网公司2018年度党建思想政治工作优秀研究成果二等奖。

二、纪检监察

贯彻执行网省公司关于全面从严治党的部署和要求，把党风廉政建设和反腐败工作纳入培评中心创建世界一流电力企业大学的总体部署，与业务工作同研究、同部署、同实施、同考核。定期向广东电网公司党委、纪委报告党委履行党风廉政建设主体责任和党委书记履行主体第一责任人责任情况。抓好廉洁教育，开展廉洁教育月活动和纪律教育学习月活动，组织中层及以上干部参加2018年领导干部廉洁从业培训班和作风辅导报告等培训。加强警示教育，组织全体党员学习广东电网公司系统内违纪违法案例，参观广东省反腐倡廉教育基地。推进廉洁文化建设，营造廉洁从业氛围，全年编制廉洁文化宣传专栏5期，优化落实校园道路、各党支部党建活动阵地及办公场所等地党建党廉内容的宣传布置，开展反腐倡廉教育基地建设。践行“四种形态”尤其是执纪监督“第一种形态”。开展动员培训、学习宣传、谈心谈话等工作，以中层以上领导干部和关键岗位员工为主要教育对象，落实分层分类谈心谈话180余人次；各党支部开展谈心谈话工作，全面谈人数174人，重点谈人数78人，交心谈人数1人。各党支部结合年度和季度专题组织生活会，常态化开展批评与自我批评。坚持把纪律和监督挺在前面，强化监督防控。定期召开监督管理委员会会议，调整监督管理委员会以及党风建设和反腐败工作协调小组。设置部门监督专员，实行纪检委员月报和监督专员月报机制。更新《岗位廉洁风险控制库》，查摆岗位廉洁风险点74条，制定廉洁风险防控措施148条。开展公务回避自查，填写《公务回避报备表》58份。组织制定培评中心各部门《监督计划表》，制定自我监督任务131项。统筹抓好自查和再监督检查。研究制定《2018—2020年整治基层及群众身边不正之风和腐败问题“扫雷”行动工作方案》《培评中心组织人事领域“扫雷”行动工作方案》并组织实施。研究部署开展落实广东电网公司纪委纪律检查建议书要求等工作。开展2013—2017年236个技改修理项目的自查自纠和相关教育工作。学习贯彻习近平总书记关于进一步纠正“四风”、加强作风建设的重要批示精神。组织落实广东电网公司《加强本部作风建设45条措施》；全年共发送节前廉洁提醒短信96条；开展公车私用检查4次，无发现违纪行为。研究制订《形式主义和官僚主义问题专项整治实施方案》《“四风”、巡视巡察发现问题整改情况专项检查工作方案》，开展监督检查并抓好问题整改。

三、工会与共青团工作

加强党委对群团工作的领导。督促工会切实担负起团结引领广大职工听党话、跟党走的政治责任。2月，培评中心工会被评为广东电网公司2017年度“先进职工之家”和“南方电网公司四星级模范职工之家”。加强党建带团建，组织落实好《公司促进青年更好成长、更快发展若干意见》。

工会建设。召开培评中心一届七次职代会、工会委员会会议。开展推优树模工作，组织申报五星级模范职工之家1个，五星级模范职工小家4个，四星级模范职工小家5个，三星级模范职工小家2个，实现“职工小家”建设全覆盖。至2018年底，累计创建职工创新工作室6个，其中南方电网公司级2个、广东电网公司级4个。陈俊辉被评为广东电网公司2017年度“优秀工会工作者”，郑新梅被评为广东电网公司2017年度“巾帼建功标兵”，玉光被评为广东电网公司2017年度“优秀工会工作者”（女职工工作者）。职工胡文卿获全国职工劳动安全卫生防护与自救逃生知识普及竞赛活动优秀个人奖、冯雪君获三等奖。组织开展“巾帼心向党，建功新时代”主题系列活动。组织开展学雷锋爱心帮扶捐款活动，筹得捐款8720元。组织职工参加广东省“扶贫济困”捐款活动，筹得捐款7730元。开展重大节日、职工生日、新婚、生子、伤病等各项慰问1730人次。举办“习传统文化，强文化自信”系列活动。

共青团建设及志愿服务。召开培评中心第一届（省电校第十二届）团委委员增补大会暨省电校第二十次学生代表大会，选举培评中心第一届（省电校第十二届）团委增补委员和省电校第十九届学生会委员。组织开展“关爱孤寡老人”“阳光校园”等志愿服务活动20余场，参与志愿者168人次，服务总时长40小时。培评中心团委被评为广东电网公司“五四红旗团委”；教工团支部被评为广东电网公司“五四红旗团支部”；张桂敏被评为南方电网公司“优秀共青团团干部”；郑泽鹏、彭梓豪被评为广东电网公司“优秀共青团干部”；陈涵、陈雅伦、杨俊宇被评为广东电网公司“优秀共青团员”。

管理科学研究院

单位概况

一、主要职能

广东电网有限责任公司管理科学研究院（公司精益管理学院，以下简称“管科院”）作为广东电网公司发展规划及企业管理工作的技术支持机构和主要承接机构，接受广东电网公司计划部和企业管理部的业务指导，负责参与制定广东电网公司发展规划及企业管理等有关管理制度和标准，执行广东电网公司下达的发展规划及企业管理工作任务；负责协助编制广东电网公司发展规划总报告；负责协助开展广东电网公司发展规划编制工作的过程监督；负责协助开展广东电网公司规划落地工作；负责参与广东电网公司运营监控平台日常管理、关键战略指标管理等改革发展战略相关工作；负责开展广东电网公司改革发展及企业管理等研究工作；负责广东电网公司管理咨询项目的闭环管控；负责为广东电网公司系统各单位的管理创新和精益管理工作提供专业支持与服务。

二、组织机构

管科院前身为2010年9月成立的广东电网公司管理科学研究院；2012年3月增挂“广东电网公司安全生产风险管理体系建设指导中心”牌子；2014年6月4日更改为现名；2018年3月，增挂“广东电网有限责任公司精益管理学院”牌子。2018年，管科院组织机构未进行过调整。至2018年底，管科院内设8个部门，具体如下图所示。

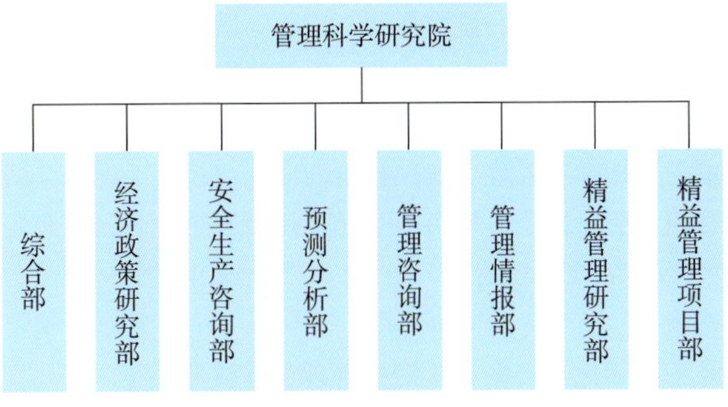

三、领导班子

2018年，管科院领导班子未进行过调整。截至2018年底，领导班成员如下：

院长、党总支副书记：陈庆鸿

党总支书记、副院长：韩招文

党总支委员、副院长：吴永杰

党总支委员、副院长：彭海跃

党总支委员、副院长：胡建军

四、人员状况

截至2018年底，管科院共有员工64名。其中博士2人，硕士55人，本科生7人；已取得专业技术资格人员共45人，其中正高级职称1人，高级职称19人，中级职称25人；专家队伍9人，其中助理级技术专家5人，助理级管理专家4人。人均素质当量1.6。

年度大事

（1）3月12日，广东电网公司精益管理学院正式挂牌成立。该学院为公司精益管理工作的实施主体和执行机构，挂靠管科院。

（2）3月，管科院以“走精益创新之路，创世界一流企业”为主题，举办了广东电网公司精益管理论坛。论坛共邀请4位外部专家做专题报告，现场发布17个优秀成果。

（3）3月，管科院课题《综合能源服务商业模式设计》获南方电网公司2017年精益项目优秀奖，广东电网公司2017年精益项目一等奖。

（4）4月9—10日，管科院承办了南方电网2018年设备规范化管理评审员培训班，共培训南网系统设备专业骨干评审员 112人。

（5）6月14—7月30日，管科院采用“集中评审+个人编制”的工作方式，积极参与并高质量完成了南方电网公司《安全生产风险管理体系2017版审核指南》的编写工作（重点负责第十三单元）。

（6）6—8月，管科院全程参与广东电网公司安全巡查工作，组织参加肇庆、梅州、潮州、珠海、东莞供电局的巡查工作，并提炼出“12-6-5”安全生产巡查过程管控模式。

（7）11月20日，管科院管理专业应用平台正式面向全省上线运行。平台集成4A，用户超10万。

（8）11月，管科院自主开展美国加征关税对广东（后扩至南方五省区）用电影响的课题研究，获得南方电网公司高度重视和肯定，并在南方五省区推广应用。

（9）12月，管科院全程参与推进的广东电网公司运营管控平台建设一期项目顺利通过功能验收，实现上线试运行。

业务发展

一、管理咨询项目及课题研究

项目管理工作。10月首次启用管科院专业系统平台，实现管理咨询项目入库申报及评审工作信息化。至2018年底，累计登陆人数近6000人，存入各类成果7000余项。依托平台建设，撰写核心论文1篇、获得软件著作权1项、申请发明专利1项，并培养出2名专业项目管理人员。积极开展项目研究，切实解决广东电网公司管理难点问题。全年参与跟进编制广东电网公司“创一流”工作方案，9月，完成《珠三角6家地市供电局“创一流”评估情况》报告。组织广东电网公司“四个统一”总结提炼工作，12月，编制完成《公司“四个统一”管理实践》报告。完成《公司安全文化建设品牌研究》《设备规范化与生产班组规范化协同评审机制》和《安全心理模型构建及智能预控应用研究》等课题的研究。

前瞻性研究。深度参与广东电网公司业务转型谋划，配合企管部、产业部、计划部等多个部门开展改革研究、战略规划等工作。期发布行业市场研究报告，3月，完成《电力行业政策汇编》《广东电力供需形势分析报告》《广东新能源发展报告》。12月，完成《广东电力市场运行评价分析报告》。全年参与撰写《广东电力市场交易分析报告》等。自主开展公司前瞻课题研究，11月，完成《中美贸易摩擦对南方区域用电影响研究》，为广东电网公司2019年经营预算、投资决策、电价谈判的重要依据，并为省政府政策制定提供支持。该成果获得南方电网公司高度重视和肯定，并在南方五省区推广应用。12月，完成《南方电网公司综合能源业务实施发展建议研究》《综合能源服务公司商业模式设计》等，提出综合能源实施发展建议，纵向明确网、省、地三级业务界面，横向明确综合能源业务在管制类主体和竞争类主体中的界面，提出网、省、地三级产业投资集团及综合能源公司管理界面建议。

二、体系建设推进

推进安全风险管理体系建设，支持广东电网公司打造本质安全型企业。持续开展体系审核和咨询辅导。6—8月，组织参加了肇庆供电局、梅州供电局、潮州供电局、珠海供电局、东莞供电局的安全巡查工作并形成报告，提炼出“12-6-5”安全生产巡查过程管控模式。参与编制广东电网安全生产《巡查工作管理业务指导书》《巡查问责管理办法》。4月，承办了南方电网公司设备规范化管理评审员培训班。8月，完成全面参与广东电网公司多经企业安全管理现状调研、巡查工作的策划与实施工作。协助完善公司一体化制度和作业标准，6月，出台《风险管理体系建设与实施管理办法》。12月，参加生技部可靠性体系标准的编制和集中审查工作。同时，推进公司运营管控平台建设。参与平台建设工作方案制定与业务框架优化。协助推进运营中心场地及设施建设，推动展示大屏项目立项及综合信息展厅设计工作。10月，完成平台PC端和移动端页面一期开发功能设计。12月，运营管控平台一期顺利通过功能验收，实现上线试运行，有效完成全面监测、预警督办及指标管理等系统功能，梳理广东电网公司核心运营指标537项，接入数据202 455个，实现14个业务系统中127个指标直采直送，精准反映企业运营情况。广东电网公司运营管控平台的成功建设，构建了协同高效的业务管控体系，为公司决策层及管理层全面掌握公司整体运营状况、进行决策部署提供支撑。

三、情报信息服务

持续加强情报能力建设，支持公司运控平台建设。一是完成管理专业信息平台开发。11月20日，管理专业信息平台正式上线向全省用户开放，实现管科院研究项目和全省管理咨询项目的线上管理。二是强化情报产品输出和能力培育。紧跟行业与广东电网公司发展热点，为公司管理层量身定做内参，提供优质情报服务，深入解读行业政策，调研公司发展现状，剖析存在问题，借鉴先进理念和管理实践，提出多项有益建议，促进公司管理水平持续提升。2018年共编制发布情报产品《管理参考》6期，《热点清单》50期。明确“拓渠道、优产品、提能力”三个情报管理核心发展方向，9月，形成《情报业务规划优化方案》《情报管理工作机制报告》等。

四、精益管理

2—4月，初次开发广东电网公司精益管理题库。3月

12日，挂牌成立精益管理学院。精益管理学院是广东电网公司精益管理工作的实施主体和执行机构，主要负责公司精益管理理论研究、典型案例分析及相关工具方法提炼，负责精益项目咨询、精益项目管理、成果评审及推广应用工作，协助开展公司精益管理培训、评价等。精益管理学院的建立，有利于深入贯彻落实网省公司精益管理工作部署，广泛厚植精益理念，全面推广精益管理方法和工具，强化各专业精益管理能力。3月21日，举办广东电网公司精益管理论坛。论坛以“走精益创新之路，创世界一流企业”为主题，共邀请4位外部专家做专题报告，17个优秀成果做现场汇报，累计276人参加上午主论坛，191人参加下午分论坛。论坛发布了《主配网综合停电管理优化精益项目》等五个优秀精益项目成果，同时在安全生产、营销服务和综合三个领域，邀请专家做专题报告，发布优秀成果并做互动交流，给广大员工提供了一个精益思想的交流平台，为下一步精益管理在基层落地及推广实施提供借鉴。4—7月，举办广东电网公司精益管理微课大赛。5月和8月，协助召开精益管理典型实践分享会两期，累计发布优秀实践成果12个。6月，组织开展精益项目中期评审。8月，编制公司《精益管理人才认证工作方案》。全年度深度参与公司精益培训和评审以及组织召开精益专场交流会。11月，组织开展精益项目结题评审工作，建立广东电网公司精益项目成果推广库。12月，编制《精益项目成果平台资源共享指引》。全年协助公司开展精益管理培训，培养精益管理人才超千人。同时，制定详细培训计划，自主开发系列培训课件，包括《精益项目实施常见问题及建议》等5个课件。开展12期系列培训班，共计548个课时，培训对象覆盖广东电网公司本部、中心机构和地市供电局各单位的中层干部及业务骨干1000余人。根据公司工作推进，滚动修编课件，并开展阶段性项目辅导。通过培训，为公司培养精益管理绿带、黑带人才上千人，其中管科院通过中国质量协会认证的绿带专家19名，黑带专家8人，为公司创建世界一流企业提供了有力支撑。

党群工作

一、党的建设

统筹部署，抓好年度党建工作。全面承接南方电网公司党组一号文和广东电网公司党建党廉工作要求，以打造“国有企业党的建设标杆”为抓手，4月，印发并实施管科院年度组织人事、宣传文化、党风廉政建设工作要点。3月，召开党总支党员领导干部组织生活会，深入查摆问题，切实抓好整改。落实“三会一课”制度，扎实开展党总支和支部集中学习。聚焦人才，为青年员工引路。坚持“多岗位历练、小步快走”理念，加强青年思想教育和引导，实施人才强院战略。7月，组织开展新员工交流会，助力青年成长成才。10月，组织开展民主党派和留学人员座谈会，及时跟进员工思想动态。组织管科院内职工疗养活动，让员工劳逸结合，为更好地完成工作积蓄力量。开展女工劳保慰问工作，深入了解需求，制定多样化方案。凝心聚力，打造特色企业文化。组织各类探访慰问活动，如慰问生病住院员工、新员工、基层挂职员工，让员工倍感温暖。组织开展一系列文体活动，引导员工“快乐工作”，提高抗压能力。6月，与广东电网信息中心等机构联合开展“探索广州”活动。

二、纪检监察工作

加强党风廉政建设，组织形式主义、官僚主义专项整治，按上级要求，开展廉洁教育月、纪律教育月等活动，实践运用“四种形态”谈心谈话，推进落实“两个责任”。强调作风建设，按照广东电网公司各项规章制度，严明纪律，严肃作风，不断规范内部管理。9月，成立管科院“机动式”巡察整改工作领导小组。针对公司“机动式”巡察发现的45个问题，制定整改措施109项。根据巡察暴露的风险。11月，组织全面梳理岗位廉洁风险，修编完善廉洁风险库。12月，全面完成行政办公领域专项治理。建章立制规范内部管理，通过编制物资管理规定、驾驶员考评办法、办公用品领用手续等制度性文件，堵塞行政后勤管理漏洞。

应急及检修管理中心

单位概况

一、主要职能

广东电网有限责任公司应急及检修管理中心（以下简称“应急中心”）作为广东电网公司设备检修、带电作业、应急及保供电工作的实施主体和执行机构，接受广东电网公司生产技术部和安全监管部的业务指导，负责参与制定广东电网公司设备检修、带电作业、应急及保供电有关管理制度和标准，执行广东电网公司下达的设备检修、带电作业、应急及保供电工作任务；履行对广东电网公司设备检修、带电作业、应急及保供电工作的专业指导；负责组织编制全省年度设备检修及带电作业计划，并跟踪实施；负责组织B级检修基地检修作业的实施；负责对各单位设备检修及带电作业的技术监督和安全管理；具体负责开展应急技术科学研究、防灾减灾的研究试验和开发应用；负责广东电网公司应急指挥平台的数据维护；负责应急队伍、应急装备、应急基地的日常管理；负责协助制定广东电网公司应急预案，在应急状态下协助广东电网公司应急办开展工作；负责开展广东电网公司应急能力评估、应急处置后评估、应急演练评估和现场应急检查工作；负责广东电网公司一级及以上保供电工作检查和保供电场所供电安全风险评估；负责监督抽查广东电网公司二级及以上保供电工作的运作情况；负责对广东电网公司系统各单位设备检修、带电作业、应急及保供电管理的指导、协调、监督、检查，指导直属单位竞争性企业的应急及保供电管理工作。

二、组织机构

应急中心前身为2015年8月成立的广东电网有限责任公司应急抢修中心，2018年7月更改为现名，并增挂广东电网公司带电作业中心牌子。截至2018年底，应急中心内设4个部门，具体如下图所示。

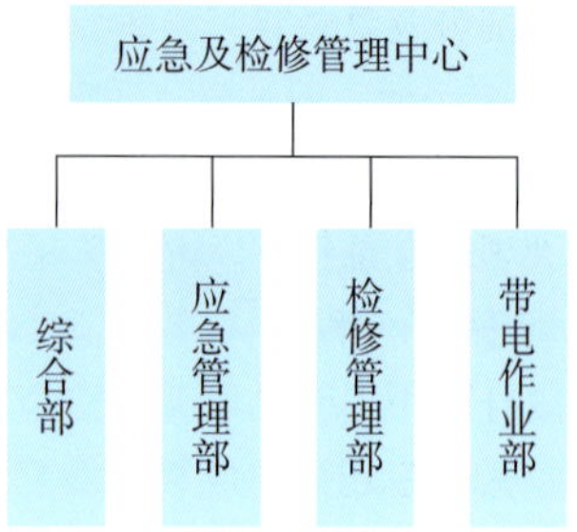

三、领导班子

2018年，应急中心领导班子发生调整，4月9日，广东电网公司聘任廖红为应急抢修中心副主任。至2018年底，领导班子成员如下：

主任、党支部委员：陈慧坤

党支部书记：陈寿权

党支部委员、副主任：胡少鹏

副主任：廖红

党支部委员、副主任：刘文松

四、人员状况

截至2018年底，应急中心共有职工24人，其中硕士9人，本科生15人；已取得专业技术职称的共24人，其中高级职称15人，中级职称7人，初级职称2人；已取得技能等级的共8人，其中技师5人，高级工3人。

年度大事

（1）1月，应急中心完成广东电网公司《2018年带电作业开展情况调研报告》，就带电作业的基本情况、现状和存在的问题进行了分析，提出了整改建议，并组织各地市供电局对照完成专项自查整改。

（2）1月，应急中心制定《主网带电作业到位要求及现场管控表》，进一步明确作业现场管控标准。

（3）5月，应急中心完成编制《广东电网应急工程装备配置规划》，通过11个抢修环境设计情景构建，明确应急抢修任务投入应急工程装备的种类和数量，为今后合理化适度超前配置提供依据。

（4）5月，应急中心完成修编广东电网公司配网现场作业风险指导意见，重新测算41类带电作业风险值，提高带电作业现场作业风险评估准确度。

（5）7月4日，应急中心更名为广东电网公司应急及检修管理中心，并增挂公司带电作业中心牌子。

（6）从7月11日起，应急中心接受广东电网公司党委巡察组机动式巡察，为期1个星期。

（7）7月，应急中心牵头组织举办广东电网公司2018年“精益杯”变电检修技能竞赛，19个地市供电局及省输20支队伍共80名选手参赛。

（8）9月中旬，在强台风“山竹”袭击期间，应急中心全体员工投身抗击应急处置工作中，为抗风抢修复电发挥了关键作用。

（9）10月，应急中心牵头组织开发了应急预案管理、应急队伍管理、应急信息管理及输变配应急实操技能等20门应急培训精品课程。

（10）12月28日，由应急中心负责建设的南方电网首家大型综合应急基地正式投入试运行。

主要工作

一、应急业务

落实抗风应急主体责任。重点围绕抗风复电这条主线，支撑应急指挥中心和现场工作组的运作。9月中旬，在抗击超强台风“山竹”过程中，积极主动融入政府、公司、地市供电局及抢修现场各个应急环节。在前线，协助公司安监部组建现场督导组和特种应急装备队伍，支撑现场工作组的运作。在后方，为公司应急指挥中心做好信息统计及资源协调工作。实现“前线”和“后方”信息的互联互通，及时传达上级的工作指示，并反馈抢修现场的资源调配、工作进度、问题协调等情况，充分发挥“现场参谋”和“抢险先锋”的作用，有效履行预案赋予中心职责，为实现快速抢修复电提供决策支持。同时，承接广东电网公司应急办任务，落实港珠澳大桥通车等重要保供电工作，获得了公司的肯定和表扬。

综合应急基地建设和培训体系设计。瞄准世界一流的目标，高标准地推进清远综合应急基地工程建设工作，综合协调EPC总包、设计、施工、监理、物资等广东电网公司内外部资源力量，完成电子仿真楼、应急装备库、户内外技能实训区等共14个功能区的建设，设计开发三维仿真、CAVE、头戴VR等虚拟现实仿真系统和台风地震模拟系统，共28类软件课件，满足基地开展应急线路勘灾、装备操作运维、灾难体验、抢修救援、技能实训等科目的需求。4至8月，组织70余名系统内专家，开发设计基地应急课程体系共75门课程大纲。同时积极培养应急培训的内外部师资队伍，为应急基地实训运营打下基础。

特种应急装备配置。3月，组织编制应急发电、应急照明等24份应急装备技术条件书，完成广东电网公司首次应急装备的集中框架采购。5月，制定《广东电网应急工程装备配置规划》，通过11个抢修环境设计情景构建，明确应急抢修任务投入应急工程装备的种类和数量，为今后合理化适度超前配置提供依据。3—5月，编制应急发电车等三项南网技术标准，填补安监专业技术标准的空白。8月，完成清障车、排涝车、应急通信车、破拆工器具等特种应急装备购置，为广东电网公司特殊条件下应急抢修及特种应急部队建设提供储备保障。9月，完成大型应急抢修装备管控系统建设，实现装备动态管控、台账统计、轨迹回放、维护配置等功能，提高应急装备日常管理和应急调用效率。

应急队伍培训演练。完成开发应急预案管理、应急队伍管理、应急信息管理及输变配应急实操技能等20门应急培训精品课程，完成台风、水灾、设备故障等10个突发事件因素情景构建。强化应急培训实践。完成5期共150人应急管理与技能培训，配合广东电网公司开展防风防汛应急综合演练，有效提高队伍执行能力。组织系统内、外部专家组成评估组，完成直属19个地市供电局现场应急能力评估，访谈各级人员323人，共发现问题596项，抽调各单位应急管理人员参与评估，跟评学习，起到以评促学，以评促建的效果。

◎ 2018年12月28日，南方电网首家大型综合应急基地——广东电网公司综合应急基地正式投入试运行启动并揭牌

二、检修业务

开发“6+1”资产系统的检修计划等功能模块，建立了395 846条变电设备检修计划，实现了检修标准固化引用、检修计划制定、生成、闭环、超期管理及多维度数据统计分析等功能。2018年，广东电网设备规范化检修计划完成13 253台，实际完成22 610台，其中计划内完成

8322台，新增14 288台，年计划实际完成率170.60%。累计消除设备缺陷隐患1556项，主要集中在温度异常、油/气渗漏和元器件故障等。提升设备运行性能。6月，完成东莞B级和珠海C级检修基地建设项目批复，组织直属各地市供电局开展检修基地研究建设工作。全年组织开展工厂化检修设备107台，其中佛山检修基地开展20台、东莞检修基地29台、江门检修基地开展58台，跨区域实施设备工厂化检修13台。开展变电检修技能培训，依托江门供电局检修基地和与部分主流设备厂家开展培训合作方式，组织举办了14期检修技能培训，涵盖了检修基础技能、变压器、GIS、断路器、隔离开关、开关柜、二次回路七大类技能项目，共培训375人次。7月，举办广东电网公司2018年“精益杯”变电检修技能竞赛，各地市供电局及广东省输变电工程公司20支队伍共80名选手参赛，通过“以赛促培、以赛促学、全员提升”，打造高水平变电检修专业队伍。7至10月，组织广东电网竞赛团队赴山东电力公司和惠州、佛山供电局开展集训。10月，参加南方电网公司2018年“精益杯”变电检修专业技能竞赛，并夺得个人与团队三等奖。

三、带电作业业务

开展带电作业。全年共完成主网带电作业617次，累计作业时间294小时，其中输电线路带电作业263次，变电站带电作业354次，处理输变电紧急缺陷26处、重大缺陷121处。完成配网带电作业49 145次，同比增长44%，带电作业化率82.06%，减少用户平均停电时间5.93小时，提高供电可靠率0.14%。调查、指导和培训方面，1月，完成《2018年带电作业开展情况调研报告》，组织各地市供电局对照完成专项自查整改；制定主网带电作业到位要求及现场管控表，进一步明确现场管控标准。1—2月，开展2019年第一阶段配网带电作业安全检查，并组织专家组进行培训、考核认证，完成问题整改。重新修订主网带电作业实施策略。3月，完成《配网旁路作业情况报告》，提出推广配网旁路作业实施建议。5月，修编配网现场作业风险指导意见，重新测算41类带电作业风险值，提高带电作业现场作业风险评估准确度。6月，编制110千伏至500千伏输电线路作业指导书18份；修编提升供电可靠性工作方案，差异化制定带电作业白名单，严控配网带电作业次数；举办首次变电带电作业培训班，为地市供电局培训40名变电站带电作业管理人员。推进创新创效方面，4月，完成《10千伏绝缘导线全自动电动剥皮器研制》等2项职创项目申请及入库。申请受理实用新型专利4项。5月，完成《35千伏线路带电更换绝缘子作业工器具研究》《带电作业辅助决策及三维安全距离预警分析系统》科技项目招标及合同签订。积极申报科技成果奖励，《一种适用于带电作业的新型头盔研制》获广东电网公司2019年三等奖。

四、党群工作

坚持把政治建设摆在首位，不断提升党建与业务融合能力。按照广东电网公司党委“1236”党建模式和党支部建设工作标准清单，积极运用全面从严治党“两个责任”监督平台，规范支部建设。严格落实“三会一课”，全年共组织主题党日活动11次，讲党课11次，召开专题组织生活会4次，持续推进“两学一做”学习教育常态化制度化，做好党建“规定动作”。深入推进反腐败斗争。6月，召开整治形式主义、官僚主义问题专题组织生活会，开展批评与自我批评，组织自查，将发现问题列入台账管理并制定针对性的解决措施并完成整改。7月，动态修编并发布廉洁风险库。9月，制订应急中心“扫雷”行动总体工作计划实施方案，聚焦与业务相关的领域五大领域，明确工作目标、工作任务、责任人，确保“扫雷”工作落实到位。10月，召开2018年应急中心党风廉政建设专题会议。

机巡作业中心

单位概况

一、主要职能

广东电网有限责任公司机巡作业中心（以下简称“机巡中心”）作为广东电网公司智能作业的实施主体和执行机构，接受广东电网公司生产技术部的业务指导，负责参与制定广东电网公司智能作业有关管理制度和标准，执行广东电网公司下达的智能作业工作任务；履行对广东电网公司智能作业的专业指导；具体负责广东电网公司输变配电设备智能作业的计划、质量及安全管理；负责开展集约化智能作业、人员培训及设备检测等工作；负责广东电网公司机巡数据接入管理、分析挖掘及应用；负责“云大物移智”等智能技术在生产领域的试点和推广应用，配合制定生产领域智能技术应用行动路线；负责对广东电网公司系统各单位智能作业的指导、协调、监督、检查。

二、组织机构

机巡中心成立于2015年8月19日。截至2018年底，机巡中心内设8个部门，具体如下图所示。

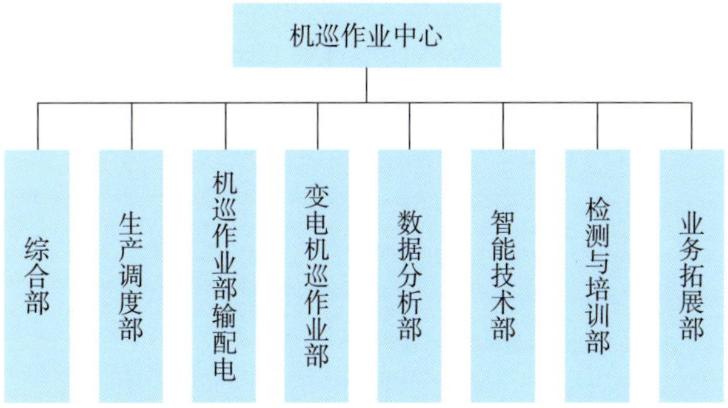

三、领导班子

2018年，根据广东电网公司党委决定，机巡中心领导班子调整如下：10月15日，乔海涛任机巡中心副主任。

截至2018年底，机巡中心领导班子成员如下：

主任、党支部书记：彭炽刚

党支部委员、副主任：李雄刚

党支部委员、副主任：陈 浩

党支部委员、副主任：乔海涛

四、人员状况

截至2018年底，机巡中心共有职工28人，其中博士2人，硕士8人，本科生18人；已取得专业技术职称的共23人，其中高级职称18人，中级职称5人；已取得技能等级共6人，其中技师2人，高级工3人，初级工1人。人均素质当量2。

年度大事

（1）1月25日，广东省电机工程学会电力无人机协会成立，并召开第一届会员大会，机巡中心主任彭炽刚当选秘书长。

（2）1月28日，机巡中心荣立南方电网公司集体一等功。

（3）3月5日，南方电网公司机巡作业交流现场会在机巡中心举办，机巡中心被授予“南方电网公司电力线路机巡作业示范基地”称号。

（4）5月1日，机巡中心走进中央电视台一套演播厅，登上央视“五一”黄金档特别节目“我奋斗，我幸福”，刘高、许志海向全国观众介绍广东电网机巡成果。

（5）5月14日，机巡中心在佛山开展国内首次开展固定翼无人机激光雷达扫描作业。

（6）6月29日，机巡中心被南方网公司定为“南方电网公司机巡作业支持中心”。

（7）7月4日，机巡中心内设机构由3个部门调整扩大为8个部门，并增挂智能作业管理中心牌子。

（8）7月17日，机巡中心在广州举办首届中国电力无人机智能运维技术高峰论坛。

（9）9月18日，机巡中心在台山进行夜视无人机输电线路夜间巡检和台风期间夜间巡视。此为国内首次。

（10）11月29日，机巡中心开展国内首次直升机带电

X光检测工作，对江门220千伏水台线进行带电X光检测。

主要工作

2018年，机巡中心完成输电线路机巡153 219千米，机巡占比达到65%，未发生机巡五级以上事件。发现35千伏及以上电压等级线路缺陷82 232项，其中紧急、重大缺陷38 516项，全部缺陷系统跟踪闭环管理。面向南网开展15期AOPA资质培训取证，培养无人机飞手536人，抽检无人机860台。具体业务情况如下：

一、规模化机巡作业

大规模机巡作业管理。应用“机巡+人巡”大数据分析结果，优化调整机巡策略，按照全线覆盖原则审核计划完整性，统筹年计划、分解月计划、执行周计划，根据天气、空域、保供电等特维要求动态调整，计划完成率达86%，实现“机巡+人巡”计划协同管控。按照广东电网公司迎峰度夏工作方案，结合机巡运维策略，6月底前完成2.5万千米直升机巡视、3万千米无人机通道巡视，应用机巡大数据，确保线路度夏安全。优化勘灾作业模式，编制广东电网公司机巡勘灾工作指引，并在湛江、汕尾、江门完成全省机巡协同勘灾演练，效果良好。引入夜视无人机，在台风“山竹”勘灾中，夜间发现中山500千伏地线断线紧急缺陷，累计勘灾近9000千米，发现重大及以上隐患400余处。统筹规划全省变电站机器人巡视应用，综合应用“一机一站”或“多机多站”布点策略开展室外轮式机器人布点，实现全省500千伏和220千伏关键重要变电站“一站一机”或“一机多站”全覆盖。

智能作业安全管理品牌建设。2月，获得南网安风体系“三钻二星”认证，编制南网安风体系电力机巡专业审核指南。3月，建立电力机巡风险管控机制，识别风险源2879条，体系运转高效。4月，配合南方电网公司修编机巡安规，为全网机巡安全管理提供依据。强化“机巡八个规定动作”刚性执行，应用“风险点控制卡”，做到精准精细，组织完成112人次安全督查及到位旁站。引入机巡监理机制，实施全方位管控，全年未发生三级以上机巡安全事件。

机巡发现缺陷闭环管控。全面支撑广东电网公司生产技术管理，明确生技部、机巡中心、地市供电局三方职责要求，制定缺陷降级流程，打通机巡缺陷自动推送至“6+1”系统功能，实现设备消缺情况自动跟踪统计。每周安排2人参加广东电网公司联合现场勘察，在珠海、中山、汕尾、佛山、清远等地市供电局开展现场抽查，核实紧急重大缺陷28项，证实机巡结果准确无误。4月，建立500及重要220千伏线路树障专项重大风险库，通过机巡复核和联合抽查等缺陷闭环管控手段，定期通报设备本体缺陷、树障隐患等处理情况。在全省缺陷同比增长49.7%的情况下，消缺及时率由84%上升到91%，未发生因重大紧急缺陷、树障引起的跳闸事件。

建立省际联动机制。以两年内海南机巡达到全网平均水平为目标，从机巡模式、空域管理、培训检测等10个方面制定省际结队共建方案。获批海南地区空域，全面负责海南电网作业空域统一申报；帮助海南培养无人机飞手122人，完成70人资质取证。协助实现海南全国110千伏输电线路无人机巡视全覆盖，累计巡检4389千米，发现重大及以上缺陷3830项；建立输电三维数字化通道，形成海南机巡标准化作业流程，推进省际机巡共建跨越式发展。

抢占机巡领先示范制高点。3月，举办南方电网公司机巡现场交流会，并被授予“南方电网公司机巡示范基地”称号。6月，被确定为南方电网公司机巡作业支持中心。以打造国际领先的省级电网生产智能中心为目标，统筹智能作业发展规划，6月，编制完成智能技术在生产领域应用路线方案，明确未来技术发展路径。7月，举办中国电力无人机智能运维技术高峰论坛。10月，出版南方电网机巡推广应用“四本手册”，为南网机巡业务推广奠定基础。11月，全国输电专业年会近200名专家学者到访参观机巡装备及数据分析应用场景，登上央视一套“五一”黄金档节目，亮相改革开放40周年中国电力成就展，接待30余家南方电网、国家电网等省级单位参观交流，主动筹备申请广东电网公司第一个电力行业标准委员会，进一步提升公司智能生产品牌形象。

◎ 2018年9月18日，机巡作业中心在台风“山竹”机巡勘灾中发现隐蔽的山体滑坡，及时报告应急指挥中心，避免此路段发生事故

二、智能技术生产应用

自动驾驶示范工程。在机巡大数据基础上，建设无人机自动驾驶“一路两库”，并在佛山、肇庆等地选取2个变电站及其联络线路，基于千寻精准时空定位技术、高清可变焦相机、图像追踪识别等技术，开展多旋翼无人机高精度“变电站到变电站”自主巡航试点。逐步将无人机自动驾驶技术引入变电站巡检，9月，在花都基地完成变电设备自动巡检技术测试，10月，在佛山220千伏都宁变电站完成变电站带电无人机智能巡检技术试点，效果良好。建立无人机自动驾驶技术体系，10月，完成自动驾驶航线规划系统、地面变电站控制系统软硬件研发，在佛山、中山、肇庆、湛江等9个地市供电局推广应用，并在11月初完成南方电网自动驾驶技术导则编制。

自主研发机巡作业新装备。完善升级夜视无人机提高作业精度，实现夜间自动巡航，引入油电混合机身、红外摄像头，为实现白天+夜间全时段巡视打下坚实基础。5月，业内首创研发固定翼激光雷达作业机型，克服了激光雷达在速度快、高度高条件下，点云密度稀疏达不到作业要求的短板，成功应用于10千伏那马线等18条配网线路通道巡视和三维建模。11月，国内首次利用直升机带电作业方法对输电线路进行80处X光检测，进一步拓展机巡应用深度。

数据自动分析。改进原有机巡数据存储模式，完善海量巡检数据管理系统，实现原始数据自动化处理，数据处理能力提升50%。利用人工智能深度学习对输电线路缺陷进行分析诊断，建立输电线路设备部件库和缺陷样本库，研发设备缺陷图像智能识别系统，完成9类主要设备部件、13类主要缺陷的图像识别目标训练，其中绝缘子自爆、鸟巢、相序牌褪色等缺陷识别准确率高达90%，难度最大的金具螺栓开口销缺失识别准确率也高达77%，达到行业领先水平，初步具备了可见光图像自动分析作业能力。

深挖电网输送能力。1月前完成全省重冰区1049千米主网线路覆冰多工况分析，发现并跟踪消除设备本体缺陷231处、潜在安全距离不足的风险点666处。台风季节前完成全省11个沿海供电局全部183回共4558千米线路的三维建模大风工况分析，发现并督促消除潜在隐患点1673处，精准指导防风清障及加固改造。4月，建立并落实“机巡校核分析+专家评估+全面实施”的工作机制，全面提升重要线路载流量，全年对4400多回主网线路的各种特殊工况进行排查，梳理出538回线路载流量有提升需求，其中广东电网重点管控线路24条，并于6月30日前全部完成校核，共发现并消除载流量提升后安全距离不足的潜在风险点391处，平均提升供电能力15%，增供电量16亿千瓦·时。

三、智能作业支撑服务

实施跨地市、规模化、集约化的智能作业和数据分析，提效益、保质量、促领先，发挥智能作业的集约化管理优势。一是做强机巡调度监控，从1月起，将各类无人机等全部智能作业纳入管理，建立省内“统一调度、两级管理”的智能作业生产调度模式。二是扩展海量巡检数据管理系统应用，存储总容量达到1 PB，实现各类智能运维数据的统一存储、异地传输和可视化呈现；1月，组建数据分析员团队，优化流水线工作流程，实现输电线路各工况的三维精确模拟。三是大力开展机巡验收作业，完成汕尾、河源、惠州等3个地市线路189.9千米机巡验收，共发现缺陷318处，大幅提高验收的质量和效率。四是提升广东电网公司“两票”管理水平，成立全省“两票”抽查专家30人队伍，每月开展交叉互查，共抽查工作票790张，合格率92.53%，抽查操作票600张，合格率92.50%，每月通报“两票”不合格、不规范的共性问题，制定针对性管控措施，闭环跟踪。

四、组织机构优化

根据广东电网公司组织机构规范化设置的要求和实际工作需要，7月，机巡中心对内设机构进行了调整：保留综合部、数据分析部，撤销机巡作业部，增设生产调度部、输配电机巡作业部、变电机巡作业部、智能技术部、检测与培训部、业务拓展部，并增挂智能作业管理中心牌子。

五、党群工作

党的建设组织建设方面。2月，制定并落实机巡中心领导班子成员全面从严治党“一岗双责”责任清单，从业务领域明确落实内容，体现党建对业务工作引领重要性的同时也体现通过党建工作促进业务发展的必要性。落实党员先进性测评纳入员工绩效工作，实行“一季度一评”，实现“党性体检”常态化。严肃党内政治生活，按照“四必三增强”的要求规范开展主题党日活动11次。从9月起开展“我是党员走在前、一区双岗创一流”活动。11月，严格落实支部换届和选举制度，按期开展支部委员补选和支部换届工作。以推动业务工作与党建工作相融合为目标，开展党员责任区创建和“一区双岗创一流”活动，把业务工作中的“硬骨头”和“老大难”问题交给党员。思想建设方面。领导干部坚持

"带头学"，认真编制自学计划，走上讲台讲党课4次，以上率下做示范。全体党员坚持"集中学"，抓好每月的常态学习，深入领会习总书记系列讲话精神、党的十九大精神，重点学习党章、条例、南方电网公司党组一号文等，按计划组织专题组织生活会，常态运用"批评与自我批评"，在党员的岗位职责和到位标准中增加党建工作的要求等。依托平台"便捷学"，筑牢思想防线，依托微信新媒体打造指尖上的党员学习微课堂，推荐党员关注"今天我学习""幸福南网"等公众号，定期推送党风廉政相关宣传文件和知识，利用碎片化的时间加强机巡中心党员教育。围绕"庆祝改革开放40周年"，依托广东电网公司网站等各类媒体平台，开展"40年40人""40年40景"等主题宣传活动，深挖典型人物，树立正面榜样，提升员工的自豪感和荣誉感。

党风廉政建设。监督执纪方面。6月，召开专题组织生活会整治形式主义、官僚主义问题。以关键业务领域为重点，8月，开展整治基层与群众身边不正之风和腐败问题的扫雷行动，对照清单开展自查自纠。抓好领导干部日常活动重点监督清单的贯彻执行。从严动真开展监督治理，9月，组织各部门制定年度监督计划，并结合业务工作有针对性的开展自我监督检查8次，以问题为导向，促进内部管理不断规范和完善。持续运用监督执纪"四种形态"，开展谈心谈话53人次，实现机巡中心全员约谈，提醒告诫，抓早抓小，营造良好政治生态。10月，开展纪检委员对同级领导班子廉洁评价工作，从落实主体责任、执行党的"六项纪律"等方面开展评价、准确画像，督促领导班子切实履行"一岗双责"。大力开展巡察发现问题整改工作，以点带面，深挖背后的思想意识、制度执行等深层次的问题，建立问题清单，细化整改措施，并按期完成整改，确保各项具体措施在各业务领域落实落地。突出做好迎审配合。认真做好相关审计和其他内外部检查的配合工作，建立畅通的信息沟通和报送机制，强化审计问责，完善审计整改长效机制，组织协调做好整改落实，促进机巡中心管理提升。坚持做到"四个结合"，扎实开展纪律教育月活动。在完成"六个一"规定动作的基础上，支部还开展了廉洁教育基地实地党性锤炼、签订廉洁责任状等自选活动。建设廉政宣传栏、廉洁责任区标识等，营造机巡中心廉政氛围；持续开展风险防控，以防控权力运行中的廉洁风险点为核心，组织业务部门认真分析所涉及业务各方面存在的风险点，动态修编并发布廉洁风险库，确保防控措施不遗漏、针对性、有效性，形成廉洁风险闭环管理机制。9月，组织党员员工28人赴中共三大会址廉洁教育基地，开展反腐倡廉学习教育活动。同时结合廉洁责任区创建工作，开展基于业务工作的廉洁风险教育、交底工作和工作部署。

计量中心

单位概况

一、主要职能

广东电网有限责任公司计量中心作为广东电网公司电能计量及计量物资管理工作的实施主体和执行机构，接受广东电网公司市场营销部和物资部的业务指导，负责参与制定广东电网公司电能计量和计量物资有关管理制度和标准，执行广东电网公司下达的电能计量和计量物资管理工作任务；履行对广东电网公司系统电能计量等业务的专业指导；负责计量与用电专业领域的技术研究；负责协助广东电网公司低压配网运维职能管理；负责开展广东电网公司电能计量物资采购需求、合同执行、到货管理、集中仓储、统一配送及省级计量仓库日常管理等工作；负责对广东电网公司直属各地市供电局电能计量和计量物资管理工作的指导、协调、监督、检查。

二、组织机构

计量中心成立于2018年5月4日。截至2018年底，计量中心内设8个职能部门，具体如下图所示。

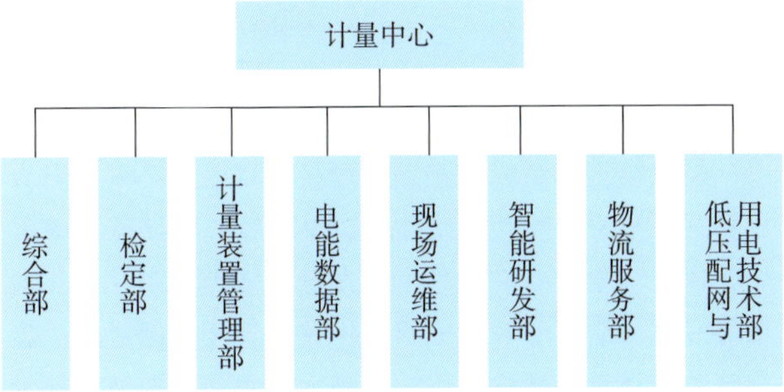

三、领导班子

2018年，根据广东电网公司党委决定，计量中心领导班子组成如下：5月17日，陈亮任主任、化振谦任副主任。

至2018年底，计量中心领导班子成员如下：

党支部书记、主任：陈亮

副主任：化振谦

四、人员状况

截至2018年底，计量中心共有职工42人，其中博士9人，硕士30人，本科生3人；已取得专业技术职称的共41人，其中高级职称16人，中级职称20人，初级职称5人。

年度大事

（1）4月2日，计量中心自主研发500千伏工频电压比例标准装置，通过了国家质监总局计量标准建标考核。

（2）5月4日，广东电网公司计量中心成立。

（3）5月17日，广东电网公司聘任陈亮为计量中心主任、化振谦为计量中心副主任。

（4）6月25日，实现发电、输电、配电、用电等各环节计量自动化的全覆盖接入，低压集抄接入用户3340万户，自动抄表成功率99.4%。

（5）6月30日，计量中心完成10千伏馈线停电实时监测功能在全省的部署安装，实现实时监测受影响的10千伏线路及重要客户停电情况，并统计发布。

（6）7月9日，广东电网公司印发通知，明确计量中心功能定位、职责界面及内设机构设置。

（7）8月4日，基于全自动采集数据首次实现“分区同期线损”的统计和发布，为提高广东电网公司线损管理精益化、提升营销基础管理提供了重要的技术支撑。

（8）11月30日，完成计量自动化系统新机房建设和安全防护改造，实现全省电能数据采集的集中监控和发布。

（9）12月26日，计量中心完成全省第一批计量物资集中采购、集中检定、统一存储、统一配送工作。

（10）12月28日，广东电网公司电能计量检定基地投入试运行，此为全国检定能力最强、规模最大的省级电能计量检定基地。

主要工作

一、组建工作

5月4日，根据广东电网公司的工作部署，广东电网公司计量中心正式成立。7月，计量中心快速启动组建工作，高效完成工商注册、税务登记、人员调入、岗位设置和借用人员到岗等工作，顺利与电科院完成相关业务交接。10月，计量中心正式独立运作，并向各地市供电局和相关供应商发文明确业务变更，确保电能计量业务顺利交接，实现计量中心组建运作的有序推进。落实员工的住宿用餐、办公设施等安排，提前参与清远园区物业管理，梳理推进各项行政办公和后勤保障工作，实现机构调整过渡期的办公运作无缝对接。

二、检定基地建设

12月28日，广东电网公司电能计量检定基地投入试运行。该基地位于广东电网新能源应用研发技术园区（清远），离广州市中心约70千米，建筑面积近46 000平方米，共安装自动化检定流水线达13条，可实现单相电能表、三相电能表、计量自动化终端、低压电流互感器等设备的自动检定，年检定能力达1039万只，智能立体仓库仓储能力达234万只，能满足广东电网、广州供电局、深圳供电局检定需求。具体是：安装单相电能表自动化检定系统5条流水线，共计7200表位，年检定能力可达828万只；安装三相电能表自动化检定系统4条流水线，共计1920表位，年检定能力可达88万只；安装计量自动化终端自动化检测系统2条流水线，其中1条流水线可兼容检定三相电能表，共计624表位，年检测能力可达28.7万只；安装低压电流互感器自动化检定系统1条流水线，总计48表位，年检定能力可达38.6万只。安装10千伏互感器自动化检定系统1条流水线，总计24表位，年检定能力可达12.5万只。自动化抽检系统由6套60表位单相电能表检定装置、8套20表位三相电能表检定装置、8套16表位计量自动化终端检测装置和3套低压电流互感器检定装置组成，主要用于自动化检定不合格表计复检和质量抽检工作。智能化立体仓储系统共包括32 560个货位，最大仓储能力达234万只（折算成单相电能表）。完成检定流水线和智能立库安装调试，完成计量生产管理平台开发、部署，打通和营销、物资系统众多接口，实现对计量物资全生命周期监控和集约化管控。12月26日，完成了第一批集中检定计量物资配送，顺利实现全省计量物资集中采购、集中检定、统一存储、统一配送。

三、计量自动化系统建设

首次实现同期线损精确统计发布。8月，基于计量自动化系统实现“分区同期线损”的统计和发布，是广东电网公司第一次实现基于全自动采集数据的分区同期线损统计，对提高广东电网公司线损管理精益化、提升营销基础管理提供了重要的技术支撑。实现停电信息的实时监测和统计发布。6月，实现10千伏馈线停电实时监测功能在全省部署，实时监测受影响的10千伏线路及重要客户停电情况，为广东电网公司、地市供电局提供及时、有效的技术手段，助力广东电网公司抗灾抢修。开展低压台区用户电压监测工作。实现低压台区用户电压质量的准确、完整采集和统计，完成11.4万台区、175万低压用户电压质量的动态监测，改变了以往“监测信息不全、依靠人工现场巡检为主”的局面，解决基层单位电压质量监测手段缺乏、无法快速定位故障等问题。加快推动低压集抄和智能电表全覆盖建设。6月，实现发电、输电、配电、用电等各环节计量自动化的全覆盖接入，低压集抄接入用户3340万户，自动抄表成功率99.4%，顺利完成每月自动抄表结算，向营销系统发布抄表结算数据3.8亿条，向广东电网公司大数据平台、海量平台以及各大业务系统推送约超过10T量级数据。狠抓计量基础管理、运维管理和系统应用，在南方电网计量自动化系统实用化考核评价中名列第一。落实适应电力现货市场的计量自动化改造。电力体制改革举措，积极推进电厂侧、用户侧共12 344个计量点的“双终端”现场计量装置升级改造以及验收工作。组织开展交易用户表计时钟超差处理专项工作，建立电能计量装置时钟专业化管理机制。10月，发布《南方（以广东起步）用户及发电企业现货市场计量技术标准》等系列规范。省网关口电厂侧电子化结算率达100%，售电侧电子化结算率达99.8%，未发生企业级应用系统（其他类）非计划中断五级及以上事件，均完成年度目标。开展计量系统分布式架构及安全防护改造。11月，完成计量自动化系统新机房建设和安全防护改造，开展系统分布式架构改造，开展地市前置采集业务割接，实现全省电能数据采集的集中监控和发布。此举，使广东电网公司成为国内率先严格按照国家电力监控系统安全防护要求、完成超大规模省级集中计量自动化系统安全防护改造的省级电网企业。

四、计量设备管理

积极推进计量设备精益管理，持续监控终端和电表设备运行状态，全年组织完成1.9万台缺陷设备整改工作，建立计量设备软硬件升级及备案管理机制，强化现场终端软件版本管控。完善省网关口管理机制，进一步规范关口计量装置的投运、更换、验收、故障处理等管理流程。完善省网关口计量装置质量管理要求。创新集约化的计量物资管理体系。结合省级集中检定新模式，6月，建立全省计量物资集中采购、集中检定、统一存储、统一配送的管理模式，实现全省计量物资的智能存储、物资共享、无差别按需调用，发挥集约化规模效应，降低广东电网公司库存成本。主动承接全省计量物资配送任务，开展震动和温湿度传感设备配置研究，创新周转箱防震设计，保障物资配送过程安全稳定。12月，完成了第一批集中检定计量物资配送，标志计量中心顺利实现计量物资统一配送的业务模式。

五、科技创新工作

自主研发的500千伏工频电压比例标准装置通过了国家质监总局计量标准建标考核，使广东电网公司成为全国首个获得国家认可的具备自行导出500千伏电压比例标准量值能力的省级电网企业。参与国家“863”课题《新型数字化计量仪器的溯源与量传技术》，完成数字化计量标准装置研发，5月，顺利通过国家科技部验收。承担6项广东电网公司科技项目，其中：直流计量科技成果，获得中国计量测试学会科技进步二等奖、南方电网专利二等奖；低压集抄科技成果，获得南方电网科技进步三等奖。制定电能计量业务工作管理体系，组织编制业务指导书89册。开展新一代计量自动化终端等4项科技成果试点应用，10月，完成单相智能费控电能表等9项科技成果转化。参与7项国家计量技术规范编制，12月，主持完成电力行业标准《高压直流互感器现场校验规范》英文翻译项目，完成9项南网企业标准编制任务，推动国家及行业技术标准建立。

六、党群工作

把习近平新时代中国特色社会主义思想、党的十九大会议精神等作为重点学习内容，采取领学分享、党课辅导、交流讨论等方式，每月结合主题党日活动进行集中学习，引导全体党员不断提升党性修养。积极促进广东电网公司党建“1236”模式落地，做好党支部建设15

个规定动作上墙，通过数据看板形式展示党内政治生活开展情况。8月，成立电能计量检定基地大会战党员突击队，发挥党组织的战斗堡垒和党员的先锋模范作用。定期组织开展党风廉政学习和廉洁教育活动，把“第一种形态”谈心谈话作为发现问题的重要手段。把党风廉政建设贯穿业务工作，严格落实“一岗双责”。针对廉洁风险问题，研究制定防控措施，嵌入业务流程各个环节。

综合服务中心

单位概况

一、主要职能

广东电网有限责任公司综合服务中心（离退休服务中心）作为广东电网公司本部及服务范围内行政后勤服务工作和离退休服务工作的实施主体和执行机构，接受广东电网公司办公室和组织人事部的业务指导，负责参与制定广东电网公司行政后勤服务、离退休有关管理制度和标准，执行广东电网公司下达的行政后勤服务、离退休工作任务；履行对广东电网公司行政后勤服务、离退休工作的专业指导；具体负责广东电网公司本部会务接待、食堂、福利用品、物业、洗涤、绿化、警卫消防、环保卫生、办公通信、医疗、报刊订阅、办公用品及设备、低值易耗品和车辆管理等后勤服务工作，广东电网公司本部离退休人员思想政治、生活待遇、走访慰问、文体活动、经费管理及信息统计等管理工作；负责广东电网公司本部房产的日常管理、房屋租赁和公有住房的房租、水电费等费用收缴管理工作；具体负责负责广东电网公司本部离退休人员的日常服务工作；负责对广东电网公司系统各单位行政后勤服务、离退休工作的指导、协调、监督、检查。

二、组织机构

综合服务中心前身是2009年4月成立的广东电网公司机关服务中心，2014年6月更名为综合服务中心，2017年9月更改为现名，并增挂公司离退休服务中心牌子。截至2018年底，综合服务中心内设8个部门，具体如下图所示。

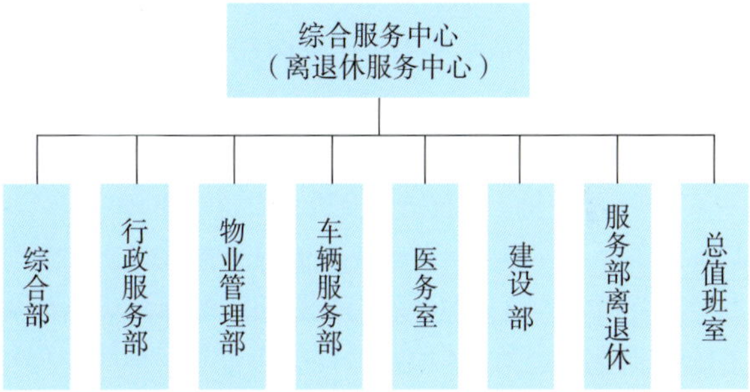

三、领导班子

2018年，综合服务中心领导班子未进行过调整。至2018年底，领导班子成员如下：

主任、党总支副书记：卜丽娜

党总支书记、副主任：雷平

党总支委员、副主任：许景耀

党总支委员、副主任：杨建中

四、人员状况

截至2018年底，综合服务中心在编员工44名，其中研究生11人，本科15人，专科9人，中专及以下学历的9人。已取得专业技术资格人员共19人，其中高级职称5人，中级职称12人，初级职称2人。已取得技能等级共7人，其中高级技师2人，技师1人，高级工2人，中级工2人。此外，另有劳务派遣人员80人。

年度大事

（1）从3月起，协调广州各大医院知名专家教授开展“名医下基层·服务暖人心”现场坐诊活动，累计就诊4000余人次。

（2）3月，综合服务中心行政服务部荣获“南方电网公司巾帼文明岗”称号。

（3）5月1日，综合服务中心接收广州地区11家中心机构的7名离退休人员，实行统一管理。至此，广东电网公司本部离退休人员共有214名。

（4）5月，组织广东电网公司本部及协助组织全省车辆驾驶技能竞赛，11月选拔优秀队伍参加南方电网公司车辆驾驶技能竞赛，获得团体第二名。

（5）7月16日，开始安装车辆集中运营监控平台。可通过大数据监控实现单车核算和GPS定位实时监控车辆轨迹，管控“跑冒滴漏”现象，消除公车私用风险。

（6）7月，组织开展“健康食堂”星级评价，评选三星级以上食堂25个。12月，广东电网公司本部食堂通过广州市药监局评审，获得A级食堂资质。

（7）8月，完成了本部大楼空调系统改造、3楼礼堂及党员活动室装修，协助调配办公用房，缓解了办公用房紧张局面。

（8）9月中旬，在抗击强台风“山竹”期间，组织29部应急车辆开赴湛江、茂名、珠海等抢修现场，并为广东电网公司本部、调控中心和信息中心等部门应急值班人员提供用餐共计1985人次。

（9）9月18日，广东电网公司本部职工房改房供水系统实物管理权全部完成分离移交，由广州市自来水公司组织对344户进行“一户一表”供水改造。

（10）至12月31日，广东电网公司本部大楼于1996年竣工的扩建工程项目办理产权登记工作，完成了补办测绘、报建、规划、验收等资料，向越秀区政务中心提交了申请手续。

主要工作

一、物业管理

加强广东电网公司本部办公大楼和培训楼物业服务巡查和监管工作，对本部电梯、消防、安防等设备管控到位，及时维护维修。8月，完成了本部大楼空调系统改造、3楼礼堂及党员活动室装修，协助调配办公用房，缓解了办公用房紧张局面。开展公司本部大楼扩建工程产权登记。至2018年底，完成了补办报建材料，通过规划验收，提交广州市房地产测绘院测绘，向越秀区政务中心提交了规划验收申请手续。2018年底，完成本部职工房改房供水系统实物管理权移交，由广州市自来水公司组织一户一表改造。

二、食堂管理

1月，完成本部食堂明厨亮灶改造，并于5月荣获广东电网公司“四星级”健康食堂称号。2月起，增设本部及周边单位节假日和应急响应供餐服务，提供广东电网公司本部及调控中心员工晚餐打包服务。7月，制订“健康食堂”建设与管理标准，建立涵盖员工食堂建设管理和星级评价的标准体系，组织开展“健康食堂”星级评价，评选三星级以上食堂25个，以点带面提升食堂建设整体水平。9月，组织广东电网公司系统厨艺竞赛，本部食堂获得团体第一名。9月中旬，在抗击强台风“山竹”期间，组织29部应急车辆开赴湛江、茂名、珠海等抢修现场，并为广东电网公司本部、调控中心和信息中心等部门应急值班人员提供用餐共计1985人次。协助办公室推进智慧食堂系统建设，11月，率先在广东电网公司系统内推行刷脸用餐服务。12月，广东电网公司本部食堂通过广州市药监局评审，获得A级食堂资质。深化本部食堂精益管理，通过深入分析食堂运营成本，改善工作流程，减少食材浪费，节省费用全部用于提升服务。2018年，行政服务部荣获“南方电网公司巾帼文明岗”称号。

三、车辆管理

基于车辆GPS技术及大数据分析，开发建设了车辆集中运营监控平台。通过大数据监控实现单车核算，管控“跑冒滴漏”现象。利用系统统一调度车辆，通过GPS定位实时监控车辆轨迹，消除公车私用、私车公养用车风险。提升专兼职驾驶员对恶劣天气、特殊路段安全驾驶和应急处置能力，通过全年开展的4期培训，提高驾驶员危险辨识能力及遵守交通法规的自觉性。5月，组织广东电网公司本部及协助组织全省车辆驾驶技能竞赛。11月，选拔优秀队伍参加南方电网公司系统车辆驾驶技能竞赛，获得团体第二名。以“安全行驶，提升服务”为主题，实行“工分计酬”，提高驾驶员的工作积极性和服务质量。全年共为广东电网公司本部提供用车8421次，安全行驶126.3万千米，有效投诉同比降低50%。9月，行车班被授予广东电网公司“四星级行车班”称号；12月，被授予广东电网公司“工人先锋号”称号。

四、医疗服务

在完成门诊日常保健工作同时，新增与省人民医院、省中医院共建合作，引进中西医专家多学科、多诊疗科目坐诊，解决员工就医难问题。结合“名医下基层”活动，举办专题讲座，进一步普及广东电网公司本部职工自我保健和急救常识，充分动员医务室现有力量，对本部所有楼层服务员、车队司机及食堂人员进行急救自救轮训，掌握心肺复苏黄金时间紧急抢救实操技能。

五、离退休服务

按照广东电网公司共同养老工作部署，接收广州地区11家中心机构的7名离退休人员，实行统一管理，用心用情做好服务。结合广东电网公司“暖心工程”建设改进服务，精心组织筹划本部离退休老同志重阳节茶话会、春节团拜会及年度健康疗养等活动，每季度组织离退休党支部生活会、老同志集体生日会，开展节前走访和住院慰问。

六、党群工作

6月，综合服务中心成立下属三个党支部，明确了支委分工和具体责任。9月，完成党总支部委员会的选举和委员分工，规范党总支支委会会议和理论学习制度，党支部按季度制定主题党日计划，并结合总支承担的对西湖村贫困户“一对一”结对帮扶奔小康任务。在抗击强台风“山竹”期间，把全力服务抗灾复电作为推进“两学一做”常态化制度化的重要考场。9月，严肃认真开展好廉洁从业教育月、纪律教育学习月活动。明确全面从严治党“一岗双责”责任，全体干部党员签订了廉洁从业承诺书。落实推广实践“四种形态”，开展集体谈话50人次，一对一谈心谈话75人次，党员干部政治纪律和规矩意识得到强化。

新闻中心

单位概况

一、主要职能

广东电网有限责任公司新闻中心作为广东电网公司新闻宣传工作和史志年鉴编辑工作的实施主体和执行机构，接受广东电网公司宣传文化部和办公室的业务指导，负责参与制定广东电网公司新闻宣传、史志年鉴编辑有关管理制度和标准，执行广东电网公司下达的新闻宣传、史志年鉴编辑工作任务；履行对广东电网公司新闻宣传、史志年鉴编辑工作的专业指导；负责广东电网公司新闻策划和组织实施工作；负责广东电网公司重要活动、重大决策部署等相关稿件的采写；负责新闻媒体关系的日常维护、广东电网公司在各类媒体的对外宣传以及广东电网公司舆情监测、研判和处置工作；负责广东电网公司自办媒体的编辑、制作、出版和日常管理；负责南网文化及品牌传播工作；负责广东电网公司系统新闻发言人和通讯员队伍的管理和培训工作；负责协助审查、审批广东电网公司各类自办媒体出版工作；负责企业史志、年鉴及相关图书、影像的编纂、制作与出版工作；负责对广东电网公司系统各单位新闻宣传、史志年鉴编辑工作的指导、协调、监督、检查，并提供专业支持。

二、组织机构

新闻中心前身是1997年11月成立的广东电力报社，2009年11月更名为广东电网公司新闻中心，2014年6月更改为现名。截至2018年底，新闻中心内设6个部门，具体如下。

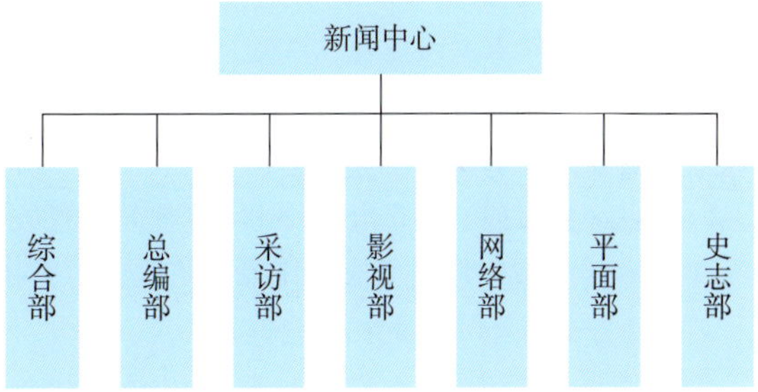

三、领导班子

2018年，根据广东电网公司党委决定，新闻中心领导班组调整如下：5月17日，钟高峰任新闻中心主任，党总支部委员会委员、副书记；免去胡玉梅新闻中心主任、党总支部委员、副书记职务；免去龙建平新闻中心副主任、党总支部委员职务。11月30日，免去黎刚新闻中心副主任、党总支部委员职务。

至2018年底，新闻中心领导班子如下：

主任、党总支副书记：钟高峰

党总支书记、副主任：覃桂平

四、人员状况

截至2018年底，新闻中心共有员工34人，其中研究生20人，本科生14人。已取得专业技术资格人员共21人，其中高级职称4人，中级职称17人。

年度大事

（1）7月，新闻中心完成“幸福南网”企业号的开发建设试点任务，建成覆盖广东电网公司本部及直属各单位主要办公区域、生产场所共计3623台终端设备的视频系统。

（2）11月12—16日，新闻中心在广东电网公司官方微博上策划开展了“最美电音”系列活动，并推出首支原生态电音MV。话题阅读量达3450.8万次，进入新浪话题热搜榜前十。

（3）11月23—28日，新闻中心举办“辉煌四十载，电亮新时代”走进电网系列活动。活动邀请主流媒体与网络平台，走进江门、珠海、云浮等地市供电局，参观生产现场，观看无人机清障、巡线等演示。

（4）11—12月，新闻中心拍摄制作了8集专题记录片《时光如电》，全面回顾改革开放以来广东电力体制改革、电网发展、安全生产、供电服务、科学进步、农网改造、抗灾保电、技术能手等发展历程和人物故事。

（5）12月5日，新闻中心组织召开“广东电网提前两年完成国家新一轮农网改造升级目标”媒体通气会，吸引新华社、中央电视台、人民网、新华网等20多家媒体集中发布报道。

（6）截至12月底，广东电网公司“庆祝改革开放40年”主题宣传在省级以上主流媒体累计见报见播近400篇，名列南方电网公司所属分子公司首位。

（7）12月，新闻中心编辑出版《广东电网人物访谈录》和《广东电网人物图志》，图文并茂地记录了改革开放以来广东电力人的奋斗历程及珍贵的历史影像。

（8）2018年，受组织委派，新闻中心覃桂平、王越两人代表南方电网公司参与《中国工业史·电力卷》的编纂工作。其中，覃桂平担任《中国工业史·电力卷》《中国电力工业史》编委会专家。

（9）2018年，“广东电网”微信公众号、官方微博，粉丝数量稳中有升，官方微博发布微博2212条，阅读量超过6715.5万，在国资委排名中首次进入前20名。

主要工作

一、主题宣传

系统开展“庆祝改革开放40年”主题宣传。围绕主题，新闻中心积极联动，面向各地市供电局、各中心机构征集改革开放以来具有代表性的人物和历史图片，挑选基层优秀通讯员与新闻中心记者联手对主要人物进行采访，共同梳理、核实和修订，并多次召开专题讨论会。主动联系社会媒体，了解媒体策划及最新动向，精准喂料，截至12月底，广东电网公司“庆祝改革开放40周年”主题宣传在省级以上主流媒体累计见报见播近400篇，其中人民日报6篇，新华社6篇，中央电视台35条。10月15日至12月31日，运用“双微”平台开设“改革开放40年”专栏与话题，发布报道17篇次，累计阅读量28 739。12月5日，新闻中心组织召开“广东电网提前两年完成国家新一轮农网改造升级目标”媒体通气会，围绕电力建设助力广东“四个走在全国前列”主题，吸引新华社、中央电视台、人民网、新华网等20多家媒体集中发布报道。

◎ 2018年3月30日，人民网、广东电网公司和江门供电局联合举办“岭南文化电动行”活动。图为工作人员向在场嘉宾介绍电动汽车充电桩与新能源汽车

二、主题活动

举办“辉煌四十载，电亮新时代”走进电网系列活动。11月23—28日，新闻中心举办“辉煌四十载，电亮

新时代”走进电网系列活动。邀请省内主流媒体、南网传媒及网易、新浪网络平台资讯相关工作人员，开展江门、珠海、云浮等变电站旅程，走进500千伏江门变电站、110千伏珠海人工岛变电站、珠海凤凰山输电线路、500千伏云浮卧龙变电站等地，参观生产现场，观看无人机清障、巡线等演示。11月23日上午，系列活动首变电站在江门变电站开幕，网易进行了直播，现场展示了无人机喷火清除线路飘挂物障碍，展示了江门变电站早期手稿、系列巡检无人机等，直播点击量约30万次。系列活动每站向媒体发出通稿，活动情况及通稿得到了众多媒体刊播，新华网为活动开设了专题版面，整个活动在各媒体、资讯平台发稿上百篇次。

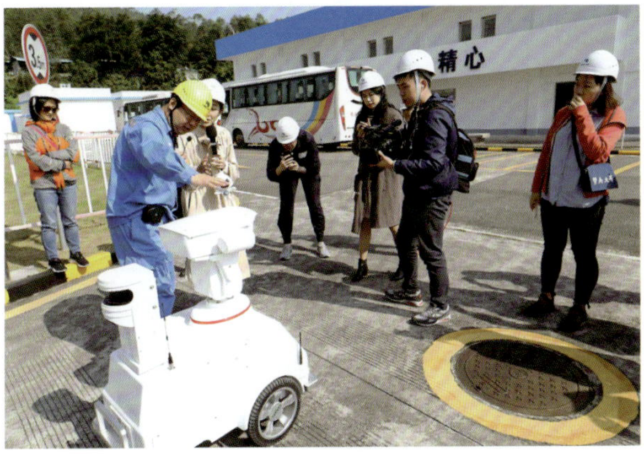

◎ 2018年11月23日，广东电网公司“辉煌40载 电亮新时代”活动在500千伏江门变电站启动。图为媒体工作人员拍摄巡检机器人

三、网络宣传

2018年，新闻中心推进企信“广电新闻”版块改版升级。7月，完成了南方电网公司下达的“幸福南网”企业号的开发建设试点任务，建成覆盖广东电网公司主要办公区域、市县所以及部分站共计约3623台终端设备的视频系统，进一步丰富了内宣主阵地。11月12—16日，广东电网公司官方微博开展创意策划“最美电音”系列活动，将音乐与电网工作特性紧密结合，首次引导受众产生并推动话题，并打造了首支原生态电音MV，展示了广东电网公司不断满足人民对美好生活的电力需要，奏响美好生活的好声音，服务社会经济发展的好形象。活动引起了网友广泛参与以及新华网、央广网等主流媒体，国务院国资委官方微博等部委新媒体平台的广泛关注及转发。话题阅读量达3450.8万，进入新浪话题热搜榜前十。2018年，广东电网微信公众号内容被国资小新采用19条，被南网50Hz转发及采用121篇次，单条阅读量最高达8万。“广东电网”微信公众号、官方微博，粉丝数量稳中有升，官方微博发布微博2212条，阅读量超过6715.5万，在国资委排名中首次进入前20名。

四、主要作品

编辑出版《改革开放40年广东电网人物访谈录》《改革开放40年广东电网人物图志》。3月，新闻中心开始策划编辑出版改革开放人物访谈及图志书籍，着手整理相关线索，并向全省各单位开展征集，初步收集68名相关人物访谈材料，300多位人物简介及图片。经过认真筛选，初步确定人物名单。6月初，向广东电网公司直属各地市供电局、非供电单位征集改革开放40年人物访谈文字及视频、人物简介及图片等。8月，在新闻中心召开辅导会，对各单位提交的稿件提出修改意见建议，同时指定部分人员负责稿件交叉修改。8月下旬，新闻中心对部分单位仍存在较大差距的稿件修改作针对性辅导。8月底，在新闻中心及直属各单位抽调部分作者成立修改小组，安排修改小组人员17人分工负责访谈文章的修改。经审核、修改、审定，10月初，书籍文稿等提交出版社编排。12月，图书由南方出版传媒集团广东经济出版社正式出版，首次印刷数量约5000册，派送发放到广东电网公司本部及直属各单位，以及南方电网系统兄弟单位等。这次书籍编印过程中，新闻中心举办辅导培训班两期，参加培训约50多人次，在培训及采写实战中培养锻炼了通讯员队伍，对提升采写技能起到了较大作用。同时，新闻中心将其列为书记项目，丰富了党组织活动内涵。

拍摄了第一部反映广东电网辉煌成就的纪录片。新闻中心党总支围绕改革开放40年广东电网发展历史的重要节点，拍摄了8集专题纪录片《时光如电》，分别以“勇立潮头”“网联四方”“安全至上”“以客为尊”“科技兴网”“点亮山乡”“使命担当”“匠人匠心”为题，每集时长约13分钟，通过主持串讲、亲历口述、历史影像和现场实景，为观众叙述40年来电力体制改革、电网发展、安全生产、供电服务、科学进步、农网改造、抗灾保电、技术能手等发展进程或人物故事，形成了强效的视觉冲击力，全景式地反映广东电网公司实现由计划经济向市场经济管理模式的历史性转变，电网由严重滞后到适度超前的惊人跨越。

五、党群工作

截至2018年底，共有党员21人，入党积极分子1人，另有8人已递交入党申请书。10月，制定了领导班子“一岗双责”清单。11月，完善“三重一大”决策议事机制、党组织政治经费使用指引。同月，完成完党总支的换届改选工作，组建两个基层党支部和一个团支部，正式建立健全了党总支、党支部、团支部和工会小组的组织机制和运作机制。首次制定年度工会小组活动方案，以书记项目的形式组织开展了庆祝改革开放40周年系列专题活动，统筹党政工团合力激发团队凝聚力和战斗力。加强政研工作，4—11月，开展并完成了《电网企业重大新闻宣传策划与实施研究》课题研究工作。

2018年，新闻中心将党风廉政建设放在更加突出的位置，认真做好广东电网公司“机动式”巡察检查的迎巡和整改工作，自我加压组织开展巡视巡察和历次审计问题“回头看”，建立全面梳理总结和加强党风廉政建设。9月，出台并严格落实瘦身健体方案和内控体系建设，同步开展纪律教育月活动，制定新闻中心纪律教育月活动方案。11月，出台党风廉政建设考评标准和“扫雷行动”禁止行为清单，切实将全面从严治党要求和党风廉政建设部署落到实处、取得实效。

财务共享服务中心

单位概况

一、主要职能

广东电网有限责任公司财务共享服务中心（以下简称“财务共享中心”）作为广东电网公司财务共享服务业务的实施主体和执行机构，接受广东电网公司财务部的业务指导，负责参与制定广东电网公司财务工作有关管理制度和标准，执行广东电网公司下达的财务工作任务；履行对广东电网公司财务工作的专业指导；负责成员单位的所有经济事项的会计核算、资金结算、报表编制；负责为成员单位提供预算、会计、资金、资产、基建财务、内控、经营考核和财务分析等财务经营管理支持，提供财务业务咨询服务，配合广东电网公司财务部建设、运营财务实训室，配合广东电网公司财务部开展财务管理信息化建设；负责配合内外部审计迎审等工作；负责代未设财务部的成员单位行使财务管理职能，包括办理财权审批，负责预算、会计、资金、资产、基建财务、合同财务审核、内控、经营考核、财务分析、会计档案的装订和临时保管等财务管理工作；负责广东电网公司直属各单位资金支付限额、资金存量、资金调拨、资金集中率、资金计划准确率管理工作；负责广东电网公司直属各单位内部往来对账、集团报表编制，负责集团税费计算、申报、缴纳；负责对广东电网公司系统各单位财务共享服务工作的指导、协调、监督、检查，指导直属单位竞争性企业的财务工作。

二、组织机构

财务共享中心成立于2017年11月。截至2018年底，财务共享中心内设5个部门，具体如下图所示。

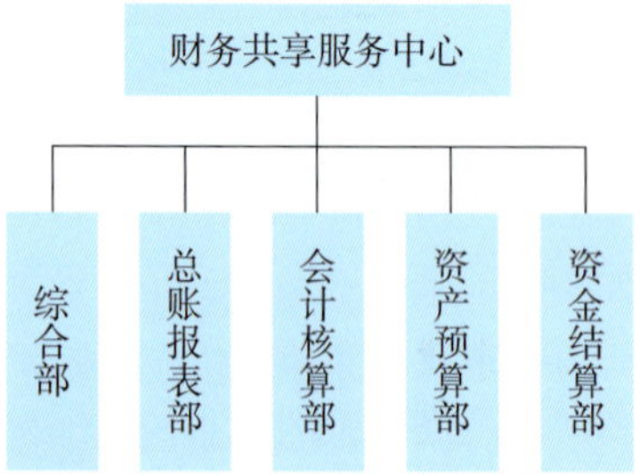

三、领导班子

2018年，财务共享中心领导班子未进行过调整。截至2018年底，领导班子成员如下：

主任：阮玮蘋

党支部书记、副主任：周骏

四、人员状况

截至2018年底，财务共享中心共有职工19人，其中硕士生9人，本科生9人，专科生1人；已取得专业技术职称的共19人，其中高级职称8人，中级职称7人，初级职称4人。

年度大事

（1）6月，上线智能报账机器助手，增强人机互动、系统智能勾稽，固化稽核规则110条。

（2）9月，建成共享运营服务指标监控系统，运用可视化大屏对业务量、及时率、完成率、准确率等指标进行实时监测。

（3）10月，建设完成一站式智能移动商旅服务平台项目，融合差旅申请、商旅预订、费用报销等流程，实现员工差旅申请与审批、酒店交通预订、对公统一结算等一站式线上服务。

（4）11月，上线财务系统移动审批功能，实现实时联网查询与系统审批，累计完成业务移动审批1897笔。

（5）12月，应用一站式填单、扫描上传、实物投递24小时自助报账终端，通过系统自动实现影像扫描和实物提交。

主要工作

一、建章立制

8月，根据广东电网公司制定颁布的《财务共享服务管理办法》，统一内部运营制度与工作规范。全年编制业务指导书26份，涵盖预算管理、资金管理、资产税务、基建工作、成本核算、购电核算、个人报销等22个。涉及流程68个、节点398个，统一基础业务处理流程与标准。同月，编制完成《员工报账服务指南》，详细列明12项日常费用报销标准、报账流程等内容。及时提供经营分析报表，满足成员单位财务经营分析需求。

二、推动财务智能化建设

搭建财务共享信息平台，构建单据池，打破原有按成员单位与会计人员一一对应的单据审核模式，引导会计人员自主领单、“抢单”，累计集中处理业务7093笔。上线财务系统移动审批功能，实现实时联网查询与系统审批，累计完成业务移动审批1897笔。应用一站式填单、扫描上传、实物投递24小时自助报账终端，通过系统自动实现影像扫描和实物提交。6月，上线智能报账机器助手，增强人机互动、系统智能勾稽，固化稽核规则110条。实现发票闭环信息化管理，打通财务系统与国税总局“金税三期”系统的集成接口，运用“T+1”模式采集发票信息，将发票审核环节迁移至报账前端，与业务人员提交的发票信息进行自动采集、校验与真伪识别，实现增值税发票自动登记与一键式认证。9月，建成共享运营服务指标监控系统，运用可视化大屏对业务量、及时率、完成率、准确率等指标进行实时监测。10月，建设完成一站式智能移动商旅服务平台项目，融合差旅申请、商旅预订、费用报销等流程，实现员工差旅申请与审批、酒店交通预订、对公统一结算等一站式线上服务。

三、强化业务风险管控

4—8月，组织2015—2018年成员单位税务自查，涉及6大税种、101个风险点。5—12月，开展2018年资产清查工作，完成账务清理、现金和银行存款、应收账款、存货、在建工程、固定资产、无形资产全面清查。配合国家审计署专项审查和国家税务总局税务稽查，完成整改、封堵管理漏洞。加强资金安全、信息安全及保密工作。

四、现货交易财务系统功能建设

梳理现货交易财务结算规则，10月完成制定广东电网公司现货交易标准化结算单据、流程和业务规范说明书的编制。组织开发建设财务系统28个功能点，新增14个集成接口，2018年已完成财务侧系统功能开发与测试。开展与营销系统、SOA平台等系统集成建设。组织召开30余次集成协调会议，确认12个集成设计需求，开展17次集成接口测试。

五、队伍建设

与揭阳供电局开展区域联动，互派人员交流学习，业务骨干“走出去”、学习业务前端知识与技能。定期举办“大咖讲堂”，邀请专家讲授，提高队伍理论水平。开展软课题研究，共提交3篇单位论文、6篇个人论文，其中单位论文一等奖1篇，个人论文一等奖1篇、二等奖1篇、三等奖1篇。参与南方电网公司2018年会计职业技能竞赛，获得团体二等奖、个人二等奖优异成绩。配合建设财务技能实训室，10月初步编制完成实训室设计方案。开展到岗新员工岗前培训，通过“师带徒”、不定期培训增强新员工职业实践技能，帮助其快速适应新的岗位要求。

六、党群工作

9月，财务共享中心完成了党支部委员会选举工作，明确了支委分工和具体责任，完善了党支部组织架构，制定了年度工作计划、学习计划。班子成员严格履行

“一岗双责”，认真落实“三会一课”制度。扎实推进党风廉政建设。9月，按广东电网公司党委、直属党委的要求，财务共享中心党支部从严开展纪律教育月活动，开展落实中央八项规定精神情况自查，抓好日常和节日廉洁管理。为进一步做好廉洁风险防控，于11月修编了2018年廉洁风险库，制定了形式主义、官僚主义自查自纠整改台账，梳理了问题和风险点并完成了整改工作。

审计中心

单位概况

一、主要职能

广东电网有限责任公司审计中心（以下简称“审计中心”）作为广东电网公司审计项目的实施主体和执行机构，接受广东电网公司审计部的业务指导，负责参与制定广东电网公司内部审计工作有关管理制度和标准，执行广东电网公司下达的内部审计工作计划和工作任务；履行对广东电网公司内部审计工作的专业指导；负责编制广东电网公司下达的年度审计项目实施方案，并组织实施；负责实施的审计项目的质量管控及审计信息管理；负责协助配合广东电网公司“大监督”“大审计”等相关工作；负责对广东电网公司系统各单位内部审计工作的指导、协调、监督、检查，指导直属单位竞争性企业的内部审计工作。

二、组织机构

审计中心成立于2017年11月。截至2018年底，审计中心内设5个部门，具体如下图所示。

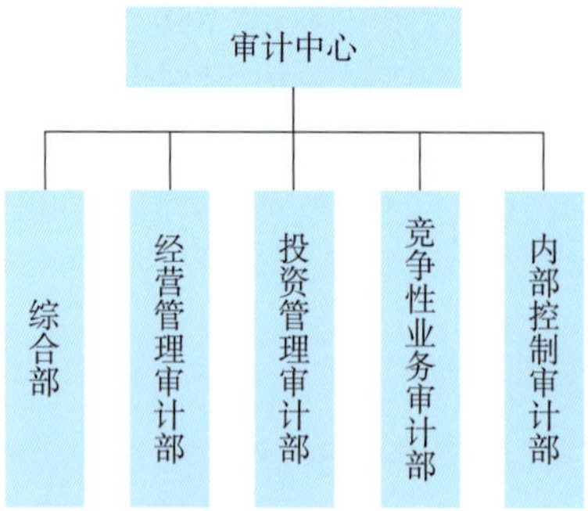

三、领导班子

2018年，审计中心领导班子未进行过调整。至2018年底，领导班子成员如下：

党支部书记、主任：王鑫根

党支部委员、副主任：张晓利

党支部委员、副主任：黄华茂

主任助理：宋志波

四、人员状况

截至2018年底，审计中心共有职工12人，其中博士1人，硕士2人，本科生9人；已取得专业技术职称的共8人，其中高级职称3人，中级职称4人，初级职称1人。

年度大事

（1）2月5日，审计中心开展2018年第一个审计项目——竞争性企业利润审计调查，标志着审计中心作为独立的中心机构开始承接及实施审计项目。

（2）3月12日，审计中心党支部正式发文成立。并于6月27日选举产生审计中心党支部第一届支委，王鑫根任党支部书记，黄华茂任组织兼宣传委员，张晓利任纪检委员。

（3）5月24日，审计中心举办首届“主任论坛”培训，邀请财务共享中心阮玮蘋主任讲授电价管理、售电侧改革、电力市场改革与探索等内容，进一步深化业审融合。

（4）5月，应用“审计项目成果表”，及时汇总各环节成果，定期对成果及风险进行评估，建立了审计发现问题分析跟踪机制，整理汇编审计发现问题，形成“审计中心发现问题库”。

（5）6月14日，审计中心发布《审计中心审计督查、回访实施方案》，结合项目开展督查、回访，促进审计业务规范管理的常态化，以党建促进业务工作。

（6）8月13日，审计中心业扩提速及资产转固分析功能上线至广东电网大数据平台，通过数据分析辅助现场审计人员发现审计问题，标志着审计中心数字化审计实用化开端。

（7）9月24日，在抗击台风“山竹”过程中，审计中心派出人员赴肇庆抗灾抢险现场，为施工单位劳务人员费用结算、青苗赔偿等事项提供审计咨询，主动防范风险。

（8）10月12日，审计中心成立审计专家技术委员会，明确审计决策流程及质量管控流程，提升及优化审计项目的审核把控力度。

（9）10月26日，审计中心6人入选广东电网公司竞赛队伍，参加南方电网公司“精益杯”审计知识竞赛，并获团体二等奖。其中钱琨、杨创惠分别获得个人一等奖和三等奖，并同时被授予“南方电网公司技术能手”称号。

（10）12月4日，审计中心编制发布审计项目管理手册（试行版）。

主要工作

2018年，审计中心完成审计项目30项，其中：经济责任审计17项，专项审计7项，审计调查6项，覆盖广东电网公司系统35个单位，抽审投资项目3589项，发现问题1044个，提出审计意见425条，切实发挥了审计监督和服务的职能。2018年审计中心获得了多项荣誉，其中团体获得南方电网公司2018年内部审计工作先进集体，个人南方电网公司2018年内部审计工作先进个人1项及广东电网公司先进个人12项。

一、审计项目实施

经济责任审计。根据广东电网公司年度审计计划，开展离任经济责任审计17项，客观评价领导干部在国家政策及公司决策部署，公司战略落地和党建党廉等方面的履职情况，服务公司改革发展大局，及时发现重大风险，进一步强化了对领导干部权力运行和责任落实的监督。专项审计。围绕打好“精准脱贫”攻坚战、推进瘦身健体提质增效、深化职工持股企业改革等重大任务落实，开展扶贫资金管理、瘦身健体提质增效、非公股权清退及吸纳审计等1项专项审计、2项审计调查，服务国家重大战略实施；围绕广东电网公司基层员工关怀、客户服务质量等中心工作，开展“暖心工程”“业扩提速”和配网智能化建设管理审计等6项专项审计、4项审计调查，服务广东电网公司重点工作落地。新兴业务审计。围绕综合能源供应商转型发展战略，结合竞争性业务特点，创新采用了“短平快”的审计调查方式，2—3月，对7家公司直属新兴业务企业开展经营成果审计调查，有效促进了新兴企业利润导向考核的落地。

◎ 9月13日，审计中心开展配网智能化建设审计项目，图为工作人员在审计现场进行讨论

二、业审融合

重点关注决策落实和管理提升。围绕广东电网公司“加快建成世界一流的综合能源服务公司”目标，服务工作大局，以问题和风险为导向，以控风险、促发展为目标，突出对重点领域、重点部门、重点资金的审计，突出对公司重大战略措施落实情况的审计，突出对管理效率和经济效益的审计，求真务实，揭示重大风险隐患，促进业务规范，推动管理提升。突显审计服务意识。注重从跨部门、全流程的视角审视业务管理与控制的效率，重点查找因部门及环节交叉而导致的低效率、低效益问题，洞察合规性问题的根源，并通过内部审计查找、分析问题的根本原因，提出完善制度、规范管理、防范风险的可行性建议，堵塞管理漏洞，推动公司完善制度规范、优化业务流程、依法合规经营。审计关口前移。2月，开展了输变电工程公司、综合能源公司等单位新兴业务审计监督调研，主动了解新兴业务企业发展存在的主要风险及内控情况，收集意见与建议，为下一步更好地开展新兴业务企业审计监督，提供审计服务奠定基础。在9月抗击强台风“山竹”过程中，组织人员赴肇庆抗灾抢修现场开展审计咨询服务，对施工单位劳务人员费用结算、青苗赔偿等事项提供审计咨询，主动预防风险。

三、审计质量管控体系

初步搭建了审计质量管控体系。依据《审计署关于内部审计工作的规定》《中国内部审计准则》、南方电网公司《内部审计工作规范手册》的要求，全面梳理审计项目质量管控措施，构建内部审计质量管控体系。并在10月成立审计中心审计专家技术委员会，明确审计决策流程及质量管控流程，加强审计项目的审核把控力度。实现审计项目闭环管理。以“提高审计项目执行效率”为出发点，于12月4日发布了《审计项目管理手册》，规范工作表单、审核流程，通过“小编有话说”“嵌入式答疑”等生动的展现形式，明确常见问题及解决思路和方法，指导审计中心人员高效开展现场审计工作。按审计项目3个主流程、47个工作任务项要求，应用“现场进度监控表”，通过线上平台及线下填报方式，动态更新各项目进度，对审计项目进行全过程、全方面的质量管控。建立了审计业务定期会议制度，定期研究重点问题和重大争议事项，集体把关，防范审计风险。修编了业务指导书，优化档案管理，实现审计项目闭环管理，确保审计档案的安全、完整。形成审计成果管控机制。5月，应用“审计项目成果表”，及时汇总各环节成果，定期对成果及风险进行评估。同时建立了审计发现问题分析跟踪机制，整理汇编审计发现问题，形成“审计中心发现问题库”，并于年底编制审计发现问题专题汇报2份和财务领域审计专项报告、“暖心工程”审计专项报告等9份专项报告，有效实现成果深化应用。

四、数字化审计建设

建立数字化协同合作模式，提高审计质量和效率。梳理主要业务领域的主要风险，依托公司大数据平台和企业运营管控体系，建设审计数据集市，建立“数字化审计团队+现场审计团队”的协同合作模式，集中分析审前调查结果，在线审核分析线索，现场核实问题疑点、精准定位问题本质，平均每项目压缩现场作业工时18.52%，缓解被审计单位迎审压力。在经济责任审计项目中开展数字化审计试运行，对2016、2017年营销、工程领域业扩项目、基建项目实现100%样本覆盖，应用建模分析，输出疑似问题清单3618条，由现场审计团队根据清单核查问题，实现审计全覆盖和精准审计。应用点线法，固化审计规则，提升审计监督覆盖率。开展业扩管理、资产转固等审计专题研究，将在单个项目中收集的71条审计策略固化为审计规则。在佛山、东莞、潮州供电局等多个审计项目中应用审计规则，快速发现营销、工程、物资领域的同类问题，实现审计风险线上监控，有效提升审计监督单位和业务领域的覆盖率。推动基层单位及早、主动应用固化的审计规则，对业务领域同类问题进行排查，把风险消灭在萌芽状态，减少风险造成的损失。

五、审计科研

2018年，审计中心组织开展“战略审计研究”“基于数据分析的物资领域风险预警指标设计”“基于HAWQ架构的电网有效资产转固定资产的线上环节跟踪模型构建”等课题研究。其中，5—11月，开展了“提高审计覆盖率”和“审计项目质量控制体系精益设计”精益项目，通过将精益方法及工具应用至审计中心的工作效率和质量控制中，对原有工作模式和工作流程进行管理优化，两个项目均获得2018年广东电网公司精益项目三等奖。审计中心通过思考提炼审计工作实践经验，形成6篇审计论文，其中《浅谈输配电价改革下电网企业对有效资产内部审计的思考》及《浅谈电网企业“暖心工程”管理内部审计存在的问题及对策》被2018年第4期《南网审计》杂志录选并刊登。

六、绩效导向优化人才使用

绩效导向优化人才使用。按照“效率优先、兼顾公平”的原则，建立审计项目积分及激励机制，全员参与审计项目。创新开展项目负责人组建审计团队的工作机制，充分调动人员干事积极性。构建审计项目人力资源配置模型，科学合理配置项目组人员，充分发挥人员专长。完善人才培养机制。一是结合新时代内审工作要求，8月，制定《审计中心青年员工成长成才实施方案》，加快审计中心技术专家的选聘与培养，建立科学的审计人才评价体系，构建青年成长成才通道。积极备战南方电网公司“精益杯”审计专业技能竞赛，6人入选广东电网公司竞赛队伍，其中钱琨荣获个人一等奖、南方电网公司技术能手称号，杨创惠荣获个人三等奖、南方电网公司青年岗位能手称号。二是创新开展“主任论坛”，邀请广东电网公司业务部门负责人讲业务，进一步深化业审融合；建立“我来讲业务”经验分享交流平台，落实“369学习目标”和“四个一”措施，多渠道开展审计培训，持续提升人员综合素质。共组织21人次参加12期由中国内部审计协会举办的外部培训，组织21人次参加11期网省公司层面培训，实现培训全覆盖。三是以审代培、以考促学。积极配合南方电网公司大审计项目，安排5人次参与5个南网大审计项目，累计外勤工作190个工作日，人均外勤38个工作日，并得到南方电网公司的好评。

七、党群工作

党组织建设。深入推行公司党建“1236”模式，做实审计中心党支部建设，完成审计中心25名党员，其中流动党员15人。组织关系转接，严格落实“三会一课”制度，强化支部组织引领作用。牢固树立“四个意识”，严格执行审计“十不准”工作纪律，强化人员保密意识；认真落实“一岗双责”，全员签署《审计风险告知书》，将廉洁从业情况纳入绩效合约。党建与审计业务融合。制定审计中心党支部党建工作行动计划，牢固树立党建主业意识。一是围绕中心工作，在6月14日发布了《审计中心审计督查、回访实施方案》，结合项目开展督查、回访，促进审计业务规范管理的常态化，以党建促进业务工作。二是在9月17日发布了《审计中心党支部临时党小组活动方案》，加强党支部与党员的紧密联系，促进党建工作与业务工作的深度融合，切实发挥党小组、党员在审计项目中的先锋模范带头作用。三是建立常态化的学习机制，明确每月第4个周五为党支部主题党日，按月发布学习计划，推进党员学以致用，学用结合。先后组织到深圳改革开放展览馆、广州烈士陵园等地进行主题党日专题学习活动，并组织开展“爱读书、读好书、善读书”的主题读书学习活动，激发审计中心全体党员的学习热情，为争创标杆党支部提供精神动力、思想保证和智力支持。党风廉政建设。组织开展专题组织生活会，查摆问题55个，制定整改措施67项；落实“咬耳扯袖、红脸出汗”常态化谈话机制，实现审计中心党员谈心谈话全覆盖；开展主题党日活动，学习参观廉洁教育基地，开展党员党性锤炼；结合审计中心工作、审计实务深入开展“扫雷”行动研讨，推动“扫雷”行动扎实开展，切实预防不正之风和腐败问题发生。

法律服务中心

单位概况

一、主要职能

广东电网有限责任公司法律服务中心（以下简称“法律中心”）作为广东电网公司法律事务处理和法律服务提供的实施主体和执行机构，接受广东电网公司法律部的业务指导，负责参与制定广东电网公司法治工作有关管理制度和标准，执行广东电网公司下达的年度法治工作任务；履行对广东电网公司系统法治工作的专业指导；负责法律课题研究，具体负责广东电网公司本部、直属中心机构及直属竞争性企业经济合同审查、法律案件办理、法律风险防范与处置及法律咨询服务等法治工作的实施；负责对广东电网公司系统各单位法治工作的指导、协调、监督、检查，对直属单位竞争性企业的法治工作进行业务指导并提供专业支持。

二、组织机构

法律中心成立于2018年5月。截至2018年底，法律中心内设5个部门，具体如下图所示。

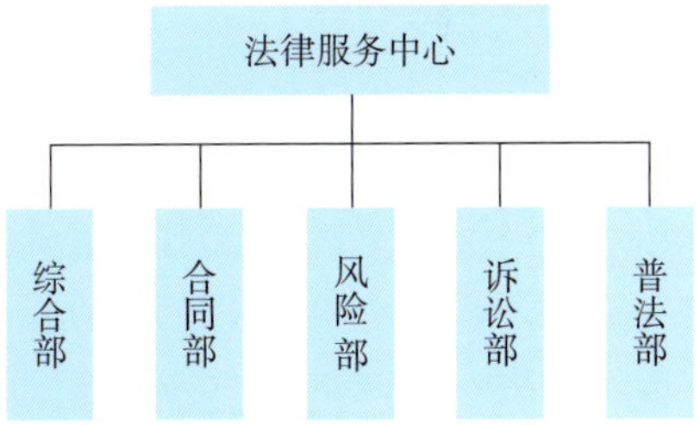

三、领导班子

至2018年底，法律中心领导班子领导班子成员如下：

党支部书记、主任：胡玉梅

党支部委员、副主任：高茜

党支部委员、副主任：刘伟

四、人员状况

截至2018年底，法律中心共有职工7人，其中，硕士6人，本科生1人。已取得专业技术职称的共5人，其中高级职称3人，中级职称2人。已取得法律职业资格的3人，企业法律顾问资格的2人。

年度大事

（1）5月4日，广东电网公司法律中心成立，按直属二级机构管理。7月完成工商登记程序，全面启动对广东电网公司本部及直属非供电单位的法律服务。

（2）6月19日，法律中心党支部成立，胡玉梅任支部书记。

（3）6月30日，新合同管理系统上线试运行。9月30日，新合同管理系统在广东电网公司本部及19家地市供电局、25家直属非供电单位正式上线运行。

（4）8月10日，法律中心召开法律服务工作座谈会，广东电网公司23家直属中心机构、直属竞争性企业法律工作相关人员参加会议。

（5）10月9日，法律中心创建的“1500”热线正式上线运行，这是南方电网公司首个省级法律诊所服务热线。

（6）10月30日，法律中心选送的“法政先锋”“粤律之声”“蒲公英普法志愿服务队”3个普法品牌荣获南方电网公司“十佳普法品牌”大赛5项大奖，获奖数量居全南网第一。

（7）11月，广东电网公司发布《法律服务管理细则》，进一步明确了法律中心的功能定位、职责界面。

主要工作

一、机构组建

法律中心于2018年5月成立，7月完成工商登记程序，同月全面启动对广东电网公司本部及直属非供电单位的法律服务。法律中心成立后，迅速明确了职责定位和机构设置，11月，根据广东电网公司颁布的《法律服务管理细则》明确了服务内容，规范了20项法律业务工作流程。完成了内部岗位规范设置和职责划分，及时建立起法律中心规章制度及内部业务运转流程。逐步实现了法律中心对广东电网公司本部及25家直属非供电单位合同审查服务、法律案件办理的集约化，以及对直属非供电单位重大决策法律审核的集约化。

二、合同风险防控

在全省范围内，积极推广实施新合同管理系统，依托新合同管理系统，对广东电网公司本部及25家直属非供电单位的经济合同及采购文件非标准合同文本建立起集中法律审查模式。2018年，共审查广东电网公司本部及直属非供电单位经济合同累计3389份，审查采购文件合同非标准文本256份。合理处置合同履行纠纷，坚持问题导向原则，9月，配合广东电网公司综合服务中心处理和兴隆公司合同违约事件，依法维护公司合法权益。落实重大合同资信调查机制，10月，针对主网塔材框架采购项目，对中标候选人常熟风范公司出具了公司首宗重大合同资信调查报告。开展非供电单位合同履行情况风险排查，累计排查合同法律风险3项，完成处置2项。

三、法律审核及咨询服务

9月，明确了直属非供电单位重大决策法律审核范围及流程，规范日常法律咨询全过程管理，做到快速接入、主动应答、及时回访。2018年，法律中心累计审核直属非供电单位重大决策议题28项，出具重大决策法律审核意见书6份。共答复法律咨询307宗，涉及广东电网公司本部15个部门，25家直属非供电单位，覆盖管制性业务及竞争性业务。

四、法律案件办理

坚持“统一办理，分类处置，集中管控”原则，逐步形成自主化、集约化的案件全过程办理模式，切实维护服务单位合法权益。2018年，集中处理广东电网公司本部及直属非供电单位案件纠纷共8宗。公司本部新发2宗案件全部实现自主代理，且均胜诉办结。应对协助执行及供应商破产事项。结合司法判例和广东电网公司实际情况，整理涉及协助执行物资供应商到期债权及物资供应商破产事项的常见问题，于11月启动编制协助执行及供应商破产事项问答手册，推动规范业务操作，有效防范法律风险。

五、法律诊所运行

10月，创建了南方电网首个省级法律诊所热线平台——“1500”热线平台，定位“快速接入”“高效应答”和“一对一专业服务”，融合了咨询受理、意见答复、回访归档、统计分析及多平台数据互通功能。11月，根据《法律诊所运行管理工作指引》，在广东电网公司本部及各地市供电局初步建立起标准统一、权责明确、程序清晰、运行顺畅的法律诊所运行机制。2018年，法律中心分别赴广东电网物资有限公司、广东省电力实业发展总公司开展巡回咨询活动，初步建立起法律诊所巡回咨询常态机制。

六、普法宣传

编制十大主动维权典型案例。全面梳理广东电网公司系统近五年主诉案件562宗，选取外力破坏电力设施、

◎ 2018年10月30日，法律中心选送的“法政先锋”“粤律之声”“蒲公英普法志愿服务队”3个普法品牌荣获南方电网公司“十佳普法品牌”大赛5项大奖，获奖数量居全南方电网公司范围内第一

树障妨碍电网安全、供用电合同纠纷、工程施工合同纠纷等十大类共34个典型案例。组织发案单位开展主诉案件研讨会，交流共享主诉维权实践经验，并于12月编制完成十大主动维权典型案例分析及实务指引，巩固提升主动维权成效，有力推进广东电网公司系统主动维权工作。系统整合法治文化品牌。系统整合广东电网公司现有特色普法宣传成果，提炼形成了“法政先锋”“粤律之声”“蒲公英普法志愿队”三个法治文化品牌，构建了系统完整的法治文化品牌体系。围绕法治文化品牌，组织开展系列法治宣传教育活动，对外增强法治认同，对内坚定法治信仰。10月，在南方电网公司“十佳普法品牌”评选活动中，法律中心报送的普法品牌斩获5项大奖，获奖数量高居全南网第一。

七、党群工作

健全组织体系，规范组织生活。9月，按广东电网公司党委、直属党委的要求，法律中心党支部从严开展纪律教育月活动，开展落实中央八项规定精神情况自查，抓好日常和节日廉洁管理。10月，法律中心完成了党支部委员会选举工作，明确了支委分工和具体责任，完善了党支部组织架构，制定了年度工作计划、学习计划，修编了“三重一大”决策事项清单和支委议事规则。班子成员严格履行“一岗双责”，认真落实“三会一课”制度。扎实推进党风廉政建设。为进一步做好廉洁风险防控，于11月修编了2018年廉洁风险库，制定了形式主义、官僚主义自查自纠整改台账，梳理了问题和风险点并完成了整改工作。

社保年金中心

单位概况

一、主要职能

广东电网有限责任公司社保年金中心（以下简称“社保年金中心”）作为广东电网公司社保年金业务的实施主体和执行机构，接受广东电网公司人力资源部的业务指导，负责参与制定广东电网公司社保年金有关管理制度，执行广东电网公司下达的社保年金工作任务；履行对广东电网公司系统社保年金等业务的专业指导；负责社保年金等政策研究，提出提升员工保障水平的工作建议；具体负责广东电网公司本部员工社保年金等业务的日常管理；负责对广东电网公司系统各参保单位社保年金业务的指导、协调、监督、检查，指导直属单位竞争性企业的社会保障和职业保障工作。

二、组织机构

社保年金中心成立于2018年5月。截至2018年底，社保年金中心内设4个职能部门，具体如下图所示。

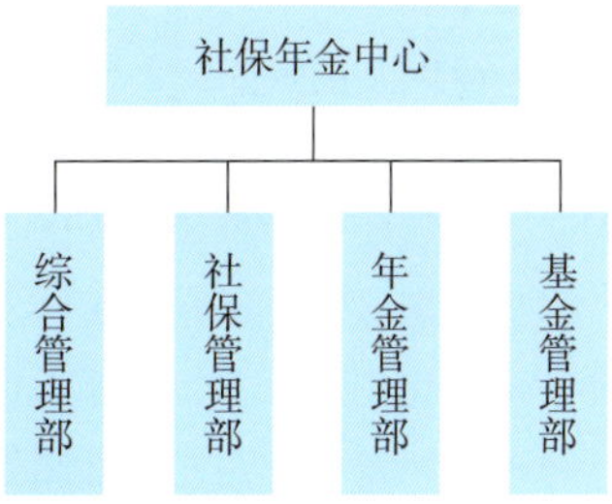

三、领导班子

至2018年底，社保年金中心领导班子成员如下：

党支部书记、主任：凌毅

党支部委员、副主任：邓浩然。

四、人员状况

截至2018年底，社保年金中心共有职工9人，其中硕士4人，本科生5人；已取得专业技术职称的共8人，其中高级职称4人，中级职称3人，初级职称1人。

年度大事

（1）5月4日，广东电网公司正式发文成立社保年金中心。8月6日完成工商登记程序。

（2）6月19日，成立社保年金中心党支部。凌毅任党支部书记。

（3）10月，制定出台既符合公司实际又能合理引导职工保障预期的2018年版企业补充医疗保险特别管理措施（负面清单），明确禁止、限制类补充医保报销项目50项，进一步规范报销的底线。

主要工作

一、组建工作

2018年5月，广东电网公司正式发文成立社保年金中心，8月6日完成工商登记程序。社保年金中心成立后，迅速理清中心功能定位和职责界面，明确内设机构设置和人员编制；制定内设机构岗位名称和职责规范，建立起社保年金中心内部业务运转流程。选定新的办公场所，开展场地简单改造装饰。组织实施中层管理人员选任和专业技术岗位人员部门分配安排，新任职的2名中层分别担任（兼任）4个科部部长（负责人），6名专业技术岗位人员按原从事业务分配安排到相应部门，实现社保年金中心各层级人员到岗到位。

二、社保业务基础

规范社保年金档案管理，6月起，全面清理1988—2018年社会保险、企业年金和企业补充医保历史文献、资料和档案，移交广东电网公司保密文档入库材料1360余册。着力补齐信息化“短板”，推动人资系统社保年金模块改造升级项目建设，基本完成社保年金数据导入和企业补充医保管理界面的功能开发和测试，初步解决了社保年金数据不协同、不衔接等问题。8月，印发2018年下半年重点工作安排并组织实施，保持各项工作的连续性。适时调整社保费率，按照国家、地方社保基本标准，指导各单位按时依规做好年度社保缴费基数调整。协助财务共享中心、法律中心和计量中心等新机构建立社保、年金和企业补充医保。全力以赴执行好企业年金增量计提政策，最大限度维护职工保障权益，得到南方电网公司的充分肯定。11月，开展“五险一金”专题系列宣传，通过动漫宣传片形式在广东电网公司系统内播放，让职工充分了解自身保障权益，内聚人心。

三、补充医保业务

7月起，开展“五险两金一补”专项检查，发现问题数量同比下降48.89%，其中违规使用企业补充医保资金单位数量同比下降16.85%；各单位对检查发现问题认真组织整改，整改计划完成率70%。10月，制定出台既符合广东电网公司实际又能合理引导职工保障预期的2018年版企业补充医疗保险特别管理措施（负面清单），明确禁止、限制类补充医保报销项目50项，进一步规范报销的底线。

四、党群工作

党的建设。6月，成立社保年金中心党支部。强化政治思想建设，推动“两个维护”落实落地，党员员工把坚决执行网省公司决策部署作为重要政治纪律严格遵守。突出抓好意识形态工作，加强对党员员工网络行为的教育和管理，教育引导党员在意识形态领域站稳政治立场。强化支部组织建设，社保年金中心党支部与中心同步成立，党建工作与中心工作同步开展。严格党内组织生活，通过支部规范化建设15个规定动作的落实落地，提高了支部建设质量。社保年金中心党员发挥先锋作用，全体员工立足岗位作贡献，想方设法做好社保年金依法缴费和待遇申领等服务工作，帮助基层员工解决实际困难，最大限度维护职工保障权益。党风廉政建设。12月，组织开展纪律教育学习月活动，重点做好“六个一”建设，专题召开纪律作风建设会，引导党员员工把纪律和规矩挺在前面。根据“社保年金重点业务均涉及保密范畴”这一特征，教育引导员工切实增强保密意识，自觉遵守保密纪律，养成良好的保密习惯。落实广东电网公司“四风”问题整治要求，组织开展形式主义、官僚主义问题专项整治，党员在组织生活会上作自我检查、深刻剖析，形成清单，闭环整改。提出了社保年金中心的工作定位、工作原则和工作精神，引导员工强化服务理念，倡导“严、精、实”作风，干部员工的执行力、精气神得到了提升。

中国南方电网
CHINA SOUTHERN POWER GRID

直属公司

广东电网物资有限公司

企业概况

一、公司简介

广东电网物资有限公司（以下简称“物资公司”）是由广东电网公司出资和管理的全资子公司。其前身为1986年成立的广东省电力物资总公司，2018年5月，由原广东电网公司物流中心与原广东省电力物资总公司整合成立。物资公司作为广东电网公司物资领域的直属执行机构，秉持“服务大局”“服务基层”“服务供应商”的“三个服务”理念，围绕“买好设备”“高效配送”两大目标，为广东电网提供招标采购、签约履约、仓储配送等专业化服务。同时，物资公司按照广东电网产业发展布局，开展资金委贷、进出口代理等多元化业务。

二、组织机构

截至2018年底，物资公司内设14 个部门，具体如下图所示。

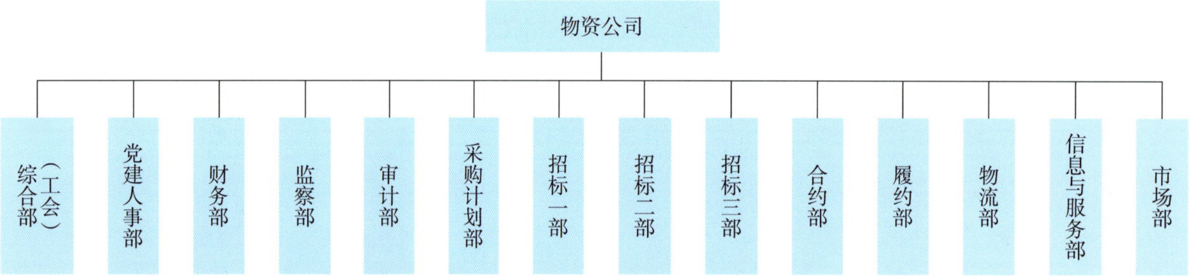

三、领导班子

2018年，根据广东电网公司党委决定，物资公司领导班子调整如下：6月1日，成可苗任党委书记、董事长，免去其执行董事、总经理职务；赵恒任党委副书记、董事、总经理，免去其党总支书记、副总经理职务；邓昌辉任党委委员、董事、副总经理；黄新雨任委委员、董事、副总经理；刘伟任党委委员、纪委书记、董事；汤慧敏任董事、副总经理；免去王政忠的党总支委员职务，任命其为党委委员、副总经理、工会主席。10月15日，免去刘伟的党委委员、纪委书记、董事职务；任命何敏鸿为党委委员、纪委书记、董事。

至2018年底，物资公司领导班子成员如下：

党委书记、董事长：成可苗

党委副书记、董事、总经理：赵恒

党委委员、董事、副总经理：邓昌辉

党委委员、董事、副总经理：黄新雨

党委委员、董事、副总经理、工会主席：王政忠

党委委员、纪委书记、董事：何敏鸿

董事、副总经理：汤慧敏

四、人员状况

截至2018年底，物资公司共有职工178人；其中硕士49人，本科生105人，专科生13人，专科及以下学历11人；已取得专业技术职称的共133人，其中高级职称37人，中级职称的59人，初级职称37人；已取得技能等级的共16人，其中高级技师1人，技师4人，高级工3人，中级工7人，初级工1人。

年度大事

（1）1月1日，物资公司与物流服务中心合署办公，物资公司正式承接广东电网全类别招标和非招标采购业务。实现全类别招标和非招标采购项目在省级平台运作。

（2）4月2日，物资公司正式开展授权采购驻点服务。

（3）5月1日，物资公司O2O信息化业扩物资处理平台建成，广东电网公司业扩物资供应效率显著提升。

◎ 2018年11月13日，广东电网公司封闭评标基地竣工投运，图为评标基地大门

（4）5月11日，广东电网公司撤销物流服务中心，物资公司和物流服务中心机构进行整合运作，在南方电网系统率先完成省级电网物资公司改革。

（5）8月15日，物资公司召开党员大会，选举产生第一届党委、纪委领导班子。成可苗、赵恒、邓昌辉、黄新雨、刘伟、汤慧敏、王政忠当选党委委员，成可苗任党委书记、赵恒任党委副书记，刘伟任纪委书记。

（6）8月30日，物资公司召开第一届第一次职工代表大会暨工会会员代表大会，选举产生新一届工会委员会各专门委员会委员。王政忠当选工会主席。

（7）10月31日，物资采购监控中心正式投入使用，实现对物资供应过程信息流、实物流、资金流的整合管控。

（8）12月14日，物资公司组织南方电网公司供应商服务热线推广实施会议。

（9）12月31日，物资公司省级封闭评标基地正式启用，基本实现采购活动“上平台、进基地”目标。

业务发展

一、机构改革

1月1日，根据广东电网物资和招标管理改革要求，物资公司与物流服务中心合署办公，行政管理职能由物流服务中心相应部门管理。5月11日，广东电网公司撤销物流服务中心，物资公司和按照职能承接、业务发展、精简高效、强化监管的原则，对组织机构进行整合，内设14 个部门，分别是：综合部（工会）、党建人事部、财务部、监察部、审计部、采购计划部、招标一部、招标二部、招标三部、合约部、履约部、物流部、信息与服务部、市场部。重新定义各部门职责界面，调整内设机构和审批权限，按照“人随业务走”的原则，完成部门干部员工调整。经过一系列整合措施，物资公司运作逐步迈上正轨，成为南方电网系统首家完成改革的省级电网物资公司。同时，物资公司按照改革要求，推进经营转型。完成物流服务中心固定资产及无形资产移交。形成月度、季度、年度三个层次经营指标分析管控机制，及时管控经营指标。按照“提质增效”要求，优化单据审核流程。实现直签合同，物资合同预付款、入库款、到货款、质保金支付流程管理一体化，大大提高工作效率。

二、物资供应

围绕电网建设规划，积极为广东电网“买好设备”。全年派出144组专家对1490家次供应商开展资格预审；承接4826个招投标项目，同比增长9倍，项目数、金额同比增长300%和14%；签订合同28 072份，签约及时率保持100%。为包括62项南方电网公司、广东电网公司重点工程在内的170个项目提供物资保障，所有工程均按期或提前投运，7天准时供货率99.27%。对164个品类物资开展到货抽检，物资品控供应商和品类覆盖度均达100%。

物资保障。5月，建成O2O模式业扩物资智慧供应平台，全年处理业扩物资需金额同比增长3%，周转率达956.1%，每万元物资配送费同比下降10.6%。7100平台全年无休，成功应对超强台风“山竹”来袭，成为抗灾复电的坚强后盾。处理日常及应急响应需求301批次，同比增长66.4%。

物资管理。针对授权采购计划管理空白，4月，建立授权采购计划与固定资产投资、财务预算同步开展、同步修编的协同管理机制，通过设立采购计划执行率等监控指标，确保指标采购计划有序实施，实现授权采购计划管理“从无到有、从有到优”。针对采购计划性不高的问题，在满足基建工程项目要求前提下，加强地市

◎ 2018年9月13日，为做好应对台风“山竹“应急物资保障准备，物资公司江村省级电力物资仓库工作人员开展特巡清点物资

供电局采购需求审核把关，严控计划外需求分配，进一步提高采购计划性，下半年实现了到期框架协议执行率100%。针对因税率调整带来的合同变更问题，积极收集、整理各方意见，向南方电网公司提出工作建议，及时指导解决各地市供电局合同变更及结算问题，确保合同变更工作有序进行。

供应商管理。谨守“亲”“清”界限，与供应商良性互动。及时处理招评标过程中的异议、咨询，协调解决业务性咨询问题26条。开展存量合同清理工作，协调解决供应商合同收款难题。同时，与供应商密切合作，推动管理进步。及时做好政策宣贯，引导供应商配合签订南网融资租赁变更协议，有力推进南网物资合同支付方式多样化。

三、物流服务

智慧物流体系。引入“云大物移智”技术，对原有仓储物流体系进行升级改造，形成绿色、智能、高效的智慧物流体系。自动化、可视化、可控化、智能化立体仓库建成投入运营，成为广东电网的一张亮丽企业名片。智慧物流示范区集控中心、电子拣选平台DPS等设施正在建设。拓展电力综合服务市场。按照广东电网公司的统一规划，开展好各项竞争性业务，编制了物资公司竞争性业务发展方案，明确了竞争性业务未来发展方向。通过技术进口代理为电科院引进香港大学“台风致灾损失预测方法可行性研究”等4个技术进口项目。开展委贷工作，进一步丰富了供应链服务的内涵外延。省级物资采购监控中心建设。根据广东电网公司统一安排，将应急指挥中心扩建成为物资采购供应监控中心。今年以来，已完成整体区域建设，对平台的248 972条问题数据和35项指标进行核对清理。10月，监控中心已提前投入运营，实现对物资供应过程信息流、实物流、资金流的整合管控。供应商服务窗口建设。依托标准化客户服务体系，不断提高服务大厅客户服务能力，2018年供应商服务团队共处理电子商务系统支持服务878单，服务供应商52 674家次，月均服务满意度均在95%以上。

经营管理

一、人力资源管理

结合业务转型和优化管理的需要，完成53个岗位的设置与职责修编，完善了9个专业的岗位胜任力评价标准，建立起一套岗级与工龄、绩效、职称挂钩的晋升机制，人力资源管理进一步规范。全面拓宽人才培养和晋升通道，选派1名业务骨干到供电所挂职交流，组织选拔各类专家人才8人，选拔力度为历年之最。把“提升干部员工适应业务转型的必备能力”作为培训工作的重点，精心组织策划5期“走进经典”课程，全面拓宽员工视野与知识面，结合工作实际大力实施岗位适应性培训，全面提升员工专业能力和实操技能。

二、创一流企业建设

集中力量打造具有业务特色的精益项目，运用DMADV方法分析业务短板，减少过程浪费，提升支撑性业务运营效率。形成现场改善推广机制，通过企信等方式推广微小改善成果100余项。对标国家标准加强企业服务质量管控，1月，获得广东省咨询管理协会颁发的“2017年管理咨询行业创新发展先进单位称号”。4月，通过ISO三体系质量认证。12月，获广东省招标投标协会信用评价“AAA级”称号。

三、内部管理

加强作风建设，将“三个五”“严细实”“精简要”“强责任”等工作要求落实到位。加强会议计划管理，严控会议数量，推广无纸化办会，全年召开会议36次，会议次数减少约18%，会议经费减少约80%。4月，制定物资公司保密工作制度，详细梳理涉密事项，明确涉密事项定密、解密等程序。9月，开展保密教育月活动，组织专题讲座，定期向干部员工推送保密知识，提升干部员工保密意识。持续改善办公场所软硬条件，根据改革后部门设置和人员多少，调整各部门办公室布局。开展办公区域7S改造，定期开展办公场所7S检查，营造清爽、高效办公环境。根据“暖心工程”要求，优化食堂环境和菜品口味，打造“健康食堂”。

四、审计监督与依法经营

瞄准历次审计发现问题，深挖问题根源，提出整改措施，认真落实整改，除1个历史遗留问题外，其余问题均整改完成。以审计发现问题为导向，做好延伸审计服务，及时为业务部门答疑解惑，防止“屡审屡犯”事件发生。全年法律人员参与供应商约谈4次，有力维护了物资公司的合法权益。大力开展普法教育，按照法治建设“六个一”方案，大力开展法治宣传教育。全年共开展法律讲座2场，培训员工100余人，切实增强员工守法、用法意识。以“精细、规范”为中心，大力抓好企业诚信体系建设，12月，获评为“广东省优秀诚信企业”。

党群工作

一、党的建设

大力提升党建工作质量，积极推动党建与业务的有效融合。物资公司党委、党支部认真学习贯彻习近平新时代中国特色社会主义思想认真落实广东电网公司助力广东实现“四个走在全国前列”行动计划，重部署、严推进，研究制定了125项具体举措，明确责任到人，有效推动各项党建重点任务落地落实。根据章程规定法人治理结构，选举产生新一届党委、纪委机构和工会组织，对物资公司章程、党委会董事会议事规则、“三重一大”事项决策实施细则进行系统修编，明确了党组织在法人治理结构中的地位。把党组织讨论作为“三重一大”决策的前置程序。为规范党组织架构，7月，物资公司党委按照“一部门一支部”设置要求，发文成立党支部12个。8月15日物资公司党委召开党员大会，选举产生了新一届委员会和纪律检查委员会。根据选举结果，成可苗、赵恒、邓昌辉、黄新雨、刘伟、王政忠等6人当选为新一届委员会委员，其中成可苗当选为党委书记，赵恒当选为党委副书记。刘伟、丁飞龙、姚永忠、陈海兰、吕炼等5人当选为新一届纪委委员，其中刘伟当选为纪委书记，丁飞龙当选为纪委副书记。严把发展党员“入口关”，对拟发展对象实行“综合评价+笔试+面试”量化考核的择优机制，并推动该项机制成为了解掌握青年员工思想状况的一种有效途径。2018年物资公司新发展党员2名，确定入党积极分子4名。结合党费审计整改，编制党费缴纳与使用管理规范，为党团活动经费使用与报销提供制度依据。将党建责任制考核纳入物资公司组织绩效考核内容，实施“双A”考核机制。以“不规范就是不合格”的要求对支部工作实行月度计划管控、表单记录和督办管理。选优配强支部委员，组织开展全覆盖的党务培训，全面提升支部书记和委员的履职能力。更加注重丰富和拓展组织生活形式，指导支部开展外出党性锤炼，鼓励支部通过联建增进交流与融合。把主题党日开进广东电力40景之江村仓库现场，让员工共享“智慧物流”发展成果。指导各党支部立足岗位业务创建“一区双岗”和先锋团队，抗击强台山“山竹”期间，成立“7100应急物资调配党员突击队”，充分发挥“我是党员走在前”示范作用。将中心组学习、“三会一课”作为意识形态工作的主阵地，充分利用门户网站、QQ群、微博、微信平台、简报等宣传媒介，坚持正面宣传为主，多层次、多角度宣传报道先进典型事迹、优秀工作经验、业务工作最新动态等，推广好的经验和做法。各部门设兼职通讯员，负责部门日常信息的收集、报送与舆情监控。承办“践行南网总纲、勇当排头兵”职工诗歌、散文、纪实文学作品创作评比活动，收集作品236篇，评选优秀作品34篇。

二、纪检监察工作

切实落实全面从严治党的监督责任，着力构建“不能腐”的体制机制，为广东电网公司改革发展提供了有力保障。开展形式主义、官僚主义问题专项整治，通过集中排查和专项整治，共查出问题28个，制定整改措施35条，整改完成率100%。深入开展“扫雷”行动专项工作，在行政办公、大修技改、组织人事、竞争性业务、财务、招投标6个领域开展对照自查，制定防控措施25项。结合物资和招标管理改革新形势，开展物资管理领域廉洁风险评估工作，及时识别可能出现的新的廉洁风险并制定相应的防范措施。结合廉洁教育和纪律教育活动，积极推动正反面典型警示教育。全年共开展主责约谈66人次，党支部谈心谈话97人次。“红脸出汗”、抓早抓小逐步成为常态，苗头性、倾向性问题得到有效遏制。

三、工会与共青团工作

11月，召开物资公司第一届一次职代会，选举产生新一届工委会。组织职工代表对厂务企业民主管理、工会经费预算执行情况等热点问题开展巡视，提出改进建议2条，交由各部门落实整改。成立职工体质检测与运动健康指导分站，建立职工健康档案，强化员工健康管理。举办青年拓展1次、青年座谈会3次，开展了“清明祭英烈，共铸中国魂”主题团日、“新时代 新雷锋”敬老日等丰富的青年活动。组织了“坚定跟党走，建功创一流”系列活动，承办“广州地区单位青年发展现状调研现场访谈”工作。推荐优秀青年员工积极参加广东电网公司2017年度“五四”评选表彰活动，有5名青年员工获广东电网公司级荣誉，其中2名被评为优秀团干、3名被评为优秀团员。

广东省输变电工程有限公司

企业概况

一、公司简介

广东省输变电工程有限公司（以下简称“输变电公司”）为广东电网公司的全资子公司，前身为1958年成立的广东省电力工业局输变电工程处。输变电工程有限公司负责输变电工程的设计、施工与总承包，以及电网运行、维护、检修抢修、预试定检等业务。具备电力工程施工总承包一级、承装（修、试）电力设施一级、房屋建筑工程施工总承包三级、电力行业工程设计（送电工程、变电工程）专业乙级、工程勘察（测量）专业乙级、工程咨询资信评价乙级（电力含火电、水电、核电、新能源）等资质，通过了ISO19001、GB/T28001和ISO14001体系认证。

二、组织机构

2018年，输变电公司组织机构未进行过调整。截至2018年底，输变电公司组织内设11个职能部门、12个二级机构和分子公司，具体如下图所示。

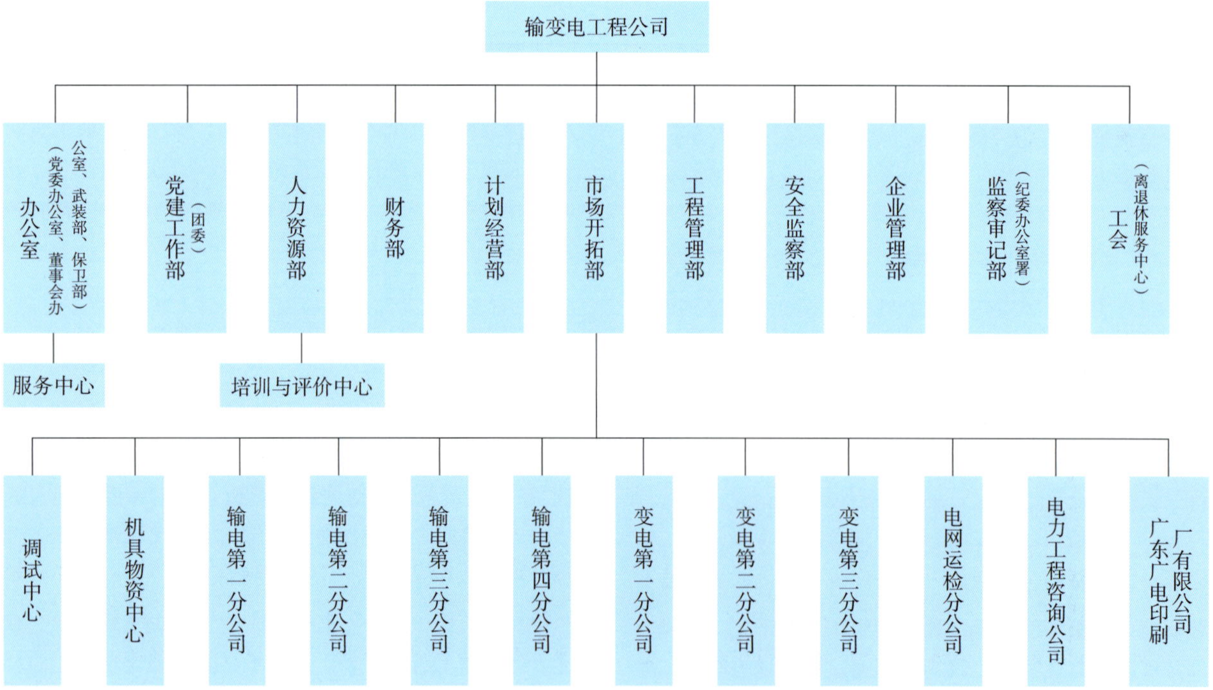

三、领导班子

2018年，输变电公司领导班子未进行过调整。至2018年底，其领导班子成员如下：

党委书记、董事长：郭峰

党委副书记、董事、总经理：杜育斌

党委委员、董事、纪委书记：高毅

党委委员、董事、副总经理、工会主席：谭沛光

党委委员、董事、副总经理：熊伍泉

党委委员、董事、副总经理：吴锐涛

党委委员、董事、副总经理：黄育平

副调研员：王宁

四、人员状况

截至2018年底，输变电公司共有职工1300人，其

中，中共党员666人，（包含离退休党员），其中在职党员472人；具有博士研究生学历的1人，硕士研究生学历的38人，大学本科学历的557人，大学专科学历226人，专科及以下478人；获得高级职称的158人，中级职称的275人，高级技师68人，技师231人，高级工357人。

年度大事

（1）2月28日，输变电公司被南方电网公司授予“南方电网公司2017年安全生产先进集体”荣誉称号。

（2）4—11月，输变电公司组织开展庆祝成立60周年系列纪念活动。

（3）5月1日，输变电公司直升机带电检修一线工作人员何坤、带电作业项目经理丘丹登上央视一套《相聚中国节，我奋斗我幸福》特别节目，讲述电力人的感人故事，展现南方电网新时代电工风采。

（4）5月15日，乌东德电站送电广东广西±800千伏特高压多端直流示范工程全面启动建设。该工程是南方电网输送容量最大、技术难度最高、工程投资最多的直流输电工程。输变电公司承建该工程广东受端惠州龙门换流站、线路工程19标、20标及部分交流配套工程。

（5）5月25日，由输变电公司承建的500千伏卧龙变电站、500千伏现代变电站、220千伏观桥变电站等3项工程荣获2018 年度中国电力优质工程奖。

（6）8月3日，根据国务院国资委《国企改革“双百行动”工作方案》，输变电公司入选国务院国资委国企改革“双百企业”的电网施工企业，也是广东电网系统唯一入选企业。

（7）9月7日，广东省电力行业协会输变电专业委员会成立大会暨第一届会员大会在广州召开。此前，输变电公司作为主任委员单位，牵头成立了该专委会。

（8）9月中下旬，台风“山竹”在江门市登陆。输变电公司派出应急队伍驰援江门、阳江、中山、珠海、东莞，开展抗风抢修复电。18日，输变电公司派出20架固定翼无人机，开展国内首次“套耕式”大规模灾后勘测，全方位高效率精确勘查线路受损情况。

（9）11月28日至12月1日，由机巡中心和输变电公司组成的带电作业队，在运行中的江门220千伏水台线开展国内首次直升机带电X光检测。该项技术填补了国内快速检测输电线路构件内部状况的技术空白。

（10）12月3日，由输变电公司承建的220千伏观桥变电站，荣获2017—2018年度（第二批）中国安装工程优质奖（中国安装之星）。

业务发展

一、经营业绩

2018年，输变电公司成功入围国务院国资委“双百企业”名单，改革发展踏上新征程、迈入新时代。经营业绩大幅提升，多项指标创下历史新高。合同额同比增长34%；固定资产投资同比增长182%。

二、主网基建

安全生产。层层压实责任，从严动真开展安全生产问责，把信息网络安全管理纳入安全生产事件问责范围。持续盯紧抓牢安全管理最薄弱环节，分专业对分包队伍人员开展安全知识、技能培训。创新推行“感受式”安全教育，开发制作安全VR课件，提升作业人员遇险处置能力。风险管理体系“3钻4星”持续稳定运行，实现了“两个杜绝、四个确保”的年度安全生产目标。二是加大工程建设力度。克服重重困难，出色完成了昌吉至古泉±1100千伏特高压直流输电线工程（皖2标段）、陕北风电基地750千伏集中送出工程定靖至榆横线路工程（定边、靖边段）、川藏铁路拉萨至林芝段供电工程500千伏线路工程（包27）、中山500千伏文山变电站、江门220千伏湾琴变电站等一大批重点工程建设。全年共建成投运项目62项，架设线路（含电缆）1549千米，同比增长66%；安装主变压器容量1046万千伏安，同比增长9%。三是成功推行区域负责人模式。以“工程管理分区域、专业管理分线条”为思路，在中山、湛江、深圳等地区试点推行区域负责人工程管理新模式，对外强调“一个省输”，对内强化分工协作，为业主提供更优质高效的项目管理服务，获得广泛好评。四是严抓工程质量管控。推行工程质量管控过程化、表单化，分专业建立关键质量管控清单。开展内部工程质量评比，对质量管控缺陷动态通报，推动工程“零缺陷”移交。全年共有16项工程获各类优质工程奖项，其中获中国电力优质工程奖3项。五是提升总承包项目管理水平。同时推进8项总承包工程建设，发布总承包项目管理办法，开展总承包专题培训，打造总承包管理团队，推动总承包项目向“矩阵式管理、专业化施工”模式转变。设计、采购、施工业务相互融合、优势互补，总承包模式在整合价值链、优化项目总工期方面充分显现优势，

◎ 2018年12月31日，广东省输变电工程公司参建世界等级最高的昌吉至古泉±1100千伏特高压直流输电工程竣工投运

粤电丰收总承包项目提前32天竣工投运，获得业主奖励。六是促进科技创新。首次举办创新引领科技论坛，汇编发布重大科技创新成果，新建13个科技创新工作室实现业务全覆盖。全年获广东电网及以上科技创新及QC成果奖励31项，申请专利42项，获实用新型专利授权23项，同比增长360%。输电线路铁塔基础施工弃土环保处理关键技术研究及应用等4项科技项目进入南方电网、广东电网科技项目储备库。

三、电网服务保障

应急抢修。完成覆盖全省19个地市的电网应急抢修布点，全年完成各类应急处置、抢修施工146次，及时消除27 604处缺陷。在超强台风“山竹”应急处置工作中，以过硬的专业能力，快速完成肇庆220千伏端布线抢修复电工作。咨询公司积极参与沿海地区保底电网线路抗风加固项目，在珠海、江门试点应用的110基铁塔均经受住多次强台风袭击的考验。持续扩增电网运维业务。月均运维输电线路里程突破7000千米。机巡业务的国内领先地位持续巩固，年机巡总里程达15.98万千米，新承接广州供电局机巡业务，参与“结对共建”赴海南推行广东机巡作业模式。全年带电作业同比增长48.6%，新开展变电站带电作业业务，试点开展35千伏输电线路带电作业。能洋公司组建了配网带电作业队，开展配网带电作业103处。进一步延伸业务价值链。积极参与智能电网施工建设，优质完成珠海“互联网+”智慧能源示范项目。首次以框架标形式承接超高压广州局和海口分局的技改修理业务。配网设计和能洋公司配网施工在部分地市站稳了脚跟，承接中石油压气站、阿里巴巴云计算中心等用户工程建设。成功取得了CNAS实验室化学、电测校准专业资质和省内首个压接管、管母线无损检测CMA认证，业务承接范围进一步扩大。

经营管理

一、深化改革

根据国企改革“双百行动”综合改革方案，8月南方电网公司、广东电网公司完成对输变电公司改革的顶层设计，明确了“五突破、一加强”的改革目标和“先保底、求突破、创效益”的改革路径。输变电公司按照“电网运行保障者”和“竞争性业务价值创造主力军”的功能定位，着力建成与业务发展相适应的市场化运营机制。在董事会规范化建设上先行先试，引入外部董事、监事，外部董事在董事会中占多数，在健全各负其责、规范运作、相互衔接、有效制衡的“三会一层”法人治理结构上实现重要突破，现代企业制度基本建立。逐步释放改革红利。6月，首次以业务直签的方式承接广东电网输电线路特巡特维、X射线成像检测。针对部分专业自主实施了校园招聘精准面试，初步实现了工资总额按照效益核定和浮动的挂钩机制。9月，牵头成立了广东省电力行业协会输变电专委会。全年先后与云浮、潮州、河源供电局签订了战略合作协议，筹划深度合作。稳步提升大集体企业效益。根据“四个一批”[四个一批：收归做活一批、巩固发展一批、创新孵化一批、资产重组一批。]工作要求，整合所属5家大集体企业，形成了以能洋公司为主体的工程施工板块和以力炜公司为主体的综合业务板块。5家大集体企业利润同比增长17.8%。

◎ 2018年11月，潮州供电局与广东省输变电工程公司签订战略合作协议，这是全省范围内首个供电局与广东省输变电工程公司签订的战略合作协议

二、经营管理

人力资源。坚持党管干部原则和“好干部”标准，选拔任用及交流调整干部7批次共计23人，干部专业化程度进一步提升，结构更加合理。提拔“80后”干部5名，

“80后”干部人数增至17名，占比达到20%，干部梯队结构不断优化。进一步完善人才培养体系，为新员工、青年员工、高潜精英和中层干部搭建起四个阶梯式的培训平台，实现从单线培养到“训站一体化”的转变。高空作业队伍建设成效显著，青年员工“三基”技能有效提升。6月，完成青年员工“展翅计划”培养体系建设，开展青年才俊、高潜精英培训。积极开展人才区域联动和交流培养，选派人员到广东电网公司职能部门挂职锻炼，到中心机构、供电局专项学习。开展“一带一路”英语角活动，为实施“走出去”战略储备人才，人才对公司战略的支撑力度进一步提升。进一步拓宽员工发展通道，全年新增广东电网公司级技能专家7人，新增广东电网公司级助理技术、技能专家和管理专家20人，各级各类专家总数达44名。通过建立专家管理考核机制强化激励，专家在各自业务领域的领军作用更加突出。

经营业绩。加强经营管控，定期开展经济活动分析，全过程加强预算管理，经营管控更加到位。对应急抢修、湛江地区主网基础施工等试点开展框架竞价，探索效率与风险控制的新平衡点。从1月起，开展经营绩效持续提升专项行动，完成“两金”清理年度目标。科学合理核定生产单位经营目标，动态管理工程考核成本，从7月起，试点推行工程项目成本预算管理，成本管控效果初显。9月底，完成民营企业逾期账款清付、到期应付质保金清理任务。开展有效资产清理专项行动，稳步提升资产账卡物一致率，12月，完成石马、棠下两块土地确权办证任务。积极推进瘦身健体，完成对粤连电厂的低效无效投资清理。剥离企业办社会职能，全面完成“三供一业”分离移交和维修改造工作。

企业管理和规范经营。将精益管理深度融入业务，厚植和深化精益管理思想，形成精益项目28个，在“做实”的基础上向“做深”推进，降低输电线路基础工程钢筋损耗率、提高工程项目档案移交合格率等两项精益项目列入广东电网公司年度重点项目。注重发挥审计监督评价作用，按季度对大宗物资采购、工程分包领域开展审计监督，共检查项目27个，发现问题30个，从严动真开展整改，业务管理得到进一步规范。

党群工作

一、党的建设

进一步提升党建工作质量。输变电公司党委多次召开支委会认真学习习近平新时代中国特色社会主义思想，全面承接执行南网党组一号文，认真落实广东电网公司助力广东实现“四个走在全国前列”行动计划，重部署、严推进，研究制定了215项具体举措，明确责任到人，有效推动各项党建重点任务落地落实。在输变电公司章程中写入了加强党建的相关条款。8月，制定了创建竞争性电建企业党的建设标杆方案，9月，出台了党的基层组织建设三年行动计划，制度建设更加健全。在职能部门落实“一部门一支部”，打造高素质专业化党务队伍，基层党支部更加坚强有力，组织建设更加牢固。在汕尾甲湖湾、东莞纵江二期等重点项目与业主共同组建临时党支部，与南方电网超高压公司在江门侨乡换流站联合举行检修誓师大会，在抢修复电现场成立党员突击队，完成多项急难险重任务，党的建设深度融入业务工作。层层压实党管意识形态责任，强化舆论引导传播正能量，唱响主旋律，5月，带电作业队员登上央视舞台，对澳输电第三通道主题党日活动“我们一起走过——致敬改革开放40周年”被央视报道。获评南方电网公司2016—2018年度文明单位称号。

二、纪检监察工作

常态化实践监督执纪“四种形态”，完成谈心谈话1038人次，对3人开展了提醒谈话。5月，制订输变电公司党委《贯彻落实中央八项规定精神业务指导书》。开展了形式主义、官僚主义问题专项整治和“扫雷”行动，从严动真深化国资委监事会检查发现问题整改，整改问题6项。根据实际情况，补充两个较为具体的举措：一是在“三不腐”机制上的举措，出台了什么文件；二是在加强重点敏感领域监督上的举措。一方面完善“不能腐”体制机制建设，加强重点敏感领域监督，实施工程项目青苗赔偿廉洁交底机制，共开展廉洁交底37次；另一方面是支持和配合广东电网公司工程项目所在地方政府开展“扫黑除恶”专项斗争，创建平安有序和谐的工程建设环境，实施工程项目联合“扫雷”行动机制，共签订协议8份。组织开展元旦、春节、清明、中秋、国庆等节假日落实八项规定精神、“四风”问题专项检查，开展明察暗访3批次。

三、工会与共青团工作

持续推暖心工程建设进。为一线员工配置“暖心电器”，新建职工小家10个、暖心厨房19个，持续改善一线员工工作生活环境。建立补充医疗保险制度，减轻了员工和退休人员看病就医负担。4月2日，发布《建企60周年企业文化活动方案》，陆续开展“铁军之魂”“铁军之光”“铁军之歌”三大板块共21项文化活动。11

月，举办庆祝建企60周年职工文艺汇演，成功孵化“六个一”（六个一：一个企业文化展厅、一幅公司业绩地图、一套文化成果丛书、一本画册、一部宣传片、一次文化专题课。）文化成果，为新时代铁军精神注入“特别敢担当、特别敢创新”的文化内涵，员工价值认同和凝聚力进一步提升。

广东省电力实业发展总公司

企业概况

一、公司简介

广东省电力实业发展总公司（下称“实业公司”）成立于1986年4月，前身为广东省电力服务总公司，为广东电网公司直属的集体所有制企业。实业公司主要经营存量土地盘活开发、竞争性售电业务以及对外股权投资。现有参股企业20余家，涉及行业有小火电、小水电、电力设备制造、电力设计、工程监理、房地产开发及物业管理、金融、通信网络、培训服务等。

二、组织机构

2018年，实业公司组织机构未进行过调整。截至2018年底，实业公司内设8个职能部门，1家分公司，3家全资子公司，具体如下图所示。

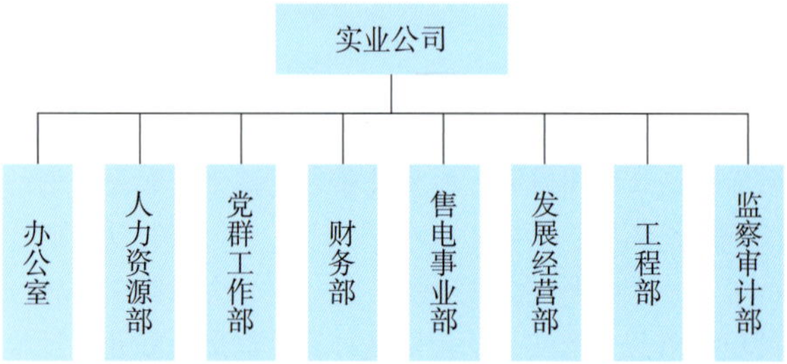

三、领导班子

2018年，根据广东电网公司党委决定，实业公司领导班子调整如下：5月21日，汤小华任党委委员、书记、董事长。免去凌毅党委委员、书记、副总经理职务。

至2018年底，实业公司领导班子成员如下：

党委书记、董事长：汤小华

党委副书记、总经理：江伟斌

党委委员、纪委书记：罗民

党委委员、副总经理、工会主席：张清

党委委员、副总经理：王强

四、人员状况

截至2018年12月31日，实业公司本部共有员工52人，其中主业委派人员41人，劳务派遣制员工11人；东莞分公司共有员工44人，其中主业委派人员1人，集体工32人，合同工11人。

年度大事

（1）3月19日，实业公司东莞分公司党支部被授予广东电网公司“2017年度标杆党支部”称号。

（2）6月，实业公司东莞分公司获得南方电网公司“三星模范职工小家”称号。

（3）8月7日和9月9日，实业公司分别与珠海实业公司、深农国际公司签订房地产战略合作框架协议。

（4）9月，抗击强台风“山竹”期间，大光明集团公司共出动抢修1200人次，抢修高压线路12条，低压台区630个，圆满完成安全保障任务。

（5）11月15日，实业公司与国投健康产业投资有限公司签订房地产战略合作框架协议。

（6）12月3日，实业公司职工大会审议通过《广东省电力实业发展总公司集体合同（2018版）》和《广东省电力实业发展总公司女职工权益保护专项集体合同》。

（7）12月7日，实业公司与广东大舜投资管理有限公司签订房地产合作开发项目。

（8）12月10日，焕发公司作为全国十家优秀售电企业代表参加了国家发改委召开的全国售电企业经验交流会并作了汇报发言。

（9）12月20日，实业公司投资的广东省连州粤连电厂有限公司完成结业清算。

业务发展

安全生产。建立“横向到边，纵向到底”的安全责任架构，1月，组织签订修编岗位安全生产责任书117份，全面强化安全生产主体责任。开展年度专项检查行动，全年未发生施工、消防、车辆、信息安全、食品卫生安全事故，实现实业公司2018年人身安全零事故。结合“安全生产月”活动，开展安全生产大讨论4次、消防应急演练1次，实业公司应急管理水平有效提升。建立安全隐患排查治理机制，指派专员开展安全生产蹲点调研排查工作，强化项目安全管理和现场监督检查，指导恒达公司牢固树立“安全第一、预防为主”的风险意识。建立实业公司本部与分子公司、大光明集团的安全生产信息共享长效机制，构建安全生产共建格局。9月16—17日，台风“山竹”期间，大光明集团共出动抢修1200人次，抢修高压线路12条，低压台区630个，圆满完成安全保障任务。房地产公司参与拆除违章建筑专项行动，动员粤电花园危房拆迁，消除了安全隐患。

盘活存量土地及物业。提级管理全资子公司电生房地产公司，实行“两块牌子、一套人马”的管理模式，组建存量土地及物业盘活发展平台。以“服务主业、共同发展”为工作目标，坚持“效益共享、互利共赢”工作原则，明确从商业房地产开发、支持服务主业和产业园区投资三个方向，开展存量土地及物业盘活工作。扎实开展政策研究，半年来共汇编三十万余字的房地产分析报告，基本摸清了房地产开发相关政策。聘请专家开展专题培训，分类统计、梳理、分析系统内存量土地信息。编制出盘活路径分析报告、项目可行性报告共17份。与中粮置地、国投健康、深农国际、珠海实业等企业签订战略合作框架协议，借鉴先进经验。针对系统内主业、竞争性企业两类闲置土地，实现项目实施和盘活路径研究的“双突破”。12月，竞争性企业闲置土地实现盘活项目实施上的突破：与韶关供电局集体企业平台合作开发南郡逸苑的项目已进入施工建设阶段，起到了示范引领作用。

◎ 2018年11月15日，广东省电力实业发展总公司与国投健康产业投资有限公司在广州签署战略合作框架协议。图为签约现场

售电业务。按“一户一册”建立客户用电偏差管控档案238份，有效提升偏差电量管控能力，2018年每月偏差率均低于市场平均水平，有8个月偏差免考核，偏差管理能力位居行业领先水平。12月，完成售电业务管理平台（一期）建设工作，实现业务全过程在线实时监控。开展市场化售电+客户侧综合能源服务模式研究，推动东莞分公司与属地综合能源服务公司合署办公。10月，大光明集团组建7个综合能源业务项目团队开展综合能源服务业务，其中ABB园区综合能源服务示范项目成功入选广东电网公司首批综合能源示范项目库。积极推广以“电管家”为品牌的电气设备运维服务，全年签约客户153家。研究并制定19年长协拓展“抓小、守中、拼大”的工作策略，成功与客户签订2019年合同958份。坚持规范、诚信经营，始终保持“双零双百”（履行合同零违约、零毁约，客户价差电费结算准确率100%、及时率100%）。售电量超额完成100亿千瓦·时目标，位列广东省所有售电公司第三名，南方电网系统内售电公司首位。

改革创新。认真贯彻落实广东电网公司竞争性业务“1+8+8”文件体系精神，2月，编制完善《竞争性业务“十三五”发展战略规划纲要》，6月，房地产开发平台发展实施计划、市场化售电业务发展实施计划，明确发展思路、战略和目标，形成公司竞争性业务发展体系。按照广东电网公司“四个一批”工作部署，实现压减5家法人单位、2家企业扭亏为盈。指导下属企业积极开展申报A类标杆工作，3月，佛山电力设计院获南方电网公司A类标杆企业称号，3月，大光明电力设备厂公司、电气安装工程公司获广东电网公司A类标杆企业称号。在实业公司的统筹下，佛山电力设计院积极拓展智能电网、综合能源等新兴业务，7月，建成“汕头南澳岛智能电网”等一批新能源示范项目；牵头组织能源技术公司与大光明集团携手合作，完成科技成果转化2项，开展科技成果孵化3项。

经营管理

人力资源管理。加强干部队伍监督管理使用，为争当竞争性业务排头兵打造中坚力量。发挥党委在选人用人中的领导和把关作用，选优配强干部队伍，2018年调整科级干部3人次，其中，提拔1人，平级调整2人，开展干部试用期满考核1人次。4月，出台后备干部选拔方案，选拔产生副科级后备干部5名，推进干部队伍梯队建设。从严管理监督干部，实现科级干部日常谈心谈话全覆盖。12月，开展干部人事档案自查，做到凡提必审、凡转必审和凡调整必审。加强干部培训培养，全年共选派干部54人次参加南方电网公司、广东电网公司培训；创新实业公司干部培训模式，与兄弟单位联合开展干部培训工作。选派干部参加各类培训班，提升政治素质、领导力及综合管理能力。设立多专业融合的复合型岗位，促进房地产开发、市场化售电、职能管理等不同业务线条的融合，加大部门间的交流轮岗，实现“一人多岗、一岗多能、业务融合、区域联动”。制定新员工培养方案，实践“师带徒”培养模式。帮助青年员工制定职业发展规划。探索建立市场化薪酬机制，在东莞分公司建立了以绩效结果为导向、“岗位能上能下”的绩效管理机制。重新修订员工绩效考核实施方案，于9月执行。推广员工工作日志管理。对专业技术人员实行量化考核，细分考核结果档次，充分发挥考核激励和指挥棒作用。从10月起，首次开展岗位价值评估工作，确定不同类别岗位在实业公司的相对价值，客观分析岗位任职条件及现有人岗适配度。抓队伍，促和谐。

财务经营。加强预算管理，对所属管理企业实施月度经营关键指标看板管理。层层分解利润指标，初步建立市场化考核机制，指导控股企业拓展业务，实业公司2018年合并口径利润总额创历史最高水平，占广东电网公司六家直属竞争性企业利润总和近40%，位列第一。科学研判企业发展资金需求，积极做好资金筹措，谋划房地产平台运作资金需求。深入开展银企合作，持续获得东莞银行巨额无抵押担保综合授信额度。12月，制订实业公司本部、分子公司和控股公司防范金融风险重点措施，加强各项风险管控，守住金融风险安全底线，整体资产负债率控制在较好水平。全面梳理实业公司各项规章制度，推进制度的“废改立”，共废止制度14项，滚动修编制度8项，新立制度29项。深入推进实施精益管理，制定业务领域精益管理实施计划8份，开展财务基础规范优化等精益项目13项，其中现场改善类4项，管理优化类9项。推行“7S”管理，定期开展文明办公室检查评比活动，改善办公室环境。做好领导调研的协调服务工作，每日推送办公简报，加强公文运转、档案管理、保密、会务服务、固定资产管理、车辆调度管理等工作，提高综合服务水平，服务公司发展大局。

党群工作

一、党的建设

政治建设。按照党的“十九大”指明的方向和全面深化改革总体部署，以习近平总书记视察广东重要讲话精神为指引，研究广东电网公司改革举措，增强发展平衡性和协调性，推动公司高质量发展。落实全国组织工作会议、宣传思想工作会议及中央企业党建工作座谈会精神，全面加强党的领导党的建设。通过中心组学习等方式加强班子建设，找准定位，修改完善“十三五”规划，以售电业务为载体，探索建立综合能源服务体系。把握闲置房地产盘活发展机遇，在商业房地产开发、支撑服务主业、产业园区建设等领域寻求突破，相关项目已取得实质性进展。

组织建设。3月，研究制定《创建集体企业党的建设标杆三年行动计划实施方案》，建设具有实业公司特色的党建品牌。4月，组织制定《党支部党建责任制考核实施细则》，完善书记述职评议工作机制，举办党务实操培训，使支部书记在创建标杆党支部中不断提高责任意识和履职能力。坚持整体推进与发挥支部能动性并重，统一策划“先”系列主题党日活动（争先进、学先贤、祭先烈、敬先驱、当先锋、我先行），为提高主题党日质量打造样板。建立完善党员结构式学习体系，确定“统一定餐”“党员点餐”“自助加餐”的学习模式，11月，承接南方电网公司试点推广网上党校应用。推行领导牵头、党员攻坚、群众参与的项目化团队管理模式，实现党建与业务无缝衔接、高度融合。坚持“一企一策”，通过提级管理、一体管理建立党建工作负面清单等方式，加强对分子公司党建管控。3月，东莞分公司党支部被授予广东电网公司“2017年度标杆党支部”称号。10月起，与江门市新会区直工委建立交流沟通通报机制，强化对大光明集团党建的领导和指导。

意识形态工作及企业文化建设。加强宣传阵地建设，实业公司党委定期研究意识形态工作，将其作为一个特殊的“党员责任区”进行管理。倡导“唯实敬业”精神，带领员工砥砺前行，重整行装再出发。强化价值观管理，加强社会主义核心价值观宣传，持续宣贯《南网总纲》。举办入职礼、拜师礼、退休礼、凯旋礼，弘扬中华传统文化。梳理实业公司历史和文化传承，讲好

"实业"故事，选树典型强化激励，建设精神家园。

党风廉政建设。压实巡察整改主体责任，3月，制定"1个总体方案+7个业务领域子方案+1个分公司子方案+4个专项治理方案"，立行立改问题已全部完成整改。把纪律和监督挺在前面，开展专项督查，组织明察暗访28次，发现问题23个，提出合理性建议25条。贯彻落实中央八项规定精神，7月开展形式主义官僚主义专项整治，坚决防止享乐主义、奢靡之风反弹回潮，发现问题16个，全部完成整改。扎实开展为期三年的整治基层及群众身边不正之风和腐败问题"扫雷"行动，扫除行政办公、财务经营、竞争性业务等领域"雷区"。健全完善内部监督体系，7月明确监督管理委员会具体工作机制，充分发挥监督管理委员会作用，健全"不能腐"体制机制。完善廉洁风险防控措施276项，同比增加41项。干部员工廉洁自律意识不断增强，实业公司整体政治生态继续向好。

二、群团建设

6月，指导分公司建成三星级模范职工小家，分公司获得南方电网公司"三星模范职工小家"称号。全面推动厂务公开民主管理贯标认证。建设"三个家园"（温馨家园、精神家园、成长家园），凝聚改革发展力量。全方位关心帮扶慰问员工，帮助解决思想问题和实际问题，建设温馨家园。健全团组织机构，指导团委和团支部选举，推动团青工作全面起步。关心青年身心健康，强化思想引领，健全成才机制，建设成长家园。坚持党管青年原则，加强团组织建设，11月，出台青马工程实施方案等系列文件，打造"团青T型台"工作品牌，加快青年员工成长成才。

广东创成建设监理咨询有限公司

企业概况

一、公司简介

广东创成建设监理咨询有限公司（以下简称"创成公司"）成立于1996年1月，为广东电网公司（独立核算的）直属二级机构，接受产业部的业务指导。创成公司主要负责电力工程、房屋建筑工程监理、造价咨询、招标代理，电力建设工程质量评价、管理咨询电力技术服务等工作任务。

二、组织机构

2018年，创成公司组织机构未进行过调整。截至2018年底，创成公司内设10个部门，具体如下图所示。

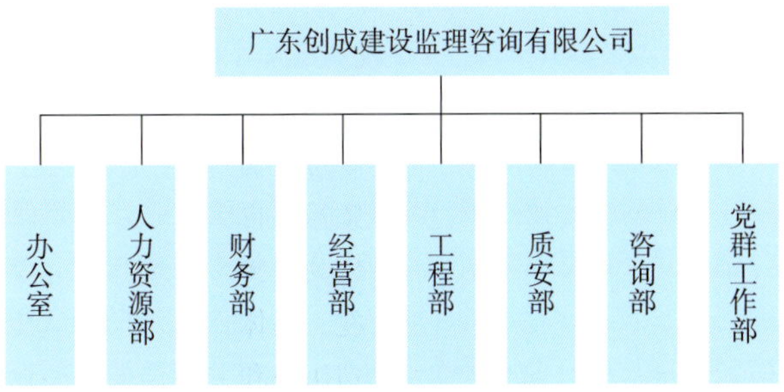

三、领导班子

2018年，根据广东电网公司党委决定，创成公司领导班子调整如下：1月23日，免去陈晓明党委书记、董事、副总经理职务；4月19日，李永忠任党委书记；6月25日，免去张海平党委委员、纪委书记职务；10月15日，崔秀玉任党委委员、纪委书记。

至2018年底，创成公司领导班子成员如下：

党委书记、董事长、总经理：李永忠

党委委员、副总经理：揭曦

董事、副总经理：高来先

党委委员、副总经理：黄建辉

党委委员、副总经理、工会主席：周鹏飞

党委委员、纪委书记：崔秀玉

四、人员状况

截至2018年底，创成公司共有职工495人，其中硕士16人，本科生121人，专科生192人，中专及以下164人；取得高级职称31人，中级职称155人，高级技师5人，中级技师25人，高级工3人。

年度大事

（1）2月13日，创成公司承接全国首个输变电工程全过程工程咨询服务项目——对澳输电第三通道220千伏烟墩至北安双回电缆工程。

（2）3月11日，创成公司完成广东电网首个基于运行变电站的三维对象化建模技术研究项目，首次构建了以变电站数据为核心的对象化、可视化、信息化交互模型。

（3）3月30日，创成公司获广东电网公司2017年度重点工程建设特殊贡献集体嘉奖。

（4）4月18日，由创成公司承建的国内首个燃气发电项目智慧工地项目——海南文昌电厂智慧工地项目全面投入使用。

（5）5月14日，创成公司召开第一次党员大会，选举产生第一届党委委会和纪律检查委员会，李永忠任党委书记。

（6）5月25日，创成公司所监工程——云浮500千伏卧龙变电站工程，被授予2018年度中国电力优质工程奖。

（7）5月30日，创成公司成功中标粤电阳江沙扒海上风电工程监理项目。该项目是创成公司开拓海上风电市场以来合同额最大的海上风电项目。

（8）6月，创成公司选择监理行业领先的电力工程监理/咨询公司，组织开展同业对标工作，建立了基于规模、效率、创新、成长、品牌、风险和专业技术七大维度的同业对标指标体系。

（9）7月24日，创成公司中标华电广州增城燃气冷热电三联供工程监理项目。该项目总装机容量130万千瓦，是国内首个9H燃气冷热电三联供项目。

（10）12月3日，创成公司所监工程东莞220千伏道岭变电站工程荣获2017—2018年度（第二批）中国安装工程优质奖（中国安装之星）。

业务发展

全年完成合同签订额同比增长37.51%，达到近5年来最高值。其中：非股东合同签订额同比增长195.98%；咨询业务合同签订额同比增长249.11%。营业收入增长20.35%。非股东业务收入增长8.84%。

安全生产。应用安全生产风险管理体系指导思想，5月，组织编制了《2018年质安工作“强基础、补短板”精益管理实施方案》，对监理项目开展现场安全质量工作检查22批次，发现问题149项，全部整改完成，并针对8类安全管理短板制定了对应的补强措施。承包商违章扣分全年累计1.3分，实现历年来扣分最低值。2018年，实现工程监理安全责任事故为“0”，因工死亡、重伤事故、重大火灾事故为“0”的目标。开展智慧工地建设。积极响应南方电网公司“数字南网，智慧南网”号召，开展电力工程BIM技术应用，融合传感器技术。3月11日，完成广东电网首个基于运行变电站的三维对象化建模技术研究项目，首次构建以变电站数据为核心的对象化、可视化、信息化交互模型，实现“多维度、多业务、全过程、可视化”的变电站数据深度融合。4月18日，承建的国内首个燃气发电项目智慧工地项目——海南文昌电厂智慧工地项目全面投入使用。该项目首创性地应用了包含基于生物特征识别的智慧劳务管理系统、视频在线AI违章识别系统、基于移动互联网的安全巡检系统等前沿智能技术，将现场采集的数据集成到云管理平台进行智能分析管控。9月，组织编制输变电工程智慧工地实施方案和数字化电厂智能化管理方案，并在海南文昌9F级燃气电厂项目、珠海220千伏叠泉输变电工程项目实践运用。

重点项目。创成公司连续17年获守合同重信用单位。东莞220千伏道岭变电站工程、云浮500千伏卧龙变电站工程、±500千伏金官换流站等3项工程，荣获中国电力优质工程奖；惠州220千伏沙迳变电站工程、东莞220千伏道岭变电站工程等2项工程，荣获广东省建设工程优质奖；±500千伏金官换流站工程、500千伏卧龙变电站工程、500千伏回隆变电站工程等3项工程，荣获南方电网公司基建优质工程奖；220千伏沙迳变电站工程、220千伏新围变电站工程、220千伏道岭变电站工程、大朗供电局洋乌龙盘岭变电站配电台区工程、10千伏东一直线南洋5号公用台新建配套低压线路改造工程、东风供电所新建诗阳东梅2公变台区工程、纵江变电站配套500千伏线路二期工程、江门市蓬江区环市街群星丹井股份合作经济社业扩配套工程、10千伏河达线杏花村二台新建配变及配套低压线路改造工程、常平供电局常新公园充电桩业扩配套工程等9项工程，荣获广东电网公司“安全、优质、文明”样板工程奖；东莞220千伏道岭变电站工程荣获中国安装之星；500千伏卧龙（云浮）变电站工程荣获国家优质工程奖；±500千伏金官换流站工程荣获中国建筑工程鲁班奖。

改革发展。创成公司作为省级监理企业，在机遇与挑战并存的战略发展时期深入开展同业对标工作，准确剖析发展过程存在的主要问题，是创新发展的重要举措。通过与同行业一流企业对标，找准自身差距，研究吸收行业先进管理经验。结合对标结果，指导制定了监理板块业务发展实施方案和竞争性业务发展实施三年计划，有效促进工程监理板块整合发展工作。组织开展同业对标工作，6月，选择监理行业领先的电力工程监理/咨询公司进行对标交流，发现自身差距，吸收行业先进管理经验，找准改进方向。9月3日，制订竞争性业务发展实施三年计划，建立基于规模、效率、创新、成长、品牌、风险和专业技术七大维度的“1-7-18”同业对标指标体系，向广东电网公司提出创一流的意见和建议，有效推动了工程监理板块的整合发展。按照广东电网公司的工作要求，7月，组织编制了《广东电网公司工程监理板块整合发展监理企业股权收购方案》和创成公司《监理板块业务发展实施方案》，开展股权收购工作调研，深入各地市供电局进行工程监理板块整合发展宣贯工作，完成创成公司清产核资以及资产评估报告，拟定了各地监理企业股权收购协议。进一步规范内部管理，积极主动处理改革发展过程中面临的相关问题。按照“规范管理，降低成本，提高效率”的工作理念，推行标杆监理项目部建设工作，促进电源、电网监理工作统一化、标准化、规范化、流程化。甲湖湾电厂一期接入系统工程、纵江变电站配套500千伏线路二期工程、海门电厂送出线路工程、对澳输电第三通道220千伏烟墩至北安双回电缆工程、广东电网新能源应用研发技术园区（清远）一期工程等5项重点工程获广东电网公司“基建重点工程突出单位”通报嘉奖。

◎ 2018年5月23日，创成公司组织甲湖湾送出工程竣工初检验收。图为监理验收现场

市场拓展。在拓展非股东业务方面取得了较好的成绩。全年中标9F级大型燃气项目2项，项目管理服务2项，海上风电项目3项，国际项目5项，市场竞争实力突出。其中，5月30日，成功中标粤电阳江沙扒海上风电工程监理项目。该项目是创成公司开拓海上风电市场以来合同额最大的海上风电项目，为开拓海上风电市场打下了坚实的基础。7月24日，成功中标华电广州增城燃气冷热电三联供工程监理项目。该项目选用世界上最先进的德国西门子公司SGT5-8000H重型燃机，组成两套“一拖一”多轴燃气——蒸汽联合循环供热机组，总装机容量130万千瓦，是国内首个9H燃气冷热电三联供项目。积极推进综合能源建设项目全过程工程咨询业务发展，成功拓展输变电工程项目管理委托业务，助力企业转型升级创新发展。2月13日，承接全国首个输变电工程全过程工程咨询服务项目——对澳输电第三通道220千伏烟墩至北安双回电缆工程，开启了向全过程工程咨询服务领域转型之路。拓展综合能源项目管理咨询业务2项。

经营管理

干部管理。严格选拔任用程序，选优配强干部队伍。按照网省公司干部管理规定，大胆启用“能力强、有干劲、敢担当、创新意识强”的年轻干部，持续优化创成公司干部年龄结构，配强干部队伍。全年共提拔任用干部12名，其中正科级领导干部7名，副科级领导干部5名，“80后”干部5名。7月17日，成立高来先创新工作室。

精益管理。以“消除浪费、创造价值、持续改善、精益求精”为工作理念，以“做实、做深、做细、做精、做强”为目的，以“抓领先、补短板、强基础”为工作方法，以“从严动真带队伍抓管理”为工作要求，组织、指导监理项目部开展“强基础、补短板”精益管理活动。以“基于风险管控”的原则，以PDCA闭环管理的工作方法，持续推进体系建设与专业管理高度融合、与日常业务紧密结合，持续更新《安全生产风险管理体系・管理标准》《质量、环境、职业健康安全管理体系文件》，顺利通过2018年公司管理体系复评和认证。为提升创成公司监理服务质量，按照督促、指导、评价相结合的工作思路，组织开展质量评价工作，先后完成500千伏卧龙（云浮）变电站工程、220千伏官桥变电站工程、±500千伏金官换流站工程3个输变电工程质量评价，分别获得2018年度国家优质工程奖、中国安装之星奖和鲁班奖。与此同时，创成公司《创新输电线路工程监理验收方法》和《提高GIS耐压不合格故障处理效率》2项QC成果分别获得了2018年度电力建设优秀质量管理QC成果奖三等奖。

合规经营。坚持依法治企，对规范性文件和重大行政决策的合法性审查工作，面向各职能部门和监理项目部开展日常法律咨询工作，切实做好重点项目服务，出具合同审查、工程咨询、风险评估等法律意见书4份。在创成公司范围组织员工法律底线教育，通过印制《员工法律底线教育手册》和组织员工学习《国有企业泄密风险与防范》保密知识，粘贴宪法宣传海报等方式开展普法宣传活动，有效促进了全体员工的守法和防范意识。

党群工作

一、党的建设

按照南方电网公司党组一号文的工作部署和要求，制定党建党廉重点任务和工作计划并落地实施。3月和8月，召开彻底肃清李嘉、万庆良恶劣影响专题民主生活会，力推进党建党廉任务分解与责任的层层传递。4月修改《创成公司章程》，完成党建要求进章程工作，明确和落实党组织在创成公司法人治理结构中的法定地位，充分发挥创成公司党委把方向、管大局、保落实的重要作用。认真贯彻民主集中制，参与“三重一大”决策22次。强化组织监督。党委班子履行主体责任，将维护政治纪律作为首要职责，强化“六大纪律”监督。5月14日，召开第一次党员大会，选举产生了第一届党委和纪委，李永忠当选为党委书记。落实党建任务，夯实工作责任。7月，组织签订支部党的建设责任书和部门党风廉政建设考核责任书。9月，制定贯彻落实南方电网党组“一号文”的工作任务分解表，明确了年度党建工作任务。11月，组建了党建工作领导小组，按季度召开党建工作领导小组例会，及时研究部署创成公司党建党廉工作，推动党建党廉责任层层传递，确保把党要管党、从严治党落到实处。

二、宣传思想工作与企业文化建设

8月，完成广东电网公司《创建国有企业党的建设标杆实施方案》宣贯及宣传资料上墙，开展创成公司2017年“两优一先”奖励。10月，组织对创成公司挂点的两户西湖村贫困户开展扶贫慰问工作。2月，召开创成公司第一届第一次职工代表大会，选举产生了第三届工会委员会、工会经费审查委员会、女职工委员会和劳动保护监督检查委员会。组织技能竞赛和职工创新，促进员工素质提升。以提升监理业务能力为目的，组织开展第二届“创成杯”监理专业知识竞赛，共有16个监理项目部，共95名员工参赛。12月21日，召开团员大会，选举产生了创成公司第一届团委，建立了珠三角团总支部、本部团支部、粤东团支部和粤西团支部。

三、党风廉政建设

紧盯重点人和关键岗位，持续开设每月一期“廉洁讲堂”，对中层及以上领导干部等“关键少数”群体进行正面宣传和警示教育。紧盯重点领域关键环节，持续开展整治“四风”工作，组织专项监督检查9批次，发送廉洁过节的警示短信共计198条。建立监督检查常态工作机制，每季度对工程建设、行政办公、财务、人事等关键领域主要廉洁风险开展业务领域自我监督和专责监督检查工作，全年发现问题61个，发出整改意见书18份。按要求完成对广东电网公司纪委移交2件信访件的处置工作，以《监察建议书》（共计2份）的形式促使业务归口管理部门加强管理，堵塞漏洞，规范监理人员行为。3月，认真组织廉洁教育月活动，结合监理行业特点开展“九个一”专项活动，重点推动“公务回避”落实到位。从6月起，针对形式主义、官僚主义专项整治重点开展“五个一”活动，自查自纠发现问题58项，制定整改措施72条，全部落实整改。12月，开展“扫雷”行动大讨论，参与人数53人，梳理问题表现27项，制定整改措施30条，已全部落实整改。深化应用“扫雷”行动大讨论成果，制定“扫雷”行动工作计划，主动出击，摸排问题，及时清“雷”。全面完成上级巡视巡察所发现问题的整改工作。

广东电科院能源技术有限责任公司

企业概况

一、公司简介

广东电科院能源技术有限责任公司（以下简称“能源技术公司”）成立于2017年2月，是广东电网公司的全资子公司，前身为广东广华实业进出口有限公司。能源技术公司主要开展发电技术研发、技术监督与服务、试验检测、工程调试、改造、总承包、设备集成优化及培训服务；能源动力装置、工业过程控制系统、电气自动化、化学与材料工程、环保、清洁生产、六氟化硫废气和固废回收处理、智能电网、储能、新能源、分布式能源等高端智能设备研制、生产、销售、租赁及代理；电力生产设备（材料）及控制系统的运行维护、试验检测、监造；计量检测；软件开发和信息技术集成；职业病危害因素检测与评价等业务。能源技术公司拥有氢燃料电池移动应急电源、变电站智能巡检机器人、智能充电桩、变电站噪声污染综合治理、智能低压岸电桩等42种主要产品。

能源技术公司检测、试验手段完善，拥有26个实验室，配备了一批科技含量较高、功能齐全的测试设备，在电力设备检测、试验等方面处于国内领先水平，部分设备达到国际先进水平。具备电源工程特级调试资质、承试电力设施许可证四级资质，是南方电网系统首家国家工信部认证的工业节能与绿色发展评价中心，获广东省经信委授权开展全省发电企业12项技术监督工作，是国家能源局、财政部批准的燃煤发电厂综合升级改造机组性能测试机构，通过质量、职业健康安全、环境管理体系认证、CNAS认可，获评中电建协AAA信用评级，是国家科技部、财政部、国家税务总局联合认证的高新技术企业。

二、组织机构

根据广东电网公司组织机构规范化设置的要求和实际工作需要，2018年，能源技术公司对组织机构进行了调整：6月25日，环保事业部变更为电源事业部，智能电站事业部变更为能源装备智造事业部，能源监测评价事业部变更为试验检测事业部，能源经济事业部变更为孵化投资事业部；综合部、财务部、经营发展部、工程技术部、综合能源事业部、节能事业部保持不变。10月9日，再次对一些部门进行更名和优化调整。截至2018年底，能源技术公司内设10个部门，具体如下图所示。

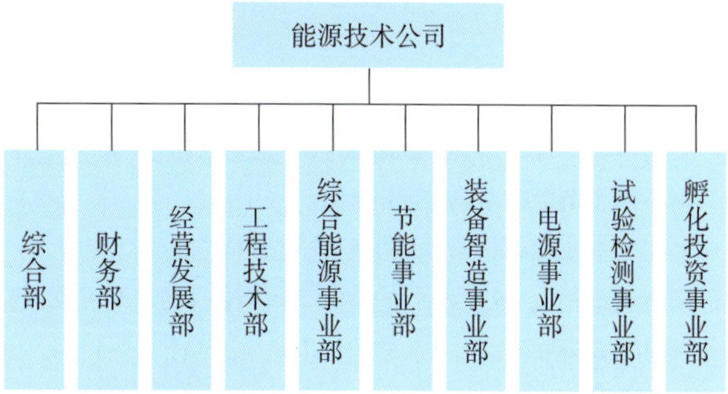

三、领导班子

2018年，根据广东电网公司党委决定，能源技术公司领导班子调整如下：1月27日，张超树任副总经理。5月17日，姜海龙任总经理。6月1日，姜海龙、张超树任董事，免去阮玮蘋、刘文涛董事职务。

至2018年底，能源技术公司领导班子成员如下：

党总支部书记、董事长（兼）：肖祥

党总支部委员、董事、总经理：姜海龙

党总支部委员、董事、副总经理：张超树

董事、副总经理：廖宏楷

董事（兼任）：光俊红

监事（兼任）：张晓利

四、人员状况

截至2018年底，能源技术公司共有职工119人，其中博士17人，硕士75人，本科生26人，专科生1人；已取得专业技术职称的共104人，其中正高级职称23人，副高级职称52人，中级职称22人，初级职称7人；南方电网公司高级技术专家2名，广东电网公司技术专家7人、助理技术专家5人。

年度大事

（1）6月，能源技术公司党总支部被南方电网公司党组授予“南方电网公司2017—2018年度先进基层党组织”称号。

（2）6月，能源技术公司完成望洋电厂机组孤岛试验，增强极端情况下对澳供电安全保障能力。

（3）8月9日，亚洲最大、国内第一款单电堆功率超过百千瓦的氢燃料电池移动应急电源首次实现满负荷供电。

（4）8月20日，经广东省经信委批准，广东电力行业发电企业技术监督工作职能，由电科院移交至能源技术公司。

（5）9月7日，广东南方能源科技孵化器有限公司揭牌成立。

（6）10月17日，广东慧氢能源科技有限公司完成工商注册登记，该公司主要从事氢燃料电池及系统、专业作业车研发与生产、销售等业务。

（7）11月28日，能源技术公司获得广东省科技厅、广东省财政厅、国家税务总局广东省税务局联合颁发的高新技术企业证书。

（8）12月25日，能源技术公司完成互联网+智慧能源示范工程的设备集成项目——珠海新型多端柔性直流配网带功率持续运行测试，成功引导一批标志性、带动性强的重点产品和设备推广应用。

（9）12月29日，能源技术公司联合成功中标国家电投珠海横琴热电有限公司2万千瓦·时电池储能系统项目。该项目是世界首例用储能系统进行9F级大型燃机黑启动、国内首例燃机储能调频项目。

业务发展

传统电源业务，全年新签合同额同比增长28.8%。6月，完成望洋电厂机组孤岛试验，增强极端情况下对澳供电安全保障能力。9月，中标妈湾电厂3、4号机组控制系统改造。11月，中标惠来电厂空预器改造项目，实现电源侧设备集成业务零的突破。高端技术服务走向国际。7月，圆满完成越南永新电厂基建期技术监督。11月，承接印尼南苏电厂2号机组支吊架检查调整、锅炉燃烧调整等业务。在高端装备制造业务。整合装备制造资源，截至12月，初步形成以能源技术公司和孵化器公司为“1”个制造平台，安恒科技、大光明设备厂、东莞开关厂等“N”个生产基地的“1+N”产业布局。机器人、充电桩等科技成果转化产品已具备生产能力，实现了优秀科技成果转化落地。承接多个重大装备集成优化项目，3月，完成广州供电局从化白兔变电站退役电池梯次利用储能示范工程。12月，完成珠海互联网+智慧能源示范工程的设备集成项目。成功引导一批标志性、带动性强的重点产品和设备推广应用，实现广东电网公司在柔性直流配网工程设备集成和系统调试领域的新突破。在储能业务方面。自主开发储能变流器、电池管理系统等系列产品15项。业务拓展实现多点突破，5月，完成贵州兴义大型储能电池电站项目。12月19日，完成云浮电厂储能调频优化控制项目。12月，中标望洋电厂电池储能系统项目。这些项目充分验证能源技术公司储能调频调峰技术能力，为做强储能业务打下坚实基础。在试验检测业务。组建试验检测部，按照全面承接电网侧业务和积极向非股东市场开展技术输出为目标，明确了6大业务领域、21个主要业务方向。筹建安全工器具检测、电气自动化试验等6个实验室。提升实验室检测能力，取得废气废水、劳动环境、六氟化硫气体等12个大项、150余个小项CNAS认证许可。

经营管理

制定企业发展目标，确立了做“高端装备智能制造的领军者、电源高端技术服务的主导者、能源科技孵化器的先行者、竞争性业务非股东利润的主要贡献者”的发展定位。明确了电源侧、高端装备制造、风电储能、试验检测四大业务板块。9月，组建广东南方能源科技孵化器有限公司，打造南方电网首个高度市场化、混合所有制的孵化器公司。10月，组建广东慧氢能源科技有限公司，打造氢能应用的高端产业化平台。持续完善能源技术公司、部门、分部“三位一体”的安全责任体系，按照“管业务必须管安全”的要求，明确各部门安全职责。针对机构调整和业务变化，充分辨识与评估安全风

◎ 2018年10月17日，广东电网公司组建广东慧氢能源科技有限公司，从事氢燃料电池及系统、专业作业车研发与生产、销售等业务。图为氢能源移动电源车参加珠海航展保供电

险，完善《安全生产目标与指标管理业务指导书》等安全生产管理文件10个，发布应急预案6项。加强人力资源管理，培养高素质的人才队伍。首次面向南方电网系统公开招聘专业人才23名，全年新增高级职称6人，新聘广东电网技术专家6名，2名员工通过一级建造师考试。人才素质当量达到1.86。突出业绩导向，打破原有岗薪级分配模式，实现员工薪酬收入与企业效益同向联动、与个人业绩和贡献度联动的新模式。坚持依法治企，全年对463份合同进行法律审查，防范业务活动潜在的违约、违规、违法风险。强化合规管理，自主开展业务接待费自查，5月，发布《关于严格规范业务接待管理的通知》，不断完善业务接待管理，有效防范风险。

党群工作

一、党的建设

把政治建设放在首位，严格党内政治生活。坚决维护以习近平同志为核心的党中央权威和集中统一领导，坚持把政治建设作为根本性建设，严守政治纪律和政治规矩，营造风清气正的政治生态，党的领导作用充分彰显，全体党员干部“四个意识”和“两个维护”的自觉更加坚强，全年未发现违反政治纪律和政治规矩的情况。落实党建工作要求“进章程”，把党建条款写入章程，完善议事规则，重大决策事项实施党委前置讨论。选优配强党建带头人，7月16日，完成党总支换届选举，新一届党总支委员的领导更加坚强有力，按照“一所一支部”原则完成支部优化调整工作，将党支部由5个调整为8个，优化调整后的党支部更有利于与业务工作深入融合。支部建设更加规范，在支部采用政治生活看板模式，强化党建的过程管控，解决了“重结果、轻过程”的问题。2018年，能源技术公司党总支被评为南方电网党组评为2017—2018年度先进基层党组织，1人被评为广东电网公司优秀党务工作者，2人被评为优秀党员。

二、纪检监察工作

结合竞争性业务的特点，扎实开展廉洁教育月和纪律教育月活动，常态化应用监督执纪“四种形态”，对党员和关键岗位人员一对一谈心谈话实现100%全覆盖；严格执行中央八项规定精神，坚决纠正“四风”问题，密切关注享乐主义、奢靡之风的变异和新形式。扎实推进“扫雷行动”，按照“五个结合”要求组织5个业务领域认真落实“扫雷”计划，主动摸排“雷点”，落实管控措施20项，“扫雷”行动取得阶段性成果。

广东电网综合能源投资有限公司

企业概况

一、公司简介

广东电网综合能源投资有限公司（以下简称“能源投资公司”）为广东电网公司的直接管理、独立核算的全资子公司，属法人独资有限责任公司，成立于1995年。能源投资公司主要开展光伏发电、风力发电、冷热电三联供等综合能源领域项目的拓展、建设及运营；智能电网、微网等综合能源网络的投资及运营；开展保险代理、保函代理等金融服务业务。能源投资公司经营范围包括增量配电网投资及运营；需求侧能效服务；节能咨询、诊断、设计、投资、改造、监测及评估；电力项目投资和管理；具备进行机动车辆险、企业财产险、短期人身意外伤害保险、建安工险等险种兼业保险代理资质。

二、组织机构

根据广东电网公司组织机构规范化设置的要求和实际工作需要，2018年，能源投资公司对组织机构进行了调整：5月，增设项目部，将保险部更名为金融服务部。9月，增设运维部。截至2018年底，能源投资公司内设6个部门，具体如下图所示。

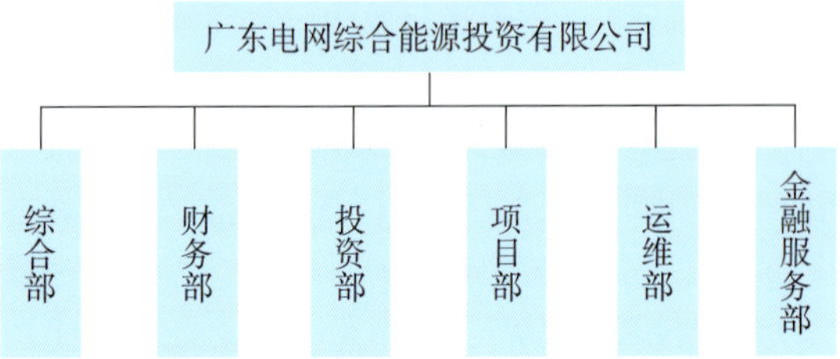

三、领导班子

2018年，根据广东电网公司党委决定，能源投资公司领导班子调整如下：5月14日，叶敏娜任副总经理，免去邓浩然副总经理职务；6月1日，熊焰雄、叶敏娜任董事，免去郑建平、范晓东董事职务；11月30日，李友元任能源投资公司副总经理。

至2018年底，能源投资公司领导班子成员如下：

党支部书记、董事长、总经理：丁业豪

党支部委员、董事、副总经理：熊焰雄

党支部委员、董事、副总经理：叶敏娜

副总经理：李友元

董事（兼任）：谭跃凯、光俊红

监事（兼任）：阮玮蘋、张晓利

职工监事：田小会

四、人员状况

截至2018年底，能源投资公司共有职工34人，其中硕士18人，本科生16人；已取得专业技术职称的共31人，其中高级职称8人，中级职称19人，初级职称3人。

年度大事

（1）3月，广东电网公司与华电国际公司广东电网分公司签署框架协议，由能源投资公司代表广东电网公司与其合作运营顺德西16.3万千瓦分布式能源站和佛山三水16.6万千瓦分布式能源站项目。

（2）6月26日，能源投资公司召开党支部党员大会，补选叶敏娜为党支部委员。

（3）6月底至7月初，广东电网公司党委第三巡察组第2小组对能源投资公司开展了“机动式”巡察，8月下旬，巡察组反馈了巡察意见。

（4）7月，能源投资公司与佛山立胜公司以及佳利达公司合作开发三水大塘工业园11万千瓦分布式能源站项目，签订合作意向书。

（5）7月，能源投资公司与中山汇丰城签订蓄冷项目合作意向书，采用冰蓄冷方案，集中为面积约10万平方米的大型商业综合体供冷，装机容量4200冷吨，最大供冷量36 644冷吨。项目计划2019年8月投运。

（6）9月，能源投资公司与四会市政府、肇庆供电局签订四会国际化妆品城20万千瓦冷热电三联供能源站项目框架协议。

（7）9月，能源投资公司与国电投集团和中海油集团的下属公司，就共建江门高新区12万千瓦天然气分布式能源站项目签订合作意向书。

（8）9月，能源投资公司进行组织机构调整，由综合部、财务部、投资部、金融服务部，调整为综合部、财务部、投资部、项目部、运维部、金融服务部。

（9）12月，能源投资公司在江门投运广东威铝分布式光伏项目投入运行。

（10）12月，能源投资公司在珠海投运珠海景龙源分布式光伏项目投入运行。

业务发展

光伏项目。建成投运屋顶光伏项目4个（广东省电力物资总公司江村仓库光伏发电项目、中山供电局调度大楼分布式光伏发电项目、广东威铝铝业股份有限公司光伏发电项目、珠海景龙源分布式光伏项目），装机总容量达3160千瓦。地面光伏。开展装机容量5万千瓦的湛江徐闻盐场项目的前期工作。开展装机容量4万千瓦的清远连南项目的前期工作。天然气分布式能源站。全年开发总容量达86万千瓦。3月，与华电集团开展合作，代表广东电网公司与华电国际公司成立平台公司运营顺德西16.3万千瓦分布式能源站和佛山三水16.6万千瓦分布式能源站项目。5月，与茂名市经信局签订茂名地区综合能源合作协议，与高州市工业园管理中心签署开发茂名高州道口经济园区10万千瓦分布式能源站项目的投资协议书。7月，与佛山立胜公司以及佳利达公司合作开发三水大塘工业园11万千瓦分布式能源站项目，该项目已通过可研评审。9月，成功与国电投集团和中海油集团的下属公司就共建江门高新区12万千瓦天然气分布式能源站项目签订合作意向书。与肇庆四会市政府、肇庆供电局签订四会国际化妆品城20万千瓦冷热电三联供能源站项目框架协议。风力发电。参股投资的桂山海上风电项目中，万山海岛微电网项目（东澳岛、桂山岛、大万山岛）除部分配网工程外，已基本完工；桂山海上风电场项目已完成31台风机并网，总容量9.3万千瓦。探索分散式风电试点开发工作，以茂名地区为突破口，开展分散式风电选址工作，初步选定14个具备开发潜力的站点，并纳入《广东省分散式风电发展规划（2018—2025）》（征求意见稿），预计装机规模3万千瓦。

蓄冷项目。装机总容量6600冷吨。7月，与中山汇丰城签订蓄冷项目合作协议，采用冰蓄冷方案，集中为面积约10万平方米的大型商业综合体供冷，装机容量4200冷吨，最大供冷量36 644冷吨。与广东美的签订蓄冷项目合作意向书，采用冰蓄冷方案，为顺德美的马龙基地供冷，装机容量2400冷吨。储能项目方面：与系统内外企业合作，筹建混合所有制的公司，推广应用储能技术。承接广东电网公司电网侧储能项目试点工作，在东莞、惠州等地筛选48个分布式储能试点项目，装机总容量达7万千瓦。充电设施建设。与汕头供电局、汕头公交总公司合作，计划共同推动汕头金津桥充电站等六个充电站的落地实施。与汕头善能达资产运营管理有限责任公签订综合能源业务合作框架协议，推动粤东地区的综合能源业务发展。节能诊断。与广东电网公司签订了2019年度节能诊断合同，成立专项工作组，全面承接广东电网2019年节能诊断工作。园区综合能源服务。与惠州供电局共同组织编制惠州仲恺高新区综合能源规划方案。与东莞供电局磋商对接松山湖综合能源示范区项目建设事宜。与中山供电局联合开发神湾港综合能源示范项目，完成分布式屋顶光伏的可行性研究以及冰蓄冷项目的前期方案。

金融服务。加强与竞争性企业的沟通，发挥能源投资公司保险代理的专业优势，先后拿下了鼎和、人保、平安等保险公司的保险代理权。在湛江、珠海、东莞、佛山及广州等地区的竞争性企业开展了保险代理的业务。开发免保证金保函代理新产品。根据各地市供电局及一些竞争性企业的保函业务需求，开展了各类保函业务的中介服务业务。在广州、惠州、佛山、东莞等地区开展了具体业务。做好委托贷款，全年投资收益同比增加14.53%，为能源投资公司完成利润目标提供了有力的支撑。

经营管理

坚持目标引领，标定未来三年新坐标。结合广东电网公司竞争性业务发展需求，承接同业对标的结果，9月，制定能源投资公司近三年发展实施计划，提出充分整合内外部属地优势资源，加快综合能源业务布局，打造综合能源投资平台，树立综合能源品牌，带动金融服务业务发展。实施精益管控，实现财务管理新提升。以精益管理为手段，实现全面预算管理和业务进度的有效联动。在完成年度经营目标和保证能源投资公司正常经营的情况下，2018年管理费用发生仅同比增长5.38%，与2017年基本持平，非职工薪酬类费用同比减少约8.25%，能源投资公司成本费用精益管理效益显著。注重建章立制，顺应转型发展新需要。7月建立匹配业务发展的项目经济可行性财务评价模型，对项目盈利模式进行合理性评估，提高评价模型的有效性、可靠性。9月，编制项目建议书、能源合同、收资清单、合作意向书等系列范本文件。编制项目前期、进度、验收、运维等管理规定，形成项目管理制度体系。11月，编制项目竣工决算管理细则、光伏发电收入结算流程，规范能源投资公司相关工作。制定并实施涉及日常报销、招标采购、授权审批等多项基础管理制度，清除业务开展过程中的制度梗阻。根能源投资据公司业务板块和工作实践，对能源投资公司内设机构进行改革调整。同时，针对业务需求，开展系统内招聘，引进高素质人才，打造一支面向市场，创造价值的优秀团队。2018年，能源投资公司共引进各类专业人才13人，硕士学历员工占比达52%。

党群工作

一、党的建设

加强支委班子建设，当好广东电网公司发展“领头雁”。因机构改革人事变动，年初时支委班子成员尚未配齐。6月，支部进行了委员补选，随后以文件形式对班子行政及党务分工进行了明确，为夯实能源投资公司党建管理基础提供了坚强的保障。充分发挥党组织的核心作用，制定了包括党建工作在内的能源投资公司年度工作重点计划，把握党支部“铸造绿色能源助推器、构建特色党建能源站”的年度主线，明确工作任务，落实责任划分，切实推进党建与业务工作的进一步融合。加强党员队伍管理，充分发挥表率作用。针对两名预备党员发展过程中存在的不规范问题，积极向上级党组织汇报请示，采取一系列有效措施弥补整改，严把党员发展质量关。同时举一反三，严肃规范做好后续党员的发展工作。积极做好党员组织关系的转接工作。开展党员公开承诺，每位党员结合岗位职责制定了行动目标或方向，根据工作实际创建了四个党员责任区。专门召开支委会研究分析部署意识形态工作，把意识形态工作作为党建重要内容纳入党支部重要议事日程，制定了意识形态工作年度计划。重视加强对员工的思想政治教育工作。支部书记亲自抓预备党员、入党积极分子思想教育，多次组织谈心谈话。实行支委成员定点联络制，不定期组织员工开展谈心谈话，时刻掌握员工思想动态。利用两个楼宇电视不断播放广东电网企业新闻、先进典型事迹，弘扬主旋律，传播正能量。在楼道入口及楼道墙上设立宣传栏及宣传牌，宣传我党97周年光辉历史、“两学一做”、基层党建党廉、社会主义核心价值观等内容，通过OA系统定期发布十九大及党建工作“应知应会”政策知识。推进“两学一做”常态化学习，编制党支部委员会、党员学习计划方案，组织全体党员开展自学计划的制定与实施，积极开展分享阅读，进一步加强学习交流，提高党员政治素养。

二、纪检监察工作

按照广东电网公司党委要求，认真组织开展廉洁教育月活动。围绕活动主题全年共开展“第一种形态”谈心谈话40余次。印发本单位年度党风廉政建设和反腐败工作要点，形成36项具体工作措施及目标，将落实党风廉政建设责任制情况纳入部门绩效合约进行考核。未发生因廉洁从业问题产生的追责情况。组织开展反对形式主义、官僚主义专项整治宣传教育，召开专题组织生活会开展自查自纠，通过自查发现支部存在形式主义问题5个，建立的问题台账并进行了整改。6月28日至7月3日，广东电网公司党委第三巡察组第2小组对综合能源投资有限公司开展了“机动式”巡察。综合能源投资公司把贯彻落实巡察反馈意见整改工作作为一项重要政治任务，制订“机动式”巡察整改专项工作工作方案，梳理编制问题整改台账，对反馈的7个方面的34个问题，制定了有针对性的83项措施，明确了整改责任领导和整改期限，形成了一级抓一级、层层抓落实的良好工作格局。深入推进“不能腐”体制机制建设。竞争性业务部门结合工作实际编制了年度监督计划及《竞争性业务管理负面清单》，明确业务环节中“不应为”“不得为”50项，为工作人员开展竞争性业务画明了底线。明确招标和非招标采购工作规范，有效防范和控制了采购风险。

广东省电力信息通信有限公司

企业概况

一、公司简介

广东省电力信息通信有限公司（以下简称“信通公司”）成立于2018年8月，前身是成立于1995年4月的广东省电力通信有限公司。信通公司作为广东电网公司全资子公司，主要承办电力通信网的运营、设计、技术咨询、建设与改造、运行维护、设备销售；通信信息网络系统集成；建筑智能化工程、通信工程、自动化工程专业承包；电力资源租赁、数据资产运营及交易等业务；IDC运营、互联网运营、因特网接入服务、宽带用户驻地网经营等电信业务；呼叫中心业务；信息通信技能鉴定及培训；调度自动化、配网自动化、继电保护、电力安全、计量、综合能源等相关电力技术的设计咨询、建设与改造、运行维护、设备销售；承装（修、试）电力设施；计算机软硬件的开发、设计、技术咨询、运行维护、销售；计算机信息系统集成；网络安全及运维服务；智慧园区、产业互联网平台、电力应用平台等的建设及运营业务；电子商务。

二、组织机构

根据广东电网公司组织机构规范化设置的要求和实际工作需要，2018年8月，信通公司对组织机构进行了调整，设综合部、业务部、经营部三个部门。截至2018年底，信通公司内设3个部门，具体如下图所示。

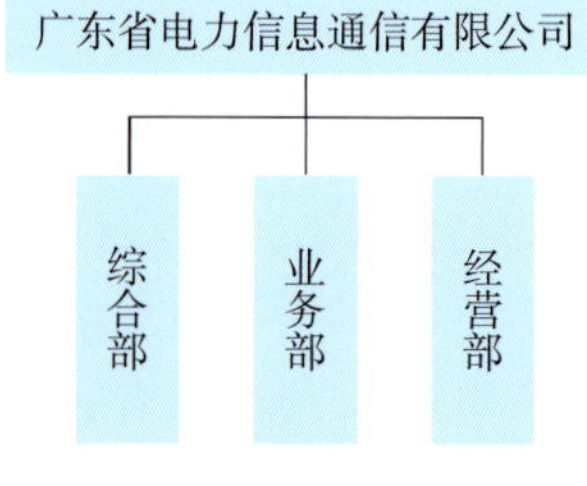

三、领导班子

2018年，根据广东电网公司党委决定，信通公司（含原通信公司）领导班子调整如下：5月17日，易晓丽任原通信公司董事、副总经理。因企业更名，10月8日，原通信公司领导班子成员转任信通公司领导职务，原职务自动解除。

至2018年底，信通公司领导班子成员如下：

董事长：李一兵

董事、总经理：连柯

董事、副总经理：潘亮、赖蔚蔚、易晓丽

副调研员：杨晓东

年度大事

（1）6月25日，原通信公司成立广东电通工程技术有限公司经营协调机构。

（2）7月，原通信公司召开全体党员大会，进行党支部换届改选工作。李一兵、连柯、潘亮等当选支部委员，李一兵任支部书记。

（3）8月22日，经广东电网公司批准，原通信公司对内设机构设置进行调整。

（4）8月24日，经广东电网公司批复同意，原通信公司更名为广东省电力信息通信有限公司。

（5）9月中下旬，信通公司组织设备、光缆、应急通信等8组专业应急队伍164人及24台套应急装备，有力支援抗击强台风“山竹”抢修复电工作。

（6）10月8日，广东电网公司任命信通公司领导班子。原通信公司领导班子成员全部转为信通公司领导班子成员，原任职务自动解除。

业务发展

一、安全生产

贯彻“管业务必须管安全、管生产经营必须管安全”要求，抓安全生产责任制落实，层层分解安全责任，完成全员全覆盖119人次安全责任书签订。深化安全生产风险管理体系运转，加强体系对日常生产工作的指导，完成年度安全风险体系审核。认真抓“三基工程”建设，以强化安全教育培训，提升员工风险辨识能力为重点，全年完成200余人次的安全知识培训，提升人员风险意识和安全操作技能。营造企业安全文化，提高员工安全责任意识和安全氛围的培育。完善安全基准风险库建设，筑牢安全生产底线。抓好日常安全监督，按照“六个到位”。重视安全科技应用实践，应用信息化技术手段开展作业现场措施审核，从严加强生产作业安全管控。持续提升灾害应急信息通信保障能力，针对超强台风“山竹”，组织设备、光缆、应急通信等8组专业应急队伍164人及24台套应急装备，有力支撑全省通信抢修指挥和现场通信保障。全年安全生产局面良好，未发生任何五级及以上安全生产责任制考核事故事件，圆满完成“两个确保，三个杜绝，三个不发生”年度安全生产目标。

二、改革发展

积极贯彻落实广东电网公司“1+8”整合发展方案和8个指导意见，积极稳妥推进多经企业参股工作，进一步明确发展定位和经营范围。经广东电网公司批准，8月22日，原通信公司对内设机构设置进行调整。8月24日，经广东电网公司批复同意，原通信公司更名为广东省电力信息通信有限公司。为了进一步完善信通公司管理，实现业务全过程信息化管控，助力管理效率提升。

三、市场拓展

2018年，信通公司统筹发展布局，围绕未来新兴业务发展方向认真开展市场调研，从基础类、高新技术及系统研发类、新产品开发类和资源运营类四方面谋划业务发展举措。通信及自动化板块。充分发挥技术优势，先后承接通信核心设备集约化检修任务，全年完成集约化检修项目合同143项，基建技改目合同12项，应急指挥中心小型基建合同1项。在全面完成年度经营生产任务的基础上，还完成强台风“山竹”应急抢险及通信保障任务，为广东电网通信、自动化、计量、应急专业的建

◎ 2018年10月10日，电力信息通信公司在2018华为全联接大会上做主题演讲

设及运维抢修工作提供了强有力的支撑。信息板块。与信息主流厂商开展合作，成为存储备份系统、服务器、局域网交换机、防火墙等信息类设备框架物资供应商之一，并且承接信息化项目18项、信息化修理及维护项目4项。在此基础上，综合运用“云大物移智”技术，投资建设广东电网智慧行政管理系统，首次实现后勤统一规划，提升了办公效率。自主投资开发车辆监管系统，实现全省1700余车辆的动态监控、数据分析、规范管理。积极开展投资公司自主知识产权的云平台建设，在“广东新能源应用研发技术园区一期智能化系统”建设过程中，实现云上各业务系统横向协调、纵向贯通，为未来统筹新兴业务板块企业信息化系统的开发与实施，奠定了物质基础和技术储备基础。研发与创新能力逐步培育。自主投资研发人工智能语音识别产品，为广东电网多种业务场景提供语音识别服务，产品质量可媲美行业领先产品。

党群工作

党的建设

始终把学习宣传贯彻习近平新时代中国特色社会主义思想和党的“十九大”精神作为首要政治任务，深入推进“两学一做”学习教育常态化制度化，严格落实“三会一课”，围绕“不忘初心、牢记使命”等主题开展党日活动，全体支委委员围绕理论热点、结合工作实际上党课。实施“全力推进信息通信板块竞争性业务整合发展”书记项目，党建与中心工作深度融合。7月，原通信公司完成党支部委员会换届选举工作。10月，完成“一支部一阵地”建设，加强阵地管理，建设党建书架，实现支部十五项规定动作看板式管理。结合“我是党员走在前，一区双岗创一流”主题活动，建设党员责任区、党员示范岗，制定党员承诺，强化党员身份意识，发挥党员先锋模范作用。12月，发展党员2名。2018年，信通公司党建和经营绩效考核获得“双A”，荣获广东电网公司2018年度“四好三优”领导班子称号。党风廉政建设。认真修编廉洁风险库，梳理风险44项，针对性制定管控措施，将作风建设融入工作全过程。运用监督执纪“第一种形态”组织开展全覆盖专题廉洁教育提醒谈话，筑牢拒腐防变防线。积极配合做好“机动式”巡察，严肃认真完成中央企业“处僵治困”工作专项审计等多项迎审、整改工作，政治站位不断提高。落实意识形态工作责任制，持续加大新闻宣传工作力度，牢牢把握正确政治方向、舆论导向。

汕头经济特区万丰热电有限公司

企业概况

一、公司简介

汕头经济特区万丰热电有限公司（以下简称“万丰电厂”），是由原汕头电力工业公司与香港万丰（集团）有限公司合资的中港合资企业，成立于1993年。万丰电厂投资总额约5.4亿元人民币。其中，汕头电力工业公司出资907.5万美元，占注册资本55%；香港万丰（集团）有限公司出资742.5万美元，占注册资本45%。2007年3月，因电力体制改革，万丰电厂中方股东由汕头电力工业公司变更为广东电网公司。万丰电厂位于汕头市金平工业园区，承担汕头市西北工业片区集中供热的责任。万丰电厂原为燃油电厂，配备两台武汉锅炉厂制造的220T/H燃油锅炉和两台武汉汽轮机厂制造的5万千瓦抽汽凝汽式汽轮发电机，发电规模为10万千瓦，年发电能力可达6亿千瓦·时，每小时供热能力为100吨。2000年和2005年分别将两台锅炉改造为烧水煤浆。2014年万丰电厂投资1.4亿元对2号锅炉进行节能减排改造，并新建3号锅炉代替1号锅炉。多年来万丰电厂承担着整个园区集中供热的任务，起着代替工业锅炉、实现节能减排的重要作用。供热管网已覆盖整个园区，供热半径6千米，管线总长度超过20千米，现有热用户53家，年供热量约40万吨。

二、组织机构

2018年，万丰电厂组织机构未进行过调整。截至2018年底，万丰电厂内设10个部门和工会组织，分别是：行政部、人力资源部、财务部、物资部、燃料部、生技部、安监部、运行部、供热部、检修部和工会。

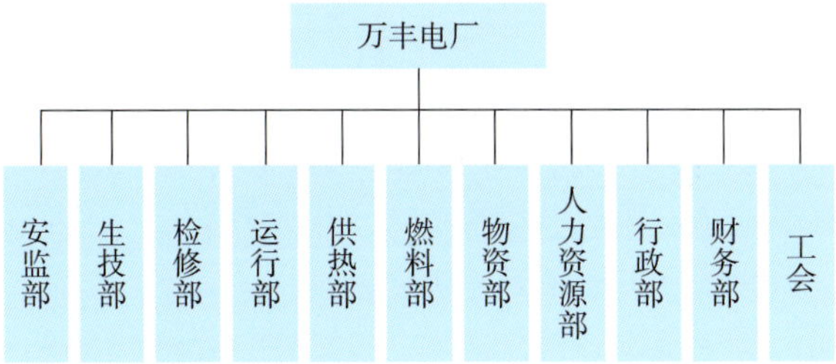

三、领导班子

2018年，万丰电厂领导班子未进行过调整。至2018年底，领导班子成员如下：

党总支书记、董事长：林广武

党总支副书记、总经理：陈雄明

党总支委员、副总经理：黄 颖

四、人员状况

截至2018年底，万丰电厂共有职工212人，其中硕士1人，本科41人，专科92人，中专及以下78人；已取得专业技术职称的共85人，其中高级职称6人，中级职称21人，初级职称58人；已取得技能等级的共123人，其中高级技师4人，技师36人，高级工35人，中级工47人，初级工1人。

业务发展

一、市场交易

2018年每月都积极参与广东电力市场集中竞价，全年竞得上网电量共9646万千瓦·时。并与广东焕发电力发展有限公司签订了2019年度协商交易电量合同和2019年度电量代理合同，为公司的发展提供了保障。

二、供热降损

供热部通过加强内部管理，制定仪表管理内部规定，加强日常巡视力度，及时处理管道与仪表缺陷，管损大幅下降。

三、内部管理

2018年重新修订了财务付款、监督实施细则，编制了固体废物（危险废物）管理制度、日常报销管理实施细则、视频监控系统管理规定等内控制度，为规范管理打下基础，提升了企业管理水平。同时公司每月组织各部门完成各项培训工作，还开展了消防演练培训活动，为我司“保发电、保人身、保设备安全”提供更牢固的思想保证和扎实的消防基础。

党群工作

2018年，党总支2018年贯彻落实南网党组一号文精神，严格执行落实党建主体责任制度和党风廉政建设责任考核制度。落实广东电网公司创建国有企业党的建设标杆实施方案“1236”模式。开展整治“形式主义、官僚主义”专项活动。积极开展纪律教育活动月活动。对全体党员及关键岗位人员进行第一种形态谈话，分析存在的廉洁风险，采集对公司的党风廉政建设的宝贵建议。同时制定了万丰党总支2018—2020年整治基层及群众身边不正之风和腐败问题“扫雷”行动方案，开展各支部各部门“扫雷”行动。使得党建工作指导、服务于公司的安全生产。

广东电网汕头新能源有限公司

企业概况

一、公司简介

广东电网汕头新能源有限公司（以下简称“汕头新能源公司”）于2017年10月31日完成公司制改制工作，是广东电网公司的直属全资子公司，也是唯一一家投资陆上风电的子公司，由汕头供电局代管。汕头新能源公司自1995年投身风力发电事业，至今已经有20多年历史。汕头新能源公司风电权益装机为3.25万千瓦，投资项目公司有：南方风能公司、福澳风力发电公司、丹南风能公司，其中，1998年建成的南方风电场是国内第一个利用国外无息贷款，在人民大会堂签约的风电项目，1995年建成的福澳风电场是国内第一个商业化运营的合资风电项目，丹南风电场投运时是我国中外合资开发风能资源规模最大的风电项目。此外，还拥有一条110千伏线路及一个110千伏变电站。

二、组织机构

2018年，汕头新能源公司组织机构未进行过调整。截至2018年底，汕头新能源公司内设3个部门，具体如下图所示。

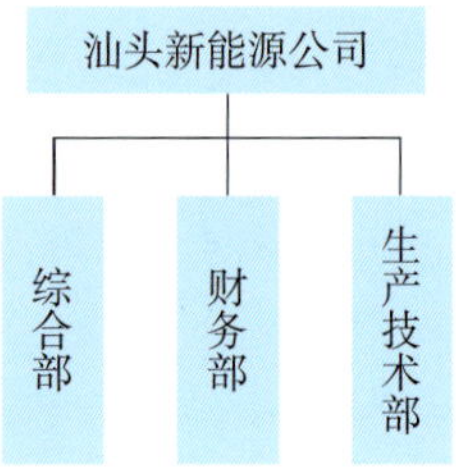

三、领导班子

2018年，汕头新能源公司领导班子未进行过调整。至2018年底，领导班子成员如下：

党支部书记、总经理：邱永城

执行董事：庄重冰

副总经理：何佳汉

四、人员状况

截至2018年底，汕头新能源公司共有职工13人，其中硕士2人，本科生6人，专科生5人；已取得专业技术职称的共8人，其中中级职称4人，初级职称4人。

年度大事

4月28日，汕头新能源公司属下项目公司——汕头市南方风能发展有限公司，与中外合资企业汕头丹南风能有限公司签订《资产托管协议》，完成南澳岛2.4万千瓦风电项目发电资产托管移交工作，标志着南澳岛2.4万千瓦风电项目已按照《中外企业合营合同》约定期满移交中方运行管理。

业务发展

一、安全生产

认真学习《中华人民共和国安全生产法》，认真开展“人身安全专项整治活动”，始终坚持“安全第一、预防为主”的方针，建立、健全并层层落实以“第一责任人”为核心的安全生产责任制。积极开展各项专项整治活动。认真做好《广东省安全生产条例》和《广东省重大安全事故行政责任追究规定》的宣传工作，组织职工认真学习《条例》和《规定》，并做到人手一本。规范运作，强化管理，确保安全。认真制定《安全生产计划》和《反事故措施》，加大日常检查、监督的力度。较好的完成了全年的安全生产工作计划，南方风电场、福澳风电场至今未发生人身事故及考核事故。

二、业务拓展

积极配合汕头供电局市场部进行南方风能公司、福澳风力发电公司和丹南风能公司的电度结算工作，加强对能源项目投资公司的管理。激励现场运行管理人员的积极性，进一步发挥每台风力发电机的发电潜力，减少不必要的开支，最大限度地控制好了每一笔费用的同时加快对风机的技术改造。

党群工作

坚持和加强党的全面领导，按照广东电网公司党委和汕头供电局党委关于加强竞争性企业党建工作的要求，通过集体学习和个人自学的方式，认真学习贯彻习近平新时代中国特色社会主义思想和党的“十九大”精神，强化党性宗旨教育、法律法规教育、廉洁警示教育，坚决做好“两个维护”，强化“四个意识”，增强政治敏锐性和鉴别力，共同营造风清气正的良好政治生态。健全和落实党建工作责任体系，强化内控机制建设，凝聚人心、鼓舞士气，充分调动工作积极性。树立“跟着党创新创业”发展理念，系统谋划党建工作，推动党建与经营业务深度融合，找准切入点，深入开展“我是党员走在前 一区双岗创一流”活动，以奖惩机制为导向，激励各级党组织、党员明责任、勇争先，围绕企业生产经营重点难点问题发挥作用。

按照上级党委、纪委工作部署，正常开展纪律教育月、廉洁教育月活动。组织学习《中国共产党廉洁自律准则》《中国共产党纪律处分条例》《中国共产党问责条例》以及《中国共产党党内监督条例》，不断提升党员的党性修养和工作水平。围绕“六大纪律”风险、作风建设情况、违规收送“红包”问题等内容，开展推广运用“四种形态”尤其是“第一种形态”，发挥党内批评和自我批评作用。认真抓好纪律教育学习月活动的各项工作，强化政治纪律和组织纪律，带动廉洁纪律、工作纪律、生活纪律严起来。结合当前政治热点、案例通报、本单位实际和谈话对象具体情况，抓住落实中央八项规定精神、加强保密意识、规范网络行为、遵守法律法规等重点，对全体党员干部和关键岗位员工开展谈心谈话，教育、引导党员干部保持清正廉洁的政治本色。着力牢固树立廉洁纪律和规矩意识。结合工作实际，就日常工作中的一般性问题和苗头性问题，及时对有关人员进行行业工作作风提醒谈话，提出预防工作的意见和建议，使党员干部及员工真切感受到纪律的高压线，抓早抓小，为基层员工队伍树纪律、立规矩，营造有利的工作环境和浓厚的廉洁从业氛围。

广东电力交易中心有限责任公司

企业概况

一、公司简介

广东电力交易中心有限责任公司（以下简称“广东电力交易中心”）是根据中共中央、国务院《关于进一步深化电力体制改革的若干意见》和改革配套文件、《中共广东省委 广东省政府关于进一步深化电力体制改革的实施意见》及相关文件规定，经广东省政府省、广东省能源局、国家能源局南方监管局批准成立的省级电力交易机构。广东电力交易中心于2016年6月正式挂牌成立，2017年3完成工商注册，按照股份制公司制模式组建，注册资金为1亿元人民币，其中广东电网公司出资7000万元，广东省能源集团（原粤电集团）出资1000万元，中国广核集团、广州发展集团、深圳能源集团和华润电力（广东）销售有限公司分别出资500万元。

广东电力交易中心不以营利为目的，在政府监管下为市场主体提供规范、公开、透明的电力交易服务。广东电力交易中心是广东省电力市场业务的组织实施机构，履行电力市场交易管理职能，主要负责市场交易市场规则制定、交易组织、交易结算及市场管理工作。经营范围包括：主要负责电力市场交易平台的建设、运营和管理；负责广东电力市场交易组织，开展跨省跨区电力交易业务，提供结算依据和相关服务，汇总电力用户、发电企业、电网企业、售电公司等市场主体自主签订的双方或多方合同；负责市场主体注册和相应管理，披露和发布市场信息；负责市场培训；按照法律、法规和相关政策文件的规定，开展其他相关业务。

二、组织机构

按照广东电力交易机构组建方案，广东电力交易中心设置行政综合、财务、市场策划、交易组织、交易结算、系统技术、市场管理七个部门，总人数按70人控制，在编人员48人。广东电力交易中心设置董事会，董事共 7 名，含董事长 1 名、总经理1 名、副总经理3～4名。广东电力交易中心2018年组织机构图如下：

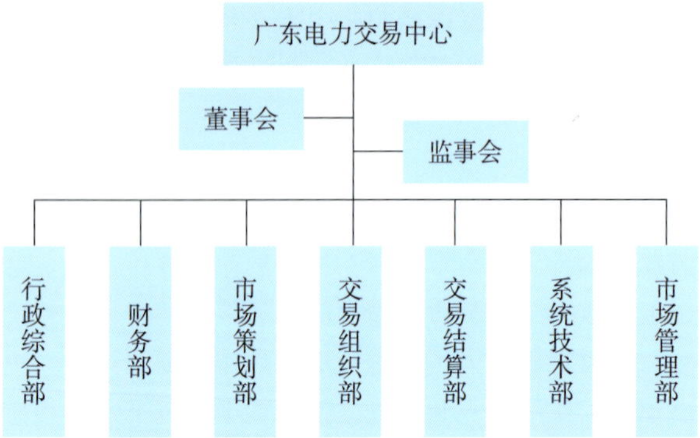

三、领导班子

截至2018年12月31日，广东电力交易中心领导班子成员如下：

党总支书记、董事长：杨骏伟

党总支副书记、总经理：黄远明

副总经理：黄志生

党总支组织宣传委员、副总经理：卢恩

副总经理：曾智健

年度大事

（1）1月23日，广东电力市场正式实施电力交易服务收费。经股东会、董事会、市场管理委员会审议通过，并报政府有关部门后，广东电力交易中心正式发布《关于开展电力交易服务收费工作的通知》，通知明确了交易收费方案，按照不以营利为目的、收支平衡、公平合理的原则，对参与市场化交易的主体双发收取交易费用。

（2）8月6日，广东电力交易中心正式启用电力市场服务热线。各市场主体可以根据市场管理、交易组织、交易结算、交易收费、交易规则、系统问题的业务分类，进行有针对性的业务咨询。同时，为进一步做好答疑和意见收集工作，市场主体亦可在“广东电力交易中心”微信公众号后台留言。

（3）8月30日，《南方（以广东起步）电力市场运行规则体系（征求意见稿）》正式发布，标志着我国电力现货市场交易规则正式问世。现货交易规则形成了“1+8”模式的电力现货市场规则体系。“1”是指《广东电力市场运营基本规则》，是整个市场规则体系基础。“8”是指以基本规则为为基础，对中长期交易、现货电能量交易、调频市场、结算、信息披露、市场准入退出和信用管理8个方面的实施细则。

（4）8月31日，南方（以广东起步）电力现货市场试运行启动会在广州召开，标志着全国首个电力现货市场正式投入试运行。国家发改委副主任连维良参加启动会并表示，以广东起步的南方区域电力现货市场正式启动试运行，标志着我国电力市场化改革迈出了最关键一步，广东省政府和南方电网公司在整个电力体制改革中作出了重要贡献。

（5）9月11日，南方（以广东起步）电力现货系统客户端开通模拟运行，通过市场管理、交易组织、交易结算全业务模拟推演，使市场主体广泛参与线上操作和应用，促进市场主体深入学习理解交易规则、熟悉技术支持系统功能。

（6）11月9日，根据广东电网公司党委的批示，广东电力交易中心党支部正式改建为广东电力交易中心党总支部，有效提升了党的组织领导作用，进一步发挥党建引领作用，促进党建工作与广东电力市场建设工作深入融合。

（7）11月22日，广东电力交易中心自主研发科技项目《复杂大电网中长期电力市场关键技术研究及规模化应用》项目荣获中电联科技创新一等奖。该项目立足广东实际，借鉴国际先进经验，率先实现中长期电力市场关键技术自主创新及规模化应用，成果达国际领先水平。

业务发展

一、电力现货市场建设

按照《南方（以广东起步）电力现货市场实施方案（征求意见稿）》推进电力现货市场建设，开发建设国内首套具有自主知识产权的现货交易支持系统，并于8月31日全国率先投入模拟试运行。一体构建了“中长期+现货”市场体系，并参考国外成熟市场建设经验，编制《现货市场运营规则》《交易结算细则》等市场规则，建立了核心交易机制、场景化的交易流程。推出了现货环境下中长期市场新模式，提出“场内+场外”“协商+集中”“常用曲线+自定义曲线”“年交易+月交易+周交易”的中长期交易品种架构，有效实现了与现货市场的衔接。

二、市场交易组织

2018年全年市场总成交电量1572.1亿千瓦·时，交易结果正确率100%。全年共完成年度长协交易电量1094.2亿千瓦·时，同比增长31%。完成月度集中竞争交易电量477.9亿千瓦·时，同比增长50%。发电合同转让交易电量133.7亿千瓦·时，同比增长65%。广东电力交易中心逐步规范完善交易组织管理，做好全过程交易风险管控，实现智能校核全流程覆盖，自动识别约束冲突等异常情况，确保交易结果的实效性、准确性、公平性；丰富交易品种，在“6个+”机制的基础上，建立了一二级衔接、场内外互补的批发市场品种架构，形成了年度交易为主、月度交易为辅的合理交易格局；切实优化交易流程，月度发电合同电量转让交易时间缩短至半天；支持国家“西电东送”发展战略，开展跨省、跨区交易组织，促进清洁能源消纳；构建了《交易中心安全生产风险管理体系》和《安全风险库》，全面梳理业务风险，制定监督检查机制，举一反三抓好闭环整改，提升风险管控水平；配合政府主管部门制定并发布《广东电力现货市场机组发电成本测算办法》（征求意见稿），明确机组成本测算机制，完善广东电力市场体系。

三、交易结算

全年交易结算及时率、准确率均达到100%，结算周期由11天缩短至8天，凭证出具天数5.6天。广东电力交易中心从结算档案比对等五个环节完善结算管控指标数据可视化展示功能，建立结算可视化全过程管控机制，确保结算全流程有迹可循，结算准时率、准确率指标关键环节可控；全年对190台机组、150家售电公司共十万笔电量、电费开展实战化结算公开模拟测试，保障新旧结算规则平稳过渡，实现结算服务提质、升级。借鉴国外电力市场先进经验，广东电力交易中心建立了中长期合约差价结算与现货市场全电量结算相融合的“日清月结”结算机制，并通过结算算法模型的分解与灵活组合，构建了结算模式柔性兼容与结算算法刚性执行于一体的结算技术支持系统，提升了结算系统兼容性。

四、市场服务

广东电力交易中心以市场主体需求为导向，拓宽服务渠道，建立了涵盖热线电话、网站、App、公众号等平台的全渠道服务方式，实现对市场主体需求及问题的快速受理和及时应答，利用微信公众号开通交易学堂模块，累计推送13期电力交易知识讲堂，覆盖人数7376人次。组织成立了市场精细化服务党员服务队，提出“您放心交易，我用心服务”的响亮口号，促进电力市场服务体系建设方案落地，明确服务机构、服务机制及服务措施等关键点。着力提升交易系统的用户体验，增强系统的自动化智能化水平，审核环节实现智能替代，实现了市场用户注册“一次都不用跑”。打造精细化服务模式，建立市场精细化党员责任区，更好地服务市场主体，先后与12家电力用户、17家售电公司、10家发电企业代表进行交流沟通，解决市场主体关注较多的难题，拉近服务距离。

五、交易系统建设

全年交易系统运行平稳，可支持万级用户同时访问，保证了中长期及现货电力交易多品种、全过程的精准交易、精细结算，高效支撑广东电力市场的海量交易业务；持续开展系统全流程模拟测试及系统问题消缺，全年共完成系统缺陷整改143项、改进项219项；全面梳理业务信息风险，加强交易系统权限管理和开放商管理，搭建专门的测试环境，从技术上实现系统开发人员与真实数据隔离；推进交易系统审计功能建设，对系统运行事件实时记录，实现数据有主人、使用有授权、操作有痕迹；建立了完善的交易过程全景感知监视界面，构架了一套完善的基于用户体验为导向的多样化系统展现、交互及辅助方案。

六、科技创新

广东电力交易中心科技创新成果丰硕，自主研发科技项目《复杂大电网中长期电力市场关键技术研究及规模化应用》成果达国际领先水平，项目荣获中电联科技

◎ 9月19日，首期南方（以广东起步）电力现货市场培训班在广州举行

创新一等奖及南方电网公司科技进步二等奖。加强创新成果的知识产权提炼申报，全年共提交发明专利18项，投稿科技论文17篇。加强科技人才培养，编制创新能力建设及人才培养实施方案，推动技术创新从“微创新”向“团队攻关”转变。

党群工作

广东电力交易中心深化党建引领，党员发挥先锋模范作用助推广东电力市场建设。为解决市场主体服务需求高与市场服务效率较低之间的矛盾，设立“市场精细化服务党员责任区”，党员带头攻关，千户市场主体咨询率同比下降了87.3%，市场主体咨询反馈及时率同比上升120%，市场咨询服务精细化水平得到了明显提升。聚焦电力市场建设难题，开展书记项目推进业务发展，开展“探索党员发挥作用途径，以党建带队伍促领先”书记项目，涵盖8个子项目，62项具体举措。广东电力交易中心党支部创新建立“4+3”谈心谈话机制（即交心疏导、倾听关怀、激励鞭策、教育提醒四类谈话，面对面谈心、集体谈心、工作窗口谈心三种方式），旨在通过谈心谈话，及时掌握人员队伍思想动态、存在问题，引导员工树立正确的人生观、价值观、世界观，帮助解决思想困惑和实际难题，进一步提振队伍精气神。加强文化引领，广东电力交易中心党支部围绕重点部署工作，探索培育特色的团队文化，增强凝聚力，提升战斗力，以知促行，知行合一，培育形成共同的价值理念。

广东电力交易中心将全年党风廉政建设目标细化成5个方面20项具体任务，并滚动修编，确保党风廉政建设和业务工作深度融合。全面落实巡察整改任务。针对广东电网公司党委巡察组“机动式”巡察的反馈意见，按时按质完成整改任务27项、整改措施90条。强化对权利运行的监督和制约，组织完成《广东电力交易中心有限责任公司“三重一大”事项决策实施细则》等决策制度的本地化修编、制定科级以上干部“一岗双责”清单、开展党支部纪检委员对中心领导班子成员的廉洁评价、系统建设“三横八纵”监督体系，加强自我鉴定和再监督工作、识别排查各岗位廉洁风险并形成《广东电力交易中心廉洁风险控制库》等工作。深化运用监督执纪“四种形态”，对全体党员和关键岗位“第一种形态”谈心谈话全覆盖2次，实现抓早抓小，防微杜渐的目标。扎实开展年“扫雷”行动工作，对照81项具体整治清单条目深入查找问题，扎实抓好整改。坚持不懈落实中央八项规定精神。开展针对形式主义、官僚主义问题专项整治工作，对存在的5个问题制定并完成15项具体措施。

中国南方电网
CHINA SOUTHERN POWER GRID

大事记

1月

1月4—5日，公司召开贯彻党的十九大精神区域座谈会。公司相关领导、各地市供电局党政主要负责人参加座谈。各单位围绕单位的核心工作和突出问题轮流汇报以及集体讨论交流。

1月5日，公司防范窃电与电力设施保护中心获得广东省公安厅的表彰，荣获2017年度省级治安保卫重点单位（经保系统）先进集体。

1月6日，南方电网公司党组副书记、总经理曹志安到惠州供电局调研广东电网调度一体化工作。

1月8日，惠州220千伏丹阳变电站建成投运。同日，公司在韶关、清远供电局范围内启动低温雨雪冰冻灾害Ⅳ级响应。1月11日响应结束。1月25日，公司在韶关供电局启动低温雨雪冰冻灾害蓝色预警。1月28日，启动低温雨雪冰冻灾害Ⅳ级响应。至2月3日结束。

1月9日，国家能源局新能源司副司长梁志鹏到公司调研广东省分布式发电市场化交易试点工作。

1月10—12日，公司召开贯彻落实党的十九大精神研讨会。

1月11日，公司党委召开2017年度直属单位党组织书记述职和主责约谈会。会上，公司党委书记刘启宏对直属单位党组织书记进行了集体约谈。

同日，公司制订贯彻落实《中共中央、国务院关于推进安全生产领域改革发展的意见》行动计划表，从健全落实安全生产责任制、大力推进依法治安依规治安、完善安全预防控制体系和完善基础保障能力建设四大方面，明确了22个任务，93条具体措施。

同日，在人民网主办的第十二届人民企业社会责任奖评选中，湛江供电局机井通电惠民生工程建设获评年度案例奖。

1月中旬，南方电网公司首个B级检修中心示范基地落户江门供电局。该局自2014年以来积极探索推进检修中心建设，检修设备投运合格率100%，自主检修率连续三年高于80%，位居全网前列。

1月16日，公司召开直属竞争性企业2017年述职会议。

同日，公司制订《法治企业建设总体工作方案》。《方案》按照《国务院国资委关于全面推进法治央企建设的意见》及南方电网公司相关部署要求，以加快推进公司法治建设，打造广东电网省公司、地市局、县区局、镇所四级法治企业为目标，现结合公司实际，明确了公司法制企业建设的目标、路径、方法、内容等。

同日，珠海供电局启动广东省首个海上风电项目——桂山风电场的首台风机并网调试，该项目与万山海岛微网组成国际首个海上风电与海岛智能电网整合研究项目。

1月17日，经南方电网公司审核通过，新增珠海供电局为安全生产风险管理体系五钻级别单位。

同日，公司制定《本部部门岗位设置及人员编制》《本部部门主要职责》《本部部门内设科室主要职责》，对公司本部部门、内设科室、岗位及人员编制进行了优化调整。按照上述三份文件的要求，公司本部在2018年初完成了机构设置的优化调整。

同日，由东南大学牵头，公司电科院参与完成的“工业超声智能检测理论与应用关键技术”项目，获得国家科学技术进步二等奖。

1月19日，清远阳山配网自动化示范县建设完成。累计建成自动化项目48个，预计全县用户停电时户数将下降69%，年平均停电时间将从44小时下降到11小时以内。

1月22日，由公司电科院自主研发的，全球首套卫星通信大型无人直升机电力线路巡检系统，应用于广东江门220千伏铜水线夜间巡检。这标志着大型无人机完成全球首次电力线路夜巡。

1月23日，公司党委免去祁福财的中共广东电网公司纪委副书记职务。调整党委第一巡察组、第二巡察组负责人。调整公司物资部、生产技术部、市场营销部、节约用电服务中心、监察部、物流中心、安全监管部、计划发展部负责人。调整中山供电局、物流中心、审计中心、管理科学研究院、广东省电力物资总公司、广东创成建设监理咨询有限公司领导班子成员。调整广东电网综合能源投资有限公司董事。调整公司新闻发言人。

1月25日，广东省电机工程学会电力无人机协会成立。

1月26日，东莞市人民政府批复《东莞市电网专项规划》，将电力空间布局规划成果纳入城市总体规划。这是东莞市政府首次批复的电网专项规划，确立了电网规划的权威性，电网关键站点、输电通道走廊得到有效落实。

1月27日，公司党委调整公司办公室、防范窃电与电力设施保护中心、组织人事部、人力资源部、财务部、生产技术部、安全监管部、法律部、审计部负责人。调整江门供电局、韶关供电局、茂名供电局、电网规划研究中心、电力调度控制中心（系统运行部）、信息中心、教育培训评价中心、客服中心、广东电力省通信有限公司、广东电科院能源技术有限责任公司领导班子成员。

1月31日，公司党委调整直属党委委员、直属纪委委员。

1月，南方电网公司公布2017年第三方客户满意度成绩，公司得分85分，同比提升1分，在南方电网7家省级电网公司中并列排名第一（广州、深圳均为85分）。公司所辖的19个地市供电局、32个县（区）供电局的供电服务满意度在所在市政府公共服务中均排名第一位，东莞、中山、珠海供电局并列蝉联全省第一。

2月

2月1日，佛山供电局、东莞供电局分别入选南方电网公司首批6个调控一体化示范基地，标志着两家供电局的调控一体化运行管理水平进入南方电网领先行列。

2月9日，梅州220千伏园区（畲江）输变电工程获2017年度国家水土保持生态文明工程称号，是广东省、南方电网系统、全国首个获此荣誉称号的220千伏输变电工程建设项目。

2月12日，电科院科研项目《动力用煤降损与环境污染治理关键技术研究及工程应用》获广东省科技进步一等奖，该成果降低电厂装卸电煤过程中97%的扬尘，被南方电网专家组鉴定为国际领先。

2月13日，公司制定《地市及县区供电局机构优化调整实施指导意见》，对地市及县区供电局机构优化调整工作提出了要求。

2月14日，公司制订《四个统一工作方案》《“四个统一”推进重点任务表》，就统一规划、统一建设、统一运维、统一服务工作提出了具体的要求。

2月22日，公司制定《广东电网公司技术创新示范基建项目（第一批）清单》，决定依托基建工程开展技术创新试点工作。

2月27日，清远220千伏回澜变电站3号主变扩建工程建成投运。

2月28日，全国首个自贸区供用电规则——《中国（广东）自由贸易试验区珠海横琴新区片区供用电规则》正式发布。

2月至3月上旬，公司党委对东莞、河源、惠州、揭阳、茂名、清远、汕头、湛江等供电局党委开展机动式巡察。

3月

3月1日，公司成立国家安全领导小组。

3月5日，在2017年度南方电网公司A类标杆企业评选中，公司获评A类标杆企业5家，占网公司A类标杆企业数量的四分之一。

同日，汕头市召开电网建设推进会，汕头市人民政府与华侨试验区、各区县现场签订了《2018年电网建设重点工作责任书》。

3月6日，公司制订《领导人员和重要岗位工作人员公务回避工作方案》，组织1.64万名领导人员和重要岗位人员开展回避自查。

同日，在广东省纪念“三八”国际妇女节108周年大会上，清远供电局刘惠玲被授予广东省五一劳动奖章。

3月8日，公司工会召开二届十次全委（扩大）会议。

3月12日，公司党委制定《广东电网公司规范化常态化运用监督执纪“四种形态”的指导意见（试行）》。

同日，公司决定成立广东电网有限责任公司精益管理学院。公司管理科学研究院增挂公司精益管理学院牌子。

同日，佛山供电局地调首次对500千伏线路开关实行调度端远方遥控，实现了从500千伏到10千伏开关的调度端常态化远方操作全覆盖。

3月13日，中国能源化学地质工会主席张波一行到佛山、江门供电局调研，对公司基层职工之家及生产生活配套设施建设、暖心工程、职工创新等方面工作给予了高度肯定。

3月14日，云浮500千伏卧龙变电站通过档案专项验收，获得广东省重大建设项目档案“金册奖”。

3月15日，公司制订《“三重一大”事项决策实施细则》，进一步规范重大决策行为，提高决策水平，防范决策风险，结合公司现状，围绕发展定位，在“三重一大”决策内容、要求、形式、程序上做了全面修订。

3月19日，公司制定《关于建立公司“创一流”指标管控机制》。明确了经营实力、财务绩效、运营管理、发展支持、其他生产指标、竞争性业务、社会经济环境和地市供电局专项工作指标八个大类指标，共计一级、二级指标140个。

3月20日，全省首个无人机校企合作基地——肇庆供电局与华南理工大学广州学院联合无人机教学培训基地成立，肇庆供电局与华工合作培养无人机专业人才，打造无人机“产学研”生态链。

3月22日，公司党委制订《落实南方电网公司党组关于学习贯彻落实党的十九大精神推动全面从严治党向纵深发展的意见工作任务分解表》，从9个方面，制定了29条任务，204条具体措施。11月13日，公司党委对上述任务分解表进行了增订，并重新印发。

同日，公司党委制订《广东电网公司党委贯彻落实中央八项规定精神管理实施细则》。该《细则》规范公司党委管理的干部及各级领导班子成员的调研、会议、工作简报、因公出国（境）活动、新闻宣传、厉行勤俭节约、切实改进作风、加强督促落实等活动。

3月24日，清远供电局在全省率先大规模应用激光雷达无人机，对该局220千伏及以上近3000公里线路开展为期2个月的精准巡视专项行动，并通过自主巡航、3D建模实现线路可视化监控。

3月26日，南方电网公司党组调整广东电网公司领导班子：庞骁刚任公司董事、总经理、党委委员、副书记；马辉任公司董事、副总经理、党委委员；李铭钧任公司董事、副总经理；免去王江公司董事、副总经理、党委委员、副书记（广东电网公司正职级）职务；免去钟连宏公司董事、副总经理、党委委员职务。并调整东莞供电局领导班子：谢文景任东莞供电局执行董事、党委委员、书记；陈盛燃任东莞供电局总经理、党委委员、副书记。免去宋新明东莞供电局局长、党委委员、书记职务。

同日，公司纪委对2017年公司系统违规违纪违法典型案例的通报。

同日，调控中心、电科院、能源技术公司的7篇学术论文被全球电力领域顶级会议IEEE PES GM（IEEE Power & Energy Society General Meeting）录用，实现了历史性突破。

3月29日，公司批准成立韶关仁化供电局、清远连山供电局、汕尾陆丰供电局、梅州平远供电局，上述四家县级供电局按分公司管理。

3月30日，公司19个地市供电局全部完成综合能源服务公司组建工作。

同日，公司制订《乡镇级供电单位（配网）防范人身事故专项治理行动工作方案》，定于2018—2020年期间，开展为期三年的乡镇级供电单位（配网）防范人身事故专项治理行动。4月9日，公司召开了乡镇级供电单位（配网）防范人身事故专项治理行动动员视频会议，7个相关部门分别对专项工作进行了部署。

同日，揭阳220千伏锦霖（桂岭）输变电工程建成投运。

同日，汕尾供电局配调正式接收陆丰电网调度业务，实现配网调度运行业务市级统一、集中管理，配网运行状态可观可测可控。该项工作始于2016年底，历时18个月。

4月

4月1日起，公司执行广东省物价局《关于降低广东省一般工商业电价有关事项的通知》（粤发改价格〔2018〕213号）发布的电价。

4月1日起，公司开始实施取消人工抄表模式，在营销系统屏蔽抄表机下装、上装抄表数据功能。

4月2日，公司印发《2018年安全生产风险报告》，从电网安全、设备安全、人身安全、信息安全、公共安全及社会影响、环境与职业健康等六个方面，共同梳理出2018年安全生产六类30项主要风险，并提出了132项管控措施。

同日，公司职工体质检测与运动健康指导站成立。

4月3日，佛山供电局与深圳大疆创新科技有限公司合作建立首个“电力行业无人机联合测试工作站”，共同打造电力行业巡检专用无人机，提高电力巡检效率。

4月8日，公司党委免去谢文景的副总工程师职务，调整物资部（广东省电力建设定额站）负责人，调整惠州供电局、应急抢修中心领导班子成员。

同日，公司召开加快向综合能源服务公司转型、创建世界一流企业全面攻坚推进大会，明确了总体目标和具体步骤。4月12日，公司制订《加快向综合能源服务公司转型、创建世界一流企业工作方案》。

4月9日，珠海供电局全部供电所均已评为三星及以上，在南方电网公司系统率先实现三星供电所全覆盖。

4月10日，肇庆220千伏睦岗变电站第三台主变扩建工程建成投运。

4月11日，公司印发《关于贯彻落实公司党委会等四项议事规则的通知》，贯彻落实公司《党委会议事规则》《董事会议事规则》《总经理办公会议议事规则》《领导专题会议议事规则》四项制度。

同日，公司配网规划建设督导工作组成立。配网督导组作为公司配网规划建设标准体系运作和配网规划建设督查工作的常设专门机构，由公司直接管理。

4月12日，公司制订《学习贯彻落实党的十九大精神推进2018年全面深化改革实施计划》，提出了深化改革的总体目标，六大实施原则，从全面深化供给侧结构性改革、电力体制改革、国企改革、内部改革创新、搞活做强竞争类业务等方面，明确了21项具体任务。

4月12日，公司党委调整云浮供电局领导班子成员。

4月13日，国家能源局电力可靠性管理和工程质量监督中心主任潘跃龙调研广东中心站质监工作开展情况，听取存在的困难问题和意见建议，研究构建规范高效、独立专业质监机构的具体措施。

4月16—19日，广东省职工职业技能大赛继电保护工竞赛决赛在东莞供电局举办。

4月17日，公司制订《新一轮农村电网改造升级2018年实施计划》。至11月底，公司提前两年完成“十三五”新一轮农村电网改造升级目标，同时全面完成直供范围内的2236个省定贫困村电网改造。

4月19日，全国首个全站变电设备侵入波监测项目在佛山500千伏东坡变电站投运。

4月20日，南方电网系统首创的双环网（闭环）速断型智能分布式配电自动化系统在中山供电局投运。该系统是配电自动化实施的新模式，实现电缆网故障复电时间由平均21分钟缩短至毫秒级。

同日，中山供电局被中国电力企业联合会评为“2017年度电力行业企业文化建设示范单位”。

4月23日，茂湛铁路（湛江吴川）220千伏牵引站供电工程建成投运。

同日，汕尾500千伏茅湖变电站第二台主变扩建。

4月25日，国家发改委价格司巡视员张满英一行到肇庆调研，重点了解电网企业收费、电力用户预缴电费等情况，并就电价改革的相关热点难点问题进行了交流。

4月27日，公司党委调整梅州供电局领导班子成员。

同日，公司制订《“抓领先、补短板、强基础”总体工作计划（2018年修编版）》，共计21项具体重点工作和任务。

同日，东莞供电局发布了第三代输电线路激光清障仪，比第一代体积减少60%、重量减少66%，作业距离提升100%，功率达260瓦，有效作用范围100米，大幅提高线路安全运维效率。

5月

5月1日，由公司推送的“新时代电工”团队演出节目入选中央电视台一套“五一”国际劳动节特别节目，在《相聚中国节　我奋斗我幸福》播出。

5月3日，公司印发《关于进一步深入学习贯彻习近平总书记在参加十三届全国人大一次会议广东代表团审议时的重要讲话精神的通知》，要求公司系统紧密联系实际，按照“四个走在全国前列”的指示，毫不动摇坚持党的领导和加强党的建设，全力打赢三大攻坚战，全力建设满足经济社会发展的坚强电网，全力为广东提供世界一流的电力供应服务，着力推进各项改革部署落地，不断开创工作的新局面。

同日，公司党委调整湛江供电局领导班子成员。

5月4日，公司决定成立社保（年金）中心、法律服务中心、计量中心。

同日，公司印发《关于进一步加强员工队伍思想教育的通知》，从加强员工队伍思想教育的重要性、丰富员工队伍思想教育的内容、创新员工队伍思想教育的载体、不折不扣落实员工队伍思想教育责任等四个方面提出了具体的要求。

5月6日，中山500千伏文山变电站接入国家能源局安全监控平台，实现全国范围内远方监控，成为广东省唯一一家接入该平台的建设工地现场。

5月10日，南方电网首个继保室挂轨机器人在中山500千伏文山变电站完成安装调试。该机器人具备图像识别、红外测温、气体检测等多种功能，可24小时不间断巡视。

同日，公司全面从严治党“两个责任”监督平台正式上线运行。该平台进一步加强党风廉政建设工作的计划性和管控力度，推动各级党组织有效落实全面从严治党“两个责任”。

5月11日，公司决定撤销公司物流中心，原物流中心职能与物资公司整合。

5月14日，公司制订《推进广东电网发展关键问题研究工作实施方案》，包括了《广东中长期负荷预测及电源发展规划研究专题实施方案》《广东电网目标网架深化研究专题实施方案》《广东省大规模海上风电输电规划研究专题实施方案》《粤港澳大湾区电力发展规划研究专题实施方案》四大专题及研究的总体目标、具体步骤、组织及保障等。

同日，公司党委调整社保（年金）中心、综合能源投资有限公司领导班子成员。

5月15日，220千伏珠海至拱北第二回输电线路工程建成投运。

同日，佛山市人民政府召开2018年电网规划建设联席会议，中共佛山市委常委、常务副市长蔡家华出席会议并对佛山电网规划建设工作给予充分肯定和鼓励。

5月16日，公司制订《2018年防范社会人员触电事故事件专项工作方案》，明确了加强设备设施设计施工、运行维护、安全隐患排查、用电安全宣传、信息沟通和舆情监督、法律支持及安全监督管理等28项具体的工作任务，以确保公共安全。

5月16日，韶关市人民政府召开2018年度电网建设工作推进会，与公司签订“十三五”战略合作框架协议。中共韶关市委副书记、市长殷焕明充分肯定韶关电网建设成绩，感谢公司对韶关市经济社会发展所作的贡献。

5月17日，公司党委调整宣传文化部、企业管理部、人力资源部、基建部、本部业主项目部、物资部、生产技术部、安全监管部负责人。调整汕尾供电局、珠海供电局、惠州供电局、新闻中心、计量中心、法律服务中心、广东省电力通信有限公司、广东电科院能源技术有限责任公司领导班子成员。推荐广东省电机工程学会秘书长、副秘书长人选。

5月17—18日，国家能源局南方监管局局长陈建长一行到韶关供电局调研，充分肯定了公司在提高营销服务水平、降低“12398”投诉量、优化地区营商环境等方面取得的成绩。

5月18日，公司党委调整韶关、揭阳、云浮供电局和电科院（科技成果转化中心）等单位领导班子成员。

同日，广东全省最高统调负荷达到10 176万千瓦，同比增长22.8%，成为今年全国首个负荷破亿的省份。至5月24日，连续五个工作日负荷超过1亿千瓦。期间，公司启动保安全、保供应工作，最大限度提高供电能力，全力保障度夏期间广东电力有序供应。

同日，公司制订《公司运营管控平台建设工作方案》，明确了运营管控平台的功能定位、建设目标，制定了21项具体工作任务。

同日，公司在江门供电局启动省、地服务调度协同解决问题试点，依托营销运营监控平台，落实“六全”管理，强化省地协同对停电事件、客户诉求和业务监控等快速响应。

同日，茂名110千伏黎湛铁路化州牵引站供电工程建成投运。

5月中旬，公司党委对佛山供电局党委、东莞供电局党委开展政治巡察工作。

5月中旬，公司率先在全网实现“南网通eSpace”与视频会议系统的互联互通，实现利用办公电脑、IP电话及手机参与网、广东电网公司各类会议。

5月21日，公司党委调整党委第一、第二、第三巡察组负责人。调整东莞、江门、汕头、肇庆、茂名、阳江、梅州、河源、潮州供电局和管科院、实业公司等单位领导班子成员。

5月22日，公司党委调整中山供电局、审计中心领导班子成员。

5月24日，公司党委调整清远供电局领导班子成员，任命新成立的物资公司领导班子成员。

同日，江门220千伏桥美变电站2号主变扩建工程建成投运。

5月25日，公司制订《关于进一步提升供电服务水平优化电力营商环境实施方案》，制定8项工作任务共26项举措。

5月26日，公司4支队伍分获广东省第二届“红帽杯”网络安全攻防大赛第1、3、5、6名，并包揽政企组前4名。

5月27日，信息中心荣获2018年中国数据标准化及治理实践奖，成为全国14家获奖单位之一。

5月28日，东莞220千伏双岗输变电工程建成投运。

5月29日，公司制订《竞争性业务发展行动计划（2018—2020）及相关板块整合发展方案》以及综合能源、信息通信、设计、施工、监理、高端装备制造、科技等“1+8”业务板块整合发展方案，加快企业重组整合、明确发展目标举措，推动新兴业务企业搞活做强。

5月30日，东莞220千伏新和输变电工程建成投运。

5月31日，中宣部主管的《思想政治工作研究》杂志以《“三四三”创新基层思政工作模式》登载公司的经验做法。

同日，国家能源局公布全国电力可靠性指标排名，佛山、东莞、中山供电局位居供电可靠率全口径排名前十，中山、珠海、佛山、东莞供电局位居供电可靠率剔除重大事件日排名前十。公司企业上榜数量连续9年全国第一，珠三角大部分城市供电可靠性指标持续领跑全国。

同日，中山500千伏文山（上稔）输变电工程及其配套220千伏线路工程建成投运，其中，文山变电站为公司首座500千伏室内GIS站。

5月下旬，佛山供电局自主研发的“千里眼”变电站智能运维系统在110千伏科维站完成首试。该系统能将无人值守变电站的温度、湿度、内阻等参数传输至巡维中心主站，实现全方位在线监控。

6月

6月1日，公司党委调整能源投资公司、能源技术公司董事。

6月初，公司2017年第三方客户满意度调查发布，此次满意度调查覆盖面延伸至162个县级单位，公司第三方客户满意度测评成绩达84分，高于全南方电网平均水平3分。

6月5日，公司启动防风防汛Ⅳ级响应。当日，23时改为防风防汛Ⅲ级响应，至6月9日结束。

6月6日，国务院国资委综合局到佛山供电局开展信息化工作调研，了解该局信息化工作情况，并参观智能电网示范体验中心及配调中心。

6月8日，广东省发改委已批复投产容量最大的光伏扶贫项目——清远英德横石水镇光伏扶贫发电项目并网投产，装机容量20兆瓦。

6月上旬，机巡作业中心利用载人直升机对500千伏甲湖湾电厂送出线路（惠州段）开展机巡竣工验收工作。本次验收为南方电网系统首次机巡竣工验收。

6月上旬至8月上旬，公司党委对新闻中心、综合服务中心、发研院、管科院、应急中心、机巡中心、交易中心、客服中心和能源投资公司、通信公司等单位开展“机动式”巡察工作。

6月11日，公司党委制定《2018—2020年整治基层及群众身边不正之风和腐败问题“扫雷”行动实施意见》，以基层员工私装电表等154个典型问题作为“雷点”清单，市场营销、工程建设等9个领域同步发力、精准出击整治基层及群众身边的不正之风和腐败问题。

同日，公司首台“4G+微波+卫星”三合一的应急通信指挥车在肇庆投入使用，利用多元信号通道，实时回传现场情况，解决了恶劣环境下通信困难、现场无法快速指挥问题。

6月12日，惠州220千伏西部输变电工程建成投运。

同日，汕尾供电局自主研发的计量装置二次联合接线模块、客户实时用电校对系统、智能电网下反窃电精准定位研究与应用3项职创发明入选亚洲电力电工暨智能电网展览会。

6月15日，南方电网总调正式将惠州抽水蓄能电厂及相关设备委托公司电力调度控制中心调管，自此公司直调的蓄能机组由8台增加到16台。

6月16日，公司联合广东省经信委印发《关于进一步加强供电设施及电力运行安全管理的通知》，明确了供电设施及电力运行安全管理工作要求，全力确保人民群众生命安全。

6月18日，公司制订《2018年落实供给侧结构性改革深化瘦身健体提质增效工作方案》，从抓安全、拓市场、降成本、推改革、促转型、补短板、强创新、防风险等八大方面，细化提出39项任务，98条措施。

6月19日，珠海220千伏珠海至凤凰双回线路电缆化改造工程建成投运。

同日，公司党委决定调整直属党委、直属纪委委员，王江不再担任公司直属党委委员、书记职务；调整人力资源部、社保（年金）中心负责人及公司新闻发言人。

6月中旬，公司“蓝公益”活动品牌被全国宣传推选学雷锋志愿服务“四个100”先进典型活动组委会评为全国最佳志愿服务项目。

6月20日，公司党委制定《广东电网有限责任公司加强和改进直属单位所属竞争性企业党的建设工作指导意见》。

6月21日，中共广东省委副书记、省长马兴瑞对公司上报的政务信息《项目审批效率不高影响客户用电工程建设周期电力营商环境有待不断优化》作出批示，要求有关部门解决相关问题。

同日，公司与深圳供电局在深圳签订深汕特别合作区供电业务及资产移交协议，正式将合作区的供电业务、资产和人员移交深圳供电局管理。

同日，湛江220千伏龙门输变电工程建成投运。

6月22日，公司制定《加快综合能源业务发展指导意见（2018年修订版）》。

6月25日，公司党委调整韶关、惠州供电局领导班子成员。

同日，公司提前半年实现智能电表与低压集抄全覆盖。公司服务范围内的3340多万居民客户，迈入了智能用电新时代。

同日，公司与广东省交通集团签署了高速公路服务区电动汽车充电基础设施合作框架协议。

6月26日，珠海220千伏加林至珠海双回线路工程投产，大幅提高了对澳供电北通道的供电可靠性和灵活性。

6月27日，汕头220千伏新溪输变电工程建成投运。

6月28日，调控中心完成南方电网首次省级主站主、备调全业务切换。

同日，公司与广东铁塔公司资源共享合作框架协议举行签约仪式。

同日，东莞500千伏纵江变电站配套500千伏线路二期工程、500千伏汕尾甲湖湾电厂一期接入系统工程建成投运。

6月29日，公司举行纪念建党97周年表彰大会暨开展“不忘初心，牢记使命”主题党日活动。时任公司党委书记刘启宏为公司系统党员上党课。

同日，公司联合广东省公安厅制订《广东省电网警务室建设工作指引（试行）》。该指引为全国首创，为电网警务室的规范化建设提供了标准。

同日，19个直属供电局全部撤销县区调度机构，在地市级调度机构设立配网调度管理团队，标志着公司成为全国首个配网调度全面实现地市集约化管理的省级电网公司。

同日，机巡作业中心被南方电网公司确定为其机巡作业支持中心，业务上受南方电网公司生产技术部指导。

同日，东莞220千伏道岭输变电工程、湛江220千伏闻涛变电站扩建第三台主变工程、河源220千伏渡水输变电工程建成投运。

同日，世界上单机容量最大的核电机组——襟岛核电1号175万千瓦核电机在广东台山并网，成为全球首台并网发电的EPR三代核电机组。12月13日，该机组正式投入商运。公司调控中心建立联合专家攻关团队，保障了全球最大容量机组顺利安全并网投产。

6月30日，公司全部完成246个省直中直驻点贫困村的电网改造升级，并实现了智能电表、低压集抄全覆盖，提升了贫困村用电质量。

同日，公司及各单位阶段性完成了地方各级脱贫攻坚任务，工作成绩得到各地方党委、政府高度评价。公司连续三年荣获广东省扶贫济困红棉杯“金杯”称号。

同日，广东电网新应急指挥中心投入运行。

同日，公司电网设备与环境智能监测评价中心系统正式上线试运行，并面向各供电局试用，成为具备“全面监测+智能评价+生产指挥”功能的“全景式”新型电网设备管控平台。

同日，东莞220千伏振安（港口）至和美线路工程、中山220千伏锦绣（外沙）输变电工程、梅州220千伏富远变电站第二台主变扩建工程、220千伏梅县电厂至畲江线路解口入富远变电站工程、云浮220千伏仁安变电站2号主变扩建工程建成投运。

同日，珠海望洋电厂第二套机组FCB100%甩负荷并维持稳定运行4个小时，全部机组具备FCB功能并完成验证试验，标志着对澳供电的关键应急抗灾保障电源具备黑启动能力。

至6月底，珠海供电局完成对澳供电10回重要线路共72基铁塔防风加固工作，进一步加强了对澳供电的网架，提升了灾害天气情况下对澳供电的可靠性。

7月

7月3日，公司与海南电网公司签订战略合作协议，携手共创世界一流电网企业。

同日，公司党委调整汕尾供电局领导班子成员。

7月4日，公司党委制订《深入贯彻落实习近平总书记重要讲话精神和中共广东省委决定部署助力广东实现“四个走在全国前列”行动计划》，从8个方面，提出了23项重要举措。

同日，公司决定：应急抢修中心更名为应急及检修管理中心，并增挂带电作业中心牌子。机巡作业中心增挂智能作业管理中心牌子。电科院增挂生产监控指挥中心牌子。

同日，公司设立广东南方能源科技孵化器有限公司，打造科技孵化平台。8月22日，完成工商注册登记。9月7日，正式揭牌。

同日，公司制订《直属单位主要负责人履行推进法治建设第一责任人职责实施细则》，明确其职责和检查考核机制。

同日，公司首届“安全文化节”在中山举行。

7月初，国资委内刊《宣传工作》刊发公司党委副书记、总经理庞骁刚在中宣部社会主义核心价值观宣传培训班上的发言，题为《弘扬社会主义核心价值观，大力实施价值观管理，为加快建设具有全球竞争力的世界一流企业铸魂化人》。

7月初，公司“电动汽车智能充电与优化运营关键技术及应用”项目成果完成技术鉴定，鉴定委员会给出了“项目技术成果总体处于国际领先水平，具有推广应用价值”的鉴定结果。

7月初，公司企业级信息系统国产化改造项目通过竣工验收。

7月6日，公司制订《城乡供用电安全隐患专项排查治理工作指引》，明确了供用电隐患排查、隐患治理、信息报送及监督管理的主要内容，规范了供用电隐患排查的组织、治理、方法和标准，以及统计分析、信息报送等内容。

7月9日，南方电网总调、公司调控中心、广州中调、深圳中调四家调度机构同时进入南方（以广东起步）调频辅助服务市场模拟运行，这是该调频市场模拟运行以来四家调度机构首次协同运营。

同日，公司制订《公司加强党的基层组织建设三年行动计划实施方案（2018—2020年）》。

同日，公司党委调整茂名供电局领导班子成员。

7月上旬，客服中心成为国内首家启动COPC顾客体验标准6.0版本认证的能源企业，该标准是目前国际公认的针对客户服务绩效和管理的权威标准。

7月10日，公司开展珠澳地区孤网运行反事故应急演练，以提升对澳供电的应急处置能力。

7月11日，公司与南方电网资本控股公司签订融资租赁合同框架协议。

同日，公司制订《创建国有企业党的建设标杆实施方案》，明确提出了广东电网党建“1236”模式。

同日，公司制订《财务经营转型工作方案》，围绕“四意四转四提升”制定31条工作举措，明确工作目标。

7月11—21日，国家能源局南方监管局对佛山供电局开展为期十天的综合协同监管现场检查，检查内容涉及市场交易、电力安全、资质许可等工作。

7月12日，佛山220千伏奎福输变电工程建成投运。

7月19日，公司政研课题《员工思想动态分析研判机制的研究初探》获中国政研会一等奖。同日，公司荣获全国电力行业思想政治工作先进单位。

7月中旬，公司党委决定对中山、江门、珠海、肇庆等4个供电局开展机动式巡察。

7月20日，南方电网公司首个人工智能班在公司客服中心成立并投入运行。

7月23日，东莞500千伏纵江变电站第四台主变扩建工程建成投运。

7月26日，公司与中国农业银行广东省分行签订银企战略合作协议。

7月27日，公司制订《“文化四礼”实施方案》，对公司入职礼、拜师礼、凯旋礼、退休礼进行了规范。

7月30—31日，公司召开2018年年中工作会议。

7月30日，潮州220千伏来金线和110千伏来礼甲乙线三条高压电力线路完成迁改，助力广东省重要建设项目厦深铁路汕头联络线潮州段建设。

8月

8月1日，公司印发《本部部门与直属中心机构职责界面划分的通知》，明确了各部门与直属中心机构职责。

8月2日，南方电网公司党组决定，免去陈山广东电网公司党委委员、董事、副总经理职务，退休。

8月3日，公司决定成立公司及直属供电局党委巡察办公室。

8月6日，依托低压集抄全覆盖和省级集中计量自动化系统，公司开展第一次“1+1+19”同期线损统计工作，在南方电网范围内首次实现省级同期线损统计。

8月8—31日，肇庆供电局完成第十五届广东省运会暨第八届残运会保供电任务。

8月上旬，全国首次无人机“站到站”的全自动高精度绕塔巡视试飞在佛山供电局110千伏三兴线完成。

8月10日，公司制订《2018年党风廉政建设区域联动共建行动方案》，加强各单位党风廉政建设和反腐败工作交流联动。

8月11日，公司启动防汛Ⅳ级响应。8月13日，改为防风防汛Ⅲ级响应。至8月16日改为防风防汛Ⅳ级响应，8月16日晚些时候结束应急响应。

8月14日，公司决定成立广东电网产业投资有限公司，按全资子公司管理，与产业投资部实行“两块牌子、一套人马”，合署办公。

同日，公司制定《派出监事工作规则（试行）》，明确了派出监事的设置、职责、工作方法、工作纪律等内容。

8月15日，公司党委调整计划发展部负责人、产业投资有限公司领导班子及监事。

8月16日，公司制定《直属供电局各级组织机构岗位规范设置方案（2018版）》《直属供电局各级本部部门及直属机构主要职责（2018版）》《直属供电局各级组织机构班组典型设置方案（2018版）》，对直属供电局的组织机构、岗位设置和职责进行了优化规范。除中山供电局外，各直属供电局于年内完成了组织机构设置调整。

8月17日，中山220千伏桂山至翠亨输电线路工程建成投运。

8月中旬，东莞供电局自主完成220千伏掌洲变电站220千伏部分GIS设备安装工程。

8月20日，公司党委召开巡视整改暨全面彻底肃清李嘉、万庆良恶劣影响专题民主生活会。

同日，公司召开安全生产紧急会议暨深化巡视巡察发现问题整改视频会议。会议传达学习了中央巡视整改有关讲话精神、南方电网公司安全生产工作紧急会议精神，明确下一阶段公司深化巡视巡察整改工作并提出了要求。8月23日，公司印发《关于贯彻落实南方电网公司主要领导指示精神进一步加强安全生产工作的通知》，要求各单位从六个方面加强安全生产工作。

8月21日，惠州220千伏鹿江变电站第三台主变扩建工程建成投运。

8月23日，公司制订《提升带电作业水平工作方案》，进一步提升了带电作业水平，支撑公司供电可靠性达到国际先进水平。

同日，公司制订《提升配网运行管理水平工作方案》，解决配网运行管理中发展中不平衡不充分问题。

8月24日，广东省电力通信有限公司更名为广东省电力信息通信有限公司。9月10日，举行揭牌仪式。

8月26日，佛山供电局电能计量实验室通过中国合格评定国家认可委员会（CNAS）现场评审，再次获得校准能力和认可资质认定。

8月27日，肇庆220千伏金淘工业园热电联产项目接入系统工程建成投运。

同日，云浮市政府制定《云浮电力行政执法工作办法（试行）》《云浮市经济和信息化部门电力行政执法规范性文书》，进一步规范了电力行政执法行为。

同日，公司制订《“四个统一”建设纲要》，进一步阐明了工作背景、目的意义，明确了“四个统一”的基本原则、工作目标、工作要点和44个关键节点时间。

8月28日，南方电网公司党组调整广东电网公司领导班子：刘启宏不再兼任广东电网公司董事长、党委书记，廖建平任广东电网公司董事长、党委委员、书记。免去庞骁刚广东电网公司总经理、党委委员、副书记职务。马辉任广东电网公司总经理、党委副书记。免去张良栋广东电网公司党委委员职务，李福来任中共广东电网公司党委委员。8月29日，南方电网公司党组免去张良栋佛山供电局执行董事、党委委员、副书记等职务。李福来任佛山供电局执行董事、党委书记。

8月29日，国务院督查组到清远市开展大督查工作，现场检查了清远供电局扶贫点英德寨背村，充分肯定了该局粉蕉种植产业扶贫项目和光伏扶贫电站等工作。

同日，公司联合广东省公安厅治安局印发《关于进一步落实重要电力生产场所“一所一警”工作的通知》，推动“一所一警”安保网格化模式向基层延伸。

同日，公司启动防风防汛Ⅳ级响应。至8月30日，改为防风防汛Ⅲ级响应。9月6日，防风防汛Ⅲ级响应结束。截至9月10日14时，经公司全力抢修，受强降雨影响的77.3万户用户已全部恢复供电，公司此次累计投入抢修人员1.2万人、抢修车辆3320辆、应急发电车19辆。

同日，汕头500千伏海门电厂3、4号机组送出输变电工程建成投运。

8月30日，惠州500千伏博罗变电站第三台主变扩建工程、220千伏惠州LNG电厂热电联产扩建接入系统工程建成投运。

8月31日，南方（以广东起步）电力现货市场启动会在广州举行。这是全国首个投入试运行的电力现货市，标志着广东电力市场体系基本建成，为南方区域电力市场建设奠定重要基础。国家发改委副主任连维良、南方电网公司总经理曹志安参加启动会。

同日，调控中心被南方电网公司认证为新增安全生产风险管理体系五钻单位，成为南方电网首家五钻调度。

同日，珠海220千伏琴韵（横琴）输变电工程建成投运。

8月下旬，多个供电局相继发布2018年电网规划价值观，明确本局电网规划发展方向和投资行为上的价值取向，引导、约束投资行为，科学指导电网规划、设计和建设工作。

8月底，公司提前完成广东省政府部署的2018年重要电源送出和对澳保底电网等8项重点项目的建设任务。

8月至10月，公司开展“加强党的政治建设，把纪律和监督挺在前面，营造良好政治生态”主题纪律教育学习月活动，组织广大党员学习《监察法》、新修订的《中国共产党纪律处分条例》等党纪法规，把铁的纪律转化为日常习惯和自觉遵循。

9月

9月1日，南方（以广东起步）调频辅助服务市场结算试运行，率先建立国内首个电力现货交易品种。

9月4日，湛江220千伏北坡输变电工程建成投运。

9月初，东莞供电局完成了110千伏锦厦站10千伏馈线保护不停电检验工作，这是南方电网首例馈线保护不停电检验。

9月6日，公司代表队获得全国首届“网鼎杯”网络安全大赛三等奖，是能源行业参赛队伍中唯一获奖的队伍。

9月上旬，公司自主研发的充电桩智能化生产线在佛山正式投运，标志着自主研发的4种典型型号智能充电桩产品生产线已具备量产能力。

9月10日，公司制订《进一步加强金融风险防范重点措施》，出台13条防范金融风险举措，定期排查风险，堵塞管理漏洞。

9月11日，公司党委决定成立中央巡视广东省委反馈意见整改落实工作领导小组及办公室。

9月16日17时，台风“山竹”在江门台山海宴镇登陆，袭击沿海地区。期间，公司主网安全稳定运行，未发生地市（县级）全黑事件，未发生影响港澳、核电、危化品企业、党政场所等重要地区和用户供电的事件。

9月中旬至11月中旬，公司党委对梅州、韶关供电局和调控中心、信息中心等单位党委开展政治巡察。

9月中旬，公司代表队获得2018年全国网络安全员法制与安全知识竞赛二等奖。

9月23日，梅州供电局完成中国首届农民丰收节广东分会场庆祝活动供电保障任务。

9月26日，阳江220千伏登高（高新）输变电工程建成投运。9月27日，阳江220千伏旗鼓岭（潭水）输变电工程建成投运。

9月28日，揭阳220千伏陂美输变电工程建成投运。

9月29日，公司制定《法治企业建设和评价标准》，从公司治理、制度建设、业务规范、法治文化、法律保障、组织领导五个维度，明确了31条建设内容，50条建设标准，26个评价内容、35个评价指数。

同日，广东省首个规范化电网警务室在肇庆高要供电局建成。是年，肇庆供电局在全省率先实现电网警务室在县（市、区）的全覆盖。

9月下旬，江门供电局成立首个直属供电局网络安全分析室。该分析室通过组建技术交流平台、应用前沿技术方法、强化网络安全风险管控等措施，为公司提升网络安全分析技术进行试点探索。

9月底，国家重点研发计划课题“交直流混合的分布式可再生能源系统示范项目”落户东莞供电局，该示范项目光伏发电系统总装机功率为222.3千瓦。

10月

10月1日，中共广东省委常委、广东省常务副省长林少春带队到公司调度中心检查节假日供电情况，慰问公司值班人员，对公司系统值班人员表示感谢，对公司抗击台风“山竹”快速复电表示感谢和表扬，希望公司进一步加强安全生产。

10月1日，公司制定《技术标准体系表（2018版）》，进一步提升公司标准化工作水平，强化技术标准对公司生产经营业务的支撑作用。

10月8日，公司党委调整信息中心领导班子成员；任命应急及检修管理中心、社保年金中心、广东省电力信息通信有限公司领导班子成员。

10月9日，南方电网公司首个省级法律诊所热线平台——公司法律诊所1500热线平台正式上线运行。该平台接受日常经营管理中的合同、案件、纠纷、法律风险等各类法律问题咨询。

10月10日，公司制订《推进本质安全型企业建设实施方案》，明确了“党建领安、基础强安、制度治安、科技兴安、文化久安”6个步骤、9项计划和具体举措，全面建设本质安全型企业。

同日，潮州供电局节能展厅获中国能源研究会“能源科普教育基地”命名及授牌，成为全国16个能源科普教育基地之一。

10月12日，根据国务院国资委“双百行动”的要求，公司制订《广东省输变电工程有限公司“双百行动”综合改革实施方案》，要求省输变电公司在公司治理结构上率先改革，年内建立了外部董事占多数的董事会，实现决策层和经营层分离，推行职业经理人制度。

同日，珠海、清远供电局配网自动化主站通过南方电网实用化验收。

10月中旬，东莞供电局完成南方电网首例配网自动化终端带电遥控验收。

10月中旬，东莞供电局在公司系统率先开展配网设备监造工作，确保配网监造工作安全、优质、高效完成，实现配网中低压关键设备“零缺陷”出厂。

10月中旬，肇庆市政府制订《肇庆市加快电网发展工作方案》，为《肇庆市电力系统专项规划（2015—2035）》提供政策支持。

10月中旬，东莞供电局在松山湖地区试点开创针对通信异常范围的容错模式，可快速实现非故障区域的转供复电，系南方电网首例。

10月15日，南方电网首例基于中压窄带载波通信方式的架空线智能分布式馈线自动化功能在肇庆德庆10千伏官沙线、沙旁线投运，实现故障快速准确隔离和自动转供电。

10月16日，信息中心荣获2018“金耳唛杯”年度最佳质量管控客户中心和最佳客户中心卓越管理创新奖两个团体奖项。

10月17日，能源技术公司牵头组建的广东慧氢能源科技有限公司完成工商注册登记。该公司主要从事氢燃料电池及系统、专业作业车研发与生产、销售等业务。

10月18日，肇庆市政府召开2018年加快电网建设专题会议，重点协调解决当前制约电网建设的9项征地、青赔、林地手续、用地指标问题和33项历史遗留的产权办证问题。

同日，肇庆供电局建成全省首个反窃电仿真实操培训室并投入使用。

10月19日，南方电网首个高端智能设备制造基地——电力科技智造园在佛山动工建设。10月19日，调控中心建成全国电力行业首个语音交换网智能运维管理系统。

10月23日，公司完成港珠澳大桥通车仪式特级保供电任务。

10月24日，南方电网首套配网自动化主站D5200系统在东莞供电局建成并通过现场验收。

10月26日，公司实现电费省级集中核算，成为全国首家建立电费核算“省客服+供电所”扁平化作业体系的省级电网企业。

10月27日，肇庆220千伏怀集变电站第二台主变扩建工程建成投运。

10月29日，公司批复同意设立潮州枫溪供电局。

10月30日，南方电网公司对广东电网公司提前出色完成2018年保障广东电力供应项目建设任务进行通报嘉奖。

同日，在全国电力市场化经验交流现场会召开期间，由国家发改委带队，全国31个地区、涉及能源领域的41家单位的相关负责人到交易中心参观，调查了解广东省电力市场化交易、售电侧改革、南方（以广东起步）电力现货市场建设等情况。

同日，潮州220千伏邹鲁（庵埠）输变电工程建成投运。

10月31日，佛山220千伏松夏输变电工程建成投运。

同日，梅州市召开全市电网建设大会。公司与梅州市政府签订了《电网发展战略合作框架协议（2018—2022年）》。

同日，公司决定设置总信息师和部门兼职信息师。

10月下旬，佛山供电局陈卫民技术能手工作室被广东省工业工会委员会命名为“广东省工业系统劳模和工匠人才创新工作室”。

10月下旬，广东省首张光伏发电余电上网购电费发票在东莞供电局开出。此前，该局在公司系统率先与税务局签订了委托代征和代开发票协议。

10月下旬，东莞供电局建成南方电网首套地级主站态势感知平台及11座变电站试点，率先实现主站与厂站安全监控终端联合试点应用。

10月底，湛江供电局与宝钢湛江钢铁携手开展专项保供电应急演练，以提升供用电双方的应急协调处置能力。

10月底，粤西首座光储充一体化综合性充电站在茂名建成投运。该站由光伏、储能、智能充电岛、配电系统四大部分组成，与“粤易充”App平台实现了互联互通、为用户提供“一键”服务。

11月

11月5—6日，南方电网公司党组副书记、总经理曹志安到中山、珠海供电局调研。

11月5日，中山供电局在南方电网范围内首次将带跳闸功能的小电流接地选线装置，应用到220千伏仁和变电站10千伏系统，有效提高了站用电系统的可靠性。

11月6日，公司直属党委决定，成立中共广东电力交易中心有限责任公司总支部委员会。

11月7日，公司与广东财经大学签订法治建设合作协议。

同日，中山供电局试点上线了首个交互式电费账单，客户通过手机即可解决查缴电费和修改信息等多种问题，进一步提升了客户信息准确率和使用便捷性。

11月9日，南方电网首个地市运营管控平台——佛山供电局运营管控平台建成投运。

11月10日，中山220千伏粤电天然气热电冷联供项目接入系统工程建成投运。

11月13日，南方电网首个配电网巡检机器人在中山供电局投入运行。该机器人具备智能巡检、局放试验和温湿度臭氧监测等功能，实现了智能配电站无人值守的目标。

11月15日，公司首个“充换电一体化”新能源汽车服务站在广深高速中石油厚街服务区通电上线。该站由东莞莞能绿色能源服务有限公司和深圳蔚来能源有限公司合作建设。

同日，新型多旋翼激光雷达无人机在江门台山供电局完成配网线路国内首飞，实现对10千伏配网线路的线行通道和红外测温巡视。

11月16日，公司举办第二十三届粤港澳电力服务研讨会，主题为“绿色智创·融聚发展”，涉及清洁能源发展、智能电网建设、电力科技创新等内容。

同日，公司举办“广东电力四十景”故事分享会暨主题党日活动，致敬改革开放40年光辉成就，引导员工寻找、传播和传承广东电力的历史之美、科技之美、责任之美和未来之美。

同日，全国首个新型抽屉式大功率立体充电站在韶关乳源投运，该站拥有 12 个车位，每个车位可独立配置60千瓦直、交流充电桩。

11月17日，东莞供电局首个10千伏智能分布式馈线自动化自愈保护在松山湖投入运行，该区故障复电时间将从常规保护的5～6小时、“电压-电流型保护”的1～2小时缩短至秒级。

11月19日，公司制定《关于做实平台公司提升运营管控能力的意见》，界定主业单位、集体所有制企业、平台公司的管理职权，明晰平台公司产权关系，健全法人治理结构。《意见》从推动实体化运营，规范平台公司建设、健全平台公司法人治理结构、完善平台公司管理体系、落实安全生产主体责任、加强党的建设五个方面，提出了具体的建设任务。

同日，公司工会召开二届十一次全委（扩大）会议。

同日，江门220千伏茅坪（南中）输变电工程建成投运。

11月22日，全省首套立体化防外力破坏监控体系在肇庆供电局投入使用。该体系应用人工智能、增强现实、时空大数据等技术，实现外力破坏隐患的可知、可视、可控。

同日，东莞供电局对110千伏园岭变电站GIS设备开展了公司首次X光成像自主检测工作。该项检测工作能够在不解体设备、不破坏环境情况下对GIS内部情况进行可视化无损检测。

11月23日，公司首个增量配网“珠海市金湾东部供电有限公司”完成工商登记注册，12月11日揭牌。

同日，在2018年中国客户联络中心行业发展年会暨中国客户联络中心颁奖典礼上，客服中心蝉联“客户口碑最佳客户联络中心”和“最具特色多媒体客户联络中心”两项大奖。

11月25日，阳江220千伏蝶岭变电站至孟槐变电站（至恩平站）单回线解口入凌霄变电站输电线路工程建成投运。

11月26日，世界上容量最大的特高压多端直流输电工程——乌东德电站送电广东广西特高压多端直流示范工程首基塔开工典礼在清远英德市举行。

11月28日，清远供电局首次利用运行中的配电变压器开展并联三相交流导线短路融冰试验，在原有直流融冰技术的基础上探索新的融冰方式。

11月下旬，东莞220千伏掌洲变电站示范工程GIS设备交接耐压一次性通过，完成了南方电网首个220千伏GIS设备自主安装工作。

11月28日，惠州220千伏吉隆（埔仔）输变电工程建成投运。

11月29日，公司举办自主研发生产电力设备推介展销会。12家竞争性企业的73款产品参展，通过集中展示、专题介绍、自由推介等环节，有5款产品达成采购意向。

同日，公司制订《广东智能电网发展规划2018—2020年实施行动计划》，明确了三年智能电网规划建设的关键目标和发电、输变电、配电、用电、调度控制、通信网络、信息平台、智慧能源与能源互联网、技术保障等九大领域的重点任务。

11月30日，潮州市委、市政府召开全市电力工作推进会，现场办公推进电网建设，讨论研究了需协调解决的电网项目。

同日，中山220千伏君兰输变电工程建成投运。

同日，公司19个直属供电局完成OCS建设，在南方电网系统率先全面建成地区级OCS建设。

11月底，机巡作业中心组织开展了国内首次输电线路直升机带电X光无损检测作业，该项技术填补了国内快速检测输电线路构件内部技术的空白。

12月

12月起，公司将低压用户两月一次抄表结算转变为每月抄表每月结算。

12月4—5日，2018年粤港澳大湾区电力创新高峰会暨第十五届中国南方电网国际技术论坛在珠海举行。

12月5日，公司与阳江市政府签订电网建设框架合作协议。

同日，东莞220千伏掌洲输变电工程建成投运。

12月6日，公司对澳门供电第三通道的电源变电站——珠海220千伏烟墩变电工程竣工投运。

同日，公司成功申报广东省博士工作站，全面取得院士专家工作站、博士后工作站、博士工作站、研究生工作站的企业授权资格。

12月10日，南方电网总调将公司继电保护类现场作业过程可视化监督机制推广至全网。

同日，公司系统内12926户用户的“三供一业”分离移交工作全部完成。

12月12日，广东省2018年全社会用电量累计达6012亿千瓦时，成为全国首个用电量突破6000亿千瓦时的省份。

12月13日，公司本部食堂被广州市食药监局评为量化考核A级食堂。

同日，公司党委制定《加强本部作风建设45条措施》，从称谓、办文、办会、公务活动、检查考核、本部工作效率等方面制定了具体措施。同时，成立公司本部作风监督评价工作领导小组。

12月15日，公司庆祝改革开放40周企业文化丛书《广东电网人物访谈录》《广东电网人物图志》正式出版发行。

同日，公司系统配网整定计算管理权限全面收归地调。

12月19日，公司与潮州市湘桥区政府签署关于意溪镇供电有限公司产权无偿划转协议，正式接管全省最后一个趸售代管单位，标志着公司趸售代管单位农电体制改革工作全部完成。

同日，500千伏广州狮洋变电站至中山桂山变电站输电线路建成投运。

同日，能源技术公司完成了国内首次火电厂储能调频系统并网性能测试，为储能电站在电网侧大规模推广应用提供数据支撑。

12月中旬，佛山供电局自主设计并建造的220千伏瓷柱式断路器检修平台投运。该平台解决了以往检修平台高度过高、重量过重的问题，进一步提高了检修作业的安全性。

12月20日，2018广东政府公共服务满意度调查结果发布，公司总体满意度为83.38分，大幅提高了2.12分，在广东省地方政府公共服务公众满意度评价中排名第一位，实现十连冠，全部直属供电局在本市政府公共服务满意度中均排名第一位。

同日，汕尾220千伏鲘门输变电工程建成投运。

12月21日，公司在南方电网率先建成配网技术管理支持平台，全面支撑配调集约化。

同日，公司与珠海市政府签署战略合作协议。

12月22日，东莞220千伏步田变电站第三台主变扩建工程建成投运。

12月24日，佛山220千伏东坡变电站配套220千伏线路建成投运。

12月25日，世界规模最大多端交直流混合柔性配网互联工程在珠海投运，10千伏鸡山Ⅰ、Ⅱ换流站通过科技园直流开关站向唐家换流站输送功率。

同日，佛山500千伏东坡变电站配套220千伏坡丹甲、乙线工程正式投运。

同日，公司首个用户侧商用分布式储能项目——东莞万裕三信分布式储能项目正式投产。该项目总储能容量高达5000千瓦时，总投资820万元，每年可为企业节约电费226万元。

同日，珠海“互联网+”智慧能源示范工程应用层与信息层项目通过功能验收，实现上线试运行。该项目为国家能源局首批“互联网+”智慧能源（能源互联网）示范工程重要组成部分。

12月26日，广东云浮电厂储能系统投入试运行，这是公司首个电厂侧储能项目正式进入调频辅助服务市场，总规模为0.9万千瓦，总容量为0.45万千瓦。

12月27日，肇庆220千伏新围输变电工程建成投运。

12月28日，揭阳500千伏岐山（揭东）输变电工程及配套220千伏输电线路工程、云浮500千伏卧龙（云浮）变电站配套220千伏输电线路工程、江门220千伏粤电新会天然气发电热电联产项目接入系统工程和220千伏司前（罗坑）输变电工程建成投运。

同日，南方电网公司首个大型综合应急基地、广东省级电能计量检定基地在清远正式启动试运行。

12月29日，公司教育培训评价中心更名为培训与评价中心。

同日，公司印发了《关于进一步明确沿海输电线路防风标准及工作要求的通知》，落实广东省委省政府及南方电网公司关于提升公司沿海电网抗台风能力工作的部署，进一步明确沿海输电线路防风标准及工作要求。

12月30日，惠州220千伏沙迳（永汉）输变电工程、江门220千伏湾琴（苍城）输变电工程、阳江（千伏）回隆（阳西）变电站配套220千伏线路工程、云浮220千伏都杨输变电工程建成投运。

12月31日，肇庆500千伏砚都变电站3号主变扩建配套220千伏线路工程建成投运。

同日，公司庆祝改革开放40周年八集纪录片《时光如电》拍摄完成，并在公司内部视频播出。

12月下旬，信息中心“1000”号完成了企业管理信息系统IT服务全省集约化工作，服务请求由省地分级受理升级为全省1000号统一受理，实现服务标准、流程标准、问题入口“三统一”。

中国南方电网
CHINA SOUTHERN POWER GRID

附录

统计资料

2018年广东省发电生产情况

行号	指标名称	发电厂个数（个）	发电设备容量（万千瓦）	发电设备容量 其中：供热设备容量	发电量（万千瓦时）合计	发电量（万千瓦时）试运行	上网电量（万千瓦时）	平均利用小时（小时）	平均设备容量（万千瓦）
1	一、合计	35 504	11 928.79	1002.30	45 724 174.73	451 435.85	40 820 281.22	4 096.14	11 052.55
2	（一）水电	78	1575.53		2 924 842.26		2 851 227.88	1856.42	1575.53
3	其中：抽水蓄能	4	728.00		715 210.66		707 885.23	982.43	728.00
4	（二）火电	135	8136.67	1002.30	32 825 964.44	150 382.65	29 869 633.73	4289.42	7617.72
5	1．燃煤	53	5993.67	690.50	27 655 878.46	44 024.70	24 915 120.71	4548.36	6073.67
6	其中：煤矸石发电								
7	煤电应急调峰储备电源								
8	2．燃气	40	1962.52	311.80	4 337 560.41	106 357.95	4 209 236.24	3052.85	1381.61
9	其中：煤层气发电								
10	沼气发电	10	8.54		49 545.60		44 751.56	6783.44	7.30
11	3．燃油	0	0.00	0.00	0.00		0.00	0.00	0.00
12	4．其他	42	180.49	0.00	832 525.57		745 276.78	5125.20	162.44
13	其中：余温、余压、余气发电								
14	垃圾焚烧发电	39	110.40		606 556.92		512 862.20	6661.80	91.05
15	秸秆、蔗渣、林木质发电	3	22.00		150 851.35		141 239.47	6856.88	22.00
16	（三）核电	5	1330.00		8 964 531.00	301 053.21	7 210 263.82	7828.98	1106.59
17	（四）风电	70	357.36		631 487.14		611 753.36	1860.11	339.49
18	（五）太阳能发电	35 216	527.33		375 674.89		275 811.18	913.34	411.32
19	（六）其他		1.91		1675.00		1591.25	876.83	1.91
20	1．地热能								
21	2．海洋能								
22	3．其他								
23	二、6000千瓦及以上电厂合计	345	11 265.68	1002.30	44 278 181.21	451435.85	39 496 809.55	4208.59	10 413.64
24	（一）水电	78	1079.39		1 639 850.50		1 630 485.71	1519.24	1079.39
25	其中：抽水蓄能	4	728.00		715 210.66		707 885.23	982.43	728.00
26	（二）火电	129	8127.67	1002.30	32 795 964.77	150 382.65	29 843 083.76	4290.16	7609.41
27	1．燃煤	53	5993.67	690.50	27 655 878.46	44 024.70	24 915 120.71	4546.16	6073.67

（续上表）

行号	指标名称	发电厂个数	发电设备容量		发电量（万千瓦时）		上网电量（万千瓦时）	平均利用小时（小时）	平均设备容量（万千瓦）
		（个）	（万千瓦）	其中：供热设备容量	合计	试运行			
28	其中：煤矸石发电	0							
29	煤电应急调峰储备电源								
30	2．燃气	35	1959.50	311.80	4 324 211.25	106 357.95	4 198 004.73	3057.98	1379.29
31	其中：煤层气发电	0							
32	沼气发电	5	5.53		36 196.43		33 520.05	7263.68	4.98
33	3．燃油	0	0.00	0.00	0.00		0.00	0.00	0.00
34	4．其他	41	174.50	0.00	815 875.06		729 958.31	5214.84	156.45
35	其中：余温、余压、余气发电								
36	垃圾焚烧发电	38	110.10		606 556.92		512 862.20	6661.80	91.05
37	秸秆、蔗渣、林木质发电	3	22.00		150 851.35		141 239.47	6856.88	22.00
38	（三）核电	5	1330.00		8 964 531.00	301 053.21	7 210 263.82	7828.98	1106.59
39	（四）风电	70	357.36		631 487.14		611 753.36	1860.11	339.49
40	（五）太阳能发电	63	370.00		245 208.81		200 140.86	883.64	277.50
41	（六）其他		1.26		1139.00		1082.05	903.97	1.26
42	1．地热能								
43	2．海洋能								
44	3．其他								
45	三、6000千瓦以下电厂合计	35 159	663.12	0.00	1 445 993.52		1 323 471.68	2263.22	638.91
46	（一）水电		496.13		1 284 991.76		1 220 742.18	2590.01	496.13
47	（二）火电	6	9.00	0.00	29 999.67		26 549.98	3611.85	8.31
48	1．燃煤		0.00	0.00	0.00		0.00	0.00	0.00
49	2．燃气	5	3.02	0.00	13 349.16		11 231.50	5752.23	2.32
50	其中：煤层气发电								
51	沼气发电	5	3.02		13 349.16		11 231.50	5752.23	2.32
52	3．燃油		0.00	0.00	0.00		0.00	0.00	0.00
53	4．其他	1	5.99	0.00	16 650.51		15 318.47	2781.95	5.99
54	其中：余温、余压、余气发电								
55	垃圾焚烧发电	1	0.30		0.00		0.00	0.00	0.30
56	秸秆、蔗渣、林木质发电								
57	（三）风电	0	0.00		0.00		0.00	0.00	0.00
58	（四）太阳能发电	35 153	157.33		130 466.08		75 670.32	974.95	133.82
59	（五）其他		0.65		536.00		509.20	824.23	0.65
60	1．地热能								

（续上表）

行号	指标名称	发电厂个数（个）	发电设备容量（万千瓦）	发电设备容量 其中：供热设备容量	发电量（万千瓦时） 合计	发电量（万千瓦时） 试运行	上网电量（万千瓦时）	平均利用小时（小时）	平均设备容量（万千瓦）
61	2. 海洋能								
62	3. 其他								
63	四、6000千瓦及以上电厂明细								
64	华能国际电力股份有限公司海门电厂（海门）		207.20		980 937.67	0.00	933 033.78	4734	207.20
65	华能汕头海门发电有限责任公司（海门）		200.00		982 161.33	0.00	948 720.79	4911	200.00
66	广东惠州平海发电厂有限公司（平海）		200.00		973 541.11	0.00	927 180.00	4868	200.00
67	华润电力（海丰）有限公司（小漠）		210.00		1 121 553.54	0.00	1 064 148.97	5341	210.00
68	陆丰宝丽华新能源电力有限公司（甲湖湾）		100.00		72 968.03	29 886.00	69 312.75	3648	20.00
69	广东广合电力有限公司（沙角C）		198.00		695 701.61	0.00	632 344.00	4216	165.00
70	广东国华粤电台山发电有限公司（铜鼓）		503.00		2 389 262.35	0.00	2 249 642.87	4745	503.50
71	广东省珠海发电厂有限公司（珠海A）		140.00		663 593.15	0.00	620 595.53	4740	140.00
72	广东珠海金湾发电有限公司（珠海B）		120.00		551 055.80	0.00	517 568.00	4592	120.00
73	广东大唐国际潮州发电有限责任公司（柘林）		320.00		1 694 736.84	0.00	1 599 533.64	5296	320.00
74	广东粤电靖海发电有限公司（靖海）		320.00		1 425 623.76	0.00	1 346 399.26	4455	320.00
75	广东红海湾发电有限公司（红海湾）		252.00		1 235 875.19	0.00	1 166 104.50	4904	252.00
76	深能合和电力（河源）有限公司（源和）		120.00		585 012.50	0.00	552 213.66	4875	120.00
77	华能国际电力股份有限公司汕头电厂（汕头）		120.00		599 457.92	0.00	566 784.52	4995	120.00
78	阳西海滨电力发展有限公司（阳西）		252.00		1 268 536.70	0.00	1 204 522.99	5034	252.00
79	佛山恒益发电有限公司（恒益）		120.00		502 758.80	0.00	472 273.79	4190	120.00
80	湛江中粤能源有限公司（调顺）		120.00		449 830.90	0.00	415 131.44	4089	110.00
81	广东粤电大埔发电有限公司（汇东）		120.00		316 730.60	0.00	298 473.45	2639	120.00

（续上表）

行号	指标名称	发电厂个数	发电设备容量		发电量（万千瓦时）		上网电量（万千瓦时）	平均利用小时（小时）	平均设备容量（万千瓦）
		（个）	（万千瓦）	其中：供热设备容量	合计	试运行			
82	深圳市广深沙角B电力有限公司（沙角B）		35.00		264 833.70	0.00	240 499.78	4127	64.17
83	国电肇庆热电有限公司（白沙）		70.00		351 796.84	0.00	332 452.19	5026	70.00
84	宝钢湛江钢铁有限公司（宝钢）		70.00		468 695.40	0.00	444 069.88	6696	70.00
85	广州华润热电有限公司（B厂）（润洲B）		66.00		350 210.81	0.00	320 339.26	5306	66.00
86	中国神华能源股份有限公司国华惠州热电分公司（霞涌）		66.00		342 908.22	0.00	318 203.82	5196	66.00
87	中新电厂（中新）		66.00		353 176.12	0.00	329 152.44	5351	66.00
88	广东电力发展股份有限公司沙角A电厂（沙角A）		108.00		660 380.79	0.00	611 861.53	5190	127.25
89	深圳妈湾电力有限公司（妈湾）		194.00		785 503.45	0.00	740 369.01	4105	191.33
90	珠江电厂（珠江）		128.00		258 931.68	0.00	241 330.03	4046	64.00
91	湛江电力有限公司（湛江）		132.00		553 456.98	0.00	514 309.20	4193	132.00
92	佛山市顺德五沙热电有限公司（德胜）		64.00		348 956.52	0.00	325 926.72	5690	61.33
93	广东省韶关粤江发电有限责任公司（韶关）		66.00		173 046.36	0.00	160 461.99	2622	66.00
94	广东省韶关粤江发电有限责任公司（A厂）（韶关）		120.00		392 908.89	0.00	367 153.36	3274	120.00
95	恒运D厂（恒运）		66.00		384 199.52	0.00	359 223.18	5821	66.00
96	恒运C厂（恒运）		42.00		202 708.62	0.00	185 265.01	4826	42.00
97	黄埔电厂（黄埔）		66.00		312 931.30	0.00	288 874.66	4741	66.00
98	茂名臻能热电有限公司（茂名）		113.00		434 424.81	0.00	403 480.18	3844	113.00
99	南海发电一厂有限公司（新田）		40.00		157 218.40	0.00	144 593.48	4101	38.33
100	佛山市南海京能发电有限公司（新田）		66.00		250 811.98	0.00	229 400.93	3800	66.00
101	云浮发电厂（B厂）有限公司（云浮）		27.00		125 430.98	0.00	112 430.24	4646	27.00
102	广东粤电云河发电有限公司（云浮）		60.00		254 522.56	0.00	236 494.76	4446	57.25
103	广东粤电云河发电有限公司（云浮A）		0.00		12 021.06	0.00	11 420.01	5770	2.08

（续上表）

行号	指标名称	发电厂个数	发电设备容量		发电量（万千瓦时）		上网电量（万千瓦时）	平均利用小时（小时）	平均设备容量（万千瓦）
		（个）	（万千瓦）	其中：供热设备容量	合计	试运行			
104	中山火力发电有限公司（粤海）		60.00		294 394.41	0.00	276 416.75	4907	60.00
105	广东省粤泷发电有限责任公司（定能）		27.00		129 686.10	0.00	115 486.06	4803	27.00
106	广东宝丽华电力有限公司（荷树园）		147.00		579 944.70	0.00	542 283.61	3945	147.00
107	新会双水发电（B厂）有限公司（双水）		30.00		155 802.57	0.00	133 996.42	5193	30.00
108	韶关市坪石发电厂有限公司（B厂）（坪石B）		60.00		208 850.22	0.00	194 459.34	3364	62.08
109	广州瑞明		0.00		0.00	0.00	0.00		0.00
110	东莞市三联热电有限公司（东糖乙）		28.50		179 779.15	0.00	161 269.97	6308	28.50
111	旺隆电厂（旺隆）		0.00		75 794.02	0.00	67 458.56	3790	20.00
112	仁化县华粤煤矸石电力有限公司（华粤）		12.00		68 195.57	0.00	62 111.88	6144	11.10
113	汕头经济特区万丰热电有限公司（万丰）		10.00		28 743.36	0.00	23 617.07	3136	9.17
114	韶关市粤华电力有限公司（浈江）		70.00		376 057.86	0.00	351 287.97	5372	70.00
115	广东华电韶关热电有限公司（雄州）		35.00		22 602.72	14 138.70	21 039.81	646	35.00
116	广州电厂（广州）		26.50		0.00	0.00	0.00	0	26.50
117	中山嘉明电力有限公司（横门）		216.00		467 934.19	0.00	459 901.76	2383	196.36
118	广东惠州天然气发电有限公司（昭阳）		209.00		422 348.02	19970.54	412 562.95	3017	140.00
119	深圳能源集团股份有限公司东部电厂（能东）		117.00		309 572.71	0.00	302 923.68	2646	117.00
120	广州珠江天然气发电有限公司（展能）		78.00		257 684.93	0.00	252 150.91	3304	78.00
121	深圳市广前电力有限公司（前湾电厂）（前湾）		117.00		348 795.19	0.00	340 268.90	2981	117.00
122	中海油珠海天然气发电有限公司（依海）		92.00		342 519.06	0.00	335 938.74	3723	92.00
123	中电投珠海横琴热电有限公司（望洋）		78.00		342 922.90	0.00	334 695.86	4396	78.00
124	中电（四会）热电有限责任公司（桔乡）		81.80		113 367.51	30 649.74	111 305.30	1386	81.80

（续上表）

行号	指标名称	发电厂个数	发电设备容量		发电量（万千瓦时）		上网电量（万千瓦时）	平均利用小时（小时）	平均设备容量（万千瓦）
		（个）	（万千瓦）	其中：供热设备容量	合计	试运行			
125	广东粤电新会发电有限公司（崖门）		90.60		44 547.16	25 527.81	43 399.55	3471	12.84
126	广东大唐国际肇庆热电有限责任公司（禄村）		84.00		20 201.08	20 201.08	19 848.97	240	84.00
127	广东粤电中山热电厂有限公司（怡丰）		0.00		0.00	10 008.77	0.00		0.00
128	珠海深能洪湾电力有限公司（洪湾）		36.00		70 796.81	0.00	69 250.77	1967	36.00
129	深圳南天电力有限公司（美视）		44.00		105 084.53	0.00	102 713.19	2388	44.00
130	深南电（东莞）唯美电力有限公司（高埗）		36.00		0.00	0.00	0.00	0	32.00
131	东莞中电新能源热电有限公司（东兴）		36.00		82 394.54	0.00	79 978.70	2289	36.00
132	东莞中电第二热电有限公司（东兴）		94.00		334 792.47	0.00	325 420.27	3562	94.00
133	东莞通明电力有限公司（通明）		18.00		171.70	0.00	64.74	114	1.50
134	东莞众明电力有限公司（通明）		18.00		0.00	0.00	–83.96	0	1.50
135	大学城能源站（大学城）		15.60		66 397.31	0.00	64 863.39	4256	15.60
136	佛山市福能发电有限公司（福能）		36.00		62 309.07	0.00	60 234.24	1731	36.00
137	深南电（中山）电力有限公司（南朗）		36.00		48 638.21	0.00	47 239.42	1410	34.50
138	中山市永安电力有限公司（永安）		18.00		51 156.60	0.00	51 156.60	4263	12.00
139	东莞深能源樟洋电力有限公司（樟洋）		36.00		66 070.44	0.00	63 871.23	2753	24.00
140	惠州深能源丰达电力有限公司（丰达）		36.00		112 850.24	0.00	109 946.50	3135	36.00
141	东莞虎门电厂（虎门）		30.00		31 355.40	0.00	30 312.37	1742	18.00
142	协鑫电厂（协鑫）		39.60		157 472.45	0.00	154 412.23	3977	39.60
143	大唐宝昌电厂		38.50		130 980.54	0.00	127 619.91	3571	36.68
144	钰湖电厂		37.20		122 831.52	0.00	119 570.66	3302	37.20
145	中海油福华德电厂		61.30		140 738.52	0.00	136 615.83	2307	61.00
146	美视电厂（#5–#6）		44.00		70 278.15	0.00	68 764.38	2890	24.32
147	广东粤电湛江生物质发电有限公司（生物质）		10.00		73 799.28	0.00	65 247.06	7380	10.00

（续上表）

行号	指标名称	发电厂个数	发电设备容量		发电量（万千瓦时）		上网电量（万千瓦时）	平均利用小时（小时）	平均设备容量（万千瓦）
		（个）	（万千瓦）	其中：供热设备容量	合计	试运行			
148	广东粤电新丰江发电有限责任公司（新丰江）		33.50		93 771.26	0.00	92 467.94	2785	33.67
149	广东粤电枫树坝发电有限责任公司（枫树坝）		18.00		30 062.16	0.00	29 610.59	1670	18.00
150	广东粤电青溪发电有限责任公司（青溪）		14.40		22 269.21	0.00	21 858.85	1546	14.40
151	广东省飞来峡水利枢纽管理处（飞来峡）		14.00		54 199.75	0.00	53 104.63	3871	14.00
152	广东粤电长湖发电有限责任公司（长湖）		12.60		23 304.62	0.00	22 869.53	1850	12.60
153	广东省乐昌峡水利枢纽管理处（昌峡）		13.20		31 659.31	0.00	31 070.05	2540	12.47
154	广东粤电南水发电有限责任公司		7.50		17 893.70	0.00	17 585.56	2386	7.50
155	广东粤电长潭发电有限责任公司		6.00		4825.85	0.00	4664.77	804	6.00
156	仁化县金泽新能源发电有限公司（金泽）		15.00		17 872.37	0.00	17 475.80	1191	15.00
157	广东蓄能发电有限公司（广蓄）		240.00		245 162.27	0.00	243 568.83	1022	240.00
158	惠州蓄能发电有限公司（惠蓄）		240.00		228 717.50	0.00	224 463.19	1030	222.00
159	清远蓄能发电有限公司（清蓄）		128.00		175 551.68	0.00	174 574.00	1371	128.00
160	深圳蓄能发电有限公司（深蓄）		120.00		65 779.21	0.00	65 279.21	877	75.00
161	广东核电投资有限公司（大亚湾）		196.80		1 648 147.95	0.00	1 575 147.60	8376	196.76
162	岭东核电有限公司（岭澳）		217.20		1 713 750.07	0.00	1 610 386.50	7883	217.39
163	岭澳核电有限公司（岭澳）		198.00		1 489 915.34	0.00	1 423 433.13	7523	198.06
164	阳江核电有限公司（阳江）		543.00		3 779 166.12	40 461.22	3 511 570.35	7699	485.61
165	台山核电有限公司（襟岛）		175.00		333 551.52	260 591.99	305 608.75	8319	8.77
166	阳西龙高山风电场		4.93		26 126.69	0.00	26 126.69	5300	4.93
167	阳西文笔岭风电场		4.90		0.00	0.00	0.00	0	4.90
168	阳西菩提山风电场		4.55		0.00	0.00	0.00	0	4.55
169	鹅岭风力发电场		2.57		3139.18	0.00	3139.18	1220	2.57
170	东平、新洲风电场		9.00		28 025.36	0.00	28 025.36	2831	9.90
171	中水建阳江阳东农垦局鸡山风电场		4.95		14 552.34	0.00	14 552.34	2940	4.95

（续上表）

行号	指标名称	发电厂个数	发电设备容量		发电量（万千瓦时）		上网电量（万千瓦时）	平均利用小时（小时）	平均设备容量（万千瓦）
		（个）	（万千瓦）	其中：供热设备容量	合计	试运行			
172	中电建阳江阳东农垦局宝山风电场项目		4.95		0.00	0.00	0.00	0	4.95
173	粤电徐闻洋前风电场		4.95		9541.52	0.00	9064.44	1928	4.95
174	粤电徐闻勇士风电场、粤电徐闻石板岭风电场		7.75		15 642.23	0.00	14 860.12	1580	9.90
175	国电雷州东里（沟口）风电场		4.95		9168.67	0.00	8710.24	1852	4.95
176	华电徐闻前山（盐井）风电场、华电徐闻黄塘风电场		8.75		14 469.28	0.00	13 745.82	1462	9.90
177	粤能徐闻灯楼角风电场		4.95		9939.95	0.00	9442.95	2008	4.95
178	中电投徐闻和安（风桥）风电场		4.95		7329.01	0.00	6962.56	1481	4.95
179	华能南三海丰风电场		4.40		8888.12	0.00	8443.71	1796	4.95
180	华能廉江塘蓬（红卫）风电场		4.95		8856.51	0.00	8413.68	1789	4.95
181	华电国际徐闻华海风电场		9.90		20 797.82	0.00	19 757.93	2101	9.90
182	华润徐闻福来风电场		10.00		17 041.20	0.00	16 189.14	1704	10.00
183	粤电雷州红心楼风电场		4.95		9559.93	0.00	9081.93	1931	4.95
184	粤电徐闻曲界（友好）风电场		4.95		12 146.08	0.00	11 538.78	2454	4.95
185	中航新能源雷州调风风电场		4.95		10 416.42	0.00	9895.60	2104	4.95
186	中电投徐闻凤山风电场		4.95		9837.82	0.00	9345.93	1987	4.95
187	大唐茂名电白岭门风电场		4.95		8160.36	0.00	7903.50	1649	4.95
188	茂名市中坳风电场		4.95		8562.22	0.00	8435.68	1730	4.95
189	华润新能源茂名信宜钱排风电场		3.75		6892.06	0.00	6688.00	1838	3.75
190	中广核茂名高州高坡、中间坑风电场		11.55		23 313.24	0.00	22 485.76	2018	11.55
191	粤电茂名电白热水风电场		4.95		8949.78	0.00	8444.04	1808	4.95
192	中广核茂名电白黄岭风电场		4.95		0.00	0.00	0.00	0	4.95
193	蝉子顶风电场		4.95		11 228.16	0.00	11 228.16	2268	4.95
194	山门前风电场		4.95		3250.17	0.00	3250.17	978	3.32
195	华润电力风能（汕头濠江）有限公司		1.80		3691.28	0.00	3654.73	2051	1.80
196	华润电力风能（汕头）有限公司		2.93		6765.64	0.00	6698.66	2313	2.93

（续上表）

行号	指标名称	发电厂个数	发电设备容量		发电量（万千瓦时）		上网电量（万千瓦时）	平均利用小时（小时）	平均设备容量（万千瓦）
		（个）	（万千瓦）	其中：供热设备容量	合计	试运行			
197	华润电力风能（汕头潮南）有限公司		9.90		14 972.72	0.00	14 824.48	1512	9.90
198	龙岭风电场		4.93		8008.09	0.00	7928.80	1624	4.93
199	华能汕头风力发电有限公司		4.51		8580.00	0.00	8495.05	1905	4.51
200	华能汕头南澳风力发电有限公司		1.08		2606.80	0.00	2580.99	2414	1.08
201	汕头丹南风能有限公司		2.40		0.00	0.00	0.00	0	2.40
202	汕头市南方风能发展有限公司		0.55		1141.30	0.00	1130.00	2075	0.55
203	汕头福澳风力发电公司		0.30		419.51	0.00	415.36	1398	0.30
204	华能东岛风电场		1.50		2941.58	0.00	2912.45	1961	1.50
205	南澳县振能风电有限公司		0.06		107.83	0.00	106.76	1797	0.06
206	南澳县风能开发总公司		0.28		183.04	0.00	181.23	647	0.28
207	南亚新能源技术开发有限公司		3.30		6165.93	0.00	6104.88	1868	3.30
208	华能所城、大埕风电场		8.70		13 532.72	0.00	12 668.57	1555	8.70
209	饶平海山风电场		4.20		10 260.62	0.00	9989.42	2443	4.20
210	石碑山风电场		10.02		13 692.69	0.00	13 692.69	1367	10.02
211	海湾石风电场		1.32		118.10	0.00	118.10	89	1.32
212	仙安风电场		4.95		8435.44	0.00	8435.44	1704	4.95
213	关山风电场		4.96		11 724.64	0.00	11 724.64	2364	4.96
214	三清山风电场		3.60		5753.44	0.00	5753.44	1598	3.60
215	大顶山风电场		6.38		10 617.20	0.00	10 365.42	1664	6.38
216	南岭风电场		2.60		4670.80	0.00	4458.86	1796	2.60
217	横琴风电场		1.58		0.00	0.00	0.00	0	1.58
218	高栏风电场		4.95		7396.28	0.00	7234.48	1494	4.95
219	桂山海上风电场		0.90		5453.65	0.00	5318.28	8072	0.68
220	云浮罗定风电场		3.90		6732.70	0.00	6543.24	1726	3.90
221	云浮新兴风电场		3.91		6966.01	0.00	6643.10	1782	3.91
222	东山海黄埠风电场（观音山风电场）		4.96		7877.35	0.00	7472.52	1591	4.95
223	（燕喜风电场）（双喜风电场）（泉水风电场）（顺水风电场）		18.94		36 076.86	0.00	34 263.58	1905	18.94
224	华润新丰金竹风电场		3.80		8732.48	0.00	8516.12	2298	3.80
225	韶关南雄犁牛坪大庾岭风电场		4.95		10 905.61	0.00	10 677.04	2203	4.95

（续上表）

行号	指标名称	发电厂个数	发电设备容量		发电量（万千瓦时）		上网电量（万千瓦时）	平均利用小时（小时）	平均设备容量（万千瓦）
		（个）	（万千瓦）	其中：供热设备容量	合计	试运行			
226	韶关南雄梓杉坳风电场		4.60		6007.31	0.00	5848.64	1306	4.60
227	韶关乳源大布风电场		4.00		6121.12	0.00	5992.66	1530	4.00
228	上川岛风电场		8.50		20 121.10	0.00	19 612.14	2367	8.50
229	下川岛风电场		4.28		8458.70	0.00	8248.08	1979	4.28
230	隆文风电场		12.33		22 576.00	0.00	21 944.56	1832	12.33
231	宝丽华风能		4.80		5923.21	0.00	5753.55	1234	4.80
232	国华陆丰风能		3.04		4130.57	0.00	3982.62	1359	3.04
233	国华汕尾风能		1.65		660.89	0.00	624.43	401	1.65
234	华润陆丰风能		9.92		12 659.03	0.00	11 463.94	1276	9.92
235	华能风能		9.90		19 918.43	0.00	18 961.01	2012	9.90
236	湛江市生活垃圾焚烧发电厂		3.60		19 810.19	0.00	18 819.68	5503	3.60
237	廉江市绿色东方新能源有限公司生活垃圾焚烧发电		1.20		6061.88	0.00	5758.78	5052	1.20
238	茂名永诚垃圾发电厂		2.40		11 905.06	0.00	9711.44	4960	2.40
239	汕头市澄海洁源垃圾发电厂有限公司		1.65		8378.65	0.00	8295.70	5078	1.65
240	中节能（汕头潮南）环保能源有限公司		2.00		8391.43	0.00	8308.34	6294	1.33
241	汕头市恒建科创生物质发电有限公司		3.00		6655.00	0.00	6589.11	3803	1.75
242	梅州市环保能源（生活垃圾焚烧）发电项目		2.70		553.91	0.00	553.91	1641	0.34
243	潮州市潮安区垃圾焚烧发电厂		3.00		15 380.82	0.00	12 713.67	5445	2.83
244	中山市天乙能源有限公司乙能电厂		2.40		11 264.90	0.00	9559.68	4694	2.40
245	长青环保（中山）有限公司		2.40		14 063.90	0.00	11 317.10	5860	2.40
246	珠海垃圾电厂		0.60		4451.16	0.00	2710.70	7419	0.60
247	珠海市环保生物质热电工程		3.00		18 775.72	0.00	16 069.86	6259	3.00
248	博罗生活垃圾焚烧发电厂（果山电厂）		2.40		15 880.36	0.00	13 909.28	6617	2.40
249	惠阳区榄子垅生活垃圾发电厂（榄园电厂）		2.40		20 361.49	0.00	17 402.20	8484	2.40
250	惠东县生活垃圾焚烧发电厂（洁美电厂）		3.00		16 883.84	0.00	14 754.58	5873	2.88

（续上表）

行号	指标名称	发电厂个数	发电设备容量		发电量（万千瓦时）		上网电量（万千瓦时）	平均利用小时（小时）	平均设备容量（万千瓦）
		（个）	（万千瓦）	其中：供热设备容量	合计	试运行			
251	韶关曲江乐园生物质发电厂（已接入白土）		6.00		34 949.02	0.00	31 188.04	5825	6.00
252	韶能集团新丰旭能生物质发电厂（新丰马头）		6.00		42 103.05	0.00	40 791.64	7017	6.00
253	南海垃圾发电厂（一厂）		3.60		25 870.90	0.00	22 216.04	7186	3.60
254	南海垃圾发电厂（二厂）		4.00		26 588.72	0.00	22 110.22	6647	4.00
255	顺德垃圾发电厂		1.50		11 516.48	0.00	9534.80	7678	1.50
256	博海乙电厂		2.40		17 611.00	0.00	14 652.00	7338	2.40
257	科维环保电厂		3.00		24 458.00	0.00	20 759.00	8153	3.00
258	科伟电厂		4.50		29 375.00	0.00	26 222.00	6528	4.50
259	中科电厂		4.20		29 587.00	0.00	26 002.00	7045	4.20
260	科伟丙厂		5.00		35 066.00	0.00	31 108.00	7013	5.00
261	东实电厂		4.00		25 282.00	0.00	22 392.00	6321	4.00
262	汕尾市生活垃圾无害化处理中心垃圾焚烧发电厂		1.50		10 951.39	0.00	10 115.49	7301	1.50
263	陆丰市（东南）生活垃圾焚烧发电厂		1.50		2480.25	0.00	2046.88	6614	0.38
264	李坑一厂		2.20		14 800.04	0.00	11 960.38	6727	2.20
265	李坑二厂		5.00		31 012.96	0.00	26 057.59	6203	5.00
266	大岗电厂		5.00		28 747.75	0.00	24 575.23	5750	5.00
267	叠岭电厂		5.00		22 519.70	0.00	17 433.90	6434	3.50
268	潭口电厂		2.40		12 343.85	0.00	10 267.62	6858	1.80
269	鲤塘电厂		5.00		10 623.35	0.00	9025.50	4249	2.50
270	兴丰电厂		0.93		7259.51	0.00	6368.79	7831	0.93
271	火烧岗电厂		0.60		2842.00	0.00	2707.69	4768	0.60
272	陈家林生物发电厂		0.36		736.69	0.00	589.22	4120	0.18
273	宝安东江环保老虎坑沼气		0.32		2336.48	0.00	2159.36	7320	0.32
274	清水河处理厂		0.30		0.00	0.00	0.00	0	0.30
275	龙岗综合处理电厂		0.60		0.00	0.00	0.00	0	0.60
276	南山垃圾电厂		1.50		11 572.17	0.00	9190.10	7715	1.50
277	盐田垃圾电厂		0.65		5380.00	0.00	3959.82	8277	0.65
278	粤能环保平湖垃圾厂		1.20		9030.59	0.00	7334.60	7525	1.20
279	能源公司老虎坑电厂		8.80		57 408.61	0.00	45 455.47	6524	8.80
280	大贸环保平湖垃圾电厂		1.80		11 084.57	0.00	8674.88	6158	1.80
281	下坪沼气电厂		1.05		7562.00	0.00	6894.13	7217	1.05

（续上表）

行号	指标名称	发电厂个数	发电设备容量		发电量（万千瓦时）		上网电量（万千瓦时）	平均利用小时（小时）	平均设备容量（万千瓦）
		（个）	（万千瓦）	其中：供热设备容量	合计	试运行			
282	青泓沼气电厂		0.32		10.35	0.00	8.98	32	0.32
283	晟世沼气电厂		1.79		10 973.75	0.00	10 312.52	6148	1.79
284	深圳市利赛环保科技有限公司（布吉街道郁南环境园）		0.32		1520.00	0.00	1089.18	4766	0.32
285	深圳市利赛实业发展有限公司下坪垃圾填埋场沼气发电厂（罗湖下坪）		1.17		7559.17	0.00	7236.93	6465	1.17
286	深圳朗坤生物有限公司		0.11		650.06	0.00	142.84	6727	0.10
287	广东阳江汉能屋顶光伏发电示范项目光伏站		0.71		533.04	0.00	533.04		0.00
288	阳江阳东县大沟镇50MW光伏农业与光伏观光旅游综合利用示范项目		5.00		5504.40	0.00	5504.40	1101	5.00
289	阳江印山南药基地光伏电站项目		2.00		2307.30	0.00	2307.30	1154	2.00
290	阳春市河口镇金堡村50兆瓦农业光伏电站		5.00		3375.33	0.00	3375.33	675	5.00
291	阳江市江城区双捷镇清冲村50兆瓦农业光伏电站		5.00		3249.31	0.00	3249.31	650	5.00
292	广东粤电织篢农场21队农业光伏综合开发项目		5.00		5696.07	0.00	5696.07	1139	5.00
293	阳江思瑞特农业科技有限公司		3.00		3808.20	0.00	3808.20	1269	3.00
294	晶科电力有限公司20MW农光互补光伏农业项目		1.00		451.63	0.00	451.63	2588	0.17
295	广东粤电阳江盐场双鱼盐光互补项目		10.00		7350.64	0.00	7350.64	735	10.00
296	阳江市阳东区大沟镇赤坎村农业光伏电站		5.00		508.86	0.00	508.86	102	5.00
297	阳江市阳春市马水镇石菉村农业光伏电站		5.00		1930.17	0.00	1930.17	386	5.00
298	阳春市马水镇75MW光伏扶贫电站项目		7.50		80.61	0.00	80.61	21	3.88
299	阳春市陂面镇75MW光伏扶贫电站项目		7.50		133.76	0.00	133.76	35	3.86
300	中能科新能源50MW光伏扶贫电站项目		5.00		412.65	0.00	412.65	163	2.53

（续上表）

行号	指标名称	发电厂个数	发电设备容量		发电量（万千瓦时）		上网电量（万千瓦时）	平均利用小时（小时）	平均设备容量（万千瓦）
		（个）	（万千瓦）	其中：供热设备容量	合计	试运行			
301	阳江市阳春市陂面镇南河村农业光伏扶贫示范电站项目		1.00		215.68	0.00	215.68	375	0.58
302	阳西清芸阳光30MWp农业观光光伏发电示范项目		3.00		390.32	0.00	390.32	280	1.39
303	遂溪洋青镇农光互补		8.00		9465.63	0.00	8992.35	1183	8.00
304	徐闻县鲤鱼潭水库渔光互补		9.00		12 161.92	0.00	11 553.83	1351	9.00
305	京能徐闻角尾光伏发电项目		6.20		9462.32	0.00	8989.20	1527	6.20
306	徐闻龙塘（迈胜）渔光互补		1.73		2246.08	0.00	2133.78	1298	1.73
307	徐闻南山渔光互补光伏发电		4.00		5990.11	0.00	5690.61	1498	4.00
308	徐闻迈陈镇渔光互补		2.24		2639.54	0.00	2507.56	1178	2.24
309	雷州晶科附城渔光互补光伏发电		6.00		7634.14	0.00	7252.43	1272	6.00
310	遂溪遂西光伏农业综合利用（一期）		4.00		5358.27	0.00	5090.36	1340	4.00
311	徐闻昊能渔光互补项目		2.00		2124.32	0.00	2018.10	1062	2.00
312	雷州盐场马留工区渔光互补光伏电站		3.00		3880.80	0.00	3686.76	1294	3.00
313	遂溪江洪镇农光互补		2.73		3696.00	0.00	3511.20	1355	2.73
314	麻章渔光互补光伏电站项目		2.00		2505.42	0.00	2380.15	1253	2.00
315	廉江营仔渔光互补项目（I期）		1.30		957.81	0.00	909.92	737	1.30
316	鼎瑞光伏电厂		2.80		637.31	0.00	605.44	42	15.00
317	丰收光伏电厂		7.00		553.94	0.00	526.24	79	7.00
318	广东粤电茂名露天矿林光互补项目		10.00		12 413.86	0.00	12 412.62	1241	10.00
319	广东粤电茂名镇盛农光互补项目		8.94		119.87	0.00	119.86	26	4.56
320	国华光伏电站		0.81		755.47	0.00	755.47	933	0.81
321	广州发展连平大湖农业光伏项目		2.20		2167.59	0.00	2167.59	985	2.20
322	南玻旗滨11MWp分布式光伏发电项目		1.10		1343.54	0.00	1343.54	1221	1.10
323	东源县老围光电科技有限公司		5.00		920.48	0.00	920.48	184	5.00
324	东源县天华阳光新能源电力有限公司		10.00		8980.62	0.00	8980.62	898	10.00

（续上表）

行号	指标名称	发电厂个数	发电设备容量		发电量（万千瓦时）		上网电量（万千瓦时）	平均利用小时（小时）	平均设备容量（万千瓦）
		（个）	（万千瓦）	其中：供热设备容量	合计	试运行			
325	连平广发光伏发电有限公司（内莞）		2.00		181.75	0.00	181.75	217	0.84
326	连平广发光伏发电有限公司		4.00		182.82	0.00	182.82	109	1.68
327	华能汕头电厂分布式地面电站项目		1.73		2217.88	0.00	2217.88	1281	1.73
328	平远利天东石镇50MWp光伏电站发电项目		4.80		5575.02	0.00	5575.02	1161	4.80
329	梅州市蕉华20MW光伏农光互补项目		2.00		1101.17	0.00	1101.17	551	2.00
330	五华县惠农新能源有限公司30MWp光伏扶贫项目		2.58		2947.08	0.00	2947.08	1142	2.58
331	110千伏古楼光伏电站		4.20		457.38	0.00	448.14	211	2.16
332	柳林电厂		10.00		6831.08	0.00	6798.00	683	10.00
333	剑潭电厂（光伏）		1.20		1470.36	0.00	1435.58	1225	1.20
334	瑞塘电厂		1.00		856.17	0.00	841.45	856	1.00
335	英德源远地面光伏发电项目		0.84		994.77	0.00	994.77	1181	0.84
336	连南英利地面光伏发电项目		2.00		2345.95	0.00	2345.95	1173	2.00
337	英德润电地面光伏发电项目		3.00		3258.85	0.00	3258.85	1086	3.00
338	英德协鑫扶贫光伏发电项目		2.00		1094.94	0.00	1094.94	547	2.00
339	董塘金裕光伏100MW扶贫光伏项目		10.00		173.45	0.00	171.52	41	4.24
340	韶关粤电乐高光伏电厂（灰场光伏扶贫项目（一期））		3.53		1943.64	0.00	1951.56	1145	1.70
341	粤电乐高光伏电厂二期		2.31		3.08	0.00	3.08	122	0.03
342	始兴马市金煦光伏电厂		5.00		4.40	0.00	4.40	40	0.11
343	广州发展台山渔业光伏产业园一期50MW项目		5.00		3746.16	0.00	3746.16	749	5.00
344	通威渔光一体（台山）现代渔业产业园一期25MW光伏发电项目		2.50		3165.46	0.00	3165.46	1266	2.50
345	广州发展台山渔业光伏产业园二期100MW项目		3.70		0.00	0.00	0.00	0	0.04
346	协鑫光伏		10.00		2199.08	0.00	1820.28	220	10.00
347	协鑫赤坑光伏		3.00		3500.38	0.00	3092.10	1167	3.00
348	明大光伏		7.40		8781.71	0.00	8297.08	1187	7.40
349	潮州供水枢纽发电厂		4.60		15 069.00	0.00	14 918.31	3276	4.60

（续上表）

行号	指标名称	发电厂个数	发电设备容量		发电量（万千瓦时）		上网电量（万千瓦时）	平均利用小时（小时）	平均设备容量（万千瓦）
		（个）	（万千瓦）	其中：供热设备容量	合计	试运行			
350	潮州市凤凰水电厂		3.60		7991.64	0.00	7911.73	2220	3.60
351	义合水电站		2.00		5558.60	0.00	5503.01	2779	2.00
352	柳城富源电站		2.21		3813.60	0.00	3775.46	1730	2.21
353	木京电站		3.00		7865.80	0.00	7787.14	2622	3.00
354	蓝口富源电站		2.21		4881.40	0.00	4832.59	2214	2.21
355	河源市油富风光水电站发展有限公司		3.60		15 054.47	0.00	14 903.92	4182	3.60
356	寻乌县斗晏水力发电有限公司（上坪站）		3.75		1072.13	0.00	1061.41	286	3.75
357	寻乌县斗晏水力发电站（麻布岗）		3.75		3253.20	0.00	3220.67	868	3.75
358	白盆珠水库工程管理局电厂		2.40		7912.66	0.00	7833.54	3297	2.40
359	国粤惠州电力有限公司		4.60		33 780.57	0.00	33 442.77	7344	4.60
360	江门市锦江水库工程管理处		1.95		7586.06	0.00	7510.20	3890	1.95
361	揭阳市北山水电厂		2.20		4848.13	0.00	4799.65	2204	2.20
362	揭阳市龙颈水电厂		2.30		4151.28	0.00	4109.77	1805	2.30
363	揭西县小水电公司		2.43		3814.99	0.00	3776.84	1569	2.43
364	茂名市鉴江流域水利工程管理局良德坝后电站		2.00		4837.67	0.00	4789.29	2419	2.00
365	大埔县深埔电力有限公司		3.60		4109.00	0.00	4067.91	1141	3.60
366	大埔茶阳水电站有限公司		3.00		7031.24	0.00	6960.93	2344	3.00
367	广东梅雁水电股份有限公司三龙水电站（送网）		2.40		5304.53	0.00	5251.49	2210	2.40
368	梅州丙村水电有限公司		2.00		4234.57	0.00	4192.22	2117	2.00
369	丰顺县韩江水电有限公司		7.50		16 421.33	0.00	16 257.12	2190	7.50
370	梅州龙上水电有限公司		2.50		3922.53	0.00	3883.31	1569	2.50
371	大埔县梅江蓬辣滩水电站有限公司		4.40		13 471.33	0.00	13 336.62	3062	4.40
372	广东梅雁吉祥水电股份有限公司（单竹窝）		3.40		9187.56	0.00	9095.68	2702	3.40
373	梅州市西阳水电站有限公司		2.00		2020.79	0.00	2000.58	1010	2.00
374	兴宁市罗浮镇大排塘电站		2.36		2543.80	0.00	2518.36	1077	2.36
375	兴宁市水电实业发展总公司		4.77		1729.39	0.00	1712.09	363	4.77
376	清远水利枢纽观音洲水电厂		4.40		45 238.89	0.00	44 786.50	10282	4.40
377	清远市银益水电有限公司		5.23		12 642.67	0.00	12 516.24	2418	5.23
378	英德市白石窑水电厂		9.20		23 521.23	0.00	23 286.02	2557	9.20

（续上表）

行号	指标名称	发电厂个数	发电设备容量		发电量（万千瓦时）		上网电量（万千瓦时）	平均利用小时（小时）	平均设备容量（万千瓦）
		（个）	（万千瓦）	其中：供热设备容量	合计	试运行			
379	永源水力发电有限公司（锦潭电站110千伏）		2.70		5783.20	0.00	5725.37	2142	2.70
380	连州市潭岭水电厂		3.75		14 736.78	0.00	14 589.41	3930	3.75
381	清远睿电新能源有限公司		6.75		11 857.30	0.00	11 738.73	1756	6.75
382	阳山县秤架一级水电站有限责任公司		2.82		11 005.95	0.00	10 895.89	3903	2.82
383	连州龙船厂水电开发有限公司		1.60		2955.73	0.00	2926.17	1847	1.60
384	汕尾市南告水电厂		4.50		8774.67	0.00	8686.92	1950	4.50
385	韶关市溢洲水电站有限公司		2.00		6194.93	0.00	6132.98	3097	2.00
386	广东韶能集团股份有限公司乐昌富湾水电厂		2.40		6723.58	0.00	6656.34	2801	2.40
387	广东方夏集团有限公司		2.84		9761.29	0.00	9663.68	3437	2.84
388	乳源瑶族自治县大潭河小水电有限公司		3.80		9238.52	0.00	9146.13	2431	3.80
389	始兴县江口电站有限公司		2.20		2378.53	0.00	2354.75	1081	2.20
390	广东省乳阳林业局		4.50		10 053.68	0.00	9953.14	2234	4.50
391	韶能集团韶关市曲江濛浬水电有限公司		5.00		16 556.44	0.00	16 390.88	3311	5.00
392	广东韶能集团股份有限公司孟洲坝发电厂		4.80		13 869.54	0.00	13 730.85	2889	4.80
393	韶能集团乳源县杨溪水电有限公司（廊田站）		7.50		17 935.86	0.00	17 756.51	2391	7.50
394	广东省天井山林场（广东天井山国家森林公园管理处）		6.50		18 365.71	0.00	18 182.06	2825	6.50
395	乳源瑶族自治县银源水电有限责任公司泉水水电厂		2.88		12 347.86	0.00	12 224.38	4287	2.88
396	韶能集团韶关市湾头水电站有限公司		3.00		9349.11	0.00	9255.62	3116	3.00
397	仁化县锦江电力开发总公司		4.04		12 926.69	0.00	12 797.42	3204	4.04
398	仁化县方骏发展有限公司（东源）		2.47		5391.58	0.00	5337.66	2180	2.47
399	仁化县方骏发展有限公司		2.41		4442.38	0.00	4397.96	1847	2.41
400	韶能集团乳源县杨溪水电有限公司（银溪水电厂）		2.40		4694.15	0.00	4647.21	1956	2.40
401	阳江市水电开发有限公司		2.26		10 044.08	0.00	9943.64	4438	2.26
402	阳江市大河水力发电有限公司		3.00		9146.47	0.00	9055.01	3049	3.00

（续上表）

行号	指标名称	发电厂个数	发电设备容量		发电量（万千瓦时）		上网电量（万千瓦时）	平均利用小时（小时）	平均设备容量（万千瓦）
		（个）	（万千瓦）	其中：供热设备容量	合计	试运行			
403	郁南县西能水电有限公司		3.60		2124.67	0.00	2103.42	590	3.60
404	梧州向能水电开发有限公司郁南向阳三级电站		3.00		1553.20	0.00	1537.67	518	3.00
405	肇庆市贺江电力发展有限公司（城电线）		7.00		28 852.00	0.00	28 563.48	4122	7.00
406	肇庆市贺江电力发展有限公司（封白线）		3.40		9057.33	0.00	8966.76	2668	3.40
407	四会市马房水电站		2.00		7782.20	0.00	7704.38	3891	2.00
408	广东怀集新联水电有限公司（牛岐水电站-东牛Ⅱ线）		2.00		3894.18	0.00	3855.24	1947	2.00
409	广东省广宁县春水水电开发有限公司		2.00		7101.80	0.00	7030.78	3551	2.00
410	广宁县深华水电厂有限公司（花山）		2.55		5736.27	0.00	5678.90	2250	2.55
411	广东怀集威发水电有限公司（鱼跳水电站）		1.89		901.15	0.00	892.14	477	1.89
412	广东怀集高塘水电有限公司		3.60		1251.65	0.00	1239.13	348	3.60
413	广东怀集高塘水电有限公司-飞新线		7.59		16 538.43	0.00	16 373.04	2179	7.59
414	怀集县清华水电实业发展有限公司		2.46		3646.10	0.00	3609.64	1481	2.46

2018年广东省供电情况

	供电量（亿千瓦时）		售电量（亿千瓦时）		线损率（%）	
	本年实际	同比增长	本年实际	同比增长	本年实际	同比增长
广东电网公司	5510.70	7.45	5311.70	7.69	4.68	–0.27
佛山供电局	647.09	4.10	630.08	4.82	2.63	–0.67
东莞供电局	798.88	5.98	782.56	5.83	2.04	0.13
中山供电局	285.13	4.84	277.70	5.70	2.61	–0.79
惠州供电局	395.90	11.42	386.03	13.16	2.49	–1.50
江门供电局	273.57	5.95	265.20	6.69	3.06	–0.68
韶关供电局	120.23	10.61	115.56	10.42	3.89	0.17
湛江供电局	128.87	7.95	122.22	8.07	5.16	–0.11
茂名供电局	95.39	10.77	91.75	11.73	3.82	–0.82
清远供电局	198.83	12.83	191.88	11.94	3.50	0.78
珠海供电局	220.13	11.61	216.19	12.41	1.79	–0.70
汕头供电局	197.83	3.83	186.93	4.89	5.51	–0.95

（续上表）

	供电量（亿千瓦时）		售电量（亿千瓦时）		线损率（%）	
	本年实际	同比增长	本年实际	同比增长	本年实际	同比增长
梅州供电局	93.01	11.65	88.21	12.73	5.16	–0.91
阳江供电局	108.99	8.28	106.32	8.40	2.45	–0.11
肇庆供电局	171.63	4.06	166.27	5.97	3.12	–1.75
揭阳供电局	147.10	6.53	137.51	7.90	6.52	–1.19
河源供电局	89.13	16.03	84.19	15.52	5.55	0.42
汕尾供电局	58.33	6.13	54.26	8.93	6.98	–2.40
潮州供电局	90.92	6.18	85.21	6.33	6.28	–0.13
云浮供电局	68.13	7.35	65.37	7.95	4.06	–0.53

2018年广东省购售电量情况

	2018年	2017年
一、广东省内购售电量（全资产口径）		
购本经营区域内电量（亿千瓦时）	3585.16	3356.26
售本经营区域内电量（亿千瓦时）	4004.33	3719.39
公司所属常规电厂上网电量（万千瓦时）	26 009	45 939
二、广东电网公司购省外电量（万千瓦时）		
广东电网公司_购广西	6001.46	0.00
广东电网公司_购鲤鱼江电厂	219 273.26	231 875.58
广东电网公司_购桥口电厂	430 693.75	423 225.42
广东电网公司_购三峡电厂	1 445 769.71	1 448 862.31
广东电网公司_购西南	16 985 363.06	15 412 310.01
广东电网公司_购海南	6381.00	5196.00
广东电网公司_购香港	14 699.33	36 705.00
广东省_蛇口购香港	45 543.63	92 549.42
广东电网公司_购新疆（三广）	146 919.04	160 188.42
广东电网公司_购国网	6286.24	3548.47
广州供电局_购广东	5 936 984.06	5 543 524.13
深圳供电局_购广东	6 635 203.46	6 184 797.33
三、广东电网公司售省外电量（万千瓦时）		
广东电网公司_售广西	6001.46	4599.99
广东电网公司_售云南		
广东电网公司_售海南	4432.70	4031.00
广东电网公司_售澳门	491 104.18	395 154.61
广东电网公司_售湖南		
广东电网公司_售三峡		
广东电网公司_售香港		

（续上表）

	2018年	2017年
广东电网公司_售西南		
广东电网公司_供广州	5 936 984.06	5 543 524.13
广东电网公司_供深圳	6 635 203.46	6 184 797.33
广东省_核电输香港	1 260 118.40	1 257 626.91
广东省_抽水蓄能送香港	29 907.58	46 076.24

2018年广东省用电结构情况

计量单位：万千瓦时，%

	用电量（万千瓦时）			用电结构（%）		
	2018年	2017年	增长（±%）	2018年	2017年	增长（±%）
全社会用电量总计	63 233 539	59 589 678	6.11	100.00	100.00	0.00
A. 各行业用电量合计	53 329 541	50 211 963	6.21	84.34	84.26	0.07
第一产业	1 126 281	1 013 993	11.07	1.78	1.70	0.08
第二产业	40 027 028	38 027 415	5.26	63.30	63.82	–0.52
第三产业	12 176 233	11 170 555	9.00	19.26	18.75	0.51
B. 城乡居民生活用电量合计	9 903 998	9 377 715	5.61	15.66	15.74	–0.07
城镇居民	5 934 321	5 674 351	4.58	9.38	9.52	–0.14
乡村居民	3 969 677	3 703 364	7.19	6.28	6.21	0.06
各行业用电分类						
一、农、林、牧、渔业	1 248 718	1 128 576	10.65	1.97	1.89	0.08
1. 农业	483 695	443 015	9.18	0.76	0.74	0.02
2. 林业	19 607	18 089	8.39	0.03	0.03	0.00
3. 畜牧业	134 709	120 385	11.90	0.21	0.20	0.01
4. 渔业	488 270	432 504	12.89	0.77	0.73	0.05
5. 农、林、牧、渔专业及辅助性活动	122 437	114 583	6.85	0.19	0.19	0.00
其中：排灌	44 685	45 720	–2.26	0.07	0.08	–0.01
二、工业	39 676 982	37 762 949	5.07	62.75	63.37	–0.62
（一）采矿业	380 061	386 828	–1.75	0.60	0.65	–0.05
1. 煤炭开采和洗选业	2364	2310	2.34	0.00	0.00	0.00
2. 石油和天然气开采业	73 180	80 516	–9.11	0.12	0.14	–0.02
3. 黑色金属矿采选业	18 553	19 813	–6.36	0.03	0.03	0.00
4. 有色金属矿采选业	64 840	63 431	2.22	0.10	0.11	0.00
5. 非金属矿采选业	161 859	160 283	0.98	0.26	0.27	–0.01
6. 其他采矿业	59 266	60 476	–2.00	0.09	0.10	–0.01
（二）制造业	32 025 508	30 236 880	5.92	50.65	50.74	–0.10
1. 农副食品加工业	463 994	433 055	7.14	0.73	0.73	0.01
2. 食品制造业	386 876	358 529	7.91	0.61	0.60	0.01

（续上表）

	用电量（万千瓦时）			用电结构（%）		
	2018年	2017年	增长（±%）	2018年	2017年	增长（±%）
3．酒、饮料及精制茶制造业	129 370	124 462	3.94	0.20	0.21	0.00
4．烟草制造业	23 427	25 044	-6.46	0.04	0.04	0.00
5．纺织业	1 131 718	1 080 409	4.75	1.79	1.81	-0.02
6．纺织服装、服饰业	880 081	868 553	1.33	1.39	1.46	-0.07
7．皮革、毛皮、羽毛及其制品和制鞋业	732 584	729 074	0.48	1.16	1.22	-0.06
8．木材加工和木、竹、藤、棕、草制品业	483 574	464 852	4.03	0.76	0.78	-0.02
9．家具制造业	455 526	424 653	7.27	0.72	0.71	0.01
10．造纸及纸制品业	1 003 246	986 279	1.72	1.59	1.66	-0.07
11．印刷和记录媒介复制业	335 301	326 086	2.83	0.53	0.55	-0.02
12．文教、工美、体育和娱乐用品制造业	650 415	628 672	3.46	1.03	1.06	-0.03
其中：体育用品制造	33 322	29 993	11.10	0.05	0.05	0.00
13．石油、煤炭及其他燃料加工业	845 601	709 830	19.13	1.34	1.19	0.15
其中：煤化工	203	147	37.92	0.00	0.00	0.00
14．化学原料及化学制品制造业	974 858	910 612	7.06	1.54	1.53	0.01
其中：氯碱	153 556	140 500	9.29	0.24	0.24	0.01
电石	4720	5031	-6.17	0.01	0.01	0.00
黄磷	1155	4563	-74.69	0.00	0.01	-0.01
其中：肥料制造	28 624	29 245	-2.12	0.05	0.05	0.00
15．医药制造业	252 990	231 468	9.30	0.40	0.39	0.01
其中：中成药生产	37 650	33 564	12.18	0.06	0.06	0.00
生物药品制品制造	24 264	21 022	15.42	0.04	0.04	0.00
16．化学纤维制造业	186 096	179 751	3.53	0.29	0.30	-0.01
17．橡胶和塑料制品业	3 256 962	3 139 405	3.74	5.15	5.27	-0.12
其中：橡胶制品业	719 669	708 570	1.57	1.14	1.19	-0.05
塑料制品业	2 537 292	2 430 835	4.38	4.01	4.08	-0.07
18．非金属矿物制品业	3 440 672	3 368 400	2.15	5.44	5.65	-0.21
其中：水泥制造	882 458	769 159	14.73	1.40	1.29	0.10
玻璃制造	496 410	419 818	18.24	0.79	0.70	0.08
陶瓷制品制造	1 239 677	1 298 256	-4.51	1.96	2.18	-0.22
其中：碳化硅	6455	1750	268.83	0.01	0.00	0.01
19．黑色金属冶炼及压延加工业	1 956 368	1 632 445	19.84	3.09	2.74	0.35
其中：钢铁	1 487 498	1 205 537	23.39	2.35	2.02	0.33
铁合金冶炼	310 607	290 613	6.88	0.49	0.49	0.00
20．有色金属冶炼及压延加工业	798 282	760 357	4.99	1.26	1.28	-0.01
其中：铝冶炼	127 994	136 569	-6.28	0.20	0.23	-0.03

（续上表）

	用电量（万千瓦时）			用电结构（%）		
	2018年	2017年	增长（±%）	2018年	2017年	增长（±%）
铅锌冶炼	63 038	88 399	−28.69	0.10	0.15	−0.05
稀有稀土金属冶炼	2162	2922	−26.03	0.00	0.00	0.00
21. 金属制品业	4 023 081	3 782 253	6.37	6.36	6.35	0.02
其中：结构性金属制品制造	555 297	523 849	6.00	0.88	0.88	0.00
22. 通用设备制造业	830 694	812 247	2.27	1.31	1.36	−0.05
其中：风能原动设备制造	1223	1092	11.95	0.00	0.00	0.00
23. 专用设备制造业	459 489	440 886	4.22	0.73	0.74	−0.01
其中：医疗仪器设备及器械制造	36 548	47 171	−22.52	0.06	0.08	−0.02
24. 汽车制造业	558 359	473 397	17.95	0.88	0.79	0.09
其中：新能源车整车制造	50 569	34 613	46.10	0.08	0.06	0.02
25. 铁路、船舶、航空航天和其他运输设备制造业	444 456	451 869	−1.64	0.70	0.76	−0.06
其中：铁路运输设备制造	7892	8107	−2.66	0.01	0.01	0.00
城市轨道交通设备制造	53 137	50 519	5.18	0.08	0.08	0.00
航空、航天器及设备制造	3282	2574	27.51	0.01	0.00	0.00
26. 电气机械和器材制造业	1 657 448	1 596 763	3.80	2.62	2.68	−0.06
其中：光伏设备及元器件制造	32 555	17 474	86.31	0.05	0.03	0.02
27. 计算机、通信和其他电子设备制造业	3 984 733	3 698 486	7.74	6.30	6.21	0.10
其中：计算机制造	114 994	116 636	−1.41	0.18	0.20	−0.01
通信设备制造	679 419	641 089	5.98	1.07	1.08	0.00
28. 仪器仪表制造业	276 434	285 998	−3.34	0.44	0.48	−0.04
29. 其他制造业	865 354	814 677	6.22	1.37	1.37	0.00
30. 废弃资源综合利用业	160 096	126 106	26.95	0.25	0.21	0.04
31. 金属制品、机械和设备修理业	377 422	372 263	1.39	0.60	0.62	−0.03
（三）电力、热力、燃气及水生产和供应业	7 271 413	7 139 242	1.85	11.50	11.98	−0.48
1. 电力、热力的生产和供应业	65 29 966	6 461 780	1.06	10.33	10.84	−0.52
其中：电厂生产全部耗用电量	2 814 626	2 891 841	−2.67	4.45	4.85	−0.40
线路损失电量	2 512 746	2 485 695	1.09	3.97	4.17	−0.20
抽水蓄能抽水耗用电量	831 870	728 330	14.22	1.32	1.22	0.09
2. 燃气生产和供应业	161 152	141 072	14.23	0.25	0.24	0.02
3. 水的生产和供应业	580 294	536 390	8.18	0.92	0.90	0.02
三、建筑业	727 467	636 729	14.25	1.15	1.07	0.08
1. 房屋建筑业	362 319	316 750	14.39	0.57	0.53	0.04
2. 土木工程建筑业	102 504	96 495	6.23	0.16	0.16	0.00
3. 建筑安装业	37 413	31 366	19.28	0.06	0.05	0.01

（续上表）

	用电量（万千瓦时）			用电结构（%）		
	2018年	2017年	增长（±%）	2018年	2017年	增长（±%）
4．建筑装饰、装修和其他建筑业	225 231	192 118	17.24	0.36	0.32	0.03
四、交通运输、仓储、邮政业	1 282 890	1 089 757	17.72	2.03	1.83	0.20
1．铁路运输业	389 120	336 131	15.76	0.62	0.56	0.05
其中：电气化铁路	141 043	118 242	19.28	0.22	0.20	0.02
2．道路运输业	550 521	448 666	22.70	0.87	0.75	0.12
其中：城市公共交通运输	418 328	337 344	24.01	0.66	0.57	0.10
3．水上运输业	15 918	17 116	–7.00	0.03	0.03	0.00
其中：港口岸电	4121	4407	–6.49	0.01	0.01	0.00
4．航空运输业	81 885	66 409	23.30	0.13	0.11	0.02
5．管道运输业	10 490	10 405	0.82	0.02	0.02	0.00
6．多式联运和运输代理业	4634	4435	4.50	0.01	0.01	0.00
7．装卸搬运和仓储业	204 897	181 118	13.13	0.32	0.30	0.02
8．邮政业	25 423	25 477	–0.21	0.04	0.04	0.00
五、信息传输、软件和信息技术服务业	778 135	709 140	9.73	1.23	1.19	0.04
1．电信、广播电视和卫星传输业	660 103	615 051	7.33	1.04	1.03	0.01
2．互联网和相关服务	82 699	65 820	25.64	0.13	0.11	0.02
其中：互联网数据服务	35 931	30 538	17.66	0.06	0.05	0.01
3．软件和信息技术服务业	35 332	28 270	24.98	0.06	0.05	0.01
六、批发和零售业	2 501 343	2 350 337	6.42	3.96	3.94	0.01
其中：充换电服务业	82 216	73 069	12.52	0.13	0.12	0.01
七、住宿和餐饮业	1 123 012	1 048 027	7.15	1.78	1.76	0.02
八、金融业	196 278	192 265	2.09	0.31	0.32	–0.01
九、房地产业	856 186	725 869	17.95	1.35	1.22	0.14
十、租赁和商务服务业	1 666 915	1 540 800	8.19	2.64	2.59	0.05
其中：租赁业	153 672	134 133	14.57	0.24	0.23	0.02
十一、公共服务及管理组织	3 271 615	3 027 514	8.06	5.17	5.08	0.09
1．科学研究、技术服务业	133 918	132 301	1.22	0.21	0.22	–0.01
其中：地质勘查	5273	4961	6.30	0.01	0.01	0.00
其中：科技推广和应用服务业	18 854	23 588	–20.07	0.03	0.04	–0.01
2．水利、环境和公共设施管理业	646 910	583 643	10.84	1.02	0.98	0.04
其中：水利管理业	74 171	63 917	16.04	0.12	0.11	0.01
其中：公共照明	339 361	322 484	5.23	0.54	0.54	0.00
3．居民服务、修理和其他服务业	486 562	426 234	14.15	0.77	0.72	0.05
4．教育、文化、体育和娱乐业	841 583	774 071	8.72	1.33	1.30	0.03
其中：教育	624 236	558 466	11.78	0.99	0.94	0.05
5．卫生和社会工作	397 239	370 038	7.35	0.63	0.62	0.01
6．公共管理和社会组织、国际组织	765 403	741 226	3.26	1.21	1.24	–0.03

2018年广东电网公司35千伏及以上线路情况

	架空线					电 缆	
	条数（条）	杆路长度（千米）	回路长度（千米）	其中：直流线路		条数（条）	长度（千米）
甲	1	2	3	4	5	6	7
全省（区）合计	5490	30 711.7425	69 720.262	1	36.835	1291	2581.701
其中：500千伏	247	5264.457	9016.902				
220千伏	1040	11 338.06263	21 051.263			70	310.778
±160千伏				1	36.835		
110千伏	3564	13 708.97 415	32 316.32			1110	2221.639
35千伏	639	400.248 714 3	7335.778			111	49.284
其中：1．佛山市	583	2961.814	4661.182			214	434.088
500千伏	26	182.357	534.718				
220千伏	124	1106.214	1707.461			14	60.854
110千伏	426	1654.379	2360.399			195	370.359
35千伏	7	18.864	58.604			5	2.875
2．东莞市	666	3806.3	4209.425			247	583.458
500千伏	30	524.9	664.62				
220千伏	110	1324.9	1388.267			6	33.309
110千伏	526	1956.5	2156.538			241	550.149
35千伏							
3．中山市	303	2025.727	2091.361			157	317.15
500千伏	18	384.553	381.495				
220千伏	68	825.534	809.093			6	10.87
110千伏	217	815.64	900.773			151	306.28
35千伏							
4．惠州市	445	2134.683	6434.582			79	104.874
500千伏	34	582.903	1411.745				
220千伏	101	731.552	2182.141			4	8.565
110千伏	301	820.228	2747.582			73	96.206
35千伏	9		93.114			2	0.103
5．江门市	408	2647.222	5551.396			135	199.606
500千伏	31	1082.432	1464.094				
220千伏	75	586.59	1489.759			7	6.17
110千伏	299	971.95	2572.66			128	193.436
35千伏	3	6.25	24.883				
6．韶关市	314	779.21	4702.686			56	27.731
500千伏	4		153.424				
220千伏	44	311.466	1192.567				

（续上表）

	架空线					电缆	
	条数（条）	杆路长度（千米）	回路长度（千米）	其中：直流线路		条数（条）	长度（千米）
110千伏	157	411.532	2216.283			17	13.914
35千伏	109	56.212	1140.412			39	13.817
7. 湛江市	230	1955.712	3891.411			28	81.412
500千伏	6	224.334	231.008				
220千伏	46	742.195	1064.252			2	20.99
110千伏	161	989.103	2326.791			23	59.441
35千伏	17	0.08	269.36			3	0.981
8. 茂名市	222	1576.1922	3731.447			25	13.809
500千伏	4	75.272	231.854				
220千伏	34	668.613	1085.842				
110千伏	135	791.4982	1919.815			14	8.967
35千伏	49	40.809	493.936			11	4.842
9. 清远市	324	1176.007	6530.328			19	26.841
500千伏	12	175.52	758.619				
220千伏	52	637.4	2174.763				
110千伏	163	333.987	2409.836			13	24.884
35千伏	97	29.1	1187.11			6	1.957
10. 珠海市	219	1283.021	1602.947			109	378.092
500千伏	8	203.072	203.238				
220千伏	67	496.587	686.647			24	138.352
110千伏	144	583.362	713.062			85	239.74
35千伏							
11. 汕头市	188	1356.29	1670.978	1	36.835	77	168.236
500千伏	11	342.06	399.469				
220千伏	41	461.568	484.789			3	16.986
110千伏	136	552.662	786.72			74	151.25
±160千伏				1	36.835		
35千伏							
12. 梅州市	295	1531.373 46	4601.085			34	35.222
500千伏	8	188.474	421.22				
220千伏	39	589.767	1211.368				
110千伏	147	696.600 66	1929.902			18	28.468
35千伏	101	56.5318	1038.595			16	6.754
13. 阳江市	177	1560.238	3186.659			15	9.232
500千伏	15	333.422	509.88				
220千伏	27	528.868	901.528				

（续上表）

	架空线					电缆	
	条数（条）	杆路长度（千米）	回路长度（千米）	其中：直流线路		条数（条）	长度（千米）
110千伏	102	603.95	1389.006			7	1.817
35千伏	33	93.998	386.245			8	7.415
14．肇庆市	274	591.356	3717.574			40	109.737
500千伏	10	25.95	107.85				
220千伏	52	333.406	1066.293			2	14.46
110千伏	138	208.5	1726.606			29	93.287
35千伏	74	23.5	816.825			9	1.99
15．揭阳市	203	1567.479	2709.557			4	4.144
500千伏	6	176.784	290.351				
220千伏	49	673.568	965.941				
110千伏	139	713.987	1331.45			3	4.143
35千伏	9	3.14	121.815			1	0.001
16．河源市	324	1724.982 835	6530.328			12	16.534
500千伏	12	242.558	758.619				
220千伏	52	654.141 632 6	2174.763			1	0.022
110千伏	163	797.424 288 3	2409.836			10	16.332
35千伏	97	30.858 914 33	1187.11			1	0.18
17．汕尾市	109	1045.296	2265.699			9	27.621
500千伏	14	394.225	685.412				
220千伏	20	244.997	561.332			1	0.2
110千伏	63	385.298	874.223			7	27.114
35千伏	12	20.776	144.732			1	0.307
18．潮州市	142	778.814	1604.635			22	36.708
500千伏	2	125.141	135.798				
220千伏	31	244.396	561.652				
110千伏	81	389.648	625.452			17	33.341
35千伏	28	19.629	281.733			5	3.367
19.云浮市	156	296.8	2393.313			9	7.206
500千伏	2	0.5	56.466				
220千伏	25	176.3	609.683				
110千伏	87	119.5	1236.319			5	2.511
35千伏	42	0.5	490.845			4	4.695

说明：

1．综合范围包括35千伏（包括高压侧220千伏）及以上的线路，不包括已经批准报废的线路；

2．电压等级的分类，按设计电压。经过改造的，按改造后的设计电压等级归类。

3．本统计未包括广州供电局。

2018年广东电网公司35千伏及以上变电站情况

	公用变电站		
	变电站	变压器	变电容量
	（座数）	（台数）	（千伏安）
甲	3	4	5
公司（区）合计	2111	4578	379 706 500
其中：500千伏	43	316	97 116 000
220千伏	300	707	136 220 000
110千伏	1478	3057	142 753 000
（含132千伏）			
35千伏	290	498	3 617 500
（含22千伏）			
1．韶关市	132	243	11 004 800
500千伏	1	6	1 500 000
220千伏	12	23	4 110 000
110千伏	70	131	4 837 000
（含132千伏）			
35千伏	49	83	557 800
（含22千伏）			
2．珠海市	72	165	16 385 500
500千伏	2	12	4 008 000
220千伏	17	41	7 300 000
110千伏	53	112	5 077 500
（含132千伏）			
35千伏			
（含22千伏）			
3．汕头市	82	199	15 908 500
500千伏	2	12	3 504 000
220千伏	13	33	5 700 000
110千伏	67	154	6 704 500
（含132千伏）			
35千伏			
（含22千伏）			

（续上表）

	公用变电站		
	变电站	变压器	变电容量
	（座数）	（台数）	（千伏安）
4. 佛山市	223	561	57 421 500
500千伏	5	48	15 024 000
220千伏	36	94	19 890 000
110千伏	181	417	22 497 500
（含132千伏）			
35千伏	1	2	10 000
（含22千伏）			
5. 江门市	163	340	25 724 000
500千伏	4	18	5 004 000
220千伏	27	54	9 420 000
110千伏	132	268	11 300 000
（含132千伏）			
35千伏			
（含22千伏）			
6. 湛江市	110	177	12 679 700
500千伏	2	12	3 000 000
220千伏	14	27	4 800 000
110千伏	78	116	4 725 000
（含132千伏）			
35千伏	16	22	154 700
（含22千伏）			
7. 茂名市	94	164	9 301 850
500千伏	1	6	1 500 000
220千伏	10	20	3 250 000
110千伏	64	108	4 240 000
（含132千伏）			
35千伏	19	30	311 850
（含22千伏）			
8. 肇庆市	120	239	16 821 500

（续上表）

	公用变电站		
	变电站	变压器	变电容量
	（座数）	（台数）	（千伏安）
500千伏	2	15	4 506 000
220千伏	13	31	5 790 000
110千伏	70	135	6 196 000
（含132千伏）			
35千伏	35	58	329 500
（含22千伏）			
9．惠州市	151	335	34 237 750
500千伏	5	36	10 512 000
220千伏	28	60	12 240 000
110千伏	115	234	11 455 000
（含132千伏）			
35千伏	3	5	30 750
（含22千伏）			
10．梅州市	134	244	11 229 800
500千伏	1	6	2 004 000
220千伏	12	23	3 930 000
110千伏	71	121	4 694 000
（含132千伏）			
35千伏	50	94	601 800
（含22千伏）			
11．汕尾市	34	77	5 761 100
500千伏	1	9	2 250 000
220千伏	6	10	1 650 000
110千伏	20	41	1 717 500
（含132千伏）			
35千伏	7	17	143 600
（含22千伏）			
12．河源市	98	174	10 513 100
500千伏	1	6	2 004 000

（续上表）

	公用变电站		
	变电站	变压器	变电容量
	（座数）	（台数）	（千伏安）
220千伏	10	21	3 720 000
110千伏	59	103	4 423 000
（含132千伏）			
35千伏	28	44	366 100
（含22千伏）			
13．阳江市	68	131	10 636 700
500千伏	2	15	4 506 000
220千伏	8	16	2 850 000
110千伏	45	78	3 113 500
（含132千伏）			
35千伏	13	22	167 200
（含22千伏）			
14．清远市	126	252	17 037 450
500千伏	2	12	3 504 000
220千伏	14	34	6 060 000
110千伏	73	145	6 991 500
（含132千伏）			
35千伏	37	61	481 950
（含22千伏）			
15.东莞市	191	621	69 971 000
500千伏	5	58	19 764 000
220千伏	35	119	25 920 000
110千伏	151	444	24 287 000
（含132千伏）			
35千伏			
（含22千伏）			
16．中山市	112	266	26 323 000
500千伏	3	21	7 014 000
220千伏	18	43	9 300 000

（续上表）

	公用变电站		
	变电站	变压器	变电容量
	（座数）	（台数）	（千伏安）
110千伏	91	202	10 009 000
（含132千伏）			
35千伏			
（含22千伏）			
17．潮州市	53	114	8 230 100
500千伏	1	6	2 004 000
220千伏	7	18	3 210 000
110千伏	33	67	2 863 500
（含132千伏）			
35千伏	12	23	152 600
（含22千伏）			
18．揭阳市	78	157	13 711 300
500千伏	2	12	3 504 000
220千伏	14	29	5 130 000
110千伏	60	114	5 063 000
（含132千伏）			
35千伏	2	2	14 300
（含22千伏）			
19．云浮市	70	119	6 807 850
500千伏	1	6	2 004 000
220千伏	6	11	1 950 000
110千伏	45	67	2 558 500
（含132千伏）			
35千伏	18	35	295 350
（含22千伏）			

说明：

1．综合范围包括35千伏（包括高压侧22千伏）及以上的变压器，不包括已经批准报废的设备。

2．电压等级的分类，按设计电压。经过改造的，按改造后的设计电压等级归类。

3．变压器的台数按“三相为一台”原则计数。

4．本统计未包括广州供电局。

企业荣誉

党中央、国务院表彰

2017年度国家科学技术进步奖

成果名称	等级	获奖单位
特大型交直流电网技术创新及其在国家西电东送中的应用	二等奖	广东电网公司

国家能源局表彰

2017年度电力建设领域安全管理成果奖

成果名称	等级	获奖单位
主题宣讲及安全警示教育	二级成果	广东省输变电工程有限公司
家“SPEED”班组建设	三级成果	广东省输变电工程有限公司
10千伏电杆上施工限位自动报警装置的研发	三级成果	佛山市顺德区易达电力工程有限公司

中国电力企业联合会表彰

2017年度电力行业企业文化示范单位

中山供电局

2017年度全国电力行业统计工作先进个人

张亚（广东电网公司）

2018年度中电联中国电力创新奖

成果名称	等级	获奖单位
配用电数据集成、管理及可视化关键技术研究与应用	一等奖	东莞供电局
大型电力变压器运行可靠性提升关键技术研究及工程应用	一等奖	广东电网公司电力科学研究院

（续上表）

成果名称	等级	获奖单位
高可靠性城市供电网规划与建设关键技术研究及工程应用	一等奖	珠海供电局
复杂大电网中长期电力市场关键技术研究及规模化应用	一等奖	广东电力交易中心有限责任公司，广东电网公司电力调度控制中心，广东电网公司电力科学研究院
新一代继电保护系统技术体系研究与应用	一等奖	广东电网公司电力调度控制中心
“一小时特征电网”规划研究与应用	一等奖	东莞供电局
广东电网基于省地调度操作机器人的调控一体化管理模式创新	一等奖	广东电网公司电力调度控制中心
惠州供电局“清水”廉洁文化体系建设研究	一等奖	惠州供电局
“六步法”班组文化模型的构建与实践	一等奖	广东电网公司
“快乐1+”建家模式提升基层供电企业员工幸福指数的探索与实践	一等奖	江门鹤山供电局
主配用智能协同调度关键技术研究与应用	二等奖	广东电网公司电力调度控制中心，佛山供电局，珠海供电局，中山供电局，江门供电局，汕头供电局
发电机组动态无功调用技术研究	二等奖	广东电网公司电力科学研究院，广东电网公司电力调度控制中心
变电主设备监造精益化管理创新实践	二等奖	广东电网公司电力科学研究院，广东电网公司物资部
广东电网公司科技项目预算标准研究	二等奖	中国电力企业联合会电力建设技术经济咨询中心，广东电网公司

（续上表）

成果名称	等级	获奖单位
基于行业分类的电量预测模型研究	二等奖	惠州供电局
GIS设备精益管控的探索与实践	二等奖	东莞供电局
基于客户信用评级的差异化电费回收管控研究	二等奖	惠州供电局
输配电价改革模式下的电网企业投资能力研究	二等奖	广东电网公司
电网企业竞争性业务投资评价体系的构建与应用	二等奖	广东电网公司
推行基于EVA的价值引领体系构建工程	二等奖	中山供电局
“和谐星光肇亮幸福”星文化品牌建设	二等奖	肇庆供电局
“电莞家”企业品牌建设的探索与实践	二等奖	东莞供电局
DL/T 1430变电设备在线监测系统技术导则等7项标准	二等奖	广东电网公司电力科学研究院
电网台风抢修工程计价依据标准研究	二等奖	广东电网公司，中山供电局
基于“互联网+”的营销客户全方位服务创新与实践	二等奖	广东电网公司信息中心
海量短信云生态建设及应用	二等奖	广东电网公司信息中心
移动应用关键技术研究及应用实践	二等奖	广东电网公司信息中心，广东电网公司信息部

2018年度中电联职工技术创新奖

成果名称	等级	获奖单位
电力线路连接金具超温警示装置	一等奖	中山供电局
防止厂站蓄电池脱离母线多维检测高级判别技术研究及装置应用	一等奖	珠海供电局，珠海汇达丰电力发展（集团）有限公司
新型坐姿登杆器的研制	一等奖	江门供电局
厂站远动装置动态延时响应调度主站技术与应用	一等奖	广东电网公司电力调度控制中心
变电站交换机一体化运维技术研究与应用	一等奖	广东电网公司电力科学研究院
IT运维服务质量数据分析决策系统	一等奖	广东电网公司信息中心

（续上表）

成果名称	等级	获奖单位
多点网格在线流速测量装置	一等奖	广东电科院能源技术有限责任公司
夜视无人机研发	二等奖	广东电网公司机巡作业中心
基于全自动液压控制技术的高压电缆放线架	二等奖	广东省输变电工程有限公司
便携式六氟化硫气体干燥机的研制	二等奖	广东电网公司电力科学研究院
一次设备多功能带电运维专用工具	二等奖	江门供电局
配网线路电杆防风拉线快速安装装置	二等奖	佛山供电局
BLVV导线终端回头扎线方法改进	二等奖	清远供电局
新型继电保护防误测试端子的研制	二等奖	揭阳供电局
继电保护回路完好性测试仪	二等奖	惠州供电局
带闭锁功能的变压器绝缘防护网的研制	二等奖	佛山供电局
基于云架构技术的海量短信平台创新及应用	二等奖	广东电网公司信息中心
工频电磁场职业卫生检测与评价方法研究	二等奖	广东电网公司电力科学研究院
输电线路高效驱鸟装置研制	三等奖	中山市凯能集团有限公司
带测距功能的新型长航时多旋翼无人机	三等奖	清远供电局
极速短路接地线	三等奖	江门明浩实业集团有限公司
新型全方位防护端子箱研制	三等奖	中山供电局
全自动直流电阻测试仪的研制	三等奖	珠海供电局
多功能SF6带电补气智能集成装置	三等奖	珠海供电局
配电网状态监测与智能控制集中器	三等奖	广东汇源通集团有限公司
10千伏配电网架空线路摘挂式地刀	三等奖	佛山供电局
变压器多工况故障模拟装置	三等奖	惠州供电局

中国电机工程学会表彰

2018年度中国电机工程学会中国电力科学技术奖

成果名称	等级	获奖单位
芯片化保护关键技术与应用	一等奖	佛山供电局
大型电力变压器运行可靠性提升关键技术研究及工程应用	二等奖	广东电网公司电力科学研究院
电力二次系统一体化关键技术及推广应用	二等奖	广东电网公司电力调度控制中心
地面重型燃气轮机关键高温构件状态评估与工程化技术应用研究	二等奖	广东电网公司电力科学研究院
复合绝缘子老化表征及状态诊断技术研究与应用	三等奖	广东电网公司电力科学研究院
重型燃气轮机燃烧振荡自主化调整技术及其监测成套设备	三等奖	广东电网公司电力科学研究院
火电机组自抗扰控制关键技术研究及工程实践	三等奖	广东电网公司电力科学研究院

中国能源研究会表彰

2018年度中国能源研究会能源创新奖

项目名称	奖项类别	奖项	单位
基于多维信息交互的电网保护与控制关键技术研究与示范	技术创新奖	二等奖	韶关供电局
工业污泥在燃煤电站中无害化和资源化处置关键技术研究及应用	技术创新奖	二等奖	广东电网公司
电力二次系统一体化关键技术及推广应用	技术创新奖	二等奖	广东电网公司
智能配电网自愈控制技术研究与开发	技术创新奖	二等奖	广东电网公司
智能继电保护整定风险纵深管控体系构建与应用	技术创新奖	三等奖	广东电网公司

2018年度优秀青年能源科技工作者

姓名	单位	职位/职称	专业
麦晓明	广东电网公司电力科学研究院	副所长/高级工程师	电力特种机器人
赵　伟	广东电网公司电力科学研究院	所长	新能源及节能技术
高庆水	广东电网公司电力科学研究院	高级工程师	电力设备故障诊断、新能源发电

中国电力建设企业协会表彰

2018年度中国电力优质工程奖

华润海丰电厂2×1000兆瓦超超临界燃煤发电机组工程：广东电网公司电力科学研究院（调试单位）

±500千伏金官换流站：广东创成建设监理咨询有限公司（监理单位）

500千伏现代变电站工程：广东省输变电工程有限公司（主体施工单位、调试单位）

500千伏卧龙（云浮）变电站工程：云浮供电局（建设单位、工程管理单位、运营单位），广东省输变电工程有限公司（施工总承包单位、主体施工单位、调试单位），广东创成建设监理咨询有限公司（监理单位、调试单位）

220千伏观桥变电站工程：湛江供电局（建设单位、运营单位），广东省输变电工程有限公司（施工总承包单位、主体施工单位、调试单位）

东莞220千伏道岭变电站工程：东莞供电局（建设单位、运营单位），广东创成建设监理咨询有限公司（监理单位）

中国电力设备管理协会

第七届全国电力行业设备管理工作先进单位和先进工作者

一、先进单位

广东电网公司生产技术部

中山供电局

二、先进工作者

彭发东（广东电网公司生产技术部技术专责）

张　峰（广东电网公司机巡作业中心数据分析部副部长）

陈义龙（广东电网公司机巡作业中心智能技术部副部长）

三、电网设备检修质量奖单位

东莞供电局

四、运维优秀班组

佛山供电局电力调度控制中心主网调度班

佛山供电局500千伏东坡运检中心

东莞供电局变电管理一所纵江巡维中心

五、设备运检大工匠

黎　汉（佛山供电局试验研究所/检修中心（分部）检修专责）

中国安装协会表彰

2017—2018年度（第二批）中国安装工程优质奖（中国安装之星）突出贡献者

序号	工程名称	单位名称	企业领导人	项目经理
1	东莞220千伏道岭变电站工程	东莞供电局（承建单位）	谢文景	莫广豪
		广东创成建设监理咨询有限公司（监理单位）	李永忠	何　登
2	220千伏观桥变电站工程	湛江供电局（承建单位）	张志强	郭　浩
		广东省输变电工程有限公司（参建单位）	郭　峰	陈奥博

广东省表彰

2017年度广东省科学技术奖

成果名称	等级	获奖单位
50兆瓦级生物质直燃发电技术研究及工程示范	一等奖	广东电网公司
动力用煤降损与环境污染治理关键技术研究及工程应用	一等奖	广东电网公司
适应分布式电源接入的主动配电网运行控制技术研究与应用	二等奖	广东电网公司
基于多变量闭环辨识的锅炉燃烧先进控制技术研究	二等奖	广东电网公司

（续上表）

成果名称	等级	获奖单位
重型燃气轮机燃烧振荡自主化调整技术及其监测成套设备	二等奖	广东电网公司
大型流化床锅炉热态大规模并行数值模拟及燃烧优化关键技术与工程应用	三等奖	广东电网公司
大型接地网多维度评价关键技术研究及应用	三等奖	广东电网公司
大型发电机定子铁心缺陷及转子匝间绝缘故障诊断关键技术研究	三等奖	广东电网公司
变压器添加金属钝化剂关键技术研究与应用	三等奖	广东电网公司
超临界机组水汽系统复合防蚀关键技术及应用	三等奖	广东电网公司
变电站电能质量数字化监测系统与综合治理装置研发及应用	三等奖	广东电网公司
信息安全纵深防御有效性评估技术研究与应用	三等奖	广东电网公司

2017年广东省劳模和工匠人才创新工作室

李建标创新工作室（珠海供电局）

冯普俊创新工作室（江门供电局）

杨芒生创新工作室（茂名供电局）

广东省工业系统劳模和工匠人才创新工作室

夏云峰劳模创新工作室（东莞供电局）

2018年广东省建设工程优质奖

工程名称	承建单位	建造师（项目经理）姓名	监理单位	项目总监姓名
佛山220千伏松夏变电站工程	广东省输变电工程有限公司	罗楚楠	广东诚誉工程咨询监理有限公司	李　昶
惠州220千伏沙迳变电站工程	广东省输变电工程有限公司	刘志文	广东创成建设监理咨询有限责任公司	唐四清
肇庆220千伏新围（下茆）变电站工程	广东省输变电工程有限公司	朱玉田	广东诚誉工程咨询监理有限责任公司	钟龙瑞

（续上表）

工程名称	承建单位	建造师（项目经理）姓名	监理单位	项目总监姓名
东莞220千伏道岭变电站工程	中国能源建设集团广东火电工程有限公司	叶国文	广东创成建设监理咨询有限责任公司	何登
江门220千伏孟槐变电站工程	江门市电力工程输变电有限公司	曾展鹏	佛山市诚智工程监理有限公司	贺健康
茂名110千伏莲头（下海）变电站工程	茂名市经茂电力安装有限公司	唐胜世	茂名市电力工程监理有限公司	王锦东
东莞220千伏沛然变电站工程	广东能洋电力建设有限公司	刘勇明	广东诚誉工程咨询监理有限责任公司	郭正余

2018年广东省安全文化建设示范企业

广东电网公司电力调度控制中心
东莞城区供电分局
东莞供电局变电管理一所
东莞供电局输电管理所
东莞松山湖供电分局
惠州惠阳供电局
韶关城区供电局
韶关乐昌供电局
韶关曲江供电局
韶关新丰供电局
韶关翁源供电局
韶关乳源供电局
揭阳供电局
阳江供电局
清远供电局
佛山三水供电局
佛山南海供电局
佛山高明供电局
佛山禅城供电局
梅州供电局
云浮供电局
惠州惠东供电局
汕头供电局

南方电网有限责任公司表彰

南方电网公司集体一等功（机巡作业中心团队）

钟连宏（广东电网公司副总经理）
彭炽刚（广东电网公司机巡作业中心主任）
许志海（广东电网公司机巡作业中心专责）
李雄刚（广东电网公司机巡作业中心副主任）
陈剑光（广东电网公司生产技术部副主任）
陈　浩（广东电网公司机巡作业中心副主任）
柳亦钢（广东电网公司机巡作业中心副调研员）
陈寿权（广东电网公司应急机巡党总支书记）
周华敏（广东电网公司生产技术部科长）
汪　勇（广东电网公司机巡作业中心副部长）
孙晓敏（广东电网公司机巡作业中心副部长）
张　峰（广东电网公司机巡作业中心副部长）
刘平原（广东电网公司机巡作业中心副部长）
宋海龙（广东电网公司肇庆供电局专责）
刘　高（广东电网公司机巡作业中心专责）
蒙华伟（广东电网公司机巡作业中心专责）
郭启迪（广东电网公司机巡作业中心专责）
翟瑞聪（广东电网公司机巡作业中心专责）
王　丛（广东电网公司机巡作业中心专责）
王年孝（广东电网公司机巡作业中心专责）
刘云根（广东电网公司机巡作业中心专责）
罗李毅（广东电网公司机巡作业中心专责）
徐健儿（广东电网公司机巡作业中心专责）
林俊省（广东电网公司机巡作业中心班员）
廖建东（广东电网公司机巡作业中心班员）
廖如超（广东电网公司机巡作业中心班员）

2017—2018年度南方电网公司系统运行及调度工作先进集体和先进个人

一、先进集体
（一）中调：
广东电网公司电力调度控制中心
（二）地调：
佛山供电局电力调度控制中心
（三）县（配）调：
潮州供电局饶平县调
东莞供电局电力调度控制中心配网调度班
湛江供电局电力调度控制中心配网调度班
二、系统运行操作能手
（一）调度运行操作能手：

蔡新雷（广东电网电力调度控制中心调度员）
刘嘉逊（广东佛山供电局电力调度控制中心调度员）
（二）变电运行操作能手
黄永平（东莞供电局变电管理二所立新巡维中心站长）
三、系统运行业务先进个人
（一）继电保护优秀班组长
薛健斌（珠海供电局继保自动化班长）
黎柏枝（东莞供电局继保自动化三班班长）
梁宇鹏（江门供电局继保自动化班长）
（二）通信优秀班组长
吴浩辉（中山供电局通信网络运行二班班长）
黄志平（惠州供电局通信网络运行班长）
（三）自动化优秀班组长
赵小燕（广东电网电力调度控制中心厂站自动化组组长）
曹志辉（佛山供电局调度自动化化班班长）
（四）优秀站长
温东升（江门供电局500千伏江门站站长）
郭修杰（佛山供电局500千伏东坡站站长）
（五）保护定值整定业务能手
杨冬梅（茂名供电局继保专责）
（六）安自装置定值整定业务能手
李新超（广东电网公司电力调度控制中心控制技术专责）
（七）检修申请票批复业务能手
包　博（广东电网公司电力调度控制中心方式策划专责）
（八）网络安全业务先进个人
周　安（广东电网公司电力调度控制中心网络安全部安全管理组长）
四、系统运行效能优胜奖
（一）金牌变电站
500千伏沧江变电站（佛山供电局）
500千伏莞城变电站（东莞供电局）
500千伏韩江变电站（潮州供电局）
500千伏榕江变电站（揭阳供电局）
（二）金牌线路
500千伏茂蝶甲线（茂名供电局、阳江供电局）

2017—2018年度南方电网公司安全生产先进集体和先进个人

一、安全生产先进集体
佛山供电局
江门供电局
珠海供电局
广东省输变电工程有限公司
二、县级供电企业安全生产先进集体
韶关乐昌供电局
汕头澄海供电局
梅州蕉岭供电局
三、安全生产先进个人
余冬青（广东电网公司安全监管部副科长）
黎　汉（佛山供电局变电管理一所专责）
袁炜灯（东莞供电局调控中心主管）
袁晓杰（惠州供电局生产设备管理部副主任）
徐宝军（中山供电局变电管理二所主任）
廖志文（江门供电局输电二所班长）
邹　挺（韶关供电局系统运行部主任）
黄观荣（湛江供电局变电管理所主任）
朱子坤（茂名供电局副总工程师、化州供电局局长）
温振宇（清远清新供电局太和供电所副所长）
林玮玲（珠海供电局安全监管部副主任）
陈建东（汕头供电局变电管理所总支书记、主任）
杨志强（梅州供电局生产设备管理部主任）
杨正兴（阳江供电局变电管理所化学实验班班长）
邸　龙（肇庆端州供电局副局长）
林盛雄（揭阳供电局安全监管部主任）
林伟民（河源供电局系统运行部主网调度班班长）
陈家存（汕尾城区供电局局长）
谢　奕（潮州湘桥供电局配电部配电运维班副班长）
揭　毅（云浮供电局生产设备管理部主任助理）
刘思捷（广东电网公司电力调度控制中心发电调度部副部长）
彭向阳（广东电网公司电力科学研究院安全生产部副主任）
罗楚楠（广东省输变电工程有限公司副总工程师、安全监管部主任）
刘文松（广东电网公司应急抢修中心副主任）
蒙华伟（广东电网公司机巡作业中心专责）
苏立伟（广东电网公司客户服务中心系统运维专责）

2017—2018年度南方电网公司节能环保先进集体和先进个人

一、节能环保先进集体
广东电网公司电力科学研究院
佛山供电局
二、节能环保先进个人
黄志元　广东电网公司计划发展部副科长

吴　敏　广东电网公司市场营销部专责
张　历　广东电网公司生产技术部专责
陈永洪　广东电网公司基建部专责
顾延勋　珠海供电局专责
李若明　中山供电局副主任

2017—2018年度南方电网公司科技管理先进单位、科技创新先进集体、科技管理先进个人

一、科技管理先进单位
广东电网公司
二、科技创新先进集体
广东电网公司电力调度控制中心
广东电网公司电力科学研究院
佛山供电局
三、科技管理先进个人
赵永发（广东电网公司科技部）
夏云峰（东莞供电局）
杨　玺（江门供电局）
唐小亮（清远供电局）
李清波（汕头供电局）
蒙华伟（广东电网公司机巡作业中心）
高新华（广东电网公司电科院能源技术有限责任公司）

2018年度南方电网专利奖

成果名称	等级	获奖单位
直流大电流测量装置纹波响应性能测试系统及方法	二等奖	广东电网公司电力科学研究院
智能变电站虚端子关联配置正确性的校核方法及装置	二等奖	广东电网公司电力调度控制中心
绝缘油中二苄基二硫醚和抗氧化剂的检测方法	二等奖	广东电网公司电力科学研究院
一种光纤绝缘子插入损耗检测仪	二等奖	广东电网公司电力科学研究院
一种基于GIS的电动汽车充电站监测方法	二等奖	广东电网公司电力科学研究院
生成移动智能终端源代码的图形化的结构树的方法及装置	二等奖	广东电网公司信息中心
煤堆表面隔水性覆盖剂及其制备方法	三等奖	广东电网公司电力科学研究院
终端安全防护方法和设备	三等奖	广东电网公司电力科学研究院
一种含DER配电通信方式的可靠性检测方法和装置	三等奖	广东电网公司电力科学研究院

（续上表）

成果名称	等级	获奖单位
一种WEB应用系统内容变更的检测方法及系统	三等奖	广东电网公司信息中心
备自投装置母线PT三相断线快速检测方法和防误动方法	三等奖	揭阳供电局
一种基于kinect实现电力培训仿真的方法及系统	三等奖	广东电网公司教育培训评价中心
一种基于MMC的UPQC起动控制方法	三等奖	广东电网公司电力科学研究院
一种一机多站巡检系统	三等奖	中山供电局
GIS刀闸触头分合闸情况监测系统	三等奖	清远供电局
对Internet信息系统恶意攻击的检测方法及系统	三等奖	广东电网公司信息中心
油处理装置及方法	三等奖	广东电网公司电力科学研究院
石墨复合接地保护材料及其制备方法	三等奖	佛山供电局
基于录波数据的高压输电线路故障识别方法和系统	三等奖	广东电网公司电力科学研究院
智能变电站继电保护装置的检修方法	三等奖	广东电网公司电力调度控制中心
实现串供电网多级备自投的方法	三等奖	广东电网公司电力调度控制中心，梅州供电局
基于电缆局部放电测试的同步电压信号相频校核仪	三等奖	佛山供电局
驱鸟剂及其制备方法	三等奖	潮州供电局
小水电调压控制方法	三等奖	广东电网公司电力科学研究院
基于有载调压开关的移相变压器副边绕组抽头投切电路	三等奖	广东电网公司电网规划研究中心
电网量测数据监测方法和系统	三等奖	广东电网公司电力科学研究院
基于潮流转移比的动态断面控制方法	三等奖	广东电网公司电力调度控制中心
冷热介质及其容器分离的高压超导限流器设计方法	三等奖	广东电网公司电网规划研究中心
计及关键支路的输电断面确定方法与装置	三等奖	广东电网公司电力调度控制中心
系统处理方法	三等奖	广东电网公司信息中心
接入小水电的配网继电保护系统	三等奖	茂名供电局

（续上表）

成果名称	等级	获奖单位
变压器防过热保护装置及控制方法	三等奖	肇庆供电局
一种高压手车式开关柜触头散热装置	三等奖	东莞供电局
钢框架结构突变损伤的识别方法及系统	三等奖	中山供电局
电力计量采集系统的入库操作方法及装置	三等奖	汕头供电局
一种输电线路黑点模拟预警平台的监控系统	三等奖	江门供电局
梅花触头弹簧安装装置	三等奖	中山供电局
一二次元件安全性评估方法和系统	三等奖	茂名供电局
雷击故障侵入波与接地故障侵入波的辨识方法与系统	三等奖	广东电网公司电力科学研究院
三相四线电能表一相失压时退补电量误差检测方法和系统	三等奖	中山供电局
变电站GIS母线负荷电流在线监测方法	三等奖	佛山供电局
跨安全区数据传输方法和系统	三等奖	广东电网公司电力科学研究院
数据库安全检查方法	三等奖	广东电网公司信息中心

2018年度南方电网公司职工技术创新优秀成果

项目名称	主要完成人员	主要完成单位
全自动直流电阻测试仪的研制	郭小凯，孙廷玺，何伟，刘振国，唐琪，曾繁源，裴星宇	珠海供电局
变电站监控系统交换机一体化运维配置技术研究与应用	胡春潮，张延旭，冯善强，刘振国，汪溢，侯艾君，陆省明	广东电网公司电力科学研究院
一次设备多功能带电运维专用工具	倪惠浩，欧阳旭东，陈钢，刘卓明，陈积会，唐志权，陈翘楚	江门供电局
电力系统设备支柱垂直度快速测量专用工具	吴贻标，王铁柱，蔡素雄，吴豪炎，郭琳，黄泽荣，任玉宾	惠州供电局
一种高效省力的站用短路接地线	吴卓文，刘振国，杨玺，王干军，林锦桐，冯镇生，廖鹏	江门供电局，广东电网公司科技部

2017—2018年度南方电网公司管理创新成果

获奖等级	成果名称	主要完成单位	主要完成人
一等奖	电网风险全过程精益化管控体系的研究与实践	广东电网公司系统运行部	李力、张文峰、李剑辉、王延纬、徐春华、张轩、吴国炳、杨银国、孙吉波、黄国栋、包博、陈卉灿
一等奖	主配网综合停电管理优化精益项目	广东电网公司系统运行部	包博、杨银国、徐春华、吴国炳、王婉婷、孙吉波、黄国栋、林建熙、梁俊晖、钱峰、黄安平、陈卉灿
一等奖	基于数据驱动的战略精益管控创新实践	广东电网公司企业管理部	陈山、胡志广、庞鹏、杨晶晶、陆小鹏、于德龙、光俊红、屈利
一等奖	提高生产项目进度均衡度精益项目	广东电网公司生产技术部	李端姣、李钦、刘振华、李林发、周强辅、李新超、赵明洲、郑金杯、吴伟、吴海星、黄源辉、刘琦
一等奖	全面推行区域联动，提升广东电网区域协调发展水平精益项目	广东电网公司企业管理部	陈山、蔡明、杨旭、庞鹏、吴斌、屈利、袁文鹏、傅柯萌、杨晶晶、呼士召、陈锐忠、黄海东
二等奖	基于“设备主人”机制的精益化管理实践	广东电网公司生产技术部	张文峰、欧郁强、方丽华、顾温国、李端姣、孙晓敏、李仪光、马晓超、欧阳旭东、周华敏、李兴旺
二等奖	以智能电表与低压集抄全覆盖建设与应用为抓手，推动营销服务转型升级精益项目	广东电网公司市场营销部	陈晔、谭跃凯、化振谦、唐捷、危阜胜、陈蔚文、吴敏、林国营、林锐涛、林志坚、彭策、孙勇
二等奖	职工创新精准服务体系构建与实践	广东电网公司科技部	刘振国、李海涛、段新辉、顾温国、张飞、魏焱、赵永发、莫渝、王干军、詹清华、黄锋涛、张晓宇

（续上表）

获奖等级	成果名称	主要完成单位	主要完成人
二等奖	基于提质增效下的修理材料成本精益管理项目	广东电网公司财务部	莫锦和、范晓东、阮玮蘋、许汉超、王军沂、钟伶、李端姣、危阜胜、谢志武、蔡振华、陈志新、黄家嘉
优秀奖	精益化打造“多表集抄”综合能源新业务发展模式精益项目	广东电网公司佛山供电局	黄妙红、陈凤仪、熊仕斌、王鹏、于涛、谭俊源、傅子明、宋宇、王大伟、江智添、谭志辉、陈健瑜
优秀奖	提高GIS设备精益管控能力精益项目	广东电网公司东莞供电局	黄伟雄、欧阳旭东、郑风雷、万四维、江栩铄、王永源、王文洪、李海涛、佘江盛、陈世昌、谢化安、陈剑光

2017—2018年度南方电网公司物资工作先进单位（集体）和先进个人

一、物资工作先进单位

湛江供电局

惠州供电局

二、物资工作先进班组

佛山供电局物流服务中心南庄仓储配送班

东莞供电局物流服务中心仓储配送班

三、物资工作先进个人

唐铭骏（广东电网公司品控技术中心）

高　健（中山供电局）

黄鸿华（揭阳供电局）

姚星智（肇庆供电局）

黄　灿（茂名供电局）

林斯伟（清远供电局）

郑子涛（云浮供电局）

邓　毅（江门供电局）

2017—2018年度南方电网公司信息工作先进单位和个人

一、信息工作先进单位

广东电网公司

佛山供电局

东莞供电局

清远供电局

肇庆供电局

二、信息工作先进个人

纪　哲（广东电网公司办公室）

申　原（广东电网公司安监部）

陈焕锐（广东电网公司电力调度控制中心）

李　纯（广东电网公司电力科学研究院）

方　茵（珠海供电局）

2017—2018年度南方电网公司优秀企业法律顾问

陈发明（广东电网公司法律部合同管理专责）

黄健文（中山供电局法律中心主任）

景　涛（云浮供电局企管部主任兼法律中心主任）

2015—2017年度南方电网公司信访工作先进集体和先进工作者

一、信访工作先进集体

广东电网公司办公室信访保卫科

湛江供电局

二、先进信访工作者

魏　霞（广东电网公司办公室调研员、副主任，防范窃电与电力设施保护

中心主任）

陈柏先（广东电网公司信访保卫科科长）

黄华茂（中山供电局党委委员、副局长、工会主席）

李瑞锋（珠海供电局党委书记、副局长）

林健培（江门供电局员工服务中心主任、电力设施保护中心主任）

姚斯傢（佛山供电局消防保卫及信访专责）

2015—2017年南方电网公司档案工作先进集体和先进个人

一、档案工作先进集体

广东电网公司本部

佛山供电局

东莞供电局

东莞常平供电分局

中山供电局

惠州供电局

惠州仲恺供电局

江门供电局

韶关供电局

湛江供电局
茂名供电局
清远供电局
珠海供电局
汕头供电局
梅州供电局
阳江供电局
揭阳供电局
河源供电局
潮州供电局
云浮供电局
广东电网公司物流服务中心
广东省输变电工程有限公司
二、档案工作先进个人
杨开岳（广东电网公司办公室）
钱永兵（广东电网公司办公室）
许秀霓（广东电网公司办公室 ）
李　颖（广东电网公司办公室）
苏珊珊（广东电网公司本部）
冷裕波（广东电网公司本部）
暨映晖（佛山顺德供电局）
吴卫萍（东莞供电局）
肖雪丽（东莞供电局）
叶海珍（东莞供电局）
吴佳玲（中山供电局）
温碧梅（惠州供电局）
朱　蔚（惠州惠城供电局）
李健玲（江门供电局）
陈一彪（韶关供电局）
梁燕芹（湛江供电局）
张玉梅（茂名供电局）
钱　芹（茂名供电局）
林桂梅（清远供电局）
吴少婵（清远清城供电局）
林颖卿（珠海供电局）
翁凯琳（珠海金湾供电局）
姚梦晖（汕头供电局）
曾丽娥（梅州供电局）
敖雪琴（阳江供电局）
梁丽宁（肇庆供电局）
王海燕（揭阳供电局）
郭慧妮（河源供电局）
廖雪泓（潮州供电局）
陈绍勇（云浮供电局）
叶灿丽（云浮郁南供电局）
姚永忠（广东电网公司物流服务中心）
刘楚霞（广东电网公司物流服务中心）
刘亚红（广东省输变电工程有限公司）
周聪华（广东省输变电工程有限公司）
邝子俊（广东电网公司电力调度控制中心）
欧文红（广东电网公司电力科学研究院）
李剑松（广东电网公司电力科学研究院）
张建荣（广东电网公司信息中心）
刘　珂（广东电网公司教育培训评价中心）
刘惠平（广东电网公司应急抢修中心）
刘云根（广东电网公司机巡作业中心）
熊　浪（广东电网公司物资有限公司）
郭　咏（广东电网综合能源投资有限公司）
徐粤泉（广东省电力实业发展总公司）

2016—2017年度南方电网公司保密工作先进集体及个人

一、先进集体
广东电网公司
佛山供电局
东莞供电局
二、先进个人
吴兰英（广东电网公司办公室）
何敢玲（肇庆供电局）
陈小玲（惠州供电局）
邱迎莹（江门供电局）
温雅妃（珠海供电局）
陶　茵（韶关供电局）
范　洁（广东电网公司电力科学研究院）
魏志红（广东电网公司电力调度控制中心）

2017—2018年度南方电网公司内部审计工作先进集体和先进个人

一、内部审计工作先进集体
广东电网公司审计部
佛山供电局监察审计部
中山供电局监察审计部
肇庆供电局监察审计部
二、内部审计工作先进个人
宋志波（广东电网公司审计部）
陈志新（广东电网公司审计部）
黄玉昆（佛山供电局监察审计部）
鲍小伍（中山供电局监察审计部）

高春花（清远供电局监察审计部）
李炜雄（东莞供电局监察审计部）
罗应文（珠海供电局监察审计部）
冯国华（云浮供电局监察审计部）
梁其仪（江门供电局监察审计部）

2017—2018年度南方电网公司标杆党支部

珠海金湾供电局南水供电所党支部
佛山南海供电局桂城供电所党总支部

2017—2018年度南方电网公司优秀共产党员及先进基层党组织

一、优秀共产党员
王　一（广东电力交易中心有限责任公司发展研究部部长）
邱明明（佛山供电局试验研究所带电作业专责）
丁　奕（东莞供电局基建部项目管理分部主管）
张春梅（中山供电局信息中心数据管理专责）
李春建（惠州惠阳供电局沙田供电所营配综合班班长）
万志强（江门供电局试验研究所化学班班长）
成龙华（清远连州供电局星子供电所潭岭营业点运行维护班班员）
李振聪（珠海供电局项目管理中心副主任）
郑绍鸿（汕头供电局变电管理所继保自动化一班班长）
赖阳涌（梅州供电局电力调度控制中心副主任）
林　琳（阳江供电局人力资源部主任）
张　青（肇庆供电局安全监管部主任）
李齐森（揭阳供电局市场营销部副主任）
张金銮（潮州市枫溪区金枫电力有限公司党总支纪检委员、副经理）
陈绍勇（云浮供电局基建部主网工程助理专责）
李　博（广东电网公司电力调度控制中心调度部调度员）
麦晓明（广东电网公司电力科学研究院人工智能与机器人研究所副所长）
龙震岳（广东电网公司信息中心信息安全监管与评测部营销域信息化品控专责）
姚永忠（广东电网物资有限公司综合部部长）
郭建龙（广东电网公司教育培训评价中心培训教学管理部副主任）
黄清运（广东省输变电工程有限公司变电第一分公司副经理）
林少伟（广东创成建设监理咨询有限公司揭阳监理项目部总监）

二、优秀党务工作者
陆莹莹（广东电网公司宣传文化部宣传与新闻工作科科长）
谢璐滨（佛山供电局党建人事部团青工作分部主管）
陈　奋（惠州供电局团委书记、人力资源部副主任）
黄建红（江门供电局工会党支部书记、副主席）
杨中柱（韶关仁化供电局党委书记）
冯　敬（湛江徐闻供电局纪委书记）
余华建（茂名供电局党建工作部组织专责）
陈丽光（河源供电局系统运行部党支部书记、电力调度控制中心主任）
陆　法（广东省电力实业发展总公司党群办公党支部书记、团委书记、党群工作部副主任）

三、先进基层党组织
佛山供电局党委
江门供电局党委
清远供电局党委
广东电网公司电力调度控制中心党委
广东电网公司企业管理部党支部
东莞松山湖供电分局党支部
中山石岐供电分局党支部
韶关曲江供电局沙溪供电所党支部
茂名供电局企业管理部党支部
珠海供电局客户服务中心党支部
汕尾供电局系统运行部党支部
潮州饶平供电局上饶供电所党支部
广东电网公司机巡作业中心党支部
广东电网公司电力科学研究院能源技术有限责任公司党总支部

南方电网公司厂务公开民主管理先进单位

佛山南海供电局
揭阳揭东供电局
珠海金湾供电局

南方电网公司优秀工会干部和工会积极分子

一、优秀工会干部
黄学明（广东电网公司工会综合部部长）
周伟昌（佛山供电局工会员工权益专责）
者　燕（东莞供电局工会女职委主任）
黄卫民（惠州供电局党委委员、副局长、工会主席、直属机关党委书记）
邝春俏（茂名供电局工会副主席）
林根亮（清远供电局党委委员、工会主席、总会计师）

张玉萍（肇庆供电局工会女职委主任）
陈陆野（潮州供电局党委委员、副局长、工会主席）
二、工会积极分子
王　玲（汕头供电局工会女职委主任）
肖益平（梅州城区供电局配电部副主任）
陈伟权（阳江供电局员工权益、出纳专责）
刘　强（揭阳供电局工会副主席）
钟　明（河源供电局员工权益专责兼宣教文体专责）
李　果（汕尾供电局文秘专责）
梁伟政（云浮云城供电局企管法律新闻宣传岗位）
陈志权（广东电网公司电力调度控制中心行政管理专责）

2017—2018年度南方电网公司五四红旗团委、五四红旗团总支部、优秀共青团干部及优秀共青团员

一、五四红旗团委
佛山顺德供电局团委
惠州供电局团委
清远供电局团委
肇庆四会供电局团委
广东省输变电工程有限公司团委
二、五四红旗团（总）支部
佛山供电局输电管理所团支部
东莞供电局系统运行部团支部
中山供电局客服稽查中心联合团支部
江门鹤山供电局多经团支部
韶关供电局输电团支部
湛江坡头供电局团支部
茂名供电局机关团支部
珠海金湾供电局平沙供电所团支部
汕头供电局信息中心团支部
梅州平远供电局团总支部
阳江供电局变电物流团支部
河源源城供电局团总支部
汕尾供电局直属变电团支部
潮州供电局第一团支部
云浮郁南供电局团总支
三、优秀共青团干部
梁锐园（清远连州供电局团委书记）
赵　雯（广东电网公司电力调度控制中心团委委员）
张桂敏（广东电网公司教育培训评价中心团委书记）
饶文婷（广东省输变电工程有限公司团委书记）
朱敬初（广东电网公司发展研究院团支部书记）
四、优秀共青团员
裴　植（佛山供电局试验所高压试验班高级作业员）
董伟锋（东莞供电局计量中心电网运维班初级作业员）
何冠豫（中山供电局电力调度控制中心电网调控组值班员）
黄宇超（惠州仲恺供电局营业部用电检查班中级作业员）
杨景斌（江门鹤山供电局运维五班班员）
苏映彰（韶关曲江供电局马坝供电所配电运维三班班员）
黎秋萍（茂名茂港供电局综合部财务报账员）
李思桐（清远供电局客户服务中心大客户服务班班员）
温裕全（珠海汇达丰电力发展（集团）有限公司团青及宣传专责）
林　丹（汕头金平供电局配电部配网自动化专责）
杨　哲（阳江供电局党建工作部团青助理专责）
崔乔儒（肇庆供电局变电管理所继保自动化四班班员）
庄可可（揭阳普宁供电局工会专责）
曾繁柱（河源连平供电局生产设备管理部急修班班长）
何丽明（汕尾供电局党建工作部团务及青年工作助理专责）
苏晓燕（潮州供电局监察审计部管理员、第二团支部书记）
苏　莹（云浮供电局客户服务中心电费核算班班员）
娄源媛（广东电网公司电力调度控制中心运行方式部专责）
舒　佩（广东电网公司管理科学研究院综合部财务专责）
林泽智（广东省输变电工程有限公司运检分公司机巡队巡检员）

2016—2017年度南方电网公司先进离退休党支部、离退休人员先进个人、离退休工作先进集体、先进离退休工作者

一、先进离退休党支部
惠州供电局机关离退休党支部
二、离退休人员先进个人
洪小玲（汕尾供电局原工会协理员）
三、离退休工作先进集体
清远供电局工会
四、先进离退休工作者
廖文欣（广东电网公司综合服务中心专责）

重要文件目录

计划发展

《广东电网有限责任公司关于2017年供给侧结构性改革补短板工作进展情况的报告》（广电计〔2018〕6号），1月22日印发。

《广东电网有限责任公司关于2017年农村电网改造升级情况的报告》（广电计〔2018〕16号），2月2日印发。

《广东电网有限责任公司关于2017年配、农网改造升级工作总结的报告》（广电计〔2018〕17号），2月1日印发。

《关于印发广东电网有限责任公司四个统一工作方案的通知》（广电计〔2018〕28号），2月14日印发。

《广东电网公司关于报送智能电网发展规划2018—2020年实施行动计划有关材料的报告》（广电计〔2018〕34号），2月27日印发。

《关于印发广东电网配电网规划方案技术指引（试行）的通知》（广电计〔2018〕41号），3月13日印发。

《关于印发广东电网有限责任公司配电网规划技术指导原则修订版的通知》（广电计〔2018〕42号），3月16日印发。

《关于印发配电网规划标准工作体系的通知》（广电计〔2018〕43号），3月16日印发。

《关于印发公司新一轮农村电网改造升级2018年实施计划的通知》（广电计〔2018〕65号），4月17日印发。

《关于开展广东电网公司管制业务小型基建“十三五”规划修编工作的通知》（广电计〔2018〕83号），5月4日印发。

《广东电网公司关于印发2018年清洁能源消纳专项行动工作方案的通知》（广电计〔2018〕101号），5月18日印发。

《广东电网有限责任公司关于印发2018年在建工程清理工作实施方案的通知》（广电计〔2018〕109号），5月28日印发。

《广东电网公司关于提升电网抗台风灾害能力有关问题研究的报告》（广电计〔2018〕110号），5月29日印发。

《关于印发广东电网有限责任公司增量配电网专项规划研究内容深度规定的通知》（广电计〔2018〕140号），7月19日印发。

《关于印发配电网规划标准工作体系规划领域配套业务指导书的通知》（广电计〔2018〕153号），8月10日印发。

《广东电网公司关于广东近海深水区海上风电电源集中送出有关问题意见的报告》（广电计〔2018〕180号），10月10日印发。

《广东电网有限责任公司关于规范中低压业扩配套项目管理要求的通知》（广电计〔2018〕187号），10月22日印发。

《广东电网有限责任公司关于报送“十三五”配电网（含农村电网）规划修编的报告》（广电计〔2018〕191号），10月23日印发。

《广东电网公司关于上报广东电网城市保底电网规划成果的报告》（广电计〔2018〕195号），10月31日印发。

《关于组建珠海金湾东增量配电网试点项目公司的批复》（广电计〔2018〕203号），11月19日印发。

《关于印发广东智能电网发展规划2018—2020年实施行动计划的通知》（广电计〔2018〕206号），11月29日印发。

《关于组建肇庆市创能配售电有限公司的批复》（广电计〔2018〕215号），12月12日印发。

《广东电网公司关于率先完成国家“十三五”新一轮农网改造升级目标工作情况的报告》（广电计〔2018〕216号），12月17日印发。

《关于调整35千伏、110千伏电网基建工程可行性研究报告审批权限的通知》（广电计部〔2018〕10号），2月6日印发。

基建工作

《关于印发广东电网公司加快推进“十三五”规划供电所技术业务用房建设专项工作方案的通知》（广电

建〔2018〕78号），4月9日印发。

《广东电网有限责任公司关于落实开展广东省电力工程建设市场秩序专项监管的报告》（广电建〔2018〕86号），4月18日印发。

《关于印发广东电网有限责任公司统一建设实施细则的通知》（广电建〔2018〕99号），5月14日印发。

《关于明确公司基建业务事项管理权限的通知》（广电建〔2018〕103号），5月17日印发。

《广东电网有限责任公司关于提前建成保障全省电力供应重点项目的报告》（广电建〔2018〕163号），9月8日印发。

《广东电网有限责任公司关于提前完成2018年保障广东电力供应项目建设的报告》（广电建〔2018〕164号），9月8日印发。

《关于加强基建工程评标专家管理的通知》（广电建部〔2018〕6号），1月31日印发。

《广东电网有限责任公司基建项目分包管理业务指导书》（Q/CSG-GPG 4 13 001-2018），8月14日印发。

《广东电网有限责任公司输变电工程竣工环境保护、水土保持设施验收管理业务指导书》（Q/CSG-GPG 4 13 002-2018），12月25日印发。

生产技术

《关于印发广东电网有限责任公司关键重要变电站安全隐患精益化排查工作方案的通知》（广电生〔2018〕16号），4月1日印发。

《关于进一步规范输变配电设施用户迁改管理的通知》（广电生〔2018〕23号），4月20日印发。

《关于印发广东电网有限责任公司生产项目招标采购管控策略的通知》（广电生〔2018〕28号），5月7日印发。

《关于印发广东电网公司2018年防范重大电气火灾风险专项工作方案的通知》（广电生〔2018〕27号），5月7日印发。

《广东电网有限责任公司关于对高速公路重点建设项目关键环节2018年度责任目标分解表反馈意见的报告》（广电生〔2018〕29号），5月8日印发。

《关于印发广东电网有限责任公司配电网统一运维实施细则（试行）的通知》（广电生〔2018〕32号），5月16日印发。

《广东电网有限责任公司关于500千伏核惠线等九回核电送出线路防风能力评估及整改计划的报告》（广电生〔2018〕44号），6月8日印发。

《关于印发建设生产技术领域智能技术综合应用示范省级电网公司行动计划的通知》（广电生〔2018〕45号），7月6日印发。

《关于印发公司电力杆塔及管廊资源对外运营业务实施指导意见的通知》（广电生〔2018〕49号），7月18日印发。

《关于印发广东电网有限责任公司提升带电作业水平工作方案的通知》（广电生〔2018〕57号），8月23日印发。

《关于印发广东电网有限责任公司提升配网运行管理水平工作方案的通知》（广电生〔2018〕58号），8月23日印发。

《关于成立台风“山竹”灾后抢修复电领导小组和工作小组的通知》（广电生〔2018〕61号），9月17日印发。

《关于印发广东电网有限责任公司技术标准体系表（2018版）的通知》（广电生〔2018〕63号），10月1日印发。

《关于印发广东电网有限责任公司架空输电线路防山火工作细则（2018版）的通知》（广电生〔2018〕64号），10月8日印发。

《关于印发广东电网有限责任公司水电站及大坝运行管理细则等6项制度标准的通知》①（广电生〔2018〕68号），11月12日印发。

《广东电网有限责任公司关于可靠性信息核查发现问题整改工作的报告》（广电生〔2018〕70号），11月27日印发。

《关于印发强台风“山竹”总结分析报告和整改提升计划的通知》（广电生〔2018〕78号），12月21日印发。

《关于进一步明确沿海输电线路防风标准及工作要求的通知》（广电生〔2018〕82号），12月29日印发。

《关于持续推进生产及其他技改修理项目均衡实施工作的通知》（广电生部〔2018〕29号），2月23日印发。

《关于加强对澳供电设备抢修期间运维工作的通知》（广电生部〔2018〕87号），4月8日印发。

---

① 该文件所指的制度标准分别为：广东电网有限责任公司《水电站及大坝运行管理细则》《水工观测规程》《水工机械运行检修规程》《水工维修规程》《水工作业安全规程》《水务管理规程》《升压站巡视维护作业指导书》《水电站巡视维护作业指导书》。

《关于落实生产技术领域安全巡查发现问题整改措施的通知》（广电生部〔2018〕96号），4月16日印发。

《关于做好防洪防涝隐患排查与整改工作的通知》（广电生部〔2018〕102号），4月18日印发。

《关于印发广东电网有限责任公司提升站用电源设备管理水平专项工作方案的通知》（广电生部〔2018〕104号），4月19日印发。

《关于印发广东电网有限责任公司2018年提升供电可靠性和提升1小时区域供电可靠性工作方案的通知》（广电生部〔2018〕107号），4月20日印发。

《关于发布公司2018年客户平均停电时间“1小时”区域范围的通知》（广电生部〔2018〕114号），4月26日印发。

《关于成立广东电网有限责任公司生产监控指挥中心专家组的通知》（广电生部〔2018〕121号），5月3日印发。

《关于进一步加强客户可靠供电管理的通知》（广电生部〔2018〕122号），5月4日印发。

《关于印发广东电网有限责任公司2020年供电可靠性区域目标及范围的通知》（广电生部〔2018〕123号），5月4日印发。

《关于加强运行管理工作的通知》（广电生部〔2018〕135号），5月7日印发。

《关于印发广东电网有限责任公司电力铁塔加挂基站天线技术指导意见（试行）的通知》（广电生部〔2018〕139号），5月16日印发。

《关于加强近期设备运维管理工作的通知》（广电生部〔2018〕143号），5月22日印发。

《关于印发广东电网有限责任公司2018年提升电压质量工作方案的通知》（广电生部〔2018〕147号），5月23日印发。

《关于印发公司高压电缆运维工作网工作方案的通知》（广电生部〔2018〕162号），5月31日印发。

《关于印发公司变电设备运维策略实施细则（2018版）的通知》（广电生部〔2018〕164号），6月4日印发。

《关于印发广东电网公司输变电设备运行质量分析报告的通知》（广电生部〔2018〕167号），6月5日印发。

《关于开展变电站防范重大电气火灾风险隐患排查及整改工作的通知》（广电生部〔2018〕168号），6月7日印发。

《关于组建输电线路智能运维专家组的通知》（广电生部〔2018〕170号），6月8日印发。

《关于加强主变套管运维管理的通知》（广电生部〔2018〕187号），6月28日印发。

《关于印发广东电网有限责任公司变电站防洪防涝工作指引（2018版）的通知》（广电生部〔2018〕188号），6月28日印发。

《关于印发广东电网有限责任公司生产监控指挥系统建设工作方案的通知》（广电生部〔2018〕192号），7月3日印发。

《关于进一步规范设备退役报废管理的通知》（广电生部〔2018〕193号），7月3日印发。

《关于印发公司2018版变电运行典型现场作业文件的通知》①（广电生部〔2018〕200号），7月6日印发。

《关于开展抗短路能力不足主变整改工作的通知》（广电生部〔2018〕201号），7月10日印发。

《关于印发广东电网公司2018年提升设备健康水平实施方案的通知》（广电生部〔2018〕202号），7月10日印发。

《关于印发公司输电线路可视化系统建设工作方案的通知》（广电生部〔2018〕203号），7月11日印发。

《关于印发输电线路防雷改造典型案例集的通知》（广电生部〔2018〕215号），7月24日印发。

《关于印发公司输电设备缺陷定级标准实施细则（2018版）的通知》（广电生部〔2018〕218号），8月1日印发。

《关于加强配网现场作业风险管控的紧急通知》（广电生部〔2018〕226号），8月10日印发。

《关于进一步加强主变运维工作的通知》（广电生部〔2018〕236号），8月16日印发。

《关于加强生产技改项目报废资产净值率指标管控的通知》（广电生部〔2018〕268号），9月21日印发。

《关于印发公司电缆通道隐患专项检查方案的通知》（广电生部〔2018〕273号），9月29日印发。

《关于印发公司输电架空及电缆标杆线路建设标准及评审指南的通知》（广电生部〔2018〕280号），10月10日印发。

《关于印发广东电网有限责任公司供电可靠性数据质量提升专项工作方案的通知》（广电生部〔2018〕282号），10月12日印发。

《关于印发配电自动化示范县实用化验收方案的通知》（广电生部〔2018〕286号），10月17日印发。

《关于印发公司提升站用交直流电源设备健康水平

① 2018版变电运行典型现场作业文件共97份其中2018年新增22份修编4份。

专项行动计划的通知》（广电生部〔2018〕298号），10月29日印发。

《关于做好用户迁改工程施工停电管控工作的通知》（广电生部〔2018〕299号），10月30日印发。

《关于印发配网自动化实用化评价方案的通知》（广电生部〔2018〕309号），11月9日印发。

《关于进一步加强生产领域新设备入网管理的通知》（广电生部〔2018〕324号），11月22日印发。

《关于印发广东电网有限责任公司供电可靠性指标数据质量校核工作指引（试行）的通知》（广电生部〔2018〕333号），12月6日印发。

《关于印发公司输电架空和电缆标杆线路首次查评工作实施计划的通知》（广电生部〔2018〕349号），12月25日印发。

《广东电网有限责任公司配电设备运行评价业务指导书》（Q/CSG-GPG 4 11 002-2018），6月19日印发。

《广东电网有限责任公司电气操作导则实施细则》（Q/CSG-GPG 2 10 008-2018），6月30日印发。

《广东电网有限责任公司电气操作票管理业务指导书》（Q/CSG-GPG 4 10 002-2018），6月30日印发。

《广东电网有限责任公司电气工作票管理业务指导书》（Q/CSG-GPG 4 10 003-2018），6月30日印发。

《广东电网公司变电设备运行评价业务指导书》（Q/CSG-GPG 4 11 003-2018），10月1日印发。

《广东电网有限责任公司输电设备运行评价业务指导书》（Q/CSG-GPG 4 11 004-2018），12月24日印发。

安全监管

《关于印发广东电网公司多经企业安全生产管理工作意见的通知》（广电安〔2018〕1号），1月5日印发。

《关于印发广东电网公司贯彻落实〈中共中央 国务院关于推进安全生产领域改革发展的意见〉行动计划表的通知》（广电安〔2018〕2号），1月11日印发。

《广东电网有限责任公司关于开展供电设备安全隐患排查治理工作的报告》（广电安〔2018〕3号），1月15日印发。

《关于印发广东电网有限责任公司配网设备隐患专项排查治理工作方案的通知》（广电安〔2018〕5号），1月22日印发。

《广东电网有限责任公司关于开展配电设备安全隐患排查治理工作的报告》（广电安〔2018〕13号），2月12日印发。

《广东电网有限责任公司关于报送 2017年度企业及其主要负责人安全生产主体责任落实情况的报告》（广电安〔2018〕16号），3月16日印发。

《关于印发安全生产风险管理体系相关制度和业务指导书清单的通知》（广电安〔2018〕17号），3月17日印发。

《关于印发广东电网公司乡镇级供电单位（配网）防范人身事故专项治理行动工作方案的通知》（广电安〔2018〕20号），3月30日印发。

《关于印发广东电网有限责任公司2018年安全生产风险报告的通知》（广电安〔2018〕22号），4月2日印发。

《广东电网有限责任公司关于报送2018年电网安全风险的报告》（广电安〔2018〕23号），4月16日印发。

《关于印发广东电网有限责任公司2018年防范社会人员触电事故事件专项工作方案的通知》（广电安〔2018〕26号），5月16日印发。

《关于云浮市供电设备安全隐患治理遗漏情况的报告》（广电安〔2018〕30号），6月8日印发。

《广东电网有限责任公司关于报送迎峰度夏、防风防汛和防灾救灾减灾工作开展情况的报告》（广电安〔2018〕32号），6月13日印发。

《广东电网有限责任公司关于江门供电局配电设备安全隐患排查治理工作的报告》（广电安〔2018〕33号），6月13日印发。

《关于加强堤坝及水库水电站安全监管工作的通知》（广电安〔2018〕34号），6月14日印发。

《广东电网公司关于落实省委省政府领导批示精神加强全省公共场所供用电安全工作的报告》（广电安〔2018〕36号），6月19日印发。

《广东电网有限责任公司关于城乡供用电安全隐患排查治理工作情况的报告》（广电安〔2018〕41号），8月10日印发。

《关于印发广东电网公司涉水作业安全工作规范的通知》（广电安〔2018〕42号），8月13日印发。

《广东电网有限责任公司关于城乡供用电安全隐患排查治理工作情况的报告》（广电安〔2018〕43号），8月22日印发。

《广东电网有限责任公司关于近期安全生产大检查工作情况的报告》（广电安〔2018〕47号），9月6日印发。

《关于进一步做好汛期城乡供用电设施安全隐患专项排查整治工作的通知》（广电安〔2018〕48号），9月21日印发。

《关于印发广东电网有限责任公司推进本质安全型企业建设实施方案的通知》（广电安〔2018〕49号），10月10日印发。

《广东电网有限责任公司关于落实电力设施安全管理主体责任 深入开展城乡供用电安全隐患排查治理工作情况的报告》（广电安〔2018〕50号），10月11日印发。

《广东电网有限责任公司关于报送应对台风“山竹”总结分析和整改提升计划的报告》（广电安〔2018〕51号），10月12日印发。

《关于印发广东电网公司本部部门安全职责规定（试行）》（广电安〔2018〕52号），10月12日印发。

《广东电网有限责任公司关于对南方能监局安全生产现场督查发现问题开展整改工作情况的报告》（广电安〔2018〕54号），10月23日印发。

《广东电网有限责任公司关于对广东省安委办安全生产综合督查情况通报中反映问题整改工作情况的报告》（广电安〔2018〕55号），11月1日印发。

《关于印发广东电网有限责任公司加强现场作业风险管控工作方案的通知》（广电安〔2018〕56号），11月17日印发。

《关于印发广东电网有限责任公司员工电力安全工作规程应用能力提升工作方案（2018版）的通知》（广电安〔2018〕57号），11月17日印发。

《广东电网有限责任公司关于开展电力安全自查情况的报告》（广电安〔2018〕59号），11月19日印发。

《广东电网有限责任公司关于对南方能监局电力安全督查发现问题整改情况的报告》（广电安〔2018〕61号），11月27日印发。

《关于印发广东电网公司现场作业安全风险可视化平台推广方案的通知》（广电安部〔2018〕12号），1月22日印发。

《广东电网有限责任公司安全生产风险评估与控制管理细则》（Q/CSG-GPG 2 10 002-2018），4月17日印发。

《广东电网有限责任公司职业健康管理实施细则》（Q/CSG-GPG 2 10 004-2018），5月28日印发。

《广东电网有限责任公司配网电力安全事件调查规程》（Q/CSG-GPG 2 10 006-2018），6月14日印发。

《广东电网有限责任公司安全生产风险管理体系审核业务指导书》（Q/CSG-GPG 4 10 004-2018），8月8日印发。

《广东电网有限责任公司安全生产风险管理体系审核管理实施细则》（Q/CSG-GPG 2 11 004-2018），10月11日印发。

系统运行

《广东电网公司关于近期电力供应情况的报告》（广电系〔2018〕1号），1月2日印发。

《关于印发广东电网2017年高峰负荷配网运行分析报告的通知》（广电系〔2018〕2号），1月4日印发。

《广东电网有限责任公司关于停止未许可机组发电上网落实情况的报告》（广电系〔2018〕3号），1月11日印发。

《关于印发广东电网二〇一八年度运行方式及防范电网运行风险重点工作的通知》（广电系〔2018〕6号），2月12日印发。

《关于发布2018年广东电网“1小时区域”输变配电设备年度停电计划的通知》（广电系〔2018〕12号），4月10日印发。

《关于印发南方（以广东起步）电力现货市场建设工作方案的通知》（广电系〔2018〕13号），4月14日印发。

《广东电网有限责任公司关于报送2018年煤电应急备用需求的报告》[①]（广电系〔2018〕14号），4月20日印发。

《关于印发广东电网有限责任公司配电网通信施工及验收工作指引的通知》（广电系〔2018〕15号），4月25日印发。

《广东电网有限责任公司关于报送珠三角地区煤炭消费减量替代工作情况的报告》（广电系〔2018〕17号），5月15日印发。

《关于印发广东电网供电服务指挥中心（配网调度服务指挥中心）建设工作指导意见的通知》（广电系〔2018〕18号），5月24日印发。

《广东电网有限责任公司关于我省电力供应形势的报告》（广电系〔2018〕19号），5月25日印发。

《广东电网有限责任公司关于提升电力系统调节能力的报告》（广电系〔2018〕21号），7月6日印发。

《关于印发广东电网2018年迎峰度夏系统运行方案暨保安全保民生保消纳措施的通知》（广电系〔2018〕22），7月6日印发。

《关于印发广东电网有限责任公司系统运行领域智能技术融合应用方案的通知》（广电系〔2018〕25号），8月30日印发。

《关于印发广东电网有限责任公司提升电力系统调

① 该文件附件为《广州供电局2018年煤电应急备用需求》。

节能力工作方案的通知》（广电系〔2018〕26号），9月3日印发。

《关于印发广东电网二〇一九年度运行方式及防范电网运行风险重点工作的通知》（广电系〔2018〕29号），12月29日印发。

《关于河源供电局配网调度集约化运行的批复》（广电系部〔2018〕4号），1月19日印发。

《关于进一步规范配网三遥开关并网接入要求的通知》（广电系部〔2018〕8号），2月6日印发。

《关于印发广东电网有限责任公司加快通信专业发展工作计划的通知》（广电系部〔2018〕11号），2月11日印发。

《关于印发〈广东电网开关设备远方操作指导意见（2018年修订）〉的通知》（广电系部〔2018〕13号），2月13日印发。

《关于印发广东电网电力监控系统网络安全工作方案（2018年版）的通知》（广电系部〔2018〕14号），2月14日印发。

《关于明确广东电网配网调度集约化验收要求的通知》（广电系部〔2018〕18号），2月28日印发。

《关于进一步明确广东电网行政交换及统一通信系统建设原则的通知》（广电系部〔2018〕30号），3月27日印发。

《关于印发广东电网2018年系统运行风险控制措施分解明细的通知》（广电系部〔2018〕33号），4月2日印发。

《关于印发广东电网2018年系统运行计划的通知》（广电系部〔2018〕34号），4月4日印发。

《关于开展配电自动化开关并网接入问题专项整改工作的通知》（广电系部〔2018〕37号），4月16日印发。

《关于明确调度值班管理要求的通知》（广电系部〔2018〕39号），4月23日印发。

《关于印发2018年广东电网调控一体化推进方案的通知》（广电系部〔2018〕40号），4月23日印发。

《关于印发广东电网配网调度应急机制建设指导意见的通知》（广电系部〔2018〕41号），4月23日印发。

《关于开展广东电力系统防范二次人为责任电力安全事件专项整治工作的通知》（广电系部〔2018〕49号），5月15日印发。

《关于印发加强广东电网无功电压管理工作方案的通知》（广电系部〔2018〕53号），5月28日印发。

《关于茂名供电局配网调度集约化运行的批复》（广电系部〔2018〕54号），6月5日印发。

《关于印发〈广东电网电力监控系统主站网络安全设计指导意见〉的通知》（广电系部〔2018〕59号），6月13日印发。

《关于印发广东电网刀闸调度端遥控操作指导意见（试行）的通知》（广电系部〔2018〕60号），6月13日印发。

《关于印发广东电网有限责任公司配电光纤通信网络架构及配置方案的通知》（广电系部〔2018〕61号），6月15日印发。

《关于印发广东电网调度操作“七个规定动作”的通知》（广电系部〔2018〕64号），6月22日印发。

《关于印发广东电网有限责任公司变电站视频及环境监控系统移交工作方案的通知》（广电系部〔2018〕65号），6月22日印发。

《关于印发广东电网配电网自动化开关遥控操作指导意见（试行）的通知》（广电系部〔2018〕66号），6月27日印发。

《关于潮州、惠州、揭阳、梅州、清远、汕头、汕尾、韶关、阳江、云浮、肇庆供电局配网调度集约化运行的批复》（广电系部〔2018〕68号），6月29日印发。

《关于印发深汕特别合作区调度运行控制协调细则的通知》（广电系部〔2018〕70号），6月29日印发。

《关于印发广东电网有限责任公司公网资源台账工作方案的通知》（广电系部〔2018〕73号），7月12日印发。

《关于印发广东电网配网运行管理提升专项工作方案的通知》（广电系部〔2018〕75号），7月16日印发。

《关于规范重要二次回路、保护装置及其压板标识管理的通知》（广电系部〔2018〕77号），8月1日印发。

《关于发布广东电网有限责任公司变电站测控装置共屏标识整改工作方案的通知》（广电系部〔2018〕78号），8月6日印发。

《关于成立广东大规模海上风电接入系统运行专题研究工作组的通知》（广电系部〔2018〕81号），8月13日印发。

《关于广东电网智能变电站二次技术检测试验基地挂牌的通知》（广电系部〔2018〕86号），8月17日印发。

《关于印发珠澳地区孤网运行和黑启动应急预案的通知》[①]（广电系部〔2018〕88号），9月3日印发。

① 《珠澳地区孤网运行和黑启动应急预案》由广东电网公司系统运行部联合澳门电力有限责任公司、珠海供电局、望洋电厂共同编写，经粤澳联网运行小组批准。

《关于加强刀闸调度端遥控及设备程序化操作管理的通知》（广电系部〔2018〕91号），9月17日印发。

《关于发布广东电网公司配网自动化终端二次功能技术指导意见的通知》（广电系部〔2018〕94号），10月24日印发。

《关于印发广东电网配网调度应急机制建设指导意见（修订）的通知》（广电系部〔2018〕96号），11月8日印发。

《关于印发广东电网2018年保底网架方案的通知》（广电系部〔2018〕100号），11月26日印发。

《关于进一步加强继电保护专业职能管理的通知》（广电系部〔2018〕108号），12月12日印发。

《广东电网有限责任公司变电站视频及环境监控系统运行管理细则》（Q/CSG-GPG 2 12 001-2018），5月16日印发。

《广东电网有限责任公司系统运行风险辨识、评估、预警与控制管理细则》（Q/CSG-GPG 2 12 002-2018），6月8日印发。

《广东电网有限责任公司主网综合停电管理细则》（Q/CSG-GPG 2 12 004-2018），6月东电网公司变电设备运行评价业务指导书29日印发。

《广东电网安全自动装置远方操作管理细则（试行）》（Q/CSG-GPG 2 12 005-2018），8月13日印发。

《广东电网有限责任公司配网综合停电管理细则》（Q/CSG-GPG 2 12 006-2018），10月28日印发。

《广东电网有限责任公司配网调度运行操作管理实施细则》（Q/CSG-GPG 2 12 008-2018），12月21日印发。

《广东电网有限责任公司配网规划设计系统运行评审业务指导书》（Q/CSG-GPG 4 12 001-2018），12月25日印发。

《广东电网有限责任公司配网电力调度管理规程》（Q/CSG-GPG 2 12 007-2018），12月26日印发。

市场营销

《广东电网有限责任公司关于连续九年获广东省地方政府公共服务公众评价调查第一名的报告》（广电市〔2018〕1号），1月4日印发。

《关于规范低压侧限流开关管理的通知》（广电市〔2018〕6号），1月17日印发。

《关于印发南方（以广东起步）电力现货交易营销工作实施方案的通知》（广电市〔2018〕7号），1月17日印发。

《广东电网有限责任公司关于回复国家能源局南方监管局监管意见书的报告》（广电市〔2018〕8号），1月18日印发。

《关于无偿接收龙门县永汉镇梅州电站自供区有关事项的批复》（广电市〔2018〕9号），1月21日印发。

《广东电网公司关于上报2017年度广东省内发电厂上网电量和省内市场化交易中长期合约让利情况的报告》（广电市〔2018〕11号），1月26日印发。

《关于国有企业职工家属区“三供一业”供电设施分离移交工作进度的报告》（广电市〔2018〕13号），2月5日印发。

《关于全面取消人工抄表模式的通知》（广电市〔2018〕15号），2月14日印发。

《广东电网有限责任公司关于报送2017年广东省电网企业电力需求侧管理目标责任考核工作情况的报告》（广电市〔2018〕16号），2月22日印发。

《广东电网有限责任公司关于2017年度信息公开情况的报告》（广电市〔2018〕20号），3月10日印发。

《关于印发广东电网有限责任公司2018年智能电表与低压集抄全覆盖建设全面推进工作方案的通知》（广电市〔2018〕21号），3月12日印发。

《关于印发广东电网有限责任公司强化计量自动化自主运维工作方案的通知》（广电市〔2018〕24号），3月16日印发。

《关于开展广东电网韶关仁化供电局有限责任公司等4家县级供电企业“子改分”工作的通知》①（广电市〔2018〕25号），3月29日印发。

《广东电网有限责任公司关于分布式发电市场化交易试点工作情况的报告》（广电市〔2018〕27号），4月2日印发。

《关于印发广东电网有限责任公司2018年强化客户投诉管控工作举措的通知》（广电市〔2018〕28号），4月2日印发。

《关于印发广东电网有限责任公司电费省级集中自动化核算实施方案的通知》（广电市〔2018〕33号），4月13日印发。

《广东电网有限责任公司关于广东省营商环境综合改革调研有关情况的报告》（广电市〔2018〕34号），4月16日印发。

《关于印发广东电网公司推进公交、物流、环卫

① 4家县区供电局为韶关仁化供电局、清远连山供电局、汕尾陆丰供电局、梅州平远供电局。

等专用车充电基础设施建设指导意见的通知》（广电市〔2018〕36号），4月20日印发。

《关于全面推广实施业扩报装及变更业务互联网统一服务平台应用的通知》（广电市〔2018〕37号），4月20日印发。

《关于印发广东电网有限责任公司港口岸电推广专项工作方案的通知》（广电市〔2018〕39号），4月20日印发。

《关于印发广东电网有限责任公司深化计量自动化应用工作方案的通知》（广电市〔2018〕42号），5月2日印发。

《关于组织完成存量临时接电费清退工作的通知》（广电市〔2018〕43号），5月4日印发。

《关于印发广东电网公司电费差错专项管控工作方案的通知》（广电市〔2018〕44号），5月11日印发。

《关于印发广东电网有限责任公司统一服务实施细则（试行）的通知》（广电市〔2018〕47号），5月14日印发。

《广东电网有限责任公司关于光伏发电专项监管自查情况的报告》（广电市〔2018〕49号），5月24日印发。

《广东电网有限责任公司关于印发进一步提升供电服务水平优化电力营商环境实施方案的通知》（广电市〔2018〕50号），5月25日印发。

《关于进一步明确购电电子化结算业务规范的通知》（广电市〔2018〕52号），6月11日印发。

《关于印发广东电网有限责任公司2018年客户服务改进工作指导意见的通知》（广电市〔2018〕53号），6月13日印发。

《广东电网有限责任公司关于进一步优化营商环境、改进供电服务工作情况的报告》（广电市〔2018〕54号），6月26日印发。

《广东电网有限责任公司关于广东省用电增长专题分析的报告》（广电市〔2018〕55号），6月26日印发。

《广东电网有限责任公司关于智能电表及低压集抄全覆盖建设工作情况的报告》（广电市〔2018〕57号），6月27日印发。

《关于印发广东电网有限责任公司网格化服务管理规范（试行）的通知》（广电市〔2018〕59号），6月29日印发。

《关于印发广东电网有限责任公司供电服务指挥（配网调度服务指挥）管理规范（试行）的通知》（广电市〔2018〕60号），6月29日印发。

《关于转发南方电网公司关于广东省云浮市腰古镇农电体制改革工作的批复的通知》（广电市〔2018〕62号），7月23日印发。

《关于印发广东电网有限责任公司自动化抄核收管理细则（试行）的通知》（广电市〔2018〕63号），7月24日印发。

《广东电网有限责任公司关于完成电费核算省级集中试点上线工作的报告》（广电市〔2018〕64号），8月2日印发。

《关于进一步明确优化营商环境及清退临时接电费相关工作的通知》（广电市〔2018〕65号），8月2日印发。

《关于加快推进“三供一业”供电设施资产接收工作的通知》（广电市〔2018〕67号），8月14日印发。

《关于电力市场交易结算相关情况的报告》（广电市〔2018〕71号），8月19日印发。

《关于规范无独立产权住宅用电报装相关事宜的通知》（广电市〔2018〕74号），8月24日印发。

《关于开展空调负荷测算工作的通知》（广电市〔2018〕75号），8月24日印发。

《关于进一步推进综合能源项目开发的通知》（广电市〔2018〕77号），9月14日印发。

《关于印发市场营销与竞争性售电业务隔离工作指引的通知》（广电市〔2018〕82号），10月10日印发。

《关于完善厂站侧电能计量装置变更联动工作机制的通知》（广电市〔2018〕84号），10月16日印发。

《关于潮州市湘桥区意溪供电营业所农电体制改革工作的批复》（广电市〔2018〕85号），10月17日印发。

《关于统一调整抄表结算周期工作的通知》（广电市〔2018〕86号），10月18日印发。

《广东电网公司关于2018年城际快充站建设完成情况和平台建设有关情况的报告》（广电市〔2018〕88号），11月14日印发。

《关于规范发电项目上网电价执行标准认定管理流程的通知》（广电市〔2018〕90号），11月26日印发。

《广东电网有限责任公司关于连续十年获广东省地方政府公共服务公众评价调查第一名的报告》（广电市〔2018〕95号），12月20日印发。

《广东电网有限责任公司关于报送对国家能源局南方监管局2018年综合协同监管检查发现问题整改情况的报告》①（广电市〔2018〕96号），12月25日印发。

① 该报告三份附件分别为：《广东电网公司对国家能源局南方监管局2018年综合协同监管检查发现问题的整改报告》《佛山供电局关于综合协同监管现场检查发现问题的整改工作报告（另附）》《江门供电局关于综合协同监管现场检查发现问题的整改工作报告（另附）》。

《广东电网公司关于2018年“三供一业”供电设施接收工作完成情况的报告》（广电市〔2018〕97号），12月29日印发。

《关于进一步加强光伏服务工作的通知》（广电市部〔2018〕3号），1月11日印发。

《关于印发广东电网公司分布式光伏并网服务问题整改工作实施方案的通知》（广电市部〔2018〕9号），1月24日印发。

《关于切实严防“地条钢”死灰复燃工作的通知》（广电市部〔2018〕12号），1月30日印发。

《关于珠海横琴新区试点业扩工程投资界面进一步延伸到低压的通知》（广电市部〔2018〕14号），2月2日印发。

《关于做好授权后计量检定工作的通知》（广电市部〔2018〕19号），2月11日印发。

《关于做好电力行业扶贫相关基础数据管理的通知》（广电市部〔2018〕22号），2月28日印发。

《关于规范预收电费管理工作的通知》（广电市部〔2018〕23号），3月2日印发。

《关于开展业扩报装及变更远程渠道优化集中工作的通知》（广电市部〔2018〕25号），3月5日印发。

《关于进一步明确业扩新增低压用户集抄同步建设工作要求的通知》（广电市部〔2018〕53号），4月17日印发。

《关于做好南方能监局与省发改委关于光伏专项监管自查工作的通知》（广电市部〔2018〕62号），4月27日印发。

《关于做好现货交易计量装置改造相关工作的通知》（广电市部〔2018〕63号），4月28日印发。

《关于印发客户诉求业务处理管理规范（2018年修订版）的通知》（广电市部〔2018〕68号），5月4日印发。

《关于加快开展营销领域现场安全隐患排查治理工作的通知》（广电市部〔2018〕82号），5月28日印发。

《关于进一步明确智能电表与低压集抄全覆盖建设项目安全管理工作要求的通知》（广电市部〔2018〕83号），5月28日印发。

《关于印发广东省级电能计量检定中心计量生产管理平台业务模型说明书的通知》（广电市部〔2018〕84号），5月31日印发。

《关于进一步明确国家能源局南方监管局转办事件调查要求的通知》（广电市部〔2018〕90号），6月12日印发。

《关于印发电动汽车充电基础设施运维实施细则（试行）和电动汽车充电基础设施运维业务指导书（试行）的通知》（广电市部〔2018〕91号），6月13日印发。

《转发国家能源局南方监管局关于开展珠三角工商业用户“获得电力”用电满意度调查工作的通知》（广电市部〔2018〕94号），6月19日印发。

《关于进一步做好公共场所客户用电安全工作的通知》（广电市部〔2018〕95号），6月19日印发。

《关于开展历史优惠用电清查工作的通知》（广电市部〔2018〕96号），6月19日印发。

《关于切实做好优化电力营商环境相关工作的通知》（广电市部〔2018〕100号），6月22日印发。

《关于加快涉及省定贫困村的独立供电区域接收和农网改造工作的通知》（广电市部〔2018〕101号），6月22日印发。

《关于加强智能电表与低压集抄全覆盖后电费异常风险管控的指导意见》（广电市部〔2018〕102号），6月22日印发。

《关于做好电动汽车充电基础设施安全管理工作的通知》（广电市部〔2018〕106号），6月29日印发。

《关于加快推进高速公路服务区电动汽车充电基础设施建设的通知》（广电市部〔2018〕107号），6月29日印发。

《关于做好用电统计分析及预测工作的通知》（广电市部〔2018〕109号），7月4日印发。

《关于印发广东电网有限责任公司电能替代电量统计认定管理细则（试行）的通知》（广电市部〔2018〕110号），7月4日印发。

《关于做好电动汽车用电服务工作的通知》（广电市部〔2018〕111号），7月6日印发。

《关于做好2018年新接收小水电自供区电网建设和抄表到户工作的通知》（广电市部〔2018〕113号），7月9日印发。

《关于印发广东电网有限责任公司加强客户诉求处置全过程管控工作要求的通知》（广电市部〔2018〕114号），7月12日印发。

《关于做好分布式光伏补贴相关工作的通知》（广电市部〔2018〕115号），7月17日印发。

《关于印发全网适用营销业务移动终端作业基本功能应用推广工作方案的通知》（广电市部〔2018〕117号），7月16日印发。

《关于开展电网企业政策外收费行为自查工作的通知》（广电市部〔2018〕119号），7月20日印发。

《关于强化计量自主运维管理的通知》（广电市部

〔2018〕121号），8月2日印发。

《关于加快推进分区同期线损统计工作的通知》（广电市部〔2018〕123号），8月3日印发。

《关于阳江市长源电站小水电自供区接管方式的批复》（广电市部〔2018〕129号），8月12日印发。

《广东电网有限责任公司关于报送独立供电区调查情况的复函》（广电市部〔2018〕133号），8月15日印发。

《关于加强市场营销现场作业安全管理的通知》（广电市部〔2018〕138号），8月20日印发。

《关于印发广东电网公司管理线损异常分析工作指引的通知》（广电市部〔2018〕145号），8月31日印发。

《关于印发广东电网有限责任公司低压台区电压监测实施工作方案的通知》（广电市部〔2018〕146号），8月31日印发。

《关于韶关市仁化县上为坑水电站等38个自供区接管方式的批复》①（广电市部〔2018〕147号），9月4日印发。

《关于进一步做好汛期电动汽车充电设施安全管理工作的通知》（广电市部〔2018〕148号），9月5日印发。

《关于阳江市下朗电站小水电自供区和石桥电站小水电自供区接管方式的批复》（广电市部〔2018〕150号），9月11日印发。

《关于印发公司电能计量装置时钟运行管理工作业务指导书（试行）的通知》（广电市部〔2018〕154号），9月21日印发。

《关于印发营销领域智能技术业务融合应用方案的通知》（广电市部〔2018〕156号），9月27日印发。

《关于配合做好降低转供电用户电价工作的通知》（广电市部〔2018〕159号），9月29日印发。

《关于印发广东电网有限责任公司客户投诉管控现场服务督导工作方案的通知》（广电市部〔2018〕160号），9月30日印发。

《关于梅州大埔县黄沙坑等27个小水电自供区接管方式的批复》②（广电市部〔2018〕162号），10月12日印发。

《关于加强低压配网现场作业工器具安全管理的通知》（广电市部〔2018〕163号），10月15日印发。

《关于开展营销业务检查工作自查整改的通知》（广电市部〔2018〕168号），10月17日印发。

《关于转发广东省内市场化交易结算工作规范及广东省内电力现货市场计量技术规范（试行）的通知》（广电市部〔2018〕173号），10月31日印发。

《关于印发广东电网公司营销业务风险库的通知》（广电市部〔2018〕174号），11月8日印发。

《关于印发广东电网有限责任公司低压配网人身风险专项检查方案的通知》（广电市部176〔2018〕号），11月5日印发。

《关于进一步明确计量装置轮换与集抄改造立项要求的通知》（广电市部〔2018〕179号），11月12日印发。

《关于汕尾陆河县东坑镇普宁茅坪小水电自供区接管方式的批复》（广电市部〔2018〕186号），11月26日印发。

《关于潮州饶平县新丰镇水利所田峰水电站自供区接管方式的批复》（广电市部〔2018〕189号），12月3日印发。

《关于阳江市库尾电站等3个小水电自供区接管方式的批复》③（广电市部〔2018〕191号），12月4日印发。

《关于进一步明确业扩新装专变客户计量接入及统建住宅小区充电桩容量预留要求的通知》（广电市部〔2018〕194号），12月7日印发。

---

① 韶关市38个小水电自供区包括：仁化县上为坑水电站自供区、西水水电站自供区、鸭嘛垅电站自供区、麻沙坳水电站自供区、伍渡小电站自供区、高坪电站自供区、江南电站自供区、白水寨电站自供区、茅坪电站自供区、新城电站自供区、半畲水电站自供区、九龙岩电站自供区、新丰县协长自供自管区、向阳自供自管区、张田坑自供自管区、光明自供自管区、金马自供自管区、长江自供自管区、梅南自供自管区、新梅自供自管区、徐坑自供自管区、礤角电站自管区、司茅坪自供自管区、石门自供自管区、八一自供自管区、曙光自供自管区、岳城自供自管区、花地自供自管区、文长自供自管区、翁源县龙仙六级电站自供区、青山口电站自供区、龙仙四级水电站自供区、跃进水电站自供区、榕子石电站自供区、乳源县上师庙电站自供区、埕头电站自供区、曲江区坪坑自供自管区、武江区凤田头围自供自管区等。

② 27个小水电自供区包括：大埔县黄沙坑自供区、青溪电站自供区、黄坑自供区、三河自供区（五花村）、丰顺县电业发展有限公司竹子坜自供区、建桥镇洋坑一级自供区、建桥镇洋坑水库坝后自供区、潘田小水电有限公司自供区、汤坑镇盟华自供区、大胜溪梯级水电站有限公司自供区、平远县中行镇水电管理所自供区、勇胜自供区、乌石头自供区、梅县程江梯级水电厂三门峡自供区、五华县岩前电站自供区、桂田苏级自供区、平东焦洲自供区、黄畲自供区、硝河寨自供区、双坑口自供区、双头自供区、莱口自供区、虎石自供区、公平自供区、跌马空自供区、兴宁市温公水库自供区、锅子坝二级自供区等。

③ 3个自供区为：阳江阳春市库尾电站小水电自供区、牛车仔电站小水电自供区、山坪四级电站小水电自供区等。

《关于落实网公司营销业务检查发现问题整改工作的通知》（广电市部〔2018〕195号），12月13日印发。

《关于阳江市马狮田电站和乡村二线三级电站小水电自供区接管方式的批复》（广电市部〔2018〕199号），12月20日印发。

《广东电网有限责任公司关于购电业务电子化结算工作开展情况的报告》（广电市部〔2018〕201号），12月21日印发。

《关于印发临时重要客户电力保障责任协议的通知》（广电市部〔2018〕202号），12月21日印发。

《关于做好港口岸电用电服务工作的通知》（广电市部〔2018〕205号），12月27日印发。

《广东电网公司关于营销业务检查的整改报告》（广电市部〔2018〕207号），12月29日印发。

《关于阳江市长沙河电站小水电自供区接管方式的批复》（广电市部〔2018〕208号），12月29日印发。

《关于云浮市庆丰等三个小水电自供区接管方式的批复》①（广电市部〔2018〕209号），12月29日印发。

《关于印发有序推进广东地区电力市场交易业务管理工作方案的函》（广电办函〔2018〕176号），8月27日印发。

《广东电网有限责任公司关于计量授权事项变更的函》（广电办函〔2018〕231号），12月3日印发。

科技工作

《关于印发广东电网有限责任公司新技术试点应用目录的通知》（广电科部〔2018〕9号），2月28日印发。

《关于印发〈广东电网公司大项目课题开题工作规范（试行）〉的通知》（广电科部〔2018〕16号），4月19日印发。

《关于开展超导电缆示范应用项目策划的通知》（广电科部〔2018〕19号），5月30日印发。

《关于印发有效专利提升专项工作方案的通知》（广电科部〔2018〕21号），6月25日印发。

《关于印发广东电网公司大项目课题过程管理工作规范（试行）的通知》（广电科部〔2018〕35号），12月28日印发。

① 3个小水电自供区：云浮新兴太平镇水电管理站（西渠专线电站）自供区、云浮新兴太平镇翔发电站自供区、云浮云安六都镇庆丰水电站自供区等。

《广东电网有限责任公司大众创新奖实施细则（试行）》（Q/CSG-GPG 2 11 002-2018），3月16日印发。

《广东电网有限责任公司职工技术创新经费取费及使用业务指导书》（Q/CSG-GPG 4 10 001-2018），6月27日印发。

《广东电网有限责任公司职工技术创新项目管理细则（2018年版）》（Q/CSG-GPG 2 10 007-2018），6月27日印发。

产业发展

《关于印发广东电网有限责任公司竞争性业务发展行动计划（2018—2020）及相关板块整合发展方案的通知》②（广电产〔2018〕7号），5月29日印发。

《关于印发加快综合能源业务发展指导意见（2018年修订版）的通知》（广电产〔2018〕8号），6月22日印发。

《关于同意广东电科院能源技术有限责任公司修改章程的批复》（广电产〔2018〕12号），7月27日印发。

《关于同意广东省电力通信有限公司变更宗旨、名称、经营范围及法人治理结构的批复》（广电产〔2018〕13号），7月27日印发。

《关于印发规范直属单位竞争性企业采购管理指导意见的通知》（广电产〔2018〕17号），8月27日印发。

《关于印发广东电网公司存量土地及物业资源盘活利用专项工作实施方案的通知》（广电产〔2018〕18号），8月27日印发。

《关于同意广东省输变电工程有限公司变更经营范围的批复》（广电产〔2018〕26号），9月12日印发。

《关于变更广东省电力实业发展总公司上级主管单位的通知》（广电产〔2018〕27号），9月14日印发。

《关于印发广东省输变电工程有限公司“双百行动”综合改革实施方案的通知》（广电产〔2018〕28号），10月12日印发。

《关于同意广东电科院能源技术有限责任公司修改章程的批复》（广电产〔2018〕34号），11月19日印发。

《关于印发广东电网公司关于做实平台公司提升运

② 相关板块整合发展方案包括：《信息通信板块整合发展方案》《设计板块整合发展方案》《电力施工板块整合发展方案》《工程监理板块整合发展方案》《高端装备制造板块整合发展方案》《能源科技孵化器公司组建方案》《闲置土地房产盘活发展平台公司组建方案》。

营管控能力的意见》（广电产〔2018〕35号），11月19日印发。

《关于同意广东电网发展研究院有限责任公司修改章程的批复》（广电产〔2018〕36号），12月10日印发。

《关于同意广东电网物资有限公司修改章程的批复》（广电产〔2018〕37号），12月10日印发。

《关于同意广东电网综合能源投资有限公司修改章程的批复》（广电产〔2018〕38号），12月10日印发。

《关于同意广东省电力信息通信有限公司修改章程的批复》（广电产〔2018〕39号），12月10日印发。

《关于印发公司贯彻落实网公司进一步加强“大集体企业”监督管理若干意见的实施意见的通知》（广电产〔2018〕42号），12月24日印发。

《关于加快成立综合能源服务公司的通知》（广电产部〔2018〕3号），2月8日印发。

《关于下达直属单位竞争性企业“四个一批”总体目标的通知》（广电产部〔2018〕7号），5月23日印发。

《关于深入落实公司竞争性业务发展行动计划（2018—2020）及各板块整合发展方案的通知》（广电产部〔2018〕9号），6月25日印发。

《关于印发规范直属单位竞争性企业工程分包管理指导意见的通知》（广电产部〔2018〕16号），12月10日印发。

人力资源

《关于印发广东电网有限责任公司本部部门岗位设置及人员编制的通知》（广电人〔2018〕7号），1月17日印发。

《关于印发广东电网有限责任公司本部部门主要职责的通知》（广电人〔2018〕8号），1月17日印发。

《关于广东电网有限责任公司本部部门内设科室设置调整的通知》（广电人〔2018〕9号），1月17日印发。

《关于印发广东电网公司地市及县区供电局机构优化调整实施指导意见的通知》（广电人〔2018〕15号），2月13日印发。

《关于印发广东电网公司技能人员岗位胜任能力抽考比武常态化管理指导意见的通知》（广电人〔2018〕38号），3月1日印发。

《关于印发广东电网公司技能人员岗位胜任能力资格复评指导意见的通知》（广电人〔2018〕39号），3月2日印发。

《关于成立广东电网有限责任公司精益管理学院的通知》（广电人〔2018〕46号），3月12日印发。

《关于成立广东电网有限责任公司韶关仁化供电局等4家县区供电局的通知》（广电人〔2018〕48号），3月29日印发。

《关于撤销广东电网有限责任公司深汕特别合作区供电局及相应筹建机构的通知》（广电人〔2018〕60号），4月17日印发。

《关于印发广东电网公司岗位组竞聘实施指导意见的通知》（广电人〔2018〕61号），4月20日印发。

《关于成立广东电网有限责任公司法律服务中心的通知》（广电人〔2018〕66号），5月4日印发。

《关于成立广东电网有限责任公司社保（年金）中心的通知》（广电人〔2018〕67号），5月4日印发。

《关于成立广东电网有限责任公司计量中心的通知》（广电人〔2018〕68号），5月4日印发。

《关于广东电网物资有限公司和广东电网有限责任公司物流服务中心整合运作的通知》（广电人〔2018〕69号），5月11日印发。

《关于印发广东电网有限责任公司2018年转岗适岗培训指导意见的通知》（广电人〔2018〕88号），5月24日印发。

《关于印发广东电网公司竞争性业务管理界面划分的通知》（广电人〔2018〕95号），6月14日印发。

《关于印发广东电网有限责任公司竞争性业务市场化用工和薪酬管理指导意见的通知》（广电人〔2018〕111号），7月9日印发。

《关于印发广东电网公司本部部门与直属中心机构职责界面划分的通知》（广电人〔2018〕123号），8月1日印发。

《关于成立广东电网产业投资有限公司的通知》（广电人〔2018〕128号），8月14日印发。

《关于印发直属供电局各级本部部门及直属机构主要职责（2018版）的通知》（广电人〔2018〕129号），8月16日印发。

《关于印发直属供电局各级组织机构班组典型设置方案（2018版）的通知》（广电人〔2018〕130号），8月16日印发。

《关于印发直属供电局各级组织机构岗位规范设置方案（2018版）的通知》（广电人〔2018〕131号），8月16日印发。

《关于广东电网有限责任公司社保（年金）中心更

名的通知》（广电人〔2018〕134号），8月20日印发。

《关于进一步明确镇级供电所业务组织模式的通知》（广电人〔2018〕135号），8月20日印发。

《关于明确县区供电局内设机构负责人职数配置标准的通知》（广电人〔2018〕136号），8月20日印发。

《关于广东省电力通信有限公司更名的批复》（广电人〔2018〕143号），8月24日印发。

《关于设立潮州枫溪供电局的批复》（广电人〔2018〕158号），10月29日印发。

《关于公司设置总信息师和部门兼职信息师的通知》（广电人〔2018〕159号），10月31日印发。

《关于印发广东电网公司教育培训机构改革实施方案的通知》（广电人〔2018〕162号），11月22日印发。

《关于广东电网有限责任公司教育培训评价中心更名的通知》（广电人〔2018〕191号），12月29日印发。

《关于印发广东电网有限责任公司岗位说明书和岗位归级表（2018版）的通知》（广电人部〔2018〕86号），11月2日印发。

《关于做好离退休待遇偏低人员生活补助工作的通知》（广电人部〔2018〕88号），11月12日印发。

《关于印发直属供电局各级组织机构班组典型设置方案（2018版）配套的岗位胜任能力评价标准的通知》（广电人部〔2018〕89号），11月15日印发。

《关于做好处级干部学习贯彻党的十九大精神轮训工作的通知》（广电组〔2018〕27号），2月28日印发。

《关于成立广东电网有限责任公司国家安全领导小组的通知》（广电组〔2018〕28号），3月1日印发。

《关于成立广东电网有限责任公司配网规划建设督导工作组的通知》（广电组〔2018〕37号），4月11日印发。

《关于成立广东电网有限责任公司乌东德电站送电广东广西直流输电工程项目推进领导小组和工作小组的通知》（广电组〔2018〕43号），4月27日印发。

《关于成立广东电网有限责任公司依法治企工作领导小组的通知》（广电组〔2018〕118号），7月17日印发。

《关于成立公司网络安全和信息化领导小组等机构的通知》[①]（广电组〔2018〕157号），12月21日印发。

《关于明确公司干部挂职工作有关要求的通知》（广电组部〔2018〕16号），1月25日印发。

《关于印发〈加强专家管理的若干意见〉的通知》（广电组部〔2018〕54号），4月2日印发。

《关于做好公司2018年基层党支部书记轮训工作的通知》（广电组部〔2018〕62号），4月10日印发。

《关于报告领导干部配偶、子女及其配偶经商办企业情况的通知》（广电组部〔2018〕122号），5月9日印发。

《关于进一步做好人事档案有关工作的通知》（广电组部〔2018〕131号），6月7日印发。

《关于做好2018年度基层党建“书记项目”工作的通知》（广电组部〔2018〕135号），5月28日印发。

《关于做好纪念建党97周年有关工作的通知》（广电组部〔2018〕137号），5月31日印发。

《关于开展“增添正能量·共筑中国梦”主题活动的通知》（广电组部〔2018〕138号），5月31日印发。

《关于对〈广东电网有限责任公司科级及以下干部管理办法〉有关条款进行调整和解释的通知》（广电组部〔2018〕174号），7月13日印发。

《关于开展党费审计发现问题整改工作的通知》（广电组部〔2018〕205号），9月6日印发。

《关于建立发展党员全程纪实文书档案进一步规范发展党员工作的通知》（广电组部〔2018〕239号），10月16日印发。

《关于做好领导人员日常重要监督信息报告工作的通知》（广电组部〔2018〕249号），11月2日印发。

《广东电网有限责任公司各级领导人员日常重要监督信息报告管理办法》（Q/CSG-GPG 2 15 003-2018），7月9日印发。

《广东电网有限责任公司直属单位领导人员因私出国（境）管理实施细则》（Q/CSG-GPG 2 15 009-2018），7月9日印发。

《广东电网有限责任公司员工工时、假期及考勤管理实施细则》（Q/CSG-GPG 2 15 003-2018），12月28日印发。

《广东电网有限责任公司技术专家管理实施细则》（Q/CSG-GPG 2 15 010-2018），12月29日印发。

财务工作

《关于开展主网基建工程项目经济性评价体系推广应用的通知》（广电财〔2018〕5号）1月9日印发。

《转发广东省发展改革委关于取消临时接电费的通知》（广电财〔2018〕14号），3月6日印发。

《关于印发广东电网公司直属单位竞争性企业财

① 成立的工作机构为公司网络安全和信息化领导小组以及数据治理和跨业务协同专项工作组。

务经营管理的指导意见的通知》（广电财〔2018〕33号），4月17日印发。

《广东电网有限责任公司关于自备电厂名单核对及基金催缴工作情况的报告》（广电财〔2018〕34号），4月27日印发。

《转发广东省发展改革委关于降低我省一般工商业电价有关事项的通知》（广电财〔2018〕40号），5月4日印发。

《广东电网有限责任公司关于落实2017年度政府性基金汇算清缴结论的报告》（广电财〔2018〕43号），5月14日印发。

《关于加强电力通信对外经营相关资产管理的通知》（广电财〔2018〕56号），5月29日印发。

《关于印发广东电网公司2018年落实供给侧结构性改革深化瘦身健体提质增效工作方案的通知》（广电财〔2018〕60号），6月11日印发。

《关于落实供电趸售单位中央政府性基金代征代缴工作的通知》（广电财〔2018〕65号），6月29日印发。

《转发广东省发展和改革委关于降低我省一般工商业电价的通知》（广电财〔2018〕66号），7月2日印发。

《关于印发广东电网有限责任公司财务经营转型方案的通知》（广电财〔2018〕72号），7月11日印发。

《转发广东省发展改革委关于进一步清理规范电网和转供电环节收费有关事项的通知》（广电财〔2018〕100号），8月23日印发。

《转发广东省发展和改革委关于再次降低我省一般工商业电价有关事项的通知》（广电财〔2018〕103号），9月3日印发。

《广东电网有限责任公司关于2017年度执行农村电网维护费免征增值税政策情况的报告》（广电财〔2018〕105号），9月7日印发。

《关于印发广东电网有限责任公司进一步加强金融风险防范重点措施的通知》（广电财〔2018〕107号），9月10日印发。

《关于印发广东电网有限责任公司进一步加强金融风险防范重点措施的通知》（广电财〔2018〕107号），9月10日印发。

《关于印发广东电网有限责任公司直属单位竞争性企业“资金池”建设方案的通知》（广电财〔2018〕118号），10月15日印发。

《关于调整地市供电局内部结算价的通知》（广电财〔2018〕130号），12月3日印发。

《关于切实做好清理规范转供电环节加价及降低一般工商业电价政策自评估工作有关事项的通知》（广电财〔2018〕135号），12月13日印发。

《关于印发广东电网有限责任公司清理拖欠民营企业账款及建设工程质量保证金工作方案的通知》（广电财〔2018〕145号），12月26日印发。

《关于在东莞供电局、中山供电局和江门供电局开展电网基建工程标准成本试点应用的通知》（广电财部〔2018〕7号），4月19日印发。

《财务共享服务管理办法》（Q/CSG-GPG 2 16 002-2018），8月8日印发。

物资供应

《关于印发广东电网有限责任公司2018年货物、工程、服务采购目录及集中采购计划的通知》（广电物〔2018〕5号），1月26日印发。

《关于印发广东电网有限责任公司集中采购物资招标采购管控策略的通知》（广电物〔2018〕7号），2月11日印发。

《关于印发广东电网有限责任公司品控工作实施方案的通知》（广电物〔2018〕9号），5月14日印发。

《关于印发广东电网公司计划、基建、物资领域迎接新一轮中央政治巡视工作计划的通知》（广电物〔2018〕10号），5月21日印发。

《关于印发广东电网有限责任公司提升设备质量专项工作方案的通知》（广电物〔2018〕11号），6月27日印发。

《关于印发广东电网公司物资合同统签统付推广实施工作方案的通知》（广电物〔2018〕12号），7月27日印发。

《关于印发广东电网有限责任公司招投标领域“扫雷”行动方案的通知》（广电物〔2018〕13号），8月5日印发。

《关于印发广东电网有限责任公司物资品控标准库目录（2018年版）及品控标准（2018年版）的通知》（广电物〔2018〕16号），8月27日印发。

《关于发布公司货物类采购方案通用模版的通知》（广电物〔2018〕19号），9月29日印发。

《关于印发广东电网有限责任公司急救包运作模式调整方案的通知》（广电物〔2018〕24号），11月20日印发。

《关于印发广东电网有限责任公司库存物资配送工作指引（2018年版）的通知》（广电物〔2018〕27

号），12月13日印发。

《关于印发广东电网有限责任公司储备物资品类清单（2019年版）的通知》（广电物〔2018〕28号），12月24日印发。

《关于印发广东电网有限责任公司现代化智能技术在物资领域融合应用方案的通知》（广电物〔2018〕29号），12月27日印发。

《关于明确公司物资管理业务授权采购项目监管方式的通知》（广电物部〔2018〕16号），2月9日印发。

《关于进一步明确公司采购工作"上平台、进基地"相关要求的通知》（广电物部〔2018〕18号），3月9日印发。

《关于进一步加强授权采购管理的通知》（广电物部〔2018〕23号），4月20日印发。

《关于全面推行电子化开标的通知》（广电物部〔2018〕39号），6月13日印发。

《关于印发〈广东电网有限责任公司物资域采购供应监控中心投入运营工作方案〉的通知》（广电物部〔2018〕64号），11月5日印发。

《关于印发广东电网有限责任公司省级物资采购供应监控中心运行管理业务指导书的通知》（广电物部〔2018〕76号），12月17日印发。

《广东电网有限责任公司逆向物资管理实施细则》（Q/CSG-GPG 2 17 006-2018），6月21日印发。

《广东电网有限责任公司仓储配送管理实施细则》（Q/CSG-GPG 2 17 007-2018），8月10日印发。

审计工作

《关于印发广东电网有限责任公司竞争性企业经营成果审计调查工作方案的通知》（广电审〔2018〕5号），2月5日印发。

《关于做好国家审计署对公司开展专项审计调查配合工作的通知》（广电审〔2018〕29号），5月17日印发。

《广东电网有限责任公司关于监事会2017年度监督检查发现问题风险提醒整改情况的报告》（广电审〔2018〕60号），11月13日印发。

《关于做好原国有重点大型企业监事会2017年度监督检查发现问题整改工作的通知》（广电审〔2018〕61号），11月19日印发。

《关于进一步做好原国有重点大型企业监事会2017年度监督检查发现问题整改工作的通知》（广电审〔2018〕63号），11月26日印发。

《关于印发广东电网公司2018年审计管理制度建设实施方案的通知》（广电审部〔2018〕9号），5月4日印发。

《关于进一步加强审计工作的意见》（广电审部〔2018〕27号），6月29日印发。

《广东电网有限责任公司派出监事工作规则（试行）》（Q/CSG-GPG 2 19 006-2018），8月14日印发。

法律工作

《关于印发广东电网有限责任公司法治企业建设总体工作方案的通知》（广电法〔2018〕1号），1月16日印发。

《关于印发广东电网有限责任公司省级法治企业建设标准和任务安排的通知》（广电法〔2018〕7号），5月3日印发。

《广东电网有限责任公司关于资产产权证明清理专项行动情况的报告》（广电法〔2018〕19号），12月15日印发。

《广东电网有限责任公司关于修改公司章程相关条款的请示》（广电法〔2018〕20号），12月24日印发。

《关于印发广东电网有限责任公司2018年重大法律风险防控方案的通知》（广电法部〔2018〕5号），3月27日印发。

《关于印发广东电网有限责任公司法律风险管理"五进"实施方案的通知》（广电法部〔2018〕7号），4月28日印发。

《广东电网有限责任公司直属单位主要负责人履行推进法治建设第一责任人职责实施细则》（Q/CSG-GPG 2 22 004-2018），7月4日印发。

《广东电网有限责任公司法律服务管理细则》（Q/CSG-GPG 2 22 006-2018），11月19日印发。

办公行政

《关于印发广东电网有限责任公司2018年工作要点的通知》（广电办部〔2018〕4号），3月16日印发。

《广东电网公司关于"三供一业"分离移交工作情况的报告》（广电办部〔2018〕9号），12月29日印发。

《关于贯彻落实公司党委会等四项议事规则的通知》（广电办部〔2018〕11号），4月11日印发。

《关于印发广东电网公司开展信访矛盾集中化解攻坚专项工作方案的通知》（广电办部〔2018〕21号），4月27日印发。

《关于印发供电所“暖心工程”配置标准深化实施“暖心工程”有关工作事项的通知》（广电办部〔2018〕22号），4月27日印发。

《关于进一步做好“三供一业”分离移交工作的通知》（广电办部〔2018〕28号），5月23日印发。

《关于进一步加强因公出国（境）活动保密工作的通知》（广电办部〔2018〕36号），7月10日印发。

《关于加强微信办公保密管理工作的通知》（广电办部〔2018〕37号），7月10日印发。

《关于印发广东电网有限责任公司涉外突发事件应急预案（2018年修订版）的通知》（广电办部〔2018〕41号），8月2日印发。

《关于重申加强微信办公保密管理的通知》（广电办部〔2018〕62号），10月23日印发。

《广东电网有限责任公司关于报送2017年贯彻执行中央八项规定精神有关情况的报告》（广电党〔2018〕24号），2月6日印发。

《关于印发广东电网公司党委深入贯彻落实习近平总书记重要讲话精神和中共广东省委决定部署助力广东实现“四个走在全国前列”行动计划的通知》（广电党〔2018〕126号），7月4日印发。

《广东电网公司党委关于深入贯彻落实习近平总书记重要讲话精神和中共广东省委决定部署助力广东实现“四个走在全国前列”的报告》（广电党〔2018〕127号）[①]，7月5日印发。

《广东电网公司党委关于印发实施深入贯彻落实习近平总书记重要讲话精神和中共广东省委决定部署助力广东实现“四个走在全国前列”行动计划的报告》（广电党〔2018〕128号）[②]，7月5日印发。

《中共广东电网有限责任公司党委关于成立中央巡视广东省委反馈意见整改落实工作领导小组及办公室的通知》（广电党〔2018〕149号），9月11日印发。

《广东电网公司党委关于做好省级机构改革期间保安全保供应保稳定工作的报告》（广电党〔2018〕178号），10月18日印发。

《广东电网公司党委关于落实“两个坚决维护”自查情况的报告》（广电党〔2018〕184号），11月13日印发。

《关于印发广东电网公司加强本部作风建设45条措施的通知》（广电党〔2018〕195号），12月13日印发。

《关于规范党委会召开的通知》（广电党办〔2018〕6号），12月11日印发。

《广东电网公司党委贯彻落实中央八项规定精神管理实施细则》（Q/CSG-GPG 2 21 001-2018），3月22日印发。

《广东电网有限责任公司总经理办公会议议事规则》（Q/CSG-GPG 2 21 004-2018），3月30日印发。

《广东电网有限责任公司领导专题会议议事规则》（Q/CSG-GPG 2 21 005-2018），3月30日印发。

《广东电网公司健康食堂建设与管理标准（修订）》（Q/CSG-GPG 2 21 006-2018），7月17日印发。

《广东电网有限责任公司业务接待管理实施细则》（Q/CSG-GPG 2 21 007-2018），8月27日印发。

组织人事

《中共广东电网有限责任公司委员会关于2017年党委工作情况的报告》（广电党〔2018〕22号），1月26日印发。

《中国共产党广东电网有限责任公司委员会关于2017年度党员领导干部民主生活会情况的报告》（广电党〔2018〕26号），2月26日印发。

《关于印发广东电网有限责任公司党委2017年度党员领导干部民主生活会整改方案的通知》（广电党〔2018〕43号），3月22日印发。

《关于印发广东电网公司党委落实〈南方电网公司党组关于学习贯彻落实党的十九大精神推动全面从严治党向纵深发展的意见〉工作任务分解表通知》（广电党〔2018〕44号），3月22日印发。

《关于调整广东电网物资有限公司等单位党组织设置的通知》（广电党〔2018〕102号），5月23日印发。

《关于开展“我是党员走在前，一区双岗创一流”活动的通知》（广电党〔2018〕108号），6月11日印发。

《关于印发广东电网有限责任公司加强和改进直属单位所属竞争性企业党的建设工作指导意见的通知》（广电党〔2018〕113号），6月20日印发。

《关于印发公司加强党的基层组织建设三年行动计划实施方案（2018—2020年）的通知》（广电党〔2018〕133号），7月9日印发。

① 此文件系中共广东电网公司党委向中共广东省委、广东省人民政府报告。

② 此文件系中共广东电网公司党委向中共南方电网公司报告。

《关于印发广东电网有限责任公司创建国有企业党的建设标杆实施方案的通知》（广电党〔2018〕134号），7月11日印发。

《关于印发广东电网有限责任公司加强直属单位竞争性企业领导班子建设指导意见的通知》（广电党〔2018〕142号），8月27日印发。

《中共广东电网有限责任公司委员会关于巡视整改暨全面彻底肃清李嘉、万庆良恶劣影响专题民主生活会情况的报告》（广电党〔2018〕143号），8月27日印发。

《关于印发广东电网有限责任公司巡视整改暨全面彻底肃清李嘉、万庆良恶劣影响专题民主生活会整改方案的通知》（广电党〔2018〕177号），10月15日印发。

《中共广东电网有限责任公司委员会关于党费审计整改工作进展情况的报告》（广电党〔2018〕179号），10月24日印发。

《关于印发广东电网公司党委加强和改进直属单位所属竞争性企业党的建设工作指导意见（修订版）的通知》（广电党〔2018〕185号），11月13日印发。

《关于印发广东电网公司党委落实南方电网公司党组关于学习贯彻落实党的十九大精神推动全面从严治党向纵深发展的意见（增订版）工作任务分解表的通知》（广电党〔2018〕186号），11月13日印发。

《关于成立公司党委党风廉政建设和反腐败工作领导小组的通知》（广电党〔2018〕194号），12月10日印发。

《中共广东电网有限责任公司委员会关于2018年度党建工作总结和2019年党建工作计划的报告》（广电党〔2018〕196号），12月24日印发。

《中共广东电网有限责任公司委员会关于2018年度党的建设工作情况的报告》（广电党〔2018〕197号），12月24日印发。

《关于印发广东电网有限责任公司规范党费收缴、使用和管理工作指导意见的通知》（广电党〔2018〕199号），12月26日印发。

《关于印发广东电网有限责任公司领导班子成员全面从严治党责任清单的通知》（广电党〔2018〕200号），12月26日印发。

监察工作

《关于印发广东电网有限责任公司2018年扶贫领域作风问题专项治理方案的通知》（广电党〔2018〕36号），3月6日印发。

《关于印发广东电网公司领导人员和重要岗位工作人员公务回避工作方案的通知》（广电党〔2018〕37号），3月6日印发。

《关于印发广东电网公司规范化常态化运用监督执纪“四种形态”的指导意见（试行）的通知》（广电党〔2018〕39号），3月12日印发。

《关于印发广东电网有限责任公司党委2018—2020年整治基层及群众身边不正之风和腐败问题“扫雷”行动实施意见的通知》（广电党〔2018〕106号），6月11日印发。

《关于印发广东电网有限责任公司党员处分期满后评价考核机制实施办法（试行）的通知》（广电党〔2018〕148号），9月10日印发。

《关于印发广东电网有限责任公司贯彻落实中央企业警示教育大会精神任务分解表的通知》（广电党〔2018〕188号），11月23日印发。

《关于启用广东电网公司纪律审查在线管理系统的通知》（广电纪〔2018〕1号），1月2日印发。

《关于十八大以来查处违反中央八项规定精神问题典型案例的通报》（广电纪〔2018〕5号），2月11日印发。

《关于2017年公司系统违规违纪违法典型案例的通报》（广电纪〔2018〕6号），3月26日印发。

《关于企业全面从严治党“两个责任”监督平台上线运行的通知》（广电纪〔2018〕9号），5月10日印发。

《广东电网公司关于印发形式主义、官僚主义问题专项整治实施方案的通知》（广电纪〔2018〕11号），5月23日印发。

《关于近年来公司系统违反道路交通安全法、治安管理处罚法等典型案例以及近期追究舆情事件责任情况的通报》（广电纪〔2018〕12号），6月1日印发。

《关于开展强化规矩意识、规范网络行为专题教育的通知》（广电纪〔2018〕13号），6月19日印发。

《中共广东电网有限责任公司纪律检查委员会关于2018年上半年履行党风廉政建设监督责任情况的报告》（广电纪〔2018〕14号），7月13日印发。

《关于深入开展违规收送“红包”问题治理工作的通知》（广电纪〔2018〕15号），8月8日印发。

《关于印发广东电网公司直属单位纪委书记2018年度履职专项考核工作方案的通知》（广电纪〔2018〕19号），11月29日印发。

《关于进一步加强执纪审查安全工作的通知》（广电纪〔2018〕20号），12月5日印发。

《中共广东电网有限责任公司纪律检查委员会关于2018年履行党风廉政建设监督责任情况的报告》（广电纪〔2018〕22号），12月29日印发。

《关于6起违反中央八项规定精神典型问题的通报》（广电纪〔2018〕23号），12月29日印发。

《关于认真学习贯彻公司党委巡察工作五年规划和有关巡察工作实施细则文件的通知》（广电监部〔2018〕3号），6月28日印发。

《关于印发广东电网公司2018年党风廉政建设区域联动共建行动方案的通知》（广电监部〔2018〕4号），8月10日印发。

党委巡察

《关于成立公司及地市局党委巡察办公室的通知》（广电党〔2018〕137号），8月3日印发。

《关于加强公司巡察人才选拔工作的通知》（广电巡〔2018〕3号），8月15日印发。

《关于建立直属各供电单位党委书记听取巡察汇报情况报备制度的通知》（广电巡部〔2018〕1号），9月27日印发。

《被巡察党组织配合中共广东电网有限责任公司委员会巡察工作实施细则》（Q/CSG-GPG 2 19 001-2018），6月19日印发。

《中共广东电网有限责任公司委员会巡察工作领导小组办公室工作实施细则》（Q/CSG-GPG 2 19 002-2018），6月19日印发。

《中共广东电网有限责任公司委员会巡察工作领导小组工作实施细则》（Q/CSG-GPG 2 19 003-2018），6月19日印发。

《中共广东电网有限责任公司委员会巡察工作实施细则》（Q/CSG-GPG 2 19 004-2018），6月19日印发。

《中共广东电网有限责任公司委员会巡察组工作实施细则》（Q/CSG-GPG 2 19 005-2018），6月19日印发。

宣传文化

《中共广东电网有限责任公司委员会关于2017年党委工作情况的报告》（广电党〔2018〕22号），1月26日印发。

《广东电网有限责任公司关于报送2017年贯彻执行中央八项规定精神有关情况的报告》（广电党〔2018〕24号），2月6日印发。

《中国共产党广东电网有限责任公司委员会关于2017年度党员领导干部民主生活会情况的报告》（广电党〔2018〕26号），2月26日印发。

《关于印发广东电网有限责任公司2018年扶贫领域作风问题专项治理方案的通知》（广电党〔2018〕36号），3月6日印发。

《关于印发广东电网公司领导人员和重要岗位工作人员公务回避工作方案的通知》（广电党〔2018〕37号），3月6日印发。

《关于印发广东电网公司规范化常态化运用监督执纪“四种形态”的指导意见（试行）的通知》（广电党〔2018〕39号），3月12日印发。

《关于印发广东电网公司党委落实〈南方电网公司党组关于学习贯彻落实党的十九大精神推动全面从严治党向纵深发展的意见〉工作任务分解表通知 》（广电党〔2018〕44号），3月22日印发。

《关于印发广东电网有限责任公司党委2017年度党员领导干部民主生活会整改方案的通知》（广电党〔2018〕43号），3月22日印发。

《关于进一步深入学习贯彻习近平总书记在参加十三届全国人大一次会议广东代表团审议时的重要讲话精神的通知》（广电党〔2018〕62号），5月3日印发。

《关于调整广东电网物资有限公司等单位党组织设置的通知》（广电党〔2018〕102号），5月23日印发。

《关于印发广东电网有限责任公司党委2018—2020年整治基层及群众身边不正之风和腐败问题“扫雷”行动实施意见的通知》（广电党〔2018〕106号），6月11日印发。

《关于开展“我是党员走在前，一区双岗创一流”活动的通知》（广电党〔2018〕108号），6月11日印发。

《关于印发广东电网有限责任公司加强和改进直属单位所属竞争性企业党的建设工作指导意见的通知》（广电党〔2018〕113号），6月20日印发。

《关于印发广东电网公司党委深入贯彻落实习近平总书记重要讲话精神和中共广东省委决定部署助力广东实现“四个走在全国前列”行动计划的通知》（广电党〔2018〕126号），7月4日印发。

《广东电网公司党委关于深入贯彻落实习近平总书记重要讲话精神和中共广东省委决定部署助力广东实现“四个走在全国前列”的报告》（广电党〔2018〕127号）[①]，7月5日印发。

《广东电网公司党委关于印发实施深入贯彻落实习近平总书记重要讲话精神和中共广东省委决定部署助力

① 此文件系中共广东电网公司党委向中共广东省委、广东省人民政府报告。

广东实现“四个走在全国前列”行动计划的报告》（广电党〔2018〕128号）[①]，7月5日印发。

《关于印发公司加强党的基层组织建设三年行动计划实施方案（2018—2020年）的通知》（广电党〔2018〕133号），7月9日印发。

《关于印发广东电网有限责任公司创建国有企业党的建设标杆实施方案的通知》（广电党〔2018〕134号），7月11日印发。

《关于成立公司及地市局党委巡察办公室的通知》（广电党〔2018〕137号），8月3日印发。

《中共广东电网有限责任公司委员会关于巡视整改暨全面彻底肃清李嘉、万庆良恶劣影响专题民主生活会情况的报告》（广电党〔2018〕143号），8月27日印发。

《关于印发广东电网有限责任公司加强直属单位竞争性企业领导班子建设指导意见的通知》（广电党〔2018〕142号），8月27日印发。

《关于印发广东电网有限责任公司党员处分期满后评价考核机制实施办法（试行）的通知》（广电党〔2018〕148号），9月10日印发。

《中共广东电网有限责任公司党委关于成立中央巡视广东省委反馈意见整改落实工作领导小组及办公室的通知》（广电党〔2018〕149号），9月11日印发。

《关于印发广东电网有限责任公司巡视整改暨全面彻底肃清李嘉、万庆良恶劣影响专题民主生活会整改方案的通知》（广电党〔2018〕177号），10月15日印发。

《广东电网公司党委关于做好省级机构改革期间保安全保供应保稳定工作的报告》（广电党〔2018〕178号），10月18日印发。

《中共广东电网有限责任公司委员会关于党费审计整改工作进展情况的报告》（广电党〔2018〕179号），10月24日印发。

《广东电网公司党委关于落实“两个坚决维护”自查情况的报告》（广电党〔2018〕184号），11月13日印发。

《关于印发广东电网公司党委加强和改进直属单位所属竞争性企业党的建设工作指导意见（修订版）的通知》（广电党〔2018〕185号），11月13日印发。

《关于印发广东电网公司党委落实南方电网公司党组关于学习贯彻落实党的十九大精神推动全面从严治党向纵深发展的意见（增订版）工作任务分解表的通知》（广电党〔2018〕186号），11月13日印发。

① 此文件系中共广东电网公司党委向中共南方电网公司报告。

《关于印发广东电网有限责任公司贯彻落实中央企业警示教育大会精神任务分解表的通知》（广电党〔2018〕188号），11月23日印发。

《关于成立公司党委党风廉政建设和反腐败工作领导小组的通知》（广电党〔2018〕194号），12月10日印发。

《关于印发广东电网公司加强本部作风建设45条措施的通知》（广电党〔2018〕195号），12月13日印发。

《中共广东电网有限责任公司委员会关于2018年度党建工作总结和2019年党建工作计划的报告》（广电党〔2018〕196号），12月24日印发。

《中共广东电网有限责任公司委员会关于2018年度党的建设工作情况的报告》（广电党〔2018〕197号），12月24日印发。

《关于印发广东电网有限责任公司规范党费收缴、使用和管理工作指导意见的通知》（广电党〔2018〕199号），12月26日印发。

《关于印发广东电网有限责任公司领导班子成员全面从严治党责任清单的通知》（广电党〔2018〕200号），12月26日印发。

《关于进一步加强员工队伍思想教育的通知》（广电党办〔2018〕2号），5月4日印发。

《关于印发广东电网有限责任公司“文化四礼”实施方案的通知》（广电党办〔2018〕4号），7月27日印发。

《关于印发广东电网有限责任公司关于进一步加强和改进新闻宣传工作的行动方案的通知》（广电宣〔2018〕5号），8月21日印发。

《关于重视并加强舆情工作的通知》（广电宣部〔2018〕1号），1月16日印发。

《关于认定广东电网有限责任公司首批精准扶贫示范村的通知》（广电宣部〔2018〕18号），4月20日印发。

《关于开展“党的十九大精神和习近平总书记重要讲话精神”学习测试的通知》（广电宣部〔2018〕19号），4月24日印发。

《关于规范公司工作微信群管理的通知》（广电宣部〔2018〕20号），5月9日印发。

《关于开展公司珍贵历史史料调查的通知》（广电宣部〔2018〕31号），8月31日印发。

《关于开展公司员工思想动态调研的通知》（广电宣部〔2018〕41号），12月7日印发。

《关于规范宣传平台报道工作的通知》（广电宣部〔2018〕44号），12月13日印发。

《关于印发广东电网公司共青团学习宣传贯彻党的十九大精神行动计划的通知》（广电团〔2018〕2号），2月13日印发。